회계사·세무사·경영지도사 합격을 위한

# 해커스 경영아카데미

KB143933

# 합격 시스템

## 해커스 경영아카데미 인강

취약 부분 즉시 해결!
**교수님께 질문하기
게시판 운영**

무제한 수강 가능+
**PC 및 모바일
다운로드 무료**

온라인 메모장+
**필수 학습자료
제공**

* 인강 시스템 중 무제한 수강, PC 및 모바일 다운로드 무료 혜택은 일부 종합반/패스/환급반 상품에 한함

## 해커스 경영아카데미 학원

쾌적한 환경에서 학습 가능!
**개인 좌석 독서실
제공**

철저한 관리 시스템
**미니 퀴즈+출석체크
진행**

복습인강 무제한 수강+
**PC 및 모바일
다운로드 무료**

* 학원 시스템은 모집 시기별로 변경 가능성 있음

회계사 · 세무사 · 경영지도사 단번에 합격! **해커스 경영아카데미** cpa.Hackers.com

# 해커스
# IFRS
# 정윤돈
# 중급회계 2

**해커스 경영아카데미**

# ┃ 이 책의 저자

## 정윤돈

### 학력

성균관대학교 경영학과 졸업

### 경력

현 ┃ 해커스 경영아카데미 교수
　　해커스공무원 교수
　　해커스금융 교수
　　미래세무회계 대표 회계사
　　삼일아카데미 외부교육 강사

전 ┃ 삼정회계법인 감사본부(CM본부)
　　한영회계법인 금융감사본부(FSO)
　　한영회계법인 금융세무본부(FSO TAX)
　　대안회계법인 이사
　　이그잼 경영아카데미 재무회계 전임(회계사, 세무사)
　　합격의 법학원 재무회계 전임(관세사, 감평사)
　　와우패스 강사(CFA – FRA, 신용분석사, 경영지도사)
　　KEB하나은행, KB국민은행, 신한은행, IBK기업은행, 부산은행
　　외부교육 강사

### 자격증

한국공인회계사, 세무사

### 저서

해커스 IFRS 정윤돈 회계원리
해커스 IFRS 정윤돈 중급회계 1/2
해커스 IFRS 정윤돈 재무회계 키 핸드북
해커스 IFRS 정윤돈 객관식 재무회계
해커스 IFRS 정윤돈 재무회계연습
해커스공무원 정윤돈 회계학 재무회계 기본서
해커스공무원 정윤돈 회계학 원가관리회계·정부회계 기본서
해커스공무원 정윤돈 회계학 단원별 기출문제집
해커스 신용분석사 1부 이론 + 적중문제 + 모의고사
IFRS 중급회계 스터디가이드
IFRS 재무회계 기출 Choice 1/2
IFRS 객관식 재무회계 1/2
신용분석사 완전정복 이론 및 문제 1/2
신용분석사 기출 유형 정리 1부
신용분석사 최종정리문제집 1/2부

# 머리말

재무회계 학습에 있어서 가장 중요한 것은 '각 거래가 재무제표에 어떠한 영향을 가져오는지'를 이해하는 것입니다. 이를 위하여 여러 교재가 각 거래를 회계처리나 그림, 산식 등을 이용하여 풀이하고 있으나, 이로 인해 수험생들이 각 거래에 따른 재무제표의 영향은 뒤로하고 오로지 회계처리와 그림 등만을 학습하는 실수를 범하고 있습니다. 이를 해결하기 위해서는 재무회계를 학습하실 때 거래별로 재무제표에 어떠한 영향이 발생하는지를 늘 고민하는 습관을 지니셔야 합니다. 본서는 이를 위해 각 계정별로 재무제표 효과를 자세히 기재하였습니다.

## 「해커스 IFRS 정윤돈 중급회계 2」는

1. 각 주제별로 핵심이 되는 내용을 우선적으로 기재하고 이에 대한 부연 설명은 'Additional Comment'에 별도로 기재하여 가독성을 높였습니다.

2. 각 주제별로 관련 회계처리와 그 회계처리가 재무상태표와 포괄손익계산서에 어떤 영향을 미치는지 모두 기재하였습니다.

3. 수험생분들이 혼자 공부하실 때 놓치기 쉬운 부분은 'Self Study'에서 다시 한 번 정리하였습니다.

4. 수험생분들이 이해하기 어려워하는 부분에 대해서는 해당 내용과 관련한 다양한 그림들을 수록하여 주제들을 시각화하였습니다.

여러 수험생분들이 회계 공부를 하며 호소하는 어려움은 문제는 풀리지만 이해를 정확히 하고 있지 않은 것 같다는 점입니다. 이를 해결하기 위해서는 본서의 내용을 눈으로만 보지 마시고 꼭 연습장에 회계처리와 재무제표 효과를 손으로 직접 기재해보아야 합니다. 회계는 눈으로만 이해하는 것이 아니라 손으로 이해하는 것이기 때문입니다.

마지막으로 아내 현주와 소은, 소율에게 사랑한다는 말 전합니다.

정윤돈

# 목차

## Chapter 11 | 금융자산(Ⅰ)

### 1. 금융자산 일반
  Ⅰ. 금융자산의 의의 및 분류 시 판단기준     10
  Ⅱ. 금융자산의 분류 및 후속측정     13
  Ⅲ. 금융자산의 최초 인식 및 제거     17

### 2. 투자지분상품
  Ⅰ. 투자지분상품의 분류 및 특성     20
  Ⅱ. FVPL금융자산(지분상품)의 분류 및 측정     21
  Ⅲ. FVOCI금융자산(지분상품)의 분류 및 측정     27

### 3. 투자채무상품
  Ⅰ. 투자채무상품의 분류 및 특성     38
  Ⅱ. FVPL금융자산(채무상품)의 분류 및 측정     39
  Ⅲ. AC금융자산(채무상품)의 분류 및 측정     44
  Ⅳ. FVOCI금융자산(채무상품)의 분류 및 측정     50
  Ⅴ. 금융자산의 손상     56

### 4. 금융자산의 기타사항
  Ⅰ. 금융자산의 재분류     89
  Ⅱ. 계약상 현금흐름의 변경     101

  ○ 핵심 빈출 문장     104
  ○ 객관식 문제     107
  ○ 주관식 문제     117

## Chapter 12 | 금융자산(Ⅱ)

### 1. 현금및현금성자산과 은행계정조정
  Ⅰ. 현금및현금성자산     132
  Ⅱ. 은행계정조정     134

### 2. 수취채권의 손상
  Ⅰ. 수취채권의 손상     140
  Ⅱ. 손상의 회계처리     140

### 3. 금융자산의 제거
  Ⅰ. 금융자산의 제거 여부와 제거 여부의 판단 148
  Ⅱ. 제거조건을 충족하는 양도     150
  Ⅲ. 제거조건을 충족하지 못한 양도     152
  Ⅳ. 지속적관여자산에 대한 회계처리     153
  Ⅴ. 받을어음의 할인     156

  ○ 객관식 문제     160
  ○ 주관식 문제     163

## Chapter 13 | 복합금융상품

### 1. 복합금융상품의 의의 및 종류
  Ⅰ. 복합금융상품의 의의     172
  Ⅱ. 복합금융상품의 종류     173

### 2. 전환사채
  Ⅰ. 전환사채의 발행조건     174
  Ⅱ. 전환사채의 현금흐름 분석     175
  Ⅲ. 전환사채의 액면발행     180
  Ⅳ. 전환사채의 할인발행     190

### 3. 신주인수권부사채
  Ⅰ. 신주인수권부사채의 발행조건     197
  Ⅱ. 신주인수권부사채의 현금흐름 분석     198
  Ⅲ. 신주인수권부사채의 액면발행     199
  Ⅳ. 전환사채와 신주인수권부사채의 비교     209

### 4. 전환사채의 특수상황
  Ⅰ. 전환사채의 조건변경     213
  Ⅱ. 전환사채의 재매입     215
  Ⅲ. 거래원가     218
  Ⅳ. 전환사채의 회계연도 중 전환권 행사     220

  ○ 객관식 문제     222
  ○ 주관식 문제     235

## Chapter 14 | 고객과의 계약에서 생기는 수익

### 1. 수익의 의의
  Ⅰ. 수익의 정의     246
  Ⅱ. 수익의 구분     246
  Ⅲ. 전통적인 수익인식방법     247

### 2. 고객과의 계약에서 생기는 수익
  Ⅰ. 기준서 제1115호 '고객과의 계약에서 생기는 수익'의 적용     249
  Ⅱ. 고객과의 계약에서 생기는 수익의 인식 5단계     250
  Ⅲ. 표시     253

3. Step 1: 계약의 식별
I. 계약의 정의 및 존재 257
Ⅱ. 계약의 식별 요건 및 계약인지 여부의
판단 258
Ⅲ. 계약의 변경과 계약의 결합 261

4. Step 2: 수행의무의 식별
I. 수행의무의 의의 268
Ⅱ. 수행의무의 적용 시 주의사항 268
Ⅲ. 구별되는 재화나 용역을 이전하기로 한
약속 269
Ⅳ. 일련의 구별되는 재화나 용역을
이전하기로 한 약속
(늑시리즈로 이전하기로 한 약속) 273

5. Step 3: 거래가격의 산정
I. 거래가격의 정의 274
Ⅱ. 변동대가 274
Ⅲ. 비현금 대가 278
Ⅳ. 계약에 있는 유의적인 금융요소 278
V. 고객에게 지급할 대가 282

6. Step 4: 거래가격의 배분
I. 개별 판매가격에 기초한 배분 284
Ⅱ. 할인액의 배분 286
Ⅲ. 변동대가의 배분 288
Ⅳ. 거래가격의 변동 288

7. Step 5: 수익의 인식
I. 수행의무의 이행
(자산에 대한 통제의 이전) 290
Ⅱ. 한 시점에 이행되는 수행의무 290
Ⅲ. 기간에 걸쳐 이행되는 수행의무 291
Ⅳ. 진행률의 측정과 진행기준에 따른
수익인식 294

8. 계약원가
I. 계약체결 증분원가 298
Ⅱ. 계약이행원가 299
Ⅲ. 상각과 손상 301

9. 거래형태별 수익인식 적용사례 302

10. 고객충성제도 336

● 핵심 빈출 문장 342
● 객관식 문제 346

● 주관식 문제 358

## Chapter 15 | 건설계약

1. 건설계약 일반
I. 건설계약의 의의 384
Ⅱ. 계약수익 384
Ⅲ. 계약원가 387
Ⅳ. 진행률 388

2. 건설계약의 회계처리
I. 계약수익의 인식 390
Ⅱ. 건설계약의 재무제표 공시 390
Ⅲ. 건설계약의 회계처리 및 산식정리 391

3. 건설계약 특수상황
I. 손실이 예상되는 건설계약 396
Ⅱ. 진행기준을 적용할 수 없는 경우 399
Ⅲ. 원가기준 이외의 진행률을 사용하는 경우 401
Ⅳ. 건설계약의 병합과 분할 402
V. 특수한 계약원가 402

● 객관식 문제 409
● 주관식 문제 412

## Chapter 16 | 리스

1. 리스회계 개념
I. 리스회계의 기초 422

2. 리스제공자 – 금융리스
I. 금융리스 용어의 정의 431
Ⅱ. 금융리스 리스제공자의 F/S 분석 및
회계처리 436

3. 리스제공자 – 운용리스
I. 운용리스의 회계처리 446
Ⅱ. 운용리스의 주의사항 447

4. 리스제공자가 제조자 또는 판매자인 금융리스
I. 리스제공자가 제조자 또는 판매자인
금융리스(판매형리스)의 의의 452
Ⅱ. 리스제공자가 제조자 또는 판매자인
금융리스의 회계처리 453

# 목차

5. 리스이용자
  Ⅰ. 최초 측정    457
  Ⅱ. 후속측정    459
  Ⅲ. 리스부채의 재평가    463
  Ⅳ. 변동리스료    469

6. 리스의 기타사항
  Ⅰ. 전대리스 [2차]    471
  Ⅱ. 판매후리스    473
  Ⅲ. 리스변경 [2차]    480

● 핵심 빈출 문장    488
● 객관식 문제    489
● 주관식 문제    500

## Chapter 17 | 종업원급여

1. 종업원급여의 의의 및 분류
  Ⅰ. 종업원급여의 의의    520
  Ⅱ. 종업원급여의 분류    520

2. 퇴직급여제도
  Ⅰ. 퇴직급여제도의 의의    526
  Ⅱ. 퇴직급여제도의 분류    527

3. 확정급여제도
  Ⅰ. 확정급여제도의 계산 TOOL 및 이해    529
  Ⅱ. 확정급여채무의 회계처리    531

● 핵심 빈출 문장    547
● 객관식 문제    548
● 주관식 문제    556

## Chapter 18 | 주식기준보상거래

1. 주식기준보상거래의 이해
  Ⅰ. 의의    566
  Ⅱ. 주식기준보상거래의 유형    567

2. 주식결제형 주식기준보상거래
  Ⅰ. 용어의 정의    570
  Ⅱ. 주식결제형 주식기준보상거래의 인식과
    측정    572

  Ⅲ. 가득 조건에 따른 분류    573
  Ⅳ. 주식결제형 주식기준보상거래의
    F/S 분석 및 회계처리    575

3. 주식결제형 주식기준보상거래의 특수상황
  Ⅰ. 지분상품의 공정가치를 신뢰성 있게
    추정할 수 없는 경우    585
  Ⅱ. 부여한 지분상품의 조건변경    587
  Ⅲ. 부여한 지분상품의 기업에 의한 중도청산    591

4. 현금결제형 주식기준보상거래
  Ⅰ. 의의    597
  Ⅱ. 단위당 보상원가의 인식과 측정    597
  Ⅲ. 현금결제형 주식기준보상거래의 회계처리    598

5. 선택형 주식기준보상거래
  Ⅰ. 거래상대방이 결제방식을 선택할 수 있는
    주식기준보상거래    604
  Ⅱ. 회사가 결제방식을 선택할 수 있는
    주식기준보상거래    607
  Ⅲ. 부여한 주식에 현금결제선택권이
    후속적으로 추가된 경우    608

● 핵심 빈출 문장    610
● 객관식 문제    611
● 주관식 문제    623

## Chapter 19 | 법인세회계

1. 법인세회계의 기초
  Ⅰ. 법인세회계의 의의    636
  Ⅱ. 회계이익과 과세소득    637
  Ⅲ. 소득처분    638
  Ⅳ. 일시적차이와 영구적차이    639
  Ⅴ. 법인세 신고·납부 시기 및 회계처리    640

2. 법인세의 기간 간 배분
  Ⅰ. 기간 간 배분의 의의    642
  Ⅱ. 이연법인세자산    643
  Ⅲ. 이연법인세부채    645
  Ⅳ. 적용할 세율    645
  Ⅴ. 다기간에서 법인세기간배분의 절차    646
  Ⅵ. 결손금 등의 세금효과    651
  Ⅶ. 법인세효과의 재무제표 공시    656

3. 법인세의 기간 내 배분
 Ⅰ. 기간 내 배분의 의의　　　　　　658
 Ⅱ. 당기 법인세의 기간 내 배분　　　658
 Ⅲ. 이연법인세의 기간 내 배분　　　659
 Ⅳ. 유형별 기간 내 배분　　　　　　659

○ 핵심 빈출 문장　　　　　　　　　669
○ 객관식 문제　　　　　　　　　　671
○ 주관식 문제　　　　　　　　　　683

## Chapter 20 | 주당이익

1. 주당이익의 기초
 Ⅰ. 주당이익의 의의 및 사용　　　　696
 Ⅱ. 주당이익의 종류　　　　　　　698
 Ⅲ. 재무제표 공시　　　　　　　　699

2. 기본주당이익
 Ⅰ. 기본주당이익의 의의　　　　　　700
 Ⅱ. 보통주당기순이익과 보통주계속영업이익　700
 Ⅲ. 가중평균유통보통주식수　　　　707

3. 희석주당이익
 Ⅰ. 희석주당이익의 기초　　　　　717
 Ⅱ. 잠재적 보통주의 희석효과 산정　720
 Ⅲ. 잠재적 보통주의 희석효과 판단　727

4. 주당이익 기타주제　　　　　　　732

○ 핵심 빈출 문장　　　　　　　　　734
○ 객관식 문제　　　　　　　　　　735
○ 주관식 문제　　　　　　　　　　748

## Chapter 21 | 회계변경과 오류수정

1. 회계변경과 오류수정의 기초
 Ⅰ. 회계변경　　　　　　　　　　762
 Ⅱ. 오류수정　　　　　　　　　　766
 Ⅲ. 회계처리방법　　　　　　　　767

2. 회계정책 변경의 적용
 Ⅰ. 원칙　　　　　　　　　　　　772
 Ⅱ. 예외 - 소급적용의 한계　　　　773

3. 회계추정치 변경의 적용　　　　　777

4. 오류수정의 적용
 Ⅰ. 오류수정의 회계처리　　　　　778
 Ⅱ. 회계오류의 유형　　　　　　　779

5. 회계변경과 오류수정의 특수상황
 Ⅰ. 전기 재무제표의 재작성　　　　794
 Ⅱ. 회계변경과 전기오류수정에 따른
　　법인세효과　　　　　　　　　794

○ 핵심 빈출 문장　　　　　　　　　795
○ 객관식 문제　　　　　　　　　　796
○ 주관식 문제　　　　　　　　　　809

## Chapter 22 | 현금흐름표

1. 현금흐름표의 기초
 Ⅰ. 현금흐름표의 정의　　　　　　822
 Ⅱ. 현금흐름표의 유용성　　　　　822
 Ⅲ. 현금의 개념　　　　　　　　　823
 Ⅳ. 기업의 활동구분　　　　　　　824
 Ⅴ. 현금흐름표의 양식과 기타사항　829

2. 현금흐름표의 작성방법　　　　　832

3. 영업활동으로 인한 현금흐름
 Ⅰ. 직접법　　　　　　　　　　　834
 Ⅱ. 간접법　　　　　　　　　　　849

4. 투자활동으로 인한 현금흐름　　　856

5. 재무활동으로 인한 현금흐름
 Ⅰ. 사채 관련 현금흐름　　　　　　861
 Ⅱ. 자본거래 관련 현금흐름　　　　864
 Ⅲ. 현금및현금성자산의 환율변동효과　864

○ 핵심 빈출 문장　　　　　　　　　865
○ 객관식 문제　　　　　　　　　　866
○ 주관식 문제　　　　　　　　　　882

[부록] 현가표　　　　　　　　　　904

회계사 · 세무사 · 경영지도사 단번에 합격!
해커스 경영아카데미
cpa.Hackers.com

# Chapter 11

# 금융자산(Ⅰ)

1. 금융자산 일반
2. 투자지분상품
3. 투자채무상품
4. 금융자산의 기타사항

# 1 금융자산 일반

## I 금융자산의 의의 및 분류 시 판단기준

### 01 의의

금융상품은 거래당사자 어느 한쪽(금융상품 보유자)에게는 금융자산이 생기게 하고 동시에 거래상대방(금융상품 발행자)에게 금융부채나 지분상품을 발생시키는 모든 계약을 말한다.

[금융상품]

| 금융자산 | | 지분상품 및 금융부채 |
|---|---|---|
| ① 현금<br>　금융상품 | | |
| ② 다른 기업의 지분상품 | ← 계약 → | ① 지분상품 |
| ③ 계약상 권리(채무상품) | ← 계약 → | ② 금융부채 |
| ④ 자기지분상품 관련 계약 | ← 계약 → | ③ 금융부채(자기지분상품 관련 계약) |

금융자산은 계약에 의해 현금이나 다른 금융자산을 수취할 권리를 말한다. 금융자산으로 보는 사례는 아래와 같다.

**(1) 현금**: 유동성이 가장 높으며 교환의 매개수단 중에서 가장 대표적인 자산이다.

**(2) 다른 기업의 지분상품**: 기업의 자산에서 모든 부채를 차감한 후의 잔여지분을 나타내는 모든 계약

**(3) 다음 중 어느 하나에 해당하는 계약상 권리**

> ① 거래상대방에게서 현금 등 금융자산을 수취할 계약상 권리
> ② 잠재적으로 유리한 조건으로 거래상대방과 금융자산이나 금융부채를 교환하기로 한 계약상 권리

**(4) 자기지분상품으로 결제하거나 결제할 수 있는 다음 중 하나의 계약**

> ① 수취할 자기지분상품의 수량이 변동 가능한 비파생상품
> ② 확정 수량의 자기지분상품을 확정 금액의 현금 등 금융자산과 교환하여 결제하는 방법 외의 방법으로 결제하거나 결제할 수 있는 파생상품

### 02 금융자산의 분류 시 판단기준

금융자산은 다음 두 가지 사항 모두에 근거하여 후속적으로 상각후원가, 기타포괄손익 – 공정가치, 당기손익 – 공정가치로 측정되도록 분류한다.

> ① 금융자산의 계약상 현금흐름 특성(원리금의 지급 여부)
> ② 금융자산관리를 위한 사업모형(보유목적)

## (1) 금융자산의 계약상 현금흐름 특성

금융자산을 분류하기 위해서는 해당 금융자산의 계약상 현금흐름이 특정일에 원금과 원금잔액에 대한 이자지급(이하 '원리금 지급')만으로 구성되어 있는지를 판단하여야 한다.

> ① 원리금만으로 구성: 원금과 원금잔액에 대한 이자지급만으로 구성된 계약상 현금흐름
> ② 원리금 이외로 구성: 원리금 지급만으로 구성되지 않은 기타의 계약상 현금흐름

원금과 이자의 의미는 아래와 같다.

> ① 원금: 최초 인식시점의 금융자산의 공정가치(원금의 상환이 있는 경우 금융자산의 존속기간에 걸쳐 변동할 수 있음)
> ② 이자: 화폐의 시간가치에 대한 대가, 특정 기간에 원금잔액과 관련된 신용위험에 대한 대가, 그 밖의 기본적인 대여 위험과 원가에 대한 대가뿐만 아니라 이윤으로 구성

### Self Study

1. 계약상 현금흐름 특성은 SPPI요건(= 특정일에 원금과 원금잔액에 대한 이자지급만으로 이루어진 현금흐름이 발생함)을 의미한다. 예를 들어 구조화채권은 원금과 이자를, 투자자의 필요에 맞추어, 기초변수(예 금리, 주가, 환율 등)와 연동되도록 설계된 채권(예 금리연계채권)을 말하는데, 구조화채권의 현금흐름은 내재된 파생요소로 인해 SPPI요건이 충족되지 못한다. 또한 계약상 원리금을 지급하기도 하지만, 주가상승에 따른 추가적인 투자수익의 발생가능성을 제공하는 전환사채와 같은 상품도 SPPI요건을 충족하지 못할 것이다.
2. 계약상 현금흐름이 원리금의 지급만으로 구성되는지는 금융자산의 표시통화(= 재무제표를 표시할 때 사용하는 통화)로 평가한다.
3. 원리금 지급만으로 구성되는 계약상 현금흐름은 기본대여계약과 일관된다. 기본대여계약과 관련 없는 계약상 현금흐름의 위험이나 변동성에 노출시키는 계약조건은 원리금 지급만으로 구성되는 계약상 현금흐름이 생기지 않는다.

### 참고 | 금융자산의 성격에 따른 분류

기업이 보유하고 있는 금융자산은 해당 금융자산의 성격에 따라 투자지분상품과 투자채무상품으로 분류할 수 있다.

1. 투자지분상품: 투자지분상품은 다른 회사의 순자산에 대한 소유권을 나타내는 지분상품인 주식에 대한 투자와 일정금액으로 소유지분을 취득할 수 있는 권리를 나타내는 지분상품인 지분옵션에 대한 투자를 말한다. 투자자는 지분상품의 보유기간 중 피투자회사로부터 수령하는 배당과 투자지분상품의 매각 시 시세차익을 통해서 투자원금과 투자이익을 회수한다.
2. 투자채무상품: 투자채무상품은 다른 회사에 대하여 금전을 청구할 수 있는 권리를 표시하는 상품에 대한 투자를 말한다. 투자자는 채무상품의 보유기간 중에 피투자회사로부터 수령하는 이자와 투자채무상품의 매각 시의 시세차익을 통해서 투자원금과 투자이익을 회수한다.

## (2) 금융자산의 보유목적에 따른 분류(사업모형)

사업모형은 현금흐름을 창출하기 위해 금융자산을 관리하는 방식을 의미한다. 사업모형은 다음과 같이 구분한다.

### 1) 계약상 현금흐름을 수취하기 위해 자산을 보유하는 것이 목적인 사업모형

이러한 형태의 사업모형에서는 기업의 금융자산 보유의도를 해당 금융자산의 계약상 현금흐름을 수취하기 위한 목적으로 이루기 위한 것으로 본다.

사업모형의 목적인 계약상 현금흐름을 수취하기 위해 금융자산을 보유하는 것이더라도 그러한 모든 금융상품을 만기까지 보유할 필요는 없다. 따라서 금융자산의 매도가 일어나거나 미래에 일어날 것으로 예상되는 경우에도 사업모형은 계약상 현금흐름을 수취하기 위해 금융자산을 보유하는 것일 수 있다.

### 2) 계약상 현금흐름의 수취와 금융자산의 매도 둘 다를 통해 목적을 이루는 사업모형

이러한 형태의 사업모형에서는 기업의 금융자산 보유의도를 해당 금융자산의 계약상 현금흐름 수취와 금융자산의 매도 둘 다를 통해 목적을 이루기 위한 것으로 본다. 주요 경영진은 계약상 현금흐름의 수취와 금융자산의 매도 둘 다가 사업모형의 목적을 이루는 데 필수적이라고 결정한다.

계약상 현금흐름을 수취하기 위해 금융자산을 보유하는 것이 목적인 사업모형과 비교하여 이러한 사업모형에서는 대체로 더 빈번하게 더 많은 금액을 매도할 것이다. 이러한 사업모형의 목적을 이루기 위해서는 금융자산의 매도가 부수적이 아니라 필수적이기 때문이다.

> **참고** **빈번하지 않거나 유의적이지 아니한 매도**
>
> 1. 사업모형 판단 시 매매 빈도나 매매 금액에 대한 기준은 없음
> 2. 형식은 매도지만 실질적으로 원리금을 회수하는 경우[1] 수취 목적 사업모형으로 볼 수 있음
>    [1] 예) 금융자산의 만기가 가까운 시점에 매도하고 매도로 수취하는 대가가 남은 계약상 현금흐름의 수취액과 거의 같다면 해당 매도는 계약상 현금흐름을 수취하기 위해 금융자산을 보유하는 목적과 일관될 수 있음

### 3) 그 밖의 사업모형

금융자산의 매도를 통해 현금흐름을 실현할 목적인 사업모형, 공정가치 기준으로 관리하고 그 성과를 평가하는 금융자산의 포트폴리오, 단기매매의 정의를 충족하는 금융자산 포트폴리오 등이 있다.

[사업모형]

| 사업모형 | 내용 |
|---|---|
| ① 계약상 현금흐름의 수취 | 만기까지 보유할 필요 ✕ |
| ② 계약상 현금흐름의 수취 + 금융자산의 매도 | 금융자산의 매도가 필수적 ○ |
| ③ 그 밖의 사업모형 | 금융자산의 매도를 통해 현금흐름 실현 |
| | 공정가치 기준으로 관리하는 성과를 평가 |
| | 단기매매의 정의를 충족 |

1. 사업모형에 대한 판단은 주장이 아닌 실질평가(Factual Assessment)를 통해 이루어지며, 기업이 수행하는 업무를 통해 관측 가능하여야 한다. 또한 사업모형은 개별 상품에 대한 경영진의 의도와는 무관하므로 금융상품별 분류접근법이 아니며 더 높은 수준으로 통합하여 결정하여야 한다. 그러나 하나의 기업은 금융상품을 관리하는 둘 이상의 사업모형을 가질 수 있다. 따라서 분류가 보고실체(기업전체) 수준에서 결정될 필요는 없다.
2. 사업모형은 특정 사업 목적을 이루기 위해 금융자산의 집합을 함께 관리하는 방식을 반영하는 수준에서 결정한다.
3. 사업모형 평가와 관련된 증거의 예시
   ① 사업모형을 평가하는 방식
   ② 사업모형과 관련된 위험을 관리하는 방식
   ③ 그 사업의 경영진에 대한 보상 방식
4. 계약상 현금흐름의 수취와 금융자산의 매도 둘 다를 통해 목적을 이루는 사업모형은 계약상 현금흐름 수취와 금융자산의 매도 둘 다가 사업모형의 목적을 이루는 데에 필수적이기 때문에 이러한 사업모형에서 일어나야만 하는 매도의 빈도나 금액에 대한 기준은 없다.

## Ⅱ   금융자산의 분류 및 후속측정

금융자산은 해당 금융자산의 계약상 현금흐름의 특성과 금융자산관리를 위한 사업모형에 근거하여 후속적으로 다음과 같이 상각후원가, 기타포괄손익 – 공정가치, 당기손익 – 공정가치로 측정되도록 분류한다.

[금융자산의 분류]

| 구분 | 계약상 현금흐름의 특성 | 사업모형 | 금융자산의 계정분류 |
|---|---|---|---|
| 투자 채무상품 | 원리금으로만 구성 | 현금흐름 수취목적 | 상각후원가 측정 금융자산 (AC금융자산) |
| | | 현금흐름 수취 + 매도목적 | 기타포괄손익 – 공정가치 측정 금융자산 (FVOCI금융자산) |
| | 원리금 이외로 구성 | 기타의 목적 | 당기손익 – 공정가치 측정 금융자산 (FVPL금융자산) |
| | 선택권(최초 인식시점 선택 가능 ⇒ 이후 취소 불가) ① 회계불일치를 제거하거나 유의적으로 줄이기 위한 경우 | | 당기손익 – 공정가치 측정 금융자산 (FVPL금융자산) |
| 투자 지분상품 | 원리금 이외로 구성 | 기타의 목적 | 당기손익 – 공정가치 측정 금융자산 (FVPL금융자산) |
| | 선택권(최초 인식시점 선택 가능 ⇒ 이후 취소 불가) ① 단기매매항목 × ② 사업결합에서 취득자가 인식하는 조건부 대가 × | | 기타포괄손익 – 공정가치 측정 금융자산 (FVOCI금융자산) |

**01** **상각후원가 측정 금융자산(AC금융자산):** 다음 두 가지 조건을 모두 충족하는 경우

① 계약상 현금흐름을 수취하기 위해 보유하는 것이 목적인 사업모형하에서 금융자산을 보유한다.
② 금융자산의 계약조건에 따라 특정일에 원리금 지급만으로 구성되어 있는 현금흐름이 발생한다.

**02** **기타포괄손익 – 공정가치 측정 금융자산(FVOCI금융자산):** 다음 두 가지 조건을 모두 충족하는 경우

① 계약상 현금흐름의 수취와 금융자산의 매도 둘 다를 통해 목적을 이루는 사업모형하에서 금융자산을 보유한다.
② 금융자산의 계약조건에 따라 특정일에 원리금 지급만으로 구성되어 있는 현금흐름이 발생한다.

**03** **당기손익 – 공정가치 측정 금융자산(FVPL금융자산):** 상각후원가 측정 금융자산이나 기타포괄손익 – 공정가치 측정 금융자산으로 분류되지 않는 경우(예 단기매매항목, 공정가치 기준으로 관리하고 그 성과를 평가하는 금융자산의 포트폴리오)

**04** **예외사항**

**(1) FVOCI금융자산(지분상품)**

지분상품은 SPPI를 충족하지 못하므로 FVPL금융자산으로 분류된다. 그런데 당해 지분상품을 장기간 보유하면서 공정가치 변동을 당기손익으로 인식하면, 당기순이익의 변동성이 증가할 뿐만 아니라 당기순이익이 기업의 성과를 제대로 보여주지 못할 수 있다. 그러므로 이러한 문제를 해소하기 위해서 기업은 단기매매목적도 아니고 조건부 대가도 아닌 지분상품을 FVOCI금융자산으로 분류되도록 선택할 수 있다. 이러한 선택은 최초 인식시점에만 가능하며, 이후에 취소할 수 없다.

**(2) FVPL금융자산(채무상품)**

AC금융자산(채무상품) 또는 FVOCI금융자산(채무상품)으로 분류될 항목을 FVPL금융자산으로 지정할 수 있다. 단, FVPL항목으로의 지정은 회계불일치를 제거하거나 유의적으로 줄이는 경우에 한하여 가능하다.

FVPL로 측정되지 않는 금융자산과 금융부채를 모두 FVPL항목으로 지정하면 회계불일치를 제거하거나 또는 유의적으로 감소시킬 수 있기 때문에 보다 목적적합한 정보를 제공할 수 있다. 이러한 지정은 최초 인식시점에서만 가능하며, 한번 지정하면 이를 취소할 수 없다.

1. 회계불일치를 제거하거나 유의적으로 줄이기 위하여 금융자산 당기손익 – 공정가치 측정 항목으로 지정하는 것은 회계정책의 선택과 유사하지만 비슷한 모든 거래에 같은 회계처리를 반드시 적용하여야 하는 것은 아니다.

2. 금융자산이나 금융부채에서 FVPL선택권을 행사할 수 있는 경우
   ① 회계불일치를 경감하여 더욱 목적적합한 정보를 제공하기 위한 경우이다. 예를 들어, 공정가치 변동을 당기손익으로 인식할 수 있도록 지정하지 않을 경우 금융자산은 FVOCI금융자산으로 공정가치 변동을 기타포괄손익으로 인식하고, 이 금융자산과 관련된 금융부채는 AC금융부채로 분류되어 공정가치 변동을 인식하지 않으므로 회계불일치가 발생한다. 이러한 경우 해당 금융자산과 금융부채의 공정가치 변동을 모두 당기손익으로 인식할 수 있도록 지정하면 재무제표가 보다 목적적합한 정보를 제공할 수 있게 된다.
   ② 금융상품 집합(금융자산과 금융부채의 조합으로 구성된 포트폴리오)을 공정가치 기준으로 관리하고 그 성과를 평가하는 경우이다. 구체적으로 문서화된 위험관리전략이나 투자전략에 따라, 금융상품 집합을 공정가치 기준으로 관리하고 그 성과를 평가하며 그 정보를 이사회, 대표이사 등 주요 경영진에게 그러한 공정가치 기준에 근거하여 내부적으로 제공하는 경우에도 공정가치 변동을 당기손익으로 인식하도록 지정할 수 있다.

## 금융자산의 성격별 분류

| 구분 | 지분상품(원리금의 지급 ✕) | 채무상품(원리금의 지급 ○) |
|---|---|---|
| AC금융자산 | 해당사항 없음 | 계약상 현금흐름 수취 사업모형 |
| | | ↕ 추후 재분류 가능 |
| FVOCI금융자산 | 최초 인식시점에 선택 가능[1] | 계약상 현금흐름 수취와 매도 사업모형 |
| | ↕ 추후 재분류 불가 | ↕ 추후 재분류 가능 |
| FVPL금융자산 | 원칙 | 그 외 모든 금융자산 |

[1] 단기매매항목 or 사업결합의 조건부 대가 제외

\* 단기매매항목인 금융자산
   ① 주로 단기간에 매각하거나 재매입할 목적으로 취득하거나 부담한 자산
   ② 최초 인식시점에 공동으로 관리하는 특정 금융상품 포트폴리오의 일부로 운용 형태가 단기적 이익 획득 목적이라는 증거가 있는 자산
   ③ 파생상품(단, 금융보증계약인 파생상품이나 위험회피수단으로 지정되고 위험회피에 효과적인 파생상품은 제외)

**다음은 금융자산의 분류 및 재분류 등에 관한 설명이다. 옳은 설명을 모두 고른 것은?**

[세무사 2022년]

ㄱ. 계약상 현금흐름을 수취하기 위해 보유하는 것이 목적인 사업모형하에서 금융자산을 보유하고, 금융자산의 계약 조건에 따라 특정일에 원금과 원금잔액에 대한 이자 지급만으로 구성되어 있는 현금흐름이 발생하는 금융자산은 상각후원가로 측정한다.

ㄴ. 계약상 현금흐름의 수취와 금융자산의 매도 둘 다를 통해 목적을 이루는 사업모형하에서 금융자산을 보유하고, 금융자산의 계약 조건에 따라 특정일에 원금과 원금잔액에 대한 이자 지급만으로 구성되어 있는 현금흐름이 발생하는 금융자산은 당기손익-공정가치로 측정한다.

ㄷ. 서로 다른 기준에 따라 자산이나 부채를 측정하거나 그에 따른 손익을 인식한 결과로 발생한 인식이나 측정의 불일치를 제거하거나 유의적으로 줄이는 경우에는 최초 인식시점에 해당 금융자산을 당기손익-공정가치 측정 항목으로 지정할 수 있다.

ㄹ. 금융자산을 기타포괄손익-공정가치 측정 범주에서 당기손익-공정가치 측정 범주로 재분류하는 경우, 재분류 전에 인식한 기타포괄손익누계액은 재분류일에 자본의 다른 항목으로 직접 대체한다.

① ㄱ, ㄴ     ② ㄱ, ㄷ     ③ ㄴ, ㄷ
④ ㄴ, ㄹ     ⑤ ㄷ, ㄹ

**풀이**

ㄴ. 계약상 현금흐름의 수취와 금융자산의 매도 둘 다를 통해 목적을 이루는 사업모형하에서 금융자산을 보유하고, 금융자산의 계약 조건에 따라 특정일에 원금과 원금잔액에 대한 이자 지급만으로 구성되어 있는 현금흐름이 발생하는 금융자산은 기타포괄손익-공정가치로 측정한다.

ㄹ. 금융자산을 기타포괄손익-공정가치 측정 범주에서 당기손익-공정가치 측정 범주로 재분류하는 경우, 재분류 전에 인식한 기타포괄손익누계액은 재분류일에 당기순이익으로 재분류조정된다.

정답: ②

# Ⅲ 금융자산의 최초 인식 및 제거

## 01 인식

금융자산은 금융상품의 계약당사자가 되는 때에만 재무상태표에 인식한다. 다만, 정형화된 매입의 경우에는 매입일이나 결제일에 인식한다.

## 02 측정

금융자산은 최초 인식시점에 공정가치로 측정한다. 최초 인식시점의 공정가치는 일반적으로 제공한 대가의 공정가치인 거래가격이지만 거래가격과 다르다면 최초 인식시점에 그 차이를 당기손익으로 인식한다.

| 차) AC·FVPL·FVOCI금융자산 | 최초 인식시점 FV | 대) 현금 등 | 거래가격 |
| --- | --- | --- | --- |
| | | 취득이익 | N/I |

**[금융자산의 최초 측정과 거래원가]**

| 구분 | FVPL금융자산 | FVOCI금융자산 | AC금융자산 |
| --- | --- | --- | --- |
| 최초 측정 | 최초 인식시점 공정가치 | | |
| 거래원가 | 당기비용(N/I) | 공정가치에 가산 | 공정가치에 가산 |

금융자산의 취득과 직접 관련하여 발생하는 거래원가는 최초 인식하는 공정가치에 가산한다. 다만, 당기손익 – 공정가치 측정 금융자산(FVPL금융자산)의 취득과 직접 관련되는 거래원가는 발생 즉시 당기비용으로 인식한다.

> **금융자산별 거래원가에 대한 회계처리**
>
> | 차) AC·FVOCI금융자산 | 거래원가(공정가치 가산) | 대) 현금 등 | ×× |
> | --- | --- | --- | --- |
> | 차) 비용(FVPL금융자산) | 거래원가(N/I) | 대) 현금 등 | ×× |

**Self Study**

최초 인식시점에 매출채권이 유의적인 금융요소를 포함하지 않는 경우에는 거래가격으로 측정한다.

**03 정형화된 매매거래**

정형화된 매입·매도 거래는 관련 시장의 규정이나 관행에 의하여 일반적으로 설정된 기간 내에 당해 금융상품을 인도하는 계약조건에 따라 금융자산을 매입하거나 매도하는 것을 말한다. 정형화된 매매거래는 매매일과 결제일 사이에 거래가격을 고정시키는 거래이며 파생상품의 정의를 충족하지만 계약기간이 짧기 때문에 파생상품으로 인식하지 아니한다. 정형화된 매매거래의 경우에는 금융자산을 매매일 인식방법이나 결제일 인식방법 중 하나를 선택하여 인식할 수 있다.

> ① 매매일 인식방법: 매매일에 수취할 자산과 그 자산에 대하여 지급할 부채를 인식하는 것
> ② 결제일 인식방법: 자산을 인수하는 날에 자산을 인식하는 것

결제일 인식방법을 적용하는 경우에는 매매일과 결제일 사이에 이미 취득한 자산에 대한 회계처리와 동일한 방법으로 수취할 금융자산의 공정가치에 대한 모든 변동을 회계처리한다. 따라서 매매일과 결제일 사이의 공정가치 변동은 아래와 같이 처리한다.

**(1) FVPL금융자산으로 분류하는 경우: 당기손익(N/I)으로 인식**

| 차) FVPL금융자산 | 결제일 FV | 대) 현금 등 | 매매일 FV |
|---|---|---|---|
| | | 금융자산평가이익 | 공정가치 변동(N/I) |

**(2) FVOCI금융자산으로 분류하는 경우: 기타포괄손익(OCI)으로 인식**

| 차) FVOCI금융자산 | 결제일 FV | 대) 현금 등 | 매매일 FV |
|---|---|---|---|
| | | 금융자산평가이익 | 공정가치 변동(OCI) |

**(3) AC금융자산으로 분류하는 경우: 인식하지 않음**

| 차) AC금융자산 | 매매일 FV | 대) 현금 등 | 매매일 FV |
|---|---|---|---|

**[정형화된 매매거래]**

| 구분 | | 최초 인식시점 | 매매일과 결제일 인식방법은 선택 가능(동일 범주 금융자산 매도·매입에 일관성 있게 적용)하나, 결제일 인식방법의 경우 매매일과 결제일 사이의 공정가치 변동은 각 자산별로 처리 |
|---|---|---|---|
| 일반 매입 | | 계약당사자가 되는 때 | ⇒ FVPL금융자산: N/I로 인식 |
| 정형화된 매입 | 매매일 인식방법 | 매매일 | ⇒ FVOCI금융자산: OCI로 인식 |
| | 결제일 인식방법 | 결제일 | ⇒ AC금융자산: 매매일의 FV인식(FV 변동분 인식 ×) |

## 04 제거

금융자산의 제거는 이미 인식한 금융자산을 재무상태표에서 삭제하는 것을 말하며, 금융자산의 인식에 대응되는 개념이다. 금융자산은 다음 중 하나에 해당하는 경우에만 제거한다.

① 금융자산의 현금흐름에 대한 계약상 권리가 소멸한 경우
② 금융자산을 양도하며 그 양도가 제거의 조건을 충족하는 경우

**Self Study**

금융자산 전체나 일부의 회수를 합리적으로 예상할 수 없는 경우에는 해당 금융자산의 총장부금액을 직접 줄이는데, 이를 제각이라고 한다. 제각은 금융자산을 제거하는 사건으로 본다.

**핵심 Check 1**

**한국채택국제회계기준 금융자산 회계처리에 대한 내용 중 옳은 것은?**

① 금융자산의 정형화된 매입이나 매도는 매매일 또는 결제일에 인식하거나 제거한다. AC금융자산에 대하여 결제일 회계처리방법을 적용하는 경우, 당해 자산은 최초 인식 시 결제일의 공정가치로 인식한다.
② 금융자산은 최초 인식 시 공정가치로 측정한다. 다만, FVPL금융자산이 아닌 경우 당해 금융자산의 취득과 직접 관련되는 거래원가는 최초 인식하는 공정가치에서 차감하여 측정한다.
③ 금융자산의 정형화된 매입이나 매도는 매매일 회계처리방법 또는 결제일 회계처리방법 중 하나를 사용하여 인식하며, 사용한 방법은 동일한 범주에 속하는 금융자산의 매입이나 매도 모두에 대하여 일관성 있게 적용한다.
④ FVPL금융자산으로 분류된 자산에 결제일 회계처리방법을 적용하는 경우에는 매매일과 결제일 사이에 수취할 자산의 공정가치에 대한 변동은 기타포괄손익으로 인식한다.
⑤ FVOCI금융자산으로 분류된 자산에 결제일 회계처리방법을 적용하는 경우에는 매매일과 결제일 사이에 수취할 자산의 공정가치에 대한 변동은 당기손익으로 인식한다.

**풀이**

① AC금융자산에 대하여 결제일 회계처리방법을 적용하는 경우, 최초 인식 시 매매일의 공정가치로 인식한다.
② FVPL금융자산이 아닌 경우, 취득과 직접 관련된 거래원가는 최초 인식하는 공정가치에서 가산하여 측정한다.
④ FVPL금융자산에 대하여 결제일 인식방법을 사용하는 경우 매매일과 결제일 사이에 수취할 자산의 공정가치 변동은 당기손익으로 인식한다.
⑤ FVOCI금융자산에 대하여 결제일 인식방법을 사용하는 경우 매매일과 결제일 사이에 수취할 자산의 공정가치 변동은 기타포괄손익으로 인식한다.

정답: ③

# 2 투자지분상품

지분상품에 대한 모든 투자는 공정가치로 측정하고 FVPL금융자산으로 분류하여야 한다. 다만, 지분상품에 대한 투자로 단기매매항목이 아니고 사업결합에서 취득자가 인식하는 조건부 대가가 아닌 지분상품으로 최초 인식시점에 후속적인 공정가치 변동을 기타포괄손익으로 표시하기로 한 경우 FVOCI금융자산으로 분류할 수 있다. 지분상품에 대한 투자를 FVOCI로 분류하면 이를 취소할 수 없다.

지분상품에 대한 투자는 손상차손을 인식하는 대상 자산이 아니며, 항상 공정가치로 측정하여야 한다.

[투자지분상품의 분류 및 특성]

| 구분 | FVPL금융자산(원칙) | FVOCI금융자산[1] |
|---|---|---|
| 최초 인식 시 측정 | 취득시점의 FV | 취득시점의 FV |
| 취득에 직접 관련된 거래원가 | 당기비용처리 | 최초 인식하는 FV에 가산 |
| 후속측정 | FV측정, 평가손익 N/I처리 | FV측정, 평가손익 OCI처리 |
| 재분류 | 불가 | 불가 |
| 처분손익 | 인식 O | 재분류조정 허용 ×<br>처분 시 거래원가가 있다면<br>처분손실 발생 |
| 손상 | 인식 × | 인식 × |
| N/I 영향 | ≠ | |
| OCI 영향 | ≠ | |
| 총포괄손익 영향 | = | |

[1] 지분상품에 대한 투자로 단기매매항목이 아니고 사업결합에서 취득자가 인식하는 조건부 대가가 아닌 지분상품을 FVOCI금융자산으로 분류할 수 있다. 그러나 이러한 선택은 이후에 취소할 수 없다.

## Ⅱ  FVPL금융자산(지분상품)의 분류 및 측정

### 01  최초 인식

#### (1) 최초 측정

FVPL금융자산(지분상품)은 금융상품의 계약당사자가 되는 때에 재무상태표에 인식하며, 최초 인식
시점의 공정가치로 측정한다. 취득에 직접 관련된 거래원가(중개수수료 등)는 당기비용으로 처리한다.

| 차) FVPL금융자산 | 최초 인식시점 FV | 대) 현금 | ×× |
|---|---|---|---|
| 수수료비용(N/I) | 거래원가 | | |

### 02  보유에 따른 손익

#### (1) 현금배당

지분상품의 발행회사는 회계연도 중 획득한 이익을 배당의 형태로 주주들에게 배분한다. 현금배당은
지분상품의 발행회사가 배당을 선언하는 경우 배당수익의 과목으로 하여 당기손익에 반영하고, 동 금
액을 미수배당금으로 인식한다. 배당금은 지분상품의 보유기간에 관계없이 수령할 금액 전액을 배당수
익으로 인식한다.

[현금배당의 회계처리]

| 배당기준일 | 회계처리 없음 | | | |
|---|---|---|---|---|
| 배당선언일 | 차) 미수배당금 | ×× | 대) 배당수익 | N/I |
| 배당수령일 | 차) 현금 | ×× | 대) 미수배당금 | ×× |

#### (2) 무상증자·주식배당

지분상품의 발행회사가 무상증자나 주식배당을 실시하여 신주를 취득하는 경우 투자회사는 자산의 증
가로 보지 않는다. 따라서 무상증자나 주식배당으로 취득하는 신주의 취득금액은 당해 무상증자 등의
권리락이 실시되는 시점에서 신주와 구주의 종류에 관계없이 주식수 비례에 따라 구주의 장부금액을
안분하여 산정(주식수 증가로 주당 평균단가 변동)한다.

**Self Study**

무상증자나 주식배당으로 취득한 지분상품은 기존에 보유하고 있는 지분상품과 동일한 종목으로 분류한다.

[EX - 무상증자 or 주식배당]

| 일자 | 구분 | 주식수 | × 주당 취득원가 | = BV |
|---|---|---|---|---|
| 1/1 | 기초 주식 | 100주 | @110 | 11,000 |
| 7/1 | 무상증자 | 10주 | - | - |
| 7/1 | 증자 후 | 110주 | @100(역산) | 11,000 |

## 03 기말 평가 및 처분

### (1) 기말 평가

FVPL금융자산은 보고기간 말의 공정가치로 평가하고 장부금액과의 차액은 금융자산평가손익으로 하여 당기손익으로 처리한다. 이 경우 FVPL금융자산의 장부금액은 전기 이전에 취득한 경우에는 전기 말 공정가치를, 당기에 취득한 경우에는 원가를 말한다. 단, 보고기간 말의 공정가치에는 거래원가를 차감하지 아니한다.

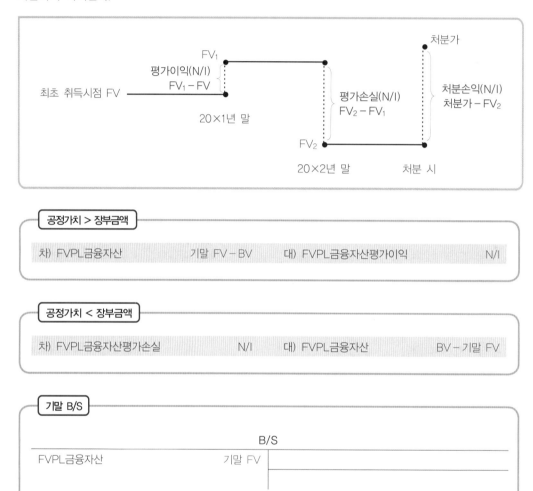

공정가치 > 장부금액

| 차) FVPL금융자산 | 기말 FV – BV | 대) FVPL금융자산평가이익 | N/I |
|---|---|---|---|

공정가치 < 장부금액

| 차) FVPL금융자산평가손실 | N/I | 대) FVPL금융자산 | BV – 기말 FV |
|---|---|---|---|

기말 B/S

| B/S | |
|---|---|
| FVPL금융자산    기말 FV | |

## (2) 처분

FVPL금융자산을 처분하는 경우 처분금액과 장부금액과의 차액은 금융자산처분손익으로 하여 당기손익으로 인식한다. 이 경우 장부금액은 당기에 취득한 경우에는 취득원가를, 전기 이전에 취득한 경우에는 전기 말 공정가치를 말한다. 이때 FVPL금융자산의 처분과 직접 관련하여 발생하는 거래원가는 처분금액에서 차감하여 금융자산처분손익에 반영한다.

| 차) 현금 | 처분금액 – 거래원가 | 대) FVPL금융자산 | BV |
|---|---|---|---|
| | | 금융자산처분이익 | N/I |

12월 말 결산법인인 ㈜현주는 20×1년 초에 설립되었고, 20×1년에 A사 지분상품에 대한 취득과 처분 상황은 아래와 같다. ㈜현주는 A사 주식에 대하여 취득시점에 FVPL금융자산으로 분류하였다.

| 일자 | 구분 | 취득 시 주당 공정가치 | 거래원가(거래전체) |
|------|------|------------------|-----------------|
| 2월 | 10주 취득 | ₩1,000 | ₩1,000 |
| 5월 | 10주 취득 | ₩1,200 | ₩1,000 |
| 8월 | 10주 처분 | ₩1,300 | ₩1,000 |
| 9월 | 10주 취득 | ₩1,400 | ₩1,000 |

각 연도별 A사 주식의 1주당 공정가치는 다음과 같다. (20×1년 이후 취득과 처분은 없었다)

| 구분 | 주당 공정가치 |
|------|-------------|
| 20×1년 말 | ₩1,200 |
| 20×2년 말 | ₩800 |
| 20×3년 말 | ₩1,100 |

**1** 동 거래와 관련하여 ㈜현주가 20×1년에 인식할 금융자산처분손익은 얼마인가?

**2** 동 거래가 ㈜현주의 20×1년 당기손익에 미치는 영향은 얼마인가?

**3** 20×2년 말 ㈜현주의 재무상태표상에 인식할 FVPL금융자산의 장부가액과 20×2년 포괄손익계산서에 인식할 금융자산평가손익은 얼마인가?

**4** 20×3년 초에 A사는 현금배당 5%와 무상증자 10%를 결의하였으며, ㈜현주는 동 배당을 받을 권리가 있고 20×3년 1월 10일에 현금배당과 무상주를 수령하였다. 동 거래와 관련된 회계처리를 보이시오(단, A사의 1주당 액면금액은 ₩500이다).

**5** **4**에 이어서 20×3년 말 ㈜현주의 재무상태표상에 인식할 FVPL금융자산의 장부가액과 20×3년 포괄손익계산서에 인식할 금융자산평가손익은 얼마인가?

**풀이**

**1** 처분손익: 12,000 − 11,000 = 1,000
  • 처분가: 1,300 × 10주 − 1,000 = 12,000
  • 장부가액: (1,000 × 10주 + 1,200 × 10주) × 10/20주 = 11,000

**2** 당기손익에 미치는 영향: (3,000) + 1,000 + (1,000) = (−)3,000
  • 취득 시 수수료: (−)3,000
  • 처분손익: 1,000
  • 평가손익: (−)1,000 = 1,200 × 20주 − (1,100주 × 10주 + 1,400 × 10주)
  [20×1년 말 B/S]

| B/S | | |
|-----|-----|-----|
| FVPL금융자산 | 기말 FV 24,000 | |
| | | |

[회계처리]

| | | | | | |
|---|---|---|---|---|---|
| 20×1년 2월 | 차) FVPL금융자산<br>수수료비용(N/I) | 10,000<br>1,000 | 대) 현금 | | 11,000 |
| 20×1년 5월 | 차) FVPL금융자산<br>수수료비용(N/I) | 12,000<br>1,000 | 대) 현금 | | 13,000 |
| 20×1년 8월 | 차) 현금 | 12,000 | 대) FVPL금융자산<br>금융자산처분이익(N/I) | | 11,000<br>1,000 |
| 20×1년 9월 | 차) FVPL금융자산<br>수수료비용(N/I) | 14,000<br>1,000 | 대) 현금 | | 15,000 |
| 20×1년 말 | 차) 금융자산평가손실(N/I) | 1,000 | 대) FVPL금융자산 | | 1,000 |

**❸** 20×2년 말 장부가액: 800 × 20주 = 16,000

20×2년 평가손익: (800 − 1,200) × 20주 = (−)8,000

[20×2년 말 B/S]

| B/S | |
|---|---|
| FVPL금융자산　　　　　기말 FV 16,000 | |

[회계처리]

| | | | | | |
|---|---|---|---|---|---|
| 20×2년 말 | 차) 금융자산평가손실(N/I) | 8,000 | 대) FVPL금융자산 | | 8,000 |

| | | | | | |
|---|---|---|---|---|---|
| **❹** 20×3년 초 | 차) 미수배당금 | 500 | 대) 배당금수익(N/I)[1] | | 500 |
| 20×3년 1월 10일 | 차) 현금 | 500 | 대) 미수배당금 | | 500 |

[1] 20주 × 500 × 5% = 500

⇒ 무상증자 10%는 주식수의 변동만 가져오고 순자산의 변동은 없으므로 회계처리하지 않는다.

**❺** 20×3년 말 장부가액: 1,100 × {20 × (1 + 10%)}주 = 24,200

20×3년 평가손익: 24,200 − 16,000 = 8,200

[20×3년 말 B/S]

| B/S | |
|---|---|
| FVPL금융자산　　　　　기말 FV 24,200 | |

[회계처리]

| | | | | | |
|---|---|---|---|---|---|
| 20×3년 말 | 차) FVPL금융자산 | 8,200 | 대) 금융자산평가이익(N/I) | | 8,200 |

12월 말 결산법인인 A사는 20×1년 12월 1일에 ㈜포도 주식 10주를 주당 ₩2,000에 취득하고 FVPL금융자산으로 분류하였다. 취득일 현재 ㈜포도 주식의 공정가치는 주당 ₩2,500이며, 동 주식 취득과 관련하여 거래수수료 ₩2,000을 지출하였다. 20×1년 12월 10일에 동 주식 6주를 주당 ₩2,700에 처분하고 거래수수료로 ₩1,000을 지출하였다. 20×1년 말 현재 동 주식의 주당 공정가치는 ₩2,800이며, 처분 관련 거래원가는 주당 ₩500으로 추정된다고 할 경우 다음 중 올바른 것은?

① 20×1년 12월 1일의 동 거래가 A사의 당기손익에 미치는 영향은 없다.
② 20×1년 12월 1일에 ㈜포도 주식의 취득시점 최초원가는 ₩22,000이다.
③ 20×1년 12월 10일 ㈜포도 주식의 처분으로 인한 처분손익은 ₩200이다.
④ 20×1년 말 ㈜포도의 주식과 관련하여 인식할 평가손익은 ₩(-)800이다.
⑤ 만약, 20×1년 말 동 금융자산의 주당 공정가치가 ₩1,000으로 손상의 사유에 해당한다면 손상차손을 인식한다.

**풀이**

① 취득 시(12/1) 당기손익에 미치는 영향: (2,000) + 5,000 = 3,000
  • 취득 시 수수료: (-)2,000
  • 취득손익: (2,500 - 2,000) × 10주 = 5,000

| 차) FVPL금융자산 | 25,000 | 대) 현금(거래가격) | 20,000 |
|---|---|---|---|
| | | 금융자산취득이익(N/I) | 5,000 |
| 차) 수수료비용(N/I) | 2,000 | 대) 현금 | 2,000 |

② 최초원가: 2,500 × 10주 = 25,000
③ 처분손익: (2,700 × 6주 - 1,000) - 25,000 × 6/10주 = 200

| 차) 현금 | 15,200 | 대) FVPL금융자산 | 15,000 |
|---|---|---|---|
| | | 금융자산처분이익(N/I) | 200 |

④ 20×1년 말 평가손익: (2,800 - 2,500) × 4주 = 1,200
  * 공정가치 계산 시 거래원가는 고려하지 않는다.
⑤ FVPL금융자산은 손상차손을 인식하지 않는다.

정답: ③

FVPL금융자산 – 각 시점별 정리

| 구분 | FVPL금융자산(지분상품) |
|---|---|
| 취득거래원가 | 발생 즉시 당기비용으로 처리 |
| 기말평가 | 금융자산평가손익(N/I) = 당기 말 FV – 금융자산 BV |
| 처분거래원가 | 처분과 직접 관련하여 발생한 거래원가는 처분금액에서 차감 |
| 처분손익 | 순처분금액(= 처분금액 – 거래원가) – 전기 말 BV |
| 현금배당 | 배당선언일에 배당수익으로 당기손익에 반영 |
| 무상증자와 주식배당 | 순자산에 미치는 영향 ×, 주식수의 변동으로 평균단가 변동 |
| 손상차손 | 공정가치로 평가하여 평가손익을 당기손익에 반영하므로 손상대상 × |
| 재분류 | 지분상품이나 파생상품은 재분류가 불가능 |

FVPL금융자산 – F/S 효과 정리

B/S

| FVPL금융자산 | 기말 FV |  |
|---|---|---|

I/S

| 취득 시 수수료 | 당기비용처리 |
|---|---|
| 취득손익 | 취득 시 FV – 취득 시 거래가격 |
| 기말 평가손익 | 기말 FV – BV(이동평균법 이용) |
| 현금 배당수익 | ×× |
| 처분손익 | (매각대금 – 매각수수료) – BV(이동평균법 이용) |

## Ⅲ  FVOCI금융자산(지분상품)의 분류 및 측정

### 01  최초 인식

(1) 최초 측정

FVOCI금융자산(지분상품)은 금융상품의 계약당사자가 되는 때에 재무상태표에 인식하며, 최초 인식시점의 공정가치로 측정한다. 취득에 직접 관련된 거래원가(중개수수료 등)는 최초 인식하는 공정가치에 가산한다.

| 차) FVOCI금융자산 | 최초 인식시점 FV + 거래원가 | 대) 현금 | ×× |
|---|---|---|---|

## 02 기말 평가 및 처분

### (1) 기말 평가

FVOCI금융자산(지분상품)은 보고기간 말의 공정가치로 측정하여 재무상태표에 보고한다. 이때 지분상품의 공정가치와 장부금액의 차액은 FVOCI평가손익으로 하여 기타포괄손익(OCI)으로 인식한다. 기타포괄손익(OCI)으로 인식한 FVOCI금융자산평가손익의 누계액은 재무상태표의 자본항목으로 표시하며, 후속적으로 당기손익으로 이전되지 않는다. 다만, 자본 내에서 누적손익(이익잉여금)을 이전할 수는 있다.

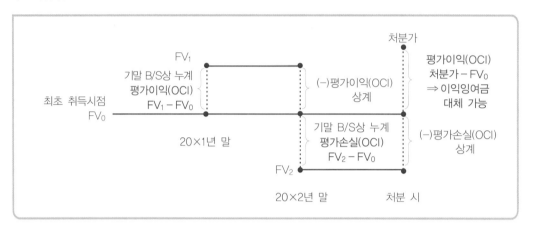

**평가이익이 발생한 경우**

| 차) FVOCI금융자산 | 기말 FV - BV | 대) FVOCI금융자산평가이익 | OCI |
|---|---|---|---|

\* 기초에 평가손실이 있는 경우 평가손실 우선 상계

**평가손실이 발생한 경우**

| 차) FVOCI금융자산평가손실 | OCI | 대) FVOCI금융자산 | BV - 기말 FV |
|---|---|---|---|

\* 기초에 평가이익이 있는 경우 평가이익 우선 상계

```
┌─ 기말 B/S ─────────────────────────────────────────────────────┐
│                                                                  │
│                            B/S                                   │
│  FVOCI금융자산               기말 FV    ─────────────────────────│
│                                       FVOCI금융자산평가손익   기말 FV - 취득 FV│
│                                                                  │
│  * 최초 취득 시 FV = 기말 FV - B/S상 OCI누계액                    │
│                                                                  │
│                            I/S                                   │
│  N/I 영향: 배당수익                                              │
│  OCI 변동: 기말 B/S상 OCI누계액 - 기초 B/S상 OCI누계액           │
└──────────────────────────────────────────────────────────────┘
```

## (2) 처분

FVOCI금융자산(지분상품)은 처분하는 경우 처분 시의 공정가치(처분금액)로 먼저 평가하고 동 평가손익은 기타포괄손익으로 처리한다. 기타포괄손익으로 처리한 FVOCI금융자산평가손익 누계액은 다른 자본계정으로 대체할 수는 있으나 당기손익으로 재분류할 수는 없다. 그러므로 FVOCI금융자산(지분상품)은 처분하는 경우에도 처분손익을 인식하지 않는다(단, 처분 시 거래원가가 존재하면 처분손실은 인식한다).

| 차) FVOCI금융자산 | 처분 시 FV - BV | 대) FVOCI금융자산평가이익(OCI) | 처분 시 FV - BV |
|---|---|---|---|
| 차) 현금 | 처분 시 FV - 처분비용 | 대) FVOCI금융자산 | 처분 시 FV |
| 　　처분손실 | N/I | | |

한편, FVOCI금융자산(지분증권)의 경우에는 기업이 '이익잉여금으로 대체'를 선택하지 않는 한, 보유 중에 발생한 지분증권평가손익은 해당 증권이 처분된 후에도 장부에 남게 된다.

| 차) FVOCI금융자산평가이익(OCI) | B/S누계액 | 대) 미처분이익잉여금 | ×× |
|---|---|---|---|

### Self Study

1. FVPL금융자산은 제거일에 재측정하지 않고 처분하는 회계처리를 한다. FVPL금융자산의 공정가치 변동에 따른 평가손익은 당기손익으로 인식하기 때문에 제거일에 공정가치로 재측정 후 처분하는 회계처리와 제거일에 공정가치 재측정하지 않고 처분하는 회계처리는 당기손익에 미치는 효과가 동일하다.
2. FVOCI금융자산으로 분류한 지분상품의 공정가치 변동에 따른 평가손익은 기타포괄손익으로 인식하기 때문에 반드시 제거일에 공정가치로 재측정 후 처분하는 회계처리를 하여야 한다. 처분 시 거래원가가 없다면 FVOCI금융자산으로 분류한 투자지분상품의 처분손익은 없다.

FVOCI금융자산(지분상품)은 FVOCI금융자산(채무상품)과 달리 평가손익으로 인식한 기타포괄손익을 후속적으로 당기순이익으로 재분류하지 않는다. 원래 계약상 현금흐름 특성을 충족하지 못하는 지분상품은 FVPL금융자산으로 분류해야 하는데, 이는 고정가치 변동을 당기손익에 반영하여 연도별 당기순이익의 변동성이 커지고, 당기순이익이 기업의 성과를 제대로 보여주지 못하는 문제점이 있다. 그래서 단기매매목적이 아닌 지분상품을 취득하는 경우, FVOCI금융자산으로 분류하는 것을 선택할 수 있게 하여 공정가치 변동을 당기순이익 대신 기타포괄손익으로 인식할 수 있게 해준 것이다. 그런데 FVOCI금융자산(지분상품)을 매각할 때 과년도에 인식했던 기타포괄손익을 당기순이익으로 재분류할 수 있도록 허용하면, 과년도에 기타포괄이익을 인식한 금융자산만 선택적으로 매도함으로써 당기순이익을 증가시킬 수 있다. 지분상품을 FVOCI금융자산으로 분류할 수 있는 선택권을 부여하여 당기손익의 변동성을 줄일 수 있는 혜택을 주면서 당기순이익을 조작할 수 있는 기회까지 주는 것은 적절하지 않다. 그래서 FVOCI금융자산(지분상품)은 인식한 기타포괄손익을 후속적으로 당기순이익으로 재분류할 수 없도록 한 것이다.

### FVOCI금융자산(지분상품) - 각 시점별 정리

| 구분 | FVOCI금융자산(지분상품) |
|---|---|
| 취득거래원가 | 최초 취득 시 FV에 가산 |
| 기말평가 | 금융자산평가손익(OCI) = 당기 말 FV − 금융자산 BV |
| 처분거래원가 | 처분과 직접 관련하여 발생한 거래원가는 처분금액에서 차감 |
| 처분손익 | 처분 시 거래원가가 없다면 발생하지 않는다. |
| 현금배당 | 배당선언일에 배당수익으로 당기손익에 반영 |
| 무상증자와 주식배당 | 순자산에 미치는 영향 ×, 주식수의 변동으로 평균단가 변동 |
| 손상차손 | 지분상품은 손상대상 × |
| 재분류 | 지분상품이나 파생상품은 재분류 불가능 |

### FVOCI금융자산(지분상품) - F/S 효과 정리

**B/S**

| FVOCI금융자산 | 기말 FV | | |
|---|---|---|---|
| | | FVOCI금융자산평가손익(OCI) | 기말 FV − 취득 FV |

**I/S**

N/I 영향: 현금 배당수익
OCI 변동: FVOCI금융자산평가손익 = 기말 B/S상 OCI누계액 − 기초 B/S상 OCI누계액

12월 말 결산법인인 ㈜현주는 20×1년 초에 설립되었고, 20×1년 7월 1일에 A사 주식 100주를 ₩1,000에 취득하였다. ㈜현주는 동 지분상품에 대하여 취득시점에 FVOCI금융자산으로 분류하였다. 각 연도별 ㈜현주가 보유한 A사 주식의 공정가치는 다음과 같다.

| 20×1년 말 | 20×2년 말 | 20×3년 5월 1일 |
|---|---|---|
| ₩1,200 | ₩900 | ₩1,300 |

㈜현주는 동 주식을 20×3년 5월 1일에 ₩1,300에 전액 처분하였다(단, 금융자산평가손익 누계액은 다른 자본계정으로 대체한다).

**1** ㈜현주가 각 회계연도의 재무제표에 인식할 다음의 금액들을 각각 계산하고 동 거래로 ㈜현주가 매년 수행할 회계처리를 보이시오.

| 구분 | 20×1년 말 | 20×2년 말 | 20×3년 5월 1일 |
|---|---|---|---|
| B/S에 계상될 FVOCI금융자산 | | | |
| B/S에 계상될 FVOCI금융자산평가손익 | | | |
| I/S의 당기손익에 미치는 영향 | | | |
| I/S의 기타포괄손익에 미치는 영향 | | | |
| I/S의 총포괄손익에 미치는 영향 | | | |

**2** 만약, ㈜현주가 동 지분상품을 FVPL로 분류하였을 경우, ㈜현주가 각 회계연도의 재무제표에 인식할 다음의 금액들을 각각 계산하고 동 거래로 ㈜현주가 매년 수행할 회계처리를 보이시오.

| 구분 | 20×1년 말 | 20×2년 말 | 20×3년 5월 1일 |
|---|---|---|---|
| B/S에 계상될 FVPL금융자산 | | | |
| I/S의 당기손익에 미치는 영향 | | | |
| I/S의 기타포괄손익에 미치는 영향 | | | |
| I/S의 총포괄손익에 미치는 영향 | | | |

**풀이**

**1**

| 구분 | 20×1년 말 | 20×2년 말 | 20×3년 5월 1일 |
|---|---|---|---|
| B/S에 계상될 FVOCI금융자산 | 1,200 | 900 | − |
| B/S에 계상될 FVOCI금융자산평가손익 | 200 | (−)100 | − |
| I/S의 당기손익에 미치는 영향 | − | − | − |
| I/S의 기타포괄손익에 미치는 영향 | 200 | (−)300 | 400 |
| I/S의 총포괄손익에 미치는 영향 | 200 | (−)300 | 400 |

## 1. 분석

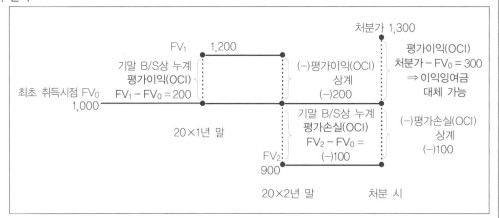

## 2. 20×1년 F/S 및 회계처리

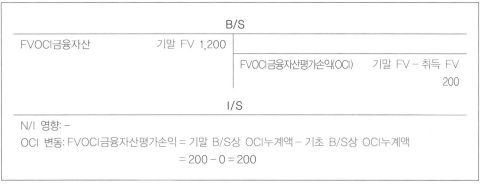

[20×1년 말 회계처리]

| 차) FVOCI금융자산 | 200 | 대) FVOCI금융자산평가이익 | 200 |
|---|---|---|---|

## 3. 20×2년 F/S 및 회계처리

[20×2년 말 회계처리]

| 차) FVOCI금융자산평가이익(OCI) | 200 | 대) FVOCI금융자산 | 300 |
|---|---|---|---|
| FVOCI금융자산평가손실(OCI) | 100 | | |

### 4. 20×3년 5월 1일 회계처리

| 차) 현금 | 1,300 | 대) FVOCI금융자산 | 900 |
|---|---|---|---|
| | | FVOCI금융자산평가손실(OCI) | 100 |
| | | FVOCI금융자산평가이익(OCI) | 300 |
| 차) FVOCI금융자산평가이익(OCI) | 300 | 대) 미처분이익잉여금 | 300 |

**2**

| 구분 | 20×1년 말 | 20×2년 말 | 20×3년 5월 1일 |
|---|---|---|---|
| B/S에 계상될 FVPL금융자산 | 1,200 | 900 | – |
| I/S의 당기손익에 미치는 영향 | 200 | (−)300 | 400 |
| I/S의 기타포괄손익에 미치는 영향 | – | – | – |
| I/S의 총포괄손익에 미치는 영향 | 200 | (−)300 | 400 |

### 1. 분석

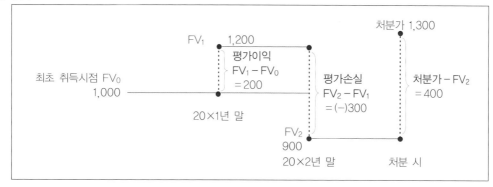

### 2. 20×1년 F/S 및 회계처리

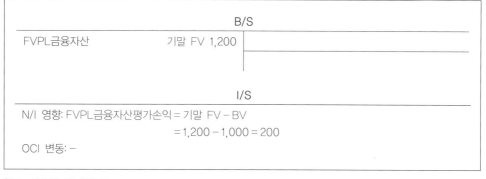

[20×1년 말 회계처리]

| 차) FVPL금융자산 | 200 | 대) FVPL금융자산평가이익 | 200 |
|---|---|---|---|

3. 20×2년 F/S 및 회계처리

| B/S | | |
|---|---|---|
| FVPL금융자산 | 기말 FV 900 | |

I/S

N/I 영향: FVPL금융자산평가손익 = 기말 FV − BV
$$= 900 - 1,200 = (-)300$$

OCI 변동: −

[20×2년 말 회계처리]

| 차) FVPL금융자산평가손실 | 300 | 대) FVPL금융자산 | 300 |
|---|---|---|---|

4. 20×3년 5월 1일 회계처리

| 차) 현금 | 1,300 | 대) FVPL금융자산 | 900 |
|---|---|---|---|
| | | FVPL금융자산처분이익 | 400 |

---

**Self Study** 지분상품의 분류별 손익비교

| 구분 | FVPL금융자산(지분상품) | FVOCI금융자산(지분상품) |
|---|---|---|
| 당기손익에 영향 | | |
| (1) 평가손익 | FV − BV | − |
| (2) 처분손익 | 처분금액 − BV | − |
| 기타포괄손익에 영향 | | |
| (1) 평가손익 | − | FV − BV |
| (2) 처분 시 평가손익 | − | 처분금액 − BV |

⇒ 지분상품의 경우 FVPL금융자산과 FVOCI금융자산의 총포괄손익에 미치는 영향은 동일하다.

㈜세무는 ㈜대한의 주식 A를 취득하고, 이를 기타포괄손익–공정가치측정 금융자산으로 '선택'(이하 "FVOCI") 지정분류하였다. 동 주식 A의 거래와 관련된 자료가 다음과 같고, 다른 거래가 없을 경우 설명으로 옳은 것은? (단, 동 FVOCI 취득과 처분은 공정가치로 한다)　　　　　　[세무사 2020년]

| 구분 | 20×1년 기중 | 20×1년 기말 | 20×2년 기말 | 20×3년 기중 |
|------|-----------|-----------|-----------|-----------|
| 회계처리 | 취득 | 후속평가 | 후속평가 | 처분 |
| 공정가치 | ₩100,000 | ₩110,000 | ₩98,000 | ₩99,000 |
| 거래원가 | 500 | – | – | 200 |

① 20×1년 기중 FVOCI 취득원가는 ₩100,000이다.
② 20×1년 기말 FVOCI 평가이익은 ₩10,000이다.
③ 20×2년 기말 FVOCI 평가손실은 ₩3,000 발생된다.
④ 20×3년 처분 직전 FVOCI 평가손실 잔액은 ₩2,000이다.
⑤ 20×3년 처분 시 당기손실 ₩200이 발생된다.

풀이

① 20×1년 기중 FVOCI 취득원가: 100,000 + 500 = 100,500
② 20×1년 기말 FVOCI 평가이익: 110,000 - 100,500 = 9,500
③ 20×2년 기말 FVOCI 평가손실: 98,000 - 100,500 = (-)2,500
④ 20×3년 처분 직전 FVOCI 평가손실 잔액: 99,000 - 100,500 = (-)1,500

정답: ⑤

㈜한국은 20×3년 10월 7일 상장회사인 ㈜대한의 보통주식을 ₩3,000,000에 취득하고, 취득에 따른 거래비용 ₩30,000을 지급하였다. 20×3년 말 ㈜대한의 보통주식 공정가치는 ₩3,500,000이었다. ㈜한국은 20×4년 1월 20일 ㈜대한의 보통주식을 ₩3,350,000에 매도하였다. ㈜대한의 보통주식을 FVPL금융자산 혹은 FVOCI금융자산으로 분류한 경우, ㈜한국의 회계처리에 관한 설명으로 옳은 것은?

① FVPL금융자산으로 분류한 경우나 FVOCI금융자산으로 분류한 경우 취득원가는 동일하다.
② FVOCI금융자산으로 분류한 경우나 FVPL금융자산으로 분류한 경우 20×3년 말 공정가치 변화가 당기손익에 미치는 영향은 동일하다.
③ FVPL금융자산으로 분류한 경우 20×4년 FVPL금융자산처분손실은 ₩200,000이다.
④ FVOCI금융사산으로 분류한 경우 20×3년 총포괄이익은 FVPL금융자산으로 분류한 경우와 동일하다.
⑤ FVOCI금융자산으로 분류한 경우 20×4년 FVOCI금융자산처분이익은 ₩320,000이다.

---

풀이

1. FVPL금융자산 분류 시

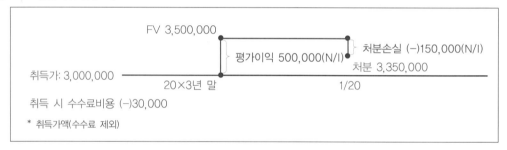

2. FVOCI금융자산 분류 시

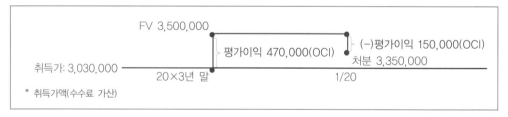

3. 20×3년 I/S

| 구분 | FVPL금융자산 | FVOCI금융자산 |
|---|---|---|
| N/I 영향 | | |
| • 수수료비용 | (−)30,000 | − |
| • 평가이익 | 500,000 | − |
| OCI 영향 | − | 470,000 |
| 총포괄손익 영향 | 470,000 | 470,000 |

4. 20×4년 I/S

| 구분 | FVPL금융자산 | FVOCI금융자산 |
|---|---|---|
| N/I 영향 | | |
| • 처분손실 | (−)150,000 | −[1] |
| OCI 영향 | − | (−)150,000 |
| 총포괄손익 영향 | (−)150,000 | (−)150,000 |

[1] FVOCI금융자산은 처분손익을 인식하지 않는다.

5. FVPL금융자산으로 분류할 경우 회계처리

| 20×3년 10월 7일 | 차) FVPL금융자산 | 3,000,000 | 대) 현금 | 3,000,000 |
|---|---|---|---|---|
| | 차) 지급수수료 | 30,000 | 대) 현금 | 30,000 |
| 20×3년 말 | 차) FVPL금융자산 | 500,000 | 대) FVPL금융자산평가이익 | 500,000 |
| 20×4년 1월 20일 | 차) 현금 | 3,350,000 | 대) FVPL금융자산 | 3,500,000 |
| | 금융자산처분손실 | 150,000 | | |

6. FVOCI금융자산으로 분류할 경우 회계처리

| 20×3년 10월 7일 | 차) FVOCI금융자산 | 3,030,000 | 대) 현금 | 3,030,000 |
|---|---|---|---|---|
| 20×3년 말 | 차) FVOCI금융자산 | 470,000 | 대) FVOCI금융자산평가이익 | 470,000 |
| 20×4년 1월 20일 | 차) 현금 | 3,350,000 | 대) FVOCI금융자산 | 3,500,000 |
| | FVOCI금융자산평가이익 | 150,000 | | |

정답: ④

**Self Study**

FVOCI금융자산과 FVPL금융자산 중 지분상품은 동일 거래에 대하여 당기손익에 미치는 영향은 다를 수 있지만 총포괄손익에 미치는 영향은 동일하다. 이는 총포괄손익은 결국 자산의 변동을 나타내기 때문에 기말에 FV평가를 하는 FVOCI금융자산과 FVPL금융자산은 그 값이 같아지기 때문이다.

## I 투자채무상품의 분류 및 특성

투자목적으로 취득한 채무상품은 계약상 현금흐름이 원금과 이자로만 구성되어 있으며, 원리금을 수취할 목적으로만 채무상품을 취득하는 경우에는 AC금융자산으로 분류한다. 만약, 계약상 현금흐름이 원금과 이자로만 구성되어 있으며, 원리금을 수취하면서 동시에 해당 채무상품을 매도할 목적으로 취득하는 경우에는 FVOCI금융자산으로 분류한다. 이를 제외한 채무상품의 취득은 모두 FVPL금융자산으로 분류한다.

금융자산을 FVPL금융자산으로 지정하여 서로 다른 기준에 따라 자산이나 부채를 측정하거나 그에 따른 손익을 인식하는 경우에 측정이나 인식의 불일치를 제거하거나 유의적으로 줄이는 경우에는 최초 인식시점에 해당 금융자산을 FVPL금융자산으로 지정할 수 있다. 다만, 한번 지정하면 이를 취소할 수 없다.

한편, FVPL은 손상차손 인식 대상이 아니며, AC금융자산과 FVOCI금융자산은 손상차손을 인식한다.

**[투자채무상품의 분류 및 특성]**

| 구분 | AC금융자산 | FVOCI금융자산 | FVPL금융자산 |
|---|---|---|---|
| 사업모형 | 계약상 CF수취 | 계약상 CF수취+매도 | 기타의 목적 |
| 최초 인식 시 측정 | 취득시점의 FV | 취득시점의 FV | 취득시점의 FV |
| 취득에 직접 관련된 거래원가 | 최초 인식하는 FV에 가산 | 최초 인식하는 FV에 가산 | 당기비용처리 |
| 후속측정 – 상각 | 상각 ○ – 유효이자율법 | 상각 ○ – 유효이자율법 | 상각 × – 액면이자율법 |
| 후속측정 – FV평가 | FV측정 × | FV측정,<br>평가손익 OCI처리 | FV측정,<br>평가손익 N/I처리 |
| 재분류 | 허용 | 허용 | 허용 |
| 처분손익 | 인식 ○ | 인식 ○(재분류조정 ○) | 인식 ○ |
| 손상 | 인식 ○ | 인식 ○ | 인식 × |
| N/I 영향 | = | | ≠ |
| OCI 영향 | ≠ | | |
| 총포괄손익 영향 | ≠ | = | |

\* 채무상품 중 서로 다른 기준에 따라 자산이나 부채를 측정하거나 그에 따른 손익을 인식하는 경우에 발생하는 측정이나 인식의 불일치(회계불일치)를 제거하거나 유의적으로 줄이기 위한 경우, 금융자산의 최초 인식시점에 AC금융자산이나 FVOCI금융자산으로 분류될 채무상품을 FVPL금융자산으로 분류할 수 있다. 다만, 이러한 선택은 이후에 취소할 수 없다.

## Ⅱ   FVPL금융자산(채무상품)의 분류 및 측정

### 01 최초 인식

**(1) 최초 측정**

FVPL금융자산(채무상품)은 금융상품의 계약당사자가 되는 때에 재무상태표에 인식하며, 최초 인식시점의 공정가치로 측정한다. 취득에 직접 관련된 거래원가(중개수수료 등)는 당기비용처리한다. 다만, 채무상품을 이자지급일 사이에 취득하는 경우 채무상품의 구입금액에는 직전 이자지급일부터 취득일까지의 경과이자가 포함되어 있으므로 채무상품의 구입금액 중 직전 소유자의 보유기간에 대한 경과이자는 미수이자의 과목으로 별도로 구분하여 자산을 인식하고 FVPL금융자산의 원가에서 제외한다.

| 차) FVPL금융자산 | 대차차액 | 대) 현금 | 최초 인식시점 채무상품 FV |
|---|---|---|---|
| 미수이자 | 직전 이자지급일 ~ 취득일 경과이자 | | |
| 차) 수수료비용(N/I) | 거래원가 | 대) 현금 | ×× |

**Additional Comment**

FVPL금융자산의 취득과 직접 관련된 거래원가를 당기비용으로 처리하는 이유는 최초원가에 가산하는 경우와 당기손익에 미친 영향이 동일하기 때문이다. 그러나 AC금융자산이나 FVOCI금융자산은 거래원가의 처리방법에 따라 당기손익이 달라지기 때문에 거래원가를 최초원가에 가산한다.

### 02 보유에 따른 손익

**(1) 이자수익**

채무상품 보유기간 중에 수령하는 표시이자는 투자회사의 보유기간에 해당하는 금액만 이자수익으로 인식한다.

**기말 이자수익 인식**

| 차) 미수이자 | ×× | 대) 이자수익(N/I) | 액면금액 × 액면 R × 보유기간/12 |
|---|---|---|---|

**Self Study**

채무상품의 보유기간 중 발생하는 이자수익은 유효이자율법에 의하여 인식하는 것이 원칙이지만 FVPL(채무상품)의 경우 중요성 측면에서 유효이자가 아닌 표시이자만을 이자수익으로 인식할 수 있다.

## 03 기말 평가 및 처분

### (1) 기말 평가

FVPL금융자산(채무상품)은 보고기간 말의 공정가치로 평가하고 장부금액과의 차액은 금융자산평가손익으로 하여 당기손익으로 처리한다. 한편, 이자지급일과 보고기간 말이 다른 채무상품의 경우 공정가치와 장부금액의 차이를 계상할 경우 모두 직전 이자지급일부터 보고기간 말까지의 경과이자를 제외하고 계산하여야 한다.

---

**공정가치 > 장부금액**

차) FVPL금융자산        기말 FV − BV      대) FVPL금융자산평가이익      N/I

\* 직전 이자지급일부터 보고기간 말까지의 경과이자를 제외한 공정가치와 장부금액

---

**공정가치 < 장부금액**

차) FVPL금융자산평가손실      N/I      대) FVPL금융자산      BV − 기말 FV

\* 직전 이자지급일부터 보고기간 말까지의 경과이자를 제외한 공정가치와 장부금액

---

**기말 B/S와 당기 I/S**

B/S

| | | |
|---|---|---|
| FVPL금융자산 | 기말 FV | |
| 미수이자 | 액면금액 × 액면 R × 경과기간/12 | |

I/S

N/I 영향: 이자수익 = 액면금액 × 액면 R × 보유기간/12
          평가손익 = 기말 FV(미수이자 제외) − BV(미수이자 제외)
OCI 변동: −

---

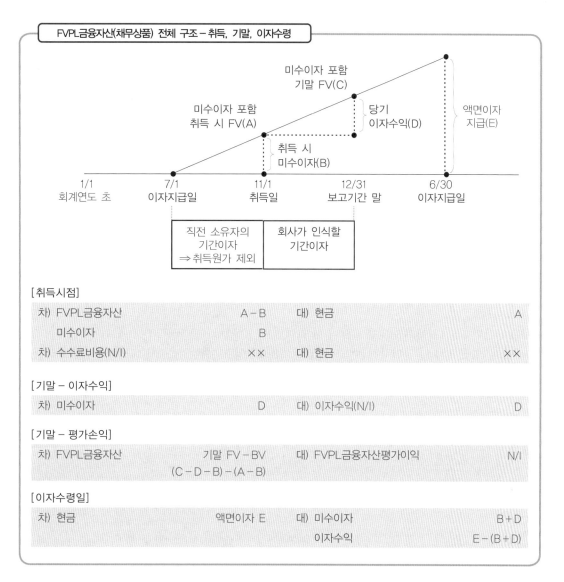

[취득시점]

| 차) FVPL금융자산 | A - B | 대) 현금 | A |
|---|---|---|---|
| 미수이자 | B | | |
| 차) 수수료비용(N/I) | ×× | 대) 현금 | ×× |

[기말 - 이자수익]

| 차) 미수이자 | D | 대) 이자수익(N/I) | D |
|---|---|---|---|

[기말 - 평가손익]

| 차) FVPL금융자산 | 기말 FV - BV | 대) FVPL금융자산평가이익 | N/I |
|---|---|---|---|
| | (C - D - B) - (A - B) | | |

[이자수령일]

| 차) 현금 | 액면이자 E | 대) 미수이자 | B + D |
|---|---|---|---|
| | | 이자수익 | E - (B + D) |

## (2) 처분

FVPL금융자산(채무상품)을 처분하는 경우 처분금액과 장부금액과의 차액은 금융자산처분손익으로 하여 당기손익으로 인식한다. 채무상품을 이자지급일 사이에 처분하는 경우 채무상품의 처분금액 중에는 직전 이자지급일부터 처분일까지의 경과이자가 포함되어 있으므로 동 금액을 처분금액과는 별도로 하여 이자수익을 인식한다.

| 차) 미수이자 ① 직전 이자지급일 ~ 처분일 경과이자 | | 대) 이자수익 | N/I |
|---|---|---|---|
| 차) 현금 | 처분금액 - 거래원가 | 대) FVPL금융자산 | BV |
| | | 미수이자 | ① |
| | | 금융자산처분이익 | 대차차액 |

FVPL금융자산 처분 시 처분금액에는 기간경과분의 미수이자(①)가 고려되어 있다.

### 사례연습 3: FVPL금융자산

다음의 물음들은 서로 독립적이다(단, 금융자산은 FVPL금융자산으로 분류한다).

**1** 20×1년 3월 1일에 ㈜한영은 ㈜포도가 발행한 액면 ₩100,000, 액면이자율 연 12%의 사채를 발생이자를 포함하여 ₩95,000에 매입하고 중개수수료로 ₩1,000을 지급하였다. 이 사채의 이자지급일은 매년 6월 30일과 12월 31일이다. ㈜한영이 20×1년 3월 1일에 해야 할 회계처리를 보이시오.

**2** 20×1년 7월 1일에 ㈜한영은 B사가 발행한 사채(액면금액 ₩100,000, 만기일 20×4년 9월 30일, 이자율 연 10%, 이자지급일 매년 3월 말, 9월 말)를 발생이자를 포함하여 ₩94,000에 취득하였다. 20×1년 12월 말 현재 B사 사채의 공정가치가 ₩98,000인데, 이 공정가치에는 이자지급일 이후의 발생이자가 포함되어 있다. ㈜한영이 20×1년 12월 31일에 해야 할 회계처리를 보이시오.

**3** 20×1년 1월 1일에 ㈜한영은 C사의 사채(액면 ₩100,000)를 ₩92,000에 취득하였으며 액면이자율은 12%이고 이자지급일은 매년 12월 31일이다. ㈜한영은 20×1년 6월 1일에 동 사채를 발생이자 포함하여 ₩98,000에 매각하고 매각수수료는 없었다. ㈜한영이 20×1년 6월 1일에 해야 할 회계처리를 보이시오.

**풀이**

**1**

| 차) FVPL금융자산 | 93,000 | 대) 현금 | 95,000 |
|---|---|---|---|
| 미수이자[1] | 2,000 | | |
| 차) 수수료비용(N/I) | 1,000 | 대) 현금 | 1,000 |

[1] 100,000 × 12% × 2/12 = 2,000

**2**

| 차) FVPL금융자산[1] | 4,000 | 대) FVPL금융자산평가이익 | 4,000 |
|---|---|---|---|
| 차) 미수이자[2] | 2,500 | 대) 이자수익 | 2,500 |

[1] 직전 이자지급일부터 보고기간 말까지의 경과이자를 제외한 공정가치와 장부금액의 차이
= (98,000 − 100,000 × 10% × 3/12) − (94,000 − 100,000 × 10% × 3/12) = 4,000
[2] 100,000 × 10% × 3/12 = 2,500

**3**

| 차) 미수이자[1] ① | 5,000 | 대) 이자수익 | 5,000 |
|---|---|---|---|
| 차) 현금 | 98,000 | 대) FVPL금융자산 | 92,000 |
| | | 미수이자 | ① 5,000 |
| | | 금융자산처분이익 | 1,000 |

[1] 100,000 × 12% × 5/12 = 5,000

**Self Study**

1. 평가손익 계상 시 기말 공정가치에 미수이자가 포함되어 있다면 장부가액도 미수이자를 포함하여 평가손익을 계상하든지, 기말 공정가치에서 미수이자를 제외하고 평가손익을 계상한다.
2. 당기손익인식금융자산은 유효이자율법 적용의 실익이 없기 때문에 액면이자로 이자수익을 인식한다.

---

**FVPL금융자산(채무상품) – 각 시점별 정리**

| 구분 | FVPL금융자산(채무상품) |
|---|---|
| 취득거래원가 | 발생 즉시 당기비용으로 처리 |
| 기말 평가 | 금융자산평가손익(N/I) = 당기 말 FV – 금융자산 BV, 미수이자 제외 |
| 처분거래원가 | 처분과 직접 관련하여 발생한 거래원가는 처분금액에서 차감 |
| 처분손익 | 순처분금액(= 처분금액 – 거래원가) – (전기 말 BV + 미수이자) |
| 이자수익 | 액면이자율법 사용: 액면금액 × 액면 R × 보유기간/12 |
| 손상차손 | 공정가치로 평가하여 평가손익을 당기손익에 반영하므로 손상대상 × |
| 재분류 | 재분류 가능(FVPL금융자산으로 취득시점에 지정한 경우 재분류 불가) |

---

**FVPL금융자산(채무상품) – F/S 효과 정리**

**B/S**

| FVPL금융자산 | 기말 FV | |
|---|---|---|

**I/S**

N/I 영향: 이자수익 = 액면금액 × 액면 R × 보유기간/12

평가손익 = 기말 FV(미수이자 제외) – BV(미수이자 제외)

OCI 변동: –

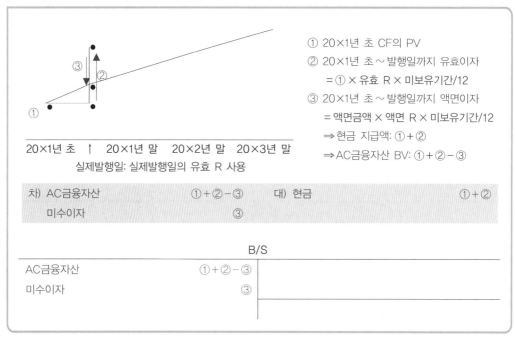

# Ⅲ AC금융자산(채무상품)의 분류 및 측정

## 01 최초 인식

### (1) 최초 측정

AC금융자산(채무상품)은 금융상품의 계약당사자가 되는 때에 재무상태표에 인식하며, 최초 인식시점의 공정가치로 측정한다. 취득에 직접 관련된 거래원가(중개수수료 등)는 최초 인식하는 공정가치에 가산한다.

| 차) AC금융자산 | 최초 인식시점 채무상품 FV | 대) 현금 | ×× |
| 차) AC금융자산 | 거래원가 | 대) 현금 | 거래원가 |

다만, 채무상품을 이자지급일 사이에 취득하는 경우 채무상품의 구입금액에는 직전 이자지급일부터 취득일까지의 경과이자가 포함되어 있으므로 채무상품의 구입금액 중 직전 소유자의 보유기간에 대한 경과이자는 미수이자의 과목으로 별도로 구분하여 자산을 인식하고 AC금융자산의 원가에서 제외한다.

**[AC금융자산 최초 인식]**

① 20×1년 초 CF의 PV
② 20×1년 초 ~ 발행일까지 유효이자
　= ① × 유효 R × 미보유기간/12
③ 20×1년 초 ~ 발행일까지 액면이자
　= 액면금액 × 액면 R × 미보유기간/12
⇒ 현금 지급액: ① + ②
⇒ AC금융자산 BV: ① + ② - ③

20×1년 초 　↑　 20×1년 말　 20×2년 말　 20×3년 말
실제발행일: 실제발행일의 유효 R 사용

| 차) AC금융자산 | ① + ② - ③ | 대) 현금 | ① + ② |
| 미수이자 | ③ | | |

B/S

| AC금융자산 | ① + ② - ③ | | |
| 미수이자 | ③ | | |

## 02 보유에 따른 손익

### (1) 이자수익

채무상품은 계약상 현금흐름인 원리금을 수취하는 상품으로 이자수익을 인식하여야 하는데, 이자수익은 유효이자율법으로 계산한다. 유효이자율법으로 계산하는 이자수익은 신용이 손상되지 않은 경우 금융자산의 총장부금액에 유효이자율을 적용하여 계산한다.

---

**기말 이자수익 인식 – 기초 취득**

| 차) 현금 | 액면이자 | 대) 이자수익(N/I) | 기초 총장부금액 × 유효 R |
|---|---|---|---|
| AC금융자산 | 대차차액 | | |

---

**기말 이자수익 인식 – 이자지급일 사이에 취득**

| 차) 현금 | 액면이자 | 대) 이자수익(N/I) 총장부금액 ① × 유효 R × 보유기간/12 |
|---|---|---|
| AC금융자산 | 대차차액 | 미수이자 ③ |

**B/S**

| AC금융자산 | 총장부금액 ① × (1 + R) − 액면이자 = PV(잔여 CF) by 취득 시 R | |
|---|---|---|

**I/S**

N/I 영향: 이자수익 = 기초 총장부금액 ① × 유효 R × 보유기간/12
OCI 변동: −

---

## 03 기말 평가 및 처분

### (1) 기말 평가

AC금융자산(채무상품)은 계약상 현금흐름을 수취하기 위해 보유하는 것이 목적인 사업모형하에서 보유하는 금융자산이므로 보고기간 말의 공정가치로 측정하지 않는다.

### (2) 처분

AC금융자산은 만기일 이전에 처분하는 경우 처분금액과 총장부금액(기대신용손실모형 적용하지 않는 경우)의 차액을 금융자산처분손익으로 하여 당기손익으로 인식한다.

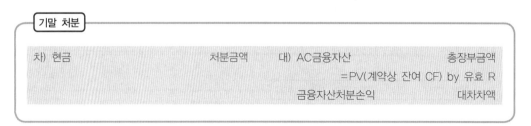

채무상품을 이자지급일 사이에 처분하는 경우 채무상품의 처분금액 중에는 직전 이자지급일부터 처분일까지의 경과이자가 포함되어 있으므로 동 금액을 처분금액과는 별도로 하여 이자수익을 인식한다.

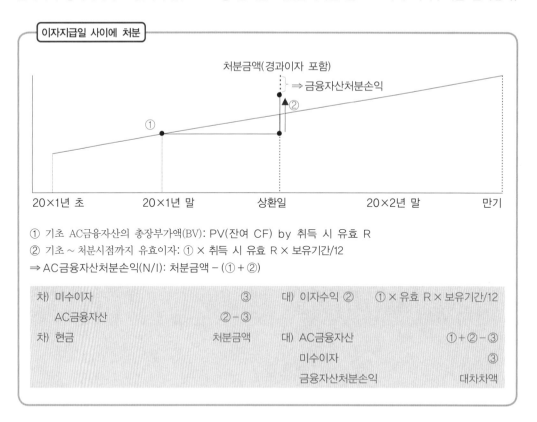

---

**사례연습 4: AC금융자산**

12월 말 결산법인인 ㈜현주는 20×1년 초에 액면금액 ₩100,000의 A사 사채를 ₩84,150에 취득하고 AC금융자산으로 분류하였다. A사 사채의 만기일은 20×4년 말로 취득일의 유효이자율은 10%이고 표시이자율은 5%이다. 이자지급일은 매년 12월 31일이다. 관련 현가계수는 다음과 같다. 4년, 10% 현가계수: 0.68301, 연금현가계수: 3.16987

각 물음은 상호 독립적이다.

**❶** 20×1년 ~ 20×2년 말까지 동 금융자산과 관련한 F/S 효과와 회계처리를 보이시오.

**❷** 만약, ㈜현주가 동 사채를 20×1년 초가 아닌 20×1년 7월 1일에 취득하였을 경우, 동 금융자산과 관련하여 20×1년의 F/S 효과와 회계처리를 보이시오(단, 20×1년 7월 1일의 동 사채와 관련된 시장이자율은 12%이고 관련 현가계수는 다음과 같다. 4년, 12% 현가계수: 0.63552, 연금현가계수: 3.03735).

**❸** **❶**에 이어서 ㈜현주는 동 AC금융자산을 20×3년 4월 1일에 ₩98,000에 처분하였다. 동 거래가 ㈜현주의 당기손익에 미치는 영향을 구하고, 20×3년에 해야 할 회계처리를 하시오.

**풀이**

**❶** 1. 20×1년 F/S 효과 및 회계처리

| B/S | |
|---|---|
| AC금융자산 총장부금액 ① × (1 + 유효 R) − 액면이자<br>84,150 × 1.1 − 5,000 = 87,565 | |

| I/S |
|---|
| N/I 영향: 이자수익 = 기초 총장부금액 × 유효 R × 보유기간/12<br>= 84,150 × 10% = 8,415 |
| OCI 변동: − |

[20×1년 초]

| 차) AC금융자산 | 84,150 | 대) 현금 | 84,150 |
|---|---|---|---|

[20×1년 말]

| 차) 현금 | 5,000 | 대) 이자수익 | 8,415 |
|---|---|---|---|
| AC금융자산 | 3,415 | | |

## 2. 20×2년 F/S 효과 및 회계처리

### B/S

| | | | |
|---|---|---|---|
| AC금융자산 총장부금액 ① × (1 + 유효 R) − 액면이자 | | | |
| 87,565 × 1.1 − 5,000 = 91,322 | | | |

### I/S

N/I 영향: 이자수익 = 기초 총장부금액 × 유효 R × 보유기간/12
= 87,565 × 10% = 8,757

OCI 변동: −

**[20×2년 말]**

| 차) 현금 | 5,000 | 대) 이자수익 | 8,757 |
|---|---|---|---|
| AC금융자산 | 3,757 | | |

## ❷ 1. 20×1년 7월 1일 F/S 효과 및 회계처리

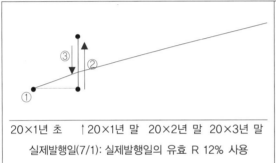

① 20×1년 초 CF의 PV: 78,739
= 5,000 × 3.03735 + 100,000
× 0.63552
② 20×1년 초 ~ 발행일까지 유효이자
= ① × 유효 R × 미보유기간/12
= 78,739 × 12% × 6/12 = 4,724
③ 20×1년 초 ~ 발행일까지 액면이자
= 액면금액 × 액면 R × 미보유기간/12
= 5,000 × 6/12 = 2,500
⇒ 현금 지급액: ① + ② = 83,463
⇒ AC금융자산 BV: ① + ② − ③ = 80,963

20×1년 초  ↑20×1년 말  20×2년 말  20×3년 말

실제발행일(7/1): 실제발행일의 유효 R 12% 사용

| 차) AC금융자산 | ① + ② − ③ 80,963 | 대) 현금 | ① + ② 83,463 |
|---|---|---|---|
| 미수이자 | ③ 2,500 | | |

### B/S

| | | | |
|---|---|---|---|
| AC금융자산 | ① + ② − ③ 80,963 | | |
| 미수이자 | ③ 2,500 | | |

## 2. 20×1년 말 F/S 효과 및 회계처리

| 차) 현금 | 액면이자 5,000 | 대) 이자수익(N/I) 총장부금액 ① × 유효 R × 보유기간/12 | 78,739 × 12% × 6/12 = 4,724 |
|---|---|---|---|
| AC금융자산 | 대차차액 2,224 | 미수이자 | ③ 2,500 |

---

|  | B/S |
|---|---|
| AC금융자산 총장부금액 ① × (1 + 유효 R) − 액면이자<br>78,739 × 1.12 − 5,000 = 83,188 |  |

---

| I/S |
|---|
| N/I 영향: 이자수익 = 기초 총장부금액 × 유효 R × 보유기간/12<br>　　　　　　　 = 78,739 × 12% × 6/12 = 4,724<br>OCI 변동: − |

❸ 1. 처분손익 계산

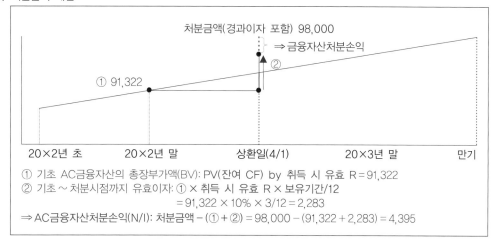

① 기초 AC금융자산의 총장부가액(BV): PV(잔여 CF) by 취득 시 유효 R = 91,322
② 기초 ~ 처분시점까지 유효이자: ① × 취득 시 유효 R × 보유기간/12
　　　　　　　　　　　　　　 = 91,322 × 10% × 3/12 = 2,283
⇒ AC금융자산처분손익(N/I): 처분금액 − (① + ②) = 98,000 − (91,322 + 2,283) = 4,395

2. 회계처리

| 차) 미수이자 ③ | ③ | 대) 이자수익 ② | ① × 유효 R × 보유기간/12 |
|---|---|---|---|
|  | 5,000 × 3/12 = 1,250 |  | 2,283 |
| 　AC금융자산 | ② − ③ 1,033 |  |  |
| 차) 현금 | 처분금액 98,000 | 대) AC금융자산 | ① + ② − ③ 92,355 |
|  |  | 　미수이자 | ③ 1,250 |
|  |  | 　금융자산처분이익 | 대차차액 4,395 |

3. 20×3년 N/I 영향: (1) + (2) = 98,000 − 91,322(자산의 증감) = 6,678
    (1) 이자수익: 2,283
    (2) 처분이익: 4,395

## Ⅳ     FVOCI금융자산(채무상품)의 분류 및 측정

### 01 최초 인식

#### (1) 최초 취득측정

FVOCI금융자산(채무상품)은 금융상품의 계약당사자가 되는 때에 재무상태표에 인식하며, 최초 인식시점의 공정가치로 측정한다. 취득에 직접 관련된 거래원가(중개수수료 등)는 최초 인식하는 공정가치에 가산한다.

| 차) FVOCI금융자산 | 최초 인식시점 채무상품 FV | 대) 현금 | ×× |
|---|---|---|---|
| 차) FVOCI금융자산 | 거래원가 | 대) 현금 | 거래원가 |

### 02 보유에 따른 손익

#### (1) 이자수익

채무상품은 계약상 현금흐름인 원리금을 수취하는 상품으로 이자수익을 인식하여야 하는데, 이자수익은 유효이자율법으로 계산한다. 유효이자율법으로 계산하는 이자수익은 신용이 손상되지 않은 경우 금융자산의 총장부금액에 유효이자율을 적용하여 계산한다.

| 차) 현금 | 액면이자 | 대) 이자수익(N/I) | 기초 총장부금액 × 유효 R |
|---|---|---|---|
| FVOCI금융자산 | 대차차액 | | |

**Self Study**

1. FVOCI금융자산의 경우 유효이자율법에 따라 이자수익을 먼저 인식한 후에 평가손익을 인식한다.
2. FVOCI금융자산으로 분류되는 채무상품의 이자수익 인식 시 기준이 되는 금액은 공정가치 평가를 반영한 장부금액이 아니라 총장부금액이다.

## **03** 기말 평가 및 처분

### (1) 기말 평가

FVOCI금융자산(채무상품)은 보고기간 말의 공정가치로 측정하여 재무상태표에 보고한다. FVOCI금융자산의 공정가치와 총장부금액의 차액은 금융자산평가손익으로 하여 기타포괄손익으로 보고한다. 기타포괄손익으로 인식한 금융자산평가손익의 누계액은 재무상태표의 자본항목으로 표시하고, 해당 금융자산을 제거할 때 재분류조정으로 자본에서 당기손익으로 재분류한다.

---

**평가이익이 발생한 경우**

| 차) FVOCI금융자산 | 기말 FV - BV | 대) FVOCI금융자산평가이익 | OCI |
|---|---|---|---|

\* 기초에 평가손실이 있는 경우 평가손실 우선 상계

---

**평가손실이 발생한 경우**

| 차) FVOCI금융자산평가손실 | OCI | 대) FVOCI금융자산 | BV - 기말 FV |
|---|---|---|---|

\* 기초에 평가이익이 있는 경우 평가이익 우선 상계

---

**기말 B/S**

| B/S | |
|---|---|
| FVOCI금융자산 　　　　　　　　　기말 FV | |
| | FVOCI금융자산평가손익  기말 FV - 기말 총장부금액 |

\* 기말 총장부금액 = 기말 FV - B/S상 OCI누계액

| I/S |
|---|
| N/I 영향: 이자수익 = 기초 총장부금액[= PV(잔여 CF) by 유효 R] × 유효 R |
| OCI 변동: 기말 B/S상 OCI누계액 - 기초 B/S상 OCI누계액 |

## (2) 처분

FVOCI금융자산(채무상품)은 만기일 이전에 처분하는 경우 처분금액과 총장부금액의 차액은 금융자산 처분손익으로 하여 당기손익에 반영한다. 이때 공정가치 평가로 인하여 자본항목으로 인식된 금융자 산평가손익 누계액은 당해 채무상품을 처분하는 시점에 금융자산처분손익(N/I)으로 재분류한다.

FVOCI금융자산(채무상품)을 처분하는 경우에는 처분금액으로 평가를 먼저 하여 금융자산평가손익을 인식하고, 추후에 처분에 관한 회계처리를 한다. 이때 인식한 금융자산평가손익은 기타포괄손익으로 인식하여 자본항목으로 처리한 후 재분류조정을 통하여 당기손익으로 대체한다.

### 1) 1단계 – 평가

| 차) FVOCI금융자산 | 처분금액 – BV | 대) FVOCI금융자산평가손익 | 처분금액 – BV |
|---|---|---|---|

### 2) 2단계 – 처분

| 차) 현금 | 처분금액 | 대) FVOCI금융자산 | 처분금액 |
|---|---|---|---|

### 3) 3단계 – 재분류조정

| 차) FVOCI금융자산평가손익 | 처분금액 – 총장부금액 | 대) 금융자산처분이익 | N/I |
|---|---|---|---|

**Self Study**

1. 지분상품의 경우에는 평가손익 누계액을 당기손익으로 재분류하지 않는다.
2. FVOCI처분손익(기대손실모형 적용 ×): 처분금액 – 처분시점 총장부금액

**Additional Comment**

채무상품의 경우 AC금융자산과 FVOCI금융자산 중 어느 것으로 분류하든 당기순이익에 미치는 영향은 동일해 야 한다는 데 근거하여 기타포괄손익을 후속적으로 당기순이익에 재분류하도록 허용하고 있다.

**사례연습 5: FVOCI금융자산**

12월 말 결산법인인 ㈜현주는 20×1년 초에 액면금액 ₩100,000의 A사 사채를 ₩84,150에 취득하고 FVOCI금융자산으로 분류하였다. A사 사채의 만기일은 20×4년 말로 취득일의 유효이자율은 10%이고 표시이자율은 5%이다. 이자지급일은 매년 12월 31일이다.

(1) A사 사채의 공정가치는 20×1년 말에 ₩95,000, 20×2년 말에 ₩90,000이다.
(2) 관련 현가계수는 다음과 같다. 4년, 10% 현가계수: 0.68301, 연금현가계수: 3.16987

**각 물음은 상호 독립적이다.**

**1** 20×1년 ~ 20×2년 말까지 동 금융자산과 관련한 F/S 효과와 회계처리를 보이시오.

**2** **1**에 이어서 ㈜현주는 동 FVOCI금융자산을 20×3년 말에 ₩98,000에 처분하였다. 동 거래가 ㈜현주의 당기손익에 미치는 영향 및 기타포괄손익에 미치는 영향을 구하고, 20×3년에 해야 할 회계처리를 하시오.

**풀이**

**1** 1. 20×1년 F/S 효과 및 회계처리

| B/S | |
|---|---|
| FVOCI금융자산　기말 FV 95,000 | |
| | 금융자산평가이익　　　기말 FV – 총장부금액 |
| | 95,000 – (84,150 × 1.1 – 5,000) = 7,435 |

| I/S |
|---|
| N/I 영향: 이자수익 = 기초 총장부금액 × 유효 R × 보유기간/12 |
| = 84,150 × 10% = 8,415 |
| OCI 변동: 금융자산평가이익(FV평가) = 기말 B/S상 OCI – 기초 B/S상 OCI |
| = 7,435 – 0 = 7,435 |

[20×1년 초]

| 차) FVOCI금융자산 | 84,150 | 대) 현금 | 84,150 |
|---|---|---|---|

[20×1년 말]

| 차) 현금 | 5,000 | 대) 이자수익 | 8,415 |
|---|---|---|---|
| FVOCI금융자산 | 3,415 | | |
| 차) FVOCI금융자산 | 7,435 | 대) 금융자산평가이익(OCI) | 7,435 |

## 2. 20×2년 F/S 효과 및 회계처리

### B/S

| | | | |
|---|---|---|---|
| FVOCI금융자산 | 기말 FV 90,000 | | |
| | | 금융자산평가이익 | 기말 FV − 총장부금액 |
| | | | 90,000 − (87,565 × 1.1 − 5,000) = (−)1,322 |

### I/S

N/I 영향: 이자수익 = 기초 총장부금액 × 유효 R × 보유기간/12
　　　　　 = 87,565 × 10% = 8,757
OCI 변동: 금융자산평가이익(FV평가) = 기말 B/S상 OCI − 기초 B/S상 OCI
　　　　　 = (1,322) − 7,435 = (−)8,757

**[20×2년 말]**

| 차) 현금 | 5,000 | 대) 이자수익 | 8,757 |
|---|---|---|---|
| FVOCI금융자산 | 3,757 | | |
| 차) 금융자산평가이익(OCI) | 7,435 | 대) FVOCI금융자산 | 8,757 |
| 금융자산평가손실(OCI) | 1,322 | | |

### ❷ I/S

N/I 영향: 이자수익 = 기초 총장부금액 × 유효 R × 보유기간/12
　　　　　 = 91,322 × 10% = 9,132
　　　　 금융자산처분손익 = 기말 FV − 기말 총장부금액
　　　　　　　 = 98,000 − (91,322 × 1.1 − 5,000) = 2,546
OCI 변동: 금융자산평가이익(FV평가) = 기말 B/S상 OCI − 기초 B/S상 OCI
　　　　　 = 0 − (1,322) = 1,322

**[20×3년 말]**

- 이자수익

| 차) 현금 | 5,000 | 대) 이자수익 | 9,132 |
|---|---|---|---|
| FVOCI금융자산 | 4,132 | | |

- 1단계 − 평가

| 차) FVOCI금융자산[1] | 3,868 | 대) 금융자산평가손실(OCI) | 1,322 |
|---|---|---|---|
| | | 금융자산평가이익(OCI) | 2,546 |

[1] 98,000 − (90,000 + 4,132) = 3,868

- 2단계 − 처분

| 차) 현금 | 98,000 | 대) FVOCI금융자산 | 98,000 |
|---|---|---|---|

- 3단계 − 재분류조정

| 차) 금융자산평가손익(OCI) | 2,546 | 대) 금융자산처분이익(N/I) | 2,546 |
|---|---|---|---|

**기출 Check 3**

㈜대한은 ㈜민국이 20×1년 1월 1일에 발행한 액면금액 ₩100,000(만기 3년(일시상환), 표시이자율 연 10%, 매년 말 이자지급)의 사채를 동 일자에 ₩95,198(유효이자율 연 12%)을 지급하고 취득하였다. 동 금융자산의 20×1년 말과 20×2년 말의 이자수령 후 공정가치는 각각 ₩93,417과 ₩99,099이며, ㈜대한은 20×3년 초 ₩99,099에 동 금융자산을 처분하였다. 동 금융자산과 관련한 다음의 설명 중 옳지 않은 것은? (단, 필요 시 소수점 첫째 자리에서 반올림한다)

[공인회계사 2021년]

① 금융자산을 상각후원가로 측정하는 금융자산(AC 금융자산)으로 분류한 경우에 기타포괄손익-공정가치로 측정하는 금융자산(FVOCI 금융자산)으로 분류한 경우보다 ㈜대한의 20×1년 말 자본총액은 더 크게 계상된다.

② 금융자산을 상각후원가로 측정하는 금융자산(AC 금융자산)으로 분류한 경우 ㈜대한이 금융자산과 관련하여 20×1년의 이자수익으로 인식할 금액은 ₩11,424이다.

③ 금융자산을 상각후원가로 측정하는 금융자산(AC 금융자산)으로 분류한 경우와 기타포괄손익-공정가치로 측정하는 금융자산(FVOCI 금융자산)으로 분류한 경우를 비교하였을 때, 금융자산이 ㈜대한의 20×2년 당기손익에 미치는 영향은 차이가 없다.

④ 금융자산을 기타포괄손익-공정가치로 측정하는 금융자산(FVOCI 금융자산)으로 분류한 경우 금융자산과 관련한 ㈜대한의 20×2년 말 재무상태표상 기타포괄손익누계액은 ₩882이다.

⑤ 금융자산을 상각후원가로 측정하는 금융자산(AC 금융자산)으로 분류한 경우에 기타포괄손익-공정가치로 측정하는 금융자산(FVOCI 금융자산)으로 분류한 경우보다 ㈜대한이 20×3년 초 금융자산 처분 시 처분이익을 많이 인식한다.

**풀이**

① 20×1년 말에 공정가치가 상각후원가보다 작으므로 FVOCI 금융자산의 자본총액보다 AC 금융자산의 자본총액이 크다.
② 20×1년 이자수익: 95,198 × 12% = 11,424
③ AC 금융자산과 FVOCI 금융자산은 유효이자율법과 기대손실모형을 적용하므로 당기손익에 미치는 영향은 같다.
④ 20×2년 말 재무상태표상 OCI누계액: 99,099 - 110,000/1.12 = 884(단수차이)
⑤ AC 금융자산과 FVOCI 금융자산은 유효이자율법과 기대손실모형을 적용하므로 처분손익은 동일하다.

정답: ⑤

## 01 기대손실모형

금융자산은 AC금융자산과 FVOCI금융자산(FVOCI금융자산 – 지분상품은 제외)의 경우에만 손상차손을 인식한다. 기업회계기준서 제1109호 '금융상품'에서는 신용이 손상되지 않은 경우에도 기대신용손실을 추정하여 인식하는데, 이러한 모형을 기대손실모형이라고 한다.

### Additional Comment

손상은 자산의 가치훼손을 말한다. 한국채택국제회계기준서 제1109호가 적용되기 이전의 금융자산 손상 회계는 가치가 이미 훼손되어 손실이 발생한 경우 해당 손실을 인식하는 발생손실모형에 근거하였다. 여기에는 손실을 적시에 보고하지 못하므로 신용위험 관련 정보를 조기에 알려주지 못하는 단점이 있다. 반면, 한국채택국제회계기준서 제1109호에서 규정한 손상 회계는 미래 가치훼손이 기대될 때 손실을 측정하여 인식하는 기대신용손실모형(ECL)에 근거하므로 회계정보를 통해 신용위험을 적시에 보고할 수 있다.

### Self Study

1. 기대손실모형의 장단점
   (1) 장점
      ① 손상인식 지연에 따른 이자수익의 과대계상 문제를 완화할 수 있다.
      ② 금융자산을 보유하는 기간에 걸쳐 손실예상액을 비용으로 인식할 수 있어 수익과 비용의 적절한 대응이 가능하다.
   (2) 단점
      ① 손상 회계의 복잡성이 증가한다.
      ② 기대신용손실을 추정하기 위한 객관적 증거들을 확보하기 어렵다.
2. 지분상품은 계약상 현금흐름 특성이 없으므로 손상을 인식하지 않는다.
3. 신용위험은 채무증권발행자가 '계약상 현금흐름의 지급을 계약조건에 따라 적정하게 이행하지 못할 위험'으로 정의한 것이다.

### (1) 신용손실과 기대손실

#### 1) 신용손실

신용손실은 계약에 따라 지급받기로 한 모든 계약상 현금흐름과 수취할 것으로 예상하는 모든 계약상 현금흐름의 차이(모든 현금 부족액)를 최초 유효이자율(또는 취득 시 신용이 손상되어 있는 금융자산은 신용조정 유효이자율)로 할인한 금액을 말한다.

신용손실 = PV(① = 계약상 현금흐름 – 수취할 것으로 예상되는 현금흐름) by R(②)
① 모든 현금 부족액
② 최초의 유효이자율(취득 시 손상되어 있는 금융자산은 신용조정 유효이자율 사용)

## 2) 기대신용손실

기대신용손실은 개별 채무불이행 발생 위험으로 가중평균한 신용손실을 말한다. 기대신용손실은 다음 사항을 반영하여 측정한다.

> ① 확률: 일정 범위의 발생 가능한 결과를 평가하여 산정한 금액으로서 편의가 없고 확률로 가중한 금액
> ② 현재가치: 화폐의 시간가치
> ③ 예측정보: 보고기간 말에 과거사건, 현재 상황과 미래 경제적 상황의 예측에 대한 정보로서 합리적이고 뒷받침될 수 있으며 과도한 원가나 노력 없이 이용할 수 있는 정보

기대신용손실은 측정할 때 가능한 시나리오를 모두 고려할 필요는 없다. 그러나 신용손실의 발생 가능성이 매우 낮더라도 신용손실이 발생할 가능성과 발생하지 아니할 가능성을 반영하여 신용손실이 발생할 위험이나 확률을 고려한다. (≠ 발생가능성이 가장 높은 결과 or 단일최선의 추정치)

기대신용손실을 측정할 때 고려하는 가장 긴 기간은 신용위험에 노출되는 최장 계약기간(연장옵션 포함)이며, 이보다 더 긴 기간이 사업관행과 일관된다고 하더라도 최장 계약기간을 넘어설 수 없다.

**Self Study**

> 예측정보는 각기 다른 금융상품에 목적적합하여야 하고, 특정 항목에 대한 목적적합성은 신용위험의 특정 동인에 따라 금융상품 간에 상이하여야 한다.

## (2) 유효이자율과 신용조정 유효이자율

### 1) 유효이자율

유효이자율은 금융자산의 추정 미래현금 수취액의 현재가치를 금융자산의 총장부금액과 정확히 일치시키는 이자율을 말한다. 유효이자율을 계산할 때 해당 금융상품의 모든 계약조건을 고려하여 기대현금흐름을 추정하지만 기대신용손실은 고려하지 아니한다.

한국채택국제회계기준 제1119호 '금융상품'에서는 금융자산의 총장부금액과 상각후원가를 각각 아래와 같이 정의하고 있다.

> ① 금융자산의 총장부금액: 손실충당금을 조정하기 전 금융자산의 상각후원가
> ② 금융자산의 상각후원가: 최초 인식시점에 측정한 금융자산에서 상환된 원금을 차감하고, 최초 인식금액과 만기금액의 차액에 유효이자율법을 적용하여 계산한 상각누계액을 가감한 금액에서 손실충당금을 조정한 금액

### 2) 신용조정 유효이자율

기업은 취득 시 신용이 손상되어 있는 채무증권을 크게 할인된 가격으로 취득하는데, 그 이유는 이미 발생한 손상이 가격에 반영되어 있기 때문이다. 따라서 취득 시 신용이 손상되어 있는 채무증권의 취득시점 공정가치는 손상을 반영한 금액인 상각후원가이다.

일반채무증권은 그 취득시점에 계약에 따른 원리금 수취액의 현재가치를 총장부금액에 일치시키는 유효이자율에 따라 이자수익을 인식한다. 그런데 만일 이러한 기대신용손실모형 규정을 취득 시 신용이 손상되어 있는 채무증권에도 그대로 적용하면 이자수익이 과도하게 인식된다. 계약상 원리금은 그대로인데 취득시점 공정가치가 손상을 반영하여 크게 할인되어 있으므로 유효이자율이 지나치게 높게 산정되기 때문이다.

이를 방지하기 위해 신용조정 유효이자율을 산정하도록 규정하고 있다. 이는 조정된 미래현금흐름(계약에 따른 원리금을 이미 발생한 신용손실을 고려하여 감액시킨 현금흐름)의 현재가치를 상각후원가(즉, 취득 시 신용이 손상되어 있는 채무증권의 취득시점 공정가치)와 일치시켜 주는 이자율이다. 그리고 최초 인식시점부터의 이자수익은 신용조정 유효이자율을 상각후원가에 적용하여 인식한다.

[유효이자율과 총장부금액, 상각후원가의 구조]

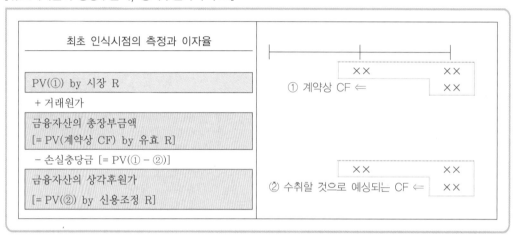

## 02 일반적 접근법

### (1) 신용이 손상되지 않은 경우

금융자산은 신용이 손상되지는 않았지만 신용위험이 발생한 금융자산과 신용이 손상된 금융자산으로 구분하여 기대신용손실을 추정하고 이를 손실충당금으로 인식하도록 규정하고 있다.

손실충당금은 매 보고기간 말에 신용위험의 유의적인 증가 여부에 따라 다음과 같이 측정하고 손실충당금을 조정하기 위한 기대신용손실·환입은 손상차손·환입으로 당기손익에 인식한다. 다만, 취득 시 신용이 손상되어 있는 금융자산은 전체기간 기대신용손실의 누적변동분만을 손실충당금으로 인식한다.

### 1) 신용위험이 유의적으로 증가하지 않은 경우

보고기간 말에 12개월 기대신용손실에 해당하는 금액으로 손실충당금을 측정하고, 이를 손상차손으로 당기손익 인식한다. 여기서 12개월 기대신용손실은 전체기간 신용손실에 보고기간 말 후 12개월 이내의 채무불이행 발생확률을 적용하여 계산한 금액이다.

## 2) 신용위험이 유의적으로 증가한 경우

최초 인식 후에 전체기간 기대신용손실에 해당하는 금액으로 손실충당금을 측정하고, 이를 손상차손으로 당기손익 인식한다. 여기서 전체기간 기대신용손실은 전체기간 신용손실에 보고기간 말 후 전체기간의 채무불이행 발생확률을 적용하여 계산한 금액이다.

[기대신용손실의 인식]

| 구분 | | 내용 |
|---|---|---|
| 신용이 손상되지 않은 경우 | 신용위험 유의적으로 증가 × | • 12개월 기대신용손실을 손실충당금으로 인식<br>• 전체기간 신용손실 추정액 × 12개월 이내 채무불이행 발생확률 |
| | 신용위험 유의적으로 증가 ○ | • 전체기간 기대신용손실을 손실충당금으로 인식[1]<br>• 전체기간 신용손실 추정액 × 전체기간 채무불이행 발생확률 |
| 신용이 손상된 경우 | | 전체기간 기대신용손실을 손실충당금으로 인식 |
| 취득 시 신용이 손상된 경우 | | 전체기간 기대신용손실을 손실충당금으로 인식 |

[1] 연체일수가 30일 초과하는 경우 신용위험이 유의적으로 증가한 것으로 간주함(반증 가능)

### Self Study

1. 신용위험: 금융상품의 당사자 중 일방이 의무를 이행하지 않아 상대방에게 재무손실을 입힐 위험
2. 시장위험: 시장가격의 변동으로 인하여 금융상품의 공정가치나 미래 현금흐름이 변동할 위험
3. 최초 인식 후 금융상품의 신용위험이 유의적으로 증가하였는지는 매 보고기간 말에 평가한다. 보고기간 말에 금융상품의 신용위험이 낮다고 판단된다면 최초 인식 후에 해당 금융상품의 신용위험이 유의적으로 증가하지 않았다고 볼 수 있다.
4. 연체상태보다 더 미래 전망적인 정보를 이용하기 위해 과도한 원가나 노력이 필요한 경우에는 연체 정보를 사용하여 최초 인식 후에 신용위험이 유의적으로 증가하였는지를 판단할 수 있다. 연체란 계약상 지급기일이 도래하였지만 계약상대방이 지급하기로 한 금액을 지급하지 못한 경우를 말한다.

| | |
|---|---|
| 원리금수취일부터 30일 이내 | 신용위험이 유의적으로 증가하지 않음 |
| 원리금수취일부터 30일 초과 90일 이내 | 신용위험이 유의적으로 증가함(반증 가능) |
| 원리금수취일부터 90일 초과 | 채무불이행(신용이 손상됨)(반증 가능) |

## (2) 신용이 손상된 경우

금융자산이 후속적으로 신용이 손상된 경우에는 전체기간 기대신용손실을 손상차손으로 인식한다. 금융자산의 추정미래현금흐름에 악영향을 미치는 하나 이상의 사건이 생긴 경우에 해당 금융자산의 신용이 손상된 것이다. 금융자산의 신용이 손상된 증거는 다음의 사건에 대한 관측 가능한 정보를 포함한다.

① 채무자의 재무적 상황: 발행자나 차입자의 유의적인 재무적 어려움
② 채무불이행 발생: 채무불이행이나 연체 같은 계약 위반
③ 차입조건의 변경: 차입자의 재무적 어려움에 관련된 경제적이나 계약상 이유로 당초 차입조건의 불가피한 완화
④ 채무자의 파산 가능성: 차입자의 파산 가능성이 높아지거나 그 밖의 재무구조조정 가능성이 높아짐
⑤ 활성시장의 소멸: 재무적 어려움으로 해당 금융자산에 대한 활성시장의 소멸
⑥ 신용손실의 발생: 이미 발생한 신용손실을 반영하여 크게 할인한 가격으로 금융자산을 매입하거나 창출하는 경우

---

**Self Study**

항상 전체기간 기대신용손실로 측정하는 경우
1. 취득 시 신용이 손상되어 있는 금융자산
2. 한국채택국제회계기준서 제1115호 '고객과의 계약에서 생기는 수익'의 적용범위에 포함되는 거래에서 생기는 매출채권이나 계약자산
   ① 유의적인 금융요소를 포함하고 있지 않은 경우
   ② 유의적인 금융요소가 있으나, 전체기간 기대신용손실에 해당하는 금액으로 손실충당금을 측정하는 것을 회계정책으로 선택하는 경우

---

**사례연습 6 (2차): 신용위험이 유의적으로 증가하지 않는 경우**

12월 말 결산법인인 A사는 20×1년 초에 타 기업이 당일 발행한 사채(액면금액 ₩100,000, 연 5%의 표시이자 연말 지급, 만기 20×3년 말인 조건)를 ₩87,565에 취득하고 사업모형과 계약상의 현금흐름 특성에 따라 AC금융자산으로 분류하였다(단, 거래원가는 없고, 채무증권은 취득 시 신용이 손상되어 있는 금융자산이 아니다. 그리고 유효이자율은 연 10%이다).
A사는 동 사채를 만기까지 보유하였으며, 원리금을 계약상의 일자에 전부 받았다. 그리고 다음의 자료와 판단에 따라 20×1년 말과 20×2년 말에 12개월 기대신용손실을 측정하여 손실충당금으로 인식하였다.

> (1) 채무불이행 사건이 발생하면 그 시점부터 표시이자를 받지 못하고 만기에 액면의 2/5만을 받는다.
> (2) 20×1년 말은 최초 인식 후에 투자의 신용위험이 유의적으로 증가하지 않았고, 20×2년 중 채무불이행 사건이 발생할 확률이 0.4%라고 추정하였다.
> (3) 20×2년 말은 최초 인식 후에 동 투자의 신용위험이 유의적으로 증가하지 않았고, 20×3년 중 채무불이행 사건이 발생할 확률이 0.5%라고 추정하였다.

20×1년 말과 20×2년 말의 12개월 기대신용손실을 구하시오.

**풀이**

| | 기대손실측정시점 | 20×1년 말 | | 20×2년 말 |
|---|---|---|---|---|
| **12개월<br>기대손실** | 채무불이행 사건 발생연도 | 20×2년 | | 20×3년 |
| | 채무불이행 사건이 발생하면 현금을<br>부족하게 받을 연도 | 20×2년 | 20×3년 | 20×3년 |
| **현금부족액** | 계약에 명시된 금액 | 5,000 | 105,000 | 105,000 |
| | 받을 것으로 예상되는 금액 | 0 | 40,000 | 40,000 |
| | 부족금액 | 5,000 | 65,000 | 65,000 |
| **신용손실** | 현재가치 비율 | $1/(1+10\%)$ | $1/(1+10\%)^2$ | $1/(1+10\%)$ |
| | 부족금액의 현재가치 | 4,545 | 53,719 | 59,091 |
| | 현재가치의 합 | 58,264 | | 59,091 |
| **채무불이행확률** | 12개월 내 채무불이행확률 | 0.4% | | 0.5% |
| **사건 발생연도별 기대신용손실** | | 233 | | 295 |

⇒ 20×1년 말 기대신용손실액: 233

  * 58,264(신용손실) × 0.4%(채무불이행확률) + 0(신용손실) × 99.6%(채무이행확률) = 233

⇒ 20×2년 말 기대신용손실액: 295

  * 59,091(신용손실) × 0.5%(채무불이행확률) + 0(신용손실) × 99.5%(채무이행확률) = 295

---

▶ **사례연습 7 (2차): 신용위험이 유의적으로 증가한 경우**

A사는 '취득 시 신용이 손상되어 있는 금융자산'이 아닌 동 사채를 만기까지 보유하였으며, 원리금을 계약상의 일자에 전부 받았다. 그리고 다음 자료와 판단에 따라 20×1년 말과 20×2년 말에 전체기간 ECL을 측정하여 손상 회계처리를 하였다.

(1) 채무불이행 사건이 발생하면 그 시점부터 표시이자를 받지 못하고 만기에 액면의 2/5만을 받는다.
(2) 채무증권을 취득한 후부터 채무증권의 사채등급이 점차 하락하고, 채무불이행 사건 발생위험이 높아지기 시작하였다.
(3) 20×1년 말은 최초 인식 후에 투자의 신용위험이 유의적으로 증가하였고, 20×2년 중 채무불이행 사건이 발생할 확률이 4%라고 추정하고, 20×3년 중 채무불이행 사건이 발생할 조건부 확률을 5%로 추정하였다.
(4) 20×2년 말은 최초 인식 후에 동 투자의 신용위험이 유의적으로 증가하였고, 20×3년 중 채무불이행 사건이 발생할 확률이 9%라고 추정하였다.

20×1년 말과 20×2년 말의 12개월 기대신용손실을 구하시오.

풀이

| | | | | | |
|---|---|---|---|---|---|
| 12개월 기대손실 | 기대손실측정시점 | 20×1년 말 | | | 20×2년 말 |
| | 채무불이행 사건 발생연도 | 20×2년 | | 20×3년 | 20×3년 |
| | 채무불이행 사건이 발생하면 현금을 부족하게 받을 연도 | 20×2년 | 20×3년 | 20×3년 | 20×3년 |
| 현금부족액 | 계약에 명시된 금액 | 5,000 | 105,000 | 105,000 | 105,000 |
| | 받을 것으로 예상되는 금액 | 0 | 40,000 | 40,000 | 40,000 |
| | 부족금액 | 5,000 | 65,000 | 65,000 | 65,000 |
| 신용손실 | 현재가치 비율 | 1/(1+10%) | $1/(1+10\%)^2$ | 1/(1+10%) | 1/(1+10%) |
| | 부족금액의 현재가치 | 4,545 | 53,719 | 59,091 | 59,091 |
| | 현재가치의 합 | 58,264 | | 59,091 | 59,091 |
| 채무불이행확률 | 12개월 내 채무불이행확률 | 4% | | 5% | 9% |
| 사건 발생연도별 기대신용손실 | | 2,331 | | 2,955 | 5,318 |
| 전체기간의 기대손실 | | 5,286 | | | 5,318 |

## 사례연습 8 (2차): 신용이 손상된 경우(신용조정 유효이자율)

**12월 말 결산법인인 A사는 20×2년 초에 타 기업이 발행한 다음 조건의 사채를 취득하였다.**

(1) 20×1년 초 발행, 액면금액 ₩100,000
(2) 연 5%의 표시이자를 연말에 지급, 만기 20×3년 말, 취득 시 신용이 손상되어 있는 증권(POCI)인 이 사채를 A사는 크게 할인된 가격인 ₩41,420에 취득하였다. 취득금액에 반영된 신용손실내역은 만기까지 남은 표시이자를 받지 못하고 또한 만기에는 액면금액 중 ₩70,000만 회수할 수 있다는 것이다. 또한 신용손실이 이미 발생한 것이기에 크게 할인된 가격에 취득한 것이다. 20×2년 말 표시이자를 현금으로 수취하지 못하였다. A사는 동 채무상품을 AC금융자산으로 분류하였다.

**1** 취득시점에 A사가 수행할 회계처리를 하고, 취득시점에서의 신용조정 유효이자율을 산정하시오.
**2** 20×2년 동 채무상품에서 발생하는 이자수익을 구하시오.

풀이

**1**

| | | | |
|---|---|---|---|
| 차) AC금융자산 | 41,420 | 대) 현금 | 41,420 |

⇒ 신용조정 유효이자율: 30%

* $41,420 = 70,000 \times 1/(1+R)^2$, R = 30%

* 취득 시 신용이 손상된 채무상품의 미래 현금흐름은 계약에 따른 원리금을 이미 발생한 신용손실을 고려하여 감액시킨 현금흐름이다. 만기에 수취할 금액은 액면금액 중 ₩70,000뿐이다.

**2** 이자수익: 41,420 × 30% = 12,426

* 취득 시 신용이 손상된 채무상품의 이자수익은 최초 인식시점부터 상각후원가(취득시점에는 공정가치)에 신용조정 유효이자율을 적용한 금액으로 인식한다.

**사례연습 9: 금융자산 분류 및 손상**

다음은 기업회계기준서 제1109호 '금융상품'에 규정된 금융자산의 분류 및 금융자산의 손상과 관련된 내용들이다. 틀린 것을 고르시오.

① 서로 다른 기준에 따라 자산이나 부채를 측정하거나 그에 따른 손익을 인식하는 경우에 측정이나 인식의 불일치가 발생하는 경우 금융자산을 당기손익 – 공정가치 측정 항목으로 지정한다면 이와 같은 불일치를 제거하거나 유의적으로 줄이는 경우에는 최초 인식시점에 해당 금융자산을 당기손익 – 공정가치 측정 항목으로 지정할 수 있다. 다만 한번 지정하면 이를 취소할 수 없다.

② 계약상 현금흐름을 수취하기 위해 보유하는 것이 목적인 사업모형하에서 금융자산을 보유하고 금융자산의 계약조건에 따라 특정일에 원리금 지급만으로 구성되어 있는 현금흐름이 발생하면 금융자산을 상각후원가로 측정한다.

③ 당기손익 – 공정가치로 측정되는 '지분상품에 대한 특정 투자'에 대하여 후속적인 공정가치 변동을 기타포괄손익으로 표시하도록 최초 인식시점에 선택할 수도 있다. 다만 한번 선택하면 이를 취소할 수 없다.

④ 계약상 현금흐름의 수취와 금융자산의 매도 둘 다를 통해 목적을 이루는 사업모형하에서 금융자산을 보유하고 금융자산의 계약조건에 따라 특정일에 원리금 지급만으로 구성되어 있는 현금흐름이 발생하면 금융자산을 당기손익 – 공정가치로 측정한다.

⑤ 금융자산은 상각후원가로 측정하거나 기타포괄손익 – 공정가치로 측정하는 경우가 아니라면, 당기손익 – 공정가치로 측정한다.

⑥ 취득 시 신용이 손상되어 있는 금융자산은 보고기간 말에 최초 인식 이후 전체기간 기대신용손실의 누적변동분만을 손실충당금으로 인식한다.

⑦ 최초 인식 후에 금융상품의 신용위험이 유의적으로 증가하지 아니한 경우에는 보고기간 말에 12개월 기대신용손실에 해당하는 금액으로 손실충당금을 측정한다.

⑧ 금융자산, 리스채권, 계약자산, 대출약정, 금융보증계약의 기대신용손실은 손실충당금으로 인식한다.

⑨ 기타포괄손익 – 공정가치 측정 금융자산의 손실충당금을 인식하고 측정하는 데 손상 요구사항을 적용하며, 해당 손실충당금은 금융자산의 장부금액을 줄인다.

⑩ 최초 인식 후에 금융상품의 신용위험이 유의적으로 증가한 경우에는 매 보고기간 말에 전체기간 기대신용손실에 해당하는 금액으로 손실충당금을 측정한다.

---

**풀이**

④ 계약상 현금흐름의 수취와 금융자산의 매도 둘 다를 통해 목적을 이루는 사업모형하에서 금융자산을 보유하고 금융자산의 계약조건에 따라 특정일에 원리금 지급만으로 구성되어 있는 현금흐름이 발생하면 금융자산을 기타포괄손익 – 공정가치로 측정한다.

⑨ 기타포괄손익 – 공정가치 측정 금융자산의 손실충당금은 기타포괄손익으로 인식하고 재무상태표에서 해당 손실충당금만큼 금융자산의 장부금액을 줄이지 않는다.

## 03 AC금융자산의 손상

### (1) 의의

신용이 손상된 경우에는 상각후원가(= 총장부금액 − 손실충당금)에 유효이자율을 적용하여 이자수익을 계산한다. 신용손상의 시기에 따라 이자수익은 다음과 같이 계산한다.

① 취득 시 신용이 손상되어 있는 경우 이자수익: 최초 인식시점 상각후원가 × 신용조정 유효이자율
② 후속적으로 신용이 손상된 경우 이자수익: 후속 보고기간 상각후원가 × 유효이자율
③ 신용이 손상되지 않은 경우 이자수익: 후속 보고기간 총장부금액 × 유효이자율

### (2) 신용이 손상되지 않은 경우 기말 평가

AC금융자산은 신용이 손상되지 않은 경우에도 기대신용손실을 측정하여 손실충당금을 인식하는 기대손실모형을 적용한다. 손실충당금으로 인식할 금액은 신용위험이 유의적으로 증가하였는지 여부에 따라 아래와 같이 회계처리한다.

**신용위험이 유의적으로 증가하지 않은 경우**

차) 금융자산손상차손          N/I          대) 손실충당금          12개월 기대신용손실 적용

**신용위험이 유의적으로 증가한 경우**

차) 금융자산손상차손          N/I          대) 손실충당금          전체기간 기대신용손실 적용

금융자산손상차손은 당기손익으로 처리하고 전기 이전에 인식한 손실충당금이 있는 경우에는 당기 말 손실충당금의 차액을 손상차손(환입)으로 인식한다.

최초 인식 후에 신용위험이 보고기간 말 현재 유의적으로 증가하였다면, 전체기간 기대신용손실로 손상을 측정하되, 실제로 신용은 아직 손상되지 않았다면 이자수익은 유효이자율을 총장부금액에 적용하여 인식한다.

```
┌─ 기대손실모형 적용 – 신용이 손상되지 않은 경우 ────────────────────────┐
│                                                                    │
│                              B/S                                   │
│  AC금융자산              총장부금액                                  │
│  (−)손실충당금            (−)××                                      │
│                         상각후원가                                   │
│  ─────────────────────────────────────                            │
│                              I/S                                   │
│  N/I 영향: 이자수익 = 기초 총장부금액 × 유효 R × 보유기간/12          │
│          손상차손 = 기말 B/S상 손실충당금 − 기초 B/S상 손실충당금      │
│  OCI 변동: −                                                        │
│                                                                    │
└────────────────────────────────────────────────────────────┘
```

**Self Study**

AC금융자산은 계약상 원리금의 회수만을 목적으로 하는 사업모형에서 보유하고 있는 금융자산으로 보고기간 말의 공정가치는 회수가능하지 않고 실제로 회수하는 금액과도 관련성이 없는 기회손익을 반영하는 것이므로 AC금융자산은 보고기간 말의 공정가치를 평가하지 않는다.

## (3) 신용이 손상되지 않은 경우 처분

AC금융자산은 기대손실모형을 사용하여 손실충당금을 인식하여야 하므로 처분시점의 장부금액은 총장부금액에서 손실충당금을 차감한 금액이다.

| 차) 현금 | 처분금액 | 대) AC금융자산 | 총장부금액 |
|---|---|---|---|
| 손실충당금 | BV | 금융자산처분손익 | 대차차액 |

⇒ 금융자산처분손실: 처분금액 − (총장부금액 − 손실충당금)
: 처분금액 − [PV(잔여 CF) by 유효 R − 손실충당금]

12월 말 결산법인인 ㈜현주는 20×1년 초에 액면금액 ₩100,000의 A사 사채를 ₩84,150에 취득하고 AC금융자산으로 분류하였다. A사 사채의 만기일은 20×4년 말로 취득일의 유효이자율은 10%이고 표시이자율은 5%이다. 이자지급일은 매년 12월 31일이다.

---

(1) 20×1년 말 액면이자는 정상적으로 수령하였으며, A사 사채의 신용위험은 유의적으로 증가하지 않았다고 판단하였다. ㈜현주는 12개월 기대신용손실을 ₩200으로 추정하였다.

(2) 20×2년 말 액면이자는 정상적으로 수령하였으나, ㈜현주는 A사의 사채의 신용위험이 유의적으로 증가하였다고 판단하고 전체기간 기대신용손실을 ₩1,200으로 추정하였다.

(3) 20×3년 말에 ㈜현주는 표시이자를 수령한 후 A사의 사채를 ₩97,000에 처분하였다.

관련 현가계수는 다음과 같다. 4년, 10% 현가계수: 0.68301, 연금현가계수: 3.16987

---

**1** 20×1년 ~ 20×2년 말까지 동 금융자산과 관련한 F/S 효과와 회계처리를 보이시오.

**2** 20×3년 말에 ㈜현주는 표시이자를 수령한 후 A사의 사채를 ₩97,000에 처분하였다. 동 거래가 ㈜현주의 당기손익에 미치는 영향을 구하고, 20×3년에 해야 할 회계처리를 하시오.

**[풀이]**

**1** 1. 20×1년 F/S 효과 및 회계처리

B/S

| AC금융자산 | 총장부금액 ① × (1 + R) − 액면이자 | |
|---|---|---|
| | 84,150 × 1.1 − 5,000 = 87,565 | |
| (−)손실충당금 | (−)200 | |
| | 상각후원가 87,365 | |

I/S

N/I 영향: 이자수익 = 기초 총장부금액 × 유효 R × 보유기간/12
          = 84,150 × 10% = 8,415
     손상차손 = 기말 B/S상 손실충당금 − 기초 B/S상 손실충당금
          = (200) − 0 = (−)200

OCI 변동: −

[20×1년 초]

| 차) AC금융자산 | 84,150 | 대) 현금 | 84,150 |
|---|---|---|---|

[20×1년 말]

| 차) 현금 | 5,000 | 대) 이자수익 | 8,415 |
|---|---|---|---|
| AC금융자산 | 3,415 | | |
| 차) 금융자산손상차손 | 200 | 대) 손실충당금 | 200 |

2. 20×2년 F/S 효과 및 회계처리

B/S

| | | | |
|---|---|---|---|
| AC금융자산 | 총장부금액 ① × (1 + R) − 액면이자 | | |
| | 87,565 × 1.1 − 5,000 = 91,322 | | |
| (−)손실충당금 | (−)1,200 | | |
| | 상각후원가 90,122 | | |

I/S

N/I 영향: 이자수익 = 기초 총장부금액 × 유효 R × 보유기간/12
$\qquad$ = 87,565 × 10% = 8,757
$\qquad$ 손상차손 = 기말 B/S상 손실충당금 − 기초 B/S상 손실충당금
$\qquad\qquad$ = (1,200) − (200) = (−)1,000

OCI 변동: −

[20×2년 말]

| 차) 현금 | 5,000 | 대) 이자수익 | 8,757 |
|---|---|---|---|
| AC금융자산 | 3,757 | | |
| 차) 금융자산손상차손 | 1,000 | 대) 손실충당금 | 1,000 |

**2** 1. 처분손익 계산
금융자산처분손실: 처분금액 − (총장부금액 − 손실충당금)
$\qquad\qquad\qquad\quad$ = 처분금액 − [PV(잔여 CF) by 유효 R − 손실충당금]
$\qquad\qquad\qquad\quad$ = 97,000 − (105,000/1.1 − 1,200) = 2,746

2. 회계처리

| 차) 현금 | 액면이자 | 대) 이자수익 | 기초 총장부금액 × 유효 R |
|---|---|---|---|
| | 5,000 | | 91,322 × 10% = 9,132 |
| AC금융자산 | 대차차액 4,132 | | |
| 차) 현금 | 처분금액 97,000 | 대) AC금융자산 | 105,000/1.1 = 95,454 |
| 손실충당금 | BV 1,200 | 금융자산처분이익 | 대차차액 2,746 |

3. 20×3년 N/I 영향: (1) + (2) = 11,878
$\quad$ (1) 이자수익: 9,132
$\quad$ (2) 처분이익: 2,746

## (4) 신용이 손상된 경우 - 손상 발생

AC금융자산의 신용이 손상된 경우에는 기대신용손실을 계산하여 손상차손을 인식하여야 한다. 보고기간 말에 신용이 손상된 금융자산(취득 시 신용이 손상되어 있는 금융자산은 제외)의 기대신용손실은 해당 자산의 총장부금액과 추정미래현금흐름을 최초 유효이자율로 할인한 현재가치(= 회수가능액)의 차이로 측정한다.

> 신용이 손상된 경우 손상차손: (1) - (2) - (3)
> (1) 총장부금액: PV(기존 CF) by 최초 유효 R
> (2) 회수가능액: PV(추정 CF) by 최초 유효 R
> (3) 손실충당금 BV: 신용이 손상되기 전에 인식한 기대신용손실 누계액

손상 회계를 수행한 후의 채무증권의 상각후원가는 "총장부금액에서 손실충당금을 차감한 금액"이다.

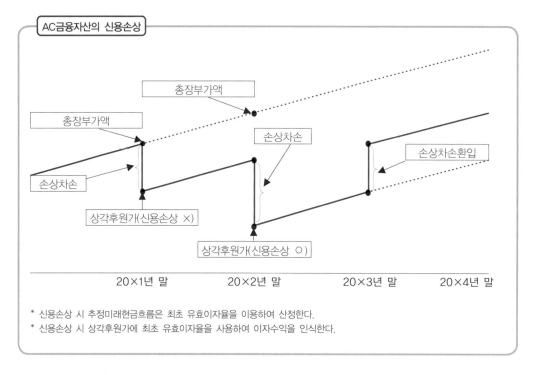

AC금융자산의 신용손상

* 신용손상 시 추정미래현금흐름은 최초 유효이자율을 이용하여 산정한다.
* 신용손상 시 상각후원가에 최초 유효이자율을 사용하여 이자수익을 인식한다.

신용손상 시 회계처리

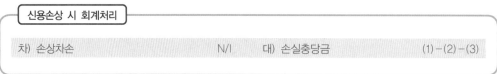

| 차) 손상차손 | N/I | 대) 손실충당금 | (1) - (2) - (3) |

---

**신용손상 발생 시 F/S 분석**

| | B/S | 손상 전 |
|---|---|---|
| AC금융자산 총장부금액×(1+최초 유효 R)−액면이자 | | |
| (−)손실충당금 | (−)기대신용손실 | |
| | 손상 전 상각후원가 | |

| | B/S | 손상 후 |
|---|---|---|
| AC금융자산 총장부금액×(1+최초 유효 R)−액면이자 | | |
| (−)손실충당금 | (−)역산 | |
| | 손상 후 상각후원가[1] | |

[1] 손상 후 상각후원가: PV(손상 후 CF) by 취득 시 유효 R

**I/S**

N/I 영향: 이자수익 = 기초 총장부금액 × 유효 R × 보유기간/12
　　　　　손상차손 = 손상 후 상각후원가 − 손상 전 상각후원가
OCI 변동: −

---

보유기간 말 현재 신용이 이미 손상된 경우는 '최초 인식 후에 신용위험이 유의적으로 증가한' 경우의 부분집합이므로 전체기간 기대신용손실로 손상을 측정한다. 다만, 이자수익은 유효이자율을 상각후원가에 적용한다. 여기서 상각후원가란 총장부금액에서 손실충당금을 차감한 금액을 가리킨다. 따라서 어떤 금융자산을 보유하는 중에 실제로 신용이 손상되면 해당 증권의 후속기간 이자수익은 신용손상이 발생하지 않았을 경우에 비하여 적게 인식된다.

손상이 발생한 채무증권은 손상 발생을 확인한 다음 보고기간부터 전체기간 기대신용손실로 손실충당금을 인식하고, 최초 인식 시 사용한 유효이자율로 이자수익을 인식한다. 그러나 손상이 발생하였으므로, 총장부금액에서 손실충당금을 차감한 상각후원가에 유효이자율을 적용하여 이자수익을 인식하도록 함으로써, 투자액 중 손상된 부분으로부터의 이자수익의 인식을 허용하지 않는다.

## (5) 신용이 손상된 경우 – 손상차손환입 발생

AC금융자산은 신용이 손상된 이후 회계기간에 기대신용손실이 감소한 경우에는 동 변동액을 금융자산 손상차손환입으로 인식하고 당기손익에 반영한다.

---

금융자산의 손상차손환입: (1) − (2)
(1) 환입 전 상각후원가: PV(추정 CF) by 최초 유효 R
(2) 환입 후 상각후원가: 상각후원가(신용손상 시 상각후원가에 최초 유효이자율을 이용한 유효이자율법 적용)

---

**손상차손환입 시 회계처리**

| 차) 손실충당금 | (1) − (2) | 대) 손상차손환입 | N/I |
|---|---|---|---|

---

|  |  |  |  | B/S | 환입 전 |
|---|---|---|---|---|---|
| AC금융자산 |  | 역산 |  |  |  |
| (−)손실충당금 |  | (−)전기 말 BV |  |  |  |
|  |  | 환입 전 상각후원가[1) |  |  |  |

[1)] 환입 전 상각후원가: 기초 상각후원가 × (1 + 유효 R) − 현금수령액

|  |  |  |  | B/S | 환입 후 |
|---|---|---|---|---|---|
| AC금융자산 |  | 환입 전 BV |  |  |  |
| (−)손실충당금 |  | (−)역산 |  |  |  |
|  |  | 환입 후 상각후원가[2) |  |  |  |

[2)] 환입 후 상각후원가: PV(환입 후 CF) by 취득 시 유효 R

**I/S**

N/I 영향: 이자수익 = 기초 상각후원가 × 유효 R × 보유기간/12

　　　　　손상차손환입 = 환입 후 상각후원가 − 환입 전 상각후원가

OCI 변동: −

---

### 사례연습 11: AC금융자산 − 신용이 손상된 경우

12월 말 결산법인인 ㈜현주는 20×1년 초에 액면금액 ₩100,000의 A사 사채를 ₩84,150에 취득하고 AC금융자산으로 분류하였다. A사 사채의 만기일은 20×4년 말로 취득일의 유효이자율은 10%이고 표시이자율은 5%이다. 이자지급일은 매년 12월 31일이다.

(1) 20×1년 말 액면이자는 정상적으로 수령하였으며, A사 사채의 신용위험은 유의적으로 증가하지 않았다고 판단하였다. ㈜현주는 12개월 기대신용손실을 ₩200으로 추정하였다.

(2) A사 사채는 20×2년 말 현재 신용손상이 발생하였으며, 추정미래현금흐름은 20×3년 말부터 액면이자는 매년 ₩1,000을 수취하고 20×4년 말에 액면금액 ₩50,000을 수취할 것으로 예상된다(단, 20×2년 말에 수령할 표시이자 ₩5,000은 정상적으로 수령하였다).

(3) A사 사채는 20×3년 중 신용손상이 회복되었으며, 추정미래현금흐름은 20×4년 말에 액면이자 ₩4,000과 액면금액 ₩80,000을 수취할 것으로 예상된다. 단, 20×3년 말에 수령할 것으로 예측한 표시이자 ₩1,000은 전액 수령하였다.

관련 현가계수는 다음과 같다.
4년, 10% 현가계수: 0.68301, 연금현가계수: 3.16987
2년, 10% 현가계수: 0.82645, 연금현가계수: 1.73554

**1** 20×1년 ~ 20×3년 말까지 동 금융자산과 관련한 F/S 효과와 회계처리를 보이시오.

**2** 20×4년에 ㈜현주가 인식할 동 금융자산의 이자수익은 얼마인가?

**1** 1. 20×1년 F/S 효과 및 회계처리

B/S

| AC금융자산 | 총장부금액 ① × (1 + R) − 액면이자 | |
|---|---|---|
| | 84,150 × 1.1 − 5,000 = 87,565 | |
| (−)손실충당금 | (−)200 | |
| | 상각후원가 87,365 | |

I/S

N/I 영향: 이자수익 = 기초 총장부금액 × 유효 R × 보유기간/12
= 84,150 × 10% = 8,415

손상차손 = 기말 B/S상 손실충당금 − 기초 B/S상 손실충당금
= (200) − 0 = (−)200

OCI 변동: −

[20×1년 초]

| 차) AC금융자산 | 84,150 | 대) 현금 | 84,150 |
|---|---|---|---|

[20×1년 말]

| 차) 현금 | 5,000 | 대) 이자수익 | 8,415 |
|---|---|---|---|
| AC금융자산 | 3,415 | | |
| 차) 금융자산손상차손 | 200 | 대) 손실충당금 | 200 |

2. 20×2년 F/S 효과 및 회계처리

B/S(손상 전)

| AC금융자산 | 총장부금액 ① × (1 + R) − 액면이자 | |
|---|---|---|
| | 87,565 × 1.1 − 5,000 = 91,322 | |
| (−)손실충당금 | (−)200 | |
| | 상각후원가 91,122 | |

B/S(손상 후)

| AC금융자산 | 총장부금액 ① × (1 + R) − 액면이자 | |
|---|---|---|
| | 87,565 × 1.1 − 5,000 = 91,322 | |
| (−)손실충당금 | 역산 (−)48,264 | |
| | 상각후원가 43,058[1] | |

[1] 50,000 × 0.82645 + 1,000 × 1.73554 = 43,058

I/S

---

N/I 영향: 이자수익 = 기초 총장부금액 × 유효 R × 보유기간/12
　　　　　　　　 = 87,565 × 10% = 8,757
　　　　　손상차손 = 기말 B/S상 손실충당금 − 기초 B/S상 손실충당금
　　　　　　　　 = (48,264) − (200) = (−)48,064
OCI 변동: −

[20×2년 말]

| 차) 현금 | 5,000 | 대) 이자수익 | 8,757 |
|---|---|---|---|
| 　 AC금융자산 | 3,757 | | |
| 차) 손상차손 | 48,064 | 대) 손실충당금 | 48,064 |

3. 20×3년 F/S 효과 및 회계처리

B/S(환입 전)

---

| AC금융자산 | 역산 94,628 | |
|---|---|---|
| (−)손실충당금 | (−)48,264 | |
| 상각후원가 46,364[1) | |

1) 43,058 × 1.1 − 1,000 = 46,364

B/S(환입 후)

---

| AC금융자산 | 94,628 | |
|---|---|---|
| (−)손실충당금 | (−)18,264 | |
| 상각후원가 76,364[2) | |

2) 84,000/1.1 = 76,364

I/S

---

N/I 영향: 이자수익 = 기초 상각후원가 × 유효 R × 보유기간/12
　　　　　　　　 = 43,058 × 10% = 4,306
　　　손상차손환입 = 환입 후 상각후원가 − 환입 전 상각후원가
　　　　　　　　 = 76,364 − 46,364 = 30,000
OCI 변동: −

[20×3년 말]

| 차) 현금 | 1,000 | 대) 이자수익 | 4,306 |
|---|---|---|---|
| 　 AC금융자산 | 3,306 | | |
| 차) 손실충당금 | 30,000 | 대) 손상차손환입 | 30,000 |

❷ 20×4년 이자수익: 76,364 × 10% = 7,636

㈜대한은 20×1년 1월 1일 ㈜민국이 당일 발행한 액면금액 ₩100,000(만기 3년, 액면이자율 8%, 이자는 매년 말 지급)인 사채를 공정가치 ₩90,394에 취득하고 AC금융자산으로 분류하였다. ㈜대한은 사채의 취득과 직접 관련된 거래원가로 ₩4,630을 추가 지출하였으며, 취득 당시 유효이자율은 10%이다. ㈜민국의 사채는 20×1년 말 현재 신용위험은 유의적으로 증가하지 않아 12개월 기대신용손실로 추정한 금액은 ₩4,000이다. 20×2년 말 현재 ㈜대한은 20×2년분 액면이자 ₩8,000은 정상적으로 수령하였으나 ㈜민국의 사채는 부도 처리되어 당좌거래가 정지되어 손상이 발생하였다. 이에 따라 ㈜대한은 동 사채의 만기시점에 액면금액 중 ₩50,000만 수령할 수 있고 이자는 받을 수 없을 것으로 예상하였다. ㈜대한이 20×2년도에 인식할 손상차손은 얼마인가? (단, 현가계수는 아래 표를 이용하며, 단수차이가 있으면 가장 근사치를 선택한다)

| 구분 | 기간 말 1원의 현재가치 | 정상연금 1원의 현재가치 |
|:---:|:---:|:---:|
| | 10% | 10% |
| 1 | 0.9091 | 0.9091 |
| 2 | 0.8264 | 1.7355 |
| 3 | 0.7513 | 2.4868 |

① ₩52,724       ② ₩48,724       ③ ₩42,724

④ ₩38,724       ⑤ ₩4,000

풀이

1. AC금융자산 CF 분석

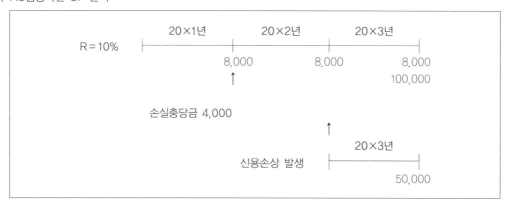

## 2. 20×1년 F/S 효과 및 회계처리

### B/S

| | | |
|---|---|---|
| AC금융자산  총장부금액 ① × (1 + 유효 R) − 액면이자 | | |
| (90,394 + 4,630) × 1.1 − 8,000 = 96,526 | | |
| (−)손실충당금 | (−)4,000 | |
| 상각후원가 92,526 | | |

### I/S

N/I 영향: 이자수익 = 기초 총장부금액 × 유효 R × 보유기간/12

$\quad\quad\quad$ = (90,394 + 4,630) × 10% = 9,502

$\quad\quad$ 손상차손 = 기말 B/S상 손실충당금 − 기초 B/S상 손실충당금

$\quad\quad\quad$ = (4,000) − 0 = (−)4,000

OCI 변동: −

[20×1년 초]

| 차) AC금융자산 | 95,024 | 대) 현금 | 95,024 |
|---|---|---|---|

[20×1년 말]

| 차) 현금 | 8,000 | 대) 이자수익 | 9,502 |
|---|---|---|---|
| $\quad$ AC금융자산 | 1,502 | | |
| 차) 금융자산손상차손 | 4,000 | 대) 손실충당금 | 4,000 |

## 3. 20×2년 F/S 효과 및 회계처리

### B/S

| | | |
|---|---|---|
| AC금융자산 | 98,179 | |
| (−)손실충당금 | 역산 (−)52,724 | |
| 상각후원가 | 50,000/1.1 = 45,455 | |

### I/S

N/I 영향: 이자수익 = 기초 총장부금액 × 유효 R × 보유기간/12

$\quad\quad\quad$ = 96,526 × 10% = 9,653

$\quad\quad$ 손상차손 = 기말 총장부금액 − 회수가능액 − 손실충당금

$\quad\quad\quad$ = (96,526 × 1.1 − 8,000) − 50,000/1.1 − 4,000 = 48,724

OCI 변동: −

[20×2년 말]

| 차) 현금 | 8,000 | 대) 이자수익 | 9,653 |
|---|---|---|---|
| $\quad$ AC금융자산 | 1,653 | | |
| 차) 손상차손 | 48,724 | 대) 손실충당금 | 48,724 |

정답: ②

## AC금융자산(채무상품) – 각 시점별 정리

| 구분 | AC금융자산(채무상품) |
|---|---|
| 취득거래원가 | 최초원가에 가산 |
| 기말 평가 | 해당사항 없음 |
| 처분거래원가 | 처분과 직접 관련하여 발생한 거래원가는 처분금액에서 차감 |
| 처분손익 | (처분금액 – 거래원가) – (총장부금액 – 기대손실누계액) |
| 이자수익 | 기초 총장부금액 × 유효 R × 보유기간/12 |
| 손상차손 | 손상 후 상각후원가 – 손상 전 상각후원가 |
| 손상환입 | 환입 후 상각후원가 – 환입 전 상각후원가 |
| 재분류 | 재분류 가능 |

## AC금융자산(채무상품) – F/S 효과 정리

**B/S**

| AC금융자산 | 총장부금액 | |
|---|---|---|
| (–)손실충당금 | (–)×× | |
| | 상각후원가 | |

**I/S**

N/I 영향: 이자수익 = 기초 총장부금액 × 유효 R × 보유기간/12

　　　　 손상차손, 손상차손환입

OCI 변동: –

## 04 FVOCI금융자산(채무상품)의 손상

### (1) 신용이 손상되지 않은 경우 기말 평가

FVOCI금융자산(채무상품)은 신용이 손상되지 않은 경우에도 기대신용손실을 측정하여 손실충당금을 인식하는 기대손실모형을 적용한다. 그러나 FVOCI금융자산(채무상품)은 손실충당금을 기타포괄손익으로 인식하고 재무상태표에서 금융자산의 장부금액을 줄이지 않는다. 그러므로 포괄손익계산서에 기타포괄손익으로 보고될 금융자산평가손익은 당기 발생 금융자산평가손익에서 손실충당금 변동분을 가감한 금액이 된다.

FVOCI금융자산(채무상품)은 손상차손을 인식하기 전에 공정가치 변동손익을 기타포괄손익으로 인식한다. 그 이후 기타포괄손익 중 신용위험으로 인한 손상차손 효과는 당기손익으로 대체한다. 또한, 신용위험발생으로 인한 손상의 경우 손상차손 인식 후 이자수익은 손상 전 상각후원가인 총장부금액에 유효이자율을 적용한다.

---

**FVOCI금융자산(채무상품) 기말 회계처리**

**1st − 이자수익**

| 차) 현금 | 액면이자 | 대) 이자수익 | 기초 총장부금액 × 유효 R |
|---|---|---|---|
| FVOCI금융자산 | 대차차액 | | |

**2nd − 공정가치 평가**

| 차) 금융자산평가손실 | OCI | 대) FVOCI금융자산 | ×× |
|---|---|---|---|

**3rd − 손상차손**

| 차) 손상차손 | ×× | 대) 금융자산평가손실 B/S상 손실충당금 OCI 변동액 | |
|---|---|---|---|

2nd와 3rd의 회계처리는 아래와 같이 쉽게 정리할 수도 있다.

| 차) 손상차손 | 손상 전 BV − 회수가능액 | 대) 금융자산평가손익(OCI) | B/S상 변동액 |
|---|---|---|---|
| | | FVOCI금융자산 | 대차차액 |

---

FVOCI금융자산(채무증권)의 손상 회계에서는 공정가치 측정에서 인식한 기타포괄손익항목인 평가손익의 일정 부분을 당기손익항목인 손상차손 또는 손상차손환입으로 재분류하는 것이다.

```
┌─ 기대손실모형 적용 – 신용이 손상되지 않은 경우 ──────────────────────┐
│                                                                    │
│                           B/S                                      │
│  FVOCI금융자산              기말 FV  │                              │
│                                     │  OCI(FV평가)      기말 FV – 기말 총장부금액 │
│                                     │  OCI(손실충당금)        기말 기대신용손실  │
│                                                                    │
│                           I/S                                      │
│  N/I 영향: 이자수익 = 기초 총장부금액 × 유효 R × 보유기간/12          │
│           손상차손 = 기말 B/S상 기대신용손실 – 기초 B/S상 기대신용손실  │
│  OCI 변동: 기말 B/S상 OCI누계액 – 기초 B/S상 OCI누계액                │
└────────────────────────────────────────────────────────────────┘
```

## (2) 신용이 손상되지 않은 경우 처분

FVOCI금융자산(채무상품)을 처분하는 경우에는 처분금액으로 먼저 평가하여 금융자산평가손익을 인식하고, 추후에 처분에 관한 회계처리를 한다. FVOCI금융자산(채무상품)의 처분 시 총장부금액에 기대신용손실을 차감한 금액이 된다. 그러므로 FVOCI금융자산의 처분손익은 AC금융자산의 처분손익과 동일한 금액이 된다.

### 1) 1단계 – 평가

| 차) FVOCI금융자산 | 처분금액 – BV | 대) FVOCI금융자산평가손익 | 처분금액 – BV |
|---|---|---|---|

### 2) 2단계 – 처분

| 차) 현금 | 처분금액 | 대) FVOCI금융자산 | 처분금액 |
|---|---|---|---|

### 3) 3단계 – 재분류조정

| 차) FVOCI금융자산평가손익 | 처분금액 – 장부금액 | 대) 금융자산처분이익 | N/I |
|---|---|---|---|

12월 말 결산법인인 ㈜현주는 20×1년 초에 액면금액 ₩100,000의 A사 사채를 ₩84,150에 취득하고 FVOCI금융자산으로 분류하였다. A사 사채의 만기일은 20×4년 말로 취득일의 유효이자율은 10%이고 표시이자율은 5%이다. 이자지급일은 매년 12월 31일이다.

> (1) A사 사채의 공정가치는 20×1년 말에 ₩95,000, 20×2년 말에 ₩90,000이다.
> (2) 관련 현가계수는 다음과 같다. 4년, 10% 현가계수: 0.68301, 연금현가계수: 3.16987
> (3) 20×1년 말 액면이자는 정상적으로 수령하였으며, A사 사채의 신용위험은 유의적으로 증가하지 않았다고 판단하였다. ㈜현주는 12개월 기대신용손실을 ₩200으로 추정하였다.
> (4) 20×2년 말 액면이자는 정상적으로 수령하였으나, ㈜현주는 A사 사채의 신용위험이 유의적으로 증가하였다고 판단하고 전체기간 기대신용손실을 ₩1,200으로 추정하였다.

**1** 20×1년 ~ 20×2년 말까지 동 금융자산과 관련한 F/S 효과와 회계처리를 보이시오.

**2** 20×3년 말에 ㈜현주는 표시이자를 수령한 후 A사의 사채를 ₩97,000에 처분하였다. 동 거래가 ㈜현주의 당기손익에 미치는 영향을 구하고, 20×3년에 해야 할 회계처리를 하시오.

[풀이]

**1** 1. 20×1년 F/S 효과 및 회계처리

B/S

| | | | |
|---|---|---|---|
| FVOCI금융자산 | 기말 FV 95,000 | | |
| | | 금융자산평가이익 | 기말 FV – 총장부금액 |
| | | | 95,000 – (84,150 × 1.1 – 5,000) = 7,435 |
| | | 금융자산평가이익 | 기말 기대신용손실 |
| | | | 200 |

I/S

N/I 영향: 이자수익 = 기초 총장부금액 × 유효 R × 보유기간/12
= 84,150 × 10% = 8,415
손상차손 = 기말 기대신용손실 – 기초 기대신용손실
= (200) – 0 = (–)200
OCI 변동: 금융자산평가이익(FV평가) = 기말 B/S상 OCI – 기초 B/S상 OCI
= (7,435 + 200) – 0 = 7,635

[20×1년 초]

| 차) FVOCI금융자산 | 84,150 | 대) 현금 | 84,150 |
|---|---|---|---|

[20×1년 말]

| 차) 현금 | 5,000 | 대) 이자수익 | 8,415 |
|---|---|---|---|
| FVOCI금융자산 | 3,415 | | |
| 차) 손상차손 | 200 | 대) 금융자산평가이익 | 7,635 |
| FVOCI금융자산 | 7,435 | | |

## 2. 20×2년 F/S 효과 및 회계처리

**B/S**

| FVOCI금융자산 | 기말 FV<br>90,000 | | |
|---|---|---|---|
| | | 금융자산평가이익 | 기말 FV − 총장부금액 |
| | | $90,000 - (87,565 \times 1.1 - 5,000) = (-)1,322$ | |
| | | 금융자산평가이익 | 기말 기대신용손실 |
| | | | 1,200 |

**I/S**

N/I 영향: 이자수익 = 기초 총장부금액 × 유효 R × 보유기간/12
$$= 87,565 \times 10\% = 8,757$$
손상차손 = 기말 기대신용손실 − 기초 기대신용손실
$$= (1,200) - (200) = (-)1,000$$
OCI 변동: 금융자산평가이익(FV평가) = 기말 B/S상 OCI − 기초 B/S상 OCI
$$= (-1,322 + 1,200) - 7,635 = (-)7,757$$

[20×2년 말]

| 차) 현금 | 5,000 | 대) 이자수익 | 8,757 |
|---|---|---|---|
| FVOCI금융자산 | 3,757 | | |
| 차) 손상차손 | 1,000 | 대) FVOCI금융자산 | 8,757 |
| 금융자산평가이익(OCI) | 7,635 | | |
| 금융자산평가손실(OCI) | 122 | | |

**❷ I/S**

N/I 영향: 이자수익 = 기초 총장부금액 × 유효 R × 보유기간/12
$$= 91,322 \times 10\% = 9,132$$
금융자산처분손익 = 기말 FV − (기말 장부금액 − B/S 기대신용손실)
$$= 97,000 - [(91,322 \times 1.1 - 5,000) - 1,200] = 2,746$$
OCI 변동: 금융자산평가이익(FV평가) = 기말 B/S상 OCI − 기초 B/S상 OCI
$$= 0 - (122) = 122$$

[20×3년 말]

• 이자수익

| 차) 현금 | 5,000 | 대) 이자수익 | 9,132 |
| FVOCI금융자산 | 4,132 | | |

• 1단계 – 평가

| 차) FVOCI금융자산[1] | 2,868 | 대) 금융자산평가손실(OCI) | 122 |
| | | 금융자산평가이익(OCI) | 2,746 |

[1] 97,000 − (90,000 + 4,132) = 2,868

• 2단계 – 처분

| 차) 현금 | 97,000 | 대) FVOCI금융자산 | 97,000 |

• 3단계 – 재분류조정

| 차) 금융자산평가손익(OCI) | 2,746 | 대) 금융자산처분이익(N/I) | 2,746 |

## 기출 Check 4

㈜대한은 ㈜민국이 다음과 같이 발행한 사채를 20×1년 1월 1일에 발행가액으로 현금취득(취득 시 신용이 손상되어 있지 않음)하고, 기타포괄손익-공정가치로 측정하는 금융자산(FVOCI 금융자산)으로 분류하였다.

- 사채발행일: 20×1년 1월 1일
- 액면금액: ₩1,000,000
- 만기일: 20×3년 12월 31일(일시상환)
- 표시이자율: 연 10%(매년 12월 31일에 지급)
- 사채발행시점의 유효이자율: 연 12%

20×1년 말 ㈜대한은 동 금융자산의 이자를 정상적으로 수취하였으나, ㈜민국의 신용이 손상되어 만기일에 원금은 회수가능하지만 20×2년부터는 연 6%(표시이자율)의 이자만 매년 말 수령할 것으로 추정하였다. 20×1년 말 현재 동 금융자산의 공정가치가 ₩800,000인 경우, ㈜대한의 20×1년도 포괄손익계산서의 당기순이익과 기타포괄이익에 미치는 영향은 각각 얼마인가? (단, 단수차이로 인해 오차가 있다면 가장 근사치를 선택한다)  [공인회계사 2020년]

| 할인율 기간 | 단일금액 ₩1의 현재가치 | | | 정상연금 ₩1의 현재가치 | | |
|---|---|---|---|---|---|---|
| | 6% | 10% | 12% | 6% | 10% | 12% |
| 1년 | 0.9434 | 0.9091 | 0.8929 | 0.9434 | 0.9091 | 0.8929 |
| 2년 | 0.8900 | 0.8264 | 0.7972 | 1.8334 | 1.7355 | 1.6901 |
| 3년 | 0.8396 | 0.7513 | 0.7118 | 2.6730 | 2.4868 | 2.4019 |

| | 당기순이익에 미치는 영향 | 기타포괄이익에 미치는 영향 |
|---|---|---|
| ① | ₩67,623 감소 | ₩14,239 감소 |
| ② | ₩67,623 감소 | ₩98,606 감소 |
| ③ | ₩67,623 감소 | ₩166,229 감소 |
| ④ | ₩46,616 증가 | ₩98,606 감소 |
| ⑤ | ₩46,616 증가 | ₩166,229 감소 |

### 풀이

1) ×1년 초 발행가액: 1,000,000 × 0.7118 + 100,000 × 2.4019 = 951,990
2) ×1년 말 총장부금액: 951,990 × 1.12 − 100,000 = 966,229
3) ×1년 말 신용손상 후 상각후원가: 1,000,000 × 0.7972 + 60,000 × 1.6901 = 898,606
4) ×1년 당기손익에 미친 영향: 46,616
   (1) 이자수익: 951,990 × 12% = 114,239
   (2) 손상차손: 898,606 − 966,229 = (−)67,623
5) ×1년 기타포괄이익: 800,000 − 898,606 = (−)98,606

정답: ④

## (3) 신용이 손상된 경우 - 손상 발생

FVOCI금융자산(채무상품)의 신용이 손상된 경우에는 기대신용손실을 계산하여 손상차손을 인식하여야 한다. FVOCI금융자산(채무상품)의 기대신용손실은 상각후원가 측정 금융자산과 동일한 방법으로 계산한다. 이때 기타포괄손익누계액으로 인식된 금융자산평가손익은 처분 시의 경우와 마찬가지로 당기손익으로 재분류한다.

> 신용이 손상된 경우 손상차손: (1) - (2) - (3)
> (1) 총장부금액: PV(기존 CF) by 최초 유효 R
> (2) PV(추정 CF) by 최초 유효 R
> (3) 기대신용손실: 신용이 손상되기 전에 인식한 기대신용손실

FVOCI금융자산(채무상품)은 손상차손을 인식하기 전에 공정가치 변동을 기타포괄손익으로 인식한다. 이후 기타포괄손익 중 신용의 손상으로 인한 손상차손 효과는 당기손익으로 대체한다. 한편, 신용위험으로 인한 손상과 다르게 신용손상으로 인한 손상의 경우 손상차손 인식 이후 이자수익은 손상 후 상각후원가인 순장부금액에 유효이자율을 적용하여야 한다.

---

**신용손상 시 회계처리**

1st - 이자수익

| 차) 현금 | 액면이자 | 대) 이자수익 | 기초 총장부금액 × 유효 R |
|---|---|---|---|
| FVOCI금융자산 | 대차차액 | | |

2nd - 신용의 손상

| 차) 손상차손 | N/I | 대) FVOCI금융자산 | 손상 전 BV - 회수가능액 |
|---|---|---|---|

3rd - OCI 재분류조정

| 차) 금융자산평가이익(OCI) | B/S상 OCI누계액 | 대) 손상차손 | N/I |
|---|---|---|---|

4th - FV평가

| 차) 금융자산평가이익(OCI) | ×× | 대) 금융자산 | ×× |
|---|---|---|---|

2nd 부터 4th의 회계처리는 아래와 같이 쉽게 정리할 수 있다.

| 차) 손상차손 | 손상 전 BV - 회수가능액 | 대) 금융자산평가이익(OCI) | B/S상 변동액 |
|---|---|---|---|
| | | FVOCI금융자산 | 대차차액 |

---

---

### 기대신용손실모형 적용 – 신용이 손상된 경우

| B/S | | | 손상 전 |
|---|---|---|---|
| FVOCI금융자산 | 기말 FV | | |
| | | 평가이익(평가) | 기말 FV – 총장부금액 |
| | | 평가이익(손실충당금) | 기말 기대신용손실 |

⇒ 손상 전 상각후원가: 기말 FV – 평가이익(평가 + 손실충당금)

| B/S | | | 손상 후 |
|---|---|---|---|
| FVOCI금융자산 | 기말 FV | | |
| | | 평가손익(FV) | 기말 FV – 손상 후 상각후원가 |

⇒ 손상 후 상각후원가: PV(손상 후 CF) by 취득 시 유효 R

| I/S |
|---|

N/I 영향: 이자수익 = 기초 총장부금액 × 유효 R × 보유기간/12

손상차손 = 손상 후 상각후원가 – 손상 전 상각후원가

OCI 변동: 금융자산평가이익 = 기말 B/S상 OCI – 기초 B/S상 OCI

## (4) 신용이 손상된 경우 – 손상차손환입 발생

FVOCI금융자산(채무상품)은 신용이 손상된 이후 회계기간에 기대신용손실이 감소한 경우에는 동 변동액을 금융자산손상차손환입으로 인식하고 당기손익에 반영한다.

---

금융자산의 손상차손환입: (1) – (2)

(1) 환입 후 상각후원가: PV(추정 CF) by 최초 유효 R

(2) 환입 전 상각후원가: 상각후원가(신용손상 시 상각후원가에 최초 유효이자율을 이용한 유효이자율법 적용)

---

### 손상차손환입 시 회계처리

| 차) FVOCI금융자산 | 대차차액 | 대) 손상차손환입 | N/I |
|---|---|---|---|
| | | 금융자산평가이익 | OCI |

## 손상차손환입 시 F/S 분석

| B/S | | 환입 전 |
|---|---|---|
| FVOCI금융자산 | 기말 FV | |
| | 평가손익(FV) | 기말 FV – 환입 전 상각후원가[1] |

[1] 환입 전 상각후원가: 기초 상각후원가 × (1 + 유효 R) – 현금수령액

| B/S | | 환입 후 |
|---|---|---|
| FVOCI금융자산 | 기말 FV | |
| | 평가손익(FV) | 기말 FV – 환입 후 상각후원가[2] |

[2] 환입 후 상각후원가: PV(환입 후 CF) by 취득 시 유효 R

| I/S |
|---|
| N/I 영향: 이자수익 = 기초 상각후원가 × 유효 R × 보유기간/12 |
| 손상차손환입 = 환입 후 상각후원가 – 환입 전 상각후원가 |
| OCI 변동: 금융자산평가이익 = 기말 B/S상 OCI – 기초 B/S상 OCI |

A사는 20×1년 1월 1일 액면금액 ₩100,000의 B사가 발행한 사채를 취득 관련 거래원가 포함하여 ₩92,790에 FVOCI금융자산으로 취득하였다.

(1) B사 사채의 만기일은 20×5년 12월 31일이며, 표시이자율은 10%, 이자지급일은 매년 12월 31일이다.
(2) FVOCI금융자산 취득 시 유효이자율은 12%이며, 현가와 연금현가는 다음과 같다.

| 구분 | 1기간 | | 2기간 | | 3기간 | |
|---|---|---|---|---|---|---|
| | 현가 | 연금현가 | 현가 | 연금현가 | 현가 | 연금현가 |
| 12% | 0.89268 | 0.89286 | 0.79719 | 1.69005 | 0.71178 | 2.40183 |

(3) 20×1년 말에는 금융자산의 신용위험이 유의적으로 증가하여 A사는 전체기간 기대신용손실 ₩2,000을 손실충당금으로 측정하였다. 20×1년 말 공정가치는 ₩90,000이다.

**1** 20×1년 F/S를 그리고, 20×1년 회계처리를 수행하시오.

**2** 20×2년 말 표시이자는 수령하였으나, B사의 유의적인 재무적 어려움으로 인하여 금융자산의 신용이 손상되었다. 추정미래현금흐름이 다음과 같다고 할 때, 20×2년 F/S를 그리고, 20×2년 회계처리를 하시오(단, 20×2년 말 공정가치는 ₩55,000이다).

| 구분 | 20×3년 말 | 20×4년 말 | 20×5년 말 |
|---|---|---|---|
| 액면이자 | 5,000 | 5,000 | 5,000 |
| 액면금액 | | | 70,000 |

**3** **2**에서 손상차손 인식 후, 20×3년 말 이자는 예상대로 ₩5,000을 수령하였다. 20×3년 말에는 금융자산의 신용위험이 개선되어 더는 신용이 손상된 것으로 볼 수 없고, 그 개선이 이후에 발생한 사건과 객관적으로 관련된다. 추정미래현금흐름이 다음과 같다고 할 때, 20×3년의 F/S를 그리고, 20×3년 회계처리를 수행하시오(단, 20×3년 말 공정가치는 ₩86,000이다).

| 구분 | 20×4년 말 | 20×5년 말 |
|---|---|---|
| 액면이자 | 8,000 | 8,000 |
| 액면금액 | | 90,000 |

**1**

B/S

| FVOCI금융자산 | 기말 FV 90,000 | | |
|---|---|---|---|
| | | 평가손익(FV) | 기말 FV − 총장부금액 |
| | | | $90,000 − (92,790 \times 1.12 − 10,000) = (−)3,925$ |
| | | 평가손익 | 기말 기대신용손실 |
| | | (−)손실충당금 | 2,000 |

I/S

N/I 영향: 이자수익 = 기초 총장부금액 × 유효 R × 보유기간/12

$= 92,790 \times 12\% = 11,135$

손상차손 = 기말 기대신용손실 − 기초 기대신용손실

$= (2,000) − 0 = (−)2,000$

OCI 변동: 금융자산평가이익(FV평가) = 기말 B/S상 OCI − 기초 B/S상 OCI

$= (3,925 − 2,000) − 0 = (−)1,925$

[20×1년 초]

| 차) FVOCI금융자산 | 92,790 | 대) 현금 | 92,790 |
|---|---|---|---|

[20×1년 말]

| 차) 현금 | 10,000 | 대) 이자수익 | 11,135 |
|---|---|---|---|
| FVOCI금융자산 | 1,135 | | |
| 차) 손상차손 | 2,000 | 대) FVOCI금융자산 | 3,925 |
| 금융자산평가손실 | 1,925 | | |

**2**

B/S(손상 전)

| FVOCI금융자산 | 기말 FV 55,000 | | |
|---|---|---|---|
| | | 평가손익(FV) | 기말 FV − 총장부금액 |
| | | | $55,000 − (93,925 \times 1.12 − 10,000) = (−)40,196$ |
| | | 평가손익 | 기말 기대신용손실 |
| | | (−)손실충당금 | 2,000 |

⇒ 상각후원가: $55,000 − (40,196) − 2,000 = 93,196$

B/S(손상 후)

| FVOCI금융자산 | 기말 FV 55,000 | | |
|---|---|---|---|
| | | 평가손익(FV) | 기말 FV − 상각후원가[1] |
| | | | $55,000 − 61,834 = (−)6,834$ |

[1] $5,000 \times 2.40183 + 70,000 \times 0.71179 = 61,834$

| | I/S | |
|---|---|---|
| N/I 영향: 이자수익 = 기초 총장부금액 × 유효 R × 보유기간/12 | | |
| = 93,925 × 12% = 11,271 | | |
| 손상차손 = 신용손상 후 상각후원가 - 신용손상 전 상각후원가 | | |
| = 61,834 - 93,196 = (-)31,362 | | |
| OCI 변동: 금융자산평가이익 = 기말 B/S상 OCI - 기초 B/S상 OCI | | |
| = (6,834) - (1,925) = (-)4,909 | | |

**[20×2년 말]**

| 차) 현금 | 10,000 | 대) 이자수익 | 11,271 |
|---|---|---|---|
| FVOCI금융자산 | 1,271 | | |
| 차) 손상차손 | 31,362 | 대) FVOCI금융자산 | 36,271 |
| 금융자산평가손실 | 4,909 | | |

**❸**

| | B/S(환입 전) | | |
|---|---|---|---|
| FVOCI금융자산 | 기말 FV 86,000 | | |
| | | 평가손익(FV) | 기말 FV - 상각후원가[1] |
| | | | 86,000 - 64,254 = 21,746 |

[1] 상각후원가: 61,834 × 1.12 - 5,000 = 64,254

| | B/S(환입 후) | | |
|---|---|---|---|
| FVOCI금융자산 | 기말 FV 86,000 | | |
| | | 평가손익(FV) | 기말 FV - 상각후원가[2] |
| | | | 86,000 - 85,268 = 732 |

[2] 8,000 × 1.69005 + 90,000 × 0.79719 = 85,268

| | I/S | |
|---|---|---|
| N/I 영향: 이자수익 = 기초 상각후원가 × 유효 R × 보유기간/12 | | |
| = 61,834 × 12% = 7,420 | | |
| 손상차손환입 = 환입 후 상각후원가 - 환입 전 상각후원가 | | |
| = 85,268 - 64,254 = 21,014 | | |
| OCI 변동: 금융자산평가이익 = 기말 B/S상 OCI - 기초 B/S상 OCI | | |
| = 732 - (6,834) = 7,566 | | |

**[20×3년 말]**

| 차) 현금 | 5,000 | 대) 이자수익 | 7,420 |
|---|---|---|---|
| FVOCI금융자산 | 2,420 | | |
| 차) FVOCI금융자산 | 28,580 | 대) 손상차손환입 | 21,014 |
| | | 금융자산평가손실 | 6,834 |
| | | 금융자산평가이익 | 732 |

| 구분 | FVOCI금융자산(채무상품) |
|---|---|
| 취득거래원가 | 최초 취득원가에 가산 |
| 기말 평가 | 공정가치 평가 |
| 처분거래원가 | 처분과 직접 관련하여 발생한 거래원가는 처분금액에서 차감 |
| 처분손익 | (처분금액 – 거래원가) – (총장부금액 – 기대손실) |
| 이자수익 | 기초 총장부금액 × 유효 R × 보유기간/12 |
| 손상차손 | 손상 후 상각후원가 – 손상 전 상각후원가 |
| 손상환입 | 환입 후 상각후원가 – 환입 전 상각후원가 |
| 재분류 | 재분류 가능 |

**FVOCI금융자산(채무상품) – F/S 효과 정리**

B/S

| FVOCI금융자산 | 기말 FV | | |
|---|---|---|---|
| | | OCI(FV평가) | FV – 기말 총장부금액 |
| | | OCI(기대신용손실) | 기대신용손실 |

I/S

N/I 영향: 이자수익 = 기초 총장부금액 × 유효 R × 보유기간/12
　　　　손상차손, 손상차손환입
OCI 변동: 기말 B/S상 OCI – 기초 B/S상 OCI

# 4 금융자산의 기타사항

## I 금융자산의 재분류

금융자산은 관리를 위한 사업모형이 변경하는 경우에만 영향받는 모든 금융자산을 재분류한다. 금융자산의 재분류는 사업모형을 변경하는 경우에만 가능하므로 사업모형이 없는 지분상품이나 파생상품은 재분류가 불가능하다.

금융자산을 재분류하는 경우 재분류일은 금융자산의 재분류를 초래하는 사업모형의 변경 후 첫 번째 보고기간의 첫 번째 날을 의미하며, 재분류는 재분류일부터 전진적으로 적용한다.

1. 아래의 경우에는 사업모형의 변경이 아니다.
   ① 특정 금융자산과 관련된 의도의 변경(시장 상황이 유의적으로 변경되는 경우도 포함)
   ② 금융자산에 대한 특정 시장의 일시적 소멸
   ③ 기업 내 서로 다른 사업모형을 갖고 있는 부문 간 금융자산의 이전
2. 재분류 회계의 큰 특징은 첫째로 재분류일이 새로운 범주 자산의 최초 인식일이므로 공정가치로 측정한다는 것과 둘째로 재분류 전에 인식한 손익(손상차손·환입)이나 이자는 다시 작성하지 않는다는 것이다.

**01** **AC금융자산에서 다른 범주로의 재분류**

### (1) AC금융자산에서 FVPL금융자산으로의 변경

금융자산을 AC금융자산에서 FVPL금융자산으로 재분류하는 경우 재분류일의 공정가치로 측정한다. 재분류 전 상각후원가와 공정가치의 차이는 당기손익으로 인식한다.

| B/S(재분류 전) | | |
| --- | --- | --- |
| AC금융자산 | 재분류일 총장부금액 | |
| (−)손실충당금 | (−)재분류일 기대신용손실 | |
| | 상각후원가 | |

| B/S(재분류 후) | | |
| --- | --- | --- |
| FVPL금융자산 | 재분류일 FV | |

[재분류일 회계처리]

| 차) FVPL금융자산 | 재분류일 FV | 대) AC금융자산 | 재분류일 총장부금액 |
| --- | --- | --- | --- |
| 손실충당금 | 재분류일 기대신용손실 | 재분류손익(N/I) | 대차차액 |

### (2) AC금융자산에서 FVOCI금융자산으로의 변경

금융자산을 AC금융자산에서 FVOCI금융자산으로 재분류하는 경우 재분류일의 공정가치로 측정하고 금융자산의 재분류 전 상각후원가와 공정가치의 차이는 기타포괄손익으로 인식한다. 이 경우, 유효이자율이나 기대신용손실 측정치는 조정되지 않는다. 그러나 총장부금액에 대한 조정으로 인식된 손실충당금은 제거하는 대신에 재분류일 기대손실누계액을 기타포괄손익으로 인식한다.

| B/S(재분류 전) | | |
| --- | --- | --- |
| AC금융자산 | 재분류일 총장부금액 | |
| (−)손실충당금 | (−)×× | |
| | 상각후원가 | |

| B/S(재분류 후) | | |
| --- | --- | --- |
| FVOCI금융자산 | 재분류일 FV | |
| | OCI(FV평가) | 재분류일 FV − 총장부금액 |
| | OCI(손상) | 기대신용손실 |

[재분류일 회계처리]

| | | | |
|---|---|---|---|
| 차) FVOCI금융자산 | 재분류일 FV | 대) AC금융자산 | 재분류일 총장부금액 |
| | | 금융자산평가이익 | 재분류일 FV − 총장부금액 |
| 차) 손실충당금 | 재분류일 기대신용손실 | 대) 금융자산평가이익 | ×× |

### 사례연습 14: AC금융자산 → FVPL·FVOCI금융자산

12월 말 결산법인인 ㈜현주는 20×1년 초에 액면금액 ₩100,000의 A사 사채를 ₩84,150에 취득하고 AC금융자산으로 분류하였다. A사 사채의 만기일은 20×4년 말로 취득일의 유효이자율은 10%이고 표시이자율은 5%이다. 이자지급일은 매년 12월 31일이다.

(1) A사 사채의 공정가치는 20×1년 말에 ₩95,000, 20×2년 말에 ₩90,000이다.

(2) 관련 현가계수는 다음과 같다. 4년, 10% 현가계수: 0.68301, 연금현가계수: 3.16987

(3) 20×1년 말 액면이자는 정상적으로 수령하였으며, A사 사채의 신용위험은 유의적으로 증가하지 않았다고 판단하였다. ㈜현주는 12개월 기대신용손실을 ₩200으로 추정하였다.

(4) 20×2년 말 액면이자는 정상적으로 수령하였으나, ㈜현주는 A사의 사채의 신용위험이 유의적으로 증가하였다고 판단하고 전체기간 기대신용손실을 ₩1,200으로 추정하였다.

(5) ㈜현주는 20×2년 중 사업모형이 변경되어 A사의 사채를 FVPL금융자산으로 재분류하기로 하였으며, 재분류일은 20×3년 1월 1일로 A사 사채의 공정가치는 20×2년 말과 동일하다.

(6) 20×3년 말 A사의 사채의 공정가치는 ₩94,000이며, 20×3년 말 액면이자는 정상적으로 수령하였다. 신용위험은 유의적으로 증가하여 전체기간 기대신용손실로 추정한 금액은 ₩2,000이다.

**1** 동 거래와 관련하여 ㈜현주의 20×2년 말과 20×3년 초 재분류 후 재무상태표를 보이고, 재분류일의 회계처리를 보이시오.

**2** 만약, ㈜현주가 20×3년 초에 A사의 사채를 FVOCI금융자산으로 재분류하였다고 가정할 경우, 동 거래와 관련하여 ㈜현주의 20×2년 말과 20×3년 초 재분류 후 재무상태표를 보이고, 재분류일의 회계처리를 보이시오.

**1** 20×2년 말과 20×3년 초(재분류 후) F/S 효과 및 20×3년 초 회계처리(AC금융자산 ⇒ FVPL금융자산)

B/S(재분류 전)

| | |
|---|---|
| AC금융자산 | 재분류일 총장부금액 91,322 |
| (−)손실충당금 | (−)재분류일 기대신용손실 (−)1,200 |
| | 상각후원가 90,122 |

B/S(재분류 후)

| | |
|---|---|
| FVPL금융자산 | 재분류일 FV 90,000 |

[재분류일 회계처리]

| | | | |
|---|---|---|---|
| 차) FVPL금융자산 | 재분류일 FV 90,000 | 대) AC금융자산 | 재분류일 총장부금액 91,322 |
| 손실충당금 | 재분류일 기대신용손실 1,200 | | |
| 재분류손실(N/I) | 대차차액 122 | | |

**2** 20×2년 말과 20×3년 초(재분류 후) F/S 효과 및 20×3년 초 회계처리(AC금융자산 ⇒ FVOCI금융자산)

B/S(재분류 전)

| | |
|---|---|
| AC금융자산 | 재분류일 총장부금액 91,322 |
| (−)손실충낭금 | (−)재분류일 기대신용손실 (−)1,200 |
| | 상각후원가 90,122 |

B/S(재분류 후)

| | | |
|---|---|---|
| FVOCI금융자산 | 재분류일 FV 90,000 | |
| | OCI(FV평가) | 재분류일 FV − 총장부금액<br>90,000 − 91,322 = (−)1,322 |
| | OCI(손상) | 기대신용손실 1,200 |

[재분류일 회계처리]

| | | | |
|---|---|---|---|
| 차) FVOCI금융자산 | 재분류일 FV 90,000 | 대) AC금융자산 | 재분류일 총장부금액 91,322 |
| 금융자산평가손실 | 재분류일 FV − 총장부금액<br>1,322 | | |
| 차) 손실충당금 | 재분류일 기대신용손실 1,200 | 대) 금융자산평가손실 | 1,200 |

## 02 FVOCI금융자산에서 다른 범주로의 재분류

### (1) FVOCI금융자산에서 FVPL금융자산으로의 변경

금융자산을 FVOCI금융자산에서 FVPL금융자산으로 분류하는 경우 계속 공정가치로 측정한다. 그러므로 재분류일의 공정가치와 장부금액의 차이는 없다. 재분류일 현재 FVOCI금융자산의 공정가치 평가로 인한 OCI누계액은 재분류일에 재분류조정으로 당기손익으로 재분류한다.

| B/S(재분류 전) | | | |
|---|---|---|---|
| FVOCI금융자산 | 재분류일 FV | | |
| | | OCI(FV평가) | 재분류일 FV – 총장부금액 |
| | | OCI(손상) | 기대신용손실 |

| B/S(재분류 후) | | | |
|---|---|---|---|
| FVPL금융자산 | 재분류일 FV | | |
| | | | |

[재분류일 회계처리]

| 차) FVPL금융자산 | 재분류일 FV | 대) FVOCI금융자산 | 재분류일 FV |
|---|---|---|---|
| 금융자산평가이익 | 재분류일 B/S상 OCI | 재분류손익(N/I) | 대차차액 |

### (2) FVOCI금융자산에서 AC금융자산으로의 변경

금융자산을 FVOCI금융자산에서 AC금융자산으로 재분류하는 경우 재분류일의 공정가치로 측정한다. 재분류 전에 인식한 OCI누계액은 자본에서 제거하고 재분류일의 금융자산 공정가치에서 조정한다. 한편, 유효이자율이나 기대신용손실 측정치는 조정하지 않는다. 그러나 기타포괄손익으로 조정한 손실충당금은 재분류일부터 금융자산의 총장부금액에 대한 조정으로 인식한다.

| B/S(재분류 전) | | | |
|---|---|---|---|
| FVOCI금융자산 | 재분류일 FV | | |
| | | OCI(FV평가) | 재분류일 FV – 총장부금액 |
| | | OCI(손상) | 기대손실누계액 |

## B/S(재분류 후)

| | |
|---|---|
| AC금융자산 | 재분류일 총장부금액 |
| (-)손실충당금 | (-)기대신용손실 |
| | 상각후원가 |

[재분류일 회계처리]

| 차) AC금융자산 | 재분류일 총장부금액 | 대) FVOCI금융자산 | 재분류일 FV |
|---|---|---|---|
| 금융자산평가이익 | 재분류일 FV − 총장부금액 | | |
| 차) 금융자산평가이익 | 재분류일 기대신용손실 | 대) 손실충당금 | ×× |

---

### 사례연습 15: FVOCI금융자산 → FVPL·AC금융자산

12월 말 결산법인인 ㈜현주는 20×1년 초에 액면금액 ₩100,000의 A사 사채를 ₩84,150에 취득하고 FVOCI금융자산으로 분류하였다. A사 사채의 만기일은 20×4년 말로 취득일의 유효이자율은 10%이고 표시이자율은 5%이다. 이자지급일은 매년 12월 31일이다.

(1) A사 사채의 공정가치는 20×1년 말에 ₩95,000, 20×2년 말에 ₩90,000이다.
(2) 관련 현가계수는 다음과 같다. 4년, 10% 현가계수: 0.68301, 연금현가계수: 3.16987
(3) 20×1년 말 액면이자는 정상적으로 수령하였으며, A사 사채의 신용위험은 유의적으로 증가하지 않았다고 판단하였다. ㈜현주는 12개월 기대신용손실을 ₩200으로 추정하였다.
(4) 20×2년 말 액면이자는 정상적으로 수령하였으나, ㈜현주는 A사 사채의 신용위험이 유의적으로 증가하였다고 판단하고 전체기간 기대신용손실을 ₩1,200으로 추정하였다.
(5) ㈜현주는 20×2년 중 사업모형이 변경되어 A사의 사채를 FVPL금융자산으로 재분류하기로 하였으며, 재분류일은 20×3년 1월 1일로 A사 사채의 공정가치는 20×2년 말과 동일하다.
(6) 20×3년 말 A사 사채의 공정가치는 ₩94,000이며, 20×3년 말 액면이자는 정상적으로 수령하였다. 신용위험은 유의적으로 증가하여 전체기간 기대신용손실로 추정한 금액은 ₩2,000이다.

**1** 동 거래와 관련하여 ㈜현주의 20×2년 말과 20×3년 초 재분류 후 재무상태표를 보이고, 재분류일의 회계처리를 보이시오.

**2** 만약, ㈜현주가 20×3년 초에 A사의 사채를 AC금융자산으로 재분류하였다고 가정할 경우, 동 거래와 관련하여 ㈜현주의 20×2년 말과 20×3년 초 재분류 후 재무상태표를 보이고, 재분류일의 회계처리를 보이시오.

> **풀이**

**❶ 20×2년 말과 20×3년 초(재분류 후) F/S 효과 및 20×3년 초 회계처리(FVOCI금융자산 ⇒ FVPL금융자산)**

B/S(재분류 전)

| | | | |
|---|---|---|---|
| FVOCI금융자산 | 재분류일 FV 90,000 | | |
| | | OCI(FV평가) | 재분류일 FV - 총장부금액 (-)1,322 |
| | | OCI(손상) | 기대신용손실 1,200 |

B/S(재분류 후)

| | | |
|---|---|---|
| FVPL금융자산 | 재분류일 FV 90,000 | |

[재분류일 회계처리]

| 차) FVPL금융자산 | 재분류일 FV 90,000 | 대) FVOCI금융자산 | 재분류일 FV 90,000 |
|---|---|---|---|
| 재분류손실(N/I) | 대차차액 122 | 금융자산평가손실 | 재분류일 B/S상 OCI 122 |

**❷ 20×2년 말과 20×3년 초(재분류 후) F/S 효과 및 20×3년 초 회계처리(FVOCI금융자산 ⇒ AC금융자산)**

B/S(재분류 전)

| | | | |
|---|---|---|---|
| FVOCI금융자산 | 재분류일 FV 90,000 | | |
| | | OCI(FV평가) | 재분류일 FV - 총장부금액 (-)1,322 |
| | | OCI(손상) | 기대신용손실 1,200 |

B/S(재분류 후)

| | | |
|---|---|---|
| AC금융자산 | 재분류일 총장부금액 91,322 | |
| (-)손실충당금 | (-)기대신용손실 (-)1,200 | |
| | 상각후원가 90,122 | |

[재분류일 회계처리]

| 차) AC금융자산 | 재분류일 총장부금액 91,322 | 대) FVOCI금융자산 | 재분류일 FV 90,000 |
|---|---|---|---|
| | | 금융자산평가손실 | 122 |
| | | 금융자산평가이익 | 1,200 |
| 차) 금융자산평가이익 | 재분류일 기대신용손실 1,200 | 대) 손실충당금 | 1,200 |

**03** **FVPL금융자산에서 다른 범주로의 재분류**

**(1) FVPL금융자산에서 AC금융자산으로의 변경**

금융자산을 FVPL금융자산에서 AC금융자산으로 재분류하는 경우 재분류일의 공정가치가 새로운 총 장부금액이 되며, 재분류일을 AC금융자산의 최초 인식일로 본다. 그러므로 유효이자율은 재분류일의 공정가치(= 새로운 총장부금액)와 추정미래현금흐름의 현재가치를 일치시키는 이자율로 재분류일의 현행 시장이자율과 동일하다.

재분류일 현재 재분류 직전 FVPL금융자산은 공정가치로 측정되어 있으므로 재분류금액인 공정가치와 장부금액은 차이가 없다.

| B/S(재분류 전) | | |
|---|---|---|
| FVPL금융자산 | 재분류일 FV | |
| | | |

| B/S(재분류 후) | | |
|---|---|---|
| AC금융자산 | 재분류일 FV = 새로운 총장부금액 | ⟸ PV(추정미래 CF) by 재분류일 시장 R |
| (−)손실충당금 | (−)기대신용손실 | |
| | 상각후원가 | |

[재분류일 회계처리]

| 차) AC금융자산 | 재분류일 FV | 대) FVPL금융자산 | 재분류일 FV |
|---|---|---|---|
| 차) 손상차손 | 재분류일 기대신용손실 | 대) 손실충당금 | ×× |

**(2) FVPL금융자산에서 FVOCI금융자산으로의 변경**

금융자산을 FVPL금융자산에서 FVOCI금융자산으로 재분류하는 경우 계속 공정가치로 측정한다. 이 경우 재분류일의 공정가치가 새로운 총장부금액이 되며, 재분류일을 FVOCI금융자산의 최초 인식일로 본다. 그러므로 유효이자율은 재분류일의 공정가치(= 새로운 총장부금액)와 추정미래현금흐름의 현재가치를 일치시키는 이자율로 재분류일의 현행 시장이자율과 동일하다.

재분류일 현재 재분류 직전 FVPL금융자산은 공정가치로 측정되어 있으므로 재분류금액인 공정가치와 장부금액은 차이가 없다.

| B/S(재분류 전) | | |
|---|---|---|
| FVPL금융자산 | 재분류일 FV | |

| B/S(재분류 후) | | |
|---|---|---|
| FVOCI금융자산　재분류일 FV = 새로운 총장부금액 | ⇐ PV(추정미래 CF) by 재분류일 시장 R | |
| | OCI(FV평가) | |
| | OCI(손상) | 기대신용손실 |

[재분류일 회계처리]

| 차) FVOCI금융자산 | 재분류일 FV | 대) FVPL금융자산 | 재분류일 FV |
|---|---|---|---|
| 차) 손상차손 | 재분류일 기대신용손실 | 대) 금융자산평가이익 | ×× |

---

### 사례연습 16: FVPL금융자산 → FVOCI · AC금융자산

12월 말 결산법인인 ㈜현주는 20×1년 초에 액면금액 ₩100,000의 A사 사채를 ₩84,150에 취득하고 FVPL금융자산으로 분류하였다. A사 사채의 만기일은 20×4년 말로 취득일의 유효이자율은 10%이고 표시이자율은 5%이다. 이자지급일은 매년 12월 31일이다.

(1) A사 사채의 공정가치는 20×1년 말에 ₩95,000, 20×2년 말에 ₩98,167이다.

(2) 관련 현가계수는 다음과 같다. 4년, 10% 현가계수: 0.68301, 연금현가계수: 3.16987

(3) 20×1년 말 액면이자는 정상적으로 수령하였으며, A사 사채의 신용위험은 유의적으로 증가하지 않았다고 판단하였다. ㈜현주는 12개월 기대신용손실을 ₩200으로 추정하였다.

(4) 20×2년 말 액면이자는 정상적으로 수령하였으나, ㈜현주는 A사 사채의 신용위험이 유의적으로 증가하였다고 판단하고 전체기간 기대신용손실을 ₩1,200으로 추정하였다.

(5) ㈜현주는 20×2년 중 사업모형이 변경되어 A사 사채를 AC금융자산으로 재분류하기로 하였으며, 재분류일은 20×3년 1월 1일로 A사 사채의 공정가치는 20×2년 말과 동일하다. 20×2년 말 현행 시장이자율은 6%이다(2년, 6% 현가계수: 0.89000, 2년, 6% 연금현가계수: 1.83339).

(6) 20×3년 말 A사 사채의 공정가치는 ₩94,000이며, 20×3년 말 액면이자는 정상적으로 수령하였다. 신용위험은 유의적으로 증가하여 전체기간 기대신용손실로 추정한 금액은 ₩2,000이다.

❶ 동 거래와 관련하여 ㈜현주의 20×2년 말과 20×3년 초 재분류 후 재무상태표를 보이고, 재분류일의 회계처리를 보이시오.

❷ 만약, ㈜현주가 20×3년 초에 A사의 사채를 FVOCI금융자산으로 재분류하였다고 가정할 경우, 동 거래와 관련하여 ㈜현주의 20×2년 말과 20×3년 초 재분류 후 재무상태표를 보이고, 재분류일의 회계처리를 보이시오.

**풀이**

❶ 20×2년 말과 20×3년 초(재분류 후) F/S 효과 및 20×3년 초 회계처리(FVPL금융자산 ⇒ AC금융자산)

B/S(재분류 전)

| | | |
|---|---|---|
| FVPL금융자산 | 재분류일 FV 98,167 | |

B/S(재분류 후)

| | | |
|---|---|---|
| AC금융자산 | 재분류일 FV = 새로운 총장부금액 98,167 | ⇐ PV(추정미래 CF) by 재분류일 시장 R |
| (−)손실충당금 | (−)기대신용손실 (−)1,200 | |
| | 상각후원가 96,967 | |

[재분류일 회계처리]

| 차) AC금융자산 | 재분류일 FV 98,167 | 대) FVPL금융자산 | 재분류일 FV 98,167 |
|---|---|---|---|
| 차) 손상차손 | 재분류일 기대신용손실 1,200 | 대) 손실충당금 | 1,200 |

❷ 20×2년 말과 20×3년 초(재분류 후) F/S 효과 및 20×3년 초 회계처리(FVPL금융자산 ⇒ FVOCI금융자산)

B/S(재분류 전)

| | | |
|---|---|---|
| FVPL금융자산 | 재분류일 FV 98,167 | |

B/S(재분류 후)

| | | |
|---|---|---|
| FVOCI금융자산 | 재분류일 FV = 새로운 총장부금액 98,167 | ⇐ PV(추정미래 CF) by 재분류일 시장 R |
| | | OCI(FV평가)     − |
| | | OCI(손상)    기대신용손실 1,200 |

[재분류일 회계처리]

| 차) FVOCI금융자산 | 재분류일 FV 98,167 | 대) FVPL금융자산 | 재분류일 FV 98,167 |
|---|---|---|---|
| 차) 손상차손 | 재분류일 기대신용손실 1,200 | 대) 금융자산평가이익 | 1,200 |

**기출 Check 5**

### 금융자산의 재분류 시 회계처리에 관한 설명으로 옳지 않은 것은? [세무사 2018년]

① 상각후원가측정금융자산을 당기손익 – 공정가치측정금융자산으로 재분류할 경우 재분류일의 공정가치로 측정하고, 재분류 전 상각후원가와 공정가치의 차이를 당기손익으로 인식한다.

② 상각후원가측정금융자산을 기타포괄손익 – 공정가치측정금융자산으로 재분류할 경우 재분류일의 공정가치로 측정하고, 재분류 전 상각후원가와 공정가치의 차이를 기타포괄손익으로 인식하며, 재분류에 따라 유효이자율과 기대신용손실 측정치는 조정하지 않는다.

③ 기타포괄손익 – 공정가치측정금융자산을 당기손익 – 공정가치측정금융자산으로 재분류할 경우 계속 공정가치로 측정하고, 재분류 전에 인식한 기타포괄손익누계액은 재분류일에 이익잉여금으로 대체한다.

④ 기타포괄손익 – 공정가치측정금융자산을 상각후원가측정금융자산으로 재분류할 경우 재분류일의 공정가치로 측정하고, 재분류 전에 인식한 기타포괄손익누계액은 자본에서 제거하고 재분류일의 금융자산의 공정가치에서 조정하며, 재분류에 따라 유효이자율과 기대신용손실 측정치는 조정하지 않는다.

⑤ 당기손익 – 공정가치측정금융자산을 기타포괄손익 – 공정가치측정금융자산으로 재분류할 경우 계속 공정가치로 측정하고, 재분류일의 공정가치에 기초하여 유효이자율로 다시 계산한다.

**풀이**

기타포괄손익 – 공정가치측정금융자산을 당기손익 – 공정가치측정금융자산으로 재분류할 경우 계속 공정가치로 측정하고, 재분류 전에 인식한 기타포괄손익누계액은 재분류일에 재분류조정으로 당기손익으로 재분류한다.

정답: ③

㈜대한은 ㈜민국이 20×1년 1월 1일에 발행한 액면금액 ₩50,000(만기 5년(일시상환), 표시이자율 연 10%, 매년 말 이자지급)인 사채를 동 일자에 액면금액으로 취득하고, 상각후원가로 측정하는 금융자산(AC 금융자산)으로 분류하여 회계처리하였다. 그러나 ㈜대한은 20×2년 중 사업모형의 변경으로 동 사채를 당기손익−공정가치로 측정하는 금융자산(FVPL 금융자산)으로 재분류하였다. 20×2년 말 현재 동 사채와 관련하여 인식한 손실충당금은 ₩3,000이다. 동 사채의 20×3년 초와 20×3년 말의 공정가치는 각각 ₩45,000과 ₩46,000이다. 동 사채가 ㈜대한의 20×3년 포괄손익계산서상 당기순이익에 미치는 영향은 얼마인가? (단, 동 사채의 20×3년 말 공정가치는 이자수령 후 금액이다)

[공인회계사 2021년]

① ₩2,000 감소      ② ₩1,000 감소      ③ ₩4,000 증가
④ ₩5,000 증가      ⑤ ₩6,000 증가

**풀이**

1) 재분류시점 회계처리(20×3년 초)

| 차) FVPL금융자산 | 45,000 | 대) AC금융자산 | 50,000 |
|---|---|---|---|
| 손실충당금 | 3,000 | | |
| 재분류손실(N/I) | 2,000 | | |

2) 20×3년 당기순이익에 미치는 영향: (−)2,000 + 5,000 + 1,000 = 4,000 증가
   (1) 재분류손실: (−)2,000
   (2) 이자수익(액면이자): 50,000 × 10% = 5,000
   (3) 평가이익: 46,000 − 45,000 = 1,000

정답: ③

## Ⅱ     계약상 현금흐름의 변경

금융자산의 계약상 현금흐름이 재협상되거나 변경되는 경우가 발생할 수 있다. 예를 들어 채무자의 재무적 곤경으로 인하여 채권자가 보유하는 금융자산의 이자나 원금을 제대로 회수하기 어렵다고 판단되는 경우 채권자와 채무자가 당해 금융자산의 만기 연장, 원금 감면, 이자율 하향 조정 등을 통하여 금융자산의 계약상 현금흐름을 재협상하기도 한다. 이러한 금융자산의 계약상 현금흐름의 변경은 금융자산 제거조건의 충족 여부(Chapter 12)에 따라 다르게 회계처리한다.

### 01   계약상 현금흐름이 변경되더라도 금융자산이 제거되지 않는 경우

금융자산의 계약상 현금흐름이 변경되더라도 금융자산이 제거되지 않는 경우에는 변경된 금융자산을 기존 금융자산의 연속으로 본다. 따라서 변경일에 금융자산의 총장부금액을 재계산하고, 총장부금액의 변동액을 변경손익으로 하여 당기순이익에 반영한다.

금융자산의 계약상 현금흐름이 재협상되거나 변경되었으나 그 금융자산이 제거되지 아니하는 경우에는 해당 금융자산의 총장부금액을 재계산하고 변경손익을 당기손익으로 인식한다. 해당 금융자산의 총장부금액은 재협상되거나 변경된 계약상 현금흐름을 해당 금융자산의 최초 유효이자율로 할인한 현재가치로 재계산한다. 발생한 거래원가는 금융자산의 장부금액에 반영하여 해당 금융자산의 남은 존속기간 동안 상각한다.

### 02   계약상 현금흐름이 변경되어 금융자산이 제거되는 경우

일부 상황에서 금융자산의 계약상 현금흐름이 재협상되거나 변경되어 당해 금융자산이 제거조건을 충족할 수 있다. 이러한 경우에는 기존의 금융자산을 제거하고, 후속적으로 변경된 금융자산을 새로운 금융자산으로 인식한다.

새로운 금융자산은 새로운 조건에 따라 변경된 현금흐름을 변경일의 현행이자율로 할인한 공정가치로 최초 측정한다. 다만, 기준서에 해당 경우에 대한 명시적 언급이 없어 제거되는 기존의 금융자산과 조건변경에 따라 새로 인식하는 금융자산의 차이는 당기손익으로 인식하는 것으로 할 것이다.

12월 말 결산법인인 ㈜현주는 20×1년 초에 B사에게 현금 ₩100,000을 1년간 대여하고 AC금융자산으로 분류하였다. AC금융자산의 이자율은 연 5%이며, 20×1년 초 현재 유효이자율은 연 5%이다. AC금융자산의 만기일인 20×1년 12월 31일에 ㈜현주와 B사는 조건을 재협상하여 만기를 20×4년 12월 31일로 3년 연장하고, 그 기간 동안 이자율은 연 2%로 매년 12월 31일에 지급하는 것으로 변경하였다. 이러한 변경은 금융자산의 제거조건을 충족하지 않는다. 변경된 현금흐름의 현재가치는 다음과 같이 계산한다. 단, 현재가치를 계산할 때 20×1년 12월 31일의 현행이자율에 관계없이 최초 유효이자율인 5%를 이용한다. 20×1년 12월 31일에 ㈜현주가 해야 할 회계처리를 보이시오(단, 3년, 5% 현가계수는 0.86384, 연금현가계수는 2.72325).

**풀이**

| 차) 변경손실 | 8,169 | 대) AC금융자산 | 8,169 |
|---|---|---|---|

(1) 변경된 현금흐름의 현재가치: 2,000 × 2.72325 + 100,000 × 0.86384 = 91,831
(2) 변경손실: 100,000 − 91,831 = 8,169

㈜대한은 ㈜민국이 20×1년 1월 1일 발행한 사채를 발행일에 취득하였으며, 취득 시 상각후원가로 측정하는 금융자산(AC금융자산)으로 분류하였다. ㈜민국의 사채는 다음과 같은 조건으로 발행되었다.

- 액면금액: ₩500,000
- 표시이자율: 연 6%
- 이자지급일: 매년 말
- 유효이자율: 연 8%
- 만기일: 20×3년 12월 31일

20×2년 12월 31일 ㈜대한과 ㈜민국은 다음과 같은 조건으로 재협상하여 계약상 현금흐름을 변경하였다. 변경시점의 현행시장이자율은 연 10%이다.

- 만기일을 20×4년 12월 31일로 연장
- 표시이자율을 연 4%로 인하

위 계약상 현금흐름의 변경이 금융자산의 제거조건을 충족하지 않는 경우 ㈜대한이 인식할 변경손익은 얼마인가? (단, 단수차이로 인해 오차가 있다면 가장 근사치를 선택한다) [공인회계사 2022년]

| 할인율<br>기간 | 단일금액 ₩1의 현재가치 | | | 정상연금 ₩1의 현재가치 | | |
|---|---|---|---|---|---|---|
| | 6% | 8% | 10% | 6% | 8% | 10% |
| 1년 | 0.9434 | 0.9259 | 0.9091 | 0.9434 | 0.9259 | 0.9091 |
| 2년 | 0.8900 | 0.8573 | 0.8264 | 1.8334 | 1.7832 | 1.7355 |
| 3년 | 0.8396 | 0.7938 | 0.7513 | 2.6730 | 2.5770 | 2.4868 |

① 변경이익 ₩42,809  ② 변경이익 ₩26,405  ③ ₩0
④ 변경손실 ₩26,405  ⑤ 변경손실 ₩42,809

---
풀이
---

1) 20×2년 말 AC금융자산의 상각후원가: 500,000 × 0.9259 + 30,000 × 0.9259 = 490,727
2) 20×2년 말 변경된 현금흐름의 현재가치(당초의 유효이자율 사용): 500,000 × 0.8573 + 20,000 × 1.7832 = 464,314
3) 변경손실: 464,314 − 490,727 = (−)26,413(단수차이)

\* 계약상 현금흐름의 변경이 금융자산의 제거조건을 충족하지 않는 경우, 변경된 현금흐름에 당초의 유효이자율을 적용한다.

정답: ④

# Chapter 11 | 핵심 빈출 문장

**01** 원리금 지급만으로 구성되는 계약상 현금흐름은 기본대여계약과 일관된다. 기본대여계약과 관련 없는 계약상 현금흐름의 위험이나 변동성에 노출시키는 계약조건은 원리금 지급만으로 구성되는 계약상 현금흐름이 생기지 않는다.

**02** 사업모형의 목적인 계약상 현금흐름을 수취하기 위해 금융자산을 보유하는 것이더라도 그러한 모든 금융상품을 만기까지 보유할 필요는 없다. 따라서 금융자산의 매도가 일어나거나 미래에 일어날 것으로 예상되는 경우에도 사업모형은 계약상 현금흐름을 수취하기 위해 금융자산을 보유하는 것일 수 있다.

**03** 계약상 현금흐름을 수취하기 위해 금융자산을 보유하는 것이 목적인 사업모형과 비교하여 이러한 사업모형에서는 대체로 더 빈번하게 더 많은 금액을 매도할 것이다. 이러한 사업모형의 목적을 이루기 위해서는 금융자산의 매도가 부수적이 아니라 필수적이기 때문이다.

**04** 사업모형은 특정 사업 목적을 이루기 위해 금융자산의 집합을 함께 관리하는 방식을 반영하는 수준에서 결정한다.

**05** 계약상 현금흐름의 수취와 금융자산의 매도 둘 다를 통해 목적을 이루는 사업모형은 계약상 현금흐름의 수취와 금융자산의 매도 둘 다가 사업모형의 목적을 이루는 데에 필수적이기 때문에 이러한 사업모형에서 일어나야만 하는 매도의 빈도나 금액에 대한 기준은 없다.

**06** 지분상품에 대한 투자로 단기매매항목이 아니고 사업결합에서 취득자가 인식하는 조건부 대가가 아닌 지분상품으로 최초 인식시점에 후속적인 공정가치 변동을 기타포괄손익으로 표시하기로 한 경우 금융자산을 기타포괄손익 – 공정가치 측정 금융자산으로 분류할 수 있다. 이러한 선택은 이후에 취소할 수 없다.

**07** 채무상품 중 서로 다른 기준에 따라 자산이나 부채를 측정하거나 그에 따른 손익을 인식하는 경우에 발생하는 측정이나 인식의 불일치(회계불일치)를 제거하거나 유의적으로 줄이기 위한 경우 금융자산을 당기손익 – 공정가치 측정 금융자산으로 분류할 수 있다. 이러한 선택은 이후에 취소할 수 없다.

**08** 금융자산은 최초 인식시점에 공정가치로 측정한다. 최초 인식시점의 공정가치는 일반적으로 제공한 대가의 공정가치인 거래가격이지만 거래가격과 다르다면 최초 인식시점에 그 차이를 당기손익으로 인식한다.

**09** 신용손실은 계약에 따라 지급받기로 한 모든 계약상 현금흐름과 수취할 것으로 예상하는 모든 계약상 현금흐름의 차이(모든 현금 부족액)를 최초 유효이자율(또는 취득 시 신용이 손상되어 있는 금융자산은 신용조정 유효이자율)로 할인한 금액을 말한다.

**10** 기대신용손실은 개별채무불이행 발생위험으로 가중평균한 신용손실을 말한다.

**11** 기대신용손실은 측정할 때 가능한 시나리오를 모두 고려할 필요는 없다. 그러나 신용손실의 발생 가능성이 매우 낮더라도 신용손실이 발생할 가능성과 발생하지 아니할 가능성을 반영하여 신용손실이 발생할 위험이나 확률을 고려한다. (≠ 발생가능성이 가장 높은 결과 or 단일 최선의 추정치)

**12** 기대신용손실을 측정할 때 고려하는 가장 긴 기간은 신용위험에 노출되는 최장 계약기간(연장옵션 포함)이며, 이보다 더 긴 기간이 사업관행과 일관된다고 하더라도 최장 계약기간을 넘어설 수 없다.

**13** 유효이자율을 계산할 때 해당 금융상품의 모든 계약조건을 고려하여 기대현금흐름을 추정하지만 기대신용손실은 고려하지 아니한다.

**14** 금융자산은 관리를 위한 사업모형을 변경하는 경우에만 영향받는 모든 금융자산을 재분류한다. 금융자산의 재분류는 사업모형을 변경하는 경우에만 가능하므로 사업모형이 없는 지분상품이나 파생상품은 재분류가 불가능하다.

**15** 금융자산을 재분류하는 경우 재분류일은 금융자산의 재분류를 초래하는 사업모형의 변경 후 첫 번째 보고기간의 첫 번째 날을 의미하며, 재분류는 재분류일부터 전진적으로 적용한다.

**16** 금융자산을 AC금융자산에서 FVPL금융자산으로 재분류하는 경우 재분류일의 공정가치로 측정한다. 재분류 전 상각후원가와 공정가치의 차이는 당기손익으로 인식한다.

**17** 금융자산을 AC금융자산에서 FVOCI금융자산으로 재분류하는 경우 재분류일의 공정가치로 측정하고 금융자산의 재분류 전 상각후원가와 공정가치의 차이는 기타포괄손익으로 인식한다. 이 경우, 유효이자율이나 기대신용손실 측정치는 조정되지 않는다.

**18** 금융자산을 FVOCI금융자산에서 FVPL금융자산으로 분류하는 경우 계속 공정가치로 측정한다. 그러므로 재분류일의 공정가치와 장부금액의 차이는 없다. 재분류일 현재 FVOCI금융자산의 공정가치 평가로 인한 OCI누계액은 재분류일에 재분류조정을 통해 당기손익으로 재분류한다.

**19** 금융자산을 FVOCI금융자산에서 AC금융자산으로 재분류하는 경우 재분류일의 공정가치로 측정한다. 재분류 전에 인식한 OCI누계액은 자본에서 제거하고 재분류일의 금융자산 공정가치에서 조정한다. 한편, 유효이자율이나 기대신용손실 측정치는 조정하지 않는다. 그러나 기타포괄손익으로 조정한 손실충당금은 재분류일부터 금융자산의 총장부금액에 대한 조정으로 인식한다.

**20**   금융자산을 FVPL금융자산에서 AC금융자산으로 재분류하는 경우 재분류일의 공정가치가 새로운 총장부금액이 되며, 재분류일을 AC금융자산의 최초 인식일로 본다. 그러므로 유효이자율은 재분류일의 공정가치(= 새로운 총장부금액)와 추정미래현금흐름의 현재가치를 일치시키는 이자율로 재분류일의 현행 시장이자율과 동일하다.

**21**   금융자산을 FVPL금융자산에서 FVOCI금융자산으로 재분류하는 경우 계속 공정가치로 측정한다. 이 경우 재분류일의 공정가치가 새로운 총장부금액이 되며, 재분류일을 FVOCI금융자산의 최초 인식일로 본다. 그러므로 유효이자율은 재분류일의 공정가치(= 새로운 총장부금액)와 추정미래현금흐름의 현재가치를 일치시키는 이자율로 재분류일의 현행 시장이자율과 동일하다.

**22**   금융자산의 계약상 현금흐름이 재협상되거나 변경되었으나 그 금융자산이 제거되지 아니하는 경우에는 해당 금융자산의 총장부금액을 재계산하고 변경손익을 당기손익으로 인식한다. 해당 금융자산의 총장부금액은 재협상되거나 변경된 계약상 현금흐름을 해당 금융자산의 최초 유효이자율로 할인한 현재가치로 재계산한다. 발생한 거래원가는 금융자산의 장부금액에 반영하여 해당 금융자산의 남은 존속기간 동안 상각한다.

# Chapter 11 | 객관식 문제

**01** 현금및현금성자산을 제외한 금융자산은 사업모형과 현금흐름의 특성을 기준으로 당기손익 − 공정가치 측정 금융자산과 기타포괄손익 − 공정가치 측정 금융자산, 상각후원가 측정 금융자산 세 가지로 분류하여 인식과 측정을 한다. 이에 대한 설명으로 기준서 제1109호 '금융상품'에서 규정하고 있는 내용과 다른 것은 무엇인가?

① 금융자산의 계약조건에 따라 특정일에 원리금 지급만으로 구성되어 있는 현금흐름이 발생하며, 계약상 현금흐름의 수취와 금융자산의 매도 둘 다를 통해 목적을 이루는 사업모형하에서 금융자산을 보유하는 경우 이를 기타포괄손익 − 공정가치 측정 금융자산으로 분류한다.

② 금융자산의 계약조건에 따라 특정일에 원리금 지급만으로 구성되어 있는 현금흐름이 발생하며, 계약상 현금흐름을 수취하기 위해 보유하는 것이 목적인 사업모형하에서 금융자산을 보유하는 경우에는 상각후원가 측정 금융자산으로 분류한다.

③ 금융자산은 상각후원가로 측정하거나 기타포괄손익 − 공정가치로 측정하는 경우가 아니라면, 당기손익 − 공정가치로 측정한다.

④ 당기손익 − 공정가치로 측정되는 채무상품에 대한 특정 투자에 대하여는 후속적인 공정가치 변동을 기타포괄손익으로 표시하도록 최초 인식시점에 선택할 수도 있다. 다만 한번 선택하면 이를 취소할 수 없다.

⑤ 서로 다른 기준에 따라 자산이나 부채를 측정하거나 그에 따른 손익을 인식하는 경우에 측정이나 인식의 불일치가 발생할 수 있다. 이 경우 최초 인식시점에 해당 금융자산을 당기손익 − 공정가치 측정 항목으로 지정할 수 있다. 다만 한번 지정하면 이를 취소할 수 없다.

**02** 다음은 금융자산과 금융부채의 최초 측정 및 후속측정과 관련된 내용이다. 기준서 제1109호 '금융상품'에서 규정하고 있는 내용과 다른 것은 무엇인가?

① 일부 매출채권을 제외하고는 최초 인식시점에 금융자산이나 금융부채를 공정가치로 측정하며, 해당 금융자산의 취득이나 해당 금융부채의 발행과 직접 관련되는 거래원 가는 공정가치에 가감한다.

② 최초 인식시점에 금융상품의 공정가치는 일반적으로 거래가격인 제공하거나 수취한 대가의 공정가치이다. 제공하거나 수취한 대가 중 일부가 금융상품이 아닌 다른 것의 대가라면, 금융상품의 공정가치를 측정하고 차이금액은 자산이나 당기손익으로 인식 한다.

③ 최초 인식 후 금융자산은 상각후원가나 기타포괄손익 – 공정가치, 당기손익 – 공정가 치 중 하나로 측정하며, 상각후원가나 기타포괄손익 – 공정가치로 측정하는 채무상 품은 추가로 손상 요구사항을 적용한다.

④ 기타포괄손익 – 공정가치로 측정하는 채무상품투자의 손익은 해당 금융자산을 제거 하거나 재분류할 때까지 기타포괄손익으로 인식하고, 해당 금융자산을 제거할 때에 는 인식한 기타포괄손익누계액을 재분류조정으로 자본에서 당기손익으로 재분류한 다. 단, 손상차손과 외환손익은 당기손익으로 인식한다.

⑤ 기타포괄손익 – 공정가치 측정을 선택한 지분상품의 경우에는 채무상품과는 달리 기 타포괄손익에 표시하는 손익을 후속적으로 당기손익으로 이전하지 않는다. 다만 누 적손익을 자본 내에서는 이전할 수 있다.

**03** 다음은 금융자산의 손상과 관련된 내용이다. 기준서 제1109호 '금융상품'에서 규정하고 있는 내용과 다른 것은 무엇인가?

① 채무상품 중 상각후원가 측정 금융자산과 기타포괄손익 – 공정가치 측정 금융자산에서 기대신용손실이 발생하는 경우 이를 손상차손으로 당기손익에 인식한다. 당기손익 – 공정가치 측정 금융자산과 투자지분상품의 경우에는 손상 회계처리의 대상이 아니다.

② 최초 인식 후에 금융상품의 신용위험이 유의적으로 증가한 경우에는 매 보고기간 말에 12개월 기대신용손실에 해당하는 금액으로 손실충당금을 측정하며, 그렇지 않은 경우에는 전체기간 기대신용손실에 해당하는 금액으로 손실충당금을 측정한다.

③ 기대신용손실은 금융상품의 기대존속기간에 걸친 신용손실인 모든 현금부족액의 현재가치의 확률가중추정치이다. 여기서 현금부족액은 계약상 수취하기로 한 현금흐름과 수취할 것으로 기대하는 현금흐름의 차이다.

④ 보고기간 말에 신용이 손상된 금융자산의 기대신용손실은 해당 자산의 총장부금액과 추정미래현금흐름을 취득시점의 유효이자율로 할인한 현재가치의 차이로 측정한다. 조정금액은 손상차손으로 당기손익에 인식한다.

⑤ 기타포괄손익 – 공정가치 측정 금융자산의 손실충당금을 인식하고 측정하는 데 손상 요구사항을 적용한다. 그러나 해당 손실충당금은 기타포괄손익에서 인식하고 재무상태표에서 금융자산의 장부금액을 줄이지 않는다.

**04** 다음은 기업회계기준서 제1109호 '금융상품'에 규정된 금융자산의 손상과 관련된 내용들이다. 틀린 것은 어느 것인가?

① 금융자산, 리스채권, 계약자산, 대출약정, 금융보증계약의 기대신용손실은 손실충당금으로 인식한다.

② 기타포괄손익 – 공정가치 측정 금융자산의 손실충당금을 인식하고 측정하는 데 손상 요구사항을 적용하며, 해당 손실충당금은 금융자산의 장부금액을 줄인다.

③ 최초 인식 후에 금융상품의 신용위험이 유의적으로 증가한 경우에는 매 보고기간 말에 전체기간 기대신용손실에 해당하는 금액으로 손실충당금을 측정한다.

④ 최초 인식 후에 금융상품의 신용위험이 유의적으로 증가하지 아니한 경우에는 보고기간 말에 12개월 기대신용손실에 해당하는 금액으로 손실충당금을 측정한다.

⑤ 취득 시 신용이 손상되어 있는 금융자산은 보고기간 말에 최초 인식 이후 전체기간 기대신용손실의 누적변동분만을 손실충당금으로 인식한다.

**05** ㈜세무는 ㈜한국이 발행한 다음의 사채를 계약상 현금흐름 수취를 목적으로 20×6년 10월 1일에 취득하였다.

| | |
|---|---|
| • 액면금액: ₩1,000,000 | • 발행일: 20×6년 7월 1일 |
| • 표시이자율: 연 8% | • 만기일: 20×9년 6월 30일 |
| • 발행일 유효이자율: 연 10% | • 이자지급일: 매년 6월 30일 |

사채의 취득금액에는 경과이자가 포함되어 있으며, 사채 취득시점의 유효이자율은 연 8%이다. 동 거래와 관련하여 ㈜세무가 20×6년에 인식할 이자수익금액과 20×6년 말 인식할 금융자산 장부금액의 합계액은? (단, 이자는 월할 계산한다)

[세무사 2016년]

| 기간 | 단일금액 ₩1의 현재가치 | | 정상연금 ₩1의 현재가치 | |
|---|---|---|---|---|
| | 8% | 10% | 8% | 10% |
| 1 | 0.9259 | 0.9091 | 0.9259 | 0.9091 |
| 2 | 0.8573 | 0.8264 | 1.7833 | 1.7355 |
| 3 | 0.7938 | 0.7513 | 2.5771 | 2.4869 |

① ₩981,521  ② ₩977,765  ③ ₩990,765
④ ₩1,020,000  ⑤ ₩1,023,756

**06** ㈜세무는 3년 만기 회사채 A(액면금액 ₩1,000,000, 표시이자율 4% 매년 말 이자지급, 유효이자율 8%)를 20×1년 1월 1일 1매당 공정가치 ₩896,884에 발행하였다. 동 일자에 ㈜세무가 발행한 회사채 A를 공정가치로 1매씩 매입한 회사들의 매입 및 분류현황은 다음과 같다.

| 구분 | 계정분류 | 매입수수료 | 회사채 A 처분일 |
|------|----------|-----------|----------------|
| ㈜대한 | 상각후원가측정금융자산 | ₩1,200 | – |
| ㈜민국 | 기타포괄손익 – 공정가치측정금융자산 | ₩1,200 | 20×3년 9월 17일 |
| ㈜한국 | 당기손익–공정가치측정금융자산 | ₩900 | 20×2년 1월 10일 |

20×1년 12월 31일 회사채 A의 공정가치가 ₩1,000,000일 때, 20×1년도 포괄손익계산서상 총포괄이익이 큰 회사순으로 나열한 것은? (단, 모든 회사는 비금융업을 영위하며, 회사채 A 관련 회계처리가 미치는 재무적 영향을 제외할 때 회사채 A를 매입한 세 회사의 총포괄이익은 같다)

[세무사 2019년]

① ㈜대한 > ㈜민국 > ㈜한국
② ㈜민국 > ㈜대한 > ㈜한국
③ ㈜민국 > ㈜한국 > ㈜대한
④ ㈜한국 > ㈜민국 > ㈜대한
⑤ ㈜민국 = ㈜한국 > ㈜대한

**07** ㈜세무는 ㈜대한이 다음과 같이 발행한 만기 4년인 회사채를 20×1년 1월 1일에 취득하고 상각후원가측정금융자산으로 분류하였다.

- 발행일: 20×1년 1월 1일
- 액면금액: ₩1,000,000
- 이자지급: 액면금액의 4%를 매년 말에 후급
- 만기 및 상환방법: 20×4년 12월 31일에 전액 일시상환
- 사채발행시점의 유효이자율: 8%

㈜세무는 20×1년 말에 상각후원가측정금융자산의 신용위험이 유의하게 증가하였다고 판단하고 전체기간 기대신용손실을 ₩50,000으로 추정하였다. 20×2년 말에 이자는 정상적으로 수취하였으나 상각후원가측정금융자산의 신용이 손상되었다고 판단하였다. 20×2년 말 현재 채무불이행 발생확률을 고려하여 향후 이자는 받을 수 없으며, 만기일에 수취할 원금의 현금흐름을 ₩700,000으로 추정하였다. 상각후원가측정금융자산 관련 회계처리가 ㈜세무의 20×1년도와 20×2년도의 당기순이익에 미치는 영향으로 옳은 것은? (단, 20×1년 말과 20×2년 말의 시장이 자율은 각각 10%와 12%이며, 회사채 취득 시 손상은 없다)  [세무사 2019년]

| 기간 | 단일금액 ₩1의 현재가치 | | | 정상연금 ₩1의 현재가치 | | |
|---|---|---|---|---|---|---|
| | 8% | 10% | 12% | 8% | 10% | 12% |
| 1년 | 0.9259 | 0.9091 | 0.8929 | 0.9259 | 0.9091 | 0.8929 |
| 2년 | 0.8573 | 0.8264 | 0.7972 | 1.7833 | 1.7355 | 1.6901 |
| 3년 | 0.7938 | 0.7513 | 0.7118 | 2.5771 | 2.4869 | 2.4018 |
| 4년 | 0.7350 | 0.6830 | 0.6355 | 3.3121 | 3.1699 | 3.0373 |

| | 20×1년 | 20×2년 |
|---|---|---|
| ① | ₩19,399 증가 | ₩206,773 감소 |
| ② | ₩19,399 증가 | ₩248,843 감소 |
| ③ | ₩31,834 증가 | ₩248,843 감소 |
| ④ | ₩19,399 증가 | ₩216,913 감소 |
| ⑤ | ₩31,834 증가 | ₩206,773 감소 |

**08** 기업회계기준서 제1109호 '금융상품' 중 계약상 현금흐름 특성 조건을 충족하는 금융자산으로서 사업모형을 변경하는 경우의 재분류 및 금융자산의 제거에 대한 다음 설명 중 옳은 것은? [공인회계사 2018년]

① 금융자산을 기타포괄손익 – 공정가치 측정 범주에서 상각후원가 측정 범주로 재분류하는 경우에는 최초 인식시점부터 상각후원가로 측정했었던 것처럼 재분류일에 금융자산을 측정한다.

② 양도자가 발생 가능성이 높은 신용손실의 보상을 양수자에게 보증하면서 단기 수취채권을 매도한 것은 양도자가 소유에 따른 위험과 보상의 대부분을 이전하는 경우의 예이다.

③ 금융자산을 기타포괄손익 – 공정가치 측정 범주에서 당기손익 – 공정가치 측정 범주로 재분류하는 경우에 계속 공정가치로 측정하며, 재분류 전에 인식한 기타포괄손익누계액은 자본에서 당기손익으로 재분류하지 않는다.

④ 양도자가 매도한 금융자산을 재매입시점의 공정가치로 재매입할 수 있는 권리를 보유하고 있는 것은 양도자가 소유에 따른 위험과 보상의 대부분을 보유하는 경우의 예이다.

⑤ 양도자가 매도 후에 미리 정한 가격으로 또는 매도가격에 양도자에게 금전을 대여하였더라면 그 대가로 받았을 이자수익을 더한 금액으로 양도자산을 재매입하는 거래는 양도자가 소유에 따른 위험과 보상의 대부분을 이전하는 경우의 예이다.

**09** ㈜대한은 20×1년 1월 1일에 ㈜민국이 발행한 사채(액면금액 ₩1,000,000, 만기 3년, 표시이자율 연 6%(매년 12월 31일에 이자지급), 만기 일시상환, 사채발행시점의 유효이자율 연 10%)를 ₩900,508에 취득(취득 시 신용이 손상되어 있지 않음)하여 기타포괄손익−공정가치로 측정하는 금융자산(FVOCI 금융자산)으로 분류하였다. 20×1년 말과 20×2년 말 동 금융자산의 공정가치는 각각 ₩912,540과 ₩935,478이며, 손상이 발생하였다는 객관적인 증거는 없다. 한편 ㈜대한은 20×3년 1월 1일에 동 금융자산 전부를 ₩950,000에 처분하였다. ㈜대한의 동 금융자산이 20×2년도 포괄손익계산서의 기타포괄이익과 20×3년도 포괄손익계산서의 당기순이익에 미치는 영향은 각각 얼마인가? (단, 단수차이로 인해 오차가 있다면 가장 근사치를 선택한다)

[공인회계사 2020년]

| | 20×2년도 기타포괄이익에 미치는 영향 | 20×3년도 당기순이익에 미치는 영향 |
|---|---|---|
| ① | ₩10,118 감소 | ₩13,615 감소 |
| ② | ₩10,118 감소 | ₩14,522 증가 |
| ③ | ₩18,019 감소 | ₩13,615 감소 |
| ④ | ₩18,019 감소 | ₩14,522 증가 |
| ⑤ | ₩18,019 감소 | ₩49,492 증가 |

# Chapter 11 | 객관식 문제 정답 및 해설

**01** ④  당기손익 – 공정가치로 측정되는 지분상품에 대한 특정 투자에 대하여는 후속적인 공정가치 변동을 기타포괄손익으로 표시하도록 최초 인식시점에 선택할 수도 있다. 다만 한번 선택하면 이를 취소할 수 없다.

**02** ①  일부 매출채권을 제외하고는 최초 인식시점에 금융자산이나 금융부채를 공정가치로 측정하며, 당기손익 – 공정가치 측정 금융자산 또는 당기손익 – 공정가치 측정 금융부채가 아닌 경우에 해당 금융자산의 취득이나 해당 금융부채의 발행과 직접 관련되는 거래원가는 공정가치에 가감한다.

**03** ②  최초 인식 후에 금융상품의 신용위험이 유의적으로 증가한 경우에는 매 보고기간 말에 전체기간 기대신용손실에 해당하는 금액으로 손실충당금을 측정하며, 그렇지 않은 경우에는 12개월 기대신용손실에 해당하는 금액으로 손실충당금을 측정한다.

**04** ②  기타포괄손익 – 공정가치 측정 금융자산의 손실충당금은 기타포괄손익에서 인식하고 재무상태표에서 금융자산의 장부금액을 줄이지 않는다.

**05** ④  1. CF분석

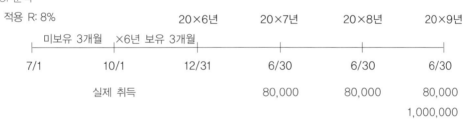

적용 R: 8% | | 20×6년 | 20×7년 | 20×8년 | 20×9년

미보유 3개월 / ×6년 보유 3개월

7/1 | 10/1 | 12/31 | 6/30 | 6/30 | 6/30

실제 취득 | 80,000 | 80,000 | 80,000 / 1,000,000

2. 기중발행 분석
   ① 20×6년 7/1 CF의 PV
   * 취득 시 유효이자율과 액면이자율이 동일하므로 액면발행이다.
   ②, ③ 20×6년 7/1 ~ 10/1까지 이자(유효이자 = 액면이자): 80,000 × 3/12 = 20,000

3. 취득 시 F/S 분석

| 차) AC금융자산 | ① + ② - ③ | 대) 현금 | ① + ② |
|---|---|---|---|
| | 1,000,000 | | 1,020,000 |
| 미수이자 | ③ | | |
| | 20,000 | | |

B/S

| AC금융자산 | ① + ② - ③ | |
|---|---|---|
| | 1,000,000 | |
| 미수이자 | ③ | |
| | 20,000 | |

4. 기말 F/S 분석

| 차) 미수이자 | 액면이자 × 보유기간/12 | 대) 이자수익(N/I) 기초 BV ① × R × 보유기간/12 |
|---|---|---|
| | 20,000 | 1,000,000 × 8% × 3/12 |
| | | = 20,000 |

B/S

| AC금융자산 | ① × (1 + R) − ③ | |
|---|---|---|
| | PV(잔여 CF) by 취득 시 R | |
| | 1,000,000 | |

I/S

N/I 영향: 이자수익 = 기초 BV ① × R × 보유기간/12
= 1,000,000 × 8% × 3/12 = 20,000

OCI 변동: −

**06** ④ (1) AC금융자산과 FVOCI금융자산은 유효이자율법을 적용하므로 당기손익에 미치는 영향은 동일하지만 FVOCI금융자산은 평가이익이 발생하므로 총포괄이익은 FVOCI금융자산이 크다.

(2) FVPL금융자산과 FVOCI금융자산은 공정가치 측정을 원칙으로 하므로 모든 조건이 동일하면 총포괄손익은 동일하다. 그러나 동 문제의 경우 FVPL금융자산의 수수료비용이 더 낮으므로 총포괄이익은 FVPL금융자산이 FVOCI금융자산보다 크다.

⇒ ㈜한국(FVPL금융자산) > ㈜민국(FVOCI금융자산) > ㈜대한(AC금융자산)

**07** ① 1. 20×1년 당기손익에 미친 영향: 69,399 − 50,000 = 19,399

(1) 20×1년 이자수익: (40,000 × 3.3121 + 1,000,000 × 0.7350) × 8% = 69,399

(2) 손상차손: (−)50,000

2. 20×2년 당기손익에 미친 영향: 71,751 − 278,524 = (−)206,773

(1) 20×2년 이자수익: (867,484 × 1.08 − 40,000) × 8% = 71,751

(2) 20×2년 말 손실충당금: 700,000 × 0.8573 − (896,883 × 1.08 − 40,000) = (−)328,524

(3) 20×2년 손상차손: (328,524) − (50,000) = (−)278,524

**08** ① ② 양도자가 발생 가능성이 높은 신용손실의 보상을 양수자에게 보증하면서 단기 수취채권을 매도한 것은 양도자가 소유에 따른 위험과 보상의 대부분을 이전하지 않는 경우의 예이다.

③ 금융자산을 기타포괄손익 − 공정가치 측정 범주에서 당기손익 − 공정가치 측정 범주로 재분류하는 경우에 계속 공정가치로 측정하며, 재분류 전에 인식한 기타포괄손익누계액은 자본에서 당기손익으로 재분류한다.

④ 양도자가 매도한 금융자산을 재매입시점의 공정가치로 재매입할 수 있는 권리를 보유하고 있는 것은 양수자가 소유에 따른 위험과 보상의 대부분을 보유하는 경우의 예이다.

⑤ 양도자가 매도 후에 미리 정한 가격으로 또는 매도가격에 양도자에게 금전을 대여하였더라면 그 대가로 받았을 이자수익을 더한 금액으로 양도자산을 재매입하는 거래는 양도자가 소유에 따른 위험과 보상의 대부분을 이전하지 않는 경우의 예이다.

**09** ① 1) ×1년 총장부금액: 900,508 × 1.1 − 60,000 = 930,559

2) ×2년 총장부금액: 930,559 × 1.1 − 60,000 = 963,615

3) ×1년 말 재무상태표상 기타포괄손실: 912,540 − 930,559 = (−)18,019

4) ×2년 말 재무상태표상 기타포괄손실: 935,478 − 963,615 = (−)28,137

5) ×2년 기타포괄이익에 미치는 영향: (−)28,137 − (18,019) = (−)10,118

6) ×3년 당기순이익에 미치는 영향(처분이익): 950,000 − 963,615 = (−)13,615

# Chapter 11 | 주관식 문제

문제 01 지분상품의 후속측정

각 물음은 서로 독립적이다.

12월 말 결산법인인 A사는 20×1년 초에 설립되었고, 20×1년에 B사 주식을 주당 ₩12,000에 10주 취득하였다. B사의 주식은 A사가 취득한 시점에 공정가치가 주당 ₩10,000이었으며, A사는 동 주식을 취득하는 시점에 거래수수료 ₩5,000을 지출하였다. B사 주식의 공정가치는 20×1년 말과 20×2년 말에 각각 주당 ₩13,000, ₩11,000이며 처분하는 경우 발생할 수 있는 거래원가는 20×1년과 20×2년 모두 주당 ₩1,000이다.

**물음 1)** A사가 동 금융자산을 FVPL금융자산으로 분류할 경우와 FVOCI금융자산으로 분류할 경우로 나누어 아래의 표를 완성하시오.

| FVPL 금융자산 | 20×1년 | | | 20×2년 | | |
|---|---|---|---|---|---|---|
| | N/I 영향 | | | N/I 영향 | | |
| | | | | | | |
| FVOCI 금융자산 | 20×1년 | | | 20×2년 | | |
| | N/I 영향 | OCI 변동액 | OCI 잔액 | N/I 영향 | OCI 변동액 | OCI 잔액 |
| | | | | | | |

**물음 2)** A사가 동 금융자산을 FVPL금융자산으로 분류하였고 20×3년 중에 B사는 20%의 주식배당을 실행하였다. 이에 따른 주식 수령일에 주식의 공정가치는 주당 ₩14,000이다. A사는 주식배당 이후에 동 주식 중 6주를 주당 ₩15,000에 처분하였으며 처분시점에 주당 ₩1,000의 거래원가가 발생하였다. 처분손익은 얼마인가?

**물음 3)** A사가 동 금융자산을 FVOCI금융자산으로 분류하였고 20×2년 말에 B사는 유의적인 재무적 어려움으로 인하여 신용이 손상되었다. 이로 인하여 B사 주식의 20×2년 말 회수가능액은 주당 ₩2,000으로 하락하였다. 이 경우 20×2년 말에 A사의 당기손익에 미친 영향은 얼마인가?

**물음 4)** A사가 동 금융자산을 FVOCI금융자산으로 분류하였고 20×3년 초에 동 주식 전부를 주당 ₩12,000에 처분하였고 거래원가로 ₩5,000이 발생하였다. 동 거래로 A사의 당기손익에 미친 영향과 포괄손익계산서상 기타포괄손익에 미친 영향을 구하시오(단, A사는 금융자산의 평가에 따른 미실현손익을 처분시점에 이익잉여금으로 대체하는 회계처리 정책을 고수하고 있다).

**풀이**

**물음 1)**

| FVPL 금융자산 | 20×1년 | | 20×2년 | | |
|---|---|---|---|---|---|
| | N/I 영향 | | N/I 영향 | | |
| | 5,000 | | (−)20,000 | | |

| FVOCI 금융자산 | 20×1년 | | | 20×2년 | | |
|---|---|---|---|---|---|---|
| | N/I 영향 | OCI 변동액 | OCI 잔액 | N/I 영향 | OCI 변동액 | OCI 잔액 |
| | (−)20,000 | 25,000 | 25,000 | 없음 | (−)20,000 | 5,000 |

1. **FVPL금융자산**
   (1) 20×1년 N/I 영향: (20,000) + (5,000) + 30,000 = 5,000
       1) 취득손실: (10,000 − 12,000) × 10주 = (−)20,000
       2) 취득 시 수수료: (−)5,000
       3) 평가이익: (13,000 − 10,000) × 10주 = 30,000
   (2) 20×2년 N/I 영향: (−)20,000
       • 평가손실: (11,000 − 13,000) × 10주 = (−)20,000

2. **FVOCI금융자산**
   (1) 20×1년 N/I 영향: (−)20,000
       • 취득손실: (10,000 − 12,000) × 10주 = (−)20,000
   (2) 20×1년 OCI 변동액, OCI 잔액: 13,000 × 10주 − (10,000 × 10주 + 5,000) = 25,000
   (3) 20×2년 N/I 영향: 없음
   (4) 20×2년 OCI 잔액: 11,000 × 10주 − 105,000 = 5,000
   (5) 20×2년 OCI 변동액: 5,000 − 25,000 = (−)20,000

**물음 2)** 처분손익: 29,000
   (1) 처분가액: (15,000 − 1,000) × 6주 = 84,000
   (2) 처분 시 장부금액: (11,000 × 10주) × 6주/(10 × 1.2)주 = 55,000
   (3) 처분손익: 84,000 − 55,000 = 29,000
   * 지분상품의 무상증자나 주식배당은 투자자가 주식을 추가로 취득한 부분에 대하여 수익을 인식하지 않고 주식수만 증가하여
     1주당 장부금액이 낮아진다. 그러므로 주식배당일에 공정가치가 제시되어도 평가하지 않는다.

**물음 3)** 지분상품은 계약상 현금흐름이 존재하지 않아 손상차손을 인식하지 않는다. 그러므로 A사는 동 지분상품의 동
거래에 대하여 공정가치 평가손익을 기타포괄손익으로 인식하므로 당기손익에 미친 영향은 없다.

**물음 4)** 당기손익에 미친 영향: (−)5,000
기타포괄손익에 미친 영향: 10,000

| 차) FVOCI금융자산 | 10,000 | 대) 금융자산평가이익 | 10,000 |
|---|---|---|---|
| 차) 현금 | 115,000 | 대) FVOCI금융자산 | 120,000 |
| 금융자산처분손실 | 5,000 | | |
| 차) 금융자산평가이익 | 15,000 | 대) 이익잉여금 | 15,000 |

12월 말 결산법인인 A사는 20×1년 초에 B사의 3년 만기 회사채(표시이자율 6%, 매년 말 이자지급, 유효이자율 8%, 액면금액 ₩100,000)를 ₩94,846에 취득하였다. A사의 회계담당자는 동 회사채를 당기손익 – 공정가치 측정 범주, 기타포괄손익 – 공정가치 측정 범주, 상각후원가 측정 범주 중 어느 것으로 분류해야 할지에 대해 고민하고 있다. 자금담당임원의 예측에 따르면 20×1년 말 이자율이 전반적으로 하락하여 B사 회사채의 시장이자율이 6%로 낮아질 것으로 예상된다. 더하여 20×1년 말에 신용위험으로 인한 기대신용손실은 ₩4,000으로 예상된다. 관련 현가계수는 다음과 같다.

| 구분 | 6% | | 8% | |
|---|---|---|---|---|
| | 현가 | 연금현가 | 현가 | 연금현가 |
| 1기간 | 0.94340 | 0.94340 | 0.92593 | 0.92593 |
| 2기간 | 0.89000 | 1.83339 | 0.85734 | 1.78326 |
| 3기간 | 0.83962 | 2.67301 | 0.79383 | 2.57710 |

**물음 1)** B사 사채의 분류에 따라 A사의 20×1년 당기손익에 미치는 영향의 크기를 보이시오.
(예 FVPL금융자산 = FVOCI금융자산 = AC금융자산)

**물음 2)** B사 사채의 분류에 따라 A사의 20×1년 총포괄손익에 미치는 영향의 크기를 보이시오. (예 FVPL금융자산 = FVOCI금융자산 = AC금융자산)

**물음 1)** ⇒ FVPL금융자산 > FVOCI금융자산 = AC금융자산

    (1) 당기손익에 미친 영향: FVOCI금융자산 = AC금융자산

        * FVOCI금융자산과 AC금융자산은 유효이자율법과 기대신용손실모형을 적용하므로 당기손익에 미치는 영향이 같다.

    (2) AC금융자산 분류 시 당기손익에 미치는 영향: 3,588

        1) 이자수익: $94,846 \times 8\% = 7,588$

        2) 손상차손: $(-)4,000$

    (3) FVPL금융자산 분류 시 당기손익에 미치는 영향: 11,154

        1) 이자수익: $100,000 \times 6\% = 6,000$

        2) 평가이익: $100,000 - 94,846 = 5,154$

        * 기말시점 시장이자율이 표시이자율과 같은 6%이므로 기말 공정가치는 액면금액과 동일하다.

        * FVPL금융자산의 손상을 인식하지 않는다.

**물음 2)** ⇒ FVPL금융자산 = FVOCI금융자산 > AC금융자산

    총포괄손익에 미친 영향: FVPL금융자산 = FVOCI금융자산

    (1) FVPL금융자산과 FVOCI금융자산은 기말시점에 자산을 FV평가하므로 자산의 변동액이 동일하다. 자산의 변동은 총포괄손익에 미치는 영향과 동일하므로 총포괄손익에 미치는 영향도 두 자산은 동일하다.

    (2) FVPL금융자산의 총포괄손익: $11,154 + 0 = 11,154$

    (3) FVOCI금융자산의 총포괄손익: $3,588 + 7,566 = 11,154$

        * 기타포괄손익: 공정가치 변동분 $100,000 - (94,846 \times 1.08 - 6,000) + $ 손실충당금 $4,000 = 7,566$

    (4) AC금융자산의 총포괄손익: $3,588 + 0 = 3,588$

12월 말 결산법인인 A사는 20×1년 1월 1일 액면금액 ₩100,000의 B사 사채를 ₩93,660에 취득하였다. A사 사채의 표시이자율은 8%로 이자지급일은 매년 말이며, 취득 시의 유효이자율은 10%이다. A사의 사채 만기일은 20×4년 12월 31일이다.

---

(1) 20×1년 12월 31일, B사 사채의 공정가치는 ₩92,000이며, 신용위험은 유의적으로 증가하지 않았다. B사 사채의 12개월 기대신용손실과 전체기간 기대신용손실은 각각 ₩2,000과 ₩3,000 이다.

(2) 20×2년 중 B사 사채는 신용손실이 발생하였으며 20×2년 12월 31일 현재 추정미래현금흐름은 다음과 같다. 20×2년 말 현재 유사한 금융자산의 현행 시장이자율은 14%이며, 20×2년 말에 수령할 표시이자는 정상적으로 회수하였다.

| 구분 | 20×3년 말 | 20×4년 말 |
|---|---|---|
| 액면금액 | – | ₩60,000 |
| 표시이자 | ₩4,000 | ₩4,000 |

(3) 20×3년 12월 31일, B사 사채의 추정미래현금흐름은 다음과 같으며, 이들 현금흐름의 회복은 신용손실이 회복된 사건과 관련되어 있다. 20×3년 말 현재 유사한 금융자산의 현행 시장이자율은 12%이며, 20×3년 말에 수령할 것으로 추정된 표시이자 ₩4,000은 정상적으로 회수하였다.

| 구분 | 20×4년 말 |
|---|---|
| 액면이자 | ₩80,000 |
| 표시금액 | ₩7,000 |

---

**물음 1)** A사가 동 사채를 AC금융자산으로 분류하는 경우

    (1) 동 사채와 관련하여 20×1년 말 부분재무상태표와 20×1년 부분포괄손익계산서를 보이시오.

    (2) 동 사채와 관련하여 20×2년 말 부분재무상태표와 20×2년 부분포괄손익계산서를 보이시오.

    (3) 동 사채와 관련하여 20×3년 말 부분재무상태표와 20×3년 부분포괄손익계산서를 보이시오.

    (4) 20×3년 말 A사가 동 사채와 관련하여 수행할 회계처리를 보이시오.

**물음 2)** A사가 동 사채를 FVOCI금융자산으로 분류하는 경우

   (1) 동 사채와 관련하여 20×1년 말 부분재무상태표와 20×1년 부분포괄손익계산서를 보이시오.

   (2) 동 사채와 관련하여 20×2년 말 부분재무상태표와 20×2년 부분포괄손익계산서를 보이시오.

   (3) 동 사채와 관련하여 20×3년 말 부분재무상태표와 20×3년 부분포괄손익계산서를 보이시오.

   (4) 20×3년 말 A사가 동 사채와 관련하여 수행할 회계처리를 보이시오.

---

**풀이**

물음 1) (1) 20×1년

| B/S | 20×1년 말 |
|---|---|
| AC금융자산 총장부금액 ① × (1 + R) − 액면이자 | |
| 93,660 × 1.1 − 8,000 = 95,026 | |
| (−)손실충당금 (−)2,000 | |
| 상각후원가 93,026 | |

| I/S |
|---|
| N/I 영향: 이자수익 = 기초 총장부금액 × 유효 R × 보유기간/12 |
| = 93,660 × 10% = 9,366 |
| 손상차손 = 기말 B/S상 손실충당금 − 기초 B/S상 손실충당금 |
| = (2,000) − 0 = (−)2,000 |
| OCI 변동: − |

(2) 20×2년

| | B/S | | | 신용손상 전 |
|---|---|---|---|---|
| AC금융자산 | 총장부금액 ① × (1 + R) − 액면이자 | | | |
| | $95,026 \times 1.1 - 8,000 = 96,529$ | | | |
| (−)손실충당금 | (−)2,000 | | | |
| | 상각후원가 94,529 | | | |

| | B/S | | | 신용손상 후 |
|---|---|---|---|---|
| AC금융자산 | 총장부금액 ① × (1 + R) − 액면이자 | | | |
| | $95,026 \times 1.1 - 8,000 = 96,529$ | | | |
| (−)손실충당금 | 역산 (−)40,000 | | | |
| | 상각후원가 56,529[1] | | | |

[1] $4,000/1.1 + 64,000/1.1^2 = 56,529$

**I/S**

N/I 영향: 이자수익 = 기초 총장부금액 × 유효 R × 보유기간/12
= $95,026 \times 10\% = 9,503$

손상차손 = 신용손상 후 상각후원가 − 신용손상 전 상각후원가
= $56,529 - 94,529 = (-)38,000$

OCI 변동: −

(3) 20×3년

| | B/S | | | 환입 전 |
|---|---|---|---|---|
| AC금융자산 | 역산 | | | |
| | 98,182 | | | |
| (−)손실충당금 | (−)40,000 | | | |
| | 상각후원가 58,182[1] | | | |

[1] $56,529 \times 1.1 - 4,000 = 58,182$

| | B/S | | | 환입 후 |
|---|---|---|---|---|
| AC금융자산 | 98,182 | | | |
| (−)손실충당금 | (−)19,091 | | | |
| | 상각후원가 79,091[2] | | | |

[2] $87,000/1.1 = 79,091$

**I/S**

N/I 영향: 이자수익 = 기초 상각후원가 × 유효 R × 보유기간/12
= $56,529 \times 10\% = 5,653$

손상차손환입 = 환입 후 상각후원가 − 환입 전 상각후원가
= $79,091 - 58,182 = 20,909$

OCI 변동: −

(4) 20×3년 말 회계처리

| 차) 현금 | 4,000 | 대) 이자수익 | 5,653 |
|---|---|---|---|
| FVOCI금융자산 | 1,653 | | |
| 차) 손실충당금 | 20,909 | 대) 손상차손환입 | 20,909 |

물음 2) (1) 20×1년

<table>
<tr><td colspan="2" align="center">B/S</td><td align="right">20×1년 말</td></tr>
<tr><td>FVOCI금융자산</td><td>기말 FV<br>92,000</td><td></td></tr>
<tr><td></td><td>평가손익(FV) ①</td><td>기말 FV − 총장부금액<br>92,000 − 95,026 = (−)3,026</td></tr>
<tr><td></td><td>평가손익<br>(손실충당금) ②</td><td>기말 기대신용손실 누계액<br>2,000<br>① + ② = (−)1,026</td></tr>
<tr><td colspan="3" align="center">I/S</td></tr>
</table>

N/I 영향: 이자수익 = 기초 총장부금액 × 유효 R × 보유기간/12

$$= 93,660 \times 10\% = 9,366$$

손상차손 = 기말 기대손실누계액 − 기초 기대손실누계액

$$= (2,000) - 0 = (-)2,000$$

OCI 변동: 금융자산평가이익 = 기말 B/S상 OCI − 기초 B/S상 OCI

$$= (1,026) - 0 = (-)1,026$$

(2) 20×2년

<table>
<tr><td colspan="2" align="center">B/S</td><td align="right">손상 전</td></tr>
<tr><td>FVOCI금융자산</td><td>기말 FV<br>52,755[1]</td><td></td></tr>
<tr><td></td><td>평가손익</td><td>기말 FV − 상각후원가</td></tr>
</table>

[1] $4,000/1.14 + 64,000/1.14^2 = 52,755$

<table>
<tr><td colspan="2" align="center">B/S</td><td align="right">손상 후</td></tr>
<tr><td>FVOCI금융자산</td><td>기말 FV<br>52,755</td><td></td></tr>
<tr><td></td><td>평가손익</td><td>기말 FV − 상각후원가<br>52,755 − 56,529[2] = (−)3,774</td></tr>
</table>

[2] 손상 후 상각후원가: $4,000/1.1 + 64,000/1.1^2 = 56,529$

|  | I/S |  |
|---|---|---|
| N/I 영향: 이자수익 = 기초 총장부금액 × 유효 R × 보유기간/12 | | |
| = 95,026 × 10% = 9,503 | | |
| 손상차손 = 신용손상 후 상각후원가 − 신용손상 전 상각후원가 | | |
| = 56,529 − 94,529 = (−)38,000 | | |
| OCI 변동: 금융자산평가이익 = 기말 B/S상 OCI − 기초 B/S상 OCI | | |
| = (3,774) − (1,026) = (−)2,748 | | |

### (3) 20×3년

| B/S | | 환입 전 |
|---|---|---|
| FVOCI금융자산 | 기말 FV | |
| | 평가손익 | 기말 FV − 상각후원가[1] |

[1] 56,529 × 1.1 − 4,000 = 58,182

| B/S | | 환입 후 |
|---|---|---|
| FVOCI금융자산 | 기말 FV | |
| | 77,679 | |
| | 평가손익(FV) | 기말 FV − 상각후원가 |
| | 77,679[2] − 79,091 = (−)1,412 | |

[2] 87,000/1.12 = 77,679

|  | I/S |  |
|---|---|---|
| N/I 영향: 이자수익 = 기초 상각후원가 × 유효 R × 보유기간/12 | | |
| = 56,529 × 10% = 5,653 | | |
| 손상차손환입 = 환입 후 상각후원가 − 환입 전 상각후원가 | | |
| = 79,091 − 58,182 = 20,909 | | |
| OCI 변동: 금융자산평가이익 = 기말 B/S상 OCI − 기초 B/S상 OCI | | |
| = (1,412) − (3,774) = 2,362 | | |

### (4) 20×3년 말 회계처리

| 차) 현금 | 4,000 | 대) 이자수익 | 5,653 |
|---|---|---|---|
| FVOCI금융자산 | 1,653 | | |
| 차) FVOCI금융자산 | 23,271 | 대) 손상차손환입 | 20,909 |
| | | 금융자산평가손실 | 2,362 |

## 문제 04    채무상품의 재분류

A사는 20×1년 1월 1일 B사가 발행한 액면금액 ₩100,000의 사채를 ₩92,790에 FVOCI 금융자산으로 취득하였다.

---

(1) B사 사채의 만기일은 20×5년 12월 31일이며, 표시이자율은 10%, 이자지급일은 매년 12월 31일이다. 투자채무상품 취득 시 유효이자율은 12%이다.

(2) A사가 손실충당금으로 측정한 20×1년 말 기대신용손실은 ₩2,000이며, 20×2년 말과 20×3년 말의 기대신용손실은 각각 ₩5,000과 ₩7,000이다.

(3) 투자채무상품의 20×1년 말 공정가치는 ₩90,000이며, 20×2년 말 공정가치는 ₩88,000, 20×3년 말 공정가치는 ₩92,000이다. 기말의 공정가치는 다음연도 초 공정가치와 같다.

---

**물음 1)** A사는 20×2년 10월 1일 사업모형을 변경하여 투자채무상품을 FVOCI금융자산에서 FVPL금융자산으로 재분류하였다. 재분류일자와 재분류일의 회계처리를 보이시오.

**물음 2)** 위의 **물음 1**에 이어서 A사가 20×3년 말에 해야 할 회계처리를 보이시오.

**물음 3)** A사는 20×2년 10월 1일 사업모형을 변경하여 투자채무상품을 FVOCI금융자산에서 AC금융자산으로 재분류하였다. 재분류일의 회계처리를 하시오.

**물음 4)** 위의 **물음 2**에 이어서 A사가 20×3년 말에 해야 할 회계처리를 보이시오.

**물음 5)** 위 물음과 독립적으로 A사는 동 채무상품을 취득시점부터 FVPL로 분류하여 오다가 20×4년 10월 1일 사업모형을 변경하여 투자채무상품을 FVPL금융자산에서 AC금융자산으로 재분류하였다. A사가 20×5년에 인식할 이자수익은 얼마인가? (단, 20×4년 말 동 채무상품의 공정가치는 ₩95,652이고, 기대신용손실은 고려하지 않는다)

**물음 1)** (1) 재분류일: 20×3년 1월 1일

(2) 재분류일 회계처리

| 차) FVPL금융자산 | 재분류일 FV 88,000 | 대) FVOCI금융자산 | 재분류일 FV 88,000 |
|---|---|---|---|
| 재분류손실(N/I) | 대차차액 2,196 | 금융자산평가손실 | 재분류일 B/S상 OCI 2,196 |

| B/S | | | 재분류 전 |
|---|---|---|---|
| FVOCI금융자산 | 재분류일 FV 88,000 | | |
| | | OCI(FV평가) | 재분류일 FV − 총장부금액 (−)7,196 |
| | | OCI(손상) | 기대손실누계액 5,000 |
| | | | (−)2,196 |

| B/S | | | 재분류 후 |
|---|---|---|---|
| FVPL금융자산 | 재분류일 FV 88,000 | | |

**물음 2)**

| 차) 현금 | 10,000 | 대) 이자수익[1] | 10,000 |
|---|---|---|---|
| 차) FVPL금융자산 | 4,000 | 대) 금융자산평가이익(N/I)[2] | 4,000 |

[1] 100,000 × 10% = 10,000
[2] 92,000 − 88,000 = 4,000

**물음 3)** (1) 재분류일: 20×3년 1월 1일

(2) 재분류일 회계처리

| 차) AC금융자산[1] | 재분류일 총장부금액 95,196 | 대) FVOCI금융자산 | 재분류일 FV 88,000 |
|---|---|---|---|
| | | 금융자산평가손실 | 재분류일 FV − 장부금액 2,196 |
| | | 금융자산평가이익 | 5,000 |
| 차) 금융자산평가이익 | 재분류일 기대손실누계액 5,000 | 대) 손실충당금 | 5,000 |

[1] 20×2년 말 총장부금액: (92,790 × 1.12 − 10,000) × 1.12 − 10,000 = 95,196

| B/S | | | 재분류 전 |
|---|---|---|---|
| FVOCI금융자산 | 재분류일 FV 88,000 | | |
| | | OCI(FV평가) | 재분류일 FV – 총장부금액 |
| | | | (−)7,196 |
| | | OCI(손상) | 기대손실누계액 5,000 |
| | | | (−)2,196 |

| B/S | | | 재분류 후 |
|---|---|---|---|
| AC금융자산 | 재분류일 총장부금액 | | |
| | 95,196 | | |
| (−)손실충당금 | (−)기대신용손실 (−)5,000 | | |
| | 상각후원가 90,196 | | |

**물음 4)**

| 차) 현금 | 10,000 | 대) 이자수익[1] | 11,424 |
|---|---|---|---|
| AC금융자산 | 1,424 | | |
| 차) 손상차손[2] | 2,000 | 대) 손실충당금 | 2,000 |

[1] $95,196 \times 12\% = 11,424$

[2] $7,000 - 5,000 = 2,000$

**물음 5)** 20×5년 이자수익: $110,000 - 95,652 = 14,348$

* FVPL금융자산에서 FVOCI · AC금융자산으로 재분류 시 재분류일의 공정가치를 기준으로 재분류일의 시장이자율을 적용하여 재분류 이후의 이자수익을 인식한다.
* 20×5년 말 회계처리

| 차) AC금융자산 | $x$ | 대) 이자수익 | $x + 10,000$ |
|---|---|---|---|
| 현금 | 10,000 | | |
| 차) 현금 | 100,000 | 대) AC금융자산 | 100,000 |

⇒ $x = 100,000 - 95,652 = 4,348$

⇒ 이자수익: $10,000 + 4,348 = 14,348$

Chapter **12**

# 금융자산(Ⅱ)

1. 현금및현금성자산과 은행계정조정
2. 수취채권의 손상
3. 금융자산의 제거

# 1 현금및현금성자산과 은행계정조정

## I 현금및현금성자산

### 01 현금

현금은 유동성이 가장 높으며 교환의 매개수단 중에서 가장 대표적인 자산이다. 회계적인 측면에서 현금이란 통화뿐만 아니라 통화와 언제든지 교환할 수 있는 통화대용증권까지 포함되며, 보유현금뿐만 아니라 요구불예금도 포함하는 개념이다.

### 02 현금성자산

현금성자산이란 유동성이 매우 높은 단기투자자산으로, 확정된 금액이 현금으로 전환이 용이하고 가치변동의 위험이 경미한 자산이다. 이때 단기란 일반적으로 3개월 이내를 의미하므로 투자자산은 취득일로부터 만기일 또는 상환일이 3개월 이내인 경우에만 현금성자산으로 분류된다.

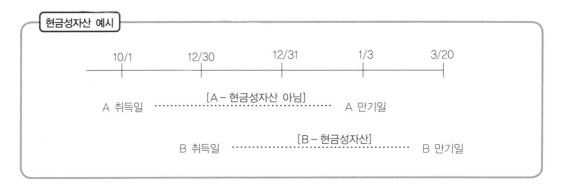

**Self Study**

1. 현금성자산은 만기일이나 상환일이 있어야 하므로 지분상품은 현금성자산에서 제외한다. 다만, 상환일이 정해져 있고 취득일부터 상환일까지의 기간이 단기인 상환우선주는 현금성자산에 포함한다.
2. 현금성자산의 예는 아래와 같다.
   ① 취득 당시 만기가 3개월 이내에 도래하는 단기채무상품
   ② 취득 당시 상환기일이 3개월 이내에 도래하는 상환우선주
   ③ 취득 당시 3개월 이내의 환매조건인 환매채

## 현금및현금성자산의 정리

| 통화 | 지폐와 동전 |
|---|---|
| 통화대용증권 | 타인발행당좌수표, 자기앞수표, 송금수표, 우편환증서, 만기가 된 공·사채이자표, 배당금지급통지표, 국세환급통지서 등 |
| 요구불예금 | 당좌예금, 보통예금 등 |
| 현금성자산 | 유동성이 매우 높은 단기 투자자산으로, 확정된 금액의 현금으로 전환이 용이하고 가치변동의 위험이 중요하지 않은 자산(투자자산은 취득일로부터 만기일 또는 상환일이 3개월 이내) |

⇒ 현금 분류 시 주의할 항목
1. 선일자수표: 수취채권으로 분류
2. 우표, 수입인지: 선급비용으로 분류
3. 당좌차월과 당좌예금: 상계 불가(동일 은행 가능)
4. 당좌개설보증금: 비유동자산으로 분류
5. 교환, 상환 목적 사용이 제한된 요구불예금: 현금및현금성자산으로 분류 불가하나 사용제한 기간에 따라 유동자산, 비유동자산 분류

⇒ 정기예금·정기적금·환매채·양도성예금증서 등
1. 취득일로부터 3개월 이내 만기: 현금성자산
2. 보고기간 말부터 1년 이내 만기: 유동자산
3. 보고기간 말부터 1년 이후 만기: 비유동자산

⇒ 상환일이 정해져 있고 취득일부터 상환일까지의 기간이 3개월 이내인 우선주: 현금성자산

다음은 ㈜현주의 20×1년 결산자료의 일부이다. 부도수표는 B은행에 입금한 수표에서 발생한 것이며, 당좌예금 잔액은 두 은행 모두 정확한 잔액이다. 또한 지점 전도금은 영업활동자금으로 보낸 것이다. ㈜현주가 재무상태표에 표시할 현금및현금성자산의 금액은 얼마인가?

| | | | |
|---|---|---|---|
| (1) 통화 | ₩700,000 | (2) 차입금담보제공예금 | ₩200,000 |
| (3) B은행 당좌예금 | ₩55,000 | (4) 만기도래 국채이자표 | ₩135,000 |
| (5) 차용증서 | ₩30,000 | (6) 타인발행약속어음 | ₩300,000 |
| (7) 선일자수표 | ₩27,000 | (8) 타인발행당좌수표 | ₩180,000 |
| (9) 우편환증서 | ₩38,000 | (10) 수입인지 | ₩20,000 |
| (11) 부도수표 | ₩34,000 | (12) 국세환급통지표 | ₩400,000 |
| (13) 국채(만기 1년) | ₩50,000 | (14) 배당금지급통지표 | ₩120,000 |
| (15) 직원급여가불증 | ₩100,000 | (16) 지점전도금 | ₩140,000 |
| (17) A은행 당좌차월 | ₩30,000 | (18) 당좌개설보증금 | ₩22,000 |
| (19) 여행자수표 | ₩100,000 | (20) 자기앞수표 | ₩500,000 |

풀이

현금및현금성자산: (1) + (3) + (4) + (8) + (9) + (12) + (14) + (16) + (19) + (20) = 2,368,000
(2): 사용이 제한된 예금은 현금및현금성자산으로 분류될 수 없다.
(5), (6), (7), (11), (15): 대여금 및 수취채권으로 분류
(10): 선급비용으로 분류
(13): 단기금융자산으로 분류
(17): 차입금
(18): 장기금융자산으로 분류

---

## Ⅱ  은행계정조정

내부통제제도하에서 기업실체는 모든 지출을 당좌수표를 발행하여 결제한다. 당좌수표는 당좌예금의 잔액이 있는 경우에만 발행할 수 있으며, 특정일 현재 은행 측 당좌예금계정의 잔액은 회사 측 당좌예금계정의 잔액과 항상 일치하여야 한다. 여러 가지 원인으로 인하여 이들 잔액들은 서로 일치하지 않는데, 이러한 불일치하는 원인을 확인하는 과정을 은행계정조정이라고 한다.

## 01 은행계정조정표

일정시점에서 회사 측의 당좌예금원장잔액과 은행 측의 당좌예금잔액이 회사나 은행 측 착오 또는 기록시점의 불일치로 차이가 발생할 수 있기 때문에 이들 양자 간의 차이를 조사하여 수정하여야 하는데, 이때 작성하는 표를 은행계정조정표라고 한다.

### 은행계정조정표의 양식

| 은행계정조정표 | | | | |
|---|---|---|---|---|
| 구분 | 회사 | | 은행 | |
| 수정 전 잔액 | ×× | ≠ | ×× | |
| 은행미기입예금 | – | | 입금(+) | |
| 은행수수료 | 출금(-) | | – | |
| 미결제수표 | – | | 출금(-) | |
| 미통지입금 | 입금(+) | | – | |
| 부도수표 | 출금(-) | | – | |
| 은행오류 | – | | 입금·출금(±) | |
| 회사오류 | 입금·출금(±) | | – | |
| 직원 횡령액 | 출금(-) | | – | |
| 수정 후 잔액 | ×× | = | ×× | |

### (1) 은행 측 원인

#### 1) 미기입예금

회사가 현금을 은행에 입금하고 회계처리하였으나, 은행에서 다음 날 입금처리한 경우이다. 이 경우 회사 측은 잔액이 올바른 것이므로 은행 측 잔액에 동 금액을 가산한다.

#### 2) 미결제수표

회사가 당좌수표를 발행하고 당좌예금계정에서 차감처리하였으나, 은행에는 수표가 제시되지 않아 은행이 당좌예금계정에서 차감하지 못한 경우이다. 이 경우에는 회사 측 잔액이 올바른 것이므로 은행 측 잔액에서 동 금액을 차감한다.

### (2) 회사 측 원인

#### 1) 미통지입금

거래처에서 외상대금을 회사의 당좌예금에 입금하였거나, 은행이 회사가 추심의뢰한 어음대금을 입금하였으나 회사가 이를 알지 못한 경우로, 은행 측 잔액이 올바른 것이므로 회사 측 잔액에 동 금액을 가산한다.

㈜광화문은 20×3년 12월 24일 자금담당 직원이 은행에서 회사자금을 인출하여 횡령하고 잠적한 사건이 발생하였다. 12월 24일 현재 회사 장부상 당좌예금계정 잔액을 검토한 결과 ₩76,000으로 확인되었다. 그리고 동 일자의 은행 예금잔액증명서상 금액은 ₩40,000으로 확인되었다. 회사 측 잔액과 은행 측 잔액이 차이가 나는 이유를 조사한 결과는 다음과 같았다. 아래의 자료 이외에는 차이가 날 이유가 없다면 자금담당 직원이 횡령한 것으로 의심되는 금액은 얼마인가?

- ㈜광화문이 ₩50,000을 입금하였으나 예금잔액증명서에는 반영되지 않았다.
- 은행에서 수수료 ₩10,000을 인출하였으나 ㈜광화문에서는 이를 반영하지 못하고 있었다.
- ㈜광화문에서 당좌수표 ₩40,000을 발행하였으나 아직 은행에 제시되지 않았다.
- 매출거래처는 통보하지 않고 ㈜광화문의 당좌예금계좌에 외상대금 ₩16,000을 송금하였다.
- 은행은 ㈜을지로의 발행수표 ₩12,000을 실수로 ㈜광화문의 당좌예금계좌에서 인출하여 지급하였다.

풀이

| 구분 | 회사 | 은행 |
|------|------|------|
| 수정 전 잔액 | 76,000 | 40,000 |
| 은행미기입예금 | | 50,000 |
| 은행수수료 | (−)10,000 | |
| 미결제수표 | | (−)40,000 |
| 미통지입금 | 16,000 | |
| 은행오류 | | 12,000 |
| 직원 횡령액 | (−)×× × | |
| 수정 후 잔액 | 62,000 | 62,000 |

⇒ 직원 횡령액: 20,000

20×1년 말 ㈜세무와 관련된 자료는 다음과 같다. 20×1년 말 ㈜세무의 재무상태표에 표시해야 하는 현금및현금성자산은? (단, 사용이 제한된 것은 없다)   [세무사 2016년]

(1) ㈜세무의 실사 및 조회자료
- 소액현금                              ₩100,000
- 지급기일이 도래한 공채이자표          ₩200,000
- 수입인지                              ₩100,000

- 양도성예금증서(만기 20×2년 5월 31일)　　　　　　　　₩200,000
- 타인발행당좌수표　　　　　　　　　　　　　　　　　₩100,000
- 우표　　　　　　　　　　　　　　　　　　　　　　₩100,000
- 차용증서　　　　　　　　　　　　　　　　　　　　₩300,000
- 은행이 발급한 당좌예금잔액증명서 금액　　　　　　　₩700,000

(2) ㈜세무와 은행 간 당좌예금잔액 차이 원인
- 은행이 ㈜세무에 통보하지 않은 매출채권 추심액　　　₩50,000
- 은행이 ㈜세무에 통보하지 않은 은행수수료　　　　　₩100,000
- ㈜세무가 당해 연도 발행했지만 은행에서 미인출된 수표　₩200,000
- 마감시간 후 입금으로 인한 은행미기입예금　　　　　₩300,000

① ₩1,050,000　　　② ₩1,200,000　　　③ ₩1,300,000
④ ₩1,350,000　　　⑤ ₩1,400,000

[풀이]

1. 은행계정조정표를 통한 회사의 당좌예금잔액

| 구분 | 회사 | 은행 |
|---|---|---|
| 수정 전 잔액 | ? | 700,000 |
| 은행이 ㈜세무에 통보하지 않은 매출채권 추심액 | 50,000 | |
| 은행이 ㈜세무에 통보하지 않은 은행수수료 | (−)100,000 | |
| ㈜세무가 당해 연도 발행했지만 은행에서 미인출된 수표 | | (−)200,000 |
| 마감시간 후 입금으로 인한 은행미기입예금 | | 300,000 |
| 수정 후 잔액 | 800,000 | ① 800,000 |

2. 회사의 현금및현금성자산

| 구분 | 현금및현금성자산 판단 | 현금및현금성자산 금액 |
|---|---|---|
| 소액현금 | 현금및현금성자산 | 100,000 |
| 지급기일이 도래한 공채이자표 | 현금및현금성자산 | 200,000 |
| 수입인지 | 선급비용 | − |
| 양도성예금증서(만기 20×2년 5월 31일) | 단기금융상품(보유기간 3개월 초과) | − |
| 타인발행당좌수표 | 현금및현금성자산 | 100,000 |
| 우표 | 선급비용 | − |
| 차용증서 | 금융부채 | − |
| 수정 후 당좌예금잔액 | | ① 800,000 |
| 합계 | | 1,200,000 |

정답: ②

1. 회사의 실사자료를 통해서 파악할 수 있는 것은 회사가 보유 중인 현금뿐이므로 당좌예금은 은행계정조정표를 이용해야 한다.
2. 양도성예금증서는 보고기간 말로부터 만기가 3개월 이상이므로 취득일로부터도 만기가 3개월 이상이다. 그러므로 단기금융상품으로 분류한다.

## 02 4위식 은행계정조정표(현금검증표)

특정시점의 당좌예금 잔액뿐만 아니라 특정기간 동안의 당좌예금 입금내역과 출금내역까지 확인하는 은행계정조정표를 4위식 은행계정조정표(현금검증표)라고 한다.

**4위식 은행계정조정표 양식**

| 4위식 은행계정조정표(현금검증표) | | | | |
|---|---|---|---|---|
| 구분 | 기초잔액 | 기중입금 | 기중출금 | 기말잔액 |
| 수정 전 잔액 | ×× | ×× | ×× | ×× |
| 입금 차이 — 가산항목 | ×× | (−)×× ×× | | ×× |
| 입금 차이 — 차감항목 | (−)×× | (−)×× | ×× | (−)×× |
| 출금 차이 — 가산항목 | ×× | | ×× (−)×× | ×× |
| 출금 차이 — 차감항목 | (−)×× | | (−)×× ×× | (−)×× |
| 수정 후 잔액 | ×× | ×× | ×× | ×× |

다음은 ㈜뿌잉의 당좌예금계좌에 대한 자료들이다. 이들 자료들을 이용하여 ㈜뿌잉의 12월 중 올바른 당좌예금 출금액을 구하시오.

(1) 11월 30일 은행계정조정표

| 예금잔액증명서상 잔액 | ₩13,000 |
|---|---|
| 은행 미기입예금 | ₩2,000 |
| 기발행 미결제수표 | ₩(−)800 |
| 수정 후 잔액 | ₩14,200 |

(2) 은행의 예금잔액증명서상 12월 중 입금액은 ₩80,000, 12월 31일의 잔액은 ₩22,000이다.

(3) ㈜뿌잉이 12월 31일 늦게 입금처리한 타인발행수표 ₩4,200을 은행에서는 1월 2일에 입금처리하였다.

(4) ㈜뿌잉이 매입채무 결제대금으로 발행한 수표 ₩5,000이 보고기간 말 현재 인출되지 않고 있다.

(5) 은행은 타사가 입금한 금액 ₩2,400을 ㈜뿌잉의 당좌예금계정에 입금하였다.

풀이

| 구분 | 11/30 | 입금 | 출금 | 12/31 |
|---|---|---|---|---|
| 은행 측 잔액 | 13,000 | 80,000 | 71,000 | 22,000 |
| 미기입예금 | 2,000 | (−)2,000 | | |
| 미결제수표 | (−)800 | | (−)800 | |
| 은행 측 오류 | | 4,200 | | 4,200 |
| | | | 5,000 | (−)5,000 |
| | | (−)2,400 | | (−)2,400 |
| 수정 후 잔액 | 14,200 | ×× | 75,200 | ×× |

# 2 수취채권의 손상

## I 수취채권의 손상

손상이란 기업이 미래에 현금을 요구할 수 있는 권리인 수취채권(매출채권, 미수금 등)의 명목금액 중 회수되지 않은 금액을 말한다. 그러므로 손상 처리된 수취채권은 기업이 보유하고 있는 수취채권 중 거래처의 파산, 채무자의 지급능력 저하 등 여러 이유로 회수가 불가능한 채권을 말한다.

수취채권이 회수가 불가능하게 되면 기업은 이를 비용(손상차손)으로 인식하고 자산을 감소시킨다. 수취채권 중 매출채권의 손상차손은 판매비와 관리비로 처리하고, 미수금 등 기타채권의 손상차손은 영업외비용으로 처리한다.

## II 손상의 회계처리

### 01 직접차감법과 충당금설정법

손상의 회계처리방법에는 손상차손으로 인식하는 시점에 따라 직접차감법과 충당금설정법이 있다.

#### (1) 직접차감법

직접차감법은 매출채권의 손상이 확정된 시점에 손상차손을 인식하고 매출채권을 감소시키는 방법이다.

> **Example**
>
> 20×1년 말 매출채권 ₩100,000이며, 이 중 20×2년에 ₩3,000의 손상이 확정되었다.
>
> [20×2년 손상확정 시]
>
> | 차) 손상차손 | 3,000 | 대) 매출채권 | 3,000 |
> |---|---|---|---|

## (2) 충당금설정법

| 매출채권 | | 손실충당금 | |
|---|---|---|---|
| 기초 | 회수 | ③ 손상확정(C) | ① 기초 |
| | | | ② 손상채권의 회수 |
| | 손상확정(C) | ④ 기말(A) D × 손실률 | ⑤ 설정(환입)(N/I)(B) |
| 외상매출 | 기말(D) | | |

| B/S | | I/S | |
|---|---|---|---|
| 매출채권(D) | | ④ 설정(환입)(N/I)(B) | |
| (−)손실충당금(A) | | | |
| BV | | | |

⇒ 기말 B/S상 매출채권 BV: 기말 매출채권(D) − 기말 손실충당금(A = D × 손실률)
⇒ N/I 영향: 기초 손실충당금 − 손상확정 + 채권회수 − 기말 손실충당금

### 1) 손실충당금의 설정 및 손상확정

충당금설정법은 보고기간 말 매출채권의 기대신용손실을 추정하여 손상차손으로 인식하고, 이를 손실충당금으로 설정하는 방법이다. 손실충당금은 자산의 차감계정으로 재무제표상 매출채권에서 차감하는 형식으로 표시된다.

차기에 매출채권에서 손상이 확정되면 매출채권을 감소시키고 손실충당금과 상계하고, 손실충당금보다 손상이 더 많이 확정되면 추가로 손상차손으로 처리하며, 손실충당금보다 손상이 더 적게 확정되면 차기 손실충당금을 설정할 때 이를 반영한다.

| B/S | | | |
|---|---|---|---|
| 매출채권 | ×× | | |
| (−)손실충당금 | (−)기대신용손실 | | |
| | BV | | |

[보고기간 말]

| 차) 손상차손 | ×× | 대) 손실충당금 | ×× |
|---|---|---|---|

[손상확정 시]

| 차) 손실충당금 | BV | 대) 매출채권 | 손상확정액 |
|---|---|---|---|
| 손상차손 | 대차차액 | | |

### 2) 손실충당금의 환입

보고기간 말 매출채권에 대한 기대신용손실을 추정한 후, 수정 전 손실충당금과 비교하여 차액을 손상차손과 손실충당금으로 처리한다.

[기말 기대신용손실(④) > 손실충당금 잔액(①+②-③)]

| 차) 손상차손 | ×× | 대) 손실충당금 | ×× |
|---|---|---|---|

[기말 기대신용손실(④) < 손실충당금 잔액(①+②-③)]

| 차) 손실충당금 | ×× | 대) 손실충당금환입 | ×× |
|---|---|---|---|

**손실충당금**

| 당기 손상 확정 | ③ | 기초 손실충당금 | ① |
|---|---|---|---|
| | | 손상채권의 회수 | ② |
| 기말 손상 | ④ 기말 매출채권 × 설정률 | 손상차손(손실충당금환입) | 대차차액 |

### 3) 손상상각채권의 회수

손상상각채권을 회수하는 경우 아래와 같이 회계처리한다.

| 차) 현금 | ×× | 대) 손실충당금 | ×× |
|---|---|---|---|

## 02 손상추정 방법

수취채권은 채무상품이므로 기대손실모형을 적용하여 기대신용손실을 손실충당금으로 설정하고 당기손익으로 처리하여야 한다. 기대신용손실은 신용위험의 유의적인 증가 여부에 따라 12개월 기대신용손실 또는 전체기간 기대신용손실을 각각 손실충당금으로 측정하여야 한다.

기대신용손실로 측정할 때 수취채권을 인식한 시점부터 경과된 기간 또는 연체기간을 기준으로 몇 개의 집단으로 나누어 각 집단별로 다른 손실예상률을 곱하여 계산할 수 있는데, 이러한 방법을 연령분석법이라고 한다.

**연령분석법**

| 구분 | 총장부금액 | | 손실률 | | 손실예상액 |
|---|---|---|---|---|---|
| 30일 이내 | ×× | × | A% | = | ×× |
| 30일 초과  60일 이내 | ×× | × | B% | = | ×× |
| 60일 초과  90일 이내 | ×× | × | C% | = | ×× |
| 90일 초과 120일 이내 | ×× | × | D% | = | ×× |
| 120일 초과 | ×× | × | E% | = | ×× |
| | ×× | | | | 기대신용손실 |

**Self Study**

다음의 경우에는 항상 전체기간 기대신용손실에 해당하는 금액으로 손실충당금을 측정하는 간편법을 사용하여야 한다. 다만, 매출채권, 계약자산 및 리스채권에 각각 독립적으로 회계정책을 선택할 수 있다.

다음 중 하나를 충족하는 기업회계기준서 제1115호 '고객과의 계약에서 생기는 수익'의 적용 범위에 포함되는 거래에서 생기는 매출채권이나 계약자산

① 기업회계기준서 제1115호 '고객과의 계약에서 생기는 수익'에 따른 유의적인 금융요소를 포함하고 있지 않은 경우 또는 기업회계기준서 제1115호 '고객과의 계약에서 생기는 수익'의 실무적 간편법을 적용하는 경우

② 기업회계기준서 제1115호 '고객과의 계약에서 생기는 수익'에 따라 유의적인 금융요소가 있으나, 전체기간 기대신용손실에 해당하는 금액으로 손실충당금을 측정하는 것을 회계정책으로 선택한 경우

㈜포도는 20×1년 초에 설립되었으며, 매출채권과 손상에 관한 자료는 아래와 같다.

(1) 20×1년 말 현재 매출채권의 금액과 연령분석법에 따른 손상예상률은 아래와 같다.

| 구분 | 총장부금액 | 손실률 |
|------|-----------|--------|
| 30일 이내 | ₩200,000 | 1% |
| 30일 초과 60일 이내 | ₩100,000 | 2% |
| 60일 초과 90일 이내 | ₩50,000 | 4% |
| | ₩350,000 | |

(2) 20×2년 매출채권 중 ₩3,000이 손상 확정되었다.

(3) 20×2년 말 현재 매출채권의 금액과 연령분석법에 따른 손상예상률은 아래와 같다.

| 구분 | 총장부금액 | 손실률 |
|------|-----------|--------|
| 30일 이내 | ₩100,000 | 1% |
| 30일 초과 60일 이내 | ₩200,000 | 2% |
| 60일 초과 90일 이내 | ₩50,000 | 4% |
| 90일 초과 120일 이내 | ₩40,000 | 20% |
| 120일 초과 | ₩10,000 | 100% |
| | ₩400,000 | |

(4) 20×3년 전기 손상처리된 매출채권 중 ₩2,000이 회수되었다.

(5) 20×3년 말 현재 연령분석법에 따라 추정한 신용손실액은 ₩15,000으로 추정되었다.

❶ 동 거래와 관련하여 20×1년 ~ 20×2년의 F/S 효과를 구하고 회계처리하시오.
❷ 20×3년의 회계처리를 하고, 동 거래가 ㈜포도의 당기손익에 미친 영향을 구하시오.

[ 풀이 ]

❶ 1. 20×1년 F/S 효과 및 회계처리
　(1) 20×1년 말 손실예상액

| 구분 | 총장부금액 | | 손실률 | | 손실예상액 |
|------|-----------|---|-------|---|-----------|
| 30일 이내 | 200,000 | × | 1% | = | 2,000 |
| 30일 초과 60일 이내 | 100,000 | × | 2% | = | 2,000 |
| 60일 초과 90일 이내 | 50,000 | × | 4% | = | 2,000 |
| | 350,000 | | | | 기대신용손실 6,000 |

(2) 20×1년 말 F/S 효과

B/S

| 매출채권 | 350,000 | |
| (−)손실충당금 | (−)6,000 | |
| | 344,000 | |

I/S

N/I 영향: 손상차손 = (−)6,000
OCI 변동: −

(3) 20×1년 회계처리

| 차) 손상차손 | 6,000 | 대) 손실충당금 | 6,000 |

2. 20×2년 F/S 효과 및 회계처리
(1) 20×2년 말 손실예상액

| 구분 | 총장부금액 | | 손실률 | | 손실예상액 |
|---|---|---|---|---|---|
| 30일 이내 | 100,000 | × | 1% | = | 1,000 |
| 30일 초과 60일 이내 | 200,000 | × | 2% | = | 4,000 |
| 60일 초과 90일 이내 | 50,000 | × | 4% | = | 2,000 |
| 90일 초과 120일 이내 | 40,000 | × | 20% | = | 8,000 |
| | 390,000 | | | | 기대신용손실 15,000 |

⇒ 손실예상률 100%는 이미 신용이 손상된 것으로 매출채권을 직접 제거한다.

(2) 20×2년 말 F/S 효과

B/S

| 매출채권 | 390,000 | |
| (−)손실충당금 | (−)15,000 | |
| | 375,000 | |

I/S

N/I 영향: 손상차손 = 기초 손실충당금 − 손상확정 + 채권회수 − 기말 손실충당금
= 6,000 − 13,000 + 0 − 15,000 = (−)22,000

OCI 변동: −

(3) 20×2년 회계처리
• 기중 손상확정 시

| 차) 손실충당금 | BV 3,000 | 대) 매출채권 | 손상확정액 3,000 |

• 기말

| 차) 손실충당금 | BV 3,000 | 대) 매출채권 | 손상확정액 10,000 |
| 손상차손 | 대차차액 7,000 | | |
| 차) 손상차손 | 15,000 | 대) 손실충당금 | 15,000 |

(4) 20×2년 손실충당금 T계정 분석

### 손실충당금

| | | | |
|---|---|---|---|
| 당기 손상확정 | ③ 13,000 | 기초 손실충당금 | ① 6,000 |
| | | 손상채권의 회수 | ② – |
| 기말 손상 ④ 기말 매출채권 × 설정률 15,000 | | 손상차손(손실충당금환입) 대차차액 | 22,000 |

**2** 20×3년 회계처리 및 당기손익에 미친 영향

• 기중 손상처리된 수취채권 회수 시

| 차) 현금 | 2,000 | 대) 손실충당금 | 2,000 |
|---|---|---|---|

• 기말

| 차) 손실충당금[1] | 2,000 | 대) 손실충당금환입(N/I) | 2,000 |
|---|---|---|---|

[1] 기말 기대신용손실(④) – 손실충당금 잔액(①+②-③)

### 손실충당금

| | | | |
|---|---|---|---|
| 당기 손상확정 | ③ – | 기초 손실충당금 | ① 15,000 |
| | | 손상채권의 회수 | ② 2,000 |
| 기말 손상 ④ 기말 매출채권 × 설정률 15,000 | | 손상차손(손실충당금환입) 대차차액 | (–)2,000 |

### I/S

N/I 영향: 손실충당금환입 = 기초 손실충당금 – 손상확정 + 채권회수 – 기말 손실충당금
= 15,000 – 0 + 2,000 – 15,000 = 2,000

OCI 변동: –

12월 말 결산법인인 A회사의 20×1년 12월 31일 현재 재무상태표에 보고된 손실충당금 차감 전 매출채권은 ₩10,000,000이며, 이에 대한 손실충당금은 ₩400,000이다.

(1) 20×2년 외상매출액은 ₩17,000,000이며 20×2년 6월의 손상확정액은 ₩500,000이다. 20×2년 9월에 20×1년 손상으로 확정하였던 매출채권 ₩400,000을 현금으로 회수하였다.

(2) 20×2년 10월에 매출채권 ₩7,100,000을 현금으로 회수하였다. 20×2년 12월 말 손상이 100%로 예상되는 채권의 금액은 ₩200,000이다.

(3) A회사는 기말 매출채권 잔액의 5%를 기대신용손실로 추정하고 있으며, 이러한 방법은 한국채택국제회계기준의 규정에 합치한다.

위의 자료를 이용하여 A사가 20×2년도에 포괄손익계산서에 인식할 매출채권의 손상차손은 얼마인가?

[공인회계사 2010년 이전]

① ₩840,000      ② ₩850,000      ③ ₩855,000
④ ₩860,000      ⑤ ₩870,000

풀이

| 매출채권 | | | |
|---|---|---|---|
| 기초 | 10,000,000 | 회수 | 7,100,000 |
| | | 손상확정(C) | 700,000 |
| 외상매출 | 17,000,000 | 기말(D) | 대차차액 19,200,000 |

| 손실충당금 | | | |
|---|---|---|---|
| 당기 손상확정 | ③ 700,000 | 기초 손실충당금 | ① 400,000 |
| | | 손상채권의 회수 | ② 400,000 |
| 기말 손상 | ④ D × 5% = 960,000 | 손상차손(손실충당금환입) | 대차차액 860,000 |

정답: ④

금융자산의 양도란 금융자산의 보유자가 금융자산의 현금흐름을 수취할 권리 등을 거래상대방에게 이전하는 것을 말한다. 또한 금융자산의 제거란 인식의 반대개념으로 이미 인식된 금융자산을 재무상태표에서 삭제하는 것을 말한다. 금융자산의 양도와 관련하여 유의할 점은 양도하였다는 사실 자체가 제거를 충족시키는 것이 아니라 제거조건을 충족한 양도의 경우에만 금융자산을 제거한다는 것이다.

양도: 현금흐름 수취 권리 이전
  ⫻
제거: 재무상태표에서 삭제

| 제거 ○ | 차) 현금 | ×× | 대) 수취채권 | ×× |
| 제거 × | 차) 현금 | ×× | 대) 차입금 | ×× |

⇒ 제거조건 충족된 양도의 경우에만 금융자산을 재무상태표에서 삭제한다.

## I 금융자산의 제거 여부와 제거 여부의 판단

금융자산의 제거는 이미 인식된 금융자산을 재무상태표에서 삭제하는 것으로 다음 중 하나에 해당하는 경우에만 제거한다.

(1) 금융자산의 현금흐름에 대한 계약상 권리가 소멸하는 경우
(2) 금융자산을 아래와 같은 방법으로 양도하고 그 양도가 제거의 조건을 충족하는 경우
 ① 금융자산의 현금흐름을 수취할 계약상 권리를 양도한 경우
 ② 금융자산의 현금흐름을 수취할 계약상 권리를 보유하고 있으나, 해당 현금흐름을 하나 이상의 거래상대방(최종 수취인)에게 지급할 계약상 의무를 부담하는 경우

금융자산 제거의 회계처리는 아래와 같이 분류한다.

| 구분 | | | 회계처리 |
|---|---|---|---|
| 현금흐름에 대한 계약상 권리 소멸 | | | 제거 |
| 현금흐름에 대한 계약상 권리의 양도 | 위험과 보상의 대부분 이전 | | 제거, 양도 시 부담하는 권리와 의무를 자산·부채로 인식 |
| | 위험과 보상의 대부분 보유 | | 계속 인식하고 양도 시 대가로 받은 금액 부채로 인식 |
| | 보유도 이전도 아닌 경우 | 통제권 상실 | 제거, 양도 시 부담하는 권리와 의무를 자산·부채로 인식 |
| | | 통제권 보유 | 금융자산에 지속적 관여하는 정도까지 금융자산 계속 인식 |

여기서 통제의 상실과 보유 여부는 양수자가 그 자산을 매도할 수 있는 능력을 가지고 있는지에 따라 결정한다. 즉, 양수자가 자산 전체를 독립된 제3자에게 매도할 수 있는 실질적 능력을 가지고 있으며 양도에 추가 제약을 할 필요 없이 그 능력을 일방적으로 행사할 수 있다면 통제를 상실한 것이다.

---

**Self Study**

1. 위험과 보상의 대부분이 이전되는 경우
   ① 금융자산을 아무런 조건 없이 매도한 경우
   ② 양도자가 매도한 금융자산을 재매입시점의 공정가치로 재매입할 수 있는 권리를 보유
   ③ 양도자가 콜옵션 보유 or 양수자가 풋옵션을 보유하고 있지만, 깊은 외가격상태이기 때문에 만기이전에 내가격 상태가 될 가능성↓
2. 위험과 보상의 대부분을 보유하는 경우
   ① 양도자가 매도 후에 미리 정한 가격 or 매도가격에 양도자에게 금전을 대여하였더라면 그 대가로 받았을 이자수익을 더한 금액으로 양도자산을 재매입하는 거래의 경우
   ② 유가증권대여계약을 체결한 경우
   ③ 시장위험을 다시 양도자에게 이전하는 총수익스왑과 함께 금융자산을 매도한 경우
   ④ 양도자가 콜옵션 보유 or 양수자가 풋옵션을 보유하고 있지만, 깊은 내가격상태이기 때문에 만기이전에 외가격 상태가 될 가능성↓
   ⑤ 양도자가 양수자에게 발생가능성이 높은 손상의 보상을 보증하면서 단기 수취채권을 매도한 경우
3. 양도자산을 계속 인식하는 경우 해당 양도자산과 관련 부채는 상계하지 않고 각각의 양도자산과 관련 부채에서 발생하는 수익과 비용도 상계하지 않는다.

**기출 Check 3**

**금융자산의 제거에 대한 다음 설명 중 옳지 않은 것은?** [공인회계사 2017년]

① 금융자산의 정형화된 매도 시 당해 금융자산을 매매일 또는 결제일에 제거한다.
② 금융자산의 현금흐름에 대한 계약상 권리가 소멸한 경우에는 당해 금융자산을 제거한다.
③ 금융자산의 현금흐름에 대한 계약상 권리를 양도하고 위험과 보상의 대부분을 이전하면 당해 금융자산을 제거한다.
④ 금융자산의 현금흐름에 대한 계약상 권리를 양도하고, 위험과 보상의 대부분을 보유하지도 않고 이전하지도 않으면서 당해 금융자산을 통제하고 있지 않다면 당해 금융자산을 제거한다.
⑤ 금융자산의 현금흐름에 대한 계약상 권리는 양도하였지만 양도자가 매도 후에 미리 정한 가격으로 당해 금융자산을 재매입하기로 한 경우에는 당해 금융자산을 제거한다.

**풀이**

미리 정해진 가격으로 재매입하기로 약정한 경우 위험과 보상을 보유하고 있는 것으로 보아 제거하지 않는다.

정답: ⑤

금융자산 전체가 제거조건을 충족하는 양도로 금융자산을 양도하고, 해당 양도자산의 관리용역을 제공하기로 하고 수수료를 그 대가로 지급받기로 한 경우, 관리용역제공계약과 관련하여 자산이나 부채를 인식한다.

---

**제거조건을 충족한 경우**

| 차) 현금 | 수취한 대가 | 대) 금융자산 | BV |
|---|---|---|---|
| 금융자산처분손실 | N/I | | |

---

**제거조건을 충족하고 관리용역을 제공하는 경우: 관리용역 수수료 = 관리용역 대가**

| 차) 현금 | 수취한 대가 | 대) 금융자산 | BV |
|---|---|---|---|
| 금융자산처분손실 | N/I | | |
| 차) 관리용역자산 | ×× | 대) 관리용역부채 | 관리용역제공의 적절한 대가(FV) |

---

**Self Study**

1. 관리용역의 제공으로 수령할 금액이 용역제공의 적절한 대가(공정가치)와 일치하지 않는 경우

   ① 관리용역 수수료 < 관리용역 대가: 용역제공의무에 따른 부채를 공정가치로 인식
   - 양도 시

   | 차) 현금 | 수취한 대가 | 대) 금융자산 | BV |
   |---|---|---|---|
   | 관리용역자산 | 관리용역 수수료 | 관리용역부채 | 관리용역제공의 적절한 대가(FV) |
   | 금융자산처분손실 | N/I | | |

   - 기말

   | 차) 관리용역부채 | 관리용역기간에 따라 안분 | 대) 관리용역수익 | N/I |
   |---|---|---|---|

   ② 관리용역 수수료 > 관리용역 대가: 양도하기 전 금융자산 전체의 장부금액 중 상대적 공정가치를 기준에 따라 배분된 금액을 기준으로 용역제공 권리에 따른 자산을 인식한다.
   - 양도 시

   | 차) 현금 | 수취한 대가 | 대) 금융자산 | BV |
   |---|---|---|---|
   | 관리용역자산[1] | ×× | 관리용역부채 | 관리용역제공의 적절한 대가(FV) |
   | 금융자산처분손실 | N/I | | |

   [1] 양도자산의 BV × 관리용역 수수료/(관리용역 수수료 + 금융자산양도로 수령한 금액)

   - 기말

   | 차) 관리용역부채 | 관리용역기간에 따라 안분 | 대) 관리용역수익 | N/I |
   |---|---|---|---|

2. 양도의 결과로 금융자산 전체가 제거되지만 새로운 금융자산을 취득하거나 새로운 금융부채나 관리용역부채를 부담한다면, 새로운 금융자산, 금융부채 또는 관리용역부채는 공정가치로 인식한다.

**사례연습 5: 제거조건을 충족하는 양도**

㈜한영은 12월 말 결산법인으로 20×1년 1월 1일에 매출채권 포트폴리오(장부금액 ₩5,000)를 국민은행에 공정가치인 ₩4,200에 양도하였다. 동 양도거래는 제거조건을 충족시킨다.

(1) ㈜한영은 국민은행에 매출채권 포트폴리오를 양도하면서 대금을 회수하는 관리용역을 제공하기로 하였다. 관리용역의 대가는 ₩300으로 공정가치와 일치하였으며, 매출채권 포트폴리오 전액이 회수되는 시점에 받기로 하였다.

(2) ㈜한영이 제공하는 관리용역의 대가는 매출채권 포트폴리오가 전액 회수되는 20×3년 말까지 정액기준으로 수익을 인식한다고 가정한다.

㈜한영이 20×1년 초와 20×1년 말에 해야 할 회계처리를 하시오.

**풀이**

[20×1년 초]

| 차) 현금 | 수취한 대가 4,200 | 대) 금융자산 | BV 5,000 |
|---|---|---|---|
| 금융자산처분손실 | N/I 800 | | |
| 차) 관리용역자산 | 300 | 대) 관리용역부채 | 관리용역제공의 대가(FV) 300 |

[20×1년 말]

| 차) 관리용역부채 | 100 | 대) 관리용역수익 | 100 |
|---|---|---|---|

**기업회계기준서 제1109호 '금융상품' 중 금융자산의 제거에 대한 다음 설명 중 옳지 않은 것은?**

[공인회계사 2020년]

① 양도자가 양도자산의 소유에 따른 위험과 보상의 대부분을 보유하지도 이전하지도 않고, 양도자가 양도자산을 통제하고 있다면, 그 양도자산에 지속적으로 관여하는 정도까지 그 양도자산을 계속 인식한다.

② 양도자가 확정가격이나 매도가격에 대여자의 이자수익을 더한 금액으로 재매입하기로 하고 금융자산을 매도한 경우, 양도자는 금융자산의 소유에 따른 위험과 보상의 대부분을 보유하고 있는 것이다.

③ 금융자산 전체가 제거 조건을 충족하는 양도로 금융자산을 양도하고, 수수료를 대가로 해당 양도자산의 관리용역을 제공하기로 한다면 관리용역제공계약과 관련하여 자산이나 부채를 인식하지 않는다.

④ 양도자가 금융자산의 일부에만 지속적으로 관여하는 경우에 양도하기 전 금융자산의 장부금액을 지속적 관여에 따라 계속 인식하는 부분과 제거하는 부분에 양도일 현재 각 부분의 상대적 공정가치를 기준으로 배분한다.

⑤ 양도의 결과로 금융자산 전체를 제거하지만 새로운 금융자산을 획득하거나 새로운 금융부채나 관리용역부채를 부담한다면, 그 새로운 금융자산, 금융부채, 관리용역부채를 공정가치로 인식한다.

**풀이**

금융자산 전체가 제거 조건을 충족하는 양도로 금융자산을 양도하고, 수수료를 대가로 해당 양도자산의 관리용역을 제공하기로 하고 수수료를 그 대가로 지급받기로 한 경우, 관리용역제공계약과 관련하여 자산이나 부채를 인식한다.

| 차) 현금 | 수취한 대가 | 대) 금융자산 | BV |
|---|---|---|---|
| 금융자산처분손실 | N/I | | |
| 차) 관리용역자산 | ×× | 대) 관리용역부채 | ×× |

정답: ③

---

## Ⅲ    제거조건을 충족하지 못한 양도

제거조건을 충족하지 못한 양도는 양도자가 양도한 금융자산에 대해서 소유에 따른 위험과 보상의 대부분을 보유하고 있는 형태의 양도이다. 따라서 양도자산 전체를 계속하여 인식하며 수취한 대가를 금융부채로 인식한다.

양도자산을 계속 인식하는 경우 양도자산과 관련부채는 상계하지 않고, 양도자산과 관련부채에서 발생하는 어떤 수익과 어떤 비용도 상계하지 않는다.

| 구분 | 사유 | 회계처리 |
|---|---|---|
| 모든 금융자산 | 채무불이행에 대한 보증 | ① 양도자산: 양도자산의 장부금액과 보증금액 중 작은 금액으로 측정하고 필요 시 손상차손 인식<br>② 관련부채: 보증금액과 보증의 공정가치<br>③ 보증의 공정가치: 시간의 경과에 따라 상각하여 당기손익에 반영 |
| 상각후원가 측정 금융자산 | 콜옵션 또는 풋옵션의 존재 | ① 양도자산: 계속하여 상각후원가로 측정<br>② 관련부채: 원가(양도에서 수취한 대가)로 측정하되, 원가와 옵션만기일의 양도자산의 상각후원가 차이를 유효이자율법으로 상각한 상각후원가로 측정하고 상각액은 당기손익에 반영 |
| 공정가치 측정 금융자산 | 콜옵션의 존재 | ① 양도자산: 계속하여 공정가치로 측정<br>② 관련부채<br>• 내가격상태인 경우 옵션의 행사가격에서 옵션의 시간가치를 차감하여 측정<br>• 외가격상태인 경우 양도자산의 공정가치에서 옵션의 시간가치를 차감하여 측정<br>   \* 자산과 관련부채의 순장부금액 = 콜옵션의 공정가치 |
| | 풋옵션의 존재 | ① 양도자산: 공정가치와 옵션의 행사가격 중 작은 금액으로 측정<br>② 관련부채: 옵션의 행사가격에 옵션의 시간가치를 가산하여 측정<br>   \* 자산과 관련부채의 순장부금액 = 풋옵션의 공정가치 |
| | 콜옵션과 풋옵션이 함께 존재 | ① 양도자산: 계속하여 공정가치로 측정<br>② 관련부채<br>• 콜옵션이 내가격상태인 경우 옵션의 행사가격과 풋옵션의 공정가치 합계액에서 콜옵션의 시간가치를 차감하여 측정<br>• 콜옵션이 외가격상태인 경우 양도자산의 공정가치와 풋옵션의 공정가치 합계액에서 콜옵션의 시간가치를 차감하여 측정<br>   \* 자산과 관련부채의 순장부금액 = 콜옵션과 풋옵션의 공정가치 |

## 01 양도자산에 대한 지속적관여

양도자가 양도자산의 소유에 따른 위험과 보상의 대부분을 이전하지도 않고, 보유하지도 않으며(즉, 일부만 보유) 양도자가 양도자산을 통제하고 있다면, 그 양도자산에 대하여 지속적으로 관여하는 정도까지 그 양도자산을 계속하여 인식한다.

양도자가 양도자산에 대한 보증을 제공하는 형태로 지속적관여가 이루어지는 경우 지속적관여자산으로 인식할 금액은 아래와 같고, 양도자가 지속적관여의 정도까지 자산을 계속 인식하는 경우 관련부채도 함께 인식한다.

| ① | 차) 현금 | · 금융자산 FV | 대) 대여금 | 지속적관여 × |
|---|---|---|---|---|
| | | | 대여금 | 지속적관여 ○ |
| | | | 처분이익(N/I) | FV − BV |

| ② | 차) 현금 | 현금 − 금융자산 FV | 대) 관련부채(지급보증) | ×× |
|---|---|---|---|---|
| | 차) 지속적관여자산 | ×× | 대) 관련부채 | Min[BV, 보증금액] |

| | B/S | |
|---|---|---|
| ⇒ | 지속적관여자산 | 관련부채 |

(1) 금융자산처분손익(N/I): 금융자산 FV − 금융자산 BV
(2) 관련부채(지급보증): 현금 − FV, 매기 말: 차) 관련부채 ×× 대) 이자수익 ××
(3) 지속적관여자산: Min[양도자산 BV, 보증금액]
(4) 관련부채: 지속적관여자산 + 지급보증

---

**사례연습 6: 지속적관여자산**

12월 말 결산법인인 ㈜한영은 20×1년 초 국민은행에 중도상환이 가능한 매출채권 ₩10,000(표시이자율 10%, 매출채권에 대한 활성시장은 없음)의 원금과 이자회수액 중 90%에 대한 계약상 권리를 양도하였다. 동 매출채권 회수액은 1 : 9의 비율로 ㈜한영과 국민은행에 배분되며, 동 매출채권에 대한 손상이 발생하면 ㈜한영이 ₩1,000까지 보증하기로 하였다. 동 매출채권의 처분 시의 공정가치는 ₩9,100이고 ㈜한영은 양도의 대가로 ₩9,300을 수령하였다. ㈜한영이 20×1년 초에 해야 하는 회계처리를 보이시오.

**풀이**

1. 문제정리

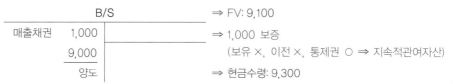

| | B/S | |
|---|---|---|
| 매출채권 | 1,000 | |
| | 9,000 | |
| | 양도 | |

⇒ FV: 9,100
⇒ 1,000 보증
　(보유 ×, 이전 ×, 통제권 ○ ⇒ 지속적관여자산)
⇒ 현금수령: 9,300

2. 그림

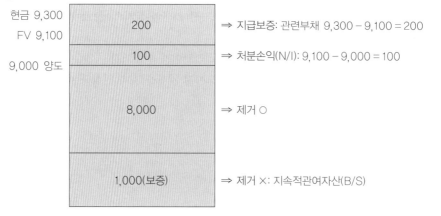

현금 9,300
FV 9,100
9,000 양도

| 200 | ⇒ 지급보증: 관련부채 9,300 − 9,100 = 200 |
|---|---|
| 100 | ⇒ 처분손익(N/I): 9,100 − 9,000 = 100 |
| 8,000 | ⇒ 제거 ○ |
| 1,000(보증) | ⇒ 제거 ×: 지속적관여자산(B/S) |

## 3. 20×1년 초 회계처리 및 F/S 분석

① 차) 현금　　　　　　　9,100　대) 대여금　　　　　8,000

　　　　　　　　　　　　　　　대) 대여금　　　　　1,000

　　　　　　　　　　　　　　　대) 처분이익(N/I)　　 100

② 차) 현금　　　　　　　　200　대) 관련부채(지급보증)　200　⇒

　　차) 지속적관여자산　 1,000　대) 관련부채　　　1,000

| B/S | |
|---|---|
| 지속적관여자산 | 관련부채 |
| 1,000 | 1,200 |

(1) 금융자산처분손익(N/I): 금융자산 FV − 금융자산 BV = 9,100 − 9,000 = 100

(2) 관련부채(지급보증): 현금 − FV = 9,300 − 9,100 = 200

(3) 지속적관여자산: Min[양도자산 BV, 보증금액] = Min[9,000, 1,000] = 1,000

(4) 관련부채: 지속적관여자산 + 지급보증 = 1,000 + 200 = 1,200

## 02 상각후원가측정금융자산에 대한 지속적관여

풋옵션을 조건으로 양도한 금융자산은 해당 금융자산을 제거해서는 안 되고 지속적관여자산으로 처리해야한다. 따라서 금융자산은 계속하여 수취채권으로 회계처리하고, 관련 지속관여부채를 인식한다. 지속관여부채로 기록한 금액과 옵션의 만기에 예정되는 양도자산의 상각후원가의 차이를 유효이자율법으로 상각하여 당기손익에 반영한다.

#### 사례연습 7: 지속적관여자산

㈜현주는 발행일이 20×1년 1월 1일이고, 액면금액이 ₩100,000이며, 이자율이 8%이고, 만기가 3년인 ㈜도도의 약속어음을 발행일에 ₩95,024(유효이자율 10%)에 취득하고, 이를 상각후원가측정금융자산으로 분류하였다. ㈜현주는 당해 금융자산을 20×2년 1월 1일에 ₩93,241(유효이자율 12%)에 양도하였는데, 여기에는 양수자가 어느 때라도 ㈜현주에게 ₩100,000에 되팔 수 있는 풋옵션 조건이 붙어있다.

**1** ㈜현주가 이 수취채권을 풋옵션 조건으로 양도한 것과 관련하여 20×2년 1월 1일과 20×2년 12월 31일에 필요한 회계처리를 하시오.

**2** 양수자가 20×3년 1월 1일에 풋옵션을 행사하였다. 풋옵션의 행사에 따라 ㈜현주가 필요한 회계처리를 하시오.

#### 풀이

**1** (1) 지속적관여자산의 상각후원가

| 연도 | 기초 상각후원가 | 유효이자(10%) | 현금이자(8%) | 상각액 |
|---|---|---|---|---|
| 20×1년 | 95,024 | 9,502 | 8,000 | 1,502 |
| 20×2년 | 96,526 | 9,653 | 8,000 | 1,653 |
| 20×3년 | 98,179 | 9,821 | 8,000 | 1,821 |

(2) 지속적관여부채의 상각후원가

| 연도 | 기초 상각후원가 | 유효이자(12%) | 현금이자(8%) | 상각액 |
|---|---|---|---|---|
| 20×2년 | 93,241 | 11,189 | 8,000 | 3,189 |
| 20×3년 | 96,430 | 11,570 | 8,000 | 3,570 |

(3) 20×2년 회계처리

| 20×2년 초 | 차) 현금 | 93,241 | 대) 지속관여부채 | 93,241 |
|---|---|---|---|---|
| 20×2년 말 | 차) 수취채권 | 1,653 | 대) 이자수익(N/I) | 1,653 |
| | 차) 이자비용(N/I) | 3,189 | 대) 지속관여부채 | 3,189 |
| ❷ 20×3년 초 | 차) 지속관여부채 | 96,430 | 대) 현금 | 100,000 |
| | 금융자산처분손실(N/I) | 3,570 | | |

\* 금융자산처분손실은 풋옵션의 행사가격과 지속관여부채의 옵션 행사시점의 상각후원가의 차이로 계상함

---

어음의 할인이란 거래처로부터 받을어음을 만기일 전에 금융기관에 이전하고 조기에 현금을 수령하는 것이다.

어음상의 채권은 확정채권이므로 외상매출금의 팩토링과는 달리 매출할인 등의 금액을 유보할 필요가 없다. 따라서 어음할인으로 인한 현금수령액은 어음의 만기가치에서 할인료를 차감한 잔액이 된다.

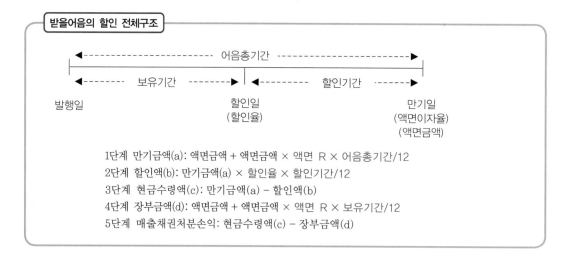

받을어음의 할인 전체구조

1단계 만기금액(a): 액면금액 + 액면금액 × 액면 R × 어음총기간/12
2단계 할인액(b): 만기금액(a) × 할인율 × 할인기간/12
3단계 현금수령액(c): 만기금액(a) − 할인액(b)
4단계 장부금액(d): 액면금액 + 액면금액 × 액면 R × 보유기간/12
5단계 매출채권처분손익: 현금수령액(c) − 장부금액(d)

금융자산의 제거요건을 만족하는 거래인 경우에는 받을어음(매출채권)의 장부금액과 수령한 현금의 차이를 매출채권처분손실로 인식한다. 만약, 제거요건을 충족하지 못한다면 현금수령액을 단기차입금의 차입으로 인식하고, 매출채권처분손실은 이자비용처리한다.

| 구분 | 제거요건 충족 ○ | | | | 제거요건 충족 × | | | |
|------|------|------|------|------|------|------|------|------|
| 할인 시 | 차) 현금 | (c) | 대) 매출채권 | (액면) | 차) 현금 | (c) | 대) 단기차입금 | (액면) |
| | 매출채권처분손실 (c-d) | | 이자수익 (보유기간이자) | | 이자비용 | (c-d) | 이자수익 (보유기간이자) | |
| 만기 시 | 회계처리 없음 | | | | 차) 단기차입금 | | 대) 매출채권 | |

### 사례연습 8: 받을어음의 할인

20×1년 6월 1일 ㈜대한은 판매대금으로 만기가 20×1년 9월 30일인 액면금액 ₩1,200,000의 어음을 거래처로부터 수취하였다. ㈜대한은 20×1년 9월 1일 동 어음을 은행에서 할인하였으며, 은행의 할인율은 연 12%였다. 동 어음이 무이자부어음인 경우와 연 10% 이자부어음인 경우로 구분하여 어음할인 시 ㈜대한이 인식할 매출채권처분손실(금융자산처분손실)을 계산하면 각각 얼마인가? (단, 어음할인은 제거조건을 충족한다. 이자는 월할 계산한다)

#### 풀이

1. 전체 구조

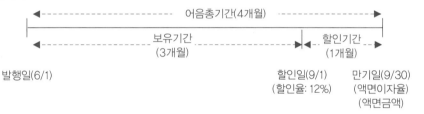

2. 무이자부어음의 경우
   1단계 만기금액(a): 액면금액 + 액면금액 × 액면 R × 어음총기간/12
   　　　　　　　　　　1,200,000

   2단계 할인액(b): 만기금액(a) × 할인율 × 할인기간/12
   　　　　　　　　　1,200,000 × 12% × 1/12 = 12,000

   3단계 현금수령액(c): 만기금액(a) − 할인액(b)
   　　　　　　　　　　1,200,000 − 12,000 = 1,188,000

   4단계 장부금액(d): 액면금액 + 액면금액 × 액면 R × 보유기간/12
   　　　　　　　　　1,200,000

   5단계 매출채권처분손익: 현금수령액(c) − 장부금액(d)
   　　　　　　　　　　　1,188,000 − 1,200,000 = (−)12,000

3. 이자부어음의 경우
   1단계 만기금액(a): 액면금액 + 액면금액 × 액면 R × 어음총기간/12
   　　　　　　　　　1,200,000 + 1,200,000 × 10% × 4/12 = 1,240,000

2단계 할인액(b): 만기금액(a) × 할인율 × 할인기간/12
　　　　1,240,000 × 12% × 1/12 = 12,400

3단계 현금수령액(c): 만기금액(a) − 할인액(b)
　　　　1,240,000 − 12,400 = 1,227,600

4단계 장부금액(d): 액면금액 + 액면금액 × 액면 R × 보유기간/12
　　　　1,200,000 + 1,200,000 × 10% × 3/12 = 1,230,000

5단계 매출채권처분손익: 현금수령액(c) − 장부금액(d)
　　　　1,227,600 − 1,230,000 = (−)2,400

| 구분 | 제거요건 충족 ○ | | | 제거요건 충족 × | | |
|---|---|---|---|---|---|---|
| 할인 시 | 차) 현금 | 1,227,600 | 대) 매출채권 1,200,000 | 차) 현금 | 1,227,600 | 대) 단기차입금 1,200,000 |
| | 처분손실 | 2,400 | 이자수익 30,000 | 이자비용 | 2,400 | 이자수익 30,000 |
| 만기 시 | 회계처리 없음 | | | 차) 단기차입금 1,200,000 | | 대) 매출채권 1,200,000 |

㈜한국은 20×2년 10월 1일 ㈜세종에 상품을 매출하고 동 일자에 액면금액 ₩1,000,000, 표시이자율 연 6%, 만기일 20×3년 1월 31일인 받을어음을 수취하였다. ㈜한국은 동 받을어음을 20×2년 11월 1일에 대한은행에서 연 8%로 할인하는 차입거래로 자금을 조달하였다. ㈜한국이 20×2년 11월 1일에 수령할 현금수취액과 이 거래로 20×2년에 이자비용(할인료)으로 인식할 금액은? (단, 이자는 월할 계산한다)

[감정평가사 2014년]

| | 현금수취액 | 이자비용 |
|---|---|---|
| ① | ₩984,600 | ₩15,400 |
| ② | ₩999,600 | ₩5,400 |
| ③ | ₩999,600 | ₩15,400 |
| ④ | ₩1,000,000 | ₩15,000 |
| ⑤ | ₩1,000,000 | ₩20,000 |

풀이

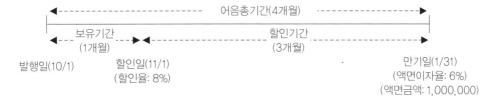

1단계 만기금액(a): 액면금액 + 액면금액 × 액면 R × 어음총기간/12
　　　　 1,000,000 + 1,000,000 × 6% × 4/12 = 1,020,000

2단계 할인액(b): 만기금액(a) × 할인율 × 할인기간/12
　　　　 1,020,000 × 8% × 3/12 = 20,400

3단계 현금수령액(c): 만기금액(a) − 할인액(b)
　　　　 1,020,000 − 20,400 = 999,600

4단계 장부금액(d): 액면금액 + 액면금액 × 액면 R × 보유기간/12
　　　　 1,000,000 + 1,000,000 × 6% × 1/12 = 1,005,000

5단계 매출채권처분손익: 현금수령액(c) − 장부금액(d)
　　　　 999,600 − 1,005,000 = (−)5,400

정답: ②

**01** ㈜국세는 20×1년 12월 31일 자금담당직원이 회사자금을 횡령하고 잠적한 사건이 발생하였다. 12월 31일 현재 회사 장부상 당좌예금계정잔액을 검토한 결과 ₩106,000 이었으며, 은행 측 당좌예금계정잔액을 조회한 결과 ₩70,000으로 확인되었다. 회사 측 잔액과 은행 측 잔액이 차이가 나는 이유는 다음과 같다고 할 경우 자금담당직원이 회사에서 횡령한 것으로 추정할 수 있는 금액은 얼마인가?

> – 은행미기입예금: ₩60,000
> – 은행수수료: ₩10,000
> – 기발행 미인출수표: ₩50,000
> – 미통지입금: ₩46,000
> – 타사발행수표를 ㈜국세의 당좌예금 계좌에서 차감한 금액: ₩22,000

① ₩22,000      ② ₩26,000      ③ ₩32,000
④ ₩36,000      ⑤ ₩40,000

**02** ㈜대경은 20×1년 1월 1일에 상품을 ₩4,000,000에 판매하고 대금은 20×1년부터 매년 12월 31일에 ₩1,000,000씩 4회에 분할수령하기로 하였다. 장기할부판매대금의 명목가액과 현재가치의 차이는 중요하고 유효이자율은 연 10%이다. 할부판매로 인하여 발생한 장기매출채권에 대하여 20×2년 말 현재 손상추산액은 ₩300,000이다. 장기매출채권의 20×2년 말 현재 장부금액(순액)은 얼마인가? (단, 계산과정에서 소수점 이하는 첫째 자리에서 반올림한다. 그러나 계산방식에 따라 단수차이로 인해 오차가 있는 경우, 가장 근사치를 선택한다. 또한 유동성대체는 하지 않는다. ₩1의 현재가치(4년, 10%)는 0.6830이고, ₩1의 정상연금 현재가치(4년, 10%)는 3.1699이다)

① ₩1,435,579      ② ₩1,733,580      ③ ₩2,086,857
④ ₩2,869,900      ⑤ ₩3,068,589

**03** 다음은 ㈜한국의 20×8년 말 재무상태표에 보고된 매출채권에 대한 손실충당금과 20×9년 중 거래내용이다. 아래 자료를 이용하여 회계처리할 경우 20×9년도 당기순이익은 얼마나 감소하는가?

- 20×8년 말 매출채권은 ₩15,500,000이고, 매출채권에 대한 손실충당금은 ₩372,000이다.
- 20×9년 1월 중 매출채권 ₩325,000이 회수불능으로 판명되어 해당 매출채권을 제거하였다.
- 20×8년 중 회수불능채권으로 처리한 매출채권 중 ₩85,000을 20×9년 3월에 현금으로 회수하였다.
- 20×9년 말 매출채권 잔액은 ₩12,790,000이고, 이 잔액에 대한 손실충당금은 ₩255,800으로 추정되었다.

① ₩123,800     ② ₩208,800     ③ ₩210,000
④ ₩255,800     ⑤ ₩325,000

**04** 다음은 ㈜한영의 20×1년도와 20×2년도 재무제표의 일부이다. 한편, 회사는 20×2년 중 매출채권 ₩300,000을 현금으로 회수하였다. 20×2년도의 외상매출액은 얼마인가? (회사의 매출은 전액 외상매출이다)

| 구분 | 20×1년 | 20×2년 |
|---|---|---|
| 기말 매출채권 | ₩900,000 | ₩1,000,000 |
| 기말 손실충당금 | (−)9,000 | (−)10,000 |
| 외상매출 | 700,000 | ? |
| 손상확정액 | 3,000 | 4,000 |

① ₩200,000     ② ₩304,000     ③ ₩400,000
④ ₩404,000     ⑤ ₩425,000

# Chapter 12 | 객관식 문제 정답 및 해설

**01 ⑤** 〈은행계정조정표〉

| 구분 | 회사 | 은행 |
|---|---|---|
| 수정 전 잔액 | 106,000 | 70,000 |
| 은행미기입예금 | – | 60,000 |
| 은행수수료 | (–)10,000 | – |
| 기발행미인출수표 | – | (–)50,000 |
| 미통지입금 | 46,000 | – |
| 부도수표 | – | – |
| 은행오류 | – | 22,000 |
| 회사오류 | – | – |
| 직원 횡령액 | 출금(–) | – |
| 수정 후 잔액 | 102,000 | 102,000 |

⇒ 직원 횡령액: 40,000

**02 ①**

|  | **B/S** | **20×2년 말** |
|---|---|---|
| 매출채권 | PV(잔여 CF) by 취득 시 유효 R $1,000,000/1.1 + 1,000,000/1.1^2 = 1,735,537$ | |
| (–)손실충당금 | 손상추산액 (–)300,000 | |
| 매출채권 BV | 1,435,537(단수차이) | |

**03 ①** N/I 영향: 손상차손 = 기초 손실충당금 − 손상확정 + 채권회수 − 기말 손실충당금
= 372,000 − 325,000 + 85,000 − 255,800 = (−)123,800

**04 ④**

| 매출채권 | | | | 손실충당금 | | |
|---|---|---|---|---|---|---|
| 기초 | 900,000 | 회수 | 300,000 | ② 손상확정(C) | | ① 기초 |
| | | 손상확정(C) | 4,000 | ③ 기말(A) | D × 손상률 | ④ 설정·환입(N/I)(B) |
| 외상매출 | 404,000 | 기말(D) | 1,000,000 | | | |

# Chapter 12 | 주관식 문제

## 문제 01     현금및현금성자산

**다음은 ㈜포도의 20×1년 결산과정에서 발췌한 자료이다. ㈜포도의 결산일은 매년 12월 31일이다.**

| | | | |
|---|---|---|---|
| (1) 현금 | ₩250,000 | (2) 소액현금 | ₩8,000 |
| (3) 보통예금 | 150,000 | (4) 당좌예금 | 120,000 |
| (5) 전도금 | 70,000 | (6) 우편환증서 | 50,000 |
| (7) 정기예금 | 300,000 | (8) 정기적금 | 500,000 |
| (9) 당좌개설보증금 | 30,000 | (10) 약속어음 | 120,000 |
| (11) 환매채(90일 환매조건) | 250,000 | (12) 기업어음(2개월 만기) | 100,000 |
| (13) 양도성예금증서 | 200,000 | (14) 상장지수펀드 | 60,000 |
| (15) 가불증 | 40,000 | (16) 당좌차월 | 50,000 |

[추가자료]
(1) 정기예금 중 ₩100,000은 만기가 20×2년 6월 30일이고 ₩150,000은 만기가 20×3년 7월 31일이며, 나머지 ₩50,000은 20×1년 11월 1일 가입하였으며 만기는 20×2년 1월 31일이다.
(2) 정기적금은 전액 차입금과 관련하여 담보로 제공되어 있다. 정기적금 중 ₩200,000은 만기가 20×2년 10월 31일이고, 나머지 ₩300,000은 만기가 20×3년 1월 1일 이후이다.
(3) 약속어음 중 ₩70,000은 거래처에 상품을 외상으로 매출하고 외상매출금을 회수한 것으로서 만기는 20×2년 6월 30일이고, 나머지 ₩50,000은 단기에 자금을 대여하고 수령한 것으로서 만기는 20×3년 6월 30일이다.
(4) 양도성예금증서 중 ₩50,000은 90일 만기이며, 나머지 ₩150,000은 120일 만기이다.
(5) 가불증은 임직원으로부터 수령한 것으로서 모두 20×2년 중에 회수될 예정이다. 그리고 상장지수펀드는 단기간 매도할 목적으로 보유하는 금융상품이다.

**물음 1)** 위 항목을 20×1년 말 ㈜포도의 재무상태표에 보고할 경우 아래 양식의 각 번호에 기재될 금액은 각각 얼마인가? (단, ㈜포도는 현금및현금성자산과 수취채권 이외의 금융자산은 기타금융자산으로 표시하고 있다)

| | | |
|---|---|---|
| 유동자산 | | |
|   현금및현금성자산 | (1) | ×××  |
|   수취채권 | (2) | |
|   기타금융자산 | (3) | |
| 비유동자산 | | |
|   기타금융자산 | (4) | |

**물음 2)** 현금성자산으로 분류되기 위한 요건을 기술하고, 현금성자산의 예를 세 가지 이상 제시하시오.

물음 1)

| 유동자산 | | |
|---|---|---|
| 현금및현금성자산 | (1) | 1,098,000 |
| 수취채권 | (2) | 110,000 |
| 기타금융자산 | (3) | 510,000 |
| 비유동자산 | | |
| 기타금융자산 | (4) | 530,000 |

각 항목의 세부 분류내역을 나타내면 다음과 같다.

| 구분 | 유동자산 | | | 비유동자산 |
|---|---|---|---|---|
| | 현금및현금성자산 | 수취채권 | 기타금융자산 | 기타금융자산 |
| 현금 | 250,000 | | | |
| 소액현금 | 8,000 | | | |
| 보통예금 | 150,000 | | | |
| 당좌예금 | 120,000 | | | |
| 전도금 | 70,000 | | | |
| 우편환증서 | 50,000 | | | |
| 정기예금 | 50,000 | | 100,000 | 150,000 |
| 정기적금 | | | 200,000 | 300,000 |
| 당좌개설보증금 | | | | 30,000 |
| 약속어음 | | 70,000 | | 50,000 |
| 환매채 | 250,000 | | | |
| 기업어음 | 100,000 | | | |
| 양도성예금증서 | 50,000 | | 150,000 | |
| 상장지수펀드 | | | 60,000 | |
| 가불증 | | 40,000 | | |
| 계 | 1,098,000 | 110,000 | 510,000 | 530,000 |

물음 2) 현금성자산이란 유동성이 매우 높은 단기투자자산으로서 ① 확정된 금액의 현금으로 전환이 용이하고 ② 가치변동의 위험이 경미한 자산으로서 일반적으로 만기가 단기(예 취득일로부터 만기일이 3개월 이내인 경우)에 도래하는 것을 말한다.

현금성자산의 예를 들면 다음과 같다.

(1) 취득 당시 3개월 이내에 만기가 도래하는 금융기관이 취급하는 단기금융상품
(2) 취득 당시 만기가 3개월 이내에 도래하는 채권
(3) 3개월 이내 환매조건의 환매채
(4) 투자신탁의 계약기간이 3개월 이하인 초단기 수익증권
(5) 상환일이 정해져 있고 취득일로부터 상환일이 3개월 이내인 상환우선주

다음은 ㈜사과의 20×1년 1월 31일과 2월 28일의 은행계정조정표에 나타난 차이조정사항들이다.

---

[1월 31일의 조정사항]
(1) 기발행미인출수표: ₩60,000
(2) 매출처가 1월 30일에 동 회사의 예금계좌에 당좌이체하였으나 통지가 늦어져서 2월 5일에 기장한 금액: ₩26,000
(3) 당좌차월이자가 출납장에 기장되어 있지 않은 금액: ₩10,000
(4) 은행미기입예금: ₩130,000

[2월 28일의 조정사항]
(1) 외상매입금을 지급하기 위해서 ₩25,000의 수표를 발행한 것을 착오로 ₩24,500으로 기장한 회사 측 오류
(2) 추심을 의뢰한 어음이 2월 18일에 추심입금되었으나, 출납장에 기입되지 않은 금액: ₩27,000
(3) 기발행미인출수표: ₩39,000
(4) 은행미기입예금: ₩50,000

---

**물음 1)** 20×1년 2월의 회사 측 장부상 인출액이 ₩500,000일 경우, 20×1년 2월의 은행 측 장부상 인출액은 얼마인가?

**물음 2)** 회사는 20×1년 1월 31일의 회사와 은행의 당좌예금잔액 차이에 대하여는 수정분개를 하여 장부에 반영하였으나 20×1년 2월 28일의 차이에 대하여는 장부에 반영하지 않았다. 회사가 20×1년 2월 28일에 수행할 수정분개를 나타내시오.

**물음 3)** 만일, 현금검증표를 작성한 결과 20×1년 1월 31일과 20×1년 2월 28일의 회사 측 당좌예금잔액과 은행 측 당좌예금잔액은 일치하였으나 20×1년 2월 중 은행 측 당좌예금 예입액 및 인출액이 회사 측 예입액 및 인출액보다 각각 ₩500,000만큼 클 경우 (1) 이러한 사실이 의미하는 바를 기술하고 (2) 현금검증표의 목적에 대하여 간략히 기술하시오.

## 풀이

**물음 1)**

|  | 회사 측 잔액 | 은행 측 잔액 |
|---|---|---|
| 조정 전 2월의 인출액 | 500,000 | ? |
| 조정항목 |  |  |
| 기발행미인출수표(1/31) |  | (−)60,000 |
| 당좌차월이자(1/31) | (−)10,000 |  |
| 출금기장오류(2/28) | 500 |  |
| 기발행미인출수표(2/28) |  | 39,000 |
| 1월 31일 정확한 잔액 | 490,500 | 490,500 |

∴ 은행 측 조정 전 2월의 인출액 = 511,500

### 현금검증표

|  | 20×1. 1. 31. 은행계정조정표 | 20×1년 2월 중 예입 | 20×1년 2월 중 인출 | 20×1. 2. 28. 은행계정조정표 |
|---|---|---|---|---|
| 수정 전 회사 측 잔액 | ××× | ××× | 500,000 | ××× |
| 조정항목(1/31) |  |  |  |  |
| 　외상매출금입금 | 26,000 | (−)26,000 |  |  |
| 　당좌차월이자 | (−)10,000 |  | (−)10,000 |  |
| 조정항목(2/28) |  |  |  |  |
| 　출금기장오류 |  |  | 500 | (−)500 |
| 　추심어음입금 |  | 27,000 |  | 27,000 |
| 수정 후 회사 측 잔액 | ××× | ××× | 490,500 | ××× |
| 수정 전 은행 측 잔액 | ××× | ××× | ? | ××× |
| 조정항목(1/31) |  |  |  |  |
| 　기발행미인출수표 | (−)60,000 |  | (−)60,000 |  |
| 　은행미기입예금 | 130,000 | (−)130,000 |  |  |
| 조정항목(2/28) |  |  |  |  |
| 　기발행미인출수표 |  |  | 39,000 | (−)39,000 |
| 　은행미기입예금 |  | 50,000 |  | 50,000 |
| 수정 후 은행 측 잔액 | ××× | ××× | 490,500 | ××× |

**물음 2)** 20×1년 2월 28일 회사 측 수정분개

| | | | | | |
|---|---|---|---|---|---|
| (1) | 차) 매입채무 | 500 | 대) 당좌예금 | 500 |
| (2) | 차) 당좌예금 | 27,000 | 대) 매출채권 | 27,000 |

\* 번호는 문제에서 제시된 자료의 번호임

**물음 3)** (1) 은행 측 장부상 당좌예금 예입액 및 인출액이 회사 측 예입액 및 인출액보다 각각 500,000만큼 더 크다는 사실은 회사의 자금담당자가 12월 중에 당좌예금의 인출 및 예입액 500,000을 장부에 기재하지 않고 유용하였을 가능성이 있음을 의미한다.

(2) 현금검증표는 일정 시점의 당좌예금잔액을 확인하는 목적뿐만 아니라 기중 예금거래의 적정성 여부를 검증할 목적으로 회계감사 시에 많이 사용되며, 당좌예금에 대한 내부통제 목적으로도 이용할 수 있다.

다음에 제시되는 물음은 각각 독립된 상황이다.　　　　　　　　　　　　[공인회계사 2차 2013년]

〈공통자료〉

㈜한국이 20×0년 12월 31일 재무상태표에 보고한 매출채권은 ₩200,000, 손실충당금은 ₩6,000 이다. 20×1년부터 20×3년까지 매출 등 관련 자료는 다음과 같다.

| 연도 | 총매출액 | 매출액 중 외상금액 | 외상대금 회수액 | 손상확정 금액 |
|---|---|---|---|---|
| 20×1년 | ₩1,000,000 | ₩600,000 | ₩300,000 | ₩10,000 |
| 20×2년 | ₩1,500,000 | ₩1,000,000 | ₩600,000 | ₩20,000 |
| 20×3년 | ₩1,200,000 | ₩800,000 | ₩600,000 | ₩15,000 |

**물음 1)** ㈜한국은 20×2년 2월 1일 외상매출금 ₩200,000(회수예정일은 4월 30일)을 ㈜대한 은행에 양도(팩토링)하였다. 수수료 5%를 공제하고 현금으로 ₩190,000을 수령하였 다. 팩토링 조건은 4월 30일까지 외상매출금이 회수되지 않으면 ㈜한국이 ㈜대한은행 에 전액 변제하는 것이다. 20×2년 2월 1일자 ㈜한국의 회계처리(분개)를 제시하시오.

**물음 2)** ㈜한국이 매 보고기간 말에 추정한 매출채권의 회수가능액은 다음과 같다.

| 연도 | 20×1년 | 20×2년 | 20×3년 |
|---|---|---|---|
| 회수가능액 | ₩460,000 | ₩850,000 | ₩1,100,000 |

20×1년에 손상으로 확정하였던 외상매출금 ₩3,000을 20×2년 중에 현금으로 회수하였다. 20×2년 포괄손익계산서에 인식할 매출채권손상차손을 계산하시오.

**물음 3)** 20×3년 5월 1일 ㈜한국은 ㈜대한에게 장부금액 ₩10,000인 매출채권을 현금 ₩10,000(지급보증 공정가치 ₩1,000 포함)에 양도하였다. ㈜한국은 이 거래와 관련하여 발생할 수 있는 손실에 대해 최대 ₩3,000까지 책임을 지는 지급보증약 정을 체결하였다. ㈜한국의 회계담당자는 양도된 매출채권의 보상과 위험의 대부 분을 보유하지도 않고 이전하지도 않은 것으로 판단하였다. 또한 ㈜대한은 위 매출 채권을 제3자에게 매도할 수 없다. ㈜한국의 20×3년 5월 1일자 회계처리(분개) 를 제시하시오.

**물음 4)** ㈜한국은 20×3년 8월 31일 보유하고 있던 받을어음(취득일 20×3년 6월 1일, 만기일 20×3년 11월 30일, 액면금액 ₩100,000, 표시이자율 연 6%, 만기일 이자지급조건)을 ㈜대한은행에서 할인받았다. 이 거래는 금융자산의 제거조건을 충족한다. 할인율이 연 8%일 때, ① ㈜한국이 받을어음의 할인으로 수취한 현금액과 ② 매출채권처분손익을 계산하시오(단, 이자는 월할 계산하고 손실인 경우 금액 앞에 (−)를 표시하시오).

### 풀이

**물음 1)**

| 차) 현금 | 190,000 | 대) 단기차입금 | 200,000 |
|---|---|---|---|
| 이자비용 | 10,000 | | |

**물음 2)** 20×2년 매출채권손상차손: (−)7,000
- (1) 20×1년 말 매출채권: 기초 200,000 + 외상 600,000 − 회수 300,000 − 확정 10,000 = 490,000
- (2) 20×2년 말 매출채권: 기초 490,000 + 외상 1,000,000 − 회수 600,000 − 확정 20,000 = 870,000
- (3) 20×1년 말 손실충당금: 490,000 − 460,000 = 30,000
- (4) 20×2년 말 손실충당금: 870,000 − 850,000 = 20,000
- (5) 20×2년 손실충당금 증감 분석
  기초 30,000 + 설정(손상차손) + 환입 3,000 = 확정 20,000 + 기말 20,000 ⇨ 손상차손: 7,000

**물음 3)**

| 차) 현금 | 9,000 | 대) 매출채권 | 10,000 |
|---|---|---|---|
| 매출채권처분손실 | 1,000 | | |
| 차) 현금 | 1,000 | 대) 보증부채(관련부채) | 1,000 |
| 차) 지속적관여자산 | 3,000 | 대) 보증부채(관련부채) | 3,000 |

\* ㈜한국은 매출채권을 양도하면서 3,000의 금액을 보증하기 때문에 매출채권에 대하여 지속적관여를 하고 있다.

**물음 4)**

| 차) 현금 | ① 100,940 | 대) 매출채권 | 100,000 |
|---|---|---|---|
| 매출채권처분손실 | ② 560 | 이자수익 | 1,500 |

- (1) 만기 시 현금수령액: 100,000 + 100,000 × 6% × 6/12 = 103,000
- (2) 할인 시 현금수령액: 103,000 − 103,000 × 8% × 3/12 = 100,940

회계사 · 세무사 · 경영지도사 단번에 합격!
해커스 경영아카데미
cpa.Hackers.com

Chapter **13**

# 복합금융상품

1. 복합금융상품의 의의 및 종류
2. 전환사채
3. 신주인수권부사채
4. 전환사채의 특수상황

# 1 복합금융상품의 의의 및 종류

내부적으로 창출된 자금이 충분하지 않은 경우 기업은 다양한 형태의 증권을 발행하여 외부로부터 자금을 조달하는데, 이러한 증권의 하나로 복합금융상품이 있다. 복합금융상품은 형식적으로는 하나의 금융상품이지만 실질적으로는 둘 이상의 금융상품을 복합하여 만들어진 신종금융상품으로 **부채요소와 자본요소를 모두 가지고 있는 금융상품**이다. 복합금융상품은 일반적으로 금융부채에 지분상품으로 전환할 수 있는 옵션이 결합된 형태로 발행된다.

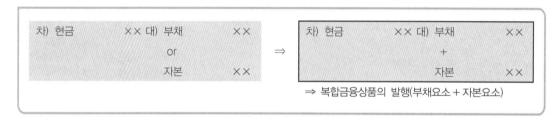

복합금융상품의 발행자는 복합금융상품의 발행시점에 금융부채를 발생시키는 부채요소와 발행자의 지분상품으로 전환할 수 있는 옵션을 보유자에게 부여하는 자본요소를 별도로 분리하여 인식한다.

복합금융상품에는 전환사채와 신주인수권부사채가 있다.

① 전환사채(CB; Convertible Bonds): 사채를 보통주로 전환할 수 있는 권리(전환권)가 부여된 채무상품
② 신주인수권부사채(BW; Bonds with Stock Warrant): 보통주를 발행할 수 있는 권리(신주인수권)가 부여된 채무상품

## 01 전환사채

유가증권의 소유자가 일정한 조건하에 보통주로의 전환권을 행사할 수 있는 사채를 말한다. 전환사채는 보통주 전환권이 행사되어 전환사채가 전환되면 사채가 소멸하고 채권자로서의 지위가 소멸한다.

## 02 신주인수권부사채

유가증권의 소유자가 일정한 조건하에 신주인수권을 행사하여 보통주 발행을 청구할 수 있는 권리가 부여된 사채를 말한다. 신주인수권을 청구하여도 사채가 소멸하지 않아 채권자로서의 지위를 유지한다는 점에서 전환사채와 다르다.

**전환사채와 신주인수권부사채의 비교**

| 구분 | 부채요소 | | 자본요소 | ⇒ | 전환·행사 후 |
|---|---|---|---|---|---|
| 전환사채 | 일반사채 | + | 보통주 전환권 | 전환 | 보통주 |
| 신주인수권부사채 | 일반사채 | + | 보통주 인수권 | 행사 | 일반사채 + 보통주 |

**Self Study**

전환우선주는 부채와 자본요소의 복합이 아닌 자본요소(우선주 지분)와 자본요소(보통주 전환권)의 복합이므로 한국채택국제회계기준에서는 이를 복합금융상품으로 보지 않고 잠재적보통주의 한 종류로 본다.

| 구분 | 자본요소 | | 자본요소 | ⇒ | 전환·행사 후 |
|---|---|---|---|---|---|
| 전환우선주 | 우선주 | + | 보통주 전환권 | 전환 | 보통주 |

# 2 전환사채

## I 전환사채의 발행조건

전환사채(CB; Convertible Bond)는 당해 사채의 보유자가 일정한 조건하에 전환권을 행사하면 사채 자체가 보통주로 전환되는 사채를 말한다. 그러므로 전환권을 행사하게 되면 전환사채의 발행자는 사채의 원금과 잔여 상환기간 동안의 이자를 지급할 의무가 소멸하게 된다.

### Additional Comment

투자자는 일반사채보다 주식으로 전환할 수 있는 권리(= 전환권)가 부여된 전환사채를 더 선호할 것이다. 그 이유는 전환사채 취득 후 전환사채 발행회사의 주가가 상승할 경우 전환사채를 주식으로 전환하여 이를 매각하면 매매차익을 얻을 수 있기 때문이다. 또한 전환된 주식을 매각하지 않고 계속 보유할 경우 주주로서의 권리도 행사할 수 있다. 또한 전환사채의 발행회사는 전환사채를 발행함으로써 일반사채보다 적은 이자비용(표시이자율이 낮기 때문에)으로 자금을 조달할 수 있는 이점이 있다. 또한 전환사채가 주식으로 전환되면 부채가 감소하고 자본이 증가하여 재무구조가 개선될 수 있으며, 전환사채가 주식으로 전환되면 사채의 만기상환에 따른 자금부담도 덜 수 있다.

### 01 상환할증지급조건

전환사채에 부여되어 있는 전환권은 가치를 가지는데, 이를 전환권의 가치라고 한다. 전환사채는 전환권의 가치가 부여되어 있기 때문에 그 대가로 전환사채의 표시이자율은 전환권이 없는 일반사채의 표시이자율보다 낮은 것이 일반적이다. 전환사채는 일반사채보다 낮은 표시이자를 지급하므로, 전환권이 행사되지 않는 경우 보유자의 수익률이 일반사채의 수익률보다 낮게 되므로 전환사채를 취득하지 않으려고 할 것이다. 전환사채 발행자의 주식이 전환사채의 이러한 낮은 수익률을 보상할 정도로 매력적이지 않다면, 보유자가 전환권을 행사하지 않는 경우 발행자는 표시이자 이외의 추가적인 보상을 하여야 한다.

추가적인 보상은 일반적으로 전환사채의 만기일에 액면금액에 일정금액을 추가하여 지급하는 형태로 이루어진다. 이때 전환사채의 만기일에 액면금액에 추가하여 지급하는 금액을 상환할증금이라고 하며, 이러한 전환사채의 발행조건을 상환할증지급조건이라고 한다.

### Additional Comment

전환사채 투자자의 입장에서 볼 때 전환사채의 표시이자율은 일반사채의 표시이자율보다 매우 낮은데, 만약 미래에 주가가 상승하지 않아 전환권을 행사하지 못하고 만기상환일이 도래되면 당초에 일반사채를 취득한 것보다 더 낮은 수익을 얻게 된다. 이러한 위험 때문에 전환사채가 발행되어도 투자자가 이를 매수하지 않을 가능성이 있다. 그러므로 전환사채를 중도에 전환하지 못하고 만기까지 보유할지도 모른다는 불안감 때문에 전환사채의 매수를 망설이는 투자자를 안심시키기 위하여 만기상환 시 상환할증금을 추가 지급하는 조건으로 전환사채를 발행하기도 한다.

## 02 액면상환조건

전환사채의 낮은 수익률을 충분히 보상할 정도로 전환사채 발행자의 주식이 매력적이라면, 보유자는 발행자가 어떠한 추가적인 보상을 하지 않는다고 하더라도 당해 전환사채를 취득하게 된다. 이렇게 전환권을 행사하지 않는 경우도 전환사채의 만기일에 액면금액만 지급하는 전환사채의 발행조건을 액면상환조건이라고 한다.

---

**Self Study**

1. 상환할증지급조건 전환사채의 미래현금흐름: 액면금액 + 액면이자 + 상환할증금
2. 액면상환조건 전환사채의 미래현금흐름: 액면금액 + 액면이자

---

## Ⅱ  전환사채의 현금흐름 분석

## 01 상환할증금

전환사채의 표시이자율은 전환권이 없는 일반사채의 표시이자율보다 낮으므로 전환사채의 보유자는 전환권을 행사하지 않는 경우 일반사채에 투자하였을 경우보다 낮은 수익을 얻게 된다. 따라서 보유자는 전환권을 행사하지 않는 경우 일정수익률을 보장해 줄 것을 전환사채의 발행자에게 요구하게 된다.

발행자가 전환권을 행사하지 않는 보유자에게 보장해 주는 만기수익률을 보장수익률이라고 한다. 보장수익률은 전환사채의 발행금액과 관계없이 전환사채의 액면금액과 상환할증금을 포함한 전환사채 미래현금흐름의 현재가치를 일치시키는 할인율을 말한다.

---

액면금액 = PV(액면금액 + 액면(표시)이자 + 상환할증금) by 보장수익률

---

보장수익률이 표시이자율과 동일한 경우에는 발행자가 보유자에게 표시이자율만을 보장한 것이므로 만기일에 액면금액만을 상환한다. 그러나 보장수익률이 표시이자율보다 높은 경우에는 발행자가 표시이자율보다 높은 수익률을 보장한 것이므로 발행자는 전환사채의 상환기간에 걸쳐 보장수익률로 계산한 이자와 표시이자의 차액을 만기일에 액면금액에 상환할증금의 형태로 가산하여 상환하여야 한다. 즉, 상환할증금은 전환사채의 소유자가 만기까지 전환권을 행사하지 못하고, 만기에 현금으로 상환받는 경우 사채발행회사가 소유자에게 일정 수준의 수익률(보장수익률)을 보장하기 위하여 액면금액에 추가하여 지급하기로 약정한 금액으로 미지급표시이자의 미래가치 개념이다.

**상환할증금의 계산 논리**

| 발행일 | 20×1년 말 | 20×2년 말(만기) |
|---|---|---|
| 액면금액 × 보장수익률 ⇒ | 보장이자 | 보장이자 |
| (−)액면금액 × 액면 R ⇒ | (−)표시이자 | (−)표시이자 |
| 미지급표시이자 | 이자차액 | 이자차액 |

보장수익률 미래가치 → 상환할증금

전환사채는 전환권을 행사하는 경우 행사일 이후의 미래현금흐름을 지급할 의무가 없기 때문에 발행자의 입장에서는 매년 지급하는 표시이자를 되도록 적게 지급하는 것이 유리하다. 따라서 전환사채 발행자는 보장수익률에 해당하는 이자와 표시이자율에 해당하는 이자의 차액을 만기에 일시불로 지급하게 되는데, 이를 상환할증금이라고 한다.

상환할증금은 보장수익률과 표시이자율의 차이에 해당하는 이자를 만기일에 일시 지급한 금액이다. 따라서 상환할증금은 표시이자율에 의한 미래현금흐름과 보장수익률에 의한 미래현금흐름의 차액을 보장수익률로 계산한 미래가치금액이 된다. 전환사채를 할인발행하거나 할증발행한 경우에도 상환할증금의 계산방법은 동일하다. 즉, 상환할증금은 전환사채의 발행금액과는 무관하게 결정된다.

**상환할증금 계산 산식**

상환할증금 = [전환사채 액면금액 × (보장수익률 − 표시이자율)] × 연금미래가치계수[1]

    [1] 보장수익률을 적용

   = 전환사채 액면금액 × 상환할증률[2]

    [2] 상환할증률 = 상환할증금 ÷ 전환사채 액면금액

㈜한영은 20×1년 초에 전환사채를 발행하였다. ㈜한영의 결산일은 매년 12월 31일이며, 관련 자료는 다음과 같다.

(1) 전환사채는 액면 ₩100,000, 표시이자율 10%, 만기 3년, 이자는 매년 말 1회 지급 조건이다.

(2) 전환사채의 발행가액은 ₩100,000이고, 전환조건은 사채액면 ₩10,000당 보통주 1주 (액면 ₩5,000)이며, 보장수익률은 12%이다. 사채발행 당시의 시장이자율은 연 13% 이다(단, 13%, 3년의 연금현가요소는 2.36115이고 13%, 3년 현가요소는 0.69305이다).

**1** ㈜한영이 발행한 전환사채의 만기일에 지급할 상환할증금을 계산하시오.
**2** ㈜한영이 발행한 전환사채의 상환할증률을 계산하시오.

**풀이**

**1** 상환할증금: $100,000 \times (12\% - 10\%) \times (1 + 1.12 + 1.12^2) = 6,749$

이자차액 계산

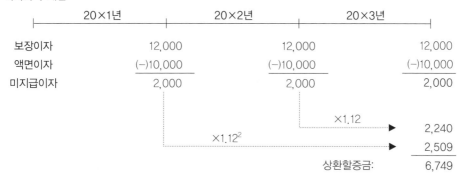

| | 20×1년 | 20×2년 | 20×3년 |
|---|---|---|---|
| 보장이자 | 12,000 | 12,000 | 12,000 |
| 액면이자 | (−)10,000 | (−)10,000 | (−)10,000 |
| 미지급이자 | 2,000 | 2,000 | 2,000 |
| ×1.12 | | | 2,240 |
| ×1.12² | | | 2,509 |
| 상환할증금: | | | 6,749 |

**2** 상환할증률: $6,749 \div 100,000 = 6.749\%$

## 02 전환권의 가치

전환사채는 부채요소에 해당하는 일반사채에 자본요소에 해당하는 전환권이라는 옵션을 첨부하여 발행한 복합금융상품이다. 전환사채의 발행금액 중 일반사채의 가치에 해당하는 부분은 부채로 분류하고, 전환권의 가치에 해당하는 부분은 자본으로 분류한다.

최초 인식시점에서 부채요소의 공정가치는 계약상 정해진 미래현금흐름을 당해 금융상품과 동일한 조건 및 유사한 신용상태를 가지며 실질적으로 동일한 현금흐름을 제공하지만 전환권이 없는 채무상품에 적용되는 그 시점의 시장이자율로 할인한 현재가치이다.

전환사채의 최초 장부금액을 부채요소와 자본요소에 배분하는 경우 자본요소는 전환사채 전체의 공정가치, 즉 전환사채의 최초 발행금액에서 부채요소에 해당하는 금액을 차감한 잔액으로 계산한다. 최초 인식시점에서 부채요소와 자본요소에 배분된 금액의 합계는 항상 전환사채 전체의 공정가치와 동일해야 하므로 최초 인식시점에는 어떠한 손익도 발생하지 않는다.

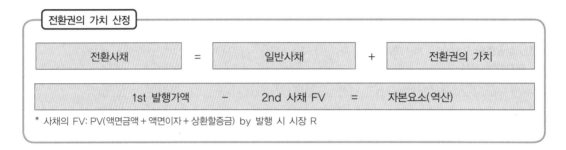

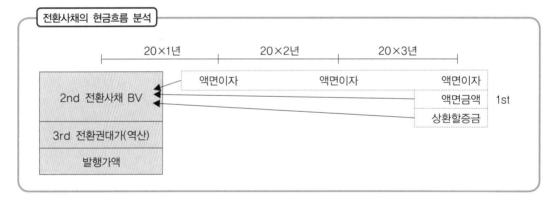

### Additional Comment

전환사채의 보장수익률은 항상 표시이자율보다 크거나 같다. 즉, 보장수익률이 표시이자율보다 큰 경우에는 만기일에 액면금액에 추가하여 상환할증금을 지급하며, 보장수익률이 표시이자율과 같은 경우에는 만기일에 액면금액만을 지급한다. 전환사채는 전환권이라는 옵션을 일반사채에 첨부하여 발행한 것이므로 보유자는 옵션의 가치에 해당하는 수익률의 감소를 감수하여야 한다. 따라서 전환권이 없는 유사한 채무에 대한 현행시장이자율은 전환사채의 보장수익률보다 항상 크다. 보유자는 전환권이 없는 유사한 채무에 대한 현행시장이자율을 포기하고 전환사채에 투자하여 보장수익률만을 수령하기로 한 것이므로 전환권이 없는 유사한 채무에 대한 현행시장이자율과 보장수익률의 차이는 결과적으로 전환권의 가치가 된다.

| 표시이자율 | ≤ | 보장수익률 | ≤ | 전환권이 없는 유사한 채무에 대한 현행시장이자율 |
| --- | --- | --- | --- | --- |

상환할증금으로 보상 　　　　　　 전환권의 부여로 보상

**Self Study**

이자율 관계(할인발행): 액면 R < 보장수익률 < 시장 R

---

**사례연습 2: 전환권의 가치**

㈜한영은 20×1년 초에 전환사채를 발행하였다. ㈜한영의 결산일은 매년 12월 31일이며, 관련 자료는 다음과 같다.

(1) 전환사채는 액면 ₩100,000, 표시이자율 10%, 만기 3년, 이자는 매년 말 1회 지급 조건이다.
(2) 전환사채의 발행가액은 ₩100,000이고, 전환조건은 사채액면 ₩10,000당 보통주 1주 (액면 ₩5,000)이며, 상환할증금은 ₩6,749이다. 사채발행 당시의 시장이자율은 연 13% 이다(단, 13%, 3년의 연금현가요소는 2.36115이고 13%, 3년 현가요소는 0.69305이다).

**㈜한영이 발행한 전환사채의 전환권대가를 구하시오.**

**풀이**

전환권의 가치: 2,406
현금흐름의 분석

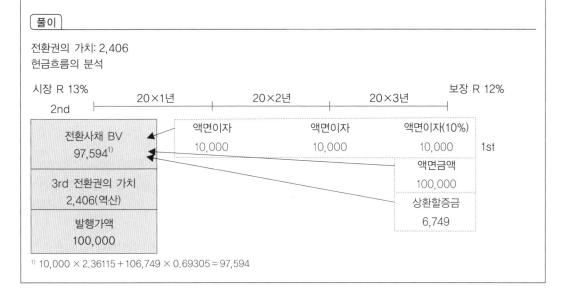

1) 10,000 × 2.36115 + 106,749 × 0.69305 = 97,594

## 01 전환사채의 발행

전환사채의 발행금액 중 전환권의 가치에 해당하는 금액은 전환권대가의 과목으로 하여 자본항목으로 분류하고 후속적으로 전환권을 행사할 가능성이 변동하는 경우에도 부채요소와 자본요소의 분류를 수정하지 않는다. 전환권대가는 자본거래에서 발생한 임시계정 성격이므로 자본조정으로 분류한다.

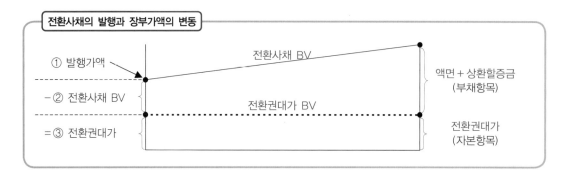

**전환사채의 발행과 장부가액의 변동**

**Additional Comment**

전환권대가는 추후에 회사의 주식을 취득하기 위하여 계약금으로 지급한 금액을 말하며, 이는 청약발행에서의 신주청약증거금과 성격적으로 동일하다. 한국채택국제회계기준 제1032호 '금융상품: 표시'에서는 전환권이 행사되지 않는 경우 자본요소인 전환권대가는 자본의 다른 항목으로 대체될 수 있으나 계속하여 자본으로 유지하여야 한다고 규정하고 있지 않다. 따라서 전환권대가를 주식의 발행금액으로 보아 주식발행초과금으로 대체하는 것은 기업의 자율에 따른다.

**Self Study**

전환권을 행사할 가능성이 변동하는 경우에도 전환상품의 부채요소와 자본요소로 분류된 금액을 후속적으로 재측정하지 않는다. (매기 말 전환권대가의 BV 변동 ✕, 추가적인 회계처리 없음)

상환할증지급조건인 경우 전환사채 발행자는 만기일에 전환사채의 액면금액에 상환할증금을 가산하여 상환한다. 전환사채 발행자는 전환사채 보유자가 전환권을 행사하지 않는다는 가정하에 만기일에 액면금액에 추가하여 지급하는 상환할증금을 부채로 인식한다. 상환할증금은 사채상환할증금의 과목으로 하여 전환사채의 가산계정으로 표시한다.

전환사채의 발행일에는 상환할증금과 전환권대가의 합계금액을 전환권조정으로 인식한다. 전환권조정은 전환사채의 차감계정으로 표시하고 전환사채의 상환기간에 걸쳐 유효이자율법으로 상각하여 이자비용으로 인식한다.

한국채택국제회계기준에서는 전환사채의 차감계정에 해당하는 전환권조정과 전환사채의 가산계정에 해당하는 사채상환할증금을 반드시 사용하라는 규정이 없으므로 순액법 회계처리와 총액법 회계처리가 모두 인정된다고 볼 수 있다. 시험목적으로는 순액으로 회계처리하는 것이 접근하기 쉬우므로 본서는 순액법에 대한 회계처리를 주로 하고 총액법에 대한 회계처리도 추가하여 설명할 것이다.

## (1) 전환사채의 발행 시 회계처리 및 F/S 효과(순액법)

| 차) 현금 | 1st 발행가액 | 대) 전환사채 ① 2nd PV(액면금액 + 액면이자 + 상환할증금) | |
|---|---|---|---|
| | | 전환권대가 ② | 대차차액 |

재무상태표

| | | |
|---|---|---|
| | 전환사채 | ① |
| | 전환권대가(자본조정) | ② |

## (2) 전환사채의 발행 시 회계처리 및 F/S 효과(총액법)

| 차) 현금 | 1st 발행가액 | 대) 전환사채 | 2nd 액면금액 |
|---|---|---|---|
| 전환권조정 2nd (액면금액 + 상환할증금 − ①) | | 사채상환할증금 | 2nd 만기상환액 |
| ① 전환사채 BV | | 전환권대가 ② | 대차차액 |

재무상태표

| | | |
|---|---|---|
| | 전환사채 | 액면금액 |
| | 사채상환할증금 | + 만기상환액 |
| | (−)전환권조정 | − 역산 |
| | 전환사채 BV | ① |
| | 전환권대가(자본조정) | ② |

전환권조정은 사채할인발행차금과 동일하게 부채의 차감계정이며, 전환권대가와는 아무런 관계가 없다.
⇒ 전환사채 액면금액 + 상환할증금(만기상환액) − 전환권조정 = 일반사채 PV

## 02 전환사채의 전환 전 이자비용 인식과 만기상환

### (1) 전환사채의 전환 전 이자비용

전환사채의 이자비용은 전환사채의 기초 장부금액에 유효이자율을 곱하여 계산한다. 이자비용으로 인식한 금액과 표시이자의 차액은 액면발행의 경우 전환권조정 상각액으로 처리한다.

---

**이자비용의 회계처리**

① 순액법 회계처리

| 차) 이자비용 | 1st 기초 BV × 유효 R | 대) 현금 | 2nd 액면이자 |
|---|---|---|---|
| | | 전환사채 | 대차차액 |

② 총액법 회계처리

| 차) 이자비용 | 1st 기초 BV × 유효 R | 대) 현금 | 2nd 액면이자 |
|---|---|---|---|
| | | 전환권조정 | 대차차액 |

---

**Self Study**

1. 전환사채는 매기 말 발행가액부터 액면금액 + 상환할증금까지 상각되어 간다. (매기 말 일반사채의 BV 변동 O)
2. 이자비용: 기초 전환사채 BV[= PV(액면금액 + 표시이자 + 상환할증금)] × 발행 시 유효 R
3. 전환사채 발행 후 부채요소는 FVPL금융부채로 분류될 수 없기 때문에 유효이자율을 적용하여 상각후원가로 측정한다.

### (2) 전환사채의 만기상환

전환사채의 만기 시에는 전환권조정은 전액이 상각되었으므로 전환사채의 장부금액은 액면금액에 상환할증금을 가산한 금액이 된다. 전환사채의 만기상환액은 장부금액과 일치하기에 상환으로 인한 손익은 발생하지 않는다. 또한, 전환권이 미행사된 분에 대한 전환권대가는 다른 자본항목으로 대체할 수 있다.

---

**만기상환의 회계처리**

① 순액법 회계처리

| 차) 전환사채 | 액면금액 + 상환할증금 만기지급액 | 대) 현금 | ×× |
|---|---|---|---|
| 차) 전환권대가 | 발행 시 전환권대가 | 대) 전환권대가소멸이익 | 자본항목 |

② 총액법 회계처리

| 차) 전환사채 | 액면금액 | 대) 현금 | ×× |
|---|---|---|---|
| 사채상환할증금 | 상환할증금 만기지급액 | | |
| 차) 전환권대가 | 발행 시 전환권대가 | 대) 전환권대가소멸이익 | 자본항목 |

---

## 03 전환권 행사

전환권 행사 시 발행되는 주식의 발행금액은 전환권을 행사한 부분에 해당하는 전환권대가와 전환사채 장부금액의 합계금액으로 한다. 장부금액 대체만 이루어지므로 전환에 따른 당기손익으로 인식할 전환손익은 없다. 최초 인식 시 전환권대가로 인식한 자본항목은 주식발행초과금으로 대체하여 주식의 발행금액에 가산한다.

### Additional Comment

전환권대가는 보유자가 주식을 취득하기 위하여 계약금으로 납입한 금액이며, 전환사채의 장부금액은 주식의 발행금액 중 계약금으로 납입한 금액을 제외한 잔금이 된다. 또한, 전환권 행사로 발행되는 주식의 발행금액 중 잔금은 미래기간에 상환하기로 한 전환사채의 미래현금흐름을 면제받는 것이다. 그러므로 전환사채의 미래현금흐름을 면제받은 것이므로 주식의 발행금액에 포함할 금액은 전환사채 미래현금흐름의 현재가치금액이 된다.

---

**전환권 행사(A% 전환 가정 시)의 회계처리 및 F/S 효과**

① 순액법 회계처리(일부 전환 가정)

| 차) 전환사채 | 전환일의 BV × 전환비율 | 대) 자본금 | 행사 주식수 × 액면금액 |
|---|---|---|---|
| 전환권대가 | 발행 시 BV × 전환비율 | 주식발행초과금 | 대차차액 |

② 총액법 회계처리(일부 전환 가정)

| 차) 전환사채 | 전환사채액면 × 전환비율 | 대) 전환권조정 | BV × 전환비율 |
|---|---|---|---|
| 사채상환할증금 | 만기지급액 × 전환비율 | 자본금 | 행사 주식수 × 액면금액 |
| 전환권대가 | 발행 시 BV × 전환비율 | 주식발행초과금 | 대차차액 |

\* 행사 주식수: 전환권이 행사된 전환사채의 금액 ÷ 전환가격

③ 전환 전 재무상태표와 전환 후 재무상태표(전액 전환 가정)

| 전환 전 B/S | | 전환 후 B/S | |
|---|---|---|---|
| | 전환사채 | | |
| | 사채상환할증금 | | |
| 전환 ⇒ | (−)전환권조정 | | |
| | BV | | |
| | 전환권대가 | | 자본금 |
| | | | 주식발행초과금 |

---

전환권의 행사로 발행되는 주식의 수량은 전환가격에 따라 결정된다. 전환가격은 전환사채가 주식으로 전환될 때 주식 1주당 교환되는 전환사채의 금액을 의미한다. 예를 들어, 전환가격은 전환사채 액면금액 ₩10,000당 액면금액 ₩5,000의 보통주 1주를 교부한다고 표시되어 있을 경우 전환가격은 ₩10,000이다.

1. 전환 시 자본총계에 미치는 영향: 전환시점의 전환사채 BV × 전환비율
2. 전환 시 주식발행초과금 증가액: 회계처리 이용하여 풀이
3. 전환사채의 일부 전환 시에는 반드시 100% 가정하여 회계처리 후 전환비율을 곱하여 원하는 계정의 금액을 산정한다.

참고

전환 시 회계처리로서 전환사채 장부금액법, 전환사채 시가법 및 발행주식의 시가법 등 여러 가지 방법이 제시될 수 있다. 이 방법들이 각각 의미하는 바는 증가하는 자본의 금액을 감소하는 전환사채의 장부금액(전환사채 장부금액법)으로 하거나, 감소하는 전환사채의 전환 시 시가(전환사채 시가법) 또는 전환 시 발행한 주식의 시가(발행주식의 시가법)로 하자는 것이다. 기준서는 전환에 따른 손익을 인식하지 않는다고 규정하고 있기 때문에 전환사채의 장부금액법에 근거하고 있다. 전환사채 장부금액법은 실무상 적용이 간편하다는 장점이 있는 반면, 시가법은 경제적 여건의 변화를 보다 잘 반영할 수 있는 장점이 있다. 그러나 시가법은 주식발행이라는 자본거래를 인식하면서 손익을 인식하는 모순이 발생하며, 이로 인한 이익정보의 왜곡을 가져올 문제점도 있다.

## 04 전환권 행사 이후의 이자비용 인식 및 만기상환 시 현금상환액(일부 전환 가정 시)

전환권을 행사하는 경우 전환사채의 장부금액 즉, 전환사채 미래현금흐름의 현재가치를 주식의 발행금액으로 대체한다. 따라서 전환권을 행사한 직후 전환권을 행사하지 않은 부분에 해당되는 전환사채의 장부금액도 전환사채 잔여 미래현금흐름의 현재가치가 된다.

전환권을 행사한 이후에도 전환사채의 빌행자는 미전환된 부분에 대하여 유효이자율법을 계속 적용하여 이자비용을 인식한다. 이자비용은 전환권을 행사한 이후 전환사채의 장부금액에 유효이자율을 곱하여 계산한다. 그러나 이자비용은 전환권을 행사하지 않았다고 가정하여 이자비용을 계산한 후 미전환비율을 곱하여 계산할 수도 있다.

전환사채의 만기일이 되면 전환권조정은 전액 상각되었으므로 전환사채의 장부금액은 액면금액에 상환할 증금을 가산한 금액에 미전환비율만큼이 된다. 전환사채의 만기상환액은 장부금액과 일치하므로 일부 전환 후에도 전환사채의 상환으로 인한 손익은 발생하지 않는다. 이때 전환권 미행사분에 해당하는 전환권대가는 다른 자본항목으로 대체할 수 있다.

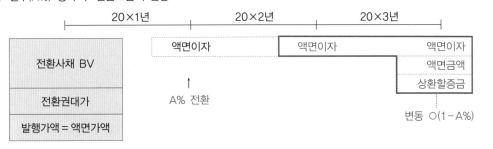

## 전환권 일부(A%) 행사 이후의 현금흐름의 변동 및 이자비용 인식과 만기상환액

1. 일부(A%) 행사 후 현금흐름의 변동

| 20×1년 | 20×2년 | 20×3년 |
|---|---|---|

전환사채 BV

전환권대가

발행가액 = 액면가액

액면이자 / 액면이자 / 액면이자

액면금액

상환할증금

A% 전환

변동 O(1 − A%)

2. 일부(A%) 전환 후 이자비용:
   기초 전환사채 BV[= PV(액면금액 + 액면이자 + 상환할증금)]×취득 R × (1 − 전환비율)
3. 일부(A%) 전환 후 만기상환액: (액면금액 + 상환할증금 만기지급액) × (1 − 전환비율)

### 사례연습 3

㈜한영은 20×1년 초에 전환사채를 발행하였다. ㈜한영의 결산일은 매년 12월 31일이며, 관련 자료는 다음과 같다.

(1) 전환사채는 액면 ₩100,000, 표시이자율 10%, 만기 3년, 이자는 매년 말 1회 지급 조건이다.
(2) 전환사채의 발행가액은 ₩100,000이고, 전환조건은 사채액면 ₩10,000당 보통주 1주 (액면 ₩5,000)이며, 보장수익률은 12%이고 상환할증률은 6.749%이다. 사채발행 당시의 시장이자율은 연 13%이다(단, 13%, 3년의 연금현가요소는 2.36115이고, 13%, 3년 현가요소는 0.69305이다).

**1** ㈜한영이 전환사채의 발행시점에 해야 할 회계처리를 보이고 F/S 효과를 보이시오.

**2** 동 거래가 20×1년의 ㈜한영의 당기손익에 미친 영향을 구하고 20×1년의 회계처리와 F/S 효과를 보이시오.

**3** 동 전환사채가 만기일까지 전환되지 않았을 경우, ㈜한영이 만기 시 해야 할 회계처리를 보이시오. (단, 이자비용 인식 회계처리는 제외)

**4** 동 전환사채가 20×1년 말 100% 전환되었을 때 전환으로 인한 자본증가액과 주식발행초과금을 구하시오.

**5** 동 전환사채가 20×1년 말에 40% 전환되었을 때 아래의 물음에 답하시오.
   **5**-① 전환시점에 자본총계에 미친 영향은 얼마인가?
   **5**-② 전환시점에 주식발행초과금의 증가액은 얼마인가?
   **5**-③ 40% 전환 이후 20×2년에 ㈜한영이 인식할 이자비용을 구하고 20×2년의 회계처리와 F/S 효과를 보이시오. (단, 총액법으로 회계처리)
   **5**-④ 40% 전환 이후 만기 시 ㈜한영이 상환할 금액은 얼마인가? (단, 액면이자 제외)

**1** 1. 현금흐름 분석

$$^{1)} 100,000 \times (12\% - 10\%) \times (1 + 1.12 + 1.12^2) = 6,749$$
$$^{2)} 10,000 \times 2.36115 + 106,749 \times 0.69305 = 97,594$$

2. 회계처리 및 F/S 분석

(1) 순액법 회계처리

| 차) 현금 | 1st 발행가액 100,000 | 대) 전환사채 ① 2nd PV(액면금액 + 액면이자 + 상환할증금) 97,594 |
|---|---|---|
| | | 전환권대가 ② 대차차액 2,406 |

재무상태표

| 전환사채 | ① 97,594 |
|---|---|
| 전환권대가(자본조정) | ② 2,406 |

(2) 총액법 회계처리

| 차) 현금 | 1st 발행가액 100,000 | 대) 전환사채 | 2nd 액면금액 100,000 |
|---|---|---|---|
| 전환권조정 2nd (액면금액 + 상환할증금 − ①) 9,155 | | 상환할증금 | 2nd 만기상환액 6,749 |
| ① 전환사채 BV 97,594 | | 전환권대가 ② | 대차차액 2,406 |

재무상태표

| 전환사채 | 액면금액 100,000 |
|---|---|
| 상환할증금 | + 만기상환액 6,749 |
| (−)전환권조정 | − 역산 (−)9,155 |
| 전환사채 BV | ① 97,594 |
| 전환권대가(자본조정) | ② 2,406 |

**2** 20×1년 당기손익에 미친 영향
⇒ 이자비용: 기초 전환사채 BV[= PV(액면금액 + 액면이자 + 상환할증금)] × 취득 시장 R
  : 97,594 × 13% = 12,687

**1. 순액법 회계처리**

| 차) 이자비용 | 1st 기초 BV × 유효 R | 대) 현금 | 2nd 액면이자 |
|---|---|---|---|
| | 12,687 | | 10,000 |
| | | 전환사채 | 대차차액 |
| | | | 2,687 |

재무상태표

| | 전환사채 | ① 100,281 |
|---|---|---|
| | 전환권대가(자본조정) | ② 2,406 |

**2. 총액법 회계처리**

| 차) 이자비용 | 1st 기초 BV × 유효 R | 대) 현금 | 2nd 액면이자 |
|---|---|---|---|
| | 12,687 | | 10,000 |
| | | 전환권조정 | 대차차액 |
| | | | 2,687 |

재무상태표(20×1년 말)

| | 전환사채 | 액면금액 100,000 |
|---|---|---|
| | 상환할증금 | + 만기상환액 6,749 |
| | (−)전환권조정 | − 역산 (−)6,468 |
| | 전환사채 BV | ① 100,281 |
| | 전환권대가(자본조정) | ② 2,406 |

⇒ 기말 전환사채 BV: PV(잔여 CF) by 취득 R = ① × (1 + R) − ③
  = 97,594 × 1.13 − 10,000 = 100,281

**3** 만기 시 회계처리(전환 0%, 액면이자 지급 제외)

**1. 순액법 회계처리**

| 차) 전환사채 | 액면금액 + 상환할증금 만기지급액 | 대) 현금 | 106,749 |
|---|---|---|---|
| | 106,749 | | |
| 차) 전환권대가 | 발행 시 전환권대가 | 대) 전환권대가소멸이익 | 자본항목 |
| | 2,406 | | 2,406 |

**2. 총액법 회계처리**

| 차) 전환사채 | 액면금액 | 대) 현금 | 106,749 |
|---|---|---|---|
| | 100,000 | | |
| 상환할증금 | 상환할증금 만기지급액 | | |
| | 6,749 | | |
| 차) 전환권대가 | 발행 시 전환권대가 | 대) 전환권대가소멸이익 | 자본항목 |
| | 2,406 | | 2,406 |

**4** 자본증가액: 100,281(전환사채 BV × 전환비율)

주식발행초과금: 52,687(회계처리 이용)

전환사채 전환 시(100% 전환)

1. 순액법 회계처리

| 차) 전환사채 | 전환일의 BV × 전환비율 100,281 | 대) 자본금 | 행사 주식수 × 액면금액 10주 × 5,000 = 50,000 |
|---|---|---|---|
| 전환권대가 | 발행 시 BV × 전환비율 2,406 | 주식발행초과금 | 대차차액 52,687 |

\* 행사 주식수: 전환권이 행사된 전환사채의 금액 ÷ 전환가격 = 100,000 ÷ 10,000 = 10주

2. 총액법 회계처리

| 차) 전환사채 | 전환액면 × 전환비율 100,000 | 대) 전환권조정 | BV × 전환비율 6,468 |
|---|---|---|---|
| 상환할증금 | 만기지급액 × 전환비율 6,749 | 자본금 | 행사 주식수 × 액면가액 50,000 |
| 전환권대가 | 발행 시 BV × 전환비율 2,406 | 주식발행초과금 | 대차차액 52,687 |

\* 행사 주식수: 전환권이 행사된 전환사채의 금액 ÷ 전환가격 = 100,000 ÷ 10,000 = 10주

**5** 40% 전환 시

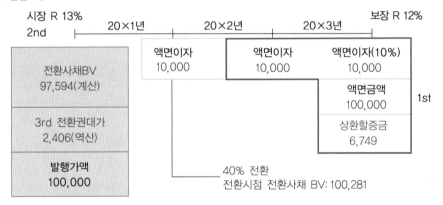

**5** - ① 전환시점에 자본총계에 미친 영향: 전환시점의 BV × 40% = 100,281 × 40% = 40,112

**5** - ② 전환시점에 주식발행초과금의 증가액: 52,687 × 40% = 21,075

[총액법 회계처리]

| 차) 전환사채 | 전환액면 × 전환비율 100,000 × 40% | 대) 전환권조정 | BV × 전환비율 6,468 × 40% |
|---|---|---|---|
| 상환할증금 | 만기지급액 × 전환비율 6,749 × 40% | 자본금 | 행사 주식수 × 액면가액 50,000 × 40% |
| 전환권대가 | 발행 시 BV × 전환비율 2,406 × 40% | 주식발행초과금 | 대차차액 52,687 × 40% |

**5**-**3** 20×2년에 ㈜한영이 인식할 이자비용: 7,822

* 기초 전환사채 BV[= PV(액면금액 + 액면이자 + 상환할증금)] × 취득 R × (1 − 전환비율)
* $100,281 × 13\% × (1 − 40\%) = (10,000/1.13 + 116,749/1.13^2) × 13\% × (1 − 40\%) = 7,822$

[총액법 회계처리]

| 차) 이자비용 | 1st 기초 BV × 기초 R 7,822 | 대) 현금 | 2nd 액면이자 6,000 |
|---|---|---|---|
| | | 전환권조정 | 대차차액 1,822 |

재무상태표(20×2년 말)

| | | |
|---|---|---|
| 전환사채 | 액면금액 | 60,000 |
| 상환할증금 | + 만기상환액 | 4,049 |
| (−)전환권조정 | − 역산 | (−)2,058 |
| 전환사채 BV | | ① 61,991 |
| 전환권대가(자본조정) | | ② 1,444 |

⇒ 기말 전환사채 BV: PV(잔여 CF) by 취득 R = ① × (1 + R) − ③
= $(100,281 × 1.13 − 10,000) × (1 − 40\%) = 61,991$
= $116,749/1.13 × (1 − 40\%) = 61,991$

**5**-**4** 만기 시 ㈜한영이 상환할 금액: 64,049

* (액면금액 + 상환할증금 만기지급액) × (1 − 전환비율) = $(100,000 + 6,749) × (1 − 40\%) = 64,049$

---

> 기출 Check 1

㈜국세는 만기 3년, 액면금액이 ₩300,000인 전환사채를 20×1년 1월 1일에 액면발행하였다. 전환사채의 액면이자율은 연 8%, 유효이자율은 연 10%이고, 이자지급일은 매년 12월 31일이다. 동 전환사채는 20×2년 1월 1일부터 사채액면 ₩10,000당 보통주 1주(주당 액면금액 ₩5,000)로 전환이 가능하다. 20×3년 1월 1일 전환사채의 50%가 전환되었으며 나머지는 만기에 상환하였다. 동 전환사채의 회계처리에 대한 다음 설명 중 옳지 않은 것은? (단, 사채발행과 관련한 거래비용은 없으며, 현가계수는 아래 표를 이용한다. 또한 계산금액은 소수점 첫째 자리에서 반올림하며, 이 경우 단수차이로 인해 약간의 오차가 있으면 가장 근사치를 선택한다) [세무사 2010년]

| 구분 | 단일금액(기말 지급) | | 연금(매기 말 지급) | |
|---|---|---|---|---|
| | 8% | 10% | 8% | 10% |
| 3년 | 0.7938 | 0.7513 | 2.5771 | 2.4868 |

① 20×1년 1월 1일 전환사채와 관련하여 ㈜국세가 부채로 인식할 금액은 ₩285,073이다.
② ㈜국세가 전환사채와 관련하여 20×2년도에 인식할 이자비용은 ₩28,958이다.
③ 20×2년 12월 31일 ㈜국세의 재무상태표상 자본계정(전환권대가)은 ₩5,462이다.
④ 20×3년 1월 1일 전환사채의 전환으로 인해 ㈜국세의 자본증가액은 ₩147,269이다.
⑤ ㈜국세가 전환사채와 관련하여 20×3년도에 인식할 이자비용은 ₩14,731이다.

**풀이**

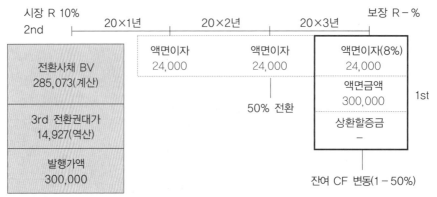

```
시장 R 10%                                                          보장 R - %
2nd  ├─── 20×1년 ──── 20×2년 ──── 20×3년 ───┤

                    ┌─────────┬─────────┬─────────────┐
                    │ 액면이자 │ 액면이자 │ 액면이자(8%) │
┌─────────────┐    │ 24,000  │ 24,000  │   24,000     │      1st
│ 전환사채 BV  │    └─────────┴────┬────┼─────────────┤
│ 285,073(계산)│                   │    │   액면금액    │
├─────────────┤              50% 전환  │   300,000    │
│ 3rd 전환권대가│                        ├─────────────┤
│ 14,927(역산) │                        │  상환할증금   │
├─────────────┤                        │     -       │
│  발행가액    │                        └──────┬──────┘
│  300,000    │                      잔여 CF 변동(1 - 50%)
└─────────────┘
```

\* 전환사채 발행 시 BV: 24,000 × 연금현가(3년, 10%) + 300,000 × 현가(3년, 10%) = 285,073

| 구분 | 계산근거 |
|------|----------|
| ① 20×1년 초 부채 인식액 | 24,000 × 연금현가(3년, 10%) + 300,000 × 현가(3년, 10%) = 285,073 |
| ② 20×2년 이자비용 | 20×2년 초 BV(285,073 × 1.1 − 24,000) × 10% = 28,958 |
| ③ 20×2년 전환권대가 BV | 14,927(최초 발행 이후 20×2년 말까지 전환되지 않으므로 변동 없음) |
| ④ 20×3년 초 전환 시 자본변동 | 20×3년 초 BV 324,000/1.1 × 전환비율 50% = 147,269(단수차이) |
| ⑤ 20×3년 이자비용 | 324,000/1.1 × 10% × (1 − 50%) = 14,731(단수차이) |

[전환 시 회계처리]

| 차) 전환사채 | 147,269 | 대) 자본금 | 75,000 |
|------|------|------|------|
| 전환권대가 | 7,464 | 주식발행초과금 | 79,733 |

정답: ③

---

**IV | 전환사채의 할인발행**

전환사채는 할인발행되어 액면금액보다 낮은 금액으로 발행금액이 결정되기도 하며, 할증발행되어 액면금액보다 높은 금액으로 발행금액이 결정되기도 한다. 본서에서는 할인발행의 회계처리 위주로 설명하기로 한다.

**01 | 전환사채의 할인발행 시 회계처리**

전환사채가 할인발행되는 경우 액면금액과 발행금액의 차액은 사채할인발행차금의 과목으로 처리한다. 사채할인발행차금은 전환사채에 차감하는 형식으로 표시하며, 전환사채의 상환기간에 걸쳐 유효이자율법으로 상각하고 동 상각액은 이자비용에 가산한다.

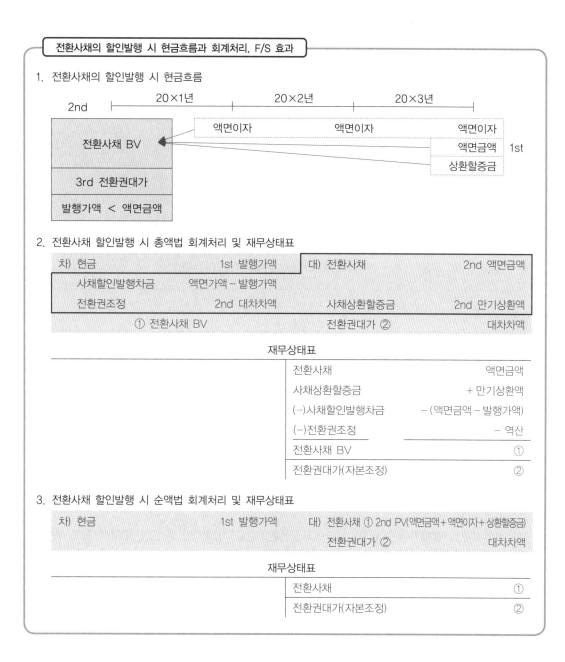

**전환사채의 할인발행 시 현금흐름과 회계처리, F/S 효과**

1. 전환사채의 할인발행 시 현금흐름

2. 전환사채 할인발행 시 총액법 회계처리 및 재무상태표

| 차) 현금 | | 1st 발행가액 | 대) 전환사채 | | 2nd 액면금액 |
|---|---|---|---|---|---|
| 사채할인발행차금 | 액면가액 – 발행가액 | | | | |
| 전환권조정 | 2nd 대차차액 | | 사채상환할증금 | | 2nd 만기상환액 |
| ① 전환사채 BV | | | 전환권대가 ② | | 대차차액 |

**재무상태표**

| | 전환사채 | 액면금액 |
|---|---|---|
| | 사채상환할증금 | + 만기상환액 |
| | (–)사채할인발행차금 | – (액면금액 – 발행가액) |
| | (–)전환권조정 | – 역산 |
| | 전환사채 BV | ① |
| | 전환권대가(자본조정) | ② |

3. 전환사채 할인발행 시 순액법 회계처리 및 재무상태표

| 차) 현금 | 1st 발행가액 | 대) 전환사채 ① 2nd PV(액면금액 + 액면이자 + 상환할증금) |
|---|---|---|
| | | 전환권대가 ②                  대차차액 |

**재무상태표**

| | 전환사채 | ① |
|---|---|---|
| | 전환권대가(자본조정) | ② |

## 02 전환사채의 할인발행 후 이자비용 회계처리

할인발행의 경우 액면발행의 경우와 같이 전환사채의 이자비용은 전환사채의 기초 장부금액에 유효이자율을 곱하여 계산한다. 여기서 장부금액이란 액면금액에 사채상환할증금을 더하고 전환권조정과 사채할인발행차금을 차감한 금액 또는 액면금액과 액면이자, 상환할증금으로 구성된 전환사채의 잔여현금흐름을 발행시점의 유효이자율을 사용하여 현재가치로 평가한 금액을 말한다. 전환사채를 할인발행하는 경우에는 이자비용으로 인식한 금액에서 표시이자를 차감하여 총상각액을 먼저 계산하고, 이 총상각액을 사채발행차금 상각액과 전환권조정 상각액의 금액비율로 안분한다.

① 총액법 회계처리

| 차) 이자비용 | 1st 기초 BV × 유효 R | 대) 현금 | 2nd 액면이자 |
|---|---|---|---|
| | | 전환권조정 | A |
| | | 사채할인발행차금 | B |

A: 대차차액(총상각액) × 전환권조정/(전환권조정 + 사채할인발행차금)
B: 대차차액(총상각액) × 사채할인발행차금/(전환권조정 + 사채할인발행차금)

② 순액법 회계처리

| 차) 이자비용 | 1st 기초 BV × 유효 R | 대) 현금 | 2nd 액면이자 |
|---|---|---|---|
| | | 전환사채 | 대차차액 |

⇒ 이자비용: 기초 전환사채 BV[= PV(액면금액 + 액면이자 + 상환할증금)] × 유효 R

**Self Study**

전환사채 할인발행의 경우도 총액법과 순액법이 재무제표에 미치는 효과가 동일하기 때문에 기말 이자비용의 회계처리를 묻는 문제가 아니라면, 순액법으로 풀이하면 액면발행을 묻는 문제와 모든 것이 동일해진다.

**사례연습 4 (2차)**

㈜한영은 20×1년 초에 전환사채를 발행하였다. ㈜한영의 결산일은 매년 12월 31일이며, 관련 자료는 다음과 같다.

(1) 전환사채는 액면 ₩100,000, 표시이자율 8%, 만기 3년, 이자는 매년 말 1회 지급 조건이다.
(2) 전환사채의 발행가액은 ₩95,105이고, 전환조건은 사채액면 ₩10,000당 보통주 1주(액면 ₩5,000)이며, 보장수익률은 10%이고 상환할증률은 6.62%이다. 사채발행 당시의 시장이자율은 연 13%이다(단, 13%, 3년의 연금현가요소는 2.36115이고, 13%, 3년 현가요소는 0.69305이다).

❶ ㈜한영이 전환사채의 발행시점에 해야 할 회계처리를 보이고 F/S 효과를 보이시오.
❷ 동 거래가 20×1년의 ㈜한영의 당기손익에 미친 영향을 구하고 20×1년의 회계처리를 보이시오.

**1** 1. 현금흐름 분석

시장 R 13%　　　　　　　　　　　　　　　　　　　　　　　보장 R 10%

2nd

| | 20×1년 | 20×2년 | 20×3년 | |
|---|---|---|---|---|

전환사채 BV
92,782[2]

3rd 전환권대가
2,323(역산)

발행가액
95,105

액면이자 8,000 / 액면이자 8,000 / 액면이자(8%) 8,000　1st

액면금액 100,000

상환할증금 6,620[1]

[1] $100,000 \times (10\% - 8\%) \times (1 + 1.1 + 1.1^2) = 6,620$
[2] $8,000 \times 2.36115 + 106,620 \times 0.69305 = 92,782$

2. 회계처리 및 F/S 분석

(1) 순액법 회계처리

| 차) 현금 | 1st 발행가액 | 대) 전환사채 ① 2nd PV(액면금액+액면이자+상환할증금) | |
|---|---|---|---|
| | 95,105 | | 92,782 |
| | | 전환권대가 ② | 대차차액 |
| | | | 2,323 |

재무상태표

| 전환사채 | ① 92,782 |
|---|---|
| 전환권대가(자본조정) | ② 2,323 |

(2) 총액법 회계처리

| 차) 현금 | 1st 발행가액 | 대) 전환사채 | 2nd 액면금액 |
|---|---|---|---|
| | 95,105 | | 100,000 |
| 사채할인발행차금 | 액면가액 − 발행가액 | | |
| | 4,895 | | |
| 전환권조정 | 2nd 대차차액 | 상환할증금 | 2nd 만기상환액 |
| | 8,943 | | 6,620 |
| ① 92,782 | | 전환권대가 ② | 대차차액 |
| | | | 2,323 |

복합금융상품　CH 13　해커스 IFRS 정윤돈 중급회계 2

| 재무상태표 | | ×1년 초 |
|---|---|---|
| | 전환사채 | 액면금액 100,000 |
| | 상환할증금 | + 만기상환액 6,620 |
| | (−)사채할인발행차금 | − (액면금액 − 발행가액) (−)4,895 |
| | (−)전환권조정 | − 역산 (−)8,943 |
| | 전환사채 BV | ① 92,782 |
| | 전환권대가(자본조정) | ② 2,323 |

전환사채 할인발행의 경우 개별적인 사채할인발행차금과 전환권조정의 상각액을 묻지 않고, 이자비용과 사채장부가액, 전환권대가 및 전환 시 효과를 묻는다면 액면발행과 풀이가 다르지 않다.

**2** 1. 20×1년 당기손익에 미친 영향

⇒ 이자비용: 기초 전환사채 BV[= PV(액면금액 + 액면이자 + 상환할증금)] × 취득 시장 R
  : 92,782 × 13% = 12,062

2. 회계처리

① 순액법 회계처리

| 차) 이자비용 | 1st 기초 BV × 유효 R 12,062 | 대) 현금 | 2nd 액면이자 8,000 |
|---|---|---|---|
| | | 전환사채 | 대차차액 4,062 |

| 재무상태표 | | ×1년 말 |
|---|---|---|
| | 전환사채 | 96,844 |
| | 전환권대가(자본조정) | 2,323 |

② 총액법 회계처리

| 차) 이자비용 | 1st 기초 BV × 유효 R 12,062 | 대) 현금 | 2nd 액면이자 8,000 |
|---|---|---|---|
| | | 전환권조정 | A 2,625 |
| | | 사채할인발행차금 | B 1,437 |

A: 대차차액(상각액) × 전환권조정/(전환권조정 + 사채할인발행차금)
  : (12,062 − 8,000) × 8,943/(8,943 + 4,895) = 2,625
B: 대차차액(상각액) × 사채할인발행차금/(전환권조정 + 사채할인발행차금)
  : (12,062 − 8,000) × 4,895/(8,943 + 4,895) = 1,437

⇒ 기말 전환사채 BV: PV(잔여 CF) by 취득 R = ① × (1 + R) − ③
  = 92,782 × 1.13 − 8,000 = 96,844

㈜예림은 20×1년 1월 1일 다음과 같은 조건의 전환사채를 ₩970,000에 발행하였다.

- 액면금액: ₩1,000,000
- 표시이자율: 연 5%
- 전환사채 발행시점의 자본요소가 결합되지 않은 유사한 일반사채 시장이자율: 연 10%
- 이자지급일: 매년 12월 31일
- 만기상환일: 20×4년 1월 1일
- 원금상환방법: 상환기일에 액면금액의 105.96%를 일시상환

| 기간 | ₩1의 현재가치(10%) | ₩1의 정상연금현가(10%) |
|------|------|------|
| 1년 | 0.9091 | 0.9091 |
| 2년 | 0.8265 | 1.7356 |
| 3년 | 0.7513 | 2.4869 |

전환사채 중 액면금액 ₩700,000이 20×2년 1월 1일에 보통주식(주당 액면금액 ₩5,000)으로 전환되었으며, 전환가격은 ₩10,000이다. 전환권대가는 전환권이 행사되어 주식을 발행할 때 행사된 부분만큼 주식발행초과금으로 대체하며, 전환간주일은 기초시점으로 가정한다. 20×2년 12월 31일 전환사채와 전환권대가의 장부금액은 각각 얼마인가? (단, 법인세효과는 고려하지 않으며, 계산 결과 단수차이로 인해 답안과 오차가 있는 경우 근사치를 선택한다)

[공인회계사 2013년]

|  | 전환사채 | 전환권대가 |
|------|------|------|
| ① | ₩317,880 | ₩23,873 |
| ② | ₩317,880 | ₩14,873 |
| ③ | ₩302,613 | ₩23,873 |
| ④ | ₩302,613 | ₩14,873 |
| ⑤ | ₩300,000 | ₩59,600 |

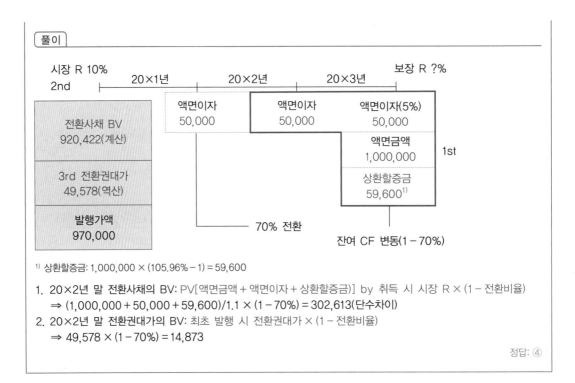

**풀이**

<sup>1)</sup> 상환할증금: 1,000,000 × (105.96% − 1) = 59,600

1. 20×2년 말 전환사채의 BV: PV[액면금액 + 액면이자 + 상환할증금)] by 취득 시 시장 R × (1 − 전환비율)
   ⇒ (1,000,000 + 50,000 + 59,600)/1.1 × (1 − 70%) = 302,613(단수차이)
2. 20×2년 말 전환권대가의 BV: 최초 발행 시 전환권대가 × (1 − 전환비율)
   ⇒ 49,578 × (1 − 70%) = 14,873

정답: ④

# 3 신주인수권부사채

신주인수권부사채(BW; Bonds with Stock Warrant)란 사채권자에게 사채발행 후 일정 기간(행사기간) 내에 정해진 가격(행사가격)으로 사채발행회사에게 신주발행을 청구할 수 있는 권리(신주인수권)를 부여한 사채로서 복합금융상품에 해당한다.

## Additional Comment

신주인수권부사채를 취득한 투자자가 신주인수권을 행사하여 주식을 취득하면 주주로서의 권리를 행사할 수도 있고, 취득한 주식을 처분하여 매매차익을 실현할 수도 있다. 이와 같이 유리한 조건인 신주인수권이 사채에 부여되어 있기 때문에 전환사채와 마찬가지로 신주인수권부사채도 일반사채의 표시이자율보다 낮은 이자율로 발행되는 것이 일반적이다.

신주인수권부사채도 전환사채와 마찬가지로 만기일에 권리를 행사하지 않는 경우 상환할증금을 액면금액에 가산하여 상환하는 상환할증지급조건과 만기일에 액면금액만을 상환하는 액면상환조건으로 각각 발행된다. (⇒ 상환할증금을 계산하는 방법도 전환사채의 경우와 동일하다)

① 상환할증지급조건: 신주인수권을 행사하지 않는 경우 만기일에 상환할증금을 액면금액에 가산하여 상환하는 조건
② 액면상환조건: 신주인수권의 행사 여부에 관계없이 만기일에 액면금액만을 상환하는 조건

## 참고

신주인수권부사채는 분리형 신주인수권부사채와 비분리형 신주인수권부사채로 구분된다. 분리형 신주인수권부사채는 사채권과 신주인수권을 각각 별도의 증권으로 표창하고 독립하여 양도할 수 있는 사채를 말한다. 반면에 비분리형 신주인수권부사채는 1매의 채권에 사채권과 신주인수권을 함께 표창하고 이 두 가지 권리를 분리하여 따로 양도할 수 없는 사채를 말한다. 우리나라에서는 대주주가 헐값에 신주인수권을 취득하여 자신의 지분을 수월하게 확대하는 폐해를 방지하기 위하여 자본시장법을 개정하여 2013년 8월부터 분리형 신주인수권부사채의 발행을 금지하였다. 그러나 이로 인하여 신주인수권부사채의 발행시장이 위축되는 부작용이 발생하여 2015년에 다시 자본시장법을 개정하여 공모로 발행되는 경우에 한하여 분리형 신주인수권부사채의 발행을 다시 허용하고 있다. 그러나 한국채택국제회계기준에서는 신주인수권의 분리 여부에 따라 회계처리의 차이가 존재하지 않는다.

## 01 상환할증금

상환할증금은 신주인수권부사채의 보유자가 만기까지 신주인수권을 행사하지 않아 만기상환하는 경우에 사채발행회사가 보유자에게 일정 수준의 수익률을 보장하기 위하여 만기에 지급할 액면금액에 추가하여 지급하기로 약정한 금액을 말한다.

### Additional Comment

> 신주인수권부사채에는 신주인수권이 부여되어 있기 때문에 액면이자가 동일한 일반사채보다 신주인수권가치만큼 가격이 더 높게 발행된다. 그러나 만기까지 발행회사의 주가가 상승하지 않는다면 신주인수권을 행사하여 매매차익을 얻을 수 없기 때문에 오히려 투자자들은 신주인수권가치만큼 투자성과에 있어 기회손실을 보게 된다. 이러한 기회손실을 보장하기 위해 상환할증금을 지급하여 일정한 수익률을 보장해준다.

상환할증금은 보장수익률과 표시이자율의 차이에 해당하는 이자를 만기일에 일시 지급한 금액이다. 따라서 상환할증금은 표시이자율에 의한 미래현금흐름과 보장수익률에 의한 미래현금흐름의 차액을 보장수익률로 계산한 미래가치금액이 된다. 신주인수권부사채를 할인발행하거나 할증발행한 경우에도 상환할증금의 계산방법은 동일하다. 즉, 상환할증금은 신주인수권부사채의 발행금액과는 무관하게 결정된다.

---

**상환할증금 계산 산식**

상환할증금 = [신주인수권부사채 액면금액 × (보장수익률 − 표시이자율)] × 연금미래가치계수[1]
　　　　　　[1] 보장수익률을 적용
　　　　　= 신주인수권부사채 액면금액 × (상환할증률[2])
　　　　　　[2] 상환할증률 = 상환할증금 ÷ 신주인수권부사채 액면금액

---

### Self Study

전환사채와 신주인수권부사채의 상환할증금 계산방법은 동일하다.

## 02 신주인수권의 가치

신주인수권부사채는 일반사채부분인 부채요소와 신주인수권에 해당하는 자본요소를 모두 가지고 있는 복합적 성격을 지닌 증권이다. 신주인수권부사채를 발행한 경우에는 발행가액을 일반사채에 해당하는 부채요소와 신주인수권에 해당하는 자본요소로 분리하여 회계처리하며, 자본요소의 가치를 신주인수권가치(신주인수권대가)로 인식해야 한다.

신주인수권가치는 당해 신주인수권부사채의 발행가액에서 신주인수권이 없는 일반사채의 공정가치를 차감하여 계산한다. 이 경우 일반사채의 공정가치는 만기일까지 기대되는 미래 현금흐름을 사채발행일 현재 발행회사의 신주인수권이 없는 일반사채의 유효이자율로 할인한 금액이다.

신주인수권의 가치 산정

| 신주인수권부사채 | = | 일반사채 | + | 신주인수권의 가치 |

| 1st 발행가액 | − | 2nd 사채 FV | = | 자본요소(역산) |

* 사채의 FV: PV(액면금액 + 액면이자 + 상환할증금) by 발행 시 시장 R

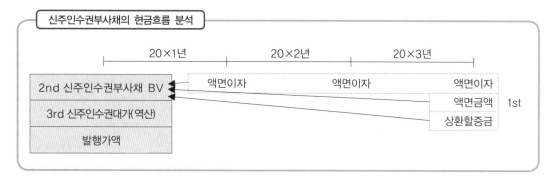

신주인수권부사채의 현금흐름 분석

**Self Study**

신주인수권대가를 계산하는 방법은 전환사채의 전환권대가를 계산하는 방법과 동일하다.

## Ⅲ 신주인수권부사채의 액면발행

### 01 신주인수권부사채의 발행

신주인수권부사채의 발행금액은 부채요소에 해당하는 일반사채의 가치와 자본요소에 해당하는 신주인수권의 가치로 구분된다. 이 중 신주인수권의 가치에 해당하는 금액은 신주인수권에 대한 대가가 납입된 것이므로 신주인수권대가의 과목으로 하여 자본항목(자본조정)으로 분류하고 권리 행사 시 주식발행초과금으로 대체할 수 있다. 또한, 후속적으로 신주인수권을 행사할 가능성이 변동하는 경우에도 부채요소와 자본요소의 분류를 수정하지 않는다.

상환할증지급조건이 있는 경우 신주인수권부사채 발행자는 만기일에 신주인수권부사채의 액면금액에 상환할증금을 가산하여 상환한다. 신주인수권부사채도 전환사채와 동일하게 보유자가 신주인수권을 행사하지 않는다고 가정하고, 만기일에 액면금액에 추가하여 지급하는 상환할증금을 부채로 인식한다.

신주인수권부사채의 발행일에는 상환할증금과 신주인수권대가의 합계금액을 신주인수권조정으로 인식한다. 신주인수권조정은 신주인수권부사채의 차감계정으로 표시하고 신주인수권부사채의 상환기간에 걸쳐 유효이자율법으로 상각하여 이자비용으로 인식한다.

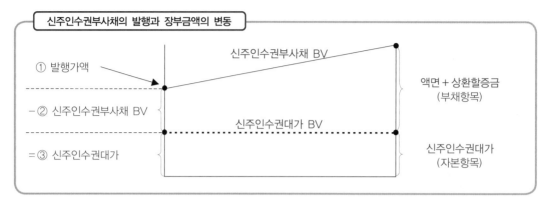

**신주인수권부사채의 발행과 장부금액의 변동**

① 발행가액

－② 신주인수권부사채 BV

＝③ 신주인수권대가

신주인수권부사채 BV

신주인수권대가 BV

액면＋상환할증금
(부채항목)

신주인수권대가
(자본항목)

신주인수권부사채의 발행 시 회계처리는 편의에 따라 아래와 같이 순액법과 총액법으로 나눌 수 있고 순액법과 총액법의 F/S 효과는 모두 동일하다.

**(1) 신주인수권부사채의 발행 시 회계처리 및 F/S 효과(순액법)**

| 차) 현금 | 1st 발행가액 | 대) 신주인수권부사채 ① | 2nd PV(액면금액＋액면이자＋상환할증금) |
|---|---|---|---|
| | | 신주인수권대가 ② | 대차차액 |

| 재무상태표 | |
|---|---|
| 신주인수권부사채 | ① |
| 신주인수권대가(자본조정) | ② |

**(2) 신주인수권부사채의 발행 시 회계처리 및 F/S 효과(총액법)**

| 차) 현금 | 1st 발행가액 | 대) 신주인수권부사채 | 2nd 액면금액 |
|---|---|---|---|
| 신주인수권조정 2nd (액면금액＋상환할증금－①) | | 사채상환할증금 | 2nd 만기상환액 |
| ① 신주인수권부사채 BV | | 신주인수권대가 ② | 대차차액 |

| 재무상태표 | |
|---|---|
| 신주인수권부사채 | 액면금액 |
| 사채상환할증금 | ＋만기상환액 |
| (－)신주인수권조정 | － 역산 |
| 신주인수권부사채 BV | ① |
| 신주인수권대가(자본조정) | ② |

**Self Study**

신주인수권부사채 발행의 회계처리와 F/S 효과는 동일한 조건의 전환사채와 동일하다.

## 02 신주인수권부사채의 신주인수권 행사 전 이자비용 인식과 만기상환

### (1) 신주인수권부사채의 신주인수권 행사 전 이자비용

신주인수권부사채의 이자비용은 신주인수권부사채의 기초 장부금액에 유효이자율을 곱하여 계산한다. 이자비용으로 인식한 금액과 표시이자의 차액은 액면발행의 경우 신주인수권조정 상각액으로 처리한다.

> **이자비용의 회계처리**
>
> ① 순액법 회계처리
>
> | 차) 이자비용 | 1st 기초 BV × 유효 R | 대) 현금 | 2nd 액면이자 |
> |---|---|---|---|
> | | | 신주인수권부사채 | 대차차액 |
>
> ② 총액법 회계처리
>
> | 차) 이자비용 | 1st 기초 BV × 유효 R | 대) 현금 | 2nd 액면이자 |
> |---|---|---|---|
> | | | 신주인수권조정 | 대차차액 |

> **Self Study**
>
> 신주인수권부사채 이자비용의 회계처리와 F/S 효과는 동일한 조건의 전환사채와 동일하다.

### (2) 신주인수권부사채의 만기상환

신주인수권부사채의 만기 시에는 신주인수권조정은 전액이 상각되었으므로 신주인수권부사채의 장부금액은 액면금액에 상환할증금을 가산한 금액이 된다. 신주인수권부사채의 만기상환액은 장부금액과 일치하기에 상환으로 인한 손익은 발생하지 않는다. 또한, 신주인수권이 미행사된 부분에 대한 신주인수권대가는 다른 자본항목으로 대체할 수 있다.

> **만기상환의 회계처리**
>
> ① 순액법 회계처리
>
> | 차) 신주인수권부사채 | 액면금액 + 상환할증금 만기지급액 | 대) 현금 | ×× |
> |---|---|---|---|
> | 차) 신주인수권대가 | 발행 시 전환권대가 | 대) 신주인수권대가소멸이익 | 자본항목 |
>
> ② 총액법 회계처리
>
> | 차) 신주인수권부사채 | 액면금액 | 대) 현금 | ×× |
> |---|---|---|---|
> | 사채상환할증금 | 상환할증금 만기지급액 | | |
> | 차) 신주인수권대가 | 발행 시 전환권대가 | 대) 신주인수권대가소멸이익 | 자본항목 |

## 03 신주인수권 행사

신주인수권을 행사하는 경우 주식의 발행금액은 권리 행사 시에 납입되는 금액(행사가격)과 신주인수권대가 중 권리 행사분에 해당하는 금액의 합계금액으로 한다. 다만, 상환할증금 지급조건이 있는 경우에는 상환할증금 중 권리 행사분에 해당하는 금액을 납입금액에 가산한다. 이때 상환할증금은 관련된 미상각 신주인수권조정을 차감한 후의 금액(= 상환할증금의 행사시점 현재가치)을 말한다. 그러므로 신주인수권의 행사로 발행되는 주식의 발행금액은 현금납입액과 신주인수권대가 및 현재 상환할증금의 현재가치를 합산한 금액이 된다.

┌─ **신주인수권의 행사 시 주식의 발행금액** ─┐

1. 상환할증지급조건 × : 납입되는 금액(행사가격) + 신주인수권대가
2. 상환할증지급조건 ○ : 납입되는 금액(행사가격) + 신주인수권대가 + PV(상환할증금)

**Additional Comment**

상환할증금 지급조건 신주인수권부사채의 경우 신주인수권이 행사되면 만기에 상환할증금을 지급할 필요가 없으므로 신주인수권의 행사시점에 상환할증금의 현재가치를 주식의 발행금액에 포함하여야 하는 것이다.

┌─ **신주인수권 행사(A% 행사 가정 시)의 회계처리 및 F/S 효과** ─┐

① 순액법 회계처리(일부 행사 가정)

| 차) 현금 | 행사 주식수 × 행사가격 | 대) 자본금 | 행사 주식수 × 액면금액 |
|---|---|---|---|
| 신주인수권부사채 | PV(상환할증금) × 행사비율 | | |
| 신주인수권대가 | 발행 시 BV × 행사비율 | 주식발행초과금 | 대차차액 |

② 총액법 회계처리(일부 행사 가정)

| 차) 현금 | 행사 주식수 × 행사가격 | 대) 신주인수권조정 | 상환할증금 관련 × 행사비율 |
|---|---|---|---|
| 사채상환할증금 | 만기지급액 × 행사비율 | 자본금 | 행사 주식수 × 액면금액 |
| 신주인수권대가 | 발행 시 BV × 행사비율 | 주식발행초과금 | 대차차액 |

* 행사 주식수: 신주인수권 행사 시 납입할 현금 ÷ 행사가격

③ 행사 전 재무상태표와 행사 후 재무상태표(전액 행사 가정)

| 행사 전 B/S | | 행사 후 B/S | |
|---|---|---|---|
| | 신주인수권부사채 | 현금 | 신주인수권부사채 |
| | 상환할증금 | | − |
| 행사 ⇒ | (−)신주인수권조정 | | (−)신주인수권조정 |
| | BV | | BV |
| | 신주인수권대가 | | 자본금 |
| | | | 주식발행초과금 |

신주인수권의 행사로 발행되는 주식의 수량은 행사가격에 따라 결정된다. 행사가격은 신주인수권의 권리 행사 시 보유자가 취득하는 주식 1주당 납입할 현금을 말한다. 예를 들어, 행사가격은 보통주 1주당 ₩10,000으로 표시되는데, 이 경우 행사가격은 주당 ₩10,000이 된다.

## 04 신주인수권 행사 이후의 이자비용 인식 및 만기상환 시 현금상환액(일부 행사 가정 시)

신주인수권을 행사한 이후에도 신주인수권부사채의 발행자는 유효이자율법을 계속 적용하여 이자비용을 인식한다. 이자비용은 신주인수권을 행사한 이후 신주인수권부사채의 장부금액에 유효이자율을 곱하여 계산한다. 신주인수권부사채의 만기일이 되면 신주인수권조정은 전액이 상각되었으므로 신주인수권부사채의 장부금액은 액면금액에 권리를 행사하지 않은 부분에 대한 상환할증금을 가산한 금액이 된다.

**Additional Comment**

전환사채의 경우에는 전환권이 행사된 이후에 전환권이 행사된 부분에 해당하는 사채가 소멸되므로 미행사된 부분의 전환사채에 대해서만 이자비용을 인식하면 된다. 반면에 신주인수권부사채의 경우 사채가 존속하므로 신주인수권이 행사되더라도 100%의 이자비용을 인식한다. 그러나 상환할증금 지급조건 신주인수권부사채의 경우 신주인수권이 행사되면 원금과 액면이자와 관련된 이자비용은 100%로 인식해야 하지만 상환할증금은 행사된 부분에 대해서 상환할증금을 지급할 필요가 없으므로 상환할증금과 관련된 이자비용 중 미행사된 부분에 대해서만 인식해야 한다.

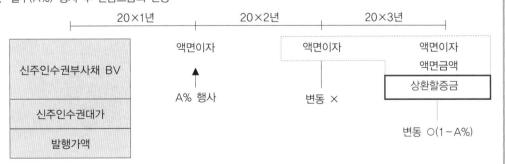

신주인수권 일부(A%) 행사 이후의 현금흐름의 변동 및 이자비용 인식과 만기상환액

1. 일부(A%) 행사 후 현금흐름의 변동

2. 일부(A%) 행사 후 이자비용: 기초 BV[= PV(액면금액 + 액면이자 + 상환할증금 × (1 − 행사비율))] × 취득 R
3. 일부(A%) 행사 후 만기상환액: 액면금액 + 상환할증금 만기지급액 × (1 − 행사비율)

㈜한영은 20×1년 초에 신주인수권부사채를 발행하였다. ㈜한영의 결산일은 매년 12월 31일이며, 관련 자료는 다음과 같다.

> (1) 신주인수권부사채는 액면 ₩100,000, 표시이자율 10%, 만기 3년, 이자는 매년 말 1회 지급조건이다.
> (2) 신주인수권부사채의 발행가액은 ₩100,000이고, 행사조건은 사채액면 ₩10,000당 보통주 1주(액면 ₩5,000)를 ₩7,000에 매입할 수 있다. 보장수익률은 12%이고 상환증률은 6.749%이다. 사채발행 당시의 시장이자율은 연 13%이다(단, 13%, 3년의 연금현가요소는 2.36115이고, 13%, 3년 현가요소는 0.69305이다).

**1** ㈜한영이 신주인수권부사채의 발행시점에 해야 할 회계처리를 보이고 F/S 효과를 보이시오.

**2** 동 거래가 20×1년의 ㈜한영의 당기손익에 미친 영향을 구하고 20×1년의 회계처리와 F/S 효과를 보이시오.

**3** 동 신주인수권부사채가 만기일까지 전환되지 않았을 경우, ㈜한영이 만기 시 해야 할 회계처리를 보이시오. (단, 이자비용 인식 회계처리는 제외)

**4** 신주인수권이 20×1년 말 100% 행사되었을 때 행사로 인한 자본증가액과 주식발행초과금을 구하시오.

**5** 신주인수권이 20×1년 말에 40% 행사되었을 때 아래의 물음에 답하시오.
> **5**-① 행사시점에 자본총계에 미친 영향은 얼마인가?
> **5**-② 행사시점에 주식발행초과금의 증가액은 얼마인가?
> **5**-③ 40% 행사 이후 20×2년에 ㈜한영이 인식할 이자비용을 구하고 20×2년의 회계처리와 F/S 효과를 보이시오. (단, 총액법으로 회계처리)
> **5**-④ 40% 행사 이후 만기 시 ㈜한영이 상환할 금액은 얼마인가? (단, 액면이자 제외)

풀이

**1** 1. 현금흐름 분석

$$^{1)}\ 100,000 \times (12\% - 10\%) \times (1 + 1.12 + 1.12^2) = 6,749$$
$$^{2)}\ 10,000 \times 2.36115 + 106,749 \times 0.69305 = 97,594$$

## 2. 회계처리 및 F/S 분석

### (1) 순액법 회계처리

| 차) 현금 | 1st 발행가액<br>100,000 | 대) 신주인수권부사채 ① | 2nd PV(액면금액 +<br>액면이자 + 상환할증금)<br>97,594 |
|---|---|---|---|
| | | 전환권대가 ②<br>└ 신주인수권대가 | 대차차액<br>2,406 |

**재무상태표**

| | | |
|---|---|---|
| 신주인수권부사채 | ① 97,594 |
| 신주인수권대가 | ② 2,406 |

### (2) 총액법 회계처리

| 차) 현금 | 1st 발행가액<br>100,000 | 대) 신주인수권부사채 | 2nd 액면금액<br>100,000 |
|---|---|---|---|
| 신주인수권조정 2nd (액면금액 + 상환할증금 − ①)<br>9,155 | | 상환할증금 | 2nd 만기상환액<br>6,749 |
| ① 신주인수권부사채 BV 97,594 | | 신주인수권대가 ② | 대차차액<br>2,406 |

**재무상태표**

| | |
|---|---|
| 신주인수권부사채 | 액면금액 100,000 |
| 상환할증금 | + 만기상환액 6,749 |
| (−)신주인수권조정 | − 역산 (−)9,155 |
| 신주인수권부사채 BV | ① 97,594 |
| 신주인수권대가 | ② 2,406 |

## ❷ 1. 20×1년 당기손익에 미친 영향

⇒ 이자비용: 기초 신주인수권부사채 BV(= PV(액면금액 + 액면이자 + 상환할증금)) × 취득 시장 R
  : 97,594 × 13% = 12,687

## 2. 회계처리

### (1) 순액법 회계처리

| 차) 이자비용 | 1st 기초 BV × 유효 R<br>12,687 | 대) 현금 | 2nd 액면이자<br>10,000 |
|---|---|---|---|
| | | 신주인수권부사채 | 대차차액<br>2,687 |

**재무상태표**

| | |
|---|---|
| 신주인수권부사채 | ① 100,281 |
| 신주인수권대가 | ② 2,406 |

(2) 총액법 회계처리

| 차) 이자비용 | 1st 기초 BV × 유효 R | 대) 현금 | 2nd 액면이자 |
|---|---|---|---|
| | 12,687 | | 10,000 |
| | | 신주인수권조정 | 대차차액 |
| | | | 2,687 |

재무상태표(20×1년 말)

| | | |
|---|---|---|
| | 신주인수권부사채 | 액면금액 100,000 |
| | 상환할증금 | + 만기상환액 6,749 |
| | (−)신주인수권조정 | − 역산 (−)6,468 |
| | 신주인수권부사채 BV | ① 100,281 |
| | 신주인수권대가 | ② 2,406 |

$$\Rightarrow \text{기말 신주인수권부사채 BV: PV(잔여 CF) by 취득 R} = ① \times (1+R) - ③$$
$$= 97,594 \times 1.13 - 10,000 = 100,281$$

**3** 만기 시 회계처리(행사 0%, 액면이자 지급 제외)

1. 순액법 회계처리

| 차) 신주인수권부사채 | 액면금액+상환할증금 만기지급액 | 대) 현금 | 106,749 |
|---|---|---|---|
| | 106,749 | | |
| 차) 신주인수권대가 | 발행 시 신주인수권대가 | 대) 신주인수권대가소멸이익 | 자본항목 |
| | 2,406 | | 2,406 |

2. 총액법 회계처리

| 차) 신주인수권부사채 | 액면금액 | 대) 현금 | 106,749 |
|---|---|---|---|
| | 100,000 | | |
| 상환할증금 | 상환할증금 만기지급액 | | |
| | 6,749 | | |
| 차) 신주인수권대가 | 발행 시 신주인수권대가 | 대) 신주인수권대가소멸이익 | 자본항목 |
| | 2,406 | | 2,406 |

**4** 자본증가액: 행사가격 + PV(상환할증금) = 70,000 + 5,285 = 75,285
주식발행초과금: 27,691(회계처리 이용)
신주인수권부사채 100% 행사

1. 순액법 회계처리

| 차) 현금 | 행사 주식수 × 행사가격 | 대) 자본금 | 행사 주식수 × 액면금액 |
|---|---|---|---|
| | 70,000 | | 50,000 |
| 신주인수권부사채 | PV(상환할증금) × 행사비율 | | |
| | $6,749/1.13^2 = 5,285$ | | |
| 신주인수권대가 | 발행 시 BV × 행사비율 | 주식발행초과금 | 대차차액 |
| | 2,406 | | 27,691 |

\* 행사 주식수: 100,000 ÷ 10,000 = 10주

2. 총액법 회계처리

| 차) 현금 | 행사 주식수[1] × 행사가격 70,000 | 대) 신주인수권조정 | BV × 행사비율 1,464 |
| 상환할증금 | 만기지급액 × 행사비율 6,749 | 자본금 | 행사 주식수 × 액면금액 50,000 |
| 신주인수권대가 | 발행 시 BV × 행사비율 2,406 | 주식발행초과금 | 대차차액 27,691 |

[1] 행사 주식수: 100,000 ÷ 10,000 = 10주

**5** 40% 전환 시

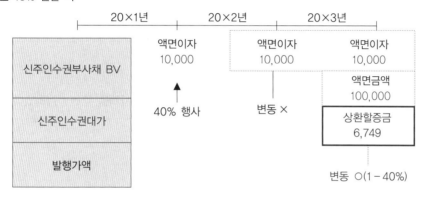

**5** - ① 행사시점에 자본총계에 미친 영향: $(70,000 + 6,749/1.13^2) \times 40\% = 30,114$

**5** - ② 행사시점에 주식발행초과금의 증가액: $27,691 \times 40\% = 11,076$

[총액법 회계처리]

| 차) 현금 | 행사 주식수 × 행사가격 70,000 × 40% | 대) 신주인수권조정 | BV × 행사비율 1,464 × 40% |
| 상환할증금 | 만기지급액 × 행사비율 6,749 × 40% | 자본금 | 행사 주식수 × 액면금액 50,000 × 40% |
| 신주인수권대가 | 발행 시 BV × 행사비율 2,406 × 40% | 주식발행초과금 | 대차차액 27,691 × 40% |

**5** - ③ 20×2년에 ㈜한영이 인식할 이자비용: 12,762

\* 기초 PV[액면금액 + 액면이자 + 상환할증금 × (1 - 행사비율)] × 취득 R
$= [10,000/1.13 + \{110,000 + 6,749 \times (1 - 40\%)\}/1.13^2] \times 13\% = 12,762$

[총액법 회계처리]

| 차) 이자비용 | 1st 유효 BV × 기초 R 12,762 | 대) 현금 | 2nd 액면이자 10,000 |
| | | 신주인수권조정 | 대차차액 2,762 |

재무상태표(20×2년 말)

| | | |
|---|---|---|
| 신주인수권부사채 | 액면금액 | 100,000 |
| 상환할증금 | + 만기상환액 | 4,049 |
| (-)신주인수권조정 | - 역산 | (-)3,120 |
| 신주인수권부사채 BV | | ① 100,929 |
| 신주인수권대가 | | ② 1,444 |

$\Rightarrow$ 기말 신주인수권부사채 BV: PV(잔여 CF) by 취득 R

$$= \{110,000 + 6,749 \times (1 - 40\%)\}/1.13 = 100,929$$

**5** - **4** 만기 시 ㈜한영이 상환할 금액: 104,049

\* 액면금액 + 상환할증금 만기지급액 × (1 - 행사비율) = 100,000 + 6,749 × (1 - 40%) = 104,049

---

### 기출 Check 3

**㈜럭키는 20×1년 1월 1일 다음과 같은 조건의 비분리형 신주인수권부사채를 액면발행하였다.**

- 액면금액: ₩1,000,000
- 표시이자율: 연 4%
- 이자지급일: 매년 12월 31일
- 행사가격: ₩10,000
- 만기상환일: 20×4년 1월 1일
- 발행주식의 주당 액면금액: ₩5,000
- 원금상환방법: 상환기일에 액면금액의 109.74%를 일시상환
- 신주인수권부사채 발행시점의 신주인수권이 부여되지 않은 유사한 일반사채 시장이자율: 8%

| 기간 | 8%, ₩1의 현가계수 | 8%, ₩1의 정상연금현가 |
|---|---|---|
| 3 | 0.7938 | 2.5771 |

**동 사채액면금액 중 ₩700,000의 신주인수권이 20×2년 1월 1일에 행사되었을 때, 증가되는 주식발행초과금은 얼마인가? (단, ㈜럭키는 신주인수권이 행사되는 시점에 신주인수권대가를 주식발행초과금으로 대체하며, 법인세효과는 고려하지 않는다)** [공인회계사 2013년]

① ₩358,331  ② ₩368,060  ③ ₩376,555
④ ₩408,451  ⑤ ₩426,511

풀이

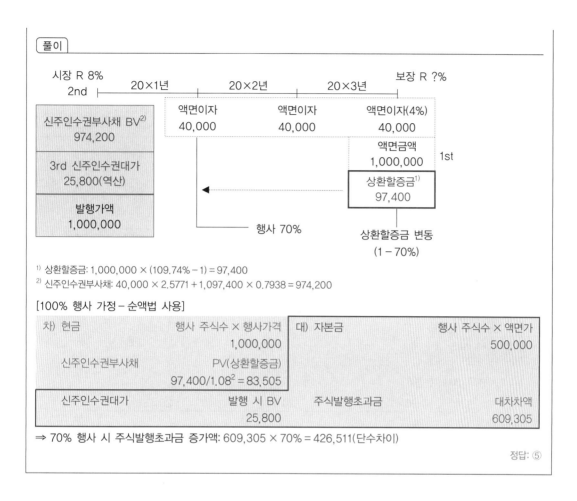

1) 상환할증금: 1,000,000 × (109.74% − 1) = 97,400
2) 신주인수권부사채: 40,000 × 2.5771 + 1,097,400 × 0.7938 = 974,200

[100% 행사 가정 – 순액법 사용]

| 차) 현금 | 행사 주식수 × 행사가격 | 대) 자본금 | 행사 주식수 × 액면가 |
|---|---|---|---|
| | 1,000,000 | | 500,000 |
| 신주인수권부사채 | PV(상환할증금) | | |
| | 97,400/1.08² = 83,505 | | |
| 신주인수권대가 | 발행 시 BV | 주식발행초과금 | 대차차액 |
| | 25,800 | | 609,305 |

⇒ 70% 행사 시 주식발행초과금 증가액: 609,305 × 70% = 426,511(단수차이)

정답: ⑤

## IV 전환사채와 신주인수권부사채의 비교

신주인수권부사채는 복합금융상품이므로 부채요소와 자본요소의 계산 및 회계처리방법이 전환사채와 유사하지만 행사방법과 그 이후 이자비용 계산 및 만기상환액에는 큰 차이가 존재한다. 전환사채는 전환권이 행사되면 사채가 보통주로 전환되어 사채가 소멸되지만 신주인수권부사채는 신주인수권을 행사하면 보유자가 신주인수권의 행사가격만큼 현금을 납입하여 보통주를 교부받으므로 사채가 존속되는 특징이 있다.

**Additional Comment**

신주인수권의 권리가 행사되는 경우 신주인수권부사채의 보유자는 행사가격에 해당하는 금액의 현금을 납입하여야 한다. 그 결과 신주인수권부사채의 발행자는 만기일에 권리가 행사되지 않은 일반사채의 액면금액만이 아니라 권리가 행사된 일반사채의 액면금액도 상환하여야 한다.

전환사채와 신주인수권부사채의 차이점은 다음과 같다.

| 구분 | | 전환사채 | 신주인수권부사채 |
|---|---|---|---|
| 권리 행사시점의 현금납입 여부 | | 현금유입 × | 현금유입 ○ |
| 만기상환액 | 권리 행사 | 상환금액 × | 액면금액 상환 |
| | 권리 미행사 | 액면금액 + 상환할증금 | 액면금액 + 상환할증금 |

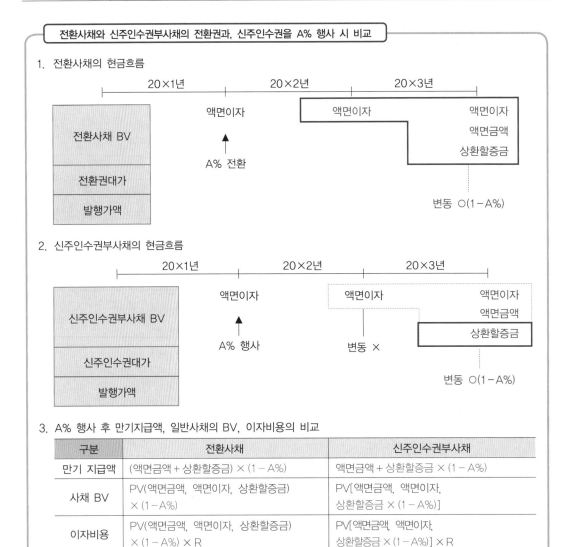

전환사채와 신주인수권부사채의 전환권과, 신주인수권을 A% 행사 시 비교

1. 전환사채의 현금흐름

2. 신주인수권부사채의 현금흐름

3. A% 행사 후 만기지급액, 일반사채의 BV, 이자비용의 비교

| 구분 | 전환사채 | 신주인수권부사채 |
|---|---|---|
| 만기 지급액 | (액면금액 + 상환할증금) × (1 − A%) | 액면금액 + 상환할증금 × (1 − A%) |
| 사채 BV | PV(액면금액, 액면이자, 상환할증금) × (1 − A%) | PV[액면금액, 액면이자, 상환할증금 × (1 − A%)] |
| 이자비용 | PV(액면금액, 액면이자, 상환할증금) × (1 − A%) × R | PV[액면금액, 액면이자, 상환할증금 × (1 − A%)] × R |

**사례연습 6**

㈜한영은 20×1년 초에 전환사채를 발행하였다. ㈜한영의 결산일은 매년 12월 31일이며, 관련 자료는 다음과 같다.

(1) 전환사채는 액면 ₩1,000,000, 표시이자율 10%, 만기 3년, 이자는 매년 말 1회 지급조건이다.

(2) 전환사채의 발행가액은 ₩1,000,000이고, 전환조건은 사채액면 ₩10,000당 보통주 1주(액면 ₩5,000)이며, 보장수익률은 12%이고 상환할증률은 6.7488%이다. 사채발행 당시의 시장이자율은 연 13%이다(단, 13%, 3년의 연금현가요소는 2.36115이고, 13%, 3년 현가요소는 0.69305이다).

(3) 회사는 전환권대가를 전환 시 주식발행초과금으로 대체하고 있다.

**1** 위 물음과 독립적으로 20×3년 초에 동 복합금융상품의 60%만이 권리가 행사되었을 때 20×3년 초에 주식발행초과금의 증가액을 ㈜한영이 동 복합금융상품을 전환사채로 발행하였을 경우와 신주인수권부사채로 발행하였을 경우로 나누어 각각 구하시오(단, 신주인수권부사채로 발행하였을 경우, 신주인수권 행사 시 사채의 액면금액 ₩10,000당 주식 1주를 인수할수 있으며 행사금액은 주당 ₩8,000, 각 신주인수권은 액면금액이 ₩5,000인 보통주 1주를 매입할 수 있다).

**2** 위 물음과 독립적으로 20×3년 초에 동 복합금융상품의 40%만이 권리가 행사되었을 때 20×3년 ㈜한영의 포괄손익계산서에 계상될 이자비용을 ㈜한영이 동 복합금융상품을 전환사채로 발행하였을 경우와 신주인수권부사채로 발행하였을 경우로 나누어 각각 구하시오(단, 신주인수권부사채로 발행하였을 경우, 신주인수권 행사 시 사채의 액면금액 ₩10,000당 주식 1주를 인수할수 있으며 행사금액은 주당 ₩8,000, 각 신주인수권은 액면금액이 ₩5,000인 보통주 1주를 매입할 수 있다).

**풀이**

**1**

1. 전환사채

전환 시 회계처리(100% 전환 가정) – 순액법

| 차) 전환사채 | 전환일의 BV<br>1,167,488/1.13 | 대) 자본금 | 행사 주식수 × 액면가<br>1,000,000/10,000 × 5,000 |
|---|---|---|---|
| 전환권대가 | 발행 시 BV<br>24,062 | 주식발행초과금 | 대차차액<br>557,237 |

⇒ 60% 전환 시 주식발행초과금 증가액: 557,237 × 60% = 334,342

2. 신주인수권부사채

행사 시 회계처리(100% 행사 가정) – 순액법

| 차) 현금 | 행사 주식수 × 행사가격<br>1,000,000/10,000 × 8,000 | 대) 자본금 | 행사 주식수 × 액면가<br>1,000,000/10,000 × 5,000 |
|---|---|---|---|
| 신주인수권부사채 | PV(상환할증금)<br>67,488/1.13 | | |
| 신주인수권대가 | 발행 시 BV<br>24,062 | 주식발행초과금 | 대차차액<br>383,786 |

⇒ 60% 행사 시 주식발행초과금 증가액: 383,786 × 60% = 230,272

❷ 40% 전환·행사 시

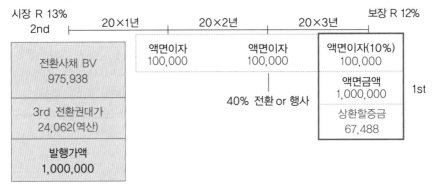

| 구분 | 전환사채 | 신주인수권부사채 |
|---|---|---|
| 만기 지급액 | (액면금액 + 상환할증금) × 60%<br>(1,067,488) × 60% | 액면금액 + 상환할증금 × 60%<br>1,000,000 + 67,488 × 60% |
| 사채 BV | PV(액면금액, 액면이자, 상환할증금) × 60%<br>(1,167,488)/1.13 × 60% | PV(액면금액, 액면이자, 상환할증금 × 60%)<br>(1,100,000 + 67,488 × 60%)/1.13 |
| 이자비용 | PV(액면금액, 액면이자, 상환할증금) × 60% × R<br>(1,167,488)/1.13 × 60% × 13% = 80,588 | PV(액면금액, 액면이자, 상환할증금 × 60%) × R<br>(1,100,000 + 67,488 × 60%)/1.13 × 13%<br>= 131,207 |

# 4 전환사채의 특수상황

## I 전환사채의 조건변경

전환사채 조건변경이란 발행자가 전환사채의 조기전환을 유도하기 위하여 좀 더 유리한 전환조건을 제시하거나 특정 시점 이전의 전환에 대해서 추가적인 대가를 지급하는 등의 방법으로 전환사채의 조건을 변경하는 것을 말한다.

전환사채의 조건변경으로 전환사채의 보유자가 추가적으로 수취하게 될 대가의 공정가치는 전환사채의 발행자 입장에서는 손실에 해당한다. 이러한 조건변경으로 인한 손실은 조건이 변경되는 시점에 당기손익으로 인식한다.

---

**현금 추가지급 - 조건변경일**

| 차) 조건변경손실 | N/I 영향 | 대) 현금 | 추가지급액 |
|---|---|---|---|

⇒ 조건변경으로 인한 전환사채 전환 시 N/I 영향: 추가현금지급액

---

**주식 추가지급 - 조건변경일**

| 차) 조건변경손실 | N/I 영향 | 대) 미교부주식(자본) | 추가지급 주식수 × 변경 시 FV |
|---|---|---|---|

⇒ 조건변경으로 인한 전환사채 전환 시 N/I 영향: A - B
   A. 변경된 조건하에서 전환으로 인하여 보유자가 수취하는 대가의 공정가치
   B. 원래의 조건하에서 전환으로 인하여 보유자가 수취하였을 대가의 공정가치

㈜한국은 20×1년 1월 1일에 3년 만기의 전환사채 ₩1,000,000을 액면발행했다. 전환사채의 표시이자율은 연 10%이고, 이자는 매년 말에 지급한다. 전환사채는 20×1년 7월 1일부터 보통주로 전환이 가능하며, 사채액면 ₩10,000당 1주의 보통주(주당 액면 ₩5,000)로 전환될 수 있다. 사채발행일에 전환권이 부여되지 않은 일반사채의 시장이자율은 연 15%이다. 단, 사채발행과 관련한 거래비용은 없으며, 현가요소는 아래 표를 이용하라. 또한 계산금액은 소수점 첫째 자리에서 반올림하며, 이 경우 단수차이로 인해 약간의 오차가 있으면 가장 근사치를 선택한다.

| 구분 | 단일금액 ₩1의 현재가치 | | | 정상연금 ₩1의 현재가치 | | |
|---|---|---|---|---|---|---|
| | 10% | 12% | 15% | 10% | 12% | 15% |
| 1년 | 0.9091 | 0.8929 | 0.8696 | 0.9091 | 0.8929 | 0.8696 |
| 2년 | 0.8264 | 0.7972 | 0.7561 | 1.7355 | 1.6901 | 1.6257 |

20×2년 1월 1일에 ㈜한국은 전환사채의 조기전환을 유도하기 위하여 20×2년 6월 30일까지 전환사채를 전환하면 사채액면 ₩10,000당 2주의 보통주(주당 액면 ₩5,000)로 전환할 수 있도록 조건을 변경했다. 조건변경일의 ㈜한국의 보통주 1주당 공정가치가 ₩7,000이라면 ㈜한국이 전환조건의 변경으로 인식하게 될 손실은 얼마인가? (단, 전환조건을 변경하기 전까지 전환청구가 없었으며, 법인세효과는 고려하지 않는다)

[공인회계사 2010년]

① ₩400,000　　　　② ₩500,000　　　　③ ₩600,000
④ ₩700,000　　　　⑤ ₩800,000

**풀이**

| 차) 조건변경손실 | N/I 영향 700,000 | 대) 미교부주식(자본) | 700,000 |
|---|---|---|---|

⇒ 조건변경으로 인한 전환사채 전환 시 N/I 영향: A − B = (200 − 100)주 × 7,000 = 700,000
　A. 변경된 조건하에서 전환으로 인하여 보유자가 수취하는 주식수: 1,000,000/10,000 × 2주
　B. 원래의 조건하에서 전환으로 인하여 보유자가 수취하였을 주식수: 1,000,000/10,000 × 1주

정답: ④

## II · 전환사채의 재매입

전환사채의 재매입이란 전환사채를 만기일 이전에 취득하는 것으로 조기상환에 해당한다. 전환사채의 재매입을 위하여 지급한 대가와 거래원가는 당해 거래 발생시점의 부채요소와 자본요소로 배분한다. 먼저 전환사채의 재매입을 위하여 지급한 대가를 부채요소와 자본요소로 구분하고, 거래원가는 부채요소와 자본요소의 비율에 따라 배분한다.

| 현금상환액 | 1. 사채상환액(FV): PV(잔여 CF) by 상환시점 시장 R |
|---|---|
| | 2. 자본상환액: 현금상환액 − 사채상환액 |

전환사채의 재매입대가를 부채요소와 자본요소로 배분한 결과 발생되는 손익은 아래와 같이 회계처리한다. 부채요소와 관련된 손익은 전환사채상환손실로 당기손익으로 처리하고, 자본요소와 관련된 손익은 전환권재매입손실로 자본항목으로 처리한다.

| 1st 부채요소 | 차) 전환사채 | BV | 대) 현금 | 1st 사채상환액(FV) |
|---|---|---|---|---|
| | 사채상환손실(N/I) | 대차차액 | | |
| 2nd 자본요소 | 차) 전환권대가 | BV | 대) 현금 | 2nd 현금상환액 −사채상환액 |
| | 전환권재매입손실(자본) | 대차차액 | | |

[전환사채의 재매입 구조]

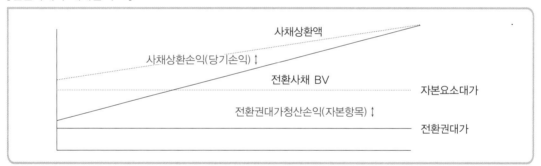

**Self Study**

1. 전환사채 조기상환 시 N/I 영향: − PV(잔여 CF) by 상환 시 시장 R + PV(잔여 CF) by 취득 시 R
2. 조기상환 시 부채요소에 배분될 거래원가 − 2차
   ⇒ 거래원가 × 재매입일 부채요소 FV/재매입일 (부채 + 자본)요소 FV

㈜한영은 20×1년 초에 전환사채를 발행하였다. ㈜한영의 결산일은 매년 12월 31일이며, 관련 자료는 다음과 같다.

> (1) 전환사채는 액면 ₩1,000,000, 표시이자율 10%, 만기 3년, 이자는 매년 말 1회 지급조건이다.
> (2) 전환사채의 발행가액은 ₩1,000,000이고, 전환조건은 사채액면 ₩10,000당 보통주 1주(액면 ₩5,000)이며, 보장수익률은 12%이고 상환할증률은 6.7488%이다. 사채발행 당시의 시장이자율은 연 13%이다(단, 13%, 3년의 연금현가요소는 2.36115이고, 13%, 3년 현가요소는 0.69305이다).
> (3) 회사는 전환권대가를 전환 시 주식발행초과금으로 대체하고 있다.

㈜한영은 20×2년 말에 액면이자 지급 후 40%의 전환사채를 ₩420,000에 상환하였다. 전환사채 상환으로 인해 포괄손익계산서에 인식할 사채상환손익과 전환권재매입손익은 얼마인가? (단, 상환 시 시장이자율은 14%이다)

풀이

1. 발행

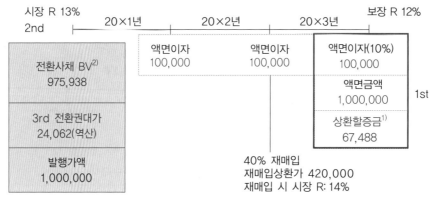

1) 상환할증금: 1,000,000 × (12% − 10%) × (1.12² + 1.12 + 1) = 67,488
2) 전환사채 발행 시 BV: 100,000 × 2.36115 + 1,067,488 × 0.69305 = 975,938

2. 재매입

| 현금상환액<br>420,000 | 1. 사채상환액(FV): PV(잔여 CF) by 상환시점 R = 1,167,488/1.14 × 40% = 409,645 | | |
| --- | --- | --- | --- |
| | 2. 자본상환액: 현금상환액 − 사채상환액 = 420,000 − 409,645 = 10,355 | | |
| 1st<br>부채요소 | 차) 전환사채　　　　　　BV × 40%<br>　　　　　1,167,488/1.13 × 40% | 대) 현금　　　　1st 사채상환액(FV)<br>　　　　　　　　　　409,645<br>　　사채상환이익　　　　3,625 | |
| 2nd<br>자본요소 | 차) 전환권대가　　　　　BV × 40%<br>　　　　　　24,062 × 40%<br>　　전환권재매입손실　대차차액 730 | 대) 현금　2nd 현금상환액 − 사채상환액<br>　　　　　　　　　　10,355 | |

㈜국세는 20×1년 1월 1일 액면금액 ₩3,000,000인 전환사채를 상환할증금 지급조건 없이 액면발행하였다. 전환사채의 액면이자율은 8%(매년 말 이자지급), 사채발행일 현재 일반사채의 유효이자율은 10%이다. 전환사채의 상환기일은 20×3년 12월 31일이며, 전환청구기간은 20×1년 6월 1일부터 20×3년 11월 30일까지이다. 동 전환사채는 사채액면 ₩10,000당 1주의 보통주(주당 액면 ₩5,000)로 전환이 가능하다. ㈜국세가 20×2년 1월 1일 동 전환사채 전부를 공정가치인 ₩2,960,000에 재구매하였다면, 동 전환사채의 재구매 거래가 20×2년도 ㈜국세의 포괄손익계산서상 당기순이익에 미치는 영향은 얼마인가? (단, 재구매일 현재 일반사채의 유효이자율은 9%이며, 현가계수는 아래 표를 이용한다. 계산금액은 소수점 첫째 자리에서 반올림하며, 이 경우 단수차이로 인해 약간의 오차가 있으면 가장 근사치를 선택한다) [세무사 2011년]

| 구분(이자율 10%) | 단일금액 ₩1의 현재가치 | 정상연금 ₩1의 현재가치 |
|---|---|---|
| 3년 | 0.75131 | 2.48685 |

① 감소 ₩38,601　　② 감소 ₩51,375　　③ 감소 ₩64,149
④ 증가 ₩12,774　　⑤ 증가 ₩91,375

풀이

1. 전환사채 조기상환 시 N/I 영향: − PV(잔여 CF) by 상환 시 R + PV(잔여 CF) by 취득 시 R
 ⇒ − (240,000/1.09 + 3,240,000/1.09²) + (240,000/1.1 + 3,240,000/1.1²) = (−)51,375(단수차이)

2. 발행

¹⁾ 전환사채 발행 시 BV: 240,000 × 2.48685 + 3,000,000 × 0.75131 = 2,850,774

3. 재매입

| 현금상환액 2,960,000 | 1. 사채상환액(FV): PV(잔여 CF) by 상환시점 R = (240,000/1.09 + 3,240,000/1.09²) |
|---|---|
| | 2. 자본상환액: 현금상환액 − 사채상환액 = 2,960,000 − 2,947,226 = 12,774 |

| 1st<br>부채요소 | 차) 전환사채 | BV 2,895,851 | 대) 현금 | 1st 사채상환액(FV) 2,947,226 |
|---|---|---|---|---|
| | 사채상환손실(N/I) | 대차차액 51,375 | | |
| 2nd<br>자본요소 | 차) 전환권대가 | BV 149,226 | 대) 현금 2nd 현금상환액 - 사채상환액 12,774 | |
| | | | 전환권청산이익(자본) | 대차차액 136,452 |

정답: ②

---

# Ⅲ  거래원가

전환사채의 발행과 관련하여 사채와 마찬가지로 사채발행비 등의 거래원가가 발생한다. 이 경우 거래원가는 전환사채의 발행 시 부채요소와 자본요소에 비례적으로 배분한다.

| 차) 현금 | ×× | 대) 전환사채 | A |
|---|---|---|---|
| | | 전환권대가 | B |

| 차) 전환사채 | 거래원가 × A/(A + B) | 대) 현금 | 거래원가 |
|---|---|---|---|
| 전환권대가 | 대차차액 | | |

### Self Study

전환사채의 발행 시 발생한 거래비용은 발행금액에서 차감하고, 재매입 시에 발생한 거래비용은 상환금액에 가산한다. 다만, 거래시점의 부채요소와 자본요소의 공정가치 비율에 따라 안분 후 각각의 요소별 금액에 가감하여야 한다.

| 구분 | 배부기준 | 회계처리 |
|---|---|---|
| 발행 | 발행 시 요소별 FV 비율 | 각 요소별 발행금액에서 차감 |
| 재매입 | 재매입 시 요소별 FV 비율 | 각 요소별 재매입금액에 가산 |

㈜코리아는 20×1년 1월 1일 액면금액 ₩1,000,000의 전환사채를 ₩900,000에 발행하였다. 전환사채 발행과 관련된 중개수수료, 인쇄비 등 거래비용으로 ₩10,000을 지출하였다. 이자는 매년 말 액면금액의 4%를 지급하며 만기는 5년이다. 전환사채는 20×1년 7월 1일부터 만기일까지 액면금액 ₩5,000당 액면금액 ₩1,000의 보통주 1주로 전환이 가능하다. 전환사채 발행 당시 전환권이 없는 일반사채의 시장이자율은 연 10%이며, 만기일까지 전환권을 행사하지 않을 경우에는 액면금액의 106%를 지급한다. 동 사채발행일에 ㈜코리아의 부채 및 자본이 증가한 금액은 각각 얼마인가? (단, 현가계수는 아래의 표를 이용하며 소수점 첫째 자리에서 반올림한다. 계산 결과 단수차이로 인한 약간의 오차가 있으면 가장 근사치를 선택한다) [공인회계사 2015년]

| 이자율 | 기간 | 단일금액 ₩1의 현가 | 정상연금 ₩1의 현가 |
|---|---|---|---|
| 4% | 5년 | 0.8219 | 4.4518 |
| 10% | 5년 | 0.6209 | 3.7908 |

|  | 부채증가액 | 자본증가액 |
|---|---|---|
| ① | ₩800,788 | ₩89,212 |
| ② | ₩809,786 | ₩88,518 |
| ③ | ₩809,786 | ₩89,505 |
| ④ | ₩809,786 | ₩90,214 |
| ⑤ | ₩836,226 | ₩89,505 |

**풀이**

[발행 시 회계처리 – 순액법 사용]

| 차) 현금 | 900,000 | 대) 전환사채[1] | A 809,786 |
|---|---|---|---|
|  |  | 전환권대가 | B 90,214 |

| 차) 전환사채[2] | 거래원가 × A/(A + B) 8,998 | 대) 현금 | 거래원가 10,000 |
|---|---|---|---|
| 전환권대가 | 대차차액 1,002 |  |  |

[1] A = 40,000 × 3.7908 + (1,000,000 + 60,000) × 0.6209 = 809,786
[2] 전환사채 거래원가 차감액: 10,000 × 809,786/900,000 = 8,998

⇒ 부채증가액: 809,786 – 8,998 = 800,788
⇒ 자본증가액: 90,214 – 1,002 = 89,212

정답: ①

전환권이 회계연도 중에 행사된 경우에는 실제 권리가 행사된 날에 주주로서의 권리를 획득하게 되므로, 권리 행사일 현재의 전환사채의 장부금액을 주식의 발행금액으로 인식하여야 한다.

[전환사채의 회계연도 중 전환권 행사 구조]

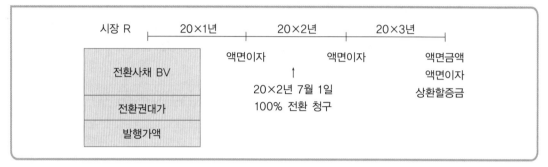

**기중전환 시 회계처리**

| 차) 이자비용 ② | 기초 BV(①) × R × 보유기간/12 | 대) 미지급이자 ③ | 액면이자 × 보유기간/12 |
|---|---|---|---|
| | | 전환사채 ② − ③ | 대차차액 |
| 차) 전환사채 | ① + ② − ③ | 대) 자본금 | 행사 주식수 × 액면금액 |
| 전환권대가 | 발행 시 BV | 주식발행초과금 | 대차차액 |
| 차) 미지급이자 | ③ | 대) 현금 | ×× |

**사례연습 8**

㈜빌리진은 20×1년 초에 전환사채를 발행하였다. ㈜빌리진의 결산일은 매년 12월 31일이며 관련 자료는 다음과 같다.

(1) 전환사채는 액면 ₩100,000(10좌), 표시이자율 연 10%, 만기 3년, 이자는 매년 말 1회 지급조건이다.
(2) 전환사채의 발행금액은 ₩100,000이고, 전환조건은 사채액면금액 ₩10,000당 보통주식 1주(액면 ₩5,000)이며, 사채발행 당시 시장이자율은 연 13%이다.
(3) 전환사채는 상환할증조건부로 만기상환 시 원금의 106.749%로 상환, 보장수익률은 연 12%이다.

㈜빌리진은 동 사채를 20×2년 7월 1일에 위의 전환사채 100%가 전환청구되어 주식을 발행·교부하였다. 전환 시 ㈜빌리진의 주식 발행가액을 구하시오.

| 구분(이자율 13%) | 단일금액 ₩1의 현재가치 | 정상연금 ₩1의 현재가치 |
|---|---|---|
| 3년 | 0.69305 | 2.36115 |

1. 현금흐름 분석

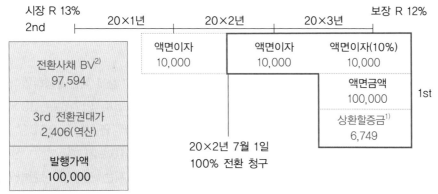

2. 전환시점의 회계처리

| 차) 이자비용 ② | 기초 BV(①) × R × 보유기간/12<br>100,281 × 13% × 6/12 = 6,518 | 대) 미지급이자 ③ | 액면이자 × 보유기간/12<br>10,000 × 6/12 = 5,000 |
|---|---|---|---|
| | | 전환사채 ② − ③ | 대차차액<br>1,518 |
| 차) 전환사채<br>100,281[1] + 6,518 − 5,000 = 101,799 | ① + ② − ③ | 대) 자본금 | 행사 주식수 × 액면가<br>50,000 |
| 전환권대가 | 발행 시 BV 2,406 | 주식발행초과금 | 대차차액 54,205 |
| 차) 미지급이자 | ③ 5,000 | 대) 현금 | 5,000 |

1) 20×2년 초 전환사채 BV(①): 97,594 × 1.13 − 10,000 = 100,281

⇒ 전환 시 주식발행가액: 101,799 + 2,406 = 104,205

# Chapter 13 | 객관식 문제

**01** ㈜제주는 액면금액 ₩1,000,000의 전환사채를 20×1년 1월 1일에 액면발행하였다. 전환사채의 표시이자율은 연 8%이고, 이자는 매년 말에 지급되며, 만기일은 20×3년 12월 31일이다. 보장수익률은 연 10%이며, 전환조건은 사채액면 ₩10,000당 보통주식 1주(액면 ₩5,000)이다. 20×3년 1월 1일에 전체의 40%에 해당하는 전환사채 ₩400,000의 전환청구를 받아 전환이 이루어졌고 나머지는 만기에 상환하였다. 사채발행 당시 시장이자율은 연 12%이며, 이자율에 따른 현가요소는 다음과 같다.

| 3년 기준 | 8% | 10% | 12% |
|---|---|---|---|
| 현가요소 | 0.79383 | 0.75131 | 0.71178 |
| 연금현가요소 | 2.57710 | 2.48685 | 2.40183 |

20×1년 초 전환권대가와 20×3년 초 전환 시 자본증가액은 각각 얼마인가?

| | 전환권대가 | 자본증가액 |
|---|---|---|
| ① | ₩ 58,594 | ₩ 419,357 |
| ② | ₩ 48,954 | ₩ 419,357 |
| ③ | ₩ 58,594 | ₩ 409,357 |
| ④ | ₩ 48,954 | ₩ 409,357 |
| ⑤ | ₩ 38,594 | ₩ 409,357 |

**02** ㈜목포는 액면금액 ₩1,000,000의 전환사채를 20×1년 1월 1일에 발행하였다. 전환사채의 표시이자율은 연 5%이고, 이자는 매년 말에 지급되며, 만기일은 20×3년 12월 31일이다. 이 전환사채는 20×2년 1월 1일부터 주식으로의 전환이 가능하며, 전환사채의 전환권을 행사하지 않을 경우에는 만기에 상환할증금이 지급된다. 보장수익률은 연 10%이며, 20×3년 1월 1일에 전체의 60%에 해당하는 전환사채 ₩600,000의 전환청구를 받아 전환이 이루어졌고 나머지는 만기에 상환하게 되었다. 이 회사는 일반사채를 발행할 경우 연 12%의 할인율로 액면발행이 가능하다. 만기에 지급하게 되는 총금액(표시이자 지급액은 제외)은 얼마인가?

① ₩400,000
② ₩426,490
③ ₩438,974
④ ₩439,720
⑤ ₩466,200

**03** ㈜대한은 20×1년 1월 1일에 다음과 같은 상환할증금 미지급조건의 비분리형 신주인수권부사채를 액면발행하였다.

> - 사채의 액면금액은 ₩1,000,000이고 만기는 20×3년 12월 31일이다.
> - 액면금액에 대하여 연 10%의 이자를 매년 말에 지급한다.
> - 신주인수권의 행사기간은 발행일로부터 1개월이 경과한 날부터 상환기일 30일 전까지이다.
> - 행사비율은 사채액면금액의 100%로 행사금액은 ₩20,000(사채액면금액 ₩20,000당 보통주 1주(주당 액면금액 ₩5,000)를 인수)이다.
> - 원금상환방법은 만기에 액면금액의 100%를 상환한다.
> - 신주인수권부사채 발행시점에 일반사채의 시장수익률은 연 12%이다.

㈜대한은 신주인수권부사채 발행 시 인식한 자본요소(신주인수권대가) 중 행사된 부분은 주식발행초과금으로 대체하는 회계처리를 한다. 20×3년 1월 1일에 ㈜대한의 신주인수권부사채 액면금액 중 40%에 해당하는 신주인수권이 행사되었다. 다음 설명 중 옳은 것은? (단, 단수차이로 인해 오차가 있다면 가장 근사치를 선택한다)

[공인회계사 2018년]

| 기간 \ 할인율 | 단일금액 ₩1의 현재가치 | | 정상연금 ₩1의 현재가치 | |
|---|---|---|---|---|
| | 10% | 12% | 10% | 12% |
| 1년 | 0.9091 | 0.8929 | 0.9091 | 0.8929 |
| 2년 | 0.8264 | 0.7972 | 1.7355 | 1.6901 |
| 3년 | 0.7513 | 0.7118 | 2.4868 | 2.4019 |

① 20×1년 1월 1일 신주인수권부사채 발행시점의 자본요소(신주인수권대가)는 ₩951,990이다.

② 20×2년도 포괄손익계산서에 인식할 이자비용은 ₩114,239이다.

③ 20×2년 말 재무상태표에 부채로 계상할 신주인수권부사채의 장부금액은 ₩966,229이다.

④ 20×3년 1월 1일 신주인수권의 행사로 증가하는 주식발행초과금은 ₩319,204이다.

⑤ 20×3년도 포괄손익계산서에 인식할 이자비용은 ₩70,694이다.

**04** 12월 말 결산법인인 ㈜백두는 20×1년 초에 액면금액 ₩1,000,000, 상환기일 20×3년 말, 표시이자율 연 8%의 전환사채를 액면금액에 발행하였다. 이 전환사채와 동일한 일반사채의 시장이자율은 연 14%이다. 전환청구기간은 사채발행일 이후 1개월이 경과한 때부터 상환기일 1개월 전까지이며, 전환조건은 전환사채 발행금액 ₩10,000당 주식 1주(액면금액 ₩5,000)를 교부한다. 전환사채가 전환되지 아니하는 경우에는 만기일에 액면금액의 116.87%를 일시상환한다. 20×2년 말 현재 재무상태표에 표시할 전환사채의 장부금액은 얼마인가? (단, 현가요소는 아래와 같으며 소수점 이하는 소수점 첫째 자리에서 반올림한다)

| 3년 기준 | 8% | 14% |
| --- | --- | --- |
| 단일금액 ₩1의 현가계수 | 0.7938 | 0.6750 |
| 정상연금 ₩1의 현가계수 | 2.5771 | 2.3216 |

① ₩1,095,391      ② ₩1,031,045      ③ ₩1,000,000

④ ₩927,191      ⑤ ₩805,905

북합금융상품

CH 13

해커스 IFRS 정윤돈 중급회계 2

[05 ~ 06]

㈜보잉은 20×1년 초에 액면가액 ₩1,000,000의 3년 만기 전환사채를 액면발행하였다. 아래에 제시되는 자료는 공통자료이며, 각 물음은 독립적이다.

(1) 전환권이 행사되면 사채액면 ₩20,000당 액면 ₩5,000의 보통주 1주를 교부하며, 권리가 행사되지 않은 부분에 대하여는 액면가액의 115%를 만기금액으로 지급한다.
(2) 표시이자율은 연 4%로 매년 말 후급 조건이며, 사채 발행일 현재 동종 일반사채의 시장이자율은 10%이었다(단, 3기간 10% 현가계수와 연금현가계수는 각각 0.7513과 2.48685이다).
(3) 20×2년 초에 80%의 전환권이 행사되었고 나머지는 만기까지 행사되지 않았다.

**05** ㈜보잉이 전환을 유도하기 위하여 전환된 전환사채에 대하여만 기존 전환비율의 10%에 해당하는 주식을 더 교부해주기로 결정하고 전환사채의 전환을 유도하기 위하여 미전환된 전환사채에 대하여도 기존의 전환비율보다 10%의 주식을 더 교부해주기로 결정한 경우 조건의 변경으로 인하여 ㈜보잉의 당기손익에 미치는 영향은 얼마인가? (단, 조건변경 시 주당 공정가치는 ₩8,000이다)

① ₩ (−)50,000      ② ₩ (−)40,000      ③ ₩ (−)32,000
④ ₩ (−)22,000      ⑤ ₩ (−)8,000

**06** 20×2년 초에 전환권이 행사되지 않은 것으로 가정한다. ㈜보잉은 20×2년 말에 모든 전환사채를 현금 ₩1,150,000으로 조기상환한 경우 전환사채의 조기상환으로 인한 당기손익 효과를 구하시오(단, 20×2년 말 ㈜보잉의 전환권 없는 일반사채의 시장이자율은 연 8%이다).

① ₩ (−)40,040      ② ₩ (−)30,040      ③ ₩ (−)20,040
④ ₩ (−)48,148      ⑤ ₩ (−)28,148

**07** ㈜세무는 20×1년 초 다음과 같은 전환사채를 액면발행하였으며, 20×2년 초 전환사채 전부를 ₩1,070,000(상환시점의 공정가치)에 조기상환하였다. 이 전환사채의 회계처리에 관한 설명으로 옳지 않은 것은? (단, 주어진 현가계수표를 이용하며, 현가계산 시 소수점 이하는 첫째 자리에서 반올림한다)

[세무사 2018년]

- 액면금액: ₩1,000,000
- 표시이자율: 연 4%
- 일반사채의 시장수익률: 연 8%
- 이자지급일: 매년 12월 31일
- 만기상환일: 20×3년 12월 31일
- 조기상환일 일반사채의 시장수익률: 연 15%
- 상환할증금: 없음
- 발행 시 주식전환 옵션은 전환조건이 확정되어 있다.
- 현가계수

| 기간 \ 할인율 | 단일금액 ₩1의 현가계수 | | 정상연금 ₩1의 현가계수 | |
|:---:|:---:|:---:|:---:|:---:|
| | 8% | 15% | 8% | 15% |
| 2 | 0.85733 | 0.75614 | 1.78326 | 1.62571 |
| 3 | 0.79383 | 0.65752 | 2.57710 | 2.28323 |

① 발행 당시 전환권대가는 ₩103,086이다.

② 20×1년도 전환권조정 상각액은 ₩31,753이다.

③ 20×2년 초 장부금액은 ₩928,667이다.

④ 20×2년 전환사채의 조기상환일에 부채요소의 공정가치는 ₩821,168이다.

⑤ 20×2년 전환사채의 조기상환과 관련하여 당기손익에 반영되는 사채상환손실은 ₩38,247이다.

㈜태티서는 20×1년 초에 다음과 같은 조건으로 복합금융상품을 액면발행하였으며 ㈜제시카는 동 복합금융상품을 액면가액에 인수하였다. 단, 권리 행사 시 자본요소는 주식발행초과금으로 대체하며, 만기상환 시 자본요소의 소멸과 관련된 별도의 회계처리는 수행하지 않는다.

> (1) 발행가액은 액면 ₩1,000,000이며, 표시이자율은 연 5%로 매년 말 후급조건이다. 상환기일인 만기는 20×3년 말이다. 복합금융상품의 보장수익률은 10%이며, 만기 현금 상환 시에는 보장이자와 표시이자의 차이를 상환할증금으로 일시에 지급한다.
> (2) 행사가격은 사채액면 ₩20,000당 보통주 1주(액면가액 ₩5,000)로 행사 가능하다.
> (3) 복합금융상품 발행 당시 회사의 일반사채에 적용되는 시장이자율은 연 12%이며, 12% 3년 현가계수는 0.71178, 연금현가계수는 2.40183이다.

20×3년 초에 동 복합금융상품의 60%만 권리가 행사되었을 때 신주인수권부사채와 전환사채를 가정하여 20×3년 ㈜태티서의 이자비용은 각각 얼마인가?

|   | 신주인수권부사채 이자비용 | 전환사채 이자비용 |
|---|---|---|
| ① | ₩62,092 | ₩120,592 |
| ② | ₩120,592 | ₩62,092 |
| ③ | ₩119,592 | ₩52,092 |
| ④ | ₩52,092 | ₩119,592 |
| ⑤ | ₩52,092 | ₩115,592 |

09와 10은 서로 독립적이다. ㈜대한의 전환사채와 관련된 다음 〈자료〉를 이용하여 09와 10에 대해 각각 답하시오.

[공인회계사 2020년]

〈자료〉

㈜대한은 20×1년 1월 1일 다음과 같은 상환할증금 미지급조건의 전환사채를 액면발행하였다.

| 액면금액 | ₩3,000,000 |
|---|---|
| 표시이자율 | 연 10%(매년 12월 31일에 지급) |
| 일반사채 유효이자율 | 연 12% |
| 상환만기일 | 20×3년 12월 31일 |
| 전환가격 | 사채액면 ₩1,000당 보통주 3주(주당 액면금액 ₩200)로 전환 |
| 전환청구기간 | 사채발행일 이후 1개월 경과일로부터 상환만기일 30일 이전까지 |

**09** ㈜대한은 20×2년 1월 1일에 전환사채 전부를 동 일자의 공정가치인 ₩3,100,000에 현금으로 조기상환하였다. 만약 조기상환일 현재 ㈜대한이 표시이자율 연 10%로 매년 말에 이자를 지급하는 2년 만기 일반사채를 발행한다면, 이 사채에 적용될 유효이자율은 연 15%이다. ㈜대한의 조기상환으로 발생하는 상환손익이 20×2년도 포괄손익계산서의 당기순이익에 미치는 영향은 얼마인가? (단, 단수차이로 인해 오차가 있다면 가장 근사치를 선택한다)

| 기간 \ 할인율 | 단일금액 ₩1의 현재가치 | | | 정상연금 ₩1의 현재가치 | | |
|---|---|---|---|---|---|---|
| | 10% | 12% | 15% | 10% | 12% | 15% |
| 1년 | 0.9091 | 0.8929 | 0.8696 | 0.9091 | 0.8929 | 0.8696 |
| 2년 | 0.8264 | 0.7972 | 0.7561 | 1.7355 | 1.6901 | 1.6257 |
| 3년 | 0.7513 | 0.7118 | 0.6575 | 2.4868 | 2.4019 | 2.2832 |

① ₩76,848 증가
② ₩76,848 감소
③ ₩100,000 증가
④ ₩142,676 증가
⑤ ₩142,676 감소

**10** 20×2년 1월 1일에 ㈜대한의 자금팀장과 회계팀장은 위 〈자료〉의 전환사채 조기 전환을 유도하고자 전환조건의 변경방안을 각각 제시하였다. 자금팀장은 다음과 같이 [A]를, 회계팀장은 [B]를 제시하였다. ㈜대한은 20×2년 1월 1일에 [A]와 [B] 중 하나의 방안을 채택하려고 한다. ㈜대한의 [A]와 [B] 조건변경과 관련하여 조건변경일(20×2년 1월 1일)에 발생할 것으로 예상되는 손실은 각각 얼마인가?

| 변경방안 | 내용 |
|---|---|
| [A] | 만기 이전 전환으로 발행되는 보통주 1주당 ₩200을 추가로 지급한다. |
| [B] | 사채액면 ₩1,000당 보통주 3.2주(주당 액면금액 ₩200)로 전환할 수 있으며, 조건변경일 현재 ㈜대한의 보통주 1주당 공정가치는 ₩700이다. |

|     | [A] | [B] |
|-----|-----|-----|
| ① | ₩600,000 | ₩0 |
| ② | ₩600,000 | ₩420,000 |
| ③ | ₩1,800,000 | ₩0 |
| ④ | ₩1,800,000 | ₩140,000 |
| ⑤ | ₩1,800,000 | ₩420,000 |

**다음 자료를 이용하여 11과 12에 답하시오.**　　　　　　　　　　　　　[공인회계사 2022년]

- ㈜대한은 20×1년 1월 1일 액면금액 ₩1,000,000의 전환사채를 다음과 같은 조건으로 액면 발행하였다.

  - 표시이자율: 연 4%
  - 일반사채 시장이자율: 연 8%
  - 이자지급일: 매년 말
  - 만기일: 20×3년 12월 31일
  - 전환조건: 사채액면금액 ₩5,000당 1주의 보통주(1주당 액면금액 ₩3,000)로 전환되며, 후속적으로 변경되지 않는다.
  - 만기일까지 전환권을 행사하지 않으면 만기일에 액면금액의 108.6%를 지급

- 적용할 현가계수는 아래의 표와 같다.

| 할인율 기간 | 단일금액 ₩1의 현재가치 | | | 정상연금 ₩1의 현재가치 | | |
|---|---|---|---|---|---|---|
| | 4% | 8% | 10% | 4% | 8% | 10% |
| 1년 | 0.9615 | 0.9259 | 0.9091 | 0.9615 | 0.9259 | 0.9091 |
| 2년 | 0.9246 | 0.8573 | 0.8264 | 1.8861 | 1.7832 | 1.7355 |
| 3년 | 0.8890 | 0.7938 | 0.7513 | 2.7751 | 2.5770 | 2.4868 |

**11** 20×2년 1월 1일 위 전환사채의 액면금액 40%가 전환되었을 때, ㈜대한의 자본증가액은 얼마인가? (단, 단수차이로 인해 오차가 있다면 가장 근사치를 선택한다)

① ₩365,081　　　　② ₩379,274　　　　③ ₩387,003
④ ₩400,944　　　　⑤ ₩414,885

**12** ㈜대한은 전환되지 않고 남아있는 전환사채를 모두 20×3년 1월 1일 조기상환하였다. 조기상환 시 전환사채의 공정가치는 ₩650,000이며, 일반사채의 시장이자율은 연 10%이다. ㈜대한의 조기상환이 당기순이익에 미치는 영향은 얼마인가? (단, 단수차이로 인해 오차가 있다면 가장 근사치를 선택한다)

① ₩3,560 증가　　　② ₩11,340 증가　　　③ ₩14,900 증가
④ ₩3,560 감소　　　⑤ ₩11,340 감소

## Chapter 13 | 객관식 문제 정답 및 해설

**01** ④　1. 전환권대가
　　　(1) 전환사채의 발행금액　　　　　　　　　　　　　　　　　　　1,000,000
　　　(2) 전환사채의 현재가치
　　　　　・이자의 현재가치:　　　　　$80,000 \times 2.40183 =$　　　　192,146
　　　　　・원금의 현재가치:　　　$1,000,000 \times 0.71178 =$　　　　711,780
　　　　　・상환할증금의 현재가치:　　$66,200^{1)} \times 0.71178 =$　　　47,120　　(−)951,046
　　　(3) 전환권대가　　　　　　　　　　　　　　　　　　　　　　　　　　48,954
　　　$^{1)}$ 상환할증금: $1,000,000 \times (10\% - 8\%) \times (1 + 1.1 + 1.1^2) = 66,200$
　　2. 전환 시 자본증가액: $\{(80,000 + 1,000,000 + 66,200) \div 1.12\} \times 40\% = 409,357$

**02** ⑤　(1) 상환할증금: $50,000 \times (1 + 1.1 + 1.1^2) = 165,500$
　　　(2) 만기지급액: $1,000,000 \times 40\% + 165,500 \times 40\% = 466,200$

**03** ④　(1) 20×1년 초 신주인수권부사채의 공정가치: $1,000,000 \times 0.7118 + 100,000 \times 2.4019 = 951,990$
　　　(2) 20×1년 초 신주인수권대가 장부금액: $1,000,000 - 951,990 = 48,010$
　　　(3) 20×2년 이자비용: $(951,990 \times 1.12 - 100,000) \times 12\% = 115,947$
　　　(4) 20×2년 말 신주인수권부사채의 장부금액: $966,229 \times 1.12 - 100,000 = 982,176$
　　　(5) 20×3년 초 주식발행초과금증가액: $(1,100,000/1.12 + 48,010 - 1,000,000/20,000 \times 5,000) \times$
　　　　　　　　　　　　　　　　　　　　　　$40\% = 312,061$
　　　(6) 20×3년 이자비용: $982,176 \times 12\% = 117,861$

**04** ①　(1) 전환사채의 현재가치: $1,000,000 \times 0.6750 + 1,000,000 \times 8\% \times 2.3216 + 168,700 \times 0.6750$
　　　　　　　　　　　$= 974,601$
　　　(2) 20×2년 말 전환사채의 장부금액: $974,601 + (974,601 \times 0.14 - 80,000) \times (1 + 1.14) = 1,095,391$

**05** ②　(1) 80% 전환분의 조건변경손실(N/I): $40주 \times 10\% \times 8,000 = 32,000$
　　　(2) 20% 미전환분의 조건변경손실(N/I): $10주 \times 10\% \times 8,000 = 8,000$

　　　[미전환분 조건변경 시 회계처리]

| 차) 조건변경손실 | 8,000 | 대) 미교부주식(자본) | 8,000 |
|---|---|---|---|

　　　[참고] 조건이 변경되는 시점에 변경된 조건하에서 전환으로 인하여 보유자가 수취하게 되는 대가의 공정가치의
　　　　　　차이는 손실이며 당기손익으로 인식한다.

**06** ③　전환사채 상환손실: $-1,190,000/1.08 + 1,190,000/1.1 = (−)20,034$

**07** ⑤  1. 발행

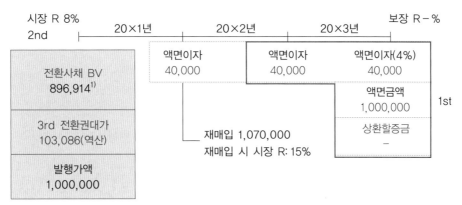

$^{1)}$ $1,000,000 \times 0.79383 + 40,000 \times 2.57710 = 896,914$

2. 조기상환일

| 현금상환액 1,070,000 | 1. 사채상환액(FV): PV(잔여 CF) by 상환시점 R<br>   $= (40,000/1.15 + 1,040,000/1.15^2) = 821,168$(단수차이)<br>2. 자본상환액: 현금상환액 − 사채상환액 $= 1,070,000 - 821,168 = 248,832$ |
|---|---|

| 1st 부채요소 | 차) 전환사채   BV 896,914 × 1.08 − 40,000 =<br>928,667 | 대) 현금   1st 사채상환액(FV)<br>821,168<br>사채상환이익(N/I)   대차차액<br>107,499 |
|---|---|---|
| 2nd 자본요소 | 차) 전환권대가   BV<br>103,086<br>전환권대가 재매입손실(자본)   대차차액<br>145,746 | 대) 현금   2nd 현금상환액 − 사채상환액<br>248,832 |

3. 정답확인

| 구분 | 계산근거 |
|---|---|
| ① 발행 당시 전환권대가 | $103,086 \rightarrow \bigcirc$ |
| ② 20×1년도 전환권조정 상각액 | $928,667 - 896,914 = 31,753 \rightarrow \bigcirc$ |
| ③ 20×2년 초 장부금액 | $928,667 \rightarrow \bigcirc$ |
| ④ 20×2년 초 전환사채의 조기상환일에 부채요소의 공정가치 | $821,168 \rightarrow \bigcirc$ |
| ⑤ 20×2년 초 조기상환 시 사채상환손실 | 상환이익 $107,499 \rightarrow \times$ |

**08** ③  (1) 상환할증금: $1,000,000 \times (10\% - 5\%) \times (1.1^2 + 1.1 + 1) = 165,500$

(2) 전환사채의 20×3년 이자비용: $(1,000,000 + 50,000 + 165,500)/1.12 \times 12\% \times (1 - 60\%) = 52,092$

(3) 신주인수권부사채의 20×3년 이자비용: $[1,000,000 + 50,000 + 165,500 \times (1 - 60\%)]/1.12 \times 12\%$
$= 119,592$

복합금융상품

CH 13

해커스 IFRS 정윤돈 중급회계 2

**09** ④ 전환사채의 상환손익: $(300,000/1.12 + 3,300,000/1.12^2) - (300,000/1.15 + 3,300,000/1.15^2)$
$= 142,453$ 이익(단수차이)

**10** ⑤ 1) A안 조건변경손실: $3,000,000/1,000 \times 3주 \times 200 = 1,800,000$
2) B안 조건변경손실: $(3,000,000/1,000 \times 3.2주 - 3,000,000/1,000 \times 3주) \times 700 = 420,000$

**11** ④ 1) 20×2년 전환사채의 장부금액: $1,000,000 \times 108.6\% \times 0.8573 + 40,000 \times 1.7832 = 1,002,356$
2) 20×2년 40% 전환 시 자본증가액: $1,002,356 \times 40\% = 400,842$(단수차이)

**12** ② 당기손익에 미친 영향(= 사채상환손익):
$(1,086,000 + 40,000) \times 60\%/1.08 - (1,086,000 + 40,000) \times 60\%/1.1 = 11,374$(단수차이)

# Chapter 13 | 주관식 문제

**문제 01** **신주인수권부사채(상환할증금 추정)**

아래의 〈공통 자료〉는 ㈜대한이 20×1년 1월 1일 발행한 복합금융상품에 대한 내용이다. 이를 이용하여 다음의 독립된 세 가지 물음에 답하시오. 답안 작성 시 금액은 소수점 아래 첫째 자리에서 반올림한다.

[공인회계사 2차 2016년]

---

〈공통 자료〉

1. 액면금액은 ₩1,000,000이며, 만기일은 20×3년 12월 31일이다.
2. 표시이자율은 연 5%이며, 이자는 매년 말 후급이다.
3. ㈜대한은 납입자본에 자본금과 주식발행초과금을 표시한다.
4. ㈜대한은 전환권(혹은 신주인수권)이 행사될 때 전환권대가(혹은 신주인수권대가)를 주식의 발행금액으로 대체한다.
5. 발행 당시 회사의 일반사채에 적용되는 시장이자율은 연 9%이며, 동 이자율에 대한 현가계수는 다음과 같다.

| 기간 | 1 | 2 | 3 |
|---|---|---|---|
| 단일금액 ₩1의 현가계수 | 0.9174 | 0.8417 | 0.7722 |
| 정상연금 ₩1의 현가계수 | 0.9174 | 1.7591 | 2.5313 |

---

**물음 1)** 상기 복합금융상품이 전환사채이며 액면발행되었다고 가정하자. ㈜대한은 전환사채의 만기일에 액면금액의 일정비율을 상환할증금으로 지급한다. 20×2년 1월 1일 40%의 전환권이 행사되어 주식이 발행되었으며, 20×2년 12월 31일에 인식한 이자비용은 ₩52,474이다. ① 전환사채 발행시점에서의 전환권대가와 ② 20×1년 12월 31일 전환사채의 장부금액을 계산하시오.

| 20×1년 초 전환권대가 | ① |
|---|---|
| 20×1년 말 전환사채 장부금액 | ② |

**물음 2)** 상기 복합금융상품이 전환사채이며 발행금액은 ₩980,000이라 가정하자. 전환으로 발행되는 주식 1주에 요구되는 사채액면금액은 ₩20,000이며, 주식의 액면금액은 주당 ₩10,000이다. 20×2년 1월 1일 60%의 전환권이 행사되어 주식이 발행되었다고 할 때, ① 전환권 행사로 증가하는 주식발행초과금과 ② 전환권이 행사된 직후 전환사채의 장부금액을 계산하시오.

| 주식발행초과금 증가분 | ① |
|---|---|
| 전환권 행사 직후 전환사채의 장부금액 | ② |

**물음 3)** 상기 복합금융상품이 비분리형 신주인수권부사채이며 발행금액은 ₩980,000이라 가정하자. 행사비율은 사채권면액의 100%이며, 행사가격은 보통주 1주당 ₩20,000이다. 주식의 액면금액은 주당 ₩10,000이다. 20×2년 1월 1일 60%의 신주인수권이 행사되어 주식이 발행되었다고 할 때 ① 신주인수권 행사로 증가하는 주식발행초과금과 ② 신주인수권이 행사된 직후 신주인수권부사채의 장부금액을 계산하시오.

| 주식발행초과금 증가분 | ① |
|---|---|
| 신주인수권 행사 직후 신주인수권부사채의 장부금액 | ② |

**풀이**

물음 1)

| 20×1년 초 전환권대가 | ① 62,625 |
| --- | --- |
| 20×1년 말 전환사채 장부금액 | ② 971,739 |

(1) 20×2년 초 전환권 행사 후 전환사채 장부금액: 52,474 ÷ 9% = 583,044
(2) 상환할증금(60%): 30,000
  * 583,044 = 30,000 × 1.7591 + 600,000 × 0.8417 + 상환할증금(60%) × 0.8417
(3) 발행시점 상환할증금: 30,000 ÷ 60% = 50,000
(4) 20×1년 초 전환사채의 공정가치: 50,000 × 2.5313 + 1,050,000 × 0.7722 = 937,375
(5) 20×1년 초 전환권대가: 1,000,000 − 937,375 = 62,625
(6) 20×1년 말 전환사채의 장부금액: 937,375 × 1.09 − 50,000 = 971,739

물음 2)

| 주식발행초과금 증가분 | ① 306,533 |
| --- | --- |
| 전환권 행사 직후 전환사채의 장부금액 | ② 371,862 |

(1) 20×1년 초 전환사채의 공정가치: 50,000 × 2.5313 + 1,000,000 × 0.7722 = 898,765
(2) 20×1년 초 전환권대가: 980,000 − 898,765 = 81,235
(3) 20×1년 말 전환사채의 장부금액: 898,765 × 1.09 − 50,000 = 929,654
(4) 20×2년 초 100% 행사 가정 시 회계처리(순액법)

| 차) 전환사채 | 929,654 | 대) 자본금[1] | 500,000 |
| --- | --- | --- | --- |
| 전환권대가 | 81,235 | 주식발행초과금 | 510,889 |

  [1] 1,000,000 ÷ 20,000 × 10,000 = 500,000
(5) 20×2년 초 60% 행사 시 주식발행초과금 증가분: 510,889 × 60% = 306,533
(6) 20×2년 초 전환사채 장부금액: 929,654 × (1 − 60%) = 371,862

물음 3)

| 주식발행초과금 증가분 | ① 348,741 |
| --- | --- |
| 신주인수권 행사 직후 신주인수권부사채의 장부금액 | ② 929,654 |

(1) 20×1년 초 신주인수권부사채의 공정가치: 50,000 × 2.5313 + 1,000,000 × 0.7722 = 898,765
(2) 20×1년 초 신주인수권대가: 980,000 − 898,765 = 81,235
(3) 20×2년 초 100% 행사 가정 시 회계처리(순액법)

| 차) 현금 | 1,000,000 | 대) 자본금 | 500,000 |
| --- | --- | --- | --- |
| 신주인수권대가 | 81,235 | 주식발행초과금 | 581,235 |

(4) 20×2년 초 60% 행사 시 주식발행초과금 증가분: 581,235 × 60% = 348,741
(5) 20×2년 초 신주인수권부사채 장부금액: 898,765 × 1.09 − 50,000 = 929,654

A회사는 20×1년 초 액면가액 ₩1,000,000의 3년 만기 전환사채를 액면발행하였다. 아래에 제시되는 자료는 공통자료이며, 각 물음은 독립적이다.

> (1) 전환권이 행사되면 사채액면 ₩20,000당 액면 ₩5,000의 보통주 1주를 교부하고, 권리가 행사되지 않은 부분에 대하여는 액면가액의 115%를 만기금액으로 지급한다.
>
> (2) 표시이자율은 연 4%로 매년 말 후급조건이며, 사채 발행일 현재 동종 일반사채의 시장이자율은 10%이다(단, 3기간 10%, 현가계수와 연금현가계수는 각각 0.75131과 2.48685이다).

**물음 1)** 전환사채 발행 시 사채발행원가로 ₩100,000이 소요되는 경우, 사채발행일의 사채 순발행가액을 부채요소와 자본요소로 배분하시오.

**물음 2)** 위 **물음 1**과 독립적으로 20×2년 초 A회사가 전환을 유도하기 위하여 20×2년 말까지 전환된 전환사채에 대하여만 기존 전환비율의 10%에 해당하는 주식을 더 교부해주기로 조건을 변경하였고, 이로 인해 해당 기간 동안 전환사채가 80%로 전환되었다. 이때의 전환이 A회사의 20×2년 당기손익에 미치는 영향은 얼마인가? (단, 조건변경일의 A회사 보통주 1주당 공정가치는 ₩8,000이다)

**물음 3)** 위 **물음 1**, **물음 2**와 독립적으로 발행 시 사채발행원가가 발생하지 않고 20×2년 말까지 전환권이 행사되지 않은 것으로 가정한다. A회사가 20×3년 초 모든 전환사채를 현금 ₩1,150,000으로 조기상환한 경우, 전환사채의 조기상환이 A회사의 20×3년 당기손익에 미치는 영향을 구하고 이를 회계처리하시오. (단, 상환시점의 시장이자율은 8%이다)

**물음 4)** 위의 **물음 3**에서 재매입 시점에 ₩20,000의 수수료가 발생하였을 경우, A회사의 20×3년 당기손익에 미치는 영향을 구하시오.

**풀이**

물음 1)  • 부채요소: 963,481 − 96,348 = 867,133
  • 자본요소: 36,519 − 3,652 = 32,867
  [전환사채 발행시점 회계처리]

| 차) 현금 | 1,000,000 | 대) 전환사채 | 1,000,000 |
|---|---|---|---|
|   전환권조정 | 186,519 |   상환할증금 | 150,000 |
|  |  |   전환권대가[1] | 36,519 |
| 차) 전환권조정[2] | 96,348 | 대) 현금 | 100,000 |
|   전환권대가 | 3,652 |  |  |

[1] 1,000,000 − (1,000,000 × 1.15 × 0.75131 + 40,000 × 2.48685) = 36,519
[2] 100,000 × 963,481/1,000,000 = 96,348

물음 2)  조건변경으로 인한 전환사채의 전환 시 A회사의 당기손익에 미치는 영향: (55 − 50)주 × 8,000 = 40,000
  (1) 변경된 조건하에서 전환으로 인하여 보유자가 수취하는 주식수: 1,000,000 ÷ 20,000 × (1 + 10%) = 55주
  (2) 원래의 조건하에서 전환으로 인하여 보유자가 수취하였을 주식수: 1,000,000 ÷ 20,000 = 50주
  (3) 80% 전환 시 회계처리

| 차) 조건변경손실[1] | 5주 × 8,000 | 대) 미교부주식(자본) | 40,000 |
|---|---|---|---|
| 차) 미교부주식(자본) | 40,000 × 80% | 대) 자본금 | 25,000 × 80% |
|  |  |   주식발행초과금 | 15,000 × 80% |
| 차) 전환사채 | 1,000,000 × 80% | 대) 전환권조정[2] | 130,170 × 80% |
|   상환할증금 | 150,000 × 80% |   자본금[3] | 250,000 × 80% |
|   전환권대가 | 36,519 × 80% |   주식발행초과금 | 806,349 × 80% |

[1] (1,000,000 ÷ 20,000)주 × 10% × 8,000 = 40,000
[2] (1,000,000 + 150,000) − (963,481 × 1.1 − 40,000) = 130,170
[3] 1,000,000 ÷ 20,000 × 5,000 = 250,000

물음 3)  A회사의 20×3년에 당기손익에 미치는 영향: (−)20,034
  (1) 사채상환손실: −1,190,000/1.08 + 1,190,000/1.1 = (−)20,034
  (2) 20×3년 초 회계처리

| 차) 전환사채 | 1,000,000 | 대) 전환권조정[3] | 68,182 |
|---|---|---|---|
|   상환할증금 | 150,000 |   현금[1] | 1,101,852 |
|   전환사채상환손실 | 20,034 |  |  |
| 차) 전환권대가 | 36,519 | 대) 현금[2] | 48,148 |
|   전환권대가재매입손실(자본) | 11,629 |  |  |

[1] 전환사채의 상환가액: (40,000 + 1,000,000 + 150,000)/1.08 = 1,101,852
[2] 전환권대가의 상환가액: 1,150,000 − 1,101,852 = 48,148
[3] 전환권조정: 1,150,000 − 1,190,000/1.1 = 68,182

물음 4) A회사의 20×3년에 당기손익에 미치는 영향: (20,034) + (19,163) = (−)39,197

[20×3년 초 회계처리]

| 차) 전환사채 | 1,000,000 | 대) 전환권조정 | 68,182 |
|---|---|---|---|
| 상환할증금 | 150,000 | 현금 | 1,101,852 |
| 전환사채상환손실 | 20,034 | | |
| 차) 전환권대가 | 36,519 | 대) 현금 | 48,148 |
| 전환권대가 재매입손실(자본) | 11,629 | | |
| 차) 전환사채상환손실[1] | 19,163 | 대) 현금 | 20,000 |
| 전환권대가 재매입손실(자본)[2] | 837 | | |

\* 수수료지급액 상환 시 공정가치에 따라 부채요소와 자본요소의 상환손익에 배분한다.

[1] 20,000 × 1,101,852/1,150,000 = 19,163

[2] 20,000 × 48,148/1,150,000 = 837

## 문제 03  복합금융상품의 전환, 기중행사, 조건변경

다음의 〈자료〉를 이용하여 물음 1부터 물음 4까지 답하시오. 단, 답안 작성 시 원 이하는 반올림한다.

[공인회계사 2차 2022년]

---

〈자료〉

• ㈜대한은 20×1년 1월 1일 복합금융상품을 발행하였으며, 발행조건은 다음과 같다.

> • 액면금액: ₩1,000,000
> • 만기상환일: 20×3년 12월 31일
> • 표시이자율: 연 4%
> • 이자지급일: 매년 12월 31일(연 1회)
> • 보장수익률: 연 5%
> • 사채발행일 현재 동일 조건의 신주인수권(전환권)이 없는 일반사채 시장수익률: 연 6%
> • 신주인수권행사(전환)가격: 사채액면 ₩10,000당 1주의 보통주
> • 보통주 액면금액: 1주당 ₩5,000

• ㈜대한은 주식발행가액 중 주식의 액면금액은 '자본금'으로, 액면금액을 초과하는 부분은 '주식발행초과금'으로 표시한다.

• ㈜대한은 신주인수권(전환권)이 행사될 때 신주인수권대가(전환권대가)를 주식의 발행가액으로 대체한다.

• 동 복합금융상품과 관련하여 이자계산 시 월할계산한다. 현재가치 계산 시 아래의 현가계수를 이용한다.

| 기간 | 단일금액 ₩1의 현가계수 | | | 정상연금 ₩1의 현가계수 | | |
|---|---|---|---|---|---|---|
| | 4% | 5% | 6% | 4% | 5% | 6% |
| 1 | 0.9615 | 0.9524 | 0.9434 | 0.9615 | 0.9524 | 0.9434 |
| 2 | 0.9246 | 0.9070 | 0.8900 | 1.8861 | 1.8594 | 1.8334 |
| 3 | 0.8890 | 0.8638 | 0.8396 | 2.7751 | 2.7232 | 2.6730 |

---

**물음 1)** 상기 복합금융상품이 전환사채이며 액면발행되었다고 가정한다. 20×2년 1월 1일 전환사채 액면금액의 40%가 전환청구되었으며, 이에 따라 ㈜대한은 자사의 보통주를 발행하였다. 전환권을 청구하기 직전 재무상태표상 자산총계는 ₩15,000,000이며, 부채총계는 ₩5,000,000이다. 전환 직후 ㈜대한의 부채비율을 계산하시오. (단, 부채비율(%)은 [(부채총계/자본총계) × 100]을 사용하며, 계산 결과는 소수점 둘째 자리에서 반올림한다(예 55.67%는 55.7%로 계산))

| 전환 직후 부채비율(%) | ① |
|---|---|

**물음 2)** 상기 복합금융상품이 전환사채이며 발행금액은 ₩985,000이라고 가정한다. 20×2년 1월 1일 60%의 전환권이 행사되어 보통주가 발행되었다고 할 때 다음 양식에 제시된 항목을 계산하시오.

| | |
|---|---|
| 전환권 행사 시 주식발행초과금 증가분 | ① |
| 전환권 행사 직후 전환사채의 장부금액 | ② |

**물음 3)** 상기 복합금융상품이 비분리형 신주인수권부사채이며 액면발행되었다고 가정할 때 다음의 〈요구사항〉에 답하시오.

〈요구사항 1〉

20×2년 4월 1일 80%의 신주인수권이 행사되어 보통주가 발행되었고, 행사금액은 사채액면금액의 100%이다. 다음 양식에 제시된 항목을 계산하시오.

| | |
|---|---|
| 신주인수권 행사 시 주식발행초과금 증가분 | ① |
| 신주인수권 행사 직후 신주인수권부사채의 장부금액 | ② |

〈요구사항 2〉

㈜대한의 20×2년도 포괄손익계산서에 인식될 이자비용을 계산하시오.

| | |
|---|---|
| 20×2년 이자비용 | ① |

**물음 4)** 상기 복합금융상품은 전환사채이며 액면발행되었다고 가정한다. ㈜대한은 전환사채의 조기전환을 유도하고자 20×3년 7월 1일에 사채 액면금액 ₩10,000당 보통주 1.2주로 전환하는 것으로 조건을 변경하였다. 조건변경일 현재 ㈜대한의 보통주 1주당 공정가치는 ₩7,000이다. ㈜대한의 전환사채 관련 전환조건 변경 거래가 20×3년도 포괄손익계산서상 당기순이익에 미치는 영향을 계산하시오. (단, 당기순이익이 감소하는 경우 금액 앞에 (−)를 표시하시오)

| | |
|---|---|
| 당기순이익에 미치는 영향 | ① |

**물음 1)**

| 전환 직후 부채비율(%) | ① 44.3% |
|---|---|

1) 상환할증금: $10,000 \times 1.05^2 + 10,000 \times 1.05 + 10,000 = 31,525$
2) 부채요소의 공정가치: $40,000 \times 2.6730 + 1,031,525 \times 0.8396 = 972,988$
3) 자본요소의 공정가치: $1,000,000 - 972,988 = 27,012$
4) 20×2년 초 전환사채의 장부금액: $972,988 \times 1.06 - 40,000 = 991,367$
5) 부채비율: $(5,000,000 - 991,367 \times 40\%) \div (15,000,000 - 5,000,000 + 991,367 \times 40\%) = 44.3\%$

**물음 2)**

| 전환권 행사 시 주식발행초과금 증가분 | ① 302,027 |
|---|---|
| 전환권 행사 직후 전환사채의 장부금액 | ② 396,547 |

1) 발행시점의 전환권대가: $985,000 - 972,988 = 12,012$
2) 전환시점의 회계처리 - 100% 가정
[20×2년 1월 1일]

| 차) 전환사채(순액) | 991,367 | 대) 자본금[1] | 500,000 |
|---|---|---|---|
| 전환권대가 | 12,012 | 주식발행초과금(역산) | 503,379 |

[1] $1,000,000/10,000 \times 5,000 = 500,000$

3) 60% 전환 시 주식발행초과금 증가분: $503,379 \times 60\% = 302,027$
4) 60% 전환 시 전환 직후 전환사채의 장부금액: $991,367 \times (1 - 60\%) = 396,547$

**물음 3)** 〈요구사항 1〉

| 신주인수권 행사 시 주식발행초과금 증가분 | ① 444,391 |
|---|---|
| 신주인수권 행사 직후 신주인수권부사채의 장부금액 | ② 973,456 |

(1) 20×1년 초 상환할증금 장부금액: $31,525 \times 0.8396 = 26,468$
(2) 20×1년 초 상환할증금 제외 부채요소 장부금액: $972,988 - 26,468 = 946,520$
(3) 자본요소 공정가치: $1,000,000 - 972,988 = 27,012$
(4) 20×1년 말 상환할증금 장부금액: $26,468 \times 1.06 = 28,056$
(5) 20×2년 4월 1일 권리 행사 직전 상환할증금의 장부금액: $28,056 \times (1 + 0.06 \times 3/12) = 28,477$
(6) 신주인수권 행사 시 주식발행초과금 증가액: $(1,000,000 + 28,477 + 27,012 - 500,000) \times 80\%$
$= 444,391$
(7) 전환 직후 신주인수권부사채의 장부금액: $963,311^{[1]} \times (1 + 0.06 \times 3/12) - 40,000 \times 3/12 + 28,477 \times$
$20\% = 973,456$

[1] $946,520 \times 1.06 - 40,000 = 963,311$

〈요구사항 2〉

| 20×2년 이자비용 | ① 58,472 |
|---|---|

20×2년 이자비용: $963,311 \times 6\% + 28,056 \times 6\% \times 80\% \times 3/12 + 28,056 \times 6\% \times 20\% \times 12/12 = 58,472$

**물음 4)**

| 당기순이익에 미치는 영향 | ① (-)140,000 |
|---|---|

조건변경손실: $(1,000,000/10,000 \times 1.2 - 1,000,000/10,000 \times 1) \times 7,000 = 140,000$

회계사 · 세무사 · 경영지도사 단번에 합격!
해커스 경영아카데미
cpa.Hackers.com

## Chapter 14

# 고객과의 계약에서 생기는 수익

1. 수익의 의의
2. 고객과의 계약에서 생기는 수익
3. Step 1: 계약의 식별
4. Step 2: 수행의무의 식별
5. Step 3: 거래가격의 산정
6. Step 4: 거래가격의 배분
7. Step 5: 수익의 인식
8. 계약원가
9. 거래형태별 수익인식 적용사례
10. 고객충성제도

# 1 수익의 의의

## I 수익의 정의

기준서 제1115호에서는 수익을 자산의 유입 또는 가치 증가나 부채의 감소 형태로 자본의 증가를 가져오는, 특정 회계기간에 생긴 경제적 효익의 증가로서, 지분참여자의 출연(예 유상증자 등)과 관련된 것은 제외하는 것으로 정의하고 있다. 즉, 지분출자와 같은 지분참여자와의 자본거래를 제외한 모든 거래에서 발생한 자본(순자산)의 증가를 수익으로 본다.

### Additional Comment

기업의 성과에 대한 정보는 주로 포괄손익계산서를 통해서 제공되며, 포괄손익계산서의 가장 중요한 부분이 수익이다. 재무제표 이용자는 특정 기업의 과거 수익의 추세나 구성항목의 변동 등을 분석하여 미래의 수익을 예측하는데 도움을 준다. 수익은 기업의 재무성과와 관련된 재무제표 요소이다. 재무제표 정보이용자들은 기업의 재무상태와 재무성과에 대한 정보가 필요하다. 그러므로 수익은 자산과 부채의 변동으로 정의되지만, 수익에 대한 정보는 자산과 부채에 대한 정보만큼 중요하다. 또한 서로 다른 거래나 그 밖의 사건은 서로 다른 특성을 지닌 수익을 발생시킨다. 수익의 서로 다른 특성별로 정보를 별도로 제공하면 재무제표 정보이용자들이 기업의 재무성과를 이해하는 데 도움이 될 수 있다.

## II 수익의 구분

광의의 수익(income)은 수익(revenue)와 차익(gains)로 구분하는데, 한국회계기준원은 revenue와 income을 모두 '수익'으로 번역하였기 때문에 우리말로 수익이라고 할 때 이것의 의미가 혼란스러울 수 있다. 광의의 수익(income)은 자산의 유입 또는 가치 증가나 부채의 감소 형태로 자본의 증가를 가져오는 특정 회계기간에 생긴 경제적 효익의 증가로 정의된다. 이러한 경제적 효익의 증가는 자본의 증가를 가져오지만 주주거래와 관련된 자본의 증가는 제외된다.

수익(revenue)은 기업의 통상적인 활동에서 생기는 것으로 매출액, 수수료수익, 이자수익, 배당수익, 로열티수익 등 여러 가지 종류가 있다.

차익(gains)은 통상적인 활동 이외의 활동에서 발생한 것으로 광의의 수익(income)에서 수익(revenue)를 제외한 자본의 증가로 이해하면 될 것이다.

## 수익의 구분

| 구분 | | 정의 |
|---|---|---|
| 광의의 수익<br>(income) | 수익(revenue) | 통상적인 활동의 거래로 지속적으로 발생 |
| | 차익(gains) | 비통상적인 활동 및 기타의 거래로 일시적으로 발생 |

**Additional Comment**

수익과 차익을 구분하는 근본적인 이유는 수익과 차익의 미래 발생에 대한 지속성이 다르기 때문이다. 예를 들어 상품 매출과 유형자산처분이익은 모두 자본의 증가(income)를 가져오지만, 유형자산처분이익은 매년 발생하는 항목이 아니므로 상품 매출에 비해 미래 지속성이 낮다고 할 수 있다. 재무제표 정보이용자는 상품 매출과 같은 미래 지속성이 높은 항목들에 기초하여 미래 수익을 예측하고자 하므로 미래 지속성이 높은 손익항목(revenue)과 낮은 손익항목(gains)을 포괄손익계산서에 구분 표시하면 회계정보의 유용성을 높일 수 있다.

## Ⅲ    전통적인 수익인식방법

수익의 인식이란 언제, 얼마의 금액으로 수익을 재무제표에 계상하는가를 다루는 것이다. 수익은 자산의 증가 또는 부채의 감소와 연계하여 정의하기 때문에 자산의 증가 또는 부채의 감소를 인식할 수 없다면 수익도 인식할 수 없다. 전통적으로 회계에서는 수익의 가득과정이 완료되고(가득기준), 실현 또는 실현가능할 때(실현조건) 수익을 인식하는 실현주의에 따라 수익을 인식하였다.

CH 14

해커스 IFRS 정윤돈 중급회계 2

## 실현주의에 따른 수익인식

| 수익인식 원칙: 실현주의<br>⇒ 1 + 2 모두 만족 시 수익인식 | 1. 가득기준(의무이행): 수익은 가득과정이 완료 |
|---|---|
| | 2. 실현기준(권리의 측정): 수익은 실현되었거나 실현가능 |

또한 이러한 전통적 수익인식방법은 가득조건과 실현조건이 언제 충족되는가에 따라 진행기준, 완성기준, 인도기준 또는 회수기일도래기준 등 다양한 수익인식기준이 제시되었다. 종전의 수익 관련 기준서인 제1018호는 재화의 판매에 대해서는 인도기준을 적용하고, 용역의 제공에 대해서는 진행기준을 적용하여 수익을 인식하도록 규정하였다.

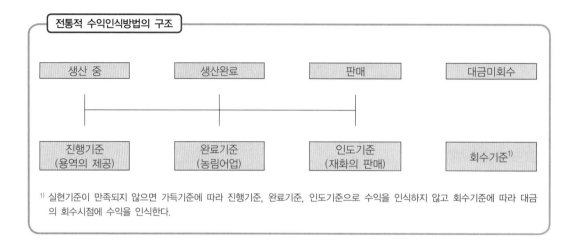

전통적 수익인식방법의 구조

| 생산 중 | 생산완료 | 판매 | 대금미회수 |

| 진행기준<br>(용역의 제공) | 완료기준<br>(농림어업) | 인도기준<br>(재화의 판매) | 회수기준[1] |

[1] 실현기준이 만족되지 않으면 가득기준에 따라 진행기준, 완료기준, 인도기준으로 수익을 인식하지 않고 회수기준에 따라 대금의 회수시점에 수익을 인식한다.

**Additional Comment**

최근 거래의 형태를 보면 하나의 계약에 재화의 판매와 용역의 제공이 섞여 있을 수도 있고, 재화만을 판매하더라도 인도시점이나 판매 대가의 변동과 관련하여 다양한 조건이 부가되는 경우도 있어 전통적인 수익인식방법으로는 수익인식의 명확한 회계처리가 이루어지지 못하는 경우가 많다. 또한 기준서 제1018호 이외의 수익과 관련하여 제정된 여러 기준서 및 해석서 간에 일관성이 없는 문제도 다수 제기되었다. 이에 경제적으로 유사한 거래에 대해서 동일한 회계처리가 이루어지고, 복잡한 거래에도 적용할 수 있도록 하기 위하여 기준서 제1115호 '고객과의 계약에서 생기는 수익'이 제정되었다.

# 2 고객과의 계약에서 생기는 수익

## I  기준서 제1115호 '고객과의 계약에서 생기는 수익'의 적용

기업회계기준서 제1115호 '고객과의 계약에서 생기는 수익'에서는 계약상대방이 고객인 경우에만 그 계약에 대하여 해당 기준서를 적용한다. 고객이란 기업의 통상적인 활동의 산출물인 재화나 용역을 대가와 교환하여 획득하기로 기업과 계약한 당사자를 말한다. 만약 계약당사자가 여기에 해당하지 않는다면 수익이 발생하더라도 기준서 제1115호를 적용하지 않는다.

### Additional Comment

예를 들어 계약상대방이 기업의 통상적인 활동의 산출물을 취득하기 위해서가 아니라 어떤 활동이나 과정(예 협업약정에 따른 자산 개발)에 참여하기 위해 기업과 계약하였고, 그 계약당사자들이 그 활동이나 과정에서 생기는 위험과 효익을 공유한다면, 그 계약상대방은 고객이 아니다.

기준서 제1115호는 다음을 제외한 고객과의 모든 계약에 적용한다.

① 기준서 제1116호 '리스'를 적용하는 리스계약
② 기준서 제1104호 '보험계약'을 적용하는 보험계약
③ 기준서 제1109호 '금융상품', 제1110호 '연결재무제표', 제1111호 '공동약정', 제1027호 '별도재무제표', 제1028호 '관계기업과 공동기업에 대한 투자'의 적용범위에 포함되는 금융상품과 그 밖의 계약상 권리 또는 의무

또한, 고객이나 잠재적 고객에게 판매를 쉽게 하기 위해 행하는 같은 사업 영역에 있는 기업 사이의 비화폐성 교환에 대해서도 기준서 제1115호를 적용하지 않는다.

### Additional Comment

두 정유사가 서로 다른 특정 지역에 있는 고객의 수요를 적시에 충족하기 위해, 두 정유사끼리 유류를 교환하기로 합의한 계약은 고객과의 계약이 아니므로 적용하지 않는다.

고객과의 계약에서 생기는 수익을 인식할 때는 다음의 단계를 거쳐야 한다.

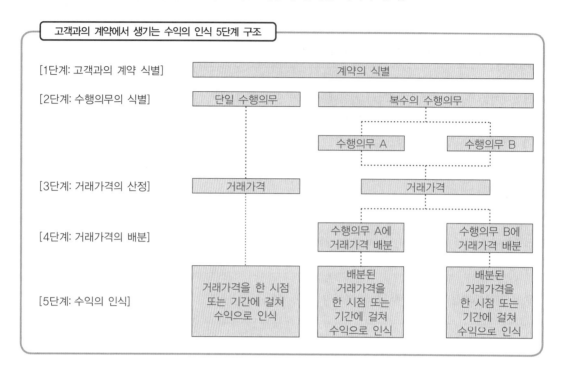

[1단계: 고객과의 계약을 식별]

계약은 둘 이상의 당사자 사이에 집행 가능한 권리와 의무가 생기게 하는 합의이다. K-IFRS 제1115호의 요구사항은 정해진 조건을 충족하는, 고객과 체결한 계약에만 적용한다. 어떤 경우에는 이 기준서가 여러 계약을 결합하여 하나의 계약으로 회계처리할 것을 요구하기도 하고 계약변경의 회계처리에 관한 요구사항도 제공한다.

[2단계: 수행의무를 식별]

하나의 계약은 고객에게 재화나 용역을 이전하는 여러 약속을 포함한다. 그 재화나 용역들이 구별된다면 약속은 수행의무이고 별도로 회계처리한다. 고객이 재화나 용역 그 자체에서나 쉽게 구할 수 있는 다른 자원과 함께하여 효익을 얻을 수 있고, 그 약속을 계약 내의 다른 약속과 별도로 식별해 낼 수 있다면 재화나 용역은 구별된다.

[3단계: 거래가격을 산정]

거래가격은 고객에게 약속한 재화나 용역을 이전하고 그 대가로 기업이 받을 권리를 갖게 될 것으로 예상하는 금액이다. 거래가격은 고객이 지급하는 고정된 금액일 수도 있으나, 어떤 경우에는 변동대가를 포함하거나 현금 외의 형태로 지급될 수도 있다. 거래가격은 계약에 유의적인 금융요소가 포함된다면 화폐의 시간가치 영향을 조정하며, 고객에게 지급하는 대가가 있는 경우에도 거래가격에서 조정한다. 대가가 변동된다면, 고객에게 약속한 재화나 용역을 이전하고 그 대가로 받을 권리를 갖게 될 것으로 예상하는 금액을 추정한다. 변동대가는 변동대가와 관련된 불확실성이 나중에 해소될 때, 인식된 누적수익금액 중 유의적인 부분을 되돌리지(환원하지) 않을 가능성이 매우 높은 정도까지만 거래가격에 포함한다.

[4단계: 거래가격을 계약 내 수행의무에 배분]

거래가격은 일반적으로 계약에서 약속한 각 구별되는 재화나 용역의 상대적 개별 판매가격을 기준으로 배분한다. 개별 판매가격을 관측할 수 없다면 추정해야 한다. 거래가격에 계약의 일부분에만 관련되는 할인액이나 변동대가(금액)가 포함되는 경우가 있다. 이 기준서에서는 할인액이나 변동대가를 일부 수행의무에만 배분하는 경우를 구체적으로 규정하고 있다.

[5단계: 수행의무를 이행할 때(또는 기간에 걸쳐 이행하는 대로) 수익을 인식]

기업이 약속한 재화나 용역을 고객에게 이전하여 수행의무를 이행할 때(이행하는 대로)(고객이 재화나 용역을 통제하게 되는 때) 수익을 인식한다. 인식하는 수익 금액은 이행한 수행의무에 배분된 금액이다. 수행의무는 한 시점에 이행하거나(일반적으로 고객에게 재화를 이전하는 약속의 경우), 기간에 걸쳐 이행한다(일반적으로 고객에게 용역을 이전하는 약속의 경우). 기간에 걸쳐 이행하는 수행의무의 수익은 그 수행의무의 진행률을 적절하게 측정하는 방법을 선택하여 기간에 걸쳐 인식한다.

해커스 경영아카데미는 통상적인 경우 수강생들에게 교재를 ₩1,000에 판매하고, 강의를 월 ₩60씩 24개월 약정으로 ₩1,440(= 월 ₩60 × 24개월)에 판매하여 ₩2,440을 총수익으로 회계처리하고 있다. 해커스 경영아카데미는 교재와 강의서비스를 묶어서 ₩240을 할인한 ₩2,200의 가격으로 수강생들에게 패키지상품을 판매하기로 하고 교재의 할인을 원하는 수강생들과 강의료의 할인을 원하는 수강생들을 위해 두 가지 패키지를 제공하기로 하였다.

> A.  교재 보조금 ₩240을 지급하는 패키지: 교재 ₩760 + 강의료 ₩1,440 = ₩2,200
> B.  강의료 ₩240을 할인해주는 패키지: 교재 ₩1,000 + 강의료 ₩1,200 = ₩2,200

이 두 가지 패키지 중 어느 것을 판매하는 경우에도 해커스 경영아카데미가 인식하는 수익은 같아야만 한다. 이를 고객과의 계약에서 생기는 수익의 수익인식 5단계에 따라 적용해 보시오.

**풀이**

1. Step 1: 계약의 식별
   교재와 강의료를 대가와 교환하여 획득하기로 계약한 당사자이므로 고객과의 계약이다.
2. Step 2: 수행의무의 식별
   교재의 인도와 강의서비스를 제공하여야 한다.
3. Step 3: 거래가격의 산정
   거래가격은 2,200이다.
4. Step 4: 거래가격의 배분
   거래가격 2,200을 교재 판매가격 1,000과 24개월 강의서비스 제공가격 1,440의 비율로 배분하면 교재의 판매 대가는 902, 강의서비스의 대가는 1,298로 배분된다.
5. Step 5: 수익의 인식
   교재 판매의 대가 902는 교재가 인도될 때, 강의서비스의 대가 1,298은 매월 54씩 24개월간 수익으로 각각 인식한다.

**기출 Check 1**

기업회계기준서 제1115호 '고객과의 계약에서 생기는 수익'에 대한 다음 설명 중 옳지 않은 것은?

[공인회계사 2018년]

① 계약이란 둘 이상의 당사자 사이에 집행 가능한 권리와 의무가 생기게 하는 합의이다.
② 하나의 계약은 고객에게 재화나 용역을 이전하는 여러 약속을 포함하며, 그 재화나 용역들이 구별된다면 약속은 수행의무이고 별도로 회계처리한다.
③ 거래가격은 고객이 지급하는 고정된 금액을 의미하며, 변동대가는 포함하지 않는다.
④ 거래가격은 일반적으로 계약에서 약속한 각 구별되는 재화나 용역의 상대적 개별 판매가격을 기준으로 배분한다.
⑤ 기업이 약속한 재화나 용역을 고객에게 이전하여 수행의무를 이행할 때(또는 기간에 걸쳐 이행하는 대로) 수익을 인식한다.

**풀이**

거래가격은 고객이 지급하는 고정된 금액일 수도 있으나, 어떤 경우에는 변동대가를 포함하거나 현금 외의 형태로 지급될 수도 있다.

정답: ③

---

# **Ⅲ** **표시**

계약당사자 중 어느 한 편이 계약을 수행했을 때, 기업의 수행 정도와 고객의 지급과의 관계에 따라 그 계약을 계약자산이나 계약부채로 재무상태표에 표시한다. 고객이 대가를 지급하기 전이나 지급기일 전에 기업이 고객에게 재화나 용역의 이전을 수행할 경우 기업은 계약자산을 인식한다. 이에 반해, 대가를 받을 무조건적인 권리는 수취채권으로 구분하여 표시한다.

① 계약자산: 기업이 고객에게 이전한 재화나 용역에 대하여 그 대가를 받을 기업의 권리로 그 권리에 시간의 경과 외의 조건이 있는 자산
② 계약부채: 기업이 고객에게 이미 받은 대가 또는 지급기일이 된 대가에 상응하여 고객에게 재화나 용역을 이전하여야 하는 기업의 의무
③ 수취채권: 기업이 고객에게 대가를 받을 무조건적인 권리

기업이 고객에게 재화나 용역을 이전하기 전에 고객이 대가를 지급하거나 기업이 대가를 받을 무조건적인 권리를 갖고 있는 경우에는 지급받은 때나 지급받기로 한 때 중 이른 시기에 그 계약을 계약부채로 표시한다. 또한, 고객이 대가를 지급하기 전이나 지급기일 전에 기업이 고객에게 재화나 용역의 이전을 수행하는 경우에는 계약자산으로 표시한다. 단, 수취채권으로 표시한 금액은 제외한다.

| 수행의무 이행 ○ | 현금 수령 ○ | | 차) 현금          대) 계약수익 |
| | 현금 수령 × | 무조건적 권리 × | 차) 계약자산      대) 계약수익 |
| | | 무조건적 권리 ○ | 차) 수취채권      대) 계약수익 |
| 수행의무 이행 × | 현금 수령 ○ | | 차) 현금          대) 계약부채 |
| | 현금 수령 × | 무조건적 권리 × | 회계처리 없음 |
| | | 무조건적 권리 ○ | 차) 수취채권      대) 계약부채 |

**Self Study**

'무조건적 권리 × ⇒ 무조건적 권리 ○'로 변경 시 회계처리

| 차) 수취채권 | ×× | 대) 계약자산 | ×× |

**Additional Comment**

많은 경우 계약자산은 시간만 경과하면 대가를 지급받을 수 있는 날이 오기 때문에 무조건적인 권리, 즉 수취채권과 동일한 금액일 것이다. 그러나 어떤 경우에는 기업이 수행의무를 이행하더라도 그 대가를 받을 무조건적인 권리를 갖지 않을 수 있다. 예를 들어 재화를 이전하였는데 그 다음 재화를 이전하여야만 처음에 이전한 재화에 대한 대가를 수취할 수 있는 권리가 생기는 경우가 그러하다. 이렇듯 계약자산과 수취채권을 구별하는 이유는 그렇게 함으로써 재무제표 정보이용자에게 계약상 기업의 권리와 관련된 위험에 대한 목적적합한 정보를 제공할 수 있기 때문이다. 또한 기업이 고객에게서 선수금을 받은 경우 미래에 재화나 용역을 이전할 수행의무에 대한 선수금을 계약부채로 인식하고, 향후 수행의무를 이전할 때 계약부채를 제거하면서 수익을 인식한다. 그러나 고객에게서 선수금을 받지 않아도 계약부채를 인식하는 경우가 있으므로 계약부채는 선수금보다 더 넓은 의미로 사용되는 계정으로 이해할 수 있다.

**사례연습 2: 표시**

각 물음은 서로 독립적이다.

**1** 12월 말 결산법인인 ㈜한영은 20×1년 1월 1일 고객에게 3월 31일에 제품을 이전하는 계약을 체결하였다. 고객은 계약에 따라 20×1년 1월 31일에 대가 ₩1,000을 미리 지급하여야 한다. 그런데 고객은 20×1년 3월 1일에 대가를 지급하였다. ㈜한영은 20×1년 3월 31일에 제품을 이전하는 수행의무를 이행하였다.

**1**-① ㈜한영이 고객과 체결한 계약을 취소할 수 있는 계약이라고 할 경우 각 일자에 해야 할 회계처리를 하시오.

**1**-② ㈜한영이 고객과 체결한 계약이 취소할 수 없는 계약이라고 할 경우 각 일자에 해야 할 회계처리를 하시오.

**2** 12월 말 결산법인인 ㈜한영은 20×1년 1월 1일 고객 갑에게 제품 A와 제품 B를 이전하는 계약을 체결하였다. 계약에 따르면 제품 A를 먼저 인도하고, 제품 A의 인도 대가는 제품 B의 인도를 조건으로 한다. 즉, 대가 ₩1,000은 제품 A와 제품 B를 모두 이전한 다음에만 받을 권리가 생긴다. 계약의 수행의무는 제품 A와 제품 B를 이전하는 것이며, 계약대가는 제품의 상대적 개별 판매가격에 기초하여 제품 A와 제품 B에 각각 ₩400과 ₩600을 배분한다. ㈜한영이 고객과 체결한 계약에서 제품 A와 제품 B를 이전하는 수행의무를 이행하는 시점에 해야할 회계처리를 하시오.

**풀이**

**1** - **①** • 20×1. 1. 1.: 회계처리 없음
 • 20×1. 1. 31.: 회계처리 없음
[20×1. 3. 1.]

| 차) 현금 | 1,000 | 대) 계약부채 | 1,000 |
|---|---|---|---|

[20×1. 3. 31.]

| 차) 계약부채 | 1,000 | 대) 수익 | 1,000 |
|---|---|---|---|

* 계약을 취소할 수 있으므로 대가의 지급기일인 20×1년 1월 31일에 ㈜한영은 대가를 받을 무조건적인 권리를 갖지 못한다.

**1** - **②** • 20×1. 1. 1.: 회계처리 없음
[20×1. 1. 31.]

| 차) 수취채권 | 1,000 | 대) 계약부채 | 1,000 |
|---|---|---|---|

[20×1. 3. 1.]

| 차) 현금 | 1,000 | 대) 수취채권 | 1,000 |
|---|---|---|---|

[20×1. 3. 31.]

| 차) 계약부채 | 1,000 | 대) 수익 | 1,000 |
|---|---|---|---|

* 계약을 취소할 수 없으므로 대가의 지급기일인 20×1년 1월 31일에 ㈜한영은 대가를 받을 무조건적인 권리를 갖기 때문에 수취채권으로 인식하여야 한다.

**2**
[제품 A의 이전]

| 차) 계약자산 | 400 | 대) 수익 | 400 |
|---|---|---|---|

[제품 B의 이전]

| 차) 수취채권 | 1,000 | 대) 계약자산 | 400 |
|---|---|---|---|
| | | 수익 | 600 |

**다음은 ㈜대한의 20×1년과 20×2년의 수취채권, 계약자산, 계약부채에 대한 거래이다.**

- ㈜대한은 고객에게 제품을 이전하기로 한 약속을 수행의무로 식별하고, 제품을 고객에게 이전할 때 각 수행의무에 대한 수익을 인식한다.
- ㈜대한은 20×2년 1월 31일에 ㈜민국에게 제품 A를 이전하는 취소 불가능 계약을 20×1년 10월 1일에 체결하였다. 계약에 따라 ㈜민국은 20×1년 11월 30일에 대가 ₩1,000 전액을 미리 지급하여야 하나 ₩300만 지급하였고, 20×2년 1월 15일에 잔액 ₩700을 지급하였다. ㈜대한은 20×2년 1월 31일에 제품 A를 ㈜민국에게 이전하였다.
- ㈜대한은 ㈜만세에게 제품 B와 제품 C를 이전하고 그 대가로 ₩1,000을 받기로 20×1년 10월 1일에 계약을 체결하였다. 계약에서는 제품 B를 먼저 인도하도록 요구하고, 제품 B의 인도 대가는 제품 C의 인도를 조건으로 한다고 기재되어 있다. ㈜대한은 제품의 상대적 개별 판매가격에 기초하여 제품 B에 대한 수행의무에 ₩400을, 제품 C에 대한 수행의무에 ₩600을 배분한다. ㈜대한은 ㈜만세에게 20×1년 11월 30일에 제품 B를, 20×2년 1월 31일에 제품 C를 각각 이전하였다.

**상기 거래에 대하여, 20×1년 12월 31일 현재 ㈜대한의 수취채권, 계약자산, 계약부채 금액은 각각 얼마인가? (단, 기초잔액은 없는 것으로 가정한다)**

[공인회계사 2019년]

|  | 수취채권 | 계약자산 | 계약부채 |
|---|---|---|---|
| ① | ₩0 | ₩400 | ₩0 |
| ② | ₩400 | ₩0 | ₩0 |
| ③ | ₩700 | ₩400 | ₩1,000 |
| ④ | ₩1,000 | ₩400 | ₩1,000 |
| ⑤ | ₩1,100 | ₩0 | ₩1,000 |

**풀이**

1. 제품 A - 회계처리

| | | | | | |
|---|---|---|---|---|---|
| 20×1년 11월 30일 | 차) 현금 | 300 | 대) 계약부채 | 300 | |
| | 차) 수취채권 | 700 | 대) 계약부채 | 700 | |
| 20×2년 1월 15일 | 차) 현금 | 700 | 대) 수취채권 | 700 | |
| 20×2년 1월 31일 | 차) 계약부채 | 1,000 | 대) 계약수익 | 1,000 | |

2. 제품 B - 회계처리

| | | | | | |
|---|---|---|---|---|---|
| 20×1년 11월 30일 | 차) 계약자산 | 400 | 대) 계약수익 | 400 | |
| 20×2년 1월 31일 | 차) 수취채권 | 600 | 대) 계약수익 | 600 | |
| | 차) 수취채권 | 400 | 대) 계약자산 | 400 | |

20×1년 말 수취채권: 700, 20×1년 말 계약자산: 400, 20×1년 말 계약부채: 1,000

정답: ③

# 3 Step 1: 계약의 식별

## 01 계약의 정의

계약은 둘 이상의 당사자 사이에 집행 가능한 권리와 의무가 생기게 하는 합의이다. 계약상 권리와 의무의 집행가능성은 법률적인 문제이다. 계약은 서면으로, 구두로, 기업의 사업 관행에 따라 암묵적으로 체결할 수 있다.

고객과의 어떤 계약은 존속기간이 고정되지 않을 수도 있고, 당사자 중 한 편이 언제든지 종료하거나 수정할 수도 있다. 한편, 계약에서 정한 바에 따라 주기적으로 자동 갱신될 수도 있다. 이와 같은 경우 계약 당사자들이 현재 집행 가능한 권리와 의무가 있는 계약의 존속기간(계약기간)에 적용한다.

## 02 계약의 존재

계약의 각 당사자가 전혀 수행되지 않은 계약에 대해 상대방에게 보상하지 않고(예 위약금 없이 계약 해지 가능) 종료할 수 있는 일방적이고 집행 가능한 권리를 갖는다면, 그 계약은 존재하지 않는다고 본다. 다음의 기준을 모두 충족한다면, 계약은 전혀 수행되지 않은 것이다.

> ① 기업이 약속한 재화나 용역을 아직 고객에게 이전하지 않았다.
> ② 기업이 약속한 재화나 용역에 대하여 어떤 대가도 아직 받지 않았고 아직 받을 권리도 없다.

## 01 계약의 식별 요건

기업회계기준서 제1115호 '고객과의 계약에서 생기는 수익'에 따르면 다음 기준을 모두 충족하는 때에만 고객과의 계약은 식별가능하고 고객과의 계약으로 회계처리한다.

> ① 계약당사자들이 계약을 승인하고 각자의 의무를 수행하기로 확약한다.
> ② 이전할 재화나 용역에 관련된 각 당사자의 권리를 식별할 수 있다.
> ③ 이전할 재화나 용역의 지급조건을 식별할 수 있다.
> ④ 계약에 상업적 실질이 있다.
> ⑤ 고객에게 이전할 재화나 용역에 대하여 받을 권리를 갖게 될 대가의 회수가능성이 높다.

### Additional Comment

계약 당사자들이 계약을 승인하지 않았다면, 계약을 집행할 수 있는지 의문스럽기 때문에 기준 ①이 필요하다. 기업이 이전하는 재화나 용역에 대한 각 당사자의 권리를 식별할 수 없다면, 재화나 용역의 이전을 판단할 수 없기 때문에 기준 ②가 필요하다. 또한 기업이 약속한 재화나 용역의 대가로 받는 지급조건을 식별할 수 없다면, 거래가격을 산정할 수 없기 때문에 기준 ③이 필요하다. 기준 ④가 없다면 기업들은 수익을 부풀리기 위하여 상업적 실질 없이 재화나 용역을 서로 주고 받을 수 있다. 따라서 계약에 상업적 실질이 없다면 수익을 인식할 수 없다. 계약이 유효한지를 판단하는 핵심 부분은 고객이 약속한 대가를 지급할 능력 및 의도가 있는지를 판단하는 것이기 때문에 회수가능성이 높아야 한다는 기준 ⑤가 필요하다. 대가의 회수가능성이 높지 않다면 고객과의 계약이 식별되지 않는 것이므로 이후 단계는 고려 대상이 아니다.

### Self Study

1. 계약에 상업적 실질이 있다는 것은 계약의 결과로 기업의 미래 현금흐름의 위험, 시기, 금액이 변동될 것으로 예상되는 것을 의미한다.
2. 대가의 회수 가능성이 높은지를 평가할 때에는 지급기일에 고객이 대가(금액)를 지급할 수 있는 능력과 지급할 의도만을 고려한다. 기업이 고객에게 가격할인(price concessions)을 제공할 수 있기 때문에 대가가 변동될 수 있다면, 기업이 받을 권리를 갖게 될 대가는 계약에 표시된 가격보다 적을 수 있다.
3. 기준서 제1115호에서는 대금의 회수가능성이 높지 않다면 수익을 인식할 수 없도록 규정하고 있다. 그러므로 대금 회수가 불확실할 경우 보수적인 관점에서 회수기일이 도래한 부분에 대해서만 매출과 매출원가를 인식하거나, 원가를 모두 회수하기 전까지 동일한 금액으로 매출과 매출원가를 인식하는 방법은 더 이상 사용할 수 없다.

---

**── 사례연습 3: 계약의 식별 요건 ──**

부동산 개발업자인 서울개발은 10억원에 건물을 판매하기 위해 A사와 계약을 체결하였다. A사는 레스토랑을 개업하려고 하는데, 레스토랑을 운영한 경험이 없으며, 더구나 그 지역은 경쟁이 심한 지역에 위치하고 있어 사업성이 불투명하다. 서울개발은 A사로부터 계약 개시시점에 환불되지 않는 계약금 5억원을 받고, 잔액 9%는 서울개발과 장기 금융약정을 체결하였다. 금융약정은 비소구조건으로 제공되었는데, 이는 A사가 채무를 이행하지 못할 경우에 기업이 그 건물을 회수할 수 없음을 뜻한다. 기업의 건물원가는 6억원이다. A사는 계약 개시시점에 건물을 통제하게 된다. 위 계약이 기업회계기준서 제1115호의 적용범위에 포함되는 수익인식이 가능한 고객과의 계약인지를 판단하라.

┌─────────┐
│ 풀이 │
└─────────┘

위 계약은 기업이 건물의 이전에 대하여 받을 권리가 있는 대가를 회수할 가능성이 높지 않기 때문에 고객과의 계약에 해당하지 않는다. 그 이유는 기업은 아래의 요소들 때문에 A사의 지급능력과 의도에 의문이 제기될 수 있다고 보기 때문이다.
1. A사는 주로 레스토랑 사업에서 얻은 수익으로 차입금을 상환하고자 하고 있는데, 이 사업은 경쟁이 심하고 A사의 경험 부족으로 상환이 매우 불확실하다고 할 수 있다.
2. A사는 차입금 상환에 사용할 수 있는 다른 수익이나 자산이 명시되어 있지 않다.
3. 비소구조건이기 때문에 잔금이 회수되지 않아도 다른 상환방법이 없다.

## 02  계약인지 여부의 판단

고객과의 계약이 계약 개시시점에 계약에 해당하는지에 대한 식별기준을 충족하는 경우에는 사실과 상황에 유의적인 변동 징후가 없는 한 이러한 기준들을 재검토하지 않는다. 예를 들어 고객의 대가 지급 능력이 유의적인 징후가 존재한다면 위의 기준을 재검토해야 한다. 만일 고객과의 계약이 식별기준을 충족하지 못한다면, 나중에 충족되는지를 식별하기 위해 그 계약을 지속적으로 검토한다.

| 계약 개시시점에 식별기준 충족 여부 | 내용 |
|---|---|
| 식별기준을 충족 | 유의적인 변동 징후가 없다면 재검토하지 않음 |
| 식별기준을 미충족 | 충족하는지 여부를 지속적으로 검토 |

고객과의 계약이 식별기준을 충족하지 못하지만 고객에게 대가를 받은 경우에는 고객에게서 받은 대가는 수익으로 인식하기 전까지 부채로 인식하며, 이렇게 인식된 부채는 계약과 관련된 사실 및 상황에 따라, 재화나 용역을 미래에 이전하거나 받은 대가를 환불해야 하는 의무를 나타낸다. 이 모든 경우에 그 부채는 고객에게서 받은 대가로 측정하고 다음 사건 중 어느 하나가 일어난 경우에만 받은 대가를 수익으로 인식한다.

┌────────────────────────────────────────────────────┐
│ ① 고객에게 재화나 용역을 이전해야 하는 의무가 남아 있지 않고, 고객이 약속한 대가를 모두(또는 대부분) 받았으며 │
│   그 대가는 환불되지 않는다. │
│ ② 계약이 종료되었다고 고객에게서 받은 대가는 환불되지 않는다. │
└────────────────────────────────────────────────────┘

계약: 서면, 구두, 사업 관행에 따라 암묵적 체결 가능

1) 식별요건 ──────────── 충족 O: 1) 재검토 × until 유의적인 변동징후

① 계약승인하고 각자의 의무 수행 확약
② 당사자의 권리 식별 가능          충족 ×: 1) 충족 여부 지속적으로 검토
③ 재화나 용역의 지급조건 식별
④ 상업적 실질 존재                    2) 고객에게 대가를 받은 경우
⑤ 대가의 회수가능성이 높음

| 차) 현금 | 대) 계약부채 |
↓ *
| 차) 계약부채 | 대) 계약수익 |

* 다음 사건 중 하나가 발생
 • 잔여의무 × + 대가 모두 수령, 환불 ×
 • 계약종료 + 대가 환불 ×

## 01 계약변경

### (1) 계약변경의 의의

계약변경이란 계약당사자들이 승인한 계약범위나 계약가격(또는 둘 다)의 변경을 의미하며, 주문변경, 공사변경, 수정이라고도 한다. 계약당사자가 집행 가능한 권리와 의무를 새로 설정하거나 기존의 집행 가능한 권리와 의무를 변경하기로 승인할 때 계약변경이 존재한다. 계약당사자들이 계약변경을 승인하지 않았다면, 계약변경의 승인을 받을 때까지는 기존 계약에 기준서 제1115호를 계속 적용한다.

### (2) 계약변경의 회계처리

계약변경의 회계처리를 요약하면 다음과 같다.

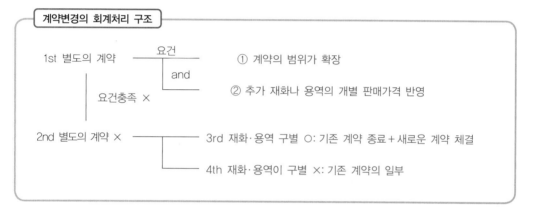

### 1) 별도의 계약에 해당

별도의 계약에 해당하기 위해서는 다음의 두 가지 조건을 모두 충족하여야 한다.

① 구별되는 약속한 재화나 용역이 추가되어 계약의 범위가 확장된다.
② 계약가격이 추가로 약속한 재화나 용역의 개별 판매가격에 특정 계약 상황을 반영하여 적절히 조정한 대가만큼 상승한다. (≒ 개별 판매가격을 반영한다)

계약변경에 따라 추가로 약속한 재화나 용역이 구별되고, 재화나 용역의 가격이 개별 판매가격을 반영하여 적절히 조정되었다면 이는 별도로 계약을 체결한 것이나 다름이 없다. 따라서 기존 계약대로 회계처리하고, 변경된 계약은 새로운 계약으로 보고 별도로 회계처리한다.

#### Additional Comment

계약가격이 추가로 약속한 재화나 용역의 개별 판매가격에 특정 계약 상황을 반영하여 적절히 조정한 대가만큼 상승한다는 의미는 다음과 같다. 예를 들면 기업은 기존 고객이 받는 할인을 고려하여 추가 재화나 용역의 개별 판매가격을 조정할 수 있는데, 이는 새로운 고객에게 비슷한 재화나 용역을 판매할 때 들 판매 관련 원가를 들일 필요가 없기 때문이다.

20×1년 중에 건설사 A는 고객의 토지에 공장을 건설하는 계약을 ₩200,000에 수주하였다. 동 공장은 건설사 A에게 대체적인 용도가 없으며 계약대금의 지급방법에 따르면 환불 불가능한 진척도에 따른 대금지급이 고객에게 요구된다. 이에 건설사 A는 투입원가 기준이 이행의무의 충족에 대한 진척도를 측정하는 합리적인 방법이라고 결론내렸다. 동 공장에 대한 건설은 20×3년에 완료될 것으로 판단하고 있다.

20×2년 중에 고객은 해당 토지에 별도의 저장시설도 필요하다고 판단하고 저장시설을 건설하기로 결정하였다. 고객과 건설사 A는 다음과 같이 계약을 변경하기로 합의하였다.20×2년 중에 저장시설에 대한 공사를 시작하여 20×3년 말까지 저장시설에 대한 건설을 완료한다. 동 저장시설은 건설사 A에게 대체적인 용도가 없으며 계약대금의 지급방법에 따르면 환불 불가능한 진척도에 따른 대금지급이 고객에게 요구된다. 이에 건설사 A는 투입원가 기준이 이행의무의 충족에 대한 진척도를 측정하는 합리적인 방법이라고 결론내렸다.

**1** 저장시설을 추가 건설하는 대가로 건설사 A는 ₩80,000을 추가로 수령하게 되었다. 통상 건설사 A는 이와 유사한 저장시설을 건설하는 경우 ₩100,000을 계약금액으로 산정한다. 그러나 건설사 A는 현재 진행 중인 공장 공사에 투입했던 설비 및 인력을 저장시설 공사에 투입할 수 있으므로 그만큼 투입원가를 절감할 수 있다고 판단해서 ₩20,000만큼 할인한 ₩80,000을 저장시설의 대가로 산정하였다. 이 경우 동 계약변경이 별도의 계약에 해당하는지 그 여부를 밝혀라.

**2** **1**과 독립적으로 저장시설을 추가 건설하는 대가로 건설사 A는 ₩70,000을 추가로 수령하게 되었다. 통상 건설사 A는 이와 유사한 저장시설을 건설하는 경우 ₩100,000을 계약금액으로 산정한다. 그러나 건설사 A는 현재 진행 중인 공장 공사에 투입했던 설비 및 인력을 저장시설 공사에 투입할 수 있으므로 그만큼 투입원가를 절감할 수 있다고 판단하였고, 여기에 추가해서 고객과의 관계 유지를 위해 추가 할인을 제공해서 ₩30,000만큼 할인한 ₩70,000을 저장시설의 대가로 산정하였다. 이 경우 동 계약변경이 별도의 계약에 해당하는지 그 여부를 밝혀라.

---

**풀이**

**1** 동 거래는 기준서 제1115호 문단20(1), (2)의 요건(① 구별되는 약속한 재화나 용역이 추가되어 계약의 범위가 확장된다. ② 계약가격이 추가로 약속한 재화나 용역의 개별 판매가격에 특정 계약 상황을 반영하여 적절히 조정한 대가만큼 상승한다. 예를 들면 기업은 기존 고객이 받는 할인을 고려하여 추가 재화나 용역의 개별 판매가격을 조정할 수 있는데, 이는 새로운 고객에게 비슷한 재화나 용역을 판매할 때 들 판매 관련 원가를 들일 필요가 없기 때문이다)을 모두 충족하는 것으로 보아 추가되는 저장시설 계약을 별도의 계약으로 회계처리한다.

**2** 동 거래는 저장시설 건설의 수행의무가 구별되는 것으로 분석되지만 계약금액이 업무범위 증가에 따른 개별 판매가격에서 특정 계약 상황 외에 고객관계 등을 추가로 고려해서 금액이 변동되었기 때문에, 기준서 제1115호 문단 20(1), (2)의 요건을 충족하지 못하는 것으로 보아 별도 계약으로 회계처리할 수 없다.

## 2) 별도의 계약에 해당하지 않는 경우

계약변경이 별도 계약이 아니라면, 나머지 재화·용역이 그 이전에 이전한 재화·용역과 구별되는지에 따라 다음과 같이 회계처리한다.

① 나머지 재화나 용역이 이전한 재화나 용역과 구별되는 경우: 계약변경은 기존 계약을 종료하고 새로운 계약을 체결하는 것처럼 회계처리한다. 이때 나머지 수행의무에 배분하는 대가는 다음 항목의 합계이다.
- 고객이 약속한 대가(고객에게 이미 받은 대가 포함) 중 거래가격 추정치에는 포함되었으나 아직 수익으로 인식되지 않은 금액
- 계약변경의 일부로 약속한 대가

② 나머지 재화나 용역이 구별되지 않아서 계약변경일에 부분적으로 이행된 단일 수행의무의 일부를 구성하는 경우: 계약변경은 기존 계약의 일부인 것처럼 회계처리한다. 계약변경이 거래가격과 수행의무의 진행률에 미치는 영향은 계약변경일에 수익을 조정(수익의 증액이나 감액)하여 인식한다.

③ 나머지 재화나 용역이 ①과 ②의 경우로 결합된 경우: 변경된 계약에서 이행되지 아니한 수행의무(일부 미이행 포함)에 미치는 계약변경의 영향을 목적에 맞는 방법으로 회계처리한다.

### Additional Comment

'나머지 재화나 용역'이란 계약변경일 현재 존재하는 두 가지 수행의무 즉, 기존 계약 중 아직 수행하지 않은 수행의무와 계약변경으로 인하여 추가로 생긴 수행의무를 말한다. 위의 계약변경 ①은 두 가지 수행의무가 계약 변경 전에 이전한 재화나 용역과 구별되는 경우를 말한다. 이 경우 두 가지 수행의무와 관련된 대가의 합계 금액을 두 가지 수행의무에 배분하고, 각 수행의무의 이행에 따라 한 시점 또는 기간에 걸쳐 수익을 인식한다. 위의 계약변경 ②의 경우는 두 가지 수행의무가 계약변경 전에 이전한 재화나 용역과 구별되지 않는 경우를 말한다. 이러한 경우는 진행기준을 적용하는 공사계약에서 흔히 발생한다. 예를 들어 설계 변경으로 계약금액이 증가하는 경우 추가되는 재화나 용역이 계약변경 전에 이전한 재화나 용역과 구별되지 않는 경우가 여기에 해당된다. 이와 같은 경우에는 변경된 계약을 기존 계약의 일부로 보고, 새로운 계약금액에 누적진행률을 곱하여 전체 누적수익을 계산한 후 과년도까지 인식한 누적수익을 차감하여 당기 수익을 인식하는 누적효과 일괄조정기준을 적용한다.

1. 별도의 계약

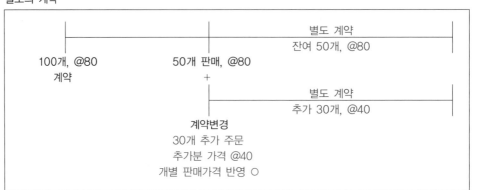

2. 별도의 계약 × + 재화나 용역의 구분 ○: 기존 계약 종료 + 새로운 계약 체결

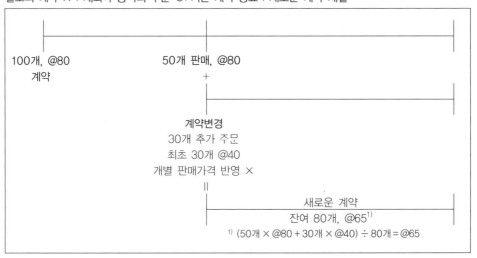

3. 별도의 계약 × + 재화나 용역의 구분 ×: 기존 계약의 일부

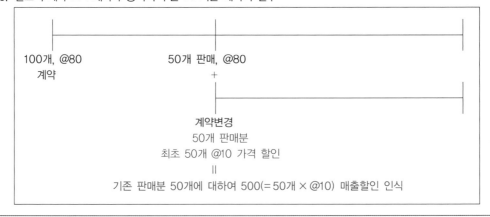

경기통상은 제품 120개를 수원상회에게 ₩12,000(단위당 ₩100)에 판매하기로 계약하고, 제품은 6개월에 걸쳐 수원상회에게 인도하기로 하였다. 경기통상이 제품 60개를 수원상회에 인도하고 난 후, 다음과 같은 계약의 변동이 있었다. 각각의 사례는 독립적이며 이에 대한 회계처리를 설명하시오.

**❶** 경기통상에서 처음 납품한 제품 60개에 하자가 있어, 단위당 ₩15씩 총 ₩900을 공제하기로 하였다.

**❷** 추가로 제품 30개를 고객에게 납품하기로 계약을 변경하여, 납품수량이 총 150개로 변경되었다. 추가 제품 30개에 대한 가격은 단골고객임을 감안하여, 종전 100개에 대한 단가 ₩100에서 5% 할인된, 단위당 ₩95으로 변경하였다. 추가된 제품의 개별 판매가격을 반영한 가격이다.

**❸** 추가 제품 30개를 구매하는 협상을 진행하면서, 두 기업은 처음에 단위당 ₩80에 총 ₩2,400에 판매하기로 합의하였다. 새로운 단가는 개별 판매가격을 반영하지 않은 가격이다.

> 풀이

**❶** 이 변경은 재화나 용역이 구별되지 않고 이미 부분적으로 이행된 단일 수행의무의 일부를 구성하고 있기 때문에 변경일에 계약변경 누적효과인 에누리 900은 기존 매출액 6,000에서 차감한다.

**❷** 제품 30개를 추가하는 계약변경은 종전과 구별되는 재화와 용역이 추가되었다. 그리고 단골고객에 대한 5%의 할인은 개별 판매가격을 반영한 것으로 판단되어 별도 계약으로 회계처리한다. 이에 따라 기업은 원래 계약의 제품 120개에 개당 100씩 수익을 인식하고, 별도 계약인 제품 30개에 대하여는 개당 95씩 수익을 인식한다.

**❸** 여기서 추가 제품 30개에 대한 80의 협상가격은 개별 판매가격을 반영하지 않았다고 판단한다. 다만 인도할 나머지 제품이 이미 이전한 제품과 구별되기 때문에 원래 계약이 종료되고 새로운 계약이 체결된 것처럼 회계처리한다. 따라서 미래에 인도할 90개의 제품의 단가는 다음과 같이 평균 단가 93.33을 적용한다.

\* (당초 계약 미인도분 60개 × 100 + 추가 계약분 30개 × 80) ÷ 향후 이전할 90개 = 93.33

20×1년 1월 1일 ㈜세무는 제품 200개를 고객에게 1년에 걸쳐 개당 ₩1,000에 판매하기로 약속하였다. 각 제품에 대한 통제는 한 시점에 이전된다. ㈜세무는 20×1년 4월 1일 동일한 제품 100개를 개당 ₩800에 고객에게 추가 납품하기로 계약을 변경하였으며, 동 시점까지 기존 계약 수량 200개 가운데 30개에 대한 통제를 고객에게 이전하였다. 추가된 제품은 구별되는 재화에 해당하며, 추가 제품의 계약금액은 개별 판매가격을 반영하지 않는다. 20×1년 4월 1일부터 6월 30일까지 기존 계약 수량 중 58개와 추가 계약 수량 중 50개의 통제를 고객에게 이전하였다. 동 거래와 관련하여 ㈜세무가 20×1년 1월 1일부터 6월 30일 사이에 인식할 총수익은?　　[세무사 2019년]

① ₩100,000　　　　② ₩100,800　　　　③ ₩118,000
④ ₩128,000　　　　⑤ ₩130,000

---

**풀이**

1. 20×1년 4월 1일까지 판매한 제품 수익: 30개 × 1,000 = 30,000
2. 20×1년 4월 1일부터 6월 30일까지 판매한 제품 수익: 108개 × 926 = 100,000
   * 계약변경 후 제품의 개당 판매가격: (170개 × 1,000 + 100개 × 800) ÷ 270개 = 926
3. 20×1년 1월 1일부터 6월 30일 사이에 인식할 총수익: 30,000 + 100,000 = 130,000

⇒ 계약변경으로 이미 이전한 것과 구별되는 재화가 추가되었으나, 추가 재화의 판매가격이 추가되는 제품의 개별 판매가격을 반영하지 못한다. 그러므로 동 계약변경은 별도의 계약에 해당하지 않고 기존 계약이 종료되고 새로운 계약이 시작된 것으로 회계처리한다.

정답: ⑤

---

**참고**

1. 계약 범위 축소 및 거래가격 하락의 계약변경

   계약의 범위가 축소되거나 거래가격이 하락하는 계약변경도 있다. 이러한 경우에는 별도의 계약요건을 충족하지 못하는 것이므로 별도 계약으로 회계처리하지 않는다. 나머지 재화나 용역이 그 이전에 이전한 재화나 용역과 구별되는지의 여부에 따라 구별되면 기존 계약은 종료하고 새로운 계약을 체결하는 것처럼 회계처리하고, 구별되지 않으면 기존 계약의 일부인 것처럼 회계처리한다.

2. 계약변경 후 거래가격의 변동

   계약변경 후에 거래가격의 변동이 생기는 경우에는 거래가격 변동이 계약변경 전에 약속했던 변동대가 때문이고, 그 정도까지는 기존 계약은 종료하고 새로운 계약을 체결한 것처럼 회계처리한다면, 계약변경 전에 계약에서 식별되는 수행의무에 거래가격 변동액을 배분한다. 또한, 계약변경을 별도 계약으로 회계처리하지 않는 다른 모든 경우의 거래가격 변동액은 변경된 계약상 수행의무에 배분한다.

## 02 계약의 결합

같은 고객과 비슷한 시기에 체결한 둘 이상의 계약을 결합하여 단일 계약으로 회계처리할 수 있다. 이 계약의 결합은 제2단계 수행의무의 식별과도 연관되는 사항이다. 기준서에서는 다음 기준 하나 이상을 충족한다면, 이들을 결합하여 단일의 계약으로 처리하도록 하고 있다.

① 복수의 계약을 하나의 사업적 목적으로 일괄 협상한다.
② 한 계약에서 지급하는 대가(금액)는 다른 계약의 가격이나 수행에 따라 달라진다.
③ 복수의 계약에서 약속한 재화나 용역의 전부나 일부가 단일 수행의무에 해당한다.

# 4 Step 2: 수행의무의 식별

## I 수행의무의 의의

수행의무란 고객과의 계약에서 재화나 용역을 이전하기로 한 약속을 말한다. 기업은 수행의무를 이행하여야 수익을 인식할 수 있으므로 기업이 이행해야 할 수행의무가 무엇인지 식별하는 것이 중요하다.

### Additional Comment

수익은 계약별로 인식하는 것이 아니라 식별된 수행의무별로 인식한다. 따라서 계약에 포함된 수행의무가 여러 개일 경우 이를 각각의 수행의무로 식별할 것인지, 아니면 몇 개의 수행의무를 하나로 합쳐서 식별할 것인지를 구분할 필요가 있다. 예를 들어 제품을 판매하면서 5년 동안 유지보수 서비스도 함께 제공하기로 했을 때 이를 제품의 판매와 유지보수 서비스의 제공이라는 두 가지의 수행의무로 식별할 것인지, 아니면 이를 하나의 수행의무로 식별할 것인지에 따라 연도별 수익인식액이 달라질 수 있다.

기업은 계약시점에 고객과의 계약에서 약속한 재화나 용역을 검토하여 고객에게 다음 중 어느 하나를 이전하기로 한 각 약속을 하나의 수행의무로 식별한다.

① 구별되는 재화나 용역(또는 재화나 용역의 묶음)
② 실질적으로 서로 같고 고객에게 이전하는 방식도 같은 일련의 구별되는 재화나 용역

## II 수행의무의 적용 시 주의사항

일반적으로 고객과의 계약에는 기업이 고객에게 이전하기로 약속한 재화나 용역을 분명히 기재한다. 그러나 고객과의 계약에서 식별되는 수행의무는 계약에 분명히 기재한 재화나 용역에만 한정되지 않을 수도 있다. 이는 계약 체결일에 기업의 사업관행, 공개한 경영방침, 특정 서명서에서 암시되는 약속을 기업이 재화나 용역을 고객에게 이전할 것이라는 정당한 기대를 하도록 한다면, 이러한 약속도 고객과의 계약에 포함될 수 있기 때문이다.

계약을 이행하기 위해 수행하여야 하지만 고객에게 재화나 용역을 이전하는 활동이 아니라면 그 활동은 수행의무에 포함되지 않는다. 예를 들어 용역 제공자는 계약을 준비하기 위해 다양한 관리 업무를 수행할 필요가 있을 수 있다. 관리 업무를 수행하더라도, 그 업무를 수행함에 따라 고객에게 용역이 이전되지는 않기 때문에 그 준비 활동은 수행의무가 아니다.

고객의 고객에 대한 약속도 수행의무가 될 수 있다. 예를 들어 A사가 소매상인 B사에게 재화를 판매하고 B사가 최종 소비자에게 다시 재화를 판매하였는데, A사가 B사를 거치지 않고 직접 최종 소비자에게 특정 서비스를 제공하는 경우가 있다. 이러한 경우 A사가 제공하는 서비스가 B사와의 계약에 명시되지 않았더라도 사업 관행에 해당된다면 A사는 재화 판매와 서비스 제공이라는 두 가지 수행의무를 부담한다.

## Ⅲ    구별되는 재화나 용역을 이전하기로 한 약속

계약 개시시점에 고객에게 약속한 재화나 용역을 구별하여 이를 하나의 수행의무로 식별한다. 하나의 계약에 하나의 수행의무가 포함될 수 있지만, 하나의 계약에 여러 수행의무가 포함될 수도 있다. 또한, 하나의 수행의무가 재화나 용역의 이전으로만 각각 구성되어 있을 수 있지만, 재화와 용역의 이전이 결합하여 구성되어 있을 수도 있다.

고객에게 약속한 재화나 용역이 구별되어야 그 재화나 용역이 비로소 수행의무가 되고, 이후 각 수행의무별로 수익을 인식할 수 있다. 따라서 고객에게 약속한 재화나 용역이 구별되는지 뿐만 아니라 계약 내에 재화나 용역을 이전하기로 한 약속이 여러 개일 경우 각각의 약속이 계약상 구별되는지에 대해서 논의할 필요가 있다.

다음 기준을 모두 충족한다면 고객에게 약속한 재화나 용역은 구별되는 것이다.

① 고객이 재화나 용역 그 자체에서 효익을 얻거나 고객이 쉽게 구할 수 있는 다른 자원과 함께하여 그 재화나 용역에서 효익을 얻을 수 있다.
② 고객에게 재화나 용역을 이전하기로 하는 약속을 계약 내의 다른 약속과 별도로 식별해 낼 수 있다.

약속한 재화나 용역이 구별되지 않는다면, 구별되는 재화나 용역의 묶음을 식별할 수 있을 때까지 그 재화나 용역을 약속한 다른 재화나 용역과 결합한다. 경우에 따라서는 그렇게 함으로써 기업이 계약에서 약속한 재화나 용역 모두를 단일 수행의무로 회계처리하는 결과를 가져올 것이다.

위의 ①은 재화나 용역이 구별되기 위한 기준이고 ②는 계약 내에 여러 개의 약속이 있을 때 특정 약속이 다른 약속과 계약상 구별되기 위한 기준이다. ①의 경우 고객이 이전받은 재화나 용역으로부터 효익을 얻을 수 있다면 그 재화나 용역은 구별될 수 있다. 고객이 얻게 되는 효익은 재화나 용역의 사용 및 소비뿐만 아니라 폐물가치보다 큰 금액으로 매각할 수 있거나, 그 밖의 달리 경제적 효익을 창출하는 방법으로 보유하는 경우를 포함한다. 어떤 재화나 용역은 쉽게 구할 수 있는 다른 자원과 함께 하는 경우에 효익을 얻을 수도 있다. 쉽게 구할 수 있는 자원이란 그 기업이나 다른 기업이 별도로 판매하는 재화 또는 용역이거나, 고객이 그 기업에서 이미 획득한 자원이거나, 다른 거래나 사건에서 이미 획득한 자원을 말한다. 기업이 보통 재화나 용역을 별도로 판매한다는 사실은 고객이 재화나 용역 그 자체에서 효익을 얻거나 쉽게 구할 수 있는 다른 자원과 함께하여 효익을 얻을 수 있음을 보여주는 예이다. ②의 경우 약속한 재화나 용역을 구별하기 위해서는 계약상으로도 구별되어야 한다. 계약상 구별 여부를 파악하는 목적은 계약상 그 약속의 성격이 각 재화나 용역을 개별적으로 이전하는 것인지, 아니면 약속된 재화나 용역을 투입한 결합 품목을 이전하는 것인지를 판단하는 것이다.

고객에게 재화나 용역을 이전하기로 하는 약속이 별도로 식별되는지를 파악할 때, 그 목적은 계약상 그 약속의 성격이 각 재화나 용역을 개별적으로 이전하는 것인지, 아니면 약속된 재화나 용역을 투입한 결합 품목(들)을 이전하는 것인지를 판단하는 것이다. 고객에게 재화나 용역을 이전하기로 하는 둘 이상의 약속을 별도로 식별해 낼 수 없음을 나타내는 요소에는 다음이 포함되지만, 이에 한정되지는 않는다.

1. 기업은 해당 재화나 용역과 그 계약에서 약속한 다른 재화나 용역을 통합하는(이 통합으로 고객이 계약한 결합산출물(들)에 해당하는 재화나 용역의 묶음이 됨) 유의적인 용역을 제공한다. 다시 말해서, 기업은 고객이 특정한 결합산출물(들)을 생산하거나 인도하기 위한 투입물로서 그 재화나 용역을 사용하고 있지 않다. 결합산출물(들)은 둘 이상의 단계, 구성요소, 단위를 포함할 수 있다.

2. 하나 이상의 해당 재화나 용역은 그 계약에서 약속한 하나 이상의 다른 재화나 용역을 유의적으로 변형 또는 고객 맞춤화하거나, 계약에서 약속한 하나 이상의 다른 재화나 용역에 의해 변형 또는 고객 맞춤화된다.

3. 해당 재화나 용역은 상호의존도나 상호관련성이 매우 높다. 다시 말해서 각 재화나 용역은 그 계약에서 하나 이상의 다른 재화나 용역에 의해 유의적으로 영향을 받는다. 예를 들면 어떤 경우에는 기업이 각 재화나 용역을 별개로 이전하여 그 약속을 이행할 수 없을 것이기 때문에 둘 이상의 재화나 용역은 서로 유의적으로 영향을 주고받는다.

**다음의 각 사례는 독립적이다.**

[사례 1]

기업(소프트웨어 개발자)은 2년 동안 소프트웨어 라이선스를 이전하고, 설치용역을 수행하며, 특정되지 않은 소프트웨어 갱신(update)과 기술지원(온라인과 전화)을 제공하는 계약을 고객과 체결하였다. 기업은 라이선스, 설치용역, 기술지원을 별도로 판매한다. 설치용역은 각 이용자 유형(예 마케팅, 재고관리, 기술정보)에 맞추어 웹 스크린을 변경하는 것을 포함한다. 설치용역은 일상적으로 다른 기업이 수행하는 데 소프트웨어를 유의적으로 변형하지 않는다. 소프트웨어는 갱신과 기술지원이 없어도 가동되는 상태이다.

[사례 2]

약속한 재화와 용역은 [사례 1]과 같다. 다만 계약에서는 설치용역의 일부로 고객이 사용하고 있는 다른 고객 맞춤 소프트웨어 어플리케이션에 접근할 수 있도록 소프트웨어에 유의적인 새로운 기능성을 추가하기 위해 실질적인 고객 맞춤화를 규정한다. 그 고객 맞춤화 설치용역은 다른 기업이 제공할 수도 있다.

[사례 3]

제약회사인 ㈜한영은 승인된 제약화합물에 대한 특허권을 고객에게 10년 동안 라이선스하고 약의 제조도 약속한다. 이 약은 성숙기 제품이므로 기업은 약에 대한 어떠한 지원 활동도 하지 않을 것이다. 이는 기업의 사업 관행과 일관된다. 약의 제조과정이 매우 특수하기 때문에 이 약을 제조할 수 있는 다른 기업은 없다. 그러므로 라이선스는 제조 용역과 별도로 구매할 수 없다.

[사례 4]

약속한 재화와 용역은 [사례 3]과 같다. 약을 생산하기 위해 사용되는 제조과정이 유일하거나 특수하지 않고 몇몇 다른 기업도 고객을 위해 약을 제조할 수 있다.

[사례 5]

기업은 제조기업으로 최종 고객에게 재판매하는 유통업자(기업의 고객)에게 제품을 판매한다. 기업은 과거로부터 유통업자에게서 기업의 제품을 구매한 최종 고객에게 무료로 유지보수용역을 제공해왔다. 기업은 유통업자와의 계약을 협의하는 동안 당시 유지보수용역을 분명하게 약속하지 않았고 기업과 유통업자 간 최종 계약에 그 용역 조건을 규정하지도 않았다.

**각 사례별로 아래의 양식에 따라 하나의 수행의무로 식별되는지, 각각의 수행의무로 식별되는지를 나타내시오.**

| 구분 | 하나의 수행의무로 식별 | 각각의 수행의무로 식별 |
|---|---|---|
| 사례 | ○ | − |

CH 14

고객과의 계약에서 생기는 수익

해커스 IFRS 정윤돈 중급회계 2

| 구분 | 하나의 수행의무로 식별 | 각각의 수행의무로 식별 |
|---|---|---|
| 사례 1 | – | ○ |
| 사례 2 | ○ | – |
| 사례 3 | ○ | – |
| 사례 4 | – | ○ |
| 사례 5 | – | ○ |

**[사례 1]** ⇒ 각각의 수행의무로 식별

기업은 기업회계기준서 제1115호 문단 27에 따라 어떤 재화와 용역이 구별되는지를 판단하기 위해 고객에게 약속한 재화와 용역을 파악한다. 기업은 소프트웨어가 다른 재화와 용역보다 먼저 인도되고 갱신과 기술지원이 없어도 가동되는 상태임을 안다. 고객은 계약 개시시점에 이전되는 소프트웨어 라이선스와 함께하여 갱신에서 효익을 얻을 수 있다. 그러므로 기업은 고객이 각 재화와 용역 그 자체에서 효익을 얻거나 쉽게 구할 수 있는 다른 재화와 용역과 함께하여 효익을 얻을 수 있으므로 기업회계기준서 제1115호 문단 27(1)의 기준을 충족한다고 결론짓는다.

또 기업은 기업회계기준서 제1115호 문단 29의 원칙과 요소를 참고하고, 고객에게 각 재화와 용역을 이전하기로 한 약속이 그 밖의 각 약속과 별도로 식별된다고(그러므로 기업회계기준서 제1115호 문단 27(2)의 기준을 충족한다고) 판단한다. 이 결론에 이를 때, 기업은 비록 소프트웨어를 고객의 시스템에 통합하더라도 설치용역은 소프트웨어 라이선스를 사용하거나 그 라이선스에서 효익을 얻는 고객의 능력에 유의적으로 영향을 미치지 않는다고 본다. 설치용역은 일상적이고 다른 공급자가 제공할 수 있기 때문이다.

**[사례 2]** ⇒ 하나의 수행의무로 식별

기업은 어떤 재화와 용역이 기업회계기준서 제1115호 문단 27에 따라 구별되는지를 판단하기 위하여 고객에게 약속한 재화와 용역을 파악한다. 기업은 문단 27(1)의 기준이 충족되는지를 먼저 파악한다. [사례 1]과 같은 이유로, 기업은 소프트웨어 라이선스, 설치, 소프트웨어 갱신, 기술지원 각각이 그 기준을 충족한다고 판단한다. 그 다음에 기업은 기업회계기준서 제1115호 문단 29의 원칙과 요소를 평가함으로써 문단 27(2)의 기준이 충족되는지를 파악한다. 기업은 계약 조건에 따라 계약에서 정한 대로 고객 맞춤화 설치용역을 이행함으로써 기존 소프트웨어 시스템에 라이선스된 소프트웨어를 통합하는 유의적인 용역을 제공하는 약속이 생긴다고 본다. 다시 말하면, 기업은 계약에서 정한 결합산출물(기능적이고 통합된 소프트웨어 시스템)을 생산하기 위하여 투입물로서 라이선스와 고객 맞춤화 설치용역을 사용하는 것이다(기업회계기준서 제1115호 문단 29(1)). 소프트웨어는 용역에 의해 유의적으로 변형되고 고객 맞춤화된다(기업회계기준서 제1115호 문단 29(2) 참조). 따라서 기업은 라이선스를 이전하기로 한 약속을 고객 맞춤화 설치용역과 별도로 식별할 수 없으므로 기업회계기준서 제1115호 문단 27(2)의 기준을 충족하지 못한다고 판단한다. 그러므로 소프트웨어 라이선스와 고객 맞춤화 설치용역은 구별되지 않는다.

**[사례 3]** ⇒ 하나의 수행의무로 식별

㈜한영은 제조 용역 없이는 고객이 라이선스에서 효익을 얻을 수 없으므로, ㈜한영은 라이선스와 제조 용역을 단일 수행의무로 회계처리한다.

**[사례 4]** ⇒ 각각의 수행의무로 식별

㈜한영은 제조 과정을 다른 기업이 제공할 수 있기 때문에 ㈜한영은 고객이 라이선스 자체에서 효익을 얻을 수 있다고 판단한다. 따라서 ㈜한영은 라이선스와 제조 용역을 구별하여 특허권 라이선스와 제조 용역 두 가지 수행의무로 회계처리한다.

[사례 5] ⇒ 각각의 수행의무로 식별

고객과의 계약에서 식별되는 수행의무는 계약에 분명히 기재한 재화나 용역에만 한정되지 않을 수 있다. 고객에게 이전할 것이라는 정당한 기대를 하도록 한다면, 이러한 약속도 고객과의 계약에 포함될 수 있다. 동 거래는 사업관행에 기초하여 기업은 계약 개시시점에 유통업자와 협상한 교환의 일부로 유지보수용역을 제공하기로 하는 암묵적 약속을 하였다고 판단한다. 이는 해당 용역을 제공하는 기업의 과거 관행도 유통업자와 최종 고객 모두 정당한 기대를 하게 된다. 또한, 고객은 제품 그 자체에 효익을 얻을 수 있으며 제품과 유지보수용역이 식별가능하므로 기업은 제품과 유지보수용역을 각각 수행의무로 식별한다.

## Ⅳ 일련의 구별되는 재화나 용역을 이전하기로 한 약속(≒ 시리즈로 이전하기로 한 약속)

기업이 일정 기간에 같은 재화나 용역을 연속적으로 제공(예 청소용역 제공 등)하는 경우 회계처리의 단순화를 위하여 이를 단일 수행의무로 식별하도록 규정하고 있다. 즉, 일련의 구별되는 재화나 용역이 기간에 걸쳐 이행하는 수행의무의 기준을 충족하고 같은 방법을 사용하여 진행률을 측정한다면, 여러 개의 수행의무로 보지 않고 단일 수행의무로 본다. 그리고 단일 수행의무를 기간에 걸쳐 이행하는 것으로 보기 때문에 기간에 걸쳐 수익을 인식한다.

# 5 Step 3: 거래가격의 산정

## I 거래가격의 정의

거래가격은 고객에게 약속한 재화나 용역을 이전하고 그 대가로 기업이 받을 권리를 갖게 될 것으로 예상하는 금액이며, 제3자를 대신해서 회수한 금액(예 판매세)은 제외한다. 거래가격은 궁극적으로 기업이 수익으로 인식할 금액인데, 다음의 사항이 미치는 영향을 모두 고려하여 거래가격을 산정한다.

> ① 변동대가
> ② 변동대가 추정치의 제약
> ③ 계약에 있는 유의적인 금융요소
> ④ 비현금 대가
> ⑤ 고객에게 지급할 대가

### Additional Comment

고객이 약속한 대가의 특성, 시기, 금액은 거래가격의 추정치에 영향을 미친다. 거래가격을 산정하기 위하여 기업은 재화나 용역을 현행 계약에 따라 약속대로 고객에게 이전할 것이고 이 계약은 취소, 갱신, 변경되지 않을 것이라고 가정한다.

## II 변동대가

계약에서 약속한 대가는 고정금액, 변동금액 또는 둘 다를 포함할 수 있다. 계약에서 약속한 대가에 변동금액이 포함된 경우에 고객에게 약속한 재화나 용역을 이전하고 그 대가로 받을 권리를 갖게 될 금액을 추정해야 한다. 대가는 할인, 리베이트, 환불, 공제, 가격할인, 장려금, 성과보너스, 위약금이나 그 밖의 비슷한 항목 때문에 변동될 수 있다.

### Additional Comment

예를 들어 기업이 ₩1,000에 교량을 건설하기로 고객과의 계약을 체결하였는데, 특정일로부터 1개월 이내에 건물을 완성하지 못할 경우 ₩200의 위약금을 지급하기로 했다면, 이 계약은 약속된 대가가 고정금액 ₩800과 변동금액 ₩200으로 구성되어 있는 것으로 본다. 그러므로 위약금을 지급할 가능성을 고려하여 변동금액을 추정한 후 이를 거래가격에 포함시켜야 하므로 거래가격은 ₩1,000보다 낮아질 수 있다. 또한 계약에 표시된 가격이 고정되어 있더라도 기업이 대가를 받을 권리가 미래 사건의 발생 여부에 달려 있는 경우 대가는 변동될 수도 있다. 예를 들어 반품권이 부여된 판매를 하거나, 성과보너스를 받기로 약속한 경우, 대가는 변동될 수 있다.

## 01 변동대가의 추정방법

기업이 대가를 받을 권리가 미래 사건의 발생 여부에 달려있는 경우에도 약속한 대가는 변동될 수 있다. 변동대가는 다음 중에서 기업이 받을 권리를 갖게 될 대가를 더 잘 예측할 것으로 예상하는 방법을 사용하여 추정한다.

> ① 기댓값: 기댓값은 가능한 대가의 범위에 있는 모든 금액에 각 확률을 곱한(probability-weighted) 금액의 합이다. 기업의 특성이 비슷한 계약이 많은 경우에 기댓값은 변동대가(금액)의 적절한 추정치일 수 있다.
> ② 가능성이 가장 높은 금액: 가능성이 가장 높은 금액은 가능한 대가의 범위에서 가능성이 가장 높은 단일 금액(계약에서 가능성이 가장 높은 단일 결과치)이다. 계약에서 가능한 결과치가 두 가지뿐일 경우(예 기업이 성과보너스를 획득하거나 획득하지 못하는 경우)에는 가능성이 가장 높은 금액이 변동대가의 적절한 추정치가 될 수 있다.

## 02 변동대가 추정치의 제약

추정한 변동대가 전부를 거래가격에 포함시키는 것은 아니다. 왜냐하면 추정한 변동대가 중 유의한 금액이 미래에 달라질 수 있기 때문이다. 그러므로 변동대가와 관련된 불확실성이 나중에 해소될 때, 이미 인식한 누적수익금액 중 유의적인 부분을 되돌리지 않을 가능성이 매우 높은 정도까지만 추정된 변동대가의 일부나 전부를 거래가격에 포함하도록 하는데, 이를 변동대가 추정치의 제약이라고 한다.

### Additional Comment

> 예를 들어 기업이 변동대가의 불확실성이 있는 상태에서 변동대가 추정치를 반영하여 20×1년도 매출액을 100억원으로 보고하였는데, 20×2년 중에 변동대가의 불확실성이 해소되면서 전년도 매출액이 100억원이 아닌 40억원으로 보고했어야 한다고 인정하고 전년도 재무제표를 소급하여 수정한다면 정보이용자는 상당한 혼란에 빠질 것이다. 따라서 기준서 제1115호는 변동대가의 추정치가 너무 불확실하거나, 기업이 고객에게 재화나 용역을 이전하고 그 대가로 받을 권리를 갖게 될 금액을 충실하게 나타내지 못하는 경우에는 이를 거래가격에 포함시키지 않도록 하였다. 즉 후속 보고기간에 유의적으로 되돌리지 않을 금액이 가장 목적적합한 수익의 추정치이며 미래에 되돌리지 않을 금액은 재무제표 정보이용자들이 기업의 미래 수익을 더 잘 예측하는 데 도움을 줄 것이라는 주장을 반영한 것이다.

## 03 변동대가의 재검토

각 보고기간 말의 상황과 보고기간의 상황 변동을 충실하게 표현하기 위하여 보고기간 말마다 추정 거래가격을 새로 수정한다. 거래가격의 후속변동은 계약 개시시점과 같은 기준으로 계약상 수행의무에 배분한다.

종전의 수익 기준서에서는 거래가격을 신뢰성 있게 추정할 수 있어야 수익을 인식하도록 규정하였다. 따라서 변동대가의 불확실성이 매우 높은 경우에는 거래가격을 신뢰성 있게 추정할 수 없게 되므로 전체 수익을 인식할 수 없었다. 이에 반해 기준서 제1115호는 변동대가의 추정치를 제약하는데, 이는 수익의 인식을 배제하는 것이 아니라 인식할 수익금액의 한도를 정한다는 점에서 차이가 있다.

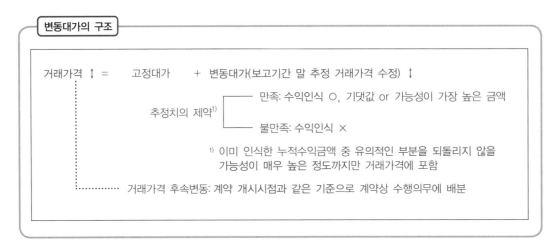

변동대가의 구조

거래가격 ↕ = 고정대가 + 변동대가(보고기간 말 추정 거래가격 수정) ↕

추정치의 제약[1]

만족: 수익인식 ○, 기댓값 or 가능성이 가장 높은 금액

불만족: 수익인식 ×

[1] 이미 인식한 누적수익금액 중 유의적인 부분을 되돌리지 않을 가능성이 매우 높은 정도까지만 거래가격에 포함

거래가격 후속변동: 계약 개시시점과 같은 기준으로 계약상 수행의무에 배분

---

**사례연습 7: 변동대가**

A사는 20×1년 초에 선박을 제조하여 인도하는 계약을 고객과 체결하였다. 선박은 20×3년 말까지 완성해서 인도하여야 한다. 약속한 대가는 ₩300,000이지만, 20×3년 말보다 3개월 이전에 인도할 때는 조기 인도 보너스 ₩70,000을 추가로 수령하기로 하였다. 또한 선박을 납품한 후 12개월 동안 운항횟수에 따라 추가로 보너스를 수령하기로 하였다. 운항횟수에 따른 추가 보너스와 확률은 다음과 같다.

| 운항횟수 | 50회 이하 | 51회 ~ 100회 | 101회 이상 |
|---|---|---|---|
| 추가 보너스 | ₩5,000 | ₩10,000 | ₩20,000 |
| 확률 | 20% | 30% | 50% |

A사는 운항횟수에 따른 변동대가는 기댓값을 사용하고, 조기 인도 보너스의 변동대가는 가능성이 가장 높은 금액을 사용하기로 결정하였다. 조기 인도할 가능성은 20%로 추정하였다. A사가 선박 제조 인도와 관련하여 거래가격으로 산정할 금액을 구하시오.

**풀이**

거래가격: 300,000 + (5,000 × 20% + 10,000 × 30% + 20,000 × 50%) = 314,000
* 운항횟수에 따른 변동대가는 기댓값을 사용하여 추정하고, 조기 인도에 따른 보너스는 조기 인도할 상황과 인도하지 못할 상황 중 가능성이 가장 높은 금액 0으로 추정하였다.

## 05 환불부채

고객에게 받은 대가의 일부나 전부를 고객에게 환불할 것으로 예상하는 경우에는 환불부채를 인식한다. 환불부채는 기업이 받았거나 받을 대가 중에서 권리를 갖게 될 것으로 예상하지 않는 금액이므로 거래가격에서 차감한다. 환불부채는 보고기간 말마다 상황의 변동을 반영하여 새로 수정한다.

---

**환불부채의 회계처리**

| 차) 현금 | 거래가격 | 대) 계약수익 | 대차차액 |
| | | 환불부채(매기 말 재검토) | 환불예상액 |

---

**사례연습 8: 환불부채**

A회사는 고객에게 환불조건부판매를 마케팅 포인트로 하여 영업을 하고 있는 회사이다. C회사와 제품을 개당 ₩100에 판매하기로 20×1년 10월 1일에 계약을 체결하였으며, 계약상 C회사가 6개월 동안 1,000개 넘게 구매하면 개당 가격을 ₩90으로 소급하여 낮추기로 계약을 정하였다. 따라서 계약상 대가 중의 일부는 환불될 수 있다. A회사는 제품에 대한 통제를 고객에게 이전할 때 대가를 지급받을 권리가 생긴다. 그러므로 기업은 가격 감액을 소급 적용하기 전까지는 개당 ₩100의 대가를 받을 무조건적 권리(수취채권)가 있다.

20×1년 12월 31일까지 C회사에 제품 600개를 판매하였다. A회사는 C회사가 대량 할인을 받을 수 있는 1,000개의 임계치를 초과하여 구매할 수 있을 것이라고 추정한다.

**❶** 20×2년 3월 31일까지 C회사에 추가로 제품 500개를 판매하였다. 판매대금은 20×2년 4월 1일에 일괄적으로 현금회수하였다. A회사가 20×2년에 ① 수익으로 인식할 금액과 ② 20×1년과 20×2년의 회계처리를 제시하시오.

**❷** 위 **❶**과 달리 20×2년 3월 31일까지 C회사에 추가로 제품 300개를 판매하였다. 판매대금은 20×2년 4월 1일에 일괄적으로 현금회수하였다. A회사가 20×2년에 ① 수익으로 인식할 금액과 ② 20×1년과 20×2년의 회계처리를 제시하시오.

**풀이**

**❶** ① 20×2년 수익인식액: 500개 × 90 = 45,000
② 회계처리

| | 차) 수취채권 | 60,000 | 대) 수익 | 54,000 |
| 20×1. 12. 31. | | | 환불부채[1] | 6,000 |
| | 차) 수취채권 | 50,000 | 대) 수익 | 45,000 |
| 20×2. 3. 31. | | | 환불부채[2] | 5,000 |
| | 차) 환불부채 | 11,000 | 대) 수취채권 | 110,000 |
| 20×2. 4. 1. | 현금 | 99,000 | | |

[1] 600개 × @(100 − 90) = 6,000
[2] 500개 × @(100 − 90) = 5,000

**2** ① 20×2년 수익인식액: 36,000
  - 20×2년 300개: 300개 × @100 = 30,000
  - 20×1년 600개 소급분: 600개 × @(100 - 90) = 6,000

② 회계처리

| | | | | | | |
|---|---|---|---|---|---|---|
| 20×1. 12. 31. | 차) 수취채권 | 60,000 | 대) 수익 | | 54,000 |
| | | | | 환불부채 | 6,000 |
| 20×2. 3. 31. | 차) 수취채권 | 30,000 | 대) 수익 | | 36,000 |
| | 환불부채 | 6,000 | | | |
| 20×2. 4. 1. | 차) 현금 | 90,000 | 대) 수취채권 | | 90,000 |

---

## Ⅲ   비현금 대가

고객이 현금 외의 형태로 대가를 약속한 계약의 경우에 거래가격을 산정하기 위하여 비현금 대가를 공정가치로 측정한다. 비현금 대가의 공정가치를 합리적으로 추정할 수 없는 경우에는, 그 대가와 교환하여 고객에게 약속한 재화나 용역의 개별 판매가격을 참조하여 간접적으로 그 대가를 측정한다.

> **Example**  비현금 대가 사례
>
> A사는 차량을 제작하여 고객에게 판매하는데, 고객이 신차를 구매하면서 사용하던 A사 제작 중고차를 A사에 반납하면 신차 가격에서 일정 금액을 할인해주는 판촉활동을 시행하고 있다. 신차의 판매가격이 ₩20,000인데, 고객이 사용하던 중고차의 공정가치를 ₩15,000으로 측정하고 ₩5,000을 현금으로 수령하기로 하였을 때 A사가 신차 판매 시 수익으로 인식할 금액은 다음과 같다.
> ⇒ A사가 수익으로 인식할 금액: 현금 ₩5,000과 중고차의 공정가치 ₩15,000을 합한 ₩20,000을 수익으로 인식한다.

---

## Ⅳ   계약에 있는 유의적인 금융요소

### 01  원칙

거래가격을 산정할 때, 계약당사자들 간에 명시적으로나 암묵적으로 합의한 지급시기 때문에 고객에게 재화나 용역을 이전하면서 유의적인 금융 효익이 고객이나 기업에 제공되는 경우에는 화폐의 시간가치가 미치는 영향을 반영하여 약속된 대가를 조정한다. 그 상황에서 계약은 유의적인 금융요소를 포함한다.

유의적인 금융요소를 반영하여 약속한 대가를 조정하는 목적은 약속한 재화나 용역을 고객에게 이전할 때 그 고객이 그 재화나 용역 대금을 현금으로 결제하였다면 지급하였을 가격을 반영하는 금액, 즉 현금판매가격으로 수익을 인식하기 위해서이다.

**Additional Comment**

예를 들어 현금판매가격이 ₩10,000인 상품을 24개월의 할부조건으로 판매하면서 매월 ₩500씩 총 ₩12,000을 수령하기로 고객과 합의했을 때, 기업이 수익으로 인식할 금액은 ₩12,000이 아니라 현금판매가격인 ₩10,000이다. 그리고 ₩12,000과 ₩10,000의 차이 ₩2,000은 대금 회수기간에 걸쳐 금융수익으로 인식한다. 이러한 경우 ₩10,000이 아니라 ₩12,000을 매출로 인식하면 수익의 귀속시기와 수익의 분류가 모두 왜곡되는 문제가 발생한다.

## 02 금융요소가 유의적인지의 판단

계약에 금융요소가 포함되는지와 그 금융요소가 계약에 유의적인지를 평가할 때에는 다음 두 가지를 포함한 모든 관련 사실과 상황을 고려한다.

① 약속한 재화나 용역에 대하여 약속한 대가와 현금판매가격에 차이가 있다면, 그 차이
② 다음 두 가지의 결합효과
  • 기업이 고객에게 약속한 재화나 용역을 이전하는 시점과 고객이 재화나 용역에 대한 대가를 지급하는 시점 사이의 예상기간
  • 관련 시장에서의 일반적인 이자율

## 03 유의적인 금융요소가 없는 경우

고객과의 계약에 다음의 요인 중 어느 하나라도 존재한다면 유의적인 금융요소는 없을 것이다.

① 고객이 재화나 용역의 대가를 선급하였고 그 재화나 용역의 이전시점은 고객의 재량에 따른다.
② 고객이 약속한 대가 중 상당한 금액이 변동될 수 있으며 그 대가의 금액과 시기는 고객이나 기업이 실질적으로 통제할 수 없는 미래 사건의 발생 여부에 따라 달라진다(예 대가가 판매기준 로열티인 경우).
③ 약속한 대가와 재화나 용역의 현금판매가격 간의 차이가 고객이나 기업에 대한 금융제공 외의 이유로 생기며, 그 금액 차이는 그 차이가 나는 이유에 따라 달라진다. 예를 들면 지급조건을 이용하여 계약상 의무의 일부나 전부를 적절히 완료하지 못하는 계약 상대방에게서 기업이나 고객을 보호할 수 있다.

**Additional Comment**

기업이 고객에게 재화를 판매하면서 포인트를 부여하고 고객이 미래에 적립된 포인트를 사용하여 기업의 재화를 무상으로 구매할 수 있도록 할 경우 재화의 판매대가에는 부여한 포인트 대가도 포함되어 있으나, 포인트의 사용시점은 고객의 재량에 달려 있다. 따라서 재화의 판매대가에 유의적인 금융요소는 없다.

계약을 개시할 때 기업이 고객에게 약속한 재화나 용역을 이전하는 시점과 고객이 그에 대한 대가를 지급하는 시점 간의 기간이 1년 이내일 것이라고 예상한다면 유의적인 금융요소의 영향을 반영하여 약속한 대가를 조정하지 않는 실무적 간편법을 사용할 수 있다.

## 04 할인율

유의적인 금융요소를 반영하여 약속한 대가를 조정할 때에는 계약 개시시점에 기업과 고객이 별도 금융거래를 한다면 반영하게 될 할인율을 사용한다. 이 할인율은 고객이나 기업이 제공하는 담보나 보증(계약에 따라 이전하는 자산을 포함)뿐만 아니라 계약에 따라 금융을 제공받는 당사자의 신용 특성도 반영할 것이다. 기업이 고객에게 재화나 용역을 이전할 때 고객이 그 재화나 용역의 대가를 현금으로 결제한다면 지급할 가격으로 약속한 대가의 명목금액을 할인하는 이자율을 식별하여 그 할인율로 산정할 수 있다. 계약 개시 후에는 이자율이나 그 밖의 상황이 달라져도 그 할인율을 새로 수정하지 않는다.

포괄손익계산서에는 금융효과(이자수익)를 고객과의 계약에서 생기는 수익과 구분하여 표시한다.

## 05 계약에 포함된 유의적인 금융요소

### (1) 할부판매

할부판매는 재화를 고객에게 이전하고 거래가격은 미래의 일정 기간에 걸쳐 회수하는 형태의 판매를 말한다. 고객에게 재화를 이전하는 시점과 대가를 지급하는 시점까지의 기간이 1년 이내일 것으로 예상하는 단기할부판매는 유의적인 금융요소가 포함되어 있지 않으므로 약속한 대가를 조정하지 않는다(= 간편법 사용). 따라서 대가가 장기간에 걸쳐서 지급되는 장기할부판매만 현재가치로 평가한 금액을 수익으로 인식하고 유의적인 금융요소는 이자수익으로 구분하여 인식한다.

### (2) 선수금에 포함된 유의적인 금융요소

할부판매와는 달리 대가를 먼저 수취하고 재화를 나중에 고객에게 이전하는 경우에는 대가의 수취시점과 재화의 이전시점 사이의 기간이 1년 이상인 장기라면 유의적인 금융요소가 포함된 것이다. 유의적인 금융요소는 거래가격에서 조정하여야 한다.

기업은 먼저 고객과의 계약을 체결하고 대가를 수취한 시점에 계약부채로 인식한다. 계약부채는 재화를 이전하는 시점까지 유효이자율법을 적용하고 이자비용을 인식하고 장부금액에 가산한다. 유효이자율법을 적용한 계약부채는 재화의 이전시점에 수익으로 인식한다.

## 선수금에 포함된 유의적인 금융요소 회계처리

[대가의 수령시점]

| 차) 현금 | ×× | 대) 계약부채 | A |
|---|---|---|---|

[이자비용의 인식]

| 차) 이자비용 | A × 내재 R | 대) 계약부채 | B |
|---|---|---|---|

[재화의 이전시점]

| 차) 계약부채 | A+B | 대) 수익 | A+B |
|---|---|---|---|

### 사례연습 9: 유의적인 금융요소

12월 말 결산법인인 ㈜포도는 20×1년 1월 1일 제품 1개를 판매하는 계약을 체결하고 계약체결시점에 현금 ₩2,000을 수령하였다. ㈜포도는 제품을 2년 후인 20×2년 말에 이전하기로 하였으며, 이자율은 5%이다.

㈜포도가 각 일자에 해야 할 회계처리를 하시오.

풀이

[20×1. 1. 1.]

| 차) 현금 | 2,000 | 대) 계약부채 | 2,000 |
|---|---|---|---|

[20×1. 12. 31.]

| 차) 이자비용 | 2,000 × 5% = 100 | 대) 계약부채 | 100 |
|---|---|---|---|

[20×2. 12. 31.]

| 차) 이자비용 | (2,000 + 100) × 5% = 105 | 대) 계약부채 | 105 |
|---|---|---|---|
| 차) 계약부채 | 2,205 | 대) 매출 | 2,205 |

## V 고객에게 지급할 대가

### 01 고객이 기업에게 이전하는 재화나 용역의 대가가 아닌 경우

기업이 고객에게 현금 등의 대가를 별도로 지급하는 경우가 있다. 고객에게 지급한 대가는 고객에게 제공한 재화나 용역의 할인 또는 환불의 형태이거나, 고객에게 제공받을 재화나 용역의 대가를 지급하는 형태, 혹은 두 형태가 통합된 형태일 수 있다. 고객에게 지급할 대가가 고객에게서 제공받을 재화나 용역에 대한 대가가 아닌 경우 거래가격인 수익에서 차감하여 회계처리한다. (⇒ 판매관리비로 회계처리하지 않는다) 이때 고객에게 지급할 대가에 변동금액이 포함되는 경우에는 전술한 변동대가의 추정에 따라 거래가격을 추정한다.

#### Additional Comment

예를 들어 기업이 유통업자에게 상품을 판매하고, 후속적으로 유통업자 또는 유통업자의 고객에게 대가를 지급할수 있다. 소매상인 고객에게 재화를 판매하면서 고객이 그 재화를 보관하는 데 사용할 냉장고를 무상으로 제공하기로계약한 경우가 여기에 해당한다.

### 02 고객이 기업에게 이전하는 재화나 용역의 대가인 경우

기업이 고객에게 지급할 대가가 고객에게서 받은 구별되는 재화나 용역에 대한 지급이라면 그에 대한 회계처리는 아래와 같다.

① 원칙: 다른 공급자에게 구매한 경우와 같은 방법으로 처리
② 재화나 용역의 공정가치를 초과: 초과액을 거래가격에서 차감
③ 재화나 용역의 공정가치를 추정불가능: 전액을 거래가격에서 차감

#### Example 고객이 기업에게 이전하는 재화나 용역의 대가인 경우의 사례

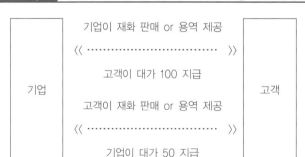

| Case | 거래가격 |
|---|---|
| (1) 원칙 | 100 |
| (2) FV 40 | 100 − (50 − 40) |
| (3) FV ? | 100 − 50 |

---

**사례연습 10: 고객에게 지급한 대가**

A사는 20×1년 11월 1일 고객 B에게 자체 제작한 생산설비를 ₩400,000에 판매하는 계약을 체결하였다. 생산설비의 판매대가는 전액 계약 개시시점에 수령하였다고 가정한다. A사는 계약개시시점에 고객 B에게 환불되지 않는 금액 ₩50,000을 지급하였다. 이 금액은 A사가 고객 B에게 경영자문을 받은 대가에 해당하며, 고객 B는 통상적인 경영자문에 대하여 ₩40,000을 대가로 받는다. A사가 20×1년도에 수익으로 인식할 금액은 얼마인가?

**풀이**

1. 생산설비의 판매금액: 400,000
2. 고객에게 지급한 대가: 50,000 - 40,000 = 10,000
⇒ 수익인식액: 1. - 2. = 390,000

* 고객에게 지급한 대가가 경영자문의 대가(공정가치)를 초과하므로 동 초과액을 수익에서 차감한다. 만일 경영자문의 대가(공정가치)를 합리적으로 추정할 수 없는 경우에는 전액을 수익에서 차감한다.

---

**기출 Check 4**

㈜대한은 상업용 로봇을 제작하여 고객에게 판매한다. 20×1년 9월 1일에 ㈜대한은 청소용역업체인 ㈜민국에게 청소로봇 1대를 ₩600,000에 판매하고, ㈜민국으로부터 2개월간 청소용역을 제공받는 계약을 체결하였다. ㈜대한은 ㈜민국의 청소용역에 대한 대가로 ₩50,000을 지급하기로 하였다. ㈜대한은 20×1년 10월 1일 청소로봇 1대를 ㈜민국에게 인도하고 현금 ₩600,000을 수취하였으며, ㈜민국으로부터 20×1년 10월 1일부터 2개월간 청소용역을 제공받고 현금 ₩50,000을 지급하였다. 다음의 독립적인 2가지 상황(상황 1, 상황 2)에서 상기 거래로 인해 ㈜대한이 20×1년도에 인식할 수익은 각각 얼마인가? [공인회계사 2022년]

| (상황 1) ㈜민국이 ㈜대한에 제공한 청소용역의 공정가치가 ₩40,000인 경우 |
| (상황 2) ㈜민국이 ㈜대한에 제공한 청소용역의 공정가치를 합리적으로 추정할 수 없는 경우 |

| | (상황 1) | (상황 2) |
|---|---|---|
| ① | ₩590,000 | ₩550,000 |
| ② | ₩590,000 | ₩600,000 |
| ③ | ₩560,000 | ₩550,000 |
| ④ | ₩560,000 | ₩600,000 |
| ⑤ | ₩600,000 | ₩600,000 |

**풀이**

1) (상황 1)의 수익: 600,000 - (50,000 - 40,000) = 590,000
2) (상황 2)의 수익: 600,000 - 50,000 = 550,000

정답: ①

# 6 Step 4: 거래가격의 배분

거래가격을 배분하는 목적은 기업이 고객에게 약속한 재화나 용역을 이전하고 그 대가로 받을 권리를 갖게 될 금액을 나타내는 금액으로 각 수행의무(또는 구별되는 재화나 용역)에 거래가격을 배분하는 것이다.

**Additional Comment**

Step 2에서 수행의무가 하나로 식별되었다면 Step 3에서 산정한 거래가격을 단일 수행의무의 거래가격으로 보면 된다. 그러나 Step 2에서 여러 개의 수행의무가 식별되었다면 Step 3에서 결정된 거래가격을 각 수행의무에 적절하게 배분해야 한다.

## I 개별 판매가격에 기초한 배분

여러 개의 수행의무가 식별된 경우 거래가격을 식별된 각 수행의무에 배분해야 하는데, 이때 각 수행의무의 상대적 개별 판매가격을 기준으로 한다.

**Additional Comment**

개별 판매가격이란 기업이 고객에게 약속한 재화나 용역을 별도로 판매할 경우의 가격을 말한다. 개별 판매가격에 대한 최선의 증거는 기업이 비슷한 상황에서 비슷한 고객에게 별도로 재화나 용역을 판매할 때 그 재화나 용역의 관측 가능한 가격이다. 재화나 용역의 계약상 표시가격이나 정가는 그 재화나 용역의 개별 판매가격일 수 있지만, 개별 판매가격으로 간주되어서는 안 된다.

거래가격을 상대적 개별 판매가격에 기초하여 각 수행의무에 배분하기 위하여 계약 개시시점에 계약상 각 수행의무의 대상인 구별되는 재화나 용역의 개별 판매가격을 산정하고 이 개별 판매가격에 비례하여 거래가격을 배분한다.

개별 판매가격을 직접 관측할 수 없다면 개별 판매가격을 추정한다. 개별 판매가격을 추정할 때, 합리적인 범위에서 구할 수 있는 시장조건, 기업 특유 요소, 고객이나 고객층에 대한 정보를 포함한 모든 정보를 고려한다. 이때, 관측 가능한 투입변수들을 최대한 사용하고 비슷한 상황에서는 추정방법을 일관되게 적용한다. 재화나 용역의 개별 판매가격을 적절하게 추정하는 방법에는 다음이 포함되지만 이에 한정되지는 않는다.

① 시장평가 조정 접근법: 기업이 재화나 용역을 판매하는 시장을 평가하여 그 시장에서 고객이 그 재화나 용역에 대해 지급하려는 가격을 추정

② 예상원가 이윤 가산 접근법: 수행의무를 이행하기 위한 예상원가를 예측하고 여기에 그 재화나 용역에 대한 적절한 이윤을 더하여 추정
③ 잔여접근법: 재화나 용역의 개별 판매가격은 총거래가격에서 계약에서 약속한 그 밖의 재화나 용역의 관측 가능한 개별 판매가격의 합계를 차감하여 추정

---

**거래가격의 배분 구조**

┌─ 직접 관측 가능 ○ ⇒ 개별 판매가격(at 계약 개시시점)에 비례하여 거래가격 배분

└─ 직접 관측 가능 × ⇒ 개별 판매가격 추정(at 계약 개시시점)하여 거래가격 배분
　　　　　　　　　　　• 시장평가 조정 접근법: 재화·용역을 판매하는 시장에서 지급하려는 가격
　　　　　　　　　　　• 예상원가 이윤 가산법: 예상원가 + 적절한 이윤
　　　　　　　　　　　• 잔여접근법: 총거래가격 – 관측 가능한 개별 판매가격 합계액

---

**Additional Comment**

종전의 수익 기준서(제1018호)와 달리 기준서 제1115호는 신뢰성 있게 개별 판매가격을 추정하도록 요구하지 않는다. 잔여접근법은 같은 재화나 용역을 서로 다른 고객들에게 광범위한 금액으로 판매하거나(즉, 대표적인 개별 판매가격을 분간할 수 없어 판매가격이 매우 다양한 경우), 재화나 용역의 가격을 아직 정하지 않았고 과거에 그 재화나 용역을 따로 판매한 적이 없어 판매가격이 불확실한 경우에만 사용이 가능하다.

---

**사례연습 11: 개별 판매가격에 기초한 배분**

12월 말 결산법인인 ㈜포도는 제품 A, B, C를 함께 판매하였다. 총거래가격은 ₩100이다. 제품 A의 개별 판매가격은 ₩50으로 시장에서 거래되고 있는 반면, 제품 B와 제품 C는 개별 판매되지 않는다. 다만, 경쟁사는 제품 B와 매우 비슷한 제품을 ₩25에 판매하고 있다. 제품 C는 동일/유사 제품의 시장가격을 확인할 수 없으나, 제품 C의 생산원가는 ₩50이며, 이윤은 원가의 50%를 가산한다. 이 경우에 거래가격을 각 수행의무인 제품들에 배분하라.

**풀이**

1. 판매가격의 추정
   (1) 제품 A: 50(판매가격)
   (2) 제품 B: 25(시장평가 조정 접근법)
   (3) 제품 C: 50 × (1 + 50%) = 75(예상원가 이윤 가산 접근법)

2. 각 수행의무별 거래가격 배분액
   (1) 제품 A: 100 × 50/150 = 33
   (2) 제품 B: 100 × 25/150 = 17
   (3) 제품 C: 100 × 75/150 = 50

계약에서 약속한 재화나 용역의 개별 판매가격 합계가 계약에서 약속한 대가를 초과하면 고객은 재화나 용역의 묶음을 구매하면서 할인을 받은 것이다.

> **Example**   **할인**
>
> 제품 A와 제품 B의 개별 판매가격이 각각 ₩200과 ₩300인데, 이를 묶어서 판매하는 계약을 체결하면서 대가를 ₩450으로 정했다면 고객은 ₩50만큼 할인을 받은 것이다.

할인액 배분의 초점은 할인액을 모두 수행의무에 비례하여 배분하는가, 아니면 일부 수행의무에 배분하는가에 있다. 할인액은 다음과 같이 배분한다.

> ① 할인액이 계약상 모든 수행의무와 관련된 경우: 할인액을 계약상 모든 수행의무에 비례하여 배분
> ② 할인액이 계약상 일부 수행의무에 관련된 경우: 할인액을 계약상 일부 수행의무에만 배분

그러나 다음 기준을 모두 충족하면, 할인액 전체를 계약상 하나 이상이나 전부는 아닌 일부 수행의무들에만 배분한다. 또한 이 경우, 잔여접근법을 사용하여 재화나 용역의 개별 판매가격을 추정하기 전에 그 할인액을 배분한다. (⇒ 잔여접근법은 개별 판매가격을 추정하는 방법이지, 거래가격을 배분하는 방법이 아니다)

> ① 기업이 계약상 각각 구별되는 재화나 용역을 보통 따로 판매한다.
> ② 또 기업은 ①의 재화나 용역 중 일부를 묶고 그 묶음 내의 재화나 용역의 개별 판매가격보다 할인하여 그 묶음을 보통 따로 판매한다.
> ③ ②에서 기술한 재화나 용역의 각 묶음의 할인액이 계약의 할인액과 실질적으로 같고, 각 묶음의 재화나 용역을 분석하면 계약의 전체 할인액이 귀속되는 수행의무(들)에 대한 관측 가능한 증거를 제공한다.

---

▎ **사례연습 12: 할인액의 배분** ▶

12월 말 결산법인인 ㈜포도는 고객과 계약을 체결하고 제품 A, B, C를 ₩100에 판매하기로 하였다. ㈜포도는 서로 다른 시점에 각 제품에 대한 수행의무를 이행하며, 각 제품의 개별 판매가격은 다음과 같다.

| 제품 A | 제품 B | 제품 C | 합계 |
|--------|--------|--------|------|
| ₩50 | ₩25 | ₩75 | ₩150 |

각 제품의 개별 판매가격의 합계액 ₩150이 약속된 대가 ₩100을 초과하므로 고객은 제품 묶음을 구매하면서 할인을 받는 것이다. 전체 할인이 귀속되는 수행의무에 대한 관측 가능한 증거는 없다.

**1** ㈜포도의 각 제품별 거래가격을 배분하시오.

**2** 만약 개별 제품의 판매가격은 다음과 같으며, ㈜포도는 제품 B와 제품 C를 함께 ₩60에 판매한다고 할 경우 각 제품별로 거래가격을 배분하시오.

| 제품 A | 제품 B | 제품 C | 합계 |
|--------|--------|--------|------|
| ₩40 | ₩55 | ₩45 | ₩140 |

**3** 위의 물음과 독립적으로 개별 제품의 판매가격은 다음과 같으며, ㈜포도는 제품 B와 제품 C를 함께 ₩40에 판매한다.

| 제품 A | 제품 B | 제품 C | 합계 |
|--------|--------|--------|------|
| ₩40 | ₩55 | ₩45 | ₩140 |

또한, 동 계약에는 제품 D를 이전하는 약속도 포함되어 있고, ㈜포도는 제품 D를 넓은 범위의 금액(₩20 ~ ₩60)으로 서로 다른 고객에게 판매하기 때문에 제품 D의 개별 판매가격 변동성은 매우 높다고 가정한다. 이 경우 ㈜포도의 각 제품별 거래가격을 배분하시오.

> **풀이**

**1** 할인액이 모든 수행의무에 관련된 경우

| 구분 | 거래가격 |
|------|----------|
| 제품 A | $100 \times 50/150 = 33$ |
| 제품 B | $100 \times 25/150 = 17$ |
| 제품 C | $100 \times 75/150 = 50$ |
| 합계 | 100 |

**2**

| 구분 | 거래가격 |
|------|----------|
| 제품 A | 40 |
| 제품 B | $(100 - 40) \times 55/100 = 33$ |
| 제품 C | $(100 - 40) \times 45/100 = 27$ |
| 합계 | 100 |

\* 기업이 보통 제품 B와 제품 C를 함께 60에 제품 A를 40에 판매하고 있으므로 전체 할인액 40은 제품 B와 제품 C를 이전하는 약속에 배분하여야 한다.

**3**

| 구분 | 거래가격 1차 배분 | 거래가격 2차 배분 |
|------|-------------------|-------------------|
| 제품 A | 40 | 40 |
| 제품 B | 40 | $40 \times 55/100 = 22$ |
| 제품 C | | $40 \times 45/100 = 18$ |
| 제품 D | 20 | 20 |
| 합계 | 100 | 100 |

제품 D 배분 거래가격(잔여접근법)은 20(=100 - 40 - 40)으로 관측 가능한 판매가격의 범위(20 ~ 60)에 있다.

거래가격의 변동대가가 포함되어 있는 경우 변동대가를 계약의 모든 수행의무에 배분하는 것이 적절한지, 아니면 일부의 수행의무에만 배분하는 것이 적절한지 판단해야 한다.

**Additional Comment**

> 서로 다른 시기에 두 제품을 제공하면서 두 번째 제품의 적시 인도 여부에 따라서만 결정되는 보너스를 받는 계약을 체결했을 때, 거래가격에 포함된 변동대가를 두 제품에 모두 귀속시키는 것은 부적절할 수도 있다.

계약에서 약속한 변동대가는 계약 전체에 기인할 수 있고 계약의 특정 부분에 기인할 수도 있다. 아래의 모든 기준을 모두 충족하면, 변동대가를 전부 하나의 수행의무에 배분하거나 단일 수행의무의 일부를 구성하는 구별되는 재화나 용역에 배분한다.

> ① 수행의무를 이행하거나 구별되는 재화나 용역을 이전하는 기업의 노력과 변동 지급조건이 명백하게 관련되어 있다.
> ② 계약상 모든 수행의무와 지급조건을 고려할 때, 변동대가를 전부 그 수행의무나 구별되는 재화 또는 용역에 배분하는 것이 거래가격 배분의 목적에 맞는다.

계약을 개시한 다음에 거래가격은 여러 가지 이유로 변동될 수 있다. 여기에는 약속한 재화나 용역의 대가로 받을 권리를 갖게 될 것으로 예상하는 금액을 바뀌게 하는 불확실한 사건의 해소나 그 밖의 상황 변화가 포함된다.

거래가격의 후속변동은 계약 개시시점과 같은 기준(⇒ 계약 개시시점에 정한 개별 판매가격 기준)으로 계약상 수행의무에 배분한다. 따라서 계약을 개시한 후의 개별 판매가격의 변동을 반영하기 위해서 거래가격을 다시 배분하지는 않는다. 이행된 수행의무에 배분되는 금액은 거래가격이 변동되는 기간에 수익으로 인식하거나 수익에서 차감한다.

**Example** 거래가격의 변동

계약 개시시점        거래가격 · 개별 판매가격 후속변동

|  | 20×1년 | 20×2년 |
|---|---|---|

거래가격 100 ················>> 거래가격 120 (거래가격 수정 ○)

수행의무 A    진행률 50%       진행률 100%

개별 판매가격 50 ··············>> 개별 판매가격 70 (거래가격 배분 ×)

수행의무 B    진행률 0%       진행률 100%

개별 판매가격 50 ··············>> 개별 판매가격 30 (거래가격 배분 ×)

| 구분 | 20×1년 수익 인식 | 20×2년 수익 인식 |
|---|---|---|
| 수행의무 A | 100 × 50/100 × 50% = 25 | 120 × 50/100 × 100% − 25 = 35 |
| 수행의무 B | 100 × 50/100 × 0% = 0 | 120 × 50/100 × 100% − 0 = 60 |

**Self Study**

거래가격이 변동이 계약변경의 결과로 생기는 경우에는 계약변경의 회계처리를 적용한다.

# 7 Step 5: 수익의 인식

## I 수행의무의 이행(자산에 대한 통제의 이전)

고객에게 약속한 재화나 용역, 즉 자산을 이전하여 수행의무를 이행할 때 또는 기간에 걸쳐 이행하는 대로 수익을 인식한다. 수행의무는 기업이 고객에게 약속한 재화나 용역, 즉 자산을 이전함으로써 이행된다. 자산은 고객이 그 자산을 통제할 때 또는 기간에 걸쳐 통제하게 되는 대로 이전된다.

### Additional Comment

> 과거에는 재화의 판매에 대해서는 인도기준을 적용하고, 용역의 제공에 대해서는 진행기준을 적용하여 수익을 인식하였다. 그러나 기준서 제1115호에서는 재화의 판매인지 용역의 제공인지를 구분하지 않고, 기간에 걸쳐 수행의무를 이행하면 기간에 걸쳐 수익을 인식하고, 한 시점에 수행의무를 이행하면 한 시점에 수익을 인식하도록 규정하고 있다. 수행의무는 고객에게 약속한 재화나 용역, 즉 자산을 이전함으로써 이행되는데, 자산은 고객이 통제를 할 때(또는 기간에 걸쳐 통제하게 되는 대로) 이전된다. 즉, 고객이 자산을 통제할 수 있다면 자산은 이전되는 것이며, 기업은 수행의무를 이행한 것이므로 기간에 걸쳐 또는 한 시점에 수익을 인식한다.

자산에 대한 통제란 자산을 사용하도록 지시하고 자산의 나머지 효익의 대부분을 획득할 수 있는 능력을 말한다. 통제에는 다른 기업이 자산의 사용을 지시하고 그 자산에서 효익을 획득하지 못하게 하는 능력이 포함된다. 자산의 효익은 다음과 같은 다양한 방법으로 직접적으로나 간접적으로 획득할 수 있는 잠재적인 현금흐름(유입이 있거나 유출이 감소)이다.

① 재화를 생산하거나 용역(공공용역 포함)을 제공하기 위한 자산의 사용
② 다른 자산의 가치를 높이기 위한 자산의 사용
③ 부채를 결제하거나 비용을 줄이기 위한 자산의 사용
④ 자산의 매각 또는 교환
⑤ 차입금을 보증하기 위한 자산의 담보 제공
⑥ 자산의 보유

## II 한 시점에 이행되는 수행의무

수행의무가 기간에 걸쳐 이행되지 않는다면, 그 수행의무는 한 시점에 이행되는 것이다. 한 시점에 해당하는 수행의무는 고객이 약속된 자산을 통제하고 기업이 수행의무를 이행하는 시점에 수익을 인식한다. 고객이 약속된 자산을 통제하여 수행의무를 이행하는 시점의 예는 다음과 같다.

① 기업이 자산에 대해 현재 지급청구권이 있다.
② 고객에게 자산의 법적 소유권이 있다.
③ 기업이 자산의 물리적 점유를 이전한다.
④ 자산의 소유에 따른 유의적인 위험과 보상이 고객에게 있다.
⑤ 고객이 자산을 인수하였다.

## Ⅲ  기간에 걸쳐 이행되는 수행의무

다음 기준 중 어느 하나를 충족하면, 기업은 재화나 용역에 대한 통제를 기간에 걸쳐 이전하므로, 기간에 걸쳐 수행의무를 이행하는 것이고 기간에 걸쳐 수익을 인식한다.

① 고객은 기업이 수행하는 대로 기업의 수행에서 제공하는 효익을 동시에 얻고 소비한다.
② 기업은 수행하여 만들어지거나 가치가 높아지는 대로 고객이 통제하는 자산을 기업이 만들거나 그 자산 가치를 높인다.
③ 기업은 수행하여 만든 자산이 기업 자체에는 대체 용도가 없고, 지금까지 수행을 완료한 부분에 대해 집행 가능한 지급청구권이 기업에 있다.

### 01  기간에 걸쳐 수행의무를 이행할 수 있는 첫 번째 조건

기업이 제공하는 효익을 고객이 동시에 얻고 소비한다는 것은 기업이 수행하는 대로 기업의 산출물을 고객이 통제하는 것이므로 기업의 수행의무가 기간에 걸쳐 이행됨을 의미한다. 이는 통상적으로 또는 반복적으로 용역을 제공하는 경우에 해당된다.

그러나 기업이 수행하는 대로 그 수행의 효익을 고객이 동시에 얻고 소비하는지를 쉽게 식별하지 못하는 경우도 있다. 만일 기업이 지금까지 이행하던 수행의무를 중단하고 다른 기업이 고객에게 나머지 수행의무를 이행한다고 가정할 때, 기업이 지금까지 수행을 완료한 부분을 다른 기업이 실질적으로 다시 수행할 필요가 없을 것이라고 판단되면 고객은 이미 기업이 제공하는 효익을 동시에 얻고 소비한 것이므로 그 수행의무는 기간에 걸쳐 이행하는 것이다.

#### Additional Comment

A사가 인천에서 LA까지 화물을 해상운송하는 계약을 체결하였는데, 전체 구간 중 절반까지만 운송을 하고 나머지 구간에 대해서는 운송을 이행하지 못할 경우, A사가 제공한 운송용역을 다른 운송회사가 다시 수행할 필요는 없다. 그러므로 A사는 전체 구간 중 절반까지 제공한 운송용역에 대해서 고객은 이미 효익을 동시에 얻고 소비하였기 때문에 그 수행의무는 기간에 걸쳐 이행하는 것이다.

## 02 기간에 걸쳐 수행의무를 이행할 수 있는 두 번째 조건

기업이 수행의무를 이행하여 자산을 만들거나 그 가치를 높이는 대로 고객이 그 자산을 통제할 경우 기업의 수행의무는 기간에 걸쳐 이행되는 것이다. 이러한 경우는 도급공사에서 흔히 발견된다.

**Additional Comment**

> 기업이 고객의 토지 위에 건물을 건설하는 경우 기업의 수행에서 생기는 모든 재공품(즉, 건설중인 건물)은 일반적으로 고객이 통제하므로 기업의 수행의무는 기간에 걸쳐 이행되는 것이다.

## 03 기간에 걸쳐 수행의무를 이행할 수 있는 세 번째 조건

일부 수행의무의 경우 만들어지거나 가치가 높아지는 자산을 고객이 통제하는지 여부가 불분명할 수 있으므로 세 번째 판단기준이 필요하다. 즉, 대체 용도가 없고 지급청구권이 있다는 두 가지 조건을 모두 충족하면 수행의무가 기간에 걸쳐 이행되는 것으로 본다.

기업 자체에 대체 용도가 있는 자산을 만드는 경우 기업은 다른 고객에게 자산을 쉽게 넘길 수 있으므로 고객은 자산이 만들어질 때 그 자산을 통제하지 못할 것이다. 보통 표준화된 품목을 만드는 경우 기업이 그 자산을 다른 고객에게 넘기는 것을 제한하는 능력을 고객이 갖고 있지 않기 때문에 고객은 그 자산을 통제할 수 없다. 반면 기업이 만들고 있는 자산이 기업에 대체 용도가 없다면 기업은 사실상 고객의 지시에 따라 자산을 만들고 있는 것이므로(예 특별주문제작 등) 고객은 그 자산을 통제할 수 있다.

대체 용도가 없다는 것이 고객이 자산을 통제한다는 것을 판단하는 데 필요하지만 충분하지는 않다. 자산이 만들어지는 대로 대체 용도가 없는 자산을 고객이 통제한다는 것을 제시하기 위해서는 기업이 지금까지 수행을 완료한 부분에 대하여 집행 가능한 지급청구권도 반드시 있어야 한다. 고객이 기업의 수행분에 대하여 지급할 의무가 있다면(그 수행에 대하여 지급을 회피할 수 없다면) 고객은 기업의 수행에서 효익을 얻었음을 의미한다.

**Additional Comment**

> 기업이 약속한 대로 수행하지 못했기 때문이 아니라 그 밖의 사유로 고객이나 다른 당사자가 계약을 종료하는 경우에는 적어도 지금까지 수행을 완료한 부분에 대해 보상하는 금액을 받을 권리가 있다면, 기업에는 지금까지 수행을 완료한 부분에 대한 지급청구권이 있는 것이다.

**Self Study**

> 1. 기업이 자산을 만들거나 그 가치를 높이는 동안에 그 자산을 다른 용도로 쉽게 전환하는 데에 계약상 제약이 있거나, 완료된 상태의 자산을 쉽게 다른 용도로 전환하는 데에 실무상 제한이 있다면, 기업이 수행하여 만든 그 자산은 그 기업에는 대체 용도가 없는 것이다. 자산이 기업에 대체 용도가 있는지는 계약 개시시점에 판단한다. 계약을 개시한 다음에는 계약당사자들이 수행의무를 실질적으로 변경하는 계약변경을 승인하지 않는 한, 자산이 기업에 대체 용도가 있는지를 다시 판단하지 않는다.

2. 지금까지 수행을 완료한 부분에 대해 집행 가능한 지급청구권이 기업에 있는지를 판단할 때에는 계약에 적용되는 법률뿐만 아니라 계약 조건도 고려한다. 지금까지 수행을 완료한 부분에 대한 지급청구권이 고정금액에 대한 권리일 필요는 없다. 그러나 기업이 약속대로 수행하지 못했기 때문이 아니라 그 밖의 사유로 고객이나 다른 당사자가 계약을 종료한다면 적어도 지금까지 수행을 완료한 부분에 대한 보상금액을 받을 권리가 계약기간에는 언제든지 있어야 한다.

---

### 사례연습 13: 수익의 인식

**다음 각 사례별로 기간에 걸쳐 이행하는 수행의무인지 한 시점에 이행되는 수행의무인지를 밝히시오.**

**1** 기업은 고객에게 전문가 의견을 제공하는 컨설팅 용역을 제공하기로 고객과 계약을 체결하였다. 전문가 의견은 고객에게 특정된 사실 및 상황에 관련된다. 기업이 약속한 대로 수행하지 못하는 경우 외의 사유로 고객이 컨설팅 용역계약을 종료한다면, 고객은 계약에 따라 기업의 발생원가에 15% 이윤을 더하여 보상해야 한다. 15% 이윤은 기업이 비슷한 계약에서 벌어들이는 이윤에 가깝다.

**2** 기업은 장비를 건설하기로 고객과 계약을 체결한다. 계약의 지급 일정에서는 고객이 계약 개시시점에 계약가격의 10%인 선급금을 지급하고, 건설기간에 정기적으로 계약가격의 50%에 해당하는 금액까지 지급하며, 건설이 완료되어 장비가 규정된 성능 시험을 통과한 후에 계약가격의 40%를 최종 지급하도록 정하였다. 기업이 약속한 대로 수행하지 못하는 경우가 아니라면 이미 지급받은 금액은 환불되지 않는다. 고객이 계약을 종료할 경우에 기업은 고객에게서 받은 기성금(progress payment)만 보유할 권리가 있다. 기업은 고객에게서 보상받을 권리가 더는 없다.

#### 풀이

**1** 기업이 자신의 의무를 이행할 수 없고 고객이 의견을 제공하는 다른 컨설팅 기업을 고용하는 경우에 다른 컨설팅 기업은 기업이 지금까지 완료한 작업을 실질적으로 다시 수행할 필요가 있을 것이다. 기업이 수행한 진행 중인 작업의 효익을 다른 컨설팅 기업이 이용할 수 없을 것이기 때문이다. 전문가 의견의 성격은 고객이 그 의견을 받을 때에만 기업의 수행에서 효익을 얻을 수 있게 된다는 것이다. 그러나 기업은 지금까지 수행을 완료한 부분에 대해 원가에 적정한 이윤(다른 계약에서의 이윤에 가까움)을 더한 금액만큼 집행 가능한 지급청구권이 있다. 따라서 기업은 수행의무의 진행률을 측정하여 기간에 걸쳐 수익을 인식한다.

**2** 기업이 약속한 대로 이행하지 못하는 경우가 아닌 사유로 고객이 계약을 종료하는 경우에는 고객의 지급액이 환불되지 않더라도, 계약의 모든 기간 내내 지급받은 누적금액이 적어도 지금까지 수행을 완료한 부분에 대해 기업에 보상해야 할 금액에 상당한다고 예상되지 않는다. 이는 건설하는 동안 여러 차례 고객이 지급한 대가의 누적금액이 그 시점에 부분적으로 완료된 장비의 판매가격보다 적을 것이기 때문이다. 따라서 기업은 지금까지 수행을 완료한 부분에 대해 지급청구권이 없다.
기업이 지금까지 수행을 완료한 부분에 대해 지급청구권이 없기 때문에 기업의 수행의무는 기간에 걸쳐 이행되지 않는다. 따라서 기업은 장비가 기업에 대체 용도가 있는지를 파악할 필요가 없다. 기업은 동 계약을 한 시점에 이행하는 수행의무로 회계처리한다.

기간에 걸쳐 이행하는 수행의무 각각에 대해, 그 수행의무 완료까지의 진행률을 측정하여 기간에 걸쳐 수익을 인식한다. 진행률을 측정하는 목적은 고객에게 약속한 재화나 용역에 대한 통제를 이전하는 과정에서 기업의 수행 정도를 나타내기 위한 것이다. 기간에 걸쳐 이행하는 각 수행의무에는 하나의 진행률 측정방법을 적용하며 비슷한 상황에서의 비슷한 수행의무에는 그 방법을 일관되게 적용한다.

시간이 흐르면서 상황이 바뀜에 따라 수행의무의 산출물 변동을 반영하기 위해 진행률을 새로 수정한다. 즉, 기간에 걸쳐 이행하는 수행의무의 진행률은 보고기간 말마다 다시 측정한다. 진행률의 변동은 기업회계기준서 제1008호 '회계정책, 회계추정치의 변경 및 오류'에 따라 회계추정치의 변경으로 회계처리한다.

> **Self Study**
>
> 수행의무를 이행할 때 고객에게 통제를 이전하는 재화나 용역은 모두 진행률 측정에 포함하며, 고객에게 통제를 이전하지 않는 재화나 용역은 진행률 측정에서 제외한다.

적절한 진행률 측정방법을 결정할 때, 고객에게 이전하기로 약속한 재화나 용역의 특성을 고려하여야 한다. 이러한 진행률 측정방법에는 산출법과 투입법이 있고, 구체적인 내용은 다음과 같다.

## 01 산출법

### (1) 의의 및 측정방법

산출법은 계약에서 약속한 재화나 용역의 나머지 부분의 가치와 비교하여 지금까지 이전한 재화나 용역이 고객에 주는 가치의 직접 측정에 기초하여 수익을 인식하는 방법이다. 산출법을 적용하는 경우에는 선택한 산출물이 수행의무의 완료 대비 기업의 수행 정도를 충실하게 나타내는지를 고려한다.

지금까지 수행을 완료한 정도를 조사, 달성한 결과에 대한 평가, 도달한 단계, 경과한 시간, 생산한 단위, 인도한 단위 등으로 측정한다. 만일 기업이 지금까지 수행을 완료한 정도가 고객에게 주는 가치에 직접 상응하는 금액을 고객에게서 받을 권리가 있다면(예 기업이 제공한 용역 시간당 고정금액을 청구할 수 있는 용역계약), 기업은 청구권이 있는 금액으로 수익을 인식하는 실무적 간편법을 쓸 수 있다.

| 구분 | | 진행률의 측정 |
|---|---|---|
| 산출법 | 원칙 | 고객에게 이전하는 가치 ÷ 약속된 재화나 용역의 가치 |
| | 간편법 | 누적청구금액 ÷ 총 청구할 계약금액 |

**산출법에 따른 진행률 측정방법**

## (2) 단점

산출법의 단점은 진행률을 측정하는 데에 사용하는 산출물을 직접 관측하지 못할 수 있고, 과도한 원가를 들이지 않고 산출법을 적용하기 위해 필요한 정보를 구하지 못할 수 있다는 점이다.

**Additional Comment**

> 선택한 산출물이 고객에게 통제가 이전되는 재화나 용역의 일부를 측정하지 못한다면, 해당 산출법은 기업의 수행 정도를 충실하게 나타낼 수 없을 것이다. 예를 들어 보고기간 말에 기업이 고객이 통제하는 재공품이나 완성품을 생산하였으나 산출물의 측정치에는 포함하지 않았다면 생산한 단위나 인도한 단위에 기초한 산출법은 수행의무를 이행할 때 기업의 수행 정도를 충실하게 나타내지 못할 것이다.

## 02 투입법

### (1) 의의 및 측정방법

투입법은 해당 수행의무의 이행에 예상되는 총 투입물 대비 수행의무를 이행하기 위한 기업의 노력이나 투입물(예 소비한 자원, 사용한 노동시간, 발생원가, 경과한 시간, 사용한 기계시간)에 기초하여 수익을 인식하는 것이다. 기업의 노력이나 투입물을 수행기간에 걸쳐 균등하게 소비한다면, 정액법으로 수익을 인식하는 것이 적절할 수 있다.

**투입법에 따른 진행률 측정방법**

| 구분 | | 진행률의 측정 |
|---|---|---|
| 투입법 | 원칙 | 수행의무를 이행하기 위한 투입물 ÷ 수행의무의 이행에 예상되는 총투입물 |
| | 간편법 | 누적투입일수 ÷ 총 예정투입일수 |

### (2) 단점

투입법의 단점은 기업의 투입물과 고객에게 재화나 용역에 대한 통제를 이전하는 것 사이에 직접적인 관계가 없을 수 있다는 것이다. 그러므로 고객에게 재화나 용역에 대한 통제를 이전하는 과정에서 기업의 수행 정도를 나타내지 못하는 투입물의 영향은 투입법에서 제외한다.

예를 들어 원가기준 투입법을 사용할 때, 다음 상황에서는 진행률 측정에 조정이 필요할 수 있다.

> ① 발생원가가 기업이 수행의무를 이행할 때 그 진척도에 이바지하지 않는 경우(예 계약가격에 반영되지 않았고 기업의 수행상 유의적인 비효율 때문에 든 원가)
> ② 발생원가가 기업이 수행의무를 이행할 때 그 진척도에 비례하지 않는 경우: 이 경우 기업의 수행 정도를 나타내는 최선의 방법은 발생원가의 범위까지만 수익을 인식하도록 투입법을 조정하는 것이다.

**Additional Comment**

> 진행률 측정방법을 적용할 때 고객에게 통제를 이전하지 않은 재화나 용역은 진행률 측정에서 제외한다. 반대로 수행의무를 이행할 때 고객에게 통제를 이전하는 재화나 용역은 모두 진행률 측정에 포함한다. 즉, 투입법을 적용할 때 기업의 수행 정도를 나타내지 못하는 투입물의 영향은 제외한다.

기준서에서는 진행률을 측정하는 여러 가지 방법 중 어느 방법이라도 기업이 자유롭게 선택하는 것을 허용하는 것은 아니라는 점을 명확히 언급하고 있다. 즉, 기업의 수행 정도를 나타낸다는 분명히 기재된 목적과 부합하는 진행률 측정 방법을 기업이 선택해야 한다.

## 03 진행률을 합리적으로 측정할 수 없는 경우

적절한 진행률 측정방법을 적용하는 데 필요한 신뢰할 수 있는 정보가 부족하다면 수행의무의 진행률을 합리적으로 측정할 수 없다. 어떤 상황(예 계약 초기 단계)에서는 수행의무의 산출물을 합리적으로 측정할 수 없으나, 수행의무를 이행할 때 든 원가가 회수될 것으로 예상된다면, 수행의무의 산출물을 합리적으로 측정할 수 있을 때까지 발생원가의 범위에서만 수익을 인식한다.

### 사례연습 14: 진행기준을 적용한 수익인식

**각 물음은 서로 독립적이다.**

**1** A사는 고객의 토지 위에 3층 건물을 건설해주는 계약을 체결하였다. 건설은 20×1년에 시작하여 20×3년 중에 종료되었으며, 총계약금액은 ₩2,000이다. A사는 건설용역에 대한 통제가 기간에 걸쳐 이전한 것으로 판단하였다. A사는 발생원가에 기초한 투입법으로 진행률을 측정한다. 다음은 3개년 동안 발생한 건설용역과 관련된 자료이다.

| 구분 | 20×1년도 | 20×2년도 | 20×3년도 |
|---|---|---|---|
| 당기 발생 공사원가 | ₩200 | ₩400 | ₩700 |
| 공사완료 시까지 추가소요원가 | 800 | 600 | – |

각 연도별로 계약수익, 계약원가 및 계약손익을 계산하라.

**2** B사는 총대가 ₩50,000에 20×1년 6월 30일까지 3층 건물을 개조하고 새 엘리베이터를 설치하기로 20×0년 11월에 고객과 계약하였다. 엘리베이터 설치를 포함하여 약속된 개조 용역은 기간에 걸쳐 이행하는 단일 수행의무이다. 총예상원가는 엘리베이터 조달원가 ₩15,000을 포함하여 ₩40,000(기타원가 ₩25,000)이다. B사는 수행의무의 진행률 측정에 발생원가에 기초한 투입법을 사용하였다. 엘리베이터가 20×1년 6월 30일까지 설치되지 않더라도, 20×0년 12월에 현장으로 인도될 때 고객은 엘리베이터를 통제한다. 20×0년 12월 31일 현재 B사의 엘리베이터 제외 그 밖의 발생원가는 ₩5,000이다. 동 거래와 관련하여 20×0년에 B사가 인식할 수익과 비용은 각각 얼마인지 구하시오.

풀이

**1** 1. 진행률
  • 20×1년: 200 ÷ (200 + 800) = 20%
  • 20×2년: (200 + 400) ÷ (200 + 400 + 600) = 50%
  • 20×3년: (200 + 400 + 700) ÷ (200 + 400 + 700) = 100%

2. 계약수익, 계약원가, 계약손익

| 구분 | 20×1년도 | 20×2년도 | 20×3년도 |
|---|---|---|---|
| 누적계약수익(①) | 2,000 × 20% = 400 | 2,000 × 50% = 1,000 | 2,000 × 100% = 2,000 |
| 전기누적계약수익(②) | – | 400 | 1,000 |
| 당기계약수익(① – ②) | 400 | 600 | 1,000 |
| 당기계약원가[1] | (–)200 | (–)400 | (–)700 |
| 계약이익 | 200 | 200 | 300 |

[1] 발생원가에 기초한 투입법으로 진행률을 측정할 경우 당기발생원가를 계약원가로 인식하면 된다.
⇒ 당기 계약원가 인식액: 총예상원가 × 당기발생원가/총예상원가 = 당기발생원가

**2** 20×0년에 B사가 인식할 수익: 22,000
20×0년에 B사가 인식할 비용: 20,000
(1) 20×0년 말 현재 진행률: 5,000 ÷ 25,000(조달원가 제외) = 20%
(2) 20×0년 매출: (50,000 – 15,000) × 20% + 15,000(엘리베이터 원가) = 22,000
(3) 20×0년 매출원가: 5,000 + 15,000 = 20,000

* 엘리베이터 조달원가 15,000은 진행률에 비례적이지 않다고 판단한다. 그 이유는 엘리베이터가 20×1년 6월까지 설치되지 않더라도 20×0년 12월 현장으로 인도될 때 고객이 엘리베이터를 통제하기 때문이다. 따라서 B사가 진행률을 측정할 때 엘리베이터 조달원가를 포함하면 기업의 수행 정도를 과대평가하므로 엘리베이터 조달원가를 발생원가 측정치와 거래원가에서 제외하여 진행률을 조정한다. 즉, 사용한 재화의 원가(15,000)와 동일한 금액을 수익으로 인식하여 이익이 0이 되게 한다.

# 8 계약원가

**계약체결 증분원가**

계약체결 증분원가는 고객과 계약을 체결하기 위해 들인 원가로서 계약을 체결하지 않았다면 들지 않았을 원가로 판매수수료가 대표적인 예이다. 고객과의 계약체결 증분원가가 회수될 것으로 예상된다면 이를 자산으로 인식한다. 계약체결 증분원가를 자산으로 인식하더라도 상각기간이 1년 이하라면 그 계약체결 증분원가는 발생시점에 비용으로 인식하는 실무적 간편법을 쓸 수 있다.

계약체결 여부와 무관하게 드는 계약체결원가는 계약체결 여부와 관계없이 고객에게 그 원가를 명백히 청구할 수 있는 경우가 아니라면 발생시점에 비용으로 인식한다.

---

**Additional Comment**

> 예를 들어 계약을 체결할 때까지 발생한 법률 자문비, 제안서 작성 및 입찰 관련 원가, 여비교통비 등은 그 계약을 체결하지 못했더라도 발생했을 것이므로 계약체결 증분원가에 해당되지 않는다. 그러나 계약을 체결할 경우에만 지급하는 판매수수료 등은 계약을 체결하지 못했을 경우 들지 않았을 원가이므로 계약체결 증분원가에 해당된다.

---

**사례연습 15: 계약체결 증분원가**

A사는(컨설팅 용역 제공자) 새로운 고객에게 컨설팅 용역을 제공하는 경쟁입찰에서 이겼다. 계약을 체결하기 위하여 다음과 같은 원가가 발생하였다.

(단위: 원)

| | |
|---|---|
| 실사를 위한 외부 법률 수수료 | 15,000 |
| 제안서 제출을 위한 교통비 | 25,000 |
| 영업사원 수수료 | 10,000 |

\* 영업사원 수수료는 수주 성공에 따라 지급하기로 한 금액에 해당한다.

**기업이 동 거래와 관련하여 자산으로 인식할 금액은 얼마인가?**

**풀이**

자산으로 인식할 금액: 10,000(영업사원 수수료)
기업회계기준서 제1115호 문단 91에 따라 기업은 영업사원 수수료에서 생긴 계약체결 증분원가 10,000을 자산으로 인식한다. 이는 컨설팅 용역에 대한 미래 수수료로 그 원가를 회수할 것으로 예상하기 때문이다. 또 기업은 재량에 따라 연간 매출 목표, 기업 전체의 수익성, 개인별 성과평가에 기초하여 영업책임자에게 연간 상여를 지급한다. 기업회계기준서 제1115호 문단 91에 따라, 그 상여는 계약체결에 따른 증분액이 아니기 때문에 자산으로 인식하지 않는다. 그 금액은 재량적이고 기업의 수익성과 개인별 성과를 포함한 다른 요소에 기초한다. 식별 가능한 계약이 그 상여의 직접 원인이 되지 않는다.
기업은 외부 법률 수수료와 교통비가 계약체결 여부와 관계없이 든다고 보았다. 그러므로 기업회계기준서 제1115호 문단 93에 따라, 그 원가가 다른 기준서의 적용범위에 포함되고 그 기준서의 관련 요구사항을 적용하는 경우가 아니라면, 그 원가가 들었을 때 비용으로 인식한다.

---

계약이행원가란 계약체결 후 그 계약을 이행하는 데 드는 원가를 말한다. 고객과의 계약을 이행할 때 드는 원가가 다른 기준서의 적용범위(例 재고자산, 유형자산, 무형자산 기준서 등)에 포함된다면 그 다른 기준서를 적용하여 회계처리한다. 그러나 계약이행원가가 다른 기준서의 적용 범위에 포함되지 않고, 다음의 기준을 모두 충족하면 자산으로 인식한다.

> (1) 원가가 계약이나 구체적으로 식별할 수 있는 예상 계약에 직접 관련된다.
> (2) 원가가 미래의 수행의무를 이행할 때 사용할 기업의 자원을 창출하거나 가치를 높인다.
> (3) 원가는 회수될 것으로 예상된다.

그러나 위의 조건을 만족하지 못하는 다음의 원가는 발생시점에 비용으로 인식한다.

> (1) 일반관리원가
> (2) 계약을 이행하는 과정에서 낭비된 재료원가, 노무원가, 그 밖의 자원의 원가로서 계약가격에 반영되지 않은 원가
> (3) 이미 이행한 계약상 수행의무와 관련된 원가
> (4) 이행하지 않은 수행의무와 관련된 원가인지 이미 이행한 수행의무와 관련된 원가인지 구별할 수 없는 원가

#### 사례연습 16: 계약이행원가

**A사는 5년 동안 고객의 정보기술자료센터를 관리하는 용역계약을 체결하였다. 관련 자료는 다음과 같다.**

> (1) 5년 이후에 계약을 1년 단위로 갱신할 수 있으며, 평균 고객기간은 7년이다. 고객이 계약에 서명할 때에 A사는 영업수수료 ₩10,000을 종업원에게 지급한다.
> (2) 용역을 제공하기 전에, 20×1년 초까지 A사는 고객의 시스템에 접근하는 기술플랫폼을 기업 내부에서 사용하기 위해 설계하고 구축한다. 이 플랫폼은 고객에게 이전하지 않으나 고객에게 용역을 제공하기 위해 사용할 것이다. 기술플랫폼을 설치하기 위하여 들인 최초 원가는 다음과 같다.

| 구분 | 금액 |
|---|---|
| 설계용역 | ₩40,000 |
| 하드웨어 | ₩120,000 |
| 소프트웨어 | ₩90,000 |
| 데이터센터 이전 및 시험 | ₩100,000 |

A사가 고객과의 계약에서 발생한 영업수수료, 설계용역, 하드웨어, 소프트웨어, 데이터센터 이전 및 시험원가를 어떻게 회계처리해야 하는지 보이시오.

[풀이]

20×1년 초 회계처리
[계약체결 증분원가]

| 차) 선급계약원가 | 10,000 | 대) 현금 | 10,000 |
|---|---|---|---|

[계약이행원가]

| 차) 유형자산 | 120,000 | 대) 현금 | 350,000 |
|---|---|---|---|
| 무형자산 | 90,000 | | |
| 선급계약원가 | 140,000 | | |

(1) 영업수수료
   A사는 영업수수료에 대한 계약체결 증분원가를 자산으로 인식한다. 그 이유는 A사가 제공할 용역에 대한 미래 수수료로 그 원가를 회수할 것으로 예상하기 때문이다.

(2) 하드웨어 원가
   기준서 제1016호 '유형자산'에 따라 회계처리한다.

(3) 소프트웨어 원가
   기준서 제1038호 '무형자산'에 따라 회계처리한다.

(4) 설계원가 및 데이터센터 이전 및 시험원가
   계약이행원가를 자산으로 인식할 수 있는지를 판단하기 위하여 자산인식기준에 따라 검토한다. 그 결과로 자산이 인식된다면 자산으로 인식한다.

계약체결 증분원가와 계약이행원가 중 자산인식요건을 충족하여 자산으로 인식된 원가는 그 자산과 관련된 재화나 용역을 고객에게 이전하는 방식과 일치하는 체계적 기준으로 상각한다. 만약, 그 자산과 관련된 재화나 용역을 고객에게 이전할 것으로 예상하는 시기에 유의적인 변동이 있는 경우에 이를 반영하여 상각 방식을 수정한다. 이러한 변경은 한국채택국제회계기준 기준서 제1008호 '회계정책, 회계추정치의 변경 및 오류'에 따라 회계추정치의 변경으로 회계처리한다.

계약체결 증분원가와 계약이행원가 중 자산인식요건을 충족하여 자산의 장부금액이 ①에서 ②를 뺀 금액을 초과하는 정도까지 손상차손을 당기손익으로 인식한다.

> ① 그 자산과 관련된 재화나 용역의 대가로 기업이 받을 것으로 예상하는 나머지 금액
> ② 그 재화나 용역의 제공에 직접 관련되는 원가로서 아직 비용으로 인식하지 않은 원가

손상 상황이 사라졌거나 개선된 경우에는 과거에 인식한 손상차손의 일부나 전부를 환입하여 당기손익으로 인식한다. 증액된 자산의 장부금액은 과거에 손상차손을 인식하지 않았다면 산정되었을 금액을 초과해서는 안 된다.

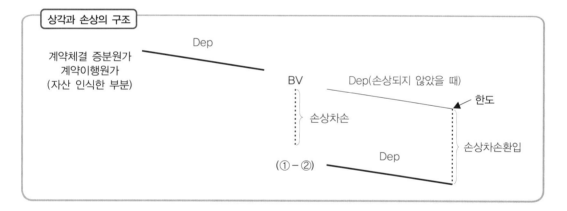

**상각과 손상의 구조**

---

**Additional Comment**

고객과의 계약에서 자산으로 처리한 계약원가에 대해서는 기준서 제1036호의 손상 규정을 따르지 않고, 기준서 제1115호에 별도로 손상 회계처리를 규정하고 있다. 이는 고객과의 계약에 대해서 기준서 제1036호에서 요구하는 회수가능액을 측정하는 것이 곤란하기 때문이다. 따라서 기준서 제1115호에서는 위에서 언급한 ①과 ②의 차액을 미래에 예상되는 순효익으로 보고, 보고기간 말 현재 자산으로 인식한 계약원가의 장부금액이 순효익을 초과하면, 그 초과액만큼 자산으로 인식한 계약원가의 장부금액을 감액하는 것이다. 예를 들어 자산으로 인식한 계약체결 증분원가와 계약이행원가 중 자산인식요건을 충족하여 인식한 자산의 장부금액이 ₩200,000이다. 그 자산과 관련된 재화나 용역의 대가로 기업이 받을 것으로 예상하는 나머지 금액은 ₩300,000이며, 그 재화나 용역의 제공에 직접 관련된 원가로서 아직 비용으로 인식하지 않은 원가가 ₩140,000이라고 가정한다면, 기업은 ₩40,000[= ₩200,000 - (₩300,000 - ₩140,000)]을 손상차손으로 당기손익으로 인식해야 한다.

# 9 거래형태별 수익인식 적용사례

## 01 본인과 대리인

### (1) 본인과 대리인의 고려사항

기업이 고객에게 재화나 용역을 제공하는 데에 다른 당사자가 관여할 수 있다. 이 경우 기업이 고객에게 재화나 용역을 제공하기로 한 약속이 정해진, 재화나 용역 자체를 제공하는 수행의무(⇒ 기업이 본인)인지, 아니면 다른 당사자가 고객에게 재화나 용역을 제공하도록 기업이 주선하는 것(⇒ 기업이 대리인)인지를 판단하여야 한다.

### (2) 본인과 대리인의 구분 및 수익인식

기업이 본인이라면 이전되는 재화나 용역과 교환하여 받을 권리를 갖게 될 것으로 예상하는 대가의 총액을 수익으로 인식하는 반면, 기업이 대리인이라면 다른 당사자와 고객 간의 거래를 주선하는 대가로 받을 보수나 수수료(순액)를 수익으로 인식한다.

기업이 본인인지, 아니면 대리인인지 판단하는 데 핵심 요소는 고객에게 재화나 용역을 이전하기 전에 기업이 그 정해진 재화나 용역을 통제하는지의 여부에 달려있다. 만약에 기업이 고객에게 재화나 용역을 이전하기 전에 통제할 수 있다면 본인이고, 통제할 수 없다면 대리인이다.

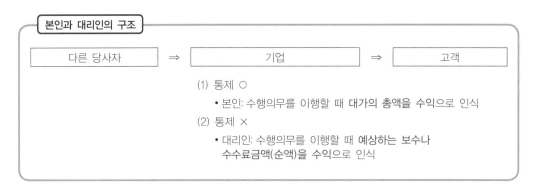

본인과 대리인의 구조

| 다른 당사자 | ⇒ | 기업 | ⇒ | 고객 |

(1) 통제 ○
- 본인: 수행의무를 이행할 때 대가의 총액을 수익으로 인식

(2) 통제 ×
- 대리인: 수행의무를 이행할 때 예상하는 보수나 수수료금액(순액)을 수익으로 인식

기업이 다른 당사자로부터 재화를 ₩200에 이전받아 ₩300에 이전할 경우, 기업이 본인이라면 ₩200의 재고자산 매입을 인식한 후, 고객에게 재화를 이전할 때 ₩300의 매출을 총액으로 인식하고 매출원가로 ₩200을 인식한다. 그러나 이 거래에서 기업이 다른 당사자의 대리인이라면 매출을 총액으로 인식하는 것이 아니라 다른 당사자로부터 받기로 한 수수료만 수익으로 인식한다. 고객에게 재화나 용역을 제공하는 거래에서 기업이 본인인지, 아니면 대리인인지에 따라 인식할 수익금액이 달라지기 때문에 이를 구분하는 것은 매우 중요하다. 우리나라에서는 매출 규모로 기업의 순위를 매기기도 하고, 상장 기업은 매출액이 일정 금액 이하로 지속될 경우 관리종목으로 지정되어 상장폐지에 이를 수도 있으므로 회사가 대리인 역할을 했음에도 불구하고 본인의 역할을 한 것으로 위장하여 총액으로 매출액을 인식하는 경우가 적지 않다.

---

**Self Study**

기업이 고객에게 특정 재화나 용역이 이전되기 전에 그 특정 재화나 용역을 통제하고 따라서 본인임을 나타내는 지표에는 다음 사항이 포함되지만 이에 한정되지는 않는다.
1. 특정 재화나 용역을 제공하기로 하는 약속을 이행할 주된 책임이 기업에 있다.
2. 특정 재화나 용역이 고객에게 이전되기 전이나 고객에게 통제가 이전된 후에 재고위험이 있다.
3. 특정 재화나 용역의 가격을 결정할 재량이 기업에 있다.

## (3) 위탁약정과 위탁판매

최종 고객에게 판매하기 위해 기업이 제품을 다른 당사자(예 중개인이나 유통업자)에게 인도하는 경우, 그 다른 당사자가 그 시점에 제품을 통제하게 되었는지를 평가한다. 만약에 그 다른 당사자가 그 제품을 통제한다면 이는 일반적인 판매에 해당되지만, 다른 당사자가 그 제품을 통제하지 못하는 경우에는 다른 당사자에게 인도한 제품을 위탁약정에 따라 보유하는 것이다. 따라서 인도된 제품이 위탁물로 보유된다면 제품을 다른 당사자에게 인도할 때 수익을 인식하지 않는다. 이러한 위탁약정의 대표적인 예로 위탁판매를 들 수 있다.

위탁판매는 제품의 판매를 다른 기업에게 위탁하고 그 다른 기업이 제품을 판매하게 되면 그 대가로 수수료를 지급하는 형태의 판매이다. 이때 상품의 판매를 위탁한 기업을 위탁자, 상품의 판매를 위탁받은 기업을 수탁자라고 한다.

---

**Self Study**

위탁약정이라는 지표에는 다음 사항이 포함되지만, 이에 한정되지는 않는다.
1. 정해진 사건이 일어날 때까지 기업이 자산을 통제한다.
2. 기업은 제품의 반환을 요구하거나 제품을 제3자에게 이전할 수 있다.
3. 중개인은 제품에 대해 지급해야 하는 무조건적인 의무가 없다.

### 1) 위탁판매 시 위탁자의 회계처리

#### ① 적송품 적송 시 회계처리

위탁자는 제품 등을 수탁자에게 발송하고 적송품으로 대체하여 관리한다. 위탁자가 수탁자에게 적송품을 발송하는 경우에는 운임이 발생하는데, 이를 적송운임이라고 한다. 적송운임은 적송품을 판매가능한 상태로 만들기 위하여 발생한 지출이므로 적송품의 원가로 처리한다.

| 차) 적송품 | ×× | 대) 재고자산 | ×× |
|---|---|---|---|
| | | 현금 | 적송운임 |

#### ② 적송품 판매 시 회계처리

위탁자는 고객에게 제품 등의 통제를 이전하는 시점인 수탁자가 제3자에게 적송품을 판매하는 시점에 수익을 인식한다. 위탁자가 위탁판매로 수령하게 되는 금액은 판매금액에서 수탁수수료, 판매운임 등을 차감한 잔액이 된다.

| 차) 수취채권 | 수탁자로부터 수령액 | 대) 매출 | 판매된 총액 |
|---|---|---|---|
| 판매비 | 위탁수수료 | | |
| 차) 매출원가 | ×× | 대) 적송품 | ×× |

#### ③ 수탁자로부터 수취채권 수령 시

| 차) 현금 | ×× | 대) 수취채권 | ×× |
|---|---|---|---|

### 2) 위탁판매 시 수탁자의 회계처리

#### ① 수탁품 수령 시 회계처리

위탁자가 보낸 상품은 수탁자의 소유가 아니기 때문에 회계처리를 하지 않는다.

#### ② 수탁품 판매 시

수탁품의 판매대금은 위탁자에 대한 예수금이므로 수탁수수료를 제외한 금액을 수탁판매계정으로 기록한다.

| 차) 현금 | ×× | 대) 수탁판매(예수금) | ×× |
|---|---|---|---|
| | | 수수료수익 | ×× |

#### ③ 송금 시

수탁품의 판매대금에서 수탁수수료를 차감한 금액을 위탁자에게 송금할 때 수탁판매계정을 현금으로 대체한다. 따라서 수탁자의 수행의무는 대리인으로서 재화나 용역의 제공을 주선하는 것이므로 제3자에게 제품의 통제를 이전하는 시점에 수탁수수료(순액)를 수익으로 인식한다.

| 차) 수탁판매(예수금) | ×× | 대) 현금 | ×× |
|---|---|---|---|

```
┌─ 위탁판매의 구조 ─────────────────────────────────────────────────────────┐
│                                                                          │
│         적송운임 10                    판매 7개, @15                       │
│  ├──────────────────────────┼──────────────────────────┤                │
│  A사                        B사                        고객              │
│  재고자산 BV: 10개, @10       판매 후 개당 @13 A사에 지급                  │
│                                                                          │
│                                                                          │
│   (1) B사가 통제 ○ ⇒ B사 본인                                            │
│   A사 ┬ 수익: 10개 × @13 = 130            B사 ┬ 수익: 7개 × @15 = 105     │
│       └ 비용: 10개 × @10 + 10(적송운임) = 110    └ 비용: 7개 × @13 = 91   │
│                                                                          │
│   (2) B사가 통제 × ⇒ B사 대리인                                          │
│   A사 ┬ 수익: 7개 × @15 = 105             B사 ┬ 수익: 7개 × @(15 − 13) = 14│
│       └ 비용: 7개 × @10 + 7/10개 × @10 + 7개 × @2 = 91   └ 비용: −        │
│                                                                          │
└──────────────────────────────────────────────────────────────────────────┘
```

### 사례연습 17: 본인과 대리인

A회사는 D회사와 제품 위탁판매계약을 체결한 후 20×1년 초에 1대당 원가 ₩800의 제품 7,000개를 ₩1,000에 D회사에 인도하였다.

> (1) D회사는 제품을 개당 ₩1,100에 판매하고 있으며, 판매가격에서 ₩100을 차감한 후 ₩1,000을 A회사에 지급한다.
> (2) D회사는 A회사에게 매년 최소 5,000개의 제품 판매를 보장한다. 다만, D회사가 5,000개를 초과하여 판매한 경우에는 판매되지 않는 제품을 A회사에게 반납할 수 있으며, A회사는 이를 거절할 수 없다.

**1** 만약, D회사가 20×1년에 7,000개 중 6,500개를 판매한 경우 A·D회사가 20×1년에 인식할 수익금액을 각각 계산하시오.

**2** 만약, D회사가 20×1년에 7,000개 중 4,500개를 판매한 경우 A·D회사가 20×1년에 인식할 수익금액을 각각 계산하시오.

**풀이**

**1** A회사 수익인식액: 5,000개 × ₩1,000(본인) + 1,500개 × ₩1,100(위탁매출) = 6,650,000
D회사 수익인식액: 5,000개 × ₩1,100(본인) + 1,500개 × ₩100(위탁매출) = 5,650,000

**2** A회사 수익인식액: 5,000개 × ₩1,000(직접매출) = 5,000,000
D회사 수익인식액: 4,500개 × ₩1,100(직접매출) = 4,950,000
\* 500개는 D회사의 재고자산으로 보유

유통업을 영위하고 있는 ㈜대한은 20×1년 1월 1일 제품 A와 제품 B를 생산하는 ㈜민국과 각 제품에 대해 다음과 같은 조건의 판매 계약을 체결하였다.

---

〈제품 A〉

• ㈜대한은 제품 A에 대해 매년 최소 200개의 판매를 보장하며, 이에 대해서는 재판매 여부에 관계없이 ㈜민국에게 매입대금을 지급한다. 다만, ㈜대한이 200개를 초과하여 제품 A를 판매한 경우 ㈜대한은 판매되지 않은 제품 A를 모두 조건 없이 ㈜민국에게 반환할 수 있다.

• 고객에게 판매할 제품 A의 판매가격은 ㈜대한이 결정한다.

• ㈜민국은 ㈜대한에 제품 A를 1개당 ₩1,350에 인도하며, ㈜대한은 판매수수료 ₩150을 가산하여 1개당 ₩1,500에 고객에게 판매한다.

---

〈제품 B〉

• ㈜대한은 제품 B에 대해 연간 최소 판매 수량을 보장하지 않으며, 매년 말까지 판매하지 못한 제품 B를 모두 조건 없이 ㈜민국에게 반환할 수 있다.

• 고객에게 판매할 제품 B의 판매가격은 ㈜민국이 결정한다.

• ㈜대한은 인도받은 제품 B 중 제3자에게 판매한 부분에 대해서만 ㈜민국에게 관련 대금을 지급한다.

• ㈜민국은 고객에게 판매할 제품 B의 판매가격을 1개당 ₩1,000으로 결정하였으며, ㈜대한은 해당 판매가격에서 ₩50의 판매수수료를 차감한 금액을 ㈜민국에게 지급한다.

---

㈜민국은 위 계약을 체결한 즉시 ㈜대한에게 제품 A 250개와 제품 B 100개를 인도하였다. ㈜대한이 20×1년에 제품 A 150개와 제품 B 80개를 판매하였을 경우 동 거래로 인해 ㈜대한과 ㈜민국이 20×1년도에 인식할 수익은 각각 얼마인가?

[공인회계사 2022년]

| | ㈜대한 | ㈜민국 |
|---|---|---|
| ① | ₩26,500 | ₩278,500 |
| ② | ₩26,500 | ₩305,000 |
| ③ | ₩229,000 | ₩305,000 |
| ④ | ₩229,000 | ₩350,000 |
| ⑤ | ₩305,000 | ₩278,500 |

---

풀이

1) ㈜대한의 수익인식액: @1,500 × 150개 + @50 × 80개 = 229,000
2) ㈜민국의 수익인식액: @1,350 × 200개 + @1,000 × 80개 = 350,000

정답: ④

## 02 고객이 행사하지 아니할 권리

### (1) 의의

기업이 고객으로부터 환불하지 않는 선수금을 수령하고, 나중에 재화나 용역을 이전하는 의무를 부담하는 경우가 있다. 예를 들어 고객으로부터 선수금을 수령하고 상품권이나 선불전화카드를 부여하면 그 시점에 계약부채를 인식한다. 그리고 재화나 용역을 이전할 때(수행의무를 이행할 때) 수익을 인식한다.

그런데 고객이 자신의 계약상 권리를 모두 행사하지 않을 수 있으며, 그 행사되지 않은 권리를 흔히 미행사 부분이라고 부른다. 이 미행사 부분은 기업이 받을 권리를 갖게 될 것으로 예상되는지 여부에 따라 회계처리해야 한다.

> ① 기업이 계약부채 중 미행사된 금액을 받을 권리를 갖게 될 것으로 예상되는 경우: 고객이 권리를 행사하는 방식에 따라 예상되는 미행사 금액을 수익으로 인식한다.
> ② 기업이 미행사 금액을 받을 권리를 갖게 될 것으로 예상되지 않는 경우: 고객이 그 남은 권리를 행사할 가능성이 희박해질 때 예상되는 미행사 금액을 수익으로 인식한다.

**Self Study**

기업은 미행사 금액을 예상하기 위하여 변동대가 추정치의 제약을 참고한다. 그러나 미행사 금액은 거래가격에 영향을 미치지 않기 때문에 변동대가에 해당되지 않는다. 다만, 미행사 금액을 얼마로 예상하는지에 따라 기간별 수익의 인식금액이 달라진다.

### (2) 상품권

상품권을 발행한 기업이 수행할 의무는 상품권을 구매한 고객에게 상품에 대한 통제를 이전하는 것이다. 따라서 상품에 대한 통제를 이전하는 시점에 수익을 인식하여야 한다.

### 1) 상품권 판매 시 회계처리

상품권 발행회사는 상품권을 발행하여 현금을 받는 시점에 상품권의 액면금액을 계약부채의 과목으로 하여 부채로 인식한다. 만약 상품권을 할인 발행하는 경우에는 상품권의 액면금액과 수령한 현금의 차액을 상품권할인액의 과목으로 인식하고 계약부채의 차감계정으로 재무상태표에 공시한다.

| 차) 현금 | 현금수령액 | 대) 계약부채 | 액면금액 |
|---|---|---|---|
| 상품권할인액 | 대차차액 | | |

### 2) 상품권 회수 시 회계처리

상품권 발행회사는 상품을 고객에게 인도하는 시점에 수행의무를 이행하는 것이므로 상품권의 액면금액은 수익으로 인식하고 상품권할인액은 매출에누리로 처리하여 수익에서 차감한다. 또한 상품권의 액면금액과 상품 판매가격과의 차액은 현금으로 수수하고 관련 회계처리는 아래와 같다.

| [고객에게 현금을 지급한 경우] | | | | |
|---|---|---|---|---|
| 차) 계약부채 | 액면금액 | 대) 매출 | | 판매가격 |
| | | 현금(지급액) | | ×× |
| 차) 매출에누리 | ×× | 대) 상품권할인액 | | ×× |

| [고객으로부터 현금을 수령한 경우] | | | | |
|---|---|---|---|---|
| 차) 계약부채 | 액면금액 | 대) 매출 | | ×× |
| 현금 | ×× | | | |
| 차) 매출에누리 | ×× | 대) 상품권할인액 | | ×× |

**Self Study**

상품권 회수 시 수익으로 인식할 금액
⇒ 1매당 발행금액 × 회수 매수 + 현금 수령액 − 현금 지급액

**사례연습 18: 상품권**

㈜세종은 20×3년 1월 1일 액면금액 ₩50,000인 상품권 2,000매를 1매당 ₩48,000에 최초로 발행하였다. 고객은 상품권 액면금액의 60% 이상을 사용하면 잔액을 현금으로 돌려받을 수 있으며, 상품권의 만기는 발행일부터 2년이다. ㈜세종은 20×3년 12월 31일까지 회수된 상품권 400매에 대해 상품인도와 더불어 잔액 ₩1,200,000을 현금으로 지급하였다.

**1** ㈜세종이 20×3년 중 상품권과 관련하여 인식할 순매출액을 구하시오.
**2** ㈜세종이 20×3년의 각 일자에 해야 할 회계처리를 하시오.

풀이

**1** 순매출액: 18,000,000
- 상품권회수액 50,000 × 400매 − 상품권할인액 2,000 × 400매 − 현금 지급액 1,200,000 = 18,000,000

**2** • 20×3. 1. 1.

| 차) 현금 | 96,000,000 | 대) 계약부채 | 100,000,000 |
|---|---|---|---|
| 상품권할인액 | 4,000,000 | | |

• 20×3. 12. 31.

| 차) 계약부채 | 20,000,000 | 대) 매출 | 18,800,000 |
|---|---|---|---|
| | | 현금 | 1,200,000 |
| 차) 매출에누리 | 800,000 | 대) 상품권할인액 | 800,000 |

## 03 환불되지 않는 수수료

어떤 계약에서는 기업은 환불되지 않는 선수수료를 계약 개시시점이나 그와 가까운 시기에 고객에게 부과한다. 예를 들어 헬스클럽 회원계약 가입수수료, 통신계약 가입수수료, 일부 용역계약 준비수수료, 일부 공급계약 개시수수료 등이 이에 해당한다.

이러한 계약은 수행의무를 식별하기 위해 수수료가 약속한 재화나 용역의 이전에 관련되는지를 판단해야 한다. 많은 경우에 환불되지 않는 선수수료가 계약 개시시점이나 그와 가까운 시기에 기업이 계약을 이행하기 위하여 착수해야 하는 활동에 관련되더라도, 그 활동으로 고객에게 약속한 재화나 용역이 이전되지는 않는다. 오히려 선수수료는 미래 재화나 용역에 대한 선수금이므로, 그 미래 재화나 용역을 제공할 때 수익으로 인식한다.

## 04 미인도청구약정

미인도청구약정이란 기업이 고객에게 제품의 대가를 청구하지만 미래 한 시점에 고객에게 이전할 때까지 기업이 제품을 물리적으로 점유하는 계약을 말한다. 미인도청구약정의 경우 고객이 언제 제품을 통제하게 되는지를 파악하여 기업이 그 제품을 이전하는 수행의무를 언제 이행하였는지를 판단하여 수익을 인식하여야 한다.

**Additional Comment**

> 고객이 제품을 보관할 수 있는 공간이 부족하거나, 생산 일정이 지연되어 기업에 이러한 계약의 체결을 요청할 수 있다.

미인도청구약정의 경우 고객이 언제 제품을 통제하게 되는지 파악하여 수익을 인식한다. 일부 계약에서는 계약 조건에 따라 제품이 고객의 사업장에 인도되거나 제품이 선적될 때에 통제가 이전되나, 일부 계약에서는 기업이 제품을 물리적으로 점유하고 있더라도 고객이 제품을 통제할 수 있다. 이 경우 다음 기준을 모두 충족하여야 한다.

> ① 미인도청구약정의 이유가 실질적이어야 한다. (예 고객이 그 약정을 요구하였다)
> ② 제품은 고객의 소유물로 구분하여 식별되어야 한다.
> ③ 고객에게 제품을 물리적으로 이전할 준비가 현재 되어 있어야 한다.
> ④ 기업이 제품을 사용할 능력을 가질 수 없거나 다른 고객에게 이를 넘길 능력을 가질 수 없다.

제품의 미인도청구 판매를 수익으로 인식하는 경우 나머지 수행의무(예 보관용역)가 있어 거래가격의 일부를 보관용역에 배분해야 하는지를 고려한다.

**Self Study**

> 미인도청구약정 - 기업이 물리적으로 점유하고 있는 제품을 고객이 통제하는 경우
> 1. 고객이 그 제품을 물리적으로 점유하는 권리를 행사하지 않기로 결정하였더라도 수익을 인식한다.
> 2. 나머지 수행의무(예 보관용역)가 있어 거래가격의 일부를 배분해야 하는지를 고려한다.

20×1년 1월 1일에 ㈜대한은 특수프린터와 예비부품을 제작하여 판매하기로 ㈜민국과 다음과 같이 계약을 체결하였다.

---

- 특수프린터와 예비부품의 제작 소요기간은 2년이며, 특수프린터와 예비부품을 이전하는 약속은 서로 구별된다. 제작기간 중 제작을 완료한 부분에 대해 집행가능한 지급청구권이 ㈜대한에는 없다.
- 20×2년 12월 31일에 ㈜민국은 계약조건에 따라 특수프린터와 예비부품을 검사한 후, 특수프린터는 ㈜민국의 사업장으로 인수하고 예비부품은 ㈜대한의 창고에 보관하도록 요청하였다.
- ㈜민국은 예비부품에 대한 법적 권리가 있고 그 부품은 ㈜민국의 소유물로 식별될 수 있다.
- ㈜대한은 자기 창고의 별도 구역에 예비부품을 보관하고 그 부품은 ㈜민국의 요청에 따라 즉시 운송할 준비가 되어 있다.
- ㈜대한은 예비부품을 2년에서 4년까지 보유할 것으로 예상하고 있으며, ㈜대한은 예비부품을 직접 사용하거나 다른 고객에게 넘길 능력은 없다.
- ㈜민국은 특수프린터를 인수한 20×2년 12월 31일에 계약상 대금을 전부 지급하였다.

---

**상기 미인도청구약정에 관한 다음 설명 중 옳지 않은 것은?**　　　　　　　　[공인회계사 2018년]

① ㈜대한이 계약상 식별해야 하는 수행의무는 두 가지이다.
② 특수프린터에 대한 통제는 ㈜민국이 물리적으로 점유하는 때인 20×2년 12월 31일에 ㈜민국에게 이전된다.
③ ㈜대한은 예비부품에 대한 통제를 ㈜민국에게 이전한 20×2년 12월 31일에 예비부품 판매수익을 인식한다.
④ ㈜대한이 예비부품을 물리적으로 점유하고 있더라도 ㈜민국은 예비부품을 통제할 수 있다.
⑤ ㈜대한은 계약상 지급조건에 유의적인 금융요소가 포함되어 있는지를 고려해야 한다.

**풀이**

(1) 기계와 예비부품을 이전하는 약속이 서로 구별되고 그 결과로 한 시점에 이행될 수행의무는 두 가지이다. 또한, ㈜대한은 보관용역이 고객에게 제공되는 용역이고 기계 및 예비부품과 구별되기 때문에 보관용역을 제공하는 약속을 하나의 수행의무로 식별한다. 따라서 ㈜대한은 계약상 세 가지 수행의무(특수프린터, 예비부품, 보관용역을 제공하는 약속)를 회계처리한다.

(2) 특수프린터에 대한 통제는 ㈜민국이 물리적으로 점유하는 때인 20×2년 12월 31일에 고객에 이전된다. ㈜대한은 이미 대금을 받았고 ㈜민국에게 예비부품에 대한 법적 권리가 있으며 ㈜민국이 예비부품을 검사하고 인수하였기 때문이다. 따라서 ㈜대한은 예비부품에 대한 통제를 ㈜민국에게 이전한 20×2년 12월 31일에 수익을 인식한다.

(3) 보관용역을 제공하는 수행의무는 용역이 제공되는 기간에 걸쳐 이행되므로 기간에 걸쳐 수익을 인식하고, 지급조건에 유의적인 금융요소가 포함되어 있는지를 고려해야 한다.

정답: ①

## 05 보증

### (1) 보증의 의의와 유형

기업은 제품(재화 or 용역)의 판매와 관련하여 계약, 법률, 기업의 사업관행에 따라 보증을 제공하는 것이 일반적이다. 기업 제품 판매와 함께 보증을 제공할 경우 회계처리의 핵심은 제공한 보증이 별개의 수행의무에 해당되는지를 판단하는 것이다. 만약에 보증이 별개의 수행의무에 해당된다면 거래가격을 배분하여 제품 판매와 보증에 대한 수익을 각각 인식해야 한다.

보증은 고객이 보증을 별도로 구매할 수 있는 선택권을 가지고 있는지 여부에 따라 달라진다. 고객이 보증에 대하여 별도로 가격을 정하거나 협상하여 보증을 별도로 구매할 수 있는 선택권이 있다면, 그 보증은 구별되는 용역이다. 기업이 계약에서 기술한 기능성이 있는 제품에 더하여 고객에게 용역을 제공하기로 약속한 것이기 때문이다. 이러한 상황에서는 약속한 보증을 수행의무로 회계처리하고, 그 수행의무에 거래가격의 일부를 배분한다.

고객에게 보증을 별도로 구매할 수 있는 선택권이 없는 경우에는 보증을 확신유형의 보증과 용역유형의 보증으로 구분할 수 있다. 확신유형의 보증과 용역유형의 보증에 대한 설명은 다음과 같다.

> ① 확신유형의 보증: 관련 제품이 합의된 규격에 부합하므로 당사자들이 의도한 대로 작동할 것이라는 확신을 고객에게 주는 보증
> ② 용역유형의 보증: 관련 제품이 합의된 규격에 부합한다는 확신에 더하여 고객에게 용역을 제공하는 보증

확신유형의 보증은 수행의무가 아니므로 기준서 제1037호 '충당부채, 우발부채, 우발자산'에 따라 충당부채로 회계처리하는 반면, 용역 유형의 보증은 수행의무에 해당되므로 거래가격을 배분한다.

**보증 유형의 판단 구조**

| 1st 구매선택권 ○ | 보증은 구별되는 용역이므로 약속한 보증은 수행의무이며, 거래가격의 일부를 배분 |
|---|---|

↓

| 2nd 구매선택권 × | 3rd 확신유형의 보증: 수행의무가 아니므로 충당부채를 인식 |
|---|---|
| | 4th 용역유형: 수행의무이므로 거래가격의 일부를 배분 |

**Additional Comment**

제품이 손해나 피해를 끼치는 경우에 기업이 보상하도록 요구하는 법률 때문에 수행의무가 생기지 않는다. 예를 들면 제조업자는 소비자가 용도에 맞게 제품을 사용하면서 생길 수 있는 모든 피해(예 개인자산에 대한 피해)를 제조업자가 책임지도록 하는 법률이 있는 국가에서 제품을 판매할 수 있다. 이와 비슷하게, 제품이 특허권, 저작권, 상표권, 그 밖의 권리를 침해한 데 따른 청구로 생기는 책임과 피해에 대해 고객에게 배상하기로 한 기업의 약속 때문에 수행의무가 생기지 않는다. 이러한 의무는 기준서 제1037호 '충당부채, 우발부채, 우발자산'에 따라 충당부채로 회계처리한다.

보증이 합의된 규격에 제품이 부합한다는 확신에 더하여 고객에게 용역을 제공하는 것인지를 평가할 때, 다음과 같은 요소를 고려한다.
1. 법률에서 보증을 요구하는지 여부: 법률에 따라 기업이 보증을 제공하여야 한다면 그 법률의 존재는 약속한 보증이 수행의무가 아님을 나타낸다.
2. 보증기간: 보증기간이 길수록, 약속한 보증이 수행의무일 가능성이 높다.
3. 기업이 수행하기로 약속한 업무의 특성: 제품이 합의된 규격에 부합한다는 확신을 주기 위해 기업이 정해진 업무를 수행할 필요가 있다면 그 업무는 수행의무를 생기게 할 것 같지는 않다.

### (2) 보증의 유형별 회계처리

#### 1) 고객에게 보증을 별도로 구매할 수 있는 선택권이 있는 경우

고객에게 보증을 별도로 구매할 수 있는 선택권이 있다면 기업은 고객에게 보증을 대가로 획득하고 보증이라는 용역을 판매한 것이다. 따라서 제품의 인도와 보증은 모두 수행의무이며, 거래가격의 일부를 보증에 배분하여야 한다. 제품의 인도는 한 시점에 이행하는 수행의무이므로 인도시점에 수익을 인식하고 보증은 기간에 걸쳐 이행하는 수행의무이므로 기간에 걸쳐 수익을 인식한다.

고객에게 보증을 별도로 구매할 수 있는 선택권이 있는 경우의 회계처리 예시

|  | 무상 A/S기간 | 추가보증기간 |
|---|---|---|
|  |  | 구매선택권 구입 |

재화 100 판매
구매선택권 20 판매

| 차) 현금 | 120 | 대) 매출 | 100 |
|---|---|---|---|
|  |  | 계약부채 | 20 |
| 차) 매출원가 | ×× | 대) 재고자산 | ×× |
| 차) 보증비용[1] | ×× | 대) 보증충당부채 | ×× |

[1] 무상 A/S기간에 예상 지출: 충당부채

#### 2) 고객에게 보증을 별도로 구매할 수 있는 선택권이 없는 경우

고객에게 보증을 별도로 구매할 수 있는 선택권이 없는 경우에는 확신유형의 보증이라면, 이 보증을 기준서 제1037호 '충당부채, 우발부채, 우발자산'에 따라 회계처리한다. 만약 용역의 보증이라면 제품의 인도와 보증은 별도의 수행의무이므로 거래가격의 일부를 보증에 배분하여야 한다.

고객에게 보증을 별도로 구매할 수 있는 선택권이 없는 경우 – 확신유형의 보증 회계처리 예시

|  | 무상 A/S기간 | 차) 현금 | 100 | 대) 매출 | 100 |
|---|---|---|---|---|---|
|  | 확신유형의 보증 | 차) 매출원가 | ×× | 대) 재고자산 | ×× |
| 재화 100 판매 |  | 차) 보증비용 | ×× | 대) 보증충당부채 | ×× |

┌─────────────────────────────────────────────────────────────────┐
│ 고객에게 보증을 별도로 구매할 수 있는 선택권이 없는 경우 - 용역유형의 보증 회계처리 예시 │
└─────────────────────────────────────────────────────────────────┘

|  | 무상 A/S기간 | 추가 무상 A/S기간 |
|---|---|---|
|  |  | 용역유형의 보증 |

재화 100 판매
용역유형의 보증 개별 판매가격 20

| 차) 현금 | 100 | 대) 매출[1] | 83 |
|---|---|---|---|
|  |  | 계약부채 | 17 |
| 차) 매출원가 | ×× | 대) 재고자산 | ×× |
| 차) 보증비용[2] | ×× | 대) 보증충당부채 | ×× |

[1] $100 \times 100/(100 + 20) = 83$
[2] 확신유형 보증의 예상 지출: 충당부채

**사례연습 19: 보증**

12월 말 결산법인인 A사는 20×1년 말에 제조원가 ₩300,000인 기계 1대를 ₩480,000에 판매하고 중장비를 사용하는 중에 고장이 발생하면 4년간 무상으로 수리해주기로 하였다. 관련 법률에 따르면 판매 후 2년간 무상수리하여야 하며, 동종업계에서는 모두 2년간 무상수리를 보증한다. 향후 4년간 발생할 것으로 예상되는 수리비용은 다음과 같다.

| 구분 | 20×2년 | 20×3년 | 20×4년 | 20×5년 |
|---|---|---|---|---|
| 수리비용 | ₩1,000 | ₩2,000 | ₩6,000 | ₩10,000 |

A사는 무상수리를 별도로 판매하지 않으므로 수리용역의 개별 판매가격은 없으나 적정이윤은 원가의 25%에 해당하는 것으로 추정하였다. 동 거래로 A사의 20×1년 말 재무상태표상 계상될 충당부채와 20×1년에 수익으로 인식할 금액은 얼마인가?

┌─────┐
│ 풀이 │
└─────┘

20×1년 말 충당부채: 3,000
20×1년 수익: 460,800

(1) 보증용역의 개별 판매가격: $(6,000 + 10,000) \times (1 + 25\%) = 20,000$
(2) 거래가격의 배분
   1) 기계: $480,000 \times 480,000/(480,000 + 20,000) = 460,800$
   2) 보증용역: $480,000 \times 20,000/(480,000 + 20,000) = 19,200$
      * 법적 무상보증기간을 초과하는 무상보증은 용역유형의 보증에 해당하므로 별도의 수행의무이다.
(3) 회계처리

| 차) 현금 | 480,000 | 대) 매출 | 460,800 |
|---|---|---|---|
|  |  | 계약부채 | 19,200 |
| 차) 매출원가 | 300,000 | 대) 재고자산 | 300,000 |
| 차) 제품보증비 | 3,000 | 대) 제품보증충당부채 | 3,000 |

20×1년 9월 1일에 ㈜대한은 ㈜민국에게 1년간의 하자보증조건으로 중장비 1대를 ₩500,000에 현금 판매하였다. 동 하자보증은 용역 유형의 보증에 해당한다. ㈜대한은 1년간의 하자보증을 제공하지 않는 조건으로도 중장비를 판매하고 있으며, 이 경우 중장비의 개별 판매가격은 보증조건 없이 1대당 ₩481,000이며, 1년간의 하자보증용역의 개별 판매가격은 ₩39,000이다. ㈜대한은 ㈜민국에게 판매한 중장비 1대에 대한 하자보증으로 20×1년에 ₩10,000의 원가를 투입하였으며, 20×2년 8월 말까지 추가로 ₩20,000을 투입하여 하자보증을 완료할 계획이다. 상기 하자보증조건부판매와 관련하여 ㈜대한이 20×1년에 인식할 총수익금액과 20×1년 말 재무상태표에 인식할 부채는 각각 얼마인가?

[공인회계사 2021년]

| | 총수익 | 부채 |
|---|---|---|
| ① | ₩475,000 | ₩25,000 |
| ② | ₩475,000 | ₩20,000 |
| ③ | ₩462,500 | ₩37,500 |
| ④ | ₩462,500 | ₩20,000 |
| ⑤ | ₩500,000 | ₩0 |

**풀이**

1) 20×1년 9월 1일 회계처리

| 차) 현금 | 500,000 | 대) 매출[1] | 462,500 |
|---|---|---|---|
| | | 계약부채(하자보증) | 37,500 |

[1] 500,000 × 481,000/(481,000 + 39,000) = 462,500

2) 20×1년 12월 31일 회계처리

| 차) 계약부채 | 12,500 | 대) 계약수익[1] | 12,500 |
|---|---|---|---|

[1] 37,500 × 10,000/(10,000 + 20,000) = 12,500

⇒ 총수익: 462,500 + 12,500 = 475,000
⇒ 부채: 37,500 − 12,500 = 25,000

정답: ①

## 06 반품권이 부여된 판매

일부 계약에서는 기업이 고객에게 제품에 대한 통제를 이전하고, 다양한 이유(예 제품불만족)로 제품을 반품할 권리를 고객에게 부여하기도 한다. 반품권이 있는 판매에서 수익금액을 산정할 때 변동대가의 인식 및 측정원칙을 사용한다.

반품권이 있는 제품과 환불 대상이 되는 제공한 일부 용역의 이전을 회계처리하기 위하여, 다음 사항을 모두 인식하며, 반품기간에 언제라도 반품을 받기로 하는 기업의 약속은 환불할 의무에 더하여 수행의무로 회계처리하지 않는다.

① 기업이 받을 권리를 갖게 될 것으로 예상하는 대가를 이전하는 제품에 대한 수익으로 인식(⇒ 반품이 예상되는 제품에 대해서는 수익을 인식하지 않음)
② 환불부채 인식
③ 환불부채를 결제할 때 고객에게 제품을 회수할 기업의 권리에 대하여 자산과 이에 상응하는 매출원가 조정을 인식

반품권이 있는 판매의 경우에는 반품을 예상할 수 없는 경우와 반품을 예상할 수 있는 경우로 구분하여 회계처리한다.

## (1) 반품을 예상할 수 없는 경우

반품을 예상할 수 없다면 제품을 이전할 때 수익으로 인식하지 않는다. 그 이유는 이미 인식한 누적수익금액 중 유의적인 부분을 되돌리지 않을 가능성이 매우 높다고 결론을 내릴 수 없기 때문이다. 따라서 이 경우에는 반품권과 관련된 불확실성이 해소되는 시점에 수익을 인식하고 기업은 받은 대가를 전액 환불부채로 인식해야 한다. 또한, 반품을 예상할 수 없는 경우에는 수익을 인식할 수 없으므로 관련 매출원가를 인식하지 아니하고 고객에게 제품을 이전할 때 고객에게 제품을 회수할 기업의 권리에 대해서 반환재고회수권의 계정으로 하여 별도의 자산으로 인식한다.

| 반품을 예상할 수 없는 경우 회계처리 | | | |
|---|---|---|---|
| 차) 현금 | 현금수령액 | 대) 환불부채 | 현금수령액 |
| 차) 반환재고회수권 | BV | 대) 재고자산 | BV |

### Additional Comment

기준서 제1115호에서는 반품권을 부여하여 제품을 판매할 때 그 대가는 변동될 것이므로 변동대가를 기댓값이나 가능성이 가장 높은 금액으로 추정하도록 규정하고 있다. 따라서 과거의 반품 경험, 다른 기업의 상황 등을 고려하여 예상 반품액을 추정하여야 할 것이다. 극단적으로 과거 경험 등이 없어 반품을 전혀 추정할 수 없다면 가능성이 가장 높은 금액으로 추정하는 방법을 적용하여 모두 반품될 것으로 판단할 수 있을 것이나, 실무에서 이러한 상황이 발생할 가능성은 매우 낮을 것이다. 만약에 모두 반품될 것으로 예상하였다면 수익을 인식하지 않고 그 금액만큼 계약자산과 환불부채로 인식하고, 재고자산을 감소시키면서 그 금액만큼 반환재고회수권을 인식하는 방법을 고려할 수 있다.

## (2) 반품을 예상할 수 있는 경우

받았거나 또는 받을 금액 중 기업이 권리를 갖게 될 것으로 예상하는 부분은 수익을 인식하고 관련 매출원가를 인식한다. 반면에 받았거나 또는 받을 금액 중 기업이 권리를 갖게 될 것으로 예상하지 않는 부분은 고객에게 제품을 이전할 때 수익으로 인식하지 않고, 환불부채로 인식한다.

환불부채를 결제할 때 고객에게 제품을 회수할 기업의 권리에 대해 인식하는 자산은 처음 측정할 때 제품의 이전 장부금액에서 그 제품 회수에 예상되는 원가와 반품된 제품이 기업에 주는 가치의 잠재적인 감소를 포함하여 차감한다.

추후에 실제로 반품이 되는 경우에 기업은 환불부채 중 반품된 부분을 제외한 나머지 부분을 수익으로 인식한다. 수익으로 인식된 반환재고회수권은 매출원가로 인식하여 대응시킨다. 한편, 반품된 부분은 환불부채와 현금을 각각 차감한 후 재고자산을 증가시키고 반환재고회수권 및 반품 회수에 예상되는 비용과 차이가 발생하는 경우 추가적으로 대차차액을 반품비용으로 인식한다.

---

**반품을 예상할 수 있는 경우**

[판매 시]

| 차) 현금 | ① | 대) 매출 | ① |
|---|---|---|---|
| 차) 매출 | ① × A% | 대) 환불부채 | ① × A% |
| 차) 매출원가 | ② | 대) 재고자산 | ② |
| 차) 반품비용 | 예상비용 + 가치감소분 | 대) 매출원가 | ② × A% |
| 반환재고회수권 | 대차차액 | | |

[반품 시]

| 차) 환불부채 | BV | 대) 현금 | 반품액 |
|---|---|---|---|
| 매출 | ③ 대차차액 | | |
| 차) 재고자산 | FV | 대) 반환재고회수권 | BV |
| 반품비용 | 대차차액 | 현금 | 반품비발생액 |
| | | 매출원가 | ③ × 매출원가율 |

---

**Self Study**

1. 환불부채를 결제할 때 고객에게 제품을 회수할 기업의 권리에 대해 인식하는 자산은 처음 측정할 때 제품의 이전 장부금액에서 그 제품 회수에 예상되는 원가(반품된 제품이 기업에 주는 가치의 잠재적인 감소를 포함)를 차감한다. 보고기간 말마다 반품될 제품에 대한 예상의 변동을 반영하여 자산의 측정치를 새로 수정한다.
2. 반환재고회수권은 환불부채와는 별도로 구분하여 표시하도록 규정하고 있다.

---

**사례연습 20: 반품권이 부여된 판매**

A회사의 B회사와 20×1년 말에 반품가능조건 현금판매액은 ₩10,000이며, 매출원가율은 70%이다. 그리고 업계평균 반품률은 1%이며, 업계평균 반품률을 이용하여 반품으로 인한 환불액을 신뢰성 있게 추정가능하다. 가방이 반품될 경우 수선만 하면 판매가치의 감소는 없다. 그리고 가방이 반품될 경우 수선에 총 ₩20이 지출될 것으로 추정된다.

**1** A회사가 20×1년 수익으로 인식할 금액을 구하고 회계처리를 보이시오.

**2** 20×2년에 실제로 반품될 금액이 ₩150이며, 수선으로 인해 총 ₩30이 지출된 경우 반품으로 인해 A회사가 당기손익으로 인식할 금액과 회계처리를 보이시오.

**3** 20×2년에 실제로 반품될 금액이 ₩150이며, 수선으로 인해 총 ₩30이 지출되고 반환된 재고자산의 가치감소액이 ₩50이다. 반품으로 인해 A회사가 당기손익으로 인식할 금액과 회계처리를 보이시오.

---

**4** 위의 **1**과 다르게, A회사가 업계평균 반품률을 모르는 경우 20×1년 말 재무상태표에 계상될 부채와 관련된 회계처리를 보이시오.

풀이

**1** 1. 수익으로 인식할 금액: $10,000 \times (1-1\%) = 9,900$
   2. 비용으로 인식할 금액: $(7,000) \times (1-1\%) + (20) = 6,950$
   3. 회계처리
   [판매 시]

| 차) 현금 | ① 10,000 | 대) 매출 | ① 10,000 |
|---|---|---|---|
| 차) 매출 | ① × A% 100 | 대) 환불부채 | ① × A% 100 |
| 차) 매출원가 | ② 7,000 | 대) 재고자산 | ② 7,000 |
| 차) 반품비용 | 예상비용 + 가치감소분 20 | 대) 매출원가 | ② × A% 70 |
|    반환재고회수권 | 대차차액 50 | | |

**2** 1. 당기손익으로 인식할 금액: $(50) + (10) - (35) = (-)25$
   2. 회계처리
   [반품 시]

| 차) 환불부채 | BV 100 | 대) 현금 | 반품액 150 |
|---|---|---|---|
|    매출 | ③ 대차차액 50 | | |
| 차) 재고자산 | FV 150 × 70% = 105 | 대) 반환재고회수권 | BV 50 |
|    반품비용 | 대차차액 10 |    현금 | 반품비발생액 30 |
| | |    매출원가 | ③ × 매출원가율 50 × 70% = 35 |

**3** 1. 당기손익으로 인식할 금액: $(50) + (60) - (35) = (-)75$
   2. 회계처리
   [반품 시]

| 차) 환불부채 | BV 100 | 대) 현금 | 반품액 150 |
|---|---|---|---|
|    매출 | ③ 대차차액 50 | | |
| 차) 재고자산 | FV 150 × 70% - 50 = 55 | 대) 반환재고회수권 | BV 50 |
|    반품비용 | 대차차액 60 |    현금 | 반품비발생액 30 |
| | |    매출원가 | ③ × 매출원가율 50 × 70% = 35 |

**4** 1. 부채인식액: 환불부채 10,000
   2. 회계처리
   [판매 시]

| 차) 현금 | 현금수령액 10,000 | 대) 환불부채 | 현금수령액 10,000 |
|---|---|---|---|
| 차) 반환재고회수권 | BV 7,000 | 대) 재고자산 | BV 7,000 |

**07 재매입약정**

재매입약정은 자산을 판매하고, 그 자산을 다시 사기로 약속하거나 다시 살 수 있는 선택권을 갖는 계약이다. 재매입약정은 일반적으로 다음의 3가지 형태로 나타난다.

① 선도계약: 자산을 다시 사야 하는 기업의 의무
② 콜옵션계약: 자산을 다시 살 수 있는 기업의 권리
③ 풋옵션계약: 고객이 요청하면 자산을 다시 사야 하는 기업의 의무

### (1) 선도나 콜옵션

기업이 자산을 판매하였는데, 기업이 그 자산을 다시 사야 하는 의무가 있거나 그 자산을 다시 살 수 있는 권리가 있다면, 고객은 당해 자산을 통제하지 못한다. 즉, 기업이 선도나 콜옵션을 가지고 있다면, 고객은 자산을 통제하지 못한다. 그 이유는 고객이 자산을 물리적으로 점유하고 있더라도 자산의 사용을 지시하고 자산의 나머지 효익의 대부분을 획득할 수 있는 고객의 능력이 제한되기 때문이다. 고객이 자산을 통제하지 못하므로 기업은 자산을 판매할 때 수익을 인식하지 못한다.

선도나 콜옵션의 재매입약정은 다음과 같이 회계처리한다.

| 구분 | | 내용 |
|---|---|---|
| 선도나 콜옵션 | 판매가격 > 재매입약정 | 리스계약 |
| | 판매가격 ≤ 재매입약정 | 금융약정 |

위의 선도, 콜옵션에서 재매입약정이 금융약정이라면, 기업은 자산을 계속 인식하고 고객에게 받은 대가는 금융부채로 인식한다. 고객에게서 받은 대가와 고객에게 지급해야 하는 대가의 차이를 이자비용으로 인식한다. 만약 위의 재매입약정이 콜옵션이라면 콜옵션이 행사되지 않은 채 소멸된다면 부채를 제거하고 수익을 인식한다.

### (2) 풋옵션

고객이 풋옵션이 있는 경우에는 계약 개시시점에 고객이 그 권리를 행사할 경제적 유인이 유의적인지를 고려한다. 고객이 그 권리를 행사하면 사실상 고객이 일정 기간 특정 자산의 사용권에 대한 대가를 기업에 지급하는 결과가 된다. 따라서 고객이 그 권리를 행사할 경제적 유인이 유의적이라면, 이 약정을 기준서 제1017호 '리스'에 따라 리스로 회계처리한다. 고객이 자산의 원래 판매가격보다 낮은 가격으로 권리를 행사할 경제적 유인이 유의적이지 않다면, 이 약정을 반품권이 있는 제품의 판매처럼 회계처리한다.

자산을 다시 사는 가격이 원래 판매가격 이상이고, 자산의 예상 시장가치보다 높다면 그 계약은 금융약정으로 회계처리한다. 자산을 다시 사는 가격이 원래 판매가격 이상이고 자산의 예상 시장가치 이하이며, 고객이 자산의 권리를 행사할 경제적 유인이 유의적이지 않다면, 이 약정을 반품권이 있는 제품의 판매처럼 회계처리한다. 이를 정리하면 다음과 같다.

| 구분 | | 내용 |
|---|---|---|
| 풋옵션 | 판매가격 > 재매입약정 | ① 고객이 권리를 행사할 유인이 유의적임: 리스계약 |
| | | ② 고객이 권리를 행사할 유인이 유의적이지 않음: 반품권이 있는 판매 |
| | 판매가격 < 재매입약정 | ① 재매입가격 > 예상 시장가치: 금융약정 |
| | | ② 재매입가격 < 예상 시장가치 & 고객이 권리를 행사할 유인이 유의적이지 않은 경우: 반품권이 있는 판매 |

위의 풋옵션에서 재매입약정이 금융약정이라면, 기업은 자산을 계속 인식하고 고객에게서 받은 대가는 금융부채로 인식한다. 고객에게서 받은 대가와 고객에게 지급해야 하는 대가의 차이를 이자비용으로 인식한다. 만약 풋옵션이 행사되지 않은 채 소멸된다면 부채를 제거하고 수익을 인식한다.

**Self Study**

재매입약정을 금융약정, 리스, 반품권이 있는 판매로 구분하는 것은 아래와 같이 정리할 수 있다.
1. 기업 손해(재매입대가 > 판매가격) + 행사가능성 유의적임(재매입대가 > 재매입시점 예상 시장가격): 금융약정
2. 기업 이익(재매입대가 < 판매가격) + 행사가능성 유의적임(재매입대가 > 재매입시점 예상 시장가격): 리스거래
3. 행사 가능성 유의적이지 않음: 반품권이 있는 판매

### (3) 재매입약정이 금융약정에 해당하는 경우

① 기업이 자산을 원래 판매가격 이상의 금액으로 다시 살 수 있거나, ② 다시 사야 하는 경우 또는 ③ 자산의 재매입가격이 원래 판매가격 이상이고, 자산의 예상 시장가치보다 높은 경우에는 금융약정으로 회계처리한다.

**Additional Comment**

예를 들어 기업이 고객에게 자산을 ₩1,000에 판매하고, 1년 후에 이를 ₩1,100에 다시 살 수 있는 권리가 있거나 다시 사야 한다면, 이러한 거래의 실질은 기업이 고객에게 자산을 담보로 제공하고 고객으로부터 ₩1,000을 차입한 후 1년 후에 이자를 포함하여 ₩1,100을 갚으면서 담보로 맡겼던 자산을 찾아오는 것과 거래의 실질이 다르지 않으므로 금융약정으로 회계처리한다. 또한 기업이 고객에게 자산을 ₩1,000에 판매하고 1년 후에 고객의 요청이 있다면(즉, 풋옵션을 행사한다면) 자산을 ₩1,100에 다시 사야 하는데, 자산의 예상 시장가치가 ₩1,020이라고 하면 고객은 풋옵션을 행사할 가능성이 매우 높다. 왜냐하면 고객은 시장가치가 ₩1,020밖에 되지 않아 자산을 ₩1,100에 받고 회사에 반환할 수 있기 때문이다. 이러한 거래의 실질은 기업이 고객에게 자산을 담보로 제공하고 고객으로부터 ₩1,000을 차입한 후 1년 후에 이자를 포함하여 ₩1,100을 갚으면서 담보로 맡겼던 자산을 찾아오는 것과 거래의 실질이 다르지 않으므로 이 경우에도 금융약정으로 회계처리한다.

재매입약정이 금융약정이라면, 기업은 자산을 계속 인식하고 고객에게 받은 대가는 금융부채로 인식한다. 고객에게 받은 대가와 고객에게 지급해야 하는 대가의 차이를 이자비용으로 인식한다.

| [판매일] | | | |
|---|---|---|---|
| 차) 현금 | 고객에게 받은 대가 | 대) 단기차입금 | A |

| [기말 or 재매입시점] | | | |
|---|---|---|---|
| 차) 이자비용 | 고객에게 지급할 대가 B-A | 대) 미지급이자 | B-A |

\* 판매일과 재매입시점 사이에 결산일이 있으면 기간 배분하여 이자비용 인식

| [재매입할 시점] | | | |
|---|---|---|---|
| 차) 단기차입금 | A | 대) 현금 | B |
| 미지급이자 | B-A | | |

만일 옵션이 행사되지 않은 채 소멸된다면 부채를 제거하고 수익을 인식한다. 이때 미지급이자로 인식한 금액도 같이 수익으로 인식하여야 한다.

| [판매일] | | | |
|---|---|---|---|
| 차) 현금 | 고객에게 받은 대가 | 대) 단기차입금 | A |

| [기말 or 재매입시점] | | | |
|---|---|---|---|
| 차) 이자비용 | 고객에게 지급할 대가 B-A | 대) 미지급이자 | B-A |

\* 판매일과 재매입시점 사이에 결산일이 있으면 기간 배분하여 이자비용 인식

| [재매입할 시점] | | | |
|---|---|---|---|
| 차) 단기차입금 | A | 대) 매출 | B |
| 미지급이자 | B-A | | |
| 차) 매출원가 | ×× | 대) 재고자산 | ×× |

### (4) 재매입약정이 리스에 해당하는 경우

① 기업이 자산을 원래 판매가격보다 낮은 금액으로 다시 살 수 있거나, ② 다시 사야 하는 경우 또는 ③ 고객이 요청하면 기업이 원래 판매가격보다 낮은 가격으로 자산을 다시 사야 하는 의무(풋옵션)가 있는데, 계약 개시시점에 고객이 그 권리를 행사할 유인이 유의적인 경우, 계약이 판매후리스 거래의 일부가 아니라면 기준서 제1116호에 따라 리스로 회계처리한다.

**Additional Comment**

예를 들어 기업이 고객에게 자산을 ₩1,000에 판매하고, 1년 후에 이를 ₩700에 다시 살 수 있는 권리가 있거나 다시 사야 한다면, 이는 고객에게 1년 동안 자산을 사용하게 하고 ₩300의 사용료를 받는 것이나 다름없으므로 리스로 회계처리한다. 또한 기업이 고객에게 자산을 ₩1,000에 판매하고, 1년 후에 고객의 요청이 있다면 (즉, 고객이 풋옵션을 행사한다면) 자산을 ₩700에 다시 사야 할 의무가 있다고 가정한다. 이 경우 고객이 풋옵션을 행사할 경제적 유인이 유의적이라면 풋옵션을 행사할 가능성이 매우 높다는 것을 의미한다. 따라서 기업은 고객에게 1년 동안 자산을 사용하게 하고 ₩300의 사용료를 받는 것이나 다름없으므로 동 거래를 리스로 회계처리한다.

재매입약정이 리스계약이라면, 기업은 자산을 계속 인식하고 고객에게 받은 대가 중 추후 재매입약정액에 해당하는 부분은 리스보증금으로 인식한다. 고객에게 받은 대가와 고객에게 지급해야 하는 대가의 차익을 선수리스료로 인식한 후 추후 기간경과에 따라 리스료수익으로 인식한다.

| [판매일] | | | |
|---|---|---|---|
| 차) 현금 | 고객에게 받은 대가 | 대) 리스보증금 | 재매입약정액 |
| | | 선수리스료 | 대차차액 |
| **[기말 or 재매입시점]** | | | |
| 차) 선수리스료 | 기간경과분 | 대) 리스료수익 | N/I |
| * 판매일과 재매입시점 사이에 결산일이 있으면 기간 배분하여 리스료수익 인식 | | | |
| **[재매입할 시점]** | | | |
| 차) 리스보증금 | 재매입약정액 | 대) 현금 | 재매입약정액 |
| 차) 선수리스료 | 잔여분 | 대) 리스료수익 | 잔여분 |

만일 옵션이 행사되지 않은 채 소멸된다면 부채를 제거하고 수익을 인식한다. 이때 선수리스료로 인식한 금액도 같이 수익으로 인식하는 것이 합리적으로 추정된다.

| [판매일] | | | |
|---|---|---|---|
| 차) 현금 | 고객에게 받은 대가 | 대) 리스보증금 | 재매입약정액 |
| | | 선수리스료 | 대차차액 |
| **[기말 or 재매입시점]** | | | |
| 차) 선수리스료 | 기간경과분 | 대) 리스료수익 | N/I |
| * 판매일과 재매입시점 사이에 결산일이 있으면 기간 배분하여 리스료수익 인식 | | | |
| **[재매입할 시점]** | | | |
| 차) 리스보증금 | 재매입약정액 | 대) 매출 | N/I |
| 선수리스료 | 잔여분 | | |
| 차) 매출원가 | ×× | 대) 재고자산 | ×× |

아래의 각 상황별 A사가 각 일자별로 해야 할 회계처리를 보이시오.

---

**[상황 1]**

A사는 20×1년 1월 1일에 원가 ₩800,000의 재고자산을 ₩1,000,000에 판매하기로 고객과의 계약을 체결하였다. 계약에는 20×1년 3월 31일 이전에 그 자산을 ₩1,050,000에 다시 살 권리를 기업에 부여하는 콜옵션이 포함되어 있다. A사는 20×1년 3월 31일에 콜옵션을 행사하였다.

**[상황 2]**

A사는 20×1년 1월 1일에 원가 ₩800,000의 재고자산을 ₩1,000,000에 판매하기로 고객과의 계약을 체결하였다. 계약에는 20×1년 3월 31일 이전에 그 자산을 ₩1,050,000에 다시 살 권리를 기업에 부여하는 콜옵션이 포함되어 있다. A사는 20×1년 3월 31일까지 콜옵션을 행사하지 않았다.

**[상황 3]**

A사는 20×1년 1월 1일에 장부금액 ₩800,000의 유형자산을 ₩1,000,000에 판매하기로 고객과 계약을 체결하였다. 계약에서 고객의 요구에 따라 20×1년 3월 31일 이전에 기업이 자산을 ₩1,050,000에 다시 사야 하는 풋옵션이 포함되어 있다. 20×1년 3월 31일에 시장가치는 ₩1,020,000이 될 것으로 예상된다. 20×1년 3월 31일에 고객은 풋옵션을 행사하였다.

**[상황 4]**

A사는 20×1년 1월 1일에 장부금액 ₩800,000의 유형자산을 ₩1,000,000에 판매하기로 고객과 계약을 체결하였다. 계약에서 고객의 요구에 따라 20×1년 3월 31일 이전에 기업이 자산을 ₩900,000에 다시 사야 하는 풋옵션이 포함되어 있다. 20×1년 3월 31일에 시장가치는 ₩750,000이 될 것으로 예상된다. A사는 재매입일의 재매입가격이 자산의 기대시장가치를 유의적으로 초과하기 때문에 고객이 풋옵션을 행사할 경제적 유인이 유의적이라고 결론을 지었다. 20×1년 3월 31일에 고객은 풋옵션을 행사하였다.

---

**풀이**

**[상황 1]**
**[20×1년 1월 1일]**

| 차) 현금 | 1,000,000 | 대) 단기차입금 | 1,000,000 |
|---|---|---|---|

**[20×1년 3월 31일]**

| 차) 이자비용 | 50,000 | 대) 미지급이자 | 50,000 |
|---|---|---|---|
| 차) 단기차입금 | 1,000,000 | 대) 현금 | 1,050,000 |
| 미지급이자 | 50,000 | | |

[상황 2]
[20×1년 1월 1일]

| 차) 현금 | 1,000,000 | 대) 단기차입금 | 1,000,000 |
|---|---|---|---|

[20×1년 3월 31일]

| 차) 이자비용 | 50,000 | 대) 미지급이자 | 50,000 |
|---|---|---|---|
| 차) 단기차입금 | 1,000,000 | 대) 매출 | 1,050,000 |
| 　미지급이자 | 50,000 | | |
| 차) 매출원가 | 800,000 | 대) 재고자산 | 800,000 |

[상황 3]
[20×1년 1월 1일]

| 차) 현금 | 1,000,000 | 대) 단기차입금 | 1,000,000 |
|---|---|---|---|

[20×1년 3월 31일]

| 차) 이자비용 | 50,000 | 대) 미지급이자 | 50,000 |
|---|---|---|---|
| 차) 단기차입금 | 1,000,000 | 대) 현금 | 1,050,000 |
| 　미지급이자 | 50,000 | | |

[상황 4]
[20×1년 1월 1일]

| 차) 현금 | 1,000,000 | 대) 리스보증금 | 900,000 |
|---|---|---|---|
| | | 　선수리스료 | 100,000 |

[20×1년 3월 31일]

| 차) 리스보증금 | 900,000 | 대) 현금 | 900,000 |
|---|---|---|---|
| 차) 선수리스료 | 100,000 | 대) 리스료수익 | 100,000 |

---

**기출 Check 8**

㈜세무는 20×1년 1월 1일 ㈜한국에게 원가 ₩100,000의 제품을 ₩200,000에 현금 판매하였다. 판매계약에는 20×1년 6월 30일 이전에 ㈜한국이 요구할 경우 ㈜세무가 판매한 제품을 ₩210,000에 재매입해야 하는 풋옵션이 포함된다. 풋옵션이 행사될 유인은 판매시점에서 유의적일 것으로 판단하였으나 실제로 20×1년 6월 30일까지 풋옵션이 행사되지 않은 채 권리가 소멸하였다. 동 거래에 관한 설명으로 옳지 않은 것은? (단, 20×1년 1월 1일 기준으로 재매입일 예상 시장가치는 ₩210,000 미만이다)

[세무사 2019년]

① 20×1년 1월 1일 ㈜한국은 제품의 취득을 인식하지 못한다.
② 20×1년 1월 1일 ㈜한국은 금융자산을 인식한다.
③ 20×1년 1월 1일 ㈜세무는 금융부채 ₩200,000을 인식한다.
④ 20×1년 6월 30일 ㈜세무는 이자비용 ₩10,000을 인식한다.
⑤ 20×1년 6월 30일 ㈜세무는 매출액 ₩200,000을 인식한다.

(1) ㈜세무의 회계처리

| 20×1년 1월 1일 | 차) 현금 | 200,000 | 대) 차입금 | 200,000 |
|---|---|---|---|---|
| 20×1년 6월 30일 | 차) 이자비용 | 10,000 | 대) 미지급이자 | 10,000 |
| | 차) 차입금 | 200,000 | 대) 매출 | 210,000 |
| | 미지급이자 | 10,000 | | |
| | 차) 매출원가 | 100,000 | 대) 재고자산 | 100,000 |

(2) ㈜한국의 회계처리

| 20×1년 1월 1일 | 차) 대여금 | 200,000 | 대) 현금 | 200,000 |
|---|---|---|---|---|
| 20×1년 6월 30일 | 차) 미수이자 | 10,000 | 대) 이자수익 | 10,000 |
| | 차) 재고지산 | 210,000 | 대) 대여금 | 200,000 |
| | | | 미수이자 | 10,000 |

정답: ⑤

## 08 라이선싱

라이선스는 기업의 지적재산에 대한 고객의 권리를 정하는 것을 말한다. 지적재산에 대한 라이선스에는 소프트웨어, 기술, 영화, 음악, 그 밖의 형태의 미디어와 오락물, 프랜차이즈, 특허권, 상표권과 저작권 등에 라이선스가 포함될 수 있으나 이것에 한정되지는 않는다.

### (1) 수행의무의 식별

고객에게 라이선스를 부여하는 약속에 더하여, 고객에게 다른 재화나 용역을 이전하기로 약속할 수 있다. 예를 들어 신기술 특허권에 대한 라이선스를 이전하면서 관련 제조용역도 이전하기로 약속할 수 있다. 이 경우 라이선스를 부여하는 약속이 그 밖에 약속한 재화나 용역과 계약에서 구별되는지 여부에 따라 라이선스의 회계처리는 달라진다.

> ① 라이선스를 부여하는 약속이 그 밖에 약속한 재화나 용역과 계약에서 구별되지 않는 경우
> ⇒ 라이선스를 부여하는 약속과 그 밖에 약속한 재화나 용역을 함께 단일 수행의무로 회계처리한다.
> ② 라이선스를 부여하는 약속이 그 밖에 약속한 재화나 용역과 계약에서 구별되는 경우
> ⇒ 라이선스가 고객에게 한 시점에 이전(지적재산 사용권)되는지 아니면 기간에 걸쳐 이전(지적재산 접근권)되는지를 판단하여 별도의 수행의무로 회계처리한다.

반면에 다른 유형의 계약과 마찬가지로, 고객과의 계약에 그 밖의 약속한 재화나 용역에 추가하여 별도의 라이선스를 부여하는 약속이 포함된다면, 해당 계약에서 각각의 수행의무를 식별한 후 개별적으로 수익을 인식해야 한다.

라이선스를 부여하는 약속이 그 밖에 약속한 재화나 용역과 구별되고, 라이선스를 부여하는 약속이 별도의 수행의무라면 라이선스에 대한 수익인식을 별도로 수행해야 한다. 이 경우 수익인식시기를 결정하기 위해서는 해당 라이선스가 고객에게 기간에 걸쳐 이전되는 라이선스 접근권인지, 해당 라이선스가 고객에게 한 시점에 이전되는 라이선스 사용권인지를 판단해야 한다.

## (2) 수익인식: 지적재산 사용권

라이선스 사용권은 라이선스를 부여하는 시점에 존재하는 기업의 지적재산을 사용할 권리를 말한다. 라이선스 접근권에 대한 판단기준을 충족하지 못하면, 기업이 한 약속의 성격은 라이선스를 고객에게 부여하는 시점에 형식과 기능성 면에서 해당 라이선스가 존재하는 대로 지적재산의 사용권을 제공하는 것이다. 이는 라이선스를 이전하는 시점에 고객이 라이선스의 사용을 지시할 수 있고 라이선스에서 생기는 나머지 효익의 대부분을 획득할 수 있음을 뜻한다. 라이선스를 부여하는 약속이 지적재산에 대한 사용권에 해당한다면 라이선스 제공자의 수행의무는 한 시점에 이행되는 것이므로 사용권을 이전한 시점에 수익으로 인식한다.

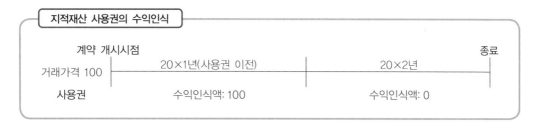

**Self Study**

라이선스에 대한 수익은 고객이 라이선스를 사용하여 효익을 얻을 수 있는 기간이 시작되기 전에는 인식할 수 없다. 예를 들어 소프트웨어의 라이선스 사용기간은 7월 1일에 시작되는데, 고객이 소프트웨어를 사용할 수 있게 하는 접속번호를 8월 1일에 제공했다면 8월 1일 전에 수익을 인식할 수 없다.

## (3) 수익인식: 지적재산 접근권

라이선스를 부여하는 약속이 계약에서 그 밖에 약속한 재화나 용역과 구별되는 경우에는 별도의 수행의무로 회계처리해야 한다. 이때 기간에 걸쳐 수행의무가 이전된다면, 라이선스 기간 전체에 걸쳐 존재하는 기업의 지적재산에 접근할 권리에 해당하고 이를 지적재산 접근권이라고 한다. 다음의 기준을 모두 충족한다면, 라이선스를 부여하는 기업의 약속의 성격은 기업의 지적재산에 접근권을 제공하는 것이다.

① 고객이 권리를 갖는 지적재산에 유의적으로 영향을 미치는 활동을 기업이 할 것을 계약에서 요구하거나 고객이 합리적으로 예상한다.
② 라이선스로 부여한 권리 때문에 고객은 식별되는 기업 활동의 긍정적 또는 부정적 영향에 직접 노출된다.
③ 그 활동이 행해짐에 따라 재화나 용역을 고객에게 이전하는 결과를 가져오지 않는다.

라이선스를 부여하는 약속이 지적재산에 대한 접근권에 해당한다면 라이선스 제공자의 수행의무는 해당 기간에 걸쳐 이행되는 것이므로 라이선스 기간에 걸쳐 수익으로 인식한다.

**지적재산 접근권의 수익인식**

계약 개시시점                          종료

거래가격 100 |————— 20×1년 —————|————— 20×2년 —————|

접근권                수익인식액: 50                    수익인식액: 50

**Additional Comment**

예를 들어 프로축구팀이 자신이나 소속 선수들의 이름 및 로고를 2년 동안 고객에게 라이선스하고, 고객은 그 이름과 로고를 티셔츠나 머그컵 등에 사용하여 판매하는 계약을 체결하는 경우 프로축구팀이 명성 유지를 위하여 특정 활동을 수행하도록 계약에서 요구하거나, 그러한 활동을 할 것이라고 고객이 합리적으로 예상할 것이다. 그리고 이러한 프로축구팀의 활동은 고객의 효익에 긍정적 또는 부정적 영향을 미칠 수 있다. 프로축구팀의 활동으로 경기 성적이 전년도에 비해 유의하게 상승한다면 프로축구팀의 이름이나 로고가 들어간 상품의 판매에 유의하게 증가하여 고객의 효익도 증가할 것이며, 반대로 경기 성적이 좋지 않거나 소속 선수가 사회적 물의를 일으켰다면 그 프로축구팀의 이름이나 로고가 들어간 상품의 판매가 유의하게 감소하여 고객의 효익도 감소할 것이다. 그러므로 이러한 종류의 라이선스는 접근권에 해당하므로 기간에 걸쳐 수행의무를 이행하는 것으로 본다.

### (4) 판매기준 로열티와 사용기준 로열티

판매기준 또는 사용기준 로열티는 접근권이기 때문에 기간에 걸쳐 수익을 인식해야 하지만, 인식할 수익금액의 변동성이 높다는 불확실성 때문에 수익인식의 예외를 적용한다. 즉, 대가가 고객의 후속 판매나 사용에 기초하는 지적재산의 라이선스에 대해서는 불확실성이 해소될 때까지(고객이 나중에 판매하거나 사용할 때까지) 기업은 변동금액에 대한 수익을 인식하지 않는다. 따라서 판매기준 또는 사용기준 로열티의 수익은 다음 중 나중의 사건이 일어날 때(또는 일어나는 대로) 인식한다.

① 고객이 관련된 후속적인 판매를 하거나 라이선스를 사용
② 판매기준 또는 사용기준 로열티의 일부나 전부가 배분된 수행의무를 이행(또는 일부 이행)함

단, 위의 요구사항은 그 로열티가 다음 중 어느 하나에 해당하는 경우에 적용한다.

① 지적재산의 라이선스에만 관련된다.
② 지적재산의 라이선스가 로열티가 관련되는 지배적인 항목이다.

**사례연습 22: 라이선싱**

**각 물음은 서로 독립적이다.**

**1** 레알마드리드는 A사가 한국에서 티셔츠 등의 품목에 레알마드리드 팀의 로고를 3년간 제한 없이 사용할 수 있는 권리를 A사에게 제공하고 ₩30,000의 대가를 받기로 하였다. 레알마드리드는 상표 독점사용권 부여 이후 A사에 대한 재화나 용역을 제공할 추가 의무는 없다. 이 경우 레알마드리드는 동 계약에서 대하여 어떻게 수익을 인식하는지 밝히고 그 이유를 써라.

**2** A사는 개발 완료한 약품제조 원천기술을 B사가 5년 동안 사용하도록 하고, 반환하지 않는 일시금 ₩10,000과 향후 발생하는 B사 제품 매출의 10%에 해당하는 변동대가를 수취하는 독점 생산 및 판매권 계약을 체결하였다. 후속적으로 A사가 제공할 추가적인 제품이나 용역은 없다. 이 경우 A사가 동 계약에 대하여 어떻게 수익을 인식하는지 밝히고 그 이유를 써라.

**3** 디즈니는 미키마우스에 대한 캐릭터 이미지를 고객(테마파크)에게 3년 동안 사용하도록 라이선스한다. 디즈니 미키마우스 캐릭터 특성상 새롭게 창작된 디자인이 자주 등장하고 캐릭터의 이미지는 시간에 따라 변화한다. 고객은 합당한 지침 내에서 쇼나 퍼레이드와 같은 다양한 방법으로 캐릭터를 사용할 수 있으며, 캐릭터의 가장 최근 이미지를 사용하여야 한다. 디즈니는 라이선스를 부여하고 그 대가로 3년 동안 매년 ₩200,000,000의 고정금액을 받는다. 디즈니는 동 라이선스에 대해 어떻게 회계처리해야 하는지 서술하시오.

**풀이**

**1** 레알마드리드의 상표가치는 레알마드리드의 성적에 따라 가치가 변동한다. 즉, 고객이 권리를 갖는 지적재산이 전체 라이선스 기간에 걸쳐 변동되므로 고객에게 부여한 권한이 접근권에 해당한다. 따라서 레알마드리드는 상표권 사용대가 ₩30,000을 3년에 걸쳐 수익으로 인식한다.

**2** 고객 B사가 권리를 갖는 지적재산이 전체 라이선스 기간에 걸쳐 변동되는 것이 아니므로 고객에게 부여한 권한이 사용권에 해당한다. 따라서 A사는 고정대가 ₩10,000은 일시에 수익으로 인식한다. 물론 매출액의 10%에 해당하는 변동대가는 불확실성이 해소될 때, 즉 B사가 제품을 생산하여 판매할 때 수익을 인식한다.

**3** 라이선스를 이전하는 약속이 고객에게 라이선스 기간에 존재하는 디즈니의 지적재산에 접근할 수 있도록 하는 것이므로 디즈니는 약속된 라이선스를 기간에 걸쳐 이행하는 수행의무로 회계처리한다.

## 09 프랜차이즈

프랜차이즈는 기업이 일정한 지역에서 자기 상품을 독점적으로 판매할 수 있는 권리를 가맹점에게 주고, 각종 경영지도 등의 용역을 제공하고 그에 대한 대가로 수수료를 수수하는 방식의 판매를 말한다. 프랜차이즈 거래의 경우 가맹점과의 계약에 따라 재화나 용역을 제공하면서, 별도의 라이선스를 부여하는 약속이 포함되어 있으므로, 해당 계약에서 각각의 수행의무를 식별한 후 개별적으로 수익을 인식해야 한다. 즉, 재화나 용역은 가맹점에게 이전되는 시점에 수익을 인식하며, 라이선스는 해당 라이선스가 접근권인지 사용권인지에 따라 구분하여 수익을 인식한다.

일반적으로 브랜드, 프랜차이즈, 로고 등의 지적재산에 대한 라이선스는 접근권으로 구분된다. 그 이유는 지적재산의 디자인이나 기능성은 라이선스 기간에 걸쳐 변화하며, 지적재산으로부터 고객이 얻는 효익도 라이선스 기간 동안 기업의 지속적인 활동으로부터 유의하게 영향을 받기 때문이다. 이에 반해 소프트웨어, 생물학적 화합물이나 약물 제조법, 완성된 미디어 콘텐츠 등의 지적재산에 대한 라이선스는 사용권으로 구분된다. 그 이유는 기업이 라이선스 기간 동안 지적재산의 디자인이나 기능성을 변화시키거나 지적재산의 가치를 유지하기 위한 특정 활동을 요구받지 않기 때문이다.

### (1) 창업지원용역의 제공

창업지원용역은 기업이 가맹점에게 프랜차이즈 창업과 관련하여 가맹점입지선정, 종업원교육, 자금조달, 광고에 대한 지원들을 말한다. 창업지원용역에 대한 대가는 기업이 제공해야 하는 모든 창업지원용역과 관련된 의무사항의 대부분이 실질적으로 이행되는 시점에 수익으로 인식한다. 한편, 창업지원용역 대가를 회수하는 데 유의적인 불확실성이 존재하는 경우에는 현금수취 시점에 수익을 인식한다.

| 구분 | | 수익인식 시기 |
|---|---|---|
| 창업지원용역 | 원칙 | 대부분의 창업지원용역이 이행 완료된 시점 |
| | 회수의 유의적인 불확실성 | 현금회수시점 |

### (2) 설비 및 재화의 제공

가맹점에게 제공하는 설비 및 재화는 해당 자산을 이전하고 가맹점이 통제하게 된 시점에 해당 자산의 공정가치에 기초한 금액을 수익으로 인식한다. 다만, 계약에 따라 제3자에게 판매하는 가격보다 저렴한 가격 또는 적정 판매이익이 보장되지 않는 가격으로 설비 등을 제공하는 경우에는 창업지원용역 수수료의 일부를 이연하여 설비 및 재화의 제공에 따른 수익으로 인식한다.

| 구분 | | 수익인식 시기 |
|---|---|---|
| 설비 등 제공 | 원칙 | 해당 자산을 인도하거나 소유권을 이전하는 시점에 인식 |
| | 적정이익 미달 | 창업지원용역 수수료의 일부를 이연한 후 설비 등의 대가로 간주 |

### (3) 라이선스의 부여

기업은 지속적으로 프랜차이즈 본사로서 소비자의 선호 변화를 분석하고 프랜차이즈 상호를 지원하기 위해 제품 개선, 가격 전략, 마케팅 캠페인과 운영의 효율화 등의 활동을 수행한다. 그러나 이 활동은 고객에게 직접 재화나 용역을 이전하는 것은 아니며, 라이선스를 부여하는 약속의 일부이다. 운영 관련 라이선스는 성격상 지적재산에 대한 접근권에 해당하므로 프랜차이즈 기간에 걸쳐 수익으로 인식해야 한다. 다만, 별도로 수취하는 라이선스 수수료가 해당 라이선스의 원가를 회수하고 적정이익을 보장하는 데 충분하지 못한 경우에는 창업지원용역 수수료의 일부를 이연하여 라이선스의 수익으로 인식한다.

| 구분 | | 수익인식 시기 |
|---|---|---|
| 라이선스 부여 | 원칙 | 라이선스 기간에 걸쳐 인식 |
| | 적정이익 미달 | 창업지원용역 수수료의 일부를 이연한 후 운영지원용역대가로 간주 |

12월 말 결산법인인 ㈜한영은 20×1년 10월 1일 고객과 프랜차이즈 계약을 체결하고 현금 ₩140,000을 수령하였다. 수령한 현금에는 제품을 판매하기 위한 설비에 대한 할인권이 포함되어 있다.

> (1) 프랜차이즈 계약에 따르면 20×1년 12월 1일부터 4년간 ㈜한영의 상호를 사용하고 ㈜한영이 생산한 제품을 판매할 권리를 고객에게 제공하며, 라이선스 접근권에 해당한다.
> (2) ㈜한영이 제품을 판매하기 위한 설비를 공정가치 ₩60,000보다 할인된 ₩40,000에 제공하기로 하였다. 설비는 20×2년 1월 7일에 제공되었으며, 설비제공에 대한 대가는 설비제공과 동시에 현금으로 수령하였다.

㈜한영이 20×1년 10월 1일부터 20×2년 12월 31일까지의 각 일자에 해야 할 회계처리를 하시오.

> 풀이

• 20×1. 10. 1.

| 차) 현금 | 140,000 | 대) 계약부채(라이선스) | 120,000 |
|---|---|---|---|
| | | 계약부채(할인권)[1] | 20,000 |

[1] 60,000 − 40,000 = 20,000

• 20×1. 12. 31.

| 차) 계약부채(라이선스수익) | 2,500 | 대) 라이선스수익[2] | 2,500 |
|---|---|---|---|

[2] (120,000 ÷ 4년) × 1/12 = 2,500

• 20×2. 1. 7.

| 차) 현금 | 40,000 | 대) 설비매출 | 60,000 |
|---|---|---|---|
| 계약부채(할인권) | 20,000 | | |

• 20×2. 12. 31.

| 차) 계약부채(라이선스수익) | 30,000 | 대) 라이선스수익 | 30,000 |
|---|---|---|---|

## 10 재화나 용역의 교환

재화나 용역을 교환하는 경우에는 교환되는 재화나 용역의 성격이나 가치가 유사한지 여부에 따라 수익으로 인식할지 여부가 결정된다.

**재화나 용역의 교환 구조**

| 재화나 용역 간의<br>교환 또는 스왑 | 성격과<br>가치 유사 | 수익을 발생시키는 거래 × | |
|---|---|---|---|
| | 성격과<br>가치 상이 | 수익을 발생시키는 거래 ○ | 원칙: 수취한 재화나 용역의 FV<br>예외: 제공한 재화나 용역의 FV |

### (1) 성격과 가치가 유사한 재화나 용역의 교환이나 스왑거래

계약에 상업적 실질이 없으므로 고객과의 계약으로 회계처리할 수 없다.

[재화나 용역 간의 교환 거래 – 성격과 가치가 유사한 경우]

| 차) 재고자산(수취) ③ | 대차차액 | 대) 재고자산(제공) ① | BV |
|---|---|---|---|
| | | 현금 ② | 지급액 |

### (2) 성격과 가치가 상이한 재화나 용역의 교환이나 스왑거래

계약에 상업적 실질이 있으므로 고객과의 계약으로 회계처리하고 수익을 인식한다. 이때 수익은 교환으로 받은 재화나 용역의 공정가치로 측정하되 현금이나 현금성자산이 이전되면 이를 반영하여 조정한다.

[재화나 용역 간의 교환 거래 – 성격과 가치가 상이한 경우]

① 원칙: 수취한 재화나 용역의 FV

| 차) 재고자산(수취) ① | 수취한 재화·용역 FV | 대) 매출 ③ | 대차차액 |
|---|---|---|---|
| | | 현금 ② | 지급액 |
| 차) 매출원가 | BV | 대) 재고자산(제공) | BV |

② 예외: 제공한 재화나 용역의 FV

| 차) 재고자산(수취) ③ | 대차차액 | 대) 매출 ① | 제공한 재화·용역 FV |
|---|---|---|---|
| | | 현금 ② | 지급액 |
| 차) 매출원가 | BV | 대) 재고자산(제공) | BV |

**1. 상업적 실질× or FV 합리적 추정 불가**

| 차) 유형자산(수취) ③ | 대차차액 | 대) 유형자산(제공) ① | BV |
| | | 현금 ② | 지급액 |

**2. 상업적 실질○**

• 제공한 자산의 FV가 보다 명확(회계처리 2개)

| 차) 유형자산(수취) ① | 제공한 자산 FV | 대) 유형자산(제공) ② | BV |
| | | 유형자산처분이익 ③ | FV − BV |
| 차) 유형자산(수취) | 지급액 | 대) 현금 | 지급액 |

• 수취한 자산의 FV가 보다 명확(회계처리 1개)

| 차) 유형자산(수취) ① | 수취한 자산 FV | 대) 유형자산(제공) ② | BV |
| | | 현금 ③ | 지급액 |
| | | 유형자산처분이익 ④ | 대차차액 |

---

### 사례연습 24: 재화나 용역 간의 교환

A회사는 보유 중인 재고자산(공정가치 ₩2,200,000, 장부금액 ₩2,000,000)을 B회사의 재고자산(공정가치 ₩2,300,000, 장부금액 ₩1,900,000)과 교환하였다. 동 교환거래는 성격과 가치가 상이하고 상업적 실질이 있다. (동 교환거래에서 A회사는 추가 ₩50,000의 현금을 수령하였다)

❶ A회사가 동 거래에 대하여 해야 할 회계처리를 보이시오.

❷ 만약, B회사 재고자산의 공정가치를 합리적으로 추정할 수 없다면 A회사가 동 거래에 대하여 해야 할 회계처리를 보이시오.

❸ 만약, A회사 재고자산과 B회사의 재고자산이 성격과 가치가 유사하다면, A회사가 동 거래에 대하여 해야 할 회계처리를 보이시오.

**풀이**

**❶**

| 차) 재고자산(B회사) | 2,300,000 | 대) 매출 | 2,350,000 |
| 현금 | 50,000 | | |
| 차) 매출원가 | 2,000,000 | 대) 재고자산(A회사) | 2,000,000 |

**❷**

| 차) 재고자산(B회사) | 2,150,000 | 대) 매출 | 2,200,000 |
| 현금 | 50,000 | | |
| 차) 매출원가 | 2,000,000 | 대) 재고자산(A회사) | 2,000,000 |

**❸**

| 차) 재고자산(B회사) | 1,950,000 | 대) 재고자산(A회사) | 2,000,000 |
| 현금 | 50,000 | | |

## 11 추가 재화나 용역에 대한 고객의 선택권

무료나 할인된 가격으로 추가 재화나 용역을 취득할 수 있는 고객의 선택권은 그 형태(예 판매 인센티브, 고객보상점수, 계약갱신 선택권, 미래의 재화나 용역에 대한 그 밖의 할인)가 다양하다. 계약에서 추가 재화나 용역을 취득할 수 있는 선택권을 고객에게 부여하고, 그 선택권이 계약을 체결하지 않았으면 받을 수 없는 중요한 권리를 고객에게 제공하는 경우에만 그 선택권은 계약에서 수행의무를 생기게 한다.

선택권이 고객에게 중요한 권리를 제공한다면, 고객은 사실상 미래 재화나 용역의 대가를 기업에 미리 지급한 것이다. 따라서 기업은 이전하는 재화나 용역과 추가로 부여한 선택권의 상대적 개별 판매가격에 기초하여 거래가격을 배분한다. 그리고 선택권에 배분된 거래가격은 미래에 재화나 용역이 이전되거나 선택권이 만료될 때 수익으로 인식한다.

### Additional Comment

재화나 용역의 개별 판매가격을 반영하는 가격으로 추가 재화나 용역을 취득할 수 있는 선택권을 고객에게 부여하였다면 그 선택권은 고객에게 중요한 권리를 제공하지 않는다. 예를 들어 기업이 고객에게 재화를 판매하면서 향후 2개월 내에 회사의 재화를 구매할 경우 10%를 할인받을 수 있는 쿠폰을 부여하였는데, 기업은 그 기간 동안 모든 구매 고객에게 10% 할인을 제공할 계획이 있다면, 그 선택권은 개별 판매가격으로 재화를 취득할 수 있으므로 기업이 고객에게 중요한 권리를 제공하였다고 볼 수 없다. 따라서 이러한 선택권은 기업의 수행의무가 아니다. 그러나 기업이 고객에게 재화를 판매하면서 향후 2개월 내에 회사의 재화를 구매할 경우 40%를 할인받을 수 있는 쿠폰을 부여하였는데, 기업은 그 기간 동안 모든 구매 고객에게 10%의 할인을 제공할 계획이 있다면, 고객에게 30%의 추가 할인을 제공하기로 한 약속이 기업의 수행의무이다.

### Self Study

1. 기업은 이전하는 재화나 용역과 고객 선택권의 개별 판매가격은 직접 관측한다. 그러나 개별 판매가격을 직접 관측할 수 없다면 이를 추정한다. 그 추정에는 고객이 선택권을 행사할 때 받을 할인을 반영하되, 고객이 선택권을 행사하지 않고도 받을 수 있는 할인액과 선택권이 행사될 가능성을 모두 조정한다.
2. 할인권의 추정 개별 판매가격: 추가 제품 구입가격 × 증분할인율 × 할인권 행사가능성

### 사례연습 25: 추가 재화나 용역에 대한 고객의 선택권

A사는 제품을 ₩50,000에 판매하기로 계약을 체결하였다. 이 계약의 일부로 기업은 앞으로 30일 이내에 ₩40,000 한도의 구매에 대해 30% 할인권을 고객에게 주었다. A사는 할인을 제공하기로 한 약속을 제품 판매 계약에서 수행의무로 회계처리한다. A사는 고객의 60%가 할인권을 사용하고 추가 제품을 평균 ₩25,000에 구매할 것으로 추정한다. 또한, A사는 계절 마케팅의 일환으로 앞으로 30일 동안 모든 판매에 10% 할인을 제공할 계획이다. 10% 할인은 30% 할인권에 추가하여 사용할 수 없다. A사가 동 제품을 판매하는 시점에 인식할 수익을 구하시오.

A사가 제품을 판매하는 시점에 인식할 수익: 47,170

(1) 할인권의 추정 개별 판매가격: 3,000
   * @25,000(추가 제품 평균구입가격) × 20%(증분할인율) × 60%(할인권 행사가능성) = 3,000
   * 모든 고객은 앞으로 30일 동안 구매금액의 10% 할인을 받을 수 있기 때문에 고객에게 중요한 권리를 제공하는 할인은 10%에서 증분되는 20% 할인뿐이다.

(2) 거래가격 배분

| 구분 | 거래가격 |
|---|---|
| 제품 | 50,000 × 50,000/(50,000 + 3,000) = 47,170 |
| 할인권 | 50,000 × 3,000/(50,000 + 3,000) = 2,830 |
| 합계 | 50,000 |

(3) 회계처리

| 차) 현금 | 50,000 | 대) 매출 | 47,170 |
|---|---|---|---|
| | | 계약부채 | 2,830 |

## 12 검사 및 설치조건부 판매

검사조건부의 판매에서는 고객이 자산의 인수를 수락하는 것은 고객이 자산을 통제하게 됨을 의미한다. 이유는 고객의 인수 조항에서는 재화나 용역이 합의한 규격에 부합하지 않는 경우에 고객의 계약 취소를 허용하거나 기업의 개선 조치를 요구할 수 있기 때문이다.

### (1) 재화나 용역이 합의한 규격에 따른 것인지를 객관적으로 판단할 수 있는 경우

고객의 인수수락은 고객이 재화나 용역을 언제 통제하게 되는지 판단하는 데에 영향을 미치지 않는 형식적인 것이다. 따라서 고객의 인수수락 여부와 상관없이 재화나 용역이 이전된 시점에서 수익을 인식한다.

### (2) 재화나 용역이 합의한 규격에 따른 것인지를 객관적으로 판단할 수 없는 경우

고객이 인수할 때까지는 고객이 통제하고 있다고 볼 수 없다. 이 경우 고객이 인수수락을 한 시점에 수익을 인식한다.

### (3) 재화의 판매에 설치용역을 함께 제공한 경우

기업이 고객에게 재화를 판매하고 함께 설치용역을 제공하기로 하는 경우 재화의 판매와 설치용역을 각각의 수행의무로 식별할 수 있다면, 별도의 의무로 보아 각각 수익을 인식한다. 하지만 이를 구별할 수 없는 경우에는 하나의 수행의무로 보아 수익을 인식한다.

## 13 출판물 및 이와 유사한 품목의 구독

출판물 등에 대하여 구독료를 미리 받은 경우에 구독료 수령시점에서 수익을 인식하지 않는다. 그 가액이 매 기간 비슷한 품목을 구독신청에 의해 판매하는 경우에는 구독기간에 걸쳐 정액기준으로 수익을 인식한다. 그러나 구독신청에 의해 판매하는 품목의 가액이 기간별로 다른 경우에는 발송된 품목의 판매가액이 구독신청을 받은 모든 품목의 추정 총판매가액에서 차지하는 비율에 따라 가중평균하여 수익을 인식한다.

## 14 인도결제판매

인도결제판매는 인도가 완료되고 판매자나 판매자의 대리인이 현금을 수취할 때 수익을 인식한다.

## 15 완납인도 예약판매

완납인도 예약판매란 구매자가 최종 할부금을 지급한 경우에만 재화가 인도되는 판매를 말한다. 이러한 판매는 재화를 인도하는 시점에만 수익을 인식한다. 그러나 경험상 대부분의 그러한 판매가 성사되었다고 보이는 경우, 재화를 보유하고 있고, 재화가 식별되며, 구매자에게 인도할 준비가 되어 있다면 유의적인 금액의 예치금이 수령되었을 때 수익을 인식할 수 있다.

## 16 재고가 없는 재화의 판매

현재 재고가 없는 재화를 인도하기 전에 미리 판매대금의 전부 또는 일부를 수취하는 주문의 경우 고객에게 재화를 인도한 시점에 수익을 인식한다.

## 17 광고수수료

광고매채수수료는 광고 또는 상업방송이 대중에게 전달될 때 인식하고, 광고제작수수료는 광고제작의 진행률에 따라 인식한다.

## 18 입장료와 수강료

예술공연, 축하연, 기타 특별공연 등에서 발생하는 입장료수익은 행사가 개최되는 시점에 인식한다. 하나의 입장권으로 여러 행사에 참여할 수 있는 경우의 입장료수익은 각각의 행사를 위한 용역의 수행된 정도가 반영된 기준에 따라 각 행사에 배분하여 인식한다. 수강료수익은 강의기간에 걸쳐 수익으로 인식한다.

## 19 보험대리수수료

보험대리수수료는 보험대리인이 추가로 용역을 제공할 필요가 없는 경우에 보험대리인은 대리인이 받았거나 받을 수수료를 해당 보험의 효과적인 개시일 또는 갱신일에 수익으로 인식한다. 그러나 대리인이 보험계약기간에 추가로 용역을 제공할 가능성이 높은 경우에는 수수료의 일부 또는 전부를 이연하여 보험계약기간에 걸쳐 수익으로 인식한다.

## 20 주문형 소프트웨어의 개발 수수료

주문개발하는 소프트웨어의 대가로 수취하는 수수료는 진행기준에 따라 수익을 인식한다. 이때 진행률은 소프트웨어의 개발과 소프트웨어의 인도 후 제공하는 지원용역을 모두 포함하여 결정한다.

## 21 환불되지 않는 선수수수료: 입회비와 가입비

어떤 계약에서는 기업은 환불되지 않는 선수수수료를 계약 개시시점이나 그와 가까운 시기에 고객에게 부과한다. 헬스클럽 회원계약 가입수수료, 통신계약의 가입수수료, 일부 용역계약 준비수수료, 일부 공급계약의 개시수수료가 이에 해당한다. 이러한 계약에서 수행의무를 식별하기 위해 수수료가 약속한 재화나 용역의 이전에 관련되는지를 판단한다. 많은 경우에 환불되지 않는 선수수수료가 계약 개시시점이나 그와 가까운 시기에 기업이 계약을 이행하기 위하여 착수해야 하는 활동에 관련되더라도, 그 활동으로 고객에게 약속한 재화나 용역이 이전되지는 않는다. 이런 경우 선수수수료는 미래 재화나 용역에 대한 선수금이므로, 그 미래 재화나 용역을 제공할 때 수익으로 인식한다.

# 10 고객충성제도

## 01 의의

고객충성제도는 재화나 용역을 구매하는 고객에게 인센티브를 제공하기 위하여 사용하는 제도를 말한다. 고객이 재화나 용역을 구매하면, 기업은 고객보상점수(≒ 포인트)를 부여하고, 고객은 부여받은 보상점수를 사용하여 재화나 용역을 무상 또는 할인 구매하는 방법으로 보상을 받을 수 있다.

보상점수는 보상점수를 부여한 매출거래와 별도의 식별가능한 수행의무로 보아 회계처리해야 한다. 따라서 기업이 고객에게 약속한 재화나 용역을 이전하고 그 대가로 받을 권리를 갖게 될 금액을 나타내는 금액은 각 수행의무에 거래가격을 배분해야 한다. 따라서 계약 개시 시점에 계약상 각 수행의무의 대상인 구별되는 재화나 용역의 제공과 보상점수의 개별 판매가격을 산정하고 이 개별 판매가격에 비례하여 거래가격을 배분하여야 한다.

> **보상점수에 배분될 거래가격**
>
> 보상점수에 배분될 대가 = 거래가격 × $\dfrac{\text{보상점수의 개별 판매가격}}{\text{재화나 용역의 개별 판매가격} + \text{보상점수의 개별 판매가격}}$

고객충성제도의 회계처리는 기업이 직접 보상을 제공하는 경우와 제3자가 보상을 제공하는 경우에 따라 회계처리가 구분된다.

## 02 기업이 직접 보상을 제공하는 경우

기업이 직접 보상을 제공하는 경우 보상점수에 배분된 거래가격은 계약부채로 하여 부채로 인식한다.

계약부채로 인식한 금액은 보상점수가 회수되고 보상을 제공할 의무를 이행할 때 보상점수에 배분된 대가를 수익으로 인식한다. 수익으로 인식할 금액은 회수될 것으로 기대되는 총 보상점수에서 보상과 교환되어 회수된 보상점수의 상대적 크기에 기초하여야 한다.

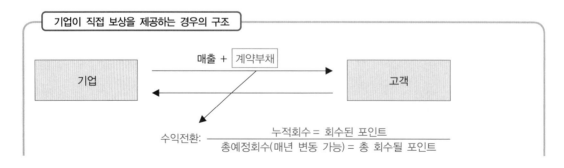

> **기업이 직접 보상을 제공하는 경우의 구조**
>
> 매출 + 계약부채
>
> 기업 → 고객
>
> 수익전환: $\dfrac{\text{누적회수 = 회수된 포인트}}{\text{총예정회수(매년 변동 가능) = 총 회수될 포인트}}$

| 구분 | 수익인식방법 | |
|---|---|---|
| | 인식시기 | 측정방법 |
| 기업이 직접 보상 | 보상을 제공할 때 | 보상점수의 사용비율에 따라 수익인식 |

---

**문제풀이 TOOL**

- 1st 부여된 보상점수(계약부채) 계상: 거래가격 × 보상점수의 개별 판매가격/(재화·용역의 개별 판매가격 + 보상점수의 개별 판매가격)

- 2nd 부여된 보상점수(선수수익) 연도별 배분

| 구분 | 보상점수<br>배분액 | 누적회수<br>(회수된) | 총예상회수<br>(회수될) | 누적수익 | 당기수익(N/I) |
|---|---|---|---|---|---|
| 20×1년 말 | a | b | c | ① = a × b/c | ① |
| 20×2년 말 | a | d | e | ② = a × d/e | ② − ① |

- 회계처리

| 매출 시 | 차) 현금 | ×× | 대) 매출 | ×× |
|---|---|---|---|---|
| | | | 계약부채 | ×× |
| 매년 말 | 차) 계약부채 | ×× | 대) 보상점수수익[1] | ×× |

[1] 보상점수배분액 × 회수된 포인트(누적)/총 회수될 포인트 − 전기까지 인식한 누적수익

---

**사례연습 26: 기업이 직접 보상을 제공하는 경우**

12월 말 결산법인인 ㈜한영은 고객들이 제품을 구매할 때마다 ₩10당 고객충성포인트 1점을 보상하는 고객충성제도를 운영한다. 포인트는 기업의 제품을 구매할 때 1점당 ₩1의 할인과 교환할 수 있다.

(1) ㈜한영이 20×1년 중 판매한 제품의 거래가격은 ₩100,000이며, 이로 인해 고객에게 제공한 포인트는 10,000점이다. 고객이 구매한 제품의 개별 판매가격은 ₩100,000, 포인트가 교환될 가능성에 기초한 포인트당 개별 판매가격은 ₩0.95(총액 ₩9,500)이다.

(2) ㈜한영이 각 회계연도에 교환된 누적포인트와 교환예상 총포인트는 다음과 같다.

| 구분 | 20×1년 | 20×2년 |
|---|---|---|
| 교환된 누적포인트 | 4,500포인트 | 8,500포인트 |
| 교환예상 총포인트 | 9,500포인트 | 9,700포인트 |

㈜한영이 20×1년 ~ 20×2년까지 해야 할 회계처리를 하시오.

- 1st 부여된 보상점수(계약부채) 계상: 100,000 × 9,500/(100,000 + 9,500) = 8,676
- 2nd 부여된 보상점수(선수수익) 연도별 배분

| 구분 | 보상점수<br>배분액 | × 누적회수<br>(회수된) | ÷ 총예상회수<br>(회수될) | = 누적수익 | 당기수익(N/I) |
|---|---|---|---|---|---|
| 20×1년 말 | 8,676 | 4,500 | 9,500 | ① 4,110 | 4,110 |
| 20×2년 말 | 8,676 | 8,500 | 9,700 | ② 7,603 | ② − ① 3,493 |

[회계처리]
- 20×1년 매출 시

| 차) 현금 | 100,000 | 대) 매출 | 91,324 |
|---|---|---|---|
| | | 계약부채 | 8,676 |

- 20×1년 사용 시

| 차) 계약부채 | 4,110 | 대) 보상점수수익 | 4,110 |
|---|---|---|---|

- 20×2년 사용 시

| 차) 계약부채 | 3,493 | 대) 보상점수수익 | 3,493 |
|---|---|---|---|

## 03 제3자가 보상을 제공하는 경우

제3자가 보상을 제공한다면 보상점수에 배분되는 대가를 기업이 자기의 계산으로 회수하고 있는지 아니면 제3자를 대신하여 회수하고 있는지를 판단하여야 한다. 제3자가 보상을 제공하는 경우에는 다음과 같이 수익을 인식한다.

| 구분 | | 수익인식방법 | |
|---|---|---|---|
| | | 인식시기 | 측정방법 |
| 제3자가 보상을<br>제공하는 경우 | 제3자를<br>대신하여<br>대가를 회수 | 제3자가 보상을 제공할 의무를 지고<br>그것에 대한 대가를 받을 권리를<br>가지게 될 때 | 보상점수에 배분된 대가와<br>제3자에게 지급할 금액의 차액을<br>수익으로 인식(순액인식) |
| | 자기 계산으로<br>대가를 회수 | 보상과 관련하여 의무를 이행한 때 | 보상점수에 배분되는 총대가를<br>수익으로 인식(총액인식) |

## (1) 제3자를 대신하여 대가를 회수하는 경우

제3자가 보상을 제공할 의무를 지고 그것에 대한 대가를 받을 권리를 가지게 될 때 보상점수에 배분되는 대가와 제3자가 제공한 보상에 대해 기업이 지급할 금액 간의 차액을 수익으로 인식한다.

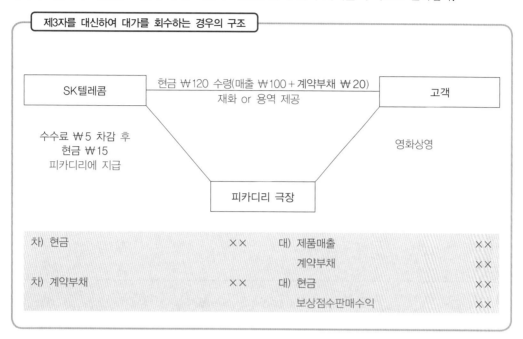

## (2) 자기 계산으로 대가를 회수하는 경우

보상점수에 배분되는 총대가로 수익을 측정하고 보상과 관련하여 의무를 이행한 때 수익을 인식한다.

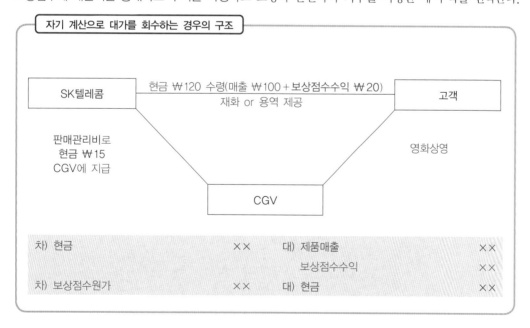

12월 말 결산법인인 ㈜한영은 고객들이 제품을 구매하는 경우 구매금액 ₩10당 1마일리지의 다른 항공사 보상점수를 제공한다. 마일리지는 고객들이 항공사에서 항공권을 구매할 때 1마일리지당 ₩1의 할인과 교환할 수 있다.

> (1) ㈜한영은 20×1년 중 판매한 제품의 거래가격은 ₩100,000이며, 이로 인해 고객에게 제공한 포인트는 10,000점이다. 고객이 구매한 제품과 제공한 마일리지의 개별 판매가격을 기초로 배분한 결과 마일리지당 개별 판매가격은 ₩1(총액 ₩10,000)이다.
> (2) ㈜한영은 마일리지에 배분된 대가를 자기의 계산으로 회수하고 있으며 항공사에게는 각 마일리지마다 ₩0.9을 지급한다. 항공사에게 지급할 금액은 20×1년 말 현재 미지급상태에 있으며, ㈜한영은 보상과 관련된 모든 의무를 이행하였다.

**1** ㈜한영이 20×1년도에 해야 할 회계처리를 하시오.

**2** ㈜한영이 항공사를 대신하여 대가를 회수한다고 할 경우 20×1년도에 해야 할 회계처리를 하시오.

**[ 풀이 ]**

**1**

| 차) 현금 | 100,000 | 대) 제품매출 | 90,000 |
|---|---|---|---|
| | | 보상점수수익[1] | 10,000 |
| 차) 보상점수원가[2] | 9,000 | 대) 미지급금 | 9,000 |

[1] 10,000마일리지 × @1 = 10,000
[2] 10,000마일리지 × @0.9 = 9,000

**2**

| 차) 현금 | 100,000 | 대) 제품매출 | 90,000 |
|---|---|---|---|
| | | 계약부채 | 10,000 |
| 차) 계약부채 | 10,000 | 대) 미지급금 | 9,000 |
| | | 보상점수판매수익 | 1,000 |

㈜대한은 고객과의 계약에 따라 구매금액 ₩10당 고객충성포인트 1점을 고객에게 보상하는 고객충성제도를 운영한다. 각 포인트는 고객이 ㈜대한의 제품을 미래에 구매할 때 ₩1의 할인과 교환될 수 있다. 20×1년 중 고객은 제품을 ₩200,000에 구매하고 미래 구매 시 교환할 수 있는 20,000포인트를 얻었다. 대가는 고정금액이고 구매한 제품의 개별 판매가격은 ₩200,000이다. 고객은 제품구매시점에 제품을 통제한다. ㈜대한은 18,000포인트가 교환될 것으로 예상하며, 동 예상은 20×1년 말까지 지속된다. ㈜대한은 포인트가 교환될 가능성에 기초하여 포인트당 개별 판매가격을 ₩0.9(합계 ₩18,000)으로 추정한다. 20×1년 중에 교환된 포인트는 없다. 20×2년 중 10,000포인트가 교환되었고, 전체적으로 18,000포인트가 교환될 것이라고 20×2년 말까지 계속 예상하고 있다. ㈜대한은 고객에게 포인트를 제공하는 약속을 수행의무라고 판단한다. 상기 외 다른 거래가 없을 때, 20×1년과 20×2년에 ㈜대한이 인식할 수익은 각각 얼마인가? (단, 단수 차이로 인해 오차가 있다면 가장 근사치를 선택한다) [공인회계사 2020년]

| | 20×1년 | 20×2년 |
|---|---|---|
| ① | ₩200,000 | ₩10,000 |
| ② | ₩182,000 | ₩9,000 |
| ③ | ₩182,000 | ₩10,000 |
| ④ | ₩183,486 | ₩8,257 |
| ⑤ | ₩183,486 | ₩9,174 |

**풀이**

1) 판매시점의 회계처리

| 차) 현금 | 200,000 | 대) 계약부채[1] | 16,514 |
|---|---|---|---|
| | | 매출 | 183,486 |

[1] $200,000 \times 18,000 / (18,000 + 200,000) = 16,514$
⇒ ×1년 수익인식액: 183,486

2) ×2년 수익인식액: $16,514 \times 10,000 / 18,000 - 0 = 9,174$

정답: ⑤

# Chapter 14 | 핵심 빈출 문장

**01** 고객이나 잠재적 고객에게 판매를 쉽게 하기 위해 행하는 같은 사업 영역에 있는 기업 사이의 비화폐성 교환의 경우에도 기준서 제1115호를 적용하지 않는다.

**02** 계약은 서면으로, 구두로, 기업의 사업 관행에 따라 암묵적으로 체결할 수 있다.

**03** 고객과의 계약이 계약 개시시점에 계약에 해당하는지에 대한 판단기준을 충족하는 경우에는 사실과 상황에 유의적인 변동 징후가 없는 한 이러한 기준들을 재검토하지 않는다. 만일 고객과의 계약이 판단기준을 충족하지 못한다면, 나중에 충족되는지를 판단하기 위해 그 계약을 지속적으로 검토한다.

**04** 고객에게서 받은 대가는 수익으로 인식하기 전까지 부채로 인식하며, 인식된 부채는 계약과 관련된 사실 및 상황에 따라, 재화나 용역을 미래에 이전하거나 받은 대가를 환불해야 하는 의무를 나타낸다.

**05** 계약당사자가 집행 가능한 권리와 의무를 새로 설정하거나 기존의 집행 가능한 권리와 의무를 변경하기로 승인할 때 계약변경이 존재한다. 다음 두 조건을 모두 충족하는 경우에 계약변경은 별도 계약으로 회계처리한다.
① 구별되는 약속한 재화나 용역이 추가되어 계약의 범위가 확장된다.
② 계약가격이 추가로 약속한 재화나 용역의 개별 판매가격에 특정 계약 상황을 반영하여 적절히 조정한 대가만큼 상승한다.

**06** 계약변경이 별도 계약이 아니라면, 계약변경일에 아직 이전되지 않은 약속한 재화나 용역(나머지 약속한 재화나 용역)은 아래와 같이 회계처리한다.
① 나머지 재화나 용역이 구별되는 경우: 기존 계약을 종료하고 새로운 계약을 체결한 것으로 회계처리
② 나머지 재화나 용역이 구별되지 않는 경우: 기존 계약의 일부인 것처럼 회계처리

**07** 용역 제공자는 계약을 준비하기 위해 다양한 관리업무를 수행할 필요가 있을 수 있다. 관리업무를 수행하더라도, 그 업무를 수행함에 따라 고객에게 용역이 이전되지는 않는다. 그러므로 그 계약준비활동은 수행의무가 아니다.

**08** 고객과의 계약에서 식별되는 수행의무는 계약에 분명히 기재한 재화나 용역에만 한정되지 않을 수 있다. 고객에게 이전할 것이라는 정당한 기대를 하도록 한다면, 이러한 약속도 고객과의 계약에 포함될 수 있다.

**09** 계약 개시시점에 고객에게 약속한 재화나 용역을 구별하여 이를 하나의 수행의무로 식별한다. 하나의 계약에 하나의 수행의무가 포함될 수 있지만, 하나의 계약에 여러 수행의무가 포함될 수도 있다.

**10** 기업이 일정 기간에 같은 재화나 용역을 연속적으로 제공하는 상황처럼 실질적으로 서로 같고 고객에게 이전하는 방식도 같은 일련의 구별되는 재화나 용역을 이전하는 약속은 요건을 충족한다면 하나의 수행의무로 본다. 이 경우 단일 수행의무를 기간에 걸쳐 이행하는 것이므로 기간에 걸쳐 수익을 인식한다.

**11** 변동대가와 관련된 불확실성이 나중에 해소될 때, 이미 인식한 누적수익금액 중 유의적인 부분을 되돌리지 않을 가능성이 매우 높은 정도까지만 추정된 변동대가의 일부나 전부를 거래가격에 포함한다.

**12** 각 보고기간 말의 상황과 보고기간의 상황 변동을 충실하게 표현하기 위하여 보고기간 말마다 추정 거래가격을 새로 수정한다. 거래가격의 후속변동은 계약 개시시점과 같은 기준으로 계약상 수행의무에 배분한다.

**13** 변동대가의 추정치가 너무 불확실하고, 기업이 고객에게 재화나 용역을 이전하고 그 대가로 받을 권리를 갖게 될 금액을 충실하게 나타내지 못하는 경우에는 해당 변동대가의 추정치는 거래가격에 포함시키지 않으며, 수익으로 인식하지 않는다.

**14** 환불부채는 기업이 받았거나 받을 대가 중에서 권리를 갖게 될 것으로 예상하지 않는 금액이므로 거래가격에서 차감한다. 환불부채는 보고기간 말마다 상황의 변동을 반영하여 새로 수정한다.

**15** 고객이 현금 외의 형태로 대가를 약속한 계약의 경우에 거래가격을 산정하기 위하여 비현금 대가를 공정가치로 측정한다. 비현금 대가의 공정가치를 합리적으로 추정할 수 없는 경우에는, 그 대가와 교환하여 고객에게 약속한 재화나 용역의 개별 판매가격을 참조하여 간접적으로 그 대가를 측정한다. 단, 상업적 실질이 없는 성격과 가치가 유사한 재화나 용역의 교환이나 스왑거래는 계약으로 식별할 수 없으므로, 수익이 발생하는 거래로 보지 않는다.

**16** 기업이 고객에게 재화나 용역을 이전할 때 고객이 그 재화나 용역의 대가를 현금으로 결제한다면 지급할 가격으로 약속한 대가의 명목금액을 할인하는 이자율을 식별하여 그 할인율로 산정할 수 있다. 계약 개시 후에는 이자율이나 그 밖의 상황이 달라져도 그 할인율을 새로 수정하지 않는다.

**17** 계약을 개시할 때 기업이 고객에게 약속한 재화나 용역을 이전하는 시점과 고객이 그에 대한 대가를 지급하는 시점 간의 기간이 1년 이내일 것이라고 예상한다면 유의적인 금융요소의 영향을 반영하여 약속한 대가를 조정하지 않는 실무적 간편법을 사용할 수 있다.

**18** 고객에게 지급할 대가가 고객에게서 제공받을 재화나 용역에 대한 대가가 아닌 경우 거래가격인 수익에서 차감하여 회계처리한다.

**19** 거래가격을 상대적 개별 판매가격에 기초하여 각 수행의무에 배분하기 위하여 계약 개시시점에 계약상 각 수행의무의 대상인 구별되는 재화나 용역의 개별 판매가격을 산정하고 이 개별 판매가격에 비례하여 거래가격을 배분한다. 개별 판매가격을 직접 관측할 수 없다면 개별 판매가격을 추정한다.

**20** 거래가격의 후속변동은 계약 개시시점과 같은 기준으로 계약상 수행의무에 배분한다. 따라서 계약을 개시한 후의 개별 판매가격 변동을 반영하기 위해 거래가격을 다시 배분하지는 않는다. 이행된 수행의무에 배분되는 금액은 거래가격이 변동되는 기간에 수익으로 인식하거나 수익에서 차감한다.

**21** 다음 기준 중 어느 하나를 충족하면, 기업은 재화나 용역에 대한 통제를 기간에 걸쳐 이전하므로 기간에 걸쳐 진행기준으로 수익을 인식한다.

① 고객은 기업이 수행하는 대로 기업의 수행에서 제공하는 효익을 동시에 얻고 소비한다.
② 기업은 수행하여 만들어지거나 가치가 높아지는 대로 고객이 통제하는 자산을 기업이 만들거나 그 자산 가치를 높인다.
③ 기업은 수행하여 만든 자산이 기업 자체에는 대체 용도가 없고, 지금까지 수행을 완료한 부분에 대해 집행 가능한 지급청구권이 기업에 있다.

**22** 기간에 걸쳐 이행하는 수행의무 각각에 대해, 그 수행의무 완료까지의 진행률을 측정하여 기간에 걸쳐 수익을 인식한다. 진행률을 측정하는 목적은 고객에게 약속한 재화나 용역에 대한 통제를 이전하는 과정에서 기업의 수행 정도를 나타내기 위한 것이다. 기간에 걸쳐 이행하는 각 수행의무에는 하나의 진행률 측정방법을 적용하며 비슷한 상황에서의 비슷한 수행의무에는 그 방법을 일관되게 적용한다.

**23** 수행의무의 진행률을 합리적으로 측정할 수 있는 경우에만, 기간에 걸쳐 이행하는 수행의무에 대한 수익을 인식한다. 만일 수행의무의 진행률을 합리적으로 측정할 수 없는 경우에는 수행의무의 산출물을 합리적으로 측정할 수 있을 때까지 발생원가의 범위에서만 수익을 인식한다.

**24** 고객과의 계약체결 증분원가가 회수될 것으로 예상된다면 이를 자산으로 인식한다. 계약체결 여부와 무관하게 드는 계약체결원가는 계약체결 여부와 관계없이 고객에게 그 원가를 명백히 청구할 수 있는 경우가 아니라면 발생시점에 비용으로 인식한다.

**25** 고객에게 재화나 용역이 이전되기 전에 기업이 그 특정 재화나 용역을 통제한다면 이 기업은 본인이다.

**26** 기업의 수행의무가 다른 당사자가 특정 재화나 용역을 제공하도록 주선하는 것이라면 이 기업은 대리인이다.

**27** 라이선스를 부여하는 약속이 지적재산에 대한 접근권에 해당한다면 라이선스 제공자의 수행의무는 해당 기간에 걸쳐 이행되는 것이므로 라이선스 기간에 걸쳐 수익으로 인식한다.

**28** 라이선스를 부여하는 약속이 지적재산에 대한 사용권에 해당한다면 라이선스 제공자의 수행의무는 한 시점에 이행되는 것이므로 사용권을 이전한 시점에 수익으로 인식한다.

# Chapter 14 | 객관식 문제

**01** 다음 중 기업회계기준서 제1115호 '고객과의 계약에서 생기는 수익'에서 규정된 내용으로 옳지 않은 것은?

① 계약은 둘 이상의 당사자 사이에 집행 가능한 권리와 의무가 생기게 하는 합의이다. 계약상 권리와 의무의 집행 가능성은 법률적인 문제이다. 계약은 서면으로, 구두로, 기업의 사업 관행에 따라 암묵적으로 체결할 수 있다.

② 계약의 각 당사자가 전혀 수행되지 않은 계약에 대해 상대방에게 보상하지 않고 종료할 수 있는 일방적이고 집행 가능한 권리를 갖고 있더라도, 그 계약은 존재하는 것으로 본다.

③ 고객과의 계약이 계약 개시시점에 계약에 해당하는지에 대한 판단기준을 충족하는 경우에는 사실과 상황에 유의적인 변동 징후가 없는 한 이러한 기준들을 재검토하지 않는다. 만일 고객과의 계약이 판단기준을 충족하지 못한다면, 나중에 충족되는지를 판단하기 위해 그 계약을 지속적으로 검토한다.

④ 고객에게서 받은 대가는 수익으로 인식하기 전까지 부채로 인식하며, 인식된 부채는 계약과 관련된 사실 및 상황에 따라, 재화나 용역을 미래에 이전하거나 받은 대가를 환불해야 하는 의무를 나타낸다. 이 모든 경우에 그 부채는 고객에게서 받은 대가로 측정한다.

⑤ 고객에게 이전할 재화나 용역에 대하여 받을 권리를 갖게 될 대가의 회수 가능성이 높다. 대가의 회수 가능성이 높은지를 평가할 때에는 지급기일에 고객이 대가(금액)를 지급할 수 있는 능력과 지급할 의도만을 고려한다. 기업이 고객에게 가격할인(price concessions)을 제공할 수 있기 때문에 대가가 변동될 수 있다면, 기업이 받을 권리를 갖게 될 대가는 계약에 표시된 가격보다 적을 수 있다.

**02** 다음 중 기업회계기준서 제1115호 '고객과의 계약에서 생기는 수익'에서 규정된 내용으로 옳지 않은 것은?

① 법률에 따라 기업이 보증을 제공하여야 한다면 그 법률의 존재는 약속한 보증이 수행의무가 아님을 나타낸다. 또한 보증기간이 길수록, 약속한 보증이 수행의무일 가능성이 높다.

② 용역 제공자는 계약을 준비하기 위해 다양한 관리업무를 수행할 필요가 있을 수 있다. 관리업무를 수행하더라도, 그 업무를 수행함에 따라 고객에게 용역이 이전되지는 않는다. 그러므로 그 계약준비활동은 수행의무가 아니다.

③ 고객과의 계약에서 식별되는 수행의무는 계약에 분명히 기재한 재화나 용역에만 한정되지 않을 수 있다. 고객에게 이전할 것이라는 정당한 기대를 하도록 하여도, 이러한 약속은 고객과의 계약에 포함될 수 없다.

④ 확신유형의 보증은 제품이 합의된 규격에 부합하므로 당사자들이 의도한 대로 작동할 것이라는 확신을 고객에게 주는 유형을 말한다.

⑤ 용역유형의 보증은 제품이 합의된 규격에 부합한다는 확신에 더하여 고객에게 용역을 제공하는 유형을 말한다.

**03** 다음 중 기업회계기준서 제1115호 '고객과의 계약에서 생기는 수익'에서 규정된 내용으로 옳지 않은 것은?

① 거래가격은 고객에게 약속한 재화나 용역을 이전하고 그 대가로 기업이 받을 권리를 갖게 될 것으로 예상하는 금액이며, 제3자를 대신해서 회수한 금액은 제외한다.

② 변동대가와 관련된 불확실성이 나중에 해소될 때, 이미 인식한 누적수익금액 중 유의적인 부분을 되돌리지 않을 가능성이 매우 높은 정도까지만 추정된 변동대가의 일부나 전부를 거래가격에 포함한다.

③ 각 보고기간 말의 상황과 보고기간의 상황 변동을 충실하게 표현하기 위하여 보고기간 말마다 추정 거래가격을 새로 수정한다. 거래가격의 후속변동은 계약 개시시점과 같은 기준으로 계약상 수행의무에 배분한다.

④ 거래가격의 후속변동은 계약 개시시점과 같은 기준으로 계약상 수행의무에 배분한다. 따라서 계약을 개시한 후의 개별 판매가격 변동을 반영하기 위해 거래가격을 다시 배분하지는 않는다. 이행된 수행의무에 배분되는 금액은 거래가격이 변동되는 기간에 수익으로 인식하거나 수익에서 차감한다.

⑤ 계약을 개시할 때 기업이 고객에게 약속한 재화나 용역을 이전하는 시점과 고객이 그에 대한 대가를 지급하는 시점 간의 기간이 1년 이내일 것이라고 예상하더라도 유의적인 금융요소의 영향을 반영하여 약속한 대가를 조정한다.

**04** 다음은 ㈜대한이 20×1년 1월 1일 ㈜민국과 체결한 청소용역 계약의 내용이다.

- ㈜대한은 20×1년 1월 1일부터 20×2년 12월 31일까지 2년간 ㈜민국의 본사 건물을 일주일 단위로 청소하고, ㈜민국은 ㈜대한에게 연간 ₩600,000을 매 연도 말에 지급한다.
- 계약 개시시점에 그 용역의 개별 판매가격은 연간 ₩600,000이다. ㈜대한은 용역을 제공한 첫 연도인 20×1년에 ₩600,000을 수령하고 이를 수익으로 인식하였다.
- 20×1년 12월 31일에 ㈜대한과 ㈜민국은 계약을 변경하여 2차 연도의 용역대금을 ₩600,000에서 ₩540,000으로 감액하고 2년을 더 추가하여 계약을 연장하기로 합의하였다.
- 연장기간에 대한 총대가 ₩1,020,000은 20×3년 말과 20×4년 말에 각각 ₩510,000씩 지급하기로 하였다.
- 2차 연도 개시일에 용역의 개별 판매가격은 연간 ₩540,000이며, 20×2년부터 20×4년까지 3년간 계약에 대한 개별 판매가격의 적절한 추정치는 ₩1,620,000(연간 ₩540,000 × 3년)이다.

**상기 거래에 대한 다음 설명 중 옳은 것은? (단, 유의적인 금융요소는 고려하지 않는다)**

[공인회계사 2018년]

① 매주의 청소용역이 구별되므로, ㈜대한은 청소용역을 복수의 수행의무로 회계처리할 수 있다.
② 계약변경일에 ㈜대한이 제공할 나머지 용역은 구별되지 않는다.
③ 계약변경일에 ㈜대한이 나머지 대가로 지급받을 금액은 제공할 용역의 개별 판매가격을 반영하고 있다.
④ ㈜대한은 동 계약변경을 기존 계약의 일부인 것처럼 회계처리하여야 한다.
⑤ ㈜대한이 20×2년에 인식해야 할 수익은 ₩520,000이다.

**05** 수익의 인식에 관한 설명으로 옳지 않은 것은?　　　　　　　　　　　[세무사 2020년]

① 거래가격은 고객에게 약속한 재화나 용역을 이전하고 그 대가로 기업이 받을 권리를 갖게 될 것으로 예상하는 금액이며, 제삼자를 대신해서 회수한 금액(예 일부 판매세)은 제외한다.

② 약속한 재화나 용역이 구별되지 않는다면, 구별되는 재화나 용역의 묶음을 식별할 수 있을 때까지 그 재화나 용역을 약속한 다른 재화나 용역과 결합한다.

③ 변동대가(금액)는 기댓값 또는 가능성이 가장 높은 금액 중에서 고객이 받을 권리를 갖게 될 대가(금액)를 더 잘 예측할 것으로 예상하는 방법을 사용하여 추정한다.

④ 계약의 각 당사자가 전혀 수행되지 않은 계약에 대해 상대방(들)에게 보상하지 않고 종료할 수 있는 일방적이고 집행 가능한 권리를 갖는다면, 그 계약은 존재하지 않는다고 본다.

⑤ 계약을 개시한 다음에는 계약당사자들이 수행의무를 실질적으로 변경하는 계약변경을 승인하지 않는 한, 자산이 기업에 대체 용도가 있는지를 다시 판단하지 않는다.


**06** A사는 월간지 〈맥심〉과 〈에스콰이어〉를 출판하는 회사로 20×1년 6월 30일 고객에게 1년 정기구독권을 부여하고 현금 ₩30,000을 수령하였다. 잡지는 7월호부터 매월 1일에 발간과 동시에 고객에게 발송한다. 월간지 〈맥심〉과 〈에스콰이어〉의 월 구독료는 각각 ₩2,000과 ₩1,000이다. A사는 20×2년 1월 1일에 월간지 〈에스콰이어〉의 월 구독료를 ₩2,000으로 인상하였다. 이에 따라 고객에게 정기구독료를 추가로 청구하지 않는다고 할 경우 A사가 월간지 〈맥심〉과 관련하여 20×2년도에 인식할 수익금액을 계산하시오.

① ₩10,000　　　　　　② ₩18,000　　　　　　③ ₩19,600
④ ₩20,000　　　　　　⑤ ₩23,600

**07** ㈜세무는 20×1년 12월 31일 개당 원가 ₩150인 제품 100개를 개당 ₩200에 현금 판매하였다. ㈜세무는 판매 후 30일 이내에 고객이 반품하면 전액 환불해주고 있다. 반품률은 5%로 추정되며, 반품제품 회수비용, 반품제품 가치하락 및 판매 당일 반품은 없다. 동 거래에 관한 설명으로 옳지 않은 것은? [세무사 2019년]

① 20×1년 인식할 매출액은 ₩19,000이다.
② 20×1년 인식할 이익은 ₩4,750이다.
③ '환불이 발생할 경우 고객으로부터 제품을 회수할 권리'를 20×1년 말 자산으로 인식하며, 그 금액은 ₩750이다.
④ 동 거래의 거래가격은 변동대가에 해당하기 때문에 받을 권리를 갖게 될 금액을 추정하여 수익으로 인식한다.
⑤ 20×1년 말 인식할 부채는 ₩250이다.

**08** A사는 20×1년 중에 보유 중인 원가 ₩35,000의 상품 A를 B사의 제품 B와 교환하고 현금 ₩8,000을 수취하였다. 상품 A와 제품 B의 공정가치가 다음과 같으며, A사가 판매하는 상품 A의 공정가치가 더 신뢰성 있게 측정할 수 있다고 한다.

| A사의 상품 A | B사의 제품 B |
| --- | --- |
| ₩40,000 | ₩30,000 |

상품 A와 제품 B의 성격과 가치가 유사하다고 할 경우와 상이하다고 할 경우 A사가 20×1년도에 수익으로 인식할 금액을 계산하시오.

| | 성격과 가치가 유사할 경우 수익 | 성격과 가치가 상이할 경우 수익 |
| --- | --- | --- |
| ① | ₩30,000 | ₩30,000 |
| ② | 0 | 38,000 |
| ③ | 35,000 | 38,000 |
| ④ | 43,000 | 48,000 |
| ⑤ | 0 | 40,000 |

**09** 기업회계기준서 제1115호 '고객과의 계약에서 생기는 수익'에 대한 다음 설명 중 옳지 않은 것은? [공인회계사 2022년]

① 일반적으로 고객과의 계약에는 기업이 고객에게 이전하기로 약속하는 재화나 용역을 분명히 기재한다. 그러나 고객과의 계약에서 식별되는 수행의무는 계약에 분명히 기재한 재화나 용역에만 한정되지 않을 수 있다.

② 계약을 이행하기 위해 해야 하지만 고객에게 재화나 용역을 이전하는 활동이 아니라면 그 활동은 수행의무에 포함되지 않는다.

③ 고객이 약속한 대가(판매대가) 중 상당한 금액이 변동될 수 있으며 그 대가의 금액과 시기가 고객이나 기업이 실질적으로 통제할 수 없는 미래 사건의 발생 여부에 따라 달라진다면 판매대가에 유의적인 금융요소는 없는 것으로 본다.

④ 적절한 진행률 측정방법에는 산출법과 투입법이 포함된다. 진행률 측정방법을 적용할 때, 고객에게 통제를 이전하지 않은 재화나 용역은 진행률 측정에서 제외하는 반면, 수행의무를 이행할 때 고객에게 통제를 이전하는 재화나 용역은 모두 진행률 측정에 포함한다.

⑤ 수익은 한 시점에 이행하는 수행의무 또는 기간에 걸쳐 이행하는 수행의무로 구분한다. 이러한 구분을 위해 먼저 통제 이전 지표에 의해 한 시점에 이행하는 수행의무인지를 판단하고, 이에 해당하지 않는다면 그 수행의무는 기간에 걸쳐 이행되는 것으로 본다.

**10** ㈜세무는 고객에게 제품을 이전하기로 한 약속을 수행의무로 식별하고, 제품을 고객에게 이전할 때 각각의 수행의무에 대한 수익을 인식하고 있다. ㈜세무는 ㈜한국에게 제품 A와 제품 B를 이전하기로 하는 계약을 20×1년 12월 1일에 체결하였고, 동계약에 따라 받기로 한 대가는 총 ₩10,000이다. 동 계약에 따르면, 제품 A를 먼저 인도한 후 제품 B를 나중에 인도하기로 하였지만, 대가 ₩10,000은 모든 제품(제품 A와 제품 B)을 인도한 이후에만 받을 권리가 생긴다. ㈜세무는 20×1년 12월 15일에 제품 A를 인도하였고, 제품 B에 대한 인도는 20×2년 1월 10일에 이루어졌으며, 20×2년 1월 15일에 대가 ₩10,000을 수령하였다. ㈜세무는 제품 A를 개별적으로 판매할 경우 ₩8,000에 판매하고 있지만, 제품 B는 판매경험 및 유사제품에 대한 시장정보가 없어 개별 판매가격을 알지 못한다. 따라서 잔여접근법으로 거래 가격을 배분하기로 한다. ㈜세무의 상기 거래에 관한 설명으로 옳지 않은 것은? (단, 제시된 거래의 효과만을 반영하기로 한다)

[세무사 2022년]

① 20×1년 말 ㈜세무의 재무상태표에 표시할 수취채권의 금액은 영(0)이다.
② 20×1년 말 ㈜세무의 재무상태표에 표시할 계약자산의 금액은 ₩8,000이다.
③ ㈜세무가 20×1년도 포괄손익계산서에 수익으로 인식할 금액은 ₩8,000이다.
④ 20×1년 말 ㈜세무의 재무상태표에 표시할 계약부채는 없다.
⑤ ㈜세무의 20×2년 1월 10일 회계처리로 인하여 계약자산은 ₩2,000 증가한다.

**11** 다음은 유통업을 영위하고 있는 ㈜대한의 20×1년 거래를 보여준다. ㈜대한이 20×1년에 인식할 수익은 얼마인가? [공인회계사 2020년]

---

(1) ㈜대한은 20×1년 12월 1일에 고객 A와 재고자산 100개를 개당 ₩100에 판매하기로 계약을 체결하고 재고자산을 현금으로 판매하였다. 계약에 따르면, ㈜대한은 20×2년 2월 1일에 해당 재고자산을 개당 ₩120의 행사가격으로 재매입할 수 있는 콜옵션을 보유하고 있다.

(2) ㈜대한은 20×1년 12월 26일에 고객 B와 계약을 체결하고 재고자산 100개를 개당 ₩100에 현금으로 판매하였다. 고객 B는 계약 개시시점에 제품을 통제한다. 판매계약상 고객 B는 20일 이내에 사용하지 않은 제품을 반품할 수 있으며, 반품 시 전액을 환불받을 수 있다. 동 재고자산의 원가는 개당 ₩80이다. ㈜대한은 기댓값 방법을 사용하여 90개의 재고자산이 반품되지 않을 것이라고 추정하였다. 반품에 ㈜대한의 영향력이 미치지 못하지만, ㈜대한은 이 제품과 고객층의 반품 추정에는 경험이 상당히 있다고 판단한다. 그리고 불확실성은 단기간(20일 반품기간)에 해소될 것이며, 불확실성이 해소될 때 수익으로 인식한 금액 중 유의적인 부분은 되돌리지 않을 가능성이 매우 높다고 판단하였다. 단, ㈜대한은 제품의 회수 원가가 중요하지 않다고 추정하였으며, 반품된 제품은 다시 판매하여 이익을 남길 수 있다고 예상하였다. 20×1년 말까지 반품된 재고자산은 없다.

---

① ₩20,000      ② ₩9,000      ③ ₩10,000

④ ₩19,000      ⑤ ₩0

**12** 기업회계기준서 제1115호 '고객과의 계약에서 생기는 수익'의 측정에 대한 다음 설명 중 옳은 것은? [공인회계사 2020년]

① 거래가격의 후속변동은 계약 개시시점과 같은 기준으로 계약상 수행의무에 배분한다. 따라서 계약을 개시한 후의 개별 판매가격 변동을 반영하기 위해 거래가격을 다시 배분해야 한다. 이행된 수행의무에 배분되는 금액은 거래가격이 변동되는 기간에 수익으로 인식하거나 수익에서 차감한다.

② 계약을 개시할 때 기업이 고객에게 약속한 재화나 용역을 이전하는 시점과 고객이 그에 대한 대가를 지급하는 시점 간의 기간이 1년 이내일 것이라고 예상한다면 유의적인 금융요소의 영향을 반영하여 약속한 대가를 조정하지 않는 실무적 간편법을 쓸 수 있다.

③ 고객이 현금 외의 형태의 대가를 약속한 계약의 경우, 거래가격은 그 대가와 교환하여 고객에게 약속한 재화나 용역의 개별 판매가격으로 측정하는 것을 원칙으로 한다.

④ 변동대가는 가능한 대가의 범위 중 가능성이 가장 높은 금액으로 측정하며 기댓값 방식은 적용할 수 없다.

⑤ 기업이 고객에게 대가를 지급하는 경우, 고객에게 지급할 대가가 고객에게서 받은 구별되는 재화나 용역에 대한 지급이 아니라면 그 대가는 판매비로 회계처리한다.

**13** ㈜대한은 20×1년 12월 1일에 ㈜민국에게 원가 ₩500,000의 제품을 ₩1,000,000에 현금 판매하였다. 판매계약에는 20×2년 3월 31일에 동 제품을 ₩1,100,000에 다시 살 수 있는 권리를 ㈜대한에게 부여하는 콜옵션이 포함되어 있다. ㈜대한은 20×2년 3월 31일에 계약에 포함된 콜옵션을 행사하지 않았으며, 이에 따라 해당 콜옵션은 동 일자에 소멸되었다. 상기 재매입약정 거래가 ㈜대한의 20×2년 당기순이익에 미치는 영향은 얼마인가? (단, 현재가치평가는 고려하지 않으며, 계산과정에 오차가 있으면 가장 근사치를 선택한다) [공인회계사 2021년]

① ₩100,000 감소     ② ₩75,000 감소     ③ ₩500,000 증가

④ ₩525,000 증가     ⑤ ₩600,000 증가

# Chapter 14 | 객관식 문제 정답 및 해설

**01** ② 계약의 각 당사자가 전혀 수행되지 않은 계약에 대해 상대방에게 보상하지 않고 종료할 수 있는 일방적이고 집행 가능한 권리를 갖는다면, 그 계약은 존재하지 않는다고 본다.

**02** ③ 고객과의 계약에서 식별되는 수행의무는 계약에 분명히 기재한 재화나 용역에만 한정되지 않을 수 있다. 고객에게 이전할 것이라는 정당한 기대를 하도록 한다면, 이러한 약속도 고객과의 계약에 포함될 수 있다.

**03** ⑤ 계약을 개시할 때 기업이 고객에게 약속한 재화나 용역을 이전하는 시점과 고객이 그에 대한 대가를 지급하는 시점 간의 기간이 1년 이내일 것이라고 예상한다면 유의적인 금융요소의 영향을 반영하여 약속한 대가를 조정하지 않는 실무적 간편법을 사용할 수 있다.

**04** ⑤ ① 매주의 청소용역이 구별되더라도, 기업은 청소용역을 기업회계기준서 제1115호 문단 22(2)에 따라 단일수행의무로 회계처리한다.
② 매주의 청소용역이 실질적으로 서로 같고 고객에게 이전하는 방식이 같은 용역을 기간에 걸쳐 이전하면서 진행률 측정에 같은 방법(시간기준 진행률 측정)을 사용하는 일련의 구별되는 용역이기 때문이다.
③ 계약변경일에, 기업은 제공할 나머지 용역을 파악하고 그것들이 구별된다고 결론짓는다. 그러나 나머지 대가로 지급받을 금액(510,000)은 제공할 용역의 개별 판매가격(540,000)을 반영하지 않는다.
④ 기업은 계약의 변경을 기업회계기준서 제1115호 문단 21(1)에 따라 원래 계약이 종료되고 새로운 계약이 체결된 것처럼 회계처리한다.

**05** ③ 변동대가(금액)는 기댓값 또는 가능성이 가장 높은 금액 중에서 기업이 받을 권리를 갖게 될 대가(금액)를 더 잘 예측할 것으로 예상하는 방법을 사용하여 추정한다.

**06** ① 20×2년 수익: $30,000 \times 2,000/(2,000 + 1,000) \times 6/12 = 10,000$
\* 계약을 개시한 후의 개별 판매가격 변동을 반영하기 위하여 거래가격을 다시 배분하지는 않는다.

**07** ⑤

| 차) 현금 | 20,000 | 대) 매출 | 20,000 |
|---|---|---|---|
| 차) 매출[1] | 1,000 | 대) 환불부채 | 1,000 |
| 차) 매출원가 | 15,000 | 대) 재고자산 | 15,000 |
| 차) 반품비용 | 0 | 대) 매출원가[2] | 750 |
| 반환재고회수권 | 750 | | |

[1] $20,000 \times 5\% = 1,000$
[2] $15,000 \times 5\% = 750$

[참고] 반품조건부로 판매되는 경우 환불부채 측정치는 변동할 수 있으므로 반품조건부 판매 거래가격은 변동대가에 해당한다.

**08** ⑤ (1) 성격과 가치가 유사할 경우 수익: 0 (성격과 가치가 유사한 경우에는 수익을 발생시키는 거래가 아니다)
(2) 성격과 가치가 상이할 경우 수익: 40,000 (비현금 대가를 받는 경우에는 비현금 대가의 공정가치를 수익으로 인식하여야 한다. 이때 받은 비현금 대가의 공정가치를 신뢰성 있게 측정할 수 없다면 제공한 재화나 용역의 공정가치를 수익으로 인식한다)

**09** ⑤ 수익은 한 시점에 이행하는 수행의무 또는 기간에 걸쳐 이행하는 수행의무로 구분한다. 이러한 구분을 위해 먼저 통제 이전 지표에 의해 기간에 걸쳐 이행되는 수행의무인지를 판단하고, 이에 해당하지 않는다면 그 수행의무는 한 시점에 이행되는 것으로 본다.

**10** ⑤ [20×1년 12월 15일]

| 차) 계약자산 | 80,000 | 대) 계약수익 | 80,000 |
|---|---|---|---|

[20×2년 1월 10일]

| 차) 수취채권 | 100,000 | 대) 계약자산 | 80,000 |
|---|---|---|---|
| | | 계약수익 | 20,000 |

[20×2년 1월 15일]

| 차) 현금 | 100,000 | 대) 수취채권 | 100,000 |
|---|---|---|---|

**11** ② 1) 12월 1일 거래: 금융약정거래로 수익으로 인식할 금액은 없다.
2) 12월 26일 거래: 90개 × 100 = 9,000

**12** ② ① 개별 판매가격의 변동은 반영하지 않는다.
③ 수령하는 대가의 개별 판매가격을 측정하는 것을 원칙으로 한다.
④ 기댓값 방식을 적용할 수 있다.
⑤ 대가에서 차감하여야 한다.

**13** ④ 1) 20×1년 12월 1일 회계처리

| 차) 현금 | 1,000,000 | 대) 금융부채 | 1,000,000 |
|---|---|---|---|

2) 20×1년 12월 31일 회계처리

| 차) 이자비용 | 25,000 | 대) 미지급이자 | 25,000 |
|---|---|---|---|

\* $(1,100,000 - 1,000,000) \times 1/4 = 25,000$

3) 20×2년 3월 31일 회계처리

| 차) 이자비용 | 75,000 | 대) 미지급이자 | 75,000 |
|---|---|---|---|
| 차) 미지급이자 | 100,000 | 대) 매출 | 1,100,000 |
| 금융부채 | 1,000,000 | | |
| 차) 매출원가 | 500,000 | 대) 재고자산 | 500,000 |

⇒ 20×2년 당기순이익에 미치는 영향: (−)75,000 + 1,100,000 − 500,000 = 525,000 증가

# Chapter 14 | 주관식 문제

## 문제 01     계약의 변경(재화의 판매)

20×1년 1월 1일 A사는 제품 120개를 고객에게 개당 ₩100에 판매하기로 계약하고, 향후 2개월에 걸쳐 고객에게 이전하기로 하였다. A사는 제품에 대한 통제를 한 시점에 이전한다. 20×1년 1월 중 기업이 제품 50개에 대한 통제를 고객에게 이전한 다음에, 추가로 제품 30개를 고객에게 납품하기로 계약을 변경하였다. 그 후 20×1년 2월 중 기존 계약 제품 40개와 추가 계약 제품 10개를 고객에게 이전하였다. 추가 제품은 최초 계약에 포함되지 않았다.

**물음 1)** 계약을 변경할 때 추가 제품 30개에 대한 계약변경의 가격은 개당 ₩95이다. 추가 제품은 계약변경시점에 그 제품의 개별 판매가격을 반영하여 가격이 책정되고, 원래 제품과 구별된다. 이 경우 A사가 2월에 고객에게 이전한 기존 계약 제품 40개에 대한 수익인식액과 추가 계약 제품 10개에 대한 수익인식액을 구하시오.

**물음 2)** 계약을 변경할 때 추가 제품 30개에 대한 계약변경의 가격은 개당 ₩95이다. 추가 제품은 계약변경시점에 그 제품의 개별 판매가격을 반영하여 가격이 책정되지 못했고, 원래 제품과 구별된다. 이 경우 A사가 2월에 고객에게 이전한 기존 계약 제품 40개에 대한 수익인식액과 추가 계약 제품 10개에 대한 수익인식액을 구하시오.

**물음 3)** 고객은 20×1년 1월에 이전받은 최초 제품 50개에 그 인도된 제품 특유의 사소한 결함이 있음을 알게 되었다. A사는 그 제품의 결함에 대한 보상으로 고객에게 개당 ₩15씩 일부 공제를 약속하였다. 이 경우 A사가 1월에 고객에게 이전한 제품 50개에 대한 수익인식액을 구하시오.

물음 1) (1) 기존 계약 제품 40개에 대한 수익인식액: 4,000
  (2) 추가 계약 제품 10개에 대한 수익인식액: 950
  1. 동 계약의 변경은 계약의 범위가 확장되고 확장된 부분은 개별 판매가격을 반영하였으므로 별도의 계약이다.
  2. 기존 계약 제품 40개에 대한 수익인식액: 40개 × @100 = 4,000
  3. 추가 계약 제품 10개에 대한 수익인식액: 10개 × @95 = 950

물음 2) (1) 기존 계약 제품 40개에 대한 수익인식액: 3,940
  (2) 추가 계약 제품 10개에 대한 수익인식액: 985
  1. 동 계약의 변경은 계약의 범위가 확장되고 확장된 부분은 개별 판매가격을 반영하지 않았고 재화·용역이 구별되므로 기존 계약은 종료하고 새로운 계약이 시작되는 것으로 본다.
  2. 기존 계약 제품 40개에 대한 수익인식액: 40개 × @98.5 = 3,940
  3. 추가 계약 제품 10개에 대한 수익인식액: 10개 × @98.5 = 985
  * [(120 − 50)개 × @100 + 30개 × @95] ÷ (70 + 30)개 = @98.5

물음 3) 1월에 고객에게 이전한 제품 50개에 대한 수익인식액: 4,250
  1. 기존 제품의 결함으로 인한 가격할인분은 별도의 계약에 해당하지 않고 재화·용역이 구분되지 않으므로 기존계약의 일부로 인식(매출에누리)한다.
  2. 1월에 고객에게 이전한 제품 50개에 대한 수익인식액: 50개 × @(100 − 15) = 4,250

다음의 각 사례는 독립적이다.

**[사례 1]** 기업(소프트웨어 개발자)은 2년 동안 소프트웨어 라이선스를 이전하고, 설치용역을 수행하며, 특정되지 않은 소프트웨어 갱신(update)과 기술지원(온라인과 전화)을 제공하는 계약을 고객과 체결하였다. 기업은 라이선스, 설치용역, 기술지원을 별도로 판매한다. 설치용역은 각 이용자 유형(예 마케팅, 재고관리, 기술정보)에 맞추어 웹 스크린을 변경하는 것을 포함한다. 설치용역은 일상적으로 다른 기업이 수행하는 데 소프트웨어를 유의적으로 변형하지 않는다. 소프트웨어는 갱신과 기술지원이 없어도 가동되는 상태이다.

**[사례 2]** 약속한 재화와 용역은 **[사례 1]**과 같다. 다만 계약에서는 설치용역의 일부로 고객이 사용하고 있는 다른 고객 맞춤 소프트웨어 어플리케이션에 접근할 수 있도록 소프트웨어에 유의적인 새로운 기능성을 추가하기 위해 실질적인 고객 맞춤화를 규정한다. 그 고객 맞춤화 설치용역은 다른 기업이 제공할 수도 있다.

**[사례 3]** 기업은 장비를 판매하고 설치용역을 제공하기로 하는 계약을 고객과 체결한다. 그 장비는 어떠한 고객 맞춤화나 변형 없이 가동될 수 있다. 필요한 설치는 복잡하지 않고 몇몇 대체 용역제공자가 수행할 수도 있다.

**[사례 4]** 계약에 따라 고객이 기업의 설치용역을 사용해야 한다는 점을 제외하고는 **[사례 3]**과 같은 사실을 가정한다.

**각 사례별로 아래의 양식에 따라 하나의 수행의무로 식별되는지, 각각의 수행의무로 식별되는지를 나타내시오.**

| 구분 | 하나의 수행의무로 식별 | 각각의 수행의무로 식별 |
|------|:------:|:------:|
| 사례 | ○ | − |

| 구분 | 하나의 수행의무로 식별 | 각각의 수행의무로 식별 |
|---|---|---|
| 사례 1 | - | ○ |
| 사례 2 | ○ | - |
| 사례 3 | - | ○ |
| 사례 4 | - | ○ |

**[사례 1] ⇒ 각각의 수행의무로 식별**

　　기업은 기업회계기준서 제1115호 문단 27에 따라 어떤 재화와 용역이 구별되는지를 판단하기 위해 고객에게 약속한 재화와 용역을 파악한다. 기업은 소프트웨어가 다른 재화와 용역보다 먼저 인도되고 갱신과 기술지원이 없어도 가동되는 상태임을 안다. 고객은 계약 개시시점에 이전되는 소프트웨어 라이선스와 함께하여 갱신에서 효익을 얻을 수 있다. 그러므로 기업은 고객이 각 재화와 용역 그 자체에서 효익을 얻거나 쉽게 구할 수 있는 다른 재화와 용역과 함께하여 효익을 얻을 수 있으므로 기업회계기준서 제1115호 문단 27(1)의 기준을 충족한다고 결론짓는다.

　　또 기업은 기업회계기준서 제1115호 문단 29의 원칙과 요소를 참고하고, 고객에게 각 재화와 용역을 이전하기로 한 약속이 그 밖의 각 약속과 별도로 식별된다고(그러므로 기업회계기준서 제1115호 문단 27(2)의 기준을 충족한다고) 판단한다. 이 결론에 이를 때, 기업은 비록 소프트웨어를 고객의 시스템에 통합하더라도 설치용역은 소프트웨어 라이선스를 사용하거나 그 라이선스에서 효익을 얻는 고객의 능력에 유의적으로 영향을 미치지 않는다고 본다. 설치용역은 일상적이고 다른 공급자가 제공할 수 있기 때문이다.

**[사례 2] ⇒ 하나의 수행의무로 식별**

　　기업은 어떤 재화와 용역이 기업회계기준서 제1115호 문단 27에 따라 구별되는지를 판단하기 위하여 고객에게 약속한 재화와 용역을 파악한다. 기업은 문단 27(1)의 기준이 충족되는지를 먼저 파악한다. [사례 1]과 같은 이유로, 기업은 소프트웨어 라이선스, 설치, 소프트웨어 갱신, 기술지원 각각이 그 기준을 충족한다고 판단한다. 그 다음에 기업은 기업회계기준서 제1115호 문단 29의 원칙과 요소를 평가함으로써 문단 27(2)의 기준이 충족되는지를 파악한다. 기업은 계약 조건에 따라 계약에서 정한 대로 고객 맞춤화 설치용역을 이행함으로써 기존 소프트웨어 시스템에 라이선스된 소프트웨어를 통합하는 유의적인 용역을 제공하는 약속이 생긴다고 본다. 다시 말하면, 기업은 계약에서 정한 결합산출물(기능적이고 통합된 소프트웨어 시스템)을 생산하기 위하여 투입물로서 라이선스와 고객 맞춤화 설치용역을 사용하는 것이다(기업회계기준서 제1115호 문단 29(1)). 소프트웨어는 용역에 의해 유의적으로 변형되고 고객 맞춤화된다(기업회계기준서 제1115호 문단 29(2) 참조). 따라서 기업은 라이선스를 이전하기로 한 약속을 고객 맞춤화 설치용역과 별도로 식별할 수 없으므로 기업회계기준서 제1115호 문단 27(2)의 기준을 충족하지 못한다고 판단한다. 그러므로 소프트웨어 라이선스와 고객 맞춤화 설치용역은 구별되지 않는다.

[사례 3] ⇒ 각각의 수행의무로 식별

기업은 계약에서 두 가지의 약속한 재화와 용역((1) 장비, (2) 설치)을 식별한다. 기업은 약속한 각 재화나 용역이 구별되는지를 판단하기 위하여 기업회계기준서 제1115호 문단 27의 기준을 검토한다. 기업은 장비와 설치가 각각 기업회계기준서 제1115호 문단 27(1)의 기준을 충족하는지를 판단한다. 고객은 장비를 사용하거나, 폐물 가치보다 많은 금액으로 재판매하여 장비 그 자체에서 효익을 얻을 수 있거나, 쉽게 구할 수 있는 다른 자원(예 대체 제공자에게서 구할 수 있는 설치용역)과 함께하여 효익을 얻을 수 있다. 고객은 그 기업에서 이미 획득한 다른 자원(장비)과 함께하여 설치용역에서 효익을 얻을 수도 있다.

[사례 4] ⇒ 각각의 수행의무로 식별

기업의 설치용역을 사용하도록 하는 계약상 요구는 이 경우에 약속된 재화와 용역이 구별되는지의 판단을 바꾸지 않는다. 기업의 설치용역을 사용하도록 하는 계약상 요구는 재화나 용역의 특성 자체를 바꾸는 것이 아니며, 고객에 대한 기업의 약속을 바꾸는 것도 아니다. 비록 고객이 기업의 설치용역을 사용해야 하더라도 장비와 설치용역을 구별할 수 있어(그것들은 각각 기업회계기준서 제1115호 문단 27(1)의 기준을 충족함) 장비를 제공하는 약속과 설치용역을 제공하는 약속은 각각 별도로 식별할 수 있다. 즉, 그것들은 각각 기업회계기준서 제1115호 문단 27(2)의 기준을 충족한다. 이 짐에서 기업의 분석은 [사례 3]의 분석과 일치한다.

| 문제 03 | 보증의무 |
|---|---|

A사는 20×1년 말 대당 제조원가가 ₩300,000인 핸드폰 10대를 대당 ₩460,000에 판매하고 핸드폰을 사용하는 중에 고장이 발생하면 2년간 무상으로 수리해주기로 하였다. 관련 법률에 따르면 판매 후 2년간 무상수리하여야 하며, 동종업계에서는 모두 2년간 무상수리를 보증한다.

> (1) A사는 원하는 고객들에게 핸드폰 1대당 ₩40,000을 받고 1년의 추가적인 제품보증을 제공하기로 하였다. 이러한 제품보증을 구매한 고객에게 판매한 핸드폰은 4대이다.
> (2) A사는 핸드폰 판매와 관련하여 20×2년과 20×3년, 20×4년에 수리비용으로 지출될 것으로 예상되는 금액을 아래와 같이 추정하였다.
>
> | 20×2년 | 20×3년 | 20×4년 |
> |---|---|---|
> | 대당 ₩10,000 | 대당 ₩15,000 | 대당 ₩20,000 |

동 거래로 A사의 20×1년 말 재무상태표상 계상될 충당부채와 20×1년에 수익으로 인식할 금액은 얼마인가?

| 풀이 |
|---|

(1) 20×1년 말 충당부채: 250,000
(2) 20×1년 수익: 4,600,000

| 차) 현금[1] | 4,760,000 | 대) 매출 | 4,600,000 |
|---|---|---|---|
| | | 계약부채[2] | 160,000 |
| 차) 매출원가 | 3,000,000 | 대) 재고자산 | 3,000,000 |
| 차) 제품보증비 | 250,000 | 대) 제품보증충당부채[3] | 250,000 |

[1] 4대 × (460,000 + 40,000) + (10대 − 4대) × 460,000 = 4,760,000
[2] 4대 × 40,000 = 160,000
[3] 10대 × (10,000 + 15,000) = 250,000

아래의 물음은 서로 독립적이다.

A사는 싱글몰트 위스키 제조·판매를 영업으로 하고 있다. 20×1년 7월에 고객에게 위스키 100병을 20×1년 11월 1일에 인도하기로 계약하였다. 위스키의 고정대가는 1병당 ₩20,000이다. 또한 20×2년 3월 1일에 열리는 세계 위스키 콘테스트 결과에 따라 위스키 100병 전체에 대한 변동대가를 받기로 계약에 포함하였다. 세계 위스키 콘테스트 결과는 1, 2, 3, 4등급으로 나누어지게 되는데, 등급에 따라 결정되는 추가 금액은 다음과 같다. 다만, 현재 어느 등급이 매겨질지는 알 수 없고, 각각의 확률도 알 수 없지만 4등급으로 될 가능성은 거의 없다.

| 등급 | 1등급 | 2등급 | 3등급 | 4등급 |
|---|---|---|---|---|
| 변동대가(100병 전체) | ₩400,000 | ₩200,000 | ₩60,000 | ₩0 |

**물음 1)** A사가 20×1년 11월 1일에 수익으로 인식할 금액을 구하시오.

**물음 2)** 세계 위스키 콘테스트 결과에 대한 예상 확률이 1등급 20%, 2등급 30%, 3등급 40%, 4등급 10%이며, 변동대가를 기댓값으로 추정한다고 가정한다. A사가 20×1년 11월 1일 수익으로 인식할 금액을 구하시오.

A회사는 고객에게 환불조건부 판매를 마케팅 포인트로 하여 영업을 하고 있는 회사이다. C회사와 제품을 개당 ₩100에 판매하기로 20×1년 10월 1일 계약을 체결하였으며, 계약상 C회사가 6개월 동안 1,000개 넘게 구매하면 개당 가격을 ₩90으로 소급하여 낮추기로 계약을 정하였다. 따라서 계약상 대가 중의 일부는 환불될 수 있다. A회사는 제품에 대한 통제를 고객에게 이전할 때 대가를 지급받을 권리가 생긴다. 그러므로 기업은 가격 감액을 소급 적용하기 전까지는 개당 ₩100의 대가를 받을 무조건적 권리(수취채권)가 있다. A회사는 20×1년 12월 31일까지 C회사에 제품 600개를 판매하였으며, A회사는 C회사가 대량 할인을 받을 수 있는 1,000개의 임계치를 초과하여 구매할 수 있을 것이라고 추정한다.

**물음 3)** 20×2년 3월 31일까지 C회사에 추가로 제품 500개를 판매하였다. 판매대금은 20×2년 4월 1일에 일괄적으로 현금 회수하였다. A회사가 20×2년에 ① 수익으로 인식할 금액과 ② 20×1년과 20×2년의 회계처리를 제시하시오.

**물음 4)** 위 **물음 3)**과 달리 20×2년 3월 31일까지 C회사에 추가로 제품 300개를 판매하였다. 판매대금은 20×2년 4월 1일에 일괄적으로 현금 회수하였다. A회사가 20×2년에 ① 수익으로 인식할 금액과 ② 20×1년과 20×2년의 회계처리를 제시하시오.

**물음 5)** A사는 20×1년 7월 1일 고객에게 1년 동안 재화를 판매하기로 계약을 체결하였다. 고객은 1년 동안 최소 제품 100단위를 단위당 ₩20,000씩 총 ₩2,000,000의 제품을 사기로 약속하였다. 계약에서 A사는 계약 개시시점에 고객에게 환불되지 않는 ₩200,000을 지급하도록 되어 있다. 이는 고객이 기업의 제품을 사용하는 데 필요한 변경에 대해 고객에게 보상하는 것이다. A사는 20×1년에 제품 50단위를 판매하고 현금 ₩1,000,000을 수령하였다. A사가 20×1년에 인식할 수익을 구하시오.

**물음 6)** A사는 20×1년 7월 1일 제품을 판매하기로 고객과 계약을 체결하였다. 제품에 대한 통제는 20×3년 6월 30일에 고객에게 이전될 것이다. 계약에 따라 고객은 20×1년 7월 1일 계약에 서명하는 시점에 ₩400,000을 지급하기로 하였다. A사는 약속된 대가를 조정하기 위해 사용해야 할 이자율은 연 6%라고 판단하였다. 그러나 20×1년 말 이후 A사는 고객 신용특성의 변동을 반영하여 새로운 할인율 연 10%를 산정하였다. A사는 20×3년 6월 30일에 원가 ₩300,000의 재고자산을 이전하였다. A사가 20×3년에 제품을 판매할 때 인식할 매출액을 구하시오.

물음 1) 20×1년 11월 1일에 수익으로 인식할 금액: 2,060,000
    (1) 고정대가: 100병 × @20,000 = 2,000,000
    (2) 변동대가: 60,000(4등급이 될 가능성이 거의 없으며, 유의적인 부분을 되돌리지 않을 가능성이 매우 높은 부분인 60,000을 수익으로 인식)

물음 2) 20×1년 11월 1일에 수익으로 인식할 금액: 2,164,000
    (1) 고정대가: 100병 × @20,000 = 2,000,000
    (2) 변동대가: 400,000 × 20% + 200,000 × 30% + 60,000 × 40% + 0 × 10% = 164,000

물음 3) (1) 20×2년 수익인식액: 500개 × @90 = 45,000
    (2) 회계처리

| [20×1. 12. 1.] | | | |
|---|---|---|---|
| 차) 수취채권 | 60,000 | 대) 수익 | 54,000 |
| | | 환불부채[1] | 6,000 |
| **[20×2. 3. 31.]** | | | |
| 차) 수취채권 | 50,000 | 대) 수익 | 45,000 |
| | | 환불부채[2] | 5,000 |
| **[20×2. 4. 1.]** | | | |
| 차) 환불부채 | 11,000 | 대) 수취채권 | 110,000 |
| 현금 | 99,000 | | |

[1] 600개 × @(100 − 90) = 6,000
[2] 500개 × @(100 − 90) = 5,000

물음 4) (1) 20×2년 수익인식액: 36,000
    • 20×2년 300개: 300개 × @100 = 30,000
    • 20×1년 600개 소급분: 600개 × @(100 − 90) = 6,000
    (2) 회계처리

| [20×1. 12. 31.] | | | |
|---|---|---|---|
| 차) 수취채권 | 60,000 | 대) 수익 | 54,000 |
| | | 환불부채[1] | 6,000 |
| **[20×2. 3. 31.]** | | | |
| 차) 수취채권 | 30,000 | 대) 수익 | 36,000 |
| 환불부채 | 6,000 | | |
| **[20×2. 4. 1.]** | | | |
| 차) 현금 | 90,000 | 대) 수취채권 | 90,000 |

물음 5) A사가 20×1년에 인식할 수익: 900,000

    (1) 제품 단위당 수익: $(2,000,000 - 200,000) \div 100$단위 $= @18,000$

    (2) 20×1년에 인식할 수익: 50단위 $\times @18,000 = 900,000$

    (3) 회계처리

| [20×1년 7월 1일] | | | |
|---|---|---|---|
| 차) 환수자산(선급금) | 200,000 | 대) 현금 | 200,000 |
| [20×1년 판매 시] | | | |
| 차) 현금 | 1,000,000 | 대) 계약수익 | 900,000 |
| | | 환수자산(선급금) | 100,000 |

\* 고객에게 지급할 대가가 고객에게 받은 구별되는 재화나 용역에 대한 지급이 아니라면, 그 대가는 거래가격 즉, 수익에서 차감하여 회계처리한다.

물음 6) A사가 20×3년에 제품을 판매할 때 인식할 매출액: $400,000 \times 1.06^2 = 449,440$

| [20×1년 7월 1일] | | | |
|---|---|---|---|
| 차) 현금 | 400,000 | 대) 계약부채 | 400,000 |
| [20×1년 12월 31일] | | | |
| 차) 이자비용 | 12,000 | 대) 계약부채 | 12,000 |
| [20×2년 12월 31일] | | | |
| 차) 이자비용 | 24,720[1] | 대) 계약부채 | 24,720 |
| [20×3년 6월 30일] | | | |
| 차) 이자비용 | 12,720[2] | 대) 계약부채 | 12,720 |
| 차) 계약부채 | 449,440 | 대) 매출 | 449,440 |
| 차) 매출원가 | 300,000 | 대) 재고자산 | 300,000 |

[1] $400,000 \times 6\% \times 6/12 + 400,000 \times 1.06 \times 6\% \times 6/12 = 24,720$
[2] $424,000 \times 6\% \times 6/12 = 12,720$

**아래의 물음은 서로 독립적이다.**

**물음 1)** D건설회사는 20×1년 초 도로와 교량을 건설하는 계약을 체결하고 즉시 공사를 진행하였다. (도로의 건설과 교량의 건설이라는 별도의 이행의무가 있다고 가정) D건설회사는 계약체결 시 거래가격을 ₩120,000으로 결정하였고 이는 ₩100,000의 고정가격과 포상금에 대한 추정치 ₩20,000이 포함된 금액이다. 회사는 ₩20,000의 장려금에 대한 변동가능대가를 추정하는 데 최선의 추정치를 이용한다. D건설회사는 추정치의 변동으로 수익이 감소하지 않을 가능성이 매우 높다고 결론내렸다. 20×2년 초에 변동가능대가가 계약 개시 이후 예상했던 ₩20,000에서 ₩30,000으로 변동되었다. 동 변동은 건설기간 중 기상상황의 호전으로 인한 것으로써 예상한 것보다 일찍 공사를 종료할 것으로 기대하였기 때문에 발생하였다. 예측치가 변동되어 20×1년 말에 도로의 90%가 완료되었지만 교량 건설은 아직 시작하지 않았다가 20×2년에 두 공사 모두 완료되었다(단, 20×1년 도로 건설의 개별 판매가격은 ₩70,000이고 교량 건설의 개별 판매가격은 ₩70,000이었으나 20×2년 도로 건설의 개별 판매가격은 ₩60,000이고 교량 건설의 개별 판매가격은 ₩70,000으로 변경되었다. 또한 동 공사는 모두 지금까지 수행을 완료한 부분에 대해 집행 가능한 지급청구권을 D회사가 가지고 있다).

기업이 20×1년과 20×2년에 수익으로 계상할 금액을 구하시오.

**물음 2)** 다음의 거래는 모두 연속되는 상황이다.　　　　　　　　　[공인회계사 2차 2019년 수정]

[거래 1]
㈜사과는 고객에게 구별되는 제품 2개(제품 A와 제품 B)를 이전하기로 20×1년 6월 1일 약속하였다. 제품 A는 계약 개시시점에, 제품 B는 20×2년 2월 28일에 각각 이전한다. 고객이 약속한 대가는 총 ₩2,400으로 고정대가 ₩2,000과 ㈜사과가 추정한 변동대가 ₩400이 포함되어 있다. 이는 불확실성이 해소될 때 이미 인식한 누적수익금액 중 유의적인 부분을 되돌리지 않을 가능성이 매우 높다고 결론지었기 때문이다.

[거래 2]
㈜사과는 20×1년 10월 31일 아직 고객에게 인도하지 않은 제품 B에 제품 C를 추가하여 20×2년 5월 31일에 이전하기로 계약의 범위를 변경하고, 계약가격을 ₩600(고정대가) 증액하였다. 그러나 이 금액은 제품 C의 개별 판매가격을 나타내지 않는다. 제품 C의 개별 판매가격은 제품 A와 제품 B의 개별 판매가격과 같다.

[거래 3]
㈜사과는 제품 B와 제품 C를 인도하기 전에 권리를 갖게 될 것으로 예상하는 변동대가 추정치를 ₩400에서 ₩500으로 수정하였다. ㈜사과는 변동대가 추정치의 변동분 ₩100을 거래가격에 포함할 수 있다고 결론지었는데, 불확실성이 해소될 때 이미 인식한 누적수익금액 중 유의적인 부분을 되돌리지 않을 가능성이 매우 높다고 결론지었기 때문이다.

**물음 2-1)** [거래 1]에서 ㈜사과가 제품 A를 계약 개시시점에 고객에게 이전할 때 수익으로 인식할 금액을 구하시오.

**물음 2-2)** [거래 2]에서 ㈜사과의 계약변경으로 제품 B와 제품 C의 수행의무에 배분되는 거래가격을 구하시오.

**물음 2-3)** [거래 3]에서 ㈜사과의 거래가격 증가분으로 인하여 20×2년 2월 28일에 제품 B를 고객에게 이전하면서 인식할 수익금액과 20×2년 5월 31일에 제품 C를 고객에게 이전하면서 인식할 수익금액을 각각 구하시오.

**물음 1)** (1) 20×1년 수익: 60,000 × 90% = 54,000

(2) 20×2년 수익: 76,000

① 거래가격의 배분

- 도로 건설: 120,000 × 70,000/140,000 = 60,000
- 교량 건설: 120,000 × 70,000/140,000 = 60,000

② 거래가격 변동분의 배분

- 도로 건설: 10,000 × 70,000/140,000 = 5,000
- 교량 건설: 10,000 × 70,000/140,000 = 5,000

* 거래가격을 이행의무에 배분하는 기준(상대적 개별 판매가격기준으로 배분하는 데 사용한 비율)은 계약개시 후 변경하지 않았다.

③ 추가적으로 인식할 수익금액: 11,000 + 65,000 = 76,000

- 도로 건설: (60,000 + 5,000) × 100% − 60,000 × 90% = 11,000
- 교량 건설: 60,000 + 5,000 = 65,000

**물음 2-1)** 제품 A를 계약 개시시점에 고객에게 이전할 때 수익으로 인식할 금액: 1,200

㈜사과는 2,400의 거래가격을 제품 A의 수행의무와 제품 B의 수행의무에 동일하게 배분한다. 그 이유는 변동대가를 전부 하나의 수행의무에 배분하거나 단일 수행의무의 일부를 구성하는 구별되는 재화나 용역에 배분할 수 있는 요건(① 수행의무를 이행하거나 구별되는 재화나 용역을 이전하는 기업의 노력과 변동 지급조건이 명백하게 관련되어 있다. ② 계약상 모든 수행의무와 지급조건을 고려할 때, 변동대가를 전부 그 수행의무나 구별되는 재화 또는 용역에 배분하는 것이 거래가격 배분의 목적에 맞는다)을 모두 충족하지 못하기 때문이다.

**물음 2-2)** (1) 계약변경으로 제품 B의 수행의무에 배분되는 거래가격: 900 = (2,400 ÷ 2 + 600) ÷ 2

(2) 계약변경으로 제품 C의 수행의무에 배분되는 거래가격: 900 = (2,400 ÷ 2 + 600) ÷ 2

㈜사과는 이 계약변경으로 기존 계약이 종료되고 새로운 계약이 체결된 것처럼 회계처리하여야 한다. 그 이유는 나머지 제품 B와 제품 C가 계약변경 전에 고객에게 이전한 제품 A와 구별되고, 추가 제품 C의 약속된 대가가 제품 C의 개별 판매가격을 나타내지 않기 때문이다. 또한 각 제품의 개별 판매가격은 동일하므로 변경된 계약의 거래가격은 제품 B의 수행의무와 제품 C의 수행의무에 동일하게 배분된다.

**물음 2-3)** (1) 20×2년 2월 28일에 제품 B를 고객에게 이전하면서 인식할 수익금액: 925

(2) 20×2년 5월 31일에 제품 C를 고객에게 이전하면서 인식할 수익금액: 925

계약변경을 기존 계약이 종료되고 새로운 계약이 체결된 것처럼 회계처리하더라도 거래가격 증가분 100은 계약변경 전에 약속된 변동대가에 귀속시킨다. 또한 거래가격 증가분 100을 계약 개시시점과 같은 기준으로 배분한다. 따라서 거래가격이 변동된 기간에 제품 A의 수익 50을 인식한다.

제품 B와 제품 C는 두 제품의 개별 판매가격이 같고, 변동대가를 양쪽의 수행의무가 아닌 한쪽에만 배분하도록 하는 기준(① 수행의무를 이행하거나 구별되는 재화나 용역을 이전하는 기업의 노력과 변동 지급조건이 명백하게 관련되어 있다. ② 계약상 모든 수행의무와 지급조건을 고려할 때, 변동대가를 전부 그 수행의무나 구별되는 재화 또는 용역에 배분하는 것이 거래가격 배분의 목적에 맞는다)을 충족하지 못하므로 거래가격의 변동을 동일하게 배분한다.

**물음 1)** 다음 각 사례별로 기간에 걸쳐 이행하는 수행의무인지 한 시점에 이행되는 수행의 무인지를 밝히시오.   [기준서 사례 수정]

---

[사례 1]

기업은 고객에게 전문가 의견을 제공하는 컨설팅 용역을 제공하기로 고객과 계약을 체결하였다. 전문가 의견은 고객에게 특정된 사실 및 상황에 관련된다. 기업이 약속 한 대로 수행하지 못하는 경우 외의 사유로 고객이 컨설팅 용역계약을 종료한다면, 고객은 계약에 따라 기업의 발생원가에 15% 이윤을 더하여 보상해야 한다. 15% 이 윤은 기업이 비슷한 계약에서 벌어들이는 이윤에 가깝다.

[사례 2]

기업은 장비를 건설하기로 고객과 계약을 체결한다. 계약의 지급 일정에서는 고객이 계약 개시시점에 계약가격의 10%인 선급금을 지급하고, 건설기간에 정기적으로 계약 가격의 50%에 해당하는 금액까지 지급하며, 건설이 완료되어 장비가 규정된 성능 시 험을 통과한 후에 계약가격의 40%를 최종 지급하도록 정하였다. 기업이 약속한 대로 수행하지 못하는 경우가 아니라면 이미 지급받은 금액은 환불되지 않는다. 고객이 계 약을 종료할 경우에 기업은 고객에게서 받은 기성금(Progress Payment)만 보유할 권리가 있다. 기업은 고객에게서 보상받을 권리가 더는 없다.

[사례 3]

기업은 특수 기계장치를 건설하기로 고객과 계약을 체결하였다. 기업은 다양한 고객 을 위해 특수 기계장치를 건설한다. 각 특수 기계장치의 디자인과 건설은 각 고객의 필요와 기계장치에 통합될 기술의 유형에 따라 상당히 다르다. 기업이 수행을 완료한 부분에 대해 집행 가능한 지급청구권이 있다.

---

**물음 2)** ㈜대한은 20×1년 1월 1일 ㈜민국과 자동화 설비장치인 시스템 A를 판매하는 계약을 체결하였으며 주요 계약 내용은 다음과 같다. [공인회계사 2차 2018년 수정]

> **〈주요 계약 내용〉**
> • ㈜대한은 ㈜민국에게 시스템 A를 20×2년 12월 31일까지 이전한다.
> • 시스템 A는 자동화설비 로봇과 로봇의 작동을 위한 소프트웨어를 포함한다.
> • ㈜민국은 ㈜대한에게 대가를 20×1년 1월 1일 계약 체결시점에 ₩1,000,000을 지급하거나 20×2년 12월 31일 제품 이전시점에 ₩1,210,000을 지급하는 방안 중 하나를 선택할 수 있다.

㈜대한은 로봇과 소프트웨어 제작 및 개발 프로젝트 전체를 책임지고 있다. ㈜대한이 개발하는 소프트웨어는 시스템 A의 로봇에서만 사용 가능하며 해당 로봇은 ㈜대한이 개발하는 소프트웨어가 아니면 작동하지 않는다. 시스템 A의 제작에 2년이 소요되며, ㈜대한은 총 ₩800,000의 제작원가 중 개발 1년 차에 60%(₩480,000), 2년 차에 40%(₩320,000)가 투입될 것으로 예상한다. 로봇 제작 원가와 소프트웨어 개발 원가의 비율은 50% 대 50%이다. 20×1년도에 예상대로 원가가 발생하였다. ㈜대한은 ㈜민국이 주문한 제품과 동일한 시스템 A 여러 대를 제작 중이며 ㈜민국이 주문한 제품은 특정되지 않는다. 계약 체결시점에 ㈜대한과 ㈜민국의 신용 특성을 반영하는 계약 이자율은 10%이다.

다음의 각 물음은 독립적이다.

**물음 2-1)** 20×1년 1월 1일 ㈜대한이 식별해야 할 ㈜민국과의 계약에 의한 수행의무와 수행의무 이행에 따른 수익을 어떻게 인식할지를 간략하게 설명하시오.

**물음 2-2)** ㈜민국이 20×1년 1월 1일 계약 체결시점에 대가 ₩1,000,000을 ㈜대한에게 지급하기로 결정했다면, ㈜대한이 20×1년 12월 31일에 수행해야 할 회계처리를 제시하고 그 이유를 간략하게 설명하시오.

**물음 2-3)** ㈜민국이 20×2년 12월 31일 시스템 A 이전시점에 대가 ₩1,210,000 을 ㈜대한에게 지급하기로 결정했다면, ㈜대한이 20×1년 12월 31일에 수행해야 할 회계처리를 제시하고 그 이유를 간략하게 설명하시오.

**물음 2-4)** ㈜민국은 20×3년 3월 1일 ㈜만세와 포장시스템을 구매하는 별도의 계약을 체결하였다. 해당 계약은 취소 불가능하다. 계약에 의하면 ㈜민국은 20×3년 5월 1일까지 ㈜만세에게 대가 ₩500,000을 지급하여야 하며, ㈜만세는 20×3년 12월 31일까지 포장시스템을 이전해야 한다. ㈜민국은 20×3년 6월 15일에 ㈜만세에게 ₩500,000을 지급하였다. ㈜만세가 포장시스템 계약에 대해 20×3년 5월 1일에 수행해야 할 회계처리를 제시하고 그 이유를 간략하게 설명하시오.

**물음 1)** [사례 1] 기업이 자신의 의무를 이행할 수 없고 고객이 의견을 제공하는 다른 컨설팅 기업을 고용하는 경우에 다른 컨설팅 기업은 기업이 지금까지 완료한 작업을 실질적으로 다시 수행할 필요가 있을 것이다. 기업이 수행한 진행 중인 작업의 효익을 다른 컨설팅 기업이 이용할 수 없을 것이기 때문이다. 전문가 의견의 성격은 고객이 그 의견을 받을 때에만 기업의 수행에서 효익을 얻을 수 있게 된다는 것이다. 그러나 **기업은 지금까지 수행을 완료한 부분에 대해 원가에 적정한 이윤(다른 계약에서의 이윤에 가까움)을 더한 금액만큼 집행 가능한 지급청구권이 있다.** 따라서 **기업은 수행의무의 진행률을 측정하여 기간에 걸쳐 수익을 인식한다.**

[사례 2] 기업이 약속한 대로 이행하지 못하는 경우가 아닌 사유로 고객이 계약을 종료하는 경우에는 고객의 지급액이 환불되지 않더라도, 계약의 모든 기간 내내 지급받은 누적금액이 적어도 지금까지 수행을 완료한 부분에 대해 기업에 보상해야 할 금액에 상당한다고 예상되지 않는다. 이는 건설하는 동안 여러 차례 고객이 지급한 대가의 누적금액이 그 시점에 부분적으로 완료된 장비의 판매가격보다 적을 것이기 때문이다. 따라서 기업은 지금까지 수행을 완료한 부분에 대해 **지급청구권이 없다.** 기업이 지금까지 수행을 완료한 부분에 대해 지급청구권이 없기 때문에 기업의 수행의무는 기간에 걸쳐 이행되지 않는다. 따라서 기업은 장비가 기업에 대체 용도가 있는지를 파악할 필요가 없다. 기업은 동 계약을 한 시점에 이행하는 수행의무로 회계처리한다.

[사례 3] 고객에 특화된 그 기계장치의 디자인 때문에 다른 고객에게 그 기계장치를 쉽게 넘기는 기업의 실무적 능력이 제한되므로 그 자산은 기업에 대체 용도가 없다. 또한 고객이 지금까지 수행을 완료한 부분에 대해 집행 가능한 지급청구권이 있다. 따라서 기업은 **수행의무의 진행률을 측정하여 기간에 걸쳐 수익을 인식한다.**

**물음 2-1)** ㈜대한의 ㈜민국과의 계약에 의한 수행의무는 **단일의 수행의무**에 해당한다. 그 이유는 ㈜대한이 개발하는 소프트웨어는 시스템 A의 로봇에서만 사용 가능하며, 해당 로봇은 ㈜대한이 개발하는 소프트웨어가 아니면 작동하지 아니하는 결합산출물에 해당하기 때문이다.

㈜대한은 한 시점에 통제를 이전하는 것으로 보아 그 **통제 이전시점에 수익을 인식한다.** 그 이유는 ㈜대한은 ㈜민국이 주문한 제품과 동일한 시스템 A 여러 대를 제작 중이며, ㈜민국이 주문한 제품은 특정되지 않고 수행을 완료한 부분에 대하여 집행 가능한 지급청구권도 존재하지 않기 때문이다.

**물음 2-2)** [20×1년 1월 1일]

| 차) 현금 | 1,000,000 | 대) 계약부채 | 1,000,000 |
|---|---|---|---|

[20×1년 12월 31일]

| 차) 이자비용[1] | 100,000 | 대) 계약부채 | 100,000 |
|---|---|---|---|

[1] 1,000,000(계약부채) × 10%(계약 이자율) = 100,000으로 ㈜대한이 20×2년 말 자산의 통제를 이전하면서 일시에 수익을 인식하므로 미리 받는 1,000,000의 계약부채에 대해 유의적인 금융요소를 반영하여 거래가격에 반영하여야 한다.

**물음 2-3)** 회계처리 없음

㈜대한은 20×2년 12월 31일 해당 자산의 통제를 이전 시 일시에 수익을 인식하여야 하므로 20×1년 12월 31일 현재 수행하여야 하는 회계처리는 없다.

**물음 2-4)**

| 차) 수취채권 | 500,000 | 대) 계약부채 | 500,000 |
|---|---|---|---|

* ㈜대한과 ㈜만세와의 계약은 취소 불가능한 계약에 해당하므로 아직 수령하지 못한 500,000에 대하여 수취채권을 인식하는 분개를 수행한다. 또한 ㈜만세가 아직 ㈜대한에게 포장시스템을 이전하지 아니하였으므로 매출로 인식하지는 못하고 수취채권과 동일한 금액만큼을 계약부채로 인식한다.

B사는 단위당 원가 ₩8,000의 재고자산을 단위당 ₩12,000에 판매하는 계약을 고객과 체결하였다. 재고자산에 대한 통제가 이전될 때 현금을 받는다. B사의 사업관행은 고객이 사용하지 않은 재고자산을 30일 이내에 반품하면 전액 환불받을 수 있도록 허용한다. B사는 20×1년 7월 1일 제품 100단위를 고객에게 판매하고 현금 ₩1,200,000을 수령하였다. B사는 변동대가를 추정하기 위해 기댓값 방법을 사용하여 3단위의 재고자산이 반환될 것으로 추정하였다. 재고자산이 반환될 때 회수비용 ₩2,000이 발생하고, 반품될 재고자산의 잠재적 가치는 단위당 원가의 20%가 감소할 것으로 예상하였다. 20×1년 7월 31일 재고자산 4단위가 반환되었다. 반환될 때 회수비용은 ₩2,000이 발생하였고, 반품된 재고자산의 가치 감소는 단위당 ₩1,800이다. (1) B사가 20×1년 7월 1일에 자산으로 인식할 반환재고회수권과 (2) 동 거래가 20×1년 B사의 당기순이익에 미친 영향을 구하시오.

(1) B사가 20×1년 7월 1일에 자산으로 인식할 반환재고회수권: 17,200
(2) 동 거래가 20×1년 B사의 당기순이익에 미친 영향: 374,800
(3) 회계처리

| [판매 시] | | | | | |
|---|---|---|---|---|---|
| 차) | 현금 | ① 1,200,000 | 대) | 매출 | ① 1,200,000 |
| 차) | 매출 | ① × A% 36,000 | 대) | 환불부채 | ① × A% 36,000 |
| 차) | 매출원가 | ② 800,000 | 대) | 재고자산 | ② 800,000 |
| 차) | 반품비용 | 예상비용 + 가치감소분 6,800 | 대) | 매출원가 | ② × A% 24,000 |
| | 반환재고회수권 | 대차차액 17,200 | | | |

| [반품 시] | | | | | |
|---|---|---|---|---|---|
| 차) | 환불부채 | BV 36,000 | 대) | 현금 | 반품액 48,000 |
| | 매출 | ③ 대차차액 12,000 | | | |
| 차) | 재고자산 | FV(가치감소분 반영) 24,800 | 대) | 반환재고회수권 | BV 17,200 |
| | 반품비용 | 대차차액 2,400 | | 현금 | 반품비발생액 2,000 |
| | | | | 매출원가 | ③ × 매출원가율 8,000 |

## 문제 08 　재화나 용역 간의 교환

B사는 최근 해외지역의 늘어난 재고자산 수요를 충족시키기 위해 보유 중인 원가 ₩2,000,000 재고자산(공정가치 ₩2,300,000)과 C사의 재고자산을 교환하였다.

동 교환거래는 상업적 실질이 있다. 추가로 B사는 C사에게 추가로 현금 ₩50,000을 지급하였다.

C사 재고자산의 공정가치를 ₩2,400,000으로 알 수 있는 경우와 C사 재고자산의 공정가치를 알 수 없는 경우에 B사가 교환으로 인식할 재고자산의 취득원가와 교환으로 인식할 수익을 아래의 양식에 따라 구하시오.

| 구분 | 재고자산 취득원가 | 교환으로 인식할 수익 |
|---|---|---|
| C사 재고자산의 공정가치를 알 수 있는 경우 | ① | ② |
| C사 재고자산의 공정가치를 알 수 없는 경우 | ③ | ④ |

### 풀이

| 구분 | 재고자산 취득원가 | 교환으로 인식할 수익 |
|---|---|---|
| C사 재고자산의 공정가치를 알 수 있는 경우 | ① 2,400,000 | ② 2,350,000 |
| C사 재고자산의 공정가치를 알 수 없는 경우 | ③ 2,350,000 | ④ 2,300,000 |

(1) C사 재고자산의 공정가치를 알 수 있는 경우

| 차) 재고자산 C | 2,400,000 | 대) 매출 | 2,350,000 |
|---|---|---|---|
| | | 현금 | 50,000 |
| 차) 매출원가 | 2,000,000 | 대) 재고자산 B | 2,000,000 |

(2) C사 재고자산의 공정가치를 알 수 없는 경우

| 차) 재고자산 C | 2,350,000 | 대) 매출 | 2,300,000 |
|---|---|---|---|
| | | 현금 | 50,000 |
| 차) 매출원가 | 2,000,000 | 대) 재고자산 B | 2,000,000 |

**각 물음은 서로 독립적이다.**

[공인회계사 2차 2020년]

**물음 1)** 다음의 〈자료 1〉을 이용하여 〈요구사항〉에 답하시오.

---

〈자료 1〉

(1) ㈜대한은 20×1년 4월 1일에 만성질환을 치료하는 A약에 대한 특허권을 고객에게 20×1년 9월 1일부터 1년 동안 라이선스하고 약의 제조도 약속하는 계약을 체결한 후 ₩800,000을 받았다. 고객에게 제공하는 A약의 제조과정이 유일하거나 특수하지 않고 몇몇 다른 기업도 고객을 위해 약을 제조할 수 있다. 특허권을 라이선스하는 약속과 제조용역을 제공하기로 하는 약속은 계약상 구별된다. 유의적인 금융요소에 대해서는 고려하지 않는다.

(2) A약은 성숙기 제품으로 성숙기 제품의 경우에 기업의 사업관행은 약에 대한 어떠한 지원활동도 하지 않는다. A약은 유의적인 개별 기능성이 있으며, 고객은 기업의 계속적인 활동이 아닌 기능성에서 약품 효익의 상당부분을 얻는다.

(3) ㈜대한이 특허권 라이선스와 제조용역을 별도로 판매하는 경우, 특허권 라이선스와 제조용역의 개별 판매가격은 각각 ₩550,000과 ₩450,000이다. 한편, 특허권 라이선스와 제조용역제공과 관련하여 총 ₩500,000의 원가가 발생할 것으로 예상하였으며, 실제 발생원가는 다음과 같다. 제조용역은 기간에 걸쳐서 이행하는 수행의무이며 투입된 원가에 기초하여 진행률을 측정한다.

| 구분 | 총예상원가 | 실제 발생원가 20×1년 | 20×2년 |
|---|---|---|---|
| 특허권 라이선스 | ₩300,000 | ₩300,000 | – |
| 제조용역 | ₩200,000 | ₩60,000 | ₩140,000 |
| 합계 | ₩500,000 | ₩360,000 | ₩140,000 |

---

〈요구사항 1〉

㈜대한이 20×1년과 20×2년 인식할 수익을 계산하시오.

| 20×1년 수익 | ① |
|---|---|
| 20×2년 수익 | ② |

## 〈요구사항 2〉

고객에게 제공하는 A약의 제조과정이 매우 특수하기 때문에 A약을 제조할 수 있는 다른 기업이 없다고 가정하는 경우, ㈜대한이 20×1년과 20×2년 인식할 수익을 계산하시오(단, ㈜대한이 고객에게 제공하는 재화와 용역은 고객에게 특정된 사실 및 상황에 관련되기 때문에 다른 고객에게 쉽게 이전할 수 없다).

| 20×1년 수익 | ① |
|---|---|
| 20×2년 수익 | ② |

**물음 2)** 다음의 〈자료 2〉를 이용하여 〈요구사항〉에 답하시오.

---

〈자료 2〉

㈜민국은 다음의 제품들을 생산하여 고객에게 판매한다. 20×1년 각 제품과 관련된 거래는 다음과 같다.

(1) 제품 A
- ㈜민국은 20×1년 12월 1일 제품 A를 ₩500,000에 고객에게 판매하기로 계약을 체결하였다.
- 이 계약의 일부로 ㈜민국은 제품 A에 대한 통제권 이전 후 30일 이내에 ₩500,000 한도의 구매에 대해 62.5%의 할인권을 고객에게 주었다.
- ㈜민국은 고객이 추가 제품을 평균 ₩250,000에 구매하고 할인권의 행사가능성을 80%로 추정한다. 할인권은 고객에게 중요한 권리를 제공한다.
- 20×1년 12월 31일 제품 A에 대한 통제권을 고객에게 이전하고 현금을 수령하였다.

(2) 제품 B
- ㈜민국은 20×1년 7월 1일 제품 B를 ₩700,000에 판매하고 고객에게 청소용역을 3개월간 제공받는 계약을 체결하였다.
- ㈜민국은 청소용역에 대한 대가로 ₩300,000을 지급하기로 하였다. 청소용역의 공정가치는 ₩200,000이다.
- ㈜민국은 20×1년 8월 1일 제품 B를 인도하고 현금 ₩700,000을 받았으며, 고객으로부터 20×1년 8월 1일부터 20×1년 10월 31일까지 청소용역을 제공받고 현금 ₩300,000을 지급하였다.

(3) 제품 C와 제품 D
- ㈜민국은 20×1년 6월 1일 제품 C와 제품 D를 이전하기로 약속하였다.
- 제품 C는 계약 개시시점에 고객에게 이전하고, 제품 D는 20×2년 2월 1일에 이전한다.
- 고객이 약속한 대가는 고정대가 ₩300,000과 ₩50,000으로 추정되는 변동대가를 포함하며, 대금은 제품 D가 이전되는 시점에 받기로 하였다. 변동대가 추정액은 변동대가 추정치의 제약이 고려된 후의 금액이며, 변동대가는 제품 C와 제품 D에 모두 배분한다.

---

- ㈜민국은 20×1년 12월 31일 변동대가 추정치 및 추정치의 제약을 재검토한 결과 변동대가를 ₩60,000으로 추정하였다.
- 제품 C와 제품 D의 날짜별 개별 판매가격은 다음과 같다.

| 구분 | 20×1년 6월 1일 | 20×1년 12월 31일 |
|---|---|---|
| 제품 C | ₩300,000 | ₩280,000 |
| 제품 D | ₩100,000 | ₩120,000 |

〈요구사항〉

㈜민국이 각 제품의 판매로 20×1년 인식해야 할 수익을 계산하시오.

| 제품 A | 제품 B | 제품 C | 제품 D |
|---|---|---|---|
| ① | ② | ③ | ④ |

물음 1) 〈요구사항 1〉

| 20×1년 수익 | ① 548,000 |
|---|---|
| 20×2년 수익 | ② 252,000 |

(1) 20×1년 거래가격의 배분

① 라이선스: 800,000 × 550,000/(550,000 + 450,000) = 440,000

② 제조용역: 800,000 × 450,000/(550,000 + 450,000) = 360,000

\* 고객에게 제공하는 A약의 제조과정이 유일하거나 특수하지 않고 몇몇 다른 기업도 고객을 위해 약을 제조할 수 있으므로 동 거래는 구별되는 수행의무로 본다.

(2) 20×1년 수행의무별 인식할 수익

① 20×1년

• 라이선스: 440,000 × 100% = 440,000

• 제조용역: 360,000 × 60,000/200,000 = 108,000

② 20×2년

• 제조용역: 360,000 × 100% − 108,000 = 252,000

\* 동 라이선스는 A약의 제조기술에 대한 특허권이며, 기업이 약에 대한 어떠한 지원활동도 하지 않으므로 라이선스 사용권으로 판단해야 한다. 제조용역은 문제에서 기간에 걸쳐 수익을 인식한다고 제시되었다.

〈요구사항 2〉

| 20×1년 수익 | ① 576,000 |
|---|---|
| 20×2년 수익 | ② 224,000 |

(1) 20×1년 수익: 800,000 × 360,000/500,000 = 576,000

(2) 20×2년 수익: 800,000 × (360,000 + 140,000)/500,000 − 576,000 = 224,000

\* 약의 제조과정이 매우 특수하고 다른 기업이 제조할 수 없으므로 단일의 수행의무에 해당한다. 또한 고객에게 제공하는 재화나 용역이 다른 고객에게 쉽게 이전할 수 없으므로 대금을 회수하였으므로 기간에 걸쳐 수익을 인식한다.

물음 2)

| 제품 A | 제품 B | 제품 C | 제품 D |
|---|---|---|---|
| ① 400,000 | ② 600,000 | ③ 270,000 | ④ 0 |

(1) 제품 A

① 할인권의 개별 판매가격: 250,000 × 62.5% × 80% = 125,000

② 제품 A의 판매에 따른 수익인식액: 500,000 × 500,000/(500,000 + 125,000) = 400,000

(2) 제품 B

제품 B의 판매에 따른 수익인식액: 700,000 − (300,000 − 200,000) = 600,000

(3) 제품 C

제품 C의 수익인식액: (300,000 + 60,000) × 300,000/(300,000 + 100,000) = 270,000

\* 거래가격의 변동 시 계약 개시시점과 동일한 기준으로 배분한다.

(4) 제품 D는 수행의무를 이행하지 않았으므로 수익으로 인식할 금액은 없다.

회계사 · 세무사 · 경영지도사 단번에 합격!
해커스 경영아카데미
cpa.Hackers.com

Chapter **15**

# 건설계약

1. 건설계약 일반
2. 건설계약의 회계처리
3. 건설계약 특수상황

# 1 건설계약 일반

## I 건설계약의 의의

건설계약이란 교량, 건물, 댐, 파이프라인, 도로, 정제시설, 기계장치, 선박 또는 터널과 같은 자산을 건설하기 위하여 구체적으로 협의된 계약을 의미한다. 즉, 단일 자산의 건설이나 설계, 기술 및 기능 또는 그 최종 목적이나 용도에 있어서 밀접하게 상호 연관되거나 상호 의존적인 복수 자산의 건설을 위해 구체적으로 협의된 계약을 말한다.

건설계약에 따라서 건설공사가 수행되는 가장 대표적인 것은 도급공사이다. 도급공사에서 시공사는 건설공사의 완성을 약정하고, 시행사가 그 결과에 대하여 대가의 지급을 약정한다.

| 건설업 | 분양공사: 시행사 = 시공사 | ⇒ 재화의 판매: 인도기준 |
| --- | --- | --- |
| | 도급공사: 시행사 ≠ 시공사 | ⇒ 용역의 제공: 진행기준 |

건설계약은 계약금액의 결정방식에 따라 정액계약과 원가보상계약으로 분류된다. 어떤 건설계약은 정액계약과 원가보상계약의 성격을 모두 가질 수 있다.

| 정액계약 | 계약금액을 정액으로 하거나 산출물 단위당 가격을 정액으로 하는 건설계약으로 경우에 따라서 물가 연동조항을 포함한다. |
| --- | --- |
| 원가보상계약 | 원가의 일정비율이나 정액의 수수료를 원가에 가산하여 보상받는 건설계약으로 이 경우 원가는 당사자 간에 인정되는 계약서에 정의된 원가를 의미한다. |

## II 계약수익

계약수익은 건설사업자인 시공사가 발주자인 시행사로부터 지급받을 총공사계약금액을 말하며 수령하였거나 수령할 대가의 공정가치로 측정한다. 이 경우 수령하였거나 수령할 대가의 공정가치는 지급받을 공사계약금액에 근거하며, 다음의 항목으로 구성된다.

| 측정 | 구성 |
| --- | --- |
| 수령하였거나 수령할 대가의 FV | 1. 최초에 합의된 계약금액 |
| | 2. 공사변경, 보상금 및 장려금에 따라 추가되는 금액 |

## 01 계약의 변경

기업은 거래당사자들이 계약의 범위 또는 가격을 승인했을 때 계약변경을 회계처리한다. 만약 거래당사자들이 범위의 변경을 승인했으나 해당하는 변경가격을 결정하지 못한 경우 기업은 가격변동을 변동가능대가와 같이 추정하여야 한다.

### (1) 다음을 충족할 때 계약변경은 별도의 계약으로 회계처리한다.

> ① 계약변경으로 별도의 이행의무에 해당하는 구별된 재화나 용역이 추가되고,
> ② 기업은 추가된 재화나 용역의 독립판매가격을 반영한 대가에 대한 권리를 갖는 경우

### (2) 별도의 계약으로 간주되지 않는 계약변경은 다음 둘 중 하나의 방법으로 회계처리한다.

> ① 변경계약에 따른 재화나 용역이 변경 전에 이전된 것과 구별되면 전진적으로 수정한다. 기존 계약의 잔존 대가는 변경계약에 따른 대가와 합산하여 새로운 거래가격을 결정하고 잔존 이행의무에 배분한다.
> ② 잔존 재화나 용역이 구별되지 않고 부분적으로 충족된 하나의 이행의무의 일부라면 누적효과를 즉시 인식하여 조정한다.

## 02 거래가격의 결정

### (1) 포상금, 장려금

포상금/장려금은 변동가능대가로 회계처리한다. 포상금/장려금은 기대가치 또는 최선의 추정치 중 기업이 수취할 것으로 기대되는 금액을 보다 적절히 예측하는 방법으로 계약수익에 포함된다. 이들 금액은 누적수익금액이 유의적으로 감소하지 않을 가능성이 매우 높은 경우에 한하여 거래가격에 포함된다. 기업은 유사한 형태의 이행의무로부터의 경험을 평가하고, 이러한 경험에 기초하여 누적수익금액을 유의적으로 감소시킬 가능성을 예측한다.

### (2) 고객이 제공한 자재

계약의 충족을 돕기 위하여 고객으로부터 제공받은 재화나 용역(자재, 장비 또는 인력)의 가치는 기업이 제공된 재화나 용역을 통제한다면 비현금 대가로서 수익으로 인식한다. 비현금 대가는 공정가치로 측정하고, 공정가치를 합리적으로 추정할 수 없는 경우에만 이전되는 재화나 용역의 판매가격을 참조하여 측정한다.

### (3) 보상금

보상금은 변동가능대가로 회계처리한다. 보상금은 기대가치 또는 최선의 추정치 중 기업이 수취할 것으로 기대되는 금액을 보다 적절히 예측하는 방법으로 계약수익에 포함된다. 이들 금액은 보상금과 관련된 불확실성이 후속적으로 해결되었을 때 누적수익금액이 유의적으로 감소하지 않을 가능성이 매우 높은 경우에 한하여 거래가격에 포함된다.

## 03 복수의 이행의무에 대한 회계처리

기업은 계약 내의 약속된 재화나 용역을 평가하여 각 고객에게 이전하기로 한 각 약속을 다음 둘 중 하나의 이행의무로 식별하여야 한다.

(1) 구별된 재화나 용역(또는 그 묶음)

(2) 일련의 구별된 동종 재화나 용역으로서 다음 두 요건을 모두 충족하는 경우

① 연속하여 이전되는 각각의 구별된 재화나 용역은 일정 기간에 걸쳐 충족되는 이행의무임
② 각각의 구별된 재화나 용역에 대한 이행의무를 충족하는 기업의 진행률 측정에 동일한 방법을 사용함
   * 다음 두 가지 요건을 모두 충족하는 재화나 용역은 구별된다.
     – 고객은 재화나 용역 그 자체로부터 또는 쉽게 이용 가능한 다른 자원을 수반하여 효익을 얻을 수 있음
     – 재화나 용역이 계약 내의 다른 약속으로부터 식별됨
   구별되지 않는, 즉 별도의 이행의무가 아닌 재화나 용역은 기업이 구별된 재화나 용역의 묶음을 식별할 때까지 다른 재화나 용역과 병합되어야 한다.

## 04 거래가격의 배분

거래가격(및 그 추정치의 후속적인 변동)은 각 이행의무의 상대적인 독립판매가격을 기준으로 배분된다. 독립판매가격의 최선의 증거는 재화나 용역이 별도로 판매될 때의 관측 가능한 가격이다.

실제 판매가격이 직접 관측 가능하지 않을 경우 독립판매가격을 추정해야 한다. 기준서는 특정 추정방법을 지정하지 않는다. 예를 들어 건설회사는 재화나 용역의 판매가격을 추정하기 위하여 원가에 합리적인 마진을 가산하는 방법을 사용할 수 있다. 기업은 독립판매가격을 추정할 때 관측 가능한 투입요소를 최대한 사용하여야 한다.

독립판매가격의 변동가능성이 매우 높거나 불확실하다면 기업들은 독립판매가격의 추정에 잔존가액 접근법을 사용할 수 있다.

기업은 또한 특정 조건을 충족할 경우 할인액이나 조건부 대가를 하나 (이상의) 이행의무에 전부 배분할 수 있다.

계약원가는 계약체결일로부터 최종완료일까지의 기간에 당해 계약에 귀속될 수 있는 총원가를 말한다. 계약원가는 다음 세 가지로 구성된다.

## 01 특정 계약에 직접 관련된 원가

(1) 현장인력 노무원가, 직접재료원가, 계약에 사용된 생산설비와 건설장비의 감가상각비, 운반에 소요되는 원가, 임차원가, 예상하자보수원가를 포함한 복구 및 보증공사의 추정원가 및 제3자의 보상금 청구 등

(2) 특정 공사에만 사용할 목적으로 구입한 원재료, 생산설비 및 건설장비를 계약원가에 산입한 경우에는 공사가 완료된 후에 처분하여 받은 대가를 계약원가에서 차감한다.

## 02 특정 공사에 배분할 수 있는 공통원가

(1) 보험료, 직접 관련되지 않은 설계와 기술지원원가, 기타 건설 간접원가

(2) 공통원가는 체계적이고 합리적인 방법에 따라 배분(정상조업도 수준에 기초)되며, 비슷한 성격의 원가는 동일하게 적용한다.

## 03 계약조건에 따라 발주자에게 청구할 수 있는 기타원가

계약조건에 따라 보상받을 수 있는 일부 일반관리원가와 연구개발원가 등

**Self Study**

1. 계약직접원가는 계약수익에 포함되지 않은 부수적 이익(예 잉여자재를 판매하거나 계약 종료시점에 생산설비와 건설장비를 처분하여 발생하는 이익)만큼 차감될 수 있다.
2. 계약공통원가는 체계적이고 합리적인 방법에 따라 배분, 유사한 성격의 모든 원가에 일관되게 적용한다. 이러한 원가배분은 건설활동의 정상조업도 수준에 기초한다.
3. 계약에 보상이 명시되지 않은 일반관리원가, 판매원가, 연구개발원가 및 특정 계약에 사용하지 않는 유휴 생산설비나 건설장비의 감가상각비와 같이 계약활동에 귀속될 수 없거나 특정 계약에 배분할 수 없는 원가는 계약원가에서 제외한다.

충족된 이행의무와 관련된 모든 원가와 비효율에 따른 원가(계약 충족을 위해 투입된 비정상적인 자재, 근로 기타원가)는 발생시점에 비용으로 인식한다. 계약을 획득하지 않았다면 발생하지 않았을 계약 획득 관련 증분원가는 회수될 것으로 예상된다면 자산으로 인식한다. 자산으로 인식했을 때 상각기간이 1년 이하인 경우에는 실무적인 방편으로 발생시점에 비용으로 인식할 수 있다.

계약 획득 여부와 무관하게 발생하였을 계약 획득 관련 원가(예 입찰 관련 비용)는 발생시점에 비용으로 인식한다. 단 계약의 획득과 무관하게 고객에게 청구할 수 있는 경우에는 그러하지 않는다.

계약을 이행하기 위한 직접원가는 다른 기준서(재고자산, 무형자산, 유형자산 등)의 적용범위에 포함될 경우 해당 지침에 따라 회계처리한다.

다른 기준서의 적용범위에 포함되지 않고 계약과 직접 관련되고 미래의 이행에 연관되며 계약에 따라 회수될 것으로 예상되는 계약을 이행하기 위한 직접원가는 새로운 기준서에 따라 자본화된다.

자본화된 원가는 관련된 재화나 용역에 대한 통제가 고객에게 이전됨에 따라 상각한다. 이는 예상되는 계약(연장 계약)에 따라 제공되는 재화나 용역을 포함한다.


## Ⅳ  진행률

건설계약은 기업이 수행하여 만든 자산이 기업 자체에는 대체 용도가 없고, 지금까지 수행을 완료한 부분에 대해 집행 가능한 지급청구권이 기업에 있는 경우 기간에 걸쳐 이행하는 수행의무이므로 진행률을 측정하여 기간에 걸쳐 수익을 인식한다. 그러나 수행의무의 진행률을 합리적으로 측정할 수 없는 경우에는 수행의무의 산출물을 합리적으로 측정할 수 있을 때까지 발생원가의 범위에서만 수익을 인식한다.

| 구분 | 수익인식방법 | 계약수익의 인식금액 |
|---|---|---|
| 진행률을 합리적으로 추정 ○ | 진행기준 | 계약수익 × 진행률 |
| 진행률을 합리적으로 추정 × | 회수기준 | 발생원가의 범위 내 |

계약의 진행률은 계약의 성격에 따라 다음과 같은 방법 등으로 측정할 수 있다.

| 구분 | | 계약진행률의 산정공식 |
|---|---|---|
| 투입가치비율 | 원가법 | 실제 누적계약원가 ÷ 추정총계약원가 |
| | 투하노력법 | 실제 투하노력량 ÷ 추정총투하노력량 |
| 산출가치비율 | 완성단위법 | 실제 완성작업량 ÷ 추정총계약작업량 |
| | 완성가치법 | 실제 완성작업가치 ÷ 추정총계약작업가치 |

진행률을 원가기준으로 결정하는 경우 누적발생계약원가에는 수행한 공사를 반영하는 계약원가만 포함한다. 따라서 공사를 수행하기 위해 투입하였으나 예상 밖으로 낭비된 원가나 비효율에서 생긴 원가는 계약의 진행정도를 나타내지 못한다면 누적발생계약원가에서 제외한다.

$$\text{누적진행률} = \frac{\text{누적발생원가}}{\text{추정총계약원가}} = \frac{\text{전기누적발생원가} + \text{당기발생원가}}{\text{당기누적발생원가} + \text{추가예정원가}}$$

진행기준에 따라 계약수익은 특정 진행률까지 발생한 계약원가에 대응되어, 그 결과로 진행률에 비례하여 계약수익, 계약비용 및 계약이익이 보고된다.

---

**Self Study**

진행률 산정과 관련하여 고려할 사항들은 아래와 같다.
1. 발주자에게 수령한 기성금과 선수금은 흔히 수행한 공사의 정도를 반영하지 못하므로 진행률 산정 시 제외한다.
2. 진행률을 원가기준법으로 결정하는 경우 수행한 공사를 반영하는 계약원가만 누적발생계약원가에 포함한다. 따라서 아래의 원가는 진행률 산정 시 제외한다.
   ① 현장에서 인도되었거나 계약상 사용을 위해 준비되었지만 아직 계약공사를 위해 설치, 사용 또는 적용이 되지 않은 재료의 원가와 같은 계약상 미래 활동과 관련된 원가(단, 재료가 계약을 위해 별도로 제작된 경우는 진행률 산정 시 반영)
   ② 하도급계약에 따라 수행될 공사에 대해 하도급자에게 선급한 금액
   ③ 공사를 수행하기 위해 투입하였으나 예상 밖으로 낭비된 원가나 비효율에서 생긴 원가는 계약의 진행정도를 나타내지 못한다면 누적발생계약원가에서 제외하는 것이 합리적이다.

# 2 건설계약의 회계처리

## I 계약수익의 인식

건설계약은 건설계약의 결과를 신뢰성 있게 추정할 수 있을 때 진행기준에 따라 계약수익을 인식한다. 진행기준은 매 회계기간마다 누적기준에 따라 계약수익과 계약원가의 현행 추정치를 기초로 적용한다. 그러므로 계약수익이나 계약원가의 추정치 변경 효과나 계약 결과의 추정치 변경 효과는 이루어진 회계기간과 그 후 기간의 당기손익으로 인식되는 수익과 비용의 금액 결정에 사용한다.

## II 건설계약의 재무제표 공시

| B/S | | | | I/S | | | |
|---|---|---|---|---|---|---|---|
| 계약자산 | ×× | 계약부채 | ×× | 계약원가 | ×× | 계약수익 | ×× |
| 수취채권 | ×× | | | | | | |

* 누적수익 > 누적수취채권: 계약자산 = 누적수익 − 누적수취채권 증가액
* 누적수익 < 누적수취채권: 계약부채 = 누적수취채권 증가액 − 누적수익
* 계약수익: 계약원가 + 계약손익

현행 건설계약 지침은 수익을 인식했지만 청구하지 않았을 때 미청구 채권(미청구공사)을 기록하도록 요구한다. 미청구 채권은 고객에게 거래명세서가 제출되었을 때 청구채권으로 이전한다. 건설회사는 고객이 대금을 지급하기 전에 용역을 제공했을 때 회사의 이행에 따른 대금에 대한 권리의 성격에 따라 계약자산 또는 채권을 기록한다.

건설회사가 대금지급에 대한 권리를 갖고 있을 때, 계약자산에서 공사미수금(채권)으로의 이전은 거래명세서 시점과 일치하지 않을 수 있다. 재무상태표에 인식하는 청구액을 초과하는 원가 및 원가를 초과하는 청구는 계약자산과 계약부채로 인식되어야 한다.

## 01 계약원가 발생과 기말 공사손익 인식

**회계처리**

[원가투입 시]

| | | | | |
|---|---|---|---|---|
| 차) 미성공사 | A | 대) 현금 | A |

[기말결산 시]

| | | | | |
|---|---|---|---|---|
| 차) 계약자산 | B | 대) 계약수익 | B |
| 차) 계약원가 | A | 대) 미성공사 | A |

**산식정리**

| 누적수익 | 계약원가(누적) + 계약손익(누적) = 계약수익(누적) = 총계약금액 × 누적진행률 |
|---|---|
| 계약손익 | (총계약수익 × 누적진행률) - (총계약원가 × 누적진행률) - 전기까지 인식한 누적손익<br>(총계약수익 - 총계약원가) × 누적진행률 - 전기까지 인식한 누적손익 |

건설계약을 착공하게 되면 재료원가, 노무원가 등의 계약직접원가와 계약공통원가가 발생한다. 계약직접원가와 체계적·합리적인 방법으로 배분한 계약공통원가 발생액은 미성공사로 인식한다.

진행기준은 건설계약금액을 진행률에 따라 각 회계기간에 배분한 금액을 수익으로 인식한다. 건설계약의 진행률은 누적진행률이고 건설계약금액은 공사변경 등의 사유로 변경될 수 있으므로 당기계약수익은 당기 말 건설계약금액에 당기 진행률을 곱한 당기누적계약수익에서 전기 말까지 인식한 전기누적계약수익을 차감하여 산출한다.

계약원가는 관련된 계약수익에 대응되는 금액이 인식되어야 한다. 그러므로 계약원가로 인식할 금액은 추정총계약원가를 진행률에 따라 각 회계기간에 배분한 금액이 된다. 진행률을 원가기준으로 산정하는 경우 추정총계약원가에 진행률을 곱한 금액은 누적발생계약원가와 동일한 금액이 되므로 당기에 계약원가로 인식할 금액은 당기발생계약원가와 동일하다.

진행기준에서는 건설계약금액을 진행기준에 따라 계약수익으로 인식하듯이 추정총계약원가도 진행률에 따라 계약원가로 인식한다. 그러므로 계약이익은 총계약이익을 진행률에 따라 배분한 금액과 일치한다.

## 02 계약대금의 청구와 수령

**회계처리**

| | | | | |
|---|---|---|---|---|
| 대금청구 시<br>(누적계약수익 < 누적수취채권 증가액) | 차) 수취채권 | ×× | 대) 계약자산<br>계약부채 | 전기분<br>×× |
| 대금회수 시 | 차) 현금 | ×× | 대) 수취채권 | ×× |

**산식정리**

| 수취채권 | 누적수취채권 증가액 – 누직현금 회수액 |
|---|---|

시공사는 공사기간 중에 시행사에게 건설계약대금을 청구하게 된다. 건설계약대금의 청구를 통하여 회수가 가능하게 된 금액은 수취채권으로 차변에 인식하고 대변에 계약자산으로 인식한 금액과 상계하여 잔액을 계약자산으로 표시하고 부족분은 계약부채로 표기한다. 수취채권은 시공사가 시행사로부터 수령할 채권으로 자산으로 분류한다.

시공사가 시행사에게 건설계약대금을 청구하면 건설계약대금을 수령하게 된다. 시공사는 시행사로부터 수령한 건설계약대금을 수취채권과 상계한다.

## 03 공사 완공

**회계처리**

| 공사 완료 시 | 차) 현금 | ×× | 대) 수취채권 | ×× |
|---|---|---|---|---|

건설계약과 관련된 공사가 완공되면 현금과 수취채권 장부금액은 건설계약금액과 일치하게 된다. 그러므로 공사가 완공되는 시점에 현금과 수취채권을 서로 상계하여 재무상태표에서 제거한다.

**Self Study**

총계약원가에 대한 추정치가 변경되면 발주자와 협의하여 도급금액을 변경하는 경우가 있다. 이와 같이 계약원가나 도급금액이 변경될 경우, K-IFRS는 이러한 변경을 회계추정치의 변경으로 보아 그 변경으로 인한 효과를 당기와 당기 이후의 기간에 반영하도록 규정하고 있다.

A회사는 20×1년 초에 B회사와 건물 건설계약을 체결하였다. 공사계약액은 ₩1,200이고 20×3년 12월 31일까지 공사를 끝내기로 하였다. 관련 자료는 다음과 같다.

| 구분 | 20×1년 | 20×2년 | 20×3년 |
|---|---|---|---|
| 당기발생원가 | ₩200 | ₩300 | ₩500 |
| 추정총계약원가 | 1,000 | 1,000 | 1,000 |
| 공사대금청구액 | 400 | 400 | 400 |
| 공사대금회수액 | 200 | 500 | 500 |

동 건설계약과 관련하여 A회사의 20×1년과 20×2년의 부분 F/S를 작성하고 회계처리를 보이시오.

> 풀이

1. 진행률 산정

| 구분 | 20×1년 | 20×2년 | 20×3년 |
|---|---|---|---|
| 당기누적원가 | 200 | 500 | 1,000 |
| 추정총계약원가 | 1,000 | 1,000 | 1,000 |
| 진행률 | 20% | 50% | 100% |

2. 20×1년

[F/S 작성]

B/S

| | | | |
|---|---|---|---|
| 계약자산 | 0 | 계약부채 | 160 |
| 수취채권 | 200 | | |

① 누적수익: 1,200 × 20% = 240
② 누적수익 240 < 누적수취채권 증가 400
⇒ 계약부채 160(= 400 − 240)
③ 수취채권: 400 − 200 = 200
④ 계약손익:

I/S

| | | | |
|---|---|---|---|
| 계약원가 | 200 | 계약수익 | 240 |
| 계약손익 | 40 | | |

⇒ (1,200 − 1,000) × 20% − 0 = 40

[회계처리]

| 원가투입 시 | 차) 미성공사 | 200 | 대) 현금 | 200 |
|---|---|---|---|---|
| 기말결산 시 | 차) 계약자산 | 240 | 대) 계약수익 | 240 |
| | 차) 계약원가 | 200 | 대) 미성공사 | 200 |
| 대금청구 시 | 차) 수취채권 | 400 | 대) 계약자산 | 240 |
| | | | 계약부채 | 160 |
| 대금회수 시 | 차) 현금 | 200 | 대) 수취채권 | 200 |

3. 20×2년

[F/S 작성]

B/S

| 계약자산 | 0 | 계약부채 | 200 |
| 수취채권 | 100 | | |

① 누적수익: 1,200 × 50% = 600

② 누적수익 600 < 누적수취채권 증가 800
   ⇒ 계약부채 200(= 600 − 800)

③ 수취채권: 800 − 700 = 100

I/S

| 계약원가 | 300 | 계약수익 | 360 |
| 계약손익 | 60 | | |

④ 계약손익:
   ⇒ (1,200 − 1,000) × 50% − 40 = 60

[회계처리]

| 원가투입 시 | 차) 미성공사 | 300 | 대) 현금 | 300 |
|---|---|---|---|---|
| 기말결산 시 | 차) 계약부채 | 160 | 대) 계약수익 | 360 |
| | 계약자산 | 200 | | |
| | 차) 계약원가 | 300 | 대) 미성공사 | 300 |
| 대금청구 시 | 차) 수취채권 | 400 | 대) 계약자산 | 200 |
| | | | 계약부채 | 200 |
| 대금회수 시 | 차) 현금 | 500 | 대) 수취채권 | 500 |

---

**기출 Check 1**

㈜대한은 20×1년 1월 1일에 댐건설을 위하여 정부와 건설계약(공사기간 3년, 도급금액 ₩12,000,000)을 체결하고, 계약금 ₩600,000을 수취하였다. ㈜대한은 동 건설계약의 수익을 진행기준으로 인식하며, 발생한 누적계약원가를 기준으로 진행률을 계산한다. 동 건설계약과 관련된 연도별 자료가 다음과 같을 때 옳지 않은 것은? [세무사 2013년]

| 구분 | 20×1년 | 20×2년 | 20×3년 |
|---|---|---|---|
| 당기 실제발생계약원가 | ₩4,000,000 | ₩2,600,000 | ₩4,400,000 |
| 연도 말 예상 추가계약원가 | ₩6,000,000 | ₩4,400,000 | − |
| 공사대금청구액(계약금 포함) | ₩2,800,000 | ₩3,200,000 | ₩6,000,000 |
| 공사대금회수액(계약금 포함) | ₩2,600,000 | ₩3,000,000 | ₩6,400,000 |

① 20×2년도 계약손실은 ₩200,000이다.
② 20×3년도 계약수익은 ₩4,800,000이다.
③ 20×1년 말 계약자산은 ₩2,000,000이다.
④ 20×2년 말 누적계약수익은 ₩7,200,000이다.
⑤ 20×1년 말 수취채권은 ₩800,000이다.

1. 20×1년 누적진행률: 4,000,000/10,000,000 = 40%
2. 20×2년 누적진행률: 6,600,000/11,000,000 = 60%
3. 정답 확인
   ① 20×2년 계약손실: (12,000,000 − 11,000,000) × 60% − (12,000,000 − 10,000,000) × 40% = (−)200,000
   ② 20×3년 계약수익: 12,000,000 × (1 − 60%) = 4,800,000
   ③ 20×1년 말 계약자산: 12,000,000 × 40% − 2,800,000 = 2,000,000
   ④ 20×2년 말 누적계약수익: 12,000,000 × 60% = 7,200,000
   ⑤ 20×1년 말 수취채권: 2,800,000 − 2,600,000 = 200,000

정답: ⑤

---

### 기출 Check 2

㈜하늘은 20×1년 1월 1일 도청과 댐을 건설하는 도급계약(총도급금액 ₩10,000,000, 추정 계약원가 ₩9,000,000, 건설소요기간 3년)을 체결하였다. 동 도급계약상 도청은 건설시작 이전에 주요 설계구조를 지정할 수 있으며, 건설 진행 중에도 주요 구조변경을 지정할 수 있는 등 건설계약의 정의를 충족한다. 동 도급계약과 관련하여 20×1년 말에 ㈜하늘이 추정한 계약원가는 ₩9,200,000으로 증가하였으며, 20×2년 말에 계약원가를 검토한 결과 추가로 ₩300,000만큼 증가할 것으로 추정되었다. ㈜하늘은 동 도급계약의 결과를 신뢰성 있게 추정할 수 있으므로 진행기준으로 수익을 인식하고 있으며, 진행률은 누적계약발생원가를 추정총계약원가로 나눈 비율로 적용하고 있다. 동 도급계약만 존재한다고 가정할 경우 ㈜하늘의 20×2년 말 현재 재무상태표에 표시되는 계약자산(계약부채)의 잔액은 얼마인가? (법인세효과는 고려하지 않는다)　　　　　[공인회계사 2011년]

| 구분 | 20×1년도 | 20×2년도 |
|---|---|---|
| 당기원가발생액 | ₩2,760,000 | ₩5,030,000[1) |
| 당기대금청구액 | ₩2,800,000 | ₩5,300,000 |
| 당기대금회수액 | ₩2,400,000 | ₩4,800,000 |

1) 20×2년 말에 발생한 원가에는 계약상 20×3년도 공사에 사용하기 위해 준비되었지만 아직 사용되지 않은 ₩380,000만큼의 방열자재가 포함되어 있다(단, 방열자재는 동 계약을 위해 별도로 제작한 것은 아니다).

① 계약자산 ₩100,000　　② 계약부채 ₩100,000　　③ 계약자산 ₩300,000
④ 계약부채 ₩300,000　　⑤ 계약자산 ₩500,000

1. 20×2년 누적진행률: (2,760,000 + 5,030,000 − 380,000)/(9,200,000 + 300,000) = 78%
2. 20×2년 누적계약수익: 10,000,000 × 78% = 7,800,000
3. 20×2년 누적수취채권 증가액: 2,800,000 + 5,300,000 = 8,100,000
4. 20×2년 계약부채: 7,800,000 − 8,100,000 = (−)300,000

정답: ④

## I 손실이 예상되는 건설계약

전체 공사에서 계약이익이 예상될 때는 진행기준에 따라 수익을 인식하고 그에 대응하여 비용을 인식한다. 그러나 전체 공사에서 계약손실이 예상될 때(= 총계약원가가 총계약수익을 초과할 가능성이 높은 경우)에는 향후 예상되는 손실을 즉시 비용으로 인식한다. 이러한 처리는 진행기준을 적용하는 경우에도 손실이 예상되는 경우에는 이를 이연하지 않고 조기에 손실을 인식하여 보다 보수적인 회계처리를 하기 위한 것이다.

---

**계산 TOOL**

| | 20×1년 | 20×2년 | 20×3년 |
|---|---|---|---|
| 당기 계약손익 | 1st A | 3rd B(역산) | 5th C(역산) |

20×2년 누적계약손익    2nd 총계약수익 − 20×2년 추정총계약원가 = A + B

20×3년 누적계약손익    4th 총계약수익 − 20×3년 총계약원가 = A + B + C

계약손실이 예상되는 경우 계약손익
$\Rightarrow$ (총계약수익 − 추정총계약원가) × 누적진행률 − 전기누적계약손익 + (총계약수익 − 추정총계약원가)
    × (1 − 누적진행률)

$\Rightarrow$ $\dfrac{\text{(총계약수익 − 추정총계약원가)} \times 100\%}{A+B}$ − $\dfrac{\text{전기누적계약손익}}{A}$

예상되는 손실에 대한 회계처리는 아래와 같다.

1. 예상손실 인식 회계처리 1안

   [예상손실 인식 회계기간]

   | 차) 손실부담계약손실 | ×× | 대) 손실부담계약충당부채 | ×× |
   |---|---|---|---|

   [예상손실 환입 회계기간]

   | 차) 손실부담계약충당부채 | ×× | 대) 손실부담계약손실환입 | ×× |
   |---|---|---|---|

---

2. 예상손실 인식 회계처리 2안

[예상손실 인식 회계기간]

| 차) 예상손실 | ×× | 대) 미성공사 | ×× |

[예상손실 환입 회계기간]

| 차) 미성공사 | ×× | 대) 예상손실환입 | ×× |

특정 회계연도에 계약손실이 발생하였지만 전체 공사에서 이익이 예상되는 경우에는 손실예상액을 조기에 인식할 필요가 없다. 이는 전기까지 이익을 계상한 상황에서 추정총계약원가가 급격히 증가하여 그동안 인식한 계약이익 중 일부를 감소시켜야 하는 경우에 해당하며 이때는 미래 예상손실액을 조기 인식하지 않고 해당 회계연도분 손실만을 인식한다.

**Self Study**

건설계약의 손실 인식

| 계약체결 후 공사 착수 이전 | 즉시 예상손실 인식 |
|---|---|
| 건설 중 추정총예정원가 > 총계약수익 | 예상손실액을 전액 당기비용 인식 |
| 공사 전체 이익 예상, 특정 연도 계약손실 발생 | 당기 발생손익만 반영 |

**사례연습 2: 손실이 예상되는 건설계약**

20×1년 초에 ㈜대박건설은 서울시와 도서관 건물을 건설하는 계약을 체결하였다. 공사기간은 20×3년 말까지이며 총공사계약금액은 ₩1,000,000이다. 관련 자료는 다음과 같다.

| 구분 | 20×1년 | 20×2년 | 20×3년 |
|---|---|---|---|
| 공사진행률 | 30% | 80% | 100% |
| 추정총계약원가 | ₩800,000 | ₩1,050,000 | ₩1,100,000 |
| 당기발생계약원가 | ₩240,000 | ₩600,000 | ₩260,000 |
| 진행청구액 | ₩250,000 | ₩500,000 | ₩250,000 |
| 현금회수액 | ₩200,000 | ₩400,000 | ₩400,000 |

**1** ㈜대박건설이 20×1년 ~ 20×3년간 각 연도별로 인식할 계약이익을 구하시오.
**2** ㈜대박건설이 20×1년부터 20×3년까지 해야 할 회계처리를 보이시오.

**1** 진행률 산정

|  | 20×1년 | 20×2년 | 20×3년 |
|---|---|---|---|
| 당기 계약손익 | 1st A 60,000[1] | 3rd B(역산) (-)110,000 | 5th C(역산) (-)50,000 |
| 20×2년 누적계약손익 | 2nd 총계약수익 - 20×2년 추정총계약원가 = A + B (1,000,000 - 1,050,000) = (-)50,000 | | |
| 20×3년 누적계약손익 | | 4th 총계약수익 - 20×3년 총계약원가 = A + B + C (1,000,000 - 1,100,000) = (-)100,000 | |

[1] A(20×1년 계약이익) = (1,000,000 - 800,000) × 30% = 60,000

**2** 1. 20×1년 회계처리

| 원가투입 시 | 차) 미성공사 | 240,000 | 대) 현금 | 240,000 |
|---|---|---|---|---|
| 기말결산 시 | 차) 계약자산 | 300,000 | 대) 계약수익 | 300,000 |
| | 차) 계약원가 | 240,000 | 대) 미성공사 | 240,000 |
| 대금청구 시 | 차) 수취채권 | 250,000 | 대) 계약자산 | 250,000 |
| 대금회수 시 | 차) 현금 | 200,000 | 대) 수취채권 | 200,000 |

2. 20×2년 회계처리

| 원가투입 시 | 차) 미성공사 | 600,000 | 대) 현금 | 600,000 |
|---|---|---|---|---|
| 기말결산 시 | 차) 계약자산 | 500,000 | 대) 계약수익 | 500,000 |
| | 차) 계약원가 | 600,000 | 대) 미성공사 | 600,000 |
| | 차) 손실부담계약손실 | 10,000 | 대) 손실부담계약충당부채 | 10,000 |
| 대금청구 시 | 차) 수취채권 | 500,000 | 대) 계약자산 | 500,000 |
| 대금회수 시 | 차) 현금 | 400,000 | 대) 수취채권 | 400,000 |

3. 20×3년 회계처리

| 원가투입 시 | 차) 미성공사 | 260,000 | 대) 현금 | 260,000 |
|---|---|---|---|---|
| 기말결산 시 | 차) 계약자산 | 200,000 | 대) 계약수익 | 200,000 |
| | 차) 계약원가 | 260,000 | 대) 미성공사 | 260,000 |
| | 차) 손실부담계약충당부채 | 10,000 | 대) 손실부담계약손실환입 | 10,000 |
| 대금청구 시 | 차) 수취채권 | 250,000 | 대) 계약자산 | 250,000 |
| 대금회수 시 | 차) 현금 | 400,000 | 대) 수취채권 | 400,000 |

진행률을 합리적으로 측정할 수 없거나 건설계약대금의 회수가 불확실한 경우에는 계약수익은 발생원가의 범위 내에서만 인식하고 계약원가는 발생한 기간의 비용으로 인식한다. 따라서 계약의 결과를 신뢰성 있게 추정할 수 없는 경우에는 이익은 인식하지 않고 손실만 인식한다.

| 진행률 측정 가능 여부 | 수익인식액 | 비용인식액 |
|---|---|---|
| 합리적 측정 ○ | 건설계약금액 × 진행률 | 추정총계약원가 × 진행률 |
| 합리적 측정 × | | |
| (1) 발생한 계약원가의 회수가능성 높은 경우 | Min[누적발생원가, 회수가능액] | 당기발생원가 |
| (2) 발생한 계약원가의 회수가능성 높지 않은 경우 | 인식하지 않는다. | 당기발생원가 |

진행률을 합리적으로 측정할 수 없는 경우에는 발생한 계약원가 범위 내에서 회수가능성이 높은 금액만을 수익으로 인식하고, 계약원가는 발생한 기간의 비용으로 인식한다.

추후에 계약의 결과를 신뢰성 있게 추정할 수 없게 한 불확실성이 해소되는 경우에는 당해 건설계약과 관련된 수익과 비용은 다시 진행기준에 따라 인식한다.

**Self Study**

1. 이미 계약수익으로 인식한 금액에 대해서는 추후에 회수가능성이 불확실해지는 경우에는 이미 인식한 수익금액을 조정하지 않는다. 이 경우 회수불가능한 금액이나 더 이상 회수가능성이 높다고 볼 수 없는 금액을 별도의 비용(손상차손)으로 인식한다.
2. 당기 비용으로 인식하는 금액은 손상비용에 해당되므로 손실충당금으로 인식하여야 한다. 손실충당금은 계약자산의 차감계정으로 표시한다.

㈜한영은 20×1년 초에 A회사와 건물을 건설하는 계약을 체결하였다. 총계약수익금액은 ₩1,000,000이며, 공사기간은 20×3년 말까지이다. 관련 자료는 다음과 같다.

(1) 각 연도별 공사진행률과 각 연도 말에 추정한 총계약원가는 다음과 같다. 단, 20×2년 중 발주자의 재정상태 악화로 20×2년 말 현재 공사는 중단된 상태이다.

| 구분 | 20×1년 | 20×2년 | 20×3년 |
|---|---|---|---|
| 공사진행률 | 30% | 60% | ? |
| 추정총계약원가 | ₩800,000 | ₩850,000 | ? |

(2) 각 연도별 실제발생계약원가와 진행청구액 및 발주자로부터 회수한 금액은 다음과 같다. ㈜한영이 20×2년 말까지 발주자에게 청구한 금액은 ₩600,000이지만 이 중 ₩550,000만 회수되었으며, 나머지는 회수가 불투명한 상태이다.

| 구분 | 20×1년 | 20×2년 | 20×3년 |
|---|---|---|---|
| 실제발생계약원가 | ₩240,000 | ₩270,000 | ? |
| 진행청구액 | 380,000 | 220,000 | ? |
| 회수한 금액 | 300,000 | 250,000 | ? |

**1** ㈜한영이 20×1년, 20×2년에 인식할 계약수익, 계약원가, 계약이익을 구하시오.

**2** ㈜한영이 20×1년, 20×2년에 해야 할 회계처리를 보이시오.

**3** 주어진 자료에서 회수액 ₩550,000에서 ₩200,000으로 변경하였을 경우 20×2년의 공사손익과 관련한 회계처리를 보이시오.

풀이

**1**

| 구분 | 20×1년 | 20×2년 |
|---|---|---|
| 진행률 | 30% | 60% |
| 계약원가 | (−)240,000 | (−)270,000 |
| 계약수익 | 1,000,000 × 30% = 300,000 | Min[550,000, 510,000] − 300,000 = 210,000 |
| 계약손익 | 60,000 | (−)60,000 |

**2** 1. 20×1년 회계처리

| 원가투입 시 | 차) 미성공사 | 240,000 | 대) 현금 | 240,000 |
|---|---|---|---|---|
| 기말결산 시 | 차) 계약자산 | 300,000 | 대) 계약수익 | 300,000 |
| | 차) 계약원가 | 240,000 | 대) 미성공사 | 240,000 |
| 대금청구 시 | 차) 수취채권 | 380,000 | 대) 계약자산 | 300,000 |
| | | | 계약부채 | 80,000 |
| 대금회수 시 | 차) 현금 | 300,000 | 대) 수취채권 | 300,000 |

2. 20×2년 회계처리

| | | | | |
|---|---|---|---|---|
| 원가투입 시 | 차) 미성공사 | 270,000 | 대) 현금 | 270,000 |
| 기말결산 시 | 차) 계약부채 | 80,000 | 대) 계약수익 | 210,000 |
| | 계약자산 | 130,000 | | |
| | 차) 계약원가 | 270,000 | 대) 미성공사 | 270,000 |
| 대금청구 시 | 차) 수취채권 | 220,000 | 대) 계약자산 | 130,000 |
| | | | 계약부채 | 90,000 |
| 대금회수 시 | 차) 현금 | 250,000 | 대) 수취채권 | 250,000 |

3

| 구분 | 20×1년 | 20×2년 |
|---|---|---|
| 진행률 | 30% | 60% |
| 계약원가 | (-)240,000 | (-)270,000 |
| 계약수익 | 1,000,000 × 30% = 300,000 | Min[200,000, 510,000] - 300,000 = (-)100,000 |
| 계약손익 | 60,000 | (-)370,000 |

[20×2년 회계처리 - 계약손익 관련]

| | | | | |
|---|---|---|---|---|
| 원가투입 시 | 차) 미성공사 | 270,000 | 대) 현금 | 270,000 |
| 기말결산 시 | 차) 손상차손 | 100,000 | 대) 손실충당금 | 100,000 |
| | 차) 계약자산 | 0 | 대) 계약수익 | 0 |
| | 차) 공사원가 | 270,000 | 대) 미성공사 | 270,000 |

* 이미 계약수익으로 인식한 금액에 대해서는 추후에 회수가능성이 불확실해지는 경우에는 이미 인식한 수익금액을 조정하지 않는다. 이 경우 회수불가능한 금액이나 더 이상 회수가능성이 높다고 볼 수 없는 금액을 별도의 비용(손상차손)으로 인식한다.

## Ⅲ 원가기준 이외의 진행률을 사용하는 경우

계약의 진행률은 원가기준 이외에도 수행한 공사의 측량이나 계약 공사의 물리적 완성비율에 따라 산정할 수 있다. 진행률은 다른 기준에 따라 산정하는 경우에도 계약수익은 건설계약금액에 진행률을 곱하여 계산하며, 계약원가는 추정총계약원가에 진행률을 곱하여 계산한다. 따라서 당기 계약원가로 인식할 금액은 원가기준과는 달리 당기에 발생한 계약원가금액이 아니다.

**Self Study**

계약자산(부채)의 경우 회계처리방법론에 따라 그 금액이 달라지므로 별도로 논하지 않는다.

건설계약의 회계처리는 일반적으로 건설계약별로 적용한다. 그러나 경우에 따라서 계약의 실질을 반영하기 위하여 단일 계약에 대해 개별적으로 식별가능한 구성단위별로 진행기준을 분할하여 적용하거나, 복수의 계약을 하나의 계약으로 보아 진행기준을 병합하여 적용해야 할 필요가 있다.

### 01  건설계약의 병합

복수의 계약을 하나의 계약으로 보아 전체에 대해 진행기준을 적용하는 것

### 02  건설계약의 분할

단일 계약을 개별적으로 식별가능한 구성단위별로 구분하여 진행기준을 적용하는 것

## V    특수한 계약원가

계약원가는 계약체결일로부터 계약의 최종적 완료일까지의 기간 동안 당해 건설계약에 귀속될 수 있는 원가를 포함한다. 대부분의 계약원가는 건설기간 중에 발생하지만 경우에 따라서는 건설계약 체결 전이나 공사가 완료된 후에 발생하기도 한다.

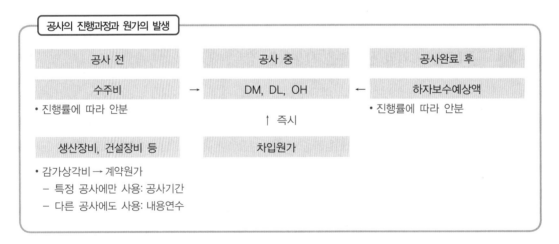

## 01 사용하지 않은 계약원가

진행률을 원가기준으로 측정하는 경우 누적발생계약원가에는 수행한 공사를 반영하는 계약원가만 포함되므로 아래의 계약원가들은 진행률 산정을 위한 누적발생계약원가에서 제외한다.

① 현장에 인도되었거나 계약상 사용을 위해 준비되었지만 아직 계약 공사를 위해 설치, 사용 또는 적용이 되지 않는 재료의 원가와 같은 계약상 미래 활동과 관련된 계약원가
② 하도급계약에 따라 수행될 공사에 대해 하도급자에게 선급한 금액

**Self Study**

1. 사용을 위해 준비된 재료는 일반적으로 진행률 산정 시 포함되지 않지만, 계약을 위해 별도로 제작된 경우 누적발생계약원가에 포함되어 진행률 산정 시 고려한다.
2. 하도급자에게 선급한 금액은 당해 하도급자가 공사를 실제로 수행하는 경우 그 진행률에 따라 누적발생계약원가에 포함한다.

## 02 수주비

수주비는 견적서 작성비용 등 건설계약과 관련하여 지출되는 것으로 진행률 산정에는 포함하지 않는다. 그러므로 수주비는 선급공사원가로 자산 처리하고, 진행률에 따라 계약원가로 처리한다.

| 지출 시 | 차) 선급계약원가 | ×× | 대) 현금 | ×× |
|---|---|---|---|---|
| 계약진행 시 | 차) 미성공사[1] | ×× | 대) 선급계약원가 | ×× |
| | [1] 선급계약원가(수주비 지출액) × 공사진행률(수주비 제외 후 산정) | | | |

## 03 계약에 사용된 생산설비 및 건설장비의 감가상각비

건설계약에서 사용된 건설장비는 유형자산으로 계상한 후, 감가상각을 통해 공사기간에 걸쳐 계약원가로 인식한다. 건설장비의 감가상각비는 총공사예정원가에 포함하며, 진행률의 산정에 포함한다.

건설장비의 감가상각비는 당해 건설장비를 특정 공사에만 사용하는 경우 계약직접원가에 해당하므로 해당 건설계약공사의 원가로 처리하며, 여러 공사에 사용하는 경우 계약공통원가에 해당하므로 합리적인 방법으로 배분하여 관련된 공사에 배분한다.

건설장비의 감가상각은 당해 건설장비를 특정 공사에만 사용가능한지 여부에 따라 아래와 같이 구분된다.

| 구분 | 내용연수 |
|---|---|
| 특정 공사에만 사용 | Min[공사기간, 경제적 내용연수] |
| 여러 공사에만 사용 | 경제적 내용연수 |

| 지출 시 | 차) 기계장치 등 | ×× | 대) 현금 | ×× |
|---|---|---|---|---|
| 감가상각 결산일 | 차) 감가상각비 | ×× | 대) 감가상각누계액 | ×× |
| | 차) 미성공사 | ×× | 대) 감가상각비 | ×× |

## 04 차입원가

공사계약의 이행 과정에서 발생하는 차입원가는 건설계약과 관련된 필수적인 원가이므로 계약활동 전반에 귀속될 수 있는 공통원가로서 특정 계약에 배분하여 계약원가로 인식하여야 한다. 다만, 차입원가는 건설계약의 진행정도와 관계가 없어 진행률 산정에는 포함되지 않으며, 발생한 기간에 즉시 계약원가로 인식한다.

| 이자지출 시 | 차) 이자비용 | ×× | 대) 현금 | ×× |
|---|---|---|---|---|
| 결산일 | 차) 미성공사 | ×× | 대) 이자비용 | ×× |

### Self Study

1. 공사계약체결 전에 발생하는 원가(예 입찰, 견적서 작성 등의 수주비 등)는 개별적으로 식별이 가능하며 신뢰성 있게 측정할 수 있고 계약의 체결가능성이 높은 경우 계약원가의 일부로 포함한다.
2. 계약을 체결하는 과정에서 발생한 원가를 발생한 기간의 비용으로 인식한 경우에는 공사계약이 후속기간에 체결되더라도 계약원가에 포함하지 않는다.

## 05 하자보수예상원가

고객이 별도로 구매할 수 있는 품질보증(하자보수비)은 별도의 이행의무이다. 계약 개시시점에 품질보증 이행의무에 거래가격의 일부를 배분한다. 따라서 고객이 별도로 구입하는 선택권을 갖고 있지 않은 품질보증(하자보수비)은 발생기준에 따라 인식한다. 기업은 품질보증약정에서 계약에 합의된 사양에 적합한지를 보증하는 것에 추가하여 고객에게 용역을 제공할 수 있다(예 유지보수용역). 기업은 용역항목에 대한 품질보증을 별도의 이행의무로 구분하여야 한다. 기업이 품질보증약정에 포함된 용역을 합리적으로 구분할 수 없다면 전체 품질보증약정을 단일의 이행의무로 회계처리한다.

하자보수비는 원칙적으로 발생 단계별로 추정하고 이를 진행률의 산정에 포함하는 것이 원칙이지만 실무상 발생 단계별 추정이 불가능할 경우 진행률에 따라 추정 하자보수비를 각 공사 단계별로 배부하고 진행률 산정에서 제외한다.

| 결산일 | 차) 하자보수비 | ×× | 대) 하자보수충당부채 | ×× |
|---|---|---|---|---|
| 하자보수 시 | 차) 미성공사 | ×× | 대) 현금 | ×× |

㈜합격은 20×1년 1월 1일 워터파크 공사를 ㈜현주로부터 ₩1,000,000에 수주하였다. 공사기간은 20×1년 1월 1일부터 20×3년 12월 31일까지이며, 공사원가의 인식요건을 만족하는 수주원가로 ₩40,000을 지출하였다. 또한 공사를 위하여 건설장비 1대를 수주하는 즉시 구입하였다. 건설장비의 취득원가는 ₩90,000, 내용연수 4년, 잔존가치는 없으며, 정액법으로 감가상각한다. 건설장비는 워터파크의 슬라이드 제작을 위하여 특별히 제작되었으며, 다른 공사에는 사용할 수 없다(단, 아래의 공사원가 자료에는 수주원가와 건설장비에 대한 감가상각비 효과는 포함되어 있지 않다).

| 구분 | 20×1년 | 20×2년 | 20×3년 |
|---|---|---|---|
| 누적계약원가 | ₩170,000 | ₩450,000 | ₩800,000 |
| 총누적계약원가 | ₩710,000 | ₩760,000 | ₩800,000 |

**1** ㈜합격의 연도별 적용할 진행률은 얼마인가?

**2** ㈜합격의 연도별 계약손익은 얼마인가?

**3** ㈜합격의 20×1년 회계처리를 보이시오.

**풀이**

**1**

| 구분 | 20×1년 | 20×2년 | 20×3년 |
|---|---|---|---|
| 누적발생원가 | 170,000 + 90,000/3 = 200,000 | 450,000 + 90,000 × 2/3 = 510,000 | 800,000 + 90,000 = 890,000 |
| 추정총계약원가 | 710,000 + 90,000 = 800,000 | 760,000 + 90,000 = 850,000 | 890,000 |
| 누적진행률 | 25% | 60% | 100% |

**2** 1. 20×1년 계약손익: 40,000

   1,000,000 × 25% − (40,000 + 710,000 + 90,000) × 25% = 40,000

2. 20×2년 계약손익: 26,000

   1,000,000 × 60% − (40,000 + 760,000 + 90,000) × 60% − 40,000 = 26,000

3. 20×3년 계약손익: 4,000

   1,000,000 × 100% − (40,000 + 800,000 + 90,000) × 100% − (40,000 + 26,000) = 4,000

**3** [20×1년 회계처리]

| | | | | | | |
|---|---|---|---|---|---|---|
| 공사 전 지출 | 차) | 선급계약원가 | 40,000 | 대) | 현금 | 40,000 |
| | | 기계장치 | 90,000 | | 현금 | 90,000 |
| 당기 중 | 차) | 미성공사 | 170,000 | 대) | 현금 | 170,000 |
| 결산일 | 차) | 미성공사(수주비) | 10,000 | 대) | 선급계약원가 | 10,000 |
| | | 미성공사(상각비) | 30,000 | | 감가상각누계액 | 30,000 |
| | 차) | 계약자산 | 250,000 | 대) | 계약수익 | 250,000 |
| | 차) | 계약원가 | 210,000 | 대) | 미성공사 | 210,000 |

A사는 문화재청으로부터 석굴암 진입로 포장공사를 ₩100,000에 수주하였다. 회사는 공사 완공 후 하자보수의무가 있으며, 20×1년에는 하자보수예상액으로 총 ₩2,000을 추정하였으며, 20×2년과 20×3년에는 총 ₩2,500으로 추정하였다. 하자보수원가를 제외한 공사와 관련된 자료는 다음과 같다(단, 진행률은 발생원가기준으로 결정하며, 하자보수원가는 계약의 진행률에 비례해서 계약원가로 배분한다).

| 구분 | 20×1년 | 20×2년 | 20×3년 |
|---|---|---|---|
| 누적발생공사원가 | ₩32,000 | ₩54,000 | ₩92,000 |
| 총추정공사원가 | 80,000 | 90,000 | 92,000 |
| 수취채권 증가액(대금청구액) | 30,000 | 40,000 | 30,000 |
| 계약대금수령액 | 25,000 | 35,000 | 40,000 |

❶ 각 회계기간 계약원가에 포함할 하자보수원가를 계산하시오.
❷ 각 회계기간의 계약손익을 계산하시오.
❸ 20×1년 말과 20×2년 말 계약자산 또는 계약부채를 계산하시오.
❹ 20×1년과 20×2년의 회계처리를 보이시오.

[풀이]

❶ 1. 누적진행률

| 구분 | 20×1년 | 20×2년 | 20×3년 |
|---|---|---|---|
| 누적발생공사원가 | 32,000 | 54,000 | 92,000 |
| 총추정공사원가 | 80,000 | 90,000 | 92,000 |
| 진행률 | 40% | 60% | 100% |

2. 20×1년 계약원가에 포함할 하자보수원가: 2,000 × 40% = 800
3. 20×2년 계약원가에 포함할 하자보수원가: 2,500 × 60% − 800 = 700
4. 20×3년 계약원가에 포함할 하자보수원가: 2,500 × 100% − 1,500 = 1,000

❷ 1. 20×1년 계약손익: (100,000 − 80,000 − 2,000) × 40% − 0 = 7,200
2. 20×2년 계약손익: (100,000 − 90,000 − 2,500) × 60% − 7,200 = (−)2,700
3. 20×3년 계약손익: (100,000 − 92,000 − 2,500) × 100% − (7,200 − 2,700) = 1,000

❸ 1. 20×1년 말 계약자산: 40,000 − 30,000 = 10,000
2. 20×2년 말 계약부채: 60,000 − 70,000 = (−)10,000

**4** 1. 20×1년 회계처리

| | | | | | |
|---|---|---|---|---|---|
| 원가투입 시 | 차) 미성공사 | 32,000 | 대) 현금 | 32,000 |
| | 차) 미성공사 | 800 | 대) 하자보수충당부채 | 800 |
| 기말결산 시 | 차) 계약자산 | 40,000 | 대) 계약수익 | 40,000 |
| | 차) 계약원가 | 32,800 | 대) 미성공사 | 32,800 |
| 대금청구 시 | 차) 수취채권 | 30,000 | 대) 계약자산 | 30,000 |
| 대금회수 시 | 차) 현금 | 25,000 | 대) 수취채권 | 25,000 |

2. 20×2년 회계처리

| | | | | | |
|---|---|---|---|---|---|
| 원가투입 시 | 차) 미성공사 | 22,000 | 대) 현금 | 22,000 |
| | 차) 미성공사 | 700 | 대) 하자보수충당부채 | 700 |
| 기말결산 시 | 차) 계약자산 | 20,000 | 대) 계약수익 | 20,000 |
| | 차) 계약원가 | 22,700 | 대) 미성공사 | 22,700 |
| 대금청구 시 | 차) 수취채권 | 40,000 | 대) 계약자산 | 30,000 |
| | | | 계약부채 | 10,000 |
| 대금회수 시 | 차) 현금 | 35,000 | 대) 수취채권 | 35,000 |

20×5년에 설립한 ㈜세무는 ㈜한국과 건설기간 3년, 계약금액 ₩1,000,000인 건설계약을 체결하고 준공시점인 20×7년까지는 동 공사만 진행하였다. ㈜세무는 진행기준으로 수익을 인식하며, 진행률은 발생한 누적계약원가를 추정총계약원가로 나눈 비율로 측정한다. 건설계약과 관련된 자료가 다음과 같을 때, ㈜세무가 20×6년과 20×7년에 인식할 당기 공사이익은 각각 얼마인가? (단, 취득한 건설자재는 동 건설계약을 위해 별도로 제작된 경우에 해당하지 않는다) [세무사 2017년]

| 구분 | 20×5년도 | 20×6년도 | 20×7년도 |
|---|---|---|---|
| 당기 건설자재 취득원가 | ₩90,000 | ₩100,000 | ₩50,000 |
| 기말 미사용 건설자재 | ₩10,000 | ₩40,000 | ₩40,000 |
| 당기 건설노무원가 | ₩120,000 | ₩140,000 | ₩250,000 |
| 당기 건설장비 감가상각비 | ₩10,000 | ₩12,000 | ₩18,000 |
| 추정총계약원가 | ₩700,000 | ₩720,000 | – |

| | 20×6년 | 20×7년 |
|---|---|---|
| ① | ₩74,111 | ₩69,222 |
| ② | ₩74,111 | ₩85,889 |
| ③ | ₩78,000 | ₩82,000 |
| ④ | ₩78,000 | ₩84,000 |
| ⑤ | ₩78,000 | ₩85,889 |

풀이

1. 진행률

| 구분 | 20×5년도 | 20×6년도 | 20×7년도 |
|---|---|---|---|
| 당기 공사원가 | 210,000[1] | 222,000[2] | 318,000[3] |
| 누적 공사원가 | 210,000 | 432,000 | 750,000 |
| 추정총계약원가 | 700,000 | 720,000 | 750,000 |
| 진행률 | 30% | 60% | 100% |

[1] 20×5년 당기 발생 공사원가: $(0 + 90,000 - 10,000) + 120,000 + 10,000 = 210,000$
[2] 20×6년 당기 발생 공사원가: $(10,000 + 100,000 - 40,000) + 140,000 + 12,000 = 222,000$
[3] 20×7년 당기 발생 공사원가: $(40,000 + 50,000 - 40,000) + 250,000 + 18,000 = 318,000$

2. 20×5년 공사이익: $(1,000,000 - 700,000) \times 30\% = 90,000$

3. 20×6년 공사이익: $(1,000,000 - 720,000) \times 60\% - 90,000 = 78,000$

4. 20×7년 공사이익: $(1,000,000 - 750,000) \times 100\% - (90,000 + 78,000) = 82,000$

정답: ③

# Chapter 15 | 객관식 문제

**01** ㈜한국건설은 20×1년 초 ㈜대한과 교량 건설을 위한 건설계약을 발주금액 ₩10,000,000에 체결하였다. 총공사기간은 계약일로부터 3년인데, 20×2년도에 공사내용의 일부 변경에 따른 계약원가 추가 발생으로 건설계약금액을 ₩2,000,000 증가시키는 것으로 합의하였다. 동 건설계약과 관련된 연도별 자료는 다음과 같다.

| 구분 | 20×1년 | 20×2년 | 20×3년 |
|---|---|---|---|
| 실제계약원가발생액 | ₩2,400,000 | ₩4,950,000 | ₩3,150,000 |
| 연도 말 예상추가계약원가 | ₩5,600,000 | ₩3,150,000 | – |
| 계약대금청구액 | ₩2,500,000 | ₩5,500,000 | ₩4,000,000 |
| 계약대금회수액 | ₩2,500,000 | ₩5,500,000 | ₩4,000,000 |

㈜한국건설이 진행률을 누적발생계약원가에 기초하여 계산한다고 할 때, 동 건설계약과 관련하여 ㈜한국건설이 20×2년 말 재무상태표상 인식할 계약자산(계약부채)금액은 얼마인가?

① 계약자산 ₩100,000  ② 계약자산 ₩400,000  ③ 계약자산 ₩500,000
④ 계약부채 ₩100,000  ⑤ 계약부채 ₩400,000

**02** ㈜아주건설은 20×1년 초에 A회사와 건물을 건설하는 계약을 체결하였다. 총공사 계약금액은 ₩2,000,000이며, 공사기간은 20×3년 말까지이다. 각 연도별 공사진행률과 각 연도 말에 추정한 총계약원가 등은 다음과 같다. 20×2년 중 발주자의 재정상태 악화로 20×2년 말 현재 공사는 중단된 상태이며, 20×2년 말까지 발주자에게 청구한 금액은 ₩1,200,000이지만 이 중 ₩700,000만 회수되었으며, 나머지는 회수가 불투명한 상태이다.

| 구분 | 20×1년 | 20×2년 | 20×3년 |
|---|---|---|---|
| 공사진행률 | 30% | 60% | ? |
| 추정총계약원가 | ₩1,600,000 | ₩1,700,000 | ? |
| 실제발생계약원가 | ₩480,000 | ₩540,000 | |
| 진행청구액 | ₩560,000 | ₩640,000 | |
| 발주자로부터 회수한 금액 | ₩400,000 | ₩300,000 | |

㈜아주건설이 20×1년과 20×2년에 인식할 계약손익은 각각 얼마인가?

| | 20×1년도 | 20×2년도 |
|---|---|---|
| ① | 계약이익 ₩120,000 | 계약손실 ₩440,000 |
| ② | 계약이익 ₩120,000 | 계약이익 ₩160,000 |
| ③ | 계약이익 ₩400,000 | 계약손실 ₩440,000 |
| ④ | 계약이익 ₩400,000 | 계약이익 ₩160,000 |
| ⑤ | 계약이익 ₩560,000 | 계약손실 ₩440,000 |

# Chapter 15 | 객관식 문제 정답 및 해설

**01** ②   (1) 20×2년 누적진행률: (2,400,000 + 4,950,000)/(2,400,000 + 4,950,000 + 3,150,000) = 70%

       (2) 20×2년 누적계약수익: (10,000,000 + 2,000,000) × 70% = 8,400,000

       (3) 20×2년 누적수취채권 증가액: 2,500,000 + 5,500,000 = 8,000,000

       (4) 20×2년 계약자산: 8,400,000 − 8,000,000 = 400,000

**02** ①   (1) 20×1년 공사손익: (2,000,000 − 1,600,000) × 30% = 120,000

       (2) 20×2년 공사수익: Min[700,000, (480,000 + 540,000)] − 600,000 = 100,000

       (3) 20×2년 공사손익: 100,000 − 540,000 = (−)440,000

# Chapter 15 | 주관식 문제

**문제 01**     건설계약의 회계처리 및 손실이 예상되는 건설계약

다음에 제시되는 물음은 각각 독립된 상황이다.

12월 말 결산법인인 A회사는 20×1년 1월 1일에 B회사로부터 교량 건설을 수주하였다. 공사계약기간은 20×1년 3월 1일부터 20×3년 12월 31일까지이고, 공사계약금액은 ₩1,800,000이다. 진행기준 적용 시 진행률은 총추정원가 대비 현재까지 발생한 누적원가를 이용한다.

| 구분 | 20×1년 | 20×2년 | 20×3년 |
|---|---|---|---|
| 당기발생계약원가 | ₩260,000 | ₩892,000 | ₩288,000 |
| 완성 시까지 추가계약원가 예상액 | ₩1,040,000 | ₩288,000 | – |
| 계약대금 청구액 | ₩400,000 | ₩900,000 | ₩500,000 |
| 계약대금 회수액 | ₩300,000 | ₩900,000 | ₩600,000 |

**물음 1)** 건설계약과 관련하여 20×1년부터 20×2년까지 매년 포괄손익계산서와 재무상태표에 인식할 아래의 금액들을 구하시오.

| 구분 | | 20×1년 | 20×2년 |
|---|---|---|---|
| 포괄손익계산서 | 계약수익 | | |
| | 계약원가 | | |
| | 계약손익 | | |
| 재무상태표 | 계약자산 | | |
| | 계약부채 | | |

**물음 2)** 20×2년 12월 31일 건설자재 가격이 급등하여 추가 소요원가가 ₩288,000에서 ₩848,000으로 증가할 것으로 예상된다. 그 외의 조건은 위의 자료와 동일할 때, 아래의 금액들을 구하시오(단, 손실의 경우에는 금액 앞에 (−)로 표시하며, A회사는 손실이 예상되는 경우에도 계약을 계속 이행하는 것으로 가정한다).

| 구분 | | 20×2년 |
|---|---|---|
| 포괄손익계산서 | 계약수익 | |
| | 계약원가 | |
| | 계약손익 | |
| 재무상태표 | 계약자산 | |
| | 계약부채 | |

**풀이**

물음 1)

| 구분 | | 20×1년 | 20×2년 |
|---|---|---|---|
| 포괄손익계산서 | 계약수익 | 360,000 | 1,080,000 |
| | 계약원가 | 260,000 | 892,000 |
| | 계약손익 | 100,000 | 188,000 |
| 재무상태표 | 계약자산 | 0 | 140,000 |
| | 계약부채 | 40,000 | 0 |

(1) 진행률 산정

| 구분 | 20×1년 | 20×2년 |
|---|---|---|
| 당기누적원가 | 260,000 | 1,152,000 |
| 추정총계약원가 | 1,300,000 | 1,440,000 |
| 누적진행률 | 20% | 80% |

(2) 20×1년

| | B/S | | | |
|---|---|---|---|---|
| 계약자산 | 0 | 계약부채 | 40,000 | |
| 수취채권 | 100,000 | | | |

| | I/S | | | |
|---|---|---|---|---|
| 계약원가 | 260,000 | 계약수익 | 360,000 | |
| 계약손익 | 100,000 | | | |

① 누적수익: 1,800,000 × 20% = 360,000
② 누적수익 360,000 〈 누적수취채권 증가 400,000
  ⇒ 계약부채 40,000(= 400,000 − 360,000)
③ 수취채권: 400,000 − 300,000 = 100,000
④ 계약손익:
  ⇒ (1,800,000 − 1,300,000) × 20% − 0
   = 100,000

| 원가투입 시 | 차) 미성공사 | 260,000 | 대) 현금 | 260,000 |
|---|---|---|---|---|
| 기말결산 시 | 차) 계약자산 | 360,000 | 대) 계약수익 | 360,000 |
| | 차) 계약원가 | 260,000 | 대) 미성공사 | 260,000 |
| 대금청구 시 | 차) 수취채권 | 400,000 | 대) 계약자산 | 360,000 |
| | | | 계약부채 | 40,000 |
| 대금회수 시 | 차) 현금 | 300,000 | 대) 수취채권 | 300,000 |

(3) 20×2년

| | B/S | | | |
|---|---|---|---|---|
| 계약자산 | 140,000 | 계약부채 | 0 | |
| 수취채권 | 100,000 | | | |

| | I/S | | | |
|---|---|---|---|---|
| 계약원가 | 892,000 | 계약수익 | 1,080,000 | |
| 계약손익 | 188,000 | | | |

① 누적수익: 1,800,000 × 80% = 1,440,000
② 누적수익 1,440,000 〈 누적수취채권 증가 1,300,000
  ⇒ 계약자산 140,000(= 1,440,000 − 1,300,000)
③ 수취채권: 1,300,000 − 1,200,000 = 100,000
④ 계약손익:
  ⇒ (1,800,000 − 1,440,000) × 80% − 100,000
   = 188,000

| 원가투입 시 | 차) 미성공사 | 892,000 | 대) 현금 | 892,000 |
|---|---|---|---|---|
| 기말결산 시 | 차) 계약부채 | 40,000 | 대) 계약수익 | 1,080,000 |
| | 계약자산 | 1,040,000 | | |
| | 차) 계약원가 | 892,000 | 대) 미성공사 | 892,000 |
| 대금청구 시 | 차) 수취채권 | 900,000 | 대) 계약자산 | 900,000 |
| 대금회수 시 | 차) 현금 | 900,000 | 대) 수취채권 | 900,000 |

물음 2)

| 구분 | | 20×2년 |
|---|---|---|
| 포괄손익계산서 | 계약수익 | 676,800 |
| | 계약원가 | 976,800 |
| | 계약손익 | (−)300,000 |
| 재무상태표 | 계약자산 | 0 |
| | 계약부채 | 263,200 |

### (1) 진행률 산정

| 구분 | 20×1년 | 20×2년 |
|---|---|---|
| 당기누적원가 | 260,000 | 1,152,000 |
| 추정총계약원가 | 1,300,000 | 2,000,000 |
| 누적진행률 | 20% | 57.6% |

### (2) 계약손익 계산

| | 20×1 | 20×2 |
|---|---|---|
| 당기 계약이익 | 1st A 100,000 | 3rd B(역산) (−)300,000 |
| ×2년 누적계약손익 | 2nd 총계약수익 − ×2년 추정총계약원가 = A + B $(1,800,000 − 2,000,000) = (−)200,000$ | |

### (3) 재무제표

B/S

| 계약자산 | 0 | 계약부채 | 263,200 |
|---|---|---|---|
| 수취채권 | 100,000 | | |

I/S

| 계약원가 | 892,000 | 계약수익(역산) | 676,800 |
|---|---|---|---|
| 손실부담계약손실 | 84,800 | 계약손실 | 300,000 |

① 누적수익: $1,800,000 × 57.6\% = 1,036,800$
② 누적수익 $1,036,800 <$ 누적수취채권 증가 $1,300,000$
   ⇒ 계약부채 $263,200 (= 1,300,000 − 1,036,800)$
③ 수취채권: $1,300,000 − 1,200,000 = 100,000$
④ 계약손익:
   ⇒ $(1,800,000 − 2,000,000) × 100\% − 100,000$
   $= (−)300,000$
⑤ 손실부담계약 관련 손실: $(−)84,800$
   ⇒ $(1,800,000 − 2,000,000) × (1 − 57.6\%) = (−)84,800$

다음은 A건설의 건설계약과 관련된 자료이다. 각각의 건설계약은 상호 독립적이며 발주자가 건설시작 이전에 주요 설계구조를 지정할 수 있으며, 건설 진행 중에도 주요 구조변경을 지정할 수 있는 등 건설계약의 정의를 충족한다. 각각의 독립적인 물음에 답하시오.

〈계약 1〉

A건설은 20×1년 1월 1일 서울시와 공원을 건설하는 도급계약(총도급금액 ₩18,000,000, 추정 총계약원가 ₩14,000,000, 건설소요기간 3년)을 체결하였다. 동 도급계약과 관련하여 20×1년 말에 A건설이 추정한 총계약원가는 ₩15,000,000으로 증가하였으며, 20×2년 말에 계약원가를 검토한 결과 추가로 ₩1,000,000만큼 증가할 것으로 추정되었다. A건설은 동 도급계약의 결과를 신뢰성 있게 추정할 수 있으므로 진행기준으로 수익을 인식하고 있으며, 진행률은 누적계약발생원가를 추정총계약원가로 나눈 비율로 적용하고 있다.

| 구분 | 20×1년도 | 20×2년도 | 20×3년도 |
|---|---|---|---|
| 당기원가발생액 | ₩3,000,000 | ₩8,500,000 | ₩4,500,000 |
| 당기대금청구액 | ₩4,000,000 | ₩10,000,000 | ₩4,000,000 |
| 당기대금회수액 | ₩3,400,000 | ₩8,800,000 | ₩5,800,000 |

* 20×2년 말에 발생한 원가 ₩8,500,000에는 계약상 20×3년도 공사에 사용하기 위해 준비되었지만 아직 사용되지 않은 ₩400,000의 재료원가와 하도급계약에 따라 수행될 공사에 대해 하도급자에게 선급한 금액 ₩300,000이 포함되어 있다. 단, 재료는 동 계약을 위해 별도로 제작된 것이다.

**물음 1)** A건설의 20×2년 재무제표에 보고될 다음의 금액을 계산하시오(단, 공사손실의 경우에는 금액 앞에 (−)표시할 것).

| | | |
|---|---|---|
| 포괄손익계산서 | 계약수익 | |
| | 계약손익 | |
| 재무상태표 | 계약자산 | |
| | 계약부채 | |

〈계약 2〉

A건설은 20×1년 초에 성남시와 시청건물을 건설하는 계약을 체결하였다. 계약체결시점에 A건설은 동 도급계약의 결과를 신뢰성 있게 추정할 수 있으므로 진행기준으로 수익을 인식하기로 하였으며, 진행률은 누적계약발생원가를 추정총계약원가로 나눈 비율을 적용하기로 하였다. 총공사계약금액은 ₩20,000,000이며, 공사기간은 20×3년 말까지이다. 각 연도별 공사진행률과 각 연도 말에 추정한 총계약원가 등은 다음과 같다. 20×2년 중 성남시의 재정상태 악화로 20×2년 말 현재 공사는 중단된 상태이며, 20×2년 말까지 성남시청에게 청구한 금액은 ₩12,000,000이지만 이 중 ₩8,000,000만 회수되었으며, 나머지는 회수가 불투명한 상태이다.

| 구분 | 20×1년도 | 20×2년도 | 20×3년도 |
|---|---|---|---|
| 추정총계약원가 | ₩16,000,000 | ₩17,000,000 | ? |
| 실제발생계약원가 | ₩4,800,000 | ₩5,400,000 | |
| 공사대금청구액 | ₩5,600,000 | ₩6,400,000 | |
| 공사대금회수액 | ₩5,000,000 | ₩3,000,000 | |

**물음 2)** A건설의 20×2년 포괄손익계산서에 보고될 다음의 금액을 계산하시오(단, 공사손실의 경우에는 금액 앞에 (−)표시할 것).

| | 계약수익 | |
|---|---|---|
| 포괄손익계산서 | 계약원가 | |
| | 계약손익 | |

물음 1)

| 포괄손익계산서 | 계약수익 | 9,000,000 |
| --- | --- | --- |
| | 계약손익 | 800,000 |
| 재무상태표 | 계약자산 | 0 |
| | 계약부채 | 1,400,000 |

(1) 진행률

| 구분 | 20×1년도 | 20×2년도 |
| --- | --- | --- |
| 누적발생원가(A) | 3,000,000 | 11,200,000[1] |
| 추정총계약원가(B) | 15,000,000 | 16,000,000 |
| 누적진행률(A/B) | 20% | 70% |

[1] 3,000,000 + 8,500,000 − 300,000 = 11,200,000(재료는 동 계약을 위해 별도로 제작된 것으로 발생원가에 포함한다)

(2) 20×2년 계약수익: 18,000,000 × 70% − 18,000,000 × 20% = 9,000,000

(3) 20×2년 계약손익: (18,000,000 − 16,000,000) × 70% − (18,000,000 − 15,000,000) × 20% = 800,000

(4) 20×2년 계약자산(부채): 18,000,000 × 70% − 14,000,000 = (−)1,400,000

물음 2)

| 포괄손익계산서 | 계약수익 | 2,000,000 |
| --- | --- | --- |
| | 계약원가 | 5,400,000 |
| | 계약손익 | (−)3,400,000 |

(1) 진행률

| 구분 | 20×1년도 | 20×2년도 |
| --- | --- | --- |
| 누적발생원가(A) | 4,800,000 | 고려하지 않는다. |
| 추정총계약원가(B) | 16,000,000 | |
| 누적진행률(A/B) | 30% | |

(2) 공사손익

| 구분 | 20×1년도 | 20×2년도 |
| --- | --- | --- |
| 당기 계약수익 | 20,000,000 × 30% = 6,000,000 | Min[10,200,000, 8,000,000] − 6,000,000 = 2,000,000 |
| 당기 계약원가 | 4,800,000 | 5,400,000 |
| 당기 계약손익 | 1,200,000 | (−)3,400,000 |

cpa.Hackers.com

회계사 · 세무사 · 경영지도사 단번에 합격!
해커스 경영아카데미
cpa.Hackers.com

# Chapter 16

# 리스

1. 리스회계 개념
2. 리스제공자 – 금융리스
3. 리스제공자 – 운용리스
4. 리스제공자가 제조자 또는 판매자인 금융리스
5. 리스이용자
6. 리스의 기타사항

# 1 리스회계 개념

## I 리스회계의 기초

### 01 리스의 의의

리스는 대가와 교환하여 식별되는 자산(기초자산)의 사용 통제권을 일정 기간 이전하는 계약이나 계약의 일부를 말한다. 이때 대가와 교환하여 식별되는 자산의 사용 통제권을 일정 기간 제공하는 기업을 리스제공자라고 하며, 대가와 교환하여 자산의 사용 통제권을 일정 기간 얻게 되는 기업을 리스이용자라고 한다.

> **참고** 한국채택국제회계기준 제1116호 '리스'의 개정 이유
>
> 종전 리스 회계모형은 리스이용자와 리스제공자가 리스를 금융리스 아니면 운용리스로 분류하고 두 유형의 리스를 다르게 회계처리하도록 하여 리스이용자가 운용리스에서 생기는 자산과 부채를 인식하도록 요구하지 않았다. 이에 따라 대다수 리스약정이 재무상태표에 나타나지 않거나, 영업용 자산과 레버리지 오도 및 거래 구조화 유인이 발생하여 기업 간 비교가능성이 하락하고, 리스이용자의 부채추정이 어렵다는 문제점이 있었다. 이러한 이유로 새로운 기준서 제1116호 '리스'에서는 리스이용자가 모든 리스(일부 예외 제외)에 대하여 자산과 부채를 인식하는 단일 리스이용자 회계모형을 적용하기로 개정하였다. 그러나 리스제공자는 종전 기준서를 그대로 유지하여, 자산의 소유에 따른 위험과 보상의 대부분을 계속 보유하고 있다면 운용리스로 분류하고, 자산의 소유에 따른 위험과 보상의 대부분을 리스이용자에게 이전한다면 금융리스로 분류하도록 규정하고 있다. 기준서 제1116호 '리스'는 2019년 1월 1일 이후 최초로 시작되는 회계연도부터 적용된다. 이 기준서의 최초 적용일 이전에 기업회계기준서 제1115호 '고객과의 계약에서 생기는 수익'을 적용하는 기업은 이 기준서를 조기 적용한다.

**Self Study**

기초자산: 리스제공자가 리스이용자에게 자산의 사용권을 제공하는 리스의 대상이 되는 자산

**Self Study**

한국채택국제회계기준서 제1116호 '리스'는 다음을 제외한 모든 리스(전대리스에서 사용권자산의 리스를 포함함)에 적용한다.
1. 광물, 석유, 천연가스, 이와 비슷한 비재생 천연자원을 탐사하거나 사용하기 위한 리스
2. 리스이용자가 보유하는, 기업회계기준서 제1041호 '농림어업'의 적용범위에 포함되는 생물자산 리스
3. 한국채택국제회계기준해석서 제2112호 '민간투자사업'의 적용범위에 포함되는 민간투자사업
4. 리스제공자가 부여하는, 한국채택국제회계기준서 제1115호 '고객과의 계약에서 생기는 수익'의 적용범위에 포함되는 지적재산 라이선스
5. 한국채택국제회계기준서 제1038호 '무형자산'의 적용범위에 포함되는, 라이선싱 계약에 따라 영화필름, 비디오 녹화물, 희곡, 원고, 특허권, 저작권과 같은 항목에 대하여 리스이용자가 보유하는 권리(다른 무형자산 리스에도 적용할 수 있으나 반드시 적용해야 하는 것은 아니다)

## 02 리스의 식별

계약의 약정시점에, 계약 자체가 리스인지, 계약이 리스를 포함하는지를 판단한다. 계약에서 대가와 교환하여, 식별되는 자산의 사용 통제권을 일정 기간 이전하게 한다면 그 계약은 리스이거나 리스를 포함한다. 계약이 식별되는 자산의 사용 통제권을 일정 기간 이전하는지를 판단하기 위하여 고객이 사용기간 내내 다음 권리를 모두 갖는지를 판단한다.

> ① 식별되는 자산의 사용으로 생기는 경제적 효익의 대부분을 얻을 권리
> ② 식별되는 자산의 사용을 지시할 권리

또한 계약 조건이 변경된 경우에만 계약이 리스인지, 리스를 포함하는지를 다시 판단한다.

**리스의 식별**

| 식별되는 자산 | 자산이 특정됨 | 분명히 특정 or 암묵적 특정 | |
|---|---|---|---|
| | 공급자의 실질적 자산 대체권 없음(① or ②) | ① 공급자가 자산을 대체할 실질적 능력이 없음 | |
| | | ② 공급자가 대체권 행사로 경제적 효익이 없음 | |
| 사용 통제권 | 고객이 자산 사용으로 생기는 경제적 효익의 대부분을 얻음 | | |
| | 고객이 사용 지시권 가짐 (① or ② or ③) | ① 고객이 자산의 사용 방법 및 목적을 지시할 권리를 가짐 | |
| | | 사용 방법 및 목적이 미리 결정됨 | ② 고객의 자산 운용권 |
| | | | ③ 고객이 자산을 설계 |

---

**Self Study**

1. 일정 기간은 식별되는 자산의 사용량(예 기계장치를 사용하여 생산할 생산 단위의 수량)의 관점에서 기술될 수도 있다.
2. 식별되는 자산 ⇒ 자산이 특정됨 & 공급자의 실질적인 자산 대체권이 없음
   (1) 자산의 특정됨: 자산이 분명히 특정되거나(예 시리얼넘버), 암묵적으로 특정됨(예 계약이행을 위해 사용할 수 있는 단 하나의 자산)
   (2) 공급자의 실질적인 자산 대체권이 없음: 공급자가 사용기간 내내 자산을 대체할 실질적 능력이 없거나(예 대체 자산을 쉽게 구할 수 없거나, 고객이 공급자의 대체를 막을 수 있음), 공급자가 대체권 행사로 경제적 효익을 얻을 수 없음(대체원가 > 대체효익) ⇒ 공급자의 자산 대체권이 실질적인지는 계약 약정시점에 판단하고 쉽게 판단할 수 없으며 대체권이 실질적이지 않다고 간주한다.
3. 사용 통제권 ⇒ 경제적 효익 & 사용 지시권
   (1) 경제적 효익: 사용기간 내내 식별되는 자산 사용으로 생기는 경제적 효익의 대부분을 얻을 권리(예 사용기간 내내 그 자산을 배타적으로 사용)
   (2) 고객이 식별되는 자산의 사용을 지시할 권리: 아래의 ① ~ ③ 중 어느 하나에 해당될 때
      ① 고객이 사용기간 내내 자산을 사용하는 방법 및 목적을 지시할 권리를 가짐
      ② 자산을 사용하는 방법 및 목적이 미리 결정되었고 고객이 사용기간 내내 자산을 운용할(또는 고객이 결정한 방식으로 자산을 운용하도록 다른 자에게 지시할) 권리를 가지며, 공급자는 그 운용 지시를 바꿀 권리가 없음
      ③ 자산을 사용하는 방법 및 목적이 미리 결정되었고 고객이 자산(또는 자산의 특정 측면)을 설계

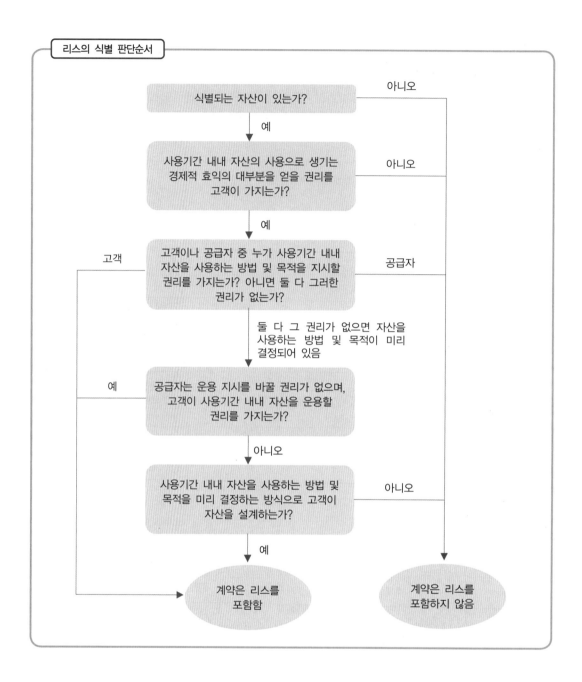

리스의 식별 판단순서

식별되는 자산이 있는가?  →  아니오

예 ↓

사용기간 내내 자산의 사용으로 생기는 경제적 효익의 대부분을 얻을 권리를 고객이 가지는가?  →  아니오

예 ↓

고객이나 공급자 중 누가 사용기간 내내 자산을 사용하는 방법 및 목적을 지시할 권리를 가지는가? 아니면 둘 다 그러한 권리가 없는가?  고객  /  공급자

둘 다 그 권리가 없으면 자산을 사용하는 방법 및 목적이 미리 결정되어 있음

공급자는 운용 지시를 바꿀 권리가 없으며, 고객이 사용기간 내내 자산을 운용할 권리를 가지는가?  예

아니오 ↓

사용기간 내내 자산을 사용하는 방법 및 목적을 미리 결정하는 방식으로 고객이 자산을 설계하는가?  →  아니오

예 ↓

계약은 리스를 포함함

계약은 리스를 포함하지 않음

**아래의 사례들이 계약의 약정시점에 리스를 포함하는지를 판단하시오.**

[사례 1] 커피회사(고객)는 재화를 판매하기 위하여 공항 운영자(공급자)와 3년간 공항 내 공간을 사용하는 계약을 체결한다. 계약에는 공간의 규모가 정해져 있고, 공항 내에서 몇 개의 탑승구역 어디에나 그 공간이 위치할 수 있다고 기재되어 있다. 사용기간 중에 언제라도 고객에게 배정된 공간의 위치를 변경할 수 있는 권리는 공급자에게 있다. 고객을 위한 공간의 변경과 관련하여 공급자에게는 원가가 아주 적게 든다. 고객은 재화를 판매하기 위해 쉽게 이동할 수 있는 판매대(고객 소유)를 사용한다. 공항에는 사용할 수 있는 구역이 많고, 그것은 계약상 공간의 규격에 부합한다.

[사례 2] 고객은 뉴욕에서 샌프란시스코까지 화물을 운송하기 위해 공급자와 일주일 동안의 트럭 사용 계약을 체결한다. 공급자는 대체권이 없다. 계약기간에는 계약에서 규정하는 화물만 이 트럭으로 운송하는 것이 허용된다. 계약에는 트럭을 운행할 수 있는 최장 거리가 정해져 있다. 고객은 계약의 범위에서 운행 일정의 세부 사항(속도, 경로, 휴게 정차 등)을 선택할 수 있다. 고객은 정해진 일정이 완료된 후에는 트럭을 계속 사용할 권리가 없다. 운송할 화물, 뉴욕에서 인수하는 시간과 장소, 샌프란시스코에 배달하는 시간과 장소는 계약에 정해져 있다. 고객은 뉴욕에서 샌프란시스코까지 트럭을 운전할 책임을 진다.

[사례 3] 고객은 항공기 소유자(공급자)와 2년간 분명히 특정된 항공기의 사용 계약을 체결한다. 계약에서는 항공기의 내부 및 외부 규격을 상세히 열거한다. 계약에는 항공기의 비행 목적지에 대한 계약상·법적 제약이 있다. 고객은 제약 조건에 따라 항공기가 언제, 어디로 비행할지와 항공기로 어떤 승객과 화물을 운송할지 결정한다. 공급자는 자신의 승무원을 활용하여 항공기를 운용할 책임을 진다. 고객이 계약기간에 그 항공기에 다른 운용자를 고용하거나 직접 항공기를 운용하는 것은 금지되어 있다. 공급자는 사용기간 2년 동안에는 언제든지 항공기를 대체할 수 있고 항공기가 작동하지 않으면 반드시 대체해 주어야 한다. 대체하는 항공기는 계약상 항공기의 내부 및 외부 규격에 부합해야 한다. 공급자의 항공기들 중 하나를 고객의 규격에 맞추기 위해서는 상당한 원가가 든다.

**[사례 1]** ⇒ 이 계약은 리스를 포함하지 않는다.

비록 고객이 사용하는 공간의 규모가 계약에 규정되어 있더라도, 식별되는 자산은 없다. 고객은 자기 소유 판매대를 통제한다. 그러나 계약은 공항 내의 공간에 대한 것이고, 이 공간은 공급자의 재량에 따라 변경될 수 있다. 공급자는 다음과 같은 이유로 고객이 사용하는 공간을 대체할 실질적 권리를 가진다.

(1) 공급자는 사용기간 내내 고객이 사용하는 공간을 변경할 실질적인 능력을 가지고 있다. (문단 제1116호: B14) 공항에는 계약상 공간의 규격에 부합하는 공간이 많고, 공급자에게는 고객의 승인 없이 언제든지 규격에 부합하는 다른 공간으로 위치를 변경할 권리가 있다.

(2) 공급자는 공간 대체에서 경제적으로 효익을 얻을 수 있다. 고객이 사용하는 공간 변경에 관련되는 원가는 아주 적을 것이다. 판매대를 쉽게 이동할 수 있기 때문이다. 공급자는 공항 내의 공간 대체에서 효익을 얻는다. 변화하는 상황에 대응하여, 공급자는 공항 내 탑승구역의 공간을 가장 효율적으로 사용할 수 있기 때문이다.

**[사례 2]** ⇒ 이 계약은 트럭의 리스를 포함한다.

고객은 정해진 일정 기간 중에 트럭에 대한 사용권을 가진다. 이 계약에는 식별되는 자산이 있다. 트럭은 계약에 분명히 특정되어 있고, 공급자는 트럭을 대체할 권리가 없다.

고객은 다음과 같은 이유로 사용기간 내내 트럭의 사용 통제권을 가진다.

(1) 고객은 사용기간에 걸쳐 트럭의 사용으로 생기는 경제적 효익의 대부분을 얻을 권리를 가진다. 고객은 트럭을 사용기간 내내 독점적으로 사용한다.

(2) 고객은 트럭의 사용을 지시할 권리를 가진다. 트럭의 사용 방법 및 목적(정해진 기간에 뉴욕에서 샌프란시스코까지 특정 화물을 운송하는 것)은 계약에 미리 정해져 있다. 고객은 사용기간 내내 트럭을 운용할 권리(예 속도, 경로, 휴게 정차)를 가지므로 트럭의 사용을 지시한다. 고객은 트럭의 운용을 통제하여 사용기간에 생길 수 있는 트럭 사용에 관한 모든 결정을 내린다.

계약기간이 일주일이기 때문에 이 리스는 단기리스의 정의를 충족한다.

**[사례 3]** ⇒ 이 계약은 리스를 포함한다.

고객은 2년간 항공기의 사용할 권리를 가진다. 이 계약에는 식별되는 자산이 있다. 항공기는 계약에 분명히 특정되어 있고, 비록 공급자가 그 항공기를 대체할 수 있지만 그 대체권은 실질적이지 않다. 다른 항공기를 계약에서 요구하는 규격에 맞추기 위하여 드는 원가가 상당하여 공급자가 항공기의 대체에서 경제적으로 효익을 얻을 것이라고 예상되지 않기 때문에 공급자의 대체권은 실질적이지 않은 것이다.

고객은 다음과 같은 이유로 사용기간 2년 내내 항공기의 사용 통제권을 가진다.

(1) 고객은 사용기간 2년에 걸쳐 항공기의 사용으로 생기는 경제적 효익의 대부분을 얻을 권리를 가진다. 고객은 항공기를 사용기간 내내 독점적으로 사용한다.

(2) 고객은 항공기의 사용을 지시할 권리를 가진다. 항공기의 비행 목적지에 대한 제약은 고객의 항공기 사용권의 범위를 정한다. 고객은 사용권의 범위에서 사용기간 2년 내내 항공기의 사용 방법 및 목적에 관련되는 결정을 내린다. 고객이 운송하는 승객과 화물뿐만 아니라 비행 여부와 항공기가 언제 어디로 비행할지를 결정하기 때문이다. 고객은 사용기간 2년 내내 이 결정을 변경할 권리를 가진다.

비록 항공기의 운용이 항공기의 효율적인 사용에 반드시 필요할지라도, 이와 관련한 공급자의 결정이 항공기의 사용 방법 및 목적을 지시할 권리를 공급자에게 주지는 않는다. 따라서 공급자는 사용기간에 항공기의 사용을 통제하지 않고 공급자의 결정은 고객의 항공기 사용 통제에 영향을 미치지 않는다.

## 03 단기리스와 소액 기초자산 리스의 인식면제

리스이용자는 리스에 대해서 사용권자산과 부채를 인식한다. 그러나 다음의 ① 단기리스 ② 소액리스자산에 한해서는 사용권자산과 리스부채로 계상하지 않는 회계처리를 선택할 수 있다. 단기리스는 리스기간이 12개월 이내의 리스를 의미하며, 리스이용자가 특정 금액으로 매수할 수 있는 권리가 있는, 즉 매수선택권이 있는 리스는 적용이 불가하며 이는 단기리스가 아니다.

소액 기초자산 리스인식은 기초자산이 새것일 때의 가치에 기초하나 확정적이지 않다(예 노트북, 이동전화, 정수기, 사무용기구 등). 만약 리스이용자가 단기리스나 소액 기초자산에 대해 사용권자산과 리스부채를 인식하지 않기로 선택한다면 리스이용자는 해당 리스에 관련되는 리스료를 리스기간에 걸쳐 정액기준이나 다른 체계적 기준에 따라 비용으로 인식한다. 다른 체계적인 기준이 리스이용자의 효익의 형태를 더 잘 나타내는 경우에는 그 기준을 적용할 수 있다.

### Self Study

1. 다음 조건을 모두 충족하는 경우에만 소액 기초자산이 될 수 있다.
   ① 리스이용자가 기초자산 그 자체를 사용하여 효익을 얻거나 리스이용자가 쉽게 구할 수 있는 다른 자원과 함께 그 자산을 사용하여 효익을 얻을 수 있다.
   ② 기초자산은 다른 자산에 대한 의존도나 다른 자산과의 상호관련성이 매우 높지는 않다.
2. 새것일 때 일반적으로 소액이 아닌 특성이 있는 자산이라면, 해당 기초자산 리스는 소액자산 리스에 해당하지 않는다. 예를 들면 자동차는 새것일 때 일반적으로 소액이 아닐 것이므로, 자동차 리스는 소액자산 리스에 해당하지 않을 것이다.
3. 단기리스에 대한 선택은 사용권이 관련되어 있는 기초자산의 유형별로 한다. 기초자산의 유형은 기업의 영업에서 특성과 용도가 비슷한 기초자산의 집합이다. 소액 기초자산 리스에 대한 선택은 리스별로 할 수 있다.
4. 기초자산이 소액인지는 절대적인 기준에 따라 평가하며 그 리스가 리스이용자에게 중요한지 여부와는 관계없다.

### 사례연습 2: 소액 기초자산 리스

아래의 리스 대상별로 소액자산 인식 면제를 적용할 수 있는지 보이시오.

리스 대상 자산 1: 개별 종업원이 사용하는 노트북 컴퓨터
리스 대상 자산 2: 소형 사무용 기구
리스 대상 자산 3: 부동산(실무용)
리스 대상 자산 4: 서버의 저장 용량을 늘리는 많은 개별 모듈을 포함한 서버로 서버 내의 모듈은 개별적으로 소액자산이고 각 모듈이 서버의 다른 부분과 상호관련성이 매우 높다.

**풀이**

| 리스 대상 자산 | 새것 기준 소액 | 개별 효익 | 의존도, 상호관련성 × | 소액자산 인식 면제 적용 |
|---|---|---|---|---|
| 1 | ○ | ○ | ○ | 가능 |
| 2 | ○ | ○ | ○ | 가능 |
| 3 | × | – | – | 불가능 |
| 4 | ○ 개별적 소액 | – | 매우 높음 | 불가능 |

## 04 리스요소와 비리스요소(계약의 구성요소 분리)

리스계약이나 리스를 포함하는 계약에서 계약의 각 리스요소를 리스가 아닌 요소(= 비리스요소)와 분리하여 리스로 회계처리한다.

### (1) 리스이용자

리스이용자는 하나의 리스요소와 하나 이상의 추가 리스요소나 비리스요소(예 용역 등)를 포함하는 계약에서 리스요소의 상대적 개별 가격과 비리스요소의 총 개별 가격에 기초하여 계약대가를 각 리스요소에 배분한다.

| 리스 1 | 리스 2 | 비리스요소 전체 |
|---|---|---|
| ← 상대적 개별 가격 기초 → | | ← 총 개별 가격 기초 → |

다음 조건을 모두 충족하는 경우에 기초자산 사용권은 별도 리스요소이다.

> ① 리스이용자가 기초자산 그 자체를 사용하여 효익을 얻거나 리스이용자가 쉽게 구할 수 있는 다른 자원을 함께 사용하여 효익을 얻을 수 있다.
> ② 계약에서 그 기초자산은 다른 기초자산에 대한 의존도나 다른 기초자산과의 상호관련성은 매우 높지는 않다.

계약은 리스이용자에게 재화나 용역을 이전하지는 않는 활동 및 원가에 대하여 리스이용자가 부담할 지급액을 포함할 수 있다. (예 리스제공자는 리스이용자에게 재화 또는 용역을 이전하지는 않는 관리업무에 대한 요금 or 리스와 관련하여 드는 다른 원가) 이러한 지출은 비리스요소로 적용 가능한 다른 기준서를 적용하여 회계처리한다.

> **Self Study**
>
> 1. 리스요소와 비리스요소의 상대적 개별 가격은 리스제공자나 이와 비슷한 공급자가 그 요소나 그와 비슷한 요소에 개별적으로 부과할 가격을 기초로 산정한다. 관측 가능한 개별 가격을 쉽게 구할 수 없다면, 리스이용자는 관측 가능한 정보를 최대한 활용하여 그 개별 가격을 추정한다.
> 2. 쉽게 구할 수 있는 자원이란 리스제공자나 그 밖의 공급자가 별도로 판매하거나 리스하는 재화 또는 용역으로 얻은 자원을 말한다.
> 3. 리스이용자가 그 계약의 다른 기초자산 사용권에 유의적으로 영향을 주지 않으면서 해당 기초자산을 리스하지 않기로 결정할 수 있는 것이라는 사실은 '그 기초자산이 다른 기초자산에 대한 의존도나 다른 기초자산과의 상호관련성이 매우 높지 않음'을 나타낼 수 있을 것이다.

한편, 실무적 간편법으로 리스이용자는 비리스요소를 리스요소와 분리하지 않고 각 리스요소와 이에 관련되는 비리스요소를 하나의 리스요소로 회계처리하는 방법을 기초자산의 유형별로 선택할 수 있다.

## (2) 리스제공자

리스제공자는 하나의 리스요소와, 하나 이상의 추가 리스요소나 비리스요소를 포함하는 계약에서 리스제공자는 한국채택국제회계기준서 제1115호 '고객과의 계약에서 생기는 수익'을 적용하여 계약 대가를 배분한다.

---

**사례연습 3: 리스의 식별**

리스제공자는 리스이용자의 채굴 작업에 사용하도록 리스이용자에게 불도저, 트럭, 장거리 굴착기를 4년간 리스한다. 또한, 리스제공자는 리스기간 내내 각 장비를 유지하기로 합의한다. 계약상 총대가는 매년 할부금으로 ₩150,000씩 지급할 ₩600,000과 장거리 굴착기 유지 작업 수행 시간에 따라 달라지는 변동금액이다. 그 변동 지급액은 장거리 굴착기 교체원가의 2%를 한도로 한다. 그 대가는 각 장비의 유지용역 원가를 포함한다. 불도저, 트럭 및 장거리 굴착기 유지에 대한 관측 가능한 개별 판매가격은 각각 ₩32,000, ₩16,000, ₩56,000이다. 리스이용자는 불도저, 트럭, 장거리 굴착기 리스의 관측 가능한 개별 가격을 각각 ₩170,000, ₩102,000, ₩224,000으로 설정할 수 있다.

고정대가 ₩600,000과 변동대가를 리스요소와 비리스요소로 각각 배분하시오.

**풀이**

1. 고정대가의 배분

| 구분 | 불도저 | 트럭 | 장거리 굴착기 | 총액 |
|------|--------|------|--------------|------|
| 리스요소 | 170,000 | 102,000 | 224,000 | 496,000 |
| 비리스요소 | 32,000 | 16,000 | 56,000 | 104,000 |

* 장비유지는 리스요소가 아니므로 전부 비리스요소로 배분한다.

2. 변동대가의 배분

리스이용자는 모든 변동대가를 장거리 굴착기 유지(= 계약의 비리스요소)에 배분한다.

---

## 05 리스제공자의 리스 분류

리스제공자의 리스 분류는 기초자산의 소유에 따른 위험과 보상을 이전하는 정도에 기초한다. 기초자산의 소유에 따른 위험과 보상이 리스이용자에게 이전된다면, 이러한 경우 기초자산은 리스이용자에게 실질적으로 판매된 것으로 볼 수 있다.

## (1) 금융리스

리스제공자는 기초자산의 소유에 따른 위험과 보상의 대부분을 이전하는 리스를 금융리스로 분류한다.

## (2) 운용리스

리스제공자는 기초자산의 소유에 따른 위험과 보상의 대부분을 이전하지 않는 리스를 운용리스로 분류한다.

리스는 리스약정일에 분류하며, 리스변경이 있는 경우에만 분류를 다시 판단한다. 추정의 변경(예 기초자산의 내용연수 또는 잔존가치 추정치의 변경)이나 상황의 변화(예 리스이용자의 채무불이행)는 회계 목적상 리스를 새로 분류하는 원인이 되지 않는다.

> **Self Study**
>
> 1. 위험: 유휴 생산능력이나 기술적 진부화로 생기는 손실 가능성과 경제적 상황의 변화로 생기는 수익의 변동성
> 2. 보상: 기초자산의 경제적 내용연수에 걸친 수익성 있는 운영과 가치의 상승이나 잔존가치 실현에서 생기는 차익

## (3) 금융리스로 분류되는 상황의 예

리스는 계약의 형식보다는 거래의 실질에 따라 금융리스나 운용리스로 분류한다. 리스가 일반적으로 금융리스로 분류되는 상황(개별적으로나 결합되어)의 예는 다음과 같다.

| 항목 | 내용 |
|------|------|
| ① 소유권이전 약정 기준 | 리스기간 종료시점까지 기초자산의 소유권이 리스이용자에게 이전되는 경우 |
| ② 염가매수선택권 기준 | 리스이용자가 선택권을 행사할 수 있는 시점의 공정가치보다 충분하게 낮을 것으로 예상되는 가격으로 기초자산을 매수할 수 있는 선택권을 가지고 있으며, 그 선택권을 행사할 것이 리스약정일 현재 거의 확실한 경우 |
| ③ 리스기간 기준 | 리스기간이 기초자산의 경제적 내용연수의 상당부분을 차지하는 경우 |
| ④ 공정가치 회수 기준 | 리스약정일 현재 리스료를 내재이자율로 할인한 현재가치가 적어도 기초자산의 공정가치의 대부분에 상당하는 경우 |
| ⑤ 범용성 없는 자산 기준 | 리스이용자만이 중요한 변경 없이 사용할 수 있는 특수한 성격의 기초자산인 경우 |

> **Self Study**
>
> 1. 금융리스로 분류될 수 있는 상황(개별적으로나 결합되어)의 지표는 다음과 같다.
>    ① 리스이용자가 리스를 해지할 경우 해지로 인한 리스제공자의 손실을 리스이용자가 부담하는 경우
>    ② 잔존자산의 공정가치 변동에 따른 손익이 리스이용자에게 귀속되는 경우
>    ③ 리스이용자가 시장가격보다 현저하게 낮은 가격으로 리스를 갱신할 능력이 있는 경우
> 2. 리스개시일은 리스이용자가 리스자산의 사용권을 행사할 수 있게 된 날이다.
> 3. 계약의 다른 속성들을 고려할 때 기초자산의 소유에 따른 위험과 보상의 대부분을 이전하지 않는다는 점이 분명하다면 그 리스는 운용리스로 분류한다. 그 예는 아래와 같다.
>    ① 리스기간 종료시점에 기초자산의 소유권을 그 시점의 공정가치에 해당하는 변동 지급액으로 이전하는 경우
>    ② 변동리스료가 있고 그 결과로 리스제공자가 기초자산의 소유에 따른 위험과 보상의 대부분을 이전하지 않는 경우

# 리스제공자 – 금융리스

## I  금융리스 용어의 정의

### 01  리스약정일

리스계약일과 리스의 주요 조건에 대하여 계약당사자들이 합의한 날 중 빠른 날을 말한다.

### 02  리스개시일

리스개시일은 리스제공자가 리스이용자에게 기초자산을 사용할 수 있게 하는 날을 말한다.

### 03  리스기간

리스기간은 리스개시일에 시작되고 리스제공자가 리스이용자에게 리스료를 면제해 주는 기간이 있다면 그 기간도 포함한다. 리스기간은 리스이용자가 기초자산 사용권을 갖는 해지불능기간과 다음 기간을 포함한 기간을 말한다.

> ① 리스이용자가 리스 연장선택권을 행사할 것이 상당히 확실한 경우에 그 선택권의 대상 기간
> ② 리스이용자가 리스 종료선택권을 행사하지 않을 것이 상당히 확실한 경우에 그 선택권의 대상 기간

리스이용자가 연장선택권을 행사하거나 기초자산을 매수할 것이 상당히 확실한지, 리스 종료선택권을 행사하지 않을 것이 상당히 확실한지는 리스개시일에 평가한다. 리스의 해지불능기간이 달라진다면 리스기간을 변경한다.

#### Self Study

1. 리스이용자가 리스 연장선택권을 행사하거나 리스 종료선택권을 행사하지 않을 것이 상당히 확실한지를 평가할 때, 리스이용자가 리스 연장선택권을 행사하거나 리스 종료선택권을 행사하지 않을 경제적 유인이 생기게 하는 관련된 사실 및 상황을 모두 고려한다.
2. 리스이용자는 다음 모두에 해당하는 유의적인 사건이 일어나거나 상황에 유의적인 변화가 있을 때 연장선택권을 행사하거나 종료선택권을 행사하지 않을 것이 상당히 확실한지를 다시 평가한다.
   ① 리스이용자가 통제할 수 있는 범위에 있다.
   ② 전에 리스기간을 산정할 때 포함되지 않았던 선택권을 행사하거나 전에 리스기간을 산정할 때 포함되었던 선택권을 행사하지 않는 것이 상당히 확실한지에 영향을 미친다.

3. 리스의 해지불능기간이 달라진다면 리스기간을 변경한다. 예를 들면 다음과 같은 경우에 리스의 해지불능기간이 달라질 것이다.
   ① 전에 리스기간을 산정할 때 포함되지 않았던 선택권을 리스이용자가 행사한다.
   ② 전에 리스기간을 산정할 때 포함되었던 선택권을 리스이용자가 행사하지 않는다.
   ③ 전에 리스기간을 산정할 때 포함되지 않았던 선택권을 리스이용자가 계약상 의무적으로 행사하게 하는 사건이 일어난다.
   ④ 전에 리스기간을 산정할 때 포함되었던 선택권을 리스이용자가 행사하는 것을 계약상 금지하는 사건이 일어난다.

## 04 공정가치

공정가치는 합리적인 판단력과 거래의사가 있는 독립된 당사자 사이의 거래에서 자산이 교환되거나 부채가 결제될 수 있는 금액을 말한다. 리스제공자가 기초자산을 신규로 취득하여 리스하는 경우 공정가치는 취득원가와 일치한다. (⇒ 기준서 제1113호 '공정가치 측정'에서 사용하는 공정가치의 정의와는 다르다)

## 05 사용기간

사용기간은 고객과의 계약을 이행하기 위하여 자산이 사용되는 총기간을 의미하며, 비연속적인 기간을 포함한다.

## 06 경제적 내용연수와 내용연수

경제적 내용연수는 하나 이상의 사용자가 자산을 경제적으로 사용할 수 있을 것으로 예상하는 기간(= 기업의 사용 여부에 관계없이 자산의 전체 사용가능기간)이나 자산에서 얻을 것으로 예상하는 생산량 또는 이와 비슷한 단위 수량을 의미한다. 한편, 내용연수는 기업이 자산을 사용할 수 있을 것으로 예상하는 기간(= 기업이 해당 자산을 사용할 수 있는 기간)이나 자산에서 얻을 것으로 예상하는 생산량 또는 이와 비슷한 단위 수량을 말한다.

## 07 리스료

리스료는 기초자산 사용권과 관련하여 리스기간에 리스이용자가 리스제공자에게 지급하는 금액으로 아래의 항목으로 구성된다.

① 고정리스료
② 지수나 요율(이율)에 따라 달라지는 변동리스료
③ 리스이용자가 매수선택권을 행사할 것이 상당히 확실한 경우에 그 매수선택권의 행사가격
④ 리스기간이 리스이용자의 종료선택권 행사를 반영하는 경우에, 그 리스를 종료하기 위하여 부담하는 금액

리스이용자의 경우에 리스료는 잔존가치보증에 따라 리스이용자가 지급할 것으로 예상되는 금액도 포함한다. 리스이용자가 비리스요소와 리스요소를 통합하여 단일 리스요소로 회계처리하기로 선택하지 않는다면 리스료는 비리스요소에 배분되는 금액을 포함하지 않는다.

리스제공자의 경우에 리스료는 잔존가치보증에 따라 리스이용자, 리스이용자의 특수관계자, 리스제공자와 특수관계에 있지 않고 보증의무를 이행할 재무적 능력이 있는 제3자가 리스제공자에게 제공하는 잔존가치보증을 포함한다. 리스료는 비리스요소에 배분되는 금액은 포함하지 않는다.

> **Self Study**
>
> 1. 고정리스료는 리스기간의 기초자산 사용권에 대하여 리스이용자가 리스제공자에게 지급하는 금액에서 변동리스료를 뺀 금액이다. (⇒ 실질적인 고정리스료를 포함하고, 지급할 리스 인센티브는 차감한다)
> 2. 실질적인 고정리스료는 형식적으로 변동성을 포함하나 실질적으로 회피할 수 없는 지급액이다. 실질적인 고정리스료의 예를 들면 다음과 같다.
>    ① 지급액이 변동리스료의 구조를 가지고 있지만 그 지급액이 실제 변동성은 없는 경우, 그 지급액이 포함하는 변동 조항은 실제 경제적 실질이 없다.
>    ② 리스이용자가 지급할 수 있는 둘 이상의 지급액 집합들이 있으나, 그 중 하나의 집합만이 현실적인 경우, 이 경우에 현실적인 지급액 집합을 리스료로 본다.
>    ③ 리스이용자가 지급할 수 있는 둘 이상의 현실적인 지급액 집합들이 있으나, 적어도 그 중 하나의 집합을 반드시 지급해야 하는 경우. 이 경우에는 통산되는 금액(할인 기준)이 가장 낮은 지급액 집합을 리스료로 본다.
> 3. 선택권 리스료는 리스를 연장하거나 종료하는 선택권의 대상 기간(리스기간에 포함되는 기간은 제외)에 기초자산 사용권에 대하여 리스이용자가 리스제공자에게 지급하는 리스료를 말한다.
> 4. 지수나 요율(이율)에 따라 달라지는 변동리스료의 예로는 소비자물가지수에 연동되는 지급액, 기준금리에 연동되는 지급액, 시장 대여요율의 변동을 반영하기 위하여 변동되는 지급액이 포함된다.

## 08 리스 인센티브

리스와 관련하여 리스제공자가 리스이용자에게 지급하는 금액이나 리스의 원가를 리스제공자가 보상하거나 부담하는 금액을 말한다. 리스 인센티브는 고정리스료에서 차감한다.

## 09 잔존가치 보증

잔존가치 보증은 리스제공자와 특수관계에 있지 않은 당사자가 리스제공자에게 제공한, 리스종료일의 기초자산 가치(또는 가치의 일부)가 적어도 특정 금액이 될 것이라는 보증을 말한다. 이에 반해 무보증잔존가치는 리스제공자가 실현할 수 있을지 확실하지 않거나 리스제공자의 특수관계자만이 보증한, 기초자산의 잔존가치 부분을 말한다. 따라서 리스종료일의 기초자산 추정잔존가치는 보증잔존가치와 무보증잔존가치로 구분된다.

> 리스 종료일의 기초자산 추정잔존가치 = 보증잔존가치 + 무보증잔존가치

보증잔존가치는 리스제공자와 리스이용자가 각각의 입장에서 다르게 정의되며, 리스료에 포함한다.

| 구분 | 리스제공자 | 리스이용자 |
|---|---|---|
| 보증잔존가치 | • 리스이용자<br>• 리스이용자의 특수관계자<br>• 리스제공자와 특수관계가 없고 재무적으로 이행능력이 있는 제3자가 보증한 잔존가치 | • 리스이용자 |
| 무보증잔존가치 | 리스제공자가 실현할 수 있을지 확실하지 않거나 리스제공자의 특수관계자만이 보증한 리스자산의 잔존가치로 리스료에 포함되지 않는다. | |

리스종료일의 기초자산 추정잔존가치는 리스제공자가 회수할 수 있는지 여부에 따라 아래와 같이 구분된다.

① 회수불가능한 잔존가치: 소유권 이전이 상당히 확실한 경우
② 회수가능한 잔존가치: 소유권 이전이 상당히 확실하지 않은 경우(⇒ 리스종료일에 기초자산이 리스제공자에게 반환됨)

보증잔존가치는 리스제공자와 리스이용자 각각의 입장에서 다르게 정의되며, 리스료에 포함한다.

① 리스제공자의 보증잔존가치: 잔존가치 보증에 따라 리스이용자, 리스이용자의 특수관계자, 리스제공자와 특수관계에 있지 않고 보증의무를 이행할 재무적 능력이 있는 제3자가 리스제공자에게 제공하는 잔존가치 보증
② 리스이용자의 보증잔존가치: 잔존가치 보증에 따라 리스이용자가 지급할 것으로 예상되는 금액

**리스종료일의 추정잔존가치**

| 소유권의 이전 | 추정잔존가치 | 비고 |
|---|---|---|
| 상당히 확실하지 않음 | 보증잔존가치 + 무보증잔존가치 | 리스종료일에 기초자산이 리스제공자에게 반환 |
| 상당히 확실함 | 리스제공자의 미래 CF에 포함 × | 기초자산의 소유권이 이전되거나 매수선택권을 행사할 것이 상당히 확실한 경우 |

## 10 리스개설직접원가

리스개설직접원가는 리스를 체결하지 않았더라면 부담하지 않았을 리스체결의 증분원가를 말한다. 다만 금융리스와 관련하여 제조자 또는 판매자인 리스제공자가 부담하는 원가는 리스개설직접원가에서 제외한다.

## 11 리스의 내재이자율과 리스이용자의 증분차입이자율

리스의 내재이자율은 리스료 및 무보증잔존가치의 합계액을 기초자산의 공정가치와 리스제공자의 리스개설직접원가의 합계액과 동일하게 하는 할인율을 말한다.

> 기초자산 FV + 리스개설직접원가(제공자) = PV(리스료 + 무보증잔존가치) by 내재이자율

리스이용자의 증분차입이자율은 리스이용자가 비슷한 경제적 환경에서 비슷한 기간에 걸쳐 비슷한 담보로 사용권자산과 가치가 비슷한 자산 획득에 필요한 자금을 차입한다면 지급해야 하는 이자율을 말한다.

## 12 리스총투자와 리스순투자

리스총투자는 금융리스에서 리스제공자가 수령할 리스료와 무보증잔존가치의 합계액을 의미한다. 리스순투자는 리스총투자를 내재이자율로 할인한 금액으로 리스자산의 공정가치와 리스제공자의 리스개설직접원가의 합계액을 말한다. 이때 리스총투자와 리스순투자의 차이를 미실현 금융수익(= 이자수익)이라고 한다.

> 리스순투자 = PV(리스총투자) by 내재이자율

[금융리스의 구조]

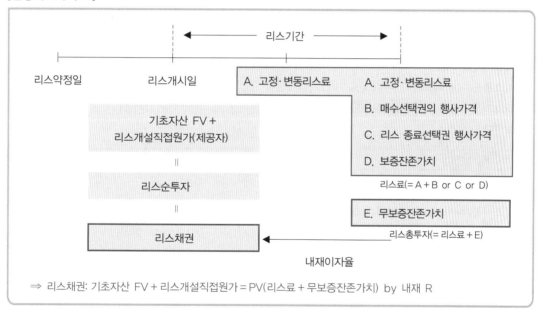

⇒ 리스채권: 기초자산 FV + 리스개설직접원가 = PV(리스료 + 무보증잔존가치) by 내재 R

---

**Self Study**

1. 금융리스는 리스자산의 소유에 따른 대부분의 위험과 보상이 실질적으로 리스이용자에게 이전되는 리스를 말한다.
2. 리스약정일에 금융리스, 운용리스 결정하고 리스채권의 금액을 결정한다.

### 01 리스제공자

(1) 리스제공자의 F/S

| B/S | | I/S | |
|---|---|---|---|
| 리스채권 | | 리스채권손상차손 | 이자수익 |
| (손실충당금) | | | 리스보증이익 |
| ↓ | | | ↑ |

- 리스채권: PV(리스료 + 무보증잔존가치) by 내재 R
- 리스채권: 기초자산 FV + 리스개설직접원가

× 내재 R

- 회수손실: 반환된 자산 FV − 금융리스채권 BV
- 보증이익: 리스자산 보증잔존가치 − 반환된 리스자산 FV

(2) 리스제공자의 회계처리(개시일과 결산일)

1) **리스개시일 이전**

리스제공자는 제조자나 판매자로부터 기초자산을 구입하고, 리스기간 개시일까지 선급리스자산(= 리스이용자에게 사용권을 대여할 목적으로 취득한 자산으로 아직 대여하지 않고 있는 자산)으로 계상한다.

| 개시일 이전 | 차) 선급리스자산 | 기초자산 FV | 대) 현금 | 기초자산 FV |
|---|---|---|---|---|

2) **리스개시일**

리스제공자는 리스기간 개시일에 리스순투자액을 수취채권(= 리스채권)으로 인식한다. 리스순투자액은 리스료와 무보증잔존가치의 합계액(= 리스총투자)을 내재이자율로 할인한 금액으로 기초자산의 공정가치와 리스개설직접원가의 합계액과 동일하다.

| 개시일 | 차) 리스채권 PV(리스료 + 무보증) by 내재 R | 대) 선급리스자산 | 기초자산 FV |
|---|---|---|---|
| | | 현금(제공자) | 리스개설직접원가 |

1. 리스개시일에 리스순투자의 측정치에 포함되는 리스료는 리스기간에 걸쳐 기초자산을 사용하는 권리에 대한 지급액 중 리스개시일 현재 지급받지 않은 아래 금액으로 구성된다.
   ① 고정리스료
   ② 변동리스료
   ③ 보증잔존가치
   ④ 매수선택권의 행사가격
   ⑤ 리스이용자의 리스 종료선택권 행사가격
2. 리스제공자는 리스순투자를 측정할 때 리스의 내재이자율을 사용한다. 전대리스(Sub Lease)의 경우에 전대리스의 내재이자율을 쉽게 산정할 수 없다면, 중간리스제공자는 전대리스의 순투자를 측정하기 위하여 상위리스(Head Lease)에 사용된 할인율(전대리스에 관련되는 리스개설직접원가를 조정함)을 사용할 수 있다.
   * 전대리스: 리스이용자(중간리스제공자)가 기초자산을 제3자에게 다시 리스하는 거래로 상위리스제공자와 리스이용자 사이의 리스(상위리스)는 여전히 유효하다.
3. 제조자 또는 판매자인 리스제공자가 부담하는 것이 아니라면 리스개설직접원가는 리스순투자의 최초 측정치에 포함되어 리스기간에 걸쳐 인식되는 수익 금액을 줄인다. 리스개설직접원가가 자동적으로 리스순투자에 포함되도록 리스의 내재이자율이 정의되었으므로 리스개설직접원가를 별도로 더할 필요가 없다.

## 3) 결산일

### ① 이자수익 인식

리스제공자는 자산의 리스순투자 금액에 일정한 기간수익률을 반영하는 방식으로 리스기간에 걸쳐 금융수익을 인식한다. 또한 리스제공자는 체계적이고 합리적인 기준으로 리스기간에 걸쳐 금융수익이 배분되도록 한다. 리스제공자는 해당 기간의 리스료를 리스총투자에 대응시켜 원금과 미실현 금융수익을 줄인다. 따라서 금융수익은 리스제공자의 리스순투자 미회수분에 대하여 리스의 내재이자율을 적용하는 유효이자율법으로 인식한다.

### ② 리스채권손상차손(무보증잔존가치의 감소)

리스제공자는 리스순투자에 한국채택국제회계기준서 제1109호의 제거 및 손상에 대한 요구사항을 적용한다. 리스제공자는 리스총투자를 계산할 때 사용한 추정 무보증잔존가치를 정기적으로 검토한다. 추정 무보증잔존가치가 줄어든 경우에 리스제공자는 리스기간에 걸쳐 수익 배분액을 조정하고 발생된 감소액을 즉시 인식한다.

| 기말 무보증잔존가치 감소 시 해당 연도 N/I 영향 |
| --- |
| (1) 이자수익: 기초 리스채권 × 내재 R |
| (2) 리스채권손상차손: PV(추정 무보증잔존가치 감소액) by 내재 R |

추정 무보증잔존가치의 감소로 인한 리스채권의 감소분은 리스채권손상차손의 과목으로 하여 당기비용으로 인식한다.

| | | | | |
| --- | --- | --- | --- | --- |
| 결산일 | 차) 현금 | 리스료 | 대) 이자수익(N/I) | 기초리스채권 × 내재 R |
| | | | 리스채권 | 대차차액 |
| | 차) 리스채권손상차손 | PV(추정 무보증잔존가치 감소분) | 대) 손실충당금 | ×× |

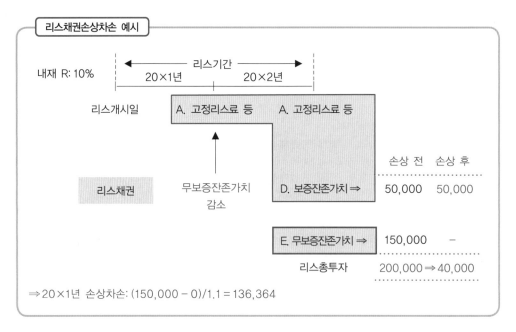

⇒ 20×1년 손상차손: (150,000 − 0)/1.1 = 136,364

### 4) 리스종료일

#### ① 기초자산의 소유권을 이전하는 경우

| 차) 현금 | ×× | 대) 리스채권 | BV |
|---|---|---|---|

소유권이전 약정이나 염가매수선택권 약정이 있는 경우 리스제공자는 리스종료일에 기초자산의 소유권을 리스이용자에게 이전하고 현금을 받는다. 만약, 리스채권의 장부금액과 현금수령액이 일치하지 않는 경우 동 차액을 리스제공자는 당기손익으로 인식한다.

#### ② 기초자산을 회수하는 경우

소유권이전 약정이나 염가매수선택권 약정이 없는 경우 리스제공자는 리스종료일에 리스이용자로부터 기초자산을 반환받는다. 잔존가치 보증으로 인하여 리스이용자로부터 회수한 금액은 당기이익으로 인식하고, 반환받는 기초자산의 실제잔존가치와 리스채권의 장부금액의 차액은 아래와 같이 처리한다.

| 차) 기초자산 | 회수 시 FV (3) | 대) 리스채권 | BV (1) |
|---|---|---|---|
| 리스채권손상차손(N/I) | (1) − (3) | | |
| 차) 현금 | ×× | 대) 보증이익(N/I) | (2) − (3) |

- 리스채권손상차손: 반환된 리스자산의 FV − 리스채권 장부금액
- 리스보증이익: 리스자산 보증잔존가치 − 반환된 리스자산의 FV
- 리스제공자의 리스기간 종료 연도의 N/I 영향: 이자수익 + 리스채권손상차손 + 보증이익

**Self Study**

1. 한국채택국제회계기준서 제1116호 '리스'에서는 리스종료일에 기초자산을 반환받는 경우의 회계처리에 대하여 규정하고 있지 않다.
2. 리스기간 종료일에 기초자산의 실제잔존가치가 리스채권의 장부금액보다 큰 경우에는 반환받는 기초자산을 리스채권의 장부금액으로 인식한다.

㈜한영은 회사에 필요한 기계장치를 리스하기로 결정하고, 이를 ㈜현주리스와 합의하였다. ㈜현주리스는 20×0년 12월 31일 이 기계장치를 현금으로 취득하고, 다음과 같은 조건으로 ㈜한영과 금융리스계약을 체결하였다.

(1) 리스기간은 20×1년 1월 1일부터 20×3년 12월 31일까지이고, 기초자산의 취득원가는 ₩6,000,000이고, 경제적 내용연수는 5년이며, 예상잔존가치는 없다.
(2) 리스기간개시일에 기초자산의 공정가치는 ₩6,000,000이며, 리스개설직접원가는 20×1년 1월 1일에 ㈜현주리스에서 ₩50,000이 발생하였다. 리스개설직접원가는 현금으로 지급되었다.
(3) 고정리스료는 매년 12월 31일 지급하기로 하고, 리스기간 종료 후 ㈜현주리스는 기초자산의 소유권을 ₩500,000에 ㈜한영에 이전하기로 하였다.
(4) 계약체결 당시 ㈜현주리스의 내재이자율은 연 10%이다. (3년 10% 현가계수: 0.75131, 연금현가계수: 2.48685)

❶ ㈜현주리스의 리스기간개시일의 회계처리를 보이고, 리스기간개시일에 계상할 리스채권의 금액을 구하시오.
❷ 동 거래에서 ㈜현주리스가 매년 수취할 고정리스료는 얼마인지 구하시오.
❸ ㈜현주리스가 20×1년 말에 해야 할 회계처리를 하고, 20×1년 F/S 효과를 보이시오.
❹ ㈜현주리스가 20×3년 말에 해야 할 회계처리를 보이시오.

[풀이]

〈리스의 현금흐름 분석〉

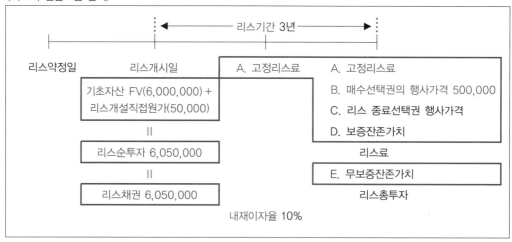

**1** 리스개시일의 리스채권: 6,050,000

[회계처리]

| 개시일 | 차) 리스채권 PV(리스료 + 무보증) by 내재 R<br>6,050,000 | 대) 선급리스자산<br><br>현금(제공자) | 기초자산 FV<br>6,000,000<br>리스개설직접원가<br>50,000 |
|---|---|---|---|

**2** 매년 지급할 고정리스료(A): 2,281,740

리스채권 = PV(리스료 + 무보증잔존가치) by 내재 R

          = 고정리스료(A) × 2.48685 + 매수선택권의 행사가격 500,000 × 0.75131

          = 기초자산 FV + 리스개설직접원가

          = 6,000,000 + 50,000 = 6,050,000

**3** 1. 회계처리

| 결산일 | 차) 현금 | 고정리스료<br>2,281,740 | 대) 이자수익(N/I)<br><br>리스채권 | 기초리스채권 × 내재 R<br>6,050,000 × 10% = 605,000<br>대차차액<br>1,676,740 |
|---|---|---|---|---|

2. 20×1년 F/S 효과

B/S            20×1년 말

| 리스채권 | 기초리스채권 ① × (1 + R) − ③<br>6,050,000 × 1.1 − 2,281,740 = 4,373,260 | |
|---|---|---|

I/S            20×1년

N/I 영향: 이자수익 = 기초리스채권 × 내재 R × 보유기간/12

                   = 6,050,000 × 10% = 605,000

OCI 변동: −

**4** 20×3년 말 회계처리

| 결산일 | 차) 현금<br><br><br><br>차) 현금 | 고정리스료<br>2,281,740<br><br><br>500,000 | 대) 이자수익(N/I)[1]<br><br>리스채권<br><br>대) 리스채권 | 기초리스채권 × 내재 R<br>252,885<br>대차차액<br>2,028,855<br>500,000 |
|---|---|---|---|---|

[1] 이자수익: (2,281,740 + 500,000)/1.1 × 10% = 252,885

㈜서울은 회사에 필요한 기계장치를 리스하기로 결정하고, 이를 리스회사 ㈜한국리스와 합의하였다. ㈜한국리스는 20×0년 12월 31일 이 기계장치를 현금취득하고, 다음과 같은 조건으로 ㈜서울과 금융리스계약을 체결하였다.

〈계약조건〉

(1) 리스기간은 20×1년 1월 1일부터 20×3년 12월 31일까지이고, 리스자산의 취득원가는 ₩6,000,000이고, 경제적 내용연수는 5년이며, 예상잔존가치는 없다. 한편, 리스기간 종료 후 ㈜서울은 해당 리스자산을 반환하기로 하였다.

(2) 리스기간개시일에 기초자산의 공정가치는 ₩6,000,000이고, 리스개설직접원가는 20×1년 1월 1일에 ㈜한국리스에서 ₩50,000이 발생하였다. 리스개설직접원가는 모두 현금으로 지급되었다.

(3) 고정리스료는 매년 12월 31일 지급하기로 하고, 기초자산의 리스기간 종료 시 잔존가치는 ₩500,000으로 추정되며, ㈜서울은 예상잔존가치 ₩500,000 중 ₩200,000을 보증하였다.

(4) 계약체결 당시 ㈜한국리스의 내재이자율은 연 10%이다.

(5) 현재가치계수는 다음과 같다.

| 구분 | 단일금액 | 정상연금 |
|------|---------|---------|
| | 10% | 10% |
| 3기간 | 0.75131 | 2.48685 |

단, 금액(₩)은 소수점 첫째 자리에서 반올림하시오.

**1** ㈜한국리스의 입장에서 다음 일자별 회계처리(분개)를 하시오. 또한 리스기간개시일에 계상할 리스채권의 금액을 구하시오.
   (1) 리스약정일의 회계처리(분개)
   (2) 리스기간개시일의 회계처리(분개)
   (3) 리스채권 금액

**2** 리스료는 리스료의 현재가치와 무보증잔존가치의 현재가치 합계액이 리스자산의 공정가치와 리스제공자의 리스개설직접원가의 합계액과 일치되도록 결정한다. 이 경우 고정리스료는 얼마인지 구하시오.

**3** ㈜한국리스의 입장에서 20×1년 12월 31일에 필요한 회계처리(분개)를 하시오.

**4** ㈜한국리스의 입장에서 20×3년 12월 31일 리스자산 회수 시에 이자수익 계상을 제외한 필요한 모든 회계처리(분개)를 하시오(단, 리스기간 종료 시 기초자산의 실제 잔존가치는 ₩100,000이다).

〈리스의 현금흐름 분석〉

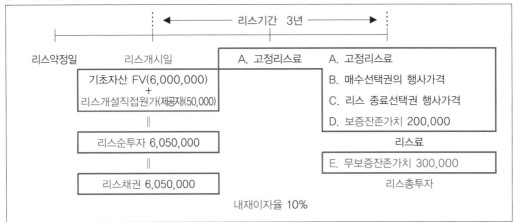

**1** 1. 리스약정일과 개시일의 회계처리

| 약정일 | 차) 선급리스자산 | 6,000,000 | 대) 현금 | 6,000,000 |
|---|---|---|---|---|

| 개시일 | 차) 리스채권 PV(리스료 + 무보증) by 내재 R | 대) 선급리스자산 | 기초자산 FV |
|---|---|---|---|
| | 6,050,000 | | 6,000,000 |
| | | 현금(제공자) | 리스개설직접원가 |
| | | | 50,000 |

2. 리스개시일의 리스채권: 6,050,000

**2** 매년 지급할 고정리스료(A): 2,281,740

리스채권 = PV(리스료 + 무보증잔존가치) by 내재 R
   = 고정리스료(A) × 2.48685 + (보증 + 무보증잔존가치) 500,000 × 0.75131
   = 기초자산 FV + 리스개설직접원가
   = 6,000,000 + 50,000 = 6,050,000

**3** 1. 회계처리

| 결산일 | 차) 현금 | 정기리스료 | 대) 이자수익(N/I) | 기초리스채권 × 내재 R |
|---|---|---|---|---|
| | | 2,281,740 | | 6,050,000 × 10% = 605,000 |
| | | | 리스채권 | 대차차액 |
| | | | | 1,676,740 |

2. 20×1년 F/S 효과

| B/S | | | ×1년 말 |
|---|---|---|---|
| 금융리스채권 | 기초리스채권 ① × (1 + R) − ③ | | |
| | 6,050,000 × 1.1 − 2,281,740 = 4,373,260 | | |

N/I 영향: 이자수익 = 기초 장부금액 × 내재 R × 보유기간/12
　　　　　　　　= 6,050,000 × 10% = 605,000

OCI 변동: −

**❹**

| (1) 리스채권 장부금액(보증 + 무보증잔존가치)<br>200,000 + 300,000 = 500,000 | 리스제공자 |
| --- | --- |
| (2) 기초자산 보증잔존가치<br>200,000 | 1) 리스채권손상차손: (1) − (3)<br>　 500,000 − 100,000 = 400,000 |
| (3) 기초자산 FV<br>100,000 | 2) 보증이익: (2) − (3)<br>　 200,000 − 100,000 = 100,000 |

㈜한국리스의 회계처리

| 제공자 | 차) 기초자산 | 회수 시 FV (3)<br>100,000 | 대) 리스채권 | BV (1)<br>500,000 |
| --- | --- | --- | --- | --- |
| | 리스채권손상차손(N/I) | (1) − (3)<br>400,000 | | |
| | 차) 현금 | 100,000 | 대) 보증이익(N/I) | (2) − (3)<br>100,000 |

**If. 리스종료일의 실제잔존가치가 600,000인 경우**

| 제공자 | 차) 기초자산[1] | 500,000 | 대) 리스채권 | BV (1) 500,000 |
| --- | --- | --- | --- | --- |

[1] Min[기초자산의 실제잔존가치 600,000, 리스채권의 장부금액 500,000] = 500,000

A리스회사(리스제공자)는 B사와 20×1년 초에 기계장치에 대한 금융리스계약을 체결하였는데, 구체적인 계약내용은 다음과 같다(단, A리스회사의 내재이자율은 연 16%이고, 결산일은 매년 말이다).

(1) 기초자산: 취득원가 ₩1,000,000(취득시점의 공정가치와 일치)
(2) 리스기간: 리스기간개시일(20×1년 초)로부터 4년
(3) 고정리스료: 매년 말 ₩317,900씩 4회 지급
(4) 리스기간 종료 시 반환조건이며, 리스기간 종료 시 추정잔존가치는 ₩200,000이며 리스이용자는 이 중에 ₩50,000만 보증하였다.

20×1년 12월 31일 기초자산의 잔존가치가 ₩120,000으로 추정되었을 때, 동 거래가 20×1년 A리스회사의 당기손익에 미치는 영향은 얼마인가?

### 풀이

1. 현금흐름 분석

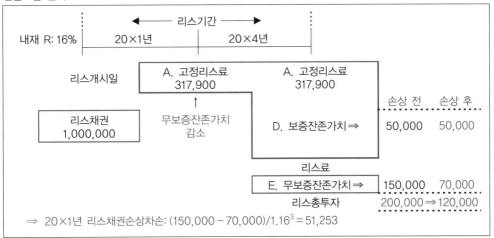

⇒ 20×1년 리스채권손상차손: $(150,000 - 70,000)/1.16^3 = 51,253$

2. 회계처리

| 차) 현금 | 317,900 | 대) 이자수익 | 160,000 |
|---|---|---|---|
| | | 리스채권 | 157,900 |
| 차) 리스채권손상차손 | 51,253 | 대) 리스채권 | 51,253 |

기말 무보증잔존가치 감소 시 해당 연도 N/I 영향
(1) 이자수익: 기초 리스채권 × 내재 R = 1,000,000 × 16% = 160,000
(2) 리스채권손상차손: PV(추정 무보증잔존가치 감소액) by 내재 R
     $= (150,000 - 70,000)/1.16^3 = 51,253$
⇒ 20×1년 당기손익에 미친 영향: 160,000 − 51,253 = 108,747

If. 20×2년 당기손익에 미친 영향: 126,536
     $[317,900/1.16 + 317,900/1.16^2 + (317,900 + 120,000)/1.16^3] \times 16\% = 126,536$

# 3 리스제공자 - 운용리스

## I 운용리스의 회계처리

### 01 리스제공자

**(1) F/S 효과 및 회계처리**

리스제공자는 제조자나 판매자로부터 리스자산을 구입하고, 리스기간개시일까지 선급리스자산으로 계상한다. 이후 리스기간개시일에 리스자산의 취득원가를 운용리스자산으로 계상한다.

리스자산의 사용효익이 감소되는 기간적 형태를 더 잘 나타내는 다른 체계적인 인식기준이 없다면 비록 리스료가 매기 정액으로 수취되지 않더라도 리스제공자는 리스수익을 리스기간에 걸쳐 정액기준으로 인식한다. 또한 리스기간에 발생하는 감가상각비를 포함한 원가는 비용으로 인식한다.

**[운용리스의 회계처리]**

| 구분 | 리스제공자 | | | |
|---|---|---|---|---|
| 자산구입 | 차) 선급리스자산 | 구입가격 + 직접원가 | 대) 현금 | ×× |
| 리스개시일 | 차) 운용리스자산 | 취득원가 | 대) 선급리스자산 | ×× |
| | 운용리스자산 | 리스개설직접원가 | 현금 | ×× |
| 기말 | 차) 현금 | ×× | 대) 리스료수익(N/I) | ×× |
| | 차) 감가상각비(N/I)[1] | ×× | 대) 감가상각누계액 | ×× |
| 리스종료일 | 회계처리 없음 | | | |

[1] (취득원가 – 잔존가치)/내용연수 + 리스개설직접원가/운용리스기간

**[운용리스의 F/S 효과]**

| B/S | | I/S | |
|---|---|---|---|
| 운용리스자산　　　　　A | | 리스료수익 | Σ리스료/리스기간 |
| | | (−)감가상각비 | |
| | | • 리스자산 | (구입가격 – 잔존가치)/내용연수 |
| | | • 리스개설직접원가 | 리스개설직접원가/리스기간 |
| | | (−)인센티브 관련 손익 | 지급액/리스기간 |
| A. 리스자산 구입가격 + 리스개설직접원가 | | | |

## 01 운용리스료 수익·비용의 인식

운용리스과정에서 리스제공자와 리스이용자가 인식할 리스료수익과 비용은 다른 체계적인 인식기준이 없다면, 리스기간에 걸쳐 정액기준으로 인식한다.

⇒ 매기 인식할 운용리스료 수익·비용: Σ리스료 ÷ 운용리스 기간

| Example | 운용리스료 수익·비용 |

| 연도 | 20×1년 | 20×2년 | 20×3년 | ⇒ 매년 인식할 리스료 |
|---|---|---|---|---|
| 매년 리스료 | 100 | 200 | 300 | : (100 + 200 + 300)/3 = 200 |

## 02 감가상각비

리스제공자의 운용리스자산은 리스제공자가 소유한 다른 유사자산의 일반 감가상각정책과 일관성 있게 내용연수 동안 비용으로 인식한다. 또한 운용리스의 협상 및 계약단계에서 운용리스개설직접원가가 발생할 수 있다. 리스기간개시일에 발생한 운용리스개설직접원가는 자산으로 인식하고 운용리스자산의 장부금액에 가산하여 표시한다. 운용리스자산의 장부금액에 가산된 리스개설직접원가는 리스료수익에 대응하여 리스기간 동안 비용으로 인식한다.

(1) **운용리스자산의 취득원가:** (취득원가 – 내용연수 종료 시 잔존가치)/내용연수
(2) **리스개설직접원가:** 운용리스개설직접원가/운용리스기간

## 03 운용리스 인센티브

운용리스를 계약하기 위해 리스제공자가 리스이용자에게 인센티브를 제공하는 경우가 있다. 신규 또는 갱신되는 운용리스 계약에 따른 모든 인센티브는 그 성격, 형식 또는 지급시점과 관계없이 리스자산의 사용을 위하여 합의된 순대가의 일부로 인식한다. 따라서 리스제공자는 리스자산 효익의 기간적 감소형태를 보다 잘 나타내는 다른 체계적인 인식기준이 없다면, 리스제공자는 인센티브의 총원가를 리스기간에 걸쳐 정액기준에 따라 리스수익에서 차감하여 인식한다.

리스이용자는 리스자산의 사용에 따른 효익의 기간적 형태를 보다 잘 나타내는 다른 체계적인 인식기준이 없다면, 인센티브의 총효익을 리스기간에 걸쳐 정액기준에 따라 리스비용에서 차감하여 인식한다.

| 구분 | 리스제공자 |
|---|---|
| 운용리스인센티브 관련 손익 | 리스기간에 걸쳐 리스수익에서 차감 |

1. 리스제공자는 운용리스의 협상 및 계약단계에서 발생한 운용리스개설직접원가는 자산(선급비용)으로 인식하고 운용리스자산의 장부금액에 가산하여 표시한다.

2. 운용리스자산 취득을 위한 직접관련원가: 운용리스자산의 원가에 가산하여 해당 운용리스자산의 내용연수 동안 감가상각한다. (예 취득세 등 관련된 지출)

3. 운용리스개설직접원가: 운용리스계약을 체결하면서 지출된 원가로 운용리스자산의 장부금액에 가산하고 이를 운용리스기간 동안 감가상각한다. (예 협상, 계약과 관련된 지출) 또한, 운용리스에 해당하는 감가상각 대상 기초자산의 감가상각정책은 리스제공자가 소유한 비슷한 자산의 보통 감가상각정책과 일치해야 한다.

[리스개설직접원가 비교]

| 구분 | 리스제공자 |
|------|------------|
| 금융리스 | 금융리스채권에 포함 |
| 판매형리스 | 리스기간개시일에 전액 비용처리 |
| 운용리스 | 운용리스자산에 포함하고 리스기간 동안 비용처리 |

4. 리스제공자는 리스자산의 자산손상은 관련 회계기준에 따라 매 회계연도 말에 자산의 손상차손 여부를 검토한다.

5. 운용리스 관련 인센티브는 리스제공자는 리스기간에 걸쳐 리스수익에서 차감한다.

6. 제조자 또는 판매자인 리스제공자의 운용리스 체결은 판매와 동등하지 않으므로 운용리스 체결시점에 매출을 인식하지 않는다.

7. 리스제공자는 운용리스의 변경을 변경 유효일부터 새로운 리스로 회계처리한다. 이 경우에 변경 전 리스에 관련하여 선수하였거나 발생한 (미수)리스료를 새로운 리스의 리스료의 일부로 본다.

㈜한국리스는 ㈜경기와 통신설비에 대해서 운용리스계약을 체결하였다. 관련 자료는 다음과 같다.

> (1) ㈜한국리스는 20×1년 1월 1일에 취득원가가 ₩3,000,000인 통신설비를 취득 즉시 ㈜경기에게 인도하고 리스개설직접원가로 ₩90,000을 지출하였다. 그리고 ㈜경기가 부담해야 할 리스개설직접원가는 ₩60,000이지만 이 중 ㈜한국리스가 계약에 따른 인센티브로 ₩30,000을 부담하였다.
> (2) 리스기간은 3년이고, 고정리스료는 20×1년 말에 ₩600,000, 20×2년 말에 ₩800,000, 20×3년 말에 ₩1,000,000을 수취하기로 하였다.
> (3) 통신설비의 내용연수는 5년이고, 잔존가치가 없으며, 정액법으로 감가상각한다.

상기 운용리스거래가 20×1년도 ㈜한국리스의 당기손익에 미치는 영향은 각각 얼마인가? (단, 양사의 결산일은 매년 12월 31일이며, 법인세효과는 무시한다)

[풀이]

(1) 당기손익에 미치는 영향: ① + ② + ③ + ④ = 160,000
  ① 운용리스료 수익: Σ고정리스료 ÷ 운용리스 기간
       (600,000 + 800,000 + 1,000,000) ÷ 3년 = 800,000
  ② 운용리스자산 감가상각비: 선급리스자산 ÷ 내용연수
       3,000,000 ÷ 5년 = (−)600,000
  ③ 리스개설직접원가 감가상각비: 리스개설직접원가 ÷ 운용리스 기간
       90,000 ÷ 3년 = (−)30,000
  ④ 리스제공자가 제공한 인센티브 수익 차감액: 인센티브지급액 ÷ 운용리스 기간
       30,000 ÷ 3년 = (−)10,000

(2) 회계처리

| 구분 | 리스제공자 | | | |
|---|---|---|---|---|
| 자산구입 | 차) 선급리스자산 | 3,000,000 | 대) 현금 | 3,000,000 |
| 리스개시일 | 차) 운용리스자산 | 3,000,000 | 대) 선급리스자산 | 3,000,000 |
| | 운용리스자산 | 90,000 | 현금 | 90,000 |
| | 차) 선급비용 | 30,000 | 대) 현금 | 30,000 |
| 20×1년 말 | 차) 현금 | 600,000 | 대) 리스료수익(N/I) | 790,000 |
| | 미수리스료 | 200,000 | 선급비용 | 10,000 |
| | 차) 감가상각비(N/I) | 630,000 | 대) 감가상각누계액 | 630,000 |

㈜대한리스는 ㈜민국과 리스개시일인 20×1년 1월 1일에 운용리스에 해당하는 리스계약(리스기간 3년)을 체결하였으며, 관련 정보는 다음과 같다.

- ㈜대한리스는 리스개시일인 20×1년 1월 1일에 기초자산인 기계장치를 ₩40,000,000(잔존가치 ₩0, 내용연수 10년)에 신규 취득하였다. ㈜대한리스는 동 기초자산에 대해 원가모형을 적용하며, 정액법으로 감가상각한다.
- 정액 기준 외 기초자산의 사용으로 생기는 효익의 감소형태를 보다 잘 나타내는 다른 체계적인 기준은 없다.
- ㈜대한리스는 리스기간 종료일인 20×3년 12월 31일에 기초자산을 반환받으며, 리스종료일에 리스이용자가 보증한 잔존가치는 없다.
- ㈜대한리스는 ㈜민국으로부터 각 회계연도 말에 다음과 같은 고정리스료를 받는다.

| 20×1년 말 | 20×2년 말 | 20×3년 말 |
|---|---|---|
| ₩6,000,000 | ₩8,000,000 | ₩10,000,000 |

- ㈜대한리스와 ㈜민국은 20×1년 1월 1일 운용리스 개설과 관련한 직접원가로 ₩600,000과 ₩300,000을 각각 지출하였다.
- ㈜민국은 사용권자산에 대해 원가모형을 적용하며, 정액법으로 감가상각한다.
- 동 거래는 운용리스거래이기 때문에 ㈜민국은 ㈜대한리스의 내재이자율을 쉽게 산정할 수 없으며, 리스개시일 현재 ㈜민국의 증분차입이자율은 연 8%이다.
- 적용할 현가계수는 아래의 표와 같다.

| 기간 \ 할인율 | 8% | |
|---|---|---|
| | 단일금액 ₩1의 현재가치 | 정상연금 ₩1의 현재가치 |
| 1년 | 0.9259 | 0.9259 |
| 2년 | 0.8573 | 1.7832 |
| 3년 | 0.7938 | 2.5770 |

동 운용리스거래가 리스제공자인 ㈜대한리스와 리스이용자인 ㈜민국의 20×1년도 포괄손익계산서 상 당기순이익에 미치는 영향은 각각 얼마인가? (단, 감가상각비의 자본화는 고려하지 않으며, 단수차이로 인해 오차가 있다면 가장 근사치를 선택한다)

[공인회계사 2022년]

| | ㈜대한리스 | ㈜민국 |
|---|---|---|
| ① | ₩1,400,000 증가 | ₩8,412,077 감소 |
| ② | ₩3,400,000 증가 | ₩8,412,077 감소 |
| ③ | ₩3,400,000 증가 | ₩8,512,077 감소 |
| ④ | ₩3,800,000 증가 | ₩8,412,077 감소 |
| ⑤ | ₩3,800,000 증가 | ₩8,512,077 감소 |

1) 리스제공자의 당기손익에 미친 영향: 8,000,000 − 4,200,000 = 3,800,000
   (1) 리스료수익: (6,000,000 + 8,000,000 + 10,000,000)/3년 = 8,000,000
   (2) 감가상각비: 40,000,000/10년 + 600,000/3년 = (−)4,200,000

2) 리스이용자의 당기손익에 미친 영향: (−)1,628,144 − 6,883,933 = (−)8,512,077
   (1) 리스개시일의 리스부채: 6,000,000 × 0.9259 + 8,000,000 × 0.8573 + 10,000,000 × 0.7938 = 20,351,800
   (2) 리스개시일의 사용권자산: 20,351,800 + 300,000 = 20,651,800
   (3) 20×1년의 이자비용: 20,351,800 × 8% = (−)1,628,144
   (4) 20×1년의 사용권자산 상각비: 20,651,800/3년 = (−)6,883,933

정답: ⑤

## Ⅰ　리스제공자가 제조자 또는 판매자인 금융리스(판매형리스)의 의의

리스제공자가 제조자 또는 판매자인 금융리스는 제조자나 판매자가 제조 또는 구매한 자산을 금융리스형 식으로 판매하는 경우의 리스를 말한다. 판매형리스에서 리스제공자는 다음과 같은 이익이 발생한다.

① 적용가능한 수령할인이나 매매할인을 반영한 정상적인 판매가격으로 리스자산을 일반판매할 때 발생하는 매출총 이익
② 리스기간의 이자수익

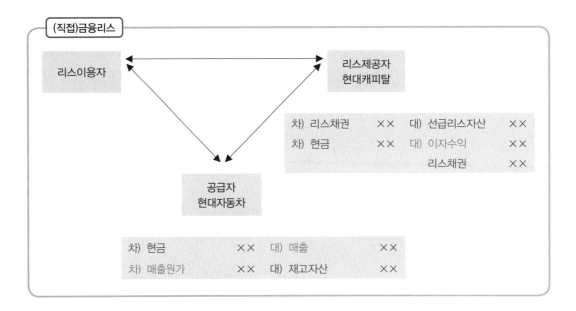

리스제공자가 제조자 또는 판매자인 금융리스

| | 차) 리스채권 | ×× | 대) 매출 | ×× |
| 판매 시 | 차) 매출원가 | ×× | 대) 재고자산 | ×× |
| | 리스채권 | ×× | | |
| 기말 | 차) 현금 | ×× | 대) 이자수익 | ×× |
| | | | 리스채권 | ×× |

## Ⅱ 리스제공자가 제조자 또는 판매자인 금융리스의 회계처리

### 01 매출액

리스제공자가 리스기간개시일에 인식할 매출액은 기초자산의 공정가치와 시장이자율로 할인한 리스료의 현재가치 중 작은 금액으로 한다. 리스제공자의 미래현금흐름은 리스료와 무보증잔존가치의 합계액이지만 무보증잔존가치는 리스이용자로부터 회수되는 금액이 아니므로 매출액의 산정에서 제외한다.

제조자나 판매자인 리스제공자는 고객을 유치하기 위하여 인위적으로 낮은 이자율을 제시하기도 하는데, 이러한 낮은 이자율의 사용은 거래 전체의 이익의 상당부분이 판매시점에 인식되는 결과를 초래한다. 따라서 인위적으로 낮은 이자율이 제시된 경우라도 시장이자율을 적용하였을 경우의 금액을 한도로 매출이익을 인식한다.

적용되는 이자율의 예시

| | | 총회수액 | |
| 이연인식 | 이자수익 | | ⇒ R↑: 매출↓ |
| | | PV(리스료) by 시장 R | ⇒ R↓: 매출↑ |
| 즉시인식 | 매출 | | |
| | | 재고자산의 장부금액 | 내재 R×, 시장 R○ |

### 02 매출원가

매출액 계산 시 무보증잔존가치를 제외하였으므로 무보증잔존가치에 해당하는 재고자산은 매출원가에서 제외한다. 무보증잔존가치에 해당하는 재고자산은 무보증잔존가치를 시장이자율로 할인한 현재가치금액으로 한다.

**03** **판매관리비(리스개설직접원가)**

제조자나 판매자인 리스제공자에 의해 리스의 협상 및 계약단계에서 리스와 관련하여 발생한 원가는 리스개설직접원가의 정의에서 제외한다. 따라서 리스제공자가 제조자 또는 판매자인 금융리스에서 발생한 리스개설직접원가는 리스기간개시일에 비용으로 인식한다.

**[리스제공자가 제조자 또는 판매자인 금융리스의 회계처리]**

| | | | | | |
|---|---|---|---|---|---|
| 개시일 | 차) 리스채권 | PV(리스료) | 대) 매출(N/I) | Min[기초자산 FV, PV(리스료)] |
| | 차) 매출원가(N/I) | BV – PV(무보증잔존가치) | 대) 재고자산 | BV |
| | 리스채권 | PV(무보증잔존가치) | | |
| | 차) 판매관리비(N/I) | ×× | 대) 현금 | 리스개설직접원가 |
| 기말 | 차) 현금 | 리스료 | 대) 이자수익 | 기초리스채권 × 시장 R |
| | | | 리스채권 | ×× |

⇒ 판매시점에 리스제공자의 N/I 미치는 영향
  ① 매출액: Min[기초자산 FV, PV(리스료) by 시장 R]
  ② 매출원가: 기초자산 BV – PV(무보증잔존가치) by 시장 R
  ③ 리스제공자의 리스개설직접원가: 판매관리비용처리

에어컨제조사인 ㈜태풍은 20×1년 1월 1일 직접 제조한 추정내용연수가 5년인 에어컨을 ㈜여름에게 금융리스 방식으로 판매하는 계약을 체결하였다. 동 에어컨의 제조원가는 ₩9,000,000이고, 20×1년 1월 1일의 공정가치는 ₩12,500,000이다. 리스기간은 20×1년 1월 1일부터 20×4년 12월 31일까지이며, ㈜여름은 리스기간 종료 시 에어컨을 반환하기로 하였다. ㈜여름은 매년 말 고정 리스료로 ₩3,500,000을 지급하며, 20×4년 12월 31일의 에어컨 예상잔존가치 ₩1,000,000 중 ₩600,000은 ㈜여름이 보증하기로 하였다.

㈜태풍은 20×1년 1월 1일 ㈜여름과의 리스계약을 체결하는 과정에서 ₩350,000의 직접비용이 발생하였다.

㈜태풍이 동 거래로 인하여 리스기간개시일인 20×1년 1월 1일에 수행할 회계처리와 동 거래가 20×1년 1월 1일에 ㈜태풍의 당기손익에 미치는 영향을 구하시오(단, 20×1년 1월 1일 현재 시장이 자율과 ㈜태풍이 제시한 이자율은 연 8%로 동일하다).

| 기간 | 8%, ₩1의 현가계수 | 8%, ₩1의 연금현가계수 |
| --- | --- | --- |
| 4 | 0.7350 | 3.3121 |

풀이

1. 20×1년 1월 1일 회계처리

| | | | | | |
| --- | --- | --- | --- | --- | --- |
| 개시일 | 차) 리스채권 | PV(리스료)<br>12,033,350 | 대) 매출(N/I) | PV(리스료)<br>12,033,350 |
| | 차) 매출원가(N/I) | BV – PV(무보증잔존가치)<br>8,706,000 | 대) 재고자산 | BV<br>9,000,000 |
| | 리스채권 | PV(무보증잔존가치)<br>294,000 | | |
| | 차) 판매관리비 | 350,000 | 대) 현금 | 리스개설직접원가<br>350,000 |

2. 20×1년 1월 1일 동 거래가 ㈜태풍의 당기손익에 미치는 영향: ① + ② + ③ = 2,977,350

① 매출액: Min[기초자산 FV, PV(리스료) by 시장 R]

= Min[12,500,000, (3,500,000 × 3.3121 + 600,000 × 0.7350)] = 12,033,350

② 매출원가: 기초자산 BV – PV(무보증잔존가치) by 시장 R

= 9,000,000 − (1,000,000 − 600,000) × 0.7350 = (−)8,706,000

③ 리스제공자의 리스개설직접원가: 판매관리비용처리

= (−)350,000

㈜대한은 기계장치를 제조 및 판매하는 기업이다. 20×1년 1월 1일 ㈜대한은 ㈜민국에게 원가(장부금액) ₩100,000의 재고자산(기초자산)을 아래와 같은 조건으로 판매하였는데, 이 거래는 금융리스에 해당한다.

- 리스개시일은 20×1년 1월 1일이며, 리스개시일 현재 재고자산(기초자산)의 공정가치는 ₩130,000이다.
- ㈜대한은 20×1년부터 20×3년까지 매년 12월 31일에 ㈜민국으로부터 ₩50,000의 고정리스료를 받는다.
- ㈜대한은 동 금융리스 계약의 체결과 관련하여 리스개시일에 ₩1,000의 수수료를 지출하였다.
- ㈜민국은 리스기간 종료일인 20×3년 12월 31일에 리스자산을 해당 시점의 공정가치보다 충분히 낮은 금액인 ₩8,000에 매수할 수 있는 선택권을 가지고 있으며, 20×1년 1월 1일 현재 ㈜민국이 이를 행사할 것이 상당히 확실하다고 판단된다.
- 20×1년 1월 1일에 ㈜대한의 증분차입이자율은 연 8%이며, 시장이자율은 연 12%이다.
- 적용할 현가계수는 아래의 표와 같다.

| 기간 \ 할인율 | 단일금액 ₩1의 현재가치 | | 정상연금 ₩1의 현재가치 | |
|---|---|---|---|---|
| | 8% | 12% | 8% | 12% |
| 1년 | 0.9259 | 0.8929 | 0.9259 | 0.8929 |
| 2년 | 0.8573 | 0.7972 | 1.7832 | 1.6901 |
| 3년 | 0.7938 | 0.7118 | 2.5770 | 2.4019 |

위 거래가 ㈜대한의 20×1년도 포괄손익계산서상 당기순이익에 미치는 영향은 얼마인가? (단, 단수차이로 인해 오차가 있다면 가장 근사치를 선택한다)  [공인회계사 2022년]

① ₩24,789 증가   ② ₩25,789 증가   ③ ₩39,884 증가
④ ₩40,884 증가   ⑤ ₩42,000 증가

풀이

20×1년 당기순이익에 미치는 영향: 125,789 − 100,000 − 1,000 + 15,095 = 39,884
1) 매출: Min[130,000, 125,789(= 50,000 × 2.4019 + 8,000 × 0.7118)] = 125,789
2) 매출원가: (−)100,000
3) 판매관리비: (−)1,000
4) 20×1년 리스채권의 이자수익: 125,789 × 12% = 15,095

정답: ③

# 5 리스이용자

## Ⅰ 최초 측정

리스제공자는 리스계약형태에 따라 운용리스와 금융리스로 구분하여 회계처리하지만, 리스이용자는 이러한 구분 없이 사용권자산과 리스부채로 리스개시일에 회계처리한다.

### 01 리스부채의 측정

리스이용자는 리스개시일에 그날 현재 지급되지 않은 리스료의 현재가치로 리스부채를 측정한다. 리스의 내재이자율을 쉽게 산정할 수 있는 경우에는 그 이자율로 리스료를 할인한다. 그 이자율을 쉽게 산정할 수 없는 경우에는 리스이용자의 증분차입이자율을 사용한다.

리스개시일에 리스부채의 측정치에 포함되는 리스료는, 리스기간에 걸쳐 기초자산을 사용하는 권리에 대한 지급액 중 그날 현재 지급되지 않은 다음 금액으로 구성(● 리스제공자가 금융리스의 리스개시일에 인식하는 리스순투자의 측정치에 포함하는 리스료와 동일)된다.

① 고정리스료: 실질적인 고정리스료를 포함하고, 받을 리스 인센티브는 차감(= 형식적 변동성, 실질적 지급회피 불가능. 예 매출 연동 리스료에 최초 임차료 조항 포함)
② 지수나 요율(이율)에 따라 달라지는 변동리스료: 처음에는 리스개시일의 지수나 요율(이율)을 사용하여 측정
③ 보증잔존가치: 잔존가치 보증에 따라 리스이용자가 지급할 것으로 예상되는 금액
④ 매수선택권의 행사가격: 리스이용자가 매수선택권을 행사할 것이 상당히 확실한 경우에 그 매수선택권의 행사가격
⑤ 리스이용자의 리스 종료선택권 행사가격: 리스기간이 리스이용자의 종료선택권 행사를 반영하는 경우에 그 리스를 종료하기 위하여 부담하는 금액

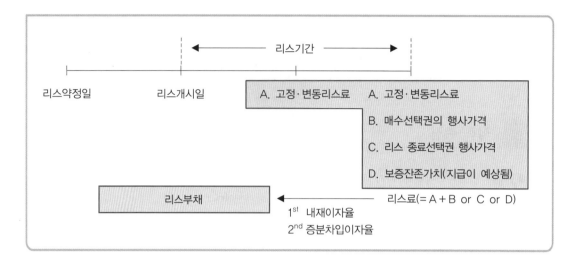

1. 리스이용자는 리스제공자의 리스분류에 관계없이 리스개시일에 리스부채를 인식한다.
2. 증분차입이자율: 리스이용자가 비슷한 경제적 환경과 기간에 비슷한 사용권자산을 획득하는 데 차입하는 자금에 지급하는 이자율
3. 리스부채를 인식하는 것이므로 이미 지급한 리스료는 포함하지 않는다.
4. 리스이용자는 잔존가치 보증에 따라 리스이용자가 지급할 것으로 예상되는 금액을 리스료로 산정한다. 그러므로 리스이용자가 지급할 것으로 예상되지 않는 보증잔존가치는 리스료에 포함되지 않는다.

## 02 사용권자산의 측정

리스이용자는 리스제공자의 리스분류에 관계없이 리스개시일에 사용권자산을 인식하고 재무상태표에 사용권자산을 다른 자산과 구분하여 표시하거나 공시한다. 사용권자산은 리스기간에 리스이용자가 기초자산을 사용할 권리(= 기초자산 사용권)를 나타내는 자산을 말한다. 사용권자산은 원가로 측정하며, 원가는 아래의 항목으로 구성된다.

① 리스부채의 최초 측정금액
② 리스개시일이나 그 전에 지급한 리스료(받은 리스 인센티브는 차감)
③ 리스이용자가 부담하는 리스개설직접원가
④ 리스 조건에서 요구하는 대로 기초자산을 해체하고 제거하거나, 기초자산이 위치한 부지를 복구하거나, 기초자산 자체를 복구할 때 리스이용자가 부담하는 원가의 추정치

## [리스이용자의 리스개시일 회계처리]

| 차) 사용권자산 | 대차차액 | 대) 리스부채 | PV(지급되지 않은 리스료) |
|---|---|---|---|
| 현금 | 받은 리스 인센티브 | 선급리스료 | 개시일 전 미리 지급한 리스료 |
| | | 현금 | 리스개설직접원가 |
| | | 복구충당부채 | PV(예상복구비용) |

- 개시일의 사용권자산
  리스부채의 최초 측정액 + 개시일 전 지급한 리스료 + 리스개설직접원가 + 복구원가 추정치 – 받은 리스 인센티브

### Self Study

1. 리스이용자가 임차보증금을 제공하는 경우 현재가치 상당액은 금융자산으로 인식하고 현재가치할인차금 상당액은 사용권자산으로 처리한다.
2. 리스 조건에서 요구하는 대로 기초자산을 해체하고 제거거나, 기초자산이 위치한 부지를 복구하거나, 기초자산 자체를 복구할 때 리스이용자가 부담하는 원가의 추정은 사용권자산 원가의 일부로 그 원가를 인식한다. 리스이용자는, 특정한 기간에 재고자산을 생산하기 위하여 사용권자산을 사용한 결과로 그 기간에 부담하는 원가에는 한국채택국제회계기준서 제1002호 '재고자산'을 적용한다.

# Ⅱ  후속측정

## 01  리스이용자의 F/S

| B/S | | I/S |
|---|---|---|
| 사용권자산 | 리스부채 | 감가상각비 |
| (−)감가상각누계액 | 복구충당부채 | 이자비용 |
| | | 리스보증손실 |
| ↑ + 리스개설직접원가 | ↓ | ↑ |

- 리스부채: PV(지급되지 않은 리스료) by 내재 R or 증분 R
- 사용권자산:
  리스부채 + 리스개설직접원가 + 개시일 전 지급한 리스료 + PV(복구원가 추정치)

× 내재 R or 증분 R

- 소유권이 이전되는 사용권자산의 dep 고려사항: 내용연수, 내용연수 종료시점 잔존가치
- 소유권이 이전되지 않는 사용권자산의 dep 고려사항:
  Min[리스기간, 내용연수], 기능성별 잔존가치 판단

- 리스보증손실: 반환한 사용권자산 FV – 사용권자산 보증잔존가치

소유권이 이전되지 않는 사용권자산의 경우에도 리스이용자가 지급할 것으로 예상되지 않는 보증잔존가치는 리스료에 포함되지 않으므로 감가상각 시에도 보증잔존가치를 고려하지 않는다.

## 02 리스부채의 후속측정

리스이용자는 리스기간 중 리스부채에 대한 이자를 반영하여 리스부채의 장부금액을 증액하고, 지급한 리스료를 반영하여 리스부채의 장부금액을 감액한다. 리스부채의 이자비용은 유효이자율법을 적용하여 인식하고 내재이자율을 쉽게 산정할 수 없을 경우 리스이용자의 증분차입이자율을 사용한다.

[결산일 리스부채 관련 회계처리]

| 결산일 | 차) 이자비용(N/I) | 기초리스부채 × 내재 R | 대) 현금 | 고정리스료 |
|--------|------------------|----------------------|---------|-----------|
|        | 리스부채          | 대차차액              |         |           |

---

**사례연습 9: 리스부채**

㈜대한은 회사에 필요한 기계장치를 다음과 같은 조건으로 리스계약을 체결하였다.

(1) 리스기간은 20×1년 1월 1일부터 20×3년 12월 31일까지, 고정리스료 ₩1,000,000은 매년 12월 31일 지급하기로 하였다.

(2) 계약체결 당시 증분차입이자율은 연 12%이며, 내재이자율은 알지 못한다. (3년 10% 현가계수: 0.75131, 연금현가계수: 2.48685, 3년 12% 현가계수: 0.71178 연금현가계수: 2.40183, 2년 12% 현가계수: 0.79719 연금현가계수: 1.69005)

❶ ㈜대한의 리스개시일에 계상할 리스부채 금액은 얼마인가?

❷ ㈜대한은 리스기간 종료 전에 현재의 리스를 해지할 권리가 상당히 확실하다. 20×2년 12월 31일 해지를 통보하고 위약금 ₩700,000을 지급한다면 리스개시일에 계상할 리스부채 금액은 얼마인가?

❸ ㈜대한은 리스기간 종료 후 기계장치를 ₩500,000에 매수선택권을 행사할 가능성이 상당히 확실한 경우 리스개시일에 계상할 리스부채 금액은 얼마인가?

❹ 앞의 ❶의 자료를 이용하여 ㈜대한의 리스부채와 관련하여 20×1년 재무제표 효과를 보이고, 20×1년 말 ㈜대한이 수행하여야 할 회계처리를 보이시오.

**풀이**

❶ 리스개시일에 계상할 리스부채: PV(지급되지 않은 리스료) by 내재이자율 or 증분차입이자율
= 1,000,000 × 2.40183 = 2,401,830

If. 고정리스료 1회분을 1월 1일 선급했다면 리스부채 금액은 얼마인가?
⇒ 고정리스료 1회분을 1월 1일에 선급한 경우의 리스부채
1,000,000 + 1,000,000 × 1.69005 = 2,690,050

| 차) 사용권자산 | 2,690,050 | 대) 리스부채 | 1,690,050 |
|---------------|-----------|-------------|-----------|
|               |           | 현금        | 1,000,000 |

---

**❷ 리스개시일에 계상할 리스부채:** PV(지급되지 않은 리스료) by 내재이자율 or 증분차입이자율
$$= 1,000,000 \times 1.69005 + 700,000 \times 0.79719 = 2,248,083$$

**❸ 리스개시일에 계상할 리스부채:** PV(지급되지 않은 리스료) by 내재이자율 or 증분차입이자율
$$= 1,000,000 \times 2.40183 + 500,000 \times 0.71178 = 2,757,720$$

**❹ 1. F/S 효과**

| B/S | | | |
|---|---|---|---|
| 사용권자산 | | 리스부채[1] | 1,690,050 |
| (−)감가상각누계액 | | | |

[1] 20×1년 말 리스부채: $2,401,830 \times 1.12 - 1,000,000 = 1,690,050$

| I/S | |
|---|---|
| 감가상각비 | |
| 이자비용[2] | 288,220 |
| 리스보증손실 | |

[2] 20×1년 이자비용: $2,401,830 \times 12\% = 288,220$

**2. 20×1년 말 회계처리**

| 차) 이자비용 | 288,220 | 대) 현금 | 1,000,000 |
|---|---|---|---|
| 리스부채 | 711,780 | | |

## 03 사용권자산의 후속측정

사용권자산은 원가모형과 재평가모형(투자부동산으로 분류되는 경우에는 공정가치모형) 중 하나를 적용하여 측정한다. 리스이용자는 사용권자산을 감가상각할 때 한국채택국제회계기준서 제1016호 '유형자산'의 감가상각에 대한 요구사항을 적용하며, 사용권자산이 손상된 경우에는 한국채택국제회계기준서 제1036호 '자산손상'을 적용한다.

리스가 리스기간 종료시점 이전에 리스이용자에게 기초자산의 소유권을 이전하는 경우나 사용권자산의 원가에 리스이용자가 매수선택권을 행사할 것임이 반영되는 경우에는, 리스이용자가 리스개시일부터 기초자산의 내용연수 종료시점까지 사용권자산을 감가상각한다. 이때 감가상각대상금액은 사용권자산의 원가에서 내용연수 종료시점의 잔존가치를 차감한 금액이다.

그 밖의 경우에는 리스이용자는 리스개시일부터 사용권자산의 내용연수 종료일과 리스종료일 중 이른 날까지 사용권자산을 감가상각한다. 이때 감가상각대상금액에 대해서는 지급할 것으로 예상되는 보증잔존가치를 제외할 것인지 여부에 따라 다음의 두 가지 방법이 주장되고 있다.

> ① 감가상각대상금액을 사용권자산의 원가에서 지급할 것으로 예상되는 보증잔존가치를 차감한 금액으로 하는 방법
> ② 감가상각대상금액을 사용권자산의 원가로 하는 방법

| 구분 | (1) 소유권을 이전 or 매수선택권을 행사 | (2) 그 밖의 경우 |
|---|---|---|
| 감가상각기간 | 리스개시일부터 내용연수 종료시점까지 | Min[리스종료일, 내용연수 종료일] |
| 잔존가치 | 내용연수 종료시점 잔존가치 | ① 0<br>or<br>② 지급할 것으로 예상되는 보증잔존가치 |

**[결산일 사용권자산 관련 회계처리]**

| 결산일 | 차) 감가상각비 | ×× | 대) 감가상각누계액 | ×× |
|---|---|---|---|---|

---

**사례연습 10: 사용권자산과 리스부채의 후속측정**

㈜대한은 회사에 필요한 기계장치를 다음과 같은 조건으로 리스계약을 체결하였다.

(1) 리스기간은 20×1년 1월 1일부터 20×3년 12월 31일까지, 고정리스료 ₩1,000,000은 매년 12월 31일 지급하기로 하였다.
(2) 리스기간 종료 후 ㈜대한은 리스자산에 대하여 ₩500,000의 복구비용을 추정할 수 있다. 복구비용에 적용되는 할인율은 연 12%이다.
(3) 계약체결 당시 내재이자율은 연 12%이다. (3년 10% 현가계수: 0.75131, 연금현가계수: 2.48685, 3년 12% 현가계수: 0.71178, 연금현가계수: 2.40183, 2년 12% 현가계수: 0.79719, 연금현가계수: 1.69005)
(4) 기계장치의 경제적 내용연수는 4년, 잔존가치는 없으며 정액법으로 상각한다. 동 기계장치는 20×3년 12월 31일 리스기간 종료 후 반환하며 반환 시 보증한 금액은 없다.

**1** ㈜대한의 리스개시일의 사용권자산의 금액은 얼마인가?
**2** ㈜대한의 리스부채와 관련하여 20×1년 재무제표 효과를 보이고, 20×1년 말 ㈜대한이 수행하여야 할 회계처리를 보이시오(단, 사용권자산의 잔존가치는 '0'으로 한다).

**풀이**

**1** 사용권자산: 고정리스료 1,000,000 × 2.40183 + 복구비용추정치 500,000 × 0.71178 = 2,757,720

| 차) 사용권자산 | 2,757,720 | 대) 리스부채 | 2,401,830 |
|---|---|---|---|
| | | 복구충당부채 | 355,890 |

If. 고정리스료 1회분을 1월 1일 선급했다면 사용권자산은 얼마인가?
- 사용권자산: 3,045,940
  고정리스료 1,000,000 + 1,000,000 × 1.69005 + 복구추정비용 500,000 × 0.71178 = 3,045,940

| 차) 사용권자산 | 3,045,940 | 대) 리스부채 | 1,690,050 |
|---|---|---|---|
| | | 현금 | 1,000,000 |
| | | 복구충당부채 | 355,890 |

**2** 1. F/S 효과

### B/S

| 사용권자산 | 2,757,720 | 리스부채[3] | 1,690,050 |
|---|---|---|---|
| (−)감가상각누계액 | (−)919,240 | 복구충당부채[4] | 398,597 |

### I/S

| 감가상각비[1] | | 919,240 |
|---|---|---|
| 이자비용[2] | | 288,220 |
| 전입액[5] | | 42,707 |

[1] 20×1년 감가상각비: (2,757,720 − 0) ÷ 3년 = 919,240
[2] 20×1년 이자비용: 2,401,830 × 12% = 288,220
[3] 20×1년 말 리스부채: 2,401,830 × 1.12 − 1,000,000 = 1,690,050
[4] 20×1년 말 복구충당부채: 355,890 × 1.12 = 398,597
[5] 20×1년 복구충당부채 전입액: 355,890 × 12% = 42,707

2. 20×1년 말 회계처리

| 차) 이자비용 | 288,220 | 대) 현금 | 1,000,000 |
|---|---|---|---|
| 리스부채 | 711,780 | | |
| 차) 감가상각비 | 919,240 | 대) 감가상각누계액 | 919,240 |
| 차) 복구충당부채 전입액 | 42,707 | 대) 복구충당부채 | 42,707 |

---

## Ⅲ 리스부채의 재평가

리스이용자는 리스개시일 후에 리스료에 생기는 변동을 반영하기 위하여 리스부채를 다시 측정 적용하고 사용권자산을 조정한다. 리스이용자는 다음 중 어느 하나에 해당하는 경우에 수정 할인율로 수정 리스료를 할인하여 리스부채를 다시 측정한다.

① 리스기간에 변경이 있는 경우: 리스이용자는 변경된 리스기간에 기초하여 수정 리스료를 산정한다.
② 기초자산을 매수하는 선택권 평가에 변동이 있는 경우: 리스이용자는 매수선택권에 따라 지급할 금액의 변동을 반영하여 수정 리스료를 산정한다.

## 01 수정 리스료로 수정 할인율을 사용하는 경우

리스부채를 재평가하는 경우 리스이용자는 내재이자율을 쉽게 산정할 수 있는 경우에는 남은 리스기간의 내재이자율로 수정 할인율을 산정하나, 리스의 내재이자율을 쉽게 산정할 수 없는 경우에는 재평가시점의 증분차입이자율로 수정 할인율을 산정한다.

| 구분 | 리스부채 측정 | 사용하는 할인율 |
|---|---|---|
| ① 리스기간이 변경된 경우 | 수정 리스료를 수정 할인율로 할인 | 1순위: 남은 기간의 내재이자율 |
| ② 매수선택권 평가에 변동이 있는 경우 | | 2순위: 재평가시점의 증분차입 이자율 |

### Self Study

사용권자산의 장부금액이 영(0)으로 줄어들고 리스부채 측정치가 그보다 많이 줄어드는 경우에 리스이용자는 나머지 재측정 금액을 당기손익으로 인식한다.

| 차) 리스부채 | 리스부채 변동액 | 대) 사용권자산 | BV |
|---|---|---|---|
| | | 당기손익 | ×× |

[수정 리스료로 수정 할인율을 사용하는 경우 사례]

1. 리스기간에 변경이 있는 경우

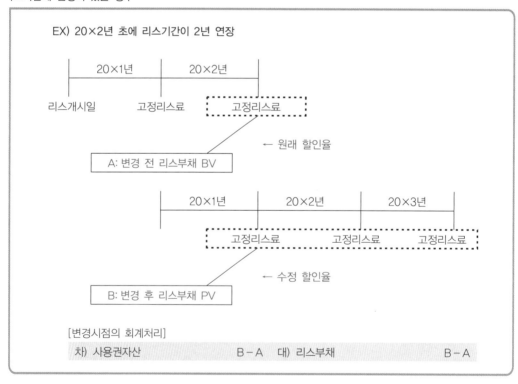

2. 기초자산을 매수하는 선택권 평가에 변동이 있는 경우

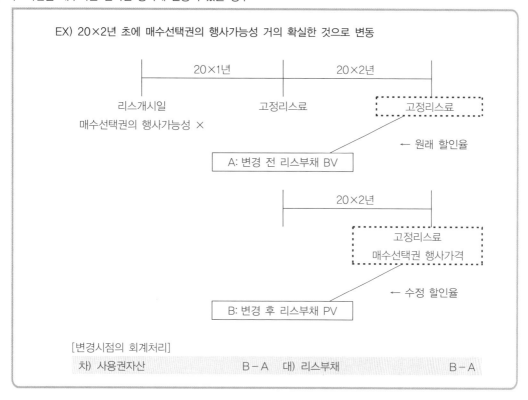

## 02 수정 리스료로 원래 할인율을 사용하는 경우

리스이용자는 다음 중 어느 하나에 해당하는 경우에 수정 리스료를 할인하여 리스부채를 다시 측정한다. 이 경우 리스이용자는 변경되지 않은 할인율을 사용한다. 리스료의 변동이 변동이자율의 변동으로 생긴 경우에 리스이용자는 그 이자율 변동을 반영하는 수정 할인율을 사용한다.

① 잔존가치 보증에 따라 지급할 것으로 예상되는 금액에 변동이 있는 경우: 리스이용자는 잔존가치 보증에 따라 지급할 것으로 예상되는 금액의 변동을 반영하여 수정 리스료를 산정한다.

② 리스료를 산정할 때 사용한 지수나 요율(이율)의 변동으로 생기는 미래 리스료에 변동이 있는 경우: 예를 들면 시장대여료를 검토한 후 시장 대여요율 변동을 반영하는 변동을 포함한다. 리스이용자는 현금흐름에 변동이 있을 경우(리스료 조정액이 유효할 때)에만 수정 리스료를 반영하여 리스부채를 다시 측정한다. 리스이용자는 변경된 계약상 지급액에 기초하여 남은 리스기간의 수정 리스료를 산정한다.

| 구분 | 리스부채 측정 | 사용하는 할인율 |
|---|---|---|
| ① 잔존가치 보증에 따라 지급할 금액이 변동하는 경우 | 수정 리스료를 원래 할인율로 할인 | ① 변동이자율의 변동으로 생긴 경우 수정 할인율 적용 |
| ② 리스료 산정 시 사용한 지수나 요율(이율)의 변동으로 리스료가 변동하는 경우 | | ② 그 외의 경우에는 변경되지 않은 할인율 |

[수정 리스료로 원래 할인율을 사용하는 경우 사례]

1. 잔존가치 보증에 따라 지급할 금액이 변동하는 경우

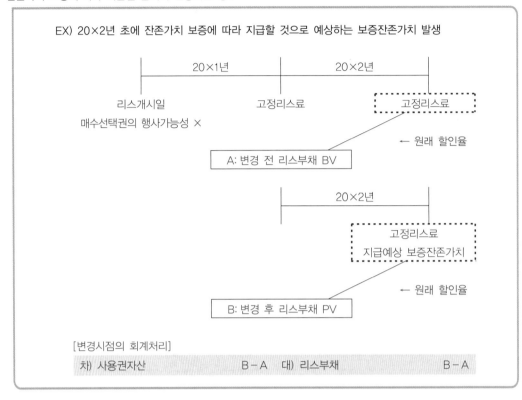

2. 리스료 산정 시 사용한 지수나 요율(이율)의 변동으로 리스료가 변동하는 경우

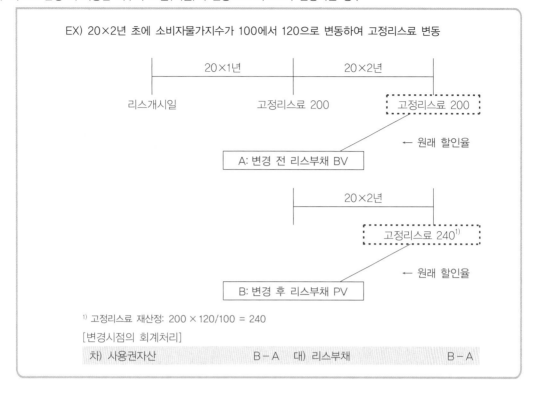

EX) 20×2년 초에 소비자물가지수가 100에서 120으로 변동하여 고정리스료 변동

20×1년 　　　20×2년

리스개시일　　　고정리스료 200　　　고정리스료 200

← 원래 할인율

A: 변경 전 리스부채 BV

20×2년

고정리스료 240[1]

← 원래 할인율

B: 변경 후 리스부채 PV

[1] 고정리스료 재산정: 200 × 120/100 = 240

[변경시점의 회계처리]

　　차) 사용권자산　　　　　　　　B − A　　대) 리스부채　　　　　　　　B − A

**Self Study**

리스이용자는 리스개시일 후에 다음 원가를 모두 당기손익으로 인식한다. 다만, 적용 가능한 다른 기준서를 적용하는, 다른 자산의 장부금액에 포함되는 원가인 경우는 제외한다.
1. 리스부채에 대한 이자
2. 변동리스료를 유발하는 사건 또는 조건이 생기는 기간의 리스부채 측정치에 포함되지 않는 변동리스료

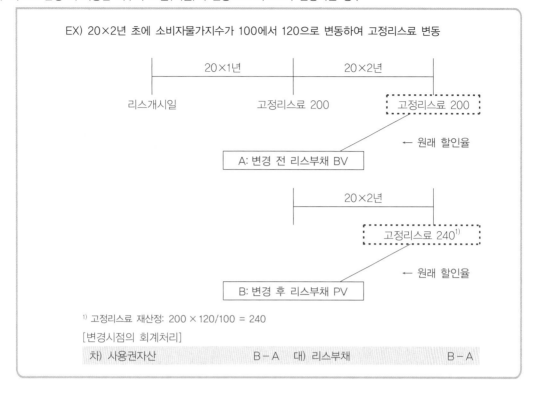

CH 16

리스

해커스 IFRS 정윤돈 중급회계 2

**㈜대한은 회사에 필요한 기계장치를 다음과 같은 조건으로 리스계약을 체결하였다.**

(1) 리스기간은 20×1년 1월 1일부터 20×3년 12월 31일까지, 고정리스료 ₩1,000,000은 매년 12월 31일 지급하기로 하였다.

(2) 계약체결 당시 증분차입이자율은 연 12%이며, 내재이자율은 알지 못한다. (3년 12% 현가계수: 0.71178, 연금현가계수: 2.40183, 2년 12% 현가계수: 0.79719, 연금현가계수: 1.69005, 1년 12% 현가계수: 0.89286, 연금현가계수: 0.89286)

(3) 기계장치의 잔존가치는 없으며 정액법으로 상각한다.

(4) 리스기간 종료 후 2년간의 연장선택권 행사가 가능하고 이 기간의 매년 말 고정리스료는 ₩800,000이다. 그러나 리스기간의 연장선택권을 행사할 것이 상당히 확실하지 않다고 보았다.

**❶** ㈜대한이 20×1년에 수행하여야 할 회계처리를 보이시오.

**❷** ㈜대한은 리스기간인 20×3년 초에 연장선택권을 행사할 것이 상당히 확실하게 바뀌었다. 20×3년 초에 ㈜대한이 수행할 회계처리를 보이시오(단, 20×3년 초 현재 내재이자율은 쉽게 산정할 수 없으며, ㈜대한의 증분차입이자율은 10%이고 3년 10% 현가계수: 0.75131, 2년 10% 현가계수: 0.82645).

**❸** 동 거래가 ㈜대한의 20×3년의 당기손익에 미치는 영향을 구하시오.

**풀이**

**❶** 1. 리스개시일의 리스부채: 고정리스료 1,000,000 × 2.40183 = 2,401,830
2. 20×1년 이자비용: 2,401,830 × 12% = 288,220
3. 20×1년 감가상각비: (2,401,830 − 0)/3년 = 800,610

[회계처리]

| 20×1년 초 | 차) 사용권자산 | 2,401,830 | 대) 리스부채 | 2,401,830 |
|---|---|---|---|---|
| 20×1년 말 | 차) 이자비용 | 288,220 | 대) 현금 | 1,000,000 |
| | 리스부채 | 711,780 | | |
| | 차) 감가상각비 | 800,610 | 대) 감가상각누계액 | 800,610 |

**❷** 1. 20×3년 초 리스부채(재평가 전): 1,000,000/1.12 = 892,857
2. 20×3년 초 리스부채(재평가 후): 1,000,000/1.1 + 800,000 × 0.82645 + 800,000 × 0.75131
      = 2,171,299
3. 20×3년 초 리스부채 조정액: 2,171,299 − 892,857 = 1,278,442

4. 재평가 전 20×3년 초 재무상태표

<table>
<tr><td colspan="4" align="center">B/S</td></tr>
<tr><td>사용권자산</td><td align="right">2,401,830</td><td>리스부채</td><td align="right">892,857</td></tr>
<tr><td>(−)감가상각누계액</td><td align="right">(−)1,601,220</td><td></td><td></td></tr>
<tr><td align="center">BV</td><td align="right">800,610</td><td></td><td></td></tr>
</table>

5. 재평가 후 20×3년 초 재무상태표

<table>
<tr><td colspan="4" align="center">B/S</td></tr>
<tr><td>사용권자산</td><td align="right">3,680,272</td><td>리스부채</td><td align="right">2,171,299</td></tr>
<tr><td>(−)감가상각누계액</td><td align="right">(−)1,601,220</td><td></td><td></td></tr>
<tr><td align="center">BV</td><td align="right">2,079,052</td><td></td><td></td></tr>
</table>

[회계처리]

<table>
<tr><td>20×3년 초</td><td>차) 사용권자산</td><td align="right">1,278,442</td><td>대) 리스부채</td><td align="right">1,278,442</td></tr>
</table>

* 20×3년 초에 연장선택권을 행사할 것이 상당히 확실하게 바뀌었기 때문에 연장된 기간과 수정 리스료를 고려하여 20×3년 초에 리스부채를 다시 측정하여야 한다. 이때 남은 기간의 내재이자율을 쉽게 산정할 수 없다고 하였으므로 20×3년 초 ㈜대한의 증분차입이자율 연 10%로 현재가치를 계산한다.

❸ 20×3년 당기손익에 미친 영향: (−)910,147
   1. 이자비용: 2,171,299 × 10% = (−)217,130
   2. 감가상각비: (2,079,052 − 0) ÷ 3년 = (−)693,017
      * 20×3년 초 리스부채 재평가 후 사용권자산 장부금액: 2,401,830 × 1/3 + 1,278,442 = 2,079,052

[회계처리]

<table>
<tr><td rowspan="3">20×3년 말</td><td>차) 이자비용</td><td align="right">217,130</td><td>대) 현금</td><td align="right">1,000,000</td></tr>
<tr><td>리스부채</td><td align="right">782,870</td><td></td><td></td></tr>
<tr><td>차) 감가상각비</td><td align="right">693,017</td><td>대) 감가상각누계액</td><td align="right">693,017</td></tr>
</table>

# IV 변동리스료

변동리스료는 리스기간에 기초자산의 사용권에 대하여 리스이용자가 리스제공자에게 지급하는 리스료의 일부로서 시간의 경과가 아닌 리스개시일 후 사실이나 상황의 변화 때문에 달라지는 부분을 말한다. 변동리스료는 지수나 요율(이율)에 따라 달라지는 경우에만 리스료의 정의를 충족하며, 그 외의 경우에는 리스료의 정의를 충족하지 못한다. 리스료의 정의를 충족하는 변동리스료는 사용권자산과 리스부채 측정치에 포함하여 리스부채를 재측정하고 사용권자산을 조정한다. 그러나 리스부채 측정치에 포함되지 않는 변동리스료는 해당 변동리스료를 유발하는 사건 또는 조건이 생기는 기간의 당기손익으로 인식한다.

<table>
<tr><td align="center">구분</td><td align="center">내용</td><td align="center">비고</td></tr>
<tr><td align="center">지수나 요율(이율)에 따라 달라지는 경우</td><td>리스부채를 재측정하고 사용권자산을 조정</td><td align="center">−</td></tr>
<tr><td align="center">기타의 경우</td><td>해당 변동리스료를 유발하는 사건 또는 조건이 생기는 기간의 당기손익처리</td><td align="center">리스료 ×</td></tr>
</table>

**C사는 회사에 필요한 기계장치를 다음과 같은 조건으로 리스계약을 체결하였다.**

(1) 리스기간은 20×1년 1월 1일부터 20×5년 12월 31일까지이고, 고정리스료 ₩2,000,000은 매년 12월 31일 지급하기로 하였다.

(2) 최초 2년간은 리스료 변동이 없으나, 그 이후 20×3년과 20×4년의 리스료는 매년 초 소비자물가지수를 반영하여 재산정하기로 하였다. 리스개시일의 소비자물가지수는 150이었으며, 그 후 리스 3차년도 초에 180으로 물가지수의 변동이 있었다.

(3) 계약체결 당시 증분차입이자율은 연 10%이며, 내재이자율은 알지 못한다. (5년 10% 연금현가계수: 3.79079, 3년 10% 현가계수: 0.75131, 연금현가계수: 2.48685, 3년 12% 현가계수: 0.71178, 연금현가계수: 2.40183, 2년 12% 현가계수: 0.79719, 연금현가계수: 1.69005)

(4) 20×3년 초의 증분차입이자율은 연 12%이다.

(5) 기계장치의 잔존가치는 없으며 정액법으로 상각한다.

**1** 20×3년 초에 C사가 해야 할 회계처리를 보이시오.

**2** 위 물음과 독립적으로 C사는 리스한 기계장치에서 발행한 매출의 1%를 해당 연도에 변동리스료로 추가 지급하기로 가정한다. 20×1년도 매출이 ₩2,000,000이라면 리스이용자가 인식할 추가 지급액을 회계처리하라.

**풀이**

**1**

| 차) 사용권자산 | 994,728 | 대) 리스부채 | 994,728 |
|---|---|---|---|

(1) 리스부채 최초 측정금액: 2,000,000 × 3.79079 = 7,581,580

(2) 20×3년 초 리스부채: (7,581,580 × 1.1 − 2,000,000) × 1.1 − 2,000,000 = 4,973,712

(3) 20×3년 초 소비자물가지수변동을 반영한 리스료: 2,000,000 × 180/150 = 2,400,000

(4) 20×3년 초 리스부채 재측정액: 2,400,000 × 2.48685 = 5,968,440

   * 변동이자율의 변동에 따라 리스료가 변동된 것이 아니므로 변경되지 않은 당초의 할인율 10%를 이용하여 리스부채를 재평가한다.

(5) 리스부채 차액: 5,968,440 − 4,973,712 = 994,728

**2**

| 차) 지급수수료 | 20,000 | 대) 현금 | 20,000 |
|---|---|---|---|

[매출에 연동되는 추가 지급액 회계처리]
리스이용자가 매출에 연동하여 추가 지급하는 리스료는 이율이나 지수의 변동으로 인하여 리스료가 변동되는 것이 아니기 때문에 리스부채를 재측정하지 않고 당기손익에 반영한다. 리스이용자는 리스와 관련하여 20,000(= 2,000,000 × 1%)의 추가 비용을 1차년도에 비용으로 회계처리한다.

# 6 리스의 기타사항

## I 전대리스 2차

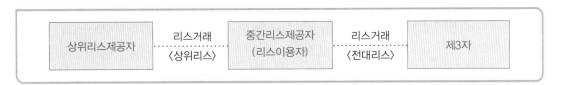

전대리스는 리스이용자(중간리스제공자)가 기초자산을 제3자에게 다시 리스하는 거래를 말한다. 이 경우 상위리스제공자와 리스이용자 사이의 리스(상위리스)는 여전히 유효하다.

중간리스제공자의 전대리스 분류는 아래와 같다.

① 리스이용자인 기업이 사용권자산을 인식하지 않는 단기리스: 전대리스를 운용리스로 분류
② 그 밖의 경우: 기초자산이 아니라 상위리스에서 생기는 사용권자산에 따라 전대리스를 분류

전대리스가 금융리스로 분류되는 경우 다음과 같이 회계처리한다. 이 경우 전대리스기간에 중간리스제공자는 전대리스의 금융수익과 상위리스의 이자비용을 모두 인식한다.

| 차) 리스채권 | ×× | 대) 사용권자산 | ×× |
|---|---|---|---|
| 감가상각누계액 | ×× | 사용권자산처분이익 | ×× |

① 전대리스이용자에게 이전하는 상위리스에 관련되는 사용권자산을 제거하고 전대리스 순투자를 인식한다.
② 사용권자산과 전대리스 순투자의 모든 차이를 당기손익으로 인식한다.
③ 상위리스제공자에게 지급하는 리스료를 나타내는 상위리스 관련 리스부채를 재무상태표에 유지한다.

| 구분 | 전대리스 체결시점 | 전대리스기간 손익 인식 |
|------|------------------|----------------------|
| 상위리스 | 사용권자산 제거, 리스부채 유지 | 이자비용 인식 |
| 전대리스 | 리스순투자인식 | 금융수익 인식 |
| 비고 | 사용권자산과 리스순투자 차이는 당기손익으로 처리 | |

전대리스가 운용리스로 분류되는 경우 중간리스제공자는 다음과 같이 회계처리한다. 이 경우 중간리스제공자가 전대리스를 체결할 때, 중간리스제공자는 상위리스에 관련되는 리스부채와 사용권자산을 재무상태표에 유지한다.

① 사용권자산에 대한 감가상각비와 리스부채에 대한 이자를 인식한다.
② 전대리스에서 생기는 리스료수익을 인식한다.

전대리스를 운용리스로 분류

| 구분 | 전대리스 체결시점 | 전대리스기간 손익 인식 |
|------|------------------|----------------------|
| 상위리스 | 사용권자산 유지, 리스부채 유지 | 감가상각비, 이자비용 인식 |
| 전대리스 | – | 리스료수익 인식 |

판매후리스는 판매자(= 리스이용자)가 구매자(= 리스제공자)에게 자산을 이전하고 그 자산을 다시 리스하는 거래를 말한다. 이때 자산 이전을 판매로 회계처리할지 판단하여야 하는데, 한국채택국제회계기준 제1115호 '고객과의 계약에서 생기는 수익' 기준서의 '수행의무 이행시기(= 통제의 이전시점)' 판단 규정을 적용한다. 이는 종전 기준서 제1017호는 판매후리스거래에서 리스거래가 리스이용자의 입장에서 볼 때 금융리스로 분류되면 판매거래에서 발생한 이익을 리스기간 동안 이연환입하고, 리스거래가 운용리스로 분류되면 판매거래에서 발생한 손익을 즉시 인식하도록 하였다. 이 결과 판매자(리스이용자)는 리스거래를 운용리스로 분류되도록 하여 판매대금을 일시에 수령하면서 처분이익도 인식하고 부채도 인식하지 않을 수 있었다. 기준서 제1116호는 이러한 문제를 완화하기 위하여 판매거래에 대해서 기준서 제1115호 '고객과의 계약에서 생기는 수익'을 준용하여 판매에 해당되는 경우에는 일부 판매 관련 손익을 인식하고, 판매에 해당되지 않는 경우에는 자산의 판매에 대한 회계처리를 하지 않도록 규정하고 있다.

## 01 자산 이전이 판매에 해당하는 경우

자산 이전이 자산의 판매에 해당한다면 판매자(= 리스이용자)와 구매자(= 리스제공자)는 아래와 같이 회계처리한다.

### (1) 판매자(= 리스이용자)

계속 보유하는 사용권에 관련되는 자산의 종전 장부금액에 비례하여 판매후리스에서 생기는 사용권자산을 측정한다. 따라서 판매자(= 리스이용자)는 구매자(= 리스제공자)에게 이전한 권리에 관련된 차손익 금액만을 인식한다.

> • 사용권자산 인식금액: 기초자산의 장부금액 × 사용권자산 측정금액(= 리스료의 현재가치) ÷ 기초자산의 공정가치
> ⇒ 계속 보유하는 사용권을 건물의 종전 장부금액에 비례하여 사용권자산을 측정
>
> • 처분손익: (공정가치 − 장부금액) × (기초자산 공정가치 − 사용권자산 측정금액(= 리스료의 현재가치))
>      ÷ 기초자산 공정가치
> ⇒ 건물의 판매차익 중 구매자 − 리스제공자에게 이전된 권리 부분만 손익으로 인식

자산 판매대가의 공정가치가 그 자산의 공정가치와 같지 않거나 리스에 대한 지급액이 시장요율이 아니라면 판매금액을 공정가치로 측정하기 위하여 아래와 같이 조정한다. 단, 조정액은 리스에 대한 계약상 지급액의 현재가치와 시장 리스 요율에 따른 지급액의 현재가치의 차이로 계산할 수도 있다.

```
┌─ 판매후리스 – 자산 이전이 판매에 해당하는 경우 리스이용자 회계처리 ─────────────┐
│                                                                              │
│ ① 판매대가 = 기초자산의 공정가치                                              │
│                                                                              │
│   차) 현금                    판매대가    대) 기초자산                    BV  │
│       사용권자산   BV × PV(리스료)/기초자산 FV    리스부채          PV(리스료) │
│                                            기초자산처분이익          대차차액 │
│                                                                              │
│ ② 판매대가 > 기초자산의 공정가치                                              │
│                                                                              │
│   차) 현금                    판매대가    대) 기초자산                    BV  │
│       사용권자산   BV × 리스부채/기초자산 FV   리스부채 PV(리스료) – (판매대가–기초자산 FV) │
│                                            금융부채        판매대가–기초자산 FV │
│                                            기초자산처분이익          대차차액 │
│                                                                              │
│ ③ 판매대가 < 기초자산의 공정가치                                              │
│                                                                              │
│   차) 현금                    판매대가    대) 기초자산                    BV  │
│       사용권자산     BV × [PV(리스료) +     리스부채               PV(리스료) │
│              (기초자산 FV – 판매대가)]/기초자산 FV   기초자산처분이익     대차차액 │
│                                                                              │
└──────────────────────────────────────────────────────────────────────────┘
```

## (2) 구매자(= 리스제공자)

자산의 매입에 적용할 수 있는 기준서를 적용하고 리스에는 리스제공자 회계처리 요구사항을 적용한다.

```
┌─ 판매후리스 – 자산 이전이 판매에 해당하고 운용리스로 분류한 경우 리스제공자 회계처리 ─┐
│                                                                              │
│ ① 판매대가 = 기초자산의 공정가치                                              │
│                                                                              │
│   차) 기초자산                    ××    대) 현금                    판매대가  │
│                                                                              │
│ ② 판매대가 > 기초자산의 공정가치                                              │
│                                                                              │
│   차) 기초자산                    ××    대) 현금                    판매대가  │
│       금융자산(대여금)       판매대가 – FV                                    │
│                                                                              │
│ ③ 판매대가 < 기초자산의 공정가치                                              │
│                                                                              │
│   차) 기초자산                    ××    대) 현금                    판매대가  │
│                                            선수리스료수익           FV – 판매대가 │
│                                                                              │
└──────────────────────────────────────────────────────────────────────────┘
```

```
┌─ 판매후리스 – 자산 이전이 판매에 해당하고 금융리스로 분류한 경우 리스제공자 회계처리 ─┐
│                                                                              │
│   차) 리스채권                    ××    대) 현금                    판매대가  │
│                                                                              │
└──────────────────────────────────────────────────────────────────────────┘
```

**02** **자산 이전이 판매에 해당하지 않는 경우**

자산 이전이 판매에 해당하지 않으면 판매자(= 리스이용자)와 구매자(= 리스제공자)는 다음과 같이 각각 회계처리한다.

**(1) 판매자(= 리스이용자)**

이전한 자산을 계속 인식하고, 이전금액과 같은 금액으로 금융부채를 인식한다. 그 금융부채는 한국채택국제회계기준서 제1109호 '금융상품'을 적용하여 회계처리한다.

| 차) 현금 | ×× | 대) 금융부채 | ×× |
|---|---|---|---|

**(2) 구매자(= 리스제공자)**

이전된 자산을 인식하지 않고, 이전금액과 같은 금액으로 금융자산으로 인식한다. 그 금융자산은 한국채택국제회계기준서 제1109호 '금융상품'을 적용하여 회계처리한다.

| 차) 금융자산 | ×× | 대) 현금 | ×× |
|---|---|---|---|

㈜민국은 20×1년 1월 1일 보유하던 건물을 ㈜대한에게 매각하고, 같은 날 동 건물을 리스하여 사용하는 계약을 체결하였다. 다음의 〈자료〉를 이용하여 **1**～**5**에 답하시오.

---

〈자료〉

(1) ㈜민국이 보유하던 건물의 20×1년 1월 1일 매각 전 장부금액은 ₩3,000,000이며, 공정가치는 ₩5,000,000이다.

(2) 20×1년 1월 1일 동 건물의 잔존내용연수는 8년이고 잔존가치는 없다. ㈜민국과 ㈜대한은 감가상각 방법으로 정액법을 사용한다.

(3) 리스개시일은 20×1년 1월 1일이며, 리스료는 리스기간 동안 매년 말 ₩853,617을 수수한다.

(4) 리스기간은 리스개시일로부터 5년이며, 리스 종료일에 소유권이 이전되거나 염가로 매수할 수 있는 매수선택권 및 리스기간 변경 선택권은 없다.

(5) ㈜대한은 해당 리스를 운용리스로 분류한다. 리스계약과 관련하여 지출한 리스개설직접원가는 없다.

(6) 리스의 내재이자율은 연 7%로, ㈜민국이 쉽게 산정할 수 있다.

(7) 현재가치 계산 시 아래의 현가계수를 이용하고, 답안 작성 시 원 이하는 반올림한다.

| 기간 | 7% 단일금액 ₩1의 현가계수 | 7% 정상연금 ₩1의 현가계수 |
|---|---|---|
| 1 | 0.9346 | 0.9346 |
| 2 | 0.8734 | 1.8080 |
| 3 | 0.8163 | 2.6243 |
| 4 | 0.7629 | 3.3872 |
| 5 | 0.7130 | 4.1002 |

---

**1** ㈜민국이 보유하고 있던 건물을 공정가치인 ₩5,000,000에 매각하였다면, 리스이용자인 ㈜민국이 동 건물을 처분하였을 때 인식할 사용권자산과 유형자산 처분이익을 구하시오 (단, 동 자산 이전은 판매의 요건을 충족하였다).

| 구분 | 금액 |
|---|---|
| 사용권자산 | ① |
| 유형자산 처분이익 | ② |

**2** ㈜민국이 보유하고 있던 건물을 공정가치인 ₩5,000,000에 매각하였다면, 동 거래가 리스이용자인 ㈜민국의 20×1년 말 포괄손익계산서상 기재될 아래의 항목들을 구하시오(단, 동 자산 이전은 판매의 여건을 충족하였다).

| 구분 | 금액 |
|---|---|
| 사용권자산 상각비 | ① |
| 이자비용 | ② |

**3** ㈜민국이 보유하고 있던 건물을 ₩4,500,000에 매각하였다면, 리스이용자인 ㈜민국이 동 건물을 처분하였을 때 인식할 사용권자산과 유형자산 처분이익을 구하시오(단, 동 자산 이전은 판매의 요건을 충족하였다).

| 구분 | 금액 |
|---|---|
| 사용권자산 | ① |
| 유형자산 처분이익 | ② |

**4** ㈜민국이 보유하고 있던 건물을 공정가치인 ₩5,000,000에 매각하였다면, 동 리스거래가 리스제공자인 ㈜대한의 20×1년도 포괄손익계산서상 당기순이익에 미치는 영향을 구하시오(단, 동 자산 이전은 판매의 요건을 충족하였다).

**5** ㈜민국이 보유하고 있던 건물을 공정가치인 ₩4,500,000에 매각하였다면, 동 리스거래가 리스제공자인 ㈜대한의 20×1년도 포괄손익계산서상 당기순이익에 미치는 영향을 구하시오(단, 동 자산 이전은 판매의 요건을 충족하였다).

> 풀이

**1**

| 구분 | 금액 |
|---|---|
| 사용권자산 | ① 2,100,000 |
| 유형자산 처분이익 | ② 600,000 |

(1) 리스료 현재가치: 853,617 × 4.1002 = 3,500,000
(2) 사용권자산: 3,000,000(이전 자산 장부금액) × 3,500,000/5,000,000 = 2,100,000
[20×1년 초 회계처리]

| 차) 현금 | 5,000,000 | 대) 건물(장부금액) | 3,000,000 |
|---|---|---|---|
| 사용권자산 | 2,100,000 | 리스부채 | 3,500,000 |
| | | 유형자산처분이익(대차차액) | 600,000 |

**2**

| 구분 | 금액 |
|---|---|
| 사용권자산 상각비 | ① 420,000 |
| 이자비용 | ② 245,000 |

(1) 20×1년 사용권자산 감가상각비: 2,100,000 ÷ 5년 = 420,000
(2) 20×1년 리스부채 이자비용: 3,500,000 × 7% = 245,000

**3**

| 구분 | 금액 |
|---|---|
| 사용권자산 | ① 2,400,000 |
| 유형자산 처분이익 | ② 400,000 |

(1) 리스료 현재가치: 853,617 × 4.1002 = 3,500,000
(2) 사용권자산: 3,000,000(이전 자산 장부금액) × (3,500,000 + 500,000[1])/5,000,000 = 2,400,000
  [1] 5,000,000 − 4,500,000 = 500,000
[20×1년 초 회계처리]

| 차) 현금 | 4,500,000 | 대) 건물(장부금액) | 3,000,000 |
|---|---|---|---|
| 사용권자산 | 2,400,000 | 리스부채 | 3,500,000 |
| | | 유형자산처분이익(대차차액) | 400,000 |

**4** 당기순이익에 미치는 영향: 228,617 증가
(1) 운용리스자산 감가상각비: 5,000,000 ÷ 8년 = 625,000
(2) 운용리스수익: 853,617
(3) 20×1년 당기순이익 증가: 853,617 − 625,000 = 228,617
[20×1년 초 회계처리]

| 차) 건물 | 5,000,000 | 대) 현금 | 5,000,000 |
|---|---|---|---|

[20×1년 말 회계처리]

| 차) 감가상각비 | 625,000 | 대) 감가상각누계액 | 625,000 |
|---|---|---|---|
| 차) 현금 | 853,617 | 대) 리스료수익 | 853,617 |

**5** 당기순이익에 미치는 영향: 328,617 증가
(1) 운용리스자산 감가상각비: 5,000,000 ÷ 8년 = 625,000
(2) 운용리스수익: 853,617 + 500,000 ÷ 5년 = 953,617
(3) 20×1년 당기순이익 증가: 953,617 − 625,000 = 328,617
[20×1년 초 회계처리]

| 차) 건물 | 5,000,000 | 대) 현금 | 4,500,000 |
|---|---|---|---|
| | | 선수리스료수익 | 500,000 |

[20×1년 말 회계처리]

| 차) 감가상각비 | 625,000 | 대) 감가상각누계액 | 625,000 |
|---|---|---|---|
| 차) 현금 | 853,617 | 대) 리스료수익 | 953,617 |
| 선수리스료수익 | 100,000 | | |

A사는 소유하고 있는 건물(장부금액 ₩1,000,000, 공정가치 ₩1,500,000)을 20×1년 1월 1일에 B리스에게 판매하고, 동 일자로 건물을 10년 동안 리스하였다. 리스료는 매년 12월 31일에 ₩100,000씩 지급하기로 하였다. 리스의 내재이자율은 연 5%(기간 10년, 5% 연금현가계수: 7.72174)이며, A사가 쉽게 산정할 수 있다. 아래의 각 사례별로 A사가 20×1년 초에 인식할 처분이익이 큰 순서대로 나열한 것으로 옳은 것은?

> 사례 A: 건물의 판매대가가 ₩1,500,000일 경우
> 사례 B: 건물의 판매대가가 ₩1,700,000일 경우
> 사례 C: 건물의 판매대가가 ₩1,300,000일 경우

① A > B > C        ② A > C > B        ③ B > A > C
④ B > C > A        ⑤ C > A > B

| 풀이 |

1. 사례 A – 20×1년 초 회계처리

| 차) 현금 | 1,500,000 | 대) 건물 | 1,000,000 |
|---|---|---|---|
| 사용권자산[2] | 514,783 | 리스부채[1] | 772,174 |
| | | 처분이익 | 242,609 |

[1] 100,000 × 7.72174 = 772,174
[2] 1,000,000 × 772,174/1,500,000 = 514,783

2. 사례 B – 20×1년 초 회계처리

| 차) 현금 | 1,700,000 | 대) 건물 | 1,000,000 |
|---|---|---|---|
| 사용권자산[3] | 381,449 | 금융부채[1] | 200,000 |
| | | 리스부채[2] | 572,174 |
| | | 처분이익 | 309,275 |

[1] 1,700,000 – 1,500,000 = 200,000
[2] 100,000 × 7.72174 – 200,000 = 572,174
[3] 1,000,000 × 572,174/1,500,000 = 381,449

3. 사례 C – 20×1년 초 회계처리

| 차) 현금 | 1,300,000 | 대) 건물 | 1,000,000 |
|---|---|---|---|
| 사용권자산[2] | 648,116 | 리스부채[1] | 772,174 |
| | | 처분이익 | 175,942 |

[1] 100,000 × 7.72174 = 772,174
[2] 1,000,000 × (200,000 + 772,174)/1,500,000 = 648,116

정답: ③

리스변경은 변경 전 리스 조건의 일부가 아니었던 리스의 범위 또는 리스대가의 변경을 말한다. (예) 하나 이상의 기초자산 사용권을 추가하거나 종료하는 경우나 계약상 리스기간을 연장하거나 단축하는 경우가 이에 해당한다)

리스변경에서 변경 유효일은 리스의 두 당사자인 리스제공자와 리스이용자가 리스변경에 동의하는 날을 말한다.

### 01 별도의 리스로 회계처리하는 경우

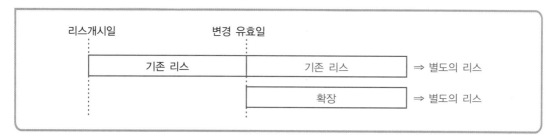

리스제공자와 리스이용자는 다음 조건을 모두 충족하는 경우 별도의 리스로 회계처리한다.

---

① 리스 범위의 변경: 하나 이상의 기초자산 사용권이 추가되어 리스의 범위가 넓어진다.
② 리스대가의 변경: 확장 범위의 개별가격에 상응하는 금액만큼 리스대가가 증액된다. (특정 계약 상황을 반영하기 위한 조정액 반영)

---

**(1) 별도의 리스로 회계처리하는 경우 리스제공자의 회계처리**
 **1) 금융리스의 경우**: 별도리스로 회계처리한다. (리스 범위가 넓어지고 리스대가가 증액)
 **2) 운용리스의 경우**: 새로운 리스로 회계처리한다.

**(2) 별도의 리스로 회계처리하는 경우 리스이용자의 회계처리**
 별도의 리스로 회계처리한다. (리스 범위가 넓어지고 리스대가가 증액)

### 02 별도의 리스로 회계처리하지 않는 경우

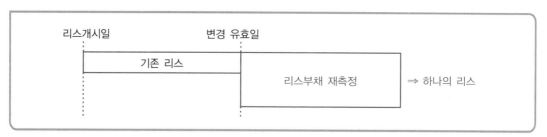

## (1) 별도의 리스로 회계처리하지 않는 경우 리스제공자의 회계처리

### 1) 금융리스의 경우

① 변경이 리스약정일에 유효하였다면 그 리스를 운용리스로 분류하였을 경우에, 리스제공자는 다음과 같이 처리한다.

- 리스변경을 변경 유효일부터 새로운 리스로 회계처리한다.
- 기초자산의 장부금액을 리스변경 유효일 직전의 리스순투자로 측정한다.

② 그 밖에는 한국채택국제회계기준서 제1109호 '금융상품'의 요구사항을 적용한다.

## (2) 별도의 리스로 회계처리하지 않는 경우 리스이용자의 회계처리

### 1) 리스이용자는 리스변경 유효일에 다음과 같이 처리한다.

① 변경된 계약의 대가를 배분한다.

② 변경된 리스의 리스기간을 산정한다.

③ 수정 할인율로 수정 리스료를 할인하여 리스부채를 다시 측정한다. (⇒ 내재이자율을 쉽게 산정할 수 있는 경우에는 남은 리스기간의 내재이자율로 수정 할인율을 산정하나, 리스의 내재이자율을 쉽게 산정할 수 없는 경우에는 증분차입이자율로 수정 할인율을 산정한다)

### 2) 리스부채의 재측정 회계처리

① 리스의 범위를 좁히는 리스변경: 리스의 일부나 전부의 종료를 반영하기 위하여 사용권자산의 장부금액을 줄인다. 리스이용자는 리스의 일부나 전부의 종료에 관련되는 차손익을 당기손익으로 인식한다.

| 차) 리스부채 | 리스의 범위 좁혀 감소한 리스부채 | 대) 사용권자산 | 리스의 범위 좁혀 감소한 사용권자산 |
| --- | --- | --- | --- |
| | | 리스변경이익 | N/I |

② 그 밖의 모든 리스변경: 사용권자산에 상응하는 조정을 한다.

| 차) 사용권자산 | ×× | 대) 리스부채 | ×× |
| --- | --- | --- | --- |

---

참고 | **별도 리스인 리스변경 – 기업회계기준서 사례**

리스이용자는 사무실 공간 2,000제곱미터를 10년간 리스하는 계약을 체결한다. 6차년도 초에 리스이용자와 리스제공자는 남은 5년간 같은 건물의 사무실 공간 3,000제곱미터를 추가하도록 기존 리스를 수정하기로 합의한다. 추가 공간은 6차년도의 두 번째 분기 말부터 리스이용자가 사용할 수 있게 된다. 리스 총대가는 새로운 3,000제곱미터 사무실 공간의 현재 시장요율에 상응하여 상승하지만, 리스제공자가 같은 공간을 새로운 세입자에게 리스하였다면 부담하였을 원가(예 마케팅 원가)가 들지 않는다는 점을 반영하여 리스이용자가 받는 할인액만큼 조정된다.

리스이용자는 이 변경을 변경 전 10년 리스와는 구분하여 별도 리스로 회계처리한다. 이는 이 변경이 리스이용자에게 기초자산을 사용하게 하는 추가 권리를 부여하고, 계약 상황을 반영하여 조정한 추가 사용권자산의 개별 가격에 상응하여 리스대가를 증액하기 때문이다. 이 사례에서 추가 기초자산은 새로운 3,000제곱미터의 사무실 공간이다. 따라서 새로운 리스개시일(6차년도의 두 번째 분기 말)에 리스이용자는 추가 사무실 공간 3,000제곱미터에 관련하여 사용권자산과 리스부채를 인식한다. 리스이용자는 변경의 결과로 사무실 공간 2,000제곱미터의 기존 리스에 대한 회계처리에 어떠한 조정도 하지 않는다.

**㈜대한은 회사에 필요한 기계장치를 다음과 같은 조건으로 리스계약을 체결하였다.**

(1) 리스기간은 20×1년 1월 1일부터 20×3년 12월 31일까지, 고정리스료 ₩1,000,000은 매년 12월 31일 지급하기로 하였다.
(2) 계약체결 당시 증분차입이자율은 연 12%이며, 내재이자율은 알지 못한다. (3년 10% 현가계수: 0.75131, 연금현가계수: 2.48685, 3년 12% 현가계수: 0.71178, 연금현가계수 : 2.40183, 2년 10% 현가계수: 0.79719, 연금현가계수: 1.73554)
(3) 기계장치의 잔존가치는 없으며 정액법으로 상각한다.
(4) 20×2년 1월 1일부터 기계장치를 한 대 더 추가하는 리스계약을 체결하였다. 동 기계장치의 추가적인 리스료는 매년 말 ₩800,000이며, 증분차입이자율을 연 10%로 하였다.

**1** 리스개시일에 상각표를 만들고 20×1년 말 리스 부채의 장부금액은 얼마인가?
**2** 20×2년 초에 기계장치를 추가하는 리스계약체결은 기존 리스와 구분되며 별도의 리스이다. 위 리스변경으로 추가되는 리스부채 금액은 얼마인가?
**3** 20×2년 말 당기손익에 미치는 영향은 얼마인가?

[풀이]

**1** 리스상각표

| 일자 | 고정리스료 | 이자비용(12%) | 부채상환액 | 미상환금액 |
|---|---|---|---|---|
| 20×1. 1. 1. | | | | 2,401,830 |
| 20×1. 12. 31. | 1,000,000 | 288,220 | 711,780 | 1,690,050 |
| 20×2. 12. 31. | 1,000,000 | 202,806 | 797,194 | 892,856 |
| 20×3. 12. 31. | 1,000,000 | 107,143 | 892,856 | 0 |
| | 3,000,000 | 598,169 | 2,401,830 | |

\* 단수조정

**2** 리스변경은 기존 리스와 구분하여 별도 리스로 회계처리한다.
20×2년 초 추가리스 부채금액: 800,000 × 1.73554 = 1,388,432

**3** 1. 20×2년 초 회계처리

| 차) 사용권자산 | 1,388,432 | 대) 리스부채 | 1,388,432 |
|---|---|---|---|

| 일자 | 고정리스료 | 이자비용(10%) | 부채상환액 | 미상환금액 |
|---|---|---|---|---|
| 20×2. 1. 1. | | | | 1,388,432 |
| 20×2. 12. 31. | 800,000 | 138,843 | 661,157 | 727,275 |
| 20×3. 12. 31. | 800,000 | 72,727 | 727,275 | |

2. 20×2년 말 기존 리스부채와 별도 리스부채의 이자비용
   - 기존 리스부채의 이자비용: 1,690,050 × 12% = 202,806
   - 별도 리스부채의 이자비용: 1,388,432 × 10% = 138,843

   [기존 리스부채 이자비용 회계처리]

| 차) 이자비용 | 202,806 | 대) 현금 | 1,000,000 |
|---|---|---|---|
| 리스부채 | 797,194 | | |

   [별도 리스부채 이자비용 회계처리]

| 차) 이자비용 | 138,843 | 대) 현금 | 800,000 |
|---|---|---|---|
| 리스부채 | 661,157 | | |

3. 20×2년 말 기존 사용권자산과 별도 리스 사용권자산의 상각비
   800,610(2,401,830 × 리스기간 1/3) + 694,216(1,388,432 × 리스기간 1/2) = 1,494,826

   [기존 사용권자산 상각비]

| 차) 사용권자산상각 | 800,610 | 대) 감가상각누계액 | 800,610 |
|---|---|---|---|

   [별도 사용권자산 상각비]

| 차) 사용권자산상각 | 694,216 | 대) 감가상각누계액 | 694,216 |
|---|---|---|---|

---

### 사례연습 15: 리스변경(2)

**〈추가리스 변경〉**

(1) 리스이용자는 사무실 공간 5,000제곱미터를 10년간 리스하는 계약을 체결한다. 연간 리스료는 매년 말에 ₩50,000씩 지급해야 한다. 리스의 내재이자율은 쉽게 산정할 수 없다. 리스개시일에 리스이용자의 증분차입이자율은 연 6%이다.

(2) 6차년도 초에 리스이용자와 리스제공자는 기존 리스를 수정하여 6차년도의 첫 번째 분기 말부터 기존 공간의 2,500제곱미터만으로 공간을 줄이기로 합의한다. 연간 고정리스료(6차년도부터 10차년도까지)는 ₩30,000씩이다. 6차년도 초에 리스이용자의 증분차입이자율은 연 5%이다.

(3) 변경 전(후) 사용권자산은 ₩184,002(₩92,001), 리스부채는 ₩210,618(₩105,309)이다. 변경 유효일(6차년도 초)에 리스이용자는 (1) 남은 리스기간 5년, (2) 연간 리스료 ₩30,000과 (3) 리스이용자의 증분차입이자율 연 5%에 기초하여 리스부채를 다시 측정한 금액은 ₩129,884이다.

**리스변경일의 사용권자산과 리스부채의 장부금액은 얼마인가?**

리스이용자는 나머지 사용권자산(변경 전 사용권자산의 50%에 상당하는 2,500제곱미터)에 기초하여 사용권자산과 리스부채의 장부금액에 비례하여 감소액을 산정하고, 차익은 당기손익으로 인식한다.

- 변경일 사용권자산 = 92,001(= 변경 전 사용권자산 184,002의 50%)
- 변경일 리스부채 = 105,309(= 변경 전 리스부채 210,618의 50%)

| 차) 리스부채 | 105,309 | 대) 사용권자산 | 92,001 |
| | | 리스변경이익 | 13,308 |

| 차) 사용권자산 | 24,575 | 대) 리스부채 | 24,575 |

변경 전 사용권자산(184,002)의 50%는 92,001이다. 변경 전 리스부채(210,618)의 50%는 105,309이다. 따라서 리스이용자는 사용권자산의 장부금액을 92,001만큼 줄이고 리스부채의 장부금액을 105,309만큼 줄인다. 리스이용자는 리스부채 감소액과 사용권자산 감소액의 차이(105,309 − 92,001 = 13,308)를 변경 유효일(6차년도 초)에 차익으로서 당기손익에 인식한다. 리스이용자는 나머지 리스부채 105,309과 변경된 리스부채 129,884의 차액인 24,575을 사용권자산을 조정하여 인식하여, 지급 대가의 변동과 수정 할인율을 반영한다.

---

**사례연습 16: 리스변경(3)**

〈대가만 달라지는 변경〉

(1) 리스이용자는 사무실 공간 5,000제곱미터를 10년간 리스하는 계약을 체결한다. 6차년도 초에 리스이용자와 리스제공자는 기존 리스를 수정하여 남은 5년간의 리스료를 연 ₩100,000에서 연 ₩95,000으로 줄이기로 합의한다. 리스의 내재이자율은 쉽게 산정할 수 없다. 리스개시일에 리스이용자의 증분차입이자율은 연 6%이다. 6차년도 초에 리스이용자의 증분차입이자율은 연 7%이다. 연간 리스료는 매년 말에 지급해야 한다.

(2) 변경 직전 리스부채의 장부금액은 ₩421,236이며, 변경 유효일(6차년도 초)에 리스이용자는 ① 남은 리스기간 5년, ② 연간 리스료 ₩95,000과 ③ 리스이용자의 증분차입이자율 연 7%에 기초하여 리스부채를 다시 측정한 금액은 ₩389,519이다.

**리스변경일의 리스부채 변동액은 얼마인가?**

리스이용자는 변경 직전 리스부채의 장부금액(421,236)과 변경된 부채의 장부금액(389,519)의 차액 31,717을 사용권자산을 조정하여 인식한다.

| 차) 리스부채 | 31,717 | 대) 사용권자산 | 31,717 |

〈리스의 범위를 넓히는 변경〉

(1) 리스이용자는 사무실 공간 5,000제곱미터를 10년간 리스하는 계약을 체결한다. 연간 리스료는 매년 말에 ₩100,000씩 지급해야 한다. 리스의 내재이자율은 쉽게 산정할 수 없다. 리스개시일에 리스이용자의 증분차입이자율은 연 6%이다. 7차년도 초에 리스이용자와 리스제공자는 기존 리스를 수정하여 계약상 리스기간을 4년 연장하기로 합의한다. 연간 리스료는 변동되지 않는다. (7차년도부터 14차년도까지 매년 말에 ₩100,000씩을 지급) 7차년도 초에 리스이용자의 증분차입이자율은 연 7%이다.

(2) 변경 유효일(7차년도 초)에 리스이용자는 ① 나머지 리스기간 8년, ② 연간 리스료 ₩100,000과 ③ 리스이용자의 증분차입이자율 연 7%에 기초하여 리스부채를 다시 측정한다. 리스부채는 변경 직전에 ₩346,511이었으나, 변경 후 리스부채의 장부금액은 ₩597,130이다.

## 리스변경일의 리스부채 변동액은 얼마인가?

풀이

리스이용자는 변경된 리스부채의 장부금액과 변경 직전의 리스부채 장부금액의 차액(250,619)을 사용권자산을 조정하여 인식한다.

리스부채 변동액 = 250,619(변경 후 597,130 − 변경 전 346,511)

| 차) 사용권자산 | 250,619 | 대) 리스부채 | 250,619 |
|---|---|---|---|

〈리스의 범위를 넓히면서 좁히는 변경〉

(1) 리스이용자는 사무실 공간 2,000제곱미터를 10년간 리스하는 계약을 체결한다. 연간 리스료는 매년 말에 ₩100,000씩 지급해야 한다. 리스의 내재이자율은 쉽게 산정할 수 없다. 리스개시일에 리스이용자의 증분차입이자율은 연 6%이다.

(2) 6차년도 초에 리스이용자와 리스제공자는 기존 리스를 수정하여 ① 6차년도 초부터 같은 건물에 1,500제곱미터의 공간을 추가하고 ② 리스기간을 10년에서 8년으로 줄이기로 합의한다. 3,500제곱미터에 대한 연간 고정 지급액은 매년 말(6차년도부터 8차년도까지)에 ₩150,000씩 지급해야 한다. 6차년도 초에 리스이용자의 증분차입이자율은 연 7%이다. 1,500제곱미터 공간의 범위 확장에 대한 대가는, 계약 상황을 반영하여 조정한 넓어진 범위의 개별 가격에 상응하지 않는다.

❶ 리스기간 단축으로 인한 리스부채의 장부금액 변동액은 얼마인가?
❷ 할인율 수정으로 인한 리스부채의 장부금액 변동액은 얼마인가?
❸ 리스 공간 확장으로 인한 리스부채의 장부금액 변동액은 얼마인가?

**4** 20×6년 초 리스변경일의 사용권자산과 리스부채의 장부금액은 얼마인가?

**5** 20×6년 당기손익에 미치는 영향은 얼마인가?

**풀이**

**1** 리스부채: 고정리스료 100,000 × 7.36009 = 736,009

(단위: 원)

| 연도 | 리스부채(6%) | | | | 사용권자산 | | |
|---|---|---|---|---|---|---|---|
| | 기초잔액 | 이자비용 | 리스료 | 기말잔액 | 기초잔액 | 감가상각비 | 기말잔액 |
| 1 | 736,009 | 44,160 | (−)100,000 | 680,169 | 736,009 | (−)73,601 | 662,408 |
| 2 | 680,169 | 40,810 | (−)100,000 | 620,979 | 662,408 | (−)73,601 | 588,807 |
| 3 | 620,979 | 37,259 | (−)100,000 | 558,238 | 588,807 | (−)73,601 | 515,206 |
| 4 | 558,238 | 33,494 | (−)100,000 | 491,732 | 515,206 | (−)73,601 | 441,605 |
| 5 | 491,732 | 29,504 | (−)100,000 | 421,236 | 441,605 | (−)73,601 | 368,004 |
| 6 | 421,236 | | (−)100,000 | | 368,004 | | |

- 리스기간변경 전 리스부채의 장부금액 421,236(상각표 참조) 또는 100,000 × 4.21236 = 421,236에 기초하여 리스기간이 5년에서 3년으로 변경된 부분 리스부채의 장부금액 267,301(= 100,000 × 2.67301)
- 리스기간변경 전후의 리스부채의 장부금액 변동액: 153,935(= 421,236 − 267,301)
  리스기간변경 전 사용권자산의 장부금액 368,004(상각표 참조)에 기초하여 리스기간이 5년에서 3년으로 변경된 부분 사용권자산의 장부금액 220,802(= 368,004 ÷ 5 × 3년)
  리스기간변경 전후의 사용권자산 장부금액 변동액: 147,202(= 368,004 − 220,802)

| 차) 리스부채 | 153,935 | 대) 사용권자산 | 147,202 |
|---|---|---|---|
| | | 리스변경이익 | 6,733 |

**2** 할인율 수정

변경 유효일(6차년도 초)에 리스이용자는 수정 할인율인 연 7%를 반영한 나머지 리스부채의 재측정 효과 4,869(= 267,301 − 262,432)을 사용권자산을 조정하여 인식한다.

할인율 수정 전 리스부채의 장부금액 267,301(= 100,000 × 2.67301), 수정 후 리스부채의 장부금액 262,432(= 100,000 × 2.62432)

| 차) 리스부채 | 4,869 | 대) 사용권자산 | 4,869 |
|---|---|---|---|

**3** 리스 공간의 확장

추가 1,500제곱미터 공간의 리스개시일(6차년도 초)에 리스이용자는 범위 확장에 관련되는 리스부채의 증액 131,216(= 50,000씩 3회의 연간 리스료를 수정 이자율인 연 7%로 할인한 현재가치)을 사용권자산을 조정하여 인식한다.

리스부채의 장부금액: 131,216(= 50,000 × 2.62432)

| 차) 사용권자산 | 131,216 | 대) 리스부채 | 131,216 |
|---|---|---|---|

**4** 리스변경일의 리스부채 및 사용권자산 장부금액
  (1) 리스기간 변경 전 리스부채의 장부금액 421,236(상각표 참조)에 기초하여 기간단축에 따른 리스부채, 할인율 수정 그리고 리스 공간의 확장으로 변동된 리스부채를 가감한다.
    - 393,648 = 421,236 − 153,935 − 4,869 + 131,216
    - 또는 리스부채 재평가 150,000 × 2.62432 = 393,648
  (2) 사용권자산의 장부금액: 347,149 = 368,004(상각표 참조) − 147,202 − 4,869 + 131,216

**5** 20×6년 당기손익
- 이자비용: 393,648 × 7% = 27,555

| 차) 이자비용 | 27,555 | 대) 현금 | 150,000 |
|---|---|---|---|
| 리스부채 | 122,445 | | |

- 감가상각비: 347,149 ÷ 3 = 115,716

| 차) 사용권자산상각 | 115,716 | 대) 감가상각누계액 | 115,716 |
|---|---|---|---|

변경된 리스와 관련하여 변경된 사용권자산과 변경된 리스부채는 다음과 같다.

(단위: 원)

| 연도 | 리스부채(7%) | | | | 사용권자산 | | |
|---|---|---|---|---|---|---|---|
| | 기초잔액 | 이자비용 | 리스료 | 기말잔액 | 기초잔액 | 감가상각비 | 기말잔액 |
| 6 | 393,648 | 27,555 | (−)150,000 | 271,203 | 347,148 | (−)115,716 | 231,432 |
| 7 | 271,203 | 18,984 | (−)150,000 | 140,187 | 231,432 | (−)115,716 | 115,716 |
| 8 | 140,187 | 9,813 | (−)150,000 | | 115,716 | (−)115,716 | |

# Chapter 16 | 핵심 빈출 문장

**01** 계약의 약정시점에 계약 자체가 리스인지, 계약이 리스를 포함하는지를 판단한다. 계약에서 대가와 교환하여 식별되는 자산의 사용 통제권을 일정 기간 이전하게 한다면 그 계약은 리스이거나 리스를 포함한다. 또한 계약조건이 변경된 경우에만 계약이 리스인지, 리스를 포함하는지를 다시 판단한다.

**02** 리스이용자는 리스에 대해서 사용권자산과 부채를 인식한다. 그러나 ① 단기리스 ② 소액리스자산에 한해서는 사용권자산과 리스부채로 계상하지 않는 회계처리를 선택할 수 있다. 단기리스는 리스기간이 12개월 이내인 리스를 의미하며, 리스이용자가 특정 금액으로 매수할 수 있는 권리가 있는 매수선택권이 있는 리스는 적용이 불가하고, 이는 단기리스가 아니다.

**03** 소액기초자산의 리스인식은 기초자산이 새것일 때의 가치에 기초하나 확정적이지 않다.

**04** 리스이용자가 단기리스나 소액기초자산에 대해 사용권자산과 리스부채를 인식하지 않기로 선택한다면 리스이용자는 해당 리스에 관련되는 리스료를 리스기간에 걸쳐 정액기준이나 다른 체계적 기준에 따라 비용으로 인식한다.

**05** 새것일 때 일반적으로 소액이 아닌 특성이 있는 자산이라면, 해당 기초자산 리스는 소액자산리스에 해당하지 않는다.

**06** 단기리스에 대한 선택은 사용권이 관련되어 있는 기초자산의 유형별로 한다. 기초자산의 유형은 기업의 영업에서 특성과 용도가 비슷한 기초자산의 집합이다. 소액기초자산 리스에 대한 선택은 리스별로 할 수 있다.

**07** 기초자산이 소액인지는 절대적인 기준에 따라 평가하며 그 리스가 리스이용자에게 중요한지 여부와는 관계없다.

**08** 리스개시일은 리스이용자가 리스자산의 사용권을 행사할 수 있게 된 날이다.

**09** 리스이용자는 리스개시일에 그날 현재 지급되지 않은 리스료의 현재가치로 리스부채를 측정한다. 리스의 내재이자율을 쉽게 산정할 수 있는 경우에는 그 이자율로 리스료를 할인한다. 그 이자율을 쉽게 산정할 수 없는 경우에는 리스이용자의 증분차입이자율을 사용한다.

**10** 리스이용자는 리스제공자의 리스분류에 관계없이 리스개시일에 리스부채를 인식한다.

# Chapter 16 | 객관식 문제

**01** 기업회계기준서 제1116호 '리스'에 대한 다음 설명 중 옳은 것은? [공인회계사 2019년]

① 리스기간이 12개월 이상이고 기초자산이 소액이 아닌 모든 리스에 대하여 리스이용자는 자산과 부채를 인식하여야 한다.

② 일부 예외적인 경우를 제외하고, 단기리스나 소액 기초자산 리스를 이용하는 리스이용자는 해당 리스에 관련되는 리스료를 리스기간에 걸쳐 정액기준이나 다른 체계적인 기준에 따라 비용으로 인식할 수 있다.

③ 리스이용자의 규모, 특성, 상황이 서로 다르기 때문에, 기초자산이 소액인지는 상대적 기준에 따라 평가한다.

④ 단기리스에 대한 리스회계처리 선택은 리스별로 적용해야 한다.

⑤ 소액 기초자산 리스에 대한 리스회계처리 선택은 기초자산의 유형별로 적용해야 한다.

**02** 리스부채의 측정에 관한 설명으로 옳지 않은 것은? [세무사 2022년]

① 리스부채의 최초 측정 시 리스료의 현재가치는 리스이용자의 증분차입이자율을 사용하여 산정한다. 다만, 증분차입이자율을 쉽게 산정할 수 없는 경우에는 리스의 내재이자율로 리스료를 할인한다.

② 리스개시일에 리스부채의 측정치에 포함되는 리스료는 리스기간에 걸쳐 기초자산을 사용하는 권리에 대한 지급액 중 그날 현재 지급되지 않은 금액으로 구성된다.

③ 리스가 리스기간 종료시점 이전에 리스이용자에게 기초자산의 소유권을 이전하는 경우에, 리스이용자는 리스개시일부터 기초자산의 내용연수 종료시점까지 사용권자산을 감가상각한다.

④ 리스이용자는 리스개시일 후에 리스부채에 대한 이자를 반영하여 리스부채의 장부금액을 증액하고, 지급한 리스료를 반영하여 리스부채의 장부금액을 감액한다.

⑤ 리스개시일 후 리스료에 변동이 생기는 경우, 리스이용자는 사용권자산을 조정하여 리스부채의 재측정 금액을 인식하지만, 사용권자산의 장부금액이 영(0)으로 줄어들고 리스부채 측정치가 그보다 많이 줄어드는 경우에는 나머지 재측정 금액을 당기손익으로 인식한다.

**03** 기업회계기준서 제1116호 '리스'에 관한 다음 설명 중 옳지 않은 것은?

[공인회계사 2021년]

① 리스개설직접원가는 리스를 체결하지 않았더라면 부담하지 않았을 리스체결의 증분 원가이다. 다만, 금융리스와 관련하여 제조자 또는 판매자인 리스제공자가 부담하는 원가는 제외한다.

② 포괄손익계산서에서 리스이용자는 리스부채에 대한 이자비용을 사용권자산의 감가상 각비와 구분하여 표시한다.

③ 리스이용자는 리스부채의 원금에 해당하는 현금 지급액은 현금흐름표에 재무활동으로 분류하고, 리스부채 측정치에 포함되지 않은 단기리스료, 소액자산 리스료, 변동 리스료는 현금흐름표에 영업활동으로 분류한다.

④ 무보증잔존가치는 리스제공자가 실현할 수 있을지 확실하지 않거나 리스제공자의 특수관계자만이 보증한, 기초자산의 잔존가치 부분이다.

⑤ 리스이용자는 하나 이상의 기초자산 사용권이 추가되어 리스의 범위가 넓어진 경우 또는 개별 가격에 적절히 상응하여 리스대가가 증액된 경우에 리스변경을 별도 리스로 회계처리한다.

**04** ㈜대한리스는 20×1년 1월 1일 ㈜민국과 다음과 같은 금융리스계약을 약정과 동시에 체결하였다.

- 리스개시일: 20×1년 1월 1일
- 리스기간: 20×1년 1월 1일 ~ 20×3년 12월 31일(3년)
- 연간 정기리스료: 매년 말 ₩500,000 후급
- 리스자산의 공정가치는 ₩1,288,530이고 내용연수는 4년이다. 내용연수 종료시점에 잔존가치는 없으며, ㈜민국은 정액법으로 감가상각한다.
- ㈜민국은 리스기간 종료시점에 ₩100,000에 리스자산을 매수할 수 있는 선택권을 가지고 있고, 그 선택권을 행사할 것이 리스약정일 현재 상당히 확실하다. 동 금액은 선택권을 행사할 수 있는 날(리스기간 종료시점)의 공정가치보다 충분히 낮을 것으로 예상되는 가격이다.
- ㈜대한리스와 ㈜민국이 부담한 리스개설직접원가는 각각 ₩30,000과 ₩20,000이다.
- ㈜대한리스는 상기 리스를 금융리스로 분류하고, ㈜민국은 리스개시일에 사용권자산과 리스부채를 인식한다.
- 리스의 내재이자율은 연 10%이며, 그 현가계수는 아래 표와 같다.

| 기간 | 단일금액 ₩1의 현재가치 | 정상연금 ₩1의 현재가치 |
|------|------------------------|------------------------|
| 3년  | 0.7513                 | 2.4868                 |
| 4년  | 0.6830                 | 3.1698                 |

상기 리스거래가 ㈜대한리스와 ㈜민국의 20×1년도 당기순이익에 미치는 영향은? (단, 단수차이로 인해 오차가 있다면 가장 근사치를 선택한다)

|     | ㈜대한리스       | ㈜민국          |
|-----|------------------|------------------|
| ①   | ₩131,853 증가    | ₩466,486 감소    |
| ②   | ₩131,853 증가    | ₩481,486 감소    |
| ③   | ₩131,853 증가    | ₩578,030 감소    |
| ④   | ₩134,853 증가    | ₩466,486 감소    |
| ⑤   | ₩134,853 증가    | ₩481,486 감소    |

**05** ㈜세무는 20×1년 1월 1일에 ㈜한국리스로부터 기초자산 A와 기초자산 B를 리스하는 계약을 체결하였다. 리스개시일은 20×1년 1월 1일로 리스기간은 3년이며, 리스료는 매년 초 지급한다. 리스 내재이자율은 알 수 없으며 ㈜세무의 20×1년 초와 20×2년 초 증분차입이자율은 각각 8%와 10%이다. 리스계약은 다음의 변동리스료 조건을 포함한다.

| | |
|---|---|
| **기초자산 A** | 리스개시일 1회차 리스료: ₩50,000<br>변동조건: 기초자산 사용으로 발생하는 직전 연도 수익의 1%를 매년 초 추가 지급 |
| **기초자산 B** | 리스개시일 1회차 리스료: ₩30,000<br>변동조건: 직전 연도 1년간의 소비자물가지수 변동에 기초하여 2회차 리스료부터 매년 변동 |

• 시점별 소비자물가지수

| 구분 | 20×0년 12월 31일 | 20×1년 12월 31일 |
|---|---|---|
| 소비자물가지수 | 120 | 132 |

20×1년 기초자산 A의 사용으로 ₩200,000의 수익이 발생하였다. 리스료 변동으로 인한 20×1년 말 리스부채 증가금액은?

[세무사 2019년]

| 기간 | 단일금액 ₩1의 현재가치(8%) | 단일연금 ₩1의 현재가치(10%) |
|---|---|---|
| 1년 | 0.9259 | 0.9091 |
| 2년 | 0.8573 | 0.8264 |
| 3년 | 0.7938 | 0.7513 |

① ₩5,527  ② ₩5,727  ③ ₩5,778

④ ₩7,727  ⑤ ₩7,778

20×0년 11월 1일 ㈜세무는 ㈜대한리스로부터 업무용 컴퓨터 서버(기초자산)를 리스하는 계약을 체결하였다. 리스기간은 20×1년 1월 1일부터 3년이며, 고정리스료는 리스개시일에 지급을 시작하여 매년 ₩500,000씩 총 3회 지급한다. 리스계약에 따라 ㈜세무는 연장선택권(리스기간을 1년 연장할 수 있으며 동시에 기초자산의 소유권도 리스이용자에게 귀속)을 20×3년 12월 31일에 행사할 수 있으며, 연장된 기간의 리스료 ₩300,000은 20×4년 1월 1일에 지급한다. 리스개시일 현재 ㈜세무가 연장선택권을 행사할 것은 상당히 확실하다. 20×1년 1월 1일 기초자산인 업무용 컴퓨터 서버(내용연수 5년, 잔존가치 ₩0, 정액법으로 감가상각)가 인도되어 사용 개시되었으며, ㈜세무는 리스개설과 관련된 법률비용 ₩30,000을 동 일자에 지출하였다. ㈜세무의 증분차입이자율은 10%이며, 리스 관련 내재이자율은 알 수 없다. 이 리스거래와 관련하여 ㈜세무가 20×1년에 인식할 이자비용과 사용권자산 상각비의 합계액은?

[세무사 2019년]

| 기간 | 단일금액 ₩1의 현재가치(10%) | 정상연금 ₩1의 현재가치(10%) |
|------|------------------------------|-------------------------------|
| 1년  | 0.9091                       | 0.9091                        |
| 2년  | 0.8264                       | 1.7355                        |
| 3년  | 0.7513                       | 2.4869                        |
| 4년  | 0.6830                       | 3.1699                        |

① ₩408,263  ② ₩433,942  ③ ₩437,942
④ ₩457,263  ⑤ ₩481,047

**07**  리스에 관한 설명으로 옳은 것은?                                    [세무사 2020년]

① 제조자 또는 판매자인 리스제공자의 운용리스 체결은 운용리스 체결시점에 매출이익을 인식한다.

② 금융리스로 분류되는 경우 리스제공자는 자산의 리스총투자 금액에 일정한 기간수익률을 반영하는 방식으로 리스기간에 걸쳐 금융수익을 인식한다.

③ 리스제공자는 운용리스 체결과정에서 부담하는 리스개설직접원가를 기초자산의 장부금액에 더하고 리스료 수익과 같은 기준으로 리스기간에 걸쳐 비용으로 인식한다.

④ 기초자산의 소유에 따른 위험과 보상의 대부분을 이전하는 리스는 운용리스로 분류하고, 기초자산의 소유에 따른 위험과 보상의 대부분을 이전하지 않는 리스는 금융리스로 분류한다.

⑤ 제조자 또는 판매자인 리스제공자의 금융리스 체결은 금융리스 체결시점에 기초자산의 원가(원가와 장부금액이 다를 경우에는 장부금액)에서 보증잔존가치를 뺀 금액을 매출원가로 인식한다.

㈜대한은 20×1년 1월 1일 ㈜민국리스와 다음과 같은 조건의 금융리스 계약을 체결하였다.

- 리스개시일: 20×1년 1월 1일
- 리스기간: 20×1년 1월 1일부터 20×4년 12월 31일까지
- 리스자산의 리스개시일의 공정가치는 ₩1,000,000이고 내용연수는 5년이다. 리스자산의 내용연수 종료시점의 잔존가치는 없으며, 정액법으로 감가상각한다.
- ㈜대한은 리스기간 종료 시 ㈜민국리스에게 ₩100,000을 지급하고, 소유권을 이전받기로 하였다.
- ㈜민국리스는 상기 리스를 금융리스로 분류하고, ㈜대한은 리스개시일에 사용권자산과 리스부채로 인식한다.
- 리스의 내재이자율은 연 8%이며, 그 현가계수는 아래의 표와 같다.

| 기간＼할인율 | 8% | |
|---|---|---|
| | 단일금액 ₩1의 현재가치 | 정상연금 ₩1의 현재가치 |
| 4년 | 0.7350 | 3.3121 |
| 5년 | 0.6806 | 3.9927 |

㈜민국리스가 리스기간 동안 매년 말 수취하는 연간 고정리스료는 얼마인가? (단, 단수차이로 인해 오차가 있다면 가장 근사치를 선택한다)

[공인회계사 2020년]

① ₩233,411  ② ₩244,132  ③ ₩254,768
④ ₩265,522  ⑤ ₩279,732

**09** ㈜대한은 20×1년 1월 1일 장부금액 ₩500,000, 공정가치 ₩600,000의 기계장치를 ㈜민국리스에게 ₩650,000에 현금 판매(기업회계기준서 제1115호상 '판매' 조건 충족)하고 동 일자로 기계장치를 5년 동안 리스하였다. ㈜대한은 ㈜민국리스에게 리스료로 매년 말 ₩150,000씩 지급하기로 하였으며, 내재이자율은 연 8%이다. ㈜대한이 리스 회계처리와 관련하여 20×1년 1월 1일 인식할 이전된 권리에 대한 차익(기계장치처분이익)은 얼마인가? (단, 단수차이로 인해 오차가 있다면 가장 근사치를 선택한다)

[공인회계사 2020년]

| 기간 \ 할인율 | 8% | |
| --- | --- | --- |
| | 단일금액 ₩1의 현재가치 | 정상연금 ₩1의 현재가치 |
| 4년 | 0.7350 | 3.3121 |
| 5년 | 0.6806 | 3.9927 |

① ₩8,516  ② ₩46,849  ③ ₩100,183

④ ₩150,000  ⑤ ₩201,095

**10** 리스이용자인 ㈜대한은 리스제공자인 ㈜민국리스와 리스개시일인 20×1년 1월 1일에 다음과 같은 조건의 리스계약을 체결하였다.

- 기초자산(생산공정에 사용할 기계장치)의 리스기간은 20×1년 1월 1일부터 20×3년 12월 31일까지이다.
- 기초자산의 내용연수는 4년으로 내용연수 종료시점의 잔존가치는 없으며, 정액법으로 감가상각한다.
- ㈜대한은 리스기간 동안 매년 말 ₩3,000,000의 고정리스료를 지급한다.
- 사용권자산은 원가모형을 적용하여 정액법으로 감가상각하고, 잔존가치는 없다.
- 20×1년 1월 1일에 동 리스의 내재이자율은 연 8%로 리스제공자와 리스이용자가 이를 쉽게 산정할 수 있다.
- ㈜대한은 리스기간 종료시점에 기초자산을 현금 ₩500,000에 매수할 수 있는 선택권을 가지고 있으나, 리스개시일 현재 동 매수선택권을 행사하지 않을 것이 상당히 확실하다고 판단하였다. 그러나 20×2년 말에 ㈜대한은 유의적인 상황변화로 인해 동 매수선택권을 행사할 것이 상당히 확실하다고 판단을 변경하였다.
- 20×2년 말 현재 ㈜대한은 남은 리스기간의 내재이자율을 쉽게 산정할 수 없으며, ㈜대한의 증분차입이자율은 연 10%이다.
- 적용할 현가계수는 아래의 표와 같다.

| 기간 \ 할인율 | 단일금액 ₩1의 현재가치 | | 정상연금 ₩1의 현재가치 | |
|---|---|---|---|---|
| | 8% | 10% | 8% | 10% |
| 1년 | 0.9259 | 0.9091 | 0.9259 | 0.9091 |
| 2년 | 0.8573 | 0.8264 | 1.7832 | 1.7355 |
| 3년 | 0.7938 | 0.7513 | 2.5770 | 2.4868 |

㈜대한이 20×3년에 인식할 사용권자산의 감가상각비는 얼마인가? (단, 단수차이로 인해 오차가 있다면 가장 근사치를 선택한다) [공인회계사 2021년]

① ₩993,804      ② ₩1,288,505      ③ ₩1,490,706
④ ₩2,577,003      ⑤ ₩2,981,412

# Chapter 16 | 객관식 문제 정답 및 해설

**01** ② ① 리스기간이 12개월 이내이고 기초자산이 소액이 아닌 모든 리스에 대하여 리스이용자는 자산과 부채를 인식하여야 한다.
③ 리스이용자의 규모, 특성, 상황이 서로 다르기 때문에, 기초자산이 소액인지는 절대적 기준에 따라 평가한다.
④ 단기리스에 대한 리스회계처리 선택은 기초자산의 유형별로 적용해야 한다.
⑤ 소액 기초자산 리스에 대한 리스회계처리 선택은 리스별로 적용해야 한다.

**02** ① 리스부채의 최초 측정 시 리스료의 현재가치는 리스이용자의 내재이자율을 사용하여 산정한다. 다만, 내재이자율을 쉽게 산정할 수 없는 경우에는 리스의 증분차입이자율로 리스료를 할인한다.

**03** ⑤ 리스이용자는 하나 이상의 기초자산 사용권이 추가되어 리스의 범위가 넓어지고 개별 가격에 적절히 상응하여 리스대가가 증액된 경우에 리스변경을 별도 리스로 회계처리한다.

**04** ① (1) 20×1년 초 리스채권(순투자): 1,288,530(공정가치) + 30,000(리스개설직접원가) = 1,318,530
(2) 리스제공자 20×1년 리스채권 이자수익: 1,318,530 × 10% = 131,853
(3) 20×1년 초 리스부채: 500,000 × 2.4868 + 100,000 × 0.7513 = 1,318,530
(4) 20×1년 초 사용권자산: 1,318,530 + 20,000 = 1,338,530
(5) 리스이용자 20×1년 리스부채 이자비용: 1,318,530 × 10% = 131,853
(6) 리스이용자 20×1년 사용권자산 감가상각비: 1,338,530 ÷ 4 = 334,633
(7) 20×1년 리스이용자 당기순이익 감소: 131,853 + 334,633 = 466,486

**05** ③ 1. 기초자산 A의 리스계약
(1) 리스료를 산정할 때 사용한 지수나 요율(이율)의 변동이 아닌 다른 이유로 미래 리스료가 변동될 때는 당기손익으로 인식한다.
(2) 기초자산 A의 리스료 변동에 따라 추가적으로 인식할 리스부채 증가금액은 없다.

    2. 기초자산 B의 리스계약
(1) 리스료를 산정할 때 사용한 지수나 요율(이율)의 변동으로 생기는 미래 리스료에 변동이 있는 경우에는 당초의 할인율로 할인하여 리스부채를 재측정한다.
(2) 변경된 리스료: 30,000 × 132/120 = 33,000
(3) 20×1년 말 리스부채의 증가금액: 5,778
    \* (33,000 + 33,000/1.08) − (30,000 + 30,000/1.08) = 5,778

**06** ② (1) 리스료 현재가치: 500,000 + 500,000 × 1.7355 + 300,000 × 0.7513 = 1,593,140
(2) 20×1년 리스부채 이자비용: (1,593,140 − 500,000) × 10% = 109,314
(3) 사용권자산: 1,593,140 + 30,000 = 1,623,140
(4) 사용권자산 감가상각비: 1,623,140 ÷ 5년 = 324,628
(5) 이자비용과 감가상각비 합: 109,314 + 324,628 = 433,942
▶ 리스기간은 리스이용자가 기초자산 사용권을 갖는 해지불능기간과 다음 기간을 포함하는 기간을 말한다.
  • 리스이용자가 리스 연장선택권을 행사할 것이 상당히 확실한 경우에 그 선택권의 대상 기간
  • 리스이용자가 리스 종료선택권을 행사하지 않을 것이 상당히 확실한 경우에 그 선택권의 대상 기간

**07** ③ ① 제조자 또는 판매자인 리스제공자의 운용리스 체결은 운용리스 리스기간 동안 수익을 인식한다.

② 금융리스로 분류되는 경우 리스제공자는 자산의 **리스순투자** 금액에 일정한 기간수익률을 반영하는 방식으로 리스기간에 걸쳐 금융수익을 인식한다.

④ 기초자산의 소유에 따른 위험과 보상의 대부분을 이전하는 리스는 금융리스로 분류하고, 기초자산의 소유에 따른 위험과 보상의 대부분을 이전하지 않는 리스는 운용리스로 분류한다.

⑤ 제조자 또는 판매자인 리스제공자의 금융리스 체결은 금융리스 체결 시점에 기초자산의 원가(원가와 장부금액이 다를 경우에는 장부금액)에서 **무보증잔존가치**의 현재가치를 뺀 금액을 매출원가로 인식한다.

**08** ⑤ 기초자산의 FV + 리스개설직접원가(제공자) = PV(리스료 + 무보증잔존가치)

$1,000,000 + 0$ = 고정리스료 $\times 3.3121 + 100,000 \times 0.7350$,  고정리스료 = $279,732$

**09** ①

| 차) 현금 | 650,000 | 대) 기계장치 | 500,000 |
|---|---|---|---|
| 사용권자산[3] | 457,421 | 금융부채[1] | 50,000 |
| | | 리스부채[2] | 548,905 |
| | | 처분이익 | 8,516 |

[1] $650,000 - 600,000 = 50,000$

[2] $150,000 \times 3.9927 - 50,000 = 548,905$

[3] $500,000 \times 548,905/600,000 = 457,421$

**10** ③ 1) 20×1초 사용권자산의 장부금액: $3,000,000 \times 2.5770 = 7,731,000$

2) 20×2년 말 리스부채 장부금액(변경 전): $3,000,000 \times 0.9259 = 2,777,700$

3) 20×2년 말 리스부채 장부금액(변경 후): $(3,000,000 + 500,000) \times 0.9091 = 3,181,850$

4) 20×2년 말 리스부채 변경액: $3,181,850 - 2,777,700 = 404,150$

5) 20×2년 말 사용권자산의 장부금액(변경 후): $7,731,000 \times 1/3 + 404,150 = 2,981,150$

6) 20×3년 사용권자산의 감가상각비: $2,981,150 \div (4-2)$년 $= 1,490,575$(단수차이)

# Chapter 16 | 주관식 문제

**문제 01**    **리스제공자(리스채권의 손상과 기초자산을 회수하는 경우)**

**A리스의 기계장치 1대를 아래와 같은 조건으로 B사에게 금융리스하였다.**

> (1) 리스기간: 20×1년 1월 1일부터 20×3년 12월 31일까지
> (2) 고정리스료: 리스이용자는 리스기간 동안 매년 12월 31일에 ₩100,000씩 지급
> (3) 잔존가치 보증: 리스 종료 시 기계장치를 리스제공자에게 반환하되, 예상잔존가치 ₩30,000 중 ₩20,000을 리스이용자가 보증
> (4) A리스의 리스개설직접원가: ₩10,000
> (5) 내재이자율: 연 5%
> (6) 3기간 이자율 5%의 현가계수: 0.86384, 3기간 이자율 5%의 연금현가계수: 2.72325
> (7) 2기간 이자율 5%의 현가계수: 0.90703, 2기간 이자율 5%의 연금현가계수: 1.85941

**물음 1)** 동 리스거래가 20×1년 A리스의 당기손익에 미친 영향은 얼마인가?

**물음 2)** 물음 1과 독립적으로 20×1년 말에 리스기간 종료시점의 잔존가치 추정을 ₩30,000 에서 ₩15,000으로 변경한 경우에 동 리스거래가 20×1년 A리스의 당기손익에 미친 영향은 얼마인가?

**물음 3)** 물음 2와 독립적으로 리스기간 동안 종료시점의 잔존가치 추정액의 변경은 없었으나 리스기간 종료시점에 기초자산의 실제잔존가치가 ₩15,000이었다면 동 리스거래가 20×3년 A리스의 당기손익에 미친 영향은 얼마인가? (단, B사는 실제잔존가치와 보증잔존가치의 차이 금액을 리스 종료시점에 A리스에 현금으로 지급하였다)

**물음 4)** 물음 2, 3과 독립적으로 리스기간 동안 종료시점의 잔존가치 추정액의 변경은 없었으나 리스기간 종료시점에 기초자산의 실제잔존가치가 ₩40,000이었다면 A리스가 기초자산 회수 시 해야 할 회계처리를 보이시오.

물음 1) 20×1년 당기손익에 미친 영향: 14,912

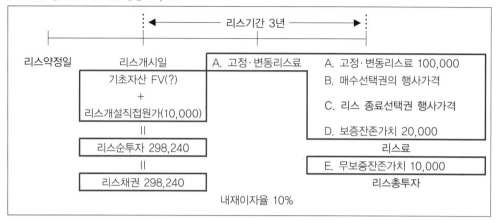

(1) 리스개시일의 리스채권: 100,000 × 2.72325 + (20,000 + 10,000) × 0.86384 = 298,240
(2) 20×1년 리스채권의 이자수익: 298,240 × 5% = 14,912
(3) 회계처리

[20×1년 1월 1일 – 리스개시일]

| 차) 리스채권 | 298,240 | 대) 선급리스자산 | 288,240 |
|---|---|---|---|
| | | 현금 | 10,000 |

[20×1년 12월 31일]

| 차) 현금 | 100,000 | 대) 이자수익 | 14,912 |
|---|---|---|---|
| | | 리스채권 | 85,088 |

물음 2) 20×1년 당기손익에 미친 영향: (1) + (2) = 5,842

(1) 20×1년 말 리스채권의 손상차손: {Max[15,000, 20,000] − 30,000} × 0.90703 = (−)9,070[1]

[1] 추정 무보증잔존가치의 현재가치를 손상차손으로 인식

(2) 20×1년 리스채권의 이자수익: 298,240 × 5% = 14,912
(3) 회계처리

[20×1년 1월 1일 – 리스개시일]

| 차) 리스채권 | 298,240 | 대) 선급리스자산 | 288,240 |
|---|---|---|---|
| | | 현금 | 10,000 |

[20×1년 12월 31일]

| 차) 현금 | 100,000 | 대) 이자수익 | 14,912 |
|---|---|---|---|
| | | 리스채권 | 85,088 |
| 차) 리스채권손상차손 | 9,070 | 대) 리스채권 | 9,070 |

물음 3) 20×3년 당기손익에 미친 영향: (1) + (2) + (3) = (−)3,810

<table>
<tr><td>(1) 리스채권 장부금액(보증 + 무보증잔존가치)<br>20,000 + 10,000 = 30,000</td><td rowspan="3">리스제공자<br><br>1) 잔존가치보증손실: (1) − (3)<br>    30,000 − 15,000 = 15,000<br><br>2) 보증이익: (2) − (3)<br>    20,000 − 15,000 = 5,000</td></tr>
<tr><td>(2) 기초자산 보증잔존가치<br>20,000</td></tr>
<tr><td>(3) 기초자산 FV<br>15,000</td></tr>
</table>

(1) 20×3년 리스채권의 이자수익: (100,000 + 30,000)/1.05 × 5% = 6,190

(2) 20×3년 잔존가치 보증손실: 15,000 − 30,000 = (−)15,000

(3) 20×3년 리스보증이익: 20,000 − 15,000 = 5,000

(4) 20×3년 12월 31일 회계처리

| 차) 현금 | 100,000 | 대) 이자수익 | 6,190 |
|---|---|---|---|
| | | 리스채권 | 93,810 |
| 차) 기초자산 | 15,000 | 대) 리스채권 | 30,000 |
| 잔존가치보증손실 | 15,000 | | |
| 차) 현금 | 5,000 | 대) 리스보증이익 | 5,000 |

물음 4)

| 차) 기초자산[1] | 30,000 | 대) 리스채권 | 30,000 |
|---|---|---|---|

[1] Min[기초자산의 실제잔존가치 40,000, 리스채권의 장부금액 30,000] = 30,000

**각 물음은 서로 독립적이다.**

**물음 1)** A사는 20×1년 초에 다음과 같은 조건으로 리스계약을 체결하고 B사로부터 토지를 리스하였다.

> (1) 리스기간: 20×1년 초부터 20×5년 12월 31일까지
> (2) 리스료: 연간 고정리스료 ₩200,000을 매년 초에 지급
> (3) 할인율: 내재이자율은 연 6%이다.
> (4) 리스기간 종료 후 A사는 토지를 원상복구시켜야 할 의무를 부담한다.
>
> 〈추가 정보〉
>
> (1) A사는 리스개시일 전에 리스제공자로부터 ₩80,000의 리스 인센티브를 수령하여 선수수익으로 인식하였다.
> (2) 리스개시일에 A사가 부담한 리스개설직접원가 ₩20,000을 현금으로 지급하였다.
> (3) 리스기간 종료 후 토지의 원상회복에 소요될 것으로 예상되는 원가는 ₩100,000이며, 이에 적용할 할인율은 6%이다.
>   • 5년, 6% 현가계수: 0.74726, 5년, 6% 연금현가계수: 4.21236
>   • 4년, 6% 현가계수: 0.79209, 4년, 6% 연금현가계수: 3.46511

리스개시일에 A사가 인식할 사용권자산의 최초 측정금액은 얼마인가?

**물음 2)** ㈜대한은 다음과 같은 조건으로 회사에 필요한 기계장치의 리스계약을 체결하였다.

> (1) 리스기간은 20×1년 1월 1일부터 20×3년 12월 31일까지이며, 고정리스료 ₩1,000,000은 매년 12월 31일 지급하기로 하였다.
>
> (2) 리스기간 종료 후 ㈜대한은 리스자산에 대하여 ₩500,000의 복구비용을 추정할 수 있다. 복구비용에 적용되는 할인율은 연 12%이다.
>
> (3) 계약체결 당시 내재이자율은 연 12%이다.
> (3년, 10% 현가계수: 0.75131, 연금현가계수: 2.48685,
> 3년, 12% 현가계수: 0.71178, 연금현가계수: 2.40183,
> 2년, 12% 현가계수: 0.79719, 연금현가계수: 1.69005)
>
> (4) 기계장치의 경제적 내용연수는 4년, 잔존가치는 없으며 정액법으로 상각한다. 동 기계장치는 20×3년 12월 31일 리스기간 종료 후 반환하며 반환 시 보증한 금액은 없다.

**물음 2-1)** ㈜대한의 리스개시일의 사용권자산 금액은 얼마인가?

**물음 2-2)** 20×1년 말 ㈜대한이 수행하여야 할 회계처리를 보이시오.

**물음 1)** 사용권자산의 최초 측정금액: 907,748

| 차) 사용권자산 | 대차차액 907,748 | 대) 리스부채[1] | PV(지급되지 않은 리스료) 693,022 |
|---|---|---|---|
| 선수수익 | 받은 리스 인센티브 80,000 | 선급리스료 | 개시일 전 미리 지급한 리스료 – |
| | | 현금 | 리스개설직접원가 20,000 |
| | | 현금 | 개시일에 지급한 리스료 200,000 |
| | | 복구충당부채[2] | PV(예상복구비용) 74,726 |

[1] 200,000 × 3.46511 = 693,022
[2] 100,000 × 0.74726 = 74,726

**물음 2-1)** 사용권자산: 고정리스료 1,000,000 × 2.40183 + 복구비용추정치 500,000 × 0.71178 = 2,757,720

| 차) 사용권자산 | 2,757,720 | 대) 리스부채 | 2,401,830 |
|---|---|---|---|
| | | 복구충당부채 | 355,890 |

⇒ 고정리스료의 지급조건이 매년 1월 1일인 경우의 사용권자산: 3,045,940[1]

[1] 고정리스료 1,000,000 + 1,000,000 × 1.69005 + 복구추정비용 500,000 × 0.71178 = 3,045,940

**물음 2-2)**

**[20×1년 말 회계처리]**

| 차) 이자비용 | 288,220 | 대) 현금 | 1,000,000 |
|---|---|---|---|
| 리스부채 | 711,780 | | |
| 차) 감가상각비 | 919,240 | 대) 감가상각누계액 | 919,240 |
| 차) 복구충당부채 전입액 | 42,707 | 대) 복구충당부채 | 42,707 |

**[20×1년 F/S 효과]**

**B/S**

| 사용권자산 | 2,757,720 | 리스부채 | 1,690,050[3] |
|---|---|---|---|
| (−)감가상각누계액 | (−)919,240 | 복구충당부채 | 398,597[4] |

**I/S**

| | |
|---|---|
| 감가상각비 | 919,240[1] |
| 이자비용 | 288,220[2] |
| 전입액 | 42,707[5] |

[1] 20×1년 감가상각비: (2,757,720 − 0) ÷ 3년 = 919,240
[2] 20×1년 이자비용: 2,401,830 × 12% = 288,220
[3] 20×1년 말 리스부채: 2,401,830 × 1.12 − 1,000,000 = 1,690,050
[4] 20×1년 말 복구충당부채: 355,890 × 1.12 = 398,597
[5] 20×1년 복구충당부채 전입액: 355,890 × 12% = 42,707

리스제공자인 ㈜민국리스는 리스이용자인 ㈜대한과 20×1년 1월 1일 금융리스계약을 체결하였다. 다음의 〈자료〉를 이용하여 물음에 답하시오.                              [공인회계사 2차 2019년]

〈자료〉

1. 리스개시일은 20×1년 1월 1일이다.
2. 기초자산의 공정가치는 ₩3,281,000이며, 기초자산의 경제적 내용연수와 물리적 내용연수는 모두 7년이다. 내용연수 종료시점의 추정잔존가치는 ₩0이며 해당 기초자산은 정액법으로 감가상각한다.
3. 리스기간 종료시점의 해당 기초자산의 잔존가치는 ₩400,000으로 추정되며 추정잔존가치 중에서 ㈜대한이 보증한 잔존가치 지급예상액은 ₩200,000이다.
4. 리스기간은 리스개시일로부터 5년이고, 리스종료일에 소유권이 이전되거나 염가로 매수할 수 있는 매수선택권은 없다.
5. 리스료는 리스기간 동안 매년 말 ₩800,000이 수수된다.
6. ㈜대한이 리스계약과 관련하여 지출한 리스개설직접원가는 ₩150,000이다.
7. 리스종료일에 기초자산을 리스제공자인 ㈜민국리스에게 반환하여야 한다.
8. 리스의 내재이자율은 연 10%이다.
9. 현재가치 계산 시 아래의 현가계수를 이용하고, 답안 작성 시 원 이하는 반올림한다.

| 기간 | 단일금액 ₩1의 현가계수 | 정상연금 ₩1의 현가계수 |
|---|---|---|
|  | 10% | 10% |
| 1 | 0.9091 | 0.9091 |
| 2 | 0.8265 | 1.7356 |
| 3 | 0.7513 | 2.4869 |
| 4 | 0.6830 | 3.1699 |
| 5 | 0.6209 | 3.7908 |

**물음 1)** 리스이용자인 ㈜대한과 리스제공자인 ㈜민국리스가 리스개시일에 인식할 다음의 금액을 계산하시오.

| 회사 | 구분 | 금액 |
|---|---|---|
| ㈜대한 | 리스부채 | ① |
|  | 사용권자산 | ② |
| ㈜민국리스 | 리스채권 | ③ |

**물음 2)** 리스이용자인 ㈜대한이 해당 리스와 관련하여 20×2년도 포괄손익계산서에 인식할 다음의 금액을 계산하시오.

| 회사 | 구분 | 금액 |
|---|---|---|
| ㈜대한 | 이자비용 | ① |
| | 감가상각비 | ② |

**물음 3)** 리스이용자인 ㈜대한과 리스제공자인 ㈜민국리스가 20×4년 말 재무상태표에 표시할 다음의 금액을 계산하시오.

| 회사 | 구분 | 금액 |
|---|---|---|
| ㈜대한 | 리스부채 | ① |
| ㈜민국리스 | 리스채권 | ② |

**물음 4)** 새롭게 도입된 한국채택국제회계기준 제1116호 '리스'는 리스이용자가 모든 리스(일부 예외 제외)에 대하여 사용권자산과 리스부채를 인식하도록 요구하고 있다. 종전 리스 회계모형(기업회계기준서 제1017호 '리스')은 리스이용자에게 운용리스에서 생기는 자산 및 부채를 인식하도록 요구하지 않았고, 금융리스에서 생기는 자산 및 부채는 인식하도록 요구하였다. 개정된 한국채택국제회계기준 제1116호 '리스'의 도입배경과 관련하여 종전 리스 회계모형이 비판받는 문제점에 대해 재무정보의 투명성과 비교가능성 측면에서 간략히 서술하시오.

**물음 1)**

| 회사 | 구분 | 금액 |
|---|---|---|
| ㈜대한 | 리스부채 | ① 3,156,820 |
| | 사용권자산 | ② 3,306,820 |
| ㈜민국리스 | 리스채권 | ③ 3,281,000 |

① $800,000 \times 3.7908 + 200,000 \times 0.6209 = 3,156,820$

② $3,156,820 + 150,000 = 3,306,820$

③ $800,000 \times 3.7908 + 400,000 \times 0.6209 = 3,281,000$

**물음 2)**

| 회사 | 구분 | 금액 |
|---|---|---|
| ㈜대한 | 이자비용 | ① 267,250 |
| | 감가상각비 | ② 661,364 |

① $(3,156,820 \times 1.1 - 800,000) \times 10\% = 267,250$

② $3,306,820 \div 5년 = 661,364$

  \* 잔존가치 보증에 따른 지급 예상액은 리스료의 일부이지 감가상각을 위한 잔존가치로 보지 않는다.

**물음 3)**

| 회사 | 구분 | 금액 |
|---|---|---|
| ㈜대한 | 리스부채 | ① 909,100 |
| ㈜민국리스 | 리스채권 | ② 1,090,920 |

① $(800,000 + 200,000) \times 0.9091 = 909,100$

② $(800,000 + 400,000) \times 0.9091 = 1,090,920$

**물음 4)** 리스 회계모형이 비판받는 문제점은 첫 번째로 금융리스와는 다르게 운용리스는 재무제표에 보고되는 정보가 적다. 그러므로 운용리스에 대해 보고되는 정보의 투명성 결여로 인해 정보이용자 간의 정보 비대칭이 발생한다. 두 번째로는 동일한 자산이라도 금융리스와 운용리스의 분류에 따라 자산과 부채의 인식여부에 차이가 발생하여 재무제표 정보이용자에게 비교가능성을 저하시키는 문제점이 있다.

㈜대한은 20×0년 12월 31일 항공기를 ₩5,198,927에 취득하였다. 리스제공자인 ㈜대한은 항공서비스를 제공하는 ㈜세무와 20×1년 1월 1일 금융리스계약을 체결하였다. 구체적인 계약 내용이 다음 〈자료〉와 같을 때, 각 물음에 답하시오.

[세무사 2차 2019년]

〈자료〉

1. 리스개시일은 20×1년 1월 1일이고, 만료일은 20×4년 12월 31일이다. 이 기간 동안 리스계약의 해지가 불가능하다.

2. 기초자산(항공기)의 공정가치는 ₩5,198,927이며, 경제적 내용연수는 6년이고 내용연수 종료 후 추정잔존가치는 없다. 해당 기초자산은 정액법으로 감가상각한다.

3. 리스기간 종료시점의 해당 기초자산 잔존가치는 ₩500,000으로 추정되며, ㈜세무의 보증잔존가치는 ₩200,000이다. 추정잔존가치 중 ㈜세무가 보증한 잔존가치 지급예상액은 ₩200,000이다.

4. 리스료는 리스기간 동안 매년 말 고정된 금액을 수수한다.

5. 리스기간 종료시점에 소유권이전약정이나 염가매수선택권은 없으며, 리스기간 종료 시 기초자산을 ㈜대한에 반환하여야 한다.

6. ㈜대한이 리스계약과 관련하여 지출한 리스개설직접원가는 ₩300,000이며, ㈜세무가 리스계약과 관련하여 지출한 리스개설직접원가는 ₩200,000이다. 이들 리스개설직접원가는 모두 현금으로 지급하였다.

7. ㈜대한의 내재이자율은 연 10%이며, ㈜세무의 증분차입이자율은 12%이다. ㈜세무는 ㈜대한의 내재이자율을 알고 있다.

8. ㈜세무는 사용권자산에 대한 감가상각방법으로 정액법을 채택하고 있으며, 감가상각비는 지급할 것으로 예상되는 보증잔존가치를 차감하는 방법으로 회계처리한다.

| 기간 | 단일금액 ₩1의 현가계수 | | 정상연금 ₩1의 현가계수 | |
|------|------|------|------|------|
| | 10% | 12% | 10% | 12% |
| 1기간 | 0.9091 | 0.8929 | 0.9091 | 0.8929 |
| 2기간 | 0.8264 | 0.7972 | 1.7355 | 1.6901 |
| 3기간 | 0.7513 | 0.7118 | 2.4868 | 2.4018 |
| 4기간 | 0.6830 | 0.6355 | 3.1699 | 3.0373 |

9. 현재가치 계산 시 아래의 현가계수를 이용하며, 금액을 소수점 첫째 자리에서 반올림하여 계산한다. (예 ₩5,555.5 → ₩5,556)

**물음 1)** ㈜대한이 매년 받게 될 고정리스료를 계산하고, ㈜대한이 리스개시일에 수행해야 할 회계처리를 하시오.

| ① | 고정리스료 | |
|---|---|---|
| ② | 차) | 대) |

**물음 2)** ㈜대한이 동 리스거래로 인해 인식하게 될 리스총투자, 미실현금융수익을 계산하시오.

| 리스총투자 | 미실현금융수익 |
|---|---|
| ① | ② |

**물음 3)** ㈜세무가 리스개시일에 계상해야 할 사용권자산과 리스부채를 계산하고, ㈜세무가 리스개시일에 수행해야 할 회계처리를 제시하시오.

| ① | 사용권자산 | 리스부채 |
|---|---|---|
| | | |
| ② | 차) | 대) |

**물음 4)** 동 리스거래와 관련된 회계처리가 ㈜대한의 20×1년도 당기순이익과 ㈜세무의 20×1년도 당기순이익에 미치는 영향을 각각 계산하시오. (단, 당기순이익이 감소하는 경우에는 금액 앞에 (-)표시를 하시오)

| ㈜대한의 20×1년 당기순이익 | ㈜세무의 20×1년 당기순이익 |
|---|---|
| ① | ② |

**물음 5)** ㈜대한의 20×2년도 이자수익과 ㈜세무의 20×2년 말 미상환부채를 계산하시오.

| ㈜대한의 20×2년 이자수익 | ㈜세무의 20×2년 미상환부채 |
|---|---|
| ① | ② |

**물음 6)** 20×1년 12월 31일 해당 기초자산의 잔존가치 추정치가 ₩300,000으로 하락했을 경우 ㈜대한이 20×1년 말 리스채권손상차손으로 인식할 금액을 계산하시오.

**물음 1)**

| ① | 고정리스료: 1,627,000[1] | | | |
|---|---|---|---|---|
| ② | 차) 리스채권 | 5,498,927 | 대) 선급리스자산 | 5,198,927 |
| | | | 현금 | 300,000 |

[1] 고정리스료(A): A × 3.1699 + 500,000 × 0.6830 = 5,498,927, A = 1,627,000

**물음 2)**

| 리스총투자 | 미실현금융수익 |
|---|---|
| ① 7,008,000 | ② 1,509,073 |

① 리스총투자: 1,627,000 × 4년 + 200,000 + 300,000 = 7,008,000
② 미실현수익: 7,008,000 − 5,498,927 = 1,509,073

**물음 3)**

| ① | 사용권자산 | | 리스부채 | |
|---|---|---|---|---|
| | 5,494,027 | | 5,294,027 | |
| ② | 차) 사용권자산 | 5,494,027 | 대) 리스부채[1] | 5,294,027 |
| | | | 현금 | 200,000 |

[1] 리스부채: 1,627,000 × 3.1699 + 200,000 × 0.6830 = 5,294,027

**물음 4)**

| ㈜대한의 20×1년 당기순이익 | ㈜세무의 20×1년 당기순이익 |
|---|---|
| ① 549,893 | ② (−)1,852,910 |

① ㈜대한의 20×1년 당기순이익
  리스채권의 이자수익: 5,498,927 × 10% = 549,893
② ㈜세무의 20×1년 당기순이익
  • 리스부채의 이자비용: 5,294,027 × 10% = 529,403
  • 사용권자산의 감가상각비: (5,494,027 − 200,000) ÷ Min[4년, 6년] = 1,323,507[1]
    [1] 문제의 제시조건에 따름

**물음 5)**

| ㈜대한의 20×2년 이자수익 | ㈜세무의 20×2년 미상환부채 |
|---|---|
| ① 442,182 | ② 2,989,073 |

① 20×2년 리스채권의 이자수익: (5,498,927 × 1.1 − 1,627,000) × 10% = 442,182
② 20×2년 말 리스부채: (5,294,027 × 1.1 − 1,627,000) × 1.1 − 1,627,000 = 2,989,073

**물음 6)** ㈜대한의 20×1년 말 리스채권손상차손: 200,000 × 0.7513 = 150,260

**각 물음은 서로 독립적이다.**

**물음 1)** A사는 20×1년 초 아래와 같은 조건으로 기계장치 리스계약을 체결하였다.

> (1) 리스기간: 20×1년 1월 1일부터 20×3년 12월 31일까지
> (2) 리스료: 연간 고정리스료 ₩200,000을 매년 12월 31일 지급
> (3) 할인율: 내재이자율 연 5%
> 　　(3년, 5% 현가계수: 0.86384, 3년, 5% 연금현가계수: 2.72325)
> 　　(2년, 5% 현가계수: 0.90703, 2년, 5% 연금현가계수: 1.85941)
> (4) 기계장치의 내용연수는 5년(잔존가치 ₩0)이다.
> (5) 리스기간 종료 시 기계장치를 리스제공자에게 반환하며, 반환 시 실제 잔존가치
> 　　가 ₩150,000에 미달할 경우 그 미달한 금액을 보증하기로 하였다.

**물음 1-1)** 동 리스계약이 20×1년 A사의 당기손익에 미치는 영향은 얼마인가? (단, 리스개시일 현재 잔존가치 보증으로 인하여 리스기간 종료 시 지급할 것으로 예상되는 금액은 없다고 추정하였다)

**물음 1-2)** 20×2년 초에 A사는 잔존가치 보증에 따라 리스기간 종료 시 ₩50,000의 현금을 지급할 것으로 예상하였다. 이 경우 동 리스계약이 A사의 20×2년 당기손익에 미치는 영향을 구하시오(단, 20×2년 초에 동 리스계약에 대한 내재이자율은 7%이다).

**물음 2)** B사는 회사에 필요한 기계장치를 다음과 같은 조건으로 리스계약을 체결하였다.

> (1) 리스기간은 20×1년 1월 1일부터 20×3년 12월 31일까지이며, 고정리스료 ₩2,000,000은 매년 12월 31일 지급하기로 하였다.
> (2) 계약체결 당시 증분차입이자율은 연 12%이며, 내재이자율은 알지 못한다.
>    (3년 12% 현가계수: 0.71178, 3년 12% 연금현가계수: 2.40183,
>    2년 12% 현가계수: 0.79719, 2년 12% 연금현가계수: 1.69005,
>    1년 12% 현가계수: 0.89286, 1년 12% 연금현가계수: 0.89286)
> (3) 기계장치의 잔존가치는 없으며 정액법으로 상각한다.
> (4) 리스기간 종료 후 2년간의 연장선택권 행사가 가능하고 이 기간의 매년 말 고정 리스료는 ₩1,200,000이다. 그러나 리스기간의 연장선택권을 행사할 것이 상당히 확실하지 않다고 보았다.

**물음 2-1)** 동 거래가 B사의 20×1년 당기손익에 미친 영향을 구하시오.

**물음 2-2)** B사는 리스기간인 20×3년 초에 연장선택권을 행사할 것이 상당히 확실한 것으로 바뀌었다. 이 경우, 동 거래가 B사의 20×3년 당기손익에 미치는 영향을 구하시오(단, 20×3년 초 현재 내재이자율은 쉽게 산정할 수 없으며, B사의 증분차입이자율은 10%이고 3년 10% 현가계수: 0.75131, 2년 10% 현가계수: 0.82645).

**물음 3)** C사는 회사에 필요한 기계장치를 다음과 같은 조건으로 리스계약을 체결하였다.

> (1) 리스기간은 20×1년 1월 1일부터 20×5년 12월 31일까지이고, 고정리스료 ₩2,000,000은 매년 12월 31일 지급하기로 하였다.
> (2) 최초 2년간은 리스료 변동이 없으나, 그 이후 20×3년과 20×4년의 리스료는 매년 초 소비자물가지수를 반영하여 재산정하기로 하였다. 리스개시일의 소비자물가지수는 150이었으며, 그 후 리스 3차 연도 초에 180으로 물가지수의 변동이 있었다.
> (3) 계약체결 당시 증분차입이자율은 연 10%이며, 내재이자율은 알지 못한다.
>   (5년 10% 연금현가계수: 3.79079,
>    3년 10% 현가계수: 0.75131, 연금현가계수: 2.48685,
>    3년 12% 현가계수: 0.71178, 연금현가계수: 2.40183,
>    2년 12% 현가계수: 0.79719, 연금현가계수: 1.69005)
> (4) 20×3년 초 증분차입이자율은 연 12%이다.
> (5) 기계장치의 잔존가치는 없으며 정액법으로 상각한다.

**물음 3-1)** 20×3년 초 C사가 해야 할 회계처리를 보이시오.

**물음 3-2)** 위 물음과 독립적으로 C사가 리스한 기계장치에서 발행한 매출의 1%를 해당 연도에 변동리스료로 추가 지급한다고 가정한다. 20×1년도 매출이 ₩2,000,000이라면 리스이용자가 인식할 추가 지급액을 회계처리하시오.

**물음 1-1)** 20×1년 당기손익에 미치는 영향: (−)208,783

리스부채: 200,000 × 2.72325 = 544,650

\* 리스개시일 현재 잔존가치 보증으로 인하여 리스기간 종료 시 지급할 것으로 예상되는 금액은 없다고 추정하였으므로 리스료에 포함되지 않는다.

(2) 20×1년 당기손익에 미치는 영향: ① + ② = (−)208,783

　① 이자비용: 544,650 × 5% = (−)27,233

　② 감가상각비: (544,650 − 0) ÷ 3년 = (−)181,550

　　\* 보증잔존가치를 리스기간 종료 시 지급할 것으로 예상하지 않으므로 감가상각 시에도 보증잔존가치를 고려하지 않는다.

**물음 1-2)** 20×2년 당기손익에 미치는 영향: (−)225,088

(1) 20×2년 초 리스부채 변경 전 장부금액: 544,650 × 1.05 − 200,000 = 371,883

(2) 20×2년 초 리스부채 재측정 금액: 200,000 × 1.85941 + 50,000 × 0.90703 = 417,234

(3) 20×2년 초 회계처리

| 차) 사용권자산 | 45,351 | 대) 리스부채 | 45,351 |
|---|---|---|---|

　\* 417,234 − 371,883 = 45,351

(4) 20×2년 당기손익에 미치는 영향: ① + ② = (−)225,088

　① 감가상각비: (544,650 − 181,550 + 45,351 − 0) ÷ 2년 = (−)204,226

　② 이자비용: 417,234 × 5% = (−)20,862

**물음 2-1)** 20×1년 당기손익에 미친 영향: (−)2,177,659

(1) 리스개시일의 리스부채: 고정리스료 2,000,000 × 2.40183 = 4,803,660

(2) 20×1년 이자비용: 4,803,660 × 12% = (−)576,439

(3) 20×1년 감가상각비: (4,803,660 − 0)/3년 = (−)1,601,220

(4) 20×1년 회계처리

| 20×1년 초 | 차) 사용권자산 | 4,803,660 | 대) 리스부채 | 4,803,660 |
|---|---|---|---|---|
| 20×1년 말 | 차) 이자비용 | 576,439 | 대) 현금 | 2,000,000 |
| | 　　리스부채 | 1,423,561 | | |
| | 차) 감가상각비 | 1,601,220 | 대) 감가상각누계액 | 1,601,220 |

**물음 2-2)** 20×3년의 당기손익에 미친 영향: (−)1,546,816

(1) 20×3년 초의 재무상태표

　1) 20×3년 초 리스부채(재평가 전): 2,000,000/1.12 = 1,785,714

　2) 20×3년 초 리스부채(재평가 후): 3,711,494[1]

　　[1] 2,000,000/1.1 + 1,200,000 × 0.82645 + 1,200,000 × 0.75131 = 3,711,494

　3) 20×3년 초 리스부채 조정액: 3,711,494 − 1,785,714 = 1,925,780

(2) 20×3년 당기손익에 미친 영향: (−)1,546,816

　1) 이자비용: 3,711,494 × 10% = (−)371,149

　2) 감가상각비: (3,527,000[1] − 0) ÷ 3년 = (−)1,175,667

　　[1] 20×3년 초 리스부채 재평가 후 사용권자산 장부금액: 4,803,660 × 1/3 + 1,925,780 = 3,527,000

**물음 3-1)**

| 차) 사용권자산 | 994,728 | 대) 리스부채 | 994,728 |
|---|---|---|---|

(1) 리스부채 최초 측정금액: 2,000,000 × 3.79079 = 7,581,580

(2) 20×3년 초 리스부채: (7,581,580 × 1.1 − 2,000,000) × 1.1 − 2,000,000 = 4,973,712

(3) 20×3년 초 소비자물가지수 변동을 반영한 리스료: 2,000,000 × 180/150 = 2,400,000

(4) 20×3년 초 리스부채 재측정액: 2,400,000 × 2.48685 = 5,968,440

> * 변동이자율의 변동에 따라 리스료가 변동된 것이 아니므로 변경되지 않은 당초의 할인율 10%를 이용하여 리스부채를 재평가한다.

(5) 리스부채 차액: 5,968,440 − 4,973,712 = 994,728

**물음 3-2)**

| 차) 지급수수료 | 20,000 | 대) 현금 | 20,000 |
|---|---|---|---|

**매출에 연동되는 추가 지급액 회계처리:** 리스이용자가 매출에 연동하여 추가 지급하는 리스료는 이율이나 지수의 변동으로 인하여 리스료가 변동되는 것이 아니기 때문에 리스부채를 재측정하지 않고 당기손익에 반영한다. 리스이용자는 리스와 관련하여 20,000(= 2,000,000 × 1%)의 추가 비용을 1차 연도에 비용으로 회계처리한다.

회계사 · 세무사 · 경영지도사 단번에 합격!
해커스 경영아카데미
cpa.Hackers.com

Chapter **17**

# 종업원급여

1. 종업원급여의 의의 및 분류
2. 퇴직급여제도
3. 확정급여제도

# 1 종업원급여의 의의 및 분류

## I 종업원급여의 의의

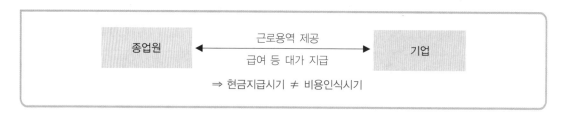

종업원이 근무기간 동안 근로를 제공함에 따라 기업의 수익이 증대된다. 이에 대한 보상으로 기업은 종업원에게 급여를 지급한다. 종업원급여는 종업원이 제공한 근무용역의 대가로 또는 종업원을 해고하는 대가로 기업이 제공하는 모든 종류의 보수를 말한다. 이때 주의할 점은 기업이 종업원급여로 현금을 지급하는 시기와 비용을 인식하는 시기가 서로 다를 수 있다는 것이다.

## II 종업원급여의 분류

| 대가관계 | 지급시기 | 종업원급여 분류 | 인식 | 측정 |
|---|---|---|---|---|
| 근로제공 대가 | 근속 중 | 단기종업원급여 | 근로제공 시 (발생주의) | 명목가액 |
| | | 장기종업원급여 | | 현재가치 |
| | 퇴직 시 | 퇴직급여 | | 명목가액, 현재가치 |
| 퇴직(해고) 대가 | 퇴직 시 | 해고급여 | 해고 시 | 명목가액, 현재가치 |

## 01 단기종업원급여

단기종업원급여는 해고급여를 제외하고 종업원이 관련 근무용역을 제공하는 연차 보고기간 후 12개월이 되기 전에 모두 결제될 것으로 예상하는 종업원급여를 말한다.

### (1) 인식과 측정

#### 1) 인식

종업원의 근무용역과 교환하여 발생하는 모든 단기종업원급여는 종업원으로부터 근무용역을 제공받았을 때 인식한다.

#### 2) 측정

종업원이 회계기간에 근무용역을 제공한 때, 그 대가로 지급이 예상되는 단기종업원급여를 할인하지 않은 금액으로 인식한다.

| 차) 단기종업원급여 | N/I | 대) 현금 | ×× |
|---|---|---|---|

**Self Study**

1. 주식기준보상에 따라 종업원에게 지급하는 급여는 K-IFRS 제1102호(주식기준보상)에 규정되어 있다.
2. 단기종업원급여는 다음을 포함한다.
   ① 임금, 사회보장분담금
   ② 유급연차휴가, 유급병가
   ③ 이익분배와 상여금
   ④ 현직종업원을 위한 비화폐성 급여(예 의료, 주택, 자동차, 무상이나 일부 보조로 제공되는 재화·용역)

### (2) 단기유급휴가

| 누적유급휴가 | 가득조건 | 보고기간 말 사용이 예상되는 금액 인식 | 근무용역 제공 시 인식 |
|---|---|---|---|
| | 미가득조건 | 가득조건과 동일, 미가득비율 고려 | |
| 비누적유급휴가 | | 실제 사용되는 때 인식 | |

기업은 연차휴가, 병가, 단기장애휴가, 출산·육아휴가, 배심원 참여, 병역 등과 같은 여러 가지 이유로 생기는 종업원의 휴가에 대한 보상을 할 수 있는데, 이를 유급휴가라고 한다. 유급휴가는 다음의 두 가지 형태로 구분된다.

> ① 누적유급휴가: 당기에 사용하지 않으면 이월되어 차기 이후에 사용할 수 있는 경우
> ② 비누적유급휴가: 당기에 사용하지 않으면 차기 이후에 사용할 수 없는 경우

누적유급휴가는 가득되지 않는 경우에도 관련 채무가 존재하므로 채무를 인식한다. 누적유급휴가의 예상원가는 보고기간 말 현재 미사용 유급휴가가 누적되어 기업이 지급할 것으로 예상하는 추가 금액으로 측정한다.

비누적유급휴가는 이월되지 않으므로 당기에 사용되지 않은 유급휴가는 소멸되고 종업원이 실제로 유급휴가를 사용하기 전에는 부채나 비용을 인식하지 않는다.

㈜서울은 100명의 종업원에게 1년에 5일의 근무일수에 해당하는 유급휴가를 제공하고 있으며, 미사용유급휴가는 다음 1년 동안 이월하여 사용할 수 있다. 유급휴가는 당해연도에 부여된 권리가 먼저 사용된 다음 직전연도에서 이월된 권리가 사용되는 것으로 본다. 즉, 후입선출 원리를 적용한다. 20×1년 12월 30일 현재 미사용유급휴가는 종업원당 평균 2일이고, 과거의 경험에 비추어 볼 때 20×2년도 중에 종업원 92명이 사용할 유급휴가일수는 5일 이하, 나머지 8명이 사용할 유급휴가일수는 평균 6.5일이 될 것으로 예상된다. 유급휴가의 예상원가는 1일당 ₩1,000이라고 할 경우, 20×1년 말에 ㈜서울의 당기손익에 미치는 영향은 얼마인가?

풀이

20×1년의 당기손익에 미치는 영향: (−)12,000
• 92명: 유급휴가는 20×2년에 부여된 유급휴가를 사용하므로 20×1년에 부여된 유급휴가는 사용하지 않고 소멸된다.
• 8명: (6.5일 − 5일) × 8명 × 1,000 = 12,000
* 기중에 사용된 유급휴가는 급여에 포함되기 때문에 추가로 인식해서는 안 된다.

| 차) 단기종업원급여 | 12,000 | 대) 미지급급여 | 12,000 |
|---|---|---|---|

### (3) 이익분배제도와 상여금제도

이익분배제도 및 상여금제도란 종업원이 특정 기간 동안 계속 근무하는 경우 이익을 분배받거나 상여금을 지급받는 제도를 말한다.

1) 다음의 요건이 모두 충족되는 경우 이익분배금 및 상여금의 예상원가를 인식한다.

> ① 과거사건의 결과로 현재의 지급의무(법적 의무 또는 의제의무)가 발생한다.
> ② 채무금액을 신뢰성 있게 추정할 수 있다. (아래의 하나를 충족할 때 신뢰성 있게 측정)
> • 제도의 공식적 규약에 급여산정식이 명시되어 있다.
> • 재무제표의 발행이 승인되기 전에 지급액이 결정된다.
> • 과거 관행에 비추어 볼 때 기업이 부담하는 의제의무의 금액을 명백히 결정할 수 있다.

2) 기업이 부담하는 의무는 종업원이 제공하는 근무용역에서 발생하는 것이며 주주와의 거래에서 발생하는 것이 아니므로 이익분배제도 및 상여금제도의 관련 원가는 이익분배가 아니라 당기 비용으로 인식한다.

Self Study

종업원이 특정 시점까지 계속 근무하는 경우 이익을 분배할 수 있다. 이러한 제도에서는 종업원이 특정 시점까지 계속 근무할 경우 근무용역을 제공함에 따라 기업이 지급할 금액이 증가하므로 기업에 의제의무가 발생한다. 이러한 의제의무는 일부 종업원이 이익분배금을 받지 못하고 퇴사할 가능성을 고려하여 측정한다.

## 02 기타장기종업원급여

기타장기종업원급여는 종업원급여의 지급기일이 종업원이 관련 근무용역을 제공한 회계기간 말부터 12개월 이내에 도래하지 않는 종업원급여로 다음의 급여가 포함되고 퇴직급여와 해고급여는 제외된다.

① 장기근속휴가나 안식년휴가와 같은 장기유급휴가
② 그 밖의 장기근속급여
③ 장기장애급여
④ 종업원이 관련 근무용역을 제공한 회계기간 말부터 12개월이 지난 후에 지급하게 될 이익분배금과 상여금
⑤ 발생한 회계기간 말부터 12개월이 지난 후에 지급될 이연보상

기타장기종업원급여는 퇴직급여의 인식과 측정방법에 따른다. 그러나 일반적으로 기타장기종업원급여를 측정할 때 나타나는 불확실성은 퇴직급여를 측정할 때 나타나는 불확실성에 비하여 크지 않으므로 재측정요소를 기타포괄손익으로 인식하지 않는다. 따라서 기타장기종업원급여와 관련하여 자산의 원가에 포함하는 경우를 제외하고는 다음의 순합계금액을 당기손익으로 인식한다.

① 근무원가
② 순확정급여부채(자산)의 순이자
③ 순확정급여부채(자산)에 대한 재측정요소

## 03 해고급여

해고급여란 통상적으로 퇴직시점 이전에 종업원을 해고하는 기업의 결정 또는 해고에 대한 대가로 기업이 제안한 급여를 종업원이 수락함으로써 제공되는 급여를 말한다.

### (1) 인식

해고급여는 다음 중 이른 날에 해고급여에 대한 부채와 비용으로 인식한다.

> ① 기업이 해고급여의 제안을 더 이상 철회할 수 없을 때(해고계획이 발표된 시점)
> ② 기업이 한국채택국제회계기준서 제1037호 '충당부채, 우발부채 및 우발자산'의 적용범위에 포함되고 해고급여의 지급을 수반하는 구조조정 원가를 인식할 때

### (2) 측정

해고급여는 그 종업원급여의 성격에 따라 최초 인식시점에 측정하고, 후속적 변동을 측정하고 인식한다. 한편, 해고급여가 퇴직급여를 증액시키는 것이라면, 퇴직급여에 대한 규정을 적용한다. 그 밖의 경우에는 다음과 같이 처리한다.

> ① 해고급여가 인식되는 보고기간 말 이후 12개월 이전에 해고급여가 모두 결제될 것으로 예상되는 경우 단기종업원급여에 대한 규정을 적용한다.
> ② 해고급여가 인식되는 보고기간 말 이후 12개월 이전에 해고급여가 모두 결제될 것으로 예상되지 않는 경우 기타장기종업원급여에 대한 규정을 적용한다.

---

**Self Study**

1. 기업의 제안이 아닌 종업원의 요청으로 인한 해고나 의무적인 퇴직규정으로 인하여 발생하는 종업원급여는 퇴직급여이기 때문에 해고급여에 포함하지 아니한다.
2. 기업의 요청에 의한 해고의 경우 종업원의 요청에 의한 해고 시 지급하는 급여보다 더 많은 급여를 제공할 수 있다. 이때 종업원의 요청에 의한 해고로 인해 지급하는 급여와 기업의 요청에 의한 해고로 인해 지급되는 급여와의 차이는 해고급여에 해당한다.
3. 해고급여: 기업의 요청으로 해고할 때 지급하는 급여 - 종업원의 요청으로 해고할 때 지급하는 급여

**사례연습 2: 해고급여**

㈜뽀미는 20×1년 12월 1일에 10개월 이내에 한 공장을 폐쇄하고, 폐쇄시점에 그 공장에 남아 있는 모든 종업원을 해고하는 계획을 발표하였다. 해고계획에 따르면 10개월이 되는 날인 공장폐쇄시점까지 남아서 근무용역을 제공하는 각 종업원은 해고일에 ₩30,000을 지급받고, 공장폐쇄 전에 퇴사하는 종업원은 ₩10,000을 지급받는다. 폐쇄 예정 공장에는 120명의 종업원이 있다. 해고계획의 발표시점에 전체 종업원 중 20명이 공장폐쇄 전에 퇴사할 것으로 예상한다. 따라서 해고계획에 따라 예상되는 총현금유출액은 ₩3,200,000(= 20명 × ₩10,000 + 100명 × ₩30,000)이다. 동 거래로 인하여 ㈜뽀미가 20×1년에 비용으로 인식할 금액은 얼마인가?

──────────
| 풀이 |
──────────

해고급여와 단기종업원급여의 구분: 해고에 대한 대가로 제공하는 급여를 해고급여로 처리하고, 근무용역에 대한 대가로 제공하는 급여를 단기종업원급여로 회계처리한다.

1. 해고급여

    해고급여는 기업이 해고급여의 제안을 더 이상 철회할 수 없을 때(해고계획이 발표된 시점)와 기업이 충당부채의 적용범위에 포함되고 해고급여의 지급을 수반하는 구조조정에 대한 원가를 인식할 때 중 이른 날에 인식하므로 해고계획을 발표하는 20×1년 12월 1일에 해고급여를 전액 인식한다. 종업원이 공장의 폐쇄시점까지 남아서 근무용역을 제공하거나 공장폐쇄 전에 퇴사하느냐에 상관없이 해고로 인해 기업이 지급할 금액은 10,000이기 때문에 해고급여는 10,000이다.

    ⇒ 20×1년 12월 1일에 인식할 해고급여: 120명 × 10,000 = 1,200,000

    | 차) 해고급여 | 1,200,000 | 대) 해고급여부채 | 1,200,000 |
    |---|---|---|---|

2. 단기종업원급여

    10개월 동안 근무용역을 제공하는 경우 종업원이 수취할 증분급여는 단기종업원급여로 회계처리한다. 따라서 200,000[= (30,000 − 10,000) × 100명/10개월]을 10개월의 근무용역 제공기간 각 1개월마다 비용으로 인식한다.

    ⇒ 20×1년 인식할 단기종업원급여: 200,000 × 1개월 = 200,000

    | 차) 단기종업원급여 | 200,000 | 대) 미지급급여 | 200,000 |
    |---|---|---|---|

⇒ ㈜뽀미가 20×1년에 인식할 비용: 1,200,000 + 200,000 = 1,400,000

## I 퇴직급여제도의 의의

퇴직급여는 종업원이 퇴직한 이후에 지급하는 종업원급여로서 단기종업원급여와 해고급여는 제외한다. 퇴직급여는 지급시기가 종업원 퇴직시점이지만 근로에 대한 대가이며, 종업원이 퇴직급여에 대한 수급권을 획득하는 시기가 근속기간 중이므로 예상퇴직급여액을 당해 종업원의 근속기간 중에 비용으로 인식하고 이에 따른 부채를 계상해야 한다. 기업이 종업원에게 퇴직급여를 지급하는 근거가 되는 협약을 퇴직급여제도라 하고 퇴직급여제도는 제도의 주요 규약에서 도출되는 경제적 실질에 따라 다음과 같이 확정기여제도와 확정급여제도로 분류한다.

| 구분 | 위험부담 | 불입액 | 지급액 | 회계처리 | | |
|---|---|---|---|---|---|---|
| 확정기여형 | 종업원 | 확정 | 변동 | 기여 | 차) 퇴직급여 | 대) 현금 |
| | ⇒ 기업의 기여금 사전 확정<br>⇒ 종업원 기금의 운용 책임 | | | 결산 | 회계처리 없음 | |
| | | | | 지급 | 회계처리 없음 | |
| 확정급여형 | 기업 | 변동 | 확정 | 기여 | 차) 사외적립자산 | 대) 현금 |
| | ⇒ 종업원 퇴직금 사전 확정<br>⇒ 기업 기금의 운용 책임 | | | 결산 | 차) 퇴직급여 | 대) 확정급여채무 |
| | | | | 지급 | 차) 확정급여채무 | 대) 사외적립자산 |

## 01 확정기여제도

기업이 별개의 실체(기금)에 고정 기여금을 납부하고, 그 기금의 책임하에 당기와 과거기간에 종업원이 제공한 근무용역과 관련된 모든 급여를 지급하는 퇴직급여제도를 말한다.

### (1) 확정기여제도의 특징

1) 기업의 법적 의무나 의제의무는 기업이 기금에 출연하기로 약정한 금액으로 한정된다. 종업원이 받을 퇴직급여액은 기업과 종업원이 퇴직급여제도 보험회사에 출연하는 기여금과 그 기여금에서 발생한 투자수익에 따라 결정된다.

2) 실제급여액이 기대급여액에 미치지 못하게 될 위험인 보험수리적위험과 기여금을 재원으로 투자한 자산이 기대급여액을 지급하는 데 충분하지 못하게 될 위험인 투자위험은 종업원이 부담한다.

### (2) 인식과 측정

1) 인식

당해 회계기간과 관련된 기여금 납부 시에 비용으로 인식한다.

2) 측정

① 확정기여제도에서는 보고기업이 부담하는 채무가 당해 기간의 기여금으로 결정되기 때문에 채무나 비용을 측정하기 위해 보험수리적 가정을 이용할 필요가 없다.

② 기여금 전부나 일부의 납부기일이 종업원이 관련 근무용역을 제공하는 연차보고기간 이후 12개월 이후에 도래하는 것으로 예상되는 경우를 제외하고는 현재가치 할인을 수행하지 않는다.

## 02 확정급여제도

확정기여제도 이외의 모든 퇴직급여제도를 말한다.

(1) 확정급여제도는 기금이 별도로 적립되지 않는 경우도 있으나, 법률적으로 별개인 실체나 기금에 보고 기업이 기여금을 납부하여 전부나 일부의 기금이 적립되는 경우도 있다. 기금이 적립되는 확정급여제도는 그 기금에서 종업원급여가 지급된다.

(2) 지급기일이 도래한 급여의 지급가능성은 기금의 재무상태와 투자성과뿐만 아니라 기금자산의 부족분을 보전할 수 있는 기업의 능력과 의도에도 달려있다. 따라서 기업이 확정급여제도에 대해 인식하는 비용은 반드시 해당 기간에 지급기일이 도래한 기여금만을 의미하는 것은 아니다.

(3) 확정급여제도에서는 확정급여채무의 현재가치에서 사외적립자산의 공정가치를 차감한 금액을 재무상태표에 순확정급여부채(자산)로 보고한다. 이때 사외적립자산이 확정급여채무를 초과하는 초과적립액이 있는 경우 순확정급여자산은 자산인식상한을 한도로 한다. 자산인식상한은 제도에서 환급받는 형태로 또는 제도에 납부할 미래기여금을 절감하는 형태로 얻을 수 있는 경제적 효익의 현재가치를 말한다.

> **Self Study**
>
> 한국채택국제회계기준서 제1019호 '종업원급여'에서는 퇴직급여와 관련된 순확정급여부채(자산)를 유동부분과 비유동부분으로 구분하여야 하는지에 대하여 특정하지 않는다.

# 3 확정급여제도

## Ⅰ 확정급여제도의 계산 TOOL 및 이해

### 01 확정급여제도의 T계정 및 F/S 효과

**확정급여채무**

| 지급액 | ×× | 기초 | ×× |
|---|---|---|---|
| | | 근무원가(당기 + 과거) | A |
| | | 이자비용(기초 × 기초 R) | B |
| 기말 | Ⅰ | 재측정요소(보험수리적손익) | ① |

**사외적립자산**

| 기초 | ×× | 지급액 | ×× |
|---|---|---|---|
| 기여금 | ×× | | |
| 이자수익 | C | | |
| 재측정요소 | ② | 기말 | Ⅱ |

\* 실제 이자수익: C + ②

1) B/S 계정
   (1) 순확정급여채무
      ⇒ Ⅰ − Ⅱ
   (2) OCI누계Σ(② − ①)
2) I/S 계정
   (1) 퇴직급여(N/I)
      ⇒ A + B − C
   (2) 재측정요소 변동(OCI)
      ⇒ ② − ①

**확정급여채무 > 사외적립자산**

부분재무상태표
20×1년 12월 31일 현재

| | |
|---|---|
| 순확정급여채무 | |
| 확정급여채무 | Ⅰ |
| (−)사외적립자산 | (−)Ⅱ |
| 재측정요소 변동 | ② − ① |

## 02 B/S 항목 용어 정리

(1) **확정급여채무**: 종업원이 퇴직한다면 지급해야 할 퇴직급여의무이다.

(2) **사외적립자산**: 기업이 종업원의 퇴직급여를 지급하기 위해서 적립해 놓은 자산이다.

(3) **순확정급여채무(과소적립액)**: 확정급여채무 PV − 사외적립자산 FV

(4) **순확정급여자산(초과적립액)**: 사외적립자산 FV − 확정급여채무 PV − 자산인식상한효과

## 03 I/S 항목 용어 정리

| 구성요소 | 구성요소 및 계산방식 | 회계처리 |
|---|---|---|
| 근무원가 | 당기근무원가, 과거근무원가, 정산 손익 | 당기손익 |
| 순확정급여채무(자산)의 순이자원가 | 기초 확정급여채무 × 기초 R − 기초 사외적립자산 × 기초 R | 당기손익 |
| 재측정요소 | 보험수리적손익, 사외적립자산의 수익(이자 제외), 자산인식상한효과의 변동(이자 제외) | 기타포괄손익 |

(1) **당기근무원가**: 당기에 종업원이 근무용역을 제공함에 따라 발생하는 확정급여채무의 현재가치 증가액을 말하며 이는 퇴직급여원가와 퇴직급여채무를 증가시킨다.

(2) **과거근무원가**: 제도 개정(확정급여제도의 도입, 철회 또는 변경) 또는 축소로 인해 종업원의 과거기간 근무용역에 대한 확정급여채무의 현재가치가 변동하는 것을 말한다.

(3) **정산**: 확정급여제도에 따른 급여에 대한 의무를 기업이 더 이상 부담하지 않기로 한 거래가 발생하는 것을 말한다.

(4) **순이자원가**: 순확정급여부채(자산)에 할인율을 곱하여 측정한다.

(5) **재측정요소**: 재측정요소는 확정급여채무의 보험수리적손익, 사외적립자산의 수익, 자산인식상한효과로 구성된다. 재측정요소는 기타포괄손익으로 회계처리하고 나중에 손익으로 재분류할 수 없다.

---

**Self Study**

1. 확정급여채무는 현재가치로 측정하고, 사외적립자산은 공정가치로 측정한다. 확정급여채무는 퇴직급여가 화폐성부채이기 때문에 현재가치로 측정하는데, 이는 공정가치와 동일한 개념이다. 따라서 퇴직급여채무와 자산은 모두 공정가치로 측정하는 것으로 이해하면 된다.
2. K-IFRS는 사외적립자산을 재무상태표에 표시하는 방법으로 순액접근법을 원칙으로 하고 있고, 순확정급여부채의 유동성분류와 관련하여서는 유동부분과 비유동부분으로 구분하는 특별한 규정을 두고 있지 않다.
3. 제도의 축소: 퇴직급여제도의 대상이 되는 종업원의 유의적인 감소

## 01 확정급여채무의 현재가치

확정급여채무의 현재가치는 종업원이 당기와 과거 기간에 근무용역을 제공하여 생긴 채무를 결제하기 위해 필요한 예상 미래지급액의 현재가치를 말한다.

## 02 당기근무원가·이자원가

당기근무원가는 당기에 종업원이 근무용역을 제공하여 생긴 확정급여채무 현재가치의 증가분으로 다른 자산의 원가에 포함하는 경우를 제외하고 당기손익으로 인식한다.

이자원가는 기초 확정급여채무에 대해 유효이자율법을 적용하여 증가한 금액을 말한다. 이자원가는 사외적립자산에서 발생하는 이자수익과 상계한 후의 순이자를 당기손익으로 인식한다.

확정급여형 퇴직급여제도는 확정급여채무를 장기성 채무의 현재가치로 산정하여야 하고, K-IFRS에서는 확정급여채무와 당기근무원가는 예측단위적립방식을 사용하여 측정하도록 하고 있다. 단, 퇴직급여채무의 일부를 보고기간 후 12개월이 되기 전에 결제할 것으로 예상하더라도 퇴직급여채무 전부를 할인한다.

| 당기근무원가 발생 | 차) 퇴직급여(N/I) | ×× | 대) 확정급여채무 | ×× |
|---|---|---|---|---|
| 이자원가 발생 | 차) 퇴직급여(N/I) | ×× | 대) 확정급여채무 | ×× |

### (1) 예측단위적립방식의 적용 절차

1) 확정급여채무의 현재가치를 결정할 때에는 퇴직급여제도에서 정하고 있는 급여산정식에 따라 종업원의 근무기간에 걸쳐 퇴직급여를 배분하되, 종업원의 근무기간 후반에 귀속되는 급여 수준이 근무기간 초반에 귀속되는 급여 수준보다 중요하게 높은 경우에는 정액법에 따라 배분한다.

2) 확정급여채무는 종업원의 퇴직할 때 지급하는 것이므로 보고기간 말에 현재시점의 현재가치로 할인하여 부채로 인식해야 한다. 이 경우 할인율을 아래의 순서로 한다.

> 1순위: 보고기간 말 현재 우량회사채의 시장수익률
> 2순위: 보고기간 말 현재 국공채의 시장수익률

**Self Study**

1. 종업원이 퇴직하는 시점의 퇴직급여를 보험수리적 평가방법을 적용하여 추정한다.
   ① 종업원이 일시불급여를 수령할 것으로 예상되는 경우: 일시불급여액으로 추정
   ② 종업원이 연금을 수령할 것으로 예상되는 경우: 예상연금지급액의 현재가치로 측정
2. 보고기간 말의 할인율을 적용한다는 것은 기말 확정급여채무의 평가에 대한 것으로 실제 확정급여채무의 당기 이자비용 계상 시에는 기초의 할인율을 사용하여야 한다.
3. 사외적립자산도 확정급여채무와 동일하게 이자수익 계상 시 기초 우량회사채의 시장수익률을 사용하지 별도의 할인율을 사용하지 않는다.

A사는 20×1년 초 현재 3년 후에 ₩300의 퇴직금을 지급할 것으로 예상하였고 연간 할인율이 10%이다. 이 경우 A사가 20×1년 ~ 20×3년까지 수행하여야 할 회계처리를 보이시오. (단, 편의상 보험수리적 가정에 변화는 없으며, 종업원이 당초 예상보다 일찍 또는 늦게 퇴사할 가능성을 반영하기 위해 필요한 추가적인 조정은 없다고 가정한다)

풀이

| R: 10% | 20×1년 | 20×2년 | 20×3년 |
|---|---|---|---|
| 당기근무원가 | $100/1.1^2 = 83$ | $100/1.1 = 91$ | 100 |
| 이자비용 | – | $83 \times 10\% = 8$ | $(91 + 91) \times 10\% = 18$ |
| 퇴직급여 | 83 | 99 | 118 |

| 20×1년 | 차) 퇴직급여 | 83 | 대) 확정급여채무 | 83 |
|---|---|---|---|---|
| 20×2년 | 차) 퇴직급여 | 99 | 대) 확정급여채무 | 99 |
| 20×3년 | 차) 퇴직급여 | 118 | 대) 확정급여채무 | 118 |

\* 이자비용: 기초 확정급여채무 × 할인율

핵심 Check 1

㈜경기는 종업원이 퇴사한 시점에 일시불 퇴직급여를 지급하며, 일시불 퇴직급여는 종업원의 퇴직 직전 연간 최종임금의 1%에 근무연수를 곱하여 산정된다. 종업원의 연간 임금은 20×1년에 ₩1,000,000이며 향후 매년 7%(복리)씩 상승한다. ㈜경기가 추정한 종업원의 예상퇴사시점은 20×3년 말이고, 확정급여채무에 적용될 할인율은 10%로 변동이 없다. 이와 같은 상황에서 ㈜경기가 20×2년에 포괄손익계산서에 당기손익으로 인식할 퇴직급여원가는 얼마인가? (단, 확정급여채무의 측정과정에서 발생하는 보험수리적손익은 없다고 가정한다)

① ₩10,408   ② ₩11,354   ③ ₩11,449
④ ₩12,395   ⑤ ₩13,475

풀이

1. 20×3년 말 확정급여채무: $1,000,000 \times (1 + 7\%)^2 \times 1\% \times 3년 = 34,347$
2. 매 기간 확정급여채무 배분액: 34,347/3년 = 11,449

| R: 10% | 20×1년 | 20×2년 | 20×3년 |
|---|---|---|---|
| 당기근무원가 | $11,449/1.1^2 = 9,462$ | $11,449/1.1 = 10,408$ | 11,449 |
| 이자비용 | − | $9,462 \times 10\% = 946$ | $10,408 \times 2 \times 10\% = 2,082$ |
| 퇴직급여 | 9,462 | 11,354 | 13,531 |

| 20×1년 | 차) 퇴직급여 | 9,462 | 대) 확정급여채무 | 9,462 |
|---|---|---|---|---|
| 20×2년 | 차) 퇴직급여 | 11,354 | 대) 확정급여채무 | 11,354 |
| 20×3년 | 차) 퇴직급여 | 13,531 | 대) 확정급여채무 | 13,531 |

\* 이자비용: 기초 확정급여채무 × 할인율

정답: ②

## 03 과거근무원가

과거근무원가는 퇴직급여제도의 개정이나 축소로 인해 종업원의 과거기간 근무용역에 대한 확정급여채무 현재가치가 변동하는 경우 그 변동금액을 말한다. 과거근무원가는 다음 중 이른 날에 즉시 당기손익으로 인식한다.

① 제도의 개정이나 축소가 발생할 때
② 관련되는 구조조정원가나 해고급여를 인식할 때

| 채무 증가 시 | 차) 퇴직급여(N/I) | ×× | 대) 확정급여채무 | ×× |
|---|---|---|---|---|
| 채무 감소 시 | 차) 확정급여채무 | ×× | 대) 퇴직급여(N/I) | ×× |

⇒ **기초에 제도의 개정 등 발생**: 당기 이자비용에 영향
  • 당기 이자비용: (기초 확정급여채무 + 과거근무원가) × 기초 할인율

⇒ **기말에 제도의 개정 등 발생**: 당기 이자비용에 영향을 미치지 않음
  • 당기 이자비용: 기초 확정급여채무 × 기초 할인율

**04 재측정요소**

순확정급여채무의 재측정요소는 확정급여채무나 사외적립자산의 예상치 못한 변동을 말한다. 즉, 보고기간 말 순확정급여부채의 장부상 잔액과 재측정금액과의 차이인 순확정급여부채의 예상치 못한 변동요소를 재측정요소(재측정손익)라 한다.

재측정요소는 순확정급여부채의 변동을 초래하는 확정급여원가의 일부이지만 당기손익으로 인식하지 않고 기타포괄손익으로 인식하여 자본에 계상한다. 재측정요소는 후속 기간에 당기손익으로 재분류되지 않지만 자본 내에서는 대체할 수 있다.

**(1) 재측정요소의 구성항목**

> ① 보험수리적손익(확정급여채무의 현재가치 증감)
> ② 순확정급여부채의 순이자에 포함된 금액을 제외한 사외적립자산의 수익
> ③ 순확정급여자산과 자산인식상한효과

**(2) 보험수리적손익(확정급여채무의 현재가치 증감)**

보험수리적손익은 보험수리적 가정의 변동과 경험조정으로 인한 확정급여채무 현재가치의 변동을 의미한다. 이때 경험조정이란 이전의 보험수리적 가정과 실제로 발생한 결과의 차이효과를 말한다.

> 확정급여채무의 재측정손익
> = (기초 확정급여채무 + 근무원가 + 이자원가 − 퇴직금 지급액) − 기말 확정급여채무 현재가치

| 현재가치 증가 | 차) 재측정요소(OCI) | ×× | 대) 확정급여채무 | ×× |
|---|---|---|---|---|
| 현재가치 감소 | 차) 확정급여채무 | ×× | 대) 재측정요소(OCI) | ×× |

**(3) 순확정급여부채의 순이자에 포함된 금액을 제외한 사외적립자산의 수익**

사외적립자산의 수익은 이자, 배당금과 그 밖의 수익에서 사외적립자산 제도운용원가와 제도 자체와 관련된 세금을 차감한 금액을 의미한다. 다만, 확정급여채무를 측정할 때 사용하는 보험수리적 가정에 포함된 세금과 그 밖의 관리원가는 차감하지 아니한다.

사외적립자산에 확정급여채무의 현재가치를 측정할 때 적용한 할인율을 곱한 이자수익은 순확정급여부채의 순이자에 포함하여 당기손익으로 처리한다. 그러므로 사외적립자산의 실제 이자수익 중 순확정급여부채의 순이자에 포함된 이자수익을 차감한 금액은 순확정급여부채의 재측정요소이므로 기타포괄손익으로 인식한다.

> 사외적립자산의 재측정손익
> = (기초 사외적립자산 + 기여금 + 이자수익 − 퇴직금 지급액) − 기말 사외적립자산 공정가치

| 공정가치 증가 | 차) 사외적립자산 | ×× | 대) 재측정요소(OCI) | ×× |
| 공정가치 감소 | 차) 재측정요소(OCI) | ×× | 대) 사외적립자산 | ×× |

1. 사외적립자산의 기여금불입액이 기초에 이루어 질 때 사외적립자산의 이자수익
   ⇒ (기초 사외적립자산 + 기초 기여금 불입액) × 기초 할인율
2. 사외적립자산의 실제 이자수익: 기초 사외적립자산 × 기초 할인율 + 재측정요소

## 05 사외적립자산

사외적립자산은 기업으로부터 기여금을 받아 이를 운용하고 종업원에게 퇴직급여를 지급하는 역할을 맡은 기금이 보유하고 있는 자산을 말한다. 사외적립자산은 장기종업원급여기금이 보유하는 자산과 적격보험계약으로 구성된다.

(1) 사외적립자산은 공정가치로 측정하여, 확정급여채무의 현재가치에서 차감하여 과소적립액은 순확정급여부채로, 초과적립액은 순확정급여자산의 과목으로 하여 재무상태표에 공시한다.

**확정급여채무 > 사외적립자산**

부분재무상태표
20×1년 12월 31일 현재

|  |  |
| --- | --- |
|  | 순확정급여부채 |
|  | 확정급여채무     I |
|  | (−)사외적립자산     (−)II |
|  | 재측정요소 변동 |

**확정급여채무 < 사외적립자산**

부분재무상태표
20×1년 12월 31일 현재

| | |
| --- | --- |
| 순확정급여자산 |  |
| 사외적립자산     II |  |
| (−)확정급여채무     (−)I |  |
| (−)자산인식상한효과     (−)III | 재측정요소 변동 |

(2) 순확정급여부채의 순이자는 보고기간 동안 시간의 경과에 따라 발생하는 순확정급여부채의 변동으로 확정급여채무에서 발생하는 이자원가에서 사외적립자산에서 발생하는 이자수익을 차감한 금액으로 측정한다.

① 기초 사외적립자산 × 할인율: 당기손익에 반영
② 사외적립자산의 실제수익 − ①: 재측정요소(OCI)에 반영

(3) 종업원이 퇴직하면 퇴직급여의 지급은 확정급여채무와 사외적립자산을 상계하고, 퇴직급여의 지급으로 사외적립자산이 부족하거나 당기에 발생한 퇴직급여를 충당하기 위하여 사외적립자산에 추가적으로 출연(기여)하여야 한다.

| 사외적립자산의 적립 | 차) 사외적립자산 | ×× | 대) 현금 | 기여금 |
|---|---|---|---|---|
| 퇴직급여의 지급 | 차) 확정급여채무 | ×× | 대) 사외적립자산 | ×× |
| 기말 이자수익 계상 | 차) 사외적립자산 | ×× | 대) 퇴직급여 | ×× |

---

**사례연습 4: 확정급여채무**

**다음은 ㈜한국이 채택하고 있는 퇴직급여제도와 관련한 20×1년도 자료이다.**

가. 20×1년 초 확정급여채무의 현재가치와 사외적립자산의 공정가치는 각각 ₩4,500,000과 ₩4,200,000이다.

나. 20×1년 말 확정급여채무의 현재가치와 사외적립자산의 공정가치는 각각 ₩5,000,000과 ₩3,800,000이다.

다. 20×1년 말 일부 종업원의 퇴직으로 퇴직금 ₩1,000,000을 사외적립자산에서 지급하였으며, 20×1년 말에 추가로 적립한 기여금 납부액은 ₩200,000이다.

라. 20×1년에 종업원이 근무용역을 제공함에 따라 증가하는 예상미래퇴직급여지급액의 현재가치는 ₩500,000이다.

마. 20×1년 말 확정급여제도의 일부 개정으로 종업원의 과거근무기간의 근무용역에 대한 확정급여채무의 현재가치가 ₩300,000 증가하였다.

바. 20×1년 초와 20×1년 말 현재 우량회사채의 연 시장수익률은 각각 8%, 10%이며, 퇴직급여채무의 할인율로 사용한다.

**㈜한국의 확정급여제도로 인한 20×1년도 포괄손익계산서의 당기순이익과 기타포괄이익에 미치는 영향은 각각 얼마인가? (단, 법인세효과는 고려하지 않는다)**

**풀이**

## 1. T계정 이용

### 확정급여채무

| | | | |
|---|---|---|---|
| 지급액 | 1,000,000 | 기초 | 4,500,000 |
| | | 근무원가(당기 + 과거) A | 800,000 |
| | | 이자비용(기초 × 기초 R) B | 360,000 |
| 기말 I | 5,000,000 | 재측정요소 ① | 340,000 |

### 사외적립자산

| | | | |
|---|---|---|---|
| 기초 | 4,200,000 | 지급액 | 1,000,000 |
| 기여금 | 200,000 | | |
| 이자수익 C | 336,000 | | |
| 재측정요소 ② | 64,000 | 기말 II | 3,800,000 |

\* 실제 이자수익: C + ②

### 1) B/S 계정

순확정급여부채

⇒ I − II: 1,200,000

### 2) I/S 계정

(1) 퇴직급여(N/I)

⇒ A + B − C: 824,000

(2) 재측정요소 변동(OCI)

⇒ ② − ①: (−)276,000

## 2. 20×1년 말 B/S

### 부분재무상태표
### 20×1년 12월 31일 현재

| | | |
|---|---|---|
| 순확정급여부채 | | 1,200,000 |
| 확정급여채무 | I | 5,000,000 |
| 사외적립자산 | (−)II | (−)3,800,000 |
| 재측정요소 변동 | ② − ① | (−)276,000 |

## 3. 회계처리

| | | | | | |
|---|---|---|---|---|---|
| 당기근무원가 | 차) 퇴직급여 | 500,000 | 대) 확정급여채무 | 500,000 |
| 과거근무원가 | 차) 퇴직급여 | 300,000 | 대) 확정급여채무 | 300,000 |
| 퇴직급여 지급 | 차) 확정급여채무 | 1,000,000 | 대) 사외적립자산 | 1,000,000 |
| 추가적립액(기여금) | 차) 사외적립자산 | 200,000 | 대) 현금 | 200,000 |
| 확정급여채무 이자비용 | 차) 퇴직급여 | 360,000 | 대) 확정급여채무 | 360,000 |
| 사외적립자산 이자수익 | 차) 사외적립자산 | 336,000 | 대) 퇴직급여 | 336,000 |
| 확정급여채무 재측정손익 | 차) 재측정요소 | 340,000 | 대) 확정급여채무 | 340,000 |
| 사외적립자산 재측정손익 | 차) 사외적립자산 | 64,000 | 대) 재측정요소 | 64,000 |

12월 말 결산법인인 A사는 확정급여제도를 시행하고 있으며 20×1년 1월 1일 현재의 재무상태표에 순확정급여부채 ₩200,000(확정급여채무 ₩5,000,000, 사외적립자산 ₩4,800,000)을 보고하였다. A사의 20×1년도 당기근무원가는 ₩250,000, 우량회사채의 수익률은 연 6%이며, 사외적립자산의 실제수익률은 연 4%이다. A사는 20×1년 6월 30일 퇴직한 종업원에게 ₩300,000의 퇴직금을 사외적립자산에서 지급하였다. 20×1년 12월 31일 사외적립자산으로 추가 적립한 금액은 ₩260,000 이며, 20×1년 말 현재 확정급여채무의 현재가치는 ₩5,300,000이다.

**❶** 동 거래가 A사의 20×1년도 당기순이익에 미친 영향은 얼마인가?
**❷** 동 거래가 A사의 20×1년도 기타포괄손익에 미친 영향은 얼마인가?

───[ 풀이 ]──────────────────────────────────

**❶** 20×1년 당기순이익에 미친 영향: (−)262,000
**❷** 20×1년 기타포괄손익에 미친 영향: (−)152,000

1. T계정 이용

| 확정급여채무 | | | |
|---|---|---|---|
| 지급액 | 300,000 | 기초 | 5,000,000 |
| | | 근무원가(당기 + 과거) A | 250,000 |
| | | 이자비용(기초 × 기초 R) B | 291,000 |
| 기말 Ⅰ | 5,300,000 | 재측정요소(보험수리적손익) ① | 59,000 |

| 사외적립자산 | | | |
|---|---|---|---|
| 기초 | 4,800,000 | 지급액 | 300,000 |
| 기여금 | 260,000 | | |
| 이자수익 C | 279,000 | | |
| 재측정요소 ② | (−)93,000 | 기말 Ⅱ | 4,946,000 |

1) B/S 계정
   순확정급여부채
   ⇒ Ⅰ − Ⅱ: 354,000

2) I/S 계정
   (1) 퇴직급여(N/I)
       ⇒ A + B − C: 262,000
   (2) 재측정요소 변동(OCI)
       ⇒ ② − ①: (−)152,000

\* 실제 이자수익: C 279,000 + ② = 4,800,000 × 4% − 300,000 × 4% × 6/12, ② = (−)93,000
\* 이자비용: 5,000,000 × 6% − 300,000 × 6% × 6/12 = 291,000
\* 이자수익: 4,800,000 × 6% − 300,000 × 6% × 6/12 = 279,000

2. 회계처리

| 당기근무원가 | 차) 퇴직급여 | 250,000 | 대) 확정급여채무 | 250,000 |
|---|---|---|---|---|
| 퇴직급여 지급 | 차) 확정급여채무 | 300,000 | 대) 사외적립자산 | 300,000 |
| 추가적립액(기여금) | 차) 사외적립자산 | 260,000 | 대) 현금 | 260,000 |
| 확정급여채무 이자비용 | 차) 퇴직급여 | 291,000 | 대) 확정급여채무 | 291,000 |
| 사외적립자산 이자수익 | 차) 사외적립자산 | 279,000 | 대) 퇴직급여 | 279,000 |
| 확정급여채무 재측정손익 | 차) 재측정요소 | 59,000 | 대) 확정급여채무 | 59,000 |
| 사외적립자산 재측정손익 | 차) 재측정요소 | 93,000 | 대) 사외적립자산 | 93,000 |

㈜한라는 퇴직급여제도로 확정급여제도를 채택하고 있으며, 20×1년도 ㈜한라의 확정급여제도와 관련된 자료는 다음과 같다.

- 확정급여채무의 현재가치      ₩?(20×1년 초)
- 사외적립자산의 공정가치      ₩240,000(20×1년 초)
- 당기근무원가      ₩50,000
- 퇴직금지급액      ₩75,000
- 사외적립자산에 대한 기여금 납부액      ₩50,400
- 확정급여채무의 현재가치 평가에 대한 할인율      연 12%(20×1년 초)

20×1년에 발생한 확정급여채무의 재측정요소(손실)는 ₩5,000이고, 사외적립자산의 재측정요소(이익)는 ₩10,000이다. 20×1년 말 확정급여채무의 현재가치가 ₩254,400이라면, ㈜한라의 20×1년 초 확정급여채무의 현재가치는 얼마인가? (단, 퇴직금은 사외적립자산에서 지급하고, 모든 거래는 기말에 발생한다)      [공인회계사 2011년]

① ₩234,400      ② ₩245,000      ③ ₩264,000

④ ₩276,000      ⑤ ₩290,000

풀이

| 확정급여채무 | | | |
|---|---|---|---|
| 지급액 | 75,000 | 기초 | $x$ |
| | | 근무원가(당기 + 과거) A | 50,000 |
| | | 이자비용(기초 × 기초 R) B | $x \times 12\%$ |
| 기말 | 254,400 | 재측정요소 ① | 5,000 |

⇒ 기초 확정급여채무($x$): $x + 50,000 + x \times 12\% + 5,000 = 75,000 + 254,400$, $x = 245,000$

정답: ②

㈜한국은 퇴직급여제도로 확정급여제도를 채택하고 있다. 다음은 확정급여제도와 관련된 ㈜한국의 20×1년 자료이다. 퇴직금의 지급과 사외적립자산의 추가 납입은 20×1년 말에 발생하였으며, 20×1년 초 현재 우량회사채의 시장이자율은 연 5%로 20×1년 중 변동이 없었다. 20×1년 말 ㈜한국의 재무상태표에 계상될 순확정급여부채는 얼마인가? [감정평가사 2017년]

| | |
|---|---:|
| • 20×1년 초 확정급여채무 장부금액 | ₩500,000 |
| • 20×1년 초 사외적립자산 공정가치 | ₩400,000 |
| • 당기근무원가 | ₩20,000 |
| • 퇴직금지급액(사외적립자산에서 지급함) | ₩30,000 |
| • 사외적립자산 추가 납입액 | ₩25,000 |
| • 확정급여채무의 보험수리적손실 | ₩8,000 |
| • 사외적립자산의 실제 수익 | ₩25,000 |

① ₩65,000      ② ₩73,000      ③ ₩95,000
④ ₩100,000      ⑤ ₩103,000

풀이

| 확정급여채무 | | | | B/S 계정 |
|---|---:|---|---:|---|
| 지급액 | 30,000 | 기초 | 500,000 | 순확정급여부채 |
| | | 근무원가(당기 + 과거) A | 20,000 | ⇒ Ⅰ - Ⅱ: 103,000 |
| | | 이자비용(기초 × 기초 R) B | 25,000 | |
| 기말 Ⅰ | 523,000 | 재측정요소 ① | 8,000 | |

| 사외적립자산 | | | | |
|---|---:|---|---:|---|
| 기초 | 400,000 | 지급액 | 30,000 | |
| 기여금 | 25,000 | | | |
| 이자수익 C | 20,000 | | | |
| 재측정요소 ② | 5,000 | 기말 Ⅱ | 420,000 | |

\* 실제 이자수익: C + ② = 25,000

정답: ⑤

## 06 제도의 정산으로 인한 정산손익

확정급여제도의 정산은 확정급여제도에 따라 발생한 급여(전부 또는 일부)에 대한 의무(법적 의무 or 의제의무)를 기업이 더 이상 부담하지 않기로 하는 거래가 있을 때 일어난다.
정산이 발생한 경우에는 정산으로 인한 손익은 정산일에 즉시 당기손익으로 인식한다.

| 정산 시 회계처리 | 차) 확정급여채무 | 정산일 PV | 대) 사외적립자산 | 정산일 FV |
|---|---|---|---|---|
| | 퇴직급여(N/I) | 대차차액 | 현금 | 정산가격 |

⇒ 당기손익 인식액: 순확정급여부채와 현금정산액과의 차이를 즉시 인식

### 사례연습 6: 제도의 정산

12월 말 결산법인인 A사는 확정급여제도를 시행하고 있으며 20×1년 초 사외적립자산의 공정가치는
₩15,000이며, 확정급여채무의 현재가치는 ₩17,000이다. A사는 보험회사에 현금 ₩5,000을
지급하고, 확정급여제도에 관한 모든 권리와 의무를 이전하기로 하였다.
A사가 종업원에 대한 퇴직금 지급 관련 제도정산과 관련하여 해야 할 회계처리를 보이시오.

풀이

| 정산 시<br>회계처리 | 차) 확정급여채무 | 정산일 PV 17,000 | 대) 사외적립자산 | 정산일 FV 15,000 |
| --- | --- | --- | --- | --- |
| | 퇴직급여(N/I) | 대차차액 3,000 | 현금 | 정산가격 5,000 |

## 07 순확정급여자산과 자산인식상한효과

순확정급여자산은 사외적립자산의 공정가치가 확정급여채무의 현재가치를 초과하는 경우 발생한다. 이러한
부분을 초과적립액이라고 한다. 초과적립액은 아래와 같은 이유에서 자산으로 인식한다.

① 기업이 자원을 통제하고 있으며 이는 미래경제적효익을 창출하는 데 그 초과적립액을 사용할 능력이 있음을 의미
   한다.
② 기업의 통제는 과거 사건(기업의 기여금 지급, 종업원의 근무용역 제공)의 결과이다.
③ 미래경제적효익은 직접 또는 결손이 있는 다른 제도를 통하여 간접적으로 기업에 유입될 수 있으며, 미래 기여금
   의 감소나 현금 환급의 방식으로 이용할 수 있다.

순확정급여자산은 제도에서 환급받는 형태로 또는 제도에 납부할 미래기여금을 절감하는 형태로 얻을 수
있는 경제적 효익의 현재가치인 자산인식상한을 초과하여 보고할 수 없다. 자산인식상한효과는 순확정급
여자산이 자산인식상한을 초과하는 금액으로 순확정급여자산의 재측정요소로 보아 기타포괄손익으로 인식
한다.

---

**부분재무상태표**
**20×1년 12월 31일 현재**

| 순확정급여자산 | | | |
| --- | --- | --- | --- |
| 사외적립자산 | Ⅱ | | |
| (−)확정급여채무 | (−)Ⅰ | | |
| (−)자산인식상한효과 | (−)Ⅲ | 재측정요소 변동 | ② − ① − ③ |
| | 자산인식상한 | | |

---

자산인식상한효과의 기초금액에 확정급여채무의 현재가치 측정에 사용할 할인율을 곱한 금액은 순확정
급여자산의 순이자에 포함하여 당기손익으로 인식한다. 또한 자산인식상한효과는 기타포괄손익으로 인식
한다.

| 자산인식상한효과과 이자원가 | 차) 퇴직급여(N/I) | ×× | 대) 자산인식상한효과과 | ×× |
| 자산인식상한효과과 재측정요소 | 차) 재측정요소(OCI) | ×× | 대) 자산인식상한효과과 | ×× |

**Self Study**

1. 기타포괄손익으로 처리하는 자산인식상한효과과의 변동(재측정요소)
   = 자산인식상한효과과의 총변동 − 기초 자산인식상한효과과 × 기초 할인율
   = (기말 자산인식상한효과과 − 기초 자산인식상한효과과) + 자산인식상한효과과에 대한 이자비용
   * 증가: 기타포괄손실, 감소: 기타포괄이익
2. 다음의 조건을 모두 충족하면 다른 확정급여제도와 관련된 부채와 상계한다.
   ① 제도의 초과적립액을 다른 제도의 확정급여채무를 결제하는 데 사용할 수 있는 법적 집행권리가 있다.
   ② 순액기준으로 확정급여채무를 결제할 의도가 있거나, 제도의 초과적립액을 실현시켜 동시에 다른 제도의 확정급여채무를 결제할 의도가 있다.
3. 확정급여자산의 인식한도 규정은 법인세회계에서 결손금에 대한 법인세자산인식한도와 동일한 논리이다. 따라서 사외적립자산의 초과적립효과인 순확정급여자산도 초과적립액을 제도로부터 환급받거나 혹은 향후 기여금을 절감시킬 수 있는 금액을 한도로 하여 자산으로 인식하는 것이다.

---

**자산인식상한효과과 발생 시 T계정**

**확정급여채무**

| 지급액 | ×× | 기초 | ×× |
| | | 근무원가(당기 + 과거) | A |
| | | 이자비용(기초 × 기초 R) | B |
| 기말 | I | 재측정요소(보험수리적손익) | ① |

**사외적립자산**

| 기초 | ×× | 지급액 | ×× |
| 기여금 | ×× | | |
| 이자수익 | C | | |
| 재측정요소 | ② | 기말 | II |

**자산인식상한효과과**

| | | 기초 | ×× |
| | | 이자비용 | D |
| 기말 | III | 재측정요소 | ③ |

1) B/S 계정
   순확정급여자산
   ⇒ II − I − III

2) I/S 계정
   (1) 퇴직급여(N/I)
       ⇒ A + B − C + D
   (2) 재측정요소 변동(OCI)
       ⇒ ② − ① − ③

* 실제 이자수익: C + ②
* 기말 자산인식상한효과과: II − (I + 자산인식상한)

결산일이 매년 12월 31일인 ㈜포도는 확정급여제도를 채택하고 있으며, 확정급여채무의 현재가치할인에 적용될 할인율은 연 10%이다.

(1) 20×1년 초 확정급여채무의 현재가치와 사외적립자산의 공정가치는 각각 ₩100,000으로 동일하였다.
(2) 20×1년과 20×2년 중 근무원가의 발생 및 사외적립자산에 대한 기여금 납부와 퇴직금지급은 없다고 가정한다.
(3) 20×1년과 20×2년의 확정급여제도와 관련된 자료는 다음과 같다.

| 구분 | 20×1년 | 20×2년 |
|---|---|---|
| 기말 사외적립자산의 공정가치 | ₩130,000 | ₩140,000 |
| 기말 확정급여채무의 현재가치 | 120,000 | 145,000 |
| 자산인식상한 | 8,000 | – |

**❶** 20×1년 말 순확정급여부채(자산)과 20×1년 재측정요소의 변동을 구하시오.
**❷** 20×2년 말 순확정급여부채(자산)과 20×2년 재측정요소의 변동을 구하시오.

풀이

**❶ 20×1년 말 순확정급여부채(자산) 및 20×1년 재측정요소의 변동**

확정급여채무

| 지급액 | – | 기초 | 100,000 |
|---|---|---|---|
| | | 근무원가(당기 + 과거) A | – |
| | | 이자비용(기초 × 기초 R) B | 10,000 |
| 기말 I | 120,000 | 재측정요소(보험수리적손익) ① | 10,000 |

사외적립자산

| 기초 | 100,000 | 지급액 | – |
|---|---|---|---|
| 기여금 | – | | |
| 이자수익 C | 10,000 | | |
| 재측정요소 ② | 20,000 | 기말 II | 130,000 |

자산인식상한효과

| | | 기초 | |
|---|---|---|---|
| | | 이자비용 D | – |
| 기말 III | 2,000 | 재측정요소 ③ | 2,000 |

1) B/S 계정
　순확정급여자산
　⇒ II − I − III
　⇒ 8,000

2) I/S 계정
　(1) 퇴직급여(N/I)
　　⇒ A + B − C + D
　　⇒ –
　(2) 재측정요소 변동(OCI)
　　⇒ ② − ① − ③
　　⇒ 8,000

\* 실제 이자수익: C + ②
\* 기말 자산인식상한효과: II − (I + 자산인식상한) = 130,000 − (120,000 + 8,000) = 2,000

**부분재무상태표**
**20×1년 12월 31일 현재**

| 순확정급여자산 | | | |
|---|---|---|---|
| 사외적립자산 Ⅱ | 130,000 | | |
| (−)확정급여채무 (−)Ⅰ | (−)120,000 | | |
| (−)자산인식상한효과 (−)Ⅲ | (−)2,000 | 재측정요소 변동 ②−①−③ | 8,000 |
| 자산인식상한 (−)8,000 | | | |

**❷ 20×2년 말 순확정급여부채(자산) 및 20×2년 재측정요소의 변동**

**확정급여채무**

| 지급액 | − | 기초 | 120,000 |
|---|---|---|---|
| | | 근무원가(당기 + 과거) A | − |
| | | 이자비용(기초 × 기초 R) B | 12,000 |
| 기말 Ⅰ | 145,000 | 재측정요소(보험수리적손익) ① | 13,000 |

1) B/S 계정

순확정급여채무
⇒ Ⅰ − Ⅱ
⇒ 5,000

**사외적립자산**

| 기초 | 130,000 | 지급액 | − |
|---|---|---|---|
| 기여금 | − | | |
| 이자수익 C | 13,000 | | |
| 재측정요소 ② | (−)3,000 | 기말 Ⅱ | 140,000 |

2) I/S 계정

(1) 퇴직급여(N/I)
⇒ A + B − C + D
⇒ (−)800

(2) 재측정요소 변동(OCI)
⇒ ② − ① − ③
⇒ (−)13,800

**자산인식상한효과**

| | | 기초 | 2,000 |
|---|---|---|---|
| | | 이자비용 D | 200 |
| 기말 Ⅲ | 0 | 재측정요소 ③ | (−)2,200 |

* 실제 이자수익: C + ②

**부분재무상태표**
**20×2년 12월 31일 현재**

| | 순확정급여부채 | 5,000 |
|---|---|---|
| | 확정급여채무 (−)Ⅰ | 145,000 |
| | 사외적립자산 (−)Ⅱ | (−)140,000 |
| | 재측정요소 변동 Σ(② − ①) | (−)5,800 |

확정급여제도를 도입하고 있는 ㈜한국의 20×1년 퇴직급여와 관련된 정보는 다음과 같다.

| | |
|---|---:|
| • 20×1년 초 확정급여채무의 장부금액 | ₩150,000 |
| • 20×1년 초 사외적립자산의 공정가치 | ₩120,000 |
| • 당기근무원가 | ₩50,000 |
| • 20×1년 말 제도변경으로 인한 과거근무원가 | ₩12,000 |
| • 퇴직급여지급액(사외적립자산에서 연말 지급) | ₩90,000 |
| • 사외적립자산에 대한 기여금(연말 납부) | ₩100,000 |
| • 20×1년 말 보험수리적 가정의 변동을 반영한 확정급여채무의 현재가치 | ₩140,000 |
| • 20×1년 말 사외적립자산의 공정가치 | ₩146,000 |
| • 20×1년 초 할인율 | 연 6% |

위 퇴직급여와 관련하여 인식할 기타포괄손익은? (단, 20×1년 말 순확정급여 자산인식상한은 ₩5,000이다)

[세무사 2019년]

① ₩200 손실  ② ₩1,000 이익  ③ ₩1,200 손실
④ ₩2,200 이익  ⑤ ₩3,200 손실

풀이

1. T계정 정리

**확정급여채무**

| | | | |
|---|---:|---|---:|
| 지급액 | 90,000 | 기초 | 150,000 |
| | | 근무원가(당기 + 과거) A | 62,000 |
| | | 이자비용(기초 × 기초 R) B | 9,000 |
| 기말 Ⅰ | 140,000 | 재측정요소(보험수리적손익) ① | 9,000 |

1) B/S 계정
순확정급여자산
⇒ Ⅱ − Ⅰ − Ⅲ
⇒ 5,000

**사외적립자산**

| | | | |
|---|---:|---|---:|
| 기초 | 120,000 | 지급액 | 90,000 |
| 기여금 | 100,000 | | |
| 이자수익 C | 7,200 | | |
| 재측정요소 ② | 8,800 | 기말 Ⅱ | 146,000 |

2) I/S 계정
(1) 퇴직급여(N/I)
⇒ A + B − C + D
⇒ 63,800

**자산인식상한효과**

| | | | |
|---|---:|---|---:|
| | | 기초 | − |
| | | 이자비용 D | − |
| 기말 Ⅲ | 1,000 | 재측정요소 ③ | 1,000 |

(2) 재측정요소 변동(OCI)
⇒ ② − ① − ③
⇒ (−)1,200

* 실제 이자수익: C + ②
* 기말 자산인식상한효과: Ⅱ − (Ⅰ + 자산인식상한) = 146,000 − (140,000 + 5,000) = 1,000

## 2. B/S 효과

**부분재무상태표**
**20×1년 12월 31일 현재**

| | | | |
|---|---|---|---|
| 순확정급여자산 | | | |
| 사외적립자산 ② | 146,000 | | |
| (−)확정급여채무 (−)① | (−)140,000 | | |
| (−)자산인식상한효과) (−)③ | (−)1,000 | 재측정요소 변동 ② − ① − ③ | (−)1,200 |
| | 자산인식상한 5,000 | | |

정답: ③

# Chapter 17 | 핵심 빈출 문장

**01** 퇴직급여제도 중 확정급여제도하에서 보험수리적위험과 투자위험은 기업이 실질적으로 부담한다.

**02** 순확정급여부채(자산)의 재측정요소는 보험수리적손익, 순확정급여부채(자산)의 순이자에 포함된 금액을 제외한 사외적립자산의 수익, 순확정급여부채(자산)의 순이자에 포함된 금액을 제외한 자산인식상한효과의 변동으로 구성된다.

**03** 자산의 원가에 포함하는 경우를 제외한 확정급여원가의 구성요소 중 순확정급여부채의 재측정요소는 기타포괄손익으로 인식한다.

**01** ㈜한국은 퇴직급여제도로 확정급여제도를 채택하고 있다. 다음은 확정급여제도와 관련된 ㈜한국의 20×1년도 자료이다.

| | |
|---|---:|
| • 당기근무원가 | ₩45,000 |
| • 퇴직금지급액 | ₩40,000 |
| • 사외적립자산에 대한 기여금 | ₩50,000 |
| • 확정급여채무의 현재가치 | ₩230,000(20×1년 말) |
| • 사외적립자산의 공정가치 | ₩205,000(20×1년 말) |

㈜한국의 20×1년 초 확정급여채무의 현재가치는 ₩200,000이며, 사외적립자산의 공정가치는 ₩180,000이다. 또한 20×1년 초 확정급여부채에 적용할 할인율은 연 10%이다. (단, 모든 거래는 기말에 발생하고, 퇴직금은 사외적립자산에 지급한다고 가정한다) 확정급여제도와 관련된 위 거래로 인해 ㈜한국의 20×1년도 포괄손익계산서상 당기손익에 반영될 금액과 기타포괄손익(재측정요소)에 반영할 금액은 얼마인가? (단, 법인세효과는 제외한다)

| | 당기순이익에 미치는 영향 | 기타포괄이익에 미치는 영향 |
|---|:---:|:---:|
| ① | ₩45,000 | ₩3,000 |
| ② | ₩47,000 | ₩5,000 |
| ③ | ₩47,000 | ₩8,000 |
| ④ | ₩65,000 | ₩8,000 |
| ⑤ | ₩65,000 | ₩3,000 |

**02** ㈜한국은 퇴직급여제도로 확정급여제도를 채택하고 있다. 다음은 확정급여제도와 관련된 ㈜한국의 20×1년 자료이다. 퇴직금의 지급과 사외적립자산의 추가 납입은 20×1년 말에 발생하였으며, 20×1년 초 현재 우량회사채의 시장이자율은 연 5%로 20×1년 중 변동이 없었다. 20×1년 말 ㈜한국의 재무상태표에 계상될 순확정급여부채는 얼마인가?

| | |
|---|---:|
| • 20×1년 초 확정급여채무 장부금액 | ₩ 500,000 |
| • 20×1년 초 사외적립자산 공정가치 | ₩ 400,000 |
| • 당기근무원가 | ₩ 20,000 |
| • 퇴직금지급액(사외적립자산에서 지급함) | ₩ 30,000 |
| • 사외적립자산 추가 납입액 | ₩ 25,000 |
| • 확정급여채무의 보험수리적손실 | ₩ 8,000 |
| • 사외적립자산의 실제 수익 | ₩ 25,000 |

① ₩ 65,000  　② ₩ 73,000  　③ ₩ 95,000
④ ₩ 100,000  　⑤ ₩ 103,000

**03** 확정급여제도를 도입하고 있는 ㈜한국의 20×1년 퇴직급여와 관련된 정보는 다음과 같다.

• 20×1년 초 순확정급여채무의 장부금액: ₩ 30,000
• 당기근무원가: ₩ 50,000
• 20×1년 초 제도변경으로 인한 과거근무원가: ₩ 12,000
• 퇴직급여 지급액(사외적립자산에서 연말 지급): ₩ 90,000
• 당기 사외적립자산에 대한 기여금은 없음
• 퇴직급여 관련 기타포괄손실: ₩ 20,000
• 20×1년 말 보험수리적 가정의 변동을 반영한 순확정급여채무의 현재가치: ₩ 117,040

위 퇴직급여와 관련하여 20×1년 초 확정급여채무의 현재가치 측정에 적용한 할인율은 얼마인가? (단, 자산인식상한효과는 고려하지 않았다)

① 12%  　② 14%  　③ 16%
④ 18%  　⑤ 20%

**04** ㈜세무는 확정급여제도를 채택하여 시행하고 있다. 20×1년 초 확정급여채무의 현재가치는 ₩900,000이고, 사외적립자산의 공정가치는 ₩720,000이다. 20×1년 동안 당기근무원가는 ₩120,000이다. 20×1년 9월 1일 퇴직한 종업원에게 ₩90,000의 퇴직급여가 사외적립자산에서 지급되었으며, 20×1년 10월 1일 사외적립자산에 대한 기여금 ₩60,000을 납부하였다. 20×1년 말 순확정급여부채는? (단, 우량회사채의 시장수익률은 연 10%이고, 이자원가 및 이자수익은 월할 계산한다) [세무사 2020년]

① ₩240,000      ② ₩256,500      ③ ₩258,000

④ ₩316,500      ⑤ ₩318,000

**05** 기업회계기준서 제1019호 '종업원급여' 중 확정급여제도에 대한 다음 설명 중 옳지 않은 것은?
[공인회계사 2020년]

① 확정급여채무의 현재가치와 당기근무원가를 결정하기 위해서는 예측단위적립방식을 사용하며, 적용할 수 있다면 과거근무원가를 결정할 때에도 동일한 방식을 사용한다.

② 보험수리적손익은 보험수리적 가정의 변동과 경험조정으로 인한 확정급여채무 현재가치의 증감에 따라 생긴다.

③ 과거근무원가는 제도의 개정이나 축소로 생기는 확정급여채무 현재가치의 변동이다.

④ 기타포괄손익에 인식되는 순확정급여부채(자산)의 재측정요소는 후속 기간에 당기손익으로 재분류하지 아니하므로 기타포괄손익에 인식된 금액을 자본 내에서 대체할 수 없다.

⑤ 순확정급여부채(자산)의 재측정요소는 보험수리적손익, 순확정급여부채(자산)의 순이자에 포함된 금액을 제외한 사외적립자산의 수익, 순확정급여부채(자산)의 순이자에 포함된 금액을 제외한 자산인식상한효과의 변동으로 구성된다.

**06** 20×1년 1월 1일에 설립된 ㈜대한은 확정급여제도를 채택하고 있으며, 관련 자료는 다음과 같다. 순확정급여자산(부채) 계산 시 적용한 할인율은 연 6%로 매년 변동이 없다.

> **〈20×1년〉**
> • 20×1년 말 확정급여채무 장부금액은 ₩500,000이다.
> • 20×1년 말 사외적립자산에 ₩460,000을 현금으로 출연하였다.
>
> **〈20×2년〉**
> • 20×2년 말에 퇴직종업원에게 ₩40,000의 현금이 사외적립자산에서 지급되었다.
> • 20×2년 말에 사외적립자산에 ₩380,000을 현금으로 출연하였다.
> • 당기근무원가는 ₩650,000이다.
> • 20×2년 말 현재 사외적립자산의 공정가치는 ₩850,000이다.
> • 할인율을 제외한 보험수리적가정의 변동을 반영한 20×2년 말 확정급여채무는 ₩1,150,000이다.

㈜대한의 확정급여제도 적용이 20×2년도 총포괄이익에 미치는 영향은 얼마인가?

[공인회계사 2022년]

① ₩580,000 감소     ② ₩635,200 감소     ③ ₩640,000 감소
④ ₩685,000 감소     ⑤ ₩692,400 감소

**07** ㈜세무는 확정급여제도를 채택하여 시행하고 있으며, 관련 자료는 다음과 같다. ㈜세무의 확정급여채무 및 사외적립자산과 관련된 회계처리가 20×1년도의 기타포괄이익에 미치는 영향은?

[세무사 2022년]

> • 20×1년 초 확정급여채무와 사외적립자산의 잔액은 각각 ₩1,000,000과 ₩600,000이다.
> • 확정급여채무의 현재가치 계산에 적용할 할인율은 연 10%이다.
> • 20×1년도의 당기근무원가 발생액은 ₩240,000이고, 20×1년 말 퇴직한 종업원에게 ₩100,000을 사외적립자산에서 지급하였다.
> • 20×1년 말 현금 ₩300,000을 사외적립자산에 출연하였다.
> • 20×1년 말 현재 확정급여채무의 현재가치와 사외적립자산의 공정가치는 각각 ₩1,200,000과 ₩850,000이다.

① ₩30,000 감소     ② ₩10,000 감소     ③ ₩10,000 증가
④ ₩30,000 증가     ⑤ ₩40,000 증가

**08** 20×1년 1월 1일에 설립된 ㈜대한은 확정급여제도를 채택하고 있으며, 관련 자료는 다음과 같다. 순확정급여자산(부채) 계산 시 적용한 할인율은 연 8%로 매년 변동이 없다.

| 〈20×1년〉 |
| --- |
| • 20×1년 말 사외적립자산의 공정가치는 ₩1,100,000이다. |
| • 20×1년 말 확정급여채무의 현재가치는 ₩1,000,000이다. |
| • 20×1년 말 순확정급여자산의 자산인식상한금액은 ₩60,000이다. |

| 〈20×2년〉 |
| --- |
| • 20×2년 당기근무원가는 ₩900,000이다. |
| • 20×2년 말에 일부 종업원의 퇴직으로 ₩100,000을 사외적립자산에서 현금으로 지급하였다. |
| • 20×2년 말에 ₩1,000,000을 현금으로 사외적립자산에 출연하였다. |
| • 20×2년 말 사외적립자산의 공정가치는 ₩2,300,000이다. |
| • 20×2년 말 확정급여채무의 현재가치는 ₩2,100,000이다. |

㈜대한의 20×2년 말 재무상태표에 표시될 순확정급여자산이 ₩150,000인 경우, ㈜대한의 확정급여제도 적용이 20×2년 포괄손익계산서의 기타포괄이익(OCI)에 미치는 영향은 얼마인가?

[공인회계사 2021년]

① ₩12,800 감소 ② ₩14,800 감소 ③ ₩17,800 감소
④ ₩46,800 감소 ⑤ ₩54,800 감소

**01** ③

<table>
<tr><td colspan="4" align="center">확정급여채무</td></tr>
<tr><td>지급액</td><td align="right">40,000</td><td>기초</td><td align="right">200,000</td></tr>
<tr><td></td><td></td><td>근무원가(당기 + 과거) A</td><td align="right">45,000</td></tr>
<tr><td></td><td></td><td>이자비용(기초 × 기초 R) B</td><td align="right">20,000</td></tr>
<tr><td>기말 Ⅰ</td><td align="right">230,000</td><td>재측정요소 ①</td><td align="right">5,000</td></tr>
</table>

<table>
<tr><td colspan="4" align="center">사외적립자산</td></tr>
<tr><td>기초</td><td align="right">180,000</td><td>지급액</td><td align="right">40,000</td></tr>
<tr><td>기여금</td><td align="right">50,000</td><td></td><td></td></tr>
<tr><td>이자수익 C</td><td align="right">18,000</td><td></td><td></td></tr>
<tr><td>재측정요소 ②</td><td align="right">(−)3,000</td><td>기말 Ⅱ</td><td align="right">205,000</td></tr>
</table>

* 실제 이자수익: C + ②

1) B/S 계정
   순확정급여부채
   ⇒ Ⅰ - Ⅱ: 25,000

2) I/S 계정
   (1) 퇴직급여(N/I)
       ⇒ A + B − C: 47,000
   (2) 재측정요소 변동(OCI)
       ⇒ ② − ①: (−)8,000

**02** ⑤

<table>
<tr><td colspan="4" align="center">확정급여채무</td></tr>
<tr><td>지급액</td><td align="right">30,000</td><td>기초</td><td align="right">500,000</td></tr>
<tr><td></td><td></td><td>근무원가(당기 + 과거) A</td><td align="right">20,000</td></tr>
<tr><td></td><td></td><td>이자비용(기초 × 기초 R) B</td><td align="right">25,000</td></tr>
<tr><td>기말 Ⅰ</td><td align="right">523,000</td><td>재측정요소 ①</td><td align="right">8,000</td></tr>
</table>

<table>
<tr><td colspan="4" align="center">사외적립자산</td></tr>
<tr><td>기초</td><td align="right">400,000</td><td>지급액</td><td align="right">30,000</td></tr>
<tr><td>기여금</td><td align="right">25,000</td><td></td><td></td></tr>
<tr><td>이자수익 C</td><td align="right">20,000</td><td></td><td></td></tr>
<tr><td>재측정요소 ②</td><td align="right">5,000</td><td>기말 Ⅱ</td><td align="right">420,000</td></tr>
</table>

* 실제 이자수익: C + ② = 25,000

1) B/S 계정
   순확정급여부채
   ⇒ Ⅰ - Ⅱ: 103,000

**03** ①

<table>
<tr><td colspan="4" align="center">순확정급여채무</td></tr>
<tr><td>기여금</td><td align="right">0</td><td>기초</td><td align="right">30,000</td></tr>
<tr><td></td><td></td><td>근무원가(당기 + 과거) A</td><td align="right">62,000</td></tr>
<tr><td></td><td></td><td>이자비용: (기초 + 과거) × 기초 R</td><td align="right">5,040</td></tr>
<tr><td>기말 Ⅰ</td><td align="right">117,040</td><td>재측정요소</td><td align="right">20,000</td></tr>
</table>

⇒ 할인율: (30,000 + 12,000) × R = 5,040, R = 12%
* 과거근무원가의 제도변경이 연초에 이루어지면 동 금액을 당기 이자비용에 고려한다.

**04** ② (1) 당기 순이자비용: $(900,000 - 720,000) \times 10\% - 60,000 \times 10\% \times 3/12 = 16,500$

(2) 기말 순확정급여부채: $(900,000 - 720,000) + 120,000 + 16,500 - 60,000 = 256,500$

**05** ④ 기타포괄손익에 인식되는 순확정급여부채(자산)의 재측정요소는 후속 기간에 당기손익으로 재분류하지 아니하지만 기타포괄손익에 인식된 금액을 자본 내에서 대체할 수 있다.

**06** ③ 1) t계정 분석

| 확정급여채무 | | | | 1) B/S 계정 |
|---|---|---|---|---|
| 지급액 | 40,000 | 기초 | 500,000 | (1) 순확정급여부채 |
| | | 근무원가(당기 + 과거) A | 650,000 | ⇒ I − II: 330,000 |
| | | 이자비용(기초×기초 R) B | 30,000 | |
| 기말 I | 1,150,000 | 재측정요소 ① | 10,000 | 2) I/S 계정 |

|  |  |  |  | (1) 퇴직급여(N/I) |
|---|---|---|---|---|
| 사외적립자산 | | | | ⇒ A + B − C: 652,400 |
| 기초 | 460,000 | 지급액 | 40,000 | |
| 기여금 | 380,000 | | | (2) 재측정요소변동(OCI) |
| 이자수익 C | 27,600 | | | ⇒ ② − ①: 12,400 |
| 재측정요소 ② | 22,400 | 기말 II | 850,000 | |

2) 총포괄손익에 미친 영향: $(-)652,400 + 12,400 = (-)640,000$

* 별해: $(850,000 - 460,000) - (1,150,000 - 500,000) - 380,000 = (-)640,000$

**07** ④ 1) 확정급여채무

$1,000,000 + 240,000 + 1,000,000 \times 10\% + 보험수리적손익 = 100,000 + 1,200,000$, 보험수리적이익: 40,000

2) 사외적립자산

$600,000 + 300,000 + 600,000 \times 10\% + 재측정손익 = 100,000 + 850,000$, 재측정손실: 10,000

3) 기타포괄손익에 미친 영향: $40,000 - 10,000 = 30,000$

**08** ②

| 확정급여채무 | | | |
|---|---|---|---|
| 지급액 | 100,000 | 기초 | 1,000,000 |
| | | 근무원가(당기 + 과거) A | 900,000 |
| | | 이자비용(기초 × 기초 R) B | 80,000 |
| 기말 I | 2,100,000 | 재측정요소 ① (보험수리적손익) | 220,000 |

| 사외적립자산 | | | |
|---|---|---|---|
| 기초 | 1,100,000 | 지급액 | 100,000 |
| 기여금 | 1,000,000 | | |
| 이자수익 C | 88,000 | | |
| 재측정요소 ② | 212,000 | 기말 II | 2,300,000 |

| 자산인식상한효과 | | | |
|---|---|---|---|
| | | 기초[1] | 40,000 |
| | | 이자비용 D | 3,200 |
| 기말[2] III | 50,000 | 재측정요소 ③ | 6,800 |

1) B/S 계정

(1) 순확정급여자산

⇒ II − I − III = 150,000

2) I/S 계정

(1) 퇴직급여(N/I)

⇒ A + B − C + D: 895,200

(2) 재측정요소변동(OCI)

⇒ ② − ① − ③: (−)14,800

[1] 기초 자산인식상한효과: 1,100,000 − 1,000,000 − 60,000 = 40,000

[2] 기말 자산인식상한효과: 2,300,000 − 2,100,000 − 150,000 = 50,000

# Chapter 17 | 주관식 문제

### 문제 01     예측단위적립방식

㈜대한은 종업원이 퇴직한 시점에 일시불급여를 지급하며, 종업원은 4차 연도 말에 퇴직할 것으로 예상한다. 일시불급여는 종업원의 퇴직 전 최종 임금의 2%에 근무연수를 곱하여 산정한다. 종업원의 연간 임금은 1차 연도에 ₩10,000,000이며 앞으로 매년 8%(복리)씩 상승한다. 연간 할인율은 12%이다. 보험수리적 가정에 변화는 없으며, 종업원이 예상보다 일찍 또는 늦게 퇴직할 가능성을 반영하기 위해 필요한 추가 조정은 없다고 가정한다. ㈜대한의 ① 1차 연도 당기근무원가와 ② 2차 연도 말 확정급여채무를 각각 제시하시오. 계산 과정에서 금액은 소수점 첫째 자리에서 반올림한다.

---

**풀이**

① 1차 연도 당기근무원가: 179,328
② 2차 연도 말 확정급여채무: 401,695
(1) 20×4년 말 퇴직금 지급액: $10{,}000{,}000 \times 1.08^3 \times 2\% \times 4 = 1{,}007{,}770$
(2) 20×1년 당기근무원가: $1{,}007{,}770 \div 4 \div 1.12^3 = 179{,}328$
(3) 20×2년 말 확정급여채무: $179{,}328 \times 1.12 \times 2 = 401{,}695$

| 문제 02 | 확정급여채무 |

㈜세무의 확정급여제도와 관련된 〈자료〉는 다음과 같다(단, 20×1년 초 우량회사채의 시장수익률은 연 10%이며, 확정급여채무의 할인율로 사용하고 변동은 없다). [세무사 2차 2021년]

- 20×1년 초 확정급여채무의 현재가치는 ₩100,000이다.
- 20×1년 초 사외적립자산의 공정가치는 ₩80,000이다.
- 20×1년도 당기근무원가는 ₩120,000이다.
- 20×1년 말 퇴직종업원에게 ₩10,000의 현금을 사외적립자산에서 지급하였다.
- 20×1년 말 사외적립자산에 ₩70,000을 현금으로 출연하였다.

**다음은 각각 독립적인 상황이다.**

**물음 1)** ㈜세무의 확정급여제도와 관련하여 20×1년 말 현재 사외적립자산의 공정가치는 ₩150,000이고, 보험수리적가정의 변동을 반영한 20×1년 말 확정급여채무는 ₩230,000일 때, ① 20×1년도 포괄손익계산서에 표시될 퇴직급여금액과 ② 20×1년 말 현재 재무상태표에 표시될 재측정요소(기타포괄손익)를 계산하시오(단, 기타포괄손익에 포함되는 재측정요소의 경우 재무상태표에 통합하여 표시하며, 기타포괄손실인 경우에는 괄호 안에 금액을 표시하시오).

| 20×1년도 포괄손익계산서에 표시될 퇴직급여금액 | ① |
|---|---|
| 20×1년 말 현재 재무상태표에 표시될 재측정요소(기타포괄손익) | ② |

**물음 2)** ㈜세무의 확정급여제도와 관련하여 20×1년 말 현재 사외적립자산의 공정가치는 장부금액과 동일하고 보험수리적가정의 변동은 없을 때, ① 20×1년 말 현재 재무상태표에 표시될 순확정급여부채(자산)의 장부금액을 계산하시오(단, 순확정급여자산인 경우에는 괄호 안에 금액을 표시하시오).

| 20×1년 말 현재 재무상태표에 표시될 순확정급여부채(자산) | ① |
|---|---|

물음 1)

| 20×1년도 포괄손익계산서에 표시될 퇴직급여금액 | ① 122,000 |
|---|---|
| 20×1년 말 현재 재무상태표에 표시될 재측정요소(기타포괄손익) | ② (−)8,000 |

**확정급여채무**

| | | | |
|---|---|---|---|
| 지급액 | 10,000 | 기초 | 100,000 |
| | | 근무원가(당기 + 과거) A | 120,000 |
| | | 이자비용(기초 × 기초 R) B | 10,000 |
| 기말 I | 230,000 | 재측정요소(보험수리적손익) ① | 10,000 |

**사외적립자산**

| | | | |
|---|---|---|---|
| 기초 | 80,000 | 지급액 | 10,000 |
| 기여금 | 70,000 | | |
| 이자수익 C | 8,000 | | |
| 재측정요소 ② | 2,000 | 기말 II | 150,000 |

1) B/S 계정
   (1) 순확정급여채무
      ⇒ I − II: 80,000

2) I/S 계정
   (1) 퇴직급여(N/I)
      ⇒ A + B − C: 122,000
   (2) 재측정요소 변동(OCI)
      ⇒ ② − ①: (−)8,000

물음 2)

| 20×1년 말 현재 재무상태표에 표시될 순확정급여부채(자산) | ① 72,000 |
|---|---|

**확정급여채무**

| | | | |
|---|---|---|---|
| 지급액 | 10,000 | 기초 | 100,000 |
| | | 근무원가(당기 + 과거) A | 120,000 |
| | | 이자비용(기초 × 기초 R) B | 10,000 |
| 기말 I | 220,000 | 재측정요소(보험수리적손익) ① | − |

**사외적립자산**

| | | | |
|---|---|---|---|
| 기초 | 80,000 | 지급액 | 10,000 |
| 기여금 | 70,000 | | |
| 이자수익 C | 8,000 | | |
| 재측정요소 ② | − | 기말 II | 148,000 |

1) B/S 계정
   (1) 순확정급여채무
      ⇒ I − II: 72,000

## 문제 03   확정급여채무(기중지급·기여, 제도의 정산, 자산인식상한효과)

다음의 각 물음은 독립적이다.

20×1년 1월 1일에 설립된 ㈜대한은 20×1년 말에 확정급여제도를 도입하였으며, 이와 관련된 〈자료〉는 다음과 같다(단, 20×1년도 확정급여채무 계산 시 적용한 할인율은 연 10%이며, 20×1년 이후 할인율의 변동은 없다).

[공인회계사 2차 2021년]

---

〈자료〉

〈20×1년〉

(1) 20×1년 말 확정급여채무 장부금액은 ₩80,000이다.

(2) 20×1년 말에 사외적립자산에 ₩79,000을 현금으로 출연하였다.

〈20×2년〉

(1) 20×2년 6월 30일에 퇴직종업원에게 ₩1,000의 현금이 사외적립자산에서 지급되었다.

(2) 20×2년 11월 1일에 사외적립자산에 ₩81,000을 현금으로 출연하였다.

(3) 당기근무원가는 ₩75,000이다.

(4) 20×2년 말 현재 사외적립자산의 공정가치는 ₩171,700이며, 보험수리적가정의 변동을 반영한 확정급여채무는 ₩165,000이다.

(5) 자산인식상한은 ₩5,000이다.

〈20×3년〉

(1) 20×3년 말에 퇴직종업원에게 ₩2,000의 현금이 사외적립자산에서 지급되었다.

(2) 20×3년 말에 사외적립자산에 ₩80,000을 현금으로 출연하였다.

(3) 당기근무원가는 ₩110,000이다.

(4) 20×3년 말에 제도 정산이 이루어졌으며, 정산일에 결정되는 확정급여채무의 현재가치는 ₩80,000, 정산가격은 ₩85,000(이전되는 사외적립자산 ₩60,000, 정산 관련 기업 직접 지급액 ₩25,000)이다.

(5) 20×3년 말 제도 정산 직후 사외적립자산의 공정가치는 ₩220,000이며, 보험수리적가정의 변동을 반영한 확정급여채무는 ₩215,000이다.

(6) 자산인식상한은 ₩3,500이다.

---

**물음 1)** ㈜대한의 확정급여제도와 관련하여 20×2년 말 현재 재무상태표에 표시될 ① 순확정급여부채(자산)와 20×2년도 포괄손익계산서상 ② 기타포괄이익에 미치는 영향 및 ③ 당기순이익에 미치는 영향을 각각 계산하시오(단, 순확정급여자산인 경우에는 괄호 안에 금액을 표시하고, 기타포괄이익이나 당기순이익이 감소하는 경우에는 금액 앞에 (−)를 표시하시오).

| 순확정급여부채(자산) | ① |
|---|---|
| 기타포괄이익에 미치는 영향 | ② |
| 당기순이익에 미치는 영향 | ③ |

**물음 2)** ㈜대한의 확정급여제도와 관련하여 20×3년 말 현재 재무상태표에 표시될 ① 순확정급여부채(자산), ② 기타포괄손익누계액 및 20×3년도 포괄손익계산서상 ③ 당기순이익에 미치는 영향을 계산하시오(단, 기타포괄손익에 포함되는 재측정요소의 경우 재무상태표에 통합하여 표시하며, 순확정급여자산인 경우에는 괄호 안에 금액을 표시하고, 기타포괄손익누계액이 차변 잔액일 경우와 당기순이익이 감소하는 경우에는 금액 앞에 (−)를 표시하시오).

| 순확정급여부채(자산) | ① |
|---|---|
| 기타포괄손익누계액 | ② |
| 당기순이익에 미치는 영향 | ③ |

**풀이**

물음 1)

| | |
|---|---|
| 순확정급여부채(자산) | ① (−)5,000 |
| 기타포괄이익에 미치는 영향 | ② (−)1,250 |
| 당기순이익에 미치는 영향 | ③ (−)73,750 |

확정급여채무

| 지급액 | 1,000 | 기초 | 80,000 |
|---|---|---|---|
| | | 근무원가(당기 + 과거) A | 75,000 |
| | | 이자비용(기초 × 기초 R)[1] B | 7,950 |
| 기말 I | 165,000 | 재측정요소(보험수리적손익) ① | 3,050 |

사외적립자산

| 기초 | 79,000 | 지급액 | 1,000 |
|---|---|---|---|
| 기여금 | 81,000 | | |
| 이자수익[2] C | 9,200 | | |
| 재측정요소 ② | 3,500 | 기말 II | 171,700 |

자산인식상한효과

| | | 기초 | |
|---|---|---|---|
| | | 이자비용 D | − |
| 기말[3] III | 1,700 | 재측정요소 ③ | 1,700 |

1) B/S 계정
 (1) 순확정급여자산
  ⇒ II − I − III: 5,000

2) I/S 계정
 (1) 퇴직급여(N/I)
  ⇒ A + B − C + D: 73,750
 (2) 재측정요소 변동(OCI)
  ⇒ ② − ① − ③: (−)1,250

[1] $80,000 \times 10\% - 1,000 \times 10\% \times 6/12 = 7,950$

[2] $79,000 \times 10\% + 81,000 \times 10\% \times 2/12 - 1,000 \times 10\% \times 6/12 = 9,200$

[3] $171,700 - (165,000 + 5,000) = 1,700$

물음 2)

| 순확정급여부채(자산) | ① (−)3,500 |
|---|---|
| 기타포괄손익누계액 | ② 6,750 |
| 당기순이익에 미치는 영향 | ③ (−)114,500 |

확정급여채무

| 지급액 | 2,000 | 기초 | 165,000 |
|---|---|---|---|
| 정산 | 80,000 | 근무원가(당기 + 과거) A | 110,000 |
| | | 이자비용(기초 X 기초 R)[1] B | 16,500 |
| 기말 I | 215,000 | 재측정요소(보험수리적손익) ① | 5,500 |

1) B/S 계정

  (1) 순확정급여자산

    ⇒ II − I − III: 3,500

  (2) 기타포괄손익누계액

    ⇒ (−)1,250 + 8,000: 6,750

사외적립자산

| 기초 | 171,700 | 지급액 | 2,000 |
|---|---|---|---|
| 기여금 | 80,000 | 정산 | 60,000 |
| 이자수익[2] C | 17,170 | | |
| 재측정요소 ② | 13,130 | 기말 II | 220,000 |

2) I/S 계정

  (1) 퇴직급여(N/I)

    ⇒ A + B − C + D + 정산손실:

    114,500

  (2) 재측정요소 변동(OCI)

    ⇒ ② − ① − ③: 8,000

자산인식상한효과

| | | 기초 | 1,700 |
|---|---|---|---|
| | | 이자비용 D | 170 |
| 기말[3] III | 1,500 | 재측정요소 ③ | (−)370 |

1) 165,000 × 10% = 16,500

2) 171,700 × 10% = 17,170

3) 220,000 − (215,000 + 3,500) = 1,500

| 정산 시 회계처리 | 차) 확정급여채무 | 80,000 | 대) 사외적립자산 | 60,000 |
|---|---|---|---|---|
| | 퇴직급여 | 5,000 | 현금 | 25,000 |

cpa.Hackers.com

Chapter **18**

# 주식기준보상거래

1. 주식기준보상거래의 이해
2. 주식결제형 주식기준보상거래
3. 주식결제형 주식기준보상거래의 특수상황
4. 현금결제형 주식기준보상거래
5. 선택형 주식기준보상거래

# 1 주식기준보상거래의 이해

## I 의의

주식기준보상거래란 기업이 재화나 용역을 제공받은 대가로 기업의 지분상품을 부여하거나, 기업의 지분상품의 가격에 기초한 금액만큼의 부채를 부담하는 보상거래를 말한다. 이러한 주식기준보상거래의 기초가되는 계약은 주식기준보상약정은 특정 가득조건이 있다면, 그 가득조건이 충족되는 때에 거래상대방에게 대가를 받을 권리를 획득하게 하는 기업과 종업원을 포함한 거래상대방 사이의 계약을 말한다.

주식기준보상거래는 기업이 거래상대방에게 지급하는 대가에 따라 아래와 같이 구분된다.

---

① 주식결제형: 기업의 지분상품을 부여하는 주식기준보상거래
② 현금결제형: 기업의 지분상품 가격에 기초한 금액만큼 현금이나 그 밖의 자산을 지급해야 하는 부채를 부담하는 주식기준보상거래

---

### Self Study

1. 주식기준보상거래의 핵심도 확정급여채무와 같이 종업원이 근로를 제공하고 그 대가로 급여 등을 지급하는 경우 현금 지급시기와 비용 인식시기가 일치하지 않는다는 것이다. 더하여 확정급여채무는 확정된 금액을 기준으로 비용을 인식하였으나 주식기준보상거래는 매기 말 변동되는 금액을 기준으로 비용을 인식한다는 차이가 있다.

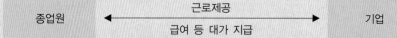

⇒ 현금 지급 ≠ 비용 인식: 손익귀속시기 차이
   ① 확정금액보상: 확정급여채무
   ② 변동금액보상: 주식기준보상

2. 연결실체 내의 다른 기업이 재화나 용역을 제공받을 때에도 주식기준보상약정에 따라 기업에 결제할 의무가 발생하면, 이도 역시 주식기준보상거래로 본다.

| 구분 | | 형식 | 측정 |
|---|---|---|---|
| 주식결제형 | 주식선택권 | 현금유입, 주식발행 | 기말 재측정 × ⇒ 자본요소 |
| | 주가차액보상권 | 주식발행(주식 FV – Option) | |
| | 미가득주식 | 주식발행 | |
| 현금결제형 | 주가차액보상권 | 현금유출(주식 FV – Option) | 기말 재측정 ○ ⇒ 부채요소 |
| | 가상주식 | 현금 | |

## 01 법적 형식에 따른 분류

주식기준보상거래는 권리 행사 시 수혜자에게 행사가격 상당액의 현금투자의무가 있는지 여부에 따라 아래와 같이 구분한다.

| 구분 | 내용 |
|---|---|
| 투자형 주식기준보상거래<br>(= 주식선택권) | 주식만을 지급 대상으로 하며, 수혜자가 권리 행사 시 행사가격 상당액의 현금을 투자해야 하는 형태의 보상거래 |
| 보상형 주식기준보상거래<br>(= 주가차액보상권) | 일정 기간 회사의 주가가 지정된 가격을 초과하는 경우 그 보유자에게 초과금액을 보상받을 수 있는 권리로 부여하는 계약 |

**Self Study**

1. 보상형 주식기준보상거래는 수혜자의 입장에서 권리 행사 시 행사가격 상당액의 자금투자가 필요 없다는 이점이 있다.
2. 다음의 주식결제계약은 주식기준보상거래에 해당하지 않는다. (보상원가 인식 ×)
   ① 종업원 등이 기업의 지분상품 보유자 자격으로 거래에 참여하는 경우
   ② 사업결합에서 피취득자에 대한 지배력을 획득하는 대가로 발행하는 지분상품
   ③ 차액결제를 하는 비금융상품 매매계약에 관련하여 지분상품을 발행하는 경우

## 02 경제적 실질에 따른 분류

주식기준보상거래는 권리 행사 시 회사의 결제방법에 따라 아래와 같은 보상거래로 구분된다.

| 구분 | 기업이 재화나 용역을 제공받은 대가 | 보상원가 인식 |
|---|---|---|
| 주식결제형<br>주식기준보상거래 | 기업의 지분상품을 부여하는 보상거래 | 자본조정 |
| 현금결제형<br>주식기준보상거래 | 기업의 지분상품의 가격에 기초한 금액만큼 현금(또는 그 밖의 자산)을<br>지급해야 하는 부채를 부담하는 보상거래 | 장기부채 |
| 선택형<br>주식기준보상거래 | 기업 또는 재화나 용역의 공급자가 약정에 따라 지분상품의 발행이나<br>현금(또는 그밖의 자산)의 지급 중 하나를 선택할 수 있는 보상거래 | 자본조정 or<br>장기부채 |

### (1) 주식기준보상거래의 기본 회계처리

주식기준보상거래에서 거래상대방에게서 제공받은 재화나 용역의 원가 즉, 보상원가는 그 재화나 용역을 제공받는 날에 인식한다. 따라서 보상원가는 주식기준보상거래의 조건에 따라 가득시점 또는 가득기간에 걸쳐 주식보상비용으로 당기비용처리된다.

주식보상비용은 주식결제형에서는 자본조정 항목으로 계상되고, 현금결제형의 경우에는 미지급비용으로 하여 부채로 계상된다. 이는 권리 행사 시에 주식결제형의 경우에는 지분상품을 교부하므로 자본항목이지만, 현금결제형의 경우에는 현금지급의무가 있으므로 부채이기 때문이다.

#### 1) 주식결제형

| 근로 제공 시 | 차) 주식보상비용(N/I) | ×× | 대) 자본조정 | ×× |
|---|---|---|---|---|
| 권리 행사 시 | 차) 현금<br>　　자본조정 | ××<br>×× | 대) 자본금<br>　　주식발행초과금 | ××<br>×× |
| 권리 소멸 시 | 차) 자본조정 | ×× | 대) 주식선택권소멸이익(자본) | ×× |

#### 2) 현금결제형

| 근로 제공 시 | 차) 주식보상비용(N/I) | ×× | 대) 장기미지급비용 | ×× |
|---|---|---|---|---|
| 권리 행사 시 | 차) 장기미지급비용 | ×× | 대) 현금 | ×× |
| 권리 소멸 시 | 차) 장기미지급비용 | ×× | 대) 주식보상비용환입(N/I) | ×× |

### (2) 주식기준보상거래의 구분별 권리 행사 시 회계처리

#### 1) 주식결제형 주식선택권의 권리 행사 시 회계처리

회사가 권리 행사일에 행사가격에 상당하는 현금을 수령하고 회사의 주식을 교부하는 보상거래이다.

| 권리 행사 시 | 차) 현금<br>　　자본조정(B/S) | ××<br>×× | 대) 자본금<br>　　주식발행초과금 | ××<br>×× |
|---|---|---|---|---|

## 2) 주식결제형 주가차액보상권, 미가득주식의 권리 행사 시 회계처리

① 주가차액보상권: 회사가 권리 행사일에 현금의 수령 없이 주식의 공정가치와 행사가격의 차액에 상당하는 주식을 교부하는 보상거래이다.

| 권리 행사 시 | 차) 자본조정(B/S) | ×× | 대) 자본금 | ×× |
|---|---|---|---|---|
| | | | 주식발행초과금 | ×× |

② 미가득주식: 가득조건이 충족되면 현금의 수령 없이 가득된 주식을 교부하는 보상거래이다.

## 3) 현금결제형 주가차액보상권, 가상주식의 권리 행사 시 회계처리

회사가 권리 행사일에 행사가격과 주가와의 차이를 현금으로 지급하는 보상거래를 말하며, 현금결제형 가상주식은 회사가 권리 행사일에 주가만큼의 현금을 지급하는 보상거래를 말한다.

| 권리 행사 시 | 차) 장기미지급비용 | ×× | 대) 현금 | ×× |
|---|---|---|---|---|
| | 주식보상비용(N/I) | ×× | | |

## (3) 주식결제형과 현금결제형의 후속측정

| 주식결제형 | 자본요소이므로 후속측정 × | 회계처리 없음 | | | |
|---|---|---|---|---|---|
| 현금결제형 | 부채요소이므로 후속측정 ○ | 차) 주식보상비용 | ×× | 대) 장기미지급비용 | ×× |

주식결제형은 권리 부여일 이후에 지분상품(주식선택권)의 공정가치가 변동하는 경우에도 이를 수정하지 않는다. 따라서 가득일 시점에서 주식선택권의 장부금액은 권리 부여일의 공정가치와 동일한 금액이다.

현금결제형은 주식결제형과 달리 지급될 현금액의 변동을 반영하기 위해 최종결제일까지 부채의 공정가치를 재측정해야 한다. 만약 최종결제일의 현금 지급액과 부채의 장부금액에 차이가 있다면 이러한 차이는 실제 현금 지급액에 맞춰 조정해야 하며, 결국 최종적인 보상원가에 대한 공정가치 측정은 결제일에 이루어진다.

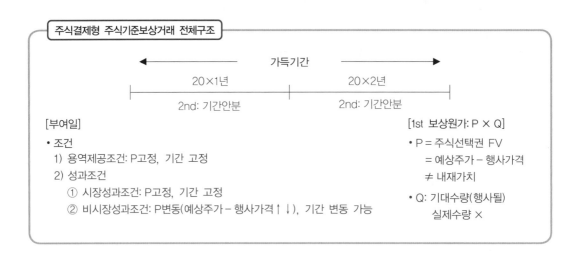

주식결제형 주식기준보상거래 전체구조

가득기간

20×1년 | 20×2년

2nd: 기간안분 | 2nd: 기간안분

[부여일]

• 조건
  1) 용역제공조건: P고정, 기간 고정
  2) 성과조건
     ① 시장성과조건: P고정, 기간 고정
     ② 비시장성과조건: P변동(예상주가 – 행사가격↑↓), 기간 변동 가능

[1st 보상원가: P × Q]

• P = 주식선택권 FV
     = 예상주가 – 행사가격
     ≠ 내재가치

• Q: 기대수량(행사될)
     실제수량 ×

## I 용어의 정의

### 01 보상원가

보상원가는 기업이 주식기준보상거래를 통해 거래상대방에게 제공받는 재화나 용역의 원가를 말한다. 주식결제형 주식기준보상거래에서는 보상원가를 제공받는 재화나 용역의 공정가치로 직접 측정한다. 그러나 제공받은 재화나 용역의 공정가치를 신뢰성 있게 측정할 수 없다면, 부여한 지분상품의 공정가치에 기초하여 간접 측정한다. 종업원 및 유사용역제공자와의 거래에서는 제공받는 용역의 공정가치를 신뢰성 있게 측정할 수 없다.

### 02 가득, 가득기간 및 가득조건

(1) 가득과 가득기간

가득은 주식기준보상약정에 따라 거래상대방이 현금, 그 밖의 자산이나 기업의 지분상품을 받을 권리를 획득하는 것이다. 가득기간은 주식기준보상약정에서 지정하는 모든 가득 조건이 충족되어야 하는 기간을 말한다.

## (2) 가득조건

가득조건은 주식기준보상약정에 따라 거래상대방이 현금, 그 밖의 자산 또는 기업의 지분상품을 받을 권리를 획득하게 하는 용역을 기업이 제공받는지를 결정짓는 조건을 말한다. 가득조건은 아래와 같이 구분한다.

| A. 용역제공조건 | | 특정기간 동안 용역을 제공해야 하는 조건 |
|---|---|---|
| B. 성과조건 | 비시장조건 | 지분상품의 시장가격과 직접 관련이 없는 성과를 달성하여야 하는 조건 |
| | 시장조건 | 지분상품의 시장가격에 관련된 성과를 달성하여야 하는 조건 |

## 03 측정기준일과 부여일

**(1) 측정기준일**: 부여한 지분상품의 공정가치를 측정하는 기준일이다. 종업원과의 주식기준보상거래에서는 부여일을 측정기준일로 한다.

**(2) 부여일**: 기업과 거래상대방이 주식기준보상약정에 합의한 날, 기업과 거래상대방이 주식기준보상약정에 합의한 날로 일정한 승인절차가 필요한 경우, 승인받은 날을 말한다.

## 04 공정가치와 내재가치

**(1) 공정가치**: 합리적인 판단력과 거래의사가 있는 독립된 당사자 사이의 거래에서 자산이 교환되거나 부채가 결제되거나 부여된 지분상품이 교환될 수 있는 금액을 말한다. 지분상품의 공정가치는 블랙숄즈모형이나 이항모형 등 옵션가격결정모형을 적용하여 측정한다.

⇒ 주식선택권의 공정가치: 예상주가(회수율 반영) − 행사가격

**(2) 내재가치**: 내재가치는 거래상대방이 청약할 권리를 갖고 있거나 제공받을 권리를 갖고 있는 주식의 현재시점 공정가치와 거래상대방이 당해 주식에 대해 지불해야 하는 가격의 차이를 말한다.

⇒ 주식선택권의 내재가치: 현재주가(주식 FV) − 행사가격

> **Example**
>
> 회사는 종업원에게 주식선택권을 부여하였다. 가득기간은 2년으로 2년 후에 행사가 가능하다. 현재 부여된 주식선택권의 행사가격은 ₩5이고 부여시점의 2년 후 주식의 예상주가는 ₩15이고 부여시점의 주식의 공정가치는 ₩12이다.
> - 주식선택권의 공정가치: 15 − 5 = 10
> - 주식선택권의 내재가치: 12 − 5 = 7

> **Self Study**
>
> 1. 보상원가가 자산의 인식요건을 충족하는 경우에는 자산의 원가에 가산하고 그렇지 못할 경우에는 즉시 비용으로 인식한다.
> 2. 비시장조건 예: 목표이익, 목표판매량 등의 성과를 달성해야 하는 조건

## 01  단위당 보상원가(P)의 인식과 측정

주식결제형 주식기준보상거래는 재화나 용역을 제공받은 경우에는 해당 재화나 용역을 제공받은 날에 그에 상응하는 자본의 증가를 인식한다. 이때 자본의 증가액은 제공받은 재화나 용역의 공정가치로 직접 측정하는 것이 원칙이다. 그러나 제공받은 재화나 용역의 공정가치를 신뢰성 있게 추정할 수 없다면, 자본의 증가액은 부여한 지분상품의 공정가치에 기초하여 간접 측정한다. 다만, 주식결제형 주식기준보상거래에서 인식된 자본항목은 후속적으로 재측정하지 않는다.

드문 경우지만 부여한 지분상품의 공정가치를 신뢰성 있게 추정할 수 없다면 재화나 용역을 제공받은 날을 기준으로 내재가치로 최초 측정하고 매 보고기간 말과 최종 결제일에 재측정한다.

### (1) 거래상대방이 종업원인 경우

| 적용 순서 | 보상원가 측정 | 측정기준일 |
|---|---|---|
| 1st | 제공받은 재화나 용역의 공정가치 | 재화나 용역을 제공받는 날 |
| 2nd | 지분상품의 공정가치 | 부여일 |
| 3rd | 지분상품의 내재가치 | 재화나 용역을 제공받은 날 최초 측정하고 후속적으로 재측정 |

### (2) 거래상대방이 종업원이 아닌 경우

| 적용 순서 | 보상원가 측정 | 측정기준일 |
|---|---|---|
| 1st | 제공받은 재화나 용역의 공정가치 | 재화나 용역을 제공받는 날 |
| 2nd | 지분상품의 공정가치 | 재화나 용역을 제공받는 날 |
| 3rd | 지분상품의 내재가치 | 재화나 용역을 제공받은 날 최초 측정하고 후속적으로 재측정 |

## 02  보상수량(Q)의 산정

보상수량은 가득될 것으로 예상되는 지분상품의 수량에 대한 최선의 추정치에 기초하여 인식한다. 후속 정보에 비추어 볼 때 미래에 가득될 것으로 예상되는 지분상품의 수량이 직전 추정치와 다르다면 당해 추정치로 변경한다. 다만 가득일에는 최종적으로 가득되는 지분상품의 수량과 일치하도록 해당 추정치를 변경한다.

가득될 지분상품의 수량예측치는 기대권리소멸률을 사용하여 계산할 수 있다. 기대권리소멸률은 부여된 지분상품 중 가득되지 않을 것으로 예상되는 비율을 말한다. 가득될 지분상품의 수량은 다음과 같이 계산할 수 있다.

| 구분 | 예상가득수량 |
|---|---|
| 누적소멸수량 및 추가예상소멸수량 | (총부여수량 − 누적소멸수량 − 추가소멸수량) |
| 연평균 기대권리소멸률 | 총부여수량 × (1 − 연평균 기대권리소멸률)$^n$ |
| 추정 총기대권리소멸률 | 총부여수량 × (1 − 추정 총기대권리소멸률) |

# Ⅲ   가득 조건에 따른 분류

## 01 가득기간과 보상원가의 인식

지분상품의 단위당 보상원가(P)에 보상수량(Q)을 반영하면 총보상원가가 산정된다. 총보상원가는 다음의 가득 조건에 따라 안분하여 인식한다.

| 구분 | | 보상원가 인식방법 |
|---|---|---|
| 즉시 가득되는 경우 | | 즉시 인식 |
| 가득에 기간이 필요한 경우 | 용역제공조건 | 총보상원가 ÷ 미래 용역제공기간(수정 불가능) |
| | 비시장성과조건 | 총보상원가 ÷ 기대가득기간(수정 가능) |
| | 시장성과조건 | 총보상원가 ÷ 기대가득기간(수정 불가능) |

지분상품이 부여되자마자 가득된다면 거래상대방은 지분상품에 대한 무조건적인 권리를 획득하려고 특정기간에 용역을 제공해야 할 의무가 없고 반증이 없는 한, 지분상품의 대가에 해당하는 용역을 거래상대방에게 이미 제공받은 것으로 본다. 따라서 기업은 제공받은 용역 전부를 부여일에 인식한다.

거래상대방이 특정기간의 용역을 제공하여야 부여된 지분상품이 가득된다면 지분상품의 대가로 거래상대방에게서 받을 용역은 미래 가득기간에 받는다고 본다. 따라서 거래상대방에게서 받은 용역에 해당하는 지분상품의 공정가치를 가득 조건에 따라 아래와 같이 가득기간에 배분하여 인식한다.

① 용역제공조건: 미래 용역제공기간에 걸쳐 배분
② 성과조건: 부여일 현재 추정한 미래 기대가득기간에 걸쳐 배분

---

**Self Study**

성과조건이 시장조건일 경우 기대가득기간의 추정치는 부여한 주식선택권의 공정가치를 추정할 때 사용되는 가정과 일관되어야 하므로 후속적으로 수정하지 않지만 비시장성과조건인 경우 후속적인 정보로 추정한 기대가득기간이 앞서 추정했던 기대가득기간과 다르다면 기대가득기간 추정치를 변경한다.

## 02 주식선택권의 공정가치와 가득기간의 변동 여부

| 구분 | 주식선택권 FV | 가득기간 |
|---|---|---|
| 용역제공조건 | 불변 | 불변 |
| 비시장성과조건 | 변동 | 변동 |
| 시장성과조건 | 불변 | 불변 |

회사는 성과조건의 달성 여부에 따라 지분상품의 행사가격, 행사가능수량과 가득기간이 변동하게 된다. 비시장성과조건의 경우 지분상품의 행사가격, 행사가능수량 및 가득기간에 대한 최선의 추정치에 기초하여 총보상원가를 인식한다. 만약 후속적인 정보에 비추어 볼 때 비시장성과조건의 달성이 직전 추정치와 다르다면 추정치의 변경을 반영하여 총보상원가를 수정하며, 이를 회계의 추정으로 본다.

시장성과조건의 경우 시장조건의 달성이 당초의 추정치와 달라지더라도 총보상원가를 수정하지 않는다. 시장성과조건의 경우 권리 부여일에 지분상품의 공정가치를 추정할 때 주가의 변동성과 기대가득기간, 기대가득수량의 변동성을 가정하여 반영하므로, 사용되는 가정의 일관성을 유지하기 위해 후속적인 추정치의 변동을 반영하지 않는 것이다.

## 03 유형별 공정가치의 재측정 가능시기

| 구분 | 부여일 | 가득일 | 최종결제일 |
|---|---|---|---|
| 현금결제형 | ⇒ | ⇒ | 재측정 ○ |
| 비시장성과조건 | ⇒ | 재측정 ○ | |
| 시장성과조건 | 재측정 × | | |
| 용역제공조건 | 재측정 × | | |

주식기준보상거래의 각 유형별 공정가치의 재측정 여부는 용역제공조건과 시장성과조건은 재측정이 불가하다. 다만, 비시장성과조건은 성과달성 여부에 따라 행사가격의 변동으로 주식선택권의 공정가치(= 예상주가 − 행사가격↑)가 변동할 수 있으므로 가득일까지는 후속적으로 공정가치를 재측정할 수 있다.

현금결제형의 경우 동 거래에 따른 회사의 현금지급의무가 종결되는 최종결제일까지 후속적으로 공정가치를 재측정하여야 한다.

# IV 주식결제형 주식기준보상거래의 F/S 분석 및 회계처리

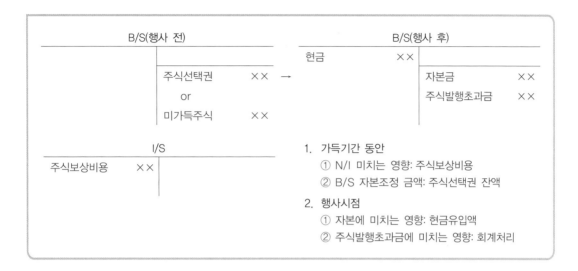

## 01 가득기간 중 보상원가 인식

### (1) 매기 말 보상원가 인식 및 회계처리

| 구분 | P | Q | | | 누적(B/S) | 당기(I/S) |
|------|------|------|------|------|------|------|
| | 공정가치 | 인원 | 부여수량 | 적수 | 보상원가 | 당기원가 |
| 20×1년 | ① | × ② | × ③ | × ④ | = A | A |
| 20×2년 | ① or ① - 1 | × ② - 1 | × ③ - 1 | × ④ - 1 | = B | B - A |

| 20×1년 말 | 차) 주식보상비용(N/I) | A | 대) 주식선택권 or 미가득주식 | A |
|------|------|------|------|------|
| 20×2년 말 | 차) 주식보상비용(N/I) | B - A | 대) 주식선택권 or 미가득주식 | B - A |

보고기간 말의 보상원가는 부여한 지분상품의 공정가치가 변동하지 않음에도 불구하고 가득될 지분상품의 수량예측치가 변동하므로 계속적으로 변동하게 된다. 가득기간 중에 인식할 보상원가는 주식보상비용으로 자산인식요건을 충족하지 못하는 경우에는 비용을 인식한다. 주식결제형 주식기준보상거래는 권리의 행사 시 지분상품을 부여하므로 보상원가 인식액은 자본항목으로 분류한다. 부여한 지분상품이 주식인 경우에는 미가득주식으로 주식선택권인 경우에는 주식선택권으로 하여 자본항목으로 분류한다.

## (2) 가득조건별 변동사항 정리

| 구분 | P | Q | | |
|---|---|---|---|---|
| | 공정가치 | 인원 | 부여수량 | 적수 |
| 용역제공조건 | 최초 부여일 FV(고정) | 변동 | 고정 | 고정 |
| 비시장성과조건 | 행사가격변동으로 변동 가능 | 변동 | 변동 가능 | 변동 가능 |
| 시장성과조건 | 최초 부여일 FV(고정) | 변동 | 고정 | 고정 |
| FV신뢰성 × | 내재가치 사용 매년 변동 | 변동 | 고정 | 고정 |

1) 용역제공조건의 경우 용역제공비율에 따라 가득기간에 걸쳐 보상원가를 인식한다.

2) 성과조건에 따라 가득기간이 결정되는 경우에는 부여일 현재 가장 실현가능성이 높다고 판단되는 성과조건의 결과에 기초하여 보상원가를 추정된 미래 가득기간에 걸쳐 배분한다. 이때 미래 기대가득기간에 대한 추정이 변경되면 비시장성과조건인 경우에는 변경된 기대가득기간을 적용하지만, 시장성과조건인 경우에는 최초의 기대가득기간을 수정하지 않고 계속 적용한다. 또한 비시장성과조건의 경우에는 각 보고기간 말 현재 성과조건의 달성 여부에 따라 지분상품의 수량이나 행사가격이 변경되는 경우에 추정치를 변경한다. 그러나 시장성과조건인 경우에는 이러한 추정치의 변경을 반영하지 않는다.

## (3) 부여한 지분상품의 가득조건이 충족되지 않은 경우

거래상대방이 용역제공기간을 채우지 못하거나 비시장조건이 충족되지 못하여 부여된 지분상품의 가득조건을 충족하지 못 했다면 누적기준으로 볼 때 제공받은 재화나 용역의 인식금액이 ₩0이 되어야 하므로 과년도에 인식했던 보상비용을 환입한다. 그러나 가득조건이 시장성과조건인 경우에는 가치평가모형에 당해 시장조건을 직접 반영하는 데 실무적 어려움이 없기 때문에 지분상품의 공정가치를 평가할 때 시장조건을 달성하지 못할 가능성을 고려한다. 즉, 지분상품의 공정가치 평가 시 향후 가득되지 못할 가능성 및 가득될 기간의 연장 여부 등을 모두 고려하기 때문에 시장성과조건의 달성 여부와 관계없이 미래에 가득될 지분상품의 수량이나 미래 기대가득기간을 조정하지 않는다. 그 결과 시장성과조건이 충족되는지에 관계없이 다른 모든 조건(예 용역제공조건)이 충족되는 한 제공받은 재화나 용역을 시장성과조건의 충족 여부와 관계없이 인식한다.

| 구분 | 공정가치 결정 시 가득조건의 고려 여부 | 가득할 지분상품 수량의 조정 여부 | 미래 기대가득기간의 조정 여부 | 가득조건을 충족하지 못한 경우 이미 인식한 주식보상비용의 환입 여부 |
|---|---|---|---|---|
| 용역제공조건 | 고려하지 않음 | 상실가능성을 고려하여 조정함 | 확정된 용역제공기간 적용함 | 환입함 |
| 비시장성과조건 | | | 조정함 | |
| 시장성과조건 | 고려함 | 조정하지 않음 | 조정하지 않음 | 환입하지 않음 |

## 02  권리의 행사

### (1) 신주의 발행교부

주식선택권은 종업원이 기업의 주식을 취득하기 위하여 계약금으로 납입한 금액으로 복합금융상품의 전환권대가 등과 성격적으로 동일하다. 그러므로 주식선택권의 권리 행사로 발행되는 주식의 발행금액은 권리 행사로 납입되는 금액과 주식선택권의 장부금액의 합계금액이다.

문제풀이 목적으로는 아래와 같은 회계처리 방식이 보다 유용하다.

> **1st: 주식선택권 1개 행사 시 회계처리**
>
> | 차) 현금 | 행사가격 | 대) 자본금 | 액면가 |
> |---|---|---|---|
> | 주식선택권 | FV | 주식발행초과금 | 행사가격 + FV − 액면가 |

> **2nd: 가득수량 고려**
>
> - 행사시점의 자본 증가액: 행사가격 × 행사수량
> - 행사시점의 주식발행초과금 증가액: 1개 행사 시 주식발행초과금 × 행사수량

### (2) 자기주식의 교부

종업원이 주식선택권의 권리를 행사하는 경우 보유 중인 자기주식을 교부할 수 있다. 이 경우 자기주식을 권리 행사로 납입되는 금액과 주식선택권 장부금액의 합계액에 해당하는 금액으로 처분한 것으로 본다. 그러므로 처분금액에서 자기주식의 장부금액을 차감한 금액은 자기주식처분손익으로 처리한다.

| 차) 현금 | 행사가격 | 대) 자기주식 | BV |
|---|---|---|---|
| 주식선택권 | FV | 자기주식처분이익 | 대차차액 |

## 03  권리의 소멸

주식선택권은 부여일의 공정가치로 측정하므로 추후에 주가가 하락하는 경우에는 주식선택권의 권리가 행사되지 않고 소멸될 수 있다. 가득된 주식선택권이 소멸되더라도 주식기준보상거래로 이미 인식한 보상원가는 환입하지 않는다. 기업회계기준서 제1102호 '주식기준보상'에서는 가득된 지분상품이 소멸되는 경우에 대한 특별한 언급이 없으므로 권리가 소멸된 주식선택권은 주식선택권소멸이익으로 처리하고 자본항목으로 분류할 수 있다.

| 차) 주식선택권 | FV | 대) 주식선택권소멸이익 | 자본항목 |
|---|---|---|---|

㈜대한은 20×1년 1월 1일 종업원 100명에게 각각 1,000개의 주식선택권을 부여하였다. 동 주식선택권은 종업원이 앞으로 3년 동안 회사에 근무해야 가득된다. 20×1년 1월 1일 현재 ㈜대한이 부여한 주식선택권의 단위당 공정가치는 ₩360이며, 각 연도 말 퇴직 종업원 수는 다음과 같다.

| 연도 | 실제 퇴직자 수 | 추가퇴직 예상자 수 |
|---|---|---|
| 20×1년 말 | 10명 | 20명 |
| 20×2년 말 | 15명 | 13명 |
| 20×3년 말 | 8명 | − |

주식선택권 부여일 이후 주가가 지속적으로 하락하여 ㈜대한의 20×2년 12월 31일 주식선택권의 공정가치는 단위당 ₩250이 되었다. 동 주식기준보상과 관련하여 ㈜대한이 인식할 20×1년, 20×2년 포괄손익계산서상 주식보상비용을 구하시오.

⎡ 풀이 ⎤

1. 가득조건 판단

| 구분 | P | Q | | |
|---|---|---|---|---|
| | 공정가치 | 인원 | 부여수량 | 적수 |
| 용역제공조건 | 최초 부여일 FV(고정) | 변동 | 고정 | 고정 |

2. 매기 인식할 주식보상비용

| 구분 | P | Q | | | 누적(B/S) | 당기(I/S) |
|---|---|---|---|---|---|---|
| | 공정가치 | 인원 | 부여수량 | 적수 | 보상원가 | 당기원가 |
| 20×1년 | ①<br>360 | ×②<br>(100 − 10 − 20) | ×③<br>1,000 | ×④<br>1/3 | = A<br>8,400,000 | A<br>8,400,000 |
| 20×2년 | ①<br>360 | ×②−1<br>(100 − 10 − 15 − 13) | ×③−1<br>1,000 | ×④−1<br>2/3 | = B<br>14,880,000 | B − A<br>6,480,000 |

3. 회계처리

| 20×1년 말 | 차) 주식보상비용(N/I) | 8,400,000 | 대) 주식선택권 | 8,400,000 |
|---|---|---|---|---|
| 20×2년 말 | 차) 주식보상비용(N/I) | 6,480,000 | 대) 주식선택권 | 6,480,000 |

**사례연습 2: 비시장성과조건(1)**

12월 말 결산인 ㈜포도는 20×1년 초에 임직원에게 다음과 같은 형태의 주식선택권을 부여하였다. ㈜포도의 주식 1주당 액면금액은 ₩100이다. 주식기준보상거래와 관련된 자료는 다음과 같다.

㈜포도는 20×1년 초에 A사업부 종업원 500명에게 각각 주식 100주를 부여하고 가득기간 동안 계속 근무할 것을 요구하는 조건을 부과하였다.

(1) 부여한 주식은 A사업부의 이익이 10% 이상 성장해야 가득되는데, 20×1년의 이익이 18% 이상 성장하면 20×1년 말에, 2년간 이익이 연평균 13% 이상 성장하면 20×2년 말에, 그리고 3년간 이익이 연평균 10% 이상 성장하면 20×3년 말에 가득된다.

(2) 20×1년 초 현재 부여한 주식선택권의 단위당 공정가치는 ₩300이며 부여일로부터 3년간 배당금은 지급되지 않을 것으로 예상된다.

(3) 각 연도별 연평균 이익성장률과 퇴사 인원수는 다음과 같다.

| 구분 | 연평균 이익성장률 | | 누적퇴사 인원수 | |
|---|---|---|---|---|
| | 직전연도 예측치 | 실제(당해연도) | 직전연도 예측치 | 실제 |
| 20×1년 | – | 14%(14%) | – | 30명 |
| 20×2년 | 14% | 12%(10%) | 60명 | 58명 |
| 20×3년 | 10% | 11%(9%) | 83명 | 81명 |

㈜포도가 가득기간 중 20×1년 ~ 20×3년에 인식할 주식보상비용을 구하시오.

**풀이**

1. 가득기간 판단

| 구분 | P | Q | | |
|---|---|---|---|---|
| | 공정가치 | 인원 | 부여수량 | 적수 |
| 비시장성과조건 | 행사가격변동으로 변동 가능 | 변동 | 변동 가능 | 변동 가능 |

2. 매기 인식할 주식보상비용

| 구분 | P | Q | | | 누적(B/S) | 당기(I/S) |
|---|---|---|---|---|---|---|
| | 공정가치 | 인원 | 부여수량 | 적수 | 보상원가 | 당기원가 |
| 20×1년 | ① 300 | ×② (500 – 60) | ×③ 100 | ×④ 1/2 | = A 6,600,000 | A 6,600,000 |
| 20×2년 | ① 300 | ×②-1 (500 – 83) | ×③ 100 | ×④ 2/3 | = B 8,340,000 | B – A 1,740,000 |
| 20×3년 | ① 300 | ×②-2 (500 – 81) | ×③ 100 | ×④ 3/3 | = C 12,570,000 | C – B 4,230,000 |

3. 회계처리

| 20×1년 말 | 차) 주식보상비용(N/I) | 6,600,000 | 대) 주식선택권 | 6,600,000 |
|---|---|---|---|---|
| 20×2년 말 | 차) 주식보상비용(N/I) | 1,740,000 | 대) 주식선택권 | 1,740,000 |
| 20×3년 말 | 차) 주식보상비용(N/I) | 4,230,000 | 대) 주식선택권 | 4,230,000 |

12월 말 결산인 ㈜포도는 20×1년 초에 최고경영자에게 20×3년 말까지 근무할 것을 조건으로 주식선택권 10,000개를 부여하였다. ㈜포도의 주식 1주당 액면금액은 ₩100이다. 주식기준보상거래와 관련된 자료는 다음과 같다.

(1) 주식선택권의 행사가격은 ₩300이다. 그러나 3년 동안 ㈜포도의 이익이 연평균 10% 이상 증가하면 행사가격은 ₩200으로 인하된다.
(2) 주식선택권 부여일 현재 주식선택권의 공정가치는 행사가격이 ₩200인 경우 ₩120으로 추정되었으며, 행사가격이 ₩300인 경우에는 ₩20으로 추정되었다.
(3) 각 연도별 연평균 이익성장률에 대한 예측치와 실적은 다음과 같다.

| 구분 | 연평균 이익성장률 | |
| --- | --- | --- |
| | 직전연도 예측치 | 실제(당해연도) |
| 20×1년 | – | 13%(13%) |
| 20×2년 | 13% | 12%(11%) |
| 20×3년 | 11% | 9%(3%) |

㈜포도가 가득기간 중 20×1년 ~ 20×3년에 인식할 주식보상비용을 구하시오.

풀이

1. 가득기간 판단

| 구분 | P | Q | | |
| --- | --- | --- | --- | --- |
| | 공정가치 | 인원 | 부여수량 | 적수 |
| 비시장성과조건 | 행사가격변동으로 변동 가능 | 변동 | 변동 가능 | 변동 가능 |

2. 매기 인식할 주식보상비용

| 구분 | P | Q | | | 누적(B/S) 보상원가 | 당기(I/S) 당기원가 |
| --- | --- | --- | --- | --- | --- | --- |
| | 공정가치 | 인원 | 부여수량 | 적수 | | |
| 20×1년 | ① 120 | ×② 1 | ×③ 10,000 | ×④ 1/3 | = A 400,000 | A 400,000 |
| 20×2년 | ① 120 | ×② 1 | ×③ 10,000 | ×④ 2/3 | = B 800,000 | B – A 400,000 |
| 20×3년 | ①–1 20 | ×② 1 | ×③ 10,000 | ×④ 3/3 | = C 200,000 | C – B (–)600,000 |

3. 회계처리

| 20×1년 말 | 차) 주식보상비용(N/I) | 400,000 | 대) 주식선택권 | 400,000 |
| --- | --- | --- | --- | --- |
| 20×2년 말 | 차) 주식보상비용(N/I) | 400,000 | 대) 주식선택권 | 400,000 |
| 20×3년 말 | 차) 주식선택권 | 600,000 | 대) 주식보상비용환입(N/I) | 600,000 |

㈜포도는 20×1년 초에 회사의 주가를 향상시킬 목적으로 임원 10명에게 존속기간이 10년인 주식선택권 각각 1,000개씩 부여하였다.

(1) 부여한 주식선택권은 당해 임원이 근무하는 동안 주가가 현재의 ₩300에서 ₩500으로 상승할 때 가득되며 즉시 행사가능하다.
(2) 부여일 현재 주식선택권의 단위당 공정가치는 ₩120으로 추정되었으며, 옵션가격결정모형을 적용한 결과 목표주가가 20×3년 말에 달성되는 것으로 기대됨에 따라 기대가득기간을 3년으로 추정하였다.
(3) ㈜포도는 주식선택권을 부여받은 10명의 임원 중 2명이 부여일로부터 3년 이내에 퇴사할 것으로 추정하였으며, 20×2년 말까지 이러한 추정에는 변함이 없었다. 그러나 실제로는 20×1년, 20×2년, 20×3년에 각 1명씩 총 3명이 퇴사하였다. 목표주가는 실제로 20×4년 말에 달성되었으며, 20×4년 말에 목표주가가 달성되기 전에 1명의 임원이 추가로 퇴사하였다.

㈜포도가 가득기간 중 20×1년 ~ 20×3년에 인식할 주식보상비용을 구하시오.

**풀이**

1. 가득기간 판단

| 구분 | P | Q | | |
|---|---|---|---|---|
| | 공정가치 | 인원 | 부여수량 | 적수 |
| 시장성과조건 | 행사가격변동으로 변동 불가 | 변동 | 고정 | 고정 |

2. 매기 인식할 주식보상비용

| 구분 | P | Q | | | 누적(B/S) 보상원가 | 당기(I/S) 당기원가 |
|---|---|---|---|---|---|---|
| | 공정가치 | 인원 | 부여수량 | 적수 | | |
| 20×1년 | ① 120 | ×② (10 − 2) | ×③ 1,000 | ×④ 1/3 | = A 320,000 | A 320,000 |
| 20×2년 | ① 120 | ×②−1 (10 − 2) | ×③ 1,000 | ×④ 2/3 | = B 640,000 | B − A 320,000 |
| 20×3년 | ① 120 | ×②−2 (10 − 3) | ×③ 1,000 | ×④ 3/3 | = C 840,000 | C − B 200,000 |

3. 회계처리

| 20×1년 말 | 차) 주식보상비용(N/I) | 320,000 | 대) 주식선택권 | 320,000 |
|---|---|---|---|---|
| 20×2년 말 | 차) 주식보상비용(N/I) | 320,000 | 대) 주식선택권 | 320,000 |
| 20×3년 말 | 차) 주식보상비용(N/I) | 200,000 | 대) 주식선택권 | 200,000 |

㈜합격은 20×1년 초에 종업원 500명에게 각각 회사의 보통주를 주당 ₩600에 살 수 있는 주식선택권 100개씩을 부여하였다. 주식선택권 1개당 보통주 1주를 교부하며, 보통주 1주의 액면금액은 ₩500이다.

(1) 주식선택권은 근무기간이 5년을 경과하면 가득되는데, 주식선택권을 부여받은 종업원 500명은 근무기간이 2년 경과하여 잔여가득기간은 3년이다. 주식선택권의 행사기간은 20×4년 초부터 20×5년 말까지 2년간이다.

(2) 20×1년 초 부여일의 주식선택권 단위당 공정가치는 ₩150이다.

(3) 주식선택권이 가득되지 않은 종업원 500명의 연도별 퇴사예정인원에 대한 예측치와 실제치는 다음과 같다.

| 연도 | 누적 퇴사인원수 | |
| --- | --- | --- |
| | 직전연도 예측치 | 실제 퇴사인원수 |
| 20×1년 | – | 20명 |
| 20×2년 | 75명 | 45명 |
| 20×3년 | 60명 | 58명 |

**❶** 주식선택권과 관련하여 ㈜합격이 가득기간 동안 각 연도별로 인식할 주식보상비용을 계산하고 회계처리를 보이시오.

**❷** 20×4년 말에 가득된 주식선택권 50,000개가 행사되어 신주를 발행하여 교부하였다. (단, 문제의 가득수량은 무시한다)

  **❷-①** 동 거래로 ㈜합격의 자본증가액을 구하시오.

  **❷-②** 동 거래로 ㈜합격의 주식발행초과금 증가액을 구하시오.

  **❷-③** 동 거래를 회계처리하시오.

  **❷-④** 만약, ㈜합격은 가득된 주식선택권이 행사될 때 보유하고 있던 자기주식(취득원가 ₩30,000,000)을 교부하였다면 동 거래를 회계처리하시오.

[ 풀이 ]

**❶** 1. 가득기간 판단

| 구분 | P | Q | | |
| --- | --- | --- | --- | --- |
| | 공정가치 | 인원 | 부여수량 | 적수 |
| 용역제공조건 | 최초 부여일 FV(고정) | 변동 | 고정 | 고정 |

### 2. 매기 인식할 주식보상비용

| 구분 | P | Q | | | 누적(B/S) | 당기(I/S) |
| | 공정가치 | 인원 | 부여수량 | 적수 | 보상원가 | 당기원가 |
|---|---|---|---|---|---|---|
| 20×1년 | ①<br>150 | ×②<br>(500 − 75) | ×③<br>100 | ×④<br>1/3 | = A<br>2,125,000 | A<br>2,125,000 |
| 20×2년 | ①<br>150 | ×②−1<br>(500 − 60) | ×③<br>100 | ×④<br>2/3 | = B<br>4,400,000 | B − A<br>2,275,000 |
| 20×3년 | ①<br>150 | ×②−2<br>(500 − 58) | ×③<br>100 | ×④<br>3/3 | = C<br>6,630,000 | C − B<br>2,230,000 |

### 3. 회계처리

| 20×1년 말 | 차) 주식보상비용(N/I) | 2,125,000 | 대) 주식선택권 | 2,125,000 |
|---|---|---|---|---|
| 20×2년 말 | 차) 주식보상비용(N/I) | 2,275,000 | 대) 주식선택권 | 2,275,000 |
| 20×3년 말 | 차) 주식보상비용(N/I) | 2,230,000 | 대) 주식선택권 | 2,230,000 |

## ❷ − ①, ②, ③

• 1st: 주식선택권 1개 행사 시 회계처리

| 차) 현금 | 행사가격 600 | 대) 자본금 | 액면가 500 |
|---|---|---|---|
| 주식선택권 | FV 150 | 주식발행초과금 | 행사가격 + FV − 액면가 250 |

• 2nd: 가득수량 고려

⇒ 행사시점의 자본 증가액: 주식선택권 1개 행사 시 행사가격 × 행사수량

@600 × 50,000개 = 30,000,000

⇒ 행사시점의 주식발행초과금 증가액: 주식선택권 1개 행사 시 주식발행초과금 × 행사수량

@250 × 50,000개 = 12,500,000

[50,000개 행사 시 회계처리]

| 차) 현금 | 행사가격 | 대) 자본금 | 액면가 |
|---|---|---|---|
| | 600 × 50,000 = 30,000,000 | | 500 × 50,000 = 25,000,000 |
| 주식선택권 | FV | 주식발행초과금 | 행사가격 + FV − 액면가 |
| | 150 × 50,000 = 7,500,000 | | 250 × 50,000 = 12,500,000 |

## ❷ − ④

| 차) 현금 | 행사가격 | 대) 자기주식 | BV |
|---|---|---|---|
| | 600 × 50,000 = 30,000,000 | | 30,000,000 |
| 주식선택권 | FV | 자기주식처분이익 | 행사가격 + FV − BV |
| | 150 × 50,000 = 7,500,000 | | 7,500,000 |

㈜한국은 20×1년 1월 1일 현재 근무하고 있는 임직원 10명에게 20×3년 12월 31일까지 의무적으로 근무하는 것을 조건으로 각각 주식선택권 10개씩을 부여하였다. 20×1년 1월 1일 현재 ㈜한국이 부여한 주식선택권의 단위당 공정가치는 ₩1,000이다. 부여된 주식선택권의 행사가격은 단위당 ₩15,000이고, 동 주식의 주당 액면금액은 ₩10,000이다. 각 연도 말 주식선택권의 단위당 공정가치는 다음과 같다.

| 20×1년 말 | 20×2년 말 | 20×3년 말 |
|---|---|---|
| ₩1,000 | ₩1,200 | ₩1,500 |

주식선택권 부여일 현재 임직원 중 10%가 3년 이내에 퇴사하여 주식선택권을 상실할 것으로 추정하였으나, 각 연도 말의 임직원 추정 퇴사비율 및 실제 퇴사비율은 다음과 같다.

| 20×1년 말 | 20×2년 말 | 20×3년 말 |
|---|---|---|
| 16%(추정) | 16%(추정) | 13%(실제) |

가득기간 종료 후인 20×3년 말에 주식선택권 50개의 권리가 행사되어 ㈜한국은 보유하고 있던 자기주식(취득원가 ₩700,000)을 교부하였다. 주식선택권의 회계처리가 ㈜한국의 20×3년 당기순이익과 자본총계에 미치는 영향은 각각 얼마인가?

[공인회계사 2019년]

| | 당기순이익 | 자본총계 | | 당기순이익 | 자본총계 |
|---|---|---|---|---|---|
| ① | ₩31,000 감소 | ₩750,000 증가 | ② | ₩31,000 감소 | ₩781,000 증가 |
| ③ | ₩31,000 감소 | ₩850,000 증가 | ④ | ₩63,300 감소 | ₩750,000 증가 |
| ⑤ | ₩63,300 감소 | ₩813,300 증가 | | | |

풀이

1. TOOL 적용

| 구분 | P | Q | | | 누적(B/S) | 당기(I/S) |
|---|---|---|---|---|---|---|
| | 공정가치 | 인원 | 부여수량 | 적수 | 보상원가 | 당기원가 |
| 20×2년 | ① 1,000 | ×② 10 × (1 – 16%) | ×③ 10 | ×④ 2/3 | = A 56,000 | |
| 20×3년 | ① 1,000 | ×② – 1 10 × (1 – 13%) | ×③ – 1 10 | ×④ – 1 3/3 | = B 87,000 | B – A 31,000 |

2. 행사 시 회계처리

| 차) 현금 | 행사가격 | 대) 자기주식 | BV |
|---|---|---|---|
| | 15,000 × 50 = 750,000 | | 700,000 |
| 주식선택권 | FV | 자기주식처분이익 | 대차차액 |
| | 1,000 × 50 = 50,000 | | 100,000 |

⇒ 행사시점의 자본증가액: 행사가격 × 행사수량
  @15,000 × 50개 = 750,000

정답: ①

# 3 주식결제형 주식기준보상거래의 특수상황

## I 지분상품의 공정가치를 신뢰성 있게 추정할 수 없는 경우

### 01 내재가치

매우 드문 경우지만 부여한 지분상품의 공정가치를 신뢰성 있게 추정할 수 없는 경우가 있다. 이 경우에 재화나 용역을 제공받는 날을 기준으로 내재가치로 최초 측정하고 매 보고기간 말과 최종결제일에 재측정한다. 재측정 시에 내재가치 변동액은 당기손익으로 처리한다.

| 구분 | 부여일 | 가득일 | 최종결제일 |
|---|---|---|---|
| FV의 신뢰성 있는 추정 × | ⇒ | ⇒ | 재측정 ○ |

### 02 지분상품의 수량

지분상품의 공정가치를 신뢰성 있게 추정할 수 없는 경우에도 최초 인식 후에 후속적인 정보에 비추어 볼 때 미래에 가득될 것으로 예상되는 주식선택권의 수령이 직전 추정치와 다르다면 가득일까지 당해 추정치를 변경한다.

---

**Self Study**

1. 내재가치 = 현재 주식의 공정가치 − 행사가격
2. 최종결제일: 지분상품이 주식매수권이라면 당해 주식선택권이 행사되거나 상실 또는 만기 소멸되는 날을 주식기준보상약정의 최종결제일로 한다.

㈜합격은 20×1년 초에 종업원 50명에게 각각 회사의 보통주를 주당 ₩600에 살 수 있는 주식선택권 1,000개씩을 부여하였다. 주식선택권 1개당 보통주 1주를 교부하며, 보통주 1주의 액면금액은 ₩500이다.

(1) 부여일 현재 회사는 주식선택권의 공정가치를 신뢰성 있게 측정할 수 없다고 판단하였으며, 부여일 현재 회사의 주가는 ₩600이다.

(2) 20×1년 말 현재 이미 3명이 퇴사하였고, 회사는 20×2년과 20×3년에도 추가로 7명이 퇴사할 것으로 추정하였다. 따라서 부여한 주식선택권의 80%(40명분)가 가득될 것으로 추정된다.

(3) 20×2년에 실제로 2명이 퇴사하였고, 회사는 미래에 가득될 것으로 기대되는 주식선택권의 비율을 86%로 추정하였다. 그리고 20×3년에 실제로 2명이 퇴사하였고, 20×3년 말까지 총 43,000개의 주식선택권이 가득되었다.

(4) 20×1년부터 20×5년까지 회사의 주가와 행사된 주식선택권의 수량은 다음과 같다. 행사된 주식선택권은 모두 회계연도 말에 행사되었다.

| 구분 | 회계연도 말 주가 | 행사된 주식선택권 수량 |
|---|---|---|
| 20×1년 | ₩630 | |
| 20×2년 | ₩650 | |
| 20×3년 | ₩750 | |
| 20×4년 | ₩880 | 20,000개 |
| 20×5년 | ₩1,000 | 23,000개 |

**1** 동 거래와 관련하여 ㈜합격이 가득기간 동안 각 연도별로 인식할 주식보상비용을 계산하고 회계처리를 보이시오.

**2** 동 거래와 관련하여 ㈜합격이 20×4년에 해야 할 회계처리를 보이시오.

[풀이]

**1** 1. 가득기간 판단

| 구분 | P | Q | | |
|---|---|---|---|---|
| | 공정가치 | 인원 | 부여수량 | 적수 |
| 공정가치 신뢰성 있게 측정 × | 매기 말 내재가치로 재측정 | 변동 | 고정 | 고정 |

2. 매기 인식할 주식보상비용

| 구분 | 내재가치 | 인원 | 부여수량 | 적수 | 누적보상비용 | 기간비용 |
|---|---|---|---|---|---|---|
| 20×1년 | (630 − 600) | 50 × 80% | 1,000개 | 1/3 | 400,000 | 400,000 |
| 20×2년 | (650 − 600) | 50 × 86% | 1,000개 | 2/3 | 1,433,333 | 1,033,333 |
| 20×3년 | (750 − 600) | 43 | 1,000개 | 3/3 | 6,450,000 | 5,016,667 |

3. 회계처리

| 20×1년 말 | 차) 주식보상비용(N/I) | 400,000 | 대) 주식선택권 | 400,000 |
| 20×2년 말 | 차) 주식보상비용(N/I) | 1,033,333 | 대) 주식선택권 | 1,033,333 |
| 20×3년 말 | 차) 주식보상비용(N/I) | 5,016,667 | 대) 주식선택권 | 5,016,667 |

**2** 1. 재측정: 43,000개 × (880 − 750) = 5,590,000

| 차) 주식보상비용 | 5,590,000 | 대) 주식선택권 | 5,590,000 |

2. 행사

| 차) 현금 | 20,000개 × 600 = 12,000,000 | 대) 자본금 | 20,000개 × 500 = 10,000,000 |
| 주식선택권 | 20,000개 × (880 − 600) = 5,600,000 | 주식발행초과금 | 7,600,000 |

---

## Ⅱ  부여한 지분상품의 조건변경

주식기준보상거래에서 이미 부여한 지분상품의 조건(행사가격, 행사수량 및 가득기간)을 변경하는 경우가 있다. 조건변경은 지분상품의 부여일 이후에 주식기준보상약정의 내용을 변경하는 것으로 부여일 현재에는 존재하지 않는 조건이라는 점에서 성과조건과는 다르다. 이때 주의할 점은 회사가 지분상품을 부여한 당시의 조건을 변경하는지, 부여한 지분상품을 취소하거나 중도청산하는지 여부와 관계없이 이미 지정된 가득조건에 따라 제공받는 근무용역은 최소한 지분상품의 부여일 당시의 공정가치에 따라 인식해야 한다는 것이다.

### 01  조건변경의 구분

| 구분 | 내용 |
| --- | --- |
| 종업원에게 불리한 경우 | 조건변경을 인식하지 않음 |
| 종업원에게 유리한 경우 | |
| ① 증분공정가치 | 조건변경일에 추정하여 변경된 지분상품의 공정가치와 당초 지분상품의 공정가치의 차이로 측정 |
| ② 인식시기 | 가득기간 중의 변경: 잔여가득기간에 걸쳐 인식 |
| | 가득기간 이후: 즉시 인식 |

조건변경은 주식기준보상약정의 총공정가치를 증가시키거나 종업원에게 유리하게 변경되는 경우에만 조건변경의 효과를 인식한다. 그러므로 주식기준보상약정의 총공정가치를 감소시키거나 종업원에게 불리하게 이루어지는 경우에는 조건변경은 없는 것으로 한다.

3.  주식결제형 주식기준보상거래의 특수상황  **587**

주식기준보상거래

CH 18

해커스 IFRS 정윤돈 중급회계 2

## 02 증분공정가치의 인식

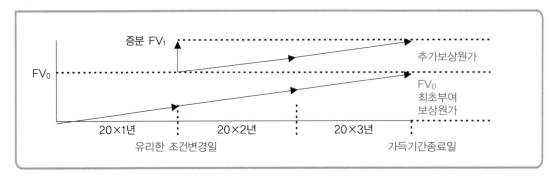

조건변경으로 인하여 부여한 지분상품의 공정가치가 증가하는 경우에는 부여한 지분상품의 대가로 제공받는 근무용역에 대해 인식할 금액을 측정할 때 그 측정치에 증분공정가치를 포함한다. 증분공정가치는 조건변경일에 추정한 변경된 지분상품의 공정가치와 당초 지분상품의 공정가치 차이를 말한다.

가득기간에 조건변경이 있는 경우 당초 지분상품에 대해 부여일에 측정한 공정가치는 당초 잔여가득기간에 걸쳐 인식하고, 증분공정가치는 가득기간 중에 조건변경이 이루어진 경우에는 잔여가득기간에 걸쳐 인식하고, 가득일 후에 조건변경이 이루어진 경우에는 즉시 인식한다.

> **Self Study**
>
> 1. 증분공정가치: 조건변경 직후에 측정한 변경된 지분상품의 공정가치 - 조건변경 직전에 측정한 당초 지분상품의 공정가치
> 2. 종업원에게 불리한 조건변경을 인식하지 않는 이유는 종업원의 근무용역의 가치는 옵션부여일에 이미 지분상품의 공정가치에 기초하여 측정하였고, 나중에 불리하게 조건변경이 된다고 해서, 조건변경 이후에 제공될 근무용역의 가치가 감소한다거나 부의 근무용역이 제공된다고 볼 수는 없다. 또한 회사가 의도적으로 보상원가를 축소할 수 있는 가능성을 제거하는 것이 그 반대의 경우보다 중요하기 때문이다.

## 03 문제풀이 TOOL

**Example** 20×2년 초에 유리한 조건의 변경이 이루어짐

1. 기존 부여일의 공정가치 기준 주식기준보상거래

| 구분 | P | Q | | | 누적(B/S) | 당기(I/S) |
|------|------|------|------|------|------|------|
| | 공정가치 | 인원 | 부여수량 | 적수 | 보상원가 | 당기원가 |
| 20×1년 | ① | ×② | ×③ | ×④ | =A | A |
| 20×2년 | ① | ×②-1 | ×③ | ×④ | =B | B-A |
| 20×3년 | ① | ×②-2 | ×③ | ×④ | =C | C-B |

2. 증분공정가치 기준 주식기준보상거래

| 구분 | P | Q | | | 누적(B/S) | 당기(I/S) |
|------|------|------|------|------|------|------|
| | 공정가치 | 인원 | 부여수량 | 적수 | 보상원가 | 당기원가 |
| 20×2년 | 증분 FV | ×②-1 | ×③ | × 잔여기간 기준 | =D | D |
| 20×3년 | 증분 FV | ×②-2 | ×③ | × 잔여기간 기준 | =E | E-D |

⇒ 20×2년 당기손익에 미치는 영향: (B-A)+D

---

**사례연습 7: 조건의 변경**

㈜현주는 20×1년 1월 1일 종업원 100명에게 각각 주식선택권 100개(행사가격 ₩1,000)를 부여하고, 3년의 용역제공조건을 부과하였다. 권리 부여일에 ㈜현주는 주식선택권의 단위당 공정가치를 ₩300으로 추정하였다. 그러나 주식선택권 부여일 이후 지속적으로 주가가 하락함에 따라 ㈜현주는 20×1년 12월 31일에 행사가격을 단위당 ₩700으로 변경하였다. 20×1년 12월 31일 현재 ㈜현주는 행사가격이 ₩1,000일 경우의 주식선택권의 공정가치는 ₩70이며 행사가격이 ₩700일 경우의 주식선택권의 공정가치는 ₩120인 것으로 추정하였다. 각 연도 말까지 실제로 퇴사한 누적 종업원 수와 가득기간 종료일까지 추가로 퇴사할 것으로 예상되는 종업원 수는 다음과 같다.

| 구분 | 누적 퇴사자 수 | 추가 예상퇴사자 수 |
|------|------|------|
| 20×1년 말 | 2명 | 8명 |
| 20×2년 말 | 6명 | 6명 |
| 20×3년 말 | 10명 | – |

**1** ㈜현주가 20×2년에 인식할 주식보상비용은 얼마인가?

**2** 만약, ㈜현주가 행사가격을 단위당 ₩1,200으로 변경할 경우, ㈜현주가 20×2년에 인식할 주식보상비용은 얼마인가? (단, 행사가격을 단위당 ₩1,200으로 변경하면 주식선택권의 조건변경 전 공정가치는 ₩50, 조건변경 후 공정가치는 ₩20으로 한다)

**1** 1. 가득기간 판단

| 구분 | P | Q | | |
| --- | --- | --- | --- | --- |
| | 공정가치 | 인원 | 부여수량 | 적수 |
| 용역제공조건 | 최초 부여일 FV(고정) | 변동 | 고정 | 고정 |

2. TOOL 적용

① 기존 부여일의 공정가치 기준 주식기준보상거래

| 구분 | P | Q | | | 누적(B/S) | 당기(I/S) |
| --- | --- | --- | --- | --- | --- | --- |
| | 공정가치 | 인원 | 부여수량 | 적수 | 보상원가 | 당기원가 |
| 20×1년 | ①<br>300 | × ②<br>(100 – 2 – 8) | × ③<br>100 | × ④<br>1/3 | = A<br>900,000 | A<br>900,000 |
| 20×2년 | ①<br>300 | × ② – 1<br>(100 – 6 – 6) | × ③<br>100 | × ④<br>2/3 | = B<br>1,760,000 | B – A<br>860,000 |

② 증분공정가치 기준 주식기준보상거래

| 구분 | P | Q | | | 누적(B/S) | 당기(I/S) |
| --- | --- | --- | --- | --- | --- | --- |
| | 공정가치 | 인원 | 부여수량 | 적수 | 보상원가 | 당기원가 |
| 20×2년 | 증분 FV<br>50[1] | × ② – 1<br>(100 – 6 – 6) | × ③<br>100 | × 잔여기간 기준<br>1/2 | = D<br>220,000 | D<br>220,000 |

[1] 증분공정가치: 조건변경 후에 측정한 변경된 지분상품의 FV – 조건변경 직전에 측정한 당초 지분상품의 FV
= 120 – 70 = 50

⇒ 20×2년 인식할 주식보상비용: 860,000 + 220,000 = 1,080,000

**2** 20×2년 주식보상비용: 860,000

\* 종업원에게 불리하게 이루어지는 경우에는 조건변경이 없는 것으로 본다.

## **III** 부여한 지분상품의 기업에 의한 중도청산

종업원에게 부여한 지분상품은 가득기간 중이나 가득일 이후에 중도청산되는 경우가 있다. 이 경우 회사가 해야 할 회계처리는 아래의 순서를 따른다.

### 1st: 미인식잔여보상원가의 인식

중도청산의 경우 부여한 지분상품이 조기에 가득된 것으로 보아 잔여가득기간에 제공받을 용역에 대해 인식될 잔여보상원가를 즉시 인식한다.

| 차) 주식보상비용(N/I) | 미인식잔여분 | 대) 주식선택권 | ×× |
|---|---|---|---|

### Self Study

중도청산을 기초에 하면 잔여보상원가만을 주식보상비용으로 계상하지만 중도청산을 기말에 하면 당기 보상원가 + 잔여보상원가 모두가 당기 주식보상비용으로 계상된다.

### 2nd: 지분상품(주식선택권)의 청산손익 인식

중도청산하는 경우 종업원에게 지급하는 금액은 자기지분상품의 재매입으로 본다. 중도청산일 현재 부여한 지분상품의 공정가치와 장부금액의 차이는 중도청산손익으로 처리한다. 이는 자기지분상품의 재매입에서 발생한 손익으로 자본거래에서 발생한 손익이다. 그러므로 자본항목으로 처리한다. 다만, 지급액이 재매입일 현재 지분상품의 공정가치를 초과하는 경우에는 추가적인 급여를 지급한 것으로 보아 그 초과액을 비용(주식보상비용)으로 인식한다.

| 현금 청산액 | 1. 공정가치 초과지급액:<br>⇒ 주식보상비용으로 인식<br>⇒ 현금 청산액 – 지분상품 FV |
|---|---|
| 청산일의 지분상품 공정가치 | |
| 지분상품의 장부금액(부여일 공정가치) | 2. 부여한 지분상품 중도청산손익<br>⇒ 자본항목으로 처리 |

| 차) 주식선택권 | BV(= 부여일 FV) | 대) 현금 | 중도청산일 FV |
|---|---|---|---|
| 주식선택권청산손실(자본) | 자본항목 | | |
| 차) 주식보상비용(N/I) | ×× | 대) 현금 | 지급액 – 중도청산일 FV |

⇒ 중도청산 시 N/I에 미치는 영향
   (1) 기초 시점에 중도청산: 잔여보상원가 즉시 인식 + (현금 지급액 – 중도청산일 FV)
   (2) 기말 시점에 중도청산: 당기보상원가 + 잔여보상원가 즉시 인식 + (현금 지급액 – 중도청산일 FV)
⇒ 중도청산 시 자본 총계에 미치는 영향: 현금 지급액

㈜합격은 20×1년 초에 임원 1명에게 주식선택권 1개를 부여하고 3년의 용역제공조건을 부과하였다. 부여일 현재 주식선택권의 단위당 공정가치는 ₩120으로 추정되었다.

> 20×3년 말까지 임원은 퇴사하지 않을 것으로 추정하였고 실제 퇴사하지 않았다. ㈜합격은 20×2년 말에 부여한 주식선택권을 전액 현금으로 중도청산하였다.

**1** 중도청산시점의 주식선택권의 단위당 공정가치는 ₩200이며, 현금 청산가액은 ₩220이다. 20×1년과 20×2년에 행할 회계처리를 제시하시오.

**2** 중도청산시점의 주식선택권의 단위당 공정가치는 ₩100이며, 현금 청산가액은 ₩150이다.

[풀이]

**1** 1. 가득조건 판단

| 구분 | P | Q | | |
|---|---|---|---|---|
| | 공정가치 | 인원 | 부여수량 | 적수 |
| 용역제공조건 | 최초 부여일 FV(고정) | 변동 | 고정 | 고정 |

2. TOOL 적용

| 구분 | P | Q | | | 누적(B/S) 보상원가 | 당기(I/S) 당기원가 |
|---|---|---|---|---|---|---|
| | 공정가치 | 인원 | 부여수량 | 적수 | | |
| 20×1년 | ① 120 | × ② 1 | × ③ 1 | × ④ 1/3 | = A 40 | A 40 |
| 20×2년 | ① 120 | × ② 1 | × ③ 1 | × ④ 2/3 | = B 80 | B − A 40 |
| 20×3년 | ① 120 | × ② 1 | × ③ 1 | × ④ 3/3 | = C 120 | C − B 40 |

3. 중도청산
- 1st: 미인식잔여보상원가의 인식

| 차) 주식보상비용(N/I) | 미인식잔여분 40 | 대) 주식선택권 | 40 |
|---|---|---|---|

- 2nd: 지분상품(주식선택권)의 청산손익 인식

| 현금 청산액 220(개당) | 1. 공정가치 초과지급액 ⇒ 주식보상비용으로 인식 ⇒ 현금 청산액 − 청산일 FV : (220 − 200) × 1개 = 20 |
|---|---|
| 청산일의 지분상품 공정가치 200(개당) | |
| 지분상품의 장부금액(부여일 공정가치) 120(개당) | 2. 부여한 지분상품 중도청산손익 ⇒ 자본항목으로 처리: (200 − 120) × 1개 = 80 |

| 차) 주식선택권 | BV(= 부여일 FV) 120 | 대) 현금 | 청산일 FV 200 |
|---|---|---|---|
| 주식선택권청산손실(자본) | 자본항목 80 | | |
| 차) 주식보상비용 | N/I 20 | 대) 현금 | 지급액 − 청산일 FV 20 |

## 4. 회계처리

| 20×1년 말 | 차) 주식보상비용(N/I) | 40 | 대) 주식선택권 | 40 |
|---|---|---|---|---|
| 20×2년 말 | | | | |
| • 당기분 | 차) 주식보상비용(N/I) | 40 | 대) 주식선택권 | 40 |
| • 잔여분 | 차) 주식보상비용(N/I) | 40 | 대) 주식선택권 | 40 |
| • 중도청산 | 차) 주식선택권 | 120 | 대) 현금 | 200 |
| | 주식선택권청산손실(자본) | 80 | | |
| | 차) 주식보상비용(N/I) | 20 | 대) 현금 | 20 |

**2** 1. 중도청산

• 1st: 미인식잔여보상원가의 인식

| 차) 주식보상비용(N/I) | 미인식잔여분 40 | 대) 주식선택권 | 40 |
|---|---|---|---|

• 2nd: 지분상품(주식선택권)의 청산손익 인식

> 현금 청산액 150(개당)
>
> 지분상품의 장부금액(부여일 공정가치)
> 120(개당)
>
> 청산일의 지분상품 공정가치 100(개당)

1. 공정가치 초과지급액
   ⇒ 주식보상비용으로 인식
   ⇒ 현금 청산액 − 청산일 FV
   : (150 − 100) × 1개 = 50

2. 부여한 지분상품 중도청산손익
   ⇒ 자본항목으로 처리: (100 − 120) × 1개 = 20

| 차) 주식선택권 | BV(= 부여일 FV) 120 | 대) 현금 | 청산일 FV 100 |
|---|---|---|---|
| | | 주식선택권청산이익 | 자본항목 20 |
| 차) 주식보상비용 | N/I 50 | 대) 현금 | 지급액 − 청산일 FV 50 |

## 2. 회계처리

| 20×1년 말 | 차) 주식보상비용(N/I) | 40 | 대) 주식선택권 | 40 |
|---|---|---|---|---|
| 20×2년 말 | | | | |
| • 당기분 | 차) 주식보상비용(N/I) | 40 | 대) 주식선택권 | 40 |
| • 잔여분 | 차) 주식보상비용(N/I) | 40 | 대) 주식선택권 | 40 |
| • 중도청산 | 차) 주식선택권 | 120 | 대) 현금 | 100 |
| | | | 주식선택권청산이익(자본) | 20 |
| | 차) 주식보상비용(N/I) | 50 | 대) 현금 | 50 |

㈜대한은 20×1년 1월 1일 종업원 100명에게 각각 10개의 주식선택권을 부여하였다. 동 주식선택권은 종업원이 앞으로 3년 동안 회사에 근무해야 가득된다. 20×1년 1월 1일 현재 ㈜대한이 부여한 주식선택권의 단위당 공정가치는 ₩360이며, 각 연도 말 퇴직 종업원 수는 다음과 같다.

| 구분 | 실제 퇴직자 수 | 추가 퇴직 예상자 수 |
|---|---|---|
| 20×1년 말 | 10명 | 20명 |
| 20×2년 말 | 15명 | 13명 |
| 20×3년 말 | 13명 | − |

주식선택권 부여일 이후 주가가 지속적으로 하락하여 ㈜대한의 20×2년 12월 31일 주식선택권의 단위당 공정가치는 ₩250이 되었다. 또한 20×2년 초 ㈜대한은 종업원에게 부여하였던 주식선택권의 수를 10개에서 9개로 변경하였다. 동 주식기준보상과 관련하여 ㈜대한이 20×2년도에 인식할 주식보상비용은 얼마인가?

**풀이**

20×2년도에 인식할 주식보상비용: 82,320 = 32,400 + 49,920

| 구분 | P | Q | | | 누적(B/S) | 당기(I/S) |
|---|---|---|---|---|---|---|
| | 공정가치 | 인원 | 부여수량 | 적수 | 보상원가 | 당기원가 |
| 20×1년 | ① 360 | × ② (100 − 30) | × ③ 10 | × ④ 1/3 | = A 84,000 | A 84,000 |
| 20×2년 | ① 360 | × ② (100 − 10) | × ③ 1 | × ④ 3/3 | = 32,400 | 32,400 |
| | ① 360 | × ② (100 − 38[1]) | × ③ 9 | × ④ 2/3 | = B 133,920 | B − A 49,920 |

[1] 10 + 15 + 13 = 38

**Self Study**

조건변경으로 인해 부여한 지분상품의 수량이 감소하는 경우에는 부여한 지분상품의 일부가 취소된 것으로 보아 중도청산의 경우와 동일한 방법으로 회계처리한다.

**기출 Check 2**

㈜대전은 20×1년 1월 1일에 종업원 6,000명에게 주식선택권을 100개씩 부여하였다. 동 주식선택권은 종업원이 앞으로 3년간 용역을 제공할 경우 가득된다. 20×1년 1월 1일 현재 ㈜대전이 부여한 주식선택권의 단위당 공정가치는 ₩10이며, 각 연도 말 주식선택권의 단위당 공정가치는 다음과 같다.

| 20×1년 12월 31일 | 20×2년 12월 31일 | 20×3년 12월 31일 |
|---|---|---|
| ₩12 | ₩16 | ₩23 |

㈜대전은 주식선택권을 부여받은 종업원 중 퇴사할 종업원은 없다고 추정하였다. 20×3년 1월 1일에 ㈜대전은 종업원과의 협의하에 주식선택권을 단위당 현금 ₩20에 중도청산하였다. 중도 청산일까지 퇴사한 종업원은 없다. 20×3년 1월 1일에 ㈜대전의 주식선택권의 중도청산과 관련하여 발생한 비용과 자본에 미치는 영향은 얼마인가? (단, 동 주식선택권의 20×2년 12월 31일과 20×3년 1월 1일의 공정가치는 같다고 가정한다)

[공인회계사 2010년]

|  | 당기에 미치는 영향 | 자본에 미치는 영향 |
|---|---|---|
| ① | ₩4,400,000 감소 | ₩4,400,000 감소 |
| ② | ₩4,400,000 감소 | ₩12,000,000 감소 |
| ③ | ₩6,000,000 증가 | ₩12,000,000 감소 |
| ④ | ₩6,000,000 감소 | ₩12,000,000 증가 |
| ⑤ | ₩9,600,000 증가 | ₩9,600,000 증가 |

**풀이**

1. 가득조건 판단

| 구분 | P | Q | | |
|---|---|---|---|---|
|  | 공정가치 | 인원 | 부여수량 | 적수 |
| 용역제공조건 | 최초 부여일 FV(고정) | 변동 | 고정 | 고정 |

2. TOOL 적용

| 구분 | P | Q | | | 누적(B/S) | 당기(I/S) |
|---|---|---|---|---|---|---|
|  | 공정가치 | 인원 | 부여수량 | 적수 | 보상원가 | 당기원가 |
| 20×1년 | ① 10 | × ② 6,000 | × ③ 100 | × ④ 1/3 | = A 2,000,000 | A 2,000,000 |
| 20×2년 | ① 10 | × ② 6,000 | × ③ 100 | × ④ 2/3 | = B 4,000,000 | B − A 2,000,000 |
| 20×3년 | ① 10 | × ② 6,000 | × ③ 100 | × ④ 3/3 | = C 6,000,000 | C − B 2,000,000 |

• 1st: 미인식잔여보상원가의 인식

차) 주식보상비용   미인식잔여분 2,000,000   대) 주식선택권   2,000,000

- 2nd: 지분상품(주식선택권)의 청산손익 인식

| 현금 청산액 20(개당) |
|---|

1. 공정가치 초과지급액
   ⇒ 주식보상비용으로 인식
   ⇒ 현금 청산액 − 지분상품 FV
   : (20 − 16) × 600,000개

| 청산일의 지분상품 공정가치 16(개당) |
|---|

2. 부여한 지분상품 중도청산손익
   ⇒ 자본항목으로 처리: (16 − 10) × 600,000개

| 지분상품의 장부금액(부여일 공정가치)<br>10(개당) |
|---|

| 차) 주식선택권 | BV | 대) 현금 | FV |
|---|---|---|---|
| | 10 × 600,000 = 6,000,000 | | 16 × 600,000 = 9,600,000 |
| 주식선택권청산손실(자본) | 자본항목<br>3,600,000 | | |
| 차) 주식보상비용 | N/I<br>2,400,000 | 대) 현금 | 지급액 − FV<br>(20 − 16) × 600,000 = 2,400,000 |

⇒ 중도청산 시 N/I에 미치는 영향: 잔여보상원가 즉시 인식 + (현금 지급액 − 청산일 FV)

$$(2,000,000) + (2,400,000) = (-)4,400,000$$

⇒ 중도청산 시 자본 총계에 미치는 영향: 현금 지급액 20 × 600,000 = 12,000,000

정답: ②

# 4 현금결제형 주식기준보상거래

## I 의의

현금결제형 주식기준보상거래란 기업이 재화나 용역을 제공받는 대가로 기업의 주식이나 다른 지분상품의 가격에 기초한 금액만큼의 부채를 재화나 용역의 공급자에게 부담하는 거래를 말한다. 주가차액보상권은 이러한 현금결제형 주식기준보상거래의 가장 대표적인 형태라고 할 수 있다.

현금결제형 주가차액보상권은 일정 기간 기업의 주가가 지정된 가격을 초과하는 경우 초과금액을 현금이나 기타 자산으로 보상받을 수 있는 권리를 부여하는 계약을 말한다.

### Self Study

현금결제형 주가차액보상권은 일정 기간 기업의 주가가 지정된 가격을 초과하는 경우 초과금액을 현금이나 기타 자산으로 보상받을 수 있는 권리를 부여하는 계약이다.

## II 단위당 보상원가의 인식과 측정

### 01 보상원가의 인식

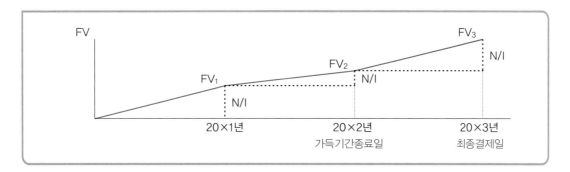

현금결제형 주가차액보상권의 보상원가는 제공받는 재화나 용역과 그 대가로 부담하는 부채를 부채의 공정가치로 측정한다. 또한 부채가 결제될 때까지 매 보고기간 말과 결제일에 부채의 공정가치로 재측정하고 공정가치의 변동액은 당기손익으로 인식한다.

## 02 보상수량의 산정

보상원가는 주식기준보상약정에 따라 부여한 주가차액권의 공정가치에 수량을 곱한 금액으로 산정한다. 주가차액보상권의 수량은 가득기간 종료시점에 가득될 것으로 예상되는 수량에 대한 최선의 추정치에 기초하여 산정한다. (= 주식결제형 주식기준보상거래와 동일)

## III 현금결제형 주식기준보상거래의 회계처리

**Example** 현금결제형 주식기준보상거래 일반

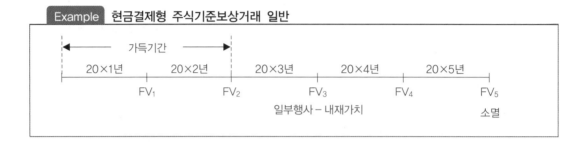

## 01 가득기간 중의 회계처리

| 구분 | 회계처리 |
|---|---|
| 근무용역조건을 포함하지 않은 경우<br>(가득기간이 없음) | • 즉시 부채의 공정가치를 비용으로 인식 |
| 근무용역조건을 포함한 경우<br>(가득기간이 포함된 용역제공조건) | • 부채의 최초 공정가치를 근무용역기간에 걸쳐 인식<br>• 매 보고일에 부채의 공정가치를 재측정하고 공정가치 변동을 당기손익으로 인식 |

각 보고기간 말의 보상원가는 용역제공조건의 경우 용역제공비율에 따라 가득기간에 걸쳐 인식된다. 그러므로 가득기간 중에 각 회계연도에 인식할 주식보상비용은 당기 말까지 인식할 누적보상원가에서 전기 말까지 인식한 누적보상원가를 차감하여 계상한다.

현금결제형 주가차액보상권은 권리행사 시 현금이나 기타 자산으로 결제하므로 주식보상비용으로 인식한 금액은 장기미지급비용으로 부채로 분류한다.

| 20×1년 말 | 차) 주식보상비용 | ×× | 대) 장기미지급비용[1] | ×× |
|---|---|---|---|---|
| 20×2년 말 | 차) 주식보상비용 | ×× | 대) 장기미지급비용[2] | ×× |

[1] (FV$_1$ × 20×1년 말 누적가득기간 ÷ 총가득기간)
[2] (FV$_2$ × 20×2년 말 누적가득기간 ÷ 총가득기간) − 전기 말 B/S 장기미지급비용

## 02 가득기간 이후의 보상원가 인식

현금결제형 주가차액보상권은 가득일 이후에도 매 보고기간 말의 공정가치로 보상원가를 재측정하고 보상원가의 재측정으로 변동한 금액은 주식보상비용으로 처리한다.

| 구분 | 부여일 | 가득일 | 최종결제일 |
|---|---|---|---|
| 현금결제형 | ⇒ | ⇒ | 재측정 ○ |

## 03 권리의 행사(가득기간 종료 후 기말 일부 행사)

가득기간 종료 후 기말 일부 행사가 이루어지는 경우, 우선 기말 시점에 공정가치로 보상원가를 재측정하여 변동한 금액은 주식보상비용으로 처리하고 그 다음으로 권리가 행사된 부분은 내재가치에 해당하는 금액으로 현금으로 결제하고 현금결제액과 장기미지급비용 장부금액의 차액은 주식보상비용으로 인식한다.

| 20×3년 말 | | | | |
|---|---|---|---|---|
| ① 재측정 | 차) 주식보상비용 | $(FV_3 - FV_2) \times$ 총가득수량 | 대) 장기미지급비용 | ×× |
| ② 행사 | 차) 장기미지급비용 | $FV_3 \times$ 행사수량 | 대) 현금 | 내재가치 × 행사수량 |
| | 주식보상비용 | (내재가치 $- FV_3) \times$ 행사수량 | | |
| 20×4년 말 | 차) 주식보상비용 | $(FV_4 - FV_3) \times$ 미행사수량 | 대) 장기미지급비용 | ×× |
| 20×5년 말 | 차) 주식보상비용 | $(FV_5 - FV_4) \times$ 미행사수량 | 대) 장기미지급비용 | ×× |
| | 장기미지급비용 | BV | 주식보상비용환입 | ×× |

가득기간 종료 후 기말 일부 행사 시 계산 TOOL

⇒ 기말 일부 행사 시 주식보상비용(N/I)
　① 재측정: (FV 당기 − FV 전기) × 총가득수량
　② 행사: (내재가치 − FV 당기) × 행사수량

---

**Self Study**

1. 주가차액보상권의 공정가치(기말 재측정 시 사용) = 예상주가 − 행사가격
2. 주가차액보상권의 내재가치(권리 행사 시 사용) = 현재주가 − 행사가격

㈜현주는 20×1년 1월 1일에 종업원 500명에게 각각 100개씩 총 50,000개의 현금결제형 주가차액보상권을 부여하고 3년의 용역제공기간을 부과하였다. 관련 자료는 다음과 같다.

(1) 20×1년 중 30명의 종업원이 퇴사하여 3,000개의 주가차액보상권이 소멸하였으며, 회사는 향후 2년간 추가로 60명이 퇴사할 것으로 추정하였다. 20×2년에는 예상대로 30명이 퇴사하여 3,000개의 주가차액보상권이 소멸하였고 이에 따라 20×3년에도 30명이 퇴사할 것으로 추정하였다. 그러나 20×3년에는 실제로 20명만이 퇴사하여 2,000개의 주가차액보상권이 권리 소멸하였다.

(2) 20×3년 말까지 계속하여 근무한 종업원은 부여받았던 주가차액보상권을 모두 가득하였다. 회사가 매 회계연도 말에 추정한 주가차액보상권의 공정가치와 각 권리 행사 시점의 내재가치(주가와 행사가격의 차액으로 현금 지급액을 의미함)는 다음과 같다.

| 회계연도 | 공정가치 | 내재가치 |
|---|---|---|
| 20×1년 | ₩300 | |
| 20×2년 | ₩360 | |
| 20×3년 | ₩420 | |
| 20×4년 | ₩270 | ₩300 |
| 20×5년 | | ₩280 |

(3) 20×4년 말에 200명의 종업원이 주가차액보상권을 행사하였으며, 나머지는 220명의 종업원은 20×5년 말에 전량 권리를 행사하였다.

**1** ㈜현주가 20×1년부터 20×3년까지 주식보상비용으로 인식할 금액을 구하시오.
**2** 동 거래가 ㈜현주의 20×4년 당기손익에 미친 영향을 구하시오.
**3** 동 거래가 ㈜현주의 20×5년 당기손익에 미친 영향을 구하시오.

풀이

**1** 1. 각 회계기간에 인식할 주식보상비용

| 구분 | P 공정가치 | Q 인원 | Q 부여수량 | Q 적수 | 누적(B/S) 보상원가 | 당기(I/S) 당기원가 |
|---|---|---|---|---|---|---|
| 20×1년 | ① 300 | ×② (500 − 90) | ×③ 100 | ×④ 1/3 | = A 4,100,000 | A 4,100,000 |
| 20×2년 | ① 360 | ×② (500 − 90) | ×③ 100 | ×④ 2/3 | = B 9,840,000 | B − A 5,740,000 |
| 20×3년 | ① 420 | ×② (500 − 80) | ×③ 100 | ×④ 3/3 | = C 17,640,000 | C − B 7,800,000 |

2. 회계처리

| | | | | |
|---|---|---|---|---|
| 20×1년 말 | 차) 주식보상비용(N/I) | 4,100,000 | 대) 장기미지급비용 | 4,100,000 |
| 20×2년 말 | 차) 주식보상비용(N/I) | 5,740,000 | 대) 장기미지급비용 | 5,740,000 |
| 20×3년 말 | 차) 주식보상비용(N/I) | 7,800,000 | 대) 장기미지급비용 | 7,800,000 |

**2** 1. 20×4년도 주식보상비용

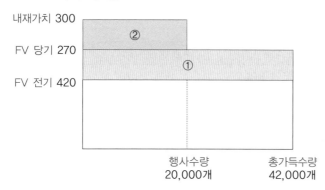

⇒ 기말 일부 행사 시 주식보상비용환입 (−)5,700,000
　　① 재측정: (FV 당기 − FV 전기) × 총가득수량
　　　• @(270 − 420) × 42,000개 = (−)6,300,000(환입)
　　② 행사: (내재가치 − FV 당기) × 행사수량
　　　• @(300 − 270) × 20,000개 = 600,000

⇒ 현금 지급액: 내재가치 × 행사수량
　　• @300 × 20,000개 = 6,000,000

2. 회계처리

| | | | | |
|---|---|---|---|---|
| ① 재측정 | 차) 장기미지급비용 | 6,300,000 | 대) 주식보상비용환입 | 6,300,000 |
| ② 행사 | 차) 장기미지급비용 | 5,400,000 | 대) 현금 | 6,000,000 |
| | 　주식보상비용 | 600,000 | | |

**3** 20×5년 N/I에 미치는 영향: (−)220,000
① 재측정: −
② 행사: (280 − 270) × 220명 × 100개 = 220,000

| | | | | |
|---|---|---|---|---|
| ① 재측정 | 회계처리 없음 | | | |
| ② 행사 | 차) 장기미지급비용 | 5,940,000 | 대) 현금 | 6,160,000 |
| | 　주식보상비용 | 220,000 | | |

㈜대한은 주가가 행사가격(단위당 ₩1,000)을 초과할 경우 차액을 현금으로 지급하는 주가차액 보상권을 20×2년 1월 1일 임직원 10명에게 각각 200개씩 부여하였다. 이 주가차액보상권은 20×2년 말에 모두 가득되었고, 20×4년 말에 실제로 1,000개의 주가차액보상권이 행사되었다. 매 회계연도 말 보통주와 현금결제형 주가차액보상권의 단위당 공정가치가 다음과 같은 경우, 주가차액보상권과 관련하여 20×4년도에 ㈜대한이 인식할 주식보상비용(또는 주식보상비용환입)과 현금 지급액은?

[세무사 2013년]

| 구분 | 20×2년 말 | 20×3년 말 | 20×4년 말 |
| --- | --- | --- | --- |
| 보통주의 공정가치 | ₩1,800 | ₩1,700 | ₩1,900 |
| 주가차액보상권의 공정가치 | ₩1,400 | ₩1,300 | ₩1,500 |

① 주식보상비용 　　　　₩200,000 　　　　현금 지급액 ₩900,000
② 주식보상비용환입 　₩200,000 　　　　현금 지급액 ₩900,000
③ 주식보상비용 　　　　₩200,000 　　　　현금 지급액 ₩900,000
④ 주식보상비용환입 　₩200,000 　　　　현금 지급액 ₩500,000
⑤ 주식보상비용 　　　　₩200,000 　　　　현금 지급액 ₩500,000

**풀이**

1. 20×4년 일부 행사 시 20×4년 주식보상비용

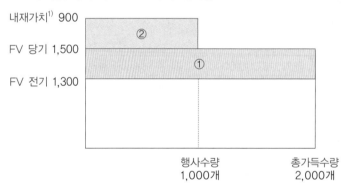

1) 20×4년 내재가치: 보통주 FV − 행사가격 = 1,900 − 1,000 = 900

⇒ 기말 일부 행사 시 주식보상비용환입 (−)200,000
① 재측정: (FV 당기 − FV 전기) × 총가득수량
　• (1,500 − 1,300) × 2,000 = 400,000
② 행사: (내재가치 − FV 당기) × 행사수량
　• (900 − 1,500) × 1,000 = (−)600,000

⇒ 현금 지급액: 내재가치 × 행사수량
　• 900 × 1,000개 = 900,000

## 2. 회계처리

- 20×4년 말

| | | | | | |
|---|---|---|---|---|---|
| ① 재측정 | 차) 주식보상비용 | 400,000 | 대) 장기미지급비용 | 400,000 |
| ② 행사 | 차) 장기미지급비용 | 1,500,000 | 대) 현금 | 900,000 |
| | | | 주식보상비용 | 600,000 |

정답: ②

# 선택형 주식기준보상거래

선택형 주식기준보상거래란 기업이나 거래상대방이 제공받는 재화나 용역의 대가의 결제방식으로, 현금(또는 그 밖의 자산) 지급이나 지분상품발행 중 하나를 선택할 수 있는 주식기준보상거래를 말한다.

| 선택형<br>주식기준보상거래 | 상대방이 선택 가능 | 현금결제형 + 주식결제형 |
|---|---|---|
| | 회사가 선택 가능 | 원칙: 주식결제형 |
| | | 예외: 현금상환의무 존재 시 현금결제형 |

## I 거래상대방이 결제방식을 선택할 수 있는 주식기준보상거래

### 01 보상원가의 측정

기업이 거래상대방에게 결제방식을 선택할 수 있는 권리를 부여한 경우에는 부채요소(거래상대방의 현금결제요구권)와 자본요소(거래상대방의 지분상품결제요구권)가 포함된 복합금융상품을 부여한 것으로 본다.

종업원으로부터 제공받은 재화나 용역의 공정가치를 직접 측정할 수 없는 거래에서는 당해 거래조건을 고려하여 측정기준일 현재 복합금융상품의 공정가치를 측정한다. 복합금융상품의 공정가치는 현금결제요구권과 지분상품결제요구권 중 큰 금액으로 측정한다.

복합금융상품의 공정가치를 측정하면, 이 중 부채요소에 해당하는 현금결제요구권의 가치를 먼저 측정하고 남은 잔액은 자본요소의 공정가치로 측정한다.

| 거래상대방이 결제방식을 선택할 수 있는 경우, 보상원가의 측정 | |
|---|---|
| 거래상대방이 결제방식을 선택할<br>수 있는 주식선택권 | 현금결제요구권(부채요소) + 지분상품결제요구권(자본요소) |
| 복합금융상품의 공정가치 | Max[현금결제요구권의 공정가치, 지분상품결제요구권의 공정가치] |
| 자본요소의 공정가치 | 복합금융상품의 공정가치 − 현금결제요구권의 공정가치 |

## 02 보상원가의 인식

부여한 복합금융상품의 대가로 제공받은 재화나 용역은 각각의 구성요소별로 구분하여 회계처리한다. 부채요소에 대하여는 현금결제형 주식기준보상거래와 같이 거래상대방에게서 재화나 용역을 제공받을 때 보상원가와 부채를 인식한다. 이때 부채는 매 보고기간 말과 결제일의 공정가치로 재측정한다.

자본요소가 있는 경우 자본요소에 대하여는 주식결제형 주식기준보상거래와 같이 거래상대방에게서 재화나 용역을 제공받을 때 보상원가와 자본항목을 인식한다. 이때 지분상품은 부여일의 공정가치로 측정하고 매기 말 재측정하지 않는다.

**거래상대방이 결제방식을 선택할 수 있는 경우, 보상원가 인식**

| 구분 | 부채요소 | 자본요소 |
|---|---|---|
| 측정 | 우선적 산정(매기 말 재측정함) | 부채요소 산정 후 산정(매기 말 재측정하지 않음) |
| 인식 | 장기미지급비용(부채항목) | 주식선택권(자본항목) |
| 주식결제 시 | 장기미지급비용, 주식선택권 모두 주식발행금액으로 대체 | |
| 현금결제 시 | 현금 지급액과 상계 | 계속 자본항목으로 표시 |

**거래상대방이 결제방식을 선택할 수 있는 경우, 보상원가 인식 회계처리**

| 재화·용역 제공일 | 차) 주식보상비용 | ×× | 대) 장기미지급비용 | 부채요소 |
|---|---|---|---|---|
| | | | 주식선택권 | 자본요소 |

## 03 권리의 행사

권리 행사 시 거래상대방이 주식결제방식을 선택하는 경우에는 자본요소로 인식한 금액과 부채요소의 장부금액의 합계액을 주식의 발행금액으로 처리한다.

**주식결제방식을 선택한 경우**

| 주식결제 선택 시 | 차) 현금 | 행사가액 | 대) 자본금 | 액면금액 |
|---|---|---|---|---|
| | 장기미지급비용 | 부채요소 | 주식발행초과금 | ×× |
| | 주식선택권 | 자본요소 | | |

그러나 현금결제방식을 선택하는 경우에는 현금 지급액을 모두 부채의 상환액으로 보며, 이미 인식한 자본요소는 계속 자본으로 분류한다.

| | | | | |
|---|---|---|---|---|
| 현금결제<br>선택 시 | 차) 장기미지급비용 | ×× | 대) 현금 | ×× |
| | 주식보상비용 | ×× | | |
| | 차) 주식선택권 | ×× | 대) 주식선택권소멸이익 | 자본 |

**거래상대방이 결제방식을 선택할 수 있는 선택형 주식기준보상의 권리 행사**

| 구분 | 주식결제방식의 선택 | 현금결제방식의 선택 |
|---|---|---|
| 부채요소 | 주식발행금액으로 대체 | 현금 지급액과 상계 |
| 자본요소 | 주식발행금액으로 대체 | 계속 자본항목으로 표시 |

---

**사례연습 11: 선택형**

㈜초아는 20×1년 1월 1일 임원에게 가상주식 1,000주(㈜초아의 보통주식 1,000주에 상당하는 현금을 지급받을 권리)와 주식 1,200주를 선택할 수 있는 권리를 부여하고 3년의 용역제공조건을 부과하였다. 임원은 현금결제형과 주식결제형을 자유롭게 선택할 수 있다. 만일 주식 1,200주를 선택하는 경우에는 2년간 처분이 금지된다. 부여일 현재 ㈜초아의 주가는 주당 ₩50이며, 주식 1,200주를 제공받는 결제방식의 부여일 현재 공정가치는 주당 ₩48이다. 20×1년 말 현재 ㈜초아의 주가가 ₩52이라고 할 경우 ㈜초아가 20×1년도 주식보상비용으로 인식할 금액은 얼마인가?

**풀이**

1. 부채요소와 자본요소의 분리
   (1) 복합금융상품의 공정가치: Max[1,000주 × 50, 1,200주 × 48] = 57,600
   (2) 부채요소의 공정가치: 1,000주 × 50 = 50,000
   (3) 자본요소의 공정가치: 57,600 − 50,000 = 7,600

2. 주식보상비용 배분
   (1) 부채요소의 배분: 1,000주 × 52 × 1/3 = 17,333
   (2) 자본요소의 배분: 7,600 × 1/3 = 2,533

   ⇒ 20×1년의 주식보상비용: 17,333 + 2,533 = 19,866

   | | | | | |
   |---|---|---|---|---|
   | 재화·용역<br>제공일 | 차) 주식보상비용 | 19,866 | 대) 장기미지급비용 | 17,333 |
   | | | | 주식선택권 | 2,533 |

## Ⅱ    회사가 결제방식을 선택할 수 있는 주식기준보상거래

회사가 현금이나 지분상품발행으로 결제할 수 있는 선택권을 갖는 조건이 있는 주식기준보상거래의 경우, 현금을 지급해야 하는 현재의무가 있는 경우 현금결제형 주식기준보상거래로 회계처리한다. 다음의 경우에는 현금지급의 현재의무가 있는 것으로 본다.

(1) 지분상품을 발행하여 결제하는 선택권에 상업적 실질이 결여된 경우
(2) 현금으로 결제한 과거의 실무관행이 있거나 현금으로 결제한다는 방침이 명백한 경우
(3) 거래상대방이 현금결제를 요구할 때마다 일반적으로 기업이 이를 수용하는 경우

현금지급의 현재의무가 없으면, 주식결제형 주식기준보상거래로 보아 회계처리한다. 주식결제형 주식기준보상거래에 해당하는 경우에는 다음과 같이 회계처리한다.

(1) 기업이 현금결제를 선택하는 경우: 자기지분상품의 재매입으로 보아 현금 지급액을 자본에서 차감

[현금결제방식을 선택]

| 차) 주식선택권 | ×× | 대) 현금 | ×× |
|---|---|---|---|
| 주식선택권상환손실 | 자본항목 | | |

(2) 기업이 지분상품의 발행으로 결제하는 것을 선택하는 경우: 주식결제형과 동일

[주식결제방식을 선택]

| 차) 현금 | ×× | 대) 자본금 | ×× |
|---|---|---|---|
| 주식선택권 | ×× | 주식발행초과금 | ×× |

(3) 기업이 결제일에 더 높은 공정가치를 가진 결제방식을 선택하는 경우: 초과결제가치를 추가 비용으로 인식

* 초과결제가치는 실제로 지급한 금액이 주식결제방식을 선택할 때 발행하여야 하는 지분상품의 공정가치를 초과하는 금액 또는 실제로 발행한 지분상품의 공정가치가 현금결제방식을 선택할 때 지급하여야 하는 금액을 초과하는 금액이다.

(⇒ 초과결제가치: 실제 지급한 가치 − Min[현금결제가치, 주식결제가치])

[현금결제방식을 선택]

| 차) 주식선택권 | ×× | 대) 현금 | ×× |
|---|---|---|---|
| 주식선택권상환손실 | 자본항목 | | |
| 주식보상비용 | 초과결제가치 | | |

[주식결제방식을 선택]

| 차) 현금 | ×× | 대) 자본금 | ×× |
|---|---|---|---|
| 주식선택권 | ×× | 주식발행초과금 | ×× |
| 주식보상비용 | 초과결제가치 | | |

| 구분 | 현금지급의 의무 | 권리 행사 시의 처리 |
|---|---|---|
| 현금결제형 | O | 현금결제함 |
| 주식결제형 | X | ① 현금결제 시: 자기지분상품의 재매입으로 봄<br>② 주식결제 시: 주식결제형과 동일함<br>+ 더 높은 공정가치로 결제: 초과결제가치는 비용처리함 |

## Ⅲ 부여한 주식에 현금결제선택권이 후속적으로 추가된 경우

기업이 종업원과 주식결제형 주식기준보상거래를 한 이후 가득기간 중 현금결제선택권이 부여되는 경우가 있다. 이 경우 기업은 조건변경일 현재 주식결제형의 공정가치와 당초 특정된 근무용역을 제공받은 정도에 기초하여 조건변경일에 현금으로 결제될 부채를 인식한다.

**(1)** 현금결제선택권이 후속적으로 추가된 시점에 부채요소를 부채로 대체하여 인식한다.

⇒ 기업은 각 보고일과 결제일에 부채의 공정가치를 재측정하고 그 공정가치 변동을 그 기간의 당기손익으로 인식한다.

**(2)** 조건변경일 현재 자본요소의 공정가치

⇒ 주식결제요구권의 공정가치 − 현금결제선택권의 공정가치

**Self Study**

당초 부여한 주식에 현금결제선택권이 후속적으로 추가되는 것은 조건변경에 해당한다. 기업이 지분상품을 부여한 당시의 조건을 변경하는지, 부여한 지분상품을 취소하거나 중도청산하는지 여부와 관계없이 제공받는 근무용역은 최소한 지분상품의 부여일 당시의 공정가치에 따라 인식하여야 한다.

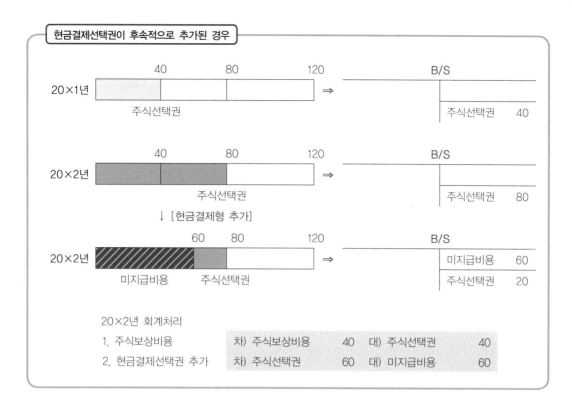

**현금결제선택권이 후속적으로 추가된 경우**

20×2년 회계처리

1. 주식보상비용      차) 주식보상비용   40   대) 주식선택권   40

2. 현금결제선택권 추가      차) 주식선택권   60   대) 미지급비용   60

# Chapter 18 | 핵심 빈출 문장

**01** 주식결제형 주식기준보상거래의 경우, 제공받는 재화나 용역과 그에 상응하는 자본의 증가를 제공받는 재화나 용역의 공정가치로 직접 측정한다.

**02** 제공받는 재화나 용역의 공정가치를 신뢰성 있게 추정할 수 없다면, 제공받는 재화나 용역과 그에 상응하는 자본의 증가는 부여한 지분상품의 공정가치에 기초하여 간접 측정한다.

# Chapter 18 │ 객관식 문제

**01** ㈜대한은 20×1년 1월 1일 종업원 100명에게 각각 1,000개의 주식선택권을 부여하였다. 동 주식선택권은 종업원이 앞으로 3년 동안 회사에 근무해야 가득된다. 20×1년 1월 1일 현재 ㈜대한이 부여한 주식선택권의 단위당 공정가치는 ₩360이며, 각 연도 말 퇴직 종업원 수는 다음과 같다.

| 연도 | 실제 퇴직자 수 | 추가퇴직 예상자 수 |
|---|---|---|
| 20×1년 말 | 10명 | 20명 |
| 20×2년 말 | 15명 | 13명 |
| 20×3년 말 | 8명 | – |

주식선택권 부여일 이후 주가가 지속적으로 하락하여 ㈜대한의 20×2년 12월 31일 주식선택권의 공정가치는 단위당 ₩250이 되었다. 동 주식기준보상과 관련하여 ㈜대한이 인식할 20×2년 포괄손익계산서상 주식보상비용은 얼마인가? (단, 계산방식에 따라 단수차이로 인해 오차가 있는 경우, 가장 근사치를 선택한다)

① ₩1,933,333  ② ₩5,166,667  ③ ₩6,480,000

④ ₩6,672,000  ⑤ ₩8,400,000

**02** ㈜백두는 20×1년 1월 1일 판매부서 직원 20명에게 2년 용역제공조건의 주식선택권을 1인당 1,000개씩 부여하였다. 주식선택권의 행사가격은 단위당 ₩1,000이나, 만약 2년 동안 연평균 판매량이 15% 이상 증가하면 행사가격은 단위당 ₩800으로 인하된다. 부여일 현재 주식선택권의 단위당 공정가치는 행사가격이 단위당 ₩1,000일 경우에는 ₩500으로, 행사가격이 단위당 ₩800일 경우에는 ₩600으로 추정되었다. 20×1년의 판매량이 18% 증가하여 연평균 판매량 증가율은 달성 가능할 것으로 예측되었다. 그러나 20×2년의 판매량 증가율이 6%에 그쳐 2년간 판매량은 연평균 12% 증가하였다. 한편, 20×1년 초에 ㈜백두는 20×2년 말까지 총 5명이 퇴직할 것으로 예상하였고 이러한 예상에는 변동이 없으나, 실제로는 20×1년에 1명, 20×2년에 3명이 퇴직하여 총 4명이 퇴사하였다. 동 주식기준보상과 관련하여 ㈜백두가 20×2년도 포괄손익계산서상에 인식할 보상비용은 얼마인가?

① ₩3,500,000  ② ₩3,800,000  ③ ₩4,000,000
④ ₩4,500,000  ⑤ ₩5,100,000

**03** ㈜세무는 20×3년 1월 1일 종업원 40명에게 1인당 주식선택권 40개씩 부여하였다. 동 주식선택권은 종업원이 향후 3년 동안 ㈜세무에 근무해야 가득된다. 20×3년 1월 1일 현재 주식선택권의 단위당 공정가치는 ₩300으로 추정되었으며, 행사가격은 단위당 ₩600이다. 각 연도 말 주식선택권의 공정가치와 퇴직 종업원 수는 다음과 같다.

| 연도 말 | 주식선택권 단위당 공정가치 | 실제 퇴직자 | 추가 퇴직 예상자 |
|---------|---------------------------|-------------|------------------|
| 20×3년 | ₩300 | 2명 | 6명 |
| 20×4년 | ₩400 | 4명 | 2명 |
| 20×5년 | ₩500 | 1명 | – |

20×6년 초에 가득된 주식선택권의 50%가 행사되어 ㈜세무가 주식(단위당 액면금액 ₩500)을 교부하였다면, 주식선택권 행사로 인해 증가되는 자본은?

① ₩66,000  ② ₩198,000  ③ ₩264,000
④ ₩330,000  ⑤ ₩396,000

**04** ㈜대전은 20×1년 1월 1일에 종업원 6,000명에게 주식선택권을 100개씩 부여하였다. 동 주식선택권은 종업원이 앞으로 3년간 용역을 제공할 경우 가득된다. 20×1년 1월 1일 현재 ㈜대전이 부여한 주식선택권의 단위당 공정가치는 ₩10이며, 각 연도 말 주식선택권의 단위당 공정가치는 다음과 같다.

| 20×1년 12월 31일 | 20×2년 12월 31일 | 20×3년 12월 31일 |
|---|---|---|
| ₩12 | ₩16 | ₩23 |

㈜대전은 주식선택권을 부여받은 종업원 중 퇴사할 종업원은 없다고 추정하였다. 20×3년 1월 1일에 ㈜대전은 종업원과의 협의하에 주식선택권을 단위당 현금 ₩20에 중도청산하였다. 중도청산일까지 퇴사한 종업원은 없다. 20×3년 1월 1일에 ㈜대전의 주식선택권의 중도청산과 관련하여 발생한 비용이 당기손익과 자본에 미치는 영향은 얼마인가? (단, 동 주식선택권의 20×2년 12월 31일과 20×3년 1월 1일의 공정가치는 같다고 가정한다)

|  | 당기손익에 미치는 영향 | 자본에 미치는 영향 |
|---|---|---|
| ① | ₩4,400,000 감소 | ₩4,400,000 증가 |
| ② | ₩4,400,000 감소 | ₩12,000,000 감소 |
| ③ | ₩6,000,000 증가 | ₩12,000,000 증가 |
| ④ | ₩6,000,000 감소 | ₩12,000,000 증가 |
| ⑤ | ₩9,600,000 증가 | ₩9,600,000 증가 |

**05** ㈜갑은 20×1년 1월 1일 영업부서 종업원 10명에게 2년간 근무하는 조건으로 종업원 1인당 10단위의 주가와 행사가격의 차이를 현금으로 지급하는 현금결제형 주가차액보상권을 부여하였다. 부여일의 주가차액보상권의 공정가치는 단위당 ₩20이고, 단위당 행사가격은 ₩10이다. ㈜갑은 이들 종업원 모두가 20×2년 말까지 근무할 것으로 예측하였고, 이 예측은 실현되었다. 주식선택권을 부여받은 종업원 중 5명은 20×3년 1월 1일 주식선택권을 전부 행사하였고, 나머지 5명은 20×4년 1월 1일 주식선택권을 전부 행사하였다. ㈜갑의 주가차액보상권의 단위당 공정가치 및 주가흐름은 다음과 같다.

| 일자 | 주가차액보상권의 단위당공정가치 | 1주당 주가 |
|---|---|---|
| 20×1년 1월 1일 | ₩20 | ₩10 |
| 20×1년 12월 31일 | ₩30 | ₩20 |
| 20×2년 12월 31일 | ₩25 | ₩30 |
| 20×3년 12월 31일 | ₩35 | ₩40 |

㈜갑이 주가차액보상권과 관련하여 해당 근무용역에 대하여 20×1년, 20×2년, 20×3년에 인식할 보상비용(순액)은 각각 얼마인가?

| | 20×1년 | 20×2년 | 20×3년 |
|---|---|---|---|
| ① | ₩1,500 | ₩1,000 | ₩750 |
| ② | ₩1,000 | ₩1,500 | ₩250 |
| ③ | ₩1,250 | ₩1,250 | ₩750 |
| ④ | ₩1,000 | ₩1,500 | ₩750 |
| ⑤ | ₩1,500 | ₩1,000 | ₩250 |

**06** 기업회계기준서 제1102호 '주식기준보상'에 대한 설명이다. 다음 설명 중 옳지 않은 것은? [공인회계사 2020년]

① 주식결제형 주식기준보상거래에서 가득된 지분상품이 추후 상실되거나 주식선택권이 행사되지 않은 경우에도 종업원에게서 제공받은 근무용역에 대해 인식한 금액을 환입하지 아니한다. 그러나 자본계정 간 대체 곧, 한 자본계정에서 다른 자본계정으로 대체하는 것을 금지하지 않는다.

② 주식결제형 주식기준보상거래에서 지분상품이 부여되자마자 가득된다면 거래상대방은 지분상품에 대한 무조건적 권리를 획득하려고 특정기간에 용역을 제공할 의무가 없다. 이때 반증이 없는한, 지분상품의 대가에 해당하는 용역을 거래상대방에게서 이미 제공받은 것으로 보아 기업은 제공받은 용역 전부를 부여일에 인식하고 그에 상응하여 자본의 증가를 인식한다.

③ 현금결제형 주식기준보상거래의 경우에 제공받는 재화나 용역과 그 대가로 부담하는 부채를 부채의 공정가치로 측정하며, 부채가 결제될 때까지 매 보고기간 말과 결제일에 부채의 공정가치를 재측정하지 않는다.

④ 기업이 거래상대방에게 주식기준보상거래를 현금이나 지분상품발행으로 결제받을 수 있는 선택권을 부여한 경우에는 부채요소(거래상대방의 현금결제요구권)와 자본요소(거래상대방의 지분상품결제요구권)가 포함된 복합금융상품을 부여한 것으로 본다.

⑤ 기업이 현금결제방식이나 주식결제방식을 선택할 수 있는 주식기준보상거래에서 기업이 현금을 지급해야 하는 현재 의무가 있으면 현금결제형 주식기준보상거래로 보아 회계처리한다.

㈜대한은 20×1년 1월 1일 종업원 100명에게 각각 10개의 주식선택권을 부여하였다. 동 주식선택권은 종업원이 앞으로 3년 동안 회사에 근무해야 가득된다. 20×1년 1월 1일 현재 ㈜대한이 부여한 주식선택권의 단위당 공정가치는 ₩360이며, 각 연도 말 퇴직 종업원 수는 다음과 같다.

| 구분 | 실제 퇴직자 수 | 추가 예상 퇴직자 수 |
|---|---|---|
| 20×1년 말 | 10명 | 20명 |
| 20×2년 말 | 15명 | 13명 |
| 20×3년 말 | 13명 | – |

주식선택권 부여일 이후 주가가 지속적으로 하락하여 ㈜대한의 20×2년 12월 31일 주식선택권의 단위당 공정가치는 ₩250이 되었다. 또한 20×2년 초 ㈜대한은 종업원에게 부여하였던 주식선택권의 수를 10개에서 9개로 변경하였다. 동 주식기준보상과 관련하여 ㈜대한이 20×2년도에 인식할 주식보상비용은 얼마인가?

[공인회계사 2018년 수정]

① ₩32,400     ② ₩49,920     ③ ₩72,320
④ ₩82,320     ⑤ ₩100,000

**08** 기업회계기준서 제1102호 '주식기준보상'에 대한 다음 설명 중 옳지 않은 것은?

[공인회계사 2022년]

① 주식결제형 주식기준보상거래에서는, 제공받는 재화나 용역과 그에 상응하는 자본의 증가를 제공받는 재화나 용역의 공정가치로 직접 측정한다. 그러나 제공받는 재화나 용역의 공정가치를 신뢰성 있게 추정할 수 없다면, 제공받는 재화나 용역과 그에 상응하는 자본의 증가는 부여한 지분상품의 공정가치에 기초하여 간접 측정한다.

② 주식결제형 주식기준보상거래에서 부여한 지분상품의 공정가치에 기초하여 거래를 측정하는 때에는 시장가격을 구할 수 있다면, 지분상품의 부여조건을 고려한 공정가치와 가치평가기법을 사용하여 부여한 지분상품의 공정가치 중 한 가지를 선택하여 측정한다.

③ 현금결제형 주식기준보상거래에서 주가차액보상권을 부여함에 따라 인식하는 부채는 부여일과 부채가 결제될 때까지 매 보고기간 말과 결제일에 주가차액보상권의 공정가치로 측정한다.

④ 거래상대방이 결제방식을 선택할 수 있는 주식기준보상거래의 경우 종업원과의 주식기준보상거래를 포함하여 제공받는 재화나 용역의 공정가치를 직접 측정할 수 없는 거래에서는 현금이나 지분상품에 부여된 권리의 조건을 고려하여 측정기준일 현재 복합금융상품의 공정가치를 측정한다.

⑤ 기업이 현금이나 지분상품발행으로 결제할 수 있는 선택권을 갖는 조건이 있는 주식기준보상거래의 경우에는, 현금을 지급해야 하는 현재의무가 있는지를 결정하고 그에 따라 주식기준보상거래를 회계처리한다.

**09** ㈜세무는 20×1년 1월 1일 현재 근무 중인 임직원 300명에게 20×4년 12월 31일까지 의무적으로 근무할 것을 조건으로 임직원 1명당 주식선택권 10개씩을 부여하였다. 주식선택권 부여일 현재 동 주식선택권의 단위당 공정가치는 ₩200이다. 동 주식선택권은 20×5년 1월 1일부터 행사할 수 있다. 20×2년 1월 1일 ㈜세무는 주가가 크게 하락하여 주식선택권의 행사가격을 조정하였다. 이러한 조정으로 주식선택권의 단위당 공정가치는 ₩20 증가하였다. ㈜세무는 20×1년 말까지 상기 주식선택권을 부여받은 종업원 중 20%가 퇴사할 것으로 예상하여, 주식선택권의 가득률을 80%로 추정하였으나, 20×2년 말에는 향후 2년 내 퇴사율을 10%로 예상함에 따라 주식선택권의 가득률을 90%로 추정하였다. 부여한 주식선택권과 관련하여 ㈜세무가 20×2년에 인식할 주식보상비용은? [세무사 2022년]

① ₩120,000      ② ₩150,000      ③ ₩168,000
④ ₩240,000      ⑤ ₩270,000

# Chapter 18 | 객관식 문제 정답 및 해설

**01** ③　1. 가득조건 판단

| 구분 | P | Q | | |
|---|---|---|---|---|
| | 공정가치 | 인원 | 부여수량 | 적수 |
| 용역제공조건 | 최초 부여일 FV(고정) | 변동 | 고정 | 고정 |

2. TOOL 적용

| 구분 | P | Q | | | 누적(B/S) | 당기(I/S) |
|---|---|---|---|---|---|---|
| | 공정가치 | 인원 | 부여수량 | 적수 | 보상원가 | 당기원가 |
| 20×1년 | ① 360 | × ② (100 − 10 − 20) | × ③ 1,000 | × ④ 1/3 | = A 8,400,000 | A 8,400,000 |
| 20×2년 | ① 360 | × ②−1 (100 − 10 − 15 − 13) | × ③−1 1,000 | × ④−1 2/3 | = B 14,880,000 | B − A 6,480,000 |

**02** ①　1. 가득조건 판단

| 구분 | P | Q | | |
|---|---|---|---|---|
| | 공정가치 | 인원 | 부여 수량 | 적수 |
| 비시장성과조건 | 행사가격변동으로 변동 가능 | 변동 | 변동 가능 | 변동 가능 |

2. TOOL 적용

| 구분 | P | Q | | | 누적(B/S) | 당기(I/S) |
|---|---|---|---|---|---|---|
| | 공정가치 | 인원 | 부여수량 | 적수 | 보상원가 | 당기원가 |
| 20×1년 | ① 600 | × ② (20 − 5) | × ③ 1,000 | × ④ 1/2 | = A 4,500,000 | A 4,500,000 |
| 20×2년 | ① 500 | × ②−1 (20 − 4) | × ③−1 1,000 | × ④−1 2/2 | = B 8,000,000 | B − A 3,500,000 |

\* 비시장성과조건으로 매년 성과의 달성 여부에 따라 행사가격의 변동으로 가득기간 동안 주식선택권의 공정가치가 변동할 수 있다.

**03** ⑤　• 1st: 주식선택권 1개 행사 시 회계처리

| 차) 현금 | 행사가격 600 | 대) 자본금 | 액면가 500 |
|---|---|---|---|
| 　주식선택권 | FV 300 | 　주식발행초과금 | 행사가격 + FV − 액면가 400 |

- 2nd: 가득수량 고려
    - ⇒ 행사시점의 자본증가액: 행사가격 × 행사수량
      600 × (40 − 2 − 4 − 1)명 × 40개 × 50% = 396,000
    - ⇒ 행사시점의 주식발행초과금 증가액: 1개 행사 시 주식발행초과금 × 행사수량
      400 × (40 − 2 − 4 − 1)명 × 40개 × 50% = 264,000

**04 ②**

1. 가득조건 판단

| 구분 | P | Q | | |
|---|---|---|---|---|
| | 공정가치 | 인원 | 부여수량 | 적수 |
| 용역제공조건 | 최초 부여일 FV(고정) | 변동 | 고정 | 고정 |

2. TOOL 적용

| 구분 | P | Q | | | 누적(B/S) | 당기(I/S) |
|---|---|---|---|---|---|---|
| | 공정가치 | 인원 | 부여수량 | 적수 | 보상원가 | 당기원가 |
| 20×1년 | ①<br>10 | ×②<br>6,000 | ×③<br>100 | ×④<br>1/3 | =A<br>2,000,000 | A<br>2,000,000 |
| 20×2년 | ①<br>10 | ×②<br>6,000 | ×③<br>100 | ×④<br>2/3 | =B<br>4,000,000 | B−A<br>2,000,000 |
| 20×3년 | ①<br>10 | ×②<br>6,000 | ×③<br>100 | ×④<br>3/3 | =C<br>6,000,000 | C−B<br>2,000,000 |

- 1st: 미인식잔여보상원가의 인식

| 차) 주식보상비용(N/I) 미인식잔여분 2,000,000 | 대) 주식선택권 | 2,000,000 |
|---|---|---|

- 2nd: 지분상품(주식선택권)의 청산손익 인식

| 현금 청산액 20(개당) | • 공정가치 초과지급액<br>⇒ 주식보상비용으로 인식<br>⇒ 현금 청산액 − 지분상품 FV<br> : (20 − 16) × 600,000 |
|---|---|
| 청산일의 지분상품 공정가치 16(개당) | |
| 지분상품의 장부금액(부여일 공정가치) 10(개당) | • 부여한 지분상품 중도청산손익<br>⇒ 자본항목으로 처리: (16 − 10) × 600,000 |

| 차) 주식선택권 | BV 10 × 600,000 =<br>6,000,000 | 대) 현금 | FV 16 × 600,000 =<br>9,600,000 |
|---|---|---|---|
| 주택선택권청산손실(자본) | 자본항목<br>3,600,000 | | |
| 차) 주식보상비용(N/I) | N/I<br>2,400,000 | 대) 현금 | 지급액 − FV (20 − 16) × 600,000 =<br>2,400,000 |

- ⇒ 중도청산 시 N/I에 미치는 영향: 잔여보상원가 즉시 인식 + (현금 지급액 − FV)
      (2,000,000) + (2,400,000) = (−)4,400,000
- ⇒ 중도청산 시 자본 총계에 미치는 영향: 현금 지급액
      20 × 600,000 = 12,000,000

**05** ⑤　1. 가득기간 동안 주식보상비용

| 구분 | P | Q | | | 누적(B/S) | 당기(I/S) |
|---|---|---|---|---|---|---|
| | 공정가치 | 인원 | 부여수량 | 적수 | 보상원가 | 당기원가 |
| 20×1년 | ① 30 | × ② 10 | × ③ 10 | × ④ 1/2 | = A 1,500 | A 1,500 |
| 20×2년 | ① 25 | × ② 10 | × ③ 10 | × ④ 2/2 | = B 2,500 | B − A 1,000 |

　2. 20×3년 주식보상비용: (1) + (2) = 250

　　(1) 행사 시 주식보상비용: (내재가치 − FV 기초) × 행사수량

　　　　　　(20 − 25) × 5명 × 10개 = (−)250(환입)

　　　• 20×3년 초 내재가치: 20×3년 초 주가 − 행사가격 = 30 − 10 = 20

　　(2) 기말 재측정 시 주식보상비용: (FV 당기 − FV 전기) × 총가득수량

　　　　　　(35 − 25) × 5명 × 10 = 500

**06** ③　현금결제형 주식기준보상거래의 경우에 제공받는 재화나 용역과 그 대가로 부담하는 부채를 부채의 공정가치로 측정하며, 부채가 결제될 때까지 매 보고기간 말과 결제일에 부채의 공정가치를 재측정한다.

**07** ④　20×2년도에 인식할 주식보상비용: 82,320 = 32,400 + 49,920

| 구분 | P | Q | | | 누적(B/S) | 당기(I/S) |
|---|---|---|---|---|---|---|
| | 공정가치 | 인원 | 부여수량 | 적수 | 보상원가 | 당기원가 |
| 20×1년 | ① 360 | × ② (100 − 30) | × ③ 10 | × ④ 1/3 | = A 84,000 | A 84,000 |
| 20×2년 | ① − 1 360 | × ② − 1 (100 − 10) | × ③ − 1 1 | × ④ − 1 3/3 | = 32,400 | 32,400 |
| | ① − 2 360 | × ② − 2 62[1] | × ③ − 2 9 | × ④ − 2 2/3 | = B 133,920 | B − A 49,920 |

[1] 100 − 10 − 15 − 13 = 62

**Self Study**

조건변경으로 인해 부여한 지분상품의 수량이 감소하는 경우에는 중도청산의 경우와 동일한 방법으로 회계처리한다.

**08** ②　주식결제형 주식기준보상거래에서 부여한 지분상품의 공정가치에 기초하여 거래를 측정하는 때에는 시장가격을 구할 수 있다면, 지분상품의 부여조건을 고려한 공정가치와 가치평가기법을 사용하여 부여한 지분상품의 공정가치 중 지분상품의 부여조건을 고려한 공정가치를 선택하여 측정한다.

**09** ③　1. 기존 부여일의 공정가치 기준 주식기준보상거래

| 구분 | P | Q | | | 누적(B/S)<br>보상원가 | 당기(I/S)<br>당기원가 |
|------|------|------|------|------|------|------|
| | 공정가치 | 인원 | 부여수량 | 적수 | | |
| ×1년 | ①<br>200 | × ②<br>300 × 80% | × ③<br>10 | × ④<br>1/4 | = A<br>120,000 | A |
| ×2년 | ①<br>200 | × ② − 1<br>300 × 90% | × ③<br>10 | × ④<br>2/4 | = B<br>270,000 | B − A<br>150,000 |

2. 증분공정가치 기준 주식기준보상거래

| 구분 | P | Q | | | 누적(B/S)<br>보상원가 | 당기(I/S)<br>당기원가 |
|------|------|------|------|------|------|------|
| | 공정가치 | 인원 | 부여수량 | 적수 | | |
| ×2년 | 증분 FV<br>20 | × ② − 1<br>300 × 90% | × ③<br>10 | × 잔여기간 기준<br>1/3 | = D<br>18,000 | D<br>18,000 |

⇒ 20×2년 주식보상비용: (B − A) + D = 150,000 + 18,000 = 168,000

# Chapter 18 | 주관식 문제

**문제 01** 　**주식결제형 주식기준보상거래(행사수량 추정, 내재가치 측정)**

각 물음은 서로 독립적이다.

**물음 1)** ㈜합격은 20×1년 초 종업원 600명에게 각각 회사의 보통주를 주당 ₩600에 살 수 있는 주식선택권 100개씩을 부여하였다. 주식선택권 1개당 보통주 1주를 교부하며, 보통주 1주의 액면금액은 ₩500이다.

> (1) 주식선택권은 근무기간이 5년을 경과하면 가득된다. 부여일인 20×1년 초 현재 100명의 종업원은 근무기간이 5년을 경과하여 주식선택권 부여 즉시 가득하였고, 나머지 500명은 근무기간이 2년 경과하여 잔여가득기간은 3년이다. 주식선택권 행사기간은 20×4년 초부터 20×5년 말까지 2년간이다.
> (2) 20×1년 초 부여일의 주식선택권 단위당 공정가치는 ₩150이다.
> (3) 주식선택권이 가득되지 않은 종업원 500명의 연도별 퇴사 예정 인원에 대한 예측치와 실제치는 다음과 같다.
>
> 〈누적 퇴사 인원 수〉
>
> | 연도 | 직전 연도 예측치 | 실제 퇴사 인원 수 |
> |---|---|---|
> | 20×1년 | – | 20명 |
> | 20×2년 | 75명 | 35명 |
> | 20×3년 | 60명 | 58명 |

20×4년 말에 가득된 주식선택권 중 일부가 행사되어 신주를 발행하여 교부하였다. 동 주식선택권의 행사로 인하여 주식발행초과금이 ₩12,500,000 증가하였을 경우, 20×4년 말에 행사된 주식선택권의 수량을 계산하시오.

**물음 2)** 주식결제형 주식기준보상거래와 관련된 다음의 〈자료〉를 이용하여 〈요구사항〉에 답하시오(단, 각 〈요구사항〉은 독립적이다). [공인회계사 2차 2021년]

---

〈자료〉

(1) ㈜대한은 20×1년 1월 1일에 임원 50명에게 각각 주식선택권 10개를 부여하고, 20×3년 12월 31일까지 근무하면 가득하는 조건을 부과하였다.

(2) 각 임원이 부여받은 주식선택권은 20×3년 말 ㈜대한의 주가가 ₩1,000 이상으로 상승하면 20×6년 말까지 언제든지 행사할 수 있으나, 20×3년 말 ㈜대한의 주가가 ₩1,000 미만이 될 경우 부여받은 주식선택권을 행사할 수 없다.

(3) ㈜대한은 주식선택권의 공정가치를 측정할 때 이항모형을 적용하였으며, 모형 내에서 20×3년 말에 ㈜대한의 주가가 ₩1,000 이상이 될 가능성과 ₩1,000 미만이 될 가능성을 모두 고려하여 부여일 현재 주식선택권의 공정가치를 단위당 ₩300으로 추정하였다.

(4) 임원의 연도별 실제 퇴사인원과 연도 말 퇴사 추정인원은 다음과 같다.
 • 20×1년도: 실제 퇴사인원 3명, 20×3년 말까지 추가 퇴사 추정인원 2명
 • 20×2년도: 실제 퇴사인원 2명, 20×3년 말까지 추가 퇴사 추정인원 25명
 • 20×3년도: 실제 퇴사인원 5명

(5) 20×1년 초, 20×1년 말 및 20×2년 말 ㈜대한의 주가는 다음과 같다.

| 20×1. 1. 1. | 20×1. 12. 31. | 20×2. 12. 31. |
|---|---|---|
| ₩700 | ₩1,050 | ₩950 |

---

### 〈요구사항 1〉

㈜대한의 20×3년 말 현재 주가가 ₩1,100일 때, 20×1년부터 20×3년까지 인식해야 할 연도별 당기보상비용(또는 보상비용환입) 금액을 각각 계산하시오(단, 보상비용환입의 경우에는 괄호 안에 금액(예 (-)1,000)을 표시하시오).

| 20×1년 당기보상비용(환입) | ① |
|---|---|
| 20×2년 당기보상비용(환입) | ② |
| 20×3년 당기보상비용(환입) | ③ |

### 〈요구사항 2〉

㈜대한은 〈자료〉의 (2) 사항인 주식선택권 행사 가능 여부 판단기준을 주가 ₩1,000에서 ₩950으로 20×1년 말에 변경하였다. 이러한 조건변경으로 인하여 주식선택권의 단위당 공정가치는 ₩10 증가하였다. ㈜대한의 20×3년 말 현재 주가가 ₩900일 때, 20×1년부터 20×3년까지 인식해야 할 연도별 당기보상비용(또는 보상비용환입) 금액을 각각 계산하시오(단, 보상비용환입의 경우에는 괄호 안에 금액(예 (-)1,000)을 표시하시오).

| | |
|---|---|
| 20×1년 당기보상비용(환입) | ① |
| 20×2년 당기보상비용(환입) | ② |
| 20×3년 당기보상비용(환입) | ③ |

**풀이**

물음 1) 행사수량: 50,000개

1st: 주식선택권 1개 행사 시 회계처리

| 차) 현금 | 행사가격 600 | 대) 자본금 | 액면가 500 |
|---|---|---|---|
| 주식선택권 | FV 150 | 주식발행초과금 | 행사가 + FV - 액면가 250 |

2nd: 가득수량 고려

⇒ 행사시점의 주식발행초과금 증가액: 1개 행사 시 주식발행초과금 × 행사수량

⇒ 행사시점의 주식발행초과금 증가액: 250 × 행사수량 = 12,500,000, 행사수량 = 50,000개

물음 2) 〈요구사항 1〉

| | |
|---|---|
| 20×1년 당기보상비용(환입) | ① 45,000 |
| 20×2년 당기보상비용(환입) | ② (-)5,000 |
| 20×3년 당기보상비용(환입) | ③ 80,000 |

[주식보상비용 계산]

| 구분 | 공정가치 | 인원 | 부여수량 | 적수 | 누적보상비용 | 기간비용 |
|---|---|---|---|---|---|---|
| 20×1년 | ①<br>300 | ×②<br>(50 - 5) | ×③<br>10 | ×④<br>1/3 | = A<br>45,000 | A<br>45,000 |
| 20×2년 | ①<br>300 | ×②<br>(50 - 30) | ×③<br>10 | ×④<br>2/3 | = B<br>40,000 | = B - A<br>(-)5,000 |
| 20×3년 | ①<br>300 | ×②<br>(50 - 10) | ×③<br>10 | ×④<br>3/3 | = C<br>120,000 | = C - B<br>80,000 |

〈요구사항 2〉

| | |
|---|---|
| 20×1년 당기보상비용(환입) | ① 45,000 |
| 20×2년 당기보상비용(환입) | ② (-)4,000 |
| 20×3년 당기보상비용(환입) | ③ 83,000 |

[증분공정가치 계산]

| 구분 | 공정가치 | 인원 | 부여수량 | 적수 | 누적보상비용 | 기간비용 |
|---|---|---|---|---|---|---|
| 20×2년 | ①<br>10 | ×②<br>(50 - 30) | ×③<br>10 | ×④<br>1/2 | = A<br>1,000 | A<br>1,000 |
| 20×3년 | ①<br>10 | ×②<br>(50 - 10) | ×③<br>10 | ×④<br>2/2 | = B<br>4,000 | = B - A<br>3,000 |

다음의 각 물음은 독립적이다.

**주식결제형 주식기준보상거래와 관련된 다음의 〈자료〉를 이용하여 각 물음에 답하시오.**

[공인회계사 2차 2020년]

〈자료〉

(1) ㈜대한은 20×1년 1월 1일에 종업원이 20×3년 12월 31일까지 근무하면 가득하는 조건으로 종업원 100명에게 각각 주식선택권 10개를 부여하였다.

(2) 주식선택권의 만기는 5년, 주식선택권의 단위당 행사가격은 ₩1,000이고, 부여일 현재 ㈜대한의 1주당 주가(액면금액 ₩500)는 ₩1,000이다.

(3) 20×4년부터 20×5년까지 행사된 주식선택권의 수량은 다음과 같다. 한편, 행사된 주식선택권은 모두 회계연도 말에 행사되었다.

| 회계연도 | 행사된 주식선택권 수량(개) |
|---|---|
| 20×4년 | 300 |
| 20×5년 | 550 |

(4) 20×1년 12월 31일 현재 이미 6명이 퇴사하였으며, ㈜대한은 20×2년과 20×3년에 추가로 총 4명이 퇴사할 것으로 추정하였다. 따라서 부여한 주식선택권의 90%가 가득될 것으로 추정되었다.

(5) 20×2년도에 실제로 4명이 퇴사하였고, ㈜대한은 미래에 가득될 것으로 기대되는 주식선택권의 비율을 85%로 재추정하였다.

(6) 20×3년도에 실제로 5명이 퇴사하였고, 20×3년 12월 31일 현재 총 850개의 주식선택권이 가득되었다.

**물음 1)** ㈜대한은 주식선택권 부여일 현재 주식선택권의 공정가치를 신뢰성 있게 측정할 수 없다고 판단하였다.

20×1년부터 20×5년까지 ㈜대한의 1주당 주가는 다음과 같다.

| 회계연도 | 회계연도 말 주가(1주당) |
|---|---|
| 20×1년 | ₩1,100 |
| 20×2년 | ₩1,300 |
| 20×3년 | ₩1,250 |
| 20×4년 | ₩1,150 |
| 20×5년 | ₩1,350 |

㈜대한은 주식선택권 행사 시 자본항목으로 자본금, 주식발행초과금, 주식선택권을 사용하는데, 주식발행가액 중 주식의 액면금액은 '자본금', 액면금액 초과액은 '주식발행초과금'으로 표시한다. 주식선택권을 행사 시에 주식발행초과금으로 대체하는 경우, 20×4년과 20×5년의 주식선택권 행사 시 인식할 주식발행초과금의 금액을 각각 계산하시오.

| | |
|---|---|
| 20×4년 행사 시 인식할 주식발행초과금 | ① |
| 20×5년 행사 시 인식할 주식발행초과금 | ② |

**물음 2)** ㈜대한은 주식선택권 부여일 현재 주식선택권의 단위당 공정가치를 ₩300으로 신뢰성 있게 측정할 수 있다고 판단하였다. ㈜대한은 20×2년 12월 31일에 다음과 같은 두 가지의 조건변경을 고려하고 있다.

| 조건변경 1 | 주식선택권의 행사가격을 인하하는 조건변경으로 인해 주식선택권의 단위당 공정가치가 ₩100 증가 |
|---|---|
| 조건변경 2 | 주식선택권의 행사가격을 인상하는 조건변경으로 인해 주식선택권의 단위당 공정가치가 ₩100 감소 |

주식선택권과 관련한 모든 회계처리로 ㈜대한이 20×3년도에 인식할 보상비용(또는 보상비용환입)의 금액을 각각 계산하시오(단, 보상비용의 경우에는 (−)를 숫자 앞에 표시하시오).

| 구분 | 20×3년 | |
|---|---|---|
| | 조건변경 1 | 조건변경 2 |
| 보상비용(또는 보상비용환입) | ① | ② |

물음 1)

| 20×4년 행사 시 인식할 주식발행초과금 | ① 195,000 |
|---|---|
| 20×5년 행사 시 인식할 주식발행초과금 | ② 467,500 |

(1) 20×4년 주식선택권의 내재가치: 1,150 − 1,000 = 150
(2) 20×4년 행사 시 주식발행초과금 증가액: (150 + 1,000 − 500) × 300개 = 195,000
(3) 20×5년 주식선택권의 내재가치: 1,350 − 1,000 = 350
(4) 20×5년 행사 시 주식발행초과금 증가액: (350 + 1,000 − 500) × 550개 = 467,500

물음 2)

| 구분 | 20×3년 | |
|---|---|---|
| | 조건변경 1 | 조건변경 2 |
| 보상비용(또는 보상비용환입) | ① 170,000 | ② 85,000 |

(1) 유리한 조건의 변경
    ① 20×2년 말 주식선택권: 300 × 850개 × 2/3 = 170,000
    ② 20×3년 말 주식선택권: 300 × 850개 × 3/3 = 255,000
    ③ 20×3년 주식보상비용: ② − ① = 85,000
    ④ 20×3년 계약변경효과: 100 × 850개 × 1/1 = 85,000
        * 계약변경은 계약변경일 이후의 기간에 걸쳐 당기손익으로 인식하므로 20×2년에는 보상비용이 없음
(2) 불리한 조건의 변경
    20×3년 주식보상비용: 85,000
    * 불리한 조건의 변경은 인식하지 않는다.

## 문제 03  현금결제형 주식기준보상거래

㈜세무는 20×1년 1월 1일 종업원 100명에게 앞으로 3년간 근무할 것을 조건으로 각각 현금결제형 주가차액보상권을 10개씩 부여하였다. 다음은 각 회계연도의 실제 퇴사 종업원 수와 각 회계연도 말 추정 퇴사 종업원 수에 대한 자료이다.

| 구분 | 실제 퇴사 종업원 수 | 회계연도 말 추정 퇴사 종업원 수 |
|---|---|---|
| 20×1년 | 3명 | 20×2년과 20×3년에 7명이 퇴사할 것으로 추정 |
| 20×2년 | 4명 | 20×3년에 3명이 퇴사할 것으로 추정 |
| 20×3년 | 3명 | – |

20×3년 말 계속 근무자 90명은 부여받았던 주가차액보상권을 모두 가득하였으며, 각 회계연도 말 주가차액보상권을 행사한 종업원 수에 대한 자료는 다음과 같다.

| 구분 | 주가차액보상권 행사 종업원 수 |
|---|---|
| 20×3년 | 30명 |
| 20×4년 | 30명 |
| 20×5년 | 30명 |

㈜세무가 매 회계연도 말에 추정한 주가차액보상권의 공정가치와 주가차액보상권의 내재가치(현금지급액)에 대한 자료는 다음과 같다.

| 연도 | 공정가치 | 내재가치(현금지급액) |
|---|---|---|
| 20×1년 | ₩144 | |
| 20×2년 | ₩155 | |
| 20×3년 | ₩182 | ₩150 |
| 20×4년 | ₩214 | ₩200 |
| 20×5년 | ₩250 | ₩250 |

**물음 1)** ① 20×1년도에 인식할 비용과 ② 20×2년 말 부채 장부금액을 계산하시오.

| 20×1년도에 인식할 비용 | ① |
|---|---|
| 20×2년 말 부채 장부금액 | ② |

**물음 2)** ① 20×3년도에 인식할 비용과 ② 20×3년 말 부채 장부금액을 계산하시오.

| 20×3년도에 인식할 비용 | ① |
|---|---|
| 20×3년 말 부채 장부금액 | ② |

**물음 3)** ① 20×4년도에 인식할 비용과 ② 20×4년 말 부채 장부금액을 계산하시오.

| 20×4년도에 인식할 비용 | ① |
|---|---|
| 20×4년 말 부채 장부금액 | ② |

**물음 1)**

| 20×1년도에 인식할 비용 | ① 43,200 |
|---|---|
| 20×2년 말 부채 장부금액 | ② 93,000 |

| 구분 | P | Q | | | 누적(B/S) 보상원가 | 당기(I/S) 당기원가 |
|---|---|---|---|---|---|---|
| | 공정가치 | 인원 | 부여수량 | 적수 | | |
| 20×1 | ① 144 | × ② (100 − 10) | × ③ 10 | × ④ 1/3 | = A 43,200 | A = 43,200 |
| 20×2 | ① 155 | × ② (100 − 10) | × ③ 10 | × ④ 2/3 | = B 93,000 | B − A = 49,800 |
| 20×3 | ① 182 | × ② (100 − 10) | × ③ 10 | × ④ 3/3 | = C 163,800 | C − B = 70,800 |

**물음 2)**

| 20×3년도에 인식할 비용 | ① 61,200 |
|---|---|
| 20×3년 말 부채 장부금액 | ② 109,200 |

(1) 20×3년도에 인식할 비용: ㉠ + ㉡ = 61,200

㉠ 가득 관련 주식보상비용: 70,800

㉡ 행사 관련 주식보상비용: @(150 − 182) × 30명 × 10개 = (−)9,600

(2) 20×3년 말 부채: @182 × (90 − 30)명 × 10개 = 109,200

**물음 3)**

| 20×4년도에 인식할 비용 | ① 15,000 |
|---|---|
| 20×4년 말 부채 장부금액 | ② 64,200 |

(1) 20×4년도에 인식할 비용: ㉠ + ㉡ = 15,000

㉠ 평가 관련 주식보상비용: @(214 − 182) × 60명 × 10개 = 19,200

㉡ 행사 관련 주식보상비용: @(200 − 214) × 30명 × 10개 = (−)4,200

(2) 20×4년 말 부채: @214 × 30명 × 10개 = 64,200

| 문제 04 | 거래상대방이 결제방식을 선택할 수 있는 주식기준보상거래 |

**각 물음은 서로 독립적이다.**

**물음 1)** ㈜초아는 20×1년 1월 1일 임원에게 가상주식 1,000주(㈜초아의 보통주식 1,000주에 상당하는 현금을 지급받을 권리)와 주식 1,200주를 선택할 수 있는 권리를 부여하고 3년의 용역제공조건을 부과하였다. 임원은 현금결제형과 주식결제형을 자유롭게 선택할 수 있다. 만일 주식 1,200주를 선택하는 경우에는 2년간 처분이 금지된다. 부여일 현재 ㈜초아의 주가는 주당 ₩50이며, 주식 1,200주를 제공받는 결제방식의 부여일 현재 공정가치는 주당 ₩48이다. 20×1년 말 현재 ㈜초아의 주가가 ₩52이라고 할 경우 ㈜초아가 20×1년도 주식보상비용으로 인식할 금액은 얼마인가?

**물음 2)** 월말 결산법인인 ㈜대한은 20×6년 1월 1일 최고경영자에게 가상주식 10,000주(㈜대한의 주식 10,000주에 상당하는 현금을 지급받을 수 있는 권리)와 주식선택권 30,000개 중 하나를 선택하여 행사할 수 있는 권리를 부여하였다. 동 권리에는 3년의 용역제공조건이 부과되어 있으며 주식선택권의 행사가격은 ₩300이고, 주당 액면금액은 ₩100이다. 20×9년 1월 1일에 최고경영자가 권리를 행사할 때, 다음의 주가자료 및 추가정보를 활용하여 물음에 답하시오(단, 원 단위 미만은 반올림한다).

<table>
<tr><th colspan="2" align="center">〈주당 액면금액이 ₩100인 ㈜대한의 주가자료〉</th></tr>
<tr><th align="center">날짜</th><th align="center">주가</th></tr>
<tr><td align="center">20×6년 1월 1일</td><td align="center">₩300</td></tr>
<tr><td align="center">20×6년 12월 31일</td><td align="center">₩350</td></tr>
<tr><td align="center">20×7년 12월 31일</td><td align="center">₩400</td></tr>
</table>

〈추가정보〉
동 주식기준보상약정은 가상주식 10,000주와 행사가격 ₩450인 주식선택권 20,000개를 모두 행사할 수 있는 권리와 사실상 동일한 복합금융상품이다. 행사가격 ₩450인 주식선택권의 부여일 현재 공정가치는 ₩10으로 가정한다.

**물음 2-1)** 20×7년 12월 31일 ㈜대한의 회계처리(분개)를 보이시오(단, 20×6년 말의 주식기준보상은 적절히 회계처리되었다).

**물음 2-2)** 20×9년 1월 1일 ㈜대한의 주가가 ₩420일 경우, 최고경영자의 가상주식 권리행사에 따른 회계처리(분개)를 보이시오(단, 매 회계연도 말의 주가를 반영하여 주식기준보상은 적절히 회계처리되었으며, 20×8년 말의 주가는 주당 ₩420으로 가정한다).

**물음 2-3)** 20×9년 1월 1일 ㈜대한의 주가가 ₩480일 경우, 최고경영자의 주식선택권 권리행사에 따른 회계처리(분개)를 보이시오(단, 매 회계연도 말의 주가를 반영하여 주식기준보상은 적절히 회계처리되었으며, 20×8년 말의 주가는 주당 ₩480으로 가정한다).

**풀이**

**물음 1)** **(1) 부채요소와 자본요소의 분리**

① 복합금융상품의 공정가치: Max[1,000주 × 50, 1,200주 × 48] = 57,600

② 부채요소의 공정가치: 1,000주 × 50 = 50,000

③ 자본요소의 공정가치: 57,600 − 50,000 = 7,600

**(2) 주식보상비용 배분**

① 부채요소의 배분: 1,000주 × 52 × 1/3 = 17,333

② 자본요소의 배분: 7,600 × 1/3 = 2,533

⇒ 20×1년의 주식보상비용: 17,333 + 2,533 = 19,866

| 재화·용역<br>제공일 | 차) 주식보상비용 | 19,866 | 대) 장기미지급비용 | 17,333 |
| --- | --- | --- | --- | --- |
| | | | 주식선택권 | 2,533 |

**물음 2-1)**

| 차) 주식보상비용 | 1,733,334 | 대) 미지급급여[1] | 1,666,667 |
| --- | --- | --- | --- |
| | | 주식선택권(자본조정)[2] | 66,667 |

[1] 부채요소: 10,000주 × 400 × 3/3 − 10,000주 × 350 × 2/3 = 1,666,667

[2] 자본요소: 20,000개 × 10 × 3/3 − 20,000개 × 10 × 2/3 = 66,667

**물음 2-2)**

| 차) 미지급급여 | 4,200,000 | 대) 현금 | 4,200,000 |
| --- | --- | --- | --- |

\* 현금결제방식을 선택함에 따라 주식선택권잔액 200,000은 계속 자본항목으로 남게 된다.

**물음 2-3)**

| 차) 미지급급여[3] | 4,800,000 | 대) 자본금[2] | 3,000,000 |
| --- | --- | --- | --- |
| 현금[1] | 9,000,000 | 주식발행초과금 | 11,000,000 |
| 주식선택권[4] | 200,000 | | |

[1] 30,000개 × 300 = 9,000,000

[2] 30,000주 × 100 = 3,000,000

[3] 10,000주 × 480 = 4,800,000

[4] 20,000개 × 10 = 200,000

회계사 · 세무사 · 경영지도사 단번에 합격!
해커스 경영아카데미
cpa.Hackers.com

Chapter **19**

# 법인세회계

1. 법인세회계의 기초
2. 법인세의 기간 간 배분
3. 법인세의 기간 내 배분

# 1 법인세회계의 기초

기업은 사업을 영위하는 과정에서 법인세를 부담한다. 법인세부담액은 회계기준에 따라 산출된 법인세비용차감전순이익에 기초하여 계산하는 것이 아니라 과세당국이 제정한 법인세법에 따라 산출된 과세소득에 기초하여 계산한다. 회계기준에 따라 산출된 법인세비용차감전순이익을 회계이익이라고 하는데, 일반적으로 회계이익과 과세소득은 일치하지 않는다.

> 회계이익 = 회계기준에 따라 산출된 법인세비용 차감 전 회계기간의 손익
> $\neq$
> 과세소득 = 법인세법에 따라 산출된 회계기간의 이익 ⇒ 조세부담의 기준금액

회계이익과 과세소득의 차이는 기업의 조세부담을 감면하거나 미래에 이연시키는 조세정책 때문에 발생하기도 하지만 회계기준과 세법에서 규정하고 있는 손익의 범위가 서로 다르거나, 손익의 귀속시기 및 자산·부채의 측정기준이 서로 다르기 때문에 발생하기도 한다.

기업재무회계에서 수익은 실현주의에 따라 인식하고 비용은 수익비용 대응주의에 따라 인식하여 회계이익을 산정하도록 규정하고 있지만 법인세법은 수익은 권리확정주의에 따라 인식하고 비용은 의무확정주의에 따라 인식하여 과세소득을 산정하도록 규정하고 있어 둘 간의 이익 차이가 발생하게 된다.

법인세법에 따라 산출된 과세소득을 기초로 계산된 법인세비용을 회계이익에서 차감하여 당기순이익을 보고하게 되면 회계이익과 관련이 없는 금액이 법인세비용으로 계상되어 수익·비용이 올바로 대응되지 않는다. 따라서 회계이익을 기준으로 산출된 법인세비용을 회계이익에서 차감하여 당기순이익을 보고하면 회계이익이 동일할 때 당기순이익도 동일하게 되므로 올바른 대응을 할 수 있게 된다.

### Self Study 회계이익과 과세소득의 차이 원인

1. 특정 목적을 위한 조세 정책(예 비과세 이자수익, 접대비 한도초과)
2. 손익의 범위 차이(예 자기주식 처분이익)
3. 손익의 귀속시기 차이(예 미수이자, 제품보증충당부채)
4. 자산, 부채의 측정기준 차이(예 지분상품의 공정가치 평가)

**회계이익과 과세소득에 따른 법인세비용**

1. A사의 20×1년과 20×2년의 회계이익과 과세소득

| 구분 | 20×1년 | 20×2년 |
|---|---|---|
| 회계이익 | ₩4,000 | ₩4,000 |
| 과세소득 | 5,000 | 3,000 |

2. 과세소득을 기초로 계산한 법인세를 회계이익에서 차감하여 당기순이익 계산

| 구분 | 20×1년 | 20×2년 |
|---|---|---|
| 회계이익 | ₩4,000 | ₩4,000 |
| 법인세 | 5,000 × 20% = (−)1,000 | 3,000 × 20% = (−)600 |
| 당기순이익 | 3,000 | 3,400 |

3. 회계이익을 기초로 산출된 법인세비용을 회계이익에서 차감하여 당기순이익 계산

| 구분 | 20×1년 | 20×2년 |
|---|---|---|
| 회계이익 | ₩4,000 | ₩4,000 |
| 법인세비용 | 4,000 × 20% = (−)800 | 4,000 × 20% = (−)800 |
| 당기순이익 | 3,200 | 3,200 |

수익·비용의 올바른 대응을 위해서 회계이익에 해당하는 법인세비용을 회계이익에서 차감하여야 한다. 이는 법인세를 여러 회계기간에 걸쳐 배분하는 이연법인세회계, 즉 법인세의 기간 간 배분과 법인세를 동일한 회계기간 내에서 발생원인별로 배분하는 기간 내 배분을 하는 경우에만 가능하다.

## II 회계이익과 과세소득

회계이익은 한국채택국제회계기준에 의하여 산출된 법인세비용 차감 전 회계기간의 손익을 말하며 과세소득은 과세당국이 제정한 법규인 법인세법에 따라 납부할 법인세를 산출하는 대상이 되는 회계기간의 이익 즉, 법인세부담액인 당기 법인세를 산출하는 대상 소득을 말한다.

회계이익은 수익에서 비용을 차감하여 계산하며, 과세소득은 익금에서 손금을 차감하여 계산한다. 수익과 익금 그리고 비용과 손금은 서로 유사한 개념이지만 완전하게 일치하지 않는다.

- 회계이익: 수익 − 비용 = 법인세비용차감전순이익
- 과세소득: 익금 − 손금 = 과세소득

이렇게 회계이익과 과세소득의 차이를 발생시키는 항목들은 다음의 4가지 요소로 구분할 수 있다.

① 익금산입: 기업회계상 수익이 아니지만 법인세법상 익금에 해당하는 경우
② 익금불산입: 기업회계상 수익이지만 법인세법상 익금에 해당하지 않는 경우
③ 손금산입: 기업회계상 비용이 아니지만 법인세법상 손금에 해당하는 경우
④ 손금불산입: 기업회계상 비용이지만 법인세법상 손금에 해당하지 않는 경우

익금산입과 손금불산입은 회계이익보다 과세소득을 크게 한다는 점에서, 손금산입과 익금불산입은 회계이익보다 과세소득을 작게 한다는 점에서 각각 동일한 효과를 갖는다. 과세소득은 회계이익에서 이들 항목들을 가감한 금액으로 산출하는데, 이러한 과정을 세무조정이라고 한다.

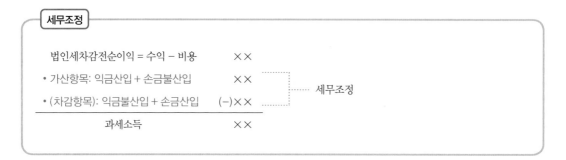

**Additional Comment**

과세소득은 익금에서 손금을 차감하여 직접법으로 산정하여야 하나 대부분의 수익과 익금, 비용과 손금이 일치하기 때문에 회계이익에서 출발하여 차이나는 부분만을 조정하여 과세소득을 산출하는 간접법을 사용하는데, 이를 세무조정이라고 한다.

---

## Ⅲ 소득처분

세무조정을 하는 데 세무조정의 결과가 누구에게 귀속되었는지 여부를 결정하여야 한다. 이를 소득처분이라고 하는데, 소득처분은 유보와 사외유출로 구분된다.

유보는 세무조정금액이 사외로 유출되지 않고 기업 내부에 남아 기업회계상 자산·부채(회계상 순자산)와 법인세법상 자산·부채(세무상 순자산)의 차이를 발생시키는 경우의 소득처분을 말한다. 반면 사외유출은 세무조정금액이 기업외부로 유출되어 제3자에게 귀속되는 경우의 소득처분을 말한다.

## 01 유보

유보로 소득처분된 항목들은 미래의 회계기간에 걸쳐 과세소득에 반대의 영향을 미친다. 즉, 당기의 회계이익에 가산된 항목은 차기 이후의 회계이익에서 차감되고, 당기의 회계이익에서 차감된 항목은 차기 이후의 회계이익에 가산된다. 이때 회계이익에 가산하는 경우를 유보라고 하고, 회계이익에서 차감하는 경우를 △유보라고 한다. 유보로 소득처분된 항목은 기업회계나 법인세법에서 모두 수익(또는 비용)과 익금(또는 손금)으로 인정되지만, 귀속되는 회계기간이 다른 경우에 발생한다.

### Self Study

1. 유보로 소득처분된 항목은 당기 과세소득을 증가시켜 당기 법인세를 증가시키지만, 동 금액이 차기 이후의 과세소득을 감소시켜 차기 이후의 법인세를 감소시키게 된다.
2. △유보로 소득처분된 항목은 당기 과세소득을 감소시켜 당기 법인세를 감소시키지만, 동 금액이 차기 이후의 과세소득을 증가시켜 차기 이후의 법인세를 증가시키게 된다.

## 02 사외유출

사외유출로 소득처분된 항목들은 당기 과세소득에만 영향을 미치고 차기 이후 회계기간의 과세소득에는 영향을 미치지 않는다. 사외유출항목은 특정 항목이 기업회계에 수익·비용으로 인정되지만 법인세법에서 익금·손금으로 인정되지 않거나, 기업회계에서 수익·비용으로 인정되지 않지만 법인세법에서 익금·손금으로 인정되는 경우에 발생한다. 사외유출항목은 당기 과세소득을 증감시키지만 동 금액이 차기 이후의 과세소득에 미치는 영향이 없다는 점에서 차기 이후의 과세소득에 영향을 미치는 유보항목과 구분된다.

## IV  일시적차이와 영구적차이

일시적차이는 회계이익과 과세소득의 차이 중 유보 또는 △유보로 소득 처분된 항목을 말한다. 한국채택국제회계기준 제1012호 '법인세'에서는 일시적차이를 재무상태표상 자산 또는 부채의 장부금액과 세무기준액의 차이로 정의하고 있다. 이때 자산이나 부채의 세무기준액은 세무상 당해 자산 또는 부채에 귀속되는 금액으로 이러한 일시적차이는 다음의 두 가지로 구분된다.

① 가산할 일시적차이: 미래 회계기간의 과세소득 결정 시 가산할 금액이 되는 일시적차이(△유보)
② 차감할 일시적차이: 미래 회계기간의 과세소득 결정 시 차감할 금액이 되는 일시적차이(유보)

한편, 세무조정사항 중 사외유출항목들은 일반적으로 영구적차이라고 하지만 기업회계기준서 제1012호 '법인세'에서는 별도로 정의하고 있지 않다.

| 구분 | 당기 | 차기 이후 | |
|---|---|---|---|
| 법인세비용차감전순이익 | ×× | | |
| 가산 | | | |
| • 일시적차이 | ×× | ⇒ (−)×× | 유보(미래에 차감할 일시적차이) |
| • 영구적차이 | ×× | | |
| (−)차감 | | | |
| • 일시적차이 | (−)×× | ⇒ ×× | △유보(미래에 가산할 일시적차이) |
| • 영구적차이 | (−)×× | | |
| 과세소득 | ×× | ×× | |

## V 법인세 신고·납부 시기 및 회계처리

기업은 현행 법인세법에 따라 기중에 원천징수나 중간예납 등을 통하여 당기법인세 중 일부를 미리 납부하도록 규정하고 있는데, 동 납부액은 당기법인세자산(= 선급법인세)으로 하여 자산으로 인식한다. 또한 결산일에 회사가 납부하여야 할 법인세부담액인 당기법인세를 산정하여 당기법인세자산과 상계하고 당기법인세 산정액이 더 큰 경우에는 차액을 당기법인세부채로 처리한다. 기업은 다음 회계연도 3월 31일까지 세무조정내역에 따라 과세당국에 법인세를 신고·납부한다.

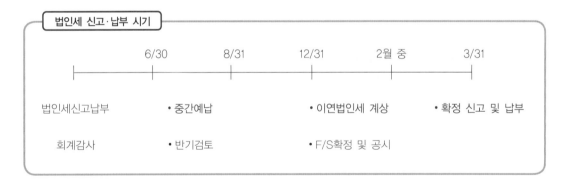

## 01 원천징수 및 중간예납 시

기업은 회계기간 중 원천징수나 중간예납을 통하여 법인세를 미리 납부하게 된다. 원천징수나 중간예납을 통하여 미리 납부한 법인세는 납부시점에 당기법인세자산(또는 선급법인세)으로 처리한다.

## 02 보고기간 말

기업은 보고기간 말 현재 당기 법인세를 추정하여 법인세비용과 당기법인세부채로 각각 인식한다. 원천징수세액과 중간예납세액이 있는 경우에는 법인세추정액에서 원천징수세액 등을 차감한 금액을 당기법인세부채의 과목으로 인식한다.

## 03 법인세신고일(납부일)

정기주주총회에서 재무제표가 확정되면 기업은 이를 기초로 실제 납부할 당기법인세를 계산하기 위해 세무조정을 한다. 기업은 세무조정을 한 결과를 과세당국에 세무조정계산서의 형식으로 신고하고 법인세를 납부하여야 한다.

세무조정의 결과로 계산되는 당기 법인세는 보고기간 말에 이미 인식한 법인세추정액과 일치하지 않는 것이 일반적이다. 이때 보고기간 말에 추정한 법인세와 실제 법인세와의 차액은 법인세를 추납하거나 환급한 회계기간의 법인세비용에 가산한다.

#### 법인세 신고·납부 시기의 회계처리

| 중간예납 | 차) 당기법인세자산(A) | ×× | 대) 현금 | ×× |
|---|---|---|---|---|
| 이연법인세 계상 | 차) 이연법인세자산<br>법인세비용 | ××<br>×× | 대) 당기법인세자산(A)<br>당기법인세부채(B)<br>⇒ 당기 납부세액: A + B | ××<br>×× |
| 확정 신고·납부 | 차) 당기법인세부채 | ×× | 대) 현금 | ×× |

#### 사례연습 1

12월 말 결산법인인 ㈜한영은 20×1년 중 법인세 중간예납으로 ₩1,000의 법인세를 납부하였다. ㈜한영은 20×1년도 정기주주총회가 종료된 이후 법인세를 실제로 계산한 결과 당기 법인세는 ₩3,200으로 계산되었으며, 20×2년 3월 말에 법인세를 신고·납부하였다.

㈜한영이 법인세와 관련하여 각 일자에 해야 할 회계처리를 보이시오.

풀이

| 중간예납 | 차) 당기법인세자산(A) | 1,000 | 대) 현금 | 1,000 |
|---|---|---|---|---|
| 이연법인세 계상 | 차) 법인세비용 | 3,200 | 대) 당기법인세자산(A)<br>당기법인세부채(B)<br>⇒ 당기 납부세액: A + B = 3,200 | 1,000<br>2,200 |
| 확정 신고·납부 | 차) 당기법인세부채 | 2,200 | 대) 현금 | 2,200 |

# 2 | 법인세의 기간 간 배분

## I | 기간 간 배분의 의의

이연법인세회계는 일시적차이에 대한 세금효과를 인식하여 포괄손익계산서의 법인세비용에서 그 효과를 가감하고, 동 금액을 재무상태표에 이연법인세자산·부채로 인식하는 회계를 의미한다. 이연법인세회계는 일시적차이에 대한 세금효과를 여러 회계기간에 걸쳐 배분하므로 법인세의 기간 간 배분이라고도 한다.

---

**이연법인세회계의 예**

A사는 20×1년 초에 ₩100,000을 연 10%의 적금에 불입하였다. 적금의 만기는 20×2년으로 적금의 이자는 만기에 일시 지급한다. A회사는 2년간 동 거래 이외에는 거래가 없었다. (법인세율은 매년 30%이다)

1. 회계이익과 과세소득의 구분

| 구분 | 20×1년 | 20×2년 |
|------|--------|--------|
| 회계이익 | 100,000 × 10% = 10,000 | 100,000 × 10% = 10,000 |
| 과세소득 | − | 100,000 × 10% × 2 = 20,000 |

2. 과세소득을 기초로 계산한 법인세를 회계이익에서 차감하여 당기순이익 계산

| 구분 | 20×1년 | 20×2년 |
|------|--------|--------|
| 회계이익 | 10,000 | 10,000 |
| 법인세 | − | 20,000 × 30% = (−)6,000 |
| 당기순이익 | 10,000 | 4,000 |

⇒ 동일한 회계이익에 대하여 법인세효과로 인해 서로 다른 당기순이익 발생

3. 이연법인세회계
   (1) 20×1년 이연법인세회계

   | 차) 법인세비용 | 3,000 | 대) 이연법인세부채 | 3,000 |
   |---|---|---|---|

   (2) 20×2년 이연법인세회계

   | 차) 이연법인세부채 | 3,000 | 대) 현금(법인세지급액) | 6,000 |
   |---|---|---|---|
   | 법인세비용 | 3,000 | | |

4. 이연법인세회계 적용 후 당기순이익 계산

| 구분 | 20×1년 | 20×2년 |
|------|--------|--------|
| 회계이익 | 10,000 | 10,000 |
| 법인세 | (−)3,000 | (−)3,000 |
| 당기순이익 | 7,000 | 7,000 |

⇒ 동일한 회계이익에 대하여 법인세효과 반영 이후에도 동일한 당기순이익 발생

---

이연법인세자산은 차감할 일시적차이로 인하여 미래기간에 경감될 법인세액을 말하며, 차감할 일시적차이 외에 이월공제 가능한 세무상 결손금이나 세액공제로 인하여 미래기간에 경감될 법인세액도 이연법인세자산에 해당한다.

이연법인세자산 = 실현가능한 차감할 일시적차이 × 소멸되는 회계연도의 평균세율

## 01 법인세의 계산구조

| 법인세차감전순이익 | ×× | | 일시적차이 | 영구적차이 |
|---|---|---|---|---|
| 가산항목 | ×× | ⇒ | 유보 | 기타사외유출, 기타 |
| (−)차감항목 | (−)×× | ⇒ | △유보 | 기타 |
| 각사업연도소득금액 | ×× | | 이연법인세자산(부채) | |
| (−)이월결손금 | (−)×× | ⇒ | 이연법인세자산 | |
| 과세표준 | ×× | | | |
| × 세율(t) | | | | |
| 산출세액 | ×× | | | |
| (−)세액공제 | (−)×× | ⇒ | 이연법인세자산 | |
| 결정세액 | ×× | | | |
| (−)기납부세액 | (−)×× | | | |
| 차감납부세액 | ×× | | | |

당기 법인세는 단순히 과세소득에 법인세율을 곱한 금액으로 계산되는 것이 아니라 실제로는 과세소득에서 이월결손금 등을 차감한 금액으로 과세표준을 계산하고, 과세표준에 법인세율을 곱한 금액으로 산출세액을 계산한다. 그러나 당기 법인세는 실제 납부할 법인세를 말하므로 산출세액에서 세액공제를 차감한 금액인 결정세액을 계산한다.

### Self Study

1. 이월결손금은 부(−)의 과세소득인 결손금이 발생하는 경우 차기 이후에 발생한 과세소득에서 차감해 주는 것으로 차기 이후의 법인세를 감소시킨다.
2. 이월결손금은 차기 이후의 법인세를 감소시키므로 차감할 일시적차이와 동일한 세금효과를 갖는다. 따라서 이월결손금 등으로 인한 차기 이후의 법인세 감소분은 이연법인세자산으로 인식하고 발생한 회계기간의 법인세수익으로 인식한다.

## 02 이연법인세자산의 인식

이연법인세자산은 자산의 정의에 비추어 볼 때 그 요건을 충족하므로 자산성이 인정된다.

| 이연법인세자산<br>자산성 | ① 과거에 발생한 거래나 사건의 결과임<br>② 미래에 과세소득과 법인세부담액을 감소시킴으로써 간접적으로 미래의 현금흐름을 창출하는 효익을 가지고 있음<br>③ 미래의 경제적 효익에 대한 배타적인 권리를 가지고 있음 |
| --- | --- |

차감할 일시적차이는 미래 회계기간에 과세소득에서 차감되는 형태로 소멸된다. 그런데 미래회계기간에 과세소득이 충분하지 않다면 과세소득의 차감을 통하여 경제적 효익이 유입될 수 없다. 따라서 차감할 일시적차이가 사용될 수 있는 과세소득의 발생 가능성이 높은 경우에만 차감할 일시적차이에 대한 이연법인세자산을 인식한다. 아래의 경우에는 차감할 일시적 차이의 실현가능성이 높은 것으로 판단할 수 있다.

| 이연법인세자산<br>실현가능성 검토 | ① 충분한 가산할 일시적차이: 차감할 일시적차이의 소멸이 예상되는 회계기간에 소멸이 예상되는 충분한 가산할 일시적차이가 있는 경우<br>② 충분한 과세소득: 차감할 일시적차이가 소멸될 회계기간에 동일 과세당국과 동일 과세대상기업에 관련된 충분한 과세소득이 발생할 가능성이 높은 경우<br>③ 세무정책에 의한 과세소득의 창출: 세무정책으로 적절한 기간에 과세소득을 창출할 수 있는 경우<br>④ 결손금이 다시는 발생할 가능성이 없는 원인에서 발생: 미사용 세무상 결손금이 다시 발생할 가능성이 없는 식별가능한 원인으로부터 발생한 경우 |
| --- | --- |

## 03 이연법인세자산의 평가

이연법인세자산의 장부금액은 매 보고기간 말에 검토한다. 이연법인세자산의 일부 또는 전부에 대한 혜택이 사용되기에 충분한 과세소득이 발생할 가능성이 더 이상 높지 않다면 이연법인세자산의 장부금액을 감액시킨다. 감액된 금액은 사용되기에 충분한 과세소득이 발생할 가능성이 높아지면 그 범위 내에서 환입한다. 또한 인식되지 않은 이연법인세자산에 대해서는 매 보고기간 말에 재검토한다. 미래 과세소득에 의해 이연법인세자산이 회수될 가능성이 높아진 범위까지 과거 인식되지 않은 이연법인세자산을 인식한다.

이연법인세부채는 가산할 일시적차이로 인하여 미래기간에 추가로 부담하게 될 법인세금액을 말하며, 원칙적으로 모든 가산할 일시적차이에 대하여는 이연법인세부채를 인식하여야 한다. 즉, 이연법인세부채는 이연법인세자산과 달리 그 실현가능성 여부를 따지지 않고 전액 부채로 계상하여야 한다.

> 이연법인세부채 = 가산할 일시적차이 × 소멸되는 회계연도의 평균세율

이연법인세부채는 부채의 정의에 비추어 볼 때 그 요건을 충족하므로 부채성이 인정된다.

| 이연법인세부채<br>부채성 | ① 과거에 발생한 거래나 사건의 결과임 |
|---|---|
| | ② 미래의 과세소득을 증가시키게 되므로 이연된 법인세의 지급의무가 현재시점에 존재함 |
| | ③ 세금의 납부는 자원의 유출이 예상되는 의무임 |

**Self Study**

모든 가산할 일시적차이에 대하여 이연법인세부채를 인식한다. 다만, 다음의 경우에 발생한 이연법인세부채는 인식하지 아니한다.
(1) 영업권을 최초로 인식하는 경우
(2) 다음에 모두 해당하는 거래에서 자산이나 부채를 최초로 인식하는 경우
　(가) 사업결합이 아니다.
　(나) 거래 당시 회계이익과 과세소득(세무상 결손금)에 영향을 미치지 않는다.
　(다) 거래 당시 동일한 금액으로 가산할 일시적차이와 차감할 일시적차이가 생기지는 않는다.

**IV** 　**적용할 세율**

**01 법인세효과에 적용할 세율**

당기법인세자산과 부채는 보고기간 말까지 제정되었거나 실질적으로 제정된 현재의 세율을 사용하여 과세당국에 납부할 것으로 예상되는 금액으로 측정한다. 또한 이연법인세자산과 부채는 보고기간 말까지 제정되었거나 실질적으로 제정된 세율에 근거하여 당해 자산과 부채가 실현되거나 결제될 회계기간에 적용될 것으로 기대되는 미래의 세율을 사용하여 측정한다.

**02 누진세율이 적용되는 경우**

과세대상수익의 수준에 따라 적용되는 세율이 다른 누진세율 구조의 경우에는 일시적차이가 소멸될 것으로 예상되는 기간의 과세소득에 적용될 것으로 기대되는 평균세율을 사용하여 이연법인세자산과 부채를 측정한다.

이연법인세자산과 부채의 장부금액은 관련된 일시적차이의 금액에 변동이 없는 경우에도 아래와 같은 원인으로 변경될 수 있다.
1. 세율이나 세법이 변경되는 경우
2. 이연법인세자산의 회수가능성을 재검토하는 경우
3. 예상되는 자산의 회수 방식이 변경되는 경우

## V   다기간에서 법인세기간배분의 절차

[법인세 납부세액 계산구조 및 회계처리]

| | | | 일시적차이 | 영구적차이 |
|---|---|---|---|---|
| 법인세차감전순이익 | ×× | | | |
| 가산항목 | ×× | ⇒ | 유보 | 기타사외유출, 기타 |
| (−)차감항목 | (−)×× | ⇒ | △유보 | 기타 |
| 각사업연도소득금액 | ×× | | 이연법인세자산(부채)(A) | |
| (−)이월결손금 | (−)×× | ⇒ | 이연법인세자산(A) | |
| 과세표준 | ×× | | | |
| × 세율(t) | | | | |
| 산출세액 | ×× | | | |
| (−)세액공제 | (−)×× | ⇒ | 이연법인세자산(A) | |
| 결정세액(B) | ×× | | | |
| (−)기납부세액(C) | (−)×× | | | |
| 차감납부세액(B−C) | ×× | | | |

| 법인세비용 및 이연법인세 계상 | 차) 이연법인세자산(A) | 3rd | 대) 당기법인세자산(C) | 1st |
|---|---|---|---|---|
| | 법인세비용 | 대차차액 | 당기법인세부채(B − C) | 2nd |

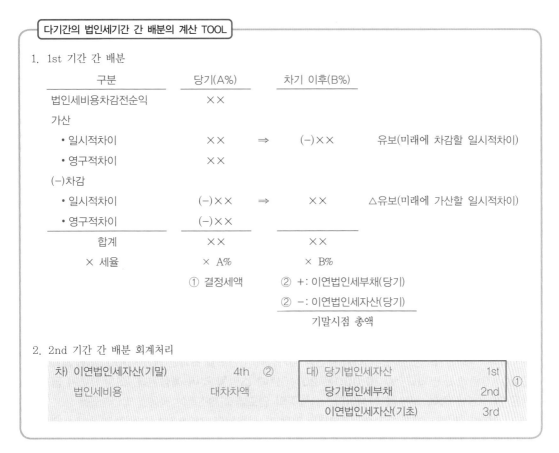

이연법인세회계는 두 회계기간 이상인 다기간의 경우에는 이연법인세회계의 적용이 복잡하다. 다기간의 이연법인세를 회계처리하는 순서는 아래와 같다.

① 당기 법인세를 계산한다.
② 기초 현재와 기말 현재의 이연법인세자산(부채)을 계산한다.
③ 회계처리를 통해 대차잔액으로 법인세비용을 계산한다.

## 01 당기 법인세

당기 법인세는 과세소득에 당기 법인세율을 곱하여 계산한다. 과세소득은 회계이익에서 회계이익과 과세소득의 차이를 가감하여 계산한다.

## 02 이연법인세자산·부채

기말 현재 이연법인세자산·부채는 보고기간 말 현재 누적 일시적차이가 소멸되는 회계기간에 적용될 것으로 기대되는 세율을 사용하여 측정한다. 따라서 보고기간 말 현재 누적 일시적차이를 소멸되는 회계기간별로 구분하고, 소멸되는 회계기간의 예상법인세율을 곱한 금액으로 법인세효과를 계산한다.

이연법인세자산·부채의 기초금액과 기말금액의 차이를 회계처리하고, 당기 법인세를 당기법인세부채로 인식하면 대차차액을 법인세비용으로 인식한다.

**Self Study**

1. 평균유효세율: 법인세비용 ÷ 법인세비용차감전순이익
   기업회계기준서 제1012호 '법인세'에 따르면 평균유효세율은 별도로 공시한다.
2. 평균세율: 예상법인세부담액 ÷ 예상과세소득

---

**사례연습 2**

12월 31일 결산법인인 ㈜현주의 20×4년도 법인세와 관련한 세무조정사항은 다음과 같다.

| | |
|---|---|
| 법인세비용차감전순이익 | ₩2,000,000 |
| 접대비 한도초과액 | ₩100,000 |
| 감가상각비 한도초과액 | ₩50,000 |
| FVPL금융자산평가이익 | ₩20,000 |

한국채택국제회계기준상 감가상각비가 세법상 감가상각비 한도를 초과한 ₩50,000 중 ₩30,000은 20×5년에 소멸되고, ₩20,000은 20×6년에 소멸될 것이 예상된다. 또한 FVPL금융자산은 20×5년 중에 처분될 예정이다. ㈜현주의 연도별 과세소득에 적용될 법인세율은 20×4년 25%, 20×5년 28%이고, 20×6년도부터는 30%가 적용된다. 20×3년 12월 31일 현재 이연법인세자산(부채) 잔액은 없었다. 20×4년도의 법인세비용과 당기법인세부채를 구하시오(단, 이연법인세자산의 실현가능성은 높고 이연법인세자산·부채는 상계요건을 충족하였다).

**풀이**

1. 1st 기간 간 배분

| 구분 | 당기(25%) | 20×5년(28%) | 20×6년(30%) |
|---|---|---|---|
| 법인세비용차감전순이익 | 2,000,000 | | |
| 접대비 한도초과액 | 100,000 | | |
| 감가상각비 한도초과액 | 50,000 | (−)30,000 | (−)20,000 |
| FVPL금융자산평가이익 | (−)20,000 | 20,000 | |
| 합계 | 2,130,000 | (−)10,000 | (−)20,000 |
| × 세율 | × 25% | × 28% | × 30% |
| | ① 532,500 | ② (−)2,800 | ② (−)6,000 |

2. 2nd 기간 간 배분 회계처리

| 차) 이연법인세자산(기말) | 4th ② 8,800 | 대) 당기법인세자산 | 1st 0 | |
|---|---|---|---|---|
| 법인세비용 | 대차차액 523,700 | 당기법인세부채 | 2nd 532,500 | ① |
| | | 이연법인세자산(기초) | 3rd 0 | |

**다음은 ㈜갑의 법인세 관련 자료이다.**

(1) 20×1년 법인세부담액은 ₩1,000이며, 20×1년 중 원천징수, 중간예납으로 ₩400의 법인세를 선납하고 다음과 같이 회계처리하였다.

차) 당기법인세자산　　　　　　　400　　　대) 현금　　　　　　　　　　400

(2) 세무조정에 따른 유보 처분액(일시적차이)의 증감내용을 나타내는 20×1년도 자본금과적립금조정명세서(을)은 다음과 같다.

| 구분 | 기초잔액 | 당기 중 증감 | | 기말잔액 |
| --- | --- | --- | --- | --- |
| | | 감소 | 증가 | |
| 매출채권 손실충당금 | ₩460 | ₩50 | ₩70 | ₩480 |
| 미수이자 | ₩(−)100 | ₩(−)80 | ₩(−)50 | ₩(−)70 |
| 감가상각누계액 | ₩300 | ₩40 | ₩80 | ₩340 |
| 제품보증충당부채 | ₩340 | ₩230 | ₩40 | ₩150 |
| 연구인력개발준비금 | ₩(−)600 | | | ₩(−)600 |
| 계 | ₩400 | ₩240 | ₩140 | ₩300 |

(3) 20×0년 말과 20×1년 말의 차감할 일시적차이가 사용될 수 있는 과세소득의 발생가능성은 높으며, 20×0년 말과 20×1년 말 미사용 세무상 결손금과 세액공제는 없다.

(4) 20×0년 말과 20×1년 말의 일시적차이가 소멸될 것으로 예상되는 기간의 과세소득에 적용될 것으로 예상되는 평균세율은 20%이다.

(5) ㈜갑은 20×2년 3월 30일에 20×1년분 법인세 차감납부할세액 ₩600을 관련 세법규정에 따라 신고, 납부하였으며, 법인세에 부가되는 세액은 없는 것으로 가정한다.

**㈜갑이 20×1년도 포괄손익계산서에 계상할 법인세비용을 구하고, 회계처리를 하시오.**

풀이

1. 이연법인세자산(부채)의 계산
   (1) 20×1년 말 이연법인세자산: 300(기말 유보잔액) × 20%(소멸 예상되는 기간의 평균세율) = 60
   (2) 20×1년 초 이연법인세자산: 400(기초 유보잔액) × 20%(소멸 예상되는 기간의 평균세율) = 80

2. 기간 간 배분 회계처리

차) 이연법인세자산(기말)　4th ② 60　　　대) 당기법인세자산　　　　1st 400
　　법인세비용　　　　　대차차액 1,020　　　　　당기법인세부채　　　　2nd 600　①
　　　　　　　　　　　　　　　　　　　　　　　이연법인세자산(기초)　　3rd 80

1. 법인세부담액은 회사가 납부해야 할 납부세액을 의미한다. 이 중 선납한 부분 ₩400은 당기법인세자산으로 계상 후, 기말 기간 간 배분 회계처리 시 상계 후 잔여분 ₩600을 당기법인세부채로 인식한다.
2. 자본금과적립금조정명세서(을)표는 회사의 유보 세무조정항목을 보이는 서식으로 기초·기말잔액을 통하여 기초와 기말의 이연법인세자산·부채 잔액을 계상할 수 있다. 여기서 주의할 점은 자본금과적립금조정명세서(을)표상 잔액이 (+)이면 추후에 (−)효과를 가져오므로 이연법인세자산을 계상하고, 잔액이 (−)이면 추후에 (+)효과를 가져오므로 이연법인세부채를 계상하여야 한다는 것이다.
3. 이연법인세자산·부채를 계산하는 경우 소멸될 것으로 예상되는 기간의 평균세율을 사용하며 보고기간 말의 세율이나 한계세율을 적용하지 않는다.

**기출 Check 1**

보고기간 말이 12월 31일인 ㈜대한은 20×1년 1월 1일에 설립된 회사이다. 20×1년도 법인세비용차감전순이익은 ₩2,000,000이며 법인세율은 25%이다. ㈜대한의 20×1년도 당기법인세를 계산하기 위한 세무조정사항은 다음과 같다.

- 확정급여채무 한도초과액은 ₩100,000이고, 동 초과액은 20×2년 및 20×3년에 각각 ₩50,000씩 손금으로 추인된다.
- 세법상 손금한도를 초과하여 지출한 접대비는 ₩50,000이다.
- 만기일이 20×2년도 3월 31일인 정기예금의 20×1년도 미수이자수익은 ₩40,000이다.
- 비과세이자소득 ₩30,000을 수령하고 당기수익으로 보고하였다.

20×2년도와 20×3년도의 세무조정 전 과세소득은 각각 ₩2,500,000과 ₩3,000,000으로 예상되며 법인세율은 25%로 변동이 없다. 20×1년도의 당기법인세, 평균유효세율 그리고 20×1년도 말의 이연법인세자산·부채는 얼마인가? (단, 이연법인세자산과 이연법인세부채는 상계하여 표시한다)

[공인회계사 2010년 이전]

| | 당기법인세부채 | 평균유효세율 | 이연법인세자산(부채) |
|---|---|---|---|
| ① | ₩520,000 | 25.25% | ₩15,000(자산) |
| ② | ₩535,000 | 25.25% | ₩15,000(부채) |
| ③ | ₩520,000 | 26.00% | ₩15,000(자산) |
| ④ | ₩535,000 | 26.00% | ₩15,000(부채) |
| ⑤ | ₩540,000 | 24.75% | ₩20,000(자산) |

1. 1st 기간 간 배분 회계처리

| 구분 | 당기(25%) | 차기 이후(25%) |
|---|---|---|
| 법인세비용차감전순이익 | 2,000,000 | |
| 확정급여채무 한도초과액 | 100,000 | (-)100,000 |
| 접대비한도초과액 | 50,000 | |
| 미수이자수익 | (-)40,000 | 40,000 |
| 비과세이자소득 | (-)30,000 | |
| 합계 | 2,080,000 | (-)60,000 |
| × 세율 | × 25% | × 25% |
| | ① 520,000 | ② (-)15,000 |

2. 2nd 기간 간 배분 회계처리

차) 이연법인세자산(기말)   4th ② 15,000   　대) 당기법인세자산   1st 0
　　법인세비용   대차차액 505,000   　　　당기법인세부채   2nd 520,000   ①
　　　　　　　　　　　　　　　　　　　　이연법인세자산(기초)   3rd 0

⇒ 평균유효세율: 505,000/2,000,000 = 25.25%

정답: ①

## Ⅵ   결손금 등의 세금효과

## 01   결손금

법인세법상 손실이 발생하는 경우 납부할 당기법인세는 발생하지 않는다. 그러나 법인세법상 결손금은 전기 이전의 회계기간에 이미 납부한 법인세를 돌려받는 소급공제를 통하여 법인세를 환급받거나 미래 과세소득에서 결손금 해당액을 차감하여 미래 법인세를 경감해 주는 이월공제를 통하여 차기 이후의 법인세를 감소시켜 준다.

## 02 결손금의 공제 유형별 회계처리

| 결손금 소급공제 | 차) 당기법인세자산 ×× 대) 법인세수익 ×× |
|---|---|
| | ⇒ 과거기간에 납부한 법인세의 환급으로 미수채권에 해당함 |
| 결손금 이월공제 | 차) 이연법인세자산 ×× 대) 법인세수익 ×× |
| | ⇒ 차기 이후에 납부할 법인세의 감소로 이연법인세자산의 실현가능성 검토해야 함 |

결손금의 소급공제는 과거 회계기간의 법인세를 환급받기 위하여 세무상 결손금을 이용하는 것이다. 결손금의 소급공제로 인한 혜택은 기업으로 유입될 가능성이 높고 이를 신뢰성 있게 측정할 수 있기 때문에 세무상 결손금이 발생한 회계기간에 이를 자산으로 인식한다. 법인세의 환급예정액은 당기법인세자산으로 인식하고, 법인세수익으로 하여 당기손익처리한다.

결손금의 소급공제가 인정되더라도 환급받을 세액이 없거나 부족한 경우에는 결손금의 이월공제가 허용된다. 결손금을 이월공제하게 되면 차기 이후의 회계기간에 발생한 과세소득에서 이월된 결손금을 차감한 과세표준에 법인세율을 곱한 금액으로 법인세를 계산한다. 그러므로 결손금의 이월공제는 차기 이후의 법인세를 감소시키므로 법인세효과를 이연법인세자산으로 인식하고, 법인세수익으로 하여 당기손익처리한다.

## 03 결손금의 이월공제를 통한 이연법인세자산의 실현가능성

결손금을 이월공제하게 되면 미래의 과세소득이 감소하여 법인세금액을 절감시키는 효과가 있다. 이는 차감할 일시적차이와 성격이 동일하므로 결손금의 이월공제로 인한 법인세효과는 미래 과세소득의 발생가능성이 높은 경우 그 범위 안에서 이연법인세자산으로 인식한다.

세무상 결손금이 사용될 수 있는 과세소득의 발생가능성을 검토할 때는 다음의 판단기준을 고려한다. 과세소득이 발생가능성이 높지 않은 범위까지는 이연법인세자산을 인식하지 않는다.

| 이연법인세자산 실현가능성 검토 | ① 충분한 가산할 일시적차이: 차감할 일시적차이의 소멸이 예상되는 회계기간에 소멸이 예상되는 충분한 가산할 일시적차이가 있는 경우<br>② 충분한 과세소득: 차감할 일시적 차이가 소멸될 회계기간에 동일 과세당국과 동일 과세대상 기업에 관련된 충분한 과세소득이 발생할 가능성이 높은 경우<br>③ 세무정책에 의한 과세소득의 창출: 세무정책으로 적절한 기간에 과세소득을 창출할 수 있는 경우<br>④ 결손금이 다시는 발생할 가능성이 없는 원인에서 발생: 미사용 세무상 결손금이 다시 발생할 가능성이 없는 식별가능한 원인으로부터 발생한 경우 |
|---|---|

## 04 이월결손금 고려 시 법인세의 기간 간 배분 계산 TOOL

**1. 1st 기간 간 배분**

| 구분 | 당기(A%) | | 차기 이후(B%) | |
|---|---|---|---|---|
| 법인세비용차감전순이익 | ×× | | | |
| 가산 | | | | |
| • 일시적차이 | ×× | ⇒ | (−)×× | 유보(미래에 차감할 일시적차이) |
| • 영구적차이 | ×× | | | |
| (−)차감 | | | | |
| • 일시적차이 | (−)×× | ⇒ | (−)×× | △유보(미래에 가산할 일시적차이) |
| • 영구적차이 | (−)×× | | | |
| 이월결손금 | | | (−)×× | ⇒ 이월결손금의 실현가능성 검토 |
| 합계 | ×× | | ×× | |
| × 세율 | × A% | | × B% | |
| | ① 결정세액 | | ② +: 이연법인세부채(당기) | |
| | | | ② −: 이연법인세자산(당기) | |
| | | | 기말시점 총액 | |

**2. 2nd 기간 간 배분 회계처리**

| 차) 이연법인세자산(기말) | 4th ② | 대) 당기법인세자산 | 1st | |
|---|---|---|---|---|
| | | 당기법인세부채 | 2nd | ① |
| | | 이연법인세자산(기초) | 3rd | |
| | | 법인세수익 | 대차차액 | |

**부분포괄손익계산서**

| : | |
|---|---|
| 법인세비용차감전순손실 | (−)×× |
| 법인세수익 | ×× |
| 당기순손실 | (−)×× |

보고기간 말이 12월 31일인 ㈜국세의 20×1년 회계연도 법인세비용차감전순손실은 ₩4,000,000 이다. 그리고 20×1년 회계연도에 유형자산의 감가상각과 관련하여 미래 과세소득에서 가산할 일시적차이인 손금산입항목이 ₩4,000,000만큼 발생하여 세무당국에 ₩8,000,000의 결손금을 보고하였다. 20×0년 회계연도까지 발생된 일시적차이는 없었으며 20×1년 회계연도에 발생된 손금산입항목은 20×2년 회계연도와 20×3년 회계연도에 각각 ₩2,000,000씩 소멸될 것으로 예상된다. 20×1년 회계연도의 법인세율은 24%이며 20×2년 회계연도부터는 20%로 인하하기로 입법화되었다. ㈜국세의 경우 이월결손금을 통한 법인세혜택의 실현가능성이 확실한데, 20×2년 회계연도에 ₩5,000,000, 20×3년 회계연도에 ₩3,000,000이 실현될 것이다. ㈜국세가 기업회계기준서에 의해 회계처리하였다(단, 이연법인세자산과 이연법인세부채는 상계하여 표시한다).

**1** ㈜국세가 20×1년도 법인세와 관련하여 해야 할 회계처리를 하시오.
**2** ㈜국세가 20×1년도에 작성할 부분포괄손익계산서를 작성하시오.

**풀이**

**1** 1. 기간 간 배분

| 구분 | 당기(24%) | 20×2년(20%) | 20×3년(20%) |
|---|---|---|---|
| 법인세비용차감전순손실 | (−)4,000,000 | | |
| 감가상각비 | (−)4,000,000 | 2,000,000 | 2,000,000 |
| 이월결손금 공제 | | (−)5,000,000 | (−)3,000,000 |
| 합계 | (−)8,000,000 | (−)3,000,000 | (−)1,000,000 |
| × 세율 | × 24% | × 20% | × 20% |
| | ① 0 | ② (−)600,000 | ② (−)200,000 |

2. 기간 간 배분 회계처리

| 차) 이연법인세자산(기말) | 4th ② 800,000 | 대) 당기법인세자산 | 1st 0 | ① |
|---|---|---|---|---|
| | | 당기법인세부채 | 2nd 0 | |
| | | 이연법인세자산(기초) | 3rd 0 | |
| | | 법인세수익 | 대차차액 800,000 | |

**2**

부분포괄손익계산서

| | |
|---|---|
| ⋮ | |
| 법인세비용차감전순손실 | (−)4,000,000 |
| 법인세수익 | 800,000 |
| 당기순손실 | (−)3,200,000 |

## 05 이월세액공제 (2차)

법인세법상 당해 보고기간의 세액공제금액이 산출세액을 초과하는 경우 공제받지 못한 미공제세액을 향후 세법상 규정된 기간 동안 이월하여 공제해주고 있으므로 이월세액공제금액을 이연법인세자산으로 인식한다. (처리방법은 결손금의 이월과 동일하나 이미 세액이 계산된 금액이라는 차이가 있다)

> **사례연습 5**
>
> 12월 말 결산법인인 ㈜한영은 20×1년도 회계이익으로 ₩20,000을 보고하였으며 과세소득과의 차이는 없다. 법인세율은 30%로 변동이 없다.
>
> > ㈜한영이 20×1년도 발생한 세액공제가 ₩3,000이며, 이 중 ₩1,000은 최저한세 등의 적용으로 인하여 차기 이후에 공제받아야 한다. 이월세액공제의 실현가능성은 높다.
>
> ㈜한영이 20×1년도에 법인세와 관련하여 해야 할 회계처리를 하시오.
>
> **풀이**
>
> 1. 이연법인세자산: 1,000(이월세액공제)
> 2. 회계처리
>
> | 차) 이연법인세자산 | 1,000 | 대) 당기법인세부채[1] | 4,000 |
> |---|---|---|---|
> | 법인세비용 | 3,000 | | |
>
> [1] $20,000 \times 30\% - (3,000 - 1,000) = 4,000$

| B/S | | I/S |
|---|---|---|
| 이연법인세자산(비유동) | 이연법인세부채(비유동) | N/I 영향: 법인세비용 |
| | 당기법인세부채(유동) | OCI 변동: − |
| | 자본에 가감하는 효과 | |

## 01 당기법인세자산과 당기법인세부채의 표시

당기법인세자산은 해당 회계기간에 과세당국으로부터 환급받을 법인세를 말하고, 당기법인세부채는 과세당국에 추가로 납부할 법인세를 말한다. 다음의 조건을 모두 충족하는 경우에만 당기법인세자산과 당기법인세부채를 상계하여 재무상태표에 유동자산이나 유동부채로 표시한다.

① 상계결제권리: 기업이 인식된 금액에 대한 법적으로 집행가능한 상계권리를 가지고 있다.
② 순액결제의도: 기업이 순액으로 결제하거나, 자산을 실현하는 동시에 부채를 결제할 의도가 있다.

종속기업이 없는 단일실체의 경우에는 상계의 요건을 만족하는 것이 일반적이다. 하지만 종속기업이 있는 연결실체의 경우에는 지배기업과 종속기업이 각각 법인세를 신고·납부할 의무를 가지고 있으므로 상계의 요건을 만족할 수 없는 경우가 더 일반적이다.

## 02 이연법인세자산과 이연법인세부채의 표시

다음의 조건을 모두 충족하는 경우에만 이연법인세자산과 이연법인세부채를 상계하여 재무상태표에 비유동자산이나 비유동부채로 표시한다.

| 구분 | 비고 |
|---|---|
| B/S 공시 | 비유동자산(부채)으로 공시 |
| 상계요건 | ① 기업이 당기법인세자산과 당기법인세부채를 상계할 수 있는 법적으로 집행가능한 권리를 가지고 있다.<br>② 이연법인세자산과 이연법인세부채가 다음의 각 경우에 동일한 과세당국에 의해서 부과되는 법인세와 관련되어 있다.<br>• 과세대상기업이 동일한 경우<br>• 과세대상기업이 다르지만 당기법인세부채와 자산을 순액으로 결제할 의도가 있거나, 유의적인 금액의 이연법인세부채가 결제되거나 이연법인세자산이 회수될 미래의 각 회계기간마다 자산을 실현하는 동시에 부채를 결제할 의도가 있는 경우 |

**Self Study**

이연법인세자산과 부채는 현재가치로 할인하지 않는다.

**법인세 회계처리에 대한 다음 설명으로 옳지 않은 것은?**

① 이연법인세자산과 부채는 현재가치로 할인하지 아니한다.

② 모든 가산할 일시적차이에 대하여 이연법인세부채를 인식하는 것을 원칙으로 한다.

③ 당기 및 과거기간에 대한 당기 법인세 중 납부되지 않은 부분을 부채로 인식한다. 만일 과거기간에 이미 납부한 금액이 그 기간 동안 납부하여야 할 금액을 초과하였다면 그 초과금액은 자산으로 인식한다.

④ 이연법인세자산과 부채는 보고기간 말까지 제정되었거나 실질적으로 제정된 세율(및 세법)에 근거하여 당해 자산이 실현되거나 부채가 결제될 회계기간에 적용될 것으로 기대되는 세율을 사용하여 측정한다.

⑤ 이연법인세자산의 장부금액은 매 보고기간 말에 검토한다. 이연법인세자산의 일부 또는 전부에 대한 혜택이 사용되기에 충분한 과세소득이 발생할 가능성이 더 이상 높지 않다면, 이연법인세자산의 장부금액을 감액시킨다. 감액된 금액은 사용되기에 충분한 과세소득이 발생할 가능성이 높아지더라도 다시 환입하지 아니한다.

**풀이**

매 보고기간 말에 이연법인세자산에 대하여는 당해 자산의 실현가능성을 재검토해야 한다. 만약 충분한 미래 과세소득이 발생할 가능성이 높아진 경우에는 이연법인세자산의 실현가능성이 높아진 범위까지 과거에 손상처리했던 이연법인세자산을 재인식하고, 당해 손상환입금액을 법인세비용에서 차감하여 당기이익으로 반영한다.

정답: ⑤

---

**Self Study**

1. 이연법인세자산과 부채는 현재가치 평가하지 않는다.
2. 당기 법인세부담액 중 이미 납부된 금액(당기법인세자산)을 차감하고 납부되지 않은 금액을 부채(당기법인세부채)로 인식한다.
3. 이연법인세자산·부채는 미래 실현시점의 법인세부담액의 감소·증가액이므로 미래에 자산이 실현되거나 부채가 결제될 회계기간에 적용될 것으로 기대되는 세율(평균세율)을 사용하여 측정한다.
   * 이연법인세부채와 이연법인세자산을 측정할 때에는 보고기간 말에 기업이 관련 자산과 부채의 장부금액을 회수하거나 결제할 것으로 예상되는 방식에 따른 법인세효과를 반영한다.

# 3 법인세의 기간 내 배분

## Ⅰ 기간 내 배분의 의의

법인세법은 순자산 증가설에 따라 과세소득을 산정하므로 당기순이익 이외의 원인으로 순자산이 증가하는 경우에도 과세소득이 증가할 수 있다. 회계이익을 제외한 순자산 증가분이 과세소득에 포함되는 경우 당기 법인세를 회계이익에서 차감하여 당기순이익으로 보고하게 되면 회계이익과 관련이 없는 법인세가 회계이익에서 차감되므로 회계이익과 법인세비용의 적절한 대응이 불가능하게 된다.

이렇듯 특정 회계기간에 발생한 법인세를 발생 원인에 따라 회계이익과 자본항목으로 배분하는 회계를 법인세 기간 내 배분이라고 한다. 법인세 기간 내 배분은 동일한 회계기간 내에서 당기 법인세를 여러 항목으로 배분하는 점에서 서로 다른 회계기간 간에 법인세를 배분하는 법인세의 기간 간 배분과 다르다.

## Ⅱ 당기 법인세의 기간 내 배분

당기 법인세는 회계이익과 관련된 법인세와 자본항목과 관련된 법인세로 각각 배분하고, 자본항목과 관련된 법인세는 당해 자본항목과 직접 상계한다.

법인세법의 과세소득에 포함되는 자본항목은 법인세를 차감한 후의 순액을 재무상태표에 공시한다. 회계이익과 관련된 법인세는 포괄손익계산서에 표시할 때 법인세를 차감하기 전의 금액과 구분하여 법인세비용의 과목으로 구분 표시한다.

## Ⅲ  이연법인세의 기간 내 배분

이연법인세는 회계이익과 관련된 법인세와 자본 및 기타포괄손익과 관련된 법인세로 각각 배분하고, 이 중 기타포괄손익과 관련된 법인세는 포괄손익계산서에 다음 중 하나의 방법으로 표시한다. 그러나 어떠한 경우에도 재무상태표에는 기타포괄손익을 관련 법인세효과를 차감한 후의 순액으로 표시한다.

> ① 관련 법인세효과를 차감한 순액으로 표시
> ② 기타포괄손익의 구성요소와 관련된 법인세효과 반영 전 금액으로 표시하고, 각 항목들에 관련된 법인세효과는 단일 금액으로 합산하여 표시

법인세법의 과세소득에 포함되는 자본항목은 법인세를 차감한 후의 순액으로 재무상태표에 공시한다. 회계이익과 관련된 법인세는 포괄손익계산서에 표시할 때 법인세를 차감하기 전의 금액과 구분하여 법인세비용으로 구분 표시한다.

## Ⅳ  유형별 기간 내 배분

### 01  당기손익 이외의 계정으로 인한 법인세효과

일시적차이가 당기손익으로 인식한 항목과 관련하여 발생하였기 때문에 그 일시적차이에 대해서 이연법인세자산·부채를 인식할 때 상대계정을 당기손익으로 회계처리하였다. 그런데 일시적차이는 기타포괄손익으로 인식한 항목과 관련하여 발생하기도 한다. 예를 들어 재평가모형을 적용하는 토지의 공정가치가 증가하여 보고기간 말에 토지의 장부금액을 증액시키면서 재평가잉여금을 인식할 경우 세법에서는 원가법만 인정하므로 토지에 대해서 가산할 일시적차이가 발생한다. 그런데 기타포괄손익인 재평가잉여금과 관련하여 이연법인세부채를 인식하면서 상대계정을 법인세비용으로 회계처리하면, 기타포괄손익 때문에 법인세비용이 변동되어 당기순손익이 영향을 받는 문제가 발생한다. 따라서 이연법인세의 상대계정을 당기손익(법인세비용)이 아닌 기타포괄손익으로 인식한다.

### 02  자기주식처분과 관련된 당기법인세

자기주식을 취득원가보다 높은 금액으로 처분할 경우 자기주식처분이익을 인식하는데, 자기주식처분이익이 과세소득에 가산되므로 당기법인세부채가 증가한다. 그런데 당기법인세부채의 상대계정을 법인세비용으로 회계처리하면, 자본잉여금 때문에 법인세비용이 변동되어 당기순손익이 영향을 받는 문제가 발생한다. 따라서 자기주식처분이익에 대하여 당기법인세부채를 인식할 때 상대계정으로 법인세비용(당기손익)을 인식하지 않고, 직접 자기주식처분이익을 감소시키는 회계처리를 한다.

반대로 자기주식처분손실이 발생할 경우 이를 자본조정으로 회계처리하므로 회계이익에는 포함되지 않지만, 과세소득에서 차감되어야 하므로 회계이익에서 차감하는 세무조정을 한다. 그러나 자기주식처분손실도 일시적차이가 아니므로 이연법인세는 인식하지 않는다. 따라서 자기주식처분손실로 인하여 덜 부담하는 법인세는 법인세수익(법인세비용의 차감)이 아니라 직접 자기주식처분손실에서 차감한다.

### Self Study

재무상태표에 계상되는 자기주식처분이익: 자기주식처분이익(법인세 고려 전) × (1 − 당기세율)

### Example

법인세비용차감전손익: ₩100,000, 당기세율 10%, 당기 자기주식처분이익 ₩10,000 발생

1. 법인세조정: 〈익금산입〉 자기주식처분손익 10,000 (기타)

2. 기간 간 배분

| 구분 | 당기(10%) | 차기 |
|---|---|---|
| 법인세차감전손익 | ₩100,000 | − |
| 자기주식처분이익 | ₩10,000 | − |
| 계 | ₩110,000 | − |
| | × 10% | |
| | ① ₩11,000 | |

3. 회계처리

- 1st 기간 간 배분 | 차) 법인세비용 | 11,000 | 대) 당기법인세부채 | ① 11,000
- 2nd 기간 내 배분 | 차) 자기주식처분이익 | 1,000 | 대) 법인세비용 | 1,000

4. F/S 효과

| B/S | | I/S | |
|---|---|---|---|
| 당기법인세부채 | 11,000 | N/I 영향: 법인세비용 10,000 | |
| 자기주식처분이익 | 9,000 | OCI 변동: − | |

## 03 FVOCI금융자산(채무상품) 평가손익

세법에서는 채무상품이든 지분상품이든 공정가치법을 인정하지 않고 원가법만 인정하기 때문에 금융자산에 대해서 일시적차이가 발생한다. 다만, 채무상품에 대해서 인식한 기타포괄손익은 후속적으로 당기손익으로 재분류하는 반면, 지분상품에 대해서 인식한 기타포괄손익은 후속적으로 당기손익으로 재분류하지 않기 때문에 회계이익에 미치는 영향이 다르고, 그 결과 세무조정도 차이가 있다. 회계기준에 따라 어떻게 회계처리하든 관계없이 세법은 원가법만 인정하므로 과세되는 처분손익은 처분금액과 당초 취득원가(또는 상각후원가)의 차이이다.

법인세비용은 회계이익(법인세비용차감전순손익)과 관련하여 인식하는 비용이지, 기타포괄손익과 관련하여 인식하는 비용이 아니다. 따라서 기타포괄손익인 FVOCI금융자산 평가이익과 관련하여 이연법인세부채를 인식할 경우 상대계정을 기타포괄손익으로 회계처리하여야 한다.

---

**Self Study**

재무상태표에 계상되는 FVOCI금융자산평가이익:
FVOCI금융자산평가이익(법인세 고려 전) × (1 − 소멸연도세율)

---

**Example**

법인세비용차감전순손익: ₩100,000, 당기세율 10%, 차기 이후 세율 12%, 당기 FVOCI금융자산평가이익 ₩10,000 발생

1. 법인세 조정
   〈익금산입〉 FVOCI금융자산평가이익 10,000 (기타)
   〈익금불산입〉 FVOCI금융자산 10,000 (△유보)

2. 기간 간 배분

| 구분 | 당기(10%) | 차기 이후(12%) |
|---|---|---|
| 법인세차감전손익 | ₩100,000 | – |
| FVOCI금융자산평가이익 | ₩10,000 | – |
| FVOCI금융자산 | ₩(−)10,000 | ₩10,000 |
| 계 | ₩100,000 | ₩10,000 |
| | × 10% | × 12% |
| | ① ₩10,000 | ② ₩1,200 |

3. 회계처리

   • 1st 기간 간 배분

   | 차) 법인세비용 | 11,200 | 대) 당기법인세부채 | ① 10,000 |
   |---|---|---|---|
   | | | 이연법인세부채 | ② 1,200 |

   • 2nd 기간 내 배분

   | 차) FVOCI금융자산평가이익 | 1,200 | 대) 법인세비용 | 1,200 |
   |---|---|---|---|

4. F/S 효과

| B/S | | I/S | |
|---|---|---|---|
| 당기법인세부채 | 10,000 | N/I 영향: 법인세비용 10,000 | |
| 이연법인세부채 | 1,200 | OCI 변동: 8,800 | |
| FVOCI금융자산평가이익 | 8,800 | | |

A사는 20×1년 초에 FVOCI금융자산(채무상품)을 ₩10,000에 취득하였다. 20×1년 말 FVOCI금융자산(채무상품)의 공정가치는 ₩15,000이다. A사는 동 금융자산을 20×2년 7월 1일에 ₩18,000에 처분하였다.

A사가 동 거래와 관련하여 20×1년 말과 20×2년 7월 1일, 20×2년 12월 31일에 수행하여야 할 회계처리를 보이시오(단, 법인세율은 30%로 변동이 없고, 유효이자율법에 의한 상각은 고려하지 않는다).

풀이

**1** 20×1년

1. 기간 간 배분

| 구분 | 당기(30%) | 차기 이후(30%) |
|---|---|---|
| 법인세차감전손익 | – | – |
| FVOCI금융자산평가이익 | 5,000 | – |
| FVOCI금융자산 | (−)5,000 | 5,000 |
| 계 | – | 5,000 |
| | × 30% | × 30% |
| | ① – | ② 1,500 |

2. 20×1년 말 회계처리

| | | | | | |
|---|---|---|---|---|---|
| • 공정가치 평가 | 차) FVOCI금융자산 | 5,000 | 대) 금융자산평가이익 | | 5,000 |
| • 1st 기간 간 배분 | 차) 법인세비용 | 1,500 | 대) 당기법인세부채 | ① | – |
| | | | 이연법인세부채 | ② | 1,500 |
| • 2nd 기간 내 배분 | 차) 금융자산평가이익 | 1,500 | 대) 법인세비용 | | 1,500 |

**2** 20×2년

1. 20×2년 7월 1일 회계처리

| | | | | | |
|---|---|---|---|---|---|
| • 처분 | 차) 현금 | 18,000 | 대) FVOCI금융자산 | | 15,000 |
| | | | 금융자산처분이익 | | 3,000 |
| | 차) 금융자산평가이익 | 5,000 | 대) 금융자산처분이익 | | 5,000 |

2. 20×2년 말 회계처리
   • 기간 간 배분

| 구분 | 당기(30%) | 차기 이후(30%) |
|---|---|---|
| 법인세차감전손익 | 8,000 | – |
| FVOCI금융자산평가이익 | (−)5,000 | – |
| FVOCI금융자산 | 5,000 | – |
| 계 | 8,000 | – |
| | × 30% | × 30% |
| | ① 2,400 | ② – |

| | 차) 이연법인세부채(기초) | 1,500 | 대) 당기법인세부채 | ① 2,400 |
|---|---|---|---|---|
| • 1st 기간 간 배분 | 법인세비용 | 900 | 이연법인세부채(기말) | ② 0 |
| • 2nd 기간 내 배분 | 차) 법인세비용 | 1,500 | 대) 금융자산평가이익 | 1,500 |

## 04 유·무형자산 재평가잉여금

한국채택국제회계기준은 유형자산이나 무형자산에 대해서 재평가모형의 적용을 허용하지만, 세법에서는 원가법만 허용한다. 따라서 기업의 유·무형자산에 대해서 재평가모형을 적용할 경우 재무상태표상 유·무형자산의 장부금액과 세무기준액 간에 차이가 발생한다.

법인세비용은 회계이익(법인세비용차감전순손익)과 관련하여 인식하는 비용이지, 기타포괄손익과 관련하여 인식하는 비용이 아니다. 따라서 기타포괄손익인 재평가잉여금과 관련하여 이연법인세부채를 인식할 경우 상대계정을 기타포괄손익으로 회계처리하여야 한다.

**Example**

법인세비용차감전손익: ₩100,000, 당기세율 10%, 차기 이후 세율 12%, 당기 재평가잉여금(토지) ₩10,000 발생

1. 법인세 조정
   〈익금산입〉 재평가잉여금 10,000 (기타)
   〈익금불산입〉 토지 10,000 (△유보)

2. 기간 간 배분

   | 구분 | 당기(10%) | 차기 이후(12%) |
   |---|---|---|
   | 법인세차감전손익 | ₩100,000 | – |
   | 재평가잉여금 | ₩10,000 | – |
   | 토지 | ₩(−)10,000 | ₩10,000 |
   | 계 | ₩100,000 | ₩10,000 |
   | | × 10% | × 12% |
   | | ① ₩10,000 | ② ₩1,200 |

3. 회계처리

   | | 차) 법인세비용 | 11,200 | 대) 당기법인세부채 | ① 10,000 |
   |---|---|---|---|---|
   | • 1st 기간 간 배분 | | | 이연법인세부채 | ② 1,200 |
   | • 2nd 기간 내 배분 | 차) 재평가잉여금 | 1,200 | 대) 법인세비용 | 1,200 |

4. F/S 효과

   | B/S | | | I/S |
   |---|---|---|---|
   | | 당기법인세부채 | 10,000 | N/I 영향: 법인세비용 10,000 |
   | | 이연법인세부채 | 1,200 | OCI 변동: 8,800 |
   | | 재평가잉여금 | 8,800 | |

A사는 20×1년 초에 토지를 ₩10,000에 취득하여 재평가모형을 적용한다. 20×1년 말 토지의 공정가치는 ₩15,000이다. A사는 동 토지를 20×2년 7월 1일에 ₩18,000에 처분하였다.

A사가 동 거래와 관련하여 20×1년 말과 20×2년 7월 1일과 20×2년 12월 31일에 수행하여야 할 회계처리를 보이시오(단, 법인세율은 30%로 변동이 없고 처분 시 재평가잉여금은 이익잉여금으로 대체한다).

풀이

**1** 20×1년

1. 기간 간 배분

| 구분 | 당기(30%) | 차기 이후(30%) |
|---|---|---|
| 법인세차감전손익 | – | – |
| 재평가잉여금 | 5,000 | – |
| 토지 | (−)5,000 | 5,000 |
| 계 | – | 5,000 |
| | × 30% | × 30% |
| | ① – | ② 1,500 |

2. 20×1년 말 회계처리

| | | | | |
|---|---|---|---|---|
| • 공정가치 평가 | 차) 토지 | 5,000 | 대) 재평가잉여금 | 5,000 |
| • 1st 기간 간 배분 | 차) 법인세비용 | 1,500 | 대) 당기법인세부채 | ① – |
| | | | 이연법인세부채 | ② 1,500 |
| • 2nd 기간 내 배분 | 차) 재평가잉여금 | 1,500 | 대) 법인세비용 | 1,500 |

**2** 20×2년

1. 20×2년 7월 1일 회계처리

| | | | | |
|---|---|---|---|---|
| • 처분 | 차) 현금 | 18,000 | 대) 토지 | 15,000 |
| | | | 토지처분이익 | 3,000 |
| | 차) 재평가잉여금 | 5,000 | 대) 이익잉여금 | 5,000 |

2. 20×2년 말 회계처리

• 기간 간 배분

| 구분 | 당기(30%) | 차기 이후(30%) |
|---|---|---|
| 법인세차감전손익 | 3,000 | – |
| 토지 | 5,000 | |
| 재평가잉여금 | (−)5,000 | – |
| 이익잉여금 | 5,000 | |
| 계 | 8,000 | – |
| | × 30% | × 30% |
| | ① 2,400 | ② – |

| • 1st 기간 간 배분 | 차) 이연법인세부채(기초) | 1,500 | 대) 당기법인세부채 | ① 2,400 |
|---|---|---|---|---|
| | 법인세비용 | 900 | 이연법인세부채(기말) | ② 0 |
| • 2nd 기간 내 배분 | 차) 법인세비용 | 1,500 | 대) 재평가잉여금 | 1,500 |
| | 차) 이익잉여금 | 1,500 | 대) 법인세비용 | 1,500 |

## 05 복합금융상품의 자본요소

전환사채와 같은 복합금융상품은 부채요소와 자본요소로 분리하여 인식하지만, 세무상으로는 부채요소와 자본요소를 분리하지 않고 모두 부채로 인식한다. 따라서 부채의 장부금액이 세무기준액보다 작으므로 가산할 일시적차이가 발생한다.

**Additional Comment**

예를 들어 액면금액 ₩10,000의 전환사채를 발행하면서 ₩9,000을 부채요소로 인식하고, ₩1,000을 전환권대가로 하여 자본으로 인식한 경우 전환사채의 장부금액은 ₩9,000이지만, 세법에서는 발행가액 전체를 부채로 보기 때문에 전환사채의 세무기준액은 ₩10,000이다. 따라서 ₩1,000만큼 가산할 일시적차이가 발생한다.

전환사채와 관련된 가산할 일시적차이는 부채를 최초 인식하면서 발생한 것이 아니라 자본요소를 부채요소에서 분리하면서 인식하기 때문에 발생한 것이다. 그러므로 이연법인세부채를 인식한다. 그런데 전환사채와 관련된 가산할 일시적차이는 자본요소(전환권대가)를 인식하면서 발생한 것이므로 여기에 대해서 인식하는 이연법인세부채도 법인세비용으로 인식하는 것이 아니라 자본잉여금(전환권대가)의 감소로 회계처리한다.

이후 부채요소에 대해서 이자비용을 인식하면 가산할 일시적차이가 소멸하므로 이연법인세부채의 감소액을 법인세비용으로 인식한다. 즉, 가산할 일시적차이가 소멸될 때 당기손익으로 회계처리하기 때문에 이연법인세부채의 감소액도 당기손익(법인세비용)으로 인식하는 것이다.

법인세비용차감전손익: ₩100,000, 당기세율 10%, 차기 이후 세율 12%, 당기 초 전환사채 액면발행 ₩10,000, 발행 시 전환권대가 ₩4,000(유효이자율 10%, 액면이자율 5%)

1. 법인세 조정
   - 발행 시 〈익금산입〉 전환권대가 4,000 (기타)
     　　　　　〈손금산입〉 전환권조정 4,000 (△유보)
   - 기말 〈익금산입〉 전환권조정 100 (유보)

2. 기간 간 배분

| 구분 | 당기(10%) | 차기 이후(12%) |
|---|---|---|
| 법인세차감전손익 | ₩100,000 | – |
| 전환권대가 | ₩4,000 | – |
| 전환권조정 | ₩(-)4,000 | ₩4,000 |
| 전환권조정상각 | ₩100 | ₩(-)100 |
| 계 | ₩100,100 | ₩3,900 |
| | × 10% | × 12% |
| | ① ₩10,010 | ② ₩468 |

3. 회계처리

   - 1st 기간 간 배분

| 차) 법인세비용 | 10,478 | 대) 당기법인세부채 | ① 10,010 |
|---|---|---|---|
| | | 이연법인세부채 | ② 468 |

   - 2nd 기간 내 배분

| 차) 전환권대가 | 480 | 대) 법인세비용 | 480 |
|---|---|---|---|

4. F/S 효과

| B/S | | I/S | |
|---|---|---|---|
| 당기법인세부채 | 10,010 | N/I 영향: 법인세비용 9,998 | |
| 이연법인세부채 | 468 | OCI 변동: – | |
| 전환권대가 | 3,520 | | |

**사례연습 8**

다음 자료는 ㈜한국의 20×2년도 법인세와 관련된 내용이다.

(1) 20×1년 말 현재 일시적차이(미수이자): ₩(-)100,000
(2) 20×2년도 법인세비용차감전순이익: ₩1,000,000
(3) 20×2년도 세무조정 사항
  ① 미수이자: ₩(-)20,000
  ② 접대비 한도초과: ₩15,000
  ③ 자기주식처분이익: ₩100,000
(4) 연도별 법인세율은 20%로 일정하다.

일시적인 차이에 사용될 수 있는 과세소득의 발생가능성은 높으며, 20×1년 말과 20×2년 말 각 연도의 미사용 세무상 결손금과 세액공제는 없다. ㈜한국이 20×2년도 법인세와 관련하여 해야 할 회계처리를 하시오.

**풀이**

1. 기간 간 배분

| 구분 | 당기(20%) | 차기 이후(20%) |
|---|---|---|
| 법인세비용차감전순이익 | 1,000,000 | |
| 전기 미수이자 | | 100,000 |
| 당기 미수이자 | (-)20,000 | 20,000 |
| 접대비 한도초과 | 15,000 | |
| 자기주식처분이익 | 100,000 | |
| 합계 | 1,095,000 | 120,000 |
| | × 20% | × 20% |
| | ① 219,000 | ② 24,000 |

2. 기간 간 배분 회계처리

| 차) 이연법인세부채(기초)[1] | 3rd 20,000 | 대) 당기법인세자산 | 1st 0 | |
|---|---|---|---|---|
| 법인세비용 | 대차차액 223,000 | 당기법인세부채 | 2nd 219,000 | ① |
| | | 이연법인세부채(기말) | 4th ② 24,000 | |

[1] 기초 이연법인세부채: 100,000(20×1년 말 △유보잔액) × 20% = 20,000

3. 기간 내 배분 회계처리

| 차) 자기주식처분이익 | 20,000 | 대) 법인세비용 | 20,000 |
|---|---|---|---|

**Self Study**

법인세법상 미수이자 관련 유보는 다음 해에 추인되는 것이 일반적이나 20×2년에 발생한 미수이자에 대한 세무조정 역시 △유보항목이므로 전기 유보항목의 추인이 아닌 새로이 발생한 항목임을 알 수 있다. 따라서 20×2년의 미수이자는 전기 유보항목의 추인이 아닌 새로운 일시적 차이로 보는 것이 옳다. (다만, 20×2년 세무조정이 추가 발생한 세무조정 사항이면 20×1년 유보를 자동 추인하는 것이 옳다)

**아래 자료는 ㈜한국의 20×1년도 법인세와 관련된 거래내용이다.**

(1) 20×1년도 ㈜한국의 접대비 한도초과액은 ₩300,000이다.

(2) ㈜한국은 20×1년 6월 7일에 ₩35,000에 취득한 자기주식을 20×1년 9월 4일에 ₩60,000에 처분했다.

(3) ㈜한국이 20×1년 9월 7일 사옥을 건설하기 위하여 ₩70,000에 취득한 토지의 20×1년 12월 31일 현재 공정가치는 ₩80,000이다. ㈜한국은 유형자산에 대하여 재평가모형을 적용하고 있으나, 세법에서는 이를 인정하지 않는다.

**㈜한국의 20×1년도 법인세비용차감전순이익은 ₩3,000,000이다. 당기 과세소득에 적용될 법인세율은 30%이고, 향후에도 세율이 일정하다(단, ㈜한국의 향후 과세소득은 20×1년과 동일한 수준이며, 전기이월 일시적차이는 없다고 가정한다).**
**㈜한국의 20×1년도에 법인세와 관련하여 해야 할 회계처리를 하시오.**

---

**풀이**

1. 기간 간 배분

| 구분 | 당기(30%) | 차기 이후(30%) |
|---|---|---|
| 법인세비용차감전순이익 | 3,000,000 | |
| 접대비 한도초과액 | 300,000 | |
| 자기주식처분이익 | 25,000 | |
| 재평가잉여금 | 10,000 | |
| 토지 | (−)10,000 | 10,000 |
| 합계 | 3,325,000 | 10,000 |
| | × 30% | × 30% |
| | ① 997,500 | ② 3,000 |

2. 기간 간 배분 회계처리

| 차) 이연법인세부채(기초) | 3rd 0 | 대) 당기법인세자산 | 1st 0 | |
|---|---|---|---|---|
| 법인세비용 | 대차차액 1,000,500 | 당기법인세부채 | 2nd 997,500 | ① |
| | | 이연법인세부채(기말) | 4th ② 3,000 | |

3. 기간 내 배분 회계처리

| 차) 자기주식처분이익 | 7,500 | 대) 법인세비용 | 7,500 |
|---|---|---|---|
| 차) 재평가잉여금 | 3,000 | 대) 법인세비용 | 3,000 |

**01** 이연법인세는 가산할(차감할) 일시적차이와 관련하여 미래회계기간에 납부(회수)할 법인세액을 말한다.

**02** 일시적차이는 재무상태표상 자산 또는 부채의 장부금액과 세무기준액의 차이로 미래회계기간의 과세소득결정 시에 가산하거나 차감되는 차이이다.

**03** 당기 및 과거기간에 대한 당기법인세 중 납부되지 않은 부분을 당기법인세부채로 인식한다.

**04** 모든 가산할 일시적차이에 대하여 이연법인세부채를 인식하는 것을 원칙으로 한다.

**05** 이연법인세자산은 차감할 일시적차이가 사용될 수 있는 과세소득의 발생가능성이 높은 경우에만 인식한다.

**06** 공정가치로 평가된 자산의 장부가액이 세무가액보다 크다면 그 차이가 가산할 일시적차이이며 이에 대하여 이연법인세부채를 인식해야 한다.

**07** 차감할 일시적차이를 활용할 수 있을 만큼 미래기간의 과세소득이 충분하지 못한 경우에는 차감할 일시적차이의 법인세효과 중 실현가능성이 불확실한 부분은 이연법인세자산에 직접 차감한다.

**08** 실현가능성이 불확실하여 인식하지 아니한 이연법인세자산은 향후 실현가능성이 확실해지는 경우 재인식할 수 있다.

**09** 이연법인세자산과 부채는 보고기간 말까지 제정되었거나 실질적으로 제정된 세율에 근거하여 당해 자산이 실현되거나 부채가 결제될 회계기간에 적용될 것으로 기대되는 세율을 사용하여 측정한다.

**10** 과세대상수익의 수준에 따라 적용되는 세율이 다른 경우에는 일시적차이가 소멸될 것으로 예상되는 기간의 과세소득에 적용될 것으로 기대되는 평균세율을 사용하여 이연법인세자산과 부채를 측정한다.

**11** 당기법인세자산과 당기법인세부채는 동일한 과세당국과 관련된 경우 각각 상계하여 표시할 수 있으며, 이는 이연법인세자산과 이연법인세부채도 동일하다.

**12** 재무상태표상 자산항목 또는 부채항목과 관련되지 않은 이연법인세자산과 이연법인세부채는 모두 비유동항목으로 공시한다.

**13** 한국채택국제회계기준서 제1001호 '재무제표 표시'에 따라 별개의 손익계산서에 당기순손익의 구성요소를 표시하는 경우 정상활동 손익과 관련된 법인세비용은 그 별개의 손익보고서에만 표시한다.

**14** 소급 적용되는 회계정책의 변경이나 오류의 수정으로 인한 기초이익잉여금 잔액의 조정에서 발생하는 법인세효과는 당해 이익잉여금에서 직접 가감한다.

**15** 중단영업에서 발생하는 손익에 대한 법인세효과는 중단영업손익으로 인식하며, 당해 중단영업손익에서 직접 가감한다.

**16** 동일 회계기간 또는 다른 회계기간에 자본에 직접 인식된 항목과 관련된 당기법인세와 이연법인세 금액은 자본에 직접 인식한다.

**01** 다음은 20×1년 초 설립한 ㈜한국의 20×1년도 법인세와 관련된 내용이다.

| | |
|---|---|
| 법인세비용차감전순이익 | ₩5,700,000 |
| 세무조정항목 | |
| 감가상각비 한도초과 | ₩300,000 |
| 연구및인력개발준비금 | ₩(-)600,000 |
| 과세소득 | ₩5,400,000 |

- 연구및인력개발준비금은 20×2년부터 3년간 매년 ₩200,000씩 소멸하며, 감가상 각비 한도초과는 20×4년에 소멸한다.
- 향후 과세소득(일시적차이 조정 전)은 경기침체로 20×2년부터 20×4년까지 매년 ₩50,000으로 예상된다. 단, 20×5년도부터 과세소득은 없을 것으로 예상된다.
- 연도별 법인세율은 20%로 일정하다.

**㈜한국이 20×1년도 포괄손익계산서에 인식할 법인세비용은?**

① ₩1,080,000  ② ₩1,140,000  ③ ₩1,150,000
④ ₩1,180,000  ⑤ ₩1,200,000

**02** 다음 자료는 ㈜한국의 20×2년도 법인세와 관련된 내용이다.

(1) 20×1년 말 현재 일시적 차이(미수이자): ₩(-)100,000
(2) 20×2년도 법인세비용차감전순이익: ₩1,000,000
(3) 20×2년도 세무조정 사항
　① 미수이자: ₩(-)20,000
　② 접대비 한도초과: ₩15,000
　③ 자기주식처분이익: ₩100,000
(4) 연도별 법인세율은 20%로 일정하다.

㈜한국의 20×2년도 포괄손익계산서에 인식할 법인세비용은 얼마인가? (단, 일시적인 차이에 사용될 수 있는 과세소득의 발생가능성은 높으며, 20×1년 말과 20×2년 말 각 연도의 미사용 세무상 결손금과 세액공제는 없다)

① ₩199,000　　　　② ₩203,000　　　　③ ₩219,000
④ ₩223,000　　　　⑤ ₩243,000


**03** 아래 자료는 ㈜한국의 20×1년도 법인세와 관련된 거래내용이다.

• 20×1년 말 접대비 한도초과액은 ₩30,000이다.
• 20×1년 말 재고자산평가손실은 ₩10,000이다.
• 20×1년 말 FVOCI금융자산평가손실 ₩250,000을 기타포괄손익으로 인식하였다.
• 동 FVOCI금융자산평가손실은 20×3년도에 소멸된다고 가정한다.
• 20×1년도 법인세비용차감전순이익은 ₩1,000,000이다.
• 20×1년까지 법인세율이 30%이었으나, 20×1년 말에 세법개정으로 인하여 20×2년 과세소득분부터 적용할 세율은 20%로 미래에도 동일한 세율이 유지된다.

㈜한국의 20×1년도 포괄손익계산서에 계상할 법인세비용은 얼마인가? (단, 일시적차이에 사용될 수 있는 과세소득의 발생가능성은 높으며, 전기이월 일시적차이는 없는 것으로 가정한다)

① ₩260,000　　　　② ₩310,000　　　　③ ₩335,000
④ ₩360,000　　　　⑤ ₩385,000

# 04 다음은 ㈜대한의 법인세와 관련된 자료이다.

- 20×2년 세무조정내역

  | | |
  |---|---:|
  | 법인세비용차감전순이익 | ₩1,500,000 |
  | 세무조정항목: 전기 감가상각비 한도초과 | ₩(90,000) |
  | 과세소득 | ₩1,410,000 |

- 세무조정항목은 모두 일시적차이에 해당하고, 이연법인세자산의 실현가능성은 거의 확실하다.
- 20×1년 말 이연법인세자산과 이연법인세부채는 각각 ₩65,000과 ₩25,000이다.
- 20×2년 법인세율은 25%이고, 20×3년과 20×4년 이후의 세율은 각각 20%와 18%로 20×2년 말에 입법화되었다.
- 20×2년 말 현재 미소멸 일시적차이의 소멸시기는 아래와 같다. 감가상각비 한도초과와 토지 건설자금이자는 전기로부터 이월된 금액이다.

| 일시적차이 | 20×2년 말 잔액 | 소멸시기 |
|---|---|---|
| 감가상각비 한도초과 | ₩170,000 | 20×3년 ₩90,000 소멸<br>20×4년 ₩80,000 소멸 |
| 토지 건설자금이자 | ₩(100,000) | 20×4년 이후 전액 소멸 |

**㈜대한의 20×2년도 포괄손익계산서에 인식할 법인세비용은?** [공인회계사 2018년]

① ₩335,000      ② ₩338,100      ③ ₩352,500

④ ₩366,900      ⑤ ₩378,100

다음은 ㈜세무의 법인세 관련 자료이다.

- 20×1년도 각사업연도소득에 대한 법인세부담액은 ₩70,000이며, 20×1년 중 당기법인세 관련 원천징수·중간예납으로 ₩30,000을 현금으로 지급하고 당기법인세자산 차변에 기입하였다. 나머지 ₩40,000은 20×2년 3월 말에 관련 세법규정을 준수하여 납부한다.
- 세무조정에 따른 유보 처분액(일시적차이)의 증감내용을 나타내는 20×1년도 자본금과적립금조정명세서(을)는 다음과 같다.

| 구분 | 기초잔액 | 당기 중 증감 | | 기말잔액 |
| --- | --- | --- | --- | --- |
| | | 감소 | 증가 | |
| 매출채권 손실충당금 | ₩90,000 | ₩18,000 | ₩13,000 | ₩85,000 |
| 정기예금 미수이자 | △50,000 | | △10,000 | △60,000 |
| 건물 감가상각누계액 | ₩120,000 | | ₩30,000 | ₩150,000 |
| 당기손익 – 공정가치측정금융자산 | | | △5,000 | △5,000 |
| 합계 | ₩160,000 | ₩18,000 | ₩28,000 | ₩170,000 |

- 이연법인세자산의 실현가능성은 거의 확실하며, 20×0년 말과 20×1년 말 미사용 세무상 결손금과 세액공제는 없다.
- 연도별 법인세율은 20%로 일정하다.

**20×1년도 포괄손익계산서에 표시할 법인세비용은? (단, 제시된 사항 외의 세무조정 사항은 없으며, 자본금과적립금조정명세서(을)에 나타나는 △는 (-)유보를 나타낸다)**

[세무사 2019년]

① ₩28,000      ② ₩36,000      ③ ₩38,000
④ ₩68,000      ⑤ ₩102,000

**06** 보고기간 말이 12월 31일인 ㈜국세의 20×1회계연도 법인세비용차감전순손실은 ₩4,000,000이다. 그리고 20×1회계연도에 유형자산의 감가상각과 관련하여 미래 과세소득에서 가산할 일시적 차이인 손금산입항목이 ₩4,000,000만큼 발생하여 세무당국에 ₩8,000,000의 결손금을 보고하였다. 20×0회계연도까지 발생된 일시적차이는 없었으며 20×1회계연도에 발생된 손금산입항목은 20×2회계연도와 20×3회계연도에 각각 ₩2,000,000씩 소멸될 것으로 예상된다. 20×1회계연도의 법인세율은 24%이며 20×2회계연도부터는 20%로 인하하기로 입법화되었다. ㈜국세의 경우 이월결손금을 통한 법인세혜택의 실현가능성이 확실한데, 20×2회계연도에 ₩5,000,000, 20×3회계연도에 ₩3,000,000이 실현될 것이다. ㈜국세가 한국채택국제회계기준서에 의해 회계처리하는 경우 20×1회계연도의 재무제표 보고내용으로 옳은 것은? (단, 이연법인세자산과 이연법인세부채는 상계하여 표시한다)

[세무사 2007년]

① 재무상태표에 이연법인세자산으로 ₩600,000을 보고한다.
② 포괄손익계산서에 법인세손익으로 보고할 금액은 없다.
③ 재무상태표에 이연법인세자산으로 ₩200,000을 보고한다.
④ 재무상태표에 이연법인세부채로 ₩800,000을 보고한다.
⑤ 포괄손익계산서에 당기순손실로 ₩3,200,000을 보고한다.

**07** 기업회계기준서 제1012호 '법인세'에 대한 다음 설명 중 옳지 않은 것은?

[공인회계사 2020년]

① 이연법인세자산은 차감할 일시적차이, 미사용 세무상 결손금의 이월액, 미사용 세액공제 등의 이월액과 관련하여 미래 회계기간에 회수될 수 있는 법인세 금액이다.

② 자산의 세무기준액은 자산의 장부금액이 회수될 때 기업에 유입될 과세대상 경제적 효익에서 세무상 차감될 금액을 말하며, 부채의 세무기준액은 장부금액에서 미래 회계기간에 당해 부채와 관련하여 세무상 공제될 금액을 차감한 금액이다.

③ 당기 및 과거기간에 대한 당기법인세 중 납부되지 않은 부분을 부채로 인식한다. 만일 과거기간에 이미 납부한 금액이 그 기간 동안 납부하여야 할 금액을 초과하였다면 그 초과금액은 자산으로 인식한다.

④ 매 보고기간 말에 인식되지 않은 이연법인세자산에 대하여 재검토하며, 미래 과세소득에 의해 이연법인세자산이 회수될 가능성이 높아진 범위까지 과거 인식되지 않은 이연법인세자산을 인식한다.

⑤ 당기법인세자산과 부채는 기업이 인식된 금액에 대한 법적으로 집행가능한 상계권리를 가지고 있는 경우 또는 순액으로 결제하거나, 자산을 실현하고 부채를 결제할 의도가 있는 경우에 상계한다.

**08** ㈜세무의 20×2년도 법인세 관련 자료가 다음과 같을 때, 20×2년도 법인세비용은?

[세무사 2022년]

- 20×2년도 법인세비용차감전순이익 ₩500,000
- 세무조정사항
  - 전기 감가상각비 한도초과액 ₩(80,000)
  - 접대비한도초과액 ₩130,000
- 감가상각비 한도초과액은 전기 이전 발생한 일시적차이의 소멸분이고, 접대비 한도초과액은 일시적차이가 아니다.
- 20×2년 말 미소멸 일시적차이(전기 감가상각비 한도초과액)는 ₩160,000이고, 20×3년과 20×4년에 각각 ₩80,000씩 소멸될 것으로 예상된다.
- 20×1년 말 이연법인세자산은 ₩48,000이고, 이연법인세부채는 없다.
- 차감할 일시적차이가 사용될 수 있는 과세소득의 발생가능성은 매우 높다.
- 적용될 법인세율은 매년 20%로 일정하고, 언급된 사항 이외의 세무조정 사항은 없다.

① ₩94,000      ② ₩110,000      ③ ₩126,000

④ ₩132,000      ⑤ ₩148,000

**09** 다음은 기업회계기준서 제1012호 '법인세'와 관련된 내용이다. 이에 대한 설명으로 옳은 것은?

[공인회계사 2022년]

① 복합금융상품(예 전환사채)의 발행자가 해당 금융상품의 부채요소와 자본요소를 각각 부채와 자본으로 분류하였다면, 그러한 자본요소의 최초 인식 금액에 대한 법인세효과(이연법인세)는 자본요소의 장부금액에 직접 반영한다.

② 과세대상수익의 수준에 따라 적용되는 세율이 다른 경우에는 일시적차이가 소멸될 것으로 예상되는 기간의 과세소득(세무상 결손금)에 적용될 것으로 기대되는 한계세율을 사용하여 이연법인세자산과 부채를 측정한다.

③ 일시적차이는 포괄손익계산서상 법인세비용차감전순이익과 과세당국이 제정한 법규에 따라 납부할 법인세를 산출하는 대상이 되는 이익 즉, 과세소득 간의 차이를 말한다.

④ 재평가모형을 적용하고 있는 유형자산과 관련된 재평가잉여금은 법인세효과를 차감한 후의 금액으로 기타포괄손익에 표시하고 법인세효과는 이연법인세자산으로 인식한다.

⑤ 이연법인세자산과 부채는 장기성 채권과 채무이기 때문에 각 일시적차이의 소멸시점을 상세히 추정하여 신뢰성 있게 현재가치로 할인한다.

**10** 20×1년 초에 설립된 ㈜세무의 20×1년도 포괄손익계산서상 법인세비용차감전순이익은 ₩700,000이고, 법인세율은 20%이다. 당기 법인세부담액을 계산하기 위한 세무조정사항 및 이연법인세자산(부채) 자료가 다음과 같을 때, 20×1년도 법인세비용은?

[세무사 2020년]

- 20×1년도에 당기손익 – 공정가치측정금융자산평가손실로 ₩100,000을 인식하였으며, 동 금융자산은 20×2년에 처분한다.
- 20×1년 세법상 손금한도를 초과하여 지출한 접대비는 ₩100,000이다.
- 20×1년 정기예금(만기 20×2년)에서 발생한 이자 ₩20,000을 미수수익으로 인식하였다.
- 20×2년 법인세율은 연 18%로 예상된다.
- 일시적 차이가 사용될 수 있는 미래 과세소득의 발생가능성은 높다.

① ₩158,000  ② ₩161,600  ③ ₩176,000
④ ₩179,600  ⑤ ₩190,400

다음은 ㈜대한의 20×1년 법인세 관련 자료이다.

- 20×1년 법인세비용차감전순이익은 ₩500,000이다.
- 20×1년 말 접대비 한도초과액은 ₩20,000이며, 20×1년 말 재고자산평가손실의 세법상 부인액은 ₩5,000이다.
- 20×1년 5월 1일에 ₩30,000에 취득한 자기주식을 20×1년 10월 1일에 ₩40,000에 처분하였다.
- 20×1년 말 기타포괄손익–공정가치(FVOCI)로 측정하는 금융자산(지분상품) 평가손실 ₩20,000을 기타포괄손익으로 인식하였다.
- 20×1년 10월 1일 본사 사옥을 건설하기 위하여 ₩100,000에 취득한 토지의 20×1년 말 현재 공정가치는 ₩120,000이다. ㈜대한은 유형자산에 대해 재평가모형을 적용하고 있으나, 세법에서는 이를 인정하지 않는다.
- 연도별 법인세율은 20%로 일정하다.
- 일시적 차이에 사용될 수 있는 과세소득의 발생가능성은 높으며, 전기이월 일시적차이는 없다.

**㈜대한이 20×1년 포괄손익계산서에 당기비용으로 인식할 법인세비용은 얼마인가?**

[공인회계사 2021년]

① ₩96,000  ② ₩100,000  ③ ₩104,000
④ ₩106,000  ⑤ ₩108,000

# Chapter 19 | 객관식 문제 정답 및 해설

**01 ③**  1. 이연법인세자산(부채): (200,000 + 200,000 − 50,000) × 20% = 70,000 ⇒ 이연법인세부채

| 구분 | 20×2년 | 20×3년 | 20×4년 |
|---|---|---|---|
| 향후 과세소득 예상액 | 50,000 | 50,000 | 50,000 |
| 연구및인력개발준비금 | 200,000 | 200,000 | 200,000 |
| 감가상각비 한도초과 | | | (−)300,000 |
| 계 | 200,000 | 200,000 | (−)50,000 |

\* 20×4년의 경우 차감할 일시적차이 (−)300,000이 과세소득과 가산할 일시적차이의 합계 250,000보다 작으므로 (−)50,000만 자산성을 인정한다.

2) 이연법인세 회계처리(기간 간 배분)

| 차) 법인세비용 | 1,150,000 | 대) 당기법인세부채 | 5,400,000 × 20% = 1,080,000 |
|---|---|---|---|
| | | 이연법인세부채 | 70,000 |

**02 ②**  1. 기간 간 배분

| 구분 | 당기(20%) | 차기 이후(20%) |
|---|---|---|
| 법인세비용차감전순이익 | 1,000,000 | |
| 전기 미수이자 | | 100,000 |
| 당기 미수이자 | (−)20,000 | 20,000 |
| 접대비 한도초과 | 15,000 | |
| 자기주식처분이익 | 100,000 | |
| 합계 | 1,095,000 | 120,000 |
| | × 20% | × 20% |
| | ① 219,000 | ② 24,000 |

2. 기간 간 배분 회계처리

| 차) 이연법인세부채(기초)[1] | 3rd 20,000 | 대) 당기법인세자산 | 1st 0 | ① |
|---|---|---|---|---|
| 법인세비용 | 대차차액 223,000 | 당기법인세부채 | 2nd 219,000 | |
| | | 이연법인세부채(기말) | 4th ② 24,000 | |

[1] 기초 이연법인세부채: 100,000(20×1년 말 △유보잔액) × 20% = 20,000

3. 기간 내 배분 회계처리

| 차) 자기주식처분이익 | 20,000 | 대) 법인세비용 | 20,000 |
|---|---|---|---|

**03** ② 1. 기간 간 배분

| 구분 | 당기(30%) | 차기 이후(20%) |
|---|---|---|
| 법인세비용차감전순이익 | 1,000,000 | |
| 접대비 한도초과 | 30,000 | |
| 재고자산평가손실 | 10,000 | (−)10,000 |
| FVOCI금융자산평가손실 | (−)250,000 | |
| FVOCI금융자산 | 250,000 | (−)250,000 |
| 합계 | 1,040,000 | (−)260,000 |
| | × 30% | × 20% |
| | ① 312,000 | ② (−)52,000 |

2. 기간 간 배분 회계처리

| 차) 이연법인세자산(기말) | 4th ② 52,000 | 대) 당기법인세자산 | 1st 0 | |
|---|---|---|---|---|
| 법인세비용 | 대차차액 260,000 | 당기법인세부채 | 2nd 312,000 | ① |
| | | 이연법인세자산(기초) | 3rd 0 | |

3. 기간 내 배분 회계처리

| 차) 법인세비용 | 50,000 | 대) FVOCI금융자산평가손실 | 50,000 |
|---|---|---|---|

**04** ⑤ 1. 20×2년 말 이연법인세자산: 90,000 × 20% + 80,000 × 18% = 32,400
2. 20×2년 말 이연법인세부채: 100,000 × 18% = 18,000
3. 당기법인세부채: 1,410,000 × 25% = 352,500
4. 법인세비용: 378,100

| 차) 이연법인세부채(기초) | 25,000 | 대) 당기법인세부채 | 352,500 |
|---|---|---|---|
| 이연법인세자산(기말) | 32,400 | 이연법인세자산(기초) | 65,000 |
| 법인세비용 | 378,100 | 이연법인세부채(기말) | 18,000 |

**05** ④ 1. 기초 이연법인세자산: 160,000 × 20% = 32,000
2. 기말 이연법인세자산: 170,000 × 20% = 34,000
3. 20×1년 말 회계처리

| 차) 이연법인세자산(기말) | 34,000 | 대) 당기법인세자산 | 30,000 |
|---|---|---|---|
| 법인세비용 | 68,000 | 당기법인세부채 | 40,000 |
| | | 이연법인세자산(기초) | 32,000 |

**06** ⑤

| 구분 | 당기(24%) | 20×2(20%) | 20×3(20%) |
|---|---|---|---|
| 법인세비용차감전순손실 | (−)4,000,000 | | |
| 감가상각비 | (−)4,000,000 | 2,000,000 | 2,000,000 |
| 이월결손금공제 | | (−)5,000,000 | (−)3,000,000 |
| 합계 | (−)8,000,000 | (−)3,000,000 | (−)1,000,000 |
| | × 24% | × 20% | × 20% |
| | ① 0 | ② (−)600,000 | ② (−)200,000 |

| 차) 이연법인세자산(기말) | 4th ② 800,000 | 대) 당기법인세자산 | 1st 0 |
|---|---|---|---|
| | | 당기법인세부채 | 2nd 0 |
| | | 이연법인세자산(기초) | 3rd 0 |
| | | 법인세수익 | 대차차액 800,000 |

⇒ 당기순손실: 법인세비용차감전순손실 (4,000,000) + 법인세수익 800,000 = (−)3,200,000

**07** ⑤ 당기법인세자산과 부채는 기업이 인식된 금액에 대한 법적으로 집행가능한 상계권리를 가지고 있는 경우 그리고 순액으로 결제하거나, 자산을 실현하고 부채를 결제할 의도가 있는 경우에 상계한다.
   ⇒ 모두 충족하는 경우에만 당기법인세자산과 당기법인세부채를 상계하여 재무상태표에 유동자산이나 유동부채로 표시한다.

**08** ③ 법인세비용: (500,000 + 130,000) × 20% = 126,000

**09** ① ② 과세대상수익의 수준에 따라 적용되는 세율이 다른 경우에는 일시적차이가 소멸될 것으로 예상되는 기간의 과세소득(세무상 결손금)에 적용될 것으로 기대되는 **평균세율**을 사용하여 이연법인세자산과 부채를 측정한다.
   ③ 과세소득 간의 차이는 **일시적차이와 영구적차이**가 존재한다.
   ④ 재평가모형을 적용하고 있는 유형자산과 관련된 재평가잉여금은 법인세효과를 차감한 후의 금액으로 기타포괄손익에 표시하고 법인세효과는 **이연법인세부채**로 인식한다.
   ⑤ 이연법인세자산과 부채는 장기성 채권과 채무이기 때문에 각 일시적차이의 소멸시점을 상세히 추정하여 신뢰성 있게 현재가치로 **할인하지 않는다.**

**10** ② 1) 당기법인세부담액: (700,000 + 100,000 + 100,000 − 20,000) × 20% = 176,000
   2) 이연법인세자산: (−100,000 + 20,000) × 18% = (−)14,400
   3) 이연법인세 관련 회계처리

| 차) 이연법인세자산 | 14,400 | 대) 당기법인세부채 | 176,000 |
|---|---|---|---|
| 법인세비용 | 161,600 | | |

**11** ③ 법인세비용: (500,000 + 20,000) × 20% = 104,000

# Chapter 19 | 주관식 문제

## 문제 01  법인세회계 종합

**물음 1)과 물음 2)는 독립적인 상황이다. 물음에 답하시오.**  [세무사 2차 2016년]

**물음 1)** 다음은 20×1년 1월 1일에 설립되어 영업을 시작한 ㈜세무의 20×1년도 법인세와 관련된 자료이다. 물음에 답하시오.

> (1) ㈜세무의 법인세비용 세무조정을 제외한 20×1년도 세무조정사항은 다음과 같다.
>
> 〈소득금액조정합계표〉
>
> | 익금산입 및 손금불산입 | | | 손금산입 및 익금불산입 | | |
> |---|---|---|---|---|---|
> | 과목 | 금액 | 소득처분 | 과목 | 금액 | 소득처분 |
> | 감가상각 부인액 | ₩20,000 | 유보 | 미수수익 | ₩10,000 | 유보 |
> | 제품보증 충당부채 | ₩5,000 | 유보 | FVOCI 금융자산[1] | ₩5,000 | 유보 |
> | 접대비 한도초과액 | ₩10,000 | 기타사외 유출 | – | – | – |
> | FVOCI금융 자산평가이익 | ₩5,000 | 기타 | – | – | – |
> | 합계 | ₩40,000 | – | 합계 | ₩15,000 | – |
>
> [1] 채무상품
>
> (2) 20×1년도 과세소득에 적용되는 법인세율은 20%이며, 차기 이후 관련 세율 변동은 없는 것으로 가정한다.
> (3) 20×1년도 법인세비용차감전순이익(회계이익)은 ₩120,000이다.
> (4) 세액공제 ₩8,000을 20×1년도 산출세액에서 공제하여 차기 이후로 이월되는 세액공제는 없으며, 최저한세와 농어촌특별세 및 법인지방소득세는 고려하지 않는다.

(5) 20×1년도 법인세부담액(당기법인세)은 ₩21,000이며, 20×1년 중 원천징수를 통하여 ₩10,000의 법인세를 납부하고 아래와 같이 회계처리하였다.

| 차) 당기법인세자산 | 10,000 | 대) 현금 | 10,000 |
|---|---|---|---|

(6) 당기법인세자산과 당기법인세부채는 상계조건을 모두 충족하며, 이연법인세자산과 이연법인세부채는 인식조건 및 상계조건을 모두 충족한다.

(7) 포괄손익계산서상 기타포괄손익항목은 관련 법인세효과를 차감한 순액으로 표시하며, 법인세효과를 반영하기 전 기타포괄이익은 ₩5,000이다.

**물음 1-1)** ㈜세무의 20×1년도 포괄손익계산서와 20×1년 말 재무상태표에 계상될 다음 각 계정과목의 금액을 계산하시오.

| 재무제표 | 계정과목 | 금액 |
|---|---|---|
| 포괄손익계산서 | 법인세비용 | ① |
| | 기타포괄이익 | ② |
| 재무상태표 | 이연법인세자산 | ③ |
| | 이연법인세부채 | ④ |
| | 당기법인세부채(미지급법인세) | ⑤ |

**물음 1-2)** ㈜세무의 20×1년도 평균유효세율(%)을 계산하시오.

**물음 1-3)** ㈜세무의 회계이익에 적용세율(20%)을 곱하여 산출한 금액과 **물음 1-1**에서 계산된 법인세비용 간에 차이가 발생한다. 해당 차이를 발생시키는 각 원인을 모두 수치화하여 기술하시오.

**물음 2)** 다음은 이연법인세자산과 이연법인세부채의 인식과 표시에 관한 내용이다. 물음에 답하시오.

**물음 2-1)** 이연법인세자산은 차감할 일시적차이 등과 관련하여 미래 회계기간에 회수될 수 있는 법인세금액을 말한다. 미래과세소득의 발생가능성이 높은 경우, 차감할 일시적차이 이외에 재무상태표상 이연법인세자산을 인식할 수 있는 모든 항목을 모두 기술하시오.

**물음 2-2)** 재무상태표상 이연법인세자산과 이연법인세부채를 상계하여 표시할 수 있는 조건을 기술하시오.

**물음 1-1)**

| 재무제표 | 계정과목 | 금액 |
|---|---|---|
| 포괄손익계산서 | 법인세비용 | ① 18,000 |
| | 기타포괄이익 | ② 4,000 |
| 재무상태표 | 이연법인세자산 | ③ 2,000 |
| | 이연법인세부채 | ④ 0 |
| | 당기법인세부채(미지급법인세) | ⑤ 11,000 |

1. 이연법인세자산·부채 정리
    (1) 이연법인세자산(기말): $(20,000 + 5,000) \times 20\% = (-)5,000$
    (2) 이연법인세부채(기말): $(10,000 + 5,000) \times 20\% = 3,000$
    ⇒ 이연법인세자산과 이연법인세부채는 인식조건 및 상계조건을 모두 충족하므로 기말 이연법인세자산 2,000으로 표시

2. 법인세 회계처리

| 차) 이연법인세자산 | 2,000 | 대) 당기법인세자산 | 10,000 |
|---|---|---|---|
| 법인세비용 | 19,000 | 당기법인세부채 | 11,000 |
| 차) FVOCI금융자산평가이익[1] | 1,000 | 대) 법인세비용 | 1,000 |

[1] $5,000 \times 20\% = 1,000$

**물음 1-2)** 20×1년 평균유효세율: 18,000(법인세비용) ÷ 120,000(법인세비용차감전순이익) = 15%

**물음 1-3)**

| 회계이익 | $120,000 \times 20\% = 24,000$ |
|---|---|
| + ① 영구적 차이(접대비 한도초과액) | $10,000 \times 20\% = 2,000$ |
| − ② 세액공제 | $(-)8,000$ |
| 법인세비용 | 18,000 |

**물음 2-1)** (1) 세무상 결손금
(2) 이월세액공제

**물음 2-2)** 다음의 조건을 모두 충족하는 경우에만 이연법인세자산과 이연법인세부채를 상계하여 표시할 수 있다.
① 기업이 당기법인세자산과 당기법인세부채를 상계할 수 있는 법적으로 집행가능한 권리를 가지고 있다.
② 이연법인세자산과 이연법인세부채가 다음의 각 경우에 동일한 과세당국에 의해서 부과되는 법인세와 관련되어 있다.
  • 과세대상기업이 동일한 경우
  • 과세대상기업이 다르지만 당기법인세부채와 자산을 순액으로 결제할 의도가 있거나, 유의적인 금액의 이연법인세부채가 결제되거나 이연법인세자산이 회수될 미래의 각 회계기간마다 자산을 실현하는 동시에 부채를 결제할 의도가 있는 경우

**문제 02**　　법인세회계(종합)

## 다음은 12월 말 결산법인인 A사의 당기(20×1년 1월 1일~12월 31일) 법인세 관련 자료이다.

(1) 전기와 당기의 과세소득에 대하여 적용되는 평균세율은 30%이며, 20×1년 말의 세법 개정으로 차기 이후부터는 평균세율이 20%로 인하될 예정이다.

(2) 20×1년 A사의 법인세비용차감전순이익은 ₩100,000이다. 또한, '법인세 과세표준 및 세액조정계산서'에 기재된 내용의 일부는 다음과 같다.
　　• 산출세액 = 총부담세액: ₩?
　　• 기납부세액: ₩13,500
　　• 차감납부할세액: ₩?

(3) 세무조정 시 유보잔액(일시적차이)을 관리하는 '자본금과 적립금조정명세서(을)'은 다음과 같다.

| 과목 | 기초잔액 | 당기 중 증감 감소 | 당기 중 증감 증가 | 기말 |
|---|---|---|---|---|
| FVPL금융자산 | △₩4,000 | △₩4,000 | △₩1,000 | △₩1,000 |
| 재고자산평가충당금 | ₩6,000 | ₩6,000 | ₩4,000 | ₩4,000 |
| 조세특례제한법상 준비금 | △₩12,000 | ₩0 | ₩0 | △₩12,000 |
| 유형자산 감가상각누계액 | ₩9,000 | ₩3,000 | ₩2,000 | ₩8,000 |
| 토지[1] | ₩0 | ₩0 | △₩24,000 | △₩24,000 |
| 합계 | △₩1,000 | ₩5,000 | △₩19,000 | △₩25,000 |

[1] 토지재평가에 따른 이익잉여금

(4) A사는 20×0년도에 ₩120,000에 취득했던 자기주식 중 1/3을 20×1년도에 ₩30,000에 재매각하였으며, 나머지 자기주식은 당기 말 현재 보유 중이다.

(5) 조세특례제한법상 준비금은 세법 규정에 따라 20×2년부터 매년 ₩6,000씩 환입될 예정이다.

(6) A사는 당기법인세자산과 당기법인세부채를 상계할 수 있는 법적으로 집행 가능한 권리를 가지고 있지 않다. 이연법인세자산과 부채는 상계하지 않는다.

(7) 전기 말과 당기 말 현재 이월공제가 가능한 세무상 결손금, 세액공제, 소득공제 등은 없으며, 차감할 일시적차이가 사용될 수 있는 과세소득의 발생가능성은 높다.

**물음 1)** 차감할 일시적차이가 소멸될 가능성이 높을 때, A사의 전기(20×0년 말) 재무상태표에 계상되었을 다음 각 계정과목의 금액을 구하시오.

| 20×0년 말 이연법인세자산 | ① |
| --- | --- |
| 20×0년 말 이연법인세부채 | ② |

**물음 2)** 차감할 일시적차이가 소멸될 가능성이 높을 때, A사의 당기(20×1년) 포괄손익계산서와 당기 말 재무상태표에 계상될 다음 각 계정과목의 금액을 구하시오.

| 구분 | 계정과목 | 금액 |
| --- | --- | --- |
| 포괄손익계산서 | 법인세비용 | ① |
| | 기타포괄손익 | ② |
| 재무상태표 | 당기법인세자산 | ③ |
| | 이연법인세자산 | ④ |
| | 당기법인세부채 | ⑤ |
| | 이연법인세부채 | ⑥ |
| | 자기주식처분손실 | ⑦ |

**물음 1)**

| 20×0년 말 이연법인세자산 | ① 4,500 |
|---|---|
| 20×0년 말 이연법인세부채 | ② 4,800 |

① 20×0년 말 이연법인세자산: $(6,000 + 9,000) \times 30\% = 4,500$
② 20×0년 말 이연법인세부채: $(4,000 + 12,000) \times 30\% = 4,800$

**물음 2)**

| 재무제표 | 계정과목 | 금액 |
|---|---|---|
| 포괄손익계산서 | 법인세비용 | ① 29,900 |
| | 기타포괄손익 | ② 19,200 |
| 재무상태표 | 당기법인세자산 | ③ 0 |
| | 이연법인세자산 | ④ 2,400 |
| | 당기법인세부채 | ⑤ 13,500 |
| | 이연법인세부채 | ⑥ 7,400 |
| | 자기주식처분손실 | ⑦ 7,000 |

(1) 기말이연법인세자산: $(4,000 + 8,000) \times 20\% = 2,400$
(2) 기말이연법인세부채: $(1,000 + 12,000 + 24,000) \times 20\% = 7,400$
(3) 법인세부담액: 27,000

$(100,000 + 4,000 - 1,000 - 6,000 + 4,000 - 3,000 + 2,000 + 24,000 - 24,000 - 10,000^{1)}) \times 30\% = 27,000$

  1) 자기주식처분손실: $30,000 - 120,000/3 = (-)10,000$

(4) 법인세 회계처리

| 차) 이연법인세부채(기초) | 4,800 | 대) 당기법인세자산 | 13,500 |
|---|---|---|---|
| 이연법인세자산(기말) | 2,400 | 당기법인세부채 | 13,500 |
| 법인세비용 | 31,700 | 이연법인세자산(기초) | 4,500 |
| | | 이연법인세부채(기말) | 7,400 |
| 차) 재평가잉여금$^{1)}$ | 4,800 | 대) 법인세비용 | 4,800 |
| 차) 법인세비용 | 3,000 | 대) 자기주식처분손실$^{2)}$ | 3,000 |

  1) $24,000 \times 20\% = 4,800$
  2) $10,000 \times 30\% = 3,000$

(5) 손익계산서상 기타포괄손익: $24,000 \times (1 - 20\%) = 19,200$

**법인세의 기간 내 배분(자기주식처분이익, FVOCI금융자산 평가이익(지분상품·채무상품), 재평가잉여금, 전환사채)**

각 물음은 서로 독립적이다.

**물음 1)** 20×1년 A사의 법인세비용차감전순이익은 ₩100,000이다. 20×1년의 당기세율은 10%이고 A사는 당기에 자기주식처분이익 ₩10,000이 발생하였다. A사가 이와 관련하여 수행할 법인세 회계처리를 보이시오.

**※ 물음 2와 물음 3의 법인세차감전순이익은 '0'으로 가정한다.**

**물음 2)** A사는 20×1년 초 FVOCI금융자산(채무상품)을 ₩10,000에 취득하였다. 20×1년 말 FVOCI금융자산(채무상품)의 공정가치는 ₩15,000이다. A사는 동 금융자산을 20×2년 7월 1일 ₩18,000에 처분하였다. A사가 동 거래와 관련하여 20×1년 말과 20×2년 7월 1일, 20×2년 12월 31일에 수행하여야 할 회계처리를 보이시오(단, 법인 세율은 30%로 변동이 없고 유효이자율법에 의한 상각은 고려하지 않는다).

**물음 3)** A사는 20×1년 초 토지를 ₩10,000에 취득하여 재평가모형을 적용한다. 20×1년 말 토지의 공정가치는 ₩15,000이다. A사는 동 토지를 20×2년 7월 1일 ₩18,000에 처분하였다. A사가 동 거래와 관련하여 20×1년 말과 20×2년 7월 1일, 20×2년 12월 31일에 수행하여야 할 회계처리를 보이시오(단, 법인세율은 30%로 변동이 없고 처분 시 재평가잉여금은 이익잉여금으로 대체한다).

**물음 4)** A사의 20×1년 법인세비용차감전순이익은 ₩100,000이다. 당기세율은 10%, 차기 이후 세율은 12%로 예상된다. A사는 당기 초 전환사채를 액면발행하였다. (액면금액 ₩10,000, 액면이자율 5%, 발행 시 전환권대가 ₩4,000) 동 전환사채의 발행 시 유효이자율은 10%이다. 동 전환사채와 관련한 법인세 회계처리를 보이시오.

## 풀이

**물음 1)** 1. 기간 간 배분

| 구분 | 당기(10%) | 차기 |
|---|---|---|
| 법인세차감전순이익 | 100,000 | − |
| 자기주식처분이익 | 10,000 | − |
| 계 | 110,000 | − |
| | × 10% | |
| | ① 11,000 | |

2. 회계처리

| 1st 기간 간 배분 | 차) 법인세비용 | 11,000 | 대) 당기법인세부채 | ① 11,000 |
|---|---|---|---|---|
| 2nd 기간 내 배분 | 차) 자기주식처분이익 | 1,000 | 대) 법인세비용 | 1,000 |

3. F/S 효과

B/S

| | 당기법인세부채 | 11,000 |
|---|---|---|
| | 자기주식처분이익 | 9,000 |

I/S

| N/I 영향: 법인세비용 | 10,000 |
|---|---|
| OCI 변동: − | |

**물음 2)** 1. 20×1년 말

(1) 기간 간 배분

| 구분 | 당기(30%) | 차기 이후(30%) |
|---|---|---|
| 법인세차감전순이익 | − | − |
| FVOCI금융자산평가이익 | 5,000 | − |
| FVOCI금융자산 | (−)5,000 | 5,000 |
| 계 | − | 5,000 |
| | × 30% | × 30% |
| | ① − | ② 1,500 |

(2) 20×1년 말 회계처리

| 공정가치 평가 | 차) FVOCI금융자산 | 5,000 | 대) 금융자산평가이익 | 5,000 |
|---|---|---|---|---|
| 1st 기간 간 배분 | 차) 법인세비용 | 1,500 | 대) 당기법인세부채 | ① − |
| | | | 이연법인세부채 | ② 1,500 |
| 2nd 기간 내 배분 | 차) 금융자산평가이익 | 1,500 | 대) 법인세비용 | 1,500 |

## 2. 20×2년 7월 1일과 기말

### (1) 20×2년 7월 1일 회계처리

| 공정가치 평가 | 차) 현금 | 18,000 | 대) FVOCI금융자산 | 15,000 |
|---|---|---|---|---|
| | | | 금융자산처분이익 | 3,000 |
| | 차) 금융자산평가이익 | 5,000 | 대) 금융자산처분이익 | 5,000 |

### (2) 20×2년 말 회계처리

• 기간 간 배분

| 구분 | 당기(30%) | 차기 이후(30%) |
|---|---|---|
| 법인세차감전순이익 | 8,000 | – |
| FVOCI금융자산평가이익 | (−)5,000 | – |
| FVOCI금융자산 | 5,000 | |
| 계 | 8,000 | – |
| | × 30% | × 30% |
| | ① 2,400 | ② – |

| 1st 기간 간 배분 | 차) 이연법인세부채(기초) | 1,500 | 대) 당기법인세부채 | ① 2,400 |
|---|---|---|---|---|
| | 법인세비용 | 900 | 이연법인세부채(기말) | ② 0 |
| 2nd 기간 내 배분 | 차) 법인세비용 | 1,500 | 대) 금융자산평가이익 | 1,500 |

## 물음 3) 1. 20×1년 말

### (1) 기간 간 배분

| 구분 | 당기(30%) | 차기 이후(30%) |
|---|---|---|
| 법인세차감전순이익 | – | – |
| 재평가잉여금 | 5,000 | – |
| 토지 | (−)5,000 | 5,000 |
| 계 | – | 5,000 |
| | × 30% | × 30% |
| | ① – | ② 1,500 |

### (2) 20×1년 말 회계처리

| 공정가치 평가 | 차) 토지 | 5,000 | 대) 재평가잉여금 | 5,000 |
|---|---|---|---|---|
| 1st 기간 간 배분 | 차) 법인세비용 | 1,500 | 대) 당기법인세부채 | ① – |
| | | | 이연법인세부채 | ② 1,500 |
| 2nd 기간 내 배분 | 차) 재평가잉여금 | 1,500 | 대) 법인세비용 | 1,500 |

## 2. 20×2년 7월 1일과 기말

### (1) 20×2년 7월 1일

| 처분 | 차) 현금 | 18,000 | 대) 토지 | 15,000 |
|---|---|---|---|---|
| | | | 토지처분이익 | 3,000 |
| | 차) 재평가잉여금 | 5,000 | 대) 이익잉여금 | 5,000 |

(2) 20×2년 말 회계처리

• 기간 간 배분

| 구분 | 당기(30%) | 차기 이후(30%) |
|---|---|---|
| 법인세차감전손익 | 3,000 | – |
| 토지 | 5,000 | |
| 재평가잉여금 | (–)5,000 | – |
| 이익잉여금 | 5,000 | – |
| 계 | 8,000 | – |
| | × 30% | × 30% |
| | ① 2,400 | ② – |

| 1st 기간 간 배분 | 차) 이연법인세부채(기초) | 1,500 | 대) 당기법인세부채 | ① 2,400 |
|---|---|---|---|---|
| | 법인세비용 | 900 | 이연법인세부채(기말) | ② 0 |
| 2nd 기간 내 배분 | 차) 법인세비용 | 1,500 | 대) 재평가잉여금 | 1,500 |
| | 차) 이익잉여금 | 1,500 | 대) 법인세비용 | 1,500 |

물음 4) 1. 법인세조정
• 발행 시 〈익금산입〉 전환권대가 4,000 (기타)
　　　〈손금산입〉 전환권조정 4,000 (△유보)
• 기말 〈익금산입〉 전환권조정 100 (유보)

2. 기간 간 배분

| 구분 | 당기(10%) | 차기 이후(12%) |
|---|---|---|
| 법인세차감전손익 | 100,000 | – |
| 전환권대가 | 4,000 | – |
| 전환권조정 | (–)4,000 | 4,000 |
| 전환권조정상각 | 100 | (–)100 |
| 계 | 100,100 | 3,900 |
| | × 10% | × 12% |
| | ① 10,010 | ② 468 |

3. 회계처리

| 1st 기간 간 배분 | 차) 법인세비용 | 10,478 | 대) 당기법인세부채 | ① 10,010 |
|---|---|---|---|---|
| | | | 이연법인세부채 | ② 468 |
| 2nd 기간 내 배분 | 차) 전환권대가 | 480 | 대) 법인세비용 | 480 |

4. F/S 효과

| B/S | | I/S | |
|---|---|---|---|
| 당기법인세부채 | 10,010 | N/I 영향: 법인세비용 | 9,998 |
| 이연법인세부채 | 468 | OCI 변동: – | |
| 전환권대가 | 3,520 | | |

# Chapter 20

# 주당이익

1. 주당이익의 기초
2. 기본주당이익
3. 희석주당이익
4. 주당이익 기타주제

# 1 주당이익의 기초

## 01 주당이익의 의의

재무제표 이용자가 기업의 성과를 평가하고 미래의 이익을 예측하는 데 일반적으로 사용하는 지표 중의 하나가 주당이익이다. 주당이익(EPS; Earning Per Share)은 당기순이익에서 우선주배당금 등을 차감한 금액을 가중평균유통보통주식수로 나누어 계산한다. 즉 주당이익은 보통주 1주에 귀속될 당기순이익을 의미한다.

> **주당이익**
>
> $$\text{주당이익} = \frac{\text{보통주에게 귀속되는 이익(= 당기순이익 – 우선주배당 등)}}{\text{가중평균유통보통주식수}}$$

기업이 조달한 자금은 크게 타인자본과 자기자본으로 구분할 수 있으며, 자기자본은 다시 보통주자본과 우선주자본으로 나눌 수 있다. 기업은 조달한 자금으로 기업 경영을 하는 대가로 자본의 공급자에게 사용대가를 지불한다. 타인자본의 공급자인 채권자에게는 이자의 형태로 대가를 지급하고, 우선주 주주에게는 배당의 형태로 대가를 지급한다. 당기순이익은 이미 채권자에 대한 이자비용이 차감된 후의 금액이므로, 당기순이익에서 우선주 주주에게 배당할 금액을 차감하면 보통주 주주에게 귀속될 당기순이익(= 보통주 귀속 당기순이익)이 도출된다.

증자나 감자 등 다양한 자본거래가 발생할 수 있으므로 유통보통주식수는 회계기간 중에 변동될 수 있다. 따라서 주당이익을 계산할 때 분모의 유통보통주식수는 가중평균한 주식수를 이용한다.

기업이 회계기간 동안 영위한 경영활동의 성과는 포괄손익계산서에 당기순이익으로 보고된다. 당기순이익의 크기는 일반적으로 기업의 규모에 비례하므로 단순히 당기순이익의 크기만으로 기업의 경영성과를 판단하는 것은 합리적이지 않다. 예를 들어 A사의 당기순이익은 ₩100,000이지만 B사의 당기순이익은 ₩10,000이라고 한다면 당기순이익의 단순비교에서는 A사가 더 나은 경영성과를 달성하였다고 판단할 수 있다. 그러나 A사는 100,000주가 B사는 100주가 유통되는 회사로 주식수의 변동이 없다고 한다면 A기업의 1주당 경영성과는 ₩1이지만 B기업의 1주당 경영성과는 ₩100임을 알 수 있다.

| 구분 | A사 | B사 |
| --- | --- | --- |
| 당기순이익 | ₩100,000 | ₩10,000 |
| ÷ 주식수 | ÷ 100,000주 | ÷ 100주 |
| = 주당이익 | = ₩1/주 | = ₩100/주 |

즉, 주당이익은 보통주 1주당 이익이 얼마인지를 나타내는 지표이다.

## 02 주당이익의 사용

상장기업의 경우 주당이익과 주식의 시가를 비교하면 시장에서 투자자들이 당해 기업을 어떻게 평가하고 있는지 가늠할 수 있다. 주가는 일반적으로 기업의 미래 전망을 반영하므로 미래에도 지속적으로 이익을 창출할 것으로 기대할 수 있다면 주가는 주당이익보다 높게 형성될 것이다. 이때 주가를 주당이익으로 나눈 주가이익률(PER; Price - Earning Ratio)이라는 지표가 흔히 사용된다. 어떤 기업의 PER이 높다는 것은 시장에서 당해 기업의 미래 이익 창출 능력을 긍정적으로 평가하고 있다고 볼 수 있다.

주당이익을 이용한 또 다른 지표로는 배당성향이 있다. 배당성향은 주당배당금을 주당이익으로 나눈 지표이다. 일반적으로 투자자들은 배당성향이 높은 회사를 더 선호한다. 그러나 배당성향이 너무 높으면 미래의 재투자에 필요한 내부유보자금이 부족할 수도 있다.

1. 주당이익의 장점
   ① 주당이익은 투자규모를 고려한 투자단위당 이익으로 특정 기업의 경영성과를 기간·기업 간 비교하는 데 유용하다.
   ② 주당이익을 주당배당금과 비교함으로써 회계기간에 창출한 이익 중 어느 정도를 주주들에게 배당하는지에 관한 유용한 정보를 제공한다.
   ③ 주가와 주당이익을 비교함으로써 특정 기업의 주가가 다른 기업과 비교하여 과대 또는 과소평가되었는지 여부에 대한 유용한 정보를 제공한다.

2. 주당이익의 한계
   ① 주당이익은 과거 경영성과의 결과치를 근거로 계산되기 때문에 기업의 미래 수익창출능력을 나타내지 못한다.
   ② 주당이익은 특정 기업이 영위하고 있는 업종의 특성이나 위험 등 질적인 정보를 제공하지 못한다.
   ③ 기업규모가 증가할수록 주당이익은 증가하며, 일정 규모를 지나면 규모가 증가할수록 주당이익이 감소하는 것이 일반적인데 주당이익은 이러한 내용을 반영하지 못한다.

주당이익은 기본주당이익과 희석주당이익으로 구분된다. 기본주당이익은 특정 회계기간에 실제 유통 중인 보통주식수에 기초하여 계산한 주당이익을 말한다.

기업은 보통주로 전환될 수 있는 전환우선주, 전환사채, 신주인수권 등을 발행하기도 하는데, 이러한 금융상품을 잠재적보통주라고 한다. 잠재적보통주는 아직 유통보통주에 포함되지는 않았지만 언제든지 보통주로 전환될 경우 유통보통주식수를 증가시켜 기본주당이익을 감소시킬 수 있는 잠재력이 있다.

희석주당이익은 특정 회계기간에 잠재적보통주가 모두 보통주로 전환되었다고 가정하고 다시 계산한 주당이익을 말한다. 희석주당이익은 잠재적보통주를 발행한 기업이 기본주당이익에 추가하여 공시하는 주당이익으로서 기업의 주당이익이 잠재적보통주로 인하여 더 낮아질 수 있다는 정보를 제공한다.

또한 주당이익은 분자에 보통주이익을 당기순이익으로 하느냐 계속영업이익으로 하느냐에 의해서도 구분된다. 따라서 주당이익은 기본주당이익과 기본주당계속영업이익 및 희석주당이익과 희석주당계속영업이익으로 구분된다.

### 주당이익의 종류

| 분자 | ÷ 분모 | = 주당이익 종류 |
|---|---|---|
| 보통주귀속당기순이익 | | 기본주당이익(기본EPS) |
| ( − )중단영업손익 | 가중평균유통보통주식수 | |
| 보통주귀속계속영업이익 | | 기본주당계속영업이익 |
| | + 잠재적보통주식수 | |
| 보통주귀속당기순이익 | | 희석주당이익(희석EPS) |
| ( − )중단영업손익 | = 총유통보통주식수 | |
| 보통주귀속계속영업이익 | | 희석주당계속영업이익 |

**Additional Comment**

한국채택국제회계기준은 현재 및 잠재적 투자자들에게 현재의 주당이익이 잠재적보통주의 권리 행사로 인하여 가장 보수적인 경우의 주당이익에 대하여 공시함으로써 투자자들을 보호하기 위하여 희석주당이익을 기본주당이익과 별도로 공시하도록 하고 있다. 또한 현재 및 잠재적 투자자들은 기본주당이익을 통해서 최대배당가능액을 파악하고, 희석주당이익을 통하여 최소배당가능액을 파악할 수 있다.

**Self Study**

1. 한국채택국제회계기준에서는 지배회사의 보통주에 대하여 주당계속영업이익과 주당순이익을 포괄손익계산서에 표시하고 그 산출근거를 주석으로 기재하도록 규정하고 있다.
2. 희석증권이 존재하는 복잡한 자본구조에서는 희석증권으로 인하여 주당이익이 낮아질 수 있는 가능성을 고려하여 주당이익을 기본주당이익과 희석주당이익으로 구분하여 양자를 동시에 제시하도록 규정하고 있다.

기본주당이익과 희석주당이익은 이익의 분배에 대해 서로 다른 권리를 가지는 보통주 종류별로 지배기업의 보통주에 귀속되는 계속영업이익과 당기순이익에 대하여 계산하고 포괄손익계산서에 표시한다. 기본주당이익과 희석주당이익은 제시되는 모든 기간에 대하여 동등한 비중으로 제시한다.

주당이익은 포괄손익계산서가 제시되는 모든 기간에 대하여 제시된다. 희석주당이익이 최소한 한 회계기간에 대하여 보고된다면 그것이 기본주당이익과 같다고 하더라도 제시되는 모든 기간에 대하여 보고한다. 기본주당이익과 희석주당이익이 같은 경우에는 포괄손익계산서에 한 줄로 표시할 수 있다.

중단영업에 대해 보고하는 기업은 중단영업에 대한 기본주당이익과 희석주당이익을 포괄손익계산서에 표시하거나 주석으로 공시한다. 또한 기본주당이익과 희석주당이익이 부(−)의 금액인 경우에도 표시한다.

주당이익 정보의 목적은 회계기간의 경영성과에 대한 지배기업의 보통주 1주당 지분의 측정치를 제공하는 것이다. 주당이익은 다음 중 하나에 해당하는 기업의 별도재무제표나 개별재무제표 및 지배기업이 속한 연결실체의 연결재무제표에 적용한다. (⇒ 상장기업이나 상장예정기업에만 공시)

---

① 상장기업: 보통주나 잠재적보통주가 공개된 시장에서 거래되고 있다.
② 상장예정기업: 공개된 시장에서 보통주를 발행하기 위해 재무제표를 증권감독기구나 다른 규제기관에 제출하거나 제출하는 과정에 있다.

---

**주당이익의 포괄손익계산서의 표시**

| | 포괄손익계산서 | |
|---|---|---|
| | 당기 | 전기 |
| | : | : |
| 계속영업이익 | ×× | ×× |
| 중단영업이익 | ×× | ×× |
| 당기순이익 | ×× | ×× |
| 기타포괄이익 | ×× | ×× |
| 총포괄손익 | ×× | ×× |
| 주당계속영업이익 | | |
| 　기본주당계속영업이익 | ×× | ×× |
| 　희석주당계속영업이익 | ×× | ×× |
| 주당순이익 | | |
| 　기본주당이익 | ×× | ×× |
| 　희석주당순이익 | ×× | ×× |

# 2  기본주당이익

## I   기본주당이익의 의의

기본주당이익은 실제로 발행되어 유통되는 보통주식 1주당 이익을 말하는 것인데, 기본주당순이익과 기본주당계속영업이익으로 구분된다. 기본주당순이익은 보통주에 귀속되는 특정 회계기간의 당기순이익을 해당 기간에 유통된 보통주식수를 가중평균한 주식수인 가중평균유통보통주식수로 나누어 계산하고, 기본주당계속영업이익은 보통주에 귀속되는 특정 회계기간의 계속영업이익을 가중평균유통보통주식수로 나누어 계산한다.

> **기본주당이익의 계산 구조**
>
> $$\text{기본주당계속영업이익} = \frac{\text{계속영업이익} - \text{우선주배당 등}}{\text{가중평균유통보통주식수}} = \frac{\text{보통주계속영업이익}}{\text{가중평균유통보통주식수}}$$
>
> $$\text{기본주당순이익} = \frac{\text{당기순이익} - \text{우선주배당 등}}{\text{가중평균유통보통주식수}} = \frac{\text{보통주당기순이익}}{\text{가중평균유통보통주식수}}$$

## II   보통주당기순이익과 보통주계속영업이익

보통주당기순이익(계속영업이익)은 당기순이익(계속영업이익)에서 우선주배당금 등을 차감한 금액을 말하며 순수하게 보통주에 귀속되는 이익을 말한다.

> **보통주당기순이익(계속영업이익)**
>
> 보통주당기순이익(보통주계속영업이익) = 당기순이익(계속영업이익) − 우선주배당금 등

보통주이익을 계산할 때에는 법인세비용과 부채로 분류되는 우선주에 대한 배당금을 포함한 특정 회계기간에 인식된 모든 수익과 비용 항목은 보통주에 귀속되는 특정 회계기간의 당기순이익에 고려된다. 다만, 우선주배당금 등을 고려할 때에는 다음과 같은 사항들에 주의를 기울여야 한다.

## 01 우선주배당금

### (1) 비누적적 우선주

보통주당기순이익은 당기순이익에서 자본으로 분류된 우선주에 대하여 당해 회계기간과 관련하여 배당결의된 세후 우선주배당금을 차감하여 산정한다. 이때 기업이 중간배당을 실시한 경우에는 우선주에 대한 중간배당액도 당기순이익에서 차감한다. 우선주배당금은 실제 지급한 배당금이 아니라 정기주주총회에서 배당할 것으로 결의된 배당금을 말한다.

**Additional Comment**

20×1년의 주당이익을 계산하는 경우 차감할 우선주배당금은 20×2년 초에 개최되는 20×1년도 정기주주총회에서 배당금으로 선언할 예정인 금액을 말한다. 그러므로 20×1년 초에 개최되는 20×0년도 정기주주총회에서 배당금을 지급하는 것은 고려하지 않는다.

### (2) 누적적 우선주

누적적 우선주는 배당결의 여부와 관계없이 당해 회계기간과 관련한 세후 배당금을 당기순이익에서 차감하여 보통주당기순이익을 계산한다. 그러므로 전기 이전의 기간과 관련하여 당기에 지급되거나 결의된 누적적 우선주 배당금은 보통주당기순이익의 계산에서 제외한다.

**Example** 우선주배당금 - 자본금 ₩100, 배당률 10%

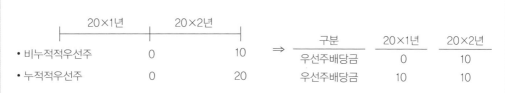

⇒ 비누적적 우선주의 경우 20×1년에 배당금에 대한 지급결의가 없다면 당기순이익에서 차감하지 않는다. 누적적 우선주의 경우 20×1년에 배당금에 대한 지급결의가 없어도 당기순이익에서 차감하여 보통주귀속당기순이익을 구하고 20×2년에 20×1년 미지급배당을 지급하여도 20×2년도 지급분만을 당기순이익에서 차감하여 20×2년도 보통주귀속당기순이익을 구한다.

**Additional Comment**

누적적 우선주의 경우 과년도 연체배당금을 당기에 지급하더라도 이를 제외하고 당해 연도분 우선주배당금만 당기순이익에서 차감한다. 이는 연체배당금의 지급으로 인하여 매년 공시되는 주당이익의 비교가능성이 낮아지는 것을 피하기 위해서이다. 또한 누적적 우선주의 경우에는 배당결의가 없더라도 당해 연도분 우선주배당금을 차감하는 반면, 비누적적 우선주의 경우에는 배당결의가 있어야만 우선주배당금을 차감한다는 점에 유의하여야 한다.

**Self Study**

부채로 분류되는 우선주에 대한 배당금은 이자비용으로 당기순이익에 반영되어 있으므로 주당이익 계산 시 추가고려하지 않는다.

## 02 공개매수 방식에 의한 우선주의 재매입

### (1) 우선주 주주에게 지급하는 대가의 공정가치 > 우선주 장부금액

기업이 공개매수 방식으로 우선주를 재매입할 때 우선주 주주에게 지급한 대가의 공정가치가 우선주의 장부금액을 초과하는 부분은 우선주 주주에 대한 이익배분으로서 이익잉여금에서 차감한다. 이 금액은 보통주당기순이익을 계산할 때 차감한다.

우선주를 재매입할 때 우선주 매입대가로 지급한 금액과 장부금액의 차액은 우선주상환손익에 해당하는 금액으로, 매입대가가 더 큰 경우에는 우선주주들에게 배당한 것과 동일한 효과가 있는 것으로 간주하는 것이다.

| 우선주 주주에게 지급하는 대가의 공정가치 > 우선주 장부금액의 회계처리 | | | |
|---|---|---|---|
| 차) 우선주 | BV | 대) 현금 등 | 지급한 대가 FV |
| 이익잉여금 | 보통주당기순이익에서 차감 | | |

### (2) 우선주 주주에게 지급하는 대가의 공정가치 < 우선주 장부금액

우선주의 장부금액이 우선주의 매입을 위하여 지급하는 대가의 공정가치를 초과하는 경우에는 그 차액을 보통주당기순이익을 계산할 때 가산한다.

**Additional Comment**

공개매수 방식으로 우선주를 매입하는 경우에만 장부금액 초과 취득대가를 우선주배당으로 간주하는 것이므로 시장거래를 통한 우선주 매입은 해당되지 않는다. 또한 우선주의 장부금액이 무엇을 의미하는지 한국채택국제회계기준에 규정되어 있지 않다.

## 03 전환우선주의 유도전환

전환우선주 발행기업이 처음의 전환조건보다 유리한 조건을 제시하거나 추가적인 대가를 지불하여 조기전환을 유도하는 경우 처음의 전환조건에 따라 발행된 보통주의 공정가치를 초과하여 지급하는 보통주나 그 밖의 대가의 공정가치는 전환우선주에 대한 이익배분으로 보아 기본주당이익을 계산할 때 보통주에 귀속되는 이익에서 차감한다.

**Additional Comment**

전환우선주의 유도전환은 전환사채의 전환가격을 조정하는 조건변경이나, 주식선택권의 경우 행사가격 등을 조정하는 조건변경과 성격적으로 동일하다.

## 04 할증배당우선주 2차

할증배당우선주는 우선주를 시가보다 할인발행한 기업에 대한 보상으로 초기에 낮은 배당을 지급하는 우선주 또는 우선주를 시가보다 할증금액으로 매수한 투자자에 대한 보상으로 이후 기간에 시장보다 높은 배당을 지급하는 우선주를 말한다.

할증배당우선주의 할인발행차금이나 할증발행차금은 유효이자율법을 사용하여 상각액을 이익잉여금에 가감하고 주당이익을 계산할 때 우선주배당금으로 처리한다.

### (1) 할인발행에 대한 보상으로 낮은 배당을 지급하는 경우

할인발행차금 상각액을 추가적인 배당으로 보아 우선주 배당금에 가산한다.

[할증배당우선주의 할인발행]

| 차) 현금 | ×× | 대) 우선주자본금 | ×× |
|---|---|---|---|
| 우선주할인발행차금 | ×× | | |

[할인발행차금의 상각]

| 차) 이익잉여금 | ×× | 대) 우선주할인발행차금 | ×× |
|---|---|---|---|

### (2) 할증발행에 대한 보상으로 높은 배당금을 지급하는 경우

할증발행차금 상각액을 우선주 배당금에서 차감한다.

[할증배당우선주의 할증발행]

| 차) 현금 | ×× | 대) 우선주자본금 | ×× |
|---|---|---|---|
| | | 우선주할증발행차금 | ×× |

[할증발행차금의 상각]

| 차) 우선주할증발행차금 | ×× | 대) 이익잉여금 | ×× |
|---|---|---|---|

---

**Self Study**

할증배당우선주는 사채와 성격이 동일하다. 다만 자본으로 분류되기 때문에 유효이자율법에 따른 이자비용이 이익잉여금에서 직접 차감되는 차이만 존재한다.

20×1년 초에 액면금액이 ₩10,000이고, 20×4년부터 누적적으로 매년 7%의 배당을 지급하는 우선주를 발행하였는데, 발행일에 동일 종류의 우선주에 대한 시장배당수익률이 7%라고 가정할 경우 이 우선주에 대하여 20×1년부터 매년 ₩700의 배당금을 지급한다면 20×1년 초 우선주 발행가액은 ₩10,000이 될 것이다. 그러나 이 우선주는 20×4년부터 배당금을 지급하기 때문에 20×1년부터 20×3년까지 지급되지 않은 배당금의 현재가치 ₩1,837($= 700 \div 1.07 + 700 \div 1.07^2 + 700 \div 1.07^3$)만큼 할인된 ₩8,163으로 발행될 것이다. 발행 시와 20×1년 말 회계처리를 보이시오.

**풀이**

1. 발행 시

| 차) 현금 | 8,163 | 대) 우선주자본금 | 10,000 |
|---|---|---|---|
| 우선주할인발행차금 | 1,837 | | |

2. 20×1년분 상각

| 차) 이익잉여금[1] | 571 | 대) 우선주할인발행차금 | 571 |
|---|---|---|---|

[1] 8,163 × 7% = 571

## 05 참가적 우선주

참가적 우선주는 실제 배당예정액을 우선주배당으로 받고 잔여 미처분이익에 대하여도 보통주와 더불어 일정한 비율로 배당에 참가할 수 있는 주식을 말한다. 참가적 우선주에 귀속되는 손익은 보통주에 귀속되는 손익과 구분되므로 참가적 우선주에 대하여는 우선주참가비율을 고려하여 분배해야 할 배당금액을 비용으로 간주하여 당기순이익에서 차감한다.

참가적 우선주에 귀속되는 손익은 보통주에 귀속되는 손익과 구분되므로 참가적 우선주에 대하여 분배하여야 할 순이익을 차감한 후에 보통주에 대한 주당이익을 산출한다. 참가적 우선주와 보통주에 귀속되는 당기순이익은 다음과 같이 계산한다.

> 1st 우선주와 보통주에 대한 실제 배당예정액을 산정한다.
> 2nd 당기순이익에서 실제 배당예정액을 차감한 금액을 우선주와 보통주의 참가비율에 따라 배분한다.
> 3rd 우선주 귀속 당기순이익: 우선주 실제 배당예정액 + 우선주 배분액
> 4th 보통주 귀속 당기순이익: 보통주 실제 배당예정액 + 보통주 배분액

㈜한영의 20×1년 당기순이익은 ₩1,000,000이며, 유통보통주식수는 10,000주, 참가적 우선주는 6,000주이다. 보통주와 우선주의 참가비율은 자본금비율이 아니며, 다음과 같다.

(1) 1차적으로 비누적적 우선주에 대해 주당 ₩55의 배당이 지급된 후, 보통주에 대하여 주당 ₩21의 배당금이 지급된다.

(2) 2차적으로 잔여배당에 대하여는 우선주는 보통주와 주당 1 : 4의 비율로 추가적 배당에 참가한다. 즉, 우선주와 보통주에 대하여 각각 주당 ₩55와 ₩21의 배당금을 지급한 후, 우선주는 보통주에 대하여 추가적으로 지급되는 배당금액의 1/4비율로 참가한다.

당기순이익을 참가적 우선주 귀속이익과 보통주 귀속이익으로 구분하고 각각의 주당이익을 계산하시오.

풀이

1. 배당금 차감 후 당기순이익

| 구분 | 보통주 | 우선주 |
|---|---|---|
| 배당금지급액 | 10,000주 × @21 = 210,000 | 6,000주 × @55 = 330,000 |
| + 배당금 차감 후 이익의 배분 | 400,000[1] | 60,000[2] |
| = 당기순이익 | 610,000 | 390,000 |

[1] (1,000,000 − 210,000 − 330,000) × (10,000주 × 4) ÷ (10,000주 × 4 + 6,000주 × 1) = 400,000

[2] (1,000,000 − 210,000 − 330,000) × (6,000주 × 1) ÷ (10,000주 × 4 + 6,000주 × 1) = 60,000

2. 주당순이익

| 구분 | 보통주 | 우선주 |
|---|---|---|
| 당기순이익 | 610,000 | 390,000 |
| ÷ 유통보통주식수 | 10,000주 | 6,000주 |
| = 주당순이익 | 61/주 | 65/주 |

| 당기순이익(계속영업이익) | ×× | |
|---|---|---|
| 비누적적 우선주 배당금 | (−) | 배당결의된 비누적적 우선주 |
| 누적적 우선주 배당금 | (−) | 배당결의 여부와 관계없음 |
| 장부금액을 초과하는 우선주재매입액 | (−) | 재매입대가 − 우선주BV |
| 장부금액에 미달하는 우선주재매입액 | (+) | 우선주BV − 재매입대가 |
| 전환우선주 유도전환의 추가지급대가 | (−) | 추가지급대가 − 기존 전환조건의 FV |
| 할증배당우선주 할인발행차금 상각액 | (−) | 기초 BV × 유효이자율 |
| 할증배당우선주 할증발행차금 상각액 | (+) | 기초 BV × 유효이자율 |
| 참가적 우선주 배당금 | (−) | 우선주 참가비율을 고려하여 분배 |
| 보통주당기순이익(계속영업이익) | ×× | |

---

### 사례연습 3: 보통주 귀속 당기순이익

다음은 ㈜탱구의 20×1년 기본주당이익계산에 필요한 자료이다. ㈜탱구의 보고기간은 1월 1일부터 12월 31일까지이며, 20×1년 포괄손익계산서상 당기순이익은 ₩1,000,000이다.

(1) 누적적 상환우선주(액면 ₩500, 1,000주): 20×1년의 배당률은 5%이며, 부채로 분류되었다.

(2) 비누적적 비상환우선주(액면 ₩500, 2,000주): 20×1년의 배당률은 10%이며, 20×1년 초에 발행주식수는 1,000주였으나 20×1년 10월 1일에 1,000주를 추가로 발행하였다.

(3) 누적적 비상환우선주(액면 ₩500, 2,000주): 배당률은 8%이며, 전기 이전의 기간에 누적된 배당금은 없으나 20×1년의 배당금은 지급하지 않기로 하였다. 그리고 당기에 총발행주식 3,000주 중 1,000주를 매입하였으며 우선주의 장부금액을 초과하여 지불한 매입대가는 ₩10,000이었다.

(4) 누적적 할증배당우선주(액면 ₩500, 1,000주): 20×0년 할인 발행한 것으로 20×3년부터 배당(배당률 10%)하며, 20×1년에 유효이자율법으로 상각한 주식할인발행차금은 ₩18,000이다.

(5) 누적적 전환우선주(액면 ₩500, 2,000주): 배당률은 7%이며 전기 이전의 기간에 누적된 배당금 ₩140,000을 당기에 지급하였다. 그리고 당기에 총발행주식 5,000주 중 3,000주가 보통주로 전환되었으며, 전환 시 1주당 공정가치가 ₩300인 100주의 보통주를 추가로 지급하였다.

㈜탱구가 20×1년 기본주당이익을 산정하기 위한 보통주당기순이익을 계산하시오.

**배당금 차감 후 당기순이익**

| | | |
|---|---|---:|
| 당기순이익 | | 1,000,000 |
| (1) 누적적 상환우선주[1] | | 0 |
| (2) 비누적적 비상환우선주 | | |
| • 구주배당금 | 500 × 1,000주 × 10% = 50,000 | |
| • 신주배당금 | 500 × 1,000주 × 10% = 50,000 | 100,000 |
| (3) 누적적 비상환우선주 | | |
| • 배당금 | 500 × 2,000주 × 8% = 80,000 | |
| • 상환 시 초과지급액 | 10,000 | (−)90,000 |
| (4) 누적적 할증배당우선주 | | |
| • 우선주할인발행차금상각 | 18,000 | (−)18,000 |
| (5) 누적적 전환우선주 | | |
| • 배당금 | 500 × 2,000주 × 7% = 70,000 | |
| • 전환 시 추가지급액 | 300 × 100주 = 30,000 | (−)100,000 |
| 보통주당기순이익 | | 692,000 |

[1] 부채로 분류되었으므로 우선주배당금이 비용으로 처리되어 당기순이익에 이미 차감됨

## III 가중평균유통보통주식수

주당이익은 보통주 귀속 당기순이익을 유통보통주식수로 나누어 계산한다. 그런데 회계기간 중 유통보통주식수가 변동되는 경우 이를 적절하게 가중평균해야 하며, 이를 가중평균유통보통주식수라고 한다. 즉, 특정 회계기간의 가중평균유통보통주식수는 기초의 유통보통주식수에 회계기간 중 취득된 자기주식수 또는 신규 발행된 보통주식수를 각각의 유통기간에 따른 가중치를 고려하여 조정한 보통주식수이다. 이 경우 보통주 유통기간에 따른 가중치는 그 회계기간의 총일수에 대한 특정 보통주의 유통일수의 비율로 산정한다.

**Additional Comment**

기본주당순이익은 보통주당기순이익을 가중평균유통보통주식수로 나눈 금액으로, 보통주의 발행으로 유입된 현금을 운용하여 보통주당기순이익을 창출하였다는 의미로 해석된다. 따라서 논리상으로는 보통주가 가중평균유통보통주식수에 포함되기 위해서는 당해 보통주의 발행으로 기업에 현금유입이 있어야 한다. 전기 이전에 발행된 보통주의 경우에는 당해 보통주의 발행으로 유입된 현금이 회계기간 전체에 걸쳐 당기순이익을 창출한다. 그러나 당기 중 발행된 보통주는 현금이 유입된 날부터 보고기간 말까지의 기간에만 당기순이익을 창출하므로 전기 이전에 발행된 보통주와 동일하게 고려할 수 없다. 따라서 가중평균유통보통주식수는 당해 회계연도에 평균적으로 유통되는 보통주식수의 수량으로 계산한다.

가중평균유통보통주식수를 산정하기 위한 보통주유통일수 계산의 기산일은 통상 주식발행의 대가를 받을 권리가 발생하는 시점으로, 일반적으로 주식발행이다. 보통주유통일수를 계산하는 기산일의 예는 다음과 같다.

1. 보통주나 우선주 배당금을 자발적으로 재투자하여 보통주를 발행: 배당금의 재투자일
2. 이자를 지급하거나 원금을 상환하는 대신 보통주를 발행: 최종이자발생일의 다음 날
3. 채무를 변제하기 위하여 보통주를 발행(출자전환): 채무변제일
4. 현금 이외의 자산 취득을 위한 보통주를 발행(현물출자): 그 자산의 취득을 인식한 날
5. 용역의 대가로 보통주를 발행: 용역제공일
6. 사업결합원가의 일부로 보통주를 발행: 사업결합에 따른 취득일
7. 보통주로 반드시 전환하여야 하는 전환금융상품의 발행: 계약체결시점

## 01 유상증자, 신주인수권행사, 주식선택권의 행사

자원의 변동을 유발하면서 주식수가 변동하는 경우 가중평균유통보통주식수를 산정하기 위한 보통주유통일수 계산의 기산일은 통상 주식발행의 대가를 받을 권리가 발생하는 시점인 주식발행일이다. 따라서 유상증자, 신주인수권 행사, 주식선택권 행사 등은 현금을 받을 권리가 발생하는 시점이 주식발행일이다.

## 02 자기주식의 취득, 유상감자

자기주식을 취득하거나 유상감자로 인하여 유통보통주식수를 줄이는 경우에는 취득시점부터 처분시점까지의 기간, 유상감자 시행일부터의 기간을 차감하여 유통주식수를 계산한다. 물론 처분 이후에는 가중평균유통주식수에 포함된다.

---

### 사례연습 4: 유상증자, 자기주식, 신주인수권

다음은 ㈜한영의 20×1년 기본주당이익계산에 필요한 자료이다. ㈜한영의 보고기간은 1월 1일부터 12월 31일까지이다.

> 1. 기초 자본금: 보통주자본금(액면 ₩5,000) 10,000주
> 2. 당기 중 자본금 변동내역
>    (1) 7월 1일: 유상증자 500주
>    (2) 7월 1일: 자기주식 300주 취득
>    (3) 10월 1일: 신주인수권부사채의 신주인수권 행사 1,000주
>    (4) 10월 1일: 자기주식 200주 재발행

㈜한영의 20×1년 기본주당이익을 산정하기 위한 유통보통주식수를 계산하시오(단, 월할 계산할 것).

---

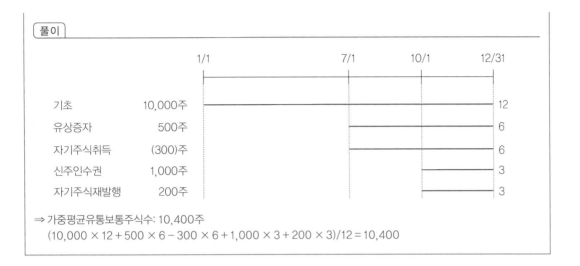

⇒ 가중평균유통보통주식수: 10,400주
  (10,000 × 12 + 500 × 6 − 300 × 6 + 1,000 × 3 + 200 × 3)/12 = 10,400

## 03 무상증자, 주식배당, 주식분할, 주식병합

무상증자, 주식배당, 주식분할의 경우에는 추가로 대가를 받지 않고 기존 주주들에게 보통주를 발행하므로 자원은 증가하지 않고 유통보통주식수만 증가한다. 한편, 주식병합은 일반적으로 자원의 실질적인 유출 없이 유통보통주식수를 감소시킨다.

무상증자, 주식배당, 주식분할, 주식병합의 경우 당해 사건이 있기 전의 유통보통주식수는 비교 표시되는 최초기간의 개시일에 그 사건이 일어난 것처럼 비례적으로 조정한다.

### Additional Comment

무상증자 등을 가중평균유통보통주식수의 산정에 포함시키기 위해서는 무상증자 등의 비율을 먼저 계산하고, 무상증자 등을 실시하기 이전의 주식수는 모두 무상증자 등의 비율만큼 증가한 것으로 보아 가중평균유통보통주식수를 조정한다. 이때 무상증자 등의 비율은 무상증자 등으로 발행한 주식수를 무상증자 등을 실시하기 이전의 주식수로 나눈 비율을 말한다.

⇒ 무상증자비율: 무상증자로 발행된 주식수 ÷ 무상증자 전 주식수

예를 들어 무상증자비율이 10%인 무상증자를 실시하는 경우에 무상증자 전의 유통보통주식수에 (1 + 10%)를 곱하여 새로운 유통보통주식수를 구한다.

당기 주당이익을 계산하는 경우라면 무상증자로 발행된 보통주는 다음과 같이 산정한다. 이러한 방식을 원구주를 따르는 방식이라고 한다.

① 구주에 대한 무상증자: 기초시점에 실시된 것으로 보아 가중평균유통보통주식수를 조정
② 유상신주에 대한 무상증자: 유상증자의 주금납입기일에 실시된 것으로 보아 가중평균유통보통주식수를 조정

당기 이전에 발행된 주식에 대하여 무상증자 등을 하는 경우에는 기초로 소급하여 가중평균하지만, 당기 중에 유상증자한 주식에 대하여 무상증자 등을 하는 경우에는 당기 유상증자일로 소급하여 가중평균한다.

| 구분 | 20×1년 | 20×2년 |
|---|---|---|
| 20×2년 무상증자 전 기본EPS | 12,000 ÷ 1,000주 = 12 | |
| 20×2년 중 20×1년 초부터 발행된 주식 무상증자(20%) | ↓ 주식수 소급하여 변경 | |
| 20×2년 무상증자 후 기본EPS | 12,000 ÷ (1,000 × 1.2주) = 10 | 12,000 ÷ (1,000 × 1.2주) = 10 |

### 사례연습 5: 유상증자, 주식배당, 신주인수권, 무상증자

다음은 ㈜한영의 20×1년 기본주당이익계산에 필요한 자료이다. ㈜한영의 보고기간은 1월 1일부터 12월 31일까지이다.

1. 기초 자본금: 보통주자본금(액면 ₩5,000) 10,000주
2. 당기 중 자본금 변동내역
   (1) 7월 1일: 유상증자 500주
   (2) 7월 1일: 주식배당(10%)
   (3) 10월 1일: 신주인수권부사채의 신주인수권 행사 1,000주
   (4) 10월 1일: 무상증자(20%)

㈜한영의 20×1년 기본주당이익을 산정하기 위한 유통보통주식수를 계산하시오(단, 월할 계산할 것).

**풀이**

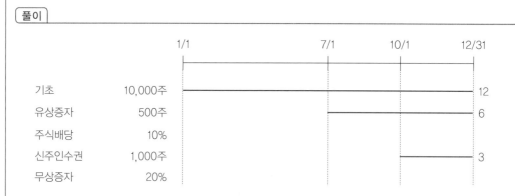

⇒ 가중평균유통보통주식수: 13,830주
  (10,000 × 1.1 × 1.2 × 12 + 500 × 1.1 × 1.2 × 6 + 1,000 × 1.2 × 3)/12 = 13,830

**04** 주주우선배정 신주발행(공정가치 미만의 유상증자)

일반적으로 보통주는 공정가치로 발행되므로 무상증자 요소를 수반하지 아니한다. 그러나 주주우선배정 신주발행의 경우에는 행사가격이 주식의 공정가치보다 작은 것이 보통이므로 이러한 주주우선배정 저가 신주발행은 무상증자 요소를 수반하게 된다. 이 경우 공정가치에 의한 유상증자와 무상증자가 혼합된 성격으로 보아 각각의 논리에 따라 가중평균하여 유통보통주식수를 산정한다.

공정가치 미만 유상증자가 실시된 경우 무상증자비율은 공정가치 유상증자가 먼저 실시되고 무상증자는 나중에 실시된 것으로 간주하여 계산한다.

---

**공정가치 미만 유상증자의 가중평균유통보통주식수 산정 TOOL**

1st  FV기준 발행가능 유상증자 주식수: 유상증자 납입액 ÷ 유상증자 권리 행사일 전의 FV
2nd 무상증자 주식수: 총발행주식수 − FV기준 발행가능 유상증자 주식수
3rd 무상증자비율: 무상증자 주식수 ÷ (유상증자 전 주식수 + FV기준 발행가능 유상증자 주식수)

---

주주우선배정 신주발행에서 공정가치 이하로 유상증자를 실시한 경우에는 공정가치 유상증자 시 발행가능주식수는 납입일을 기준으로 조정하고, 무상증자 주식수에 대해서는 원구주에 따른다.

---

**사례연습 6: 주주우선배정 신주발행**

다음은 ㈜한영의 20×1년 기본주당이익계산에 필요한 자료이다. ㈜한영의 보고기간은 1월 1일부터 12월 31일까지이다.

1.  기초 자본금: 보통주자본금(액면 ₩5,000) 9,000주
2.  당기 중 자본금 변동내역
    (1) 7월 1일: 보통주 유상증자(액면 ₩5,000) 2,000주
    (2) 7월 1일의 유상증자는 주주우선배정 신주발행에 해당되며, 유상증자(권리 행사) 전일의 보통주식의 시가는 ₩20,000, 유상증자 시 발행금액은 ₩10,000이다.
    (3) 10월 1일: 주식선택권 행사 500주

㈜한영의 20×1년 기본주당이익을 산정하기 위한 유통보통주식수를 계산하시오(단, 월할 계산할 것).

─ 풀이 ─

1. 주주우선배정 FV 미만 신주발행
   1st FV기준 발행가능 유상증자 주식수: 10,000 × 2,000주 ÷ 20,000 = 1,000주
   2nd 무상증자 주식수: 2,000주 − 1,000주 = 1,000주
   3rd 무상증자비율: 1,000주 ÷ (9,000 + 1,000)주 = 10%

## 2. 가중평균유통보통주식수 산정

$$\Rightarrow \text{가중평균유통보통주식수: } 10,575주$$
$$(9,000 \times 1.1 \times 12 + 1,000 \times 1.1 \times 6 + 500 \times 3)/12 = 10,575$$

## 05 전환금융상품

### (1) 일반적인 경우

전환금융상품은 전환권을 행사하는 경우 보통주로 전환되는 금융상품을 말하며, 전환사채와 전환우선주를 말한다. 기업회계기준서 제1033호 '주당이익'에서는 채무상품의 전환으로 인하여 보통주를 발행하는 경우 최종이자발생일의 다음 날부터 보통주 유통일수를 계산한다고 규정하고 있다. 따라서 전환으로 발행되는 보통주는 전환일부터 주당이익의 계산에 포함하여야 한다.

#### Self Study

보통주로 반드시 전환하여야 하는 전환금융상품은 계약체결시점부터 보통주에 해당한다. 예를 들어 반드시 전환하여야 하는 전환권이 부여된 전환사채는 금융부채가 아닌 지분상품이다. 그러므로 보통주로 반드시 전환하여야 하는 전환금융상품은 계약체결시점부터 보통주식수에 포함하여 가중평균유통보통주식수를 조정한다.

### (2) 전환간주일 규정의 적용을 받는 경우

상법 제350조에 따르면 전환금융상품이 기중에 전환되는 경우 전환간주일 규정을 둘 수 있다. 전환간주일은 전환금융상품의 기중 전환 시 이자 및 이익의 배당에 관한 조건상의 전환시점을 말한다. 전환간주일이 기초인 경우에는 기중 전환 시 기초에 전환된 것으로 보아 보통주배당금을 지급하며, 전환간주일이 기말인 경우에는 기중 전환 시 기말에 전환된 것으로 보아 사채이자나 우선주배당금을 지급한다.

기준서 제1033호 '주당이익'에서는 채무상품의 전환으로 인하여 보통주를 발행하는 경우 최종이자발생일의 다음 날부터 보통주유통일수를 계산한다고 규정하고 있다. 이러한 규정에 따르면 전환간주일 규정이 있는 경우 전환간주일의 다음 날부터 가중평균유통보통주식수에 포함하는 것이 합리적이다.

#### Self Study

한국채택국제회계기준에는 전환간주일에 대한 규정이 없기 때문에 전환일부터 가중평균유통보통주식수에 포함해서 계산하면 된다.

## 06 조건부주식

조건부발행보통주는 조건부주식약정에 명시된 특정 조건이 충족된 경우에 현금 등의 대가가 없거나 거의 없이 발행하게 되는 보통주를 말한다. 조건부발행보통주는 모든 필요조건이 충족된 날에 발행된 것으로 보아 기본주당이익을 계산하기 위한 보통주식수에 포함한다.

이익조건의 경우에는 이익의 달성 여부를 보고기간 말이 되기 전에 알 수 없으므로 조건을 충족시켰다면 보고기간 말에 충족된 것으로 본다. 따라서 가중평균유통보통주식수에 포함시켜야 하는 주식은 없다. 조건부로 재매입할 수 있는 보통주를 발행한 경우에는 이에 대한 재매입가능성이 없어질 때까지는 보통주로 간주하지 아니하고, 기본주당이익을 계산하기 위한 가중평균유통보통주식수에 포함하지 아니한다.

**조건부주식의 정리**

| 구분 | 조건충족 시 | 주식수 계산 |
|------|-----------|-----------|
| 조건부발행보통주 | 발행함 | 조건이 충족되는 시점부터 계산(단, 이익조건은 보고기간 말에 충족된 것으로 봄) |
| 조건부재매입가능보통주 | 재매입함 | 재매입가능성이 없어지는 시점부터 계산 |

**사례연습 7: 조건부주식**

12월 말 결산법인인 A사의 20×1년 1월 1일 현재 보통주식수는 1,000주이다. A사의 20×1년 기본주당이익계산과 관련된 자료는 다음과 같다.

1. A사의 20×1년 당기순이익은 ₩290,000이다.
2. 조건부발행보통주와 관련된 사항은 다음과 같다.
   (1) 영업점조건: 20×1년에 새로 개점하는 영업점 1개당 보통주 500주 발행
   (2) 당기순이익조건: 20×1년 12월 31일에 종료하는 연도에 당기순이익이 ₩200,000을 초과하는 경우 매 초과액 ₩10,000에 대하여 보통주 100주 발행
3. 이 기간 동안 개점한 영업점: 20×1년 5월 1일에 1개, 20×1년 9월 1일에 1개
4. A사는 11월 1일에 조건부 재매입가능 보통주 100주를 발행하였으며, 보고기간 말 현재 재매입할 가능성이 있다.

**20×1년 기본주당이익 산정을 위한 가중평균유통보통주식수를 계산하시오.**

[풀이]

1. 가중평균유통보통주식수의 산정

| | | 1/1 | 5/1 | 9/1 | 12/31 |
|---|---|---|---|---|---|
| 기초 | 1,000주 | | | | 12 |
| 5/1 영업점 1개 | 500주 | | | | 8 |
| 9/1 영업점 1개 | 500주 | | | | 4 |
| 12/31 당기순이익 | 900주[1] | | | | |

[1] $(290,000 - 200,000) \div 10,000 \times 100주 = 900주$
이익조건은 조건기간이 종료될 때까지 조건의 충족 여부가 불확실하므로 보고기간 말에 조건을 충족한 것으로 본다. 따라서 기본주당이익에 영향을 미치지 않는다.

\* 조건부로 재매입할 가능성이 있는 보통주는 재매입할 가능성이 없어질 때까지는 발행하지 않은 것으로 본다.

2. 가중평균유통보통주식수: $[(1,000주 \times 12) + (500주 \times 8) + (500주 \times 4) + (900주 \times 0)] \div 12개월 = 1,500주$

---

**가중평균유통보통주식수의 정리**

| 구분 | 주식수 기산일 | 비고 |
|---|---|---|
| 유상증자, 신주인수권 행사, 주식선택권 등 행사 | 현금유입일 기준 가중평균 | 주주우선배정 공정가치 미만 유상증자 (= 공정가치 유상증자 + 무상증자) |
| 자기주식의 취득, 유상감자 | 현금유출일 기준 가중평균 | 보유기간에서 제외 |
| 무상증자, 주식배당, 주식분할, 주식병합 | 원본에 가산하여 가중평균 | 유상증자분은 유상증자일부터 포함(보고기간 말 후에 발생하는 경우에도 반영) |
| 전환사채, 전환우선주 전환 | 전환일 기준 가중평균 | 반드시 전환하여야 하는 금융상품은 계약체결시점부터 포함 |
| 조건부발행보통주 | 조건충족일 기준 가중평균 | 조건부로 재매입할 수 있는 보통주는 재매입가능성이 없어질 때까지 제외 |

20×5년 1월 1일 현재 ㈜한국이 기발행한 보통주 500,000주(1주당 액면금액 ₩5,000)와 배당률 연 10%의 비누적적 전환우선주 150,000주(1주당 액면금액 ₩10,000)가 유통 중에 있다. 전환우선주는 20×3년 3월 1일에 발행되었으며, 1주당 보통주 1주로 전환이 가능하다. 20×5년도에 발생한 보통주식의 변동 상황을 요약하면 다음과 같다.

| 구분 | 내용 | 변동주식수 | 유통주식수 |
|---|---|---|---|
| 1월 1일 | 기초 유통보통주식수 | – | 500,000주 |
| 4월 1일 | 전환우선주 전환 | 100,000주 | 600,000주 |
| 9월 1일 | 1대 2로 주식분할 | 600,000주 | 1,200,000주 |
| 10월 1일 | 자기주식 취득 | (200,000주) | 1,000,000주 |

20×5년도 당기순이익은 ₩710,000,000이며, 회사는 현금배당을 결의하였다. ㈜한국의 20×5년도 기본주당순이익은 얼마인가? (단, 기중에 전환된 전환우선주에 대해서는 우선주배당금을 지급하지 않으며, 가중평균유통보통주식수 계산 시 월할 계산한다. 단수차이로 인해 오차가 있는 경우 가장 근사치를 선택한다)

[풀이]

1. 보통주당기순이익: 710,000,000 – 50,000,000[1] = 660,000,000
   [1] 우선주배당금: (150,000 – 100,000)주 × 10,000 × 10% = 50,000,000

2. 가중평균유통보통주식수

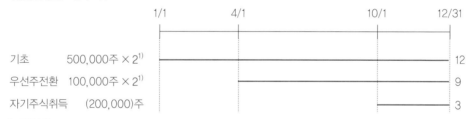

| | | 1/1 | 4/1 | 10/1 | 12/31 |
|---|---|---|---|---|---|
| 기초 | 500,000주 × 2[1] | | | | 12 |
| 우선주전환 | 100,000주 × 2[1] | | | | 9 |
| 자기주식취득 | (200,000)주 | | | | 3 |

[1] 주식분할

⇒ 가중평균유통보통주식수: (500,000 × 2 × 12 + 100,000 × 2 × 9 – 200,000 × 3)/12 = 1,100,000주

3. 기본주당순이익: 660,000,000 ÷ 1,100,000주 = 600/주

㈜대한의 20×1년 1월 1일 유통보통주식수는 24,000주이며, 20×1년도 중 보통주식수의 변동내역은 다음과 같았다.

| 일자 | 보통주식수 변동내역 |
|---|---|
| 3월 1일 | 유상증자를 통해 12,000주 발행 |
| 5월 1일 | 자기주식 6,000주 취득 |
| 9월 1일 | 자기주식 3,000주 재발행 |
| 10월 1일 | 자기주식 1,000주 재발행 |

한편, 20×1년 3월 1일 유상증자 시 주당 발행가격은 ₩1,000으로서 권리락 직전일의 종가인 주당 ₩1,500보다 현저히 낮았다. ㈜대한의 20×1년도 기본주당순이익 계산을 위한 가중평균유통보통주식수는? (단, 가중평균유통보통주식수는 월할 계산한다) [세무사 2013년]

① 31,250주  ② 31,750주  ③ 32,250주
④ 32,750주  ⑤ 33,250주

풀이

1. 주주우선배정 신주발행(공정가치 미만의 유상증자) TOOL
   1st FV기준 발행가능 유상증자 주식수: 총현금유입액/유상증자 전일 공정가치
   $$12,000주 \times 1,000/1,500 = 8,000주$$
   2nd 무상증자 주식수: 총발행주식수 − FV기준 발행가능 유상증자 주식수
   $$12,000주 - 8,000주 = 4,000주$$
   3rd 무상증자비율: 무상증자 주식수/(유상증자 전 주식수 + FV기준 발행가능 유상증자 주식수)
   $$4,000주/(24,000주 + 8,000주) = 12.5\%$$

2. 가중평균유통보통주식수

|  | 1/1 | 3/1 | 5/1 | 9/1 | 10/1 | 12/31 | |
|---|---|---|---|---|---|---|---|
| 기초 24,000주 × 1.125 | | | | | | | 12 |
| 우선주 전환 8,000주 × 1.125 | | | | | | | 10 |
| 자기주식 취득 (6,000)주 | | | | | | | 8 |
| 자기주식 재발행 3,000주 | | | | | | | 4 |
| 자기주식 재발행 1,000주 | | | | | | | 3 |

⇒ 가중평균유통보통주식수:
$(24,000 \times 1.125 \times 12 + 8,000 \times 1.125 \times 10 - 6,000 \times 8 + 3,000 \times 4 + 1,000 \times 3)/12 = 31,750주$

정답: ②

# 3 희석주당이익

## Ⅰ 희석주당이익의 기초

### 01 희석주당이익의 의의

보유자에게 보통주를 받을 수 있는 권리가 부여된 금융상품이나 계약 등을 잠재적보통주라고 한다. 잠재적 보통주의 예는 다음과 같다.

- 전환증권: 보통주로 전환할 수 있는 채무증권(전환사채) or 지분증권(전환우선주)
- 주식인수권: 옵션(신주인수권)과 주식매입권(주식선택권)
- 조건부발행 보통주: 계약상 조건이 충족되면 발행될 보통주(조건부발행보통주) 등

잠재적보통주가 당기 중에 보통주로 바뀌지 않았다면 유통보통주식수가 변동되지 않으므로 기본주당이익도 영향을 받지 않는다. 그러나 잠재적보통주가 보통주로 바뀌었다고 가정하면 유통보통주식수가 증가할 것이므로 주당이익은 낮아질 수 있다.

희석주당이익은 잠재적보통주가 모두 보통주로 바뀌었다고 가정하고 다시 계산한 가상의 주당이익을 말한다.

**Additional Comment**

희석주당이익은 잠재적보통주를 발행한 기업의 기본주당이익이 과대표시될 수 있음을 보여주는 메시지를 정보이용자에게 전달한다. 정보이용자는 기본주당이익뿐만 아니라 희석주당이익의 정보를 함께 제공받음으로써 기업의 수익력을 보다 정확하게 분석할 수 있다.

### 02 희석주당이익의 계산

희석주당이익은 잠재적보통주가 보통주로 전환되었다고 가정하고 다음과 같이 기본주당이익 계산 시 분모와 분자를 조정하여 계산한다.

**희석주당이익의 산정방법**

$$\text{희석주당이익} = \frac{\text{보통주당기손익} + \text{세후 잠재적보통주이익}}{\text{가중평균유통보통주식수} + \text{잠재적보통주식수}}$$

$$\text{희석주당계속영업이익} = \frac{\text{보통주계속영업이익} + \text{세후 잠재적보통주이익}}{\text{가중평균유통보통주식수} + \text{잠재적보통주식수}}$$

잠재적보통주가 보통주로 전환되었다고 가정할 경우 위의 희석주당이익 계산식의 분모만 증가하는 경우가 일반적이다. 그러나 전환사채가 보통주로 전환되었다면 더 이상 이자비용이 발생하지 않을 것이므로 분자의 이자비용이 제거되어야 한다. 따라서 이러한 경우에는 희석주당이익 계산 시 분모뿐만 아니라 분자도 조정된다.

## (1) 세후 잠재적보통주이익

희석성 잠재적보통주가 전환 또는 행사되었다고 가정하면 관련된 배당금과 이자비용 등은 발생하지 않는다. 따라서 보통주이익에 이미 고려되어 있는 관련 잠재적보통주이익을 가산해야 한다. 즉, 희석주당이익을 계산하기 위해서는 지배기업의 보통주에 귀속되는 당기순이익에 다음의 사항에서 법인세효과를 차감한 금액만큼 조정한다.

> ① 배당금과 기타항목: 보통주에 귀속되는 당기순이익을 계산할 때 차감한 희석성 잠재적보통주에 대한 배당금 또는 기타항목
> ② 이자비용: 희석성 잠재적보통주와 관련하여 그 회계기간에 인식한 이자비용
> ③ 수익 또는 비용의 변동사항: 희석성 잠재적보통주를 보통주로 전환하였다면 발생하였을 그 밖의 수익 또는 비용의 변동사항

## (2) 잠재적보통주식수

희석주당이익을 계산하기 위한 보통주식수는 기본주당이익 계산방법에 따라 계산한 가중평균유통보통주식수에 희석성 잠재적보통주가 모두 전환될 경우에 발행되는 보통주의 가중평균유통보통주식수를 가산하여 산출한다. 여기서 희석성 잠재적보통주는 회계기간의 기초에 전환된 것으로 보되 당기에 발행된 것은 그 발행일에 전환된 것으로 본다.

잠재적보통주는 유통기간을 가중치로 하여 가중평균한다. 해당 기간에 효력을 잃었거나 유효기간이 지난 잠재적보통주는 해당 기간 중 유통된 기간에 대해서만 희석주당이익의 계산에 포함하며, 당기에 보통주로 전환된 잠재적보통주는 기초부터 전환일의 전일까지 희석주당이익의 계산에 포함한다. 한편, 전환으로 발행되는 보통주는 전환일부터 기본 및 희석주당이익의 계산에 포함한다.

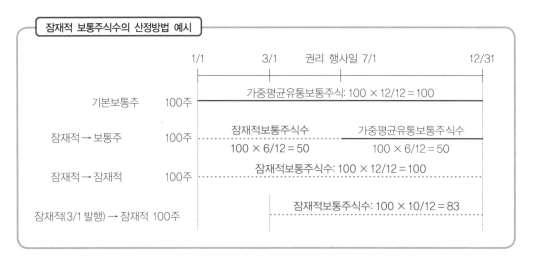

## (3) 잠재적보통주와 희석주당이익

희석주당이익을 계산할 때, 기본주당이익의 분자에 가산할 세후 잠재적보통주이익과 분모에 가산할 잠재적보통주식수를 결정해야 한다. 아래와 같이 전환사채, 신주인수권부사채의 신주인수권, 전환우선주자본금, 주식선택권이 보통주자본금으로 전환되어 분모에 가산되고, 전환사채의 이자비용, 신주인수권부사채 상환할증금의 이자비용, 주식보상비용과 전환우선주배당이 분자에 가산된다.

| 잠재적보통주의 대표적인 항목 | | |
|---|---|---|
| **B/S** | | |
| 전환사채 | ×× ↓ | ↓ 희석화 |
| 신주인수권부사채 | ×× ↓ | |
| 보통주자본금 | ×× | |
| 전환우선주자본금 | ×× ↑ | ↑ 희석화 |
| 주식선택권 | ×× ↑ | |
| **I/S** | | |
| 수익 | ×× | |
| 비용 | | |
| • 전환사채 이자비용 | (−)×× ↑ | |
| • 신주인수권부사채 상환할증금 이자비용 | (−)×× ↑ | × (1 − 세율) |
| • 주식보상비용 | (−)×× ↑ | |
| N/I(세후) | ×× | |
| • 전환우선주배당 | (−)×× ↑ | |
| 보통주 당기순이익 | ×× | 희석화 |

## 03 희석효과와 반희석효과

희석주당이익을 계산하기 위해서는 모든 희석효과가 있는 잠재적보통주의 영향을 고려하여 보통주에 귀속되는 당기순이익 및 유통보통주식수를 조정한다. 따라서 희석주당이익은 일반적으로 분모가 증가하기 때문에 기본주당이익보다 금액이 작아지는데, 이를 희석효과라고 한다. 희석주당이익은 기본주당이익보다 작아야 한다. 그런데 희석주당이익을 계산하다보면 분모의 조정 효과보다 분자의 조정 효과가 더 클 경우 오히려 희석주당이익이 기본주당이익보다 더 커지는 반희석효과가 발생하기도 한다. 희석주당이익을 계산할 때 반희석효과가 있는 잠재적 보통주는 제외하고, 희석효과가 있는 잠재적보통주만 포함한다는 점에 유의하여야 한다.

> **희석효과와 반희석효과 정리**
>
> 1. 희석효과: 기본주당이익 > 희석주당이익 ⇒ 해당 잠재적보통주 희석주당이익 산정 시 포함 ○
> 2. 반희석효과: 기본주당이익 < 희석주당이익 ⇒ 해당 잠재적보통주 희석주당이익 산정 시 포함 ×

**Self Study**

희석주당이익의 공시 목적은 잠재적보통주의 권리 행사로 인해 희석화될 수 있는 기본주당이익의 최솟값에 대한 정보를 제공하는 데 있다. (⇒ 희석EPS < 기본EPS)

---

## Ⅱ  잠재적 보통주의 희석효과 산정

### 01 전환우선주와 전환사채(⇒ 권리 행사 시 현금의 유입이 없는 잠재적 보통주)

**(1) 잠재적보통주식수**

전환우선주나 전환사채와 같은 전환금융상품은 권리를 행사하는 경우 해당 금융상품이 주식으로 대체된다. 즉, 전환이 되더라도 기업에 추가적인 현금의 유입이 없으므로 이러한 전환금융상품은 기초에 권리를 행사하였다고 가정하고 전환가정법을 적용한다. 다만, 당기에 발행한 경우에는 발행일에 권리를 행사하였다고 가정한다.

> ① 기중 일부 전환된 경우: 기초부터 전환일 전일까지의 기간은 희석주당이익을 계산하기 위한 잠재적보통주식수에 포함시킨다.
> ② 기초부터 기말까지 미행사된 경우: 기초부터 기말까지 희석주당이익을 계산하기 위한 잠재적보통주식수에 포함시킨다.

## (2) 보통주귀속이익 증가액

우선주에 대한 배당금이 존재하지 않으므로 분자의 보통주이익에 다시 가산하여 계산해야 한다. 이 때 배당금은 이익잉여금에서 지급된 금액이므로 이미 법인세효과가 반영되어 있으므로 별도의 세금 효과를 추가로 고려할 필요가 없다.

보통주에 귀속되는 당기순이익을 계산할 때 차감한 희석성 잠재적보통주와 관련하여 그 회계기간에 인식한 이자비용은 기초에 전환된 것으로 가정하면 전환사채에 대한 이자비용이 존재하지 않으므로 분자의 보통주이익에 다시 가산하여 계산해야 한다. 이때 잠재적보통주이익은 법인세효과를 고려해 야 하므로 세전이자비용이 주어진다면 해당 금액에 (1 – 법인세율)을 곱하여 세후 금액을 가산하여야 한다는 것이다.

### 전환우선주와 전환사채의 희석효과 산정

| 구분 | 보통주귀속이익 증가액(분자) | | 잠재적보통주(분모) |
|------|------------------------|---|------------------|
| 전환사채 | 총이자비용 × (1 – 세율) | ÷ | 발행가능주식수(전환가정법) |
| 전환우선주 | 전환우선주 배당금 | ÷ | 발행가능주식수(전환가정법) |

### 사례연습 9: 전환가정법(전환사채의 희석효과)

A사는 20×1년 7월 1일에 전기에 발행된 전환사채 중 50%의 권리가 행사되어 보통주 100주 의 신주를 발행하였다. 희석주당이익 산정을 위한 가중평균잠재적보통주식수를 구하시오.

**풀이**

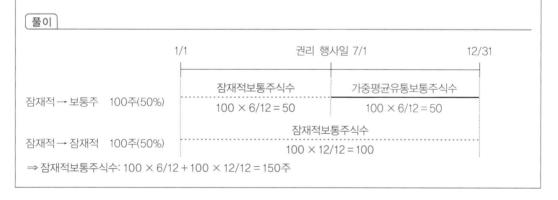

⇒ 잠재적보통주식수: 100 × 6/12 + 100 × 12/12 = 150주

## 02 옵션과 주식매입권(⇒ 권리 행사 시 현금유입이 있음)

### (1) 잠재적보통주식수

#### 1) 자기주식차감법

옵션이나 주식매입권은 보유자가 보통주를 매입할 수 있는 권리를 가지는 금융상품이다. 옵션과 주식매입권의 잠재적보통주식수는 권리 행사 시 발행되는 주식수에서 권리 행사 시 유입되는 현금으로 취득가능한 자기주식수를 차감하여 계산하는데, 이를 자기주식차감법이라고 한다. 이때 자기주식은 회계기간의 평균시장가격으로 취득하였다고 가정한다.

> 자기주식차감법: 옵션이나 주식매입권의 권리 행사에서 예상되는 현금유입액으로 보통주를 회계기간의 평균시장가격으로 재매입하는 것으로 가정한다. 즉, 권리를 행사할 때 발행하여야 할 보통주식수와 회계기간의 평균시장가격으로 재매입가능한 보통주식수의 차이를 추가로 발행할 잠재적보통주식수로 본다.
> ⇒ 자기주식차감법에 의한 잠재적보통주식수
> = 권리 행사 시 발행되는 주식수 − (유입되는 현금 ÷ 자기주식의 평균시장가격)

##### Additional Comment

> 옵션이나 주식매입권의 권리 행사를 가정하는 경우에는 현금납입이 있었을 것이므로 당해 현금납입액으로 증가할 당기순이익을 계산하여야 하지만 현실적으로 당기순이익에 미치는 효과를 계산하기 위해서는 기회비용으로써 이자비용 등의 감소액을 계산하여야 하는데, 이를 계산하는 것이 쉬운 일이 아니다. 그래서 현금유입액으로 자기주식을 구입하였다고 가정하여 그 효과를 잠재적보통주식수에 반영하는 것이다.

#### 2) 평균시장가격과 행사가격에 따른 희석효과

옵션과 주식매입권은 그 회계기간의 보통주 평균시장가격보다 낮은 금액으로 보통주를 발행하는 결과를 가져올 수 있는 경우에 희석효과가 있다. 그러나 그 회계기간의 보통주 평균시장가격보다 큰 금액으로 보통주를 발행하는 결과를 가져올 수 있는 경우에 반희석효과가 있어 희석주당이익 산정 시 고려하여서는 안 된다.

##### Additional Comment

> 예를 들어 행사가격이 ₩1,000인 주식매입권 100개가 있고 보통주의 평균 시장가격이 ₩500이라면 권리 행사로 발행될 주식수는 100주인 반면, 권리 행사로 유입될 현금으로 구입할 수 있는 자기주식은 200주(= ₩1,000 × 100주 ÷ ₩500)가 되어 주당이익을 증가시키는 효과가 있으므로 잠재적 보통주의 계산에 포함하지 않는다.

### (2) 보통주귀속이익 증가액

신주인수권부사채의 경우 신주인수권을 행사해도 사채가 존속하는 점이 전환사채와 다르다. 따라서 신주인수권이 행사되어도 잠재적보통주식수는 증가하지만 보통주이익에는 일반적으로 영향이 없다. 그러나 상환할증조건부 신주인수권부사채의 경우에는 신주인수권이 행사되면 상환할증금은 지급할 의무가 소멸되므로 상환할증금에 대한 이자비용에 (1 − 법인세율)을 곱한 금액을 보통주이익에 가산한다.

신주인수권부사채의 희석효과 산정

| 구분 | 보통주귀속이익 증가액(분자) | | 잠재적보통주(분모) |
|---|---|---|---|
| 신주인수권부사채 | 상환할증금 이자비용 × (1 – 세율) | ÷ | 발행가능주식수 – 현금유입액/평균주가 |

### 사례연습 10: 자기주식차감법

A사는 20×1년 11월 1일에 전기에 발행된 신주인수권부사채의 신주인수권 중 50%가 행사되어 보통주 100주의 신주를 발행하였다. 신주인수권의 행사가격은 주당 ₩100이다. 20×1년 A사의 보통주 평균시장가격은 주당 ₩200이다. 희석주당이익 산정을 위한 가중평균잠재적보통주식수를 구하시오.

풀이

```
                           1/1                            권리 행사일 11/1                 12/31
                            |                                   |                             |
                            |--------------------------------------------------------------- |
잠재적 → 보통주   100주(50%)  |         잠재적보통주식수          |    가중평균유통보통주식수      |
                            (100주 – 100주 × 100/200) × 10/12 = 41.7    100 × 2/12 = 16.7
잠재적 → 잠재적   100주(50%)  |                         잠재적보통주식수                        |
                            (100주 – 100주 × 100/200) × 12/12 = 50
```

⇒ 잠재적보통주식수: (100 – 100 × 100/200) × 10/12 + (100 – 100 × 100/200) × 12/12 = 91.7

### 기출 Check 2

㈜대경의 20×2년 1월 1일 현재 보통주자본금은 ₩50,000,000(주당 액면금액은 ₩5,000)이고 자기주식과 우선주자본금은 없다. ㈜대경의 20×2년 당기 희석주당이익 계산을 위한 자료는 다음과 같다.

- 기초 미행사 신주인수권: 1,000개(신주인수권 1개당 보통주 1주 인수)
- 신주인수권 행사가격: 주당 ₩6,000
- 기중 보통주 평균시가: 주당 ₩10,000

20×2년 10월 1일에 신주인수권 800개가 행사되었다. 가중평균주식수를 월할 계산했을 때 20×2년 당기 희석주당이익이 ₩620이라고 하면, 20×2년 ㈜대경의 당기순이익은 얼마인가? (단, 법인세효과는 고려하지 않는다) [공인회계사 2014년]

① ₩6,398,400  ② ₩6,423,200  ③ ₩6,522,400
④ ₩6,572,000  ⑤ ₩6,671,200

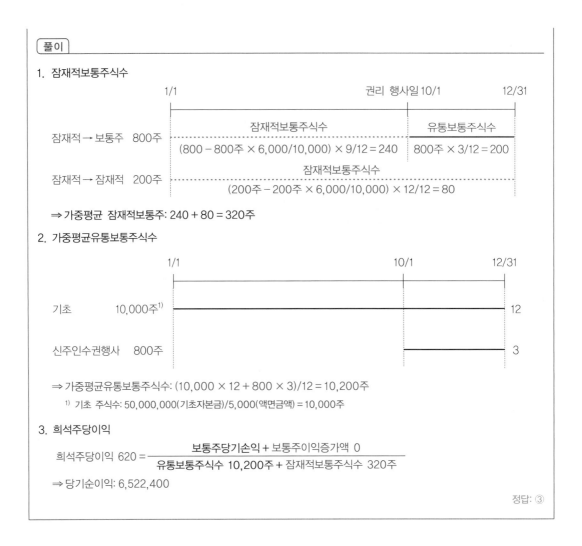

**풀이**

1. 잠재적보통주식수

| | 1/1 | | 권리 행사일 10/1 | 12/31 |

잠재적 → 보통주 800주

잠재적보통주식수
$(800 - 800주 \times 6{,}000/10{,}000) \times 9/12 = 240$

유통보통주식수
$800주 \times 3/12 = 200$

잠재적 → 잠재적 200주

잠재적보통주식수
$(200주 - 200주 \times 6{,}000/10{,}000) \times 12/12 = 80$

⇒ 가중평균 잠재적보통주: $240 + 80 = 320주$

2. 가중평균유통보통주식수

| | 1/1 | 10/1 | 12/31 |

기초 10,000주[1] — 12

신주인수권행사 800주 — 3

⇒ 가중평균유통보통주식수: $(10{,}000 \times 12 + 800 \times 3)/12 = 10{,}200주$

[1] 기초 주식수: 50,000,000(기초자본금)/5,000(액면금액) = 10,000주

3. 희석주당이익

$$희석주당이익\ 620 = \frac{보통주당기손익 + 보통주이익증가액\ 0}{유통보통주식수\ 10{,}200주 + 잠재적보통주식수\ 320주}$$

⇒ 당기순이익: 6,522,400

정답: ③

---

## 03 주식기준보상이 적용되는 주식선택권

기업회계기준서 제1102호 '주식기준보상'이 적용되는 주식선택권이나 그 밖의 주식기준보상약정의 경우 행사가격에는 주식기준보상약정에 따라 미래에 유입될 재화나 용역의 공정가치가 포함된다. 이때 미래에 유입될 재화나 용역의 공정가치는 기초 현재 잔여가득기간 동안 인식할 보상원가를 의미하고, 가득기간 이후에는 고려할 금액이 없다.

주식선택권이 가득되지 않은 경우 행사가격에는 주식선택권이나 그 밖의 주식기준보상약정에 따라 미래에 유입될 재화나 용역의 공정가치가 포함된다는 것이다. 즉 가득 이전에 주당순이익을 계산하기 위해서는 조정된 행사가격을 사용해야 한다. 그 이유는 주식선택권의 행사가격은 임직원의 용역 제공기간 동안 제공할 재화나 용역의 공정가치를 고려하여 일반적으로 행사가격이 낮게 결정되기 때문이다.

① 조정된 행사가격: 행사가격 + 주식선택권에 따라 미래에 유입될 재화나 용역의 공정가치
② 주식선택권에 따라 미래에 유입될 재화나 용역의 공정가치
   ⇒ 잔여가득기간에 인식할 주식보상비용 ÷ 주식선택권의 개수

주식기준보상이 적용되는 경우 주식선택권의 조정행사가격 예시

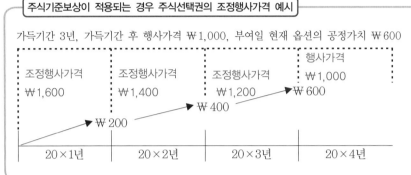

가득기간 3년, 가득기간 후 행사가격 ₩1,000, 부여일 현재 옵션의 공정가치 ₩600

조건이 확정되었거나 결정할 수 있지만 아직 가득되지 않은 종업원 주식선택권은 미래 가득여부에 대한 불확실성에도 불구하고 희석주당이익을 계산할 때 옵션으로 보며 부여일부터 유통되는 것으로 취급한다. 성과조건이 부과된 종업원 주식선택권은 시간의 경과 외에 특정 조건이 충족되는 경우에 발행되므로 조건부발행보통주로 취급한다.

주식결제형 주식기준보상의 희석효과 산정

| 구분 | 보통주귀속이익 증가액(분자) | | 잠재적보통주(분모) |
|---|---|---|---|
| 주식선택권 | 주식보상비용 × (1 – 세율) | ÷ | 발행가능주식수 – 현금유입액/평균주가 |

**사례연습 11: 주식결제형 주식기준보상**

A사는 20×1년 초에 종업원에게 1,000개의 주식선택권을 부여하였다. 부여일의 주식선택권의 공정가치는 ₩500이며, 가득기간 2년 후의 현금행사가격은 ₩1,500이다. 20×1년 A사의 보통주 평균시장가격은 주당 ₩5,000이다. 희석주당이익 산정을 위한 가중평균잠재적보통주식수를 구하시오.

풀이

1. 조정행사가격: 1,500 + 500 = 2,000
2. 가중평균잠재적보통주: [1,000주 – (1,000 × 2,000/5,000)] × 12/12 = 600주

**04 조건부 발행보통주**

조건부발행보통주는 특정 조건이 충족되면 약정에 따라 현금 등의 납입이 없이 또는 거의 없이 발행되는 보통주를 말한다. 희석주당이익을 산정하기 위한 보통주식수의 반영은 각 상황별로 아래와 같다.

**(1) 조건이 충족된 경우**

회계기간 초부터 조건충족일 전일까지의 기간에 대하여 잠재적보통주로 산정한다. 단, 회계기간에 조건부발행보통주에 대한 약정이 이루어졌다면 약정일부터 조건충족일 전일까지의 기간에 대하여 희석주식수를 산정한다.

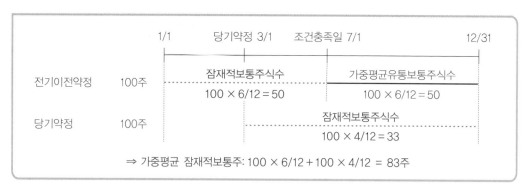

**(2) 조건이 충족되지 않은 경우**

조건이 충족되지 않은 상태일 경우 조건부발행보통주는 그 회계기간 말이 조건기간의 만료일이라면 발행할 보통주식수만큼 희석주당이익을 계산하기 위한 보통주식수의 계산에 포함한다. 그러나 실제 조건기간이 만료될 때까지 조건이 충족되지 않은 경우에도 그 계산 결과를 수정하지 않는다.

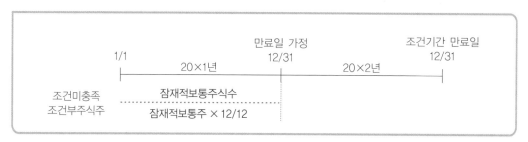

**(3) 목표이익 달성 및 이익유지조건인 경우**

일정 기간 동안 특정한 목표이익을 달성하거나 유지한다면 보통주를 발행하기로 하는 경우, 보고기간 말에 그 목표이익이 달성되었지만 그 보고기간 말 이후의 추가적인 기간 동안 그 목표이익이 유지되어야 한다면 희석주당이익을 계산할 때 추가로 발행해야 하는 그 보통주가 유통되는 것으로 본다. 이 때 희석주당이익은 보고기간 말의 이익수준이 조건기간 말의 이익수준과 같다면 발행될 보통주식수에 기초하여 계산한다. 이익수준이 미래의 기간에 변동할 수 있기 때문에 모든 필요조건이 아직 충족된 것은 아니므로 이러한 조건부발행보통주를 조건기간 말까지 기본주당이익의 계산에는 포함하지 않는다.

1. 미래의 이익과 보통주의 미래 시장가격 모두에 의해 결정되는 조건부발행보통주식수
   ① 기본주당이익의 유통보통주식수에는 두 가지 조건이 모두 충족되지 않으면 조건부발행보통주식수를 포함하지 않는다.
   ② 희석주당이익의 유통보통주식수에는 두 가지 조건이 모두 충족되지 않으면 조건부발행보통주식수를 포함하지 않으나, 두 가지 조건 중 하나라도 만족한 경우라면 조건부발행보통주식수를 포함한다.
2. 보통주의 미래 시장가격에 의해 결정되는 조건부발행보통주식수
   ① 기본주당이익의 유통보통주식수에는 시장가격이 미래기간에 변동할 수 있기 때문에 모든 필요조건이 충족된 것은 아니므로 조건부발행보통주를 조건기간 말까지 포함시키지 않는다.
   ② 희석주당이익의 유통보통주식수에는 보고기간 말의 시장가격이 조건기간 말의 시장가격과 같다고 발행될 보통주식수가 희석효과를 가진다면 조건부발행보통주를 포함시킨다.
   * 조건이 보고기간 말 후의 일정 기간의 평균시장가격에 기초하고 있는 때에는 이미 경과된 기간의 평균시장가격을 사용한다.

<table>
<tr><td>Ⅲ</td><td>잠재적 보통주의 희석효과 판단</td></tr>
</table>

잠재적보통주는 보통주로 전환된다고 가정할 경우 주당이익을 감소시키거나 주당손실을 증가시킬 수 있는 경우에만 희석성 잠재적보통주로 취급한다. 반면에 잠재적보통주가 보통주로 전환된다고 가정할 경우 주당이익을 증가시키거나 주당손실을 감소시킬 수 있는 경우에는 반희석성 잠재적보통주가 된다. 희석주당이익을 계산할 때 이러한 반희석성 잠재적보통주는 전환, 행사 또는 기타의 발행이 이루어지지 않는다고 가정하여 희석주당이익 산정 시 제외하여야 한다.

### (1) 계속영업이익의 적용

잠재적보통주는 보통주로 전환된다고 가정할 경우 희석효과에 대한 판단은 주당계속영업이익에 대한 희석효과 유무로 판단한다. 즉, 주당계속영업이익을 감소시키거나 주당계속영업손실을 증가시킬 수 있는 경우에만 희석성 잠재적보통주로 취급한다.

사례연습 12: 희석효과의 판단

A사의 계속영업이익은 ₩480,000, 당기순이익이 ₩360,000이고, 보통주 2,000주와 잠재적보통주 500주가 발행되었다. 잠재적보통주 500주가 보통주로 전환되는 경우에는 보통주에 귀속되는 계속영업이익과 당기순이익은 동일하게 ₩100,000이 증가하고 잠재적주식수가 500주 증가한다면 아래의 금액들을 구하시오.

| 기본주당계속영업이익 | ① | 기본주당순이익 | ② |
|---|---|---|---|
| 희석주당계속영업이익 | ③ | 희석주당순이익 | ④ |

① 기본주당계속영업이익: 480,000 ÷ 2,000주 = 240/주
② 기본주당순이익: 360,000 ÷ 2,000주 = 180/주
③ 희석주당계속영업이익: (480,000 + 100,000) ÷ (2,000 + 500)주 = 232/주
④ 희석주당순이익: (360,000 + 100,000) ÷ (2,000 + 500)주 = 184/주

⇒ 잠재적보통주를 반영하는 경우 주당계속영업이익은 감소하고 주당순이익은 오히려 증가한다. 이 경우에는 주당계속영업이익에 의하여 희석효과를 판단한다.

## (2) 여러 종류의 잠재적보통주를 발행한 경우

여러 종류의 잠재적보통주를 발행한 경우 잠재적보통주가 희석효과를 가지는지 여부를 판단할 때는 개별적으로 고려한다. 이때 잠재적보통주는 희석효과가 가장 큰 잠재적보통주부터 순차적으로 고려한다.

희석효과는 잠재적보통주의 주당이익이 작으면 작을수록 크다. 그러나 잠재적보통주의 주당이익이 기본주당계속영업이익과 비교하여 작다고 해서 희석효과가 있다고 판단해서는 안 된다. 잠재적보통주의 주당이익이 기본주당계속영업이익보다 작다고 하더라도 여러 종류의 잠재적보통주를 희석효과가 큰 순서대로 단계적으로 희석효과를 검토하다 보면 반희석효과가 발생하는 경우도 있다.

**Self Study**

1. 희석주당이익은 기본주당이익의 분자에 가산할 금액과 분모에 가산할 주식수를 결정하는 것이 핵심이다. 그러므로 먼저 기본주당이익을 산정한 다음에 잠재적보통주 종류별로 희석효과가 있는지를 파악하여 희석효과가 큰 것부터 차례대로 분자와 분모에 가산한다.
2. 희석주당이익은 최소 주당이익을 공시하여 투자자를 보호하는 것이 목적이므로 희석효과가 큰 것을 포함하여 선순위로 계산된 주당이익보다 주당이익이 증가하는 것은 희석효과가 없는 것으로 보아 희석주당이익 계산 시 포함시키지 않는다.

㈜한영의 20×3년 포괄손익계산서상 당기순이익과 기본주당순이익은 각각 ₩1,645,000과 ₩450이다.

다음은 ㈜한영이 발행한 잠재적보통주 및 이익처분에 관한 자료이다.

(1) 20×3년 4월 1일에 전환우선주(전기발행, 발행주식수 500주, 액면금액 ₩5,000)의 20%가 보통주 100주로 전환되었다.

(2) 20×3년 7월 1일에 20×3년 4월 1일에 발행된 전환사채의 40%가 보통주 200주로 전환되었다. 전환사채에 대한 20×3년도 세전 이자비용은 ₩180,000이다.

(3) ㈜한영은 20×3년 1월 1일에 다음과 같은 조건의 비분리형 신주인수권부사채를 ₩2,900,000에 할인발행하였다.

   ① 액면금액: ₩3,000,000
   ② 표시이자: 연 4%의 이자율을 적용하여 매년 12월 31일에 지급
   ③ 일반사채 시장수익률: 연 7%
   ④ 만기상환: 20×5년 12월 31일에 액면금액의 103.1525%를 일시상환한다. (보장수익률 연 5%)
   ⑤ 신주인수권 행사가액: ₩6,000(사채액면 ₩6,000당 보통주 1주를 인수할 수 있음)
   ⑥ 신주인수권 행사 시 발행주식의 액면금액: ₩5,000
      20×3년 12월 31일에 신주인수권부사채 중 액면금액 ₩1,800,000에 해당하는 신주인수권이 행사되었으며, 나머지 ₩1,200,000은 만기까지 행사되지 않았다. ₩1을 7%로 할인한 3년 현가요소는 0.81630이고 연금현가요소는 2.62432이다.

(4) 20×3년 초에 종업원에게 주식선택권 100개(1개당 자사보통주 1주를 ₩17,000에 구입할 수 있으며, 3년간 의무근무조건)를 부여하였고, 3년 후부터 2년간 행사가능하다. 당기 포괄손익계산서에 계상된 세전 주식보상비용은 ₩30,000이며, 종업원이 주식선택권 1개당 제공해야 할 용역의 가치는 개당 ₩1,000이다.

(5) 우선주의 당기이익에 대한 배당은 연 8%로 기말 현재 유통 중인 우선주에 지급되며, 당기 보통주 평균시장가격은 ₩10,000이다.

❶ ㈜한영의 기본주당순이익 계산 시 사용된 20×3년 가중평균유통보통주식수를 계산하시오.

❷ ㈜한영의 20×3년 희석주당순이익을 계산하시오. (단, 법인세율은 30%이며, 당기에 중단영업손익은 없었다)

**풀이**

❶ 20×3년 가중평균유통보통주식수: 3,300주
   (1,645,000 − 400주 × 5,000 × 8%)/A주 = 450, A주 = 3,300

❷ 20×3년 희석주당순이익: 420/주
   1. 잠재적보통주의 희석효과
      (1) 전환우선주: (400주 × 5,000 × 8% × 12/12) ÷ (100주 × 3/12 + 400주 × 12/12)
                    = 160,000/425주 = 376/주

(2) 전환사채: $180,000 \times (1 - 0.3) \div (200주 \times 3/12 + 300주 \times 9/12)$
$= 126,000/275주 = 458/주$

(3) 신주인수권부사채: $5,404^{1)} \times (1 - 0.3) \div (120주^{2)} \times 12/12 + 80주^{3)} \times 12/12)$
$= 3,783/200주 = 19/주$

  [1] $(3,000,000 \times 3.1525\%) \times 0.81630 \times 7\% = 5,404$
  [2] $300주 - (300주 \times 6,000)/10,000 = 120주$
  [3] $200주 - (200주 \times 6,000)/10,000 = 80주$

(4) 주식선택권: 주식선택권은 희석효과가 없으므로 희석주당이익계산 시 고려하지 않는다.

2. 희석효과 분석

| 구분 | 당기순이익 | 보통주식수 | 주당이익 | 희석효과 |
|---|---|---|---|---|
| 기본주당이익 | 1,485,000 | 3,300주 | @450 | |
| 신주인수권부사채 | 3,783 | 200주 | | |
| 계 | 1,488,783 | 3,500주 | @425 | ○ |
| 전환우선주 | 160,000 | 425주 | | |
| 계 | 1,648,783 | 3,925주 | @420 | ○ |

* 전환사채는 희석효과 없음

---

**사례연습 14: 조건부발행보통주의 희석효과**

12월 말 결산법인인 ㈜안진의 20×1년 초 유통보통주식수는 3,000,000주이다. 20×0년에 자산 매입거래의 대가로 전환우선주 4,000,000주가 발행되었는데, 전환우선주 1주에 대한 배당금은 ₩1로 기말 현재 유통되고 있는 전환우선주에 대해서 지급하며, 우선주 1주는 보통주 1주로 전환할 수 있다. 20×1년 7월 1일에 2,000,000주의 전환우선주가 보통주로 전환되었다. 조건부발행보통주와 당기순이익에 대한 자료는 다음과 같다.

(1) ㈜안진은 새로 개점하는 영업점 1개당 보통주 120,000주를 발행하며, 당기순이익이 ₩20,000,000을 초과하는 경우 매 초과액 ₩10,000에 대하여 보통주 100주를 추가로 발행하기로 하였다. 20×1년 7월 1일에 10개, 20×2년 7월 1일에 10개의 영업점을 각각 개점하였다.

(2) ㈜안진의 20×1년도 당기순이익은 ₩11,200,000이고, 20×2년도 당기순이익은 ₩88,000,000이다.

㈜안진은 20×1년도와 20×2년도의 당기순이익에 대해 배당을 결의하였으며, 우선주는 비참가적이라고 가정하고, ①부터 ④까지를 계산하시오. (단, 가중평균은 월할 계산하며, 주당이익은 소수점이하 셋째 자리에서 반올림한다)

| 구분 | 20×1년 | 20×2년 |
|---|---|---|
| 기본주당이익 | ① | ③ |
| 희석주당이익 | ② | ④ |

| 구분 | 20×1년 | 20×2년 |
|---|---|---|
| 기본주당이익 | ① 2 | ③ 12.65 |
| 희석주당이익 | ② 1.37 | ④ 8.73 |

1. 20×1년 기본주당순이익
   (1) 20×1년 가중평균유통보통주식수: 4,600,000
      * (3,000,000 × 12 + 2,000,000 × 6 + 120,000 × 10 × 6)/12 = 4,600,000
   (2) 20×1년 전환우선주 배당금: (4,000,000 − 2,000,000)주 × 1 = 2,000,000
   (3) 20×1년 기본주당순이익: (11,200,000 − 2,000,000) ÷ 4,600,000주 = 2

2. 20×1년 희석주당이익
   (1) 전환우선주의 잠재적보통주: 2,000,000 × 12/12 + 2,000,000 × 6/12 = 3,000,000
   (2) 조건부발행보통주의 잠재적보통주: 120,000 × 10 × 6/12 = 600,000
   (3) 희석효과 분석

| 구분 | 보통주 귀속당기순이익 | 보통주식수 | 주당이익 | 희석효과 |
|---|---|---|---|---|
| 기본주당순이익 | 9,200,000 | 4,600,000주 | @2 | |
| 조건부발행보통주 | 0 | 600,000주 | | |
| 계 | 9,200,000 | 5,200,000주 | @1.77 | 희석효과 ○ |
| 전환우선주 | 2,000,000 | 3,000,000주 | | |
| 계 | 11,200,000 | 8,200,000주 | @1.37 | 희석효과 ○ |

3. 20×2년 기본주당순이익
   (1) 20×2년 가중평균유통보통주식수: 6,800,000
      * (6,200,000 × 12 + 120,000 × 10 × 6)/12 = 6,800,000
   (2) 20×2년 전환우선주 배당금: 2,000,000주 × 1 = 2,000,000
   (3) 20×2년 기본주당순이익: (88,000,000 − 2,000,000) ÷ 6,800,000주 = 12.65

4. 20×2년 희석주당이익
   (1) 전환우선주의 잠재적보통주: 2,000,000 × 12/12 = 2,000,000
   (2) 조건부발행보통주의 잠재적보통주: 120,000 × 10 × 6/12 + 680,000[1] × 12/12 = 1,280,000
      [1] (88,000,000 − 20,000,000)/10,000 × 100주 = 680,000
   (3) 희석효과 분석

| 구분 | 보통주 귀속당기순이익 | 보통주식수 | 주당이익 | 희석효과 |
|---|---|---|---|---|
| 기본주당순이익 | 86,000,000 | 6,800,000주 | @12.65 | |
| 조건부발행보통주 | 0 | 1,280,000주 | | |
| 계 | 86,000,000 | 8,080,000주 | @10.64 | 희석효과 ○ |
| 전환우선주 | 2,000,000 | 2,000,000주 | | |
| 계 | 88,000,000 | 10,080,000주 | @8.73 | 희석효과 ○ |

# 4 주당이익 기타주제

## 01 소급수정

유통되는 보통주식수나 잠재적보통주식수가 자본금전입, 무상증자, 주식분할로 증가하였거나 주식병합으로 감소하였다면, 비교표시하는 모든 기본주당이익과 희석주당이익을 소급하여 수정한다. 만약, 이러한 변동이 보고기간 후와 재무제표의 발행이 승인된 날 사이에 발생하였다면 당기와 비교표시되는 이전 기간의 주당이익을 새로운 유통보통주식수에 근거하여 재계산하며, 주당이익을 계산할 때 이와 같은 유통보통주식수의 변동을 반영하였다는 사실을 공시한다.

오류의 수정과 회계정책의 변경을 소급하는 경우에도 그 효과를 반영하여 비교표시되는 모든 기본주당이익과 희석주당이익을 수정한다.

주당이익의 계산과정에서 사용한 가정이 달라지거나 잠재적보통주가 보통주로 전환되더라도 표시되는 전기 이전 기간의 희석주당이익은 재작성하지 아니한다.

## 02 중간재무보고

잠재적보통주식수는 표시되는 각 회계기간마다 독립적으로 결정한다. 즉, 누적중간기간의 희석주당이익 계산에 포함된 희석성 잠재적보통주식수는 각 중간기간의 희석주당이익 계산에 포함된 희석성 잠재적보통주식수를 가중평균하여 산출해서는 안 되며 각 회계기간마다 독립적으로 계산해야 한다.

## 03 보통주나 현금으로 결제할 수 있는 계약

기업의 선택에 따라 보통주나 현금으로 결제할 수 있는 계약을 한 경우에 기업은 그 계약이 보통주로 결제될 것으로 가정하고 그로 인한 잠재적보통주가 희석효과를 가진다면 희석주당이익의 계산에 포함한다. 그러한 계약이 회계목적상 자산이나 부채로 표시되거나 자본요소와 부채요소를 모두 가지는 경우, 그 계약 전체가 지분상품으로 분류되어 왔다면 그 기간 동안 발생하였을 손익의 변동액을 분자에 반영하여 희석주당이익을 계산한다.

보유자의 선택에 따라 보통주나 현금으로 결제하게 되는 계약의 경우에는 주식결제와 현금결제 중 희석효과가 더 큰 방법으로 결제된다고 가정하여 희석주당이익을 계산한다.

### Additional Comment

> 보통주나 현금으로 결제할 수 있는 계약의 예로는 만기에 원금을 현금이나 자기주식으로 결제할 수 있는 제한 없는 권리를 기업에 부여하는 채무상품이 있다. 또 다른 예로는 보통주나 현금으로 결제할 수 있는 선택권을 보유자에게 부여하는 풋옵션을 매도하는 경우가 있다.

## 04  매입옵션

기업이 자신의 보통주에 기초한 옵션(풋옵션이나 콜옵션)을 매입하여 보유하는 경우에는 반희석효과가 있으므로 희석주당이익의 계산에 포함하지 아니한다. 그 이유는 일반적으로 풋옵션은 행사가격이 시장가격보다 높을 경우에만 행사되고, 콜옵션은 행사가격이 시장가격보다 낮을 경우에만 행사되기 때문이다.

## 05  매도풋옵션

매도풋옵션과 선도매입계약과 같이 기업이 자기주식을 매입하도록 하는 계약이 희석효과가 있다면 희석주당이익의 계산에 반영한다. 이러한 계약이 그 회계기간 동안에 '내가격'에 있다면(즉, 행사가격이나 결제가격이 그 회계기간의 평균시장보다 높으면), 주당이익에 대한 잠재적 희석효과는 다음과 같이 계산한다.

> ① 계약 이행에 필요한 자금 조달을 위해 충분한 수의 보통주를 그 회계기간의 평균시장가격으로 기초에 발행한다고 가정한다.
> ② 주식발행으로 유입된 현금은 그 계약을 이행하는 용도(즉, 자기주식의 매입)로 사용한다고 가정한다.
> ③ 증가될 보통주식수(즉, 발행할 것으로 가정하는 보통주식수와 계약을 이행할 경우 받게 되는 보통주식수의 차이)는 희석주당이익의 계산에 포함한다.

## 06  잠재적보통주의 계약조건

희석성 잠재적보통주의 전환으로 인하여 발행되는 보통주식수는 잠재적보통주의 계약조건에 따라 결정된다. 이때 두 가지 이상의 전환기준이 존재하는 경우에는 잠재적보통주의 보유자에게 가장 유리한 전환비율이나 행사가격을 적용하여 계산한다.

## 07  부분 납입주식

보통주가 발행되었지만 부분 납입된 경우 완전 납입된 보통주와 비교하여, 당해 기간의 배당에 참가할 수 있는 정도까지만 보통주의 일부로 취급하여 기본주당이익을 계산한다. 부분 납입으로 당해 기간의 배당에 참가할 자격이 없는 주식의 미납입부분은 희석주당이익의 계산에 있어서 주식매입권이나 옵션과 같이 취급한다. 미납입액은 보통주를 매입하는 데 사용하는 것으로 가정한다. 희석주당이익의 계산에 포함되는 주식수는 배정된 주식수와 매입된 것으로 가정한 주식수의 차이이다.

# Chapter 20 | 핵심 빈출 문장

**01** 누적적 우선주는 배당결의 여부와 관계없이 당해 회계기간과 관련된 세후배당금을 보통주에 귀속되는 당기순손익에서 차감한다.

**02** 할증배당우선주의 할인발행차금은 유효이자율법으로 상각하여 이익잉여금에 차감하고, 주당이익을 계산할 때 우선주 배당금으로 처리한다.

**03** 비누적적 우선주는 당해 회계기간과 관련하여 배당결의된 세후배당금을 보통주에 귀속되는 당기순손익에서 차감한다.

**04** 기업이 공개매수 방식으로 우선주를 재매입할 때 우선주 주주에게 지급한 대가의 공정가치가 우선주 장부금액을 초과하는 부분은 보통주에 귀속되는 당기순손익을 계산할 때 차감한다.

**05** 부채로 분류되는 상환우선주에 대한 배당금은 보통주에 귀속되는 당기순손익을 계산할 때 조정하지 않는다.

**01** 기본주당이익을 계산할 때 보통주에 귀속되는 당기순손익 계산에 대하여 옳지 않은 설명은?

① 누적적 우선주는 배당결의가 있는 경우에만 당해 회계기간과 관련한 세후배당금을 보통주에 귀속되는 당기순손익에서 차감한다.

② 할증배당우선주의 할인발행차금은 유효이자율법으로 상각하여 이익잉여금에 차감하고, 주당이익을 계산할 때 우선주 배당금으로 처리한다.

③ 비누적적 우선주는 당해 회계기간과 관련하여 배당결의된 세후배당금을 보통주에 귀속되는 당기순손익에서 차감한다.

④ 기업이 공개매수 방식으로 우선주를 재매입할 때 우선주 주주에게 지급한 대가의 공정가치가 우선주 장부금액을 초과하는 부분은 보통주에 귀속되는 당기순손익을 계산할 때 차감한다.

⑤ 부채로 분류되는 상환우선주에 대한 배당금은 보통주에 귀속되는 당기순손익을 계산할 때 조정하지 않는다.

**02** 20×1년 초 현재 ㈜한국이 기발행한 보통주 100,000주(주당 액면금액 ₩5,000)가 유통 중에 있으며, 우선주는 없다. 20×1년 중에 발생한 거래는 다음과 같다.

| 구분 | 내용 | 변동주식수 |
|------|------|-----------|
| 1월 1일 | 기초 유통보통주식수 | 100,000주 |
| 4월 1일 | 무상증자 | 20,000주 |
| 7월 1일 | 유상증자 | 15,000주 |
| 10월 1일 | 자기주식 취득 | (1,500)주 |

20×1년 7월 1일 주당 ₩5,000에 유상증자가 이루어졌으며, 증자 직전 주당 공정가치는 ₩15,000이다. 20×1년 당기순이익이 ₩500,000,000일 때, 기본주당순이익은 얼마인가? (단, 가중평균유통보통주식수 계산 시 월할 계산하며, 단수차이로 인해 오차가 있는 경우 가장 근사치를 선택한다)

① ₩3,578   ② ₩3,790   ③ ₩3,899
④ ₩3,937   ⑤ ₩4,092

**03** ㈜세무의 20×6년 당기순이익은 ₩2,450,000이며, 기초 유통보통주식수는 1,800주이다. 20×6년 9월 1일 주주우선배정 방식으로 보통주 300주를 유상증자하였다. 이때 발행금액은 주당 ₩40,000이며, 유상증자 직전 종가는 주당 ₩60,000이다. ㈜세무의 20×6년 기본주당순이익은? (단, 가중평균유통보통주식수는 월할 계산한다)

① ₩1,167   ② ₩1,255   ③ ₩1,250
④ ₩1,289   ⑤ ₩1,321

**04** 보고기간 말이 12월 31일인 ㈜희석의 20×1년 계속영업이익 및 자본금 변동내역은 다음과 같다.

| | |
|---|---:|
| (1) 계속영업이익 | ₩ 12,000,000 |
| (2) 기초 자본금 내역 | |
|   – 보통주자본금(주당 액면금액: ₩ 5,000) | 10,000주 |
|   – 우선주자본금(주당 액면금액: ₩ 5,000, 연 배당률: 10%) | 2,000주 |
|     단, 누적적 이익배당우선주임 | |
| (3) 당기 자본금 변동내역 | |
|   7월 1일에 전기 발행한 신주인수권부사채 중 60%의 신주인수권행사로 보통주 600주 (주당 행사가격 ₩ 5,000)를 교부하였으며, 손익계산서에 상환할증금 관련 이자비용이 ₩ 20,000 계상되어 있다. 당기 중 보통주 평균시장가격은 주당 ₩ 10,000이다. | |
| (4) 법인세율 | 30% |

㈜희석의 20×1년 희석주당계속영업이익은 얼마인가? (소수점 첫째 자리에서 반올림할 것)

① ₩ 1,034        ② ₩ 1,002        ③ ₩ 1,022

④ ₩ 994        ⑤ ₩ 1,052

㈜한국의 20×1년 1월 1일 현재 보통주자본금은 ₩5,000,000(주당 액면금액 ₩5,000)이고, 자기주식과 우선주자본금은 없다. 20×1년도 주당이익을 계산하기 위한 자료는 다음과 같다.

- ㈜한국은 20×1년도 당기순이익으로 ₩7,200,000을 보고하였다.
- ㈜한국은 20×1년 4월 1일 20% 무상증자를 실시하였다.
- ㈜한국은 20×0년 1월 1일에 액면금액이 ₩10,000(만기 3년, 이자 연말 후급, 행사가액 주당 ₩2,000)인 상환할증조건이 없는 신주인수권부사채를 100매 액면 발행하였다. 20×1년 말 현재까지 신주인수권의 행사는 없었으나, 만기 전까지 언제든지 사채 1매당 보통주 1주를 행사가액에 매입할 수 있는 신주인수권을 행사할 수 있다.

㈜한국의 20×1년도 희석주당이익이 ₩5,760이라면, ㈜한국 보통주 1주의 20×1년도 평균시가는 얼마인가? (단, ㈜한국이 동 신주인수권부사채와 관련하여 20×1년도 포괄손익계산서에 인식한 이자비용은 ₩180,000이고, 법인세율은 20%로 가정한다. 또한 가중평균주식수는 월할 계산한다)

① ₩2,000  ② ₩4,000  ③ ₩6,000
④ ₩8,000  ⑤ ₩10,000

**06** 기업회계기준서 제1033호 '주당이익'에 대한 다음 설명 중 옳지 않은 것은?

[공인회계사 2019년]

① 기본주당이익 정보의 목적은 회계기간의 경영성과에 대한 지배기업의 보통주 1주당 지분의 측정치를 제공하는 것이다.

② 기업이 공개매수 방식으로 우선주를 재매입할 때 우선주의 장부금액이 우선주의 매입을 위하여 지급하는 대가의 공정가치를 초과하는 경우 그 차액을 지배기업의 보통주에 귀속되는 당기순손익을 계산할 때 차감한다.

③ 가중평균유통보통주식수를 산정하기 위한 보통주유통일수 계산의 기산일은 통상 주식발행의 대가를 받을 권리가 발생하는 시점이다. 채무상품의 전환으로 인하여 보통주를 발행하는 경우 최종 이자발생일의 다음 날이 보통주유통일수를 계산하는 기산일이다.

④ 조건부로 재매입할 수 있는 보통주를 발행한 경우 이에 대한 재매입가능성이 없어질 때까지는 보통주로 간주하지 아니하고, 기본주당이익을 계산하기 위한 보통주식수에 포함하지 아니한다.

⑤ 잠재적보통주는 보통주로 전환된다고 가정할 경우 주당계속영업이익을 감소시키거나 주당계속영업손실을 증가시킬 수 있는 경우에만 희석성 잠재적보통주로 취급한다.

다음은 ㈜세무의 20×1년도 주당이익과 관련된 자료이다.

- 20×1년 중 보통주 변동내용은 다음과 같다.

| 일자 | 변동내용 |
|---|---|
| 1월 1일 | 기초 유통보통주식수(액면금액 ₩5,000)는 1,000주이다. |
| 4월 1일 | 자기주식 200주를 1주당 ₩8,500에 취득하다. |
| 7월 1일 | 자기주식 100주를 1주당 ₩10,000에 재발행하다. |
| 10월 1일 | 자기주식 100주를 소각하다. |

- 20×1년 초 신주인수권 600개를 부여하였는데, 동 신주인수권 1개로 보통주 1주를 인수할 수 있다. 신주인수권의 개당 행사가격은 ₩8,000이고, 20×1년도 보통주 가격현황은 다음과 같다.

| 1월 1일 종가 | 1월 1일~12월 31일 평균주가 | 12월 31일 종가 |
|---|---|---|
| ₩7,000 | ₩10,000 | ₩12,000 |

20×1년도 희석주당순이익이 ₩840일 때, 기본주당순이익은? (단, 가중평균주식수는 월할 계산한다)

[세무사 2019년]

① ₩840          ② ₩941          ③ ₩952

④ ₩966          ⑤ ₩1,027

㈜세무의 20×1년 초 유통보통주식수는 8,000주(1주당 액면금액 ₩100)이다. 20×1년도 희석주당이익 계산을 위한 자료는 다음과 같다.

- 4월 1일 유상증자로 보통주 3,000주 발행(신주 발행금액은 주당 ₩400으로 유상증자일 직전 종가 ₩600보다 현저히 낮았음)
- 9월 1일 자기주식 300주 취득
- 10월 1일 옵션 600개 발행(옵션 1개당 1주의 보통주 발행, 행사가격은 1주당 ₩300, 보통주 1주의 평균주가는 ₩500)
- 12월 31일 전년도 발행 전환사채(액면금액 ₩500,000, 액면금액 ₩10,000당 1주의 보통주로 전환 가능)는 전환되지 않았음

20×1년도 희석주당이익 계산을 위해 가중평균한 유통보통주식수와 잠재적보통주식수의 합계는? (단, 주식수는 월수 계산하고, 소수점 이하 첫째 자리에서 반올림한다)

[세무사 2020년]

① 10,150주  ② 10,260주  ③ 10,310주
④ 10,460주  ⑤ 10,850주

**09** 20×1년 초 현재 ㈜대한이 기발행한 보통주 10,000주(주당 액면금액 ₩100)가 유통 중에 있으며, 자기주식과 우선주는 없다. 20×1년 중에 발생한 거래는 다음과 같다.

- 20×1년 1월 1일에 발행된 상환할증금 미지급조건의 신주인수권부사채의 액면금액은 ₩1,000,000이고, 행사비율은 사채액면금액의 100%로 사채액면 ₩500당 보통주 1주(주당 액면금액 ₩100)를 인수할 수 있다. 20×1년도 포괄손익계산서의 신주인수권부사채 관련 이자비용은 ₩45,000이며, 법인세율은 20%이다. 한편, 20×1년 ㈜대한의 보통주 평균시장가격은 주당 ₩800이며, 20×1년 중에 행사된 신주인수권은 없다.
- 20×1년 3월 1일에 보통주 3,000주의 유상증자(기존의 모든 주주에게 부여되는 주주우선배정 신주발행)를 실시하였는데, 유상증자 직전의 보통주 공정가치는 주당 ₩3,000이고, 유상증자시점의 발행가액은 주당 ₩2,500이다.
- 20×1년 7월 1일에 취득한 자기주식 500주 중 300주를 3개월이 경과한 10월 1일에 시장에서 처분하였다.

㈜대한이 20×1년도 당기순이익으로 ₩4,000,000을 보고한 경우, 20×1년도 희석주당이익은 얼마인가? (단, 가중평균유통보통주식수는 월할로 계산하며, 단수 차이로 인해 오차가 있다면 가장 근사치를 선택한다)                                               [공인회계사 2020년]

① ₩298  　　　　　② ₩304  　　　　　③ ₩315

④ ₩323  　　　　　⑤ ₩330

**10** 20×1년 1월 1일 현재 ㈜대한의 보통주 발행주식수는 7,000주(1주당 액면금액 ₩500)이며, 이 중 600주는 자기주식이고, 전환우선주(누적적) 발행주식수는 900주(1주당 액면금액 ₩200, 연 배당률 20%, 3주당 보통주 1주로 전환 가능)이다.

- 3월 1일 유상증자를 실시하여 보통주 2,000주가 증가하였다. 유상증자 시 1주당 발행금액은 ₩2,000이고 유상증자 직전 1주당 공정가치는 ₩2,500이다.
- 7월 1일 전년도에 발행한 전환사채(액면금액 ₩500,000, 액면금액 ₩500당 1주의 보통주로 전환) 중 25%가 보통주로 전환되었다.
- 10월 1일 전환우선주 600주가 보통주로 전환되었다.

㈜대한이 20×1년 당기순이익으로 ₩2,334,600을 보고한 경우 20×1년도 기본주당이익은 얼마인가? (단, 기중에 전환된 전환우선주에 대해서는 우선주배당금을 지급하지 않는다. 가중평균유통보통주식수는 월할 계산하되, 잠재적보통주(전환사채, 전환우선주)에 대해서는 실제 전환일을 기준으로 한다) [공인회계사 2022년]

① ₩220  ② ₩240  ③ ₩260
④ ₩280  ⑤ ₩300

**11** ㈜세무의 20×1년도 주당이익 계산과 관련된 자료는 다음과 같다. ㈜세무의 20×1년 도 기본주당순이익은? [세무사 2022년]

---

- ㈜세무의 20×1년 초 유통보통주식수는 800주이며, 우선주는 모두 비참가적, 비누적 적 우선주이다.
- ㈜세무는 20×1년 4월 1일 유상증자를 실시하여 보통주 300주를 추가발행하였다. 동 유상증자 시 발행금액은 1주당 ₩1,000이었으나, 유상증자 전일의 보통주 종가는 1주당 ₩1,500이었다.
- ㈜세무는 20×1년 10월 1일 보통주(자기주식) 60주를 취득하여 20×1년 말까지 보 유하고 있다.
- 20×1년도 우선주에 대하여 지급하기로 결의된 배당금은 ₩50,000이다.
- ㈜세무의 20×1년도 당기순이익은 ₩575,300이다.
- 가중평균유통보통주식수는 월할계산하고, 유상증자의 경우 발행금액 전액이 발행일 에 납입완료되었다.

---

① ₩495  ② ₩498  ③ ₩500
④ ₩505  ⑤ ₩510

**12** 20×1년 1월 1일 현재 ㈜대한의 유통보통주식수는 200,000주(1주당 액면금액 ₩1,000)이며, 자기주식과 우선주는 없다. ㈜대한은 20×1년 1월 1일에 주식매입 권 30,000개(20×3년 말까지 행사가능)를 발행하였으며, 주식매입권 1개가 행사 되면 보통주 1주가 발행된다. 주식매입권의 행사가격은 1개당 ₩20,000이며, 20×1년 보통주의 평균시장가격은 1주당 ₩25,000이다. 20×1년 10월 1일에 동 주식매입권 20,000개가 행사되었다. ㈜대한이 20×1년 당기순이익으로 ₩205,000,000을 보고한 경우 20×1년 희석주당이익은 얼마인가? (단, 가중 평균유통보통주식수는 월할로 계산하며, 단수차이로 인해 오차가 있다면 가장 근사 치를 선택한다) [공인회계사 2021년]

① ₩960  ② ₩972  ③ ₩976
④ ₩982  ⑤ ₩987

# Chapter 20 | 객관식 문제 정답 및 해설

**01** ① 　누적적 우선주는 배당결의 여부와 관계없이 당해 회계기간과 관련된 세후배당금을 보통주에 귀속되는 당기순손익에서 차감한다.

**02** ② 　1. 주주우선배정 신주발행(공정가치 미만의 유상증자) TOOL
　　　　1st FV 기준 발행가능 유상증자 주식수: 총현금유입액/유상증자 전일 공정가치
　　　　　　　　　　　　　　　15,000주 × 5,000/15,000 = 5,000주
　　　　2nd 무상증자 주식수: 총발행주식수 − FV기준 발행가능 유상증자 주식수
　　　　　　　　15,000주 − 5,000주 = 10,000주
　　　　3rd 무상증자비율: 무상증자 주식수/(유상증자 전 주식수 + FV기준 발행가능 유상증자 주식수)
　　　　　　　　10,000주/(120,000주 + 5,000주) = 8%

　　　2. 가중평균유통보통주식수

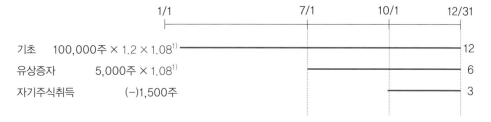

　　　　1) 무상증자와 FV 미만의 유상증자
　　　　⇒ 가중평균유통보통주식수: (100,000 × 1.2 × 1.08 × 12 + 5,000 × 1.08 × 6 − 1,500 × 3)/12
　　　　　　　　　　　　　　= 131,925주

　　　3. 기본주당이익: 500,000,000/131,925주 = 3,790

**03** ③ 　1. 주주우선배정 신주발행(공정가치 미만의 유상증자) TOOL
　　　　1st FV기준 발행가능 유상증자 주식수: 총현금유입액/유상증자 전일 공정가치
　　　　　　　　　　　　　　　300주 × 40,000/60,000 = 200주
　　　　2nd 무상증자 주식수: 총발행주식수 − FV기준 발행가능 유상증자 주식수
　　　　　　　　300주 − 200주 = 100주
　　　　3rd 무상증자비율: 무상증자 주식수/(유상증자 전 주식수 + FV기준 발행가능 유상증자 주식수)
　　　　　　　　100주/(1,800주 + 200주) = 5%

2. 가중평균유통보통주식수

⇒ 가중평균유통보통주식수: $(1,800 \times 1.05 \times 12 + 200 \times 1.05 \times 4)/12 = 1,960$주

3. 기본주당이익: $2,450,000/1,960$주 $= 1,250$

**04** ① 1. 잠재적보통주식수

⇒ 가중평균 잠재적보통주: $150$주 $+ 200$주 $= 350$주

2. 가중평균유통보통주식수

⇒ 가중평균유통보통주식수: $(10,000 \times 12 + 600 \times 6)/12 = 10,300$주

3. 희석주당계속영업이익

희석주당계속영업이익 $1,034 = \dfrac{\text{보통주계속영업이익 } 11,000,000 + \text{보통주이익증가액 } 14,000}{\text{유통보통주식수 } 10,300\text{주} + \text{잠재적보통주식수 } 350\text{주}}$

(1) 보통주계속영업이익: $12,000,000 - 5,000 \times 2,000$주 $\times 10\% = 11,000,000$
(2) 보통주이익증가액: $20,000 \times (1 - 30\%) = 14,000$

**05** ② 1. 희석주당이익

희석주당이익 $5,760 = \dfrac{\text{보통주당기손익 } 7,200,000 + \text{보통주이익증가액 } 0}{\text{유통보통주식수 } 1,200\text{주} + \text{잠재적보통주식수 } 50\text{주(역산)}}$

(1) 유통보통주식수: $(5,000,000/5,000 \times 1.2 \times 12)/12 = 1,200$주
(2) 상환할증조건이 없으므로 신주인수권부사채와 관련한 보통주이익증가액은 없다.

2. 잠재적보통주식수

잠재적 → 잠재적   100주 $\vdash$ ────────── 잠재적보통주 ────────── $\dashv$

$(100주 - 100주 \times 2,000/평균시가) \times 12/12 = 50$

⇒ 가중평균 잠재적보통주: 50주, 평균시가(역산) = 4,000

**06** ②  기업이 공개매수 방식으로 우선주를 재매입할 때 우선주의 장부금액이 우선주의 매입을 위하여 지급하는 대가의 공정가치를 초과하는 경우 그 차액을 지배기업의 보통주에 귀속되는 당기순손익을 계산할 때 가산한다.

**07** ③  (1) 가중평균유통보통주식수: $(1,000 \times 12 - 200 \times 9 + 100 \times 6)/12 = 900주$
  (2) 잠재적보통주: $(600 - 600 \times 8,000/10,000) \times 12/12 = 120주$
  (3) 보통주당기순이익(A): $840 = A \div (900 + 120),\ A = 856,800$
  (4) 기본주당순이익: $856,800 \div 900 = @952$

**08** ④  1. 가중평균유통보통주식수: $(8,000 \times 1.1 \times 12 + 2,000 \times 1.1 \times 9 - 300 \times 4) \div 12 = 10,350주$
    (1) 4월 1일 공정가치로 유상증자한 주식수: $3,000주 \times @400 \div @600 = 2,000주$
    (2) 4월 1일 무상증자비율: $(3,000 - 2,000)주 \div (8,000 + 2,000)주 = 10\%$
  2. 잠재적보통주식수
    (1) 옵션: $(600개 - 600개 \times 300/500) \times 3/12 = 60$
    (2) 전환사채: $500,000 \div 10,000 \times 12/12 = 50$
    ⇒ 가중평균한 유통보통주식수와 잠재적보통주식수의 합계: $10,350주 + 60주 + 50주 = 10,460주$

**09** ②  (1) FV 미만 유상증자 주식수: $3,000주 \times 2,500/3,000 = 2,500주$
  (2) 무상증자비율: $(3,000 - 2,500) \div (10,000 + 2,500) = 4\%$
  (3) 가중평균유통보통주식수: $12,392주$
    * $(10,000 \times 1.04 \times 12 + 2,500 \times 1.04 \times 10 - 500 \times 6 + 300 \times 3)/12 = 12,392주$
  (4) 잠재적보통주: $(2,000 - 2,000 \times 500/800) \times 12/12 = 750주$
    * $1,000,000/500 = 2,000$
  (5) 희석주당이익: $(4,000,000 + 0) \div (12,392 + 750) = 304$

**10** ④  1) 우선주 배당액: $(900 - 600)주 \times @200 \times 20\% = 12,000$
  2) 가중평균유통보통주식수: $[(7,000 - 600) \times 1.05 \times 12 + 1,600 \times 1.05 \times 10 + 500,000/500 \times 25\% \times 6 + 600/3 \times 3]/12 = 8,295주$
    (1) 3월 1일 공정가치로 발행될 유상증자 주식수: $2,000 \times 2,000/2,500 = 1,600주$
    (2) 3월 1일 무상증자비율: $(2,000 - 1,600) \div (7,000 - 600 + 1,600) = 5\%$
  3) 주당이익: $(2,334,600 - 12,000) \div 8,295주 = 280$

**11** ⑤  1) 가중평균유통보통주식수: $(800 \times 1.1 \times 12 + 200 \times 1.1 \times 9 - 60 \times 3)/12 = 1,030$
    (1) 공정가치 유상증자 주식수: $300 \times 1,000/1,500 = 200$
    (2) 무상증자비율: $(300 - 200)/(800 + 200) = 10\%$
  2) 기본주당순이익: $(575,300 - 50,000)/1,030 = 510$

**12** ③  1) 가중평균유통보통주식수: $(200,000 \times 12 + 20,000 \times 3)/12 = 205,000$
  2) 잠재적보통주식수: $5,000$
    * $(10,000 - 10,000 \times 20,000/25,000) \times 12/12 + (20,000 - 20,000 \times 20,000/25,000) \times 9/12 = 5,000$
  3) 희석주당이익: $205,000,000 \div (205,000 + 5,000) = 976$

# Chapter 20 | 주관식 문제

**문제 01**   기본주당순이익과 주식선택권

㈜세무의 20×1년 1월 1일 현재 자본금은 보통주자본금 ₩5,000,000과 우선주자본금(비참가적, 누적적 10%) ₩500,000으로 구성되어 있다. 유상신주의 배당기산일은 납입한 때이며, 무상신주의 배당기산일은 원구주에 따른다. 보통주와 우선주의 주당 액면금액은 각각 ₩500으로 동일하다. 또한 ㈜세무가 20×1년 1월 1일 현재 보통주의 유통주식수는 9,000주이며, 법인세율은 20%이다. ㈜세무는 자기주식에 대해서 증자 및 배당을 실시하지 않는다. ㈜세무는 20×1년도와 20×2년도에 대한 배당은 보통주 및 우선주에 각각 10% 실시하였다.

| (1) 20×1년 4월 1일 | 보통주에 대해 25%의 유상증자를 실시하여 2,250주를 발행하였다. 주당 발행가액은 ₩1,000이었으며, 유상증자 직전일의 주당 공정가치는 ₩2,250이었다. |
|---|---|
| (2) 20×1년 7월 1일 | 유통 중인 우선주 500주를 ₩350,000에 공개 매수하였다. 20×1년 초 우선주의 장부금액은 액면금액과 동일하였다. |
| (3) 20×1년 10월 1일 | 자기주식 중 보통주 200주는 주당 ₩1,800에 처분하였다. |
| (4) 20×1년 12월 31일 | 당기순이익(계속영업이익)으로 ₩3,000,000을 보고하였다. |
| (5) 20×2년 2월 1일 | 보통주에 대해 20% 무상증자를 실시하였다. |
| (6) 20×2년 12월 31일 | 당기순이익(계속영업이익)으로 ₩2,800,000을 보고하였다. |

다음의 각 물음은 독립적이며, 유상증자 관련 조정비율 계산에서는 소수점 이하 넷째 자리에서 반올림하고, 이를 제외한 나머지 계산에서는 소수점 이하 첫째 자리에서 반올림하시오. 또한 주식수의 가중평균은 월수로 계산하여 구하시오.

[세무사 2차 2010년]

**물음 1)** ㈜세무의 20×1년도 기본주당이익을 계산하기 위한 가중평균유통보통주식수를 계산하시오.

**물음 2)** ㈜세무의 20×1년도 기본주당이익을 계산하기 위해 보통주에 귀속되는 당기순손익을 계산하시오.

**물음 3)** ㈜세무의 20×1년도 기본주당순이익을 계산하시오.

**물음 4)** ㈜세무의 20×2년도 재무제표와 함께 비교 표시되는 20×1년도 재무제표에 표시될 20×1년도 기본주당이익을 계산하시오.

**물음 5)** 20×2년 중 아래의 거래가 발생하였을 경우 ㈜세무의 20×2년도 희석주당이익 계산을 위한 희석성 잠재적보통주의 가중평균유통보통주식수를 계산하시오(단, 잠재적보통주는 희석효과가 있는 것으로 가정한다).

| 20×2년<br>10월 1일 | 3년 전에 부여한 3년 근무조건의 보통주 주식선택권(stock option)이 가득되었고 부여한 주식선택권 1,000주 중에서 500주가 행사되었다. 행사가격은 주당 ₩800이고, 주식보상비용으로 당기포괄손익계산서에 비용으로 인식된 금액은 ₩90,250이다. 또한 20×2년도 보통주의 주당 평균시장가격은 ₩2,000이다. |
| --- | --- |

**풀이**

물음 1) 유통보통주식수: 11,019주
1. 공정가치 미만 유상증자
   (1) 공정가치기준 발행가능 유상증자 주식수: 2,250주 × 1,000/2,250 = 1,000주
   (2) 무상증자 주식수: 2,250주 − 1,000주 = 1,250주
   (3) 무상증자비율: 1,250주 ÷ (9,000 + 1,000)주 = 12.5%
2. 유통보통주식수: (9,000 × 1.125 × 12 + 1,000 × 1.125 × 9 + 200 × 3) ÷ 12 = 11,019주

물음 2) 보통주 당기순이익: 2,875,000
   (1) 우선주 배당금: (1,000[1] − 500)주 × @500 × 10% = 25,000
     [1] 우선주자본금 500,000 ÷ 우선주 액면금액 @500 = 1,000
   (2) 우선주 재매입손실: 350,000 − 500주 × @500 = 100,000
   (3) 보통주 당기순이익: 3,000,000 − 25,000 − 100,000 = 2,875,000

물음 3) 기본주당순이익: 2,875,000 ÷ 11,019주 = @261

물음 4) 비교 표시되는 20×1년 기본주당순이익: 2,875,000/(11,019 × (1 + 20%)) = @217

물음 5) 잠재적보통주의 가중평균유통보통주식수: 486주
   1. 조정 행사가격: 800 + 90,250/1,000주 = 890
   2. 잠재적보통주의 가중평균유통보통주식수: (1) + (2) = 486주
      (1) 행사분: (500 − 500 × 890/2,000) × 9/12 = 208주
      (2) 미행사분: (500 − 500 × 890/2,000) × 12/12 = 278주

다음은 12월 31일을 보고기간 말로 하는 A회사에서 20×1년에 발생한 사건이다. A회사 보통주식의 액면금액은 ₩1,000이며, 우선주식의 액면금액은 ₩500이다.

---

(1) 20×1년 초 보통주식수는 100,000주이며, 우선주식수는 10,000주이다. 우선주는 누적적, 비참가적 우선주이며, 배당률은 7%이다. 또한 전환우선주에 해당하며, 우선주 2주당 보통주 1주로 전환가능하다. 20×1년 10월 1일에 전환우선주 40%가 보통주로 전환되었다.

(2) 20×1년 4월 1일에 A회사는 액면금액 ₩5,000,000의 전환사채를 액면발행하였다. 전환사채는 액면금액 ₩5,000당 보통주 1주로 전환가능하다. 20×1년 7월 1일 전환권 행사로 전환사채의 60%가 보통주로 전환되었으며, 당기포괄손익계산서에 인식된 전환사채 관련 이자비용은 ₩300,000이다.

(3) 20×0년 4월 1일에 A회사는 상환할증금을 지급하는 조건으로 행사가격이 ₩450인 신주인수권부사채를 발행하였다. 20×1년 4월 1일에 신주인수권의 50%가 행사되어 보통주 2,000주를 교부하였다. 20×1년도 A회사의 보통주 주당 평균시장가격은 ₩600이다. A회사가 신주인수권부사채에 대해 20×1년에 인식한 이자비용은 모두 ₩2,000,000이며, 이 중 사채상환할증금과 관련된 이자비용은 ₩100,000이다.

(4) A회사의 당기순이익은 ₩50,000,000이고 법인세율은 25%로 가정한다. A회사는 기말에 미전환된 우선주에 대해서만 배당금을 지급(상법의 관련 규정은 무시한다)하고 있지만, 당기에는 20×2년의 대규모 설비투자를 계획하고 있어 20×1년의 결산주주총회에서 배당을 지급하지 않기로 결의할 계획이며, 이는 우선주주도 동의할 것으로 기대하고 있다.

---

**각 물음 계산 시 소수점 아래 첫째 자리에서 반올림하고, 가중평균유통보통주식수의 계산과정에서 가중치는 월 단위로 계산하라.**

**물음 1)** A회사의 20×1년도 기본주당이익을 계산하시오.

**물음 2)** 다음은 A회사의 20×1년도 희석주당이익을 계산하기 위하여 희석효과를 분석한 표이다. 아래의 금액을 구하시오.

| 구분 | 분자요소 | 분모요소 | 주당효과 |
|---|---|---|---|
| 전환우선주 | ① | ② | ×× |
| 전환사채 | ③ | ④ | ⑤ |
| 신주인수권부사채 | ⑥ | ⑦ | ×× |

**물음 3)** A회사의 20×1년도 희석주당이익은 얼마인지 계산하시오.

물음 1) 1. 보통주당기순이익: 50,000,000 − 10,000주 × 60% × 500 × 7% = 49,790,000
2. 가중평균유통보통주식수: (100,000 × 12 + 2,000 × 9 + 600 × 6 + 2,000 × 3)/12 = 102,300
3. 기본주당이익: 49,790,000 ÷ 102,300 = 487

물음 2)

| 구분 | 분자요소 | 분모요소 | 주당효과 |
|---|---|---|---|
| 전환우선주 | ① 210,000 | ② 4,500 | ×× |
| 전환사채 | ③ 225,000 | ④ 450 | ⑤ 500 |
| 신주인수권부사채 | ⑥ 75,000 | ⑦ 625 | ×× |

① 10,000주 × 60% × 500 × 7% = 210,000
② (2,000 × 9 + 3,000 × 12)/12 = 4,500
③ 300,000 × (1 − 25%) = 225,000
④ (600 × 3 + 400 × 9)/12 = 450
⑤ 225,000/450 = 500
⑥ 100,000 × (1 − 25%) = 75,000
⑦ [(2,000 − 2,000 × 450/600) × 3 + (2,000 − 2,000 × 450/600) × 12]/12 = 625

물음 3) A회사의 20×1년도 희석주당이익: 466.1

| 구분 | 보통주순이익 | 주식수 | 주당이익 | 희석화 여부 |
|---|---|---|---|---|
| 기본주당이익 | 49,790,000 | 102,300 | | |
| 전환우선주 | 210,000 | 4,500 | | |
| 계 | 50,000,000 | 106,800 | 468.2 | O |
| 신주인수권부사채 | 75,000 | 625 | | |
| 계 | 50,075,000 | 107,425 | 466.1 | O |
| 전환사채 | 225,000 | 450 | | |
| 계 | 50,300,000 | 107,875 | 466.3 | × |

㈜세무의 20×0년 말 재무상태표에서 확인한 자본계정은 다음과 같다. 물음에 답하시오.

[세무사 2차 2018년]

| 〈자본〉 | |
| --- | --- |
| Ⅰ. 자본금[1] | |
| 　1. 보통주자본금 | ₩50,000,000(총 10,000주) |
| 　2. 우선주자본금[2] | ₩50,000,000(총 10,000주) |
| Ⅱ. 자본잉여금 | |
| 　1. 주식발행초과금 | ₩70,000,000 |
| 　2. 감자차익 | ₩6,000,000 |
| 　3. 자기주식처분이익 | ₩2,000,000 |
| Ⅲ. 이익잉여금 | |
| 　1. 이익준비금 | ₩10,000,000 |
| 　2. 이월이익잉여금 | ₩12,000,000 |
| 자본총계 | ₩200,000,000 |

[1] 보통주와 우선주의 1주당 액면가액은 동일하며, 20×1년에 배당결의와 배당금 지급은 없었다.

[2] 우선주는 20×0년 1월 1일 발행된 전환우선주로, 전환우선주 1주를 보통주 1주로 전환할 수 있고, 누적적·비참가적 우선주이며 액면금액을 기준으로 연 배당률은 6%이다. 해당 우선주는 최초 발행 이후 추가로 발행되거나 전환되지 않았다.

**물음 1)** ㈜세무는 20×1년 1월 1일 다음 조건의 신주인수권부사채를 액면금액(₩1,000,000)으로 발행하였다. 신주인수권부사채의 만기는 3년(만기일: 20×3년 12월 31일)이고 표시이자율은 연 5%이며, 이자는 매 연도 말 지급한다.

- 행사비율: 사채권면액의 100%
- 행사금액: 사채액면금액 ₩1,000당 현금 ₩10,000을 납입하고 보통주 1주(액면가액: ₩5,000)를 인수할 수 있다.
- 행사기간: 발행일 이후 1개월이 경과한 날로부터 상환기일 30일 전까지 행사 가능하다.
- 원금상환방법: 만기에 액면금액의 100%를 상환하며, 신주인수권이 행사되지 않더라도 상환할증금은 지급하지 않는다.

단, 신주인수권부사채 발행시점(20×1년 1월 1일)에 신주인수권은 없으나 다른 조건이 모두 동일한 일반 사채의 시장이자율은 연 10%이다. 현재가치 계산 시 아래의 현가계수를 이용하며, 금액은 소수점 첫째 자리에서 반올림하여 계산한다. (예) 5,555.55 → 5,556)

| 연간이자율 및 기간 | 단일금액 ₩1의 현가계수 | 정상연금 ₩1의 현가계수 |
|---|---|---|
| 5%, 3기간 | 0.86384 | 2.72325 |
| 10%, 3기간 | 0.75131 | 2.48685 |

**물음 1-1)** 20×1년 1월 1일 신주인수권부사채를 발행한 시점에 동 신주인수권부사채와 관련하여 ㈜세무의 자산과 부채 및 자본이 얼마큼 변동했는지 금액을 각각 계산하시오(단, 각 항목이 감소했으면 금액 앞에 (−)표시를 하고 변동이 없으면 '0'으로 표시하시오).

| 구분 | 20×1년 1월 1일 변동한 금액 |
|---|---|
| 자산 | ① |
| 부채 | ② |
| 자본 | ③ |

**물음 1-2)** ㈜세무가 신주인수권부사채와 관련하여 20×1년 포괄손익계산서에 인식할 이자비용을 계산하시오.

**물음 2)** ㈜세무의 20×1년 자본 변동과 관련한 사항은 다음과 같다.

- 1월 1일: ㈜세무는 **물음 1**의 조건대로 신주인수권부사채를 발행하였다.
- 1월 1일: ㈜세무는 최고경영자인 나세무 씨에게 주식선택권 10,000개(개당 행사가격 ₩14,000)를 부여하고 3년간 용역제공조건을 부여하였다. 용역제공조건 기간이 종료된 후 나세무 씨는 주식선택권 1개당 보통주 1주로 행사가능하며, 주식선택권의 단위당 공정가치는 ₩1,800이다. ㈜세무는 나세무 씨가 해당 주식선택권을 가득할 것으로 기대한다.
- 7월 1일: ㈜세무는 보통주 5,000주 유상증자를 실시하였다. 납입금액은 주당 ₩11,000이고 유상증자 직전 보통주의 주당 공정가치는 ₩22,000이다.
- 9월 1일: ㈜세무는 자기주식(보통주)을 주당 ₩8,000에 3,000주 취득하였다.
- 10월 1일: ㈜세무는 자기주식(보통주)을 주당 ₩6,000에 1,200주 처분하였다.
- 11월 1일: ㈜세무는 자기주식(보통주)을 주당 ₩15,000에 900주 처분하였다.
- 12월 31일: ㈜세무는 작년(20×0년 4월 1일 취득)에 구입한 토지(취득가액: ₩10,000,000)를 취득시점에 유형자산으로 분류했으며, 변경사항은 없다. 토지의 측정방법은 취득시점부터 재평가모형을 적용하고 있다. 20×0년 12월 31일 동 토지의 공정가치는 ₩8,000,000이며, 20×1년 12월 31일의 공정가치는 ₩15,000,000이다.
- 12월 31일: ㈜세무가 20×1년도에 보고한 당기순이익[1]은 ₩54,800,000이다.

[1] 해당 당기순이익은 20×1년 발생한 ㈜세무의 모든 당기손익을 반영한 금액임

**물음 2-1)** ㈜세무는 자기주식 회계처리에 대해 원가법을 적용하고 있으며, 자기주식처분이익과 자기주식처분손실은 우선적으로 서로 상계처리한다. 20×1년 10월 1일 ㈜세무가 자기주식 처분과 관련하여 수행해야 할 회계처리를 제시하시오.

| 차) ① | 대) ② |
|---|---|

**물음 2-2)** ㈜세무가 20×1년 1월 1일 발행한 주식선택권과 관련하여 20×1년 말에 수행해야 할 회계처리를 제시하시오.

| 차) ① | 대) ② |
|---|---|

**물음 2-3)** ㈜세무는 신주인수권부사채 발행과 관련하여 발생한 자본요소를 자본잉여금으로 분류하며, 자기주식과 주식선택권은 자본조정으로 분류한다. ㈜세무가 20×1년 말 재무상태표에 보고할 다음의 각 항목을 계산하시오(단, 각 항목이 음의 값을 갖는 경우 금액 앞에 (−)표시를 하고 보고할 금액이 없으면 '0'으로 표시하시오).

| 구분 | 20×1년 말 자본 구성항목의 금액 |
|------|------|
| 자본잉여금 | ① |
| 기타포괄손익누계액 | ② |
| 자본조정 | ③ |

**물음 3)** ㈜세무의 20×1년 보통주 시가평균은 ₩16,000이다. 당해 중단사업손익은 없으며, 법인세율은 단일세율로 20%이다. 단, 해당 세율을 이용한 법인세효과는 **물음 3**의 희석효과 및 희석주당이익 계산에만 고려하고, 주당이익은 원 단위로 소수점 첫째 자리에서 반올림하여 계산한다. (예 ₩555.555… → ₩556)

**물음 3-1)** 다음 절차에 따라 ㈜세무의 20×1년도 기본주당이익을 계산하시오(단, 가중평균유통보통주식수는 월할계산한다).

| 20×1년의 가중평균유통보통주식수 | ① |
|------|------|
| 20×1년의 기본주당이익 | ② |

**물음 3-2)** 20×1년 말 ㈜세무가 보유한 잠재적보통주식은 전환우선주와 신주인수권부사채 및 주식선택권이 있다. 셋 중 어떤 항목이 가장 희석효과가 높은지와 그 이유를 기재하시오.

**물음 3-3)** ㈜세무의 20×1년 희석주당이익을 계산하시오(단, **물음 3-1**과 상관없이 20×1년의 가중평균유통보통주식수는 10,000주이고 기본주당이익은 주당 ₩5,000으로 가정한다. 또한, 잠재적보통주식수의 가중평균은 월할계산한다).

**물음 3-4)** 20×1년 초 발행한 ㈜세무의 신주인수권부사채가 모든 조건(액면금액, 이자 지급조건, 이자율, 만기 등)이 동일한 전환사채라고 가정하자. 단, 전환사채 는 전환권 행사 시 사채액면금액 ₩1,000당 보통주 1주(액면가액: ₩5,000) 로 전환가능하다. 이 경우 ㈜세무의 20×1년 희석주당이익을 계산하시오(단, **물음 3-1**과 상관없이 20×1년의 가중평균유통보통주식수는 10,000주이고 기본주당이익은 주당 ₩5,000으로 가정한다. 또한, 잠재적보통주식수의 가 중평균은 월할 계산한다).

**물음 4)** ㈜세무가 20×1년 1월 1일 발행한 신주인수권부사채의 액면금액 중 ₩500,000에 해 당하는 신주인수권이 20×2년 1월 1일에 행사되었다.

**물음 4-1)** 20×2년 1월 1일 신주인수권이 행사된 시점에 동 신주인수권 행사와 관련 하여 ㈜세무의 자산과 부채 및 자본이 얼마큼 변동했는지 금액을 각각 계 산하시오(단, 각 항목이 감소했으면 금액 앞에 (−)표시를 하고 변동이 없 으면 '0'으로 표시하시오).

| 구분 | 20×2년 1월 1일 변동한 금액 |
|------|------|
| 자산 | ① |
| 부채 | ② |
| 자본 | ③ |

**물음 4-2)** ㈜세무가 신주인수권부사채와 관련하여 20×2년 포괄손익계산서에 인식 할 이자비용을 계산하시오.

**풀이**

물음 1-1)

| 구분 | 20×1년 1월 1일 변동한 금액 |
|---|---|
| 자산 | ① 1,000,000 |
| 부채 | ② 875,653[1] |
| 자본 | ③ 124,347[2] |

[1] 부채요소의 공정가치: 50,000 × 2.48685 + 1,000,000 × 0.75131 = 875,653
[2] 자본요소의 공정가치: 1,000,000 − 875,653 = 124,347

물음 1-2)  20×1년 이자비용: 875,653 × 10% = 87,565

물음 2-1)

| 차) 현금[1] | 7,200,000 | 대) 자기주식[2] | 9,600,000 |
|---|---|---|---|
| 자기주식처분이익 | 2,000,000 | | |
| 자기주식처분손실 | 400,000 | | |

[1] 1,200주 × @6,000 = 7,200,000
[2] 1,200주 × @8,000 = 9,600,000

물음 2-2)

| 차) 주식보상비용[1] | 6,000,000 | 대) 주식선택권 | 6,000,000 |
|---|---|---|---|

[1] 1,800 × 10,000 × 1/3 = 6,000,000

물음 2-3)

| 구분 | 20×1년 말 자본 구성항목의 금액 |
|---|---|
| 자본잉여금 | ① ₩112,024,347 |
| 기타포괄손익누계액 | ② 5,000,000 |
| 자본조정 | ③ (−)1,200,000 |

[7월 1일]

| 차) 현금[1] | 55,000,000 | 대) 자본금(보통주)[2] | 25,000,000 |
|---|---|---|---|
| | | 주식발행초과금 | 30,000,000 |

[1] 5,000주 × 11,000 = 55,000,000
[2] 5,000주 × 5,000 = 25,000,000

[11월 1일]

| 차) 현금[1] | 13,500,000 | 대) 자기주식[2] | 7,200,000 |
|---|---|---|---|
| | | 자기주식처분손실 | 400,000 |
| | | 자기주식처분이익 | 5,900,000 |

[1] 900주 × 15,000 = 13,500,000
[2] 900주 × 8,000 = 7,200,000

[12월 31일]

| 차) 토지 | 7,000,000 | 대) 재평가이익 | 2,000,000 |
|---|---|---|---|
| | | 재평가잉여금 | 5,000,000 |

(1) 자본잉여금: 주식발행초과금 100,000,000 + 감자차익 6,000,000 + 자기주식처분이익 5,900,000
　　　　　　 + 신주인수권대가 124,347 = 112,024,347
(2) 기타포괄손익누계액: 재평가잉여금 5,000,000
(3) 자본조정: (−)자기주식 7,200,000 + 주식선택권 6,000,000 = (−)1,200,000

**물음 3-1)**

| 20×1년의 가중평균유통보통주식수 | ① 12,950주 |
|---|---|
| 20×1년의 기본주당이익 | ② 4,000 |

(1) 가중평균유통보통주식수: (10,000 × 1.2 × 12 + 2,500 × 1.2 × 6 − 3,000 × 4 + 1,200 × 3 + 900 × 2)/12 = 12,950주

　　* 7월 1일 공정가치로 유상증자한 주식수: 5,000주 × @11,000 ÷ @22,000 = 2,500주

　　* 7월 1일 무상증자비율: (5,000 − 2,500)주 ÷ (10,000 + 2,500) = 20%

(2) 전환우선주 배당금: 50,000,000 × 6% = 3,000,000

(3) 기본주당이익: (54,800,000 − 3,000,000) ÷ 12,950주 = @4,000

**물음 3-2)** 신주인수권부사채이다. 신주인수권부사채는 액면상환조건이므로 권리가 행사되어 보통주가 발행되었다고 해도 순이익이 변동하지 않는다. 따라서 희석주당이익을 계산할 때 보통주이익에 가산할 금액이 없기 때문에 희석효과가 가장 크다.

**물음 3-3)** 20×1년 희석주당이익: 2,601

(1) 전환우선주 잠재적보통주식수: 10,000 × 12/12 = 10,000주

(2) 주식선택권 잠재적보통주식수: [10,000 − (10,000 × 15,800[1]/16,000)] × 12/12 = 125주

　　[1] 행사가격 14,000 + 주식선택권 공정가치 1,800 = 15,800

(3) 신주인수권 잠재적보통주식수: [1,000 − (1,000 × 10,000/16,000)] × 12/12 = 375주

(4) 잠재적보통주의 희석효과 분석

| 구분 | 분자요소 | 분모요소 | 주당효과 | 희석순위 |
|---|---|---|---|---|
| 신주인수권부사채 | − | 375 | 0 | 1 |
| 전환우선주 | 3,000,000 | 10,000 | 300 | 2 |
| 주식선택권[1] | 4,800,000 | 125 | 38,400 | × |

[1] 기본주당이익보다 희석효과가 크므로 무조건 반희석화한다.

(5) 희석주당이익

| 구분 | 보통주 귀속당기순이익 | 보통주식수 | 주당이익 | 희석효과 |
|---|---|---|---|---|
| 기본주당순이익 | 50,000,000 | 10,000주 | @5,000 | |
| 신주인수권부사채 | 0 | 375주 | | |
| 계 | 50,000,000 | 10,375주 | @4,819 | ○ |
| 전환우선주 | 3,000,000 | 10,000주 | | |
| 계 | 53,000,000 | 20,375주 | @2,601 | ○ |

**물음 3-4)** 20×1년 희석주당이익: 2,527

(1) 전환사채 잠재적보통주식수: 1,000 × 12/12 = 1,000주

(2) 전환사채 세후 이자비용: 87,565 × (1 − 20%) = 70,052

(3) 전환사채 주당이익: 70,052 ÷ 1,000 = 70

(4) 희석주당이익: (50,000,000 + 70,052 + 3,000,000) ÷ 21,000 = 2,527

물음 4-1)

| 구분 | 20×2년 1월 1일 변동한 금액 |
|---|---|
| 자산 | ① 5,000,000 |
| 부채 | ② 0 |
| 자본 | ③ 5,000,000 |

| 차) 현금 | 5,000,000 | 대) 자본금(보통주) | 2,500,000 |
|---|---|---|---|
| | | 주식발행초과금 | 2,500,000 |
| 차) 신주인수권대가[1] | 62,174 | 대) 주식발행초과금 | 62,714 |

[1] 124,347 × 50% = 62,174

물음 4-2)  20×2년 이자비용: 91,322

① 20×1년 말 신주인수권부사채 장부금액: 875,653 × 1.1 − 50,000 = 913,218

② 20×2년 이자비용: 913,218 × 10% = 91,322

Chapter **21**

# 회계변경과 오류수정

1. 회계변경과 오류수정의 기초
2. 회계정책 변경의 적용
3. 회계추정치 변경의 적용
4. 오류수정의 적용
5. 회계변경과 오류수정의 특수상황

## I 회계변경

### 01 의의

회계변경은 기업회계기준이나 법령의 제정, 개정, 경제 환경의 변화, 기술 및 경영환경의 변화 등으로 기업이 현재 채택하고 있는 회계정책이나 회계추정치를 다른 회계정책이나 회계추정치로 변경하는 것을 말한다.

**회계변경의 구성**

| 구분 | | 정리 | | |
|------|------|------|------|------|
| 회계변경 | 회계정책의 변경 | GAAP O | ⇒ | GAAP O |
| | 회계추정치의 변경 | 추정방법 A | ⇒ | 추정방법 B |

**Additional Comment**

기업이 재무제표를 작성할 때 거래나 사건 또는 상황에 대해서 두 가지 이상의 회계정책 중 한 가지를 선택하여 적용하는 경우가 있다. 예를 들어 재고자산의 단가를 결정할 때 선입선출법과 평균법 중 한 가지 방법을 선택하거나, 유형자산에 대해서 원가모형과 재평가모형 중 한 가지 방법을 선택하는 경우가 여기에 해당한다. 또한 재무제표를 작성하는 과정에서 회계추정치가 필요한 경우도 많다. 예를 들어 유형자산의 내용연수를 추정한다든가, 충당부채의 발생금액을 추정하는 경우가 여기에 해당한다. 기업이 선택한 회계정책이나 회계추정치는 매년 일관성 있게 적용하여야 한다. 기업이 임의로 회계정책이나 회계추정치를 변경하면 재무제표의 비교가능성이 낮아질 수 있기 때문이다. 그러나 기업환경이 변하고 회계추정치를 변경하지 못하게 하면 오히려 목적적합한 회계정보를 제공하기 어려울 수 있다. 회계변경이란 기업이 선택하고 적용하여 오던 회계정책이나 회계추정치를 변경하는 것을 말한다. 변경의 타당성이 인정된다면 과년도에 적용했던 회계정책이나 회계추정치를 변경함으로써 더 유용한 회계정보를 제공할 수 있을 것이다.

### 02 회계정책의 변경

**(1) 회계정책**

회계정책이란 기업이 재무제표를 작성·표시하기 위하여 적용하는 구체적인 원칙, 근거, 관습, 규칙 및 관행을 말한다. 우리나라는 거래, 기타 사건 또는 상황에 한국채택국제회계기준을 구체적으로 적용하는 경우, 그 항목에 적용되는 회계정책은 한국채택국제회계기준을 적용하여 결정될 것이다.

한국채택국제회계기준은 회계정책의 적용대상인 거래, 기타 사건 및 상황에 관한 정보가 목적적합하고 신뢰성 있게 재무제표에 반영될 수 있도록 한다. 이러한 회계정책의 적용효과가 중요하지 않은 경우에는 그 회계정책을 적용하지 않을 수 있다. 그러나 기업의 재무상태, 재무성과 또는 현금흐름을 특정한 의도대로 표시하기 위하여 한국채택국제회계기준에 위배된 회계정책을 적용하는 것은 그것이 중요하지 않더라도 적절하다고 할 수 없다.

한국채택국제회계기준은 한국회계기준원 회계기준위원회가 국제회계기준에 따라 제정한 회계기준으로 다음과 같이 구성된다.

---

① 기업회계기준서
② 기업회계기준해석서

---

한국채택국제회계기준에는 기업이 그 규정을 적용하는 데 도움을 주기 위한 지침이 있다. 이러한 모든 지침은 한국채택국제회계기준의 일부를 구성하는지의 여부를 명시한다. 한국채택국제회계기준의 일부를 구성하는 지침은 의무규정이지만, 한국채택국제회계기준의 일부를 구성하지 않는 지침은 재무제표에 대한 의무규정을 포함하지 아니한다.

**Self Study**

특정 거래, 기타 사건 또는 상황에 대하여 구체적으로 적용할 수 있는 한국채택국제회계기준이 없는 경우 경영진은 판단에 따라 회계정책을 개발 및 적용하여 회계정보를 작성할 수 있다. 이 경우 경영진은 다음 사항을 순차적으로 참조하여 적용가능성을 고려한다.
1. 다른 국제회계기준: 내용상 유사하고 관련되는 회계논제를 다루는 한국채택국제회계기준의 규정
2. 재무보고를 위한 개념체계: 자산, 부채, 수익, 비용에 대한 '개념체계'의 정의, 인식기준 및 측정개념 경영진은 유사한 개념체계를 사용하여 회계기준을 개발하는 회계기준제정기구가 가장 최근에 발표한 회계기준, 기타의 회계문헌과 인정된 산업관행을 고려할 수 있다.

## (2) 회계정책의 일관성

한국채택국제회계기준에서 특정 범주별로 서로 다른 회계정책을 적용하도록 규정하거나 허용하는 경우를 제외하고는 유사한 거래, 기타 사건 및 상황에는 동일한 회계정책을 선택하여 일관성 있게 적용한다. 만약 한국채택국제회계기준에서 범주별로 서로 다른 회계정책을 적용하도록 규정하거나 허용하는 경우, 각 범주에 대하여 선택한 회계정책을 일관성 있게 적용한다.

## (3) 회계정책의 변경

회계정책의 변경은 재무제표의 작성과 보고에 적용하던 회계정책을 다른 회계정책으로 바꾸는 것이다. 회계정책은 기업이 재무제표를 작성·표시하기 위하여 적용하는 구체적인 원칙, 근거, 관습, 규칙 및 관행을 말한다.

회계정책의 변경은 한국채택국제회계기준에서 인정하는 회계정책에서 한국채택국제회계기준에서 인정하는 또 다른 회계정책으로 변경하는 것을 말한다. 따라서 회계정책의 변경은 한국채택국제회계기준에서 대체적인 회계처리방법을 허용하는 경우에만 가능하다. 회계정책의 변경은 두 가지 회계정책을 기업이 임의로 선택할 수 있는 경우에만 가능하며, 이러한 경우는 다음과 같다.

① 유형자산을 원가모형에서 재평가모형으로 재평가모형에서 원가모형으로 변경
② 투자부동산을 원가모형에서 공정가치모형으로 공정가치모형에서 원가모형으로 변경
③ 재고자산의 단가결정방법을 선입선출법에서 가중평균법으로, 가중평균법에서 선입선출법으로의 변경
④ 재고자산의 저가기준평가 시 항목별에서 조별로, 조별에서 항목별로 변경 등

회계정책의 변경은 한국채택국제회계기준에서 인정된 회계원칙에서 한국채택국제회계기준에서 인정하는 다른 대체적인 회계원칙으로 변경하는 것을 의미한다는 것에 유의해야 한다. 만약 한국채택국제회계기준에서 인정하지 않는 원칙으로 변경하는 것은 오류이므로 허용되지 않으며, 한국채택국제회계기준에서 인정하지 않는 원칙에서 인정하는 원칙으로 변경하는 것은 회계정책의 변경이 아니라 오류수정이다.

### (4) 회계정책의 변경이 가능한 경우

다음 중 하나의 경우에 해당한다면 기업은 회계정책을 변경할 수 있다.

① 한국채택국제회계기준에서 회계정책의 변경을 요구하는 경우
② 회계정책의 변경을 반영한 재무제표가 특정 거래, 기타 사건 또는 상황의 재무상태, 재무성과 또는 현금흐름에 미치는 영향에 대하여 신뢰성 있고 더 목적적합한 정보를 제공하는 경우

### (5) 회계정책의 변경에 해당하지 않는 경우

다음의 경우는 회계정책의 변경에 해당하지 않는다.

① 과거에 발생한 거래와 실질이 다른 거래, 기타 사건 또는 상황에 대하여 다른 회계정책을 적용하는 경우
② 과거에 발생하지 않았거나 발생하였어도 중요하지 않았던 거래, 기타 사건 또는 상황에 대하여 새로운 회계정책을 적용하는 경우

한국채택국제회계기준을 조기 적용하는 것은 자발적인 회계정책의 변경에 해당하지 아니한다. 거래, 기타 사건 또는 상황에 구체적으로 적용되는 한국채택국제회계기준이 없는 경우, 경영진은 유사한 개념체계를 사용하여 회계기준을 개발하는 회계기준제정기구가 가장 최근에 발표한 회계기준에 기초한 회계정책을 적용할 수 있다. 만약 그러나 회계기준의 개정에 따라 회계정책을 변경하기로 하였다면, 이 경우에 회계변경은 자발적인 회계정책의 변경으로 회계처리하고 공시한다.

## 03 회계추정치의 변경

### (1) 회계추정치

회계정책은 측정불확실성을 고려하여 재무제표의 항목을 측정하도록 요구할 수 있다. 즉, 회계정책은 직접 관측할 수 없어 추정해야 하는 화폐금액으로 재무제표의 항목을 측정하도록 요구할 수 있다. 이 경우, 기업은 회계정책에서 정한 목적을 이루기 위해 회계추정치를 개발한다. 회계추정치의 개발은 이용할 수 있고 신뢰성 있는 가장 최근 정보에 기초한 판단이나 가정이 수반된다. 회계추정치의 예는 다음과 같다.

> (1) 기대신용손실에 대한 손실충당금(기업회계기준서 제1109호 '금융상품' 적용)
> (2) 재고자산 항목의 순실현가능가치(기업회계기준서 제1002호 '재고자산' 적용)
> (3) 자산이나 부채의 공정가치(기업회계기준서 제1113호 '공정가치 측정' 적용)
> (4) 유형자산 항목의 감가상각비(기업회계기준서 제1016호 '유형자산' 적용)
> (5) 보증의무에 대한 충당부채(기업회계기준서 제1037호 '충당부채, 우발부채, 우발자산' 적용)

**Self Study**

> 합리적 추정을 사용하는 것은 재무제표 작성의 필수적인 과정이며 재무제표의 신뢰성을 손상시키지 않는다.

### (2) 회계추정치의 변경

회계추정치의 변경은 새로운 정보의 획득, 새로운 상황의 전개 등에 따라 지금까지 사용해오던 회계적 추정치를 바꾸는 것을 말한다. 회계추정치는 기업환경의 불확실성하에서 미래의 재무적 결과를 사전 적으로 예측하는 것을 말한다. 회계추정치의 변경은 아래와 같다.

> ① 금융자산에 대한 기대신용손실의 추정 변경
> ② 재고자산 진부화 정도에 대한 판단 변경
> ③ 감가상각자산의 상각방법, 잔존가치 및 내용연수의 변경
> ④ 품질보증의무(충당부채)의 추정 변경
> ⑤ 자산의 손상차손 추정 변경
> ⑥ 거래가격에 반영할 변동대가 추정치의 변경
> ⑦ 반품권이 있는 판매에서 반품비율 추정의 변경
> ⑧ 기간에 걸쳐 자산의 통제가 이전되는 경우 진행률 추정의 변경
> ⑨ 고객충성제도에서 미래 교환될 포인트 추정의 변경

# II  오류수정

## 01  전기오류의 정의

전기오류란 과거기간 동안에 재무제표를 작성할 때 신뢰할 만한 정보를 이용하지 못했거나 잘못 이용하여 발생한 재무제표에서의 누락이나 왜곡표시를 말한다. 여기서 신뢰할 만한 정보는 다음을 모두 충족하는 정보를 의미한다.

① 해당 기간 재무제표의 발행승인일에 이용가능한 정보
② 당해 재무제표의 작성과 표시를 위하여 획득하여 고려할 것이라고 합리적으로 기대하는 정보

이러한 오류에는 산술적 계산오류, 회계정책의 적용 오류, 사실의 간과 또는 해석의 오류 및 부정 등의 영향을 포함한다.

## 02  오류수정의 정의

오류수정은 당기 중에 발견한 당기의 잠재적 오류나 후속기간 중에 발견한 전기 이전의 오류를 재무제표의 발행·승인일 전에 수정하는 것을 말한다. 즉 일반적으로 인정되지 아니한 회계원칙에서 일반적으로 인정된 회계원칙으로 수정하는 것이 오류수정이다.

## 오류수정의 구성

| 구분 | 정리 | | |
|------|------|------|------|
| 오류수정 | GAAP × | ⇒ | GAAP ○ |

오류수정은 회계추정치의 변경과 구별된다. 회계적 추정치는 성격상 추가 정보가 알려지는 경우 수정이 필요할 수도 있는 근사치의 개념이다. 예로 우발상황의 결과에 따라 인식되는 손익은 오류의 수정에 해당하지 않는다.

## III 회계처리방법

회계변경을 회계처리하기 위해서는 회계변경 시점을 먼저 정하는 것이 필요하다. 기업이 회계변경을 하기로 결정한 실제 시점에 관계없이 회계변경은 회계변경을 한 회계연도의 기초시점에 이루어진 것으로 간주한다.

### Additional Comment

20×1년 중 회계변경을 하였다면 20×1년 1월 1일에 회계변경이 이루어진 것으로 본다.

회계변경과 오류수정에 대한 회계처리방법으로는 손익을 수정하는 시기에 따라 소급법, 당기일괄처리법과 전진법이 있다.

### 01 소급법

소급법은 회계변경을 한 회계연도의 기초시점에서 당해 회계변경이 이익잉여금에 미친 누적효과를 계산하여 새로운 회계정책이 처음부터 적용되어 온 것처럼 소급하여 수정하는 방법을 말한다.

### Example 소급법의 적용

A사는 20×1년 초에 재고자산 원가흐름의 가정을 이동평균법에서 선입선출법으로 변경하였다. 이 경우 변경 전의 방법인 이동평균법에 의한 기초 재고자산금액이 ₩500이고, 처음부터 변경 후의 방법인 선입선출법을 사용하였다면 기초 재고자산금액이 ₩400으로 계산되었다. 이동평균법을 적용한 경우의 기초 이월이익잉여금은 ₩1,000이라고 할 때, 변경 전 재무상태표를 변경 후 재무상태표로 수정하기 위해서는 장부금액이 다른 항목들을 수정하면 되는데, 이때 소급법을 적용하여 회계처리하면 다음과 같다.

| 차) 이익잉여금 | 100 | 대) 재고자산 | 100 |
|------|------|------|------|

이때 회계변경이 회계변경을 한 회계연도의 기초 이월이익잉여금에 미친 효과를 회계변경의 누적효과라고 하는데, 변경 전 방법을 적용한 경우의 기초 이월이익잉여금과 변경 후 방법을 처음부터 적용하였다고 가정하는 경우의 기초 이월이익잉여금의 차이를 말한다. 결국 누적효과는 변경 전 방법에 의한 당해 항목의 기초 장부금액과 변경 후 방법을 처음부터 적용한 경우 당해 항목의 기초 장부금액의 차이와 같다.

---

**회계변경의 누적효과**

순자산의 증감 및 변화를 일으키는 사건인 거래에서 자본거래가 아닌 손익거래의 경우에는 자산과 부채의 증감은 수익과 비용의 증가를 동반하게 된다. 그러므로 회계변경에 따른 누적효과는 다음과 같이 계산할 수 있다.
1. 변경 전 방법에 의한 기초 이월이익잉여금 – 변경 후 방법에 의한 기초 이월이익잉여금
2. 변경 전 방법에 의한 기초 장부금액 – 변경 후 방법에 의한 기초 장부금액

---

**Additional Comment**

소급적용이란 새로운 회계정책을 처음부터 적용한 것처럼 거래, 기타 사건 및 상황에 적용하고, 과거 재무제표를 새로운 회계정책을 적용하여 수정하는 방법을 말한다. 소급적용은 회계변경의 누적효과를 이익잉여금으로 처리하며, 회계변경으로 인하여 새롭게 채택한 회계정책을 처음부터 적용한 것으로 가정하므로 비교재무제표를 공시할 때 비교대상이 되는 과거연도의 재무제표를 새로운 회계처리방법을 적용하여 수정하여야 한다.

---

**Self Study**

회계변경을 소급적용하는 경우에는 회계변경의 누적효과가 비교재무제표를 공시할 때 비교 대상이 되는 과거연도의 재무제표에 반영되므로 재무제표의 비교가능성이 재고된다는 장점이 있으나, 과거의 재무제표를 새로운 회계정책에 따라 소급 수정하므로 재무제표의 신뢰성이 훼손되는 단점이 있다.

---

## 02 당기일괄처리법

당기일괄처리법은 기초시점에서 새로운 회계정책의 채택으로 인한 회계변경의 누적효과를 계산하여, 이를 회계변경손익 과목으로 당기손익에 반영하며, 비교공시하는 전기 재무제표는 수정하지 않는 방법이다. 당기일괄처리법은 회계변경의 누적효과를 당기손익에 포함시킨다는 점에서만 소급법과 다를 뿐 다른 내용은 모두 동일하다.

---

**Example 당기일괄처리법의 적용**

A사는 20×1년 초에 재고자산 원가흐름의 가정을 이동평균법에서 선입선출법으로 변경하였다. 이 경우 변경 전의 방법인 이동평균법에 의한 기초 재고자산금액이 ₩500이고, 처음부터 변경 후의 방법인 선입선출법을 사용하였다면 기초 재고자산금액이 ₩400으로 계산되었다. 이동평균법을 적용한 경우의 기초 이월이익잉여금은 ₩1,000이라고 할 때, 변경 전 재무상태표를 변경 후 재무상태표로 수정하기 위해서는 장부금액이 다른 항목들을 수정하면 되는데, 이때 당기일괄처리법을 적용하여 회계처리하면 다음과 같다.

| 차) 회계변경손실(N/I) | 100 | 대) 재고자산 | 100 |
|---|---|---|---|

당기일괄처리법의 장점은 재무제표의 신뢰성을 유지할 수 있고 변경효과를 한눈에 파악할 수 있다는 점이다. 단점으로는 기간별 비교가능성이 저하되며 변경효과가 당기손익에 반영되어 이익조작목적으로 사용될 가능성이 있다는 것이다.

## 03 전진법

전진법은 회계변경 이전에 보고된 재무제표에 어떠한 수정도 하지 않으며, 회계변경의 누적효과도 계산하지 않는 방법을 말한다. 전진법은 회계변경의 영향을 회계변경을 한 이후의 회계기간에만 반영하므로 미래적 처리법이라고도 한다.

### Example  전진법의 적용

A사는 20×1년 초에 재고자산 원가흐름의 가정을 이동평균법에서 선입선출법으로 변경하였다. 이 경우 변경 전의 방법인 이동평균법에 의한 기초 재고자산금액이 ₩500이고, 처음부터 변경 후의 방법인 선입선출법을 사용하였다면 기초 재고자산금액이 ₩400으로 계산되었다. 이동평균법을 적용한 경우의 기초 이월이익잉여금은 ₩1,000이라고 할 때, 전진법을 적용하면 기초 재고자산의 장부금액에 대한 수정은 없다.

전진법의 장점은 실무적용이 간편하고 재무제표의 신뢰성을 유지할 수 있다는 것이다. 단점으로는 비교가능성이 저하되고 회계변경의 효과를 파악하기 어렵다는 것이다.

**소급법, 당기일괄처리법, 전진법의 비교**

| 구분 | 변경 전 기초 BV | 누적효과 반영 | 변경 후 기초 BV | 당기효과 반영 | 변경 후 기말 BV |
|---|---|---|---|---|---|
| 소급법 | | 이익잉여금 | | 당기손익 | |
| 당기일괄처리법 | | 당기손익 | | 당기손익 | |
| 전진법 | | 기초 장부가액으로 신규 취득 가정 | | | |

한국채택국제회계기준에서는 회계정책의 변경은 소급적용하며, 회계추정치의 변경은 전진적용하도록 규정하고 있다. 또한, 중요한 전기오류는 소급하여 수정하도록 규정하고 있다.

---

한국채택국제회계기준의 적용

| 구분 | | 적용 |
|---|---|---|
| 회계정책의 변경 | ⇒ | 소급적용 |
| 회계추정치의 변경 | ⇒ | 전진적용 |
| 중요한 전기오류 수정 | ⇒ | 소급적용 |
| 중요하지 않은 전기오류 수정 | ⇒ | IFRS 규정 없음 |

\* 회계정책의 변경과 회계추정치의 변경을 구분할 수 없는 경우에는 회계추정치의 변경으로 본다.

---

**Additional Comment**

한국채택국제회계기준에서는 중요하지 않은 전기오류 수정에 대하여 명문화된 규정이 없다. 수험목적상 문제에 특별한 언급이 없다면 오류수정의 회계처리는 모두 중요한 오류라고 가정하고 풀이하는 것이 옳다.

---

**사례연습 1: 회계변경의 회계처리**

㈜한영은 20×1년 초에 내용연수 5년, 잔존가치 ₩0인 기계장치를 ₩100에 구입하여 정액법으로 상각하던 중 20×2년 초에 내용연수를 2년으로 변경하였다. (법인세는 없는 것으로 가정한다)

**1** 위의 회계변경을 소급법으로 회계처리하는 경우에 ㈜한영이 20×2년에 해야 할 회계처리를 제시하시오.

**2** 위의 회계변경을 당기일괄처리법으로 회계처리하는 경우에 ㈜한영이 20×2년에 해야 할 회계처리를 제시하시오.

**3** 위의 회계변경을 전진법으로 회계처리하는 경우에 ㈜한영이 20×2년에 해야 할 회계처리를 제시하시오.

풀이

**1** 소급법

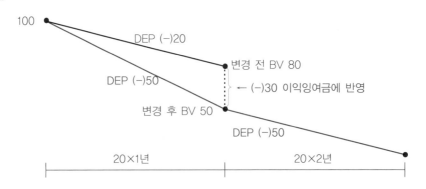

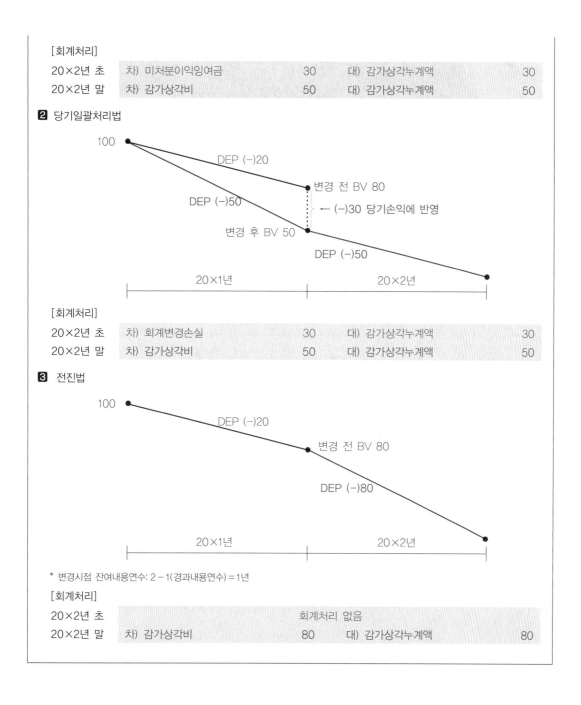

[회계처리]

| | | | | | |
|---|---|---|---|---|---|
| 20×2년 초 | 차) 미처분이익잉여금 | 30 | 대) 감가상각누계액 | 30 |
| 20×2년 말 | 차) 감가상각비 | 50 | 대) 감가상각누계액 | 50 |

**❷ 당기일괄처리법**

100 ●

DEP (−)20

변경 전 BV 80

← (−)30 당기손익에 반영

DEP (−)50

변경 후 BV 50

DEP (−)50

| 20×1년 | 20×2년 |
|---|---|

[회계처리]

| | | | | | |
|---|---|---|---|---|---|
| 20×2년 초 | 차) 회계변경손실 | 30 | 대) 감가상각누계액 | 30 |
| 20×2년 말 | 차) 감가상각비 | 50 | 대) 감가상각누계액 | 50 |

**❸ 전진법**

100 ●

DEP (−)20

변경 전 BV 80

DEP (−)80

| 20×1년 | 20×2년 |
|---|---|

* 변경시점 잔여내용연수: 2 − 1(경과내용연수) = 1년

[회계처리]

| | | | | |
|---|---|---|---|---|
| 20×2년 초 | | 회계처리 없음 | | |
| 20×2년 말 | 차) 감가상각비 | 80 | 대) 감가상각누계액 | 80 |

# 2 회계정책 변경의 적용

## I 원칙

회계정책의 변경은 특정기간에 미치는 영향이나 누적효과를 실무적으로 결정할 수 없는 경우를 제외하고는 다음과 같이 처리한다.

> ① 경과규정이 있는 한국채택국제회계기준을 최초 적용하는 경우에 발생하는 회계정책의 변경은 해당 경과규정에 따라 회계처리한다.
> ② 경과규정이 없는 한국채택국제회계기준을 최초 적용하는 경우에 발생하는 회계정책의 변경이나 자발적인 회계정책의 변경은 소급적용한다.

회계정책의 변경을 소급적용하는 경우 비교표시되는 가장 이른 과거기간의 영향을 받는 자본의 각 구성요소의 기초 금액과 비교 공시되는 각 과거기간의 기타 대응금액을 새로운 회계정책이 처음부터 적용된 것처럼 조정한다.

**Additional Comment**

한국채택국제회계기준 기준서 제1016호 '유형자산'과 제1038호 '무형자산'에 따라 자산을 재평가하는 회계정책을 최초로 적용하는 경우의 회계정책 변경은 이 기준서를 적용하지 않고 해당 기준서에 따라 회계처리한다. 따라서 유형자산이나 무형자산에 대하여 원가모형에서 재평가모형으로 최초 적용하는 회계변경에 대해서는 해당 경과규정에 따라 전진적용해야 하며, 이후에 다시 원가모형으로 회계정책을 변경하는 경우에는 한국채택국제회계기준 기준서 제1008호 '회계정책, 회계추정치의 변경 및 오류'에 따라 소급적용해야 한다.

회계정책의 변경은 특정기간에 미치는 영향이나 누적효과를 실무적으로 결정할 수 없는 경우를 제외하고 소급적용한다. 그러나 특정기간에 미치는 영향이나 누적효과를 실무적으로 결정할 수 없다면 아래와 같이 회계처리해야 한다.

> ① 비교표시되는 하나 이상의 과거기간의 비교정보에 대해 특정기간에 미치는 회계정책 변경의 영향을 실무적으로 결정할 수 없는 경우, 실무적으로 소급적용할 수 있는 가장 이른 회계기간의 자산 및 부채의 기초 장부금액에 새로운 회계정책을 적용하고, 그에 따라 변동하는 자본 구성요소의 기초금액을 조정한다.
> ② 당기 기초시점에 과거기간 전체에 대한 새로운 회계정책 적용의 누적효과를 실무적으로 결정할 수 없는 경우 실무적으로 적용할 수 있는 가장 이른 날부터 새로운 회계정책을 전진적용하여 비교정보를 재작성한다.

**Additional Comment**

> 실무적으로 적용할 수 없는 경우란 기업이 모든 합리적인 노력을 했어도 요구사항을 적용할 수 없다는 것을 말하는데, 다음의 경우는 특정 과거기간에 대하여 회계정책 변경의 소급적용이나 오류수정을 위한 소급재작성을 실무적으로 적용할 수 없는 경우에 해당한다.
> 1. 소급적용이나 소급재작성의 영향을 결정할 수 없는 경우
> 2. 소급적용이나 소급재작성을 위하여 대상 과거기간에 경영진의 의도에 대한 가정이 필요한 경우
> 3. 소급적용이나 소급재작성을 위하여 금액의 유의적인 추정이 필요하지만, 그러한 추정에 필요한 정보를 다른 정보와 객관적으로 식별할 수 없는 경우

**회계정책의 변경 구조**

| | | |
|---|---|---|
| **원칙** | 경과규정이 있는 경우 | 경과규정에 따라 회계처리 |
| | 경과규정이 없는 경우 | 소급적용 |
| **예외** | 일부기간에 대해 실무적 적용이 어려운 경우 | 실무적으로 적용가능한 기간부터 소급적용 |
| | 과거기간 전체에 대해 실무적 적용이 어려운 경우 | 실무적으로 적용할 수 있는 가장 이른 날부터 전진적용 |

A사는 20×1년부터 구입 및 판매를 시작한 제품에 대하여 재고자산의 원가흐름가정으로 선입선출법을 사용하여 왔으나 20×3년에 총평균법으로 변경하였다. 이 변경은 정당한 변경이다. 이와 관련된 자료는 다음과 같다. 회사는 20×3년 말까지 선입선출법으로 회계처리하였다.

| | 20×1년 | 20×2년 | 20×3년 |
|---|---|---|---|
| 매출원가(선입선출법) | ₩1,200,000 | ₩1,800,000 | ₩1,900,000 |
| 기말재고(선입선출법) | 400,000 | 800,000 | 750,000 |
| 기말재고(총평균법) | 300,000 | 650,000 | 500,000 |

**1** A사가 20×3년도에 회계변경과 관련하여 해야 할 회계처리를 보이시오.

**2** 20×3년도 비교포괄손익계산서에 비교공시되는 매출원가는 각각 얼마인지 계산하시오.

[ 풀이 ]

**1** 1. 재고자산의 차이 분석

| 구분 | 20×1년 | 20×2년 | 20×3년 |
|---|---|---|---|
| 20×1년 변경에 따른 재고자산 차이 | (-)100,000 | 100,000 | |
| 20×2년 변경에 따른 재고자산 차이 | | (-)150,000 | 150,000 |
| 20×3년 변경에 따른 재고자산 차이 | | | (-)250,000 |
| 합계 = 연도별 매출원가에 미치는 영향 | (-)100,000 | (-)50,000 | (-)100,000 |

2. 회계변경에 따른 회계처리

| 차) 매출원가[2] | 100,000 | 대) 재고자산[1] | 250,000 |
|---|---|---|---|
| 이익잉여금 | 150,000 | | |

[1] 500,000 - 750,000 = (-)250,000
[2] 150,000 - 250,000 = (-)100,000

**2**

| 구분 | 20×2년 | 20×3년 |
|---|---|---|
| 수정 전 매출원가 | (-)1,800,000 | (-)1,900,000 |
| 회계변경 효과 | (-)50,000 | (-)100,000 |
| 수정 후 매출원가 | (-)1,850,000 | (-)2,000,000 |

* 회계정책의 변경을 소급재작성하는 경우 비교목적으로 표시되는 전기 재무제표의 모든 금액은 변경 후의 방법으로 재작성되어야 한다. 회계변경이 전기의 매출원가에 미친 영향은 전기에 회계변경을 하였다고 가정하고 계산할 수 있다.

원가흐름가정의 변경에 따른 기말재고자산의 차이를 문제에서 제시할 경우

| 구분 | 20×1년 | 20×2년 |
|---|---|---|
| 20×1년 재고자산 차이 금액: A | A | (−)A |
| 20×2년 재고자산 차이 금액: B | | B |

⇒ 평가방법 변경에 따른 20×1년 변경된 매출원가: − 당초 20×1년 매출원가 + A
⇒ 평가방법 변경에 따른 20×2년 변경된 매출원가: − 당초 20×2년 매출원가 + (A) + B
⇒ 평가방법 변경에 따른 20×1년 변경된 당기손익: 당초 20×1년 당기손익 + A
⇒ 평가방법 변경에 따른 20×2년 변경된 당기손익: 당초 20×2년 당기손익 + (A) + B
⇒ 평가방법 변경에 따른 20×1년 초 변경된 이익잉여금: 당초 20×1년 초 이익잉여금 + A
⇒ 평가방법 변경에 따른 20×2년 말 변경된 이익잉여금: 당초 20×2년 말 이익잉여금 + B

\* 재산의 증감 및 변화를 일으키는 사건인 거래에서 자본거래가 아닌 손익거래의 경우에는 자산과 부채의 증감은 수익과 비용의 증감을 동반하게 된다. 따라서 원가흐름가정의 변경에 따른 각 연도별 재고자산의 변동은 각 연도별 매출원가의 변동에 영향을 미친다. 전기 말의 변동에 따른 매출원가의 변동은 당기 기초 이익잉여금에 영향을 미친다. 또한 재고자산의 경우 전기 기말 장부금액이 당기 기초 장부금액으로 이월되어 당기 매출원가에도 영향을 미치게 됨을 주의하자.

### 사례연습 3: 유형자산과 투자부동산의 회계변경

A사(결산일 12월 31일)는 20×1년 초에 건물을 ₩10,000에 취득하였다. 건물의 내용연수는 10년이고 잔존가치 없이 정액법으로 감가상각하며 원가모형을 적용한다. 또한 건물의 20×1년 말과 20×2년 말의 공정가치는 각각 ₩9,500과 ₩8,200이다. 아래의 각 물음은 상호 독립적이며, 법인세에 대한 영향은 고려하지 않는다. 또한 회계변경은 모두 정당한 변경으로 간주한다.

**1** A사는 건물을 취득하는 시점부터 유형자산으로 분류하였다. 20×2년부터 건물에 대해서 재평가모형을 적용하려고 한다. 20×2년 말에 작성하는 비교재무제표의 금액들을 구하시오.

| 구분 | 20×1년 | 20×2년 |
|---|---|---|
| 유형자산(장부금액) | | |
| 재평가잉여금 | | |
| 감가상각비 | | |

**2** A사는 건물을 취득하는 시점부터 투자부동산으로 분류하였다. 20×2년부터 건물에 대해서 공정가치모형을 적용하려고 한다. 20×2년 말에 작성하는 비교재무제표의 금액들을 구하시오.

| 구분 | 20×1년 | 20×2년 |
|---|---|---|
| 투자부동산(장부금액) | | |
| 감가상각비 | | |
| 투자부동산평가손익 | | |

**❶**

| 구분 | 20×1년 | 20×2년 |
|---|---|---|
| 유형자산(장부금액) | 9,000 | 8,200 |
| 재평가잉여금 | 0 | 200 |
| 감가상각비 | 1,000 | 1,000 |

⇒ 유형자산에 대해서 재평가모형을 최초 적용하는 경우에는 소급적용하지 않는다. 따라서 20×2년부터 재평가모형을 적용한다.

(1) 20×1년 유형자산 장부금액: 10,000 − 10,000/10 = 9,000
(2) 20×1년 재평가잉여금: 20×1년까지는 원가모형을 적용하여 재평가잉여금은 없음
(3) 20×1년 감가상각비: 10,000/10 = 1,000
(4) 20×2년 말 유형자산 장부금액: 재평가모형을 적용하므로 기말 공정가치인 8,200
(5) 20×2년 재평가잉여금: 8,200 − (9,000 − 1,000) = 200
(6) 20×2년 감가상각비: 9,000/9 = 1,000(20×2년 초부터 전진적용)

**❷**

| 구분 | 20×1년 | 20×2년 |
|---|---|---|
| 투자부동산(장부금액) | 9,500 | 8,200 |
| 감가상각비 | 0 | 0 |
| 투자부동산평가손익 | (−)500 | (−)1,300 |

⇒ 투자부동산에 대해서 원가모형을 공정가치모형으로 변경하는 것은 소급적용 대상이다. 그러므로 20×1년도 재무제표부터 공정가치모형을 적용하는 것으로 간주하여 재작성한다.

(1) 20×1말 투자부동산 장부금액: 기말 공정가치인 9,500
(2) 20×1년 감가상각비: 소급적용하여 공정가치모형 적용하므로 감가상각비 없음
(3) 20×1년 투자부동산평가손실: 9,500 − 10,000 = (−)500
(4) 20×2년 투자부동산 장부금액: 기말 공정가치인 8,200
(5) 20×2년 감가상각비: 공정가치모형 적용하므로 감가상각비 없음
(6) 20×2년 투자부동산평가손실: 8,200 − 9,500 = (−)1,300

# 회계추정치 변경의 적용

회계추정치의 변경효과는 다음의 회계기간에 당기손익에 포함하여 전진적으로 인식한다. 회계추정치 변경 효과의 인식의 전진적용이란 회계추정치의 변경효과를 당기 및 그 후의 회계기간에 인식하는 것을 말한다.

① 변경이 발생한 기간에만 영향을 미치는 경우에만 변경이 발생한 기간
② 변경이 발생한 기간과 미래기간에 모두 영향을 미치는 경우에는 변경이 발생한 기간과 미래 기간

회계추정치의 변경이 자산 및 부채의 장부금액을 변경하거나 자본의 구성요소에 관련되는 경우, 회계추정치를 변경한 기간에 관련 자산, 부채 또는 자본 구성요소의 장부금액을 조정하여 회계추정치의 변경효과를 인식한다.

### Self Study

1. 회계정책의 변경과 회계추정치의 변경을 구분하는 것이 어려운 경우에는 회계추정치의 변경으로 본다.
2. 측정기준의 변경은 회계추정치의 변경이 아니라 회계정책의 변경에 해당한다. 그러나 유형자산과 무형자산에서 자산을 재평가하는 회계정책을 최초로 적용하는 경우에는 해당 기준서의 규정을 적용하지 않는다.

---

#### 사례연습 4: 회계추정치의 변경

자동차 부품을 제조·납품하는 A사가 20×1년 초에 부품의 자동제조설비를 ₩30,000,000에 취득하였고 원가모형을 적용한다. 동 설비자산의 내용연수는 8년, 잔존가치는 ₩1,000,000으로 추정하였으며 이중체감법으로 감가상각한다. A사는 20×3년 초에 설비자산에 대해서 ₩5,000,000의 수선비를 지출하였는데, 이로 인하여 내용연수가 4년 더 연장될 것으로 추정하였으며, 회사는 20×3년부터 감가상각방법을 정액법으로 변경하기로 하였는데, 이는 기업환경의 변화로 인해 정액법이 동 설비자산의 미래경제적효익의 기대소비형태를 보다 잘 반영한다고 판단되었기 때문이다.
이 경우, 20×3년도 설비자산의 감가상각비 인식 회계처리를 하시오(단, 법인세에 대한 영향은 고려하지 않는다).

##### 풀이

| 차) 감가상각비 | 2,087,500 | 대) 감가상각누계액 | 2,087,500 |
|---|---|---|---|

(1) 20×1년 감가상각비: $30,000,000 \times 2/8 = 7,500,000$
(2) 20×2년 감가상각비: $(30,000,000 - 7,500,000) \times 2/8 = 5,625,000$
(3) 20×3년 감가상각비: $(30,000,000 - 7,500,000 - 5,625,000 + 5,000,000 - 1,000,000)/(8 - 2 + 4)$
$\qquad\qquad = 2,087,500$

# 4 오류수정의 적용

## I 오류수정의 회계처리

### 01 원칙

당기 중에 발견한 당기의 잠재적 오류는 재무제표의 발행승인일 전에 수정한다. 그러나 중요한 오류를 후속기간에 발견하는 경우 이러한 전기오류는 해당 후속기간의 재무제표에 비교 표시된 재무정보를 재작성하여 수정한다.

중요한 전기오류가 발견된 이후 최초로 발행을 승인하는 재무제표에 다음의 방법으로 전기오류를 소급하여 수정한다.

> ① 오류가 발생한 과거기간의 재무제표가 비교 표시되는 경우에는 그 재무정보를 재작성한다.
> ② 오류가 비교 표시되는 가장 이른 과거기간 이전에 발생한 경우에는 비교 표시되는 가장 이른 과거기간의 자산, 부채 및 자본의 기초금액을 재작성한다.

**Self Study**

> 1. 전기오류가 처음부터 발생하지 않은 것처럼 재무제표 구성요소의 인식, 측정 및 공시를 수정하는 것을 소급재작성이라고 하며, 한국채택국제회계기준은 중요한 전기오류의 경우 재무제표를 소급재작성해야 한다고 명시하였다.
> 2. 한국채택국제회계기준 기준서 제1008호 '회계정책, 회계추정치의 변경 및 오류'에서는 중요하지 않은 오류의 처리방법에 대해서는 규정하고 있지 않다.

### 02 예외: 소급재작성의 한계점

전기오류는 특정기간에 미치는 오류의 영향이나 오류의 누적효과를 실무적으로 결정할 수 없는 다음의 경우를 제외하고는 소급재작성에 의하여 수정한다.

> ① 비교 표시되는 하나 이상 과거기간의 비교 정보에 대해 특정기간에 미치는 오류의 영향을 실무적으로 결정할 수 없는 경우, 실무적으로 소급재작성할 수 있는 가장 이른 회계기간의 자산, 부채 및 자본의 기초금액을 재작성한다.
> ② 당기 기초시점에 과거기간 전체에 대한 오류의 누적효과를 실무적으로 결정할 수 없는 경우, 실무적으로 적용할 수 있는 가장 이른 날부터 전진적으로 오류를 수정하여 비교정보를 재작성한다.

전기오류의 수정은 오류가 발견된 기간의 당기손익으로 보고하지 않는다. 따라서 과거 재무자료의 요약을 포함한 과거기간의 정보는 실무적으로 적용할 수 있는 최대한 앞선 기간까지 소급재작성한다.

오류수정의 구조

| 구분 | | 회계처리 |
|---|---|---|
| 중요한 오류 | 당기에 발견 | 재무제표 발행승인일 전에 수정 |
| | 전기오류 발견 | 누적효과를 실무적으로 결정할 수 없는 경우를 제외하고는 소급수정함 |
| 예외 | 일부기간 실무적 적용 불가 | 실무적으로 적용가능한 기간부터 소급적용 |
| | 과거기간 전체 실무적 적용 불가 | 실무적으로 적용할 수 있는 가장 이른 날부터 전진적용 |

## II  회계오류의 유형

회계오류가 재무제표에 미치는 영향이 중요하다면 반드시 수정되어야 한다. 중요한 오류를 발견하였을 경우 오류수정분개를 통하여 재무제표에 반영되며, 이러한 오류는 당기순이익에 영향을 미치지 않는 오류와 당기순이익에 영향을 미치는 오류로 구분된다. 당기순이익에 영향을 미치는 오류는 자동조정오류와 비자동조정오류로 구분된다.

① 자동조정오류: 회계오류가 발생한 회계연도와 그 다음 회계연도의 장부가 마감되는 경우, 당해 회계오류가 두 회계연도에 걸쳐 서로 상쇄되어 수정분개의 필요가 없는 오류
② 비자동조정오류: 회계오류가 발생한 회계연도와 그 다음 회계연도의 장부가 마감된 경우에도 회계오류가 자동적으로 상쇄되지 않는 오류

당기순이익에 영향을 미치지 않는 오류들은 단순한 계정분류상의 오류로 재무상태표 오류와 손익계산서 오류로 구분된다. 이들 오류는 당기순이익에 미치는 영향이 없고 중요하지 않으므로 본서에서는 당기순이익에 영향을 미치는 오류에 대해서만 설명한다.

## 01 자동조정오류

자동조정오류는 회계오류가 발생한 다음 회계연도의 장부가 마감된 경우 회계오류가 자동적으로 상쇄되어 오류수정분개가 필요 없는 오류를 말한다. 자동조정오류에는 다음과 같은 오류가 포함된다.

① 재고자산 과대·과소계상 오류
② 매입 과대·과소계상 오류
③ 선급비용, 미지급비용, 선수수익, 미수수익 과소계상 오류
④ 매출채권손실충당금 과소계상 오류(직접상각법을 사용한 경우 포함)
⑤ 충당부채 과소계상 오류

**Additional Comment**

자동조정오류는 주로 기간귀속과 관련하여 전기와 당기의 유동항목을 과대계상하거나 과소계상함에 따라 이익잉여금과 당기순이익에 영향을 미치게 되며, 오류가 발생한 보고기간의 오류효과는 오류가 발생한 다음 보고기간에 반대의 효과를 나타내어 자동적으로 조정된다. 예로 ×1년 기말 재고자산을 ₩100 과대계상하였다면 이로 인해 ×1년 매출원가는 ₩100 과소계상되었을 것이다. 이로 인해 ×1년 당기순이익은 ₩100 과대계상되어 ×1년 말 이익잉여금도 ₩100 과대계상되게 된다. 그러나 동 기말 재고자산 과대계상액이 ×2년 기초 재고자산을 ₩100 과대계상하여 ×2년에 매입과 기말 재고자산에 오류가 없다면 ×2년에 매출원가가 ₩100 과대계상된다. 이로 인하여 ×2년 말 이익잉여금은 ×1년 기말 재고자산 과대계상에 따른 효과로부터 받는 영향이 없어지게 된다.

| 구분 | 재고자산 | | 매출원가 | | 당기순이익 | | 이익잉여금 |
|---|---|---|---|---|---|---|---|
| 20×1년 | 기말재고 100 과대 | ⇒ | 100 과소 | ⇒ | 100 과대 | ⇒ | 100 과대 |
| 20×2년 | 기초재고 100 과대 | ⇒ | 100 과대 | ⇒ | 100 과소 | ⇒ | 100 과소 |
| ⇒ 20×2년 말 현재 20×1년 재고자산 오류로 인한 20×1 ~ 20×2년 이익잉여금 누적효과 | | | | | | | − |

자동조정오류는 재무상태표와 손익계산서에 영향을 미친 계정과목이 하나밖에 없다는 공통점을 갖고 있다. 따라서 자동조정오류는 오류를 수정하는 회계연도의 재무상태표와 손익계산서에 영향을 아래의 재무상태표등식을 이용하여 자산·부채의 과대·과소계상효과가 연도별 손익에 미치는 효과를 구하면 간단하게 수정분개를 할 수 있다.

**재무상태표등식을 이용한 자동조정오류의 손익효과**

| 자산 | 부채 | 자본(이익) | 오류수정(N/I 영향) | |
|---|---|---|---|---|
| | | | 오류발생 회계기간 | 다음 회계기간 |
| 자산과대 | | 이익과대 | − | + |
| 자산과소 | | 이익과소 | + | − |
| | 부채과대 | 이익과소 | + | − |
| | 부채과소 | 이익과대 | − | + |

20×1년 초에 설립한 A사는 20×1년 말 차입금에 대한 미지급이자 ₩50,000을 인식하지 않고 20×2년 초에 ₩50,000의 이자를 지급할 때 이자비용을 인식하였다. A사의 20×1년 당기순이익은 ₩100,000이고 20×2년 당기순이익은 ₩200,000이다.

**1** 미지급비용의 오류를 20×2년에 발견한 경우 오류수정분개를 보이시오.

**2** 20×1년과 20×2년의 정확한 당기순이익과 20×1년 말과 20×2년 말에 재무상태표에 계상될 정확한 이익잉여금을 구하시오.

풀이

**1**

| | | | |
|---|---|---|---|
| 차) 이익잉여금 | 50,000 | 대) 이자비용 | 50,000 |

**2** 1. 재무제표 영향

| 구분 | 20×1년 | 20×2년 |
|---|---|---|
| 미지급비용 기초잔액 | – | 50,000 과소계상 |
| 미지급비용 기말잔액 | 50,000 과소계상 | – |
| 당기 이자비용 | 50,000 과소계상 | 50,000 과대계상 |
| 당기순이익에 미치는 영향 | 50,000 과대계상 | 50,000 과소계상 |
| 기말 이익잉여금에 미치는 영향 | 50,000 과대계상 | – |

2. 재무상태표등식을 이용한 풀이

| 자산 | 부채 | 자본 (이익) | 오류수정(N/I 영향) | |
|---|---|---|---|---|
| | | | 오류발생 회계기간(20×1년) | 다음 회계기간(20×2년) |
| | 부채과소 50,000 | 이익과대 50,000 | – (−)50,000 | + 50,000 |

3. 당기손익과 이익잉여금 잔액에 미치는 영향

| 구분 | 20×1년 | 20×2년 |
|---|---|---|
| 수정 전 당기순이익 | 100,000 | 200,000 |
| 미지급비용 과소계상(20×1년) | (−)50,000 | 50,000 |
| 수정 후 당기순이익 | 50,000 | 250,000 |
| 올바른 기말 이익잉여금 잔액 | 50,000 | 50,000 + 250,000 = 300,000 |

20×1년 초에 설립한 A사는 20×1년 말에 정기예금 미수이자 ₩50,000을 인식하지 않고 20×2년 초에 ₩50,000의 이자를 수령할 때 이자수익을 인식하였다. A사의 20×1년 당기순이익은 ₩100,000이고 20×2년 당기순이익은 ₩200,000이다.

**1** 미수이자의 오류를 20×2년에 발견한 경우 오류수정분개를 보이시오.

**2** 20×1년과 20×2년의 정확한 당기순이익과 20×1년 말과 20×2년 말에 재무상태표에 계상될 정확한 이익잉여금을 구하시오.

**풀이**

**1**

| 차) 이자수익 | 50,000 | 대) 이익잉여금 | 50,000 |
|---|---|---|---|

**2** 1. 재무제표 영향

| 구분 | 20×1년 | 20×2년 |
|---|---|---|
| 미수이자 기초잔액 | – | 50,000 과소계상 |
| 미수이자 기말잔액 | 50,000 과소계상 | – |
| 당기 이자수익 | 50,000 과소계상 | 50,000 과대계상 |
| 당기순이익에 미치는 영향 | 50,000 과소계상 | 50,000 과대계상 |
| 기말 이익잉여금에 미치는 영향 | 50,000 과소계상 | – |

2. 재무상태표등식을 이용한 풀이

| 자산 | 부채 | 자본<br>(이익) | 오류수정(N/I 영향) | |
|---|---|---|---|---|
| | | | 오류발생 회계기간(20×1년) | 다음 회계기간(20×2년) |
| 자산과소<br>50,000 | | 이익과소<br>50,000 | +<br>50,000 | −<br>(−)50,000 |

3. 당기손익과 이익잉여금 잔액에 미치는 영향

| 구분 | 20×1년 | 20×2년 |
|---|---|---|
| 수정 전 당기순이익 | 100,000 | 200,000 |
| 미수이자 과소계상(20×1년) | 50,000 | (−)50,000 |
| 수정 후 당기순이익 | 150,000 | 150,000 |
| 올바른 기말 이익잉여금 잔액 | 150,000 | 150,000 + 150,000 = 300,000 |

20×1년 초에 설립한 A사는 20×2년도 보험료 ₩50,000을 20×1년 말에 지급하면서 모두 비용처리하였다. A사의 20×1년 당기순이익은 ₩100,000이고 20×2년 당기순이익은 ₩200,000이다.

**1** 선급비용의 오류를 20×2년에 발견한 경우 오류수정분개를 보이시오.

**2** 20×1년과 20×2년의 정확한 당기순이익과 20×1년 말과 20×2년 말에 재무상태표에 계상될 정확한 이익잉여금을 구하시오.

풀이

**1** 차) 보험료      50,000      대) 이익잉여금      50,000

**2** 1. 재무제표 영향

| 구분 | 20×1년 | 20×2년 |
|---|---|---|
| 선급비용 기초잔액 | – | 50,000 과소계상 |
| 선급비용 기말잔액 | 50,000 과소계상 | – |
| 당기 보험료 | 50,000 과대계상 | 50,000 과소계상 |
| 당기순이익에 미치는 영향 | 50,000 과소계상 | 50,000 과대계상 |
| 기말 이익잉여금에 미치는 영향 | 50,000 과소계상 | – |

2. 재무상태표등식을 이용한 풀이

| 자산 | 부채 | 자본 (이익) | 오류수정(N/I 영향) | |
|---|---|---|---|---|
| | | | 오류발생 회계기간(20×1년) | 다음 회계기간(20×2년) |
| 자산과소 50,000 | | 이익과소 50,000 | + 50,000 | (−)50,000 |

3. 당기손익과 이익잉여금 잔액에 미치는 영향

| 구분 | 20×1년 | 20×2년 |
|---|---|---|
| 수정 전 당기순이익 | 100,000 | 200,000 |
| 선급비용 과소계상(20×1년) | 50,000 | (−)50,000 |
| 수정 후 당기순이익 | 150,000 | 150,000 |
| 올바른 기말 이익잉여금 잔액 | 150,000 | 150,000 + 150,000 = 300,000 |

20×1년 초에 설립한 A사는 20×2년도 임대료 ₩50,000을 20×1년 말에 수령하면서 모두 수익처리하였다. A사의 20×1년 당기순이익은 ₩100,000이고 20×2년 당기순이익은 ₩200,000이다.

**1** 선수수익의 오류를 20×2년에 발견한 경우 오류수정분개를 보이시오.

**2** 20×1년과 20×2년의 정확한 당기순이익과 20×1년 말과 20×2년 말에 재무상태표에 계상될 정확한 이익잉여금을 구하시오.

풀이

**1**

| 차) 이익잉여금 | 50,000 | 대) 임대료수익 | 50,000 |
|---|---|---|---|

**2** 1. 재무제표 영향

| 구분 | 20×1년 | 20×2년 |
|---|---|---|
| 선수수익 기초잔액 | – | 50,000 과소계상 |
| 선수수익 기말잔액 | 50,000 과소계상 | – |
| 당기 임대료수익 | 50,000 과대계상 | 50,000 과소계상 |
| 당기순이익에 미치는 영향 | 50,000 과대계상 | 50,000 과소계상 |
| 기말 이익잉여금에 미치는 영향 | 50,000 과대계상 | – |

2. 재무상태표등식을 이용한 풀이

| 자산 | 부채 | 자본 (이익) | 오류수정(N/I 영향) | |
|---|---|---|---|---|
| | | | 오류발생 회계기간(20×1년) | 다음 회계기간(20×2년) |
| | 부채과소 50,000 | 이익과소 (–)50,000 | – 50,000 | + 50,000 |

3. 당기손익과 이익잉여금 잔액에 미치는 영향

| 구분 | 20×1년 | 20×2년 |
|---|---|---|
| 수정 전 당기순이익 | 100,000 | 200,000 |
| 선수수익 과소계상(20×1년) | (–)50,000 | 50,000 |
| 수정 후 당기순이익 | 50,000 | 250,000 |
| 올바른 기말 이익잉여금 잔액 | 50,000 | 50,000 + 250,000 = 300,000 |

20×1년 초에 설립한 A사는 20×1년 말에 기말 재고자산 ₩50,000을 과대계상하였다. A사의 20×1년 당기순이익은 ₩100,000이고 20×2년 당기순이익은 ₩200,000이다.

**1** 재고자산의 오류를 20×2년에 발견한 경우 오류수정분개를 보이시오.
**2** 20×1년과 20×2년의 정확한 당기순이익과 20×1년 말과 20×2년 말에 재무상태표에 계상될 정확한 이익잉여금을 구하시오.

---

풀이

**1**

| 차) 이익잉여금 | 50,000 | 대) 매출원가 | 50,000 |
|---|---|---|---|

**2** 1. 재무제표 영향

| 구분 | 20×1년 | 20×2년 |
|---|---|---|
| 재고자산 기초잔액 | – | 50,000 과소계상 |
| 재고자산 기말잔액 | 50,000 과대계상 | – |
| 당기 매출원가 | 50,000 과소계상 | 50,000 과대계상 |
| 당기순이익에 미치는 영향 | 50,000 과대계상 | 50,000 과소계상 |
| 기말 이익잉여금에 미치는 영향 | 50,000 과대계상 | – |

2. 재무상태표등식을 이용한 풀이

| 자산 | 부채 | 자본 (이익) | 오류수정(N/I 영향) 오류발생 회계기간(20×1년) | 다음 회계기간(20×2년) |
|---|---|---|---|---|
| 자산과대 (−)50,000 | | 이익과대 (−)50,000 | – 50,000 | + 50,000 |

3. 당기손익과 이익잉여금 잔액에 미치는 영향

| 구분 | 20×1년 | 20×2년 |
|---|---|---|
| 수정 전 당기순이익 | 100,000 | 200,000 |
| 재고자산 과대계상(20×1년) | (−)50,000 | 50,000 |
| 수정 후 당기순이익 | 50,000 | 250,000 |
| 올바른 기말 이익잉여금 잔액 | 50,000 | 50,000 + 250,000 = 300,000 |

오류수정에 대한 회계처리를 이해하는 과정에서 혼동되는 것은 오류수정의 분개와 비교 표시되는 과년도 재무재표의 재작성이다. 예를 들어 20×1년에 감가상각비 ₩2,000을 과소 계상한 오류(중요한 오류)를 20×2년(당기)에 발견하였다면 비교 표시되는 20×1년도 재무제표의 감가상각비와 감가상각누계액을 각각 ₩2,000씩 증가시키는 재작성 절차를 밟아야 하다. 이 경우 다음과 같은 오류수정분개를 생각할 수 있다.

| 차) 감가상각비 | 2,000 | 대) 감가상각누계액 | 2,000 |
|---|---|---|---|

이러한 분개는 20×1년도 재무제표의 재작성 관점에서의 오류수정분개이다. 그러나 분개는 장부에 기록하는 절차이므로 20×1년도 장부가 이미 마감되어 있는 이상 20×1년도 장부에 위의 분개를 반영할 수는 없다.

전년도 장부의 수정과 비교 표시되는 전년도 재무제표의 재작성은 다르다. 전년도 재무제표를 재작성하라는 의미는 전년도 장부를 수정하라는 것이 아니라 비교 표시되는 전년도 재무제표의 금액을 수정하라는 의미이다. 따라서 위의 사례에서 전기오류의 수정분개는 다음의 분개로 하여 20×2년도에 반영해야 하며, 전년도 재무제표의 재작성은 별도로 이루어져야 한다.

| 차) 이익잉여금 | 2,000 | 대) 감가상각누계액 | 2,000 |
|---|---|---|---|

12월 말 결산법인인 ㈜포도는 20×2년도 외부감사 회계법인을 교체하였다. 담당 공인회계사는 외부감사 과정 중에 아래와 같은 사실을 확인하였다.

(1) 20×1년과 20×2년 ㈜포도의 수정 전 당기순이익은 각각 ₩300,000, ₩200,000
(2) 20×1년 선급비용 ₩20,000 과소계상, 선수수익 누락 ₩30,000
(3) 20×2년 재고자산 ₩40,000 과대계상

**1** 위의 오류를 모두 수정하였을 때 ㈜포도의 20×1년 당기순이익을 구하시오.
**2** 위의 오류를 모두 수정하였을 때 ㈜포도의 20×2년 당기순이익을 구하시오.
**3** 위의 오류를 모두 수정하였을 때 ㈜포도의 20×1년 이익잉여금에 미친 영향을 구하시오.
**4** 위의 오류를 모두 수정하였을 때 ㈜포도의 20×2년 이익잉여금에 미친 영향을 구하시오.

풀이

**1** 20×1년 정확한 당기순이익: 290,000
**2** 20×2년 정확한 당기순이익: 170,000
**3** 20×1년 이익잉여금에 미치는 영향: 20,000 − 30,000 = (−)10,000
**4** 20×2년 이익잉여금에 미치는 영향: 20,000 − 30,000 − 20,000 + 30,000 − 40,000 = (−)40,000

[당기손익과 이익잉여금 잔액에 미치는 영향]

| 구분 | 20×1년 | 20×2년 |
|---|---|---|
| 수정 전 N/I | 300,000 | 200,000 |
| 20×1년 선급비용 과소 | 20,000 | (−)20,000 |
| 20×1년 선수수익 누락 | (−)30,000 | 30,000 |
| 20×2년 재고자산 과대 | | (−)40,000 |
| 수정 후 N/I | 290,000 | 170,000 |

[20×2년 말 수정분개]

| | | | | |
|---|---|---|---|---|
| 20×1년 선급비용 과소계상 | 차) 비용 | 20,000 | 대) 이익잉여금 | 20,000 |
| 20×1년 선수수익 과소계상 | 차) 이익잉여금 | 30,000 | 대) 수익 | 30,000 |
| 20×2년 재고자산 과대계상 | 차) 매출원가 | 40,000 | 대) 재고자산 | 40,000 |

㈜대한의 회계감사인은 20×2년도 재무제표에 대한 감사과정에서 20×1년 말 재고자산 금액이 ₩10,000만큼 과대계상되어 있음을 발견하였으며, 이는 중요한 오류에 해당한다. 동 재고자산의 과대계상 오류가 수정되지 않은 ㈜대한의 20×1년과 20×2년의 손익은 다음과 같다.

| 구분 | 20×1년 | 20×2년 |
|---|---|---|
| 수익 | ₩150,000 | ₩170,000 |
| 비용 | 90,000 | 40,000 |
| 당기순이익 | ₩60,000 | ₩130,000 |

한편, 20×2년 말 재고자산 금액은 정확하게 계상되어 있으며, ㈜대한의 20×1년 초 이익잉여금은 ₩150,000이다. 상기 재고자산 오류를 수정하여 비교재무제표를 작성할 경우, ㈜대한의 20×1년 말과 20×2년 말의 이익잉여금은 각각 얼마인가?                          [공인회계사 2022년]

|   | 20×1년 말 | 20×2년 말 |
|---|---|---|
| ① | ₩200,000 | ₩330,000 |
| ② | ₩200,000 | ₩340,000 |
| ③ | ₩210,000 | ₩330,000 |
| ④ | ₩210,000 | ₩340,000 |
| ⑤ | ₩220,000 | ₩340,000 |

**풀이**

1) 20×1년 말 이익잉여금: 150,000 + 60,000 − 10,000(재고자산 과대계상) = 200,000
2) 20×2년 말 이익잉여금: 150,000 + 60,000 + 130,000 = 340,000
   * 재고자산은 자동조정오류로 20×1년에 발생한 오류는 20×2년에 자동조정되어 20×2년 말 이익잉여금에는 영향이 없다.

정답: ②

## 02 비자동조정오류

비자동조정오류란 두 보고기간을 초과하여 오류의 효과가 지속되는 오류를 말하며, 일반적으로 비유동항목과 관련하여 발생한다. 비자동조정오류가 주로 발생하는 계정은 유형자산, 무형자산, 사채 등이 있다. 비자동조정오류는 자동조정오류를 제외한 모든 오류들로 자동조정오류와는 달리 재무상태표와 손익계산서에 영향을 미친 계정과목이 여러 개라는 특징이 있다. 따라서 비자동조정오류도 자동조정오류와 마찬가지로 오류를 수정하는 회계연도의 재무상태표와 손익계산서에 영향을 미친 계정과목과 금액을 계산하여 수정분개를 하면 된다. 비자동조정오류를 발견한 경우 오류수정분개를 하는 순서는 다음과 같이 수행하는 것이 유용하다.

---

**비자동조정오류의 오류수정분개 순서**

① 재무상태표계정의 차이를 조정 ⇒ ② 당기손익의 차이를 조정 ⇒ ③ 대차차액을 이익잉여금으로 처리

---

또한 중요한 오류를 발견한 경우 재무상태표와 포괄손익계산서에 미치는 영향을 분석하고 오류수정분개를 수행해야 한다. 다양한 오류가 복합적으로 발생한 경우 오류로 인한 기말 재무상태표 효과와 연도별 손익효과를 파악하기 어렵다. 이 경우 정산표를 이용하여 오류를 집계하면 위의 효과를 쉽고 빠르게 파악할 수 있다.

---

**오류수정정산표의 예시**

| 구분 | 20×1년 | 20×2년 |
|---|---|---|
| 수정 전 N/I | ×× | ×× |
| 20×1년 자동조정오류 | ×× | (−)×× |
| | (−)×× | ×× |
| 20×2년 자동조정오류 | | ×× |
| | | (−)×× |
| 비자동조정오류 | ×× | ×× |
| | (−)×× | (−)×× |
| 수정 후 N/I | ×× | ×× |

12월 말 결산법인인 A사는 20×2년도 회계변경 및 오류수정과 관련하여 아래와 같은 물음들을 발견하였다. 20×2년 재무제표 작성 시 각각에 대하여 분개(또는 수정분개)를 하시오. 분개(또는 수정분개)가 필요 없는 경우에는 "필요 없음"이라고 기재하고 특별한 언급이 없는 한 법인세효과는 무시하고 모든 오류는 중요한 오류로 가정한다. 다음의 각 물음을 독립된 상황이라고 가정하시오.

**1** A사는 20×1년 초에 기계장치 취득과 관련하여 정부보조금 ₩40,000을 수령하여, 기계장치를 ₩100,000에 취득하였다. 정부보조금은 자산의 장부금액을 결정할 때 차감하여야 하는데, 회사는 정부보조금 수령시점에 모두 수익으로 인식하였다. 기계장치는 내용연수 5년, 잔존가치 ₩10,000, 정률법(상각률 36.9%)으로 감가상각한다.

**2** A사는 20×2년도에 사채와 관련된 중요한 오류를 발견하였다. 20×1년 1월 1일 사채(액면금액 ₩100,000, 3년 만기)를 ₩95,197에 발행하였다. 동 사채의 액면이자율은 10%(매년 말 이자지급), 유효이자율은 12%이다. A사는 사채를 발행할 때에는 올바르게 회계처리를 하였으나, 20×1년과 20×2년의 이자비용을 액면이자 지급액에 대해서만 회계처리하였다.

**풀이**

**1**

| 차) 이월이익잉여금 | 23,600 | 대) 감가상각비 | 10,348 |
|---|---|---|---|
| | | 정부보조금[1] | 13,252 |

[1]  40,000 − 16,400 − 10,348 = 13,252

(1) 20×1년 감가상각비: 100,000 × 0.369 = 36,900
(2) 20×2년 감가상각비: (100,000 − 36,900) × 0.369 = 23,284
(3) 20×1년 정부보조금 상계액: 36,900 × 40,000/(100,000 − 10,000) = 16,400
(4) 20×2년 정부보조금 상계액: 23,284 × 40,000/(100,000 − 10,000) = 10,348

**2**

| 차) 이자비용 | 1,594 | 대) 사채할인발행차금 | 3,018 |
|---|---|---|---|
| 이월이익잉여금 | 1,424 | | |

[계정별 장부금액 분석]

| 계정과목 | 회사 | GAAP |
|---|---|---|
| 사채(장부가액) | 95,197 | 98,215[1] |
| 이자비용 | (−)10,000 | (−)11,594[2] |

[1]  사채(장부금액): (95,197 × 1.12 − 10,000) × 1.12 − 10,000 = 98,215
[2]  이자비용: (95,197 × 1.12 − 10,000) × 12% = 11,594

**보고기간 말이 12월 31일 A사는 20×3년도의 재무제표를 작성하던 중 아래의 중요한 오류를 발견하였다.**

(1) 20×1년 말 재고자산을 ₩4,000 과대평가하였으며, 20×2년 말 재고자산을 ₩10,000 과대평가하였으며, 20×3년 말 재고자산을 ₩5,000 과소평가하였다.

(2) 20×1년 말 미수이자를 ₩5,000 과소계상하였으며, 20×2년 말 미수이자를 ₩4,000 과소계상하였다.

(3) 회사는 매년 12월 급여를 다음 해 1월에 지급하고 1월에 해당 급여 ₩12,000을 비용처리하였다.

(4) 20×2년 1월 1일에 ₩10,000에 취득한 유형자산을 모두 비용으로 처리하였다. 유형자산은 내용연수 5년으로 하고, 잔존가치 없이 정액법으로 감가상각한다.

**1** 오류수정 전 20×2년 말 이익잉여금이 ₩500,000이라고 할 때, 오류수정 후 20×2년 말 이익잉여금을 계산하시오(단, 법인세효과는 고려하지 않는다).

**2** 오류수정 전 20×3년 말 당기순이익이 ₩400,000이라고 할 때, 오류수정 후 20×3년 당기순이익을 계산하시오.

[ 풀이 ]

**1** 20×2년 말 수정 후 이익잉여금: 500,000 − 11,000 + 1,000 = 490,000
**2** 20×3년 말 수정 후 당기순이익: 400,000 + 9,000 = 409,000

[오류수정정산표의 작성]

| 구분 | 20×1년 | 20×2년 | 20×3년 |
|---|---|---|---|
| (1) 20×1년 재고자산 과대평가 | (−)4,000 | 4,000 | |
| (1) 20×2년 재고자산 과대평가 | | (−)10,000 | 10,000 |
| (1) 20×3년 재고자산 과소평가 | | | 5,000 |
| (2) 20×1년 미수이자 과소계상 | 5,000 | (−)5,000 | |
| (2) 20×2년 미수이자 과소계상 | | 4,000 | (−)4,000 |
| (3) 20×1년 미지급급여 과소계상 | (−)12,000 | 12,000 | |
| (3) 20×2년 미지급급여 과소계상 | | (−)12,000 | 12,000 |
| (3) 20×3년 미지급급여 과소계상 | | | (−)12,000 |
| (4) 유형자산 과소계상 | | 10,000 | |
| (4) 감가상각비 미계상 | | (−)2,000 | (−)2,000 |
| 합계 | (−)11,000 | 1,000 | 9,000 |

㈜대한은 20×3년 말 장부 마감 전에 과거 3년간의 회계장부를 검토한 결과 다음과 같은 오류사항을 발견하였으며, 이는 모두 중요한 오류에 해당한다.

- 기말재고자산은 20×1년에 ₩20,000 과소계상, 20×2년에 ₩30,000 과대계상, 20×3년에 ₩35,000 과대계상되었다.
- 20×2년에 보험료로 비용 처리한 금액 중 ₩15,000은 20×3년 보험료의 선납분이다.
- 20×1년 초 ㈜대한은 잔존가치 없이 정액법으로 감가상각하고 있던 기계장치에 대해 ₩50,000의 지출을 하였다. 동 지출은 기계장치의 장부금액에 포함하여 인식 및 감가상각 하여야 하나, ㈜대한은 이를 지출 시점에 즉시 비용(수선비)으로 처리하였다. 20×3년 말 현재 동 기계장치의 잔존내용연수는 2년이며, ㈜대한은 모든 유형자산에 대하어 원가모형을 적용하고 있다.

위 오류사항에 대한 수정효과가 ㈜대한의 20×3년 전기이월이익잉여금과 당기순이익에 미치는 영향은 각각 얼마인가? [공인회계사 2021년]

|  | 전기이월이익잉여금 | 당기순이익 |
|---|---|---|
| ① | ₩15,000 감소 | ₩15,000 감소 |
| ② | ₩15,000 증가 | ₩15,000 감소 |
| ③ | ₩15,000 감소 | ₩30,000 감소 |
| ④ | ₩15,000 증가 | ₩30,000 감소 |
| ⑤ | ₩0 | ₩0 |

풀이

1) 정산표

| 구분 | 20×1년 | 20×2년 | 20×3년 |
|---|---|---|---|
| 20×1년 재고 | 20,000 | (−)20,000 | |
| 20×2년 재고 | | (−)30,000 | 30,000 |
| 20×3년 재고 | | | (−)35,000 |
| 20×2년 보험료 | | 15,000 | (−)15,000 |
| 기계장치 | 50,000 | | |
| 감가상각비 | (−)10,000 | (−)10,000 | (−)10,000 |
| 당기순이익에 미친 영향 | 60,000 | (−)45,000 | (−)30,000 |

* 감가상각비: 50,000 ÷ (3 + 2)년 = 10,000
2) 전기이월이익잉여금에 미치는 영향: 60,000 − 45,000 = 15,000
3) 당기순이익에 미치는 영향: (−)30,000

정답: ④

㈜국세는 20×2년도 재무제표를 감사받던 중 몇 가지 오류사항을 지적받았다. 다음 오류사항들을 20×2년도 재무제표에 수정 반영할 경우, 전기이월이익잉여금과 당기순이익에 미치는 영향은? (단, 오류사항은 모두 중요한 오류로 간주한다. 건물에 대해서는 원가모형을 적용하며, 감가상각은 월할 계산한다. 또한 20×2년도 장부는 마감되지 않았다고 가정한다)  [세무사 2012년]

- 20×1년 1월 1일에 본사 건물을 ₩1,000,000(잔존가치 0, 정액법 상각)에 취득하였는데 감가상각에 대한 회계처리를 한 번도 하지 않았다. 20×2년 말 현재 동 건물의 잔존내용연수는 8년이다.
- 20×1년 7월 1일에 동 건물의 미래 효익을 증가시키는 냉난방설비를 부착하기 위한 지출 ₩190,000이 발생하였는데, 이를 수선비로 처리하였다.
- 20×1년 4월 1일에 가입한 정기예금의 이자수령 약정일은 매년 3월 31일이다. ㈜국세는 20×1년 말과 20×2년 말에 정기예금에 대한 미수이자 ₩50,000을 계상하지 않고, 실제 이자를 받은 이자수령일에 수익으로 인식하는 회계처리를 하였다.

| | 전기이월이익잉여금 | 당기순이익 |
|---|---|---|
| ① | ₩130,000 증가 | ₩120,000 감소 |
| ② | ₩140,000 증가 | ₩120,000 감소 |
| ③ | ₩140,000 감소 | ₩145,000 감소 |
| ④ | ₩130,000 증가 | ₩120,000 증가 |
| ⑤ | ₩140,000 감소 | ₩120,000 증가 |

풀이

| 구분 | 20×1년 | 20×2년 |
|---|---|---|
| 건물 감가상각비 과소[1] | (−)100,000 | (−)100,000 |
| 20×1년 자본적 지출 | 190,000 | |
| 자본적 지출 감가상각비[2] | (−)10,000 | (−)20,000 |
| 20×1년 말 미수이자 과소 | 50,000 | (−)50,000 |
| 20×2년 말 미수이자 과소 | | 50,000 |
| 합계 | 130,000 | (−)120,000 |

[1] 건물 감가상각비: $(1,000,000 - 0)/(8 + 2)$년 $= (-)100,000$

[2] 자본적 지출로 인한 20×1년 감가상각비(내용연수 9.5년): $190,000 \times 6/114$개월 $= 10,000$

⇒ 전기이월이익잉여금 영향: 130,000 증가

⇒ 당기순이익 영향: 120,000 감소

정답: ①

## I 전기 재무제표의 재작성

회계정책을 변경하는 경우에는 당해 회계정책의 변경이 전기 이전의 손익에 미친 영향은 소급법에 따라 이월이익잉여금에 반영하여야 한다. 소급법에서는 비교목적으로 작성하는 전기재무제표를 변경 후의 방법을 사용하였다고 가정하고 재작성해야 한다.

## II 회계변경과 전기오류수정에 따른 법인세효과

과거의 손익에 영향을 미치는 회계변경과 오류수정효과는 법인세 추가납부 또는 법인세 환급을 발생시킬 수 있으므로 당해 회계변경과 오류가 법인세에 미치는 영향을 분석하여 당기법인세부채와 이연법인세부채에 반영하고 이를 법인세비용에 반영하여야 한다. 법인세비용은 세전이익에 대응하는 비용이다. 그러므로 세전이익이 증가하면 법인세비용도 증가하고 세전이익이 감소하면 법인세비용도 감소한다.

전기이월미처분이익잉여금에 반영되는 회계정책의 변경이나 오류로 인하여 법인세효과가 발생하는 경우에는 관련 법인세효과를 전기이월미처분이익잉여금에서 직접 반영해서 법인세기간 내 배분을 수행해야 한다.

**01** 전기오류는 특정 기간에 미치는 오류의 영향이나 오류의 누적효과를 실무적으로 결정할 수 없는 경우를 제외하고는 소급재작성에 의하여 수정한다.

**02** 회계정책의 변경과 회계추정치의 변경을 구분하는 것이 어려운 경우에는 회계추정치의 변경으로 본다.

**03** 당기 기초시점에 과거기간 전체에 대한 새로운 회계정책 적용의 누적효과를 실무적으로 결정할 수 없는 경우, 실무적으로 적용할 수 있는 가장 이른 날부터 새로운 회계정책을 전진적용하여 비교정보를 재작성한다.

**04** 과거에 발생하였지만 중요하지 않았던 거래, 기타 사건 또는 상황에 대하여 새로운 회계정책을 적용하는 경우는 회계정책의 변경에 해당하지 않는다.

회계변경과 오류수정

CH 21

해커스 IFRS 정윤돈 중급회계 2

[01 ~ 05]

12월 말 결산법인인 A사는 20×2년도 회계변경 및 오류수정과 관련하여 아래와 같은 사항들을 발견하였다. 특별한 언급이 없는 한 법인세효과는 무시하고 모든 오류는 중요한 오류로 가정한다. 다음의 각 상황을 독립된 상황이라고 가정하시오.

**01** A사는 20×1년 초 ₩3,400,000에 구입한 기계장치를 내용연수 10년, 잔존가치 ₩100,000으로 추정하여 연수합계법으로 감가상각해 왔다. 그러나 20×2년 초 경제적 내용연수를 10년에서 6년으로 변경하였으며, 감가상각방법도 정액법으로 변경하였다. A사는 이러한 변경내용을 반영하지 않고 20×2년도 감가상각비를 인식하였다. 20×2년 수행할 수정분개를 고르시오.

| ① | 차) 감가상각비 | 540,000 | 대) 감가상각누계액 | 540,000 |
|---|---|---|---|---|
| ② | 차) 감가상각비<br>　　 이익잉여금 | 540,000<br>540,000 | 대) 감가상각누계액 | 1,080,000 |
| ③ | 차) 이익잉여금 | 540,000 | 대) 감가상각누계액 | 540,000 |
| ④ | 차) 감가상각누계액 | 540,000 | 대) 기계장치 | 540,000 |
| ⑤ | | | 수정분개 회계처리 "없음" | |

**02** A사는 20×2년 중 자가사용 중인 건물을 재평가모형에서 원가모형으로 측정기준을 변경하기로 하였다. 20×2년 초 건물의 장부금액은 ₩5,000(취득금액 ₩5,000, 감가상각누계액 ₩0)이며, 잔존내용연수는 10년, 잔존가치는 없다. 건물의 최초취득금액은 ₩14,000이며, 20×2년 1월 1일 현재 취득일로부터 4년이 경과하였다. 재평가모형의 회계처리는 감가상각누계액을 우선 상계하고 재평가잉여금 중 실현된 부분은 이익잉여금으로 대체하는 방법을 사용하였다. A사는 20×2년 중 건물과 관련하여 감가상각비를 인식하지 않았다. 20×2년 수행할 수정분개를 하시오.

① 차) 건물 9,000 대) 감가상각누계액 5,000
　 감가상각비 1,000 　 이월이익잉여금 5,000

② 차) 감가상각비 9,000 대) 이월이익잉여금 10,000
　 감가상각누계액 1,000

③ 차) 건물 10,000 대) 이월이익잉여금 10,000

④ 차) 감가상각비 1,000 대) 감가상각누계액 1,000

⑤ 차) 감가상각누계액 1,000 대) 감가상각비 1,000

A사는 재고자산 원가흐름의 가정을 선입선출법에서 이동평균법으로 변경하였다. 각 방법에 따른 매출원가는 다음과 같으며, 주어진 내용을 제외한 회계연도의 매출원가는 두 방법이 일치하였다.

| 구분 | 선입선출법 | 이동평균법 |
|---|---|---|
| 20×1년 매출원가 | ₩34,000 | ₩38,000 |
| 20×2년 매출원가 | 45,000 | 47,000 |
| 20×3년 매출원가 | 63,000 | 74,000 |

A사는 20×3년도의 재무제표에 매출원가와 재고자산을 선입선출법으로 보고하였다. 20×3년 말 재고자산이 ₩26,000인 경우 A사가 수행하여야 할 수정분개를 고르시오.

① 차) 매출원가 10,000 대) 재고자산 12,000
　　 이월이익잉여금 2,000

② 차) 매출원가 11,000 대) 재고자산 17,000
　　 이월이익잉여금 6,000

③ 차) 매출원가 6,000 대) 재고자산 6,000

④ 차) 이월이익잉여금 2,000 대) 재고자산 2,000

⑤ 차) 재고자산 3,000 대) 매출원가 3,000

**04** A사는 타사 창고에 보관 중인 회사 소유의 상품을 기말재고에서 포함하지 못하였다. 각 회계연도 말 현재 타사 창고에 보관 중인 회사 소유의 상품은 다음과 같다고 할 경우 A사가 20×3년에 수행할 수정분개를 고르시오.

| 20×1년 말 | 20×2년 말 | 20×3년 말 |
|---|---|---|
| ₩10,000 | ₩40,000 | ₩30,000 |

| | | | | | |
|---|---|---|---|---|---|
| ① | 차) 재고자산 | 30,000 | 대) 이월이익잉여금 | 40,000 | |
| | 매출원가 | 10,000 | | | |
| ② | 차) 재고자산 | 40,000 | 대) 이월이익잉여금 | 50,000 | |
| | 매출원가 | 10,000 | | | |
| ③ | 차) 매출원가 | 40,000 | 대) 이월이익잉여금 | 40,000 | |
| ④ | 차) 재고자산 | 30,000 | 대) 이월이익잉여금 | 30,000 | |
| ⑤ | 차) 재고자산 | 20,000 | 대) 매출원가 | 20,000 | |

A사는 20×2년 중 신제품을 출시하고 1년간 무상수리를 보증하였다. 무상수리비용은 매출액의 10%로 예상되었으나 20×2년 말에는 금액적으로 중요하지 않아 충당부채를 인식하지 않았다. A사는 20×3년 중 신제품의 판매가 호조를 보여 제품보증비용이 중요하다고 판단되었다. 20×3년 말 현재 A사는 제품보증충당부채를 인식하지 않고 있다고 할 경우 A사가 수행할 수정분개를 고르시오(단, 동 무상수리는 확신유형의 보증이다).

| 구분 | 20×2년 | 20×3년 |
|---|---|---|
| 매출액 | ₩100,000 | ₩500,000 |
| 제품보증비용 발생액 | | |
| 20×2년 | 2,000 | 7,000 |
| 20×3년 | | 22,000 |

① 차) 제품보증비용 25,000 　대) 제품보증충당부채 25,000
② 차) 제품보증비용 26,000 　대) 제품보증충당부채 26,000
③ 차) 제품보증비용 28,000 　대) 제품보증충당부채 28,000
④ 차) 제품보증비용 30,000 　대) 제품보증충당부채 30,000
⑤ 차) 제품보증비용 32,000 　대) 제품보증충당부채 32,000

**06** 회계정책, 회계추정치의 변경 및 오류에 대한 다음 설명 중 옳지 않은 것은?

[공인회계사 2018년 수정]

① 전기오류의 수정은 오류가 발견된 기간의 당기손익으로 보고한다.
② 전기오류는 특정 기간에 미치는 오류의 영향이나 오류의 누적효과를 실무적으로 결정할 수 없는 경우를 제외하고는 소급재작성에 의하여 수정한다.
③ 회계정책의 변경과 회계추정치의 변경을 구분하는 것이 어려운 경우에는 회계추정치의 변경으로 본다.
④ 당기 기초시점에 과거기간 전체에 대한 새로운 회계정책 적용의 누적효과를 실무적으로 결정할 수 없는 경우, 실무적으로 적용할 수 있는 가장 이른 날부터 새로운 회계정책을 전진적용하여 비교정보를 재작성한다.
⑤ 과거에 발생하였지만 중요하지 않았던 거래, 기타 사건 또는 상황에 대하여 새로운 회계정책을 적용하는 경우는 회계정책의 변경에 해당하지 않는다.

**07** ㈜한국은 20×1년 1월 1일에 영업용 건물(취득원가 ₩100,000, 잔존가치 ₩0, 내용연수 10년, 정액법 감가상각)을 취득하여 원가모형을 적용하고 있다. 20×3년 1월 1일에 ₩30,000의 수선비가 지출되었고, 이로 인하여 내용연수가 2년 연장될 것으로 추정하였다. 수선비는 자산화하기로 하였으며, ㈜한국은 감가상각방법을 20×3년 초부터 연수합계법으로 변경하기로 하였다. 영업용 건물의 회계처리가 ㈜한국의 20×3년도 당기순이익에 미치는 영향은? (단, 단수차이로 인해 오차가 있다면 가장 근사치를 선택한다)

[공인회계사 2017년]

① ₩11,000 감소     ② ₩14,545 감소     ③ ₩16,666 감소
④ ₩20,000 감소     ⑤ ₩21,818 감소

**08** ㈜대한은 20×1년 초 건물을 ₩1,000,000에 취득하여 투자부동산으로 분류하고 원가모형을 적용하여 정액법으로 감가상각(내용연수 10년, 잔존가치 ₩0)하였다. 그러나 20×2년에 ㈜대한은 공정가치모형이 보다 더 신뢰성 있고 목적적합한 정보를 제공하는 것으로 판단하여, 동 건물에 대하여 공정가치모형을 적용하기로 하였다. 동 건물 이외의 투자부동산은 없으며, 원가모형 적용 시 20×1년 말 이익잉여금은 ₩300,000이었다. 건물의 공정가치가 다음과 같은 경우, 동 건물의 회계처리와 관련된 설명 중 옳지 않은 것은? (단, 이익잉여금 처분은 없다고 가정한다) [공인회계사 2019년]

| 구분 | 20×1년 말 | 20×2년 말 |
|---|---|---|
| 건물의 공정가치 | ₩950,000 | ₩880,000 |

① 20×2년 말 재무상태표에 표시되는 투자부동산 금액은 ₩880,000이다.
② 20×2년도 포괄손익계산서에 표시되는 투자부동산평가손실 금액은 ₩70,000이다.
③ 20×2년 재무제표에 비교 표시되는 20×1년 말 재무상태표상 투자부동산 금액은 ₩950,000이다.
④ 20×2년 재무제표에 비교 표시되는 20×1년도 포괄손익계산서상 감가상각비 금액은 ₩100,000이다.
⑤ 20×2년 재무제표에 비교 표시되는 20×1년 말 재무상태표상 이익잉여금 금액은 ₩350,000이다.

09 ㈜세무는 20×1년 설립 이후 재고자산 단위원가 결정방법으로 가중평균법을 사용하여 왔다. 그러나 선입선출법이 보다 목적적합하고 신뢰성 있는 정보를 제공할 수 있다고 판단하여, 20×4년 초에 단위원가 결정방법을 선입선출법으로 변경하였다. ㈜세무가 재고자산 단위원가 결정방법을 선입선출법으로 변경하는 경우, 다음 자료를 이용하여 20×4년도 재무제표에 비교정보로 공시될 20×3년 매출원가와 20×3년 기말이익잉여금은?

| 구분 | 20×1년 | 20×2년 | 20×3년 |
|---|---|---|---|
| 가중평균법 적용 기말재고자산 | ₩10,000 | ₩11,000 | ₩12,000 |
| 선입선출법 적용 기말재고자산 | ₩12,000 | ₩14,000 | ₩16,000 |
| 회계정책 변경 전 매출원가 | ₩50,000 | ₩60,000 | ₩70,000 |
| 회계정책 변경 전 기말이익잉여금 | ₩100,000 | ₩300,000 | ₩600,000 |

|  | 매출원가 | 기말이익잉여금 |
|---|---|---|
| ① | ₩61,000 | ₩607,000 |
| ② | ₩61,000 | ₩604,000 |
| ③ | ₩69,000 | ₩599,000 |
| ④ | ₩69,000 | ₩604,000 |
| ⑤ | ₩71,000 | ₩599,000 |

**10** ㈜세무는 20×1년 10월 1일 3년치 영업용 건물 관련 화재보험료 ₩1,200,000
을 선급하고 전액 20×1년 비용으로 인식하였다. 동 오류는 20×2년 말 장부마감
전에 발견되어 수정되었다. ㈜세무의 오류수정 회계처리가 20×2년 재무제표에 미
친 영향으로 옳은 것은? (단, 보험료는 매 기간 균등하게 발생하고, 모든 오류는
중요한 것으로 간주한다)

[세무사 2019년]

① 전기이월이익잉여금이 ₩1,100,000 증가한다.
② 당기 비용이 ₩700,000 발생한다.
③ 기말 이익잉여금이 ₩400,000 증가한다.
④ 기말 자산항목이 ₩400,000 증가한다.
⑤ 기말 순자산이 ₩300,000 증가한다.

**11** 20×2년 말 ㈜대한의 외부감사인은 수리비의 회계처리 오류를 발견하였다. 동 오
류의 금액은 중요하다. 20×1년 1월 1일 본사 건물 수리비 ₩500,000이 발생하
였고, ㈜대한은 이를 건물의 장부금액에 가산하였으나 동 수리비는 발생연도의 비
용으로 회계처리하는 것이 타당하다. 20×1년 1월 1일 현재 건물의 잔존내용연수
는 10년, 잔존가치는 ₩0이며, 정액법으로 감가상각한다. ㈜대한의 오류 수정 전
부분재무상태표는 다음과 같다.

| 구분 | 20×0년 말 | 20×1년 말 | 20×2년 말 |
|---|---|---|---|
| 건물 | ₩5,000,000 | ₩5,500,000 | ₩5,500,000 |
| 감가상각누계액 | ₩(2,500,000) | ₩(2,800,000) | ₩(3,100,000) |
| 장부금액 | ₩2,500,000 | ₩2,700,000 | ₩2,400,000 |

상기 오류수정으로 인해 ㈜대한의 20×2년 말 순자산 장부금액은 얼마나 변동되는가?

[공인회계사 2020년]

① ₩400,000 감소    ② ₩450,000 감소    ③ ₩500,000 감소
④ ₩420,000 감소    ⑤ ₩50,000 증가

**12** ㈜세무는 20×1년 초에 사채(상각후원가로 측정하는 금융부채)를 발행하였다. 20×1년 말 장부마감 과정에서 동 사채의 회계처리와 관련한 다음과 같은 중요한 오류를 발견하였다.

- 사채의 발행일에 사채발행비 ₩9,500이 발생하였으나 이를 사채의 발행금액에서 차감하지 않고, 전액 20×1년도의 당기비용으로 처리하였다.
- 20×1년 초 사채의 발행금액(사채발행비 차감 전)은 ₩274,000이고, ㈜세무는 동 발행금액에 유효이자율 연 10%를 적용하여 20×1년도 이자비용을 인식하였다.
- 상기 사채발행비를 사채 발행금액에서 차감할 경우 사채발행시점의 유효이자율은 연 12%로 증가한다.

㈜세무의 오류수정 전 20×1년도의 당기순이익이 ₩100,000인 경우, 오류를 수정한 후의 20×1년도 당기순이익은?  [세무사 2022년]

① ₩90,500  ② ₩95,660  ③ ₩104,340

④ ₩105,160  ⑤ ₩109,500

# Chapter 21 | 객관식 문제 정답 및 해설

**01** ⑤  회계처리: '필요 없음'
(1) 20×2년 초 장부금액: $3,400,000 - (3,400,000 - 100,000) \times 10/55 = 2,800,000$
(2) 변경 시 감가상각비: $(2,800,000 - 100,000)/5^{1)} = 540,000$
    1) 잔여내용연수: 6년 − 1년 = 5년
(3) 변경 전 감가상각비: $(3,400,000 - 100,000) \times 9/55 = 540,000$
⇒ A사가 인식한 감가상각비가 변경 이후 감가상각비와 동일하므로 수정분개가 필요 없다.

**02** ①

| 차) 건물 | 9,000 | 대) 감가상각누계액 | 5,000 |
|---|---|---|---|
| 감가상각비 | 1,000 | 이월이익잉여금 | 5,000 |

\* 계정별 장부금액 분석

| 계정과목 | 재평가모형 | 원가모형 |
|---|---|---|
| 건물 | 5,000 | 14,000 |
| 감가상각누계액 | | $14,000 \times 5/14 = 5,000$ |
| 감가상각비 | | $14,000 \times 1/14 = 1,000$ |

**03** ②  (1) 수정분개

| 차) 매출원가[1] | 11,000 | 대) 재고자산 | 17,000 |
|---|---|---|---|
| 이월이익잉여금[2] | 6,000 | | |

1) 매출원가: $74,000 - 63,000 = 11,000$
2) 이월이익잉여금: $(38,000 + 47,000) - (34,000 + 45,000) = 6,000$

(2) 20×3년 말 재고자산: $26,000 - 17,000 = 9,000$

**04** ①  수정분개

| 차) 재고자산 | 30,000 | 대) 이월이익잉여금[1] | 40,000 |
|---|---|---|---|
| 매출원가[2] | 10,000 | | |

1) 재고자산 전기 과소계상액: 40,000
2) 매출원가: 전기 오류수정 (40,000) + 당기 오류수정 30,000 = (−)10,000

**05** ③  (1) 회계처리

| 차) 제품보증비용 | 28,000 | 대) 제품보증충당부채[1] | 28,000 |
|---|---|---|---|

\* 중요하지 않아 충당부채를 인식하지 않은 것은 회계오류가 아니다.
1) $500,000 \times 10\% - 22,000 = 28,000$

(2) 20×3년 당기손익에 미친 영향: 보증비용발생 (29,000) + 충당부채 인식 (28,000) = (−)57,000

**06** ① 전기오류의 수정은 당기 이월이익잉여금에 반영한다.

**07** ④ (1) 20×3년 초 건물의 장부금액: 100,000 × 8/10 + 30,000 = 110,000
(2) 20×3년 감가상각비: (110,000 − 0) × 10/55 = 20,000

**08** ④ 투자부동산을 원가모형에서 공정가치모형으로 변경하는 것은 회계정책의 변경에 해당하므로 소급법을 적용한다. 이로 인해 20×2년에 비교 표시되는 20×1년의 재무제표에도 투자부동산은 공정가치로 평가한 장부금액과 평가손익이 기재되어야 한다.
1. 비교 표시되는 재무상태표
   (1) 20×1년 말 투자부동산 장부금액: 950,000
   (2) 20×2년 말 투자부동산 장부금액: 880,000
2. 비교 표시되는 포괄손익계산서
   (1) 20×1년 당기손익에 미친 영향: 투자부동산평가손실 (50,000) = 950,000 − 1,000,000
   (2) 20×2년 당기손익에 미친 영향: 투자부동산평가손실 (70,000) = 880,000 − 950,000
3. 비교 표시되는 20×1년 말 재무상태표상 이익잉여금: 300,000 + 50,000[1)] = 350,000

   [1)] 취소되는 감가상각비 100,000(= 1,000,000 ÷ 10년) + 평가손실 (50,000) = 50,000

**09** ④ [오류수정정산표]

| 구분 | 20×1년 | 20×2년 | 20×3년 |
|---|---|---|---|
| 20×1년 재고 증가 | 2,000 | (−)2,000 | |
| 20×2년 재고 증가 | | 3,000 | (−)3,000 |
| 20×3년 재고 증가 | | | 4,000 |
| 합계 | 2,000 | 1,000 | 1,000 |

* 재고자산의 증감 ∝ 1/매출원가 ∝ 매출총이익·당기순이익 ∝ 이익잉여금

(1) 비교 공시되는 20×3년 매출원가: 70,000 − 1,000 = 69,000
(2) 비교 공시되는 20×3년 기말이익잉여금: 600,000 + 2,000 + 1,000 + 1,000 = 604,000

**10** ① (1) 올바른 20×2년 말 선급비용 장부금액: 1,200,000 × (36 − 15)/36개월 = 700,000
(2) 올바른 20×2년 보험료: 1,200,000 × 12/36개월 = 400,000
(3) 20×2년 말 수정분개

| 차) 선급비용 | 700,000 | 대) 이익잉여금(역산) | 1,100,000 |
|---|---|---|---|
| 보험료 | 400,000 | | |

(4) 정답확인

| 구분 | 계산근거 |
|---|---|
| ① 전기이월이익잉여금의 증가 | 1,100,000 증가 → ○ |
| ② 당기 비용발생액 | 400,000 → × |
| ③ 기말 이익잉여금의 증가 | 1,100,000 − 400,000 = 700,000 증가 → × |
| ④ 기말 자산항목의 증가 | 700,000 → × |
| ⑤ 기말 순자산의 증가 | 1,100,000 − 400,000 = 700,000 증가 → × |

**11** ① (1) 20×2년 말 오류수정분개

| 차) 감가상각누계액 | 100,000 | 대) 건물 | 500,000 |
| 이익잉여금 | 450,000 | 감가상각비[1] | 50,000 |

[1] $(500,000 - 0) \times 1/10 = 50,000$

(2) 20×2년 말 순자산 장부금액 변동액: 400,000 감소

  * 이익잉여금 감소 (−)450,000 + 감가상각비 취소 50,000 = 400,000 감소

**12** ④ 1) 회사의 회계처리에 따른 당기순이익에 미친 영향: (1) + (2) = (−)36,900
    (1) 이자비용: (274,000) × 10% = (−)27,400
    (2) 수수료비용: (−)9,500
  2) 올바른 회계처리에 따른 당기순이익에 미친 영향: (−)31,740
    이자비용: (274,000 − 9,500) × 12% = (−)31,740
  3) 올바른 당기순이익: 100,000 + (36,900 − 31,740) = 105,160

# Chapter 21 | 주관식 문제

---

**문제 01**　　회계추정치의 변경

자동차 부품을 제조·납품하는 A사가 20×1년 초에 부품의 자동제조설비를 ₩30,000,000에 취득하였고 원가모형을 적용한다. 동 설비자산의 내용연수는 8년, 잔존가치는 ₩1,000,000으로 추정하였으며 이중체감법으로 감가상각한다. A사는 20×3년 초에 설비자산에 대해서 ₩5,000,000의 수선비를 지출하였는데 이로 인하여 내용연수가 4년 더 연장될 것으로 추정하였다. 회사는 20×3년부터 감가상각방법을 정액법으로 변경하기로 하였는데, 이는 기업환경의 변화로 인해 정액법이 동 설비자산의 미래경제적효익의 기대소비형태를 보다 잘 반영한다고 판단되었기 때문이다. 그런데 20×4년 중에 A사가 납품하고 있는 자동차회사에서 자동차 모델을 갑자기 변경하여 당해 설비자산을 이용하여 더 이상 부품을 제조하기 곤란하게 되었다. 20×4년 말 현재 동 설비자산의 순공정가치는 ₩6,000,000, 사용가치는 ₩7,000,000으로 판단하였다.

**물음 1)** 20×3년도 설비자산의 감가상각비 인식 회계처리를 하시오(단, 법인세에 대한 영향은 고려하지 않는다).

**물음 2)** 20×4년도 설비자산의 감가상각비 인식 회계처리와 손상차손 인식 회계처리를 하시오.

---

**풀이**

물음 1)

| 차) 감가상각비 | 2,087,500 | 대) 감가상각누계액 | 2,087,500 |
|---|---|---|---|

(1) 20×1년 감가상각비: 30,000,000 × 2/8 = 7,500,000
(2) 20×2년 감가상각비: (30,000,000 − 7,500,000) × 2/8 = 5,625,000
(3) 20×3년 감가상각비: (30,000,000 − 7,500,000 − 5,625,000 + 5,000,000 − 1,000,000)/(8 − 2 + 4)
　　= 2,087,500

물음 2)

| 차) 감가상각비 | 2,087,500 | 대) 감가상각누계액 | 2,087,500 |
|---|---|---|---|
| 차) 유형자산손상차손[1] | 10,700,000 | 대) 손상차손누계액 | 10,700,000 |

[1] (21,875,000 − 2,087,500 − 2,087,500) − Max[6,000,000, 7,000,000] = 10,700,000

각 물음은 서로 독립적이다.

**물음 1)** A사는 재고자산 원가흐름의 가정을 선입선출법에서 이동평균법으로 변경하였다. 각 방법에 따른 매출원가는 다음과 같으며, 주어진 내용을 제외한 회계연도의 매출원가는 두 방법이 일치하였다.

| 구분 | 선입선출법 | 이동평균법 |
|---|---|---|
| 20×1년 매출원가 | ₩34,000 | ₩38,000 |
| 20×2년 매출원가 | 45,000 | 47,000 |
| 20×3년 매출원가 | 63,000 | 74,000 |

A사는 20×3년도의 재무제표에 매출원가와 재고자산을 선입선출법으로 보고하였다. 20×3년 말 재고자산이 ₩26,000인 경우 (1) A사가 20×3년 말에 수행하여야 할 수정분개를 보이고 (2) 20×3년 말 재무상태표에 보고할 재고자산 금액을 계산하시오.

**물음 2)** C사는 유형자산과 투자부동산에 대하여 원가모형을 적용하여왔다. 20×8년 초에 유형자산과 투자부동산을 원가모형에서 재평가모형(공정가치모형)으로 변경하였다. C사의 결산일은 매년 12월 31일이며, 관련 자료는 다음과 같다.

(1) 건물은 20×7년 초에 ₩100,000에 취득한 것이며 내용연수는 10년, 잔존가치 없이 정액법으로 상각한다.

(2) 건물의 20×8년 초 공정가치는 ₩120,000으로 확인되었다.

**물음 2-1)** 건물이 유형자산으로 분류될 경우 20×8년 초에 행할 회계처리(분개)를 나타내시오.

**물음 2-2)** 건물이 투자부동산으로 분류될 경우 20×8년 초에 행할 회계처리(분개)를 나타내시오.

**물음 1)** (1) 수정분개

| | | | | | |
|---|---|---|---|---|---|
| 차) 매출원가[1] | | 11,000 | 대) 재고자산 | | 17,000 |
| 이월이익잉여금[2] | | 6,000 | | | |

[1] 매출원가: 74,000 − 63,000 = 11,000
[2] 이월이익잉여금: (38,000 + 47,000) − (34,000 + 45,000) = 6,000

(2) 20×3년 말 재고자산: 26,000 − 17,000 = 9,000

**물음 2-1)**

| | | | | | |
|---|---|---|---|---|---|
| 차) 유형자산[1] | | 20,000 | 대) 재평가잉여금[3] | | 30,000 |
| 감가상각누계액[2] | | 10,000 | | | |

[1] 유형자산: 120,000 − 100,000 = 20,000
[2] 감가상각누계액: 100,000 ÷ 10년 = 10,000
[3] 대차차액

**물음 2-2)**

| | | | | | |
|---|---|---|---|---|---|
| 차) 투자부동산 | | 20,000 | 대) 이익잉여금 | | 30,000 |
| 감가상각누계액 | | 10,000 | | | |

* 투자부동산의 재평가손익은 당기손익으로 처리하므로 20×1년의 당기순이익은 30,000만큼 증가되어야 한다. 따라서 20×2년 초 시점에서는 동액만큼 이익잉여금을 증가시켜야 한다.

20×1년 초에 설립된 서울상사가 보고한 최근 2년간의 당기순이익과 20×2년 말 이익잉여금은
다음과 같다.

| | | |
|---|---|---|
| 20×1년 | 당기순이익 | ₩3,000,000 |
| 20×2년 | 당기순이익 | ₩2,000,000 |
| 20×2년 말 | 이익잉여금 | ₩5,000,000 |

20×2년의 회계감사과정에서 다음과 같은 오류들이 발견되었다.

(1) 20×1년 12월 31일 전후에 발생한 매출·매입거래와 관련하여 다음과 같은 기간구분 오류를 범
하였다.

  ① 20×1년 12월 28일에 원가 ₩35,000의 상품이 선적지인도기준으로 고객에게 선적되었
는데, 회사는 판매대금 ₩50,000을 수취한 20×2년 1월 4일에 매출로 계상하였다. 이
상품은 20×1년 12월 31일 재고자산에 포함되어 있다.

  ② 선적지인도기준의 매입 ₩30,000을 20×2년 1월 1일에 받아서 기록했다. 상기의 상품
은 20×1년 12월 29일에 선적된 것으로 되어 있으며, 20×2년 1월 3일에 창고에 입고
되었다. 이 상품은 20×1년 12월 31일 재고자산에 포함되어 있지 않다.

  ③ 20×2년에 원가 ₩100,000의 상품을 위탁판매하기 위하여 적송하고 매출 ₩150,000
을 기록하였으나 20×2년 말 현재 40%는 미판매된 상태이다.

(2) 서울상사는 20×1년 초에 대주주로부터 공정가치 ₩600,000의 기계장치(내용연수 5년, 잔존가
치 없음)를 기증받았으나 회계처리하지 않고 이 유형자산이 20×2년 6월 30일 ₩500,000에 처
분될 때 전액을 유형자산처분이익으로 계상하였다. 서울상사는 모든 유형자산을 정액법에 의하여
감가상각하고 있다.

(3) 서울상사는 20×1년 초에 ₩500,000에 구입한 비품(내용연수 5년, 잔존가치 없음)을 20×1년
7월 1일 ₩300,000에 매각하고 처분대금 전액을 잡이익으로 처리하였다. 서울상사는 처분 후에
도 비품에 대해서 정상적으로 감가상각비를 계상하였다.

(4) 서울상사는 20×1년 말에 소액주주들에 대한 배당금 지급을 위한 자금조성을 위하여 대주주인 K
씨로부터 액면 ₩200,000(당시 공정가치 ₩300,000)의 자기주식을 무상증여받고 공정가치를
자산수증이익(기타수익)으로 처리하였다. 서울상사는 20×2년 초에 동 주식을 ₩320,000에 매
각하고 ₩20,000을 자기주식처분이익(자본유지조정)으로 처리하였다.

서울상사의 상기 오류에 대하여 (1) 20×1년과 20×2년의 정확한 당기순이익 및 (2) 20×2년
말 정확한 이익잉여금잔액을 구하시오(단, 법인세효과는 무시한다).

(1) 20×1년의 정확한 당기순이익: 2,195,000
  20×2년의 정확한 당기순이익: 1,585,000
(2) 20×2년 말 정확한 이익잉여금잔액: 3,780,000

이익수정정산표

|  | 20×1년<br>당기순이익 | 20×2년<br>당기순이익 | 20×2년 말<br>이익잉여금 |
|---|---|---|---|
| 수정 전 당기순이익(이익잉여금) | 3,000,000 | 2,000,000 | 5,000,000 |
| 1. (1) 20×1년 매출 과소계상 | 50,000 | (−)50,000 | |
|     20×1년 기말재고 과대계상 | (−)35,000 | 35,000 | |
|   (2) 20×1년 매입 과소계상 | (−)30,000 | 30,000 | |
|     20×1년 기말재고 과소계상 | 30,000 | (−)30,000 | |
|   (3) 20×2년 매출 과대계상 | | (−)60,000 | (−)60,000 |
|     20×2년 기말재고 과소계상 | | 40,000 | 40,000 |
| 2. 감가상각비 미계상 | (−)120,000 | (−)60,000 | (−)180,000 |
|   20×2년 유형자산처분이익 과대계상 | | (−)420,000 | (−)420,000 |
| 3. 20×1년 유형자산처분이익 과대계상 | (−)450,000 | | (−)450,000 |
|   감가상각비 오류 | 50,000 | 100,000 | 150,000 |
| 4. 20×1년 자산수증이익 오류 | (−)300,000 | | (−)300,000 |
|   수정항목 합계 | (−)805,000 | (−)415,000 | (−)1,220,000 |
| 정확한 당기순이익(이익잉여금) | 2,195,000 | 1,585,000 | 3,780,000 |

[각 오류별 수정분개]

1. 매출·매입·기말재고자산 관련 수정분개는 다음과 같다.

[수정분개]

| | | | | |
|---|---|---|---|---|
| (1) | 차) 매출 | 50,000 | 대) 이익잉여금 | 50,000 |
| | 이익잉여금 | 35,000 | 매출원가 | 35,000 |
| (2) | 차) 이익잉여금 | 30,000 | 대) 매출원가 | 30,000 |
| | 매출원가 | 30,000 | 이익잉여금 | 30,000 |
| (3) | 차) 매출 | 60,000 | 대) 매출채권 | 60,000 |
| | 재고자산 | 40,000 | 매출원가 | 40,000 |

2. 증여받은 기계장치와 관련된 회사 측 분개와 올바른 분개는 다음과 같다.

[회사 측 분개]

| 20×2. 6. 30. | 차) 현금 | 500,000 | 대) 유형자산처분이익 | 500,000 |
|---|---|---|---|---|

[올바른 분개]

| 20×1년 초 | 차) 기계장치 | 600,000 | 대) 자산수증이익 | 600,000 |
|---|---|---|---|---|
| 20×1년 말 | 차) 감가상각비[1]<br>[1] 600,000 ÷ 5년 = 120,000 | 120,000 | 대) 감가상각누계액 | 120,000 |
| 20×2. 6. 30. | 차) 감가상각비[2]<br>[2] 600,000 ÷ 5년 × 6/12 = 60,000 | 60,000 | 대) 감가상각누계액 | 60,000 |

[수정분개]

| 수정분개 | 차) 유형자산처분이익<br>감가상각비<br>이익잉여금 | 420,000<br>60,000<br>120,000 | 대) 자산수증이익<br>(자본유지조정) | 600,000 |
|---|---|---|---|---|

3. 비품매각과 관련된 회사 측 분개와 올바른 분개는 다음과 같다.

[회사 측 분개]

| 20×1. 7. 1. | 차) 현금 | 300,000 | 대) 잡이익 | 300,000 |
|---|---|---|---|---|
| 20×1년 말 | 차) 감가상각비[1]<br>[1] 500,000 ÷ 5년 = 100,000 | 100,000 | 대) 감가상각누계액 | 100,000 |
| 20×2년 말 | 차) 감가상각비 | 100,000 | 대) 감가상각누계액 | 100,000 |

[올바른 분개]

| 20×1. 7. 1. | 차) 감가상각비[1]<br>[1] 500,000 ÷ 5년 × 6/12 = 50,000 | 50,000 | 대) 감가상각누계액 | 50,000 |
|---|---|---|---|---|
| | 차) 현금<br>감가상각누계액<br>유형자산처분손실 | 300,000<br>50,000<br>150,000 | 대) 비품 | 500,000 |

[수정분개]

| 수정분개 | 차) 감가상각누계액<br>이익잉여금 | 200,000<br>400,000 | 대) 비품<br>감가상각비 | 500,000<br>100,000 |
|---|---|---|---|---|

4. 증여받은 자기주식과 관련된 회사 측 분개와 올바른 분개는 다음과 같다.

[회사 측 분개]

| 20×1년 말 | 차) 자기주식 | 300,000 | 대) 자산수증이익 | 300,000 |
|---|---|---|---|---|
| 20×2년 초 | 차) 현금 | 320,000 | 대) 자기주식 | 300,000 |
| | | | 자기주식처분이익 | 20,000 |

[올바른 분개]

| 20×1년 말 | 회계처리 없음 | | | |
|---|---|---|---|---|
| 20×2년 초 | 차) 현금 | 320,000 | 대) 자기주식처분이익 | 320,000 |

[수정분개]

| 수정분개 | 차) 이익잉여금 | 300,000 | 대) 자기주식처분이익 | 300,000 |
|---|---|---|---|---|

**각 물음은 서로 독립적이다.**

**물음 1)** A사는 아래와 같은 오류를 20×3년 회계기간에 발견하였다(단, 장부는 마감되지 않았다).

> (1) 20×2년 중 발생한 급여 ₩2,000,000이 20×3년 1월 말 급여지급액 ₩10,000,000에 포함되어 있다. A사는 지급액 ₩10,000,000을 지급하는 시점에 전액 비용처리하였다.
>
> (2) 20×2년 6월 1일 ₩1,000,000에 취득한 투자부동산을 취득원가로 계속 기록하여 왔다. A사는 투자부동산에 대하여 공정가치법을 적용하고 있으며, 20×2년 말과 20×3년 말의 동 투자부동산의 공정가치는 각각 ₩950,000과 ₩1,200,000이었다.
>
> (3) A사에 적용되는 법인세율은 30%이며, 회계변경과 오류수정의 회계처리와 관련하여 일시적차이는 발생하지 않는 것으로 가정한다.

**물음 1-1)** 각 오류별 수정분개를 보이시오.

**물음 1-2)** 회계변경과 오류수정의 효과에 대하여 소급법을 적용하는 경우에는 비교목적으로 공시하는 전기 재무제표도 수정하여 재작성해야 한다. 이에 따라 비교목적으로 공시할 A사의 20×3년 초 재무상태표의 이익잉여금 수정효과를 보이시오.

**물음 1-3)** 회계변경을 전진법으로 처리하는 경우의 장점을 논하시오.

**물음 2)** 상장기업으로 12월 말 결산법인인 A사는 20×1년도 회계변경 및 오류수정과 관련하여 아래와 같은 사항들을 발견하였다. 20×1년 재무제표 작성 시 각각에 대하여 필요한 분개(또는 수정분개)를 하시오. 단, 분개(또는 수정분개)가 필요 없을 경우에는 '필요 없음'이라고 기재하시오. 아래의 상황들은 서로 독립된 상황이라고 가정하시오.

**물음 2-1)** A회사는 A제품에 대하여 20×1년에 위탁판매를 시작하였는데, 수탁자에게 운송하는 시점에 모두 매출로 계상하였다. 당기의 위탁매출액은 ₩1,500,000이고 매출총이익률은 10%이다. 수탁자는 당해 연도에 위탁받은 A제품의 1/3을 기말재고로 보유하고 있다.

**물음 2-2)** 19×9년부터 구입 및 판매를 시작한 B제품에 대하여 재고자산의 원가흐름 가정으로 선입선출법을 사용하여 왔으나 20×1년에 총평균법으로 변경하였다. 이 변경은 정당한 변경에 해당한다. A사는 20×1년에도 계속 선입선출법을 사용하여 회계처리하였다. 법인세효과(법인세율 30%)를 고려하시오.

| 구분 | 19×9년 | 20×0년 | 20×1년 |
|---|---|---|---|
| 기말재고(선입선출법) | ₩400,000 | ₩800,000 | ₩750,000 |
| 기말재고(총평균법) | ₩300,000 | ₩650,000 | ₩500,000 |

**물음 2-3)** A사는 AC금융자산에 대하여 기대신용손실을 손실충당금으로 인식하지 않고 손상이 확정되는 경우에만 비용으로 인식하였다. 20×0년 말과 20×1년 말의 기대신용손실을 ₩2,000과 ₩5,000으로 각각 추정하였다.

**물음 2-4)** A사는 매출채권에 대하여 기대신용손실을 인식하지 않고 신용이 손상된 경우에만 손상차손을 인식하는 발생손실모형을 사용하여 왔다. 발생손실모형과 기대신용손실모형을 각각 적용할 경우 A사가 인식할 매출채권손상차손은 다음과 같다.

| 구분 | 20×0년 | 20×1년 |
|---|---|---|
| 발생손실모형 | ₩20,000 | ₩70,000 |
| 기대손실모형 | ₩60,000 | ₩50,000 |

**물음 2-5)** A사는 20×0년 초 경제적 내용연수가 10년, 잔존가치가 없는 무형자산을 ₩100,000에 취득하였다. 취득 시 회계처리는 정확히 하였으나 무형자산의 미래경제적효익이 소멸되는 형태를 합리적으로 추정할 수 없어 무형자산상각비를 인식하지 않았다.

**물음 2-6)** ₩2,000,000을 투입하여 해양구조물을 완공한 후 20×0년 1월 1일부터 사용하기 시작하였다. 내용연수 경과 후에 동 해양구조물에 대하여 원상복구의무가 있음에도 불구하고 회사는 복구충당부채와 관련된 모든 회계처리를 누락하였다. 해양구조물의 내용연수는 5년이고 잔존가치는 없으며 감가상각방법은 정액법이다. 내용연수 종료 후 원상복구에 소요될 비용은 ₩400,000으로 추정되며, 적절한 할인율은 연 10%이다. (10%, 5년 현가계수 0.62092)

**물음 1-1)** (1)

| 차) 이익잉여금 | 2,000,000 | 대) 급여 | 2,000,000 |
|---|---|---|---|

(2)

| 차) 투자부동산 | 200,000 | 대) 투자부동산평가이익 | 250,000 |
|---|---|---|---|
| 이익잉여금 | 50,000 | | |

(3)

| 차) 법인세비용 | 60,000 | 대) 당기법인세부채 | 60,000 |
|---|---|---|---|
| 차) 법인세비용 | 615,000 | 대) 이익잉여금 | 615,000 |

[참고] 오류수정표 작성

| 구분 | 20×2년(전기) | 20×3년(당기) |
|---|---|---|
| 미지급급여 | (−)2,000,000 | 2,000,000 |
| 투자부동산 | (−)50,000 | 250,000 |
| 세전 오류합계 | (−)2,050,000 | 2,250,000 |
| 법인세비용(30%) | 615,000 | (−)675,000[1] |
| 세후 오류합계 | (−)1,435,000 | 1,575,000 |

[1] 675,000 − 615,000 + 615,000 = 675,000

**물음 1-2)** 20×3년 초 재무상태표의 이익잉여금 수정효과: (−)1,435,000

**물음 1-3)** 과거 재무제표를 수정하지 아니하므로 이미 공표된 재무제표에 대한 신뢰성을 유지할 수 있다는 장점이 있지만, 전기 재무제표를 수정하여 공시하지 아니하므로 회계정보의 기간 간 비교가능성이 저하될 수 있으며, 정보이용자가 회계변경의 효과를 파악하기 어려울 수 있다.

**물음 2-1)**

| 차) 매출 | 500,000 | 대) 매출채권 | 500,000 |
|---|---|---|---|
| 차) 재고자산 | 450,000 | 대) 매출원가 | 450,000 |

**물음 2-2)** (1) 오류수정정산표

| 구분 | 19×9년 | 20×0년 | 20×1년 |
|---|---|---|---|
| 19×9년 | (−)100,000 | 100,000 | |
| 20×0년 | | (−)150,000 | 150,000 |
| 20×1년 | | | (−)250,000 |
| 계 | (−)100,000 | (−)50,000 | (−)100,000 |

(2) 오류수정 회계처리

| 차) 매출원가 | 100,000 | 대) 재고자산 | 250,000 |
|---|---|---|---|
| 이익잉여금 | 150,000 | | |
| 차) 이연법인세자산 | 75,000 | 대) 법인세비용 | 75,000 |
| 차) 법인세비용 | 45,000 | 대) 이익잉여금 | 45,000 |

* 재무회계에서는 회계정책의 변경이 소급법에 의한 회계처리이지만, 세법에서는 이를 전진법에 의한 회계처리로 규정하고 있으므로, 회계정책의 변경으로 인한 장부금액의 변동으로 인하여 일시적차이가 발생하게 된다. 따라서 관련된 법인세효과는 이연법인세로 인식하여야 한다.

**물음 2-3)**

| 차) 손상차손 | 3,000 | 대) 손실충당금 | 5,000 |
|---|---|---|---|
| 이익잉여금 | 2,000 | | |

**물음 2-4)**

| 차) 이익잉여금[1] | 40,000 | 대) 손상차손[2] | 20,000 |
| | | 손실충당금[3] | 20,000 |

[1] 전기 손상차손 과소계상액: 60,000 − 20,000 = 40,000
[2] 당기 손상차손 과대계상액: 70,000 − 50,000 = 20,000
[3] 대차차액

**물음 2-5)**

| 차) 이익잉여금 | 10,000 | 대) 상각누계액 | 20,000 |
| 무형자산상각비 | 10,000 | | |

* 미래경제적효익의 소비형태를 합리적으로 추정할 수 없는 경우에는 정액법으로 상각한다.

**물음 2-6)**

| 차) 기계장치[1] | 248,368 | 대) 복구충당부채 | 300,525 |
| 감가상각비[2] | 49,674 | 감가상각누계액 | 99,348 |
| 이자비용[3] | 27,320 | | |
| 이익잉여금[4] | 74,511 | | |

[1] 400,000 × 0.62092 = 248,368
[2] 248,368 ÷ 5년 = 49,674
[3] 248,368 × 1.1 × 10% = 27,320
[4] 대차차액

Chapter **22**

# 현금흐름표

1. 현금흐름표의 기초
2. 현금흐름표의 작성방법
3. 영업활동으로 인한 현금흐름
4. 투자활동으로 인한 현금흐름
5. 재무활동으로 인한 현금흐름

# 현금흐름표의 기초

## I 현금흐름표의 정의

'재무제표의 작성과 표시를 위한 개념체계'에서는 자금을 특정하게 정의하지는 않지만 기준서 제1007호 '현금흐름표'에서는 자금개념을 현금및현금성자산으로 정의하고 재무상태변동표로 현금흐름표를 작성하도록 하고 있다. 현금흐름표는 일정 기간 동안 특정 기업의 현금이 어떻게 조달되고 사용되는지를 나타내는 재무제표이다. 이는 기업의 기간별 현금의 유입과 유출 내용을 표시함으로써 향후 발생할 기업자금의 과부족현상을 미리 파악할 수 있는 정보를 제공하는 재무제표이다.

### Additional Comment

재무제표이용자는 기업이 현금및현금성자산을 어떻게 창출하고 사용하는지에 대하여 관심이 있다. 이것은 기업활동의 성격에 관계없이, 그리고 금융회사의 경우와 같이 현금이 그 기업의 상품으로 간주될 수 있는지의 여부와 관계없이 모든 기업에 적용된다. 기업은 주요 수익활동이 서로 다르더라도 본질적으로 동일한 이유에서 현금을 필요로 한다. 기업은 영업활동을 수행하고, 채무를 상환하며, 투자자에게 투자수익을 분배하기 위하여 현금이 필요하다.

### Self Study

한국채택국제회계기준에서는 모든 기업이 현금흐름표를 작성 공시하도록 하고 있다.

## II 현금흐름표의 유용성

발생기준으로 만들어진 재무제표인 재무상태표와 포괄손익계산서는 기업이 선택한 회계정책에 따라 회계정보의 의미가 달라질 수 있다. 반면, 현금흐름표는 현금주의 기준에 의하여 실제 기업이 벌어들이고 사용한 현금을 표시하기 때문에 발생주의 포괄손익계산서에 비해 신뢰성이 높다. 또한 발생기준에 따른 포괄손익계산서는 기업의 현금흐름을 정확히 반영하지 못하는 경우가 많다.

**발생주의에 따른 손익과 기업의 현금흐름의 예시**

| 구분 | 20×1년 말 손익 | 회계처리 | | | | 20×1년 말 현금흐름 |
|------|------|------|------|------|------|------|
| 수익 | 100 | 차) 외상매출금 | 100 | 대) 매출 | 100 | – |
| 비용 | (−)80 | 차) 매출원가 | 80 | 대) 현금 | 80 | (−)80 |

현금흐름표는 재무제표 이용자들의 현금흐름 정보에 대한 요구를 충족시키기 위하여 작성된다. 현금흐름 표는 한 회계기간 동안 발생한 현금유입과 유출에 관한 정보를 제공하는 재무보고서를 말하고 현금흐름 정보의 효익은 다음과 같다.

1. 기업의 미래 현금흐름 예측과 평가에 대한 유용한 정보를 제공한다.
2. 기업의 자금창출능력 및 자금조달의 필요성에 대한 정보를 제공한다.
3. 투자 및 재무활동에 대한 정보를 제공한다.
4. 당기순이익과 영업활동으로 인한 현금흐름을 비교하여 이익의 질을 평가할 수 있다.

**Self Study**

이익의 질: 발생주의에 의한 당기순이익과 현금주의 순이익과의 상관관계를 설명하는 것으로써 서로 다른 기업이 동일한 크기의 발생주의 순이익을 보고하더라도 현금흐름을 많이 보고한 기업의 이익이 더 질 높은 이익이라고 본다.

## Ⅲ   현금의 개념

현금흐름표는 재무상태의 변동에 관한 보고서 중 현금을 자금개념으로 파악하고 현금흐름을 보고하는 재무 보고서이다. 현금흐름표의 작성기준이 되는 현금의 범위는 현금및현금성자산을 말한다. 즉, 현금이란 보유 하고 있는 현금, 요구불예금을 말하며, 현금성자산이란 유동성이 매우 높은 단기투자자산으로 확정된 금액 의 현금으로 전환이 용이하고 가치변동의 위험이 중요하지 않은 자산을 의미한다. 그러한 은행거래약정이 있는 경우 은행잔고는 예금과 차월 사이에서 자주 변동하는 특성이 있다.

은행 차입은 일반적으로 재무활동으로 볼 수 있으나 금융회사의 요구에 따라 즉시 상환하여야 하는 당좌 차월은 기업의 현금관리의 일부를 구성하므로 현금및현금성자산의 구성요소에 포함된다.

**현금흐름표의 현금**

B/S상의 현금및현금성자산 – 금융회사의 요구에 따라 즉시 상환하여야 하는 당좌차월

현금및현금성자산을 구성하는 항목 간의 이동은 영업활동, 투자활동 및 재무활동의 일부가 아닌 현금관 리의 일부이므로 현금흐름에서 제외한다.

**Additional Comment**

현금으로 현금성자산에 해당하는 단기투자자산을 취득하는 경우에는 현금관리의 일부이므로 현금흐름에서 제외한다.

1. 현금흐름표의 현금은 재무상태표의 현금및현금성자산을 말하지만 금융회사의 요구에 따라 즉시 상환하여야 하는 당좌차월은 차감한다. 그러나 이러한 당좌차월은 재무상태표에는 유동부채로 분류된다.
2. 지분상품은 전환될 현금이 확정되어 있지 않으므로 현금성자산에서 제외한다. 다만, 상환일이 정해져 있고 취득일로부터 상환일까지의 기간이 단기인 우선주와 같이 실질이 현금성자산인 경우에는 예외로 한다.

## Ⅳ    기업의 활동구분

현금흐름표는 회계기간 동안 발생한 현금흐름을 영업활동, 투자활동 및 재무활동으로 분류하여 보고한다. 기업이 사업 특성을 고려하여 가장 적절한 방법으로 영업활동, 투자활동 및 재무활동에서 발생하는 현금 흐름을 표시한다. 활동에 따른 분류는 이러한 활동이 기업의 재무상태와 현금및현금성자산의 금액에 미치는 영향을 재무제표 이용자가 평가할 수 있도록 정보를 제공한다. 또한 이 정보는 각 활동 간의 관계를 평가하는 데 사용될 수 있다. 하나의 거래에는 서로 다른 활동으로 분류되는 현금흐름이 포함될 수 있다. 예를 들어, 이자와 차입금을 함께 상환하는 경우 이자 지급은 영업활동으로 분류될 수 있고 원금 상환은 재무활동으로 분류된다.

| 기업의 활동구분 | | | | |
|---|---|---|---|---|
| 〈당기발생거래〉 | | 현금흐름표 | | 현금흐름표 |
| 현금거래 | → 현금유입 | ×× | 영업활동 현금흐름 | ×× |
| 비현금거래 | 현금유출 | ×× | → 투자활동 현금흐름 | ×× |
| | 현금의 증감 | ×× | 재무활동 현금흐름 | ×× |
| | | | 현금의 증감 | ×× |

### 01  영업활동

영업활동은 기업의 주요 수익창출활동, 그리고 투자활동이나 재무활동이 아닌 기타의 활동에서 발생한다. 영업활동에서 발생하는 현금흐름의 금액은 기업의 외부의 재무자원에 의존하지 않고 영업을 통하여 차입금 상환, 영업능력의 유지, 배당금 지급 및 신규투자 등에 필요한 현금흐름을 창출하는 정도에 대한 중요한 지표가 된다. 역사적 영업현금흐름의 특정 구성요소에 대한 정보를 다른 정보와 함께 사용하면, 미래 영업현금흐름을 예측하는 데 유용하다.

영업활동 현금흐름은 일반적으로 당기순이익의 결정에 영향을 미치는 거래나 그 밖의 사건의 결과로 발생한다. 영업활동 현금흐름의 예는 다음과 같다.

① 재화의 판매와 용역 제공에 따른 현금유입
② 로열티, 수수료, 중개료 및 기타수익에 따른 현금유입
③ 재화와 용역의 구입에 따른 현금유출
④ 종업원과 관련하여 직·간접적으로 발생하는 현금유출
⑤ 보험회사의 경우 수입보험료, 연금 및 기타 급부금과 관련된 현금유입과 현금유출
⑥ 법인세의 납부 또는 환급. 단, 재무활동과 투자활동에 명백히 관련된 것은 제외
⑦ 단기매매목적으로 보유하는 계약에서 발생하는 현금유입과 현금유출

설비 매각과 같은 일부 거래에서도 인식된 당기순이익의 결정에 포함되는 처분손익이 발생할 수 있다. 그러나 그러한 거래와 관련된 현금흐름은 투자활동 현금흐름이다. 그러나 타인에게 임대할 목적으로 보유하다가 후속적으로 판매목적으로 보유하는 자산을 제조하거나 취득하기 위한 현금 지급액은 영업활동 현금흐름이다. 이러한 자산의 임대 및 후속적인 판매로 수취하는 현금도 영업활동 현금흐름이다.

기업은 단기매매목적으로 유가증권이나 대출채권을 보유할 수 있으며, 이때 유가증권이나 대출채권은 판매를 목적으로 취득한 재고자산과 유사하다. 따라서 단기매매목적으로 보유하는 유가증권의 취득과 판매에 따른 현금흐름은 영업활동으로 분류한다. 마찬가지로 금융회사의 현금 선지급이나 대출채권은 주요 수익창출활동과 관련되어 있으므로 일반적으로 영업활동으로 분류한다.

**Self Study**

보험회사의 경우 수입보험료, 보험금, 연금 및 기타 급부금과 관련된 현금유입과 현금유출은 영업활동 현금흐름에 포함된다.

## 02 투자활동

투자활동은 장기성 자산 및 현금성자산에 속하지 않는 기타 투자자산의 취득과 처분활동을 말한다. 투자활동 현금흐름은 미래수익과 미래현금흐름을 창출할 자원의 확보를 위하여 지출된 정도를 나타내기 때문에 현금흐름을 별도로 구분 공시하는 것이 중요하다. 재무상태표에 자산으로 인식되는 지출만이 투자활동으로 분류하기에 적합하다. 투자활동 현금흐름의 예는 다음과 같다.

① 유형자산, 무형자산 및 기타 장기성 자산의 취득에 따른 현금유출(자본화된 개발원가와 자가건설 유형자산에 관련된 지출 포함)
② 유형자산, 무형자산 및 기타 장기성 자산의 처분에 따른 현금유입
③ 다른 기업의 지분상품이나 채무상품 및 조인트벤처 투자지분의 처분에 따른 현금유출·유입(현금성자산으로 간주되는 단기매매목적으로 보유하는 상품의 처분은 제외)
④ 제3자에 대한 선급금 및 대여금의 현금 유출·유입(금융회사의 현금 선지급과 대출채권은 제외)
⑤ 선물계약, 선도계약, 옵션계약 및 스왑계약에 따른 현금 유출·유입(단기매매목적으로 계약을 보유하거나 현금유입·유출을 재무활동으로 분류하는 경우 제외)

연구단계에서의 지출은 당기비용으로 인식하고, 개발단계의 지출은 6가지의 조건을 충족하는 경우에 한하여 무형자산으로 인식한다. 따라서 연구단계의 지출은 영업활동으로 분류하고, 무형자산의 인식조건을 충족하는 개발단계의 지출은 투자활동 현금흐름으로 분류한다. 물론 개발단계의 지출이더라도 무형자산의 인식조건을 충족하지 못하면 관련 지출은 영업활동 현금흐름으로 분류한다.

1. 파생상품계약에서 식별 가능한 거래에 대하여 위험회피회계를 적용하는 경우, 그 계약과 관련된 현금흐름은 위험회피대상 거래의 현금흐름과 동일하게 분류한다.
2. 투자활동은 유·무형자산 및 유가증권 등의 투자자산(단기매매금융자산 제외)의 취득과 처분, 대여금의 대여와 회수 등과 관련된 활동을 말한다.
3. 제3자에 대한 선급금 및 대여금의 현금 유출·유입(금융회사의 현금 선지급과 대출채권은 제외)은 투자활동에 포함된다.

## 03 재무활동

재무활동은 기업의 납입자본과 차입금의 크기 및 구성내용에 변동을 가져오는 활동을 말한다.
재무활동 현금흐름은 미래현금흐름에 대한 자본 제공자의 청구권을 예측하는 데 유용하기 때문에 현금흐름을 별도로 구분 공시하는 것이 중요하다. 재무활동 현금흐름의 예는 다음과 같다.

① 주식이나 기타 지분상품의 발행에 따른 현금유입
② 주식의 취득이나 상환에 따른 소유주에 대한 현금유출
③ 담보·무담보사채 및 어음의 발행과 기타 장·단기차입에 따른 현금유입
④ 차입금의 상환에 따른 현금유출
⑤ 리스이용자의 리스부채 상환에 따른 현금유출

리스에서 리스이용자가 리스제공자에게 리스료를 지급할 경우 이를 이자비용과 리스부채의 상환으로 구분하여 회계처리하였다. 이때 리스료 현금유출액 중 리스부채의 상환에 해당되는 금액만 재무활동 현금흐름으로 구분하고, 이자비용에 해당되는 현금흐름은 영업활동 또는 재무활동으로 기업의 선택에 따라 일관성 있게 구분한다. 또한 회사는 법적 의무나 의제의무를 충당부채로 인식한 후, 의무를 이행할 때 현금을 지출하면서 충당부채를 감소시킨다. 이때 현금유출액은 재무활동 현금흐름이 아니라 영업활동 현금흐름으로 분류한다.

| 자산 | 영업활동 | 투자활동 | 부채·자본 | 영업활동 | 재무활동 |
|---|---|---|---|---|---|
| 현금및현금성자산<br>(당좌차월 차감) | | | 매입채무(선급금 포함) | ○ | |
| 단기매매목적금융자산 | ○ | | 미지급비용/선수수익 | ○ | |
| 유가증권 | | ○ | 미지급법인세 | ○ | |
| 매출채권(선수금포함) | ○ | | 충당부채(영업활동 관련) | ○ | |
| 선급비용/미수수익 | ○ | | 퇴직급여충당금 | ○ | |
| 재고자산 | ○ | | 단기차입금 | ○ | ○ |
| 대여금/미수금 | | ○ | 기타부채 | | ○ |
| 투자자산 | | ○ | 장기차입금 | | ○ |
| 유형/무형자산 | | ○ | 자본(당기순이익 제외) | | ○ |

## 04 특수한 항목의 활동 구분

### (1) 이자와 배당금

이자와 배당금의 수취 및 지급에 따른 현금흐름은 각각 별도로 공시한다. 각 현금흐름은 매 기간 일관성 있게 영업활동, 투자활동 또는 재무활동으로 분류한다. 기준서 제1023호 '차입원가'에 따라 회계기간 동안 지급한 이자금액은 당기손익의 비용항목으로 인식하는지 또는 자본화하는지에 관계없이 현금흐름표에 총지급액을 공시한다.

금융회사의 경우 이자지급, 이자수입 및 배당금수입은 일반적으로 영업활동 현금흐름으로 분류한다. 그러나 다른 업종의 경우 이러한 현금흐름의 분류방법에 대하여 합의가 이루어지지 않았다. 따라서 이자지급, 이자수입 및 배당금수입은 당기순이익의 결정에 영향을 미치므로 영업활동 현금흐름으로 분류할 수 있다. 그러나 대체적인 방법으로 이자지급은 재무자원을 획득하는 원가이므로 재무활동 현금흐름으로, 이자수입 및 배당금수입은 투자자산에 대한 수익이므로 투자활동 현금흐름으로 분류할 수 있다.

배당금 지급은 재무자원을 획득하는 비용이므로 재무활동 현금흐름으로 분류할 수 있다. 대체적인 방법으로 재무제표 이용자가 영업활동 현금흐름에서 배당금을 지급할 수 있는 기업의 능력을 판단하는 데 도움을 주기 위하여 영업활동 현금흐름의 구성요소로 분류할 수도 있다.

### (2) 법인세

법인세는 현금흐름표에서 영업활동, 투자활동 또는 재무활동으로 분류되는 현금흐름을 유발하는 거래에서 발생한다. 법인세비용이 투자활동이나 재무활동으로 쉽게 식별가능한 경우에도 관련된 법인세 현금흐름은 실무적으로 식별할 수 없는 경우가 많으며, 해당 거래의 현금흐름과 다른 기간에 발생하기도 한다. 따라서 법인세의 지급은 일반적으로 영업활동 현금흐름으로 분류한다.

투자활동이나 재무활동으로 분류한 현금흐름을 유발하는 개별 거래와 관련된 법인세 현금흐름을 실무적으로 식별할 수 있다면 그 법인세 현금흐름은 투자활동이나 재무활동으로 적절히 분류한다. 법인세 현금흐름이 둘 이상의 활동에 배분되는 경우에는 법인세의 총지급액을 공시한다.

### (3) 정부보조에 의한 자산 취득

유형자산의 취득금액 중 일부를 정부나 지방자치단체로부터 수령한 정부보조금으로 충당하는 경우가 있다. 기업회계기준서 제1020호 '정부보조금의 회계처리와 정부지원의 공시'에서는 재무상태표에 정부보조금이 관련 자산에서 차감하여 표시되는지와 관계없이 자산의 총투자를 보여주기 위해 현금흐름표에 별도 항목으로 표시한다고 규정하고 있다.

그러므로 정부보조금은 관련된 유형자산과 구분하여 별도의 현금흐름으로 보고하여야 한다. 이때 정부보조금은 유형자산을 취득하는 자금을 조달한 것으로 보아 재무활동으로 분류한다.

### (4) 미수금과 미지급금

미수금과 미지급금은 유형자산과 무형자산의 처분 또는 취득과 관련된 채권·채무이므로 발생원천에 따라 투자활동으로 분류하는 것이 합리적이다. 그러나 이들 항목은 재무상태표의 계정분류에 따라 미수금의 회수는 투자활동으로, 미지급금의 결제는 재무활동으로 분류한다. 미수금과 미지급금의 증가는 유형자산과 무형자산의 처분 또는 취득과 관련되어 있으므로 현금의 유입과 유출이 없는 거래에 해당한다.

### (5) 리스부채

리스이용자는 리스부채의 원금에 해당하는 현금 지급액을 재무활동으로 분류한다. 리스부채의 이자에 해당하는 현금 지급액은 이자 지급과 동일하게 분류하여 영업활동이나 재무활동으로 분류한다. 리스부채 측정치에 포함되지 않은 단기리스료, 소액자산 리스료 및 변동리스료는 영업활동으로 분류한다.

## 01 현금흐름표의 양식

현금흐름표는 현금흐름을 영업활동, 투자활동 및 재무활동으로 구분하여 표시한다. 영업활동 현금흐름 중 영업에서 창출된 현금을 표시하는 방법에는 직접법과 간접법이 있는데, 기준서 제1007호 '현금흐름표'에서는 직접법을 사용할 것을 권장하고 있다.

---

**현금흐름표**

**현금흐름표**

| A회사 | 20×1년 1월 1일부터 20×1년 12월 31일까지 | | |
|---|---|---|---|
| Ⅰ. 영업활동 현금흐름 | | | |
|    법인세비용차감전순이익 | | ×× | |
|    영업활동과 무관한 손익 등 | | ×× | |
|    이자·배당·법인세 관련 손익 등 | | ×× | |
|    영업활동으로 인한 자산·부채의 변동 | | ×× | |
|    영업에서 창출된 현금 | | ×× | ×× |
|    이자 수취·지급 | | ×× | |
|    법인세의 납부 | | ×× | |
|    배당금 수취·지급 | | ×× | |
|    영업활동 순현금흐름 | | | ×× |
| Ⅱ. 투자활동 현금흐름 | | | ×× |
|    1. 투자활동으로 인한 현금유입액 | | ×× | |
|    2. 투자활동으로 인한 현금유출액 | | (−)×× | |
| Ⅲ. 재무활동 현금흐름 | | | ×× |
|    1. 재무활동으로 인한 현금유입액 | | ×× | |
|    2. 재무활동으로 인한 현금유출액 | | (−)×× | |
| Ⅳ. 현금및현금성자산의 순증가 | | | ×× |
| Ⅴ. 기초 현금및현금성자산 | | | ×× |
| Ⅵ. 기말 현금및현금성자산 | | | ×× |

---

## 02 순증감액에 의한 현금흐름의 보고

투자활동과 재무활동에서 발생하는 총현금유입과 총현금유출은 주요 항목별로 구분하여 총액으로 표시한다. 그러나 다음의 영업활동, 투자활동 또는 재무활동에서 발생하는 현금흐름은 순증감액으로 보고할 수 있다.

① 현금흐름이 기업의 활동이 아닌 고객의 활동을 반영하는 경우로서 고객을 대리함에 따라 발생하는 현금유입과 현금유출
  • 은행의 요구불예금 수신 및 인출
  • 투자기업이 보유하고 있는 고객예탁금
  • 부동산 소유주를 대신하여 회수한 임대료와 소유주에게 지급한 임대료
② 회전율이 높고 금액이 크며 만기가 짧은 항목과 관련된 현금유입과 현금유출
  • 신용카드 고객에 대한 대출과 회수
  • 투자자산의 구입과 처분
  • 기타 단기차입금(예 차입 당시 만기일이 3개월 이내인 경우)

## 03 비현금거래

비현금거래는 현금및현금성자산의 사용을 수반하지 않는 투자활동과 재무활동 거래를 말하며, 현금흐름표에서 제외한다. 많은 투자활동과 재무활동은 자본과 자산 구조에 영향을 미치지만, 당기의 현금흐름에는 직접적인 영향을 미치지 않는다. 비현금거래의 경우 당기에 현금흐름을 수반하지 않으므로 그 항목을 현금흐름표에서 제외하는 것이 현금흐름표의 목적에 부합한다.

비현금거래는 투자활동과 재무활동에 대하여 모든 목적적합한 정보를 제공할 수 있도록 재무제표의 다른 부분에 공시(주석공시)한다.

┌─ 비현금거래의 예 ─

1. 자산 취득 시 직접 관련된 부채를 인수하거나 리스를 통하여 자산을 취득하는 경우
2. 주식 발행을 통한 기업의 인수
3. 채무의 지분전환

**현금흐름표에 관한 설명으로 옳지 않은 것은?** [세무사 2012년]

① 이자와 차입금을 함께 상환하는 경우, 이자지급은 영업활동으로 분류될 수 있고 원금상환은 재무활동으로 분류된다.

② 회전율이 높고 금액이 크며 만기가 짧은 항목과 관련된 재무활동에서 발생하는 현금흐름은 순증감액으로 보고할 수 있다.

③ 타인에게 임대할 목적으로 보유하다가 후속적으로 판매목적으로 보유하는 자산을 제조하거나 취득하기 위한 현금 지급액은 영업활동 현금흐름이다.

④ 지분상품은 현금성자산에서 제외하므로 상환일이 정해져 있고 취득일부터 상환일까지의 기간이 3개월 이내인 우선주의 경우에도 현금성자산에서 제외한다.

⑤ 간접법보다 직접법을 적용하는 것이 미래현금흐름을 추정하는 데 보다 유용한 정보를 제공하므로 영업활동 현금흐름을 보고하는 경우에는 직접법을 사용할 것을 권장한다.

**풀이**

취득 당시 상환기일이 3개월 이내에 도래하는 상환우선주는 현금성자산으로 분류한다.

정답: ④

---

**Self Study**

1. 차입금의 조달 및 상환은 언제나 재무활동으로 분류되지만 이자의 지급은 원금과 분리되어 영업활동이나 재무활동 중 선택할 수 있다.

2. 아래의 영업활동, 투자활동 또는 재무활동에서 발생하는 현금흐름은 순증감액으로 보고할 수 있다.
   ① 현금흐름이 기업의 활동이 아닌 고객의 활동을 반영하는 경우로서 고객을 대리함에 따라 발생하는 현금유입과 유출
   ② 회전율이 높고 금액이 크며 만기가 짧은 항목과 관련된 현금유입과 현금유출

3. 투자부동산으로 보유하다가 사용목적이 변경되어 재고자산으로 분류를 변경한 경우, 분류의 변경 후에 재고자산과 관련한 현금흐름이 발생할 경우에는 영업활동 현금흐름으로 분류한다.

4. 상환일이 정해져 있고 취득일로부터 상환일까지의 기간이 3개월 이내인 우선주는 금융상품(채무상품)으로 분류되며, 현금성자산에 포함된다.

5. 직접법을 적용하여 표시한 현금흐름은 간접법에 의한 현금흐름에서 파악할 수 없는 정보를 제공하며, 미래현금흐름을 추정하는 데 보다 유용한 정보를 제공한다. 따라서 한국채택국제회계기준은 영업활동 현금흐름을 보고하는 경우 직접법을 사용할 것을 권장한다.

# 2 현금흐름표의 작성방법

개별거래들은 거래의 성격에 따라 다음과 같이 나누어질 수 있으며 각각의 항목을 조합하여 포괄손익계산서의 당기손익과 현금흐름표의 현금흐름을 계상할 수 있다.

**거래의 구분**

| 구분 | 각 활동별 관련 손익 | 각 활동별 비관련 손익 | |
|---|---|---|---|
| 손익거래 | A | B | → A + B: 포괄손익계산서 |
| 각 활동별 자산·부채의 변동 | C | D | |

↓

A + C: 현금흐름표

## 01 직접법 작성 논리

직접법이란 관련 활동에서 발생한 수익·비용, 관련 자산·부채의 증감을 고려하여 관련 현금흐름을 구하는 방법이다.

직접법은 총현금유입과 총현금유출을 주요 항목별로 구분하여 표시하는 방법을 말한다.

**직접법 작성 논리**

| (+) 해당 활동 관련 손익 | A |
|---|---|
| (+) 해당 활동 관련 자산·부채 증감 | C |
| 관련 활동 현금흐름 | A + C |

## 02 간접법 작성 논리

현금흐름은 직접법과 간접법 두 가지 방법 중 하나를 선택하여 작성할 수 있는데, 간접법이란 당기순이익에서 비현금 수익·비용, 영업활동 이외에서 발생한 수익·비용, 영업활동 관련 자산·부채의 증감을 고려하여 관련 활동 현금흐름을 구하는 방법이다.

또한 간접법은 당기순손익에 현금을 수반하지 않는 거래, 과거 또는 미래의 영업활동 현금유입이나 현금유출의 이연 또는 발생, 투자활동 현금흐름이나 재무활동 현금흐름과 관련된 손익항목의 영향을 조정하여 표시하는 방법을 말한다.

---

**간접법 작성 논리**

| | |
|---|---|
| 포괄손익계산서상 N/I | A + B |
| (−) 활동 비관련 손익 | (−)B |
| (+) 활동 관련 자산·부채 증감 | C |
| 영업활동 현금흐름 | A + C |

---

**Self Study**

한국채택국제회계기준에서는 간접법보다 직접법을 적용하는 것이 미래현금흐름을 추정하는 데 보다 유용한 정보를 제공하므로 영업활동 현금흐름을 보고하는 경우에는 직접법 사용을 권장한다.

---

**참고** 자산·부채 증감에 따른 현금흐름

관련 활동에서 자산의 증가는 현금의 감소를 관련 활동에서 자산의 감소는 현금의 증가를 가져온다. 또한 관련 활동에서 부채(자본)의 증가는 현금의 증가를, 관련 활동에서 부채(자본)의 감소는 현금의 감소를 가져온다.

| 구분 | 회계처리 | | | | 현금의 증감 |
|---|---|---|---|---|---|
| 자산의 증가 | 차) 자산 | ×× | 대) 현금 | ×× | 감소 |
| 자산의 감소 | 차) 현금 | ×× | 대) 자산 | ×× | 증가 |
| 부채의 증가 | 차) 현금 | ×× | 대) 부채 | ×× | 증가 |
| 부채의 감소 | 차) 부채 | ×× | 대) 현금 | ×× | 감소 |

# 3 영업활동으로 인한 현금흐름

영업활동 현금흐름은 기업의 주요 수익창출활동, 그리고 투자활동이나 재무활동이 아닌 기타의 활동에서 발생하는 현금흐름을 말한다. 한국채택국제회계기준에서는 영업활동 현금흐름은 총현금유입과 총현금유출을 주요 항목별로 구분하여 표시하는 방법인 직접법 또는 당기순이익에서 당기순이익 조정항목을 가감하여 표시하는 방법인 간접법 중 선택하여 하나의 방법으로 보고할 수 있도록 규정하고 있다.

## I 직접법

직접법은 총현금유입과 총현금유출을 주요 항목별로 구분하여 표시하는 방법을 말한다. 즉, 직접법은 영업활동을 보다 세부적인 여러 활동으로 구분하여 구분된 세부 단위현금흐름의 합계로서 영업활동 현금흐름을 계산하는 방법이다.

한국채택국제회계기준에서는 영업활동 현금흐름을 보고하는 경우 직접법을 사용할 것을 권장한다. 직접법을 적용하여 표시한 현금흐름은 간접법에 의한 현금흐름에서는 파악할 수 없는 정보를 제공하며, 미래현금흐름을 추정하는 데 보다 유용한 정보를 제공하기 때문이다.

### 01 고객으로부터 유입된 현금유입액

고객으로부터 유입된 현금액은 기업이 재화나 용역을 고객들에게 판매하거나 제공하고 회수한 현금액으로 매출로 인한 현금유입액이라고도 한다. 고객으로부터 유입된 현금액을 계산하기 위해서는 먼저 매출과 관련된 계정들을 파악하여야 하는데, 그 내용과 현금유입액 산정방법은 아래와 같다.

┌─────────────────────────────────────┐
│ **고객으로부터 유입된 현금유입액** │
└─────────────────────────────────────┘

1. 계정분석법

| | |
|---|---:|
| 고객으로부터 수취한 현금(A + C) | ×× |
| 1. 매출활동 관련 손익(A) | ×× |
| (1) 매출액 | + |
| (2) 손상차손 | − |
| (3) 매출채권 처분손익 | +, − |
| (4) 환율변동손익(매출채권 관련) | +, − |
| 2. 매출활동 관련 자산·부채 증감(C) | ×× |
| (1) 매출채권 증감 | +, − |
| (2) 손실충당금 | +, − |
| (3) 선수금 증감 | +, − |

2. 약식분개법

| 차) 손상차손 | ×× | 대) 매출 | ×× |
|---|---|---|---|
| 매출채권처분손실 | ×× | 매출채권 감소 | ×× |
| 환율변동손실(매출채권 관련) | ×× | 손실충당금 증가 | ×× |
| 현금유입액 | 대차차액 | 선수금 증가 | ×× |

---

**Self Study**

문제에서 손실충당금은 제시되어 있으나 손상차손이 주어져 있지 않다면, 손실충당금의 T계정을 이용하여 손상차손을 구하여야 한다.

⇒ 손상차손: 기초 손실충당금 + 설정액(손상차손, 환입액)(역산) − 손상확정 = 기말 손실충당금

**다음 자료를 참고로 고객으로부터 수취한 현금유입액은 얼마인가?**

| 구분 | 기초 | 기말 |
|---|---|---|
| 매출채권 | ₩8,000 | ₩10,000 |
| 손실충당금 | ₩(−)600 | ₩(−)400 |
| 선수금 | ₩500 | ₩900 |

- 외화환산손실: ₩1,000(매출채권 관련 부분은 ₩800)
- 매출액: ₩20,000
- 손상차손: ₩200

**풀이**

1. 계정분석법

| | | |
|---|---|---|
| 고객으로부터 수취한 현금(A + C) | | 17,200 |
| 1. 매출활동 관련 손익(A) | | 19,000 |
| (1) 매출액 | 20,000 | |
| (2) 손상차손 | (−)200 | |
| (3) 매출채권 처분손익 | | |
| (4) 환율변동손익 | (−)800 | |
| 2. 매출활동 관련 자산·부채 증감(C) | | (−)1,800 |
| (1) 매출채권 증감 | (−)2,000 | |
| (2) 손실충당금 증감 | (−)200 | |
| (3) 선수금 증감 | 400 | |

2. 약식분개법

| 차) 손상차손 | 200 | 대) 매출 | 20,000 |
|---|---|---|---|
| 매출채권 증가 | 2,000 | 선수금 증가 | 400 |
| 환율변동손실(매출채권 관련) | 800 | | |
| 손실충당금 감소 | 200 | | |
| 현금유입액 | 17,200 | | |

## 02 공급자에게 지급하는 현금유출액

공급자에 대한 현금유출액은 손익계산서의 매출원가, 물류원가 및 관리비와 관련된 현금유출액을 말한다. 공급자에 대한 현금유출액은 재고자산의 매입과 관련된 현금유출액을 의미하므로 이를 계산하기 위한 내용과 산정방법은 아래와 같다.

---

### 공급자에게 지급하는 현금유출액

**1. 계정분석법**

| | |
|---|---:|
| 공급자에게 지급한 현금유출액(A + C) | (−)×× |
| 1. 매입활동 관련 손익(A) | (−)×× |
| (1) 매출원가(매입 + 평가손실·감모손실) | − |
| (2) 채무면제이익 | + |
| (3) 환율변동손익(매입채무 관련) | +, − |
| 2. 매입활동 관련 자산·부채 증감(C) | ×× |
| (1) 상품 증감 | +, − |
| (2) 선급금 증감 | +, − |
| (3) 매입채무 증감 | +, − |

**2. 약식분개법**

| 차) 매출원가(평가손실·감모손실 포함) | ×× | 대) 채무면제이익 | ×× |
|---|---|---|---|
| 환율변동손실(매입채무 관련) | ×× | 상품 감소 | ×× |
| 매입채무 감소 | ×× | 선급금 감소 | ×× |
| | | 현금유출액 | 대차차액 |

---

### Self Study

공급자에게 지급한 현금유출액 중 재고자산의 감모손실과 평가손실은 매출원가(상품의 변동)에 포함하여 계산한다.

## 다음 자료를 참고로 공급자에게 지급한 현금을 구하라.

| 구분 | 기초 | 기말 |
|------|------|------|
| 재고자산 | ₩8,000 | ₩10,000 |
| 매입채무 | ₩6,000 | ₩15,000 |
| 선급금 | ₩2,000 | ₩1,000 |

- 매출원가: ₩30,000(감모손실이 포함되어 있지 않음)
- 재고자산 감모손실: ₩400
- 외화환산이익: ₩1,000(매입채무 관련 환산이익 200)
- 매입채무 관련 채무면제이익: ₩500

풀이

1. 계정분석법

| | | |
|---|---|---|
| 공급자에게 지급한 현금유출액(A + C) | | (−)21,700 |
| 1. 매입활동 관련 손익(A) | | (−)29,700 |
| (1) 매출원가(매입 + 평가손실·감모손실) | (−)30,400 | |
| (2) 채무면제이익 | 500 | |
| (3) 환율변동손익 | 200 | |
| 2. 매입활동 관련 자산·부채 증감(C) | | 8,000 |
| (1) 상품 증감 | (−)2,000 | |
| (2) 선급금 증감 | 1,000 | |
| (3) 매입채무 증감 | 9,000 | |

2. 약식분개법

| 차) 매출원가(평가손실·감모손실 포함) | 30,400 | 대) 채무면제이익 | 500 |
|---|---|---|---|
| 재고자산 증가 | 2,000 | 외화환산이익 | 200 |
| | | 선급금 감소 | 1,000 |
| | | 매입채무 증가 | 9,000 |
| | | 현금유출액 | 21,700 |

종업원에 대한 현금유출액은 종업원에게 지급한 급여 등과 관련된 현금유출액을 의미하므로 이를 계산하기 위해서는 먼저 종업원급여와 관련된 계정들을 파악하여야 하는데, 해당 계정과 산정방법은 아래와 같다.

---

**종업원에 대한 현금유출액**

1. 계정분석법

| | |
|---|---|
| 종업원에 대한 현금유출액(A + C) | (−)×× |
| 1. 기타영업활동 관련 손익(A) | (−)×× |
| (1) 급여, 퇴직급여 | − |
| (2) 주식결제형 주식보상비용 급여에 포함 시 제외 | + |
| 2. 기타영업활동 관련 자산·부채 증감(C) | ×× |
| (1) 선급급여, 미지급급여, 확정급여채무 | +, − |

2. 약식분개법

| 차) 급여(주식보상비용 포함), 퇴직급여 | ×× | 대) 주식선택권 증가 | ×× |
|---|---|---|---|
| 선급급여 증가 | ×× | 미지급급여 증가 | ×× |
| | | 확정급여채무 증가 | ×× |
| | | 현금유출액 | 대차차액 |

---

**Self Study**

1. 주식결제형 주식보상비용은 주식선택권(자본조정)과 관련된 계정으로 재무활동 현금흐름을 계산하는 경우 사용되므로 종업원에 대한 현금유출액 계산 시 제외된다.
2. 종업원급여에 포함된 주식결제형 주식보상비용이 문제에 제시되지 않았을 경우, 주식선택권의 증감을 이용하여 주식결제형 주식보상비용을 산정해야 한다.
3. 포괄손익계산서의 판매비와 관리비에 감가상각비나 무형자산상각비 등의 투자활동 손익에 종업원 급여가 포함된 경우에는 이에 대한 분석을 배제한다.

**다음은 ㈜두링의 기초 및 기말재무제표에서 발췌한 자료이다.**

(1) 기초 및 기말 재무상태표에서 추출한 자료

| 구분 | 기초 | 기말 |
|---|---|---|
| 미지급급여 | ₩4,000 | ₩6,000 |
| 확정급여채무 | 40,000 | 20,000 |
| 선급급여 | 2,000 | 4,000 |

(2) 당기 포괄손익계산서상의 종업원급여(퇴직급여 포함)는 ₩50,000이고 이 중에서 주식결제형 수식기준보상거래와 관련하여 인식한 주식보상비용 ₩10,000이 포함되어 있다.

**㈜두링의 종업원에 대한 현금유출액은 얼마인가?**

> **풀이**

1. 계정분석법

| | | |
|---|---|---|
| 1. 기타영업활동 관련 손익(A) | | (−)40,000 |
|   (1) 종업원 급여 | (−)50,000 | |
|   (2) 주식결제형 주식보상비용 급여에 포함 시 제외 | 10,000 | |
| 2. 기타영업활동 관련 자산·부채 증감(C) | | (−)20,000 |
|   (1) 미지급급여 증감 | 2,000 | |
|   (2) 확정급여채무 증감 | (−)20,000 | |
|   (3) 선급급여 증감 | (−)2,000 | |
| ⇒ 종업원에 대한 현금유출액 | | (−)60,000 |

2. 약식분개법

| 차) 급여(주식보상비용 포함), 퇴직급여 | 50,000 | 대) 주식선택권 증가 | 10,000 |
|---|---|---|---|
| 확정급여채무 감소 | 20,000 | 미지급급여 증가 | 2,000 |
| 선급급여 증가 | 2,000 | 현금유출액 | 60,000 |

이자의 수취는 영업활동이나 투자활동 중 하나의 활동으로 분류할 수 있다. 이자의 수취를 영업활동으로 분류하기로 하면 영업에서 창출된 현금 다음에 표시하고, 투자활동으로 분류하기로 하면 투자활동에서 현금유입으로 표시한다.

이자의 수취와 관련된 손익계산서 계정은 이자수익 외에는 없다. 손익계산서의 이자수익에는 AC금융자산이나 FVOCI금융자산(채무상품)의 유효이자율법에 의한 할인차금 상각액이 포함되어 있으므로 이 금액은 이자수익에서 차감하여야 한다.

이자로 인한 현금유입액을 계산하기 위해서는 먼저 관련된 계정들을 파악하여야 하는데, 해당 계정과 산정방법은 아래와 같다.

---

**이자로 인한 현금유입액**

1. 계정분석법

| | |
|---|---|
| 이자로 인한 현금유입액(A + C) | ×× |
| 1. 기타영업활동 관련 손익(A) | ×× |
| (1) 이자수익 | + |
| (2) AC금융자산, FVOCI금융자산의 할인 취득 상각액 | − |
| (3) AC금융자산, FVOCI금융자산의 할증 취득 상각액 | + |
| 2. 기타영업활동 관련 자산·부채 증감(C) | ×× |
| (1) 미수이자, 선수이자 | +, − |

2. 약식분개법

| 차) 할인 취득 상각액 | ×× | 대) 이자수익 | ×× |
|---|---|---|---|
| 미수이자 증가 | ×× | 할증 취득 상각액 | ×× |
| 현금유입액 | 대차차액 | 선수이자 증가 | ×× |

---

**Self Study**

AC금융자산의 할인, 할증액에 대한 상각액은 투자활동과 관련된 자산이므로 투자활동과 관련된 손익으로 분석하여야 한다.

| 차) 현금 | 액면이자(영업활동) | 대) 이자수익 | I/S상 이자수익 |
|---|---|---|---|
| AC금융자산 | 상각액(투자활동) | | |

**다음은 ㈜옥빙구의 기초 및 기말재무제표에서 발췌한 자료이다.**

(1) 기초 및 기말재무상태표에서 추출한 자료

| 구분 | 기초 | 기말 |
|------|------|------|
| 미수이자 | ₩20,000 | ₩15,000 |
| 선수이자 | 50,000 | 60,000 |

(2) 당기 포괄손익계산서상의 이자수익은 ₩150,000으로 AC금융자산을 할인 취득하여 발생한 할인차금 상각액은 ₩10,000이 포함되어 있다.

**㈜옥빙구의 이자로 인한 현금유입액은 얼마인가?**

[풀이]

1. 계정분석법

| | |
|---|---|
| 1. 기타영업활동 관련 손익(A) | 140,000 |
| (1) 이자수익 | 150,000 |
| (2) AC금융자산 할인 취득 상각액 | (−)10,000 |
| 2. 기타영업활동 관련 자산·부채 증감(C) | 15,000 |
| (1) 미수이자 | 5,000 |
| (2) 선수이자 | 10,000 |
| ⇒ 이자로 인한 현금유입액 | 155,000 |

2. 약식분개법

| 차) 할인 취득 상각액 | 10,000 | 대) 이자수익 | 150,000 |
|---|---|---|---|
| 현금유입액 | 155,000 | 미수이자 감소 | 5,000 |
| | | 선수이자 증가 | 10,000 |

## 05 이자로 인한 현금유출액

이자의 지급은 영업활동이나 재무활동 중 하나의 활동으로 분류할 수 있다. 이자의 지급을 영업활동으로 분류하기로 하면 영업에서 창출된 현금 다음에 표시하고, 재무활동으로 분류하기로 하면 재무활동에서 현금유출로 표시한다.

이자의 지급과 관련된 손익계산서 계정은 이자비용 외에는 없다. 손익계산서의 이자비용에는 사채할인발행차금 상각액이 포함되어 있을 수 있다. 사채할인발행차금의 당기 변동분은 사채의 발행으로 증가한 금액과 사채할인발행차금 상각액으로 감소한 금액으로 구분된다. 사채의 발행으로 증가한 금액은 사채발행으로 인한 현금유입액과 관련되어 있으므로 재무활동으로 분류하여야 한다. 따라서 이자비용으로 인식한 금액만을 이자비용에서 제외하여야 하며 이를 위해서는 사채할인발행차금 상각액만을 고려하여야 한다. 만일 사채할증발행차금이 있는 경우에는 사채할증발행차금 상각액만을 고려하여야 한다.

또한 이자의 지급은 자본화 여부에 관계없이 회계기간 중 유출된 총현금액을 표시하여야 하므로 적격자산에 자본화한 금액도 고려하여야 한다.

이자로 인한 현금유출액을 계산하기 위해서는 먼저 관련된 계정들을 파악하여야 하는데, 해당 계정과 산정방법은 아래와 같다.

---

**이자로 인한 현금유출액**

1. 계정분석법

| | |
|---|---|
| 이자로 인한 현금유출액(A + C) | (−)×× |
| 1. 기타영업활동 관련 손익(A) | (−)×× |
| (1) 이자비용 | − |
| (2) 사채할인발행차금 상각액 | + |
| (3) 사채할증발행차금 상각액 | − |
| (4) 전환권조정, 신주인수권조정 상각액 | + |
| 2. 기타영업활동 관련 자산·부채 증감(C) | ×× |
| (1) 선급이자, 미지급이자, 자본화 차입원가 | +, − |

2. 약식분개법

| | | | |
|---|---|---|---|
| 차) 이자비용 | ×× | 대) 사채할인발행차금 상각액 | ×× |
| 사채할증발행차금 상각액 | ×× | 전환권조정 등 상각액 | ×× |
| 선급이자 증가 | ×× | 미지급이자 증가 | ×× |
| 유형·무형자산 증가(자본화 차입원가) | ×× | 현금유출액 | 대차차액 |

---

1. 사채발행차금의 상각에 따른 이자비용은 재무활동과 직접 관련된 손익이므로 이에 대한 분석을 배제한다. 결국, 포괄손익계산서의 유효이자비용 중 표시이자비용은 영업활동으로 분석하지만, 상각이자비용은 관련 계정의 활동에서 분석한다.
2. 이자지급액은 당기손익의 비용항목으로 인식되는지 또는 자본화되는지 여부에 관계없이 현금흐름표에는 총지급액을 공시하여야 한다.

---

**사례연습 5: 이자로 인한 현금유출액**

**다음은 ㈜탁구의 기초 및 기말재무제표에서 발췌한 자료이다.**

(1) 기초 및 기말재무상태표에서 추출한 자료

| 구분 | 기초 | 기말 |
|---|---|---|
| 선급이자 | ₩20,000 | ₩40,000 |
| 미지급이자 | 40,000 | 45,000 |

(2) 포괄손익계산서상의 이자비용은 ₩200,000으로 사채할인발행차금 상각액 ₩30,000이 포함되어 있으며, 당기에 자본화한 차입원가는 ₩30,000이다.

**㈜탁구의 이자로 인한 현금유출액은 얼마인가?**

**풀이**

1. 계정분석법

| | | |
|---|---|---|
| 1. 기타영업활동 관련 손익(A) | | (−)170,000 |
| (1) 이자비용 | (−)200,000 | |
| (2) 사채할인발행차금 상각액 | 30,000 | |
| 2. 기타영업활동 관련 자산·부채 증감(C) | | (−)45,000 |
| (1) 선급이자 | (−)20,000 | |
| (2) 미지급이자 | 5,000 | |
| (3) 자본화한 차입원가 | (−)30,000 | |
| ⇒ 이자로 인한 현금유출액 | | (−)215,000 |

2. 약식분개법

| 차) 이자비용 | 200,000 | 대) 사채할인발행차금 상각액 | 30,000 |
|---|---|---|---|
| 선급이자 증가 | 20,000 | 미지급이자 증가 | 5,000 |
| 유형·무형자산 증가(자본화 차입원가) | 30,000 | 현금유출액 | 215,000 |

## 06 법인세로 인한 현금유출액

법인세의 납부는 포괄손익계산서의 법인세비용을 기준으로 계산하며, 법인세 납부액은 특별한 경우가 아닌 한 영업활동으로 분류된다. 포괄손익계산서에는 법인세비용 이외에 법인세와 관련된 계정은 없다. 법인세로 인한 현금유출액을 계산하기 위해서는 먼저 관련된 계정들을 파악하여야 하는데, 해당 계정과 산정방법은 아래와 같다.

---

**법인세로 인한 현금유출액**

**1. 계정분석법**

| | |
|---|---:|
| 법인세로 인한 현금유출액(A + C) | (−)×× |
| 1. 기타영업활동 관련 손익(A) | (−)×× |
| (1) 법인세비용 | − |
| (2) 자기주식처분손익 법인세효과 | +, − |
| 2. 기타영업활동 관련 자산·부채 증감(C) | ×× |
| (1) 선급법인세, 당기법인세부채, 이연법인세자산(부채) 등 | +, − |

**2. 약식분개법**

| 차) 법인세비용 | ×× | 대) 당기법인세부채 증가 | ×× |
|---|---|---|---|
| 당기법인세자산 증가 | ×× | 이연법인세부채 증가 | ×× |
| 이연법인세자산 증가 | ×× | 현금유출액 | 대차차액 |
| 자기주식처분이익 법인세효과 | ×× | | |

---

**Self Study**

자기주식처분손익, 기타포괄손익누계액 관련 법인세효과를 직접 가감하는 자본항목이 있는 경우에 이에 대한 법인세효과도 법인세지급액 계산 시 고려해야 한다.

㈜포동이 보고한 20×1년도의 영업활동 중 기타활동 관련 자료는 다음과 같다.

| 구분 | 기초 | 기말 |
|---|---|---|
| 이연법인세자산 | ₩30,000 | ₩40,000 |
| 당기법인세부채 | 50,000 | 30,000 |
| 자기주식 | 20,000 | 10,000 |

– 법인세비용: ₩30,000
– 자기주식처분이익법인세효과: ₩1,000

**20×1년 ㈜포동의 법인세에 따른 현금유출액은 얼마인가?**

[풀이]

1. 계정분석법

| | | |
|---|---|---|
| 법인세로 인한 현금유출액 | | (-)61,000 |
| 1. 기타영업활동 관련 손익(A) | | (-)31,000 |
| (1) 법인세비용 | (-)30,000 | |
| (2) 자기주식처분이익 법인세효과 | (-)1,000 | |
| 2. 기타영업활동 관련 자산·부채 증감(C) | | (-)30,000 |
| (1) 이연법인세자산 | (-)10,000 | |
| (2) 당기법인세부채 | (-)20,000 | |

2. 약식분개법

| 차) 법인세비용 | 30,000 | 대) 현금유출액 | 61,000 |
|---|---|---|---|
| 당기법인세부채 감소 | 20,000 | | |
| 이연법인세자산 증가 | 10,000 | | |
| 자기주식처분이익 법인세효과 | 1,000 | | |

**다음의 자료를 이용하여 ㈜대한의 20×1년도 매출액과 매출원가를 구하면 각각 얼마인가?**

[공인회계사 2022년]

- ㈜대한의 20×1년도 현금흐름표상 '고객으로부터 유입된 현금'과 '공급자에 대한 현금유출'은 각각 ₩730,000과 ₩580,000이다.
- ㈜대한의 재무상태표에 표시된 매출채권, 매출채권 관련 손실충당금, 재고자산, 매입채무의 금액은 각각 다음과 같다.

| 구분 | 20×1년 초 | 20×1년 말 |
|---|---|---|
| 매출채권 | ₩150,000 | ₩115,000 |
| (손실충당금) | (40,000) | (30,000) |
| 재고자산 | 200,000 | 230,000 |
| 매입채무 | 90,000 | 110,000 |

- 20×1년도 포괄손익계산서에 매출채권 관련 외환차익과 매입채무 관련 외환차익이 각각 ₩200,000과 ₩300,000으로 계상되어 있다.
- 20×1년도 포괄손익계산서에 매출채권에 대한 손상차손 ₩20,000과 기타비용(영업외비용)으로 표시된 재고자산감모손실 ₩15,000이 각각 계상되어 있다.

| | 매출액 | 매출원가 |
|---|---|---|
| ① | ₩525,000 | ₩855,000 |
| ② | ₩525,000 | ₩645,000 |
| ③ | ₩545,000 | ₩855,000 |
| ④ | ₩545,000 | ₩645,000 |
| ⑤ | ₩725,000 | ₩555,000 |

**풀이**

1) 고객으로부터 유입되는 현금흐름

| 차) 현금 | 730,000 | 대) 매출채권의 감소 | 35,000 |
|---|---|---|---|
| 손실충당금의 감소 | 10,000 | 외환차익 | 200,000 |
| 손상차손 | 20,000 | 매출(역산) | 525,000 |

2) 공급자에게 유출되는 현금흐름

| 차) 재고자산의 증가 | 30,000 | 대) 현금 | 580,000 |
|---|---|---|---|
| 감모손실 | 15,000 | 매입채무의 증가 | 20,000 |
| 매출원가(역산) | 855,000 | 외환차익 | 300,000 |

정답: ①

㈜바다의 재무담당자는 20×1년도 영업활동 유형별로 현금의 흐름내역을 살펴보고자 한다. 다음에 제시된 ㈜바다의 20×1년도 재무제표의 일부 자료에 근거하여 20×1년도 직접법에 의한 영업활동 현금흐름상 공급자에 대한 현금유출액과 종업원에 대한 현금유출액을 구하면 얼마인가? (단, 주식보상비용은 당기 중 부여한 주식결제형 주식기준보상거래에 따른 용역의 대가로 모두 급여에 포함되어 있으며, 외화환산이익은 모두 외화매입채무의 기말환산과 관련하여 발생하였다) [공인회계사 2011년]

I. 포괄손익계산서

| 계정과목 | 금액 |
| --- | --- |
| 매출액 | ₩6,000,000 |
| 매출원가 | (3,200,000) |
| 급여 | (1,200,000) |
| 감가상각비 | (890,000) |
| 손상차손 | (120,000) |
| 유형자산처분이익 | 570,000 |
| 외화환산이익 | 320,000 |
| 이자비용 | (450,000) |
| 재고자산감모손실 | (250,000) |
| 법인세비용 | (180,000) |
| 당기순이익 | ₩600,000 |

II. 간접법에 의한 영업활동 현금흐름

| | |
| --- | --- |
| 당기순이익 | ₩600,000 |
| 주식보상비용 | 140,000 |
| 이자비용 | 450,000 |
| 감가상각비 | 890,000 |
| 유형자산처분이익 | (570,000) |
| 법인세비용 | 180,000 |
| 매출채권(순액)의 증가 | (890,000) |
| 선급금의 증가 | (120,000) |
| 선급급여의 감소 | 210,000 |
| 재고자산의 감소 | 390,000 |
| 매입채무의 증가 | 430,000 |
| 미지급급여의 감소 | (170,000) |
| 영업에서 창출된 현금 | ₩1,540,000 |
| 이자 지급 | (420,000) |
| 법인세 납부 | (80,000) |
| 영업활동 순현금흐름 | ₩1,040,000 |

| | 공급자에 대한 현금유출액 | 종업원에 대한 현금유출액 |
| --- | --- | --- |
| ① | ₩2,180,000 | ₩1,160,000 |
| ② | 2,430,000 | 1,020,000 |
| ③ | 2,430,000 | 1,160,000 |
| ④ | 2,500,000 | 1,020,000 |
| ⑤ | 2,500,000 | 1,160,000 |

1. 공급자에게 지급한 현금유출액

| | |
|---|---:|
| 공급자에게 지급한 현금유출액(A + C) | (-)2,430,000 |
| 1. 매입활동 관련 손익(A) | (-)3,130,000 |
| (1) 매출원가(매입 + 평가손실·감모손실) (3,200,000) + (250,000) = (-)3,450,000 | |
| (2) 채무면제이익 | - |
| (3) 환율변동손익 | 320,000 |
| 2. 매입활동 관련 자산·부채 증감(C) | 700,000 |
| (1) 상품 증감 | 390,000 |
| (2) 선급금 증감 | (-)120,000 |
| (3) 매입채무 증감 | 430,000 |

2. 종업원에 대한 현금유출액

| | |
|---|---:|
| 종업원에 대한 현금유출액(A + C) | (-)1,020,000 |
| 1. 기타영업활동 관련 손익(A) | (-)1,060,000 |
| (1) 급여, 퇴직급여 | (-)1,200,000 |
| (2) 주식결제형 주식보상비용 급여에 포함 시 제외 | 140,000 |
| 2. 기타영업활동 관련 자산·부채 증감(C) | 40,000 |
| (1) 선급급여 증감 | 210,000 |
| (2) 미지급급여 증감 | (-)170,000 |
| (3) 확정급여채무 증감 | - |

정답: ②

## Ⅱ 간접법

직접법은 영업에서 창출된 현금을 고객으로부터 유입된 현금이나 공급자와 종업원에 대한 현금유출 등의 세부적인 활동으로 구분하여 계산하는 방법이다. 이에 반해 간접법은 영업에서 창출된 현금을 세부적인 활동으로 구분하지 않고 전체를 하나로 묶어서 계산한다.

**간접법에 따른 영업활동 현금흐름 구조**

| | |
|---|---|
| 포괄손익계산서상 법인세비용차감전순이익 | A + B |
| ( - ) 영업활동 비관련 손익 | (-)B |
| ( + ) 영업활동 관련 자산·부채 증감 | C |
| 영업활동 현금흐름 | A + C |

간접법에서는 먼저 영업에서 창출된 현금과 관련된 모든 손익계산서 계정들을 순액으로 표시한 후 영업에서 창출된 현금과 관련된 모든 재무상태표 계정의 순증감액을 계산하여 영업에서 창출된 현금을 계산한다.

국제회계기준에서는 이자와 배당금의 수취 및 지급에 따른 현금흐름과 법인세로 인한 현금흐름은 항상 별도로 공시하도록 하고 있다. 그러므로 국제회계기준에 의하여 영업활동 현금흐름을 간접법으로 표시하는 경우에는 영업에서 창출된 현금인 매출, 매입과 종업원 관련 현금흐름만 간접법으로 표시하며, 영업활동으로 간주한 현금인 이자, 배당금과 법인세 관련 현금흐름은 직접법으로 표시해서 영업에서 창출된 현금과 분리하여 공시한다.

---

**한국채택국제회계기준에 의한 영업활동 현금흐름의 직접법과 간접법 계산**

1. 영업활동 현금흐름 직접법 계산

| | | |
|---|---|---|
| Ⅰ. 법인세비용차감전순이익 or 당기순이익 | Ⅰ | |
| (1) 고객으로부터 유입된 현금 | ×× | |
| (2) 공급자, 종업원에 대한 현금유출 | ×× | ⇒ 직접법 |
| (3) 기타영업비 현금유출 | ×× | |
| Ⅱ. 영업에서 창출된 현금(A + C) | Ⅱ | |
| (1) 이자 수취·지급 | ×× | |
| (2) 배당금 수취 | ×× | ⇒ 직접법 |
| (3) 법인세 납부 | ×× | |
| Ⅲ. 영업활동 순현금흐름 | Ⅲ | |

2. 영업활동 현금흐름 간접법 계산

| | | |
|---|---|---|
| Ⅰ. 법인세비용차감전순이익 or 당기순이익(A + B) | Ⅰ | |
| (1) 영업활동과 관련이 없는 손익 차감(−B) | ×× | |
| (2) 이자손익, 배당금·법인세 관련 손익 차감(−B) | ×× | ⇒ 간접법 |
| (3) 영업활동 관련 자산·부채의 증감(+C) | ×× | |
| Ⅱ. 영업에서 창출된 현금(A + C) | Ⅱ | |
| (1) 이자 수취·지급 | ×× | |
| (2) 배당금 수취 | ×× | ⇒ 직접법 |
| (3) 법인세 납부 | ×× | |
| Ⅲ. 영업활동 순현금흐름 | Ⅲ | |

위의 표에서 알 수 있듯이 영업활동을 직접법으로 표시하는 경우와 간접법으로 표시하는 경우 영업에서 창출된 현금흐름부분만 계산의 차이가 있을 뿐 나머지 부분은 동일하다. 즉, 간접법으로 표시하더라도 이자수취, 배당금수취, 이자지급 및 법인세납부는 직접법과 동일하게 표시한다.

영업활동 현금흐름 간접법 계산을 위해서 당기순이익이나 법인세비용에서 가감되어야 하는 손익들은 다음과 같다.

---

① 가산할 항목

이자비용(영업활동으로 분류한 경우), 감가상각비, 무형자산상각비, 손상차손(대여금 및 미수금 해당분), 외환손실(대여금 및 미수금 해당분), AC금융자산·FVOCI금융자산의 처분손실 및 손상차손, 유형자산·무형자산의 처분손실 및 손상차손, 이자비용(재무활동으로 분류한 경우), 주식보상비용(주식결제형인 경우), 사채상환손실

② 차감할 항목

이자수익, 배당수익(영업활동으로 분류 및 투자활동으로 분류한 경우), 손실충당금 환입(대여금 및 미수금 해당분), 외환이익(대여금 및 미수금 해당분), AC금융자산·FVOCI금융자산 처분이익 및 손상차손환입, 유형자산·무형자산의 처분이익 및 손상차손환입, 사채상환이익

---

**Self Study**

1. 영업활동으로 인한 현금흐름(간접법)의 경우 시작인 I가 법인세차감전손익인지 당기순이익인지에 따라 I-(2)의 이자손익·배당금·법인세 관련 손익에서 법인세비용 차감 여부가 달라진다.
   ① 법인세비용차감전순이익(법인세 고려 전 금액): 법인세비용을 별도로 차감하지 않는다.
   ② 당기순이익(법인세 고려 후 금액): 법인세비용을 별도로 차감한다.
2. 제조기업의 경우 제조원가로 처리된 금액을 포함한다.

**다음 자료를 이용할 경우 20×1년도 현금흐름표에 계상될 영업활동 순현금흐름은 얼마인가?**

| | |
|---|---|
| 당기순이익 | ₩250,000 |
| 감가상각비 | ₩40,000 |
| 사채상환이익 | ₩35,000 |
| FVOCI금융자산처분손실 | ₩20,000 |
| 법인세납부 | ₩80,000 |
| 유상증자 | ₩110,000 |

[자산 및 부채 계정잔액의 일부]

| 구분 | 20×1년 1월 1일 | 20×1년 12월 31일 |
|---|---|---|
| 매출채권(순액) | ₩50,000 | ₩70,000 |
| 대여금 | ₩110,000 | ₩130,000 |
| 유형자산(순액) | ₩135,000 | ₩95,000 |
| 매입채무 | ₩40,000 | ₩30,000 |
| 미지급비용 | ₩30,000 | ₩45,000 |

풀이

| | |
|---|---|
| 당기순이익(A + B) | 250,000 |
| 영업활동과 관련이 없는 손익 차감(− B) | |
| (1) 감가상각비 | 40,000 |
| (2) 사채상환이익 | (−)35,000 |
| (3) FVOCI금융자산처분손실 | 20,000 |
| 이자손익, 배당금, 법인세 관련 손익 차감(− B) | |
| (1) 법인세비용 | 80,000 |
| 영업활동 관련 자산·부채의 증감(+ C) | |
| (1) 매출채권(순액) 증가 | (−)20,000 |
| (2) 매입채무 감소 | (−)10,000 |
| (3) 미지급비용 증가 | 15,000 |
| 영업에서 창출된 현금(A + C) | 340,000 |
| (1) 이자 수취·지급 | − |
| (2) 배당금 수취 | − |
| (3) 법인세 납부 | (−)80,000 |
| 영업활동 순현금흐름 | 260,000 |

**다음은 ㈜갑의 20×1년도 간접법에 의한 현금흐름표를 작성하기 위한 자료이다.**

(1) 20×1년도 포괄손익계산서 자료

| 구분 | 금액 | 구분 | 금액 |
|---|---|---|---|
| 당기순이익 | ₩500 | 법인세비용 | ₩100 |
| 재고자산평가손실 | ₩10 | 손상차손(매출채권에서 발생) | ₩90 |
| 외화환산이익(매출채권에서 발생) | ₩40 | 외화환산손실(매입채무 관련) | ₩50 |
| FVPL금융자산처분이익 | ₩80 | FVPL금융자산평가손실 | ₩60 |

(2) 20×1년 말 재무상태표 자료

20×1년 기초금액 대비 기말금액의 증감은 다음과 같다.

| 자산 | | 부채와 자본 | |
|---|---|---|---|
| 계정과목 | 증가(감소) | 계정과목 | 증가(감소) |
| 현금및현금성자산 | ₩30 | 장기차입금 | ₩(−)70 |
| FVPL금융자산 | ₩120 | 매입채무 | ₩(−)330 |
| 매출채권(순액) | ₩650 | 미지급법인세 | ₩(−)20 |
| 재고자산(순액) | ₩(−)480 | 이연법인세부채 | ₩30 |
| 유형자산(순액) | ₩(−)230 | 자본 | ₩480 |

(3) 20×1년도 유형자산 취득금액은 ₩70이고 처분은 없으며, 20×1년 감가상각비는 ₩300 이다.

(4) 이자와 배당금의 수취, 이자지급 및 법인세납부 또는 환급은 영업활동으로 분류하고, 배당금의 지급은 재무활동으로 분류한다.

**㈜갑의 20×1년도 현금흐름표상 영업활동 순현금흐름은 얼마인가?**

| | |
|---|---:|
| 당기순이익(A + B) | 500 |
| 영업활동과 관련이 없는 손익 차감(− B) | |
| (1) 감가상각비 | 300 |
| 이자손익, 배당금, 법인세 관련 손익 차감(− B) | |
| (1) 법인세비용 | 100 |
| 영업활동 관련 자산·부채의 증감(+ C) | |
| (1) 단기매매금융자산 증가 | (−)120 |
| (2) 매입채무 감소 | (−)330 |
| (3) 매출채권 증가 | (−)650 |
| (4) 재고자산 감소 | 480 |
| 영업에서 창출된 현금(A + C) | 280 |
| (1) 이자 수취·지급 | − |
| (2) 배당금 수취 | − |
| (3) 법인세 납부[1] | (−)90 |
| 영업활동 순현금흐름 | 190 |

[1] 법인세 납부: 법인세비용 (100) + 미지급법인세 감소 (20) + 이연법인세부채 증가 30 = (−)90

다음 자료는 ㈜코리아의 20×0년 말과 20×1년 말 재무상태표와 20×1년 포괄손익계산서 및 현금흐름표에서 발췌한 회계자료의 일부이다. ㈜코리아는 이자의 지급을 영업활동으로 분류하고 있다. 다음의 자료만을 이용할 때 20×1년도 '법인세비용차감전순이익' 및 '영업에서 창출된 현금'을 계산하면 각각 얼마인가?

[공인회계사 2015년]

| (1) 감가상각비 | ₩40,000 | (2) 유형자산처분손실 | ₩20,000 |
|---|---|---|---|
| (3) 이자비용 | ₩25,000 | (4) 법인세비용 | ₩30,000 |
| (5) 미지급법인세의 감소액 | ₩5,000 | (6) 이연법인세부채의 증가액 | ₩10,000 |
| (7) 이자지급액 | ₩25,000 | (8) 매출채권의 증가액 | ₩15,000 |
| (9) 손실충당금의 증가액 | ₩5,000 | (10) 재고자산의 감소액 | ₩4,000 |
| (11) 매입채무의 감소액 | ₩6,000 | (12) 영업활동 순현금흐름 | ₩200,000 |

| | 법인세비용차감전순이익 | 영업에서 창출된 현금 |
|---|---|---|
| ① | ₩177,000 | ₩250,000 |
| ② | ₩172,000 | ₩245,000 |
| ③ | ₩225,000 | ₩192,000 |
| ④ | ₩167,000 | ₩240,000 |
| ⑤ | ₩172,000 | ₩220,000 |

풀이

| | |
|---|---|
| 법인세비용차감전순이익(A + B) | 177,000 |
| 영업활동과 관련이 없는 손익 차감(− B) | |
| (1) 감가상각비 | 40,000 |
| (2) 유형자산처분손실 | 20,000 |
| 이자손익, 배당금, 법인세 관련 손익 차감(− B) | |
| (1) 이자비용 | 25,000 |
| 영업활동 관련 자산·부채의 증감(+ C) | |
| (1) 매출채권 증가 | (−)15,000 |
| (2) 손실충당금 증가 | 5,000 |
| (3) 재고자산 감소 | 4,000 |
| (4) 매입채무 감소 | (−)6,000 |
| 영업에서 창출된 현금(A + C) | 250,000 |
| (1) 이자 수취·지급 | (−)25,000 |
| (2) 배당금 수취 | − |
| (3) 법인세 지급    (30,000) + 미지급법인세 (5,000) + 이연법인세부채 10,000 = (−)25,000 | |
| 영업활동 순현금흐름 | 200,000 |

정답: ①

투자활동 현금흐름은 장기성 자산 및 현금성자산에 속하지 않는 기타 투자자산의 취득과 처분활동을 말한다. 투자활동 현금흐름은 미래수익과 미래현금흐름을 창출할 자원의 확보를 위하여 지출된 정도를 나타내기 때문에 현금흐름을 별도로 구분 공시하는 것이 중요하다. 또한 재무상태표에 자산으로 인식되는 지출만이 투자활동으로 분류하기에 적합하다.

한국채택국제회계기준에서는 영업활동 현금흐름과 달리 투자활동 현금흐름은 총현금유입과 총현금유출을 주요 항목별로 구분하여 총액으로 표시하는 것을 원칙으로 하고 있다. 투자활동 현금흐름을 발생시키는 자산은 크게 유형자산, 무형자산, 투자부동산, AC금융자산, FVOCI금융자산 등이 있으나 본서에서는 기본서의 취지에 맞게 유형자산에 대해서만 다루도록 한다.

## 01 유형자산

유형자산과 관련된 현금흐름은 유형자산의 처분으로 인한 현금유입액과 유형자산의 취득으로 인한 현금유출액으로 구분된다. 유형자산과 관련된 현금흐름을 계산하기 위해서는 유형자산과 관련된 계정들을 파악하여야 하는데, 그 내용과 계산방법은 아래와 같다.

---

**유형자산의 현금흐름**

1. 계정분석법

| | |
|---|---|
| 유형자산 투자활동 현금(A + C) | ① |
| 1. 투자활동 관련 손익(A) | ×× |
| (1) 감가상각비 | − |
| (2) 유형자산처분손익 | +, − |
| (3) 유형자산손상차손 등 | − |
| 2. 투자활동 관련 자산·부채 증감(C) | ×× |
| (1) 취득원가의 증감 | +, − |
| (2) 감가상각누계액의 증감 | +, − |
| (3) 재평가잉여금의 증감 | +, − |

| ① 순현금유출·유입 ×× | ② 유형자산 처분으로 인한 현금 유입 (−)×× | ⇨ 역산 |
|---|---|---|
| | ③ 유형자산 취득으로 인한 현금 유출 (−)×× | |

---

2. 약식분개법

| 차) 감가상각비 | ×× | 대) 유형자산처분이익 | ×× |
|---|---|---|---|
| 유형자산(취득원가) 증가 | ×× | 감가상각누계액 증가 | ×× |
| 현금유입액 | 대차차액 | 재평가잉여금 증가 | ×× |
| | | 현금유출액 | 대차차액 |

3. 증감분석법

| 유형자산(취득원가) | 기초 | + 취득 | | − 처분 | = 기말 |
|---|---|---|---|---|---|
| − 감가상각누계액 | − 기초 | | − Dep | + 처분 | = (−)기말 |
| = 유형자산(장부가액) | 기초 | + 취득 | − Dep | − 처분 | = 기말 |

---

**Self Study**

1. 유형자산은 차입원가를 자본화해야 하는 적격자산에 해당하므로 이자비용 중 자본화한 금액도 관련된 계정이 된다.
2. 유형자산을 외상으로 처분하거나 외상으로 취득하는 경우에는 미수금과 미지급금도 유형자산과 관련된 계정이 된다. 그러나 미수금과 미지급금의 감소는 각각 투자활동 현금유입이나 재무활동 현금유출로 표시하여야 하므로 미수금과 미지급금의 증가액만 관련된 계정이 된다.

---

**사례연습 9: 유형자산의 현금흐름**

다음은 A사의 20×1년도 비교재무제표 중 기계장치와 관련된 부분들만 발췌한 것으로, A사는 기계장치를 원가모형으로 측정한다. A사는 당기에 처분한 기계장치의 처분금액은 ₩75,000으로 처분금액 중 ₩12,000은 20×2년도에 받기로 하였다. A사가 20×1년도에 기계장치의 취득으로 유출된 현금을 계산하시오.

| 계정과목 | 20×1년 | 20×0년 |
|---|---|---|
| 기계장치 | ₩300,000 | ₩150,000 |
| 감가상각누계액 | (−)52,000 | (−)45,000 |
| 감가상각비 | 45,000 | |
| 유형자산처분이익 | 15,000 | |

**풀이**

1. 계정분석법
   20×1년도에 기계장치의 취득으로 유출된 현금: 248,000

| 유형자산 투자활동 현금흐름(A + C) | (−)185,000 |
|---|---|
| 1. 투자활동 관련 손익(A) | |
| (1) 감가상각비 | (−)45,000 |
| (2) 유형자산처분이익 | 15,000 |
| (3) 유형자산손상차손 등 | − |

2. 투자활동 관련 자산·부채 증감(C)

| | |
|---|---:|
| (1) 기계장치의 증가 | (-)150,000 |
| (2) 감가상각누계액의 증가 | 7,000 |
| (3) 미수금의 증가 | (-)12,000 |
| (4) 재평가잉여금 | - |

\* 투자활동순현금흐름 계상 시 20×2년에 받기로 한 12,000은 제외

| ① 순현금유출<br>(-)185,000 | ② 유형자산 처분으로 인한 현금 유입 63,000 | ⇨ 역산 |
|---|---|---|
| | ③ 유형자산 취득으로 인한 현금 유출 (-)248,000 | |

2. 약식분개법

| 차) 감가상각비 | 45,000 | 대) 유형자산처분이익 | 15,000 |
|---|---:|---|---:|
| 유형자산(취득원가) 증가 | 150,000 | 감가상각누계액 증가 | 7,000 |
| 미수금의 증가 | 12,000 | 현금유출액 | 248,000 |
| 현금유입액 | 63,000 | | |

3. 증감분석법

| 유형자산(취득원가) | 기초<br>150,000 | + 취득(역산)<br>248,000 | | - 처분<br>(-)98,000 | = 기말<br>300,000 |
|---|---|---|---|---|---|
| - 감가상각누계액 | - 기초<br>(-)45,000 | | - Dep<br>(-)45,000 | + 처분(역산)<br>38,000 | = (-)기말<br>(-)52,000 |

[처분 시 회계처리]

| 차) 현금 | 63,000 | 대) 기계장치(역산) | 98,000 |
|---|---:|---|---:|
| 미수금 | 12,000 | 처분이익 | 15,000 |
| 감가상각누계액 | 38,000 | | |

다음은 ㈜여름의 기계장치와 관련하여 20×1년도 중 발생한 일부 거래내역과 20×1년도 부분재무제표의 자료이다. ㈜여름의 유형자산은 모두 기계장치이다. 다음의 자료만을 이용하여 계산한 20×1년도 기계장치의 처분으로 인한 현금유입액은 얼마인가? [공인회계사 2011년]

I. 부분재무상태표

| 계정과목 | 기초잔액 | 기말잔액 | 증감 |
|---|---|---|---|
| 기계장치 | ₩ 8,700,000 | ₩ 8,670,000 | ₩ (30,000) |
| 감가상각누계액 | (3,700,000) | (2,500,000) | (1,200,000) |

II. 부분포괄손익계산서

| 계정과목 | 금액 |
|---|---|
| 유형자산감가상각비 | ₩ (850,000) |
| 유형자산처분이익 | 570,000 |

(1) 20×1년 7월 1일 ㈜여름은 공정개선을 위해 보유 중인 기계장치 일부를 ㈜겨울의 기계장치와 교환하였다. 교환시점에서 ㈜여름이 보유한 기계장치의 취득금액은 ₩ 3,300,000 (감가상각누계액 ₩ 1,100,000)이고 공정가치는 ₩ 2,300,000이었으며, ㈜겨울이 보유한 기계장치의 취득금액은 ₩ 4,000,000(감가상각누계액 ₩ 2,500,000)이고 공정가치는 ₩ 2,000,000이었다. 동 거래는 상업적 실질이 있는 교환으로 공정가치 보상을 위한 현금수수는 없으며, ㈜여름이 보유한 기계장치의 공정가치가 더 명백하였다.

(2) 20×1년 10월 1일 취득원가 ₩ 4,000,000인 기계장치를 취득하였으며, 당기 중 기계장치의 추가 취득거래는 발생하지 않았다. 또한 (1)의 교환거래를 제외한 기계장치 관련 거래는 모두 현금으로 이루어졌으며, ㈜여름은 기계장치에 대해 원가모형을 적용하였다.

① ₩ 2,080,000      ② ₩ 2,550,000      ③ ₩ 2,650,000
④ ₩ 3,300,000      ⑤ ₩ 3,400,000

**풀이**

1. 계정분석법

| | | |
|---|---|---|
| 유형자산 투자활동 현금(A + C) | | ① (−)1,450,000 |
| 1. 투자활동 관련 손익(A) | | (−)280,000 |
| (1) 감가상각비 | (−)850,000 | |
| (2) 유형자산처분손익 | 570,000 | |
| (3) 유형자산손상차손 등 | | |
| 2. 투자활동 관련 자산·부채 증감(C) | | (−)1,170,000 |
| (1) 취득원가의 증감 | 30,000 | |
| (2) 감가상각누계액의 증감 | (−)1,200,000 | |
| (3) 재평가잉여금의 증감 | − | |

| ① 순현금유출<br>(−)1,450,000 | ② 유형자산 처분으로 인한 현금 유입 2,550,000 | ⇨ 역산 |
|---|---|---|
| | ③ 유형자산 취득으로 인한 현금 유출 (−)4,000,000 | |

2. 약식분개법

| 차) 감가상각누계액 | 1,200,000 | 대) 기계장치 | 30,000 |
|---|---|---|---|
| 감가상각비 | 850,000 | 유형자산처분이익 | 570,000 |
| 현금유입액 | 2,550,000 | 현금유출액 | 4,000,000 |

정답: ②

### Self Study

1. 영업활동 현금흐름과 달리 투자활동 현금흐름은 개별적인 현금흐름을 총액으로 표시하므로 직접법을 통하여 투자활동 현금흐름을 순액으로 계산한 후, 유입액과 유출액을 구분한다.
2. 문제의 기초와 기말 기계장치 잔액의 변동은 기중에 발생한 모든 변동액을 포괄하는 변동액으로 ㈜겨울과의 교환거래는 그 중 일부이다. 그러므로 교환거래에 의한 금액의 변동을 추가적으로 반영한다면, 해당 증감액을 중복하여 고려하는 결과를 가져오게 된다.

# 5 재무활동으로 인한 현금흐름

재무활동 현금흐름은 기업의 납입자본과 차입금의 크기 및 구성 내용에 변동을 가져오는 활동을 말하며, 자본과 차입금의 조달, 환급 및 상환에 관한 활동을 포함한다. 재무활동 현금흐름은 미래현금흐름에 대한 자본 제공자의 청구권을 예측하는 데 유용하기 때문에 현금흐름을 별도로 구분 공시하는 것이 중요하다. 한국채택국제회계기준에서는 영업활동 현금흐름과 달리 재무활동 현금흐름은 총현금유입과 총현금유출을 주요 항목별로 구분하여 총액으로 표시하는 것을 원칙으로 하고 있다.

## I  사채 관련 현금흐름

사채와 관련된 현금흐름은 사채의 발행으로 인한 현금유입액과 사채의 상환으로 인한 현금유출액으로 구분된다. 사채와 관련된 이자비용은 사채의 현금흐름과 별도로 구분하여 이자의 지급으로 보고하여야 하므로 여기서는 고려하지 않는다.

사채와 관련된 손익계산서 계정에는 사채상환손익 등의 계정이 있으며, 사채와 관련하여 인식한 이자비용 중 사채의 발행금액과 액면금액과의 차액을 유효이자율법으로 상각한 금액(= 사채할인발행차금 상각액이나 사채할증발행차금 상각액)은 관련된 계정이 된다. 그러나 이자비용 중 표시이자는 이자의 지급으로 표시하여야 하므로 관련된 계정이 아니다.

사채와 관련된 현금흐름을 계산하기 위해서는 사채와 관련된 계정들을 파악하여야 하는데, 그 내용과 계산방법은 아래와 같다.

## 1. 계정분석법

| | |
|---|---|
| 사채 재무활동 현금(A + C) | ① |
| 1. 재무활동 관련 손익(A) | (−)×× |
| (1) 환율변동손익(사채 관련) | +, − |
| (2) 사채할인발행차금 상각액 | + |
| (3) 사채할증발행차금 상각액 | − |
| (4) 사채상환손실 | − |
| 2. 재무활동 관련 자산·부채 증감(C) | ×× |
| (1) 사채의 증감 | +, − |
| (2) 사채할인(할증)발행차금의 증감 | +, − |

## 2. 약식분개법

| 차) 사채할인발행차금 증가 | ×× | 대) 사채의 증가 | ×× |
|---|---|---|---|
| 사채할인발행차금 상각액 | ×× | 사채할증발행차금 증가 | ×× |
| 사채상환손실 | ×× | 사채할증발행차금 상각액 | ×× |
| 현금유입액 | 대차차액 | 현금유출액 | 대차차액 |

## 3. 증감분석법

| 사채 | 기초 | + 발행 | − 상환 | | = 기말 |
|---|---|---|---|---|---|
| 사채할인발행차금 | − 기초 | − 발행 | + 상환[1] | + 상각 | = (−)기말 |

[1] 사채상환손실 = −상환대가 + 사채장부금액(= 액면금액 − 사채할인발행차금)

다음은 C사의 20×1년도 비교재무제표 중 사채와 관련된 부분들만 발췌한 것이다. C사가 당기에 발행한 사채의 발행금액은 ₩182,000(액면금액 ₩200,000)이며, 이자비용으로 처리된 사채할인발행차금 상각액은 ₩4,000이다. C사는 20×1년도에 사채 상환으로 지급한 현금을 계산하시오.

| 계정과목 | 20×1년 | 20×0년 |
|---|---|---|
| 사채 | ₩300,000 | ₩200,000 |
| 사채할인발행차금 | (−)26,000 | (−)15,000 |
| 이자비용 | 80,000 | − |
| 사채상환이익 | 2,000 | − |

**풀이**

1. 계정분석법

| 장기차입금과 유동성장기부채 및 사채 재무활동 현금흐름(A + C) | 87,000 |
|---|---|
| 1. 재무활동 관련 손익(A) | |
| (1) 환율변동손익(차입금 관련) | − |
| (2) 사채발행차금 상각액 | (−)4,000 |
| (3) 사채상환이익 | 2,000 |
| 2. 재무활동 관련 자산·부채 증감(C) | |
| (1) 사채의 증감 | 100,000 |
| (2) 사채할인발행차금의 증감 | (−)11,000 |

| ① 순현금유입 87,000 | ② 사채로 인한 현금 유입 182,000 ③ 사채로 인한 현금 유출 (−)95,000 | ⇨ 역산 |
|---|---|---|

2. 약식분개법

| 차) 사채할인발행차금 증가 | 11,000 | 대) 사채의 증가 | 100,000 |
|---|---|---|---|
| 사채할인발행차금 상각액 | 4,000 | 사채상환이익 | 2,000 |
| 현금유입액 | 182,000 | 현금유출액 | 95,000 |

3. 증감분석법

| 사채 | 기초 200,000 | + 발행 200,000 | − 상환 (−)100,000 | | = 기말 300,000 |
|---|---|---|---|---|---|
| 사채할인발행차금 | − 기초 (−)15,000 | − 발행 (−)18,000 | + 상환[1] 3,000 | + 상각 4,000 | = (−)기말 (−)26,000 |

[1] 사채상환이익 2,000 = − 상환대가 95,000 + 사채장부금액 97,000(= 액면금액 100,000 − 사채할인발행차금 3,000)

### 01 유상증자

유상증자와 관련된 현금흐름은 관련된 손익계산서 계정이 없으며, 관련된 재무상태표 계정은 납입자본만 있다. 납입자본은 주식배당으로도 변동하므로 주식배당으로 인해 감소한 이익잉여금도 관련된 계정이 된다. 이들만 고려하면 유상증자로 인한 현금유입액을 계산할 수 있다.

### 02 배당금

배당금은 현금배당만이 현금흐름에 해당하며, 이익잉여금이 관련된 재무상태표 계정이 된다. 이익잉여금은 현금배당 외에도 당기순이익과 주식배당으로도 변동하므로 이를 고려하여야 한다. 당기순이익은 집합손익계정을 마감하면서 이익잉여금을 증가시키므로 차변에 기록하여야 하며, 주식배당은 납입자본을 증가시키므로 동 증가액만을 고려하면 배당의 지급액을 계산할 수 있다.

**Self Study**

> 유상증자와 유상감자 및 배당으로 인한 현금흐름은 재무상태표상 자본거래 관련 자본의 증감을 조정하여 직접 산출하고, 자본거래로 인한 자본의 변동효과는 포괄손익계산서에 인식되지 않으므로 별도로 손익효과를 고려할 필요는 없다. 단, 재무상태표상의 이익잉여금의 증감을 분석하는 경우에는 이익잉여금에서 당기순이익효과를 제거해야 한다. 당기순이익은 다른 활동을 분석할 때 이미 고려하여졌기 때문이다.

## Ⅲ 현금및현금성자산의 환율변동효과

현금및현금성자산 중 외화로 표시된 항목이 있는 경우에는 보고기간 말의 원화로 환산함에 따라 환율변동효과가 발생한다. 현금및현금성자산과 관련된 환율변동효과는 영업활동, 투자활동 및 재무활동의 어느 활동으로도 분류하지 않고 현금흐름표의 별도의 항목으로 보고한다.

**현금흐름표**

| A회사 | 20×1년 1월 1일부터 20×1년 12월 31일까지 | |
|---|---|---|
| 영업활동 현금흐름 | | ×× |
| 투자활동 현금흐름 | | ×× |
| 재무활동 현금흐름 | | ×× |
| 현금및현금성자산의 환율변동효과 | | ×× |
| 현금및현금성자산의 순증가 | | ×× |
| 기초 현금및현금성자산 | | ×× |
| 기말 현금및현금성자산 | | ×× |

# Chapter 22 | 핵심 빈출 문장

**01** 이자와 차입금을 함께 상환하는 경우, 이자지급은 영업활동으로 분류될 수 있고 원금상환은 재무활동으로 분류된다.

**02** 회전율이 높고 금액이 크며 만기가 짧은 항목과 관련된 재무활동에서 발생하는 현금흐름은 순증감액으로 보고할 수 있다.

**03** 타인에게 임대할 목적으로 보유하다가 후속적으로 판매목적으로 보유하는 자산을 제조하거나 취득하기 위한 현금 지급액은 영업활동 현금흐름이다.

**04** 간접법보다 직접법을 적용하는 것이 미래현금흐름을 추정하는 데 보다 유용한 정보를 제공하므로 영업활동 현금흐름을 보고하는 경우에는 직접법을 사용할 것을 권장한다.

**05** 지분상품은 현금성자산에서 제외하나 상환일이 정해져 있고 취득일부터 상환일까지의 기간이 3개월 이내인 우선주의 경우에는 현금성자산으로 분류한다.

**01** ㈜갑의 20×1년 현금매출 및 신용매출은 각각 ₩160,000과 ₩1,200,000이고, 20×1년 기초와 기말의 매출채권 잔액은 각각 ₩180,000과 ₩212,000이다. ㈜갑의 20×1년 영업비용은 ₩240,000이다. 20×1년 선급비용 기말잔액은 기초보다 ₩16,000이 증가하였고, 20×1년 미지급비용 기말잔액은 기초보다 ₩24,000이 감소하였다. 20×1년에 고객으로부터 유입된 현금흐름과 영업비용으로 유출된 현금흐름은 얼마인가?

| | 고객으로부터 유입된 현금흐름 | 영업비용으로부터 유출된 현금흐름 |
|---|---|---|
| ① | ₩1,328,000 | ₩232,000 |
| ② | ₩1,328,000 | ₩280,000 |
| ③ | ₩1,360,000 | ₩232,000 |
| ④ | ₩1,360,000 | ₩280,000 |
| ⑤ | ₩1,332,000 | ₩202,000 |

**02** 다음은 ㈜대한의 20×1년도 이자지급과 관련된 자료이다. ㈜대한의 20×1년도 이자지급으로 인한 현금유출액은 얼마인가?

> (1) 포괄손익계산서에 인식된 이자비용 ₩20,000에는 사채할인발행차금 상각액 ₩2,000이 포함되어 있다.
>
> (2) 재무상태표에 인식된 이자 관련 계정과목의 기초 및 기말잔액은 다음과 같다.
>
> | 계정과목 | 기초잔액 | 기말잔액 |
> |---|---|---|
> | 미지급이자 | ₩2,300 | ₩3,300 |
> | 선급이자 | 1,000 | 1,300 |

① ₩16,300      ② ₩17,300      ③ ₩18,700

④ ₩21,300      ⑤ ₩22,700

**03** ㈜세무의 20×1년도 재무제표의 상품매매와 관련된 자료이다. 20×1년도 ㈜세무의 상품매입과 관련된 현금유출액은?

> | | | | |
> |---|---|---|---|
> | 기초매출채권 | ₩40,000 | 기말매출채권 | ₩50,000 |
> | 기초상품재고액 | ₩30,000 | 기말상품재고액 | ₩28,000 |
> | 기초매입채무 | ₩19,000 | 기말매입채무 | ₩20,000 |
> | 기초선수금 | ₩20,000 | 기말선수금 | ₩15,000 |
> | 기초선급금 | ₩10,000 | 기말선급금 | ₩5,000 |
> | 매출액 | ₩400,000 | 매출원가 | ₩240,000 |
> | 환율변동이익[1] | ₩4,000 | | |
>
> [1] 환율변동이익은 매입채무에 포함된 외화외상매입금에서만 발생함

① ₩222,000      ② ₩228,000      ③ ₩236,000

④ ₩240,000      ⑤ ₩248,000

**04** ㈜한국은 당기 중에 장부금액 ₩40,000인 기계장치를 ₩52,000에 처분하였으며 당기 중 취득한 기계장치는 없다. 법인세차감전순이익은 ₩30,000이며, 액면발행된 사채의 이자비용이 ₩2,000이다. 영업에서 창출된 현금흐름은 얼마인가?

| 계정과목 | 기초 | 기말 |
|---|---|---|
| 매출채권(총액) | ₩120,000 | ₩90,000 |
| 매출채권 손실충당금 | ₩4,000 | ₩5,000 |
| 재고자산 | ₩250,000 | ₩220,000 |
| 기계장치(총액) | ₩400,000 | ₩300,000 |
| 감가상각누계액 | ₩230,000 | ₩190,000 |
| 매입채무 | ₩245,000 | ₩280,000 |

① ₩116,000      ② ₩126,000      ③ ₩136,000
④ ₩146,000      ⑤ ₩156,000

**05** ㈜한국은 20×1년도 현금흐름표를 작성 중이다. 기계장치 관련 내역은 다음과 같으며, 당기 중 취득 및 처분 거래는 모두 현금으로 이루어졌다.

| 계정과목 | 기초금액 | 기말금액 |
|---|---|---|
| 기계장치 | ₩300,000 | ₩320,000 |
| 감가상각누계액 | ₩55,000 | ₩60,000 |

㈜한국은 당기 중 기계장치를 ₩100,000에 취득하였으며, 포괄손익계산서에는 기계장치처분이익 ₩5,000과 감가상각비(기계장치) ₩35,000이 보고되었다. ㈜한국의 기계장치 관련 거래가 20×1년도의 투자활동 현금흐름에 미치는 영향은?

① 현금유출 ₩45,000      ② 현금유출 ₩15,000      ③ 현금유출 ₩10,000
④ 현금유입 ₩5,000      ⑤ 현금유입 ₩30,000

**06** ㈜세무의 현금흐름표 작성을 위한 20×1년 자료가 다음과 같을 때, ㈜세무의 20×1년도 투자활동 순현금흐름과 재무활동 순현금흐름은? (단, ㈜세무는 이자의 지급, 이자 및 배당금의 수입은 영업활동으로, 배당금의 지급은 재무활동으로 분류하고 있다)

- 유상증자로 ₩250,000, 장기차입금으로 ₩300,000을 조달하였다.
- 20×1년 초 매출채권 잔액은 ₩300,000이었고, 여기에 손실충당금 잔액이 ₩20,000 설정되어 있다. 20×1년 말 매출채권 잔액은 ₩500,000이며, 손상추정을 통하여 기말 손실충당금 잔액이 ₩50,000으로 증가하였다.
- 20×0년 경영성과에 대해 20×1년 3월 주주총회 결의를 통해 주주들에게 배당금으로 ₩200,000을 지급하였다.
- 기초와 기말의 법인세 부채는 각각 ₩300,000과 ₩400,000이었다.
- 당기에 유형자산을 총원가 ₩1,500,000에 취득하였으며, 이 중에서 ₩900,000은 리스로 취득하였다. 나머지 ₩600,000은 현금으로 지급하였다. 리스부채의 상환은 20×2년 초부터 이루어진다.
- 취득원가가 ₩800,000이고 감가상각누계액이 ₩500,000인 공장 설비를 현금매각하고, 유형자산처분이익 ₩100,000을 인식하였다.

| | 투자활동 순현금흐름 | 재무활동 순현금흐름 |
|---|---|---|
| ① | ₩200,000 유출 | ₩350,000 유입 |
| ② | ₩200,000 유출 | ₩550,000 유입 |
| ③ | ₩200,000 유입 | ₩200,000 유출 |
| ④ | ₩600,000 유출 | ₩350,000 유입 |
| ⑤ | ₩600,000 유출 | ₩550,000 유입 |

**07** ㈜세무는 재고자산의 매입과 매출을 모두 외상으로 처리한 후, 나중에 현금으로 결제하고 있다. 다음은 이와 관련된 거래내역 일부를 20×0년과 20×1년도 재무상태표와 포괄손익계산서로부터 추출한 것이다. 20×1년 12월 31일 (A)에 표시될 현금은? (단, 현금의 변동은 제시된 영업활동에서만 영향을 받는다고 가정한다)   [세무사 2020년]

| 재무상태표 계정과목 | 20×1. 12. 31. | 20×0. 12. 31. |
| --- | --- | --- |
| 현금 | (A) | ₩300,000 |
| 매출채권 | ₩110,000 | ₩100,000 |
| 매출채권 손실충당금 | ₩10,000 | ₩9,000 |
| 재고자산 | ₩100,000 | ₩80,000 |
| 매입채무 | ₩80,000 | ₩60,000 |

| 포괄손익계산서 계정과목 | 20×1년도 | 20×0년도 |
| --- | --- | --- |
| 매출 | ₩1,800,000 | ₩1,500,000 |
| 매출원가 | ₩1,500,000 | ₩1,200,000 |
| 매출채권 손상차손 | ₩7,000 | ₩6,000 |

① ₩584,000　　　② ₩590,000　　　③ ₩594,000
④ ₩604,000　　　⑤ ₩610,000

**08** 다음은 ㈜세무의 20×1년도 간접법에 의한 현금흐름표를 작성하기 위한 자료의 일부이다.

---

(1) 20×1년도 포괄손익계산서 자료
- 당기순이익: ₩500,000
- 법인세비용: ₩60,000
- 매출채권 손상차손: ₩9,000
- 감가상각비: ₩40,000
- 상각후원가측정금융자산처분손실: ₩3,500
- 사채상환이익: ₩5,000
- 유형자산처분손실: ₩50,000

(2) 20×1년 말 재무상태표 자료

| 구분 | 20×1년 1월 1일 | 20×1년 12월 31일 |
|---|---|---|
| 매출채권(순액) | ₩120,000 | ₩90,000 |
| 재고자산(순액) | ₩80,000 | ₩97,000 |
| 매입채무 | ₩65,000 | ₩78,000 |
| 유형자산(순액) | ₩3,000,000 | ₩2,760,000 |
| 당기법인세부채 | ₩40,000 | ₩38,000 |
| 이연법인세부채 | ₩55,000 | ₩70,000 |

---

20×1년도 현금흐름표상 영업활동 순현금흐름은? (단, 법인세납부는 영업활동으로 분류한다)

[세무사 2019년]

① ₩627,500  ② ₩640,500  ③ ₩649,500
④ ₩687,500  ⑤ ₩877,000

**09** 다음은 유통업을 영위하는 ㈜대한의 20×1년 현금흐름표를 작성하기 위한 자료이다. ㈜대한은 간접법으로 현금흐름표를 작성하며, 이자지급 및 법인세납부는 영업활동 현금흐름으로 분류한다. ㈜대한이 20×1년 현금흐름표에 보고할 영업활동 순현금흐름은 얼마인가?

[공인회계사 2020년]

- 법인세비용차감전순이익: ₩534,000
- 건물 감가상각비: ₩62,000
- 이자비용: ₩54,000
  (유효이자율법에 의한 사채할인발행차금상각액 ₩10,000 포함)
- 법인세비용: ₩106,800
- 매출채권 감소: ₩102,000
- 재고자산 증가: ₩68,000
- 매입채무 증가: ₩57,000
- 미지급이자 감소: ₩12,000
- 당기법인세부채 증가: ₩22,000

① ₩556,200  ② ₩590,200  ③ ₩546,200
④ ₩600,200  ⑤ ₩610,200

다음은 유통업을 영위하는 ㈜대한의 20×1년도 현금흐름표를 작성하기 위한 자료이다.

[공인회계사 2018년]

(1) 20×1년도 포괄손익계산서 관련 자료
- 매출: ₩435,000
- 매출원가: ₩337,000
- 급여: ₩8,000
- 매출채권 손상차손: ₩1,500
- 차량운반구 감가상각비: ₩16,000
- 재고자산평가손실(기타비용): ₩5,000
- 매출채권 외화환산이익: ₩1,000
- 유형자산처분손실: ₩2,000

(2) 20×1년도 재무상태표 관련 자료(단위: ₩)

| 계정과목 | 기초 | 기말 |
|---|---|---|
| 매출채권 | 92,400 | 135,500 |
| 매출채권손실충당금 | 4,400 | 5,500 |
| 재고자산 | 120,000 | 85,000 |
| 재고자산평가충당금 | – | 5,000 |
| 매입채무 | 70,000 | 40,000 |
| 차량운반구 | 400,000 | 371,000 |
| 차량운반구 감가상각누계액 | 100,000 | 77,000 |

(3) 20×1년 중 취득가액이 ₩40,000(감가상각누계액 ₩20,000)인 차량운반구를 처분하여 처분손실 ₩2,000이 발생하였다. 또한 차량운반구를 ₩50,000에 신규 취득하였으며 이는 당기 중 유일한 취득 거래이다. 당기 중 차량운반구의 증감은 전부 취득과 처분으로 발생한 것이다.

(4) 매출액 중 ₩25,000은 현금매출이며 나머지는 신용매출이다.

(5) 별도의 언급이 없는 한, 당기 중 거래는 현금으로 이루어졌다.

**10** ㈜대한이 20×1년 현금흐름표에 보고할 영업으로부터 창출된 현금은 얼마인가?

① ₩ 27,500      ② ₩ 51,500      ③ ₩ 52,500

④ ₩ 60,500      ⑤ ₩ 384,500

**11** ㈜대한의 차량운반구 관련 거래가 20×1년도 투자활동 현금흐름에 미치는 영향은?

① 현금유출 ₩ 12,000      ② 현금유출 ₩ 32,000      ③ 현금유출 ₩ 50,000

④ 현금유입 ₩ 30,000      ⑤ 현금유입 ₩ 38,000

**12** 다음은 ㈜수제의 20×1년도 비교재무상태표의 일부이다. 당기 사채로 인한 현금 유입액은 ₩200,000이다. ㈜수제의 20×1년도 사채로 인한 현금유출액은 얼마인가?

| 계정과목 | 20×1년 초 | 20×1년 말 |
|---|---|---|
| [손익계산서] | | |
| 이자비용 | | ₩ 60,000 |
| (사채할인발행차금 상각액) | | ₩ 3,000 |
| 사채상환손실 | | ₩ 5,000 |
| 환율변동손실(사채 관련) | | ₩ 2,000 |
| [재무상태표] | | |
| 사채 | ₩ 200,000 | ₩ 400,000 |
| 사채할인발행차금 | ₩ 30,000 | ₩ 50,000 |

① ₩ 20,000      ② ₩ 27,000      ③ ₩ 27,500

④ ₩ 30,000      ⑤ ₩ 37,500

**13** ㈜세무의 20×1년도 현금흐름표를 작성하기 위한 자료는 다음과 같다. ㈜세무가 20×1년도 현금흐름표에 보고할 영업활동순현금유입액은? [세무사 2022년]

---

- 법인세비용차감전순이익: ₩1,000,000
- 법인세비용: ₩120,000(20×1년 중 법인세납부액과 동일)
- 이자비용: ₩30,000(모두 사채의 이자비용이며, 사채할인발행차금 상각액을 포함함)
- 자산과 부채의 증감

| 계정과목 | 기초금액 | 기말금액 |
|---|---|---|
| 매출채권 | ₩200,000 | ₩210,000 |
| 재고자산 | 280,000 | 315,000 |
| 건물 | 1,200,000 | 1,150,000 |
| 건물감가상각누계액 | (380,000) | (370,000) |
| 사채 | 300,000 | 300,000 |
| 사채할인발행차금 | (15,000) | (10,000) |

- 20×1년 중 건물 관련 거래가 ㈜세무의 순현금흐름을 ₩30,000 증가시켰다.
- 20×1년 중 사채 관련 거래가 ㈜세무의 순현금흐름을 ₩25,000 감소시켰으며, 20×1년 중 사채의 발행 및 상환은 없었다.
- ㈜세무는 간접법을 사용하여 영업활동현금흐름을 산출하며, 이자지급 및 법인세납부는 영업활동으로 구분한다.

---

① ₩850,000  
② ₩880,000  
③ ₩890,000  
④ ₩930,000  
⑤ ₩970,000

**14** 다음은 ㈜대한의 재무상태표에 표시된 두 종류의 상각후원가(AC)로 측정하는 금융부채(A사채, B사채)와 관련된 계정의 장부금액이다. 상기 금융부채 외에 ㈜대한이 보유한 이자발생 부채는 없으며, ㈜대한은 20×1년 포괄손익계산서상 당기손익으로 이자비용 ₩48,191을 인식하였다. 이자지급을 영업활동으로 분류할 경우, ㈜대한이 20×1년 현금흐름표의 영업활동현금흐름에 표시할 이자지급액은 얼마인가? (단, 당기 중 사채의 추가발행·상환·출자전환 및 차입금의 신규차입은 없었으며, 차입원가의 자본화는 고려하지 않는다) [공인회계사 2021년]

| 구분 | 20×1년 1월 1일 | 20×1년 12월 31일 |
| --- | --- | --- |
| 미지급이자 | ₩10,000 | ₩15,000 |
| A사채(순액) | 94,996 | 97,345 |
| B사채(순액) | 110,692 | 107,334 |

① ₩42,182     ② ₩43,192     ③ ₩44,200

④ ₩45,843     ⑤ ₩49,200

# Chapter 22 | 객관식 문제 정답 및 해설

**01** ②    1. 고객으로부터 유입된 현금흐름

| 고객으로부터 수취한 현금(A + C) | | 1,328,000 |
|---|---|---|
| 1. 매출활동 관련 손익(A) | | 1,360,000 |
| (1) 매출액 | 160,000 + 1,200,000 | |
| (2) 손상차손 | − | |
| (3) 매출채권 처분손익 | − | |
| (4) 환율변동손익 | − | |
| 2. 매출활동 관련 자산·부채 증감(C) | | (−)32,000 |
| (1) 매출채권 증감 | 180,000 − 212,000 = (−)32,000 | |
| (2) 손실충당금 증감 | − | |
| (3) 선수금 증감 | − | |

2. 영업비용 유출된 현금

| 영업비용 유출된 현금(A + C) | | (−)280,000 |
|---|---|---|
| 1. 기타영업활동 관련 손익(A) | | (−)240,000 |
| (1) 영업비용 | (−)240,000 | |
| 2. 기타영업활동 관련 자산·부채 증감(C) | | (−)40,000 |
| (1) 선급비용 증감 | (−)16,000 | |
| (2) 미지급비용 증감 | (−)24,000 | |

**02** ②

| 이자로 인한 현금유출액(A + C) | | (−)17,300 |
|---|---|---|
| 1. 기타영업활동 관련 손익(A) | | (−)18,000 |
| (1) 이자비용 | (−)20,000 | |
| (2) 사채할인발행차금 상각액 | 2,000 | |
| (3) 사채할증발행차금 상각액 | − | |
| (4) 전환권조정, 신주인수권조정 상각액 | − | |
| 2. 기타영업활동 관련 자산·부채 증감(C) | | 700 |
| (1) 선급이자 | (−)300 | |
| (2) 미지급이자 | 1,000 | |

| 공급자에게 지급한 현금유출액(A + C) | | (−)228,000 |
|---|---|---|
| 1. 매입활동 관련 손익(A) | | (−)236,000 |
| (1) 매출원가(매입 + 평가손실·감모손실) | (−)240,000 | |
| (2) 채무면제이익 | − | |
| (3) 환율변동손익 | 4,000 | |
| 2. 매입활동 관련 자산·부채 증감(C) | | 8,000 |
| (1) 상품 증감 | 30,000 − 28,000 = 2,000 | |
| (2) 선급금 증감 | 10,000 − 5,000 = 5,000 | |
| (3) 매입채무 증감 | 20,000 − 19,000 = 1,000 | |

| 법인세비용차감전순이익(A + B) | | 30,000 |
|---|---|---|
| 영업활동과 관련이 없는 손익 차감(− B) | | |
| − 감가상각비[1] | | 20,000 |
| − 유형자산처분이익 | | (−)12,000 |
| 이자손익, 배당금, 법인세 관련 손익 차감(− B) | | |
| − 이자비용 | | 2,000 |
| 영업활동 관련 자산·부채의 증감(+ C) | | |
| − 매출채권 감소 | | 30,000 |
| − 손실충당금 증가 | | 1,000 |
| − 재고자산 감소 | | 30,000 |
| − 매입채무 증가 | | 35,000 |
| 영업에서 창출된 현금(A + C) | | 136,000 |

[1] [유형자산 T계정 분석]

| | 기초 | + 취득 | | − 처분 | = 기말 |
|---|---|---|---|---|---|
| 기계장치(총액) | 400,000 | 0 | | (−)100,000 역산 | 300,000 |
| − 감가상각누계액 | − 기초 (−)230,000 | | − Dep (−)20,000 역산 | + 처분 60,000 역산 | = (−)기말 (−)190,000 |
| = 기계장치(순액) | 기초 170,000 | + 취득 0 | − Dep (−)20,000 역산 | − 처분 (−)40,000 | = 기말 110,000 |

| 유형자산 투자활동 현금(A + C) | | ① (−)45,000 |
|---|---|---|
| 1. 투자활동 관련 손익(A) | | (−)30,000 |
| (1) 감가상각비 | (−)35,000 | |
| (2) 유형자산처분손익 | 5,000 | |
| (3) 유형자산손상차손 등 | − | |
| 2. 투자활동 관련 자산·부채 증감(C) | | (−)15,000 |
| (1) 취득원가의 증감 | (−)20,000 | |
| (2) 감가상각누계액의 증감 | 5,000 | |
| (3) 재평가잉여금의 증감 | − | |

**06** ①   1. 투자활동 순현금흐름: 400,000 − 600,000 = (−)200,000 유출
     (1) 유형자산의 처분(현금의 유입): (800,000 − 500,000) + 100,000 = 400,000
     (2) 유형자산의 구입(현금의 유출): (−)600,000
   2. 재무활동 순현금흐름: 550,000 − 200,000 = 350,000 유입
     (1) 유상증자 및 장기차입금(현금의 유입): 250,000 + 300,000 = 550,000
     (2) 배당금 지급(현금의 유출): (−)200,000
     * 매출채권은 영업활동이고, 리스채권과 리스부채는 현금 거래가 아니다.

**07** ①   약식분개법

| 차) 매출채권 증가 | 10,000 | 대) 손실충당금 증가 | 1,000 |
|---|---|---|---|
| 재고자산 증가 | 20,000 | 매입채무 증가 | 20,000 |
| 매출원가 | 1,500,000 | 매출 | 1,800,000 |
| 손상차손 | 7,000 | | |
| 현금 증가(대차차액) | 284,000 | | |

⇒ 20×1년 말 현금: 300,000 + 284,000 = 584,000

**08** ①

| 당기순이익(A + B) | 500,000 |
|---|---|
| 영업활동과 관련이 없는 손익 차감(− B) | |
| (1) 감가상각비 | 40,000 |
| (2) AC금융자산 처분손실 | 3,500 |
| (3) 사채상환이익 | (−)5,000 |
| (4) 유형자산처분손실 | 50,000 |
| 이자손익, 배당금, 법인세 관련 손익 차감(− B) | |
| (1) 법인세비용 | 60,000 |
| 영업활동 관련 자산·부채의 증감(+ C) | |
| (1) 매출채권 감소 | 30,000 |
| (2) 재고자산 증가 | (−)17,000 |
| (3) 매입채무 증가 | 13,000 |
| 영업에서 창출된 현금(A + C) | 674,500 |
| 이자 수취·지급 | − |
| 배당금 수취 | − |
| 법인세 납부 | (60,000) + (2,000) + 15,000 = (−)47,000 |
| 영업활동 순현금흐름 | 627,500 |

**09** ④   1. 영업에서 창출된 현금흐름
     534,000 + 62,000 + 54,000 + 102,000 − 68,000 + 57,000 = 741,000
   2. 영업활동 순현금흐름
     741,000 + [− (54,000 − 10,000) − 12,000] + [− 106,800 + 22,000] = 600,200

**10** ③　1.　고객으로부터 유입된 현금흐름

| 고객으로부터 수취한 현금(A + C) | | 392,500 |
|---|---|---|
| 1.　매출활동 관련 손익(A) | | 434,500 |
| 　　(1)　매출액 | 435,000 | |
| 　　(2)　손상차손 | (−)1,500 | |
| 　　(3)　매출채권처분손익 | +, − | |
| 　　(4)　환율변동손익(매출채권 관련) | 1,000 | |
| 2.　매출활동 관련 자산·부채 증감(C) | | (−)42,000 |
| 　　(1)　매출채권 증감 | (−)43,100 | |
| 　　(2)　손실충당금 증감 | 1,100 | |
| 　　(3)　선수금 증감 | +, − | |

2)　공급자에게 지급한 현금유출액

| 공급자에게 지급한 현금유출액(A + C) | | (−)332,000 |
|---|---|---|
| 1.　매입활동 관련 손익(A) | | (−)342,000 |
| 　　(1)　매출원가(매입 + 평가손실·감모손실) | (337,000) + (5,000) | |
| 　　(2)　채무면제이익 | + | |
| 　　(3)　환율변동손익(매입채무 관련) | +, − | |
| 2.　매입활동 관련 자산·부채 증감(C) | | 10,000 |
| 　　(1)　상품 증감 | 35,000 + 5,000 | |
| 　　(2)　선급금 증감 | +, − | |
| 　　(3)　매입채무 증감 | (−)30,000 | |

⇒ 영업으로부터 창출된 현금: 392,500 − 332,000 − 8,000(급여지급액) = 52,500

**11** ①

| 유형자산 투자활동 현금흐름(A + C) | | (−)12,000 |
|---|---|---|
| 1.　투자활동 관련 손익(A) | | (−)18,000 |
| 　　(1)　감가상각비 | (−)16,000 | |
| 　　(2)　유형자산처분손익 | (−)2,000 | |
| 　　(3)　유형자산손상차손 등 | | |
| 2.　투자활동 관련 자산·부채 증감(C) | | 6,000 |
| 　　(1)　취득원가의 증가 | 29,000 | |
| 　　(2)　감가상각누계액의 증가 | (−)23,000 | |
| 　　(3)　재평가잉여금의 증가 | | |

**12** ④

| 장기차입금과 유동성장기부채 및 사채 재무활동 현금(A + C) | | ① 170,000 |
|---|---|---|
| 1. 재무활동 관련 손익(A) | | (−)10,000 |
| (1) 환율변동손익(차입금 관련) | (−)2,000 | |
| (2) 사채할인발행차금 상각액 | (−)3,000 | |
| (3) 사채상환손실 | (−)5,000 | |
| 2. 재무활동 관련 자산·부채 증감(C) | | 180,000 |
| (1) 차입금, 사채의 증감 | $400,000 - 200,000 = 200,000$ | |
| (2) 사채할인발행차금의 증감 | $30,000 - 50,000 = (-)20,000$ | |

| ① 순현금유입 170,000 | ② 사채 등 차입으로 인한 현금 유입 200,000 | ⇨ 역산 |
|---|---|---|
| | ③ 사채 등 상환으로 인한 현금 유출 (−)30,000 | |

**13** ①

1) 사채의 당기 상각액: $15,000 - 10,000 = 5,000$
2) 건물의 현금흐름

| 차) 현금 | 30,000 | 대) 건물의 감소 | 50,000 |
|---|---|---|---|
| 감가상각누계액의 감소 | 10,000 | | |
| 감가상각비 + 처분손익 | 10,000 | | |

3) 영업활동현금흐름(간접법)

| | |
|---|---|
| 법인세차감전순이익(A+B) | 1,000,000 |
| 영업활동과 관련이 없는 손익 차감(−B) | |
| − (감가상각비 + 처분손익) | 10,000 |
| 이자수익, 배당금관련 손익 차감(−B) | |
| − 이자비용 | 30,000 |
| − 법인세비용[1] | − |
| 영업활동 관련 자산·부채의 증감(+C) | |
| − 매출채권 증가 | (−)10,000 |
| − 재고자산 증가 | (−)35,000 |
| 영업에서 창출된 현금(A + C) | 995,000 |
| 이자 지급[2] | (−)25,000 |
| 법인세 지급 | (−)120,000 |
| 영업활동순현금흐름 | 850,000 |

[1] 당기순이익이 아닌 법인세차감전순이익부터 시작하므로 법인세비용은 고려하지 않는다.
[2] 사채의 발행, 상환이 없으므로 사채의 현금유출액 중 전액 이자비용이다.

**14** ③

| 차) 이자비용 | 48,191 | 대) 미지급이자 | 5,000 |
|---|---|---|---|
| B사채 감소 | 3,358 | A사채 증가 | 2,349 |
| | | 현금 지급액(대차차액) | 44,200 |

## 문제 01  영업활동 현금흐름 직접법

A사의 20×5년 말과 20×6년 말의 수정후시산표 및 그 밖의 자료는 다음과 같다.

(1) 시산표

| 구분 | 20×5년 | 20×6년 | 구분 | 20×5년 | 20×6년 |
|---|---|---|---|---|---|
| 현금 | 3,700 | 4,000 | 손실충당금 | 610 | 630 |
| 매출채권 | 3,500 | 3,800 | 감가상각누계액 | 2,000 | 3,250 |
| 선급금 | 1,000 | 1,500 | 매입채무 | 2,000 | 3,600 |
| 재고자산 | 5,200 | 8,600 | 선수금 | 800 | 600 |
| 토지 | 9,000 | 9,300 | 미지급이자 | 200 | 300 |
| 기계장치 | 5,000 | 5,500 | 미지급법인세 | 3,000 | 2,600 |
| 사채할인발행차금 | 1,000 | 770 | 사채 | 7,500 | 5,000 |
| 매출원가 | 38,500 | 34,660 | 이연법인세부채 | 960 | 1,030 |
| 급여 | 8,000 | 9,000 | 납입자본 | 5,500 | 5,500 |
| 손상차손 | 400 | 700 | 이익잉여금 | 1,960 | 3,830 |
| 감가상각비 | 1,200 | 1,250 | 주식선택권 | 1,000 | 1,500 |
| 이자비용 | 760 | 930 | 매출 | 54,300 | 54,780 |
| 사채상환손실 | 100 | 300 | 외환이익 | 30 | 100 |
| 법인세비용 | 2,600 | 2,670 | 이자수익 | 100 | 240 |
| 합계 | 79,960 | 82,980 | 합계 | 79,960 | 82,980 |

(2) 주식기준보상거래에 따라 인식한 주식결제형 주식선택권의 주식보상비용은 급여로 처리하였다.

(3) 20×6년 사채할인발행차금 상각 이자비용은 ₩200이다.

(4) 외환이익은 모두 외화매출채권 관련하여 발생한 것이다.

(5) 20×6년 취득한 토지에 대한 자본화차입원가는 ₩50이다.

**물음 1)** 20×6년 고객으로부터 유입된 현금을 구하시오.

**물음 2)** 20×6년 공급자와 종업원에 대한 현금유출액을 각각 구하시오.

**물음 3)** 20×6년 이자의 지급으로 인한 현금유출액을 구하시오.

**물음 4)** 20×6년 법인세의 납부로 인한 현금유출액을 구하시오.

물음 1)

| | | |
|---|---|---|
| 고객으로부터 수취한 현금(A + C) | | 53,700 |
| 1. 매출활동 관련 손익(A) | | 54,180 |
| (1) 매출액 | 54,780 | |
| (2) 손상차손 | (−)700 | |
| (3) 매출채권 처분손익 | − | |
| (4) 환율변동손익 | 100 | |
| 2. 매출활동 관련 자산·부채 증감(C) | | (−)480 |
| (1) 매출채권 증감 | (−)300 | |
| (2) 손실충당금 증감 | 20 | |
| (3) 선수금 증감 | (−)200 | |

물음 2)

| | | |
|---|---|---|
| 공급자에게 지급한 현금유출액(A + C) | | (−)36,960 |
| 1. 매입활동 관련 손익(A) | | (−)34,660 |
| (1) 매출원가(매입 + 평가손실·감모손실) | (−)34,660 | |
| (2) 채무면제이익 | − | |
| (3) 환율변동손익 | − | |
| 2. 매입활동 관련 자산·부채 증감(C) | | (−)2,300 |
| (1) 상품 증감 | (−)3,400 | |
| (2) 선급금 증감 | (−)500 | |
| (3) 매입채무 증감 | 1,600 | |
| 1. 기타영업활동 관련 손익(A) | | (−)8,500 |
| (1) 종업원 급여 | (−)9,000 | |
| (2) 주식결제형 주식보상비용 급여에 포함 시 제외[1] | 500 | |
| 2. 기타영업활동 관련 자산·부채 증감(C) | | − |
| (1) 미지급급여 증감 | − | |
| (2) 확정급여채무 증감 | − | |
| (3) 선급급여 증감 | − | |
| ⇒ 종업원에 대한 현금유출액 | | (−)8,500 |

[1] 주식선택권의 증감: $1,500 - 1,000 = 500$

| 1. 기타영업활동 관련 손익(A) | | (−)730 |
|---|---|---|
| (1) 이자비용 | (−)930 | |
| (2) 사채할인발행차금 상각액 | 200 | |
| 2. 기타영업활동 관련 자산·부채 증감(C) | | 50 |
| (1) 선급이자 | − | |
| (2) 미지급이자 | 100 | |
| (3) 자본화한 차입원가 | (−)50 | |
| ⇒ 이자 지급으로 인한 현금유출액 | | (−)680 |

| 법인세로 인한 현금유출액 | | (−)3,000 |
|---|---|---|
| 1. 기타영업활동 관련 손익(A) | | (−)2,670 |
| (1) 법인세비용 | (−)2,670 | |
| (2) 자기주식처분이익 | − | |
| 2. 기타영업활동 관련 자산·부채 증감(C) | | (−)330 |
| (1) 이연법인세자산 | − | |
| (2) 이연법인세부채 | 70 | |
| (3) 당기법인세부채 | (−)400 | |

다음은 12월 말 결산법인인 A사와 관련된 자료들로 각 물음들은 서로 독립적이다.

**물음 1)** 다음은 A사의 20×1년도 비교재무제표 중 건물과 관련된 부분들만 발췌한 것으로 건물은 재평가모형을 적용한다. A사는 20×1년 중 재평가잉여금 ₩10,000을 이익잉여금으로 대체하였으며, 당기의 건물 취득액은 ₩300,000이다. A사의 20×1년도에 건물의 처분으로 수령한 현금을 계산하시오.

| 계정과목 | 20×1년 | 20×0년 |
|---|---|---|
| 건물 | ₩700,000 | ₩600,000 |
| 감가상각누계액 | ₩190,000 | ₩250,000 |
| 재평가잉여금 | ₩30,000 | ₩80,000 |
| 감가상각비 | ₩40,000 | − |
| 유형자산처분이익 | ₩20,000 | − |

**물음 2)** 다음은 A사의 20×1년도 비교재무제표 중 사채와 관련된 부분들만 발췌한 것이다. A사가 당기에 발행한 사채의 발행금액은 ₩182,000(액면금액 ₩200,000)이며, 이자비용으로 처리된 사채할인발행차금 상각액은 ₩4,000이다. A사는 20×1년도에 사채 상환으로 지급한 현금을 계산하시오.

| 계정과목 | 20×1년 | 20×0년 |
|---|---|---|
| 사채 | ₩300,000 | ₩200,000 |
| 사채할인발행차금 | ₩(−)26,000 | ₩(−)15,000 |
| 이자비용 | ₩80,000 | − |
| 사채상환이익 | ₩2,000 | − |

**물음 3)** A사는 20×1년 중에 장기 미회수 매출채권을 손상처리하였으며, 손상처리한 채권이 회수된 금액은 없다. 매출과 관련하여 재무제표에서 발췌한 자료들이 다음과 같다고 할 경우 A사는 20×1년도에 손상처리한 매출채권은 얼마인지 계산하시오.

| 계정과목 | | 20×0년 말 | 20×1년 말 |
|---|---|---|---|
| 재무상태표 | 매출채권 | ₩30,000 | ₩40,000 |
| | 손실충당금 | ₩2,000 | ₩4,000 |
| 포괄손익계산서 | 매출 | | ₩230,000 |
| | 손상차손 | | ₩ ? |
| | 외환손실(매출채권 관련) | | ₩1,000 |
| 현금흐름표 | 고객으로부터 현금유입액 | | ₩218,000 |

**물음 4)** A사가 종업원들에게 지급한 급여와 관련된 자료들은 다음과 같다. 포괄손익계산서의 급여계정에는 주식보상비용이 포함되어 있다고 할 경우 A사는 20×0년 말 현재의 재무상태표에 보고한 미지급급여는 얼마인지 계산하시오(단, 주식선택권 중 권리가 행사된 것은 없다).

| 계정과목 | | 20×0년 말 | 20×1년 말 |
|---|---|---|---|
| 재무상태표 | 미지급급여 | ₩ ? | ₩13,000 |
| | 주식선택권 | ₩14,000 | ₩22,000 |
| 포괄손익계산서 | 급여 | - | ₩70,000 |
| 현금흐름표 | 종업원에 대한 현금유출액 | - | ₩76,000 |

**물음 1)** 20×1년도에 건물의 처분으로 수령한 현금: 80,000

| 유형자산 투자활동 현금흐름(A + C) | (−)220,000 |
|---|---|
| 1. 투자활동 관련 손익(A) | |
| (1) 감가상각비 | (−)40,000 |
| (2) 유형자산처분이익 | 20,000 |
| (3) 유형자산손상차손 등 | − |
| 2. 투자활동 관련 자산·부채 증감(C) | |
| (1) 취득원가의 증감 | (−)100,000 |
| (2) 감가상각누계액의 증감 | (−)60,000 |
| (3) 재평가잉여금의 증감 | (50,000 − 10,000) |

\* 재평가잉여금 중 이익잉여금 대체액은 현금 증감과 관련이 없다.

| ① 순현금유출 | ② 유형자산 처분으로 인한 현금 유입 80,000 | ⇨ 역산 |
|---|---|---|
| (−)220,000 | ③ 유형자산 취득으로 인한 현금 유출 (−)300,000 | |

**물음 2)** 20×1년도에 사채 상환으로 지급한 현금: 95,000

| 장기차입금과 유동성장기부채 및 사채 재무활동 현금흐름(A + C) | 87,000 |
|---|---|
| 1. 재무활동 관련 손익(A) | |
| (1) 환율변동손익(차입금 관련) | − |
| (2) 사채할인발행차금상각액 | (−)4,000 |
| (3) 사채상환이익 | 2,000 |
| 2. 재무활동 관련 자산·부채 증감(C) | |
| (1) 사채의 증감 | 100,000 |
| (2) 사채할인발행차금의 증감 | (−)11,000 |

| ① 순현금유입 | ② 사채로 인한 현금 유입 182,000 | ⇨ 역산 |
|---|---|---|
| 87,000 | ③ 사채로 인한 현금 유출 (−)95,000 | |

**물음 3)** 20×1년도에 손상처리한 매출채권: 1,000

| | | |
|---|---|---|
| 고객으로부터 수취한 현금(A + C) | | 218,000 |
| 1. 매출활동 관련 손익(A) | | |
| (1) 매출액 | 230,000 | |
| (2) 손상차손 | (−)3,000 | |
| (3) 매출채권 처분손익 | − | |
| (4) 환율변동손익 | (−)1,000 | |
| 2. 매출활동 관련 자산·부채 증감(C) | | |
| (1) 매출채권 증감 | (−)10,000 | |
| (2) 손실충당금 | 2,000 | |
| (3) 선수금 증감 | − | |

* 기초 손실충당금 2,000 + 설정액 3,000 = 손상확정액 + 기말 손실충당금 4,000, 손상확정액: 1,000

**물음 4)** 20×0년 말 현재의 재무상태표에 보고한 미지급급여: 27,000(= 13,000 + 14,000)

| | | |
|---|---|---|
| 1. 기타영업활동 관련 손익(A) | | |
| (1) 종업원 급여 | (−)70,000 | |
| (2) 주식결제형 주식보상비용 급여에 포함 시 제외 | 8,000 | |
| 2. 기타영업활동 관련 자산·부채 증감(C) | | |
| (1) 미지급급여 증감 | (−)14,000 | |
| (2) 확정급여채무 증감 | − | |
| (3) 선급급여 증감 | − | |
| ⇒ 종업원에 대한 현금유출액 | | (−)76,000 |

A사의 당기순이익은 ₩30,000이며, 기초와 기말 재무상태표의 일부는 다음과 같다.

| 구분 | 기초 | 기말 |
|---|---|---|
| 건물 | ₩300,000 | ₩500,000 |
| 감가상각누계액 | (−)130,000 | (−)160,000 |
| 토지 | 240,000 | 300,000 |
| 유동성장기차입금 | 10,000 | 16,000 |
| 장기차입금 | 20,000 | 40,000 |
| 미지급금 | 30,000 | 16,000 |
| 사채 | 30,000 | 40,000 |
| 사채할인발행차금 | (−)2,000 | (−)2,800 |
| 납입자본 | 50,000 | 80,000 |
| 이익잉여금 | 60,000 | 76,000 |

(1) 건물과 관련하여 유형자산처분이익 ₩20,000과 감가상각비 ₩80,000을 당기손익으로 인식하였다. 당기에 처분한 건물의 취득원가는 ₩150,000이다.
(2) 토지 처분은 없었으며, 당기에 외상으로 취득한 토지는 ₩20,000이다.
(3) 기초 유동성장기차입금을 상환하였으며, 당기 장기차입금 차입액은 ₩50,000이다.
(4) 당기에 액면금액 ₩10,000의 사채를 ₩10,200에 상환하였으며, 사채상환손실 ₩400을 인식하였다. 당기에 사채를 할인발행하면서 인식한 사채할인발행차금은 ₩1,600이다.
(5) 당기에 주식배당 ₩10,000을 실시하였다(단, 당기에 감자거래는 없었다).

**물음 1)** 건물 처분으로 인한 현금유입액을 구하시오.

**물음 2)** 토지 취득에 따른 현금유출액을 구하시오.

**물음 3)** 차입금 상환으로 인한 현금유출액을 구하시오.

**물음 4)** 사채 발행으로 인한 현금유입액을 구하시오.

**물음 5)** 자본거래로 인한 현금유출액을 구하시오(단, 당기에 감자거래는 없었다).

**물음 6)** 재무활동 순현금흐름을 구하시오.

**물음 1) 건물의 처분으로 인한 현금유입액: 120,000**

| 유형자산 투자활동 현금흐름(A + C) | | (−)230,000 |
|---|---|---|
| 1. 투자활동 관련 손익(A) | | |
|    (1) 감가상각비[1] | (−)80,000 | |
|    (2) 유형자산처분이익 | 20,000 | |
|    (3) 유형자산손상차손 등 | − | |
| 2. 투자활동 관련 자산·부채 증감(C) | | |
|    (1) 취득원가의 증감 | (−)200,000 | |
|    (2) 감가상각누계액의 증감 | 30,000 | |
|    (3) 재평가잉여금의 증감 | − | |

| ① 순현금유출 | ③ 유형자산 처분으로 인한 현금 유입 120,000 | ⇨ 역산 |
|---|---|---|
| (−)230,000 | ② 유형자산 취득으로 인한 현금 유출 (−)350,000 | |

[1] [유형자산 T계정 분석]

| 건물(총액) | 기초 300,000 | + 취득 350,000(역산) | | − 처분 (−)150,000 | = 기말 500,000 |
|---|---|---|---|---|---|
| − 감가상각누계액 | − 기초 (−)130,000 | | − Dep (−)80,000 | + 처분 50,000(역산) | = (−)기말 (−)160,000 |
| = 건물(순액) | 기초 170,000 | + 취득 350,000 | − Dep (−)80,000 | − 처분 (−)100,000 | = 기말 340,000 |

**물음 2) 토지의 취득에 따른 현금유출액: 40,000**

| 유형자산 투자활동 현금흐름(A + C) | | (−)40,000 |
|---|---|---|
| 1. 투자활동 관련 손익(A) | | |
|    (1) 감가상각비 | − | |
|    (2) 유형자산처분이익 | − | |
|    (3) 유형자산손상차손 등 | − | |
| 2. 투자활동 관련 자산·부채 증감(C) | | |
|    (1) 취득원가의 증감 | (−)60,000 | |
|    (2) 부채의 증감[1] | 20,000 | |
|    (3) 재평가잉여금의 증감 | − | |

[1] 토지 취득과 관련한 미지급금의 증가

| ① 순현금유출 | ② 유형자산 처분으로 인한 현금 유입 − | ⇨ 역산 |
|---|---|---|
| (−)40,000 | ③ 유형자산 취득으로 인한 현금 유출 (−)40,000 | |

**물음 3)** 차입금의 상환으로 인한 현금유출액: 24,000

| 유동성장기차입금 | 기초<br>10,000 | + 차입<br>– | + 대체<br>16,000(역산) | – 상환<br>(–)10,000 | = 기말<br>16,000 |
|---|---|---|---|---|---|
| 장기차입금 | 기초<br>20,000 | + 차입<br>50,000 | – 대체<br>(–)16,000 | – 상환<br>(–)14,000(역산) | = 기말<br>40,000 |

| ① 순현금유입<br>26,000 | ② 차입금 차입으로 인한 현금 유입 50,000 |
|---|---|
|  | ③ 차입금 상환으로 인한 현금 유출 (–)24,000 |

**물음 4)** 사채 발행으로 인한 현금유입액: 18,400

| 사채 | 기초<br>30,000 | + 발행<br>20,000(역산) | – 상환<br>(–)10,000 |  | = 기말<br>40,000 |
|---|---|---|---|---|---|
| 사채할인발행차금 | – 기초<br>(–)2,000 | – 발행<br>(–)1,600 | + 상환<br>200 | + 상각[1]<br>600(역산) | = (–)기말<br>(–)2,800 |

[1] 사채상환손실(400) = – 상환대가(10,200) + 사채장부금액(10,000 – 사채할인발행차금)
\* 상환된 사채의 사채할인발행차금: 200

| ① 순현금유입<br>8,200 | ③ 사채 발행으로 인한 현금 유입 18,400 | ⇨ 역산 |
|---|---|---|
|  | ② 사채 상환으로 인한 현금 유출 (–)10,200 |  |

**물음 5)** 자본거래로 인한 현금유출액: 4,000

| 납입자본 | 기초<br>50,000 | + 유상증자<br>20,000(역산) | + 주식배당 등<br>10,000 | – 감자<br>– | = 기말<br>80,000 |
|---|---|---|---|---|---|
| 이익잉여금 | 기초<br>60,000 | + 당기순이익<br>30,000 | – 현금배당<br>(–)4,000(역산) | – 주식배당 등<br>(–)10,000 | = 기말<br>76,000 |

| ① 순현금유입<br>16,000 | ② 자본거래로 인한 현금 유입 20,000 |
|---|---|
|  | ③ 자본거래로 인한 현금 유출 (–)4,000 |

**물음 6)** 재무활동 순현금흐름: 26,000[1] + 8,200[2] + 16,000[3] – 34,000[4] = 16,200

[1] 물음 3의 차입금 관련 순현금흐름
[2] 물음 4의 사채 관련 순현금흐름
[3] 물음 5의 자본거래 관련 순현금흐름
[4] 미지급금으로 인한 현금유출: (–)34,000

| 미지급금 | 기초<br>30,000 | + 증가<br>20,000 | – 감소<br>(–)34,000(역산) | = 기말<br>16,000 |
|---|---|---|---|---|

[참고]
미수금과 미지급금은 유형자산과 같은 투자활동과 같이 분석한다. 분석 결과 미수금 회수 현금유입은 투자활동
유입에 표시하고, 미지급금 지급 현금유출은 재무활동유출로 표시한다.

## 다음은 A사의 부분재무제표이다.

[공인회계사 2차 2004년]

(1) 부분재무상태표

| 구분 | 20×1년 말 | 20×2년 말 |
|---|---|---|
| 매출채권 | ₩2,500 | ₩2,800 |
| 손실충당금 | ₩(50) | ₩(65) |
| 재고자산 | ₩3,600 | ₩3,500 |
| 유형자산 | ₩9,200 | ₩? |
| 감가상각누계액 | ₩(2,100) | ₩(2,300) |
| 선급판매비용 | ₩900 | ₩870 |
| 매입채무 | ₩1,200 | ₩1,350 |
| 미지급판매비용 | ₩740 | ₩620 |
| 미지급법인세 | ₩300 | ₩320 |
| 외화장기차입금 | ₩? | ₩4,850 |
| 확정급여채무 | ₩1,450 | ₩1,640 |

(2) 부분포괄손익계산서

| 구분 | 금액 |
|---|---|
| 감가상각비 | ₩800 |
| 퇴직급여 | ₩300 |
| 손상차손 | ₩20 |
| 유형자산처분손실 | ₩250 |
| 외화손실(외화차입금에서 발생) | ₩200 |

(3) 부분현금흐름표 직접법

| 구분 | 금액 |
|---|---|
| 고객으로부터의 유입액 | ₩45,695 |
| 공급자에 대한 유출액 | ₩(39,000) |
| 판매비 유출액 | ₩(1,900) |
| 법인세비용 유출액 | ₩(790) |
| 퇴직금 유출액 | ₩(110) |
| 유형자산 처분으로 인한 유입액 | ₩1,750 |
| 유형자산 취득으로 인한 유출액 | ₩(1,800) |
| 외화장기차입금의 차입으로 인한 유입액 | ₩2,100 |
| 외화장기차입금의 상환으로 인한 유출액 | ₩(4,250) |

**물음 1)** 20×2년 포괄손익계산서의 매출액을 구하시오.

**물음 2)** 20×2년도 포괄손익계산서의 매출원가를 구하시오.

**물음 3)** 20×1년도 재무상태표의 외화장기차입금 기말잔액을 구하시오.

**물음 4)** 20×2년도 재무상태표의 유형자산 기말잔액(감가상각누계액 차감 전 금액)을 산출하시오.

**물음 5)** 20×2년도 현금흐름표의 영업활동으로 인한 순현금흐름은 ₩3,895이다. 20×2년도 당기순이익을 산출하시오(단, 법인세의 납부를 영업활동으로 분류한다).

**물음 6)** 투자활동과 재무활동 현금흐름은 총현금유입과 총현금유출을 주요 항목별로 구분하여 총액으로 표시하는 것을 원칙으로 한다. 그러나 'K-IFRS 제1007호 문단 22'에는 영업활동, 투자활동 또는 재무활동에서 발생하는 현금흐름을 순증감액으로 보고할 수 있는 거래 유형이 제시되어 있다. 현금흐름표 작성 시 현금흐름을 순증감액으로 보고할 수 있는 현금흐름 거래 유형 2가지를 기술하시오.

**물음 1)** 20×2년도 매출액: 46,000

| 고객으로부터 수취한 현금흐름(A + C) | | 45,695 |
|---|---|---|
| 1. 매출활동 관련 손익(A) | | |
| (1) 매출액 | 46,000(역산) | |
| (2) 손상차손 | (−)20 | |
| (3) 매출채권 처분손익 | − | |
| (4) 환율변동손익 | − | |
| 2. 매출활동 관련 자산 부채 증감(C) | | |
| (1) 매출채권 증감 | (−)300 | |
| (2) 손실충당금 증감 | 15 | |
| (3) 선수금 증감 | − | |

| 차) 현금 | 45,695 | 대) 매출(역산) | 46,000 |
|---|---|---|---|
| 손상차손 | 20 | 손실충당금 | 15 |
| 매출채권 | 300 | | |

**물음 2)** 20×2년도 매출원가: 39,250

| 공급자에게 지급한 현금흐름(A + C) | | (−)39,000 |
|---|---|---|
| 1. 매입활동 관련 손익(A) | | |
| (1) 매출원가(매입 + 평가손실·감모손실) | (−)39,250(역산) | |
| (2) 채무면제이익 | − | |
| (3) 환율변동손익 | − | |
| 2. 매입활동 관련 자산 부채 증감(C) | | |
| (1) 상품 증감 | 100 | |
| (2) 선급금 증감 | − | |
| (3) 매입채무 증감 | 150 | |

| 차) 매출원가(역산) | 39,250 | 대) 재고자산 | 100 |
|---|---|---|---|
| | | 매입채무 | 150 |
| | | 현금 | 39,000 |

**물음 3)** 20×1년 말 외화장기차입금: 6,800

| 구분 | 기초 | + 증가 | − 감소 | = 기말 |
|---|---|---|---|---|
| 외화장기차입금 | 6,800(역산) | + 2,100(차입)<br>+ 200(외환손실) | 4,250(상환) | 4,850 |

| 차) 외환손실 | 200 | 대) 현금 | 2,150 |
|---|---|---|---|
| 외화장기차입금(역산) | 1,950 | | |

물음 4) 20×2년 말 유형자산의 취득가액: 8,400

| | 기초 | +취득 | | −처분 | =기말 |
|---|---|---|---|---|---|
| 유형자산(총액) | 9,200 | 1,800 | | (−)2,600(역산) | 8,400(역산) |
| −감가상각누계액 | −기초<br>(−)2,100 | | −Dep<br>(−)800 | +처분<br>600(역산) | =(−)기말<br>(−)2,300 |
| =유형자산(순액) | 기초<br>7,100 | +취득<br>1,800 | −Dep<br>(−)800 | −처분<br>(−)2,000[1] | =기말<br>6,100 |

[1] 처분된 유형자산의 장부금액: 1,750 + 250(처분손실) = 2,000

| 차) 감가상각비 | 800 | 대) 현금 | 50 |
|---|---|---|---|
| 유형자산처분손실 | 250 | 감가상각누계액 | 200 |
| | | 유형자산(역산) | 800 |

물음 5) 20×2년도 당기순이익: 2,560 = 3,370 − 810

(1) 법인세비용차감전순이익: 3,370

| 법인세비용차감전순이익 | | 3,370 |
|---|---|---|
| 비관련 손익 가감 | | 1,250 |
| 감가상각비 | 800 | |
| 유형자산처분손실 | 250 | |
| 외환손실 | 200 | |
| 관련 자산·부채의 증감 | | 65 |
| 매출채권 증가 | (−)300 | |
| 손실충당금 증가 | 15 | |
| 재고자산 감소 | 100 | |
| 선급판매비용 감소 | 30 | |
| 매입채무 증가 | 150 | |
| 미지급판매비용 감소 | (−)120 | |
| 확정급여채무 증가 | 190 | |
| 영업에서 창출된 현금 | | 4,685 |
| 법인세 납부 | (−)790 | |
| 영업활동 순현금흐름 | | 3,895 |

(2) 법인세비용: (−)810[1]

[1] 법인세 납부 (−)790 = 법인세비용 + 미지급법인세 증가 20, 법인세비용: (−)810

| 차) 법인세비용 | 810 | 대) 현금 | 790 |
|---|---|---|---|
| | | 미지급법인세 | 20 |

물음 6) (1) 현금흐름이 기업의 활동이 아닌 고객의 활동을 반영하는 경우로서 고객을 대리함에 따라 발생하는 현금유입과 현금유출

(2) 회전율이 높고 금액이 크며 만기가 짧은 항목과 관련된 현금유입과 현금유출

다음은 유통업을 영위하고 있는 ㈜세무의 20×2년도 비교재무상태표와 포괄손익계산서이다. 이들 자료와 추가정보를 이용하여 각 물음에 답하시오.    [세무사 2차 2019년]

〈비교재무상태표〉

| 계정과목 | 20×2. 12. 31. | 20×1. 12. 31. | 계정과목 | 20×2. 12. 31. | 20×1. 12. 31. |
|---|---|---|---|---|---|
| 현금 및 현금성자산 | ₩74,000 | ₩36,000 | 매입채무 | ₩70,000 | ₩44,000 |
| 매출채권 | ₩53,000 | ₩38,000 | 미지급이자 | ₩18,000 | ₩16,000 |
| 손실충당금 | ₩(3,000) | ₩(2,000) | 미지급법인세 | ₩2,000 | ₩4,000 |
| 재고자산 | ₩162,000 | ₩110,000 | 사채 | ₩200,000 | ₩0 |
| 금융자산 (FVPL) | ₩25,000 | ₩116,000 | 사채할인 발행차금 | ₩(8,000) | ₩0 |
| 차량운반구 | ₩740,000 | ₩430,000 | 자본금 | ₩470,000 | ₩408,000 |
| 감가상각 누계액 | ₩(60,000) | ₩(100,000) | 자본잉여금 | ₩100,000 | ₩100,000 |
|  |  |  | 이익잉여금 | ₩139,000 | ₩56,000 |
| 자산총계 | ₩991,000 | ₩628,000 | 부채와 자본총계 | ₩991,000 | ₩628,000 |

〈포괄손익계산서〉

| 계정과목 | 금액 |
|---|---|
| 매출액 | ₩420,000 |
| 매출원가 | ₩(180,000) |
| 판매비와관리비 | ₩(92,000) |
| 영업이익 | ₩148,000 |
| 유형자산처분이익 | ₩4,000 |
| 금융자산(FVPL)평가이익 | ₩5,000 |
| 금융자산(FVPL)처분손실 | ₩(2,000) |
| 이자비용 | ₩(8,000) |
| 법인세비용차감전순이익 | ₩147,000 |
| 법인세비용 | ₩(24,000) |
| 당기순이익 | ₩123,000 |
| 기타포괄손익 | ₩0 |
| 총포괄이익 | ₩123,000 |

(1) 금융자산(FVPL)은 단기매매목적으로 취득 또는 처분한 자산으로 당기손익-공정가치 측정 모형을 적용해오고 있다.

(2) 20×2년 중에 취득원가가 ₩100,000이고, 80% 감가상각된 차량운반구를 ₩24,000에 매각하였다.

(3) 20×2년 중에 액면금액이 ₩100,000인 사채 2좌를 1좌당 ₩95,000에 할인발행하였다.

(4) 20×2년도 자본금의 변동은 유상증자(액면발행)에 따른 것이다.

(5) 포괄손익계산서의 판매비와관리비 ₩92,000에는 매출채권 손상차손 ₩2,000이 포함되어 있으며, 나머지는 급여와 감가상각비로 구성되어 있다.

(6) 포괄손익계산서의 이자비용 ₩8,000에는 사채할인발행차금상각액 ₩2,000이 포함되어 있다.

(7) 이자 및 배당금 지급을 영업활동 현금흐름으로 분류하고 있다.

**물음 1)** ㈜세무가 20×2년도 현금흐름표상 영업활동 현금흐름을 간접법으로 작성한다고 가정하고, 다음 ① ~ ⑤에 알맞은 금액을 계산하시오(단, 현금유출은 (−)로 표시하고 현금유출입이 없는 경우에는 '0'으로 표시하시오).

| 영업활동 현금흐름 | |
|---|---|
| 법인세비용차감전순이익 | ₩? |
| 가감: | |
| 감가상각비 | ① |
| 매출채권의 증가(순액) | ② |
| 재고자산의 증가 | ? |
| 금융자산(FVPL)의 감소 | ? |
| 매입채무의 증가 | ? |
| 유형자산처분이익 | ? |
| 이자비용 | ③ |
| 영업으로부터 창출된 현금 | ₩④ |
| 이자지급 | ? |
| 법인세의 납부 | ? |
| 배당금지급 | ? |
| 영업활동 순현금흐름 | ₩⑤ |

**물음 2)** ㈜세무가 20×2년도 현금흐름표상 영업활동 현금흐름을 직접법으로 작성한다고 가정하고, 다음 ① ~ ⑥에 알맞은 금액을 계산하시오(단, 현금유출은 (−)로 표시하고 현금유출입이 없는 경우에는 '0'으로 표시하시오).

| 영업활동 현금흐름 | |
|---|---|
| 고객으로부터의 유입된 현금 | ₩ ① |
| 금융자산(FVPL)으로부터의 유입된 현금 | ② |
| 공급자와 종업원에 대한 현금 유출 | ③ |
| 영업으로부터 창출된 현금 | ₩ ? |
| 이자지급 | ④ |
| 법인세의 납부 | ⑤ |
| 배당금지급 | ⑥ |
| 영업활동 순현금흐름 | ₩ ? |

**물음 3)** 현금흐름표상 영업활동 현금흐름은 직접법 또는 간접법으로 작성될 수 있다. 직접법과 간접법의 장·단점을 기술하시오.

**물음 4)** 20×2년도 차량운반구 취득으로 인한 현금유출액을 계산하시오.

**물음 5)** 20×2년도 현금흐름표상 재무활동 순현금흐름을 계산하시오(단, 현금유출의 경우에는 금액 앞에 (−)표시를 하시오).

**물음 1)** ① 감가상각비: 40,000

② 매출채권의 순증가: (−)14,000

③ 이자비용: 8,000

④ 영업으로부터 창출된 현금: 242,000

⑤ 영업활동 순현금흐름: 172,000

**영업활동 현금흐름**

| | |
|---|---:|
| 법인세비용차감전순이익 | 147,000 |
| 가감: | |
| 감가상각비 | 40,000 |
| 매출채권의 증가(순액) | $36,000 − 50,000 = (−)14,000$ |
| 재고자산의 증가 | $110,000 − 162,000 = (−)52,000$ |
| 금융자산(FVPL)의 감소 | $116,000 − 25,000 = 91,000$ |
| 매입채무의 증가 | $70,000 − 44,000 = 26,000$ |
| 유형자산처분이익 | (−)4,000 |
| 이자비용 | 8,000 |
| 영업으로부터 창출된 현금 | 242,000 |
| 이자지급 | $(8,000) + 2,000 + (18,000 − 16,000) = (−)4,000$ |
| 법인세의 납부 | $(24,000) + (2,000 − 4,000) = (−)26,000$ |
| 배당금지급 | (−)40,000 |
| 영업활동 순현금흐름 | 172,000 |

**(1) 차량운반구의 증감 분석**

| | 기초 | + 취득(현금유출) | | − 처분 | = 기말 |
|---|---|---|---|---|---|
| 취득원가 | 430,000 | 410,000 (역산) | | (−)100,000 | 740,000 |
| | − 기초 | | − DEP | + 처분 | = 기말 |
| 감가상각 누계액 | (−)100,000 | | (−)40,000 (역산) | 80,000 | (−)60,000 |

$$\parallel$$

처분대가 − 처분 BV = 처분손익

$$24,000 − 20,000 = 4,000$$

**(2) 배당금**

| | 기초 | + 당기순이익 | − 주식배당 등 | − 현금배당 | = 기말 |
|---|---|---|---|---|---|
| 이익잉여금 | 56,000 | +123,000 | − | (−)40,000(역산) | 139,000 |

**물음 2)** ① 고객으로부터 유입된 현금: 404,000

② 금융자산(FVPL)으로부터 유입된 현금: 94,000

③ 공급자와 종업원에 대한 현금 유출: (−)256,000

④ 이자지급: (−)4,000

⑤ 법인세의 납부: (−)26,000

⑥ 배당금 지급: (−)40,000

(1) 고객으로부터 유입된 현금(약식분개법)

| 차) 매출채권 | 14,000 | 대) 매출 | 420,000 |
|---|---|---|---|
| 손상차손 | 2,000 | | |
| 현금(역산) | 404,000 | | |

(2) 금융자산(FVPL)으로부터 유입된 현금(약식분개법)

| 차) 금융자산(FVPL)처분손실 | 2,000 | 대) 금융자산(FVPL) | 91,000 |
|---|---|---|---|
| 현금(역산) | 94,000 | 금융자산(FVPL)평가이익 | 5,000 |

(3) 공급자와 종업원에 대한 현금 유출(약식분개법)

| 차) 매출원가 | 180,000 | 대) 매입채무 | 26,000 |
|---|---|---|---|
| 재고자산 | 52,000 | 현금(역산) | 256,000 |
| 종업원급여[1] | 50,000 | | |

[1] 92,000(판관비) − 2,000(손상차손) − 40,000(감가상각비) = 50,000

**물음 3)** (1) 직접법

① 장점: 미래현금흐름을 추정하는 데 보다 유용한 정보를 제공한다.

② 단점: 당기순이익과 영업활동 현금흐름 간의 연관관계를 설명할 수 없다.

(2) 간접법

① 장점: 당기순이익과 영업활동 현금흐름 간의 연관관계를 설명할 수 있다.

② 단점: 항목별 현금흐름에 대한 정보를 제공하지 못한다.

**물음 4)** 차량운반구 취득으로 인한 현금유출: (−)410,000

* 물음 1 해답 참조

**물음 5)** 재무활동 순현금흐름: 252,000 = 62,000 + 190,000

(1) 유상증자

| 자본금 | 기초 | + 유상증자 | − 감자 | − 주식배당 등 | = 기말 |
|---|---|---|---|---|---|
| | 408,000 | 62,000(역산) | − | − | 470,000 |

(2) 사채발행: 95,000 × 2좌 = 190,000

회계사 · 세무사 · 경영지도사 단번에 합격!
해커스 경영아카데미
cpa.Hackers.com

## 부록

# 현가표

1. 복리이자요소(CVIF)
2. 연금의 복리이자요소(CVIFa)
3. 현가이자요소(PVIF)
4. 연금의 현가이자요소(PVIFa)

# 1 복리이자요소(CVIF)

$$CVIF = (1 + r)^n$$

$(n = 기간, \ i = 기간당 \ 할인율)$

| n/i | 1.0 | 2.0 | 3.0 | 4.0 | 5.0 | 6.0 | 7.0 | 8.0 | 9.0 | 10.0 |
|---|---|---|---|---|---|---|---|---|---|---|
| 1 | 1.01000 | 1.02000 | 1.03000 | 1.04000 | 1.05000 | 1.06000 | 1.07000 | 1.08000 | 1.09000 | 1.10000 |
| 2 | 1.02010 | 1.04040 | 1.06090 | 1.08160 | 1.10250 | 1.12360 | 1.14490 | 1.16640 | 1.18810 | 1.21000 |
| 3 | 1.03030 | 1.06121 | 1.09273 | 1.12486 | 1.15762 | 1.19102 | 1.22504 | 1.25971 | 1.29503 | 1.33100 |
| 4 | 1.04060 | 1.08243 | 1.12551 | 1.16986 | 1.21551 | 1.26248 | 1.31080 | 1.36049 | 1.41158 | 1.46410 |
| 5 | 1.05101 | 1.10408 | 1.15927 | 1.21665 | 1.27628 | 1.33823 | 1.40255 | 1.46933 | 1.53862 | 1.61051 |
| 6 | 1.06152 | 1.12616 | 1.19405 | 1.26532 | 1.34010 | 1.41852 | 1.50073 | 1.58687 | 1.67710 | 1.77156 |
| 7 | 1.07214 | 1.14869 | 1.22987 | 1.31593 | 1.40710 | 1.50363 | 1.60578 | 1.71382 | 1.82804 | 1.94872 |
| 8 | 1.08286 | 1.17166 | 1.26677 | 1.36857 | 1.47746 | 1.59385 | 1.71819 | 1.85093 | 1.99256 | 2.14359 |
| 9 | 1.09369 | 1.19509 | 1.30477 | 1.42331 | 1.55133 | 1.68948 | 1.83846 | 1.99900 | 2.17189 | 2.35795 |
| 10 | 1.10462 | 1.21899 | 1.34392 | 1.48024 | 1.62889 | 1.79085 | 1.96715 | 2.15892 | 2.36736 | 2.59374 |
| 11 | 1.11567 | 1.24337 | 1.38423 | 1.53945 | 1.71034 | 1.89830 | 2.10485 | 2.33164 | 2.58043 | 2.85312 |
| 12 | 1.12682 | 1.26824 | 1.42576 | 1.60103 | 1.79586 | 2.01220 | 2.25219 | 2.51817 | 2.81266 | 3.13843 |
| 13 | 1.13809 | 1.29361 | 1.46853 | 1.66507 | 1.88565 | 2.13293 | 2.40984 | 2.71962 | 3.06580 | 3.45227 |
| 14 | 1.14947 | 1.31948 | 1.51259 | 1.73168 | 1.97993 | 2.26090 | 2.57853 | 2.93719 | 3.34173 | 3.79750 |
| 15 | 1.16097 | 1.34587 | 1.55797 | 1.80094 | 2.07893 | 2.39656 | 2.75903 | 3.17217 | 3.64248 | 4.17725 |
| 16 | 1.17258 | 1.37279 | 1.60471 | 1.87298 | 2.18287 | 2.54035 | 2.95216 | 3.42594 | 3.97030 | 4.59497 |
| 17 | 1.18430 | 1.40024 | 1.65285 | 1.94790 | 2.29202 | 2.69277 | 3.15881 | 3.70002 | 4.32763 | 5.05447 |
| 18 | 1.19615 | 1.42825 | 1.70243 | 2.02582 | 2.40662 | 2.85434 | 3.37993 | 3.99602 | 4.71712 | 5.55992 |
| 19 | 1.20811 | 1.45681 | 1.75351 | 2.10685 | 2.52695 | 3.02560 | 3.61653 | 4.31570 | 5.14166 | 6.11591 |
| 20 | 1.22019 | 1.48595 | 1.80611 | 2.19112 | 2.65330 | 3.20713 | 3.86968 | 4.66096 | 5.60441 | 6.72750 |

| n/i | 11.0 | 12.0 | 13.0 | 14.0 | 15.0 | 16.0 | 17.0 | 18.0 | 19.0 | 20.0 |
|---|---|---|---|---|---|---|---|---|---|---|
| 1 | 1.11000 | 1.12000 | 1.13000 | 1.14000 | 1.15000 | 1.16000 | 1.17000 | 1.18000 | 1.19000 | 1.20000 |
| 2 | 1.23210 | 1.25440 | 1.27690 | 1.29960 | 1.32250 | 1.34560 | 1.36890 | 1.39240 | 1.41610 | 1.44000 |
| 3 | 1.36763 | 1.40493 | 1.44290 | 1.48154 | 1.52087 | 1.56090 | 1.60161 | 1.64303 | 1.68516 | 1.72800 |
| 4 | 1.51807 | 1.57352 | 1.63047 | 1.68896 | 1.74901 | 1.81064 | 1.87389 | 1.93878 | 2.00534 | 2.07360 |
| 5 | 1.68506 | 1.76234 | 1.84244 | 1.92541 | 2.01136 | 2.10034 | 2.19245 | 2.28776 | 2.38635 | 2.48832 |
| 6 | 1.87041 | 1.97382 | 2.08195 | 2.19497 | 2.31306 | 2.43640 | 2.56516 | 2.69955 | 2.83976 | 2.98598 |
| 7 | 2.07616 | 2.21068 | 2.35261 | 2.50227 | 2.66002 | 2.82622 | 3.00124 | 3.18547 | 3.37931 | 3.58318 |
| 8 | 2.30454 | 2.47596 | 2.65844 | 2.85259 | 3.05902 | 3.27841 | 3.51145 | 3.75886 | 4.02138 | 4.29982 |
| 9 | 2.55804 | 2.77308 | 3.00404 | 3.25195 | 3.51788 | 3.80296 | 4.10840 | 4.43545 | 4.78545 | 5.15978 |
| 10 | 2.83942 | 3.10585 | 3.39457 | 3.70722 | 4.04556 | 4.41143 | 4.80683 | 5.23383 | 5.69468 | 6.19173 |
| 11 | 3.15176 | 3.47855 | 3.83586 | 4.22623 | 4.65239 | 5.11726 | 5.62399 | 6.17592 | 6.77667 | 7.43008 |
| 12 | 3.49845 | 3.89598 | 4.33452 | 4.81790 | 5.35025 | 5.93603 | 6.58007 | 7.28759 | 8.06424 | 8.91610 |
| 13 | 3.88328 | 4.36349 | 4.89801 | 5.49241 | 6.15279 | 6.88579 | 7.69868 | 8.59936 | 9.59645 | 10.69932 |
| 14 | 4.31044 | 4.88711 | 5.53475 | 6.26135 | 7.07570 | 7.98752 | 9.00745 | 10.14724 | 11.41977 | 12.83918 |
| 15 | 4.78459 | 5.47356 | 6.25427 | 7.13794 | 8.13706 | 9.26552 | 10.53872 | 11.97374 | 13.58953 | 15.40701 |
| 16 | 5.31089 | 6.13039 | 7.06732 | 8.13725 | 9.35762 | 10.74800 | 12.33030 | 14.12902 | 16.17154 | 18.48842 |
| 17 | 5.89509 | 6.86604 | 7.98608 | 9.27646 | 10.76126 | 12.46768 | 14.42645 | 16.67224 | 19.24413 | 22.18610 |
| 18 | 6.54355 | 7.68996 | 9.02427 | 10.57517 | 12.37545 | 14.46251 | 16.87895 | 19.67324 | 22.90051 | 26.62332 |
| 19 | 7.26334 | 8.61276 | 10.19742 | 12.05569 | 14.23177 | 16.77651 | 19.74837 | 23.21443 | 27.25161 | 31.94798 |
| 20 | 8.06231 | 9.64629 | 11.52309 | 13.74348 | 16.36653 | 19.46075 | 23.10559 | 27.39302 | 32.42941 | 38.33758 |

$$CVIFa = \frac{(1+i)^n - 1}{i}$$

($n$ = 기간, $i$ = 기간당 할인율)

| n/i | 1.0 | 2.0 | 3.0 | 4.0 | 5.0 | 6.0 | 7.0 | 8.0 | 9.0 | 10.0 |
|---|---|---|---|---|---|---|---|---|---|---|
| 1 | 1.00000 | 1.00000 | 1.00000 | 1.00000 | 1.00000 | 1.00000 | 1.00000 | 1.00000 | 1.00000 | 1.00000 |
| 2 | 2.01000 | 2.02000 | 2.03000 | 2.04000 | 2.04500 | 2.06000 | 2.07000 | 2.08000 | 2.09000 | 2.10000 |
| 3 | 3.03010 | 3.06040 | 3.09090 | 3.12160 | 3.13702 | 3.18360 | 3.21490 | 3.24640 | 3.27810 | 3.31000 |
| 4 | 4.06040 | 4.12161 | 4.18363 | 4.24646 | 4.27819 | 4.37462 | 4.43994 | 4.50611 | 4.57313 | 4.64100 |
| 5 | 5.10100 | 5.20404 | 5.30914 | 5.41632 | 5.47071 | 5.63709 | 5.75074 | 5.86660 | 5.98471 | 6.10510 |
| 6 | 6.15201 | 6.30812 | 6.46841 | 6.63298 | 6.71689 | 6.97532 | 7.15329 | 7.33593 | 7.52333 | 7.71561 |
| 7 | 7.21353 | 7.43428 | 7.66246 | 7.89829 | 8.01915 | 8.39384 | 8.65402 | 8.92280 | 9.20043 | 9.48717 |
| 8 | 8.28567 | 8.58297 | 8.89234 | 9.21423 | 9.38001 | 9.89747 | 10.25980 | 10.63663 | 11.02847 | 11.43589 |
| 9 | 9.36853 | 9.75463 | 10.15911 | 10.58279 | 10.80211 | 11.49132 | 11.97799 | 12.48756 | 13.02104 | 13.57948 |
| 10 | 10.46221 | 10.94972 | 11.46388 | 12.00611 | 12.28821 | 13.18079 | 13.81645 | 14.48656 | 15.19293 | 15.93742 |
| 11 | 11.56683 | 12.16871 | 12.80779 | 13.48635 | 13.84118 | 14.97164 | 15.78360 | 16.64549 | 17.56029 | 18.53117 |
| 12 | 12.68250 | 13.41209 | 14.19203 | 15.02580 | 15.46403 | 16.86994 | 17.88845 | 18.97713 | 20.14072 | 21.38428 |
| 13 | 13.80933 | 14.68033 | 15.61779 | 16.62684 | 17.15991 | 18.88214 | 20.14064 | 21.49530 | 22.95338 | 24.52271 |
| 14 | 14.94742 | 15.97394 | 17.08632 | 18.29191 | 18.93211 | 21.01506 | 22.55049 | 24.21492 | 26.01919 | 27.97498 |
| 15 | 16.09689 | 17.29342 | 18.59891 | 20.02359 | 20.78405 | 23.27597 | 25.12902 | 27.15211 | 29.36091 | 31.77248 |
| 16 | 17.25786 | 18.63928 | 20.15688 | 21.82453 | 22.71933 | 25.67252 | 27.88805 | 30.32428 | 33.00339 | 35.94973 |
| 17 | 18.43044 | 20.01207 | 21.76158 | 23.69751 | 24.74170 | 28.21287 | 30.84021 | 33.75022 | 36.97370 | 40.54470 |
| 18 | 19.61474 | 21.41231 | 23.41443 | 25.64541 | 26.85508 | 30.90565 | 33.99903 | 37.45024 | 41.30133 | 45.59917 |
| 19 | 20.81089 | 22.84056 | 25.11686 | 27.67123 | 29.06356 | 33.75998 | 37.37896 | 41.44626 | 46.01845 | 51.15908 |
| 20 | 22.01900 | 24.29737 | 26.87037 | 29.77807 | 31.37142 | 36.78558 | 40.99549 | 45.76196 | 51.16011 | 57.27499 |

| n/i | 11.0 | 12.0 | 13.0 | 14.0 | 15.0 | 16.0 | 17.0 | 18.0 | 19.0 | 20.0 |
|---|---|---|---|---|---|---|---|---|---|---|
| 1 | 1.00000 | 1.00000 | 1.00000 | 1.00000 | 1.00000 | 1.00000 | 1.00000 | 1.00000 | 1.00000 | 1.00000 |
| 2 | 2.11000 | 2.12000 | 2.13000 | 2.14000 | 2.15000 | 2.16000 | 2.17000 | 2.18000 | 2.19000 | 2.20000 |
| 3 | 3.34210 | 3.37440 | 3.40690 | 3.43960 | 3.47250 | 3.50560 | 3.53890 | 3.57240 | 3.60610 | 3.64000 |
| 4 | 4.70973 | 4.77933 | 4.84980 | 4.92114 | 4.99337 | 5.06650 | 5.14051 | 5.21543 | 5.29126 | 5.36800 |
| 5 | 6.22780 | 6.35285 | 6.48027 | 6.61010 | 6.74238 | 6.87714 | 7.01440 | 7.15421 | 7.29660 | 7.44160 |
| 6 | 7.91286 | 8.11519 | 8.32271 | 8.53552 | 8.75374 | 8.97748 | 9.20685 | 9.44197 | 9.68295 | 9.92992 |
| 7 | 9.78327 | 10.08901 | 10.40466 | 10.73049 | 11.06680 | 11.41387 | 11.77201 | 12.14152 | 12.52271 | 12.91590 |
| 8 | 11.85943 | 12.29969 | 12.75726 | 13.23276 | 13.72682 | 14.24009 | 14.77325 | 15.32699 | 15.90203 | 16.49908 |
| 9 | 14.16397 | 14.77566 | 15.41571 | 16.08535 | 16.78584 | 17.51851 | 18.28471 | 19.08585 | 19.92341 | 20.79890 |
| 10 | 16.72201 | 17.54873 | 18.41975 | 19.33729 | 20.30372 | 21.32147 | 22.39311 | 23.52131 | 24.70886 | 25.95868 |
| 11 | 19.56143 | 20.65458 | 21.81432 | 23.04451 | 24.34927 | 25.73290 | 27.19993 | 28.75514 | 30.40354 | 32.15041 |
| 12 | 22.71318 | 24.13313 | 25.65018 | 27.27074 | 29.00166 | 30.85016 | 32.82392 | 34.93106 | 37.18021 | 39.58049 |
| 13 | 26.21163 | 28.02911 | 29.98470 | 32.08865 | 34.35191 | 36.78619 | 39.40399 | 42.21865 | 45.24445 | 48.49659 |
| 14 | 30.09491 | 32.39260 | 34.88271 | 37.58106 | 40.50470 | 43.67198 | 47.10266 | 50.81801 | 54.84090 | 59.19591 |
| 15 | 34.40535 | 37.27971 | 40.41746 | 43.84241 | 47.58041 | 51.65949 | 56.11012 | 60.96525 | 66.26067 | 72.03509 |
| 16 | 39.18994 | 42.75327 | 46.67173 | 50.98034 | 55.71747 | 60.92501 | 66.64883 | 72.93899 | 79.85019 | 87.44210 |
| 17 | 44.50083 | 48.88367 | 53.73906 | 59.11759 | 65.07508 | 71.67301 | 78.97913 | 87.06801 | 96.02173 | 105.93052 |
| 18 | 50.39592 | 55.74971 | 61.72513 | 68.39405 | 75.83635 | 84.14069 | 93.40559 | 103.74025 | 115.26585 | 128.11662 |
| 19 | 56.93947 | 63.43967 | 70.74940 | 78.96922 | 88.21180 | 98.60320 | 110.28453 | 123.41349 | 138.16636 | 154.73994 |
| 20 | 64.20282 | 72.05243 | 80.94682 | 91.02491 | 102.44357 | 115.37971 | 130.03290 | 146.62792 | 165.41797 | 186.68792 |

# 3 현가이자요소(PVIF)

$$PVIF = \frac{1}{(1+i)^n}$$

($n$＝기간, $i$＝기간당 할인율)

| n/i | 1.0 | 2.0 | 3.0 | 4.0 | 5.0 | 6.0 | 7.0 | 8.0 | 9.0 | 10.0 |
|---|---|---|---|---|---|---|---|---|---|---|
| 1 | 0.99010 | 0.98039 | 0.97087 | 0.96154 | 0.95238 | 0.94340 | 0.93458 | 0.92593 | 0.91743 | 0.90909 |
| 2 | 0.98030 | 0.96117 | 0.94260 | 0.92456 | 0.90703 | 0.89000 | 0.87344 | 0.85734 | 0.84168 | 0.82645 |
| 3 | 0.97059 | 0.94232 | 0.91514 | 0.88900 | 0.86384 | 0.83962 | 0.81630 | 0.79383 | 0.77218 | 0.75131 |
| 4 | 0.96098 | 0.92385 | 0.88849 | 0.85480 | 0.82270 | 0.79209 | 0.76290 | 0.73503 | 0.70843 | 0.68301 |
| 5 | 0.95147 | 0.90573 | 0.86261 | 0.82193 | 0.78353 | 0.74726 | 0.71299 | 0.68058 | 0.64993 | 0.62092 |
| 6 | 0.94205 | 0.88797 | 0.83748 | 0.79031 | 0.74622 | 0.70496 | 0.66634 | 0.63017 | 0.59627 | 0.56447 |
| 7 | 0.93272 | 0.87056 | 0.81309 | 0.75992 | 0.71068 | 0.66506 | 0.62275 | 0.58349 | 0.54703 | 0.51316 |
| 8 | 0.92348 | 0.85349 | 0.78941 | 0.73069 | 0.67684 | 0.62741 | 0.58201 | 0.54027 | 0.50187 | 0.46651 |
| 9 | 0.91434 | 0.83676 | 0.76642 | 0.70259 | 0.64461 | 0.59190 | 0.54393 | 0.50025 | 0.46043 | 0.42410 |
| 10 | 0.90529 | 0.82035 | 0.74409 | 0.67556 | 0.61391 | 0.55839 | 0.50835 | 0.46319 | 0.42241 | 0.38554 |
| 11 | 0.89632 | 0.80426 | 0.72242 | 0.64958 | 0.58468 | 0.52679 | 0.47509 | 0.42888 | 0.38753 | 0.35049 |
| 12 | 0.88745 | 0.78849 | 0.70138 | 0.62460 | 0.55684 | 0.49697 | 0.44401 | 0.39711 | 0.35553 | 0.31863 |
| 13 | 0.87866 | 0.77303 | 0.68095 | 0.60057 | 0.53032 | 0.46884 | 0.41496 | 0.36770 | 0.32618 | 0.28966 |
| 14 | 0.86996 | 0.75788 | 0.66112 | 0.57748 | 0.50507 | 0.44230 | 0.38782 | 0.34046 | 0.29925 | 0.26333 |
| 15 | 0.86135 | 0.74301 | 0.64186 | 0.55526 | 0.48102 | 0.41727 | 0.36245 | 0.31524 | 0.27454 | 0.23939 |
| 16 | 0.85282 | 0.72845 | 0.62317 | 0.53391 | 0.45811 | 0.39365 | 0.33873 | 0.29189 | 0.25187 | 0.21763 |
| 17 | 0.84438 | 0.71416 | 0.60502 | 0.51337 | 0.43630 | 0.37136 | 0.31657 | 0.27027 | 0.23107 | 0.19784 |
| 18 | 0.83602 | 0.70016 | 0.58739 | 0.49363 | 0.41552 | 0.35034 | 0.29586 | 0.25025 | 0.21199 | 0.17986 |
| 19 | 0.82774 | 0.68643 | 0.57029 | 0.47464 | 0.39573 | 0.33051 | 0.27651 | 0.23171 | 0.19449 | 0.16351 |
| 20 | 0.81954 | 0.67297 | 0.55368 | 0.45639 | 0.37689 | 0.31180 | 0.25842 | 0.21455 | 0.17843 | 0.14864 |

| n/i | 11.0 | 12.0 | 13.0 | 14.0 | 15.0 | 16.0 | 17.0 | 18.0 | 19.0 | 20.0 |
|-----|------|------|------|------|------|------|------|------|------|------|
| 1 | 0.90090 | 0.89286 | 0.88496 | 0.87719 | 0.86957 | 0.86207 | 0.85470 | 0.84746 | 0.84034 | 0.83333 |
| 2 | 0.81162 | 0.79719 | 0.78315 | 0.76947 | 0.75614 | 0.74316 | 0.73051 | 0.71818 | 0.70616 | 0.69444 |
| 3 | 0.73119 | 0.71178 | 0.69305 | 0.67497 | 0.65752 | 0.64066 | 0.62437 | 0.60863 | 0.59342 | 0.57870 |
| 4 | 0.65873 | 0.63552 | 0.61332 | 0.59208 | 0.57175 | 0.55229 | 0.53365 | 0.51579 | 0.49867 | 0.48225 |
| 5 | 0.59345 | 0.56743 | 0.54276 | 0.51937 | 0.49718 | 0.47611 | 0.45611 | 0.43711 | 0.41905 | 0.40188 |
| 6 | 0.53464 | 0.50663 | 0.48032 | 0.45559 | 0.43233 | 0.41044 | 0.38984 | 0.37043 | 0.35214 | 0.33490 |
| 7 | 0.48166 | 0.45235 | 0.42506 | 0.39964 | 0.37594 | 0.35383 | 0.33320 | 0.31393 | 0.29592 | 0.27908 |
| 8 | 0.43393 | 0.40388 | 0.37616 | 0.35056 | 0.32690 | 0.30503 | 0.28478 | 0.26604 | 0.24867 | 0.23257 |
| 9 | 0.39092 | 0.36061 | 0.33288 | 0.30751 | 0.28426 | 0.26295 | 0.24340 | 0.22546 | 0.20897 | 0.19381 |
| 10 | 0.35218 | 0.32197 | 0.29459 | 0.26974 | 0.24718 | 0.22668 | 0.20804 | 0.19106 | 0.17560 | 0.16151 |
| 11 | 0.31728 | 0.28748 | 0.26070 | 0.23662 | 0.21494 | 0.19542 | 0.17781 | 0.16192 | 0.14757 | 0.13459 |
| 12 | 0.28584 | 0.25668 | 0.23071 | 0.20756 | 0.18691 | 0.16846 | 0.15197 | 0.13722 | 0.12400 | 0.11216 |
| 13 | 0.25751 | 0.22917 | 0.20416 | 0.18207 | 0.16253 | 0.14523 | 0.12989 | 0.11629 | 0.10421 | 0.09346 |
| 14 | 0.23199 | 0.20462 | 0.18068 | 0.15971 | 0.14133 | 0.12520 | 0.11102 | 0.09855 | 0.08757 | 0.07789 |
| 15 | 0.20900 | 0.18270 | 0.15989 | 0.14010 | 0.12289 | 0.10793 | 0.09489 | 0.08352 | 0.07359 | 0.06491 |
| 16 | 0.18829 | 0.16312 | 0.14150 | 0.12289 | 0.10686 | 0.09304 | 0.08110 | 0.07078 | 0.06184 | 0.05409 |
| 17 | 0.16963 | 0.14564 | 0.12522 | 0.10780 | 0.09293 | 0.08021 | 0.06932 | 0.05998 | 0.05196 | 0.04507 |
| 18 | 0.15282 | 0.13004 | 0.11081 | 0.09456 | 0.08081 | 0.06914 | 0.05925 | 0.05083 | 0.04367 | 0.03756 |
| 19 | 0.13768 | 0.11611 | 0.09806 | 0.08295 | 0.07027 | 0.05961 | 0.05064 | 0.04308 | 0.03670 | 0.03130 |
| 20 | 0.12403 | 0.10367 | 0.08678 | 0.07276 | 0.06110 | 0.05139 | 0.04328 | 0.03651 | 0.03084 | 0.02608 |

$$PVIFa = \frac{1 - \dfrac{1}{(1+i)^n}}{i}$$

($n$ = 기간, $i$ = 기간당 할인율)

| n/i | 1.0 | 2.0 | 3.0 | 4.0 | 5.0 | 6.0 | 7.0 | 8.0 | 9.0 | 10.0 |
|---|---|---|---|---|---|---|---|---|---|---|
| 1 | 0.99010 | 0.98039 | 0.97087 | 0.96154 | 0.95238 | 0.94340 | 0.93458 | 0.92593 | 0.91743 | 0.90909 |
| 2 | 1.97039 | 1.94156 | 1.91347 | 1.88609 | 1.85941 | 1.83339 | 1.80802 | 1.78326 | 1.75911 | 1.73554 |
| 3 | 2.94098 | 2.88388 | 2.82861 | 2.77509 | 2.72325 | 2.67301 | 2.62432 | 2.57710 | 2.53129 | 2.48685 |
| 4 | 3.90197 | 3.80773 | 3.71710 | 3.62990 | 3.54595 | 3.46511 | 3.38721 | 3.31213 | 3.23972 | 3.16987 |
| 5 | 4.85343 | 4.71346 | 4.57971 | 4.45182 | 4.32948 | 4.21236 | 4.10020 | 3.99271 | 3.88965 | 3.79079 |
| 6 | 5.79548 | 5.60143 | 5.41719 | 5.24214 | 5.07569 | 4.91732 | 4.76654 | 4.62288 | 4.48592 | 4.35526 |
| 7 | 6.72819 | 6.47199 | 6.23028 | 6.00206 | 5.78637 | 5.58238 | 5.38929 | 5.20637 | 5.03295 | 4.86842 |
| 8 | 7.65168 | 7.32548 | 7.01969 | 6.73275 | 6.46321 | 6.20979 | 5.97130 | 5.74664 | 5.53482 | 5.33493 |
| 9 | 8.56602 | 8.16224 | 7.78611 | 7.43533 | 7.10782 | 6.80169 | 6.51523 | 6.24689 | 5.99525 | 5.75902 |
| 10 | 9.47130 | 8.98259 | 8.53020 | 8.11090 | 7.72174 | 7.36009 | 7.02358 | 6.71008 | 6.41766 | 6.14457 |
| 11 | 10.36763 | 9.78685 | 9.25262 | 8.76048 | 8.30642 | 7.88687 | 7.49867 | 7.13896 | 6.80519 | 6.49506 |
| 12 | 11.25508 | 10.57534 | 9.95400 | 9.38507 | 8.86325 | 8.38384 | 7.94269 | 7.53608 | 7.16073 | 6.81369 |
| 13 | 12.13374 | 11.34837 | 10.63495 | 9.98565 | 9.39357 | 8.85268 | 8.35765 | 7.90378 | 7.48690 | 7.10336 |
| 14 | 13.00370 | 12.10625 | 11.29607 | 10.56312 | 9.89864 | 9.29498 | 8.74547 | 8.24424 | 7.78615 | 7.36669 |
| 15 | 13.86505 | 12.84926 | 11.93793 | 11.11839 | 10.37966 | 9.71225 | 9.10791 | 8.55948 | 8.06069 | 7.60608 |
| 16 | 14.71787 | 13.57771 | 12.56110 | 11.65230 | 10.83777 | 10.10590 | 9.44665 | 8.85137 | 8.31256 | 7.82371 |
| 17 | 15.56225 | 14.29187 | 13.16612 | 12.16567 | 11.27407 | 10.47726 | 9.76322 | 9.12164 | 8.54363 | 8.02155 |
| 18 | 16.39827 | 14.99203 | 13.75351 | 12.65930 | 11.68959 | 10.82760 | 10.05909 | 9.37189 | 8.75563 | 8.20141 |
| 19 | 17.22601 | 15.67846 | 14.32380 | 13.13394 | 12.08532 | 11.15812 | 10.33560 | 9.60360 | 8.95011 | 8.36492 |
| 20 | 18.04555 | 16.35143 | 14.87747 | 13.59033 | 12.46221 | 11.46992 | 10.59401 | 9.81815 | 9.12855 | 8.51356 |

| n/i | 11.0 | 12.0 | 13.0 | 14.0 | 15.0 | 16.0 | 17.0 | 18.0 | 19.0 | 20.0 |
|---|---|---|---|---|---|---|---|---|---|---|
| 1 | 0.90090 | 0.89286 | 0.88496 | 0.87719 | 0.86957 | 0.86207 | 0.85470 | 0.84746 | 0.84034 | 0.83333 |
| 2 | 1.71252 | 1.69005 | 1.66810 | 1.64666 | 1.62571 | 1.60523 | 1.58521 | 1.56564 | 1.54650 | 1.52778 |
| 3 | 2.44371 | 2.40183 | 2.36115 | 2.32163 | 2.28323 | 2.24589 | 2.20959 | 2.17427 | 2.13992 | 2.10648 |
| 4 | 3.10245 | 3.03735 | 2.97447 | 2.91371 | 2.85498 | 2.79818 | 2.74324 | 2.69006 | 2.63859 | 2.58873 |
| 5 | 3.69590 | 3.60478 | 3.51723 | 3.43308 | 3.35216 | 3.27429 | 3.19935 | 3.12717 | 3.05764 | 2.99061 |
| 6 | 4.23054 | 4.11141 | 3.99755 | 3.88867 | 3.78448 | 3.68474 | 3.58918 | 3.49760 | 3.40978 | 3.32551 |
| 7 | 4.71220 | 4.56376 | 4.42261 | 4.28830 | 4.16042 | 4.03857 | 3.92238 | 3.81153 | 3.70570 | 3.60459 |
| 8 | 5.14612 | 4.96764 | 4.79877 | 4.63886 | 4.48732 | 4.34359 | 4.20716 | 4.07757 | 3.95437 | 3.83716 |
| 9 | 5.53705 | 5.32825 | 5.13166 | 4.94637 | 4.77158 | 4.60654 | 4.45057 | 4.30302 | 4.16333 | 4.03097 |
| 10 | 5.88923 | 5.65022 | 5.42624 | 5.21612 | 5.01877 | 4.83323 | 4.65860 | 4.49409 | 4.33894 | 4.19247 |
| 11 | 6.20652 | 5.93770 | 5.68694 | 5.45273 | 5.23371 | 5.02864 | 4.83641 | 4.65601 | 4.48650 | 4.32706 |
| 12 | 6.49236 | 6.19437 | 5.91765 | 5.66029 | 5.42062 | 5.19711 | 4.98839 | 4.79323 | 4.61050 | 4.43922 |
| 13 | 6.74987 | 6.42355 | 6.12181 | 5.84236 | 5.58315 | 5.34233 | 5.11828 | 4.90951 | 4.71471 | 4.53268 |
| 14 | 6.98187 | 6.62817 | 6.30249 | 6.00207 | 5.72448 | 5.46753 | 5.22930 | 5.00806 | 4.80228 | 4.61057 |
| 15 | 7.19087 | 6.81086 | 6.46238 | 6.14217 | 5.84737 | 5.57546 | 5.32419 | 5.09158 | 4.87586 | 4.67547 |
| 16 | 7.37916 | 6.97399 | 6.60388 | 6.26506 | 5.95424 | 5.66850 | 5.40529 | 5.16235 | 4.93770 | 4.72956 |
| 17 | 7.54879 | 7.11963 | 6.72909 | 6.37286 | 6.04716 | 5.74870 | 5.47461 | 5.22233 | 4.98966 | 4.77463 |
| 18 | 7.70162 | 7.24967 | 6.83991 | 6.46742 | 6.12797 | 5.81785 | 5.53385 | 5.27316 | 5.03333 | 4.81220 |
| 19 | 7.83929 | 7.36578 | 6.93797 | 6.55037 | 6.19823 | 5.87746 | 5.58449 | 5.31624 | 5.07003 | 4.84350 |
| 20 | 7.96333 | 7.46944 | 7.02475 | 6.62313 | 6.25933 | 5.92884 | 5.62777 | 5.35275 | 5.10086 | 4.86958 |

# 해커스
# IFRS
# 정윤돈
# 중급회계 2

**개정 5판 4쇄 발행 2024년 4월 15일**

개정 5판 1쇄 발행 2023년 1월 17일

| | |
|---|---|
| **지은이** | 정윤돈 |
| **펴낸곳** | 해커스패스 |
| **펴낸이** | 해커스 경영아카데미 출판팀 |

| | |
|---|---|
| **주소** | 서울특별시 강남구 강남대로 428 해커스 경영아카데미 |
| **고객센터** | 02-537-5000 |
| **교재 관련 문의** | publishing@hackers.com |
| **학원 강의 및 동영상강의** | cpa.Hackers.com |

| | |
|---|---|
| **ISBN** | 979-11-6880-850-8 (13320) |
| **Serial Number** | 05-04-01 |

**회계사 · 세무사 · 경영지도사 단번에 합격,**
해커스 경영아카데미 cpa.Hackers.com

**해커스 경영아카데미**

• 정윤돈 교수님의 **본 교재 인강**(교재 내 할인쿠폰 수록)

• **공인회계사 · 세무사 기출문제, 시험정보/뉴스** 등 추가 학습 콘텐츠

• 선배들의 성공 비법을 확인하는 **시험 합격후기**